Die Gartenkunst des Abendlandes

Monique Mosser
Georges Teyssot

Die Gartenkunst des Abendlandes

Von der Renaissance bis zur Gegenwart

Deutsche Verlags-Anstalt
Stuttgart

Wissenschaftliche Beratung
Carmen Añon Feliu
Stephen Bann
Lionello Puppi
Helmut Reinhardt

Bearbeitung
Alessandra Ponte

Übersetzungen
Aus dem Englischen:
Cornelia Berg-Brandl (S. 33ff., S. 165ff., S. 227ff., S. 249ff., S. 319ff., S. 329ff., S. 420ff., S. 426ff., S. 462ff., S. 467ff., S. 491ff., S. 506ff., S. 509ff., S. 512f., S. 518ff.)

Aus dem Französischen:
Cornelia Berg-Brandl (S. 65ff., S. 96ff., S. 121ff., S. 131ff., S. 168ff., S. 171ff., S. 239ff., S. 259ff., S. 301ff., S. 326ff., S. 333ff., S. 336ff., S. 383ff., S. 438ff., S. 442ff., S. 453ff., S. 456ff., S. 479ff., S. 521ff.)

Aus dem Italienischen:
Birgit Knacke (S. 369ff.)
Agnes Kohlmeyer (S. 405ff.)
Laila G. Neubert-Mader (S. 7ff., S. 43ff., S. 55ff., S. 77ff., S. 80ff., S. 84ff., S. 87ff., S. 92ff., S. 102ff., S. 143ff., S. 162ff., S. 181ff., S. 191ff., S. 316ff., S. 323ff., S. 344ff., S. 355ff., S. 423f., S. 459ff., S. 503ff.)
Peter Paschke (S. 177ff., S. 340ff.)

Aus dem Niederländischen:
Han Slawik (S. 99ff., S. 159ff., S. 174ff.)

Aus dem Spanischen:
Laila G. Neubert-Mader (S. 195ff., S. 277ff., S. 395ff., S. 434ff., S. 515ff.)

Bildunterschriften:
Helmut Reinhardt

Planzeichnungen
Radames Zaramella
Silvia Bettini

Photographien
Giovanni Chiaramonte
Daniele De Lonte
Luigi Ghirri
Fulvio Ventura

Die Deutsche Bibliothek – CIP-Einheitsaufnahme

Die Gartenkunst des Abendlandes : Von der Renaissance bis zur Gegenwart / Monique Mosser ; Georges Teyssot.
– Stuttgart : Deutsche Verlags-Anstalt, 1993
Einheitssacht.: L'architectura de giardini d'occidente <dt.>
ISBN 3-421-03008-1
NE: Mosser, Monique; Teyssot, Georges; EST

Schutzumschlagentwurf: Brigitte und Hans Peter Willberg, Eppstein
Lektorat: Nora von Mühlendahl, Gabriele Betz
Satz: Typobauer Filmsatz GmbH, Scharnhausen
Printed and bound in Italy

Dank

Ein Werk wie das vorliegende ist das Ergebnis einer gemeinschaftlichen Arbeit. Es ist schwierig, sich aller Hilfen zu erinnern, die hierzu geleistet wurden, insbesondere, wenn man sie zurückverfolgen will bis zum ersten Treffen der wissenschaftlichen Kommission 1982 in dem damaligen Geschäftssitz des Verlages Electa in Mailand. Wir danken vor allem den Mitgliedern der Kommission, Stephen Bann und Lionello Puppi, zu denen sich 1986, als das Projekt wiederaufgenommen wurde, Carmen Añon und Helmut Reinhardt hinzugesellten, sowie den Verantwortlichen bei Electa, die den Entschluß faßten, dieses riesige Unternehmen zu fördern.

Wir denken mit Dankbarkeit an die freundliche Unterstützung, die uns von seiten des Instituts für Architekturgeschichte von Venedig (IUAV) durch seine Direktoren – Manfredo Tafuri und Paolo Morachiello – zuteil geworden ist. Sie haben dafür gesorgt, daß die Bildbeschaffung zum Teil mit Geldern aus dem Forschungsetat der Universität finanziert werden konnte. Ebenso wie Marco De Michelis, dem wir ebenfalls unseren Dank aussprechen, haben sie nicht mit wertvollen und hilfreichen Ratschlägen gespart.

Wir fühlen uns auch verpflichtet, an die Geduld und den Fleiß von Silvia Bettini und Radames Zaramella zu erinnern, die ein ganzes Jahr darauf verwandten, die Pläne perfekt zu zeichnen, ebenso wie an die Begeisterung, mit der die Photographen Giovanni Chiaramonte, Luigi Ghirri, Daniele De Lonte und Fulvio Ventura tätig waren.

Für das Recherchieren in den Archiven und Bibliotheken hatten sich Bruno Adorni, Olivier Choppin de Janvry, Maurizio Gargano, Anna Maria Matteucci, Eliana Mauro, Ettore Sessa, Sergio Villari und Luigi Zangheri bereit gefunden.

Die logistische und moralische Unterstützung von Zita Hecht hat wesentlich zum Fortschritt der Arbeiten beigetragen.

Die organisatorische Unterstützung von Gabriella Borsano sowie die gewissenhafte redaktionelle Arbeit von Doriana Comerlati haben den Herausgebern bei der Realisierung des Werkes außerordentlich geholfen.

Schließlich ist es uns eine freudige Pflicht, darauf hinzuweisen, daß das vorliegende Buch ohne den Fleiß und die Sorgfalt von Alessandra Ponte niemals hätte realisiert werden können. Sie hielt in guter Zusammenarbeit mit Massimo Bulgarelli den Kontakt zu den Autoren, kümmerte sich um die Beschaffung des Bildmaterials und überarbeitete die Texte.

Monique Mosser, Georges Teyssot

Inhalt

Einführung: Gartenarchitektur und Architektur im Garten

Monique Mosser/George Teyssot

Die Vorstellung des Gartens als ein Ort, an dem die Natur vom Menschen nach ästhetischen Gesichtspunkten gestaltet wird, entspringt dem Gedanken, daß die Natur ein verfügbares Eigentum sei, und der Überzeugung von Giulio Carlo Argan, daß die Schönheit der Natur durch die Hand des Menschen vollendet werden könne. Anders ausgedrückt, der Begriff »Garten« beinhaltet immer etwas Doppeldeutiges: Sein Aufbau ist entweder untrennbar mit den Erfordernissen der Nutzung oder mit den feinsinnigen Motiven eines Idealbilds verbunden. Der Garten kann als die höchste Vollendung landwirtschaftlicher Kultur angesehen werden, oder er wird (nach der von Kant aufgegriffenen und von ihm bearbeiteten Definition des Erasmus von Rotterdam) als privilegierter Ort betrachtet, wo die »Muße« gepflegt wird und wohin man vor dem Lärm und Umtrieb der Stadt flieht. Der Garten ist also gleichermaßen ein Ort des privaten Rückzugs wie der Gemeinschaft. Hier bringt die Gesellschaft zu jeder Zeit Natur und Kultur zum Ausdruck, die Strenge des Entwurfs und die Freiheit des Vergnügens, der Arbeit und des Spiels (nach Louis Marin). Zugleich ist der Garten ein Ort der Innerlichkeit, die nach außen wirkt, ein Ort der Besinnung unter freiem Himmel, ein Ort des Geheimnisses, das sich demjenigen enthüllt, der es zu schätzen weiß. »All die Wunderlichkeit des Menschen und all das, was ihm an Unstetem und Verwirrtem innewohnt, kann ohne Zweifel mit diesem Wort »Garten« ausgedrückt werden«, sagte Louis Aragon.

Der Garten ist – ähnlich einem Fest – eine der vergänglichsten Schöpfungen des Menschen. Er ist allen Unbilden der Witterung ausgesetzt und muß jeden Besitzerwechsel über sich ergehen lassen. Deshalb ist es fast ein Glücksspiel, wenn man die Gartenkunst nicht nur als Studienobjekt betrachtet, sondern sie zum Thema eines Buches macht, das ihre Geschichte vom 16. Jahrhundert bis zur Gegenwart nachzeichnet.

Abgesehen von Großbritannien, existiert wohl nirgendwo sonst in Europa oder in den Vereinigten Staaten ein Verzeichnis der Gärten und Parks. Es gibt keine gültigen Verzeichnisse der Gärtner, Eigentümer, Gartenenthusiasten, Gartenmaler, Architekten und Gartenbauingenieure, die diese Bereiche des wiedergefundenen Garten Eden gestaltet haben. Versuche einer systematischen – das heißt nach topographischen und bibliographischen Gesichtspunkten geordneten – Aufstellung der Gärten in den einzelnen Ländern sind in jüngster Zeit übernommen worden. Aus diesem Grunde ist besonders die Arbeit von Ray Desmond (*Bibliography of British Gardens*, Winchester 1984) zu begrüßen, ebenso die Bibliographie von Ernest de Ganay (*Bibliographie de l'Art des Jardins en France jusqu'en 1945*, Paris 1989).

Allerdings gibt es erfreulicherweise eine von Pier Fausto Bagatti in rascher Folge herausgegebene Reihe über die Villen in den verschiedenen italienischen Provinzen, deren Schwerpunkt aber mehr auf der Betrachtung der Gartengestaltung liegt. Zur Geschichte der Gartenkunst aus einem eher allgemeinen Blickwinkel gibt es inzwischen eine größere Anzahl von Veröffentlichungen.

Es sei daran erinnert, daß das Aufspüren ikonographischen Quellenmaterials zur Geschichte des Gartens sich schwierig gestaltet, weil es sehr verstreut ist: Wandteppiche, Gobelins, Miniaturen, Gemälde, Abhandlungen, mit Plänen, Zeichnungen und Stichen illustriert, Dokumente aus Privatarchiven der Eigentümer, Entwurfsskizzen aus dem Briefwechsel der Architekten.

Die Hauptaufgabe der Kuratoren besteht immer wieder darin, die Dokumentation auf den neuesten Stand zu bringen, um nicht den gleichen Fehler zu begehen, der bei den meisten Gartenbüchern gemacht wurde, die ausschließlich mit Stichen oder Lithographien aus dem 19. Jahrhundert illustriert sind. Wir wollen hier auch nicht näher auf den blühenden Markt der Prachtbände mit ihren schönen Farbabbildungen von Beeten, Bäumen und Büschen und ihre blumenreiche, mit Adjektiven durchsetzte Sprache eingehen. In dem vorliegenden Buch werden vielmehr grundlegende und ausführliche Überlegungen zu »Blick« und »Standpunkt« des Gartenbetrachters entwickelt. Diese Untersuchung beginnt mit der »camera oscura« und dem »Claude-Glas« und führt bis zu der Frage nach der Objektivität fotografischer Wiedergabe anhand von Beispielen von Eugène Atget bis Edwin Smith.

In einer Zeit, die auf ausführliche Beschreibungen, die »grands ecrits«, verzichtet, haben wir dieser Textsammlung zwar einen chronologischen Aufbau gegeben, sie aber nach Forschungsbereichen geordnet, so daß die spezifische Problematik aufgezeigt wird. Dabei verfolgen wir allerdings nicht das Ziel, ein Gesamtspektrum abzudecken und dem Leser »alle« Gartenentwürfe und »alle« ausgeführten Projekte aus dem entsprechenden Zeitraum vorzustellen. Dies wäre in jedem Fall illusorisch. Wir beabsichtigen vielmehr, einige Bereiche vorzustellen, die sich in den letzten Jahren der Forschung erschlossen haben. So wird mit dem vorliegenden Buch keineswegs eine aktualisierte *Geschichte der Gartenkunst* im Stil von Marie Luise Gothein (1913, 2. Auflage 1925) vorgelegt. Ebensowenig erheben wir Anspruch, eine Enzyklopädie wie den »Oxford Companion to Gardens« (Oxford University Press 1986) zu liefern. Das Buch ist in einen willkürlich gewählten Rahmen gesetzt, der die Neuzeit und die zeitgenössische Epoche der westlichen Kultur umfaßt. Zugleich widmet es sich einem weiten, aber genau umrissenen Tätigkeits- und Wissensbereich: Arte dei giardini, Art des jardins, Gardening, Gartenkunst. Fragen der Botanik und ihrer geschichtlichen Entwicklung wurden bei der Konzeption dieses Buches bewußt ausgeschlossen. Das Werk versteht sich als Einführung in die Geschichte der Gartenarchitektur in Europa und den Vereinigten Staaten in der Neuzeit.

Die hier in chronologischer Reihenfolge veröffentlichten Essays wurden von einem wissenschaftlichen Komitee an Fachleute aus verschiedenen Ländern vergeben. Einige von ihnen greifen bereits bekannte Aspekte der Geschichte der Gartenkunst auf – zum Beispiel den »Garten des Humanismus« in der Toskana, Rom und Venetien oder die großen ästhetischen Kategorien, aufgrund derer der Englische Landschaftsgarten zu Beginn des 18. Jahrhunderts umgestaltet und zum Ausdruck des Malerischen, des Pastoralen und des Sublimen wurde. Ihre Schriften eröffnen aber mitunter auch kritische Perspektiven und werfen ein neues Licht auf die Persönlichkeiten, die hinter derartigen Entwicklungen standen. Andere Aufsätze hingegen decken dem Leser bislang unbekannte oder nur wenig bekannte geschichtliche Zusammenhänge auf, wie die Wiederentdeckung der mechanischen Automaten in der zweiten Hälfte des 16. Jahrhunderts, deren Technik bereits in der Antike bekannt war. Sie weisen auch auf die Bedeutung einzelner Installationen, wie zum Beispiel die Kuriositätenkabinette, hin, zeigen den Gefallen am »Grotesken« und die Vorliebe für Labyrinthe auf. Die esoterischen Visionen eines Bernard Palissy, die von den Gärtnern erfundenen Techniken und die neu entstehenden städtischen Promenaden, die romantische Mode, erbauliche oder poetische Sprüche an die Bäume zu hängen. Es fehlen nicht, wie dies in vielen vorherigen geschichtlichen Werken der Fall war, zahlreiche Beiträge zum Garten und zum Park des 19. und 20. Jahrhunderts mit gleichzeitiger Darstellung der aktuellen Tendenzen: »Rückkehr zur Romantik und zur Klassik«, »land art«, nach ökologischen Aspekten angelegte Gärten, Problematik der Restaurierung und Erhaltung historischer Gartenanlagen. Die Aufsätze, die in fünf verschiedene Perioden aufgeteilt sind und den Zeitraum zwischen dem 16. und dem 20. Jahrhundert umfassen, werden durch kurze Beiträge ergänzt, die ein spezielles Thema behandeln, zum Beispiel die Gärten der Freimaurer in Sizilien oder einen einzelnen Garten, der zum Vorbild wurde, wie zum Beispiel die Wilhelmshöhe in Kassel oder der Leopoldspark in Brüssel. Diese Beiträge sind mit zahlreichen Abbildungen versehen.

Etwa fünfzig Lagepläne sind, dank der Fähigkeit und der Geduld von Silvia Bettini und Radames Zaramella, neu gezeichnet worden, zum Teil unter Zuhilfenahme von bestehenden Planunterlagen. Es handelte sich dabei häufig um unpräzise Stiche nach Zeichnungen, aber auch um Aufmaßzeichnungen von Gärten, die nach dem 16. Jahrhundert entstanden, oder um Rekonstruktionszeichnungen von Architekten aus dem 19. und 20. Jahrhundert. Hervorzuheben ist, daß der offensichtliche Mangel an exakten topographischen Ausmaßen der Parks und Gärten in Europa vielleicht auf den großen Aufwand, den ihre Anfertigung verursacht hätte, zurückzuführen ist, ebenso wie auf die besonderen technischen Schwierigkeiten, mit denen derartige Unternehmungen verbunden sind. Trotzdem ermöglichen uns diese hier vorgelegten Lagepläne, die Struktur und den Aufbau der Anlagen zu verstehen und zu vergleichen.

In der Gartenarchitektur, als einer höheren Form des menschlichen Schaffens, bemühte man sich im Laufe der Zeiten und der Entwicklung des Raumes immer eifriger darum, die angenehmsten Seiten der – manchmal erst durch Menschenhand vollendeten – Natur mit den höchstentwickelten Formen der Kunst harmonisch zu verbinden. Man könnte sagen, daß die Sehnsucht nach dem Garten Eden bei den irdischen »Gärtnern« den immer neuen Drang nach Vollkommenheit geweckt hat. Heutzutage versteigen sich die Archäologen immer wieder in Mutmaßungen, um Vorschläge zum Beispiel zur Rekonstruktion der berühmten Hängenden Gärten von Babylon, einem der sieben Weltwunder der Antike, die vor mehr als 2500 Jahren entstanden, zu unterbreiten. Es handelte sich ohne Zweifel um eine Reihe von monumetalen Terrassenanlagen, die stufenförmig angeordnet waren und auf denen die üppigste Vegetation gedieh. Dies war die Verwirklichung eines Idealbilds. Das Murmeln des Wassers und der Vögel schufen in einem ansonsten lebensfeindlichen Klima einen geradezu geweihten Ort. So lieferte also die Architektur bereits zu Zeiten des mythischen Ursprungs der häufig verkannten Gartenkunst die Basis, den Rahmen und die Struktur. Im übrigen wird es wohl kaum Gärten geben, die nicht mit dem Tempel, der Wohnung Gottes oder dem Haus, der Wohnung des Menschen, in Verbindung stehen.

Das erste Buch der westlichen Kultur der Neuzeit, das sich mit Gartenkunst befaßt, ist die Hypnerotomachia Poliphili von Francesco Colonna (Venedig 1499). Es ist zugleich ein Initiationsroman und ein höchst verschlüsseltes Werk. Das Buch ist mit einer Reihe von Holzschnitten illustriert, die in gewisser Weise zu formalen Vorbildern wurden. Sie behielten über mehr als vier Jahrhunderte ihren Einfluß. Als Beispiele seien genannt: »der Tempel mit der Pyramide«, »das Grabmal des Adonis«, »die Büste des Priap unter einem grünen Baldachin«, unzählige Treillagen und andere Gestaltungselemente. Im Jahre 1918 veröffentlichte Gertrude Jekyll ihr Werk *Garden Ornament*. Dieses umfangreiche Buch ist sowohl eine Geschichte der Gartenkunst als auch eine typologische Betrachtung. Es erscheint an dieser Stelle erwähnenswert, die Gestaltungselemente aufzuzählen, denen sie eigene Kapitelüberschriften widmet: Tore und Portale, Treppen und Balustraden, Urnen und Vasen, gepflasterte Höfe und Wege, Loggien, Orangerien, Pergolen und Treillagen, Kanäle und Teiche, Brücken, Springbrunnen, Mauern; und auch das »topiary« wird nicht vergessen, die Kunst, welche lebende Pflanzen in gestaltete Skulpturen und Architekturen verwandelt.

Allein die Dokumentation von Gartenkunstwerken in der Geschichte der graphischen Darstellung wäre ein eigenes und sehr umfassendes Thema. Zudem eröffnet sich uns ein ganz besonderes Problem, wenn die graphische Darstellung zum Berührungspunkt zwischen Architektur und Topographie wird. Sehr bald wurden sich die Gartenplaner der beschränken Aussagekraft eines einfachen Grundrisses gegenüber der ausgeführten Anlage bewußt und suchten folglich nach einem Ausweg, um eine bessere Lesbarkeit ihrer Pläne zu erreichen. Ein Grundrißplan reduziert sich bekanntlich zu einer mehr oder weniger dichten Aneinanderreihung geometrischer Figuren. Bestenfalls entstehen die Formen der Broderieparterres, deren elegante Arabesken eine oberflächliche Übernahme der dekorativen Künste darstellen. Seit der Renaissance werden Gärten bevorzugt aus der »Vogelperspektive« dargestellt, denn auf diese Weise ist es möglich, die Struktur der Gartenanlage in einer realistischen Darstellung hervorzuheben.

In seiner Stichsammlung *Les plus excellents bastiments de France* (1576–1579) zeigt uns Jacques Androuet Du Cerceau dies in überraschender und bereits sehr ausgereifter Weise. Einige Jahre später führte der flämische Maler Just (oder Giusto) Utens, der sich in der Toskana niedergelassen hatte, diese Art der Gartendarstellung zur Vollendung, als er eine Serie von »Veduten« der Medici-Villen malte. Dieser Gemäldezyklus befand sich in der Medici-Villa in Artimino. Utens schuf damit eine Art Kompromiß zwischen der rein karthographischen Darstellung und der flämischen Tradition der Landschaftsmalerei mit ihren sehr hohen Horizonten, die sich bis in bläulich-weite Fernen erstrecken. Diese Art der Darstellung dominierte bis zum Ende des 17. Jahrhunderts.

Pérelle und Silvestre gaben in ihren unzähligen Stichen, mit denen sie die großen klassischen Parks ihrer Zeit darstellten, der »Kavalierperspektive« den Vorzug. Diese Art der perspektivischen Darstellung akzentuiert die zentrale Blickachse. Manchmal verführte das Bemühen um spektakuläre Wirkung aber auch dazu, das Blickfeld zu erweitern, indem der Fluchtpunkt in eine dem Menschen nicht zugängliche Höhe, eben in die »Vogelperspektive«, erhoben wurde. Die Künstlichkeit dieser unrealistischen Wiedergabe erzeugte eine eindrucksvolle Art der übersteigerten Wirklichkeit.

In bezug auf eine eigenständige graphische Behandlung der Gartenpläne bringen das 17. Jahrhundert und der Beginn des 18. Jahrhunderts nur wenig Neuerungen. Der nach fast mathematischem Maßstab angelegte Plan paßt sich den großen Ordnungslinien an, wie sie zum Beispiel André Le Nôtre schafft. Unter den großen Künstlern, die im 18. Jahrhundert Gärten in freieren Formen zu entwerfen suchten, waren Maler, »Gärtner« (im Sinne der Engländer) und besonders häufig Architekten. Sei es, damit sich der Bauherr eine umfassende Vorstellung des Entwurfs machen konnte, sei es, um den verschiedenen Ausführungsbeteiligten eine Anweisug zu unterbreiten, in jedem Fall war es unerläßlich, große und ausführliche Gesamtpläne anzufertigen. Daher ist auch die Vorliebe der kartographischen Darstellungen für Zier- und

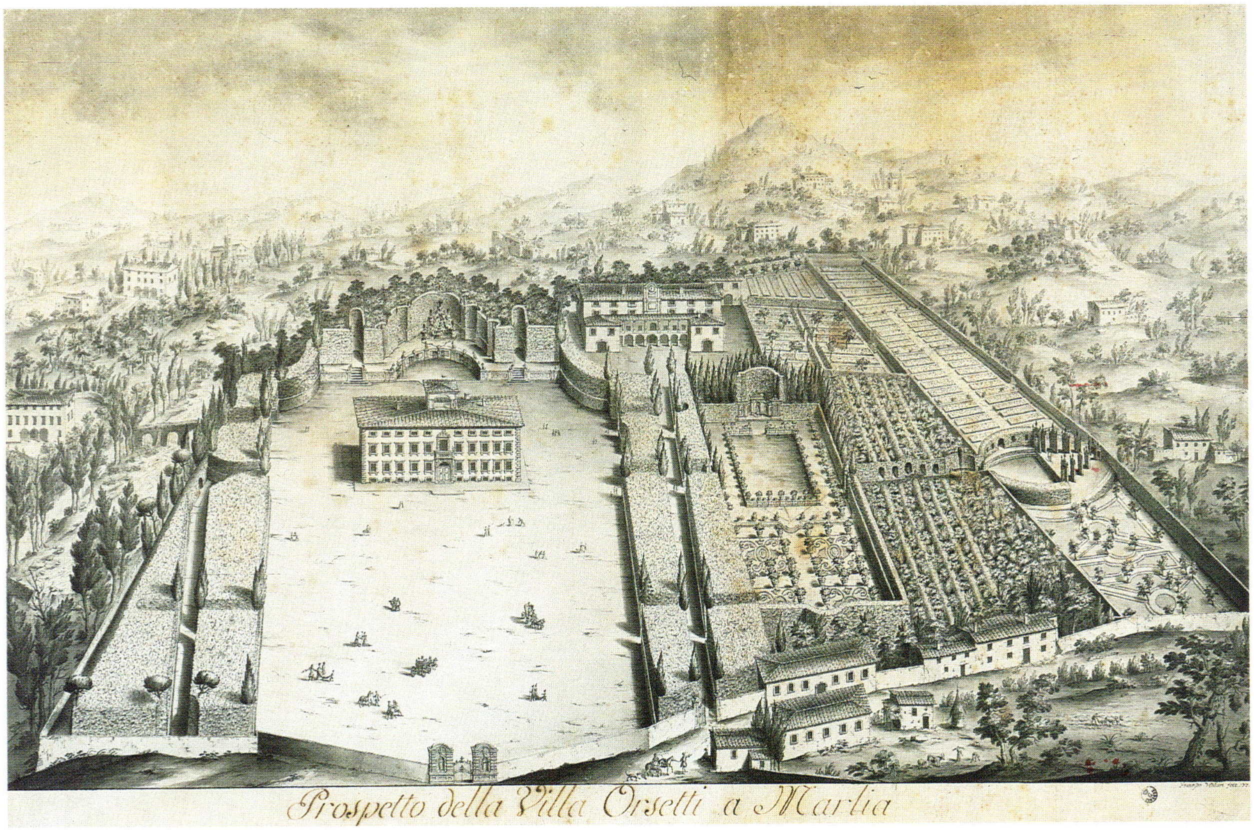

Grundriß der Villa Orsetti (später Villa Reale, heute Pecci-Blunt) in Marlia bei Lucca (Italien). Anonyme Zeichnung des 17. Jh. Lucca, Archivio di Stato

Vogelschau der Villa Orsetti (später Villa Reale, heute Pecci-Blunt) in Marlia bei Lucca (Italien), Kupferstich, 1775

Grundriß eines Schloßgartens mit Heckentheater sowie Aufrisse für einen Kamin und eine Tür von Charles-Albert de Lespillez (1723–1796). Bleistiftzeichnung, 1754. Berlin, Staatliche Museen Preußischer Kulturbesitz

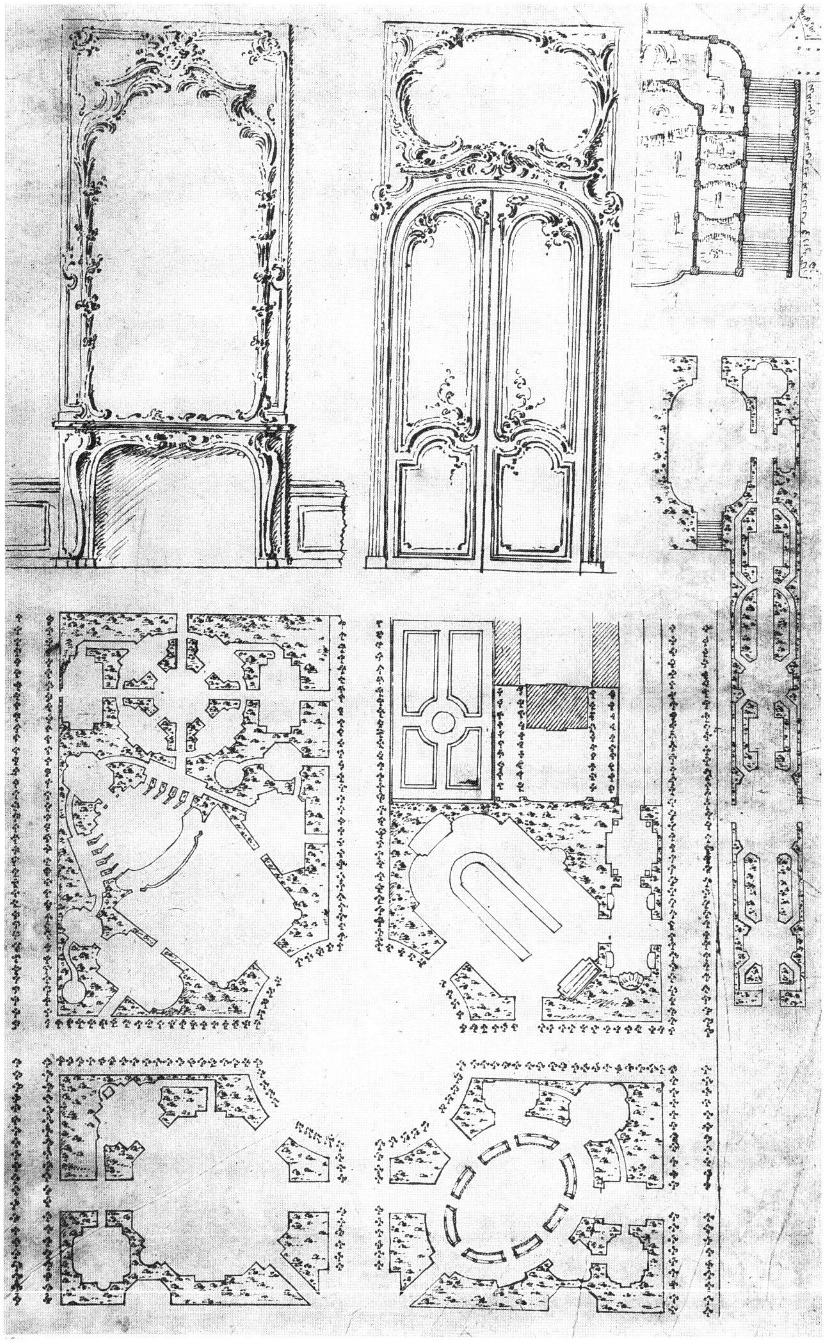

Küchengärten zu erklären. Zwar wurden hier die üblichen karthographischen Techniken wie die der Schattierung eingesetzt, zugleich benutzte man sie aber auch als ästhetische Stilmittel. Wenn man die Pläne von François-Joseph Bélanger für die Folie Saint-James oder für den Garten von Bagatelle anschaut oder jene von Brogniart oder Bergeret für die Isle-Adam – um hier nur einige französische Beispiele zu nennen –, ist man überwältigt von der traumhaften Schönheit dieser graphischen Darstellungen. Im Augenblick, in dem man die Einzelheiten betrachtet, entstehen vor dem inneren Auge bereits die fertigen Gartengestaltungen. Die Bilder verdichten sich so, daß selbst die Bäume zu wachsen scheinen und sich in den Wasserflächen widerspiegeln. Die zum Garten gehörenden Bauwerke werden an den Rändern der Pläne einzeln abgebildet. In diesen poetisch inspirierten Plandarstellungen findet man eine Art Verwandtschaft mit den zauberhaften und realitätsfernen Orten der zeitgenössischen Literatur, wie Prosperos Insel. Zweifellos ist diese Art der Darstellung auf die damals herrschende Vorliebe für das Exotische in der Architektur und vor allem der Botanik zurückzuführen, denn zu dieser Zeit wurden viele Pflanzen eingeführt.

Die Gartengestalter – Praktiker und Theoretiker – haben zu jeder Zeit und jeder auf seine Weise über die Rolle der Architektur in der Freiraumgestaltung nachgedacht. Dezallier d'Argenville, der das gesamte klassizistische Wissen zum Thema Gartenarchitektur – das traditionell immer von der eindrucksvollen Gestalt Les Nôtres geprägt war – zusammentrug und katalogisierte, schrieb im siebten Kapitel seines Buches *La théorie et la pratique du jardinage* (1709): »Die grünen Arkaden, Lauben und Alkoven, diese ›Architekturfragmente‹, die, wenn sie gut plaziert sind, mit Sicherheit etwas Schönes und Prächtiges an sich haben, erhöhen und steigern die natürliche Schönheit der Gärten. Es ist eine Schande, daß sie, mit Mühe und Sorgfalt errichtet und gepflegt, oft von solch kurzer Dauer sind.« Damit ist alles ausgedrückt: die Regel der »Konvenienz«, der Verhältnismäßigkeit, das heißt die Suche nach Einklang mit der vorgegebene Landschaft, der ästhetische Aspekt und die nicht aufzuhaltende Vergänglichkeit. Treillagen, Belvederes, Muschel- und Grottenwerke sind allen Gärten der Renaissance und des 17. Jahrhunderts gemeinsame Elemente. Sanssouci, Mon Plaisir und andere »Zufluchtsorte« verdanken ihre linearen Formen und zarten Farben dem Einfluß des nur wenig vom Stil der Rokoko-Gärten im Piemont, im zaristischen Rußland und an deutschen Fürstenhöfen abweichenden Klassizismus.

Der Garten- und Parkbau im England des 18. Jahrhunderts ist eines der wichtigsten Kapitel in der Geschichte der englischen Architektur, Technik und – noch im buchstäblichen Sinne – Ökologie. In einem Land, in dem der Vertreter der herrschenden Klasse meist eher ein adliger Dilettant, ein General, der das Schlachtfeld mit dem Weizenfeld vertauscht hat, oder ein reicher Bankier als ein Inhaber von Feudalrechten war, investierten die Grundbesitzer Geld, Arbeit und Fachkenntnisse in die Landwirtschaft und den Obst- und Gartenbau. Im Gegensatz zu Frankreich, wo der Staat selbst, abgesehen von einigen Ausnahmen, Landschaft mit kolossalen Brücken und Straßenbauten umgestaltete, war die vielschichtige Umformung der Landschaft in England hauptsächlich das Werk privater Landbesitzer.

Sicherlich entsprang der klassische englische Garten im Stil William Kents den besonderen klimatischen Verhältnissen; er war aber auch das Produkt einer bestimmten Mentalität: Die Vorliebe für das Unregelmäßige und Asymmetrische, die schon der englischen Literatur des 17. Jahrhunderts eigen war, verband sich mit einem neuen Freiheitsgefühl und der Aversion gegen jegliche geradlinige Ästhetik, ob klassizistisch oder barock.

Der Landschaftspark, der sich visuell in das ihn umgebende Land erstreckte, bestand dennoch aus einem geschlossenen Raum mit genau abgesteckten Grenzen. Außerhalb in der unberührten Natur, modifizierte die »grüne Re-

Grundriß des Belvedere im Schloßpark von Portici bei Neapel, signiert: Francesco Geri. Aus: Pianta generale ... di alcuni siti delle Reali Delizie di Portici. Manuskript. Neapel, Biblioteca Nazionale

volution« nach und nach den fein abgestimmten Kräfteausgleich; innerhalb, in einem von unsichtbaren Zäunen eingegrenzte Gebiet, veranschaulichten die Boden-, Vegetations- und Wasserspiele die Dialektik zwischen »peigné« (»gekämmt« im Sinne von geordnet) und »sauvage« (wild).

Eine Reihe von Wissenschaftlern ist der Ansicht, daß der englische Garten von seinem Ursprung in der Mitte des 18. Jahrunderts ausgehend, tatsächlich ein »technisches Laboratorium« war; zusätzlich bot er ein Schauspiel der Versinnbildlichungen und stellte schließlich einen Ort des ästhetischen Experiments dar.

Als technische Werkstätte gab der Landschaftspark die Möglichkeit zur Anwendung militärischer Ingenieurverfahren, verschiedener Vermessungstechniken, der Kategorie und der Hydraulik. Dies äußerte sich in Plattformen, Laufgräben auf erhöhten Erdwällen, Dämmen und Dammböschungen, Tälern und Gräben, Kanälen und Becken, Vielecken, Vierecken und Halbmonden. Jede dieser Sequenzen verkörpert ein anderes Erscheinungsbild der Erde.

Das Gesamtwerk von Charles Bridgeman, ebenso wie das von Stephan Switzer, zeigt dies deutlich.

Das Schauspiel der Darstellung: ein System von geometrischen Formen (geraden Linien, geschwungenen Linien oder Serpentinen wie bei William Hogarth, netzförmigen oder kreisrunden Linienführungen gestaltet das Erscheinungsbild und bildet ein Geflecht mit zahlreichenden Berührungspunkten des Abbildenden und des Abgebildeten, des Abgrenzenden und des Abgegrenzten, des Einordnenden und des Eingeordneten.

Als Ort ästhetischer Erfahrung bietet er den Rahmen für Anklänge an alle Mythen und die Kunstwerke der arkadischen Antike, eine Umrahmung, die man wie eine Reise erlebt, bei der alle malerischen, literarischen und symbolischen Bezüge sich zuerst in einem Spiel allegorischer Zitate äußern (hierfür ist der Garten von Rousham ein gutes Beispiel). Später – mit Weiterentwicklung des Berufsbildes des Gartengestalters, dessen berühmtester wohl Lancelot »Capability« Brown war – findet eine Entwicklung statt, welche die natürliche Welt nicht mehr nur sinnbildlich, sondern auch in metaphorischen und abstrakten Begriffen widerspiegelt.

Um 1800 wandelte sich mit Humphry Repton und der mehr intellektuellen »neomalerischen« Konzeption von Richard Payne Knights und Uvedale Price die Komposition der Parks von neuem und entsprach wieder dem Geschmack der literarische Zirkel und Feingeister. Die Theorie und Praxis des »Malerischen« führen bei dem architektonischen Entwurf die moderne Methode der »kritischen Auswahl« und die Anwendung der Montage und »Zerlegung« ein. Zu diesem Zeitpunkt, als die »Natur« noch als Ergänzung des gesellschaftlichen Lebens verstanden wird, wird den Malern, Architekten und Gartengestaltern die Aufgabe übertragen, jene Bilder aus der Geschichte und aus der eigenen schöpferischen Vorstellungskraft auszuwählen, die geeignet scheinen, beim Betrachter die erwünschte Reaktion hervorzurufen. Die verschiedenartigen Besonderheiten und Gestaltungselemente eines Gartens wie Pavillons, Tempel, Gebäude, Seen, Bäume und sogar die Wolken und Berge im Hintergrund, all dies wird gemäß perspektivischen Gesetzen so angeordnet, daß sich ein perfekt komponiertes Gemälde in einem Rahmen ergibt. Auf diese Weise wurde die Natur neu geschaffen und die Weltgeschichte neu geschrieben.

In bezug auf Frankreich kann man sagen, daß mit dem Aufkommen des Landschaftsgartens und des »anglo-chinesischen« Stils die Architekturversatzstücke eine völlig neue Bedeutung erlangt haben. Carmontelle (1717–1806), der eigenwillige Erfinder der »Folie« im Garten des Herzogs von Chartres, dem späteren Park Monceau in Paris, erklärt, daß mit diesen »Mikrokosmosgärten« beabsichtigt wurde »in einem einzigen Raum alle Zeiten und alle Orte« in sich zu vereinigen ... Dies sollte mittels der »Bauwerke« geschehen. Es ist bekannt, daß dieser weltmännische, amüsante und vielseitige Künstler, der in seinen Mußestunden malte, auch die »Transparente« entwickelt hat: große Rollen aus durchsichtigem Papier – einige von

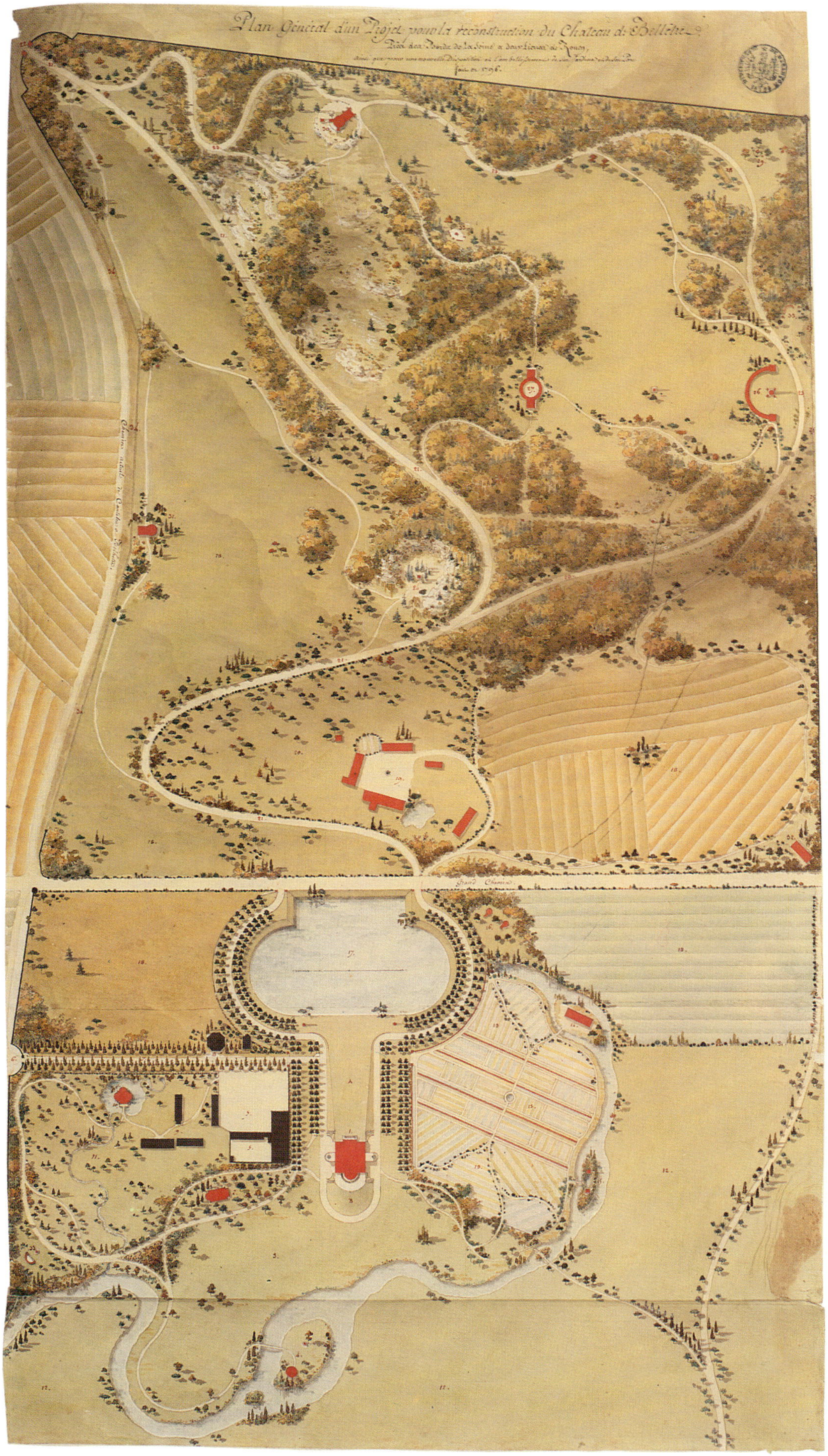

Grundriß des Schloßparks von Bellêtre (Normandie). Zeichnung von P.-A. Pâris, Besançon, Bibliothèque Municipale

ihnen bis zu 25 Meter lang – wurden vor einer Lichtquelle abgerollt und entführten die Betrachter in die wundervollen Gegenden jener »Orte der Illusion«, die Jurgis Baltrušaitis so lieb und wert waren.

Aus diesem Grund wird die Architektur zum ordnenden Element im sich entfaltenden Schauspiel. Sie wird zu einer wahren Zauberkraft. Hier ist die Architektur nicht länger vordergründige Kulisse für Feste oder Theaterstücke, sondern ihr wird die Aufgabe zuteil, die Bühne für die aufeinanderfolgenden, sich immer erneuernden Bilder des Gartens zu stellen. Was wäre eine »Einöde« ohne »Einsiedelei«, ein »Elysium« ohne eine antike Grabstätte, eine »arkadische Landschaft« ohne eine Schäferhütte? Hier haben wir die Erklärung für die Vorherrschaft der »fabriques«, der Bauwerke. Dieser Begriff, der ursprünglich »alle Gebäude« bezeichnete, »die durch die Malerei dargestellt werden können«, wandelt sich um 1770 und beinhaltet weiterhin »jedes Bauwerk, das in einem Garten als Schmuck oder malerisches Element errichtet worden ist«. Dieser kleine semantische Exkurs, der darauf hinweist, daß die Landschaft die Rolle eines zweidimensionalen, malerischen Hintergrundes für ein unabhängiges Architekturobjekt zugewiesen bekommt, ist außerordentlich aufschlußreich, weil hier Beziehungen aufgezeigt werden, die zu jener Zeit zwischen der Landschaftsmalerei und den im freien Stil angelegten Gärten bestanden. Es sei hier nur auf die richtungsweisende Gestalt eines Hubert Robert verwiesen. Nach Morel, einem anderen Gartentheoretiker des ausgehenden 18. Jahrhunderts, hängt die Auswahl der ›fabriques‹ »von dem Charakter des jeweiligen Standortes und der Harmonie mit der Umgebung ab«. In der Tat fällt den Bauwerken, die oft Denkmäler »en miniature« sind, die Aufgabe zu, das ikonographische Programm wiederzugeben, d.h. der Symbolik des Gartens Ausdruck zu verleihen. Die Bauwerke sind eng mit der Gefühlswelt verbunden. Sie bringen auch den gedanklichen Hintergrund der Gärten klar zum Ausdruck. Die Liebe, die Erinnerung oder die Freundschaft bewohnen die Tempel und Grabmäler oder sind aus dem Fels gemeißelt. Alles erhält einen besonderen Sinn. Ein Säulenstumpf, der nur grob behauen ist, gilt als Hinweis auf die Grundsatzdebatte über die Ursprünge der Architektur. In den Grotten wird mit der Verehrung der Nymphen ein vergessenes Heidentum zu neuem Leben erweckt. Der Weg durch den Garten kann manchmal zu einer Art Architekturvorlesung werden, oder sogar zu einem aufschlußreichen Spaziergang durch Mozarts »Zauberflöte«. Hier am Kreuzungspunkt zwischen dem Zeitalter der Aufklärung und der frühromantischen Empfindsamkeit regen uns die freigestalteten Gärten mit ihrem einzigartigen Formenrepertoire zu neuen Überlegungen an. Die Gartenkunst trägt hier zugleich ethische wie auch ästhetische Züge und umfaßt Erfahrung und Zukunft der Menschheit.

Der Garten eines Fürsten, ein öffentlicher Garten, der Garten eines Gelehrten, eines Philosophen oder eines Dichters, der Privatgarten einer kleinen Vorstadtvilla – gleich vor welchem sozialen oder wirtschaftlichen Hintergrund, gleich wo er gelegen ist, ob in der Stadt oder auf dem Lande, bei einem vornehmen Haus oder einem Landgut – die Welt des Gartens gibt nie ihre Berufung preis: »Der Garten ist immer eine Flucht in das Arkadien der Antike oder das Paradies der ersten Menschen, in das Einsiedlerleben, die Einsamkeit, auf die Bühne eines Theaters« (J. Baltrušaitis). Das Thema des Gartens ist immer mit einem philosophischen Grundgedanken verbunden, mit der Vorstellung des idealen Museums, und als solches hat es seine eigenen ästhetischen Grundsätze entwickelt (Lionello Puppi). Parks und Gärten liefern Stoff für geistreiche Gespräche und Wanderungen auf den verschlungenen Wegen des »Labyrinths der Geschichte«.

Die Geschichte birgt oft Widersprüchliches, und so erleben wir in der Neuzeit einen Wechsel von der Vorherrschaft des Öffentlichen zum Privaten. Wir erleben, wie eine Politik entsteht, die auf der Notwendigkeit gründet, in den Städten öffentliche Grünräume anzulegen. Diese sind wie Gärten bepflanzt und sollen der Gesundheit und Freude aller Städter dienen. Der berühmteste Theoretiker dieses Programms war der englische Philosoph und Jurist Jeremy Bentham. Er war in ganz Europa bekannt geworden, als er um das Jahr 1790 das unheimliche, jedoch klug erdachte »Panopticon« vorstellte; einen Entwurf für eine Einrichtung auf kreisförmigem Grundriß, die es mit Hilfe eines Spiegelsystems erlaubte, Menschen in Räumen zu überwachen, ohne selbst gesehen zu werden. In seinem späteren Werk mit dem Titel »Chrestomathia« (1816), das sich mit Erziehungsmethoden befaßte, legte er die neue »eudemonische« Theorie dar oder »die Kunst des Wohlbefindens«. Hierin ging er davon aus, daß »der Wohlstand direkt oder indirekt in der einen oder anderen Form Gegenstand jeden Denkens ist und Ziel jeder Handlung eines jedweden empfindsamen und denkenden Wesens«. Später wandelte er diese Aussage in eine Art moralisches Naturgesetz um: »Das Maß oder der Grad des Wohlstands, den man in einem Zeitraum erlebt, steht in direkt proportionalem Verhältnis zur Summe aller Mühen und Kümmernisse, die im gleichen Zeitraum erfahren werden.« Diese Art der Argumentation ist bezeichnend für die englischen Utilitaristen, als einer deren Stammväter Jeremy Bentham gilt. Die Utilitaristen bezogen ihr Gedankengut aus dem Schaffen von Francis Hutcheson. Auf der Grundlage moralischer Thesen und Theorien über das Gute und das Schlechte befaßten sie sich damit, die Produktivität jeder moralischen und politischen Handlung zu quantifizieren.

In der ersten Hälfte des 19. Jahrhunderts bildeten die Anhänger Benthams eine Gruppe, deren Gedankengut von der Bewegung zur Schaffung öffentlicher Parks in Großbritannien übernommen wurde. Unter ihnen seien besonders hervorzuheben der Historiker Edwin Chadwick, Sekretär der Poor-Law-Commission, R. A. Slaney und John Arthur Roebuck. Diese Persönlichkeiten wehrten sich insbesondere gegen den Verkauf und das Einfrieden der gemeindlichen Freiflächen. Diese unselige, aber unaufhaltsame Entwicklung raubte insbesondere in den Städten jeden Restbereich für Spaziergänge, Sportmöglichkeiten und die Möglichkeit der Naturbetrachtung. Roebuck war einer der eifrigsten Redakteure des 1833 erschienenen »Report from the Select Committee on Public Walks and Places of Exercise« des Parlamentarischen Ausschusses, der mit dem Ziel gegründet worden war, eine Studie über öffentliche Spazierwege und Sportplätze zu erarbeiten. Diese Ausschuß empfahl den Erhalt öffentlicher Räume, um so das Spazierengehen zu fördern. Dies sollte ein Mittel sein, den Arbeiter zu veranlassen, seine Familie »sauber, korrekt und ordentlich aussehend zu halten, denn ein Mann, der mit seiner Familie spazierengeht und dabei auf andere Menschen unterschiedlicher gesellschaftlicher Stellung trifft, möchte selbstverständlich gut gekleidet sein. Genau dasselbe wünscht er auch für seine Frau und seine Kinder. Dieser Wunsch, sofern er in angemessener Weise ausgerichtet und kontrolliert wird, erweist sich, wie die Erfahrung zeigt, als die beste Anregung für die Fortentwicklung der Kultur und als Stimulanz für die Industrie.« Roebuck trat auch vehement für die Verabschiedung des »Common Field Enclosure Bill« im Jahre 1834 durch das Parlament ein. Das Gesetz hatte jedoch nur wenig

»Baulichkeiten zur Gartenverschönerung«. Farblithographie von C. Motte, aus: G. Thouin, Plans raisonnés de toutes les espèces de jardins, Tafel 53, Paris 1820. Paris, Bibliothèque de l'Ecole des Beaux-Arts

Erfolg. Zwischen 1837 und 1841 wurden von 41420 (ca. 16,762 Hektar) verkauften und umfriedeten Acres nur 222 Acres (ca. 90 Hektar) als Parks der Öffentlichkeit zur Verfügung gestellt.

Nichtsdestoweniger wird in dem genannten Parlamentsbericht der Entwurf für eine soziale Integration deutlich, die als Konstante in der Städtebaupolitik Europas und der Vereinigten Staaten bis zum Ende des 19. Jahrhunderts immer wiederkehrt.

John Claudius Loudon, der Gründer der »Gartenbewegung« in England, konnte im »Gardeners Magazine« schreiben: »Wenn in den Städten und den sie umgebenden Bereichen Gesetze herrschten, denen zufolge sie als eine untrennbare Einheit behandelt würden und nicht, wie dies heutzutag oft der Fall ist, in den elendigsten und dürftigsten Einzelheiten von Körperschaften und dem Rat der Kirchengemeinden bestimmt würden, wenn der Wunsch der Gesellschaft nach Erholung und Freizeitvergnügen von ihren Vertretern ernst genommen würde, könnte man auf Kosten der Gemeinschaft und zur Freude aller öffentliche Gärten mit großen und kleinen Gewächshäusern schaffen.« Hier wird uns das gesamte »Programm« für die Einrichtung von Parks in den Metropolen vorgestellt, wie man sie sich für die großen Weltstadtzentren im 19. Jahrhundert erdachte. Der große Unterschied zwischen dem Landschaftsgarten des 18. Jahrhunderts und dem Stadtpark hundert Jahre später liegt gerade in seiner besonderen Betonung als »städtische« Einrichtung.

Als Teil der Stadt ist der »Zentralpark« – um hier den Ausdruck von Walter Benjamin zu benutzen – in erster Linie eine »städtische Institution«. Ursprünglich war er aus Gründen der Moral und der Hygiene eingerichtet worden, wie die Fachliteratur zu diesem Thema bezeugt. Der Stadtpark ist eine Einrichtung für die Allgemeinheit, eine städtische Dienstleistung und funktioniert nach klar festgelegten Richtlinien. Auf der einen Seite steht das Angebot eines gut ausgestatteten Bereichs von Grünräumen, die für alle benutzbar sind. Auf der anderen Seite hat sich der Benutzer diszipliniert zu verhalten und nach gewissen Vorgaben zu richten. Dazu gehören die Beachtung eingezäunter Bereiche, der Kartenverkauf, die Sauberhaltung und das Verbot einer Ausübung von Gewalt, Sport (außer in ausgewiesenen Gebieten) und der Prostitution.

Für die großen Gartengestalter und Landschaftsarchitekten Joseph Paxton, F. L. Olmsted, James Pennethorne, Edward Kemp, Alexander McKenzie und Edouard André, den Schüler von Adolphe Alphand, der unter anderem ab 1869 den Sefton Park in Liverpool entwarf, muß wohl das gestalterische Entwurfsideal für einen Park in der Abwechslung von konkaver und konvexer Linienführung bestanden haben. Da sich diese Figuren nicht gegenseitig überschneiden, können sie zu einem Rundweg verknüpft werden. Sie erzeugen damit eine fast notwendige Bewegung, die als angenehm empfunden wird. Im »Zentralpark« trifft man überall auf arabesk verschlungene Wege. Sie verbinden jeden Punkt mit dem Ganzen und überziehen alles mit einem Netz, dessen Flächen nicht orthogonal, sondern in gewundenen Linien verlaufen. Dies hat zur Folge, daß sich »Zeit« und »Raum« auflösen und eine unendliche Vielzahl an Blickpunkten entsteht. Die Figur der Arabeske hat viel mit dem Eindruck einer bewegten Menschenmenge gemeinsam. Von »dem Menschen in der Menge« eines Edgar Allan Poe bis zu dem »Flaneur« eines Charles Baudelaire bringt der »Zentralpark« in seinen labyrinthischen Wegenetzen jene besonderen Gefühle zum Ausdruck, die durch die Großstadt selbst geweckt wurden: »Intensität, Klangfülle, Klarheit, Beschwingtheit, Tiefe und Resonanz in Raum und Zeit« (Baudelaire).

Die Idee des Spaziergangs im 19. Jahrhundert ersetzt die klassische Form des »Promenierens«, wie sie etwa im 17. Jahrhundert üblich war. Sie entspricht außerdem der Vorstellung eines Zyklus oder Kreislaufs, wie sie für die Parks jener Zeit mit ihren gewundenen Linien maßgebend war. Der Philosoph Michel Serres hat darauf hingewiesen, daß der Aufbau eines Parks, ebenso wie die Organisationsstruktur einer Metropole – Paris, New York, Berlin – im übertragenen Sinn das Funktionieren eines Motors zum Vorbild nimmt. Mit anderen Worten: der Park wie auch die Stadt funktionieren wie zwei spiegelbildliche Erscheinungen, die ihrerseits zur Metapher werden. Der »Tank« dient als Energiespeicher (wie im Central Park in New York oder das Reservoir Botzaris in Buttes-Chaumont in Paris, ebenso wie der Wasserturm im Park von Hamburg), die »Zirkulation« ist das beherrschende Leitmotiv für die beweglichen Dinge (in der Bewegung der Menschenmassen wie im Lauf des Wassers) »Rückstände« wie Staub und Schmutz, Abwasser und Trümmer schließen den Kreislauf. Wenn die Stadt übersteigert als Motor bezeichnet wird, so feiern die Zentralparks den Triumph der Technik als Selbstzweck, indem sie jenes große Energiereservoir, nämlich die Natur selbst, sich zunutze machen.

So schreibt Friedrich Nietzsche in seinem Werk »Die fröhliche Wissenschaft«: »Es bedarf einmal, und wahrscheinlich bald einmal, der Einsicht, was vor allem unseren großen Städten fehlt: stille und weite, weitgedehnte Orte zum Nachdenken. Orte mit hochräumigen, langen Hallengängen für schlechtes oder allzu sonniges Wetter, wohin kein Geräusch der Wagen und der Ausrufer dringt ... Bauwerke und Anlagen, welche als Ganzes die Erhabenheit des Sich-Besinnens und Beiseitgehens ausdrücken.« (Nr. 280)

Der positive Charakter des Parks als städtische Einrichtung führt das Element der Muße in die Metropole ein. Er schafft einen idealen Ort für ein Stück kontemplativen Lebens inmitten der modernen Stadt. Diese Idealvorstellung des Begriffes Park fand in der ersten Hälfte unseres Jahrhunderts in Deutschland ihre vollkommenste Verwirklichung im »Volkspark« und »Kleingarten«, im »Jugendpark« und in der Friedhofsanlage. Diese Einrichtungen dienten in vieler Hinsicht der öffentlichen Gesundheit und dem Andenken der Verstorbenen und brachten damit die Grundsätze des »Gartensozialismus«, zum Ausdruck.

Im 20. Jahrhundert begann der Niedergang des öffentlichen Parks; für bestimmte Beobachter wurde er zum Schmelztiegel neuer Ideen; der Amboß, auf dem die Theorien des Modernismus geschmiedet wurden. Der Park als Ort der Moderne wurde beschrieben als »eine Art großes Schwungrad, das sich dreht, aber von keiner Hand geleitet wird«. Dies ist die Sichtweise eines Louis Aragon, die er in seinen hervorragenden Bemerkungen über »das Naturgefühl im Park von Buttes-Chaumont« beschreibt, im zweiten Teil von »Le paysan de Paris« (1926). Aragon besuchte die Buttes-Chaumont zusammen mit André Breton in einer neblig-trüben Nacht und beschrieb sie als »eine sinnlose Freifläche, die dem Kopf eines verrückten Architekten entsprungen ist und den Konflikt zwischen der Naturphilosophie eines Jean-Jacques Rousseau und den wirtschaftlichen Existenzbedingungen des städtischen Lebens in Paris widerspiegelt«.

Im Park war das Unbewußte der Stadt verankert. Als größte Tragödie

Park Montsouris, Paris. Photo Fulvio Ventura

wurde die Feststellung empfunden, »daß es heutzutage unmöglich ist, sich dem allgegenwärtigen Einfluß der Gesetze zu entziehen«, und nicht in der Lage zu sein, die »eigenen Sehnsüchte« zu beherrschen. »Große, kalte Scheinwerfer überragen die moderne Maschinerie und trachten danach, selbst die Felsen, die Pflanzen und die kleinen Bäche zu unterjochen.« Der Hauch erhabener Freuden treibt leicht zum Wunsch nach dem Unmäßigen: dem Tod. Diesbezüglich ist die große »Brücke der Selbstmörder« im Park von Buttes-Chaumout ein eigenartiger Brennpunkt. »Dort nahmen sie sich das Leben bevor man dort hohe Gitter anbrachte. Selbst Menschen, die sich nicht zu diesem Schritt entschlossen hatten, erlagen immer wieder dem Sog des Abgrundes.« Dieses Gefühl der Trostlosigkeit, eine Art verzweifelter Empfindung von Liebe, Auflehnung und Tod, befiel in den gleichen Jahren auch Adrian Stokes im Kensington Park: »Nacktheit, Exhibitionismus, plötzliche Enthüllung eines bleichen Körpers, kindlich-erotisches Spiel, Selbstmord, tausend kleine Kinder, die an heißen Sommerabenden nackt herumlaufen und sich in die »Serpentina« stürzen. Alles ist in eigenartiger Weise verbunden mit der Welt der Reglementierung, dem Gitterwerk, dem Regiment der Parkwächter, ebenso wie mit der Welt der Landstreicher, des Staubs und der Gewalt« (Inside Out, 1947).

Im Jahre 1965 machte John Lindsay, der spätere Bürgermeister von New York City, die Einrichtung von Parks und Spielplätze zum Hauptthema seines Wahlkampfes. Seine spätere Kommunalpolitik hatte zwei gegenläufige Effekte. Zu einem offenkundigen Mißerfolg wuchs sich zum Beispiel die Idee der öffentlichen »open spaces« aus, die man auf unbebauten Restflächen des Stadtgrundrisses ausweisen wollte. Diese Initiative sollte aber unter den Folgen der Stadtflucht leiden, die so kennzeichnend für die sechziger und siebziger Jahre war. Die »open spaces« wurden in zwei Arten unterteilt: einerseits die populistischen und stereotypischen Strukturen, die man »adventure playgrounds« nannte, andererseits die »squares«, die den »happenings« vorbehalten waren, wie sie von der künstlerischen Elite veranstaltet wurden. Ein aufsehenerregender Erfolg von Lindsay hingegen war der Beginn einer Politik des Erhaltens: Der Central Park und der Prospect Park wurden zu »Nationalen historischen Denkmälern« (national historic landmarks) erklärt. Die Ergebnisse – nach mehr als zwanzig Jahren Arbeit und ungeheurem Finanzierungsaufwand – sind sowohl vom ästhetischen wie auch vom sozialen Standpunkt als beispielhaft einzustufen.

In den vierziger Jahren belebte sich die Debatte über die Rolle des öffentlichen Parks als Ort aktiver Beschäftigung oder passiver Nutzung erneut. Um das Problem bei den heutigen Diskussionen richtig einschätzen zu können, lohnt es sich, kurz auf den Central Park zum Zeitpunkt seiner höchsten Blüte – etwa um 1895 – zurückzukommen. In seinem Buch »The Politics of Park Design« (Cambridge, Mass.; 1982) stellt Galen Cranz fest, daß es in der Absicht der Nutzung des Parks lag, weniger passiv als vielmehr gut organisiert zu sein. Es gab Bereiche, die schon in ihrer besonderen Beschaffenheit ganz auf eine bestimmte Nutzung hin konzipiert waren. Hier gab es Aschenbahnen, Fahrwege für Kutschen mit Anbindung an das Straßennetz, Sandwege für Reiter, Polofelder, Radwege und Kinderspielplätze. Darüber hinaus existierten Springbrunnen, Wasserbecken und Teiche, Plätze für Zirkuszelte oder für Musikkapellen, Rasentennisplätze, weitläufige Flächen für politische Demonstrationen und schließlich auch die Paradeplätze des Militärs. Alles in allem entsprach der Park um die Jahrhundertwende dem Spiegelbild einer neuen Mentalität, einer neuen Geisteshaltung: Das amerikanische und auch das europäische Publikum jener Zeit bestand größtenteils aus Personen, die fähig waren, weit gestreute und verschiedenste Aktivitäten zu genießen. Anders als die heutigen Zuschauer bei einer Sportveranstaltung, glichen die Menschen damals vielleicht eher dem heutigen Fernsehzuschauer, der häufig das Programm wechselt: Seine visuelle Aufnahme ist in keinster Weise kontemplativ, sondern zielt lediglich auf Zerstreuung.

Abschließend möchten wir daran erinnern, daß in neuerer Zeit verschiedene soziologische Studien versuchen, Aufschluß über die Einstellung des Publikums gegenüber den städtischen Park zu geben. Dabei zeigt sich als ein Resultat, daß mehrheitlich ein Verhältnis zum Park besteht, das man als »naiv« bezeichnen kann. (»Der Park ist ein Stück unberührter Natur. Er ist kein künstlicher Ort, sondern eine Oase, die in ihrem ursprünglichen Zustand erhalten geblieben ist.«) Daneben gibt es eine zweite Betrachtungsweise, die als »ästhetische« Annäherung bezeichnet wird. (»Der Park ist etwas Künstliches; er besitzt einen eigenen Stil und hat sich unabhängig entwickelt.«) Die dritte Herangehensweise, die man als »technokratisch« bezeichnen kann, ist auch heute noch in unseren europäischen Städten vorherrschend. Wir finden sie in der Arbeit von Bürokraten und Städteplanern, die die Welt nur aus der Luft betrachten und »Grünräume« mit dem Bulldozer entwerfen.

Wir vertreten nicht die Auffassung, daß die Philosophie der Romantik oder des Utilitarismus heutzutage zwangsläufig unsere Gedanken in bezug auf die städtischen Parks und die öffentlichen Gärten bestimmen sollte. Aber angesichts der Dehnbarkeit des Begriffs »öffentliches Grün« und auch aufgrund des heute bestehenden Bedürfnisses, Natur frei zugänglich zu genießen, kommen wir – zumindest in Europa – nicht umhin, das fehlende Bewußtsein und den Mangel an Weitblick auf beiden Seiten – sowohl in der Öffentlichkeit als auch beim Planer – deutlich zu machen.

Gewiß, der Park ist heutzutage kein »zentrales« Thema mehr, außer wenn es sich um die Lösung dringender Probleme wie zum Beispiel die Sanierung eines Parks handelt. So ist er heute eher zu einer Randerscheinung geworden, weil auch das städtische Leben an die Peripherie gerückt ist. Die alten historischen Stadtzentren beginnen zu veröden. Binnen kurzem werden dort nur noch Banken zu finden sein.

Dienstleistungsunternehmen, Museen, Fußgängerzonen, die der begierigen Masse der Touristen und den Parolen der Jugendlichen preisgegeben sind. Alles bewegt sich zur Peripherie hin, denn alles ist Bestandteil eines vernetzten Systems, oder versucht zumindest es zu werden. Der einzelne wird bald nur noch eine Erscheinung auf den flimmernden Bildschirmen des Videogerätess sein oder eine flüchtige, nur den Bruchteil einer Sekunde dauernde Wahrnehmung durch die Windschutzscheibe des Autos. In dieser Zeit der »Heimatlosigkeit« – wie es kürzlich Jean Baudrillard beschrieb – haben wir das echte Gefühl für die Veränderungen der Natur verloren. Sogar die kraftvollen Bilder, die von Künstlern des 19. Jahrhunderts im Herzen der Metropole erdacht wurden – jenem wirklichen Ort des Exils – sind verblaßt. Der Verbannte nimmt wenigstens sein Wissen, seine Erinnerung, ja sogar die Gerüche der Gestade mit sich, die er für immer hat verlassen müssen. Heute hat das Gefühl des Verlustes sowohl das Bewußtsein wie auch die Umgebung selbst ergriffen. Wenn wir uns nicht auf die Bedeutung der Landschaft und vor allem des Parks und des Gartens für unsere heutige Zeit besinnen, wird ihm eine trübe Zukunft beschieden sein.

Luftbild des Central Park in New York City

Der humanistische Garten
Von der Allegorie zum Manierismus

Villa Lante in Bagnaia (Italien). Photo Daniele De Lonte

Grundriß der Villa d'Este in Tivoli (Italien). Nach einem Aufmaß in: C. Lamb, Die Villa d'Este in Tivoli, München 1966

Grundriß des Sacro Bosco der Villa Orsini in Bomarzo (Italien). Nach einem Aufmaß in: H. Bredekamp, Vicino Orsini und der Heilige Wald von Bomarzo, Worms 1985

Grundriß der Villa Pratolino bei Florenz. Aus: B.S. Sgrilli, Pianta dei due Barchi, Viali, Fontane e Fabbriche della Real Villa di Pratolino, 1742 und nach einem Aufmaß von 1962

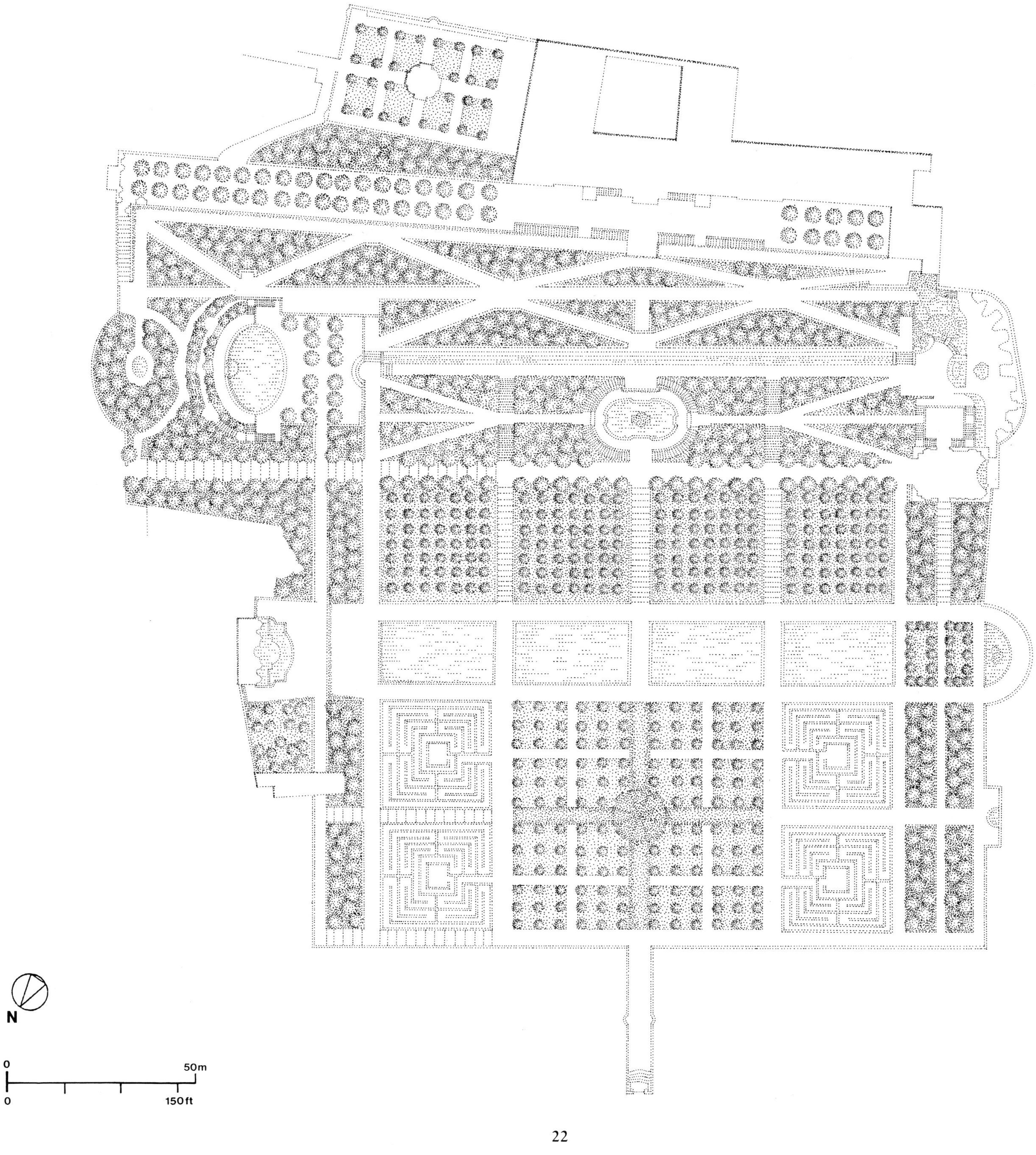

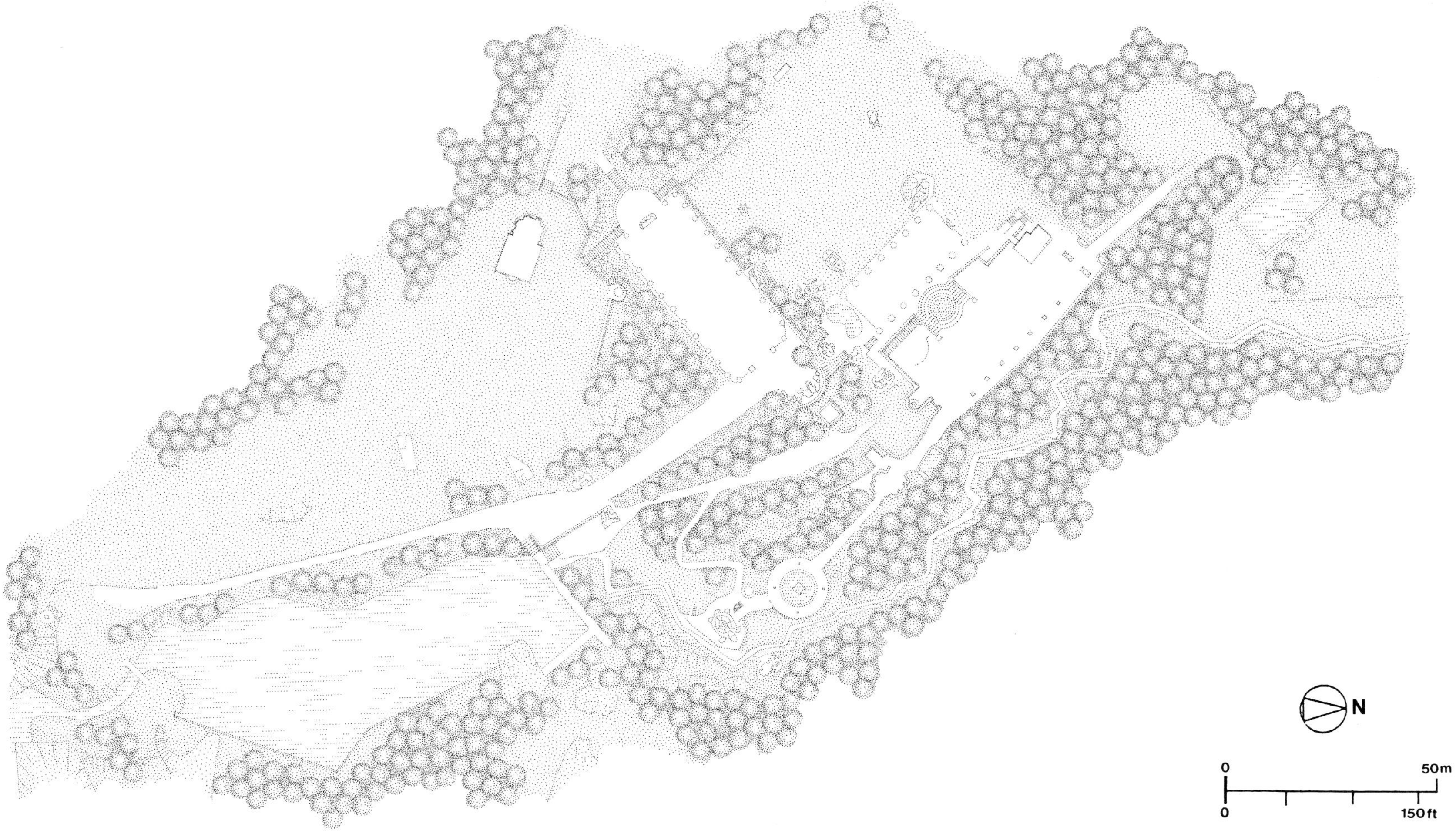
N
0
50m
0
150ft

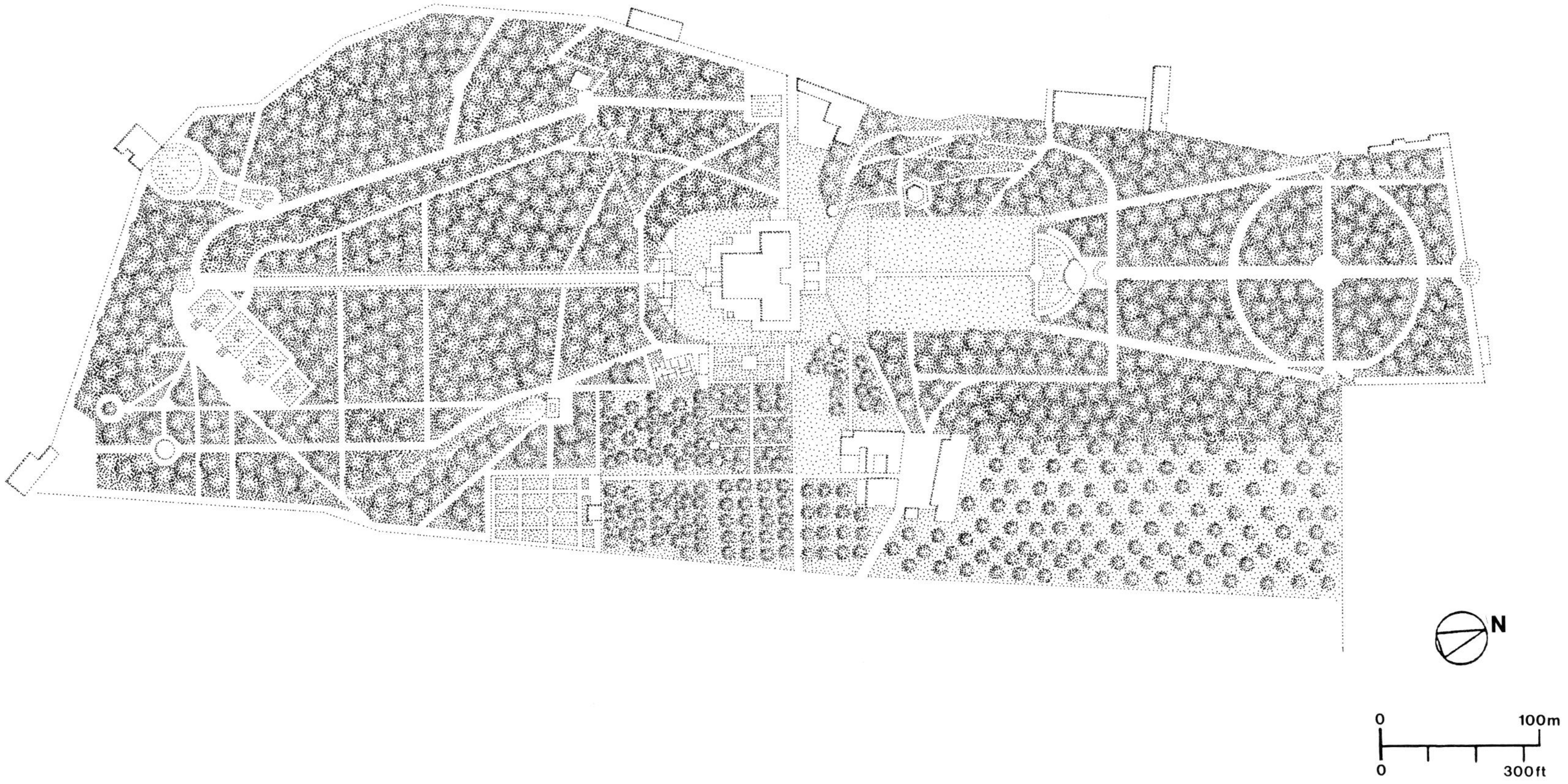
N
0
100m
0
300ft

Grundriß der Villa Lante in Bagnaia (Italien). Nach einem Aufmaß in: F. Fariello, Architettura dei giardini, Rom 1985 (Neuauflage)

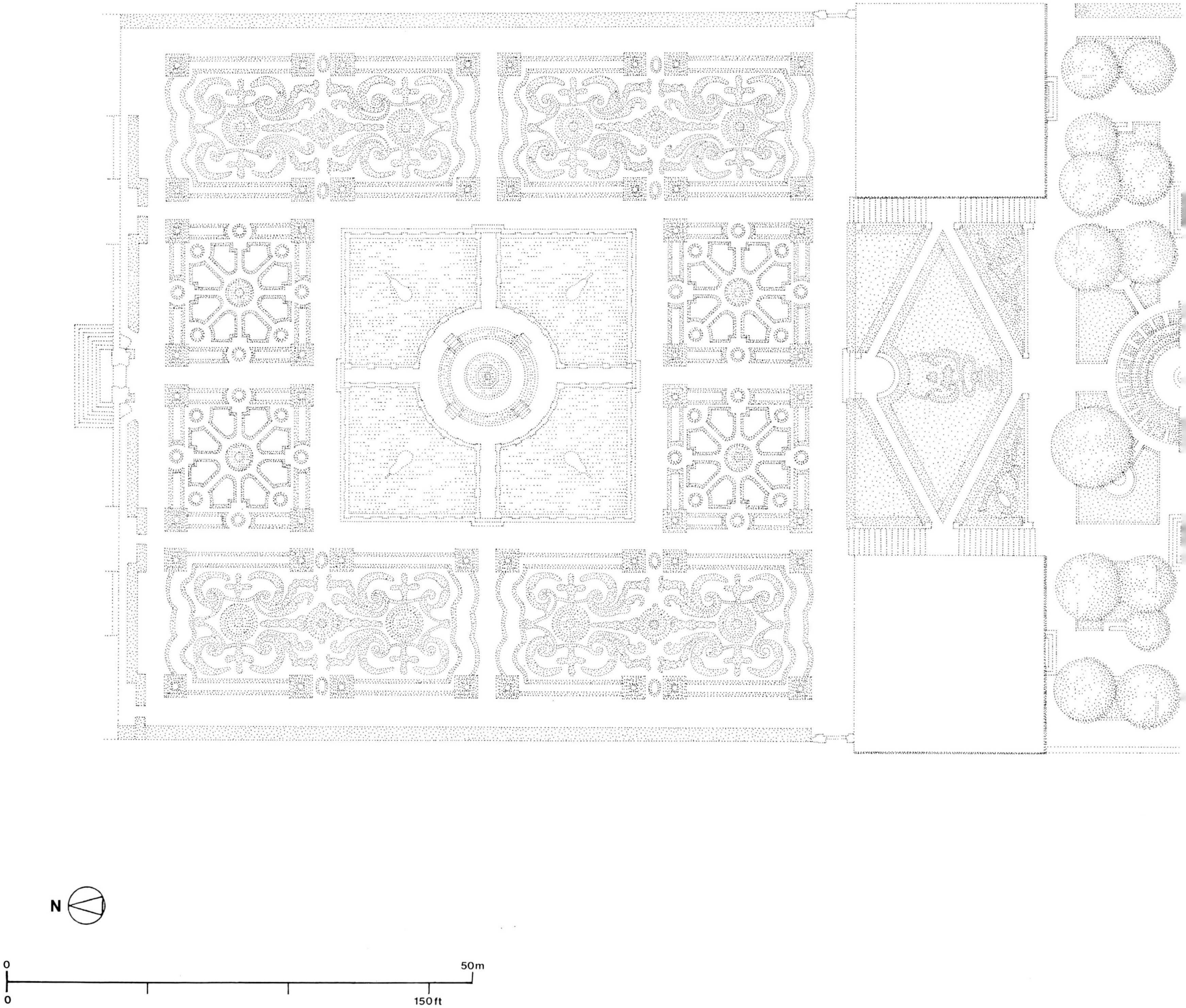

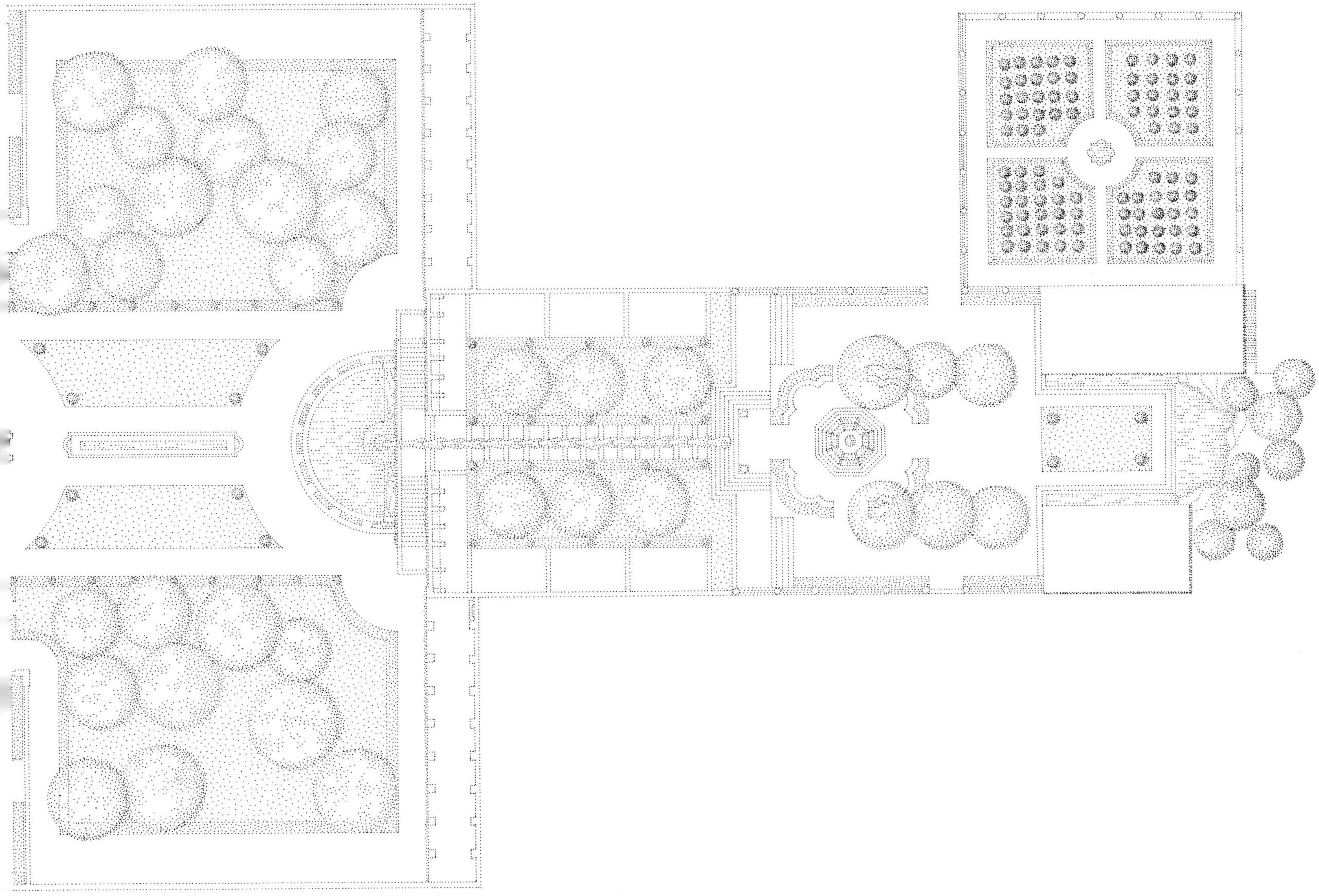

Die Gärten von Palazzo und Casino Farnese in Caprarola (Italien).
1. Grundriß von Lebas
2. Grundriß der Gärten um den Palazzo, nach einem Stich von G. Vasi von 1746
3. Grundriß der Gärten um das Casino, nach einem Stich von G. Vasi von 1746

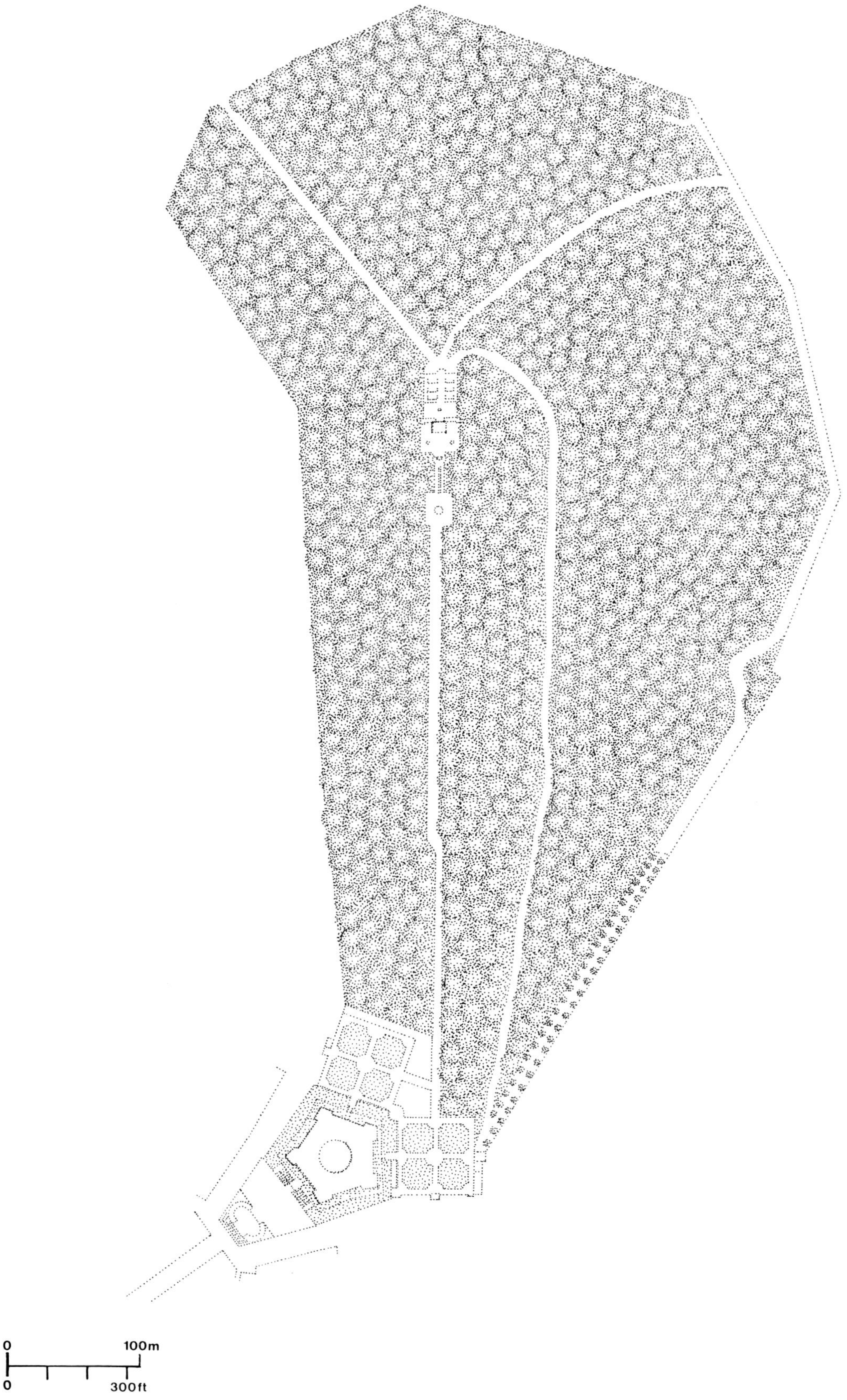

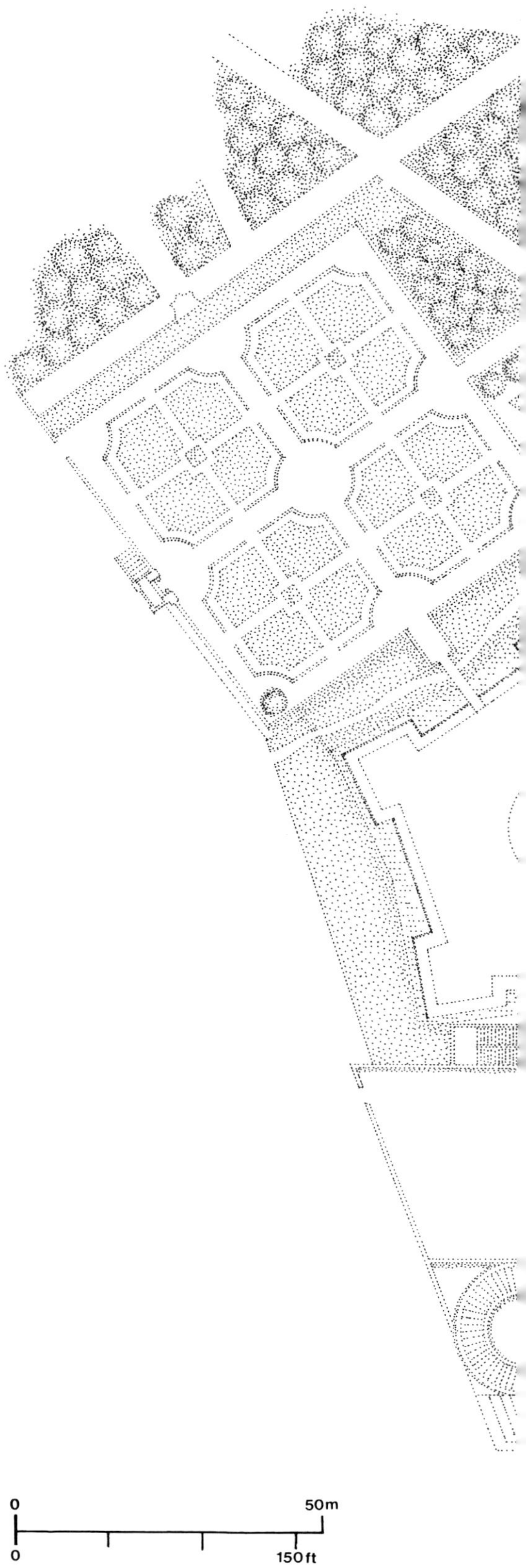

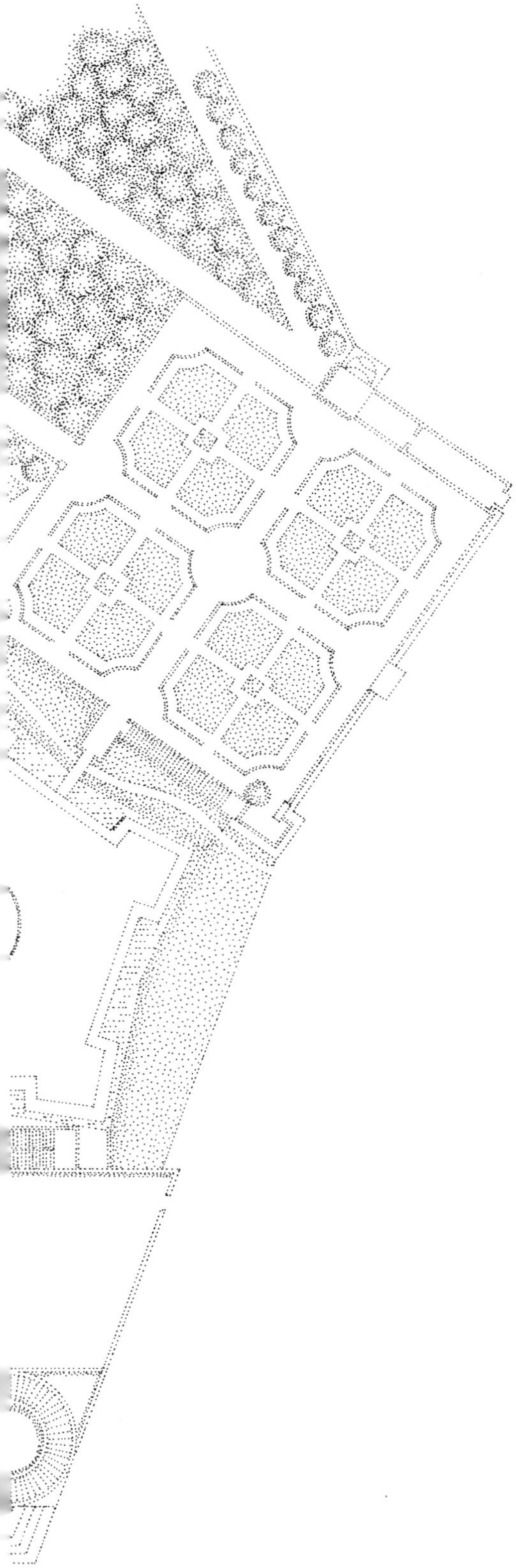

0
50m
0
150ft

Grundriß der Villa Medici in Rom. Nach G.B. Falda, Li giardini di Roma, 1683, und nach einem neuen Aufmaß in: I. Belli Barsali, Ville di Roma, Mailand 1983

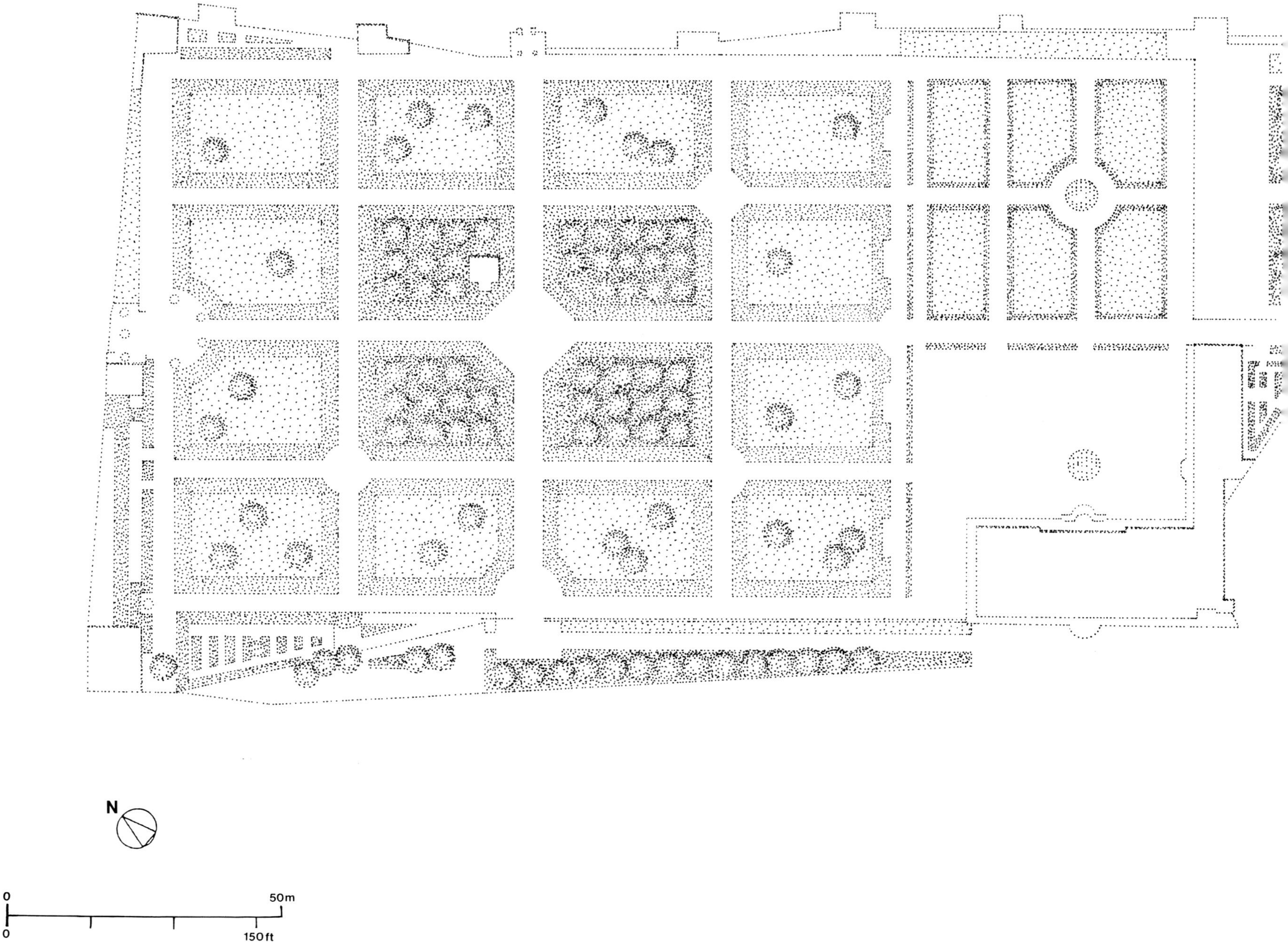

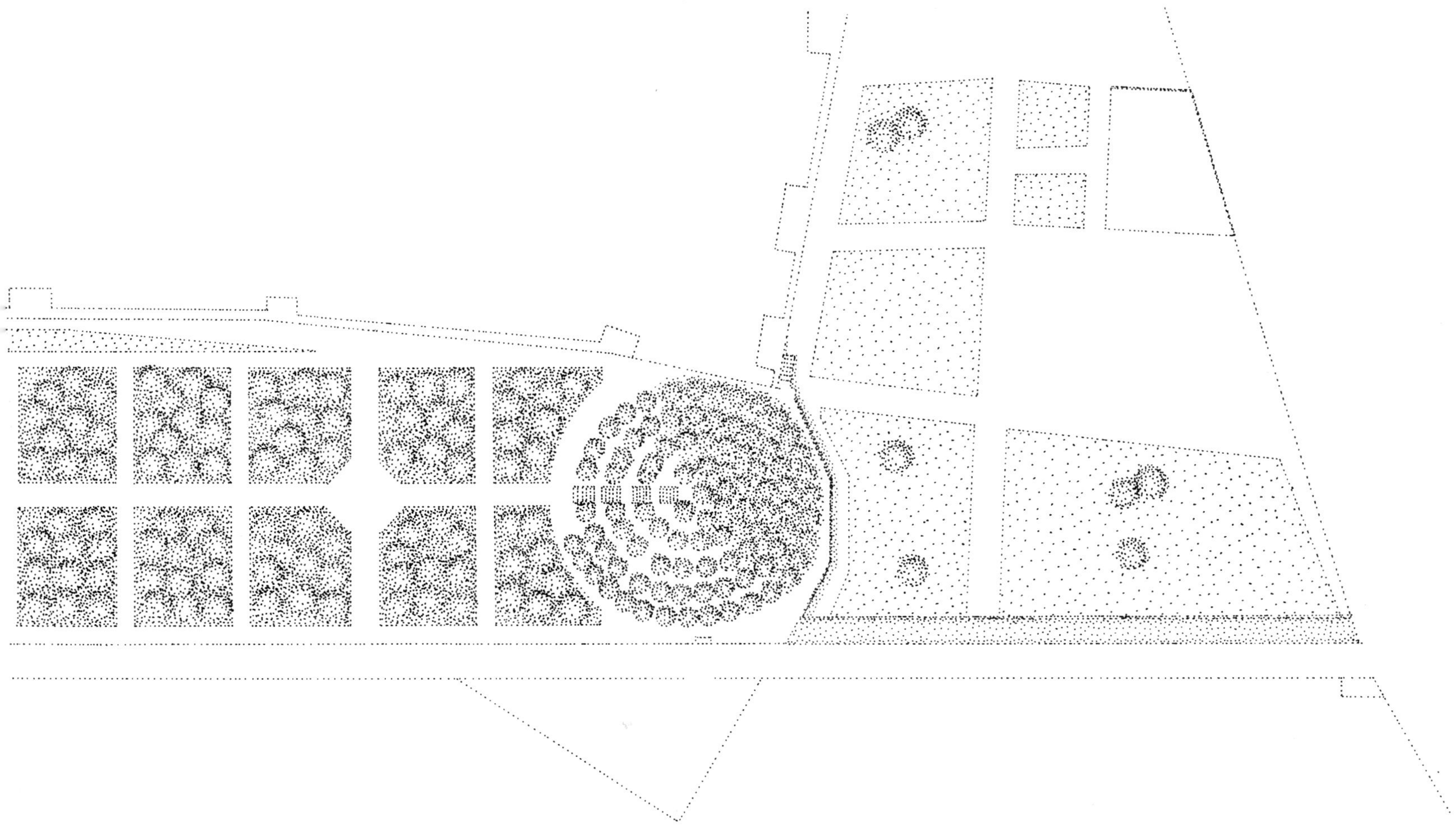

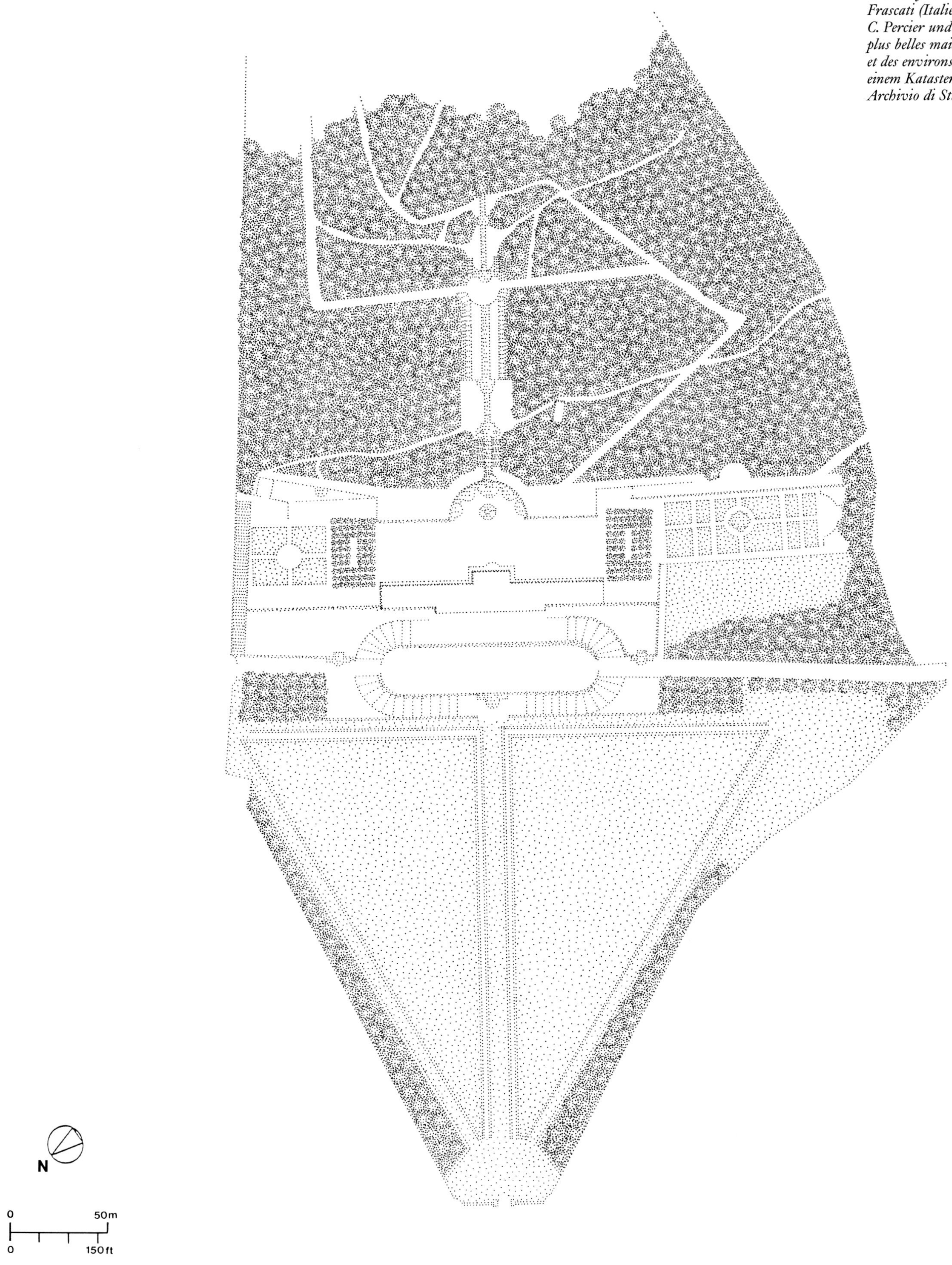

Grundriß der Villa Aldobrandini in Frascati (Italien). Nach einem Stich von C. Percier und P. F. L. Fontaine, Choix des plus belles maisons de plaisance de Rome et des environs, Paris 1809, und nach einem Katasterplan von 1828 aus dem Archivio di Stato, Rom

Grundriß der Villa Doria-Pamphili in Rom. Nach einem Stich von G. B. Falda, Li giardini di Roma, 1683, und nach einem Stich von Percier und Fontaine (1809) sowie nach einem Katasterplan von 1852

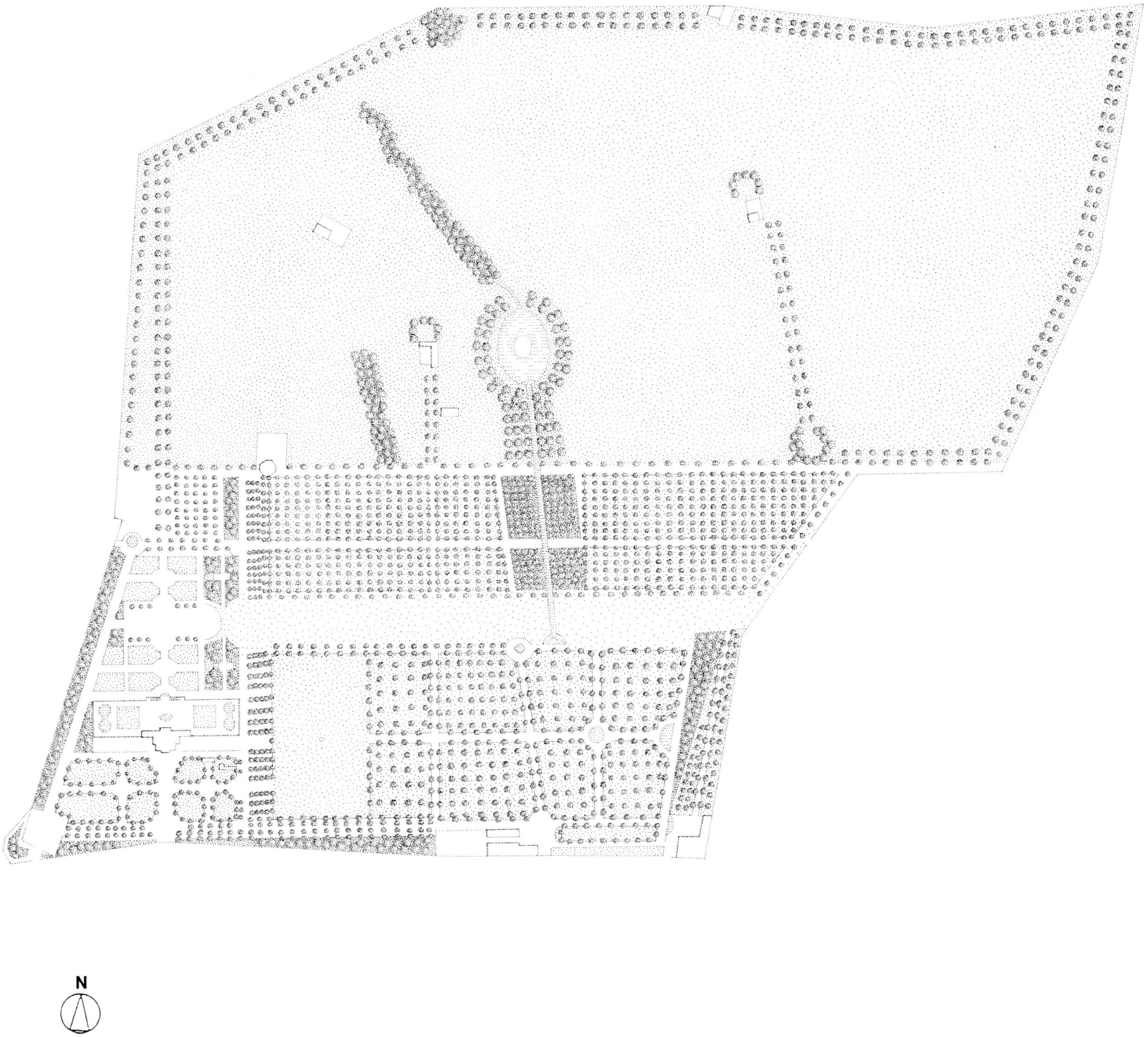

Der humanistische Garten

Terry Comito

Seit Petrarca waren die Humanisten häufig eifrige Gärtner, inspiriert gleichermaßen von einer neuen Empfänglichkeit für die Verlockungen der Landschaft wie auch von der Tradition des klassischen *otium*, der Muße. Für die Gartengeschichte waren sie aber weniger wegen ihrer eigenen Gärten von Bedeutung (von denen nur wenige Spuren geblieben sind), als aufgrund ihres Beitrags zur Renaissance-Auffassung von der Natur und der Bedeutung von Gärten. In gewissem Sinn waren die meisten großen Villengärten auch »humanistische Gärten«. Deren Anordnung und ikonographischen Programme wurden von humanistischen Beratern ausgearbeitet, und humanistische Lobreden prägten die Begriffe, mit denen ihre Schönheiten bewundert werden sollten. Die Humanisten lieferten tatsächlich eine Ideologie, die den Villengarten innerhalb des Gesamtbereichs der Renaissance-Kultur ansiedelte und die gleichzeitig nicht ohne Auswirkung auf die Entwicklung ihrer Gestaltung blieb.

Die charakteristische Ikonographie des Mittelalters plazierte ihre bevorzugten *auctores* in enge, abgetrennte Kammern oder Nischen, über ihre Tafeln gebeugt (wie die Evangelisten, die ihre Aufgabe vorgegeben haben), während sie sich vom Heiligen Geist inspirieren ließen. Erasmus' *Convivium religiosum* offeriert uns ein Paradigma für eine ganz andere Auffassung vom Verhältnis zwischen der Vorstellung und der Welt. Sich selbst zum Musenchor erklärend, entfliehen Eusebius und seine Freunde aus den »rauchigen Städten« in eine ländliche Zuflucht, deren natürliche Großzügigkeit sie an die Inseln der Seligen erinnert. Die Villa, die der Ort des geistigen Hochgenusses sein soll, ist ein »kleines Nest« *(nidulus)*, in dem die ursprüngliche Herrschaft des Ichs über die Welt wiederhergestellt wird – ein Ort, an dem die Natur nicht mehr still oder fremd ist, sondern »ständig zu uns spricht«. Der aufkeimende Klassizismus dieser Vision, die Horaz, Cicero und »St. Sokrates« beschwört, wird von Erasmus' Ideal erlernter Pietät wohl im Zaum gehalten. Nicht »Merkur, Zentauren und andere Ungeheuer«, sondern der heilige Petrus ist der Pförtner dieses Gartens, und Christus ersetzt Priapos als seine führende Gottheit. Die allgegenwärtigen Schilder und Inschriften, mit denen Fresken und sogar die Gartenbeete den Reichtum dieses besseren Alkinoosgartens zu moralisieren versuchen, mögen uns seltsam gotisch erscheinen. Dennoch unterscheidet sich des Erasmus Auffassung nicht wesentlich von der Ficinos und mehrerer Generationen italienischer Humanisten, welche die – akademischen oder ciceronischen – klassischen Traditionen wiederbeleben wollten, das Denken aus dem Studio herausführten und den passenden Platz dafür in dichtbewachsenen Gartenlauben oder neben Wasserspielen fanden.

Zunächst ist festzuhalten, daß der »wohlkultivierte« Garten landwirtschaftlich orientiert und nicht bukolisch ist. Es gibt darin keine Ecke, die nicht »den Stempel des Meisters« trägt, so effizient ist seine Bewirtschaftung. Er kann schließlich zum »passenden Platz für die Gottheit« werden. Das sind zwei der gebräuchlichsten *topoi* in den Gartenlobreden der Renaissance, und ihre Betonung erklärt, warum diese Gärten mit ihren ordentlichen Beeten und Terrassen, den disziplinierten Wasserspielen und erweiterten Ausblicken nicht als Flucht des Herrschers vor der öffentlichen Verantwortung, sondern – wie Pontano beispielsweise in Neapel vor Augen führte – als Ausdruck seines Ruhmes betrachtet werden konnten. Wie Ficino weiterhin gerne bemerkte, werden im Landleben die Seele und die Felder gleichermaßen kultiviert. Das ciceronische Wortspiel mit dem doppelten Sinn des Begriffs *cultus* zieht sich wie ein Leitmotiv durch humanistische Schriften und dient dem Ausdruck der Überzeugung, daß Bildung nur eine höhere Form des schonenden Umgangs mit den Ressourcen der Natur ist. Das Schreiten von Eusebius' Gästen durch sein Landhaus, vom äußeren Garten in einen »kultivierten« inneren, der quadratisch eingefaßt ist und in dessen Mitte ein Jesusbrunnen steht, symbolisiert die Lebensweise, welche die natürliche Welt zu einer angemessenen Nahrung für Geist und Körper machen kann – zur Entdeckung der *vera hilaritas*, die für die (vergebliche) Verheißung vom Garten des Epikur entschädigt. (Eusebius' Traktat ist nicht weit entfernt von dem Vittorino da Feltres, dessen berühmte Schule in Mantua den Platz eines früheren Lustgartens einnahm; La Gioiosa wurde zu La Giorcosa, »la casa delle gioie lussuriose« zu »la casa di ludi *[joci]* letterarie e di delizie spirituali«.[1] Ficino mißt den Gärten seiner Akademie in Careggi eine ähnliche Verspieltheit bei, »platonici ludi atque ioci«). Die Welt wird zu einem »grünen Fest«, wenn durch sorgfältiges Kultivieren die Ansprüche von Geist und Körper in Einklang gebracht werden, und selbst in so banalen Dingen wie Eiern und Salat, von Eusebius zusammen mit einem Bibelkommentar offeriert, wird eine Ahnung von Christus entdeckt.

Diese Art der Inanspruchnahme des klassischen *otium* für christliche Zwecke wurde von Schreibern des Mittelalters in klösterlicher Zurückgezogenheit vorweggenommen. Es ist kein Zufall, daß so viele Lustgärten der Rennaissance (etwa die Villa d'Este und Buen Retiro) sowohl die Örtlichkeit als auch einen Teil der Symbolik von Klostergärten übernahmen. Gewiß bewahrte Eusebius' Garten verschiedene Merkmale der mittelalterlichen Tradition: das Kloster mit seinem zentralen symbolischen Brunnen war auch das »Nest« der Seele und ein provisorisches Paradies in der Wildnis dieser Welt. Für Erasmus aber – und das stellt Eusebius' Villa trotz aller überholten Elemente ihrer Gestaltung in eine Reihe mit den großen Gärten des Cinquecento – muß innerhalb der Welt, und nicht durch Flucht aus ihr, eine paradiesische Perfektion kultiviert werden. Die Embleme in seinem Garten stützen sich auf Bestiarien und Kräuterbücher, um nicht die Freuden des einsamen Denkers, sondern die unverdorbene Pracht und Vielfalt der Kreatur zu zelebrieren. Es ist ein Spektakel, bei dem, so Eusebius' Gäste, der Geist ständig in Anspruch genommen wird: »Eine wunderbare Vielfalt und es gibt nichts, was nicht etwas tut oder sagt.« Tatsächlich hatte Erasmus offensichtlich die Villa des Johannes von Botzheim, des Domhern von Konstanz, im Sinn. Diese besaß nicht die hexaedrische Pracht der Villa des Eusebius, und sie sprach ihre Besucher auf eine ganz andere Art an. »Kein Teil [der Villa], der nicht irgend etwas Prächtiges oder Elegantes bietet«, schreibt Erasmus an einen Freund, »kein Teil ist stumm, überall verführen sprechende Bilder das Auge des Betrachters und halten es fest« (*Opus epistolorum*, V, 212). Indem er diese verführerische Redseligkeit auf die Natur selbst überträgt, verwandelt er in seinem Dialog wirkungsvoll, was einem Klosterschreiber als nutzlose *curiositas* erscheinen mag, in ein wahres Fest für den Intellekt. »Wer könnte sich an diesem abwechslungsreichen Schauplatz wohl langweilen?« Das beinhaltet die für das humanistische Denken grundlegende Neubewertung des Menschen, oder allzu menschlich, seine Neigung, die Augen aufzuschlagen und sich umzusehen, eben der von mittelalterlichen Kritikern verdammten *concupiscentia oculorum* nachzugeben. Die Art von »kosmischer Pietät«[2], die Seneca zu dem Ausruf veranlaßte, die Natur habe »uns in ihr Zentrum versetzt und uns einen Panoramablick in alle Richtungen gewährt« (*De otio religiosorum* 32), wird in den neuen Villengärten der Renaissance wiederbelebt.

Ein Repertoire an Villenformen war nicht vorhanden, aber die Humanisten kannten das Zelebrieren der Panoramablicke in Plinius' laurentinischen und toskanischen Villen. In Poggio a Caiano und Poggio reale in Neapel wird die Form der mittelalterlichen französischen Burg mit ihren vier Ecktürmen von Lorenzo de' Medicis Architekten umgekehrt, Licht und Luft werden hereingelassen, sie wird von Fenstern und Loggien durchbrochen, zum umgebenden Garten und der Landschaft in Beziehung gesetzt. Die neuen Villen wenden sich »mehr nach außen zur Landschaft als nach innen zu einem Hof«[3], so daß das Auge, befreit von den Einschränkungen durch Mauern oder Embleme, frei über »liebliche Landschaften, blumenbewachsene Wiesen, weite Ebenen, schattige Wäldchen und klare Bäche« schweifen kann, was es (laut Alberti) äußerst erfreut (*De re aedificatoria*, IX, 2). Diese Anlage, von einem späteren englischen Schriftsteller, Henry Wotton, als »Königreich der Sicht« bezeichnet, entspricht einem merklichen Wandel in der Ausschmükkung von Villen. Offensichtlich dem Rat Vitruvs und Albertis folgend, rückten die Maler von der Darstellung militärischer Großtaten ab und brachen massive Mauern mit illusionistischen Landschaften auf oder wandten sich poetischen Beschwörungen der mysteriösen Kräfte des Landlebens zu. Der »Stempel des Meisters» ist an Orten wie dem Palazzo Schifanoia oder der Villa Belvedere, später der Farnesina oder Poggio a Caiano nicht in der Strenge sichtbar, mit der er die Angriffe der Welt zurückweist, sondern in jener großzügigen Weltoffenheit, durch die er sich deren Reichtümer zu eigen macht. Die den neuen Gärten innewohnende Sehnsucht wird in Manettis *De dignitate et excellentia hominis* genau erfaßt. Wenn das Auge mit einem einzigen Blick, *in uno aspectu*, erfassen könnte, was der Verstand über die Schönheit der Landschaft weiß, würde der Mensch, indem er »lebt und schaut«, ein spürbares Maß seiner eigenen Größe erkennen.

Das *Convivum religiosum* gehört zu der Tradition der »Villendialoge«, die Schriftsteller der Renaissance von Cicero imitierten, der wiederum in seinen eigenen Gärten wie auch in seinen Dialogen versuchte, Ambiente und Ethos der Sokratischen Konversationen am Ufer des Ilissos wiederherzustellen. Das beinhaltet nicht bloße geistige Konvention oder soziale Geziertheit. Die Assoziation von Gärten mit dem Dialog liegt in der Natur des humanistischen Denkens und dem Anspruch, den sie, vor allem gegenüber den Scholastikern, im Hinblick auf ihre eigene Position erhoben. Wir wagen im folgenden vielleicht eine kühne Behauptung: Während mittelalterliche Kommentare oder *quaestiones* sich innerhalb eines rein logischen oder verbalen Bereichs entfalten, ist der humanistische Dialog wie der ciceronische in der realen Welt angesiedelt. Und er ist *seinem Wesen nach* darin verkörpert, indem eine Idee nicht nachvollziehbar von dem speziellen individuellen Empfinden und somit nicht von den speziellen Wörtern und Kadenzen seiner Formulierung losgelöst werden kann. Auch nicht von den speziellen Praktiken, die er ermöglicht, und den Gemeinschaften, die er innerhalb einer besonderen Gesellschaft begründet (Petrarcas Behauptung, es sei besser, gut zu sein, als Güte zu verstehen, wurde von seinen Nachfolgern oft zitiert); oder schließlich vom lebenden, »sprechenden« Kosmos, von dem er seine Legitimation und seine Wirksamkeit ableitet. Der Eifer, mit dem Humanisten Dialoge über die unterschiedlichsten Themen einer genau durchdachten »Ortskomposition« voranstellen, legt ein tiefes und üblicherweise nicht formuliertes Gefühl dafür nahe, daß das *ubi* oder der *locus* des Denkens eine seiner wesentlichen Komponenten ist. Selbst Geschichten – das *Decameron* ist nur das bekannteste Beispiel – sind nicht losgelöst, um nur in der Vorstellung des Lesers lebendig zu werden, sondern sind innerhalb der Matrix von Ort und Zeit ihrer Erzählung verankert. Ciceros Abhandlung über die *Vis admonitionis* des natürlichen Orts (*De finibius*, 5.1), Fracastoros Spekulationen (am Anfang seines Dialogs *Naugerius*) darüber, ob Charakter oder Ort der fundamentalere entscheidende Faktor des Bewußtseins ist; Kardinal Bembos Empfinden, daß die Lorbeerbäume der Gärten Königin Caterina Cornaros in Asolo ausreichend auf ihre Botschaft bedacht seien und selbst die Form der Liebe offenbarten: Das alles sind keine Metaphern oder Redeweisen, vielmehr Versuche, das wiedererlangte Gefühl für die Kraft des Raumes, seine Bedeutungsträchtigkeit, die den Gärtnern der Renaissance zu ihrem besonderen Selbstbewußtsein verhalf, zum Ausdruck zu bringen.

Petrarca war der erste leidenschaftliche Gärtner der Neuzeit und zugleich der erste, der seine Arbeit, analog zu seiner dichterischen Laufbahn, als Imitation der Antike betrachtete. Die sich bisweilen zur Identifikation steigernde Verbindung zwischen seiner Begeisterung für Gärten und für die Antike mag uns daran erinnern, daß die *imitatio* der Renaissance kein bloßes Kopieren war. Gärtnern wird zum bevorzugten Modell für eine Art von Imitation, die versucht, ihre Gegenstand nicht mechanisch zu reproduzieren, sondern ihn größer werden zu lassen: um jene fruchtbaren Prinzipien zu erfassen, nach denen die Humanität des Altertums innerhalb seiner eigenen Welt und seiner eigenen Empfindsamkeit kultiviert werden könnte. Für Petrarca scheint das mehr als eine Metapher gewesen zu sein. Sein »transalpiner Helikon« in der Vaucluse mit den Apollo und Bacchus geweihten Gärten ist die Nacheiferung von Ciceros Inselgarten in *De legibus* und gleichzeitig ein Versuch, von den vielschichtigen Kräften der Landschaft Besitz zu ergreifen – Kräften, die den Menschen (laut Petrarcas Anmerkungen, die an Seneca erinnern) dazu veranlassen, »Altäre dort zu errichten, wo große Wasserläufe plötzlich aus verborgenen Quellen hervorbrechen« *(De vita solitaria.* Die Vaucluse ist ein *locus plenus*, zugleich »patria«, »Helikon« und »Rom und Athen« (*Exul ab Italia*, Epistolae *familiares* 15. 3.) – Heimatland, Inspiration, Antike, *in uno apsectu* erfaßt – an dem »selbst ein schwerfälliger Geist sich zu erhabenen Gedanken erheben kann« (Epistolae *familiares* 13. 8). An einem solchen Ort, entdeckt Petrarca, unter freiem Himmel an einen »rauschenden Wasserlauf..., den Musen wohltuend«, keimt das Feld des Verstandes, *arvum ingenii*, am üppigsten *(De vita solitaria).* Immer wieder spricht er von der Art, wie der Geist des Ortes, *ingenium loci*, seine eigene Phantasie anspricht *(suasere, suggessit, hortata est)* (Epistolae familiares 10. 4, *Posteritati*, *Var.* 42). Um Ciceros Gärten oder seine Sprache zu imitieren, ist es notwendig, in diesen früchtetragenden Dialog mit der Welt einzutreten.

Spätere humanistische Gärten huldigten weiterhin der klassischen Welt, indem sie Pflanzen und Statuen mit gleicher Gewissenhaftigkeit pflegten. Der humanistische Garten A. Coloccis auf dem Pincio in Rom mit seiner berühmten antiken Nymphe, die sich im Bogen eines römischen Aquädukts zurücklehnt, war das Modell für noch ausgeklügelter Anlagen wie die der Villa Carpi oder der Villa d'Este. Die Statuen und Relieffragmente, mit denen diese Gärten geschmückt wurden, waren keine Raritäten, die wegen ihrer historischen Vergangenheit geschätzt wurden, sondern neu enthüllte Gegenwartserscheinungen – die in wiederhergestellter Pracht (ihre Besitzer zögerten nicht, sie zusammenzustückeln und auszubessern, so daß ihre Antiquitäten zur Perfektion der Landschaft, in der sie ausgestellt wurden, paßten) ihre

Vogelschau der Villa Medici in Castello bei Florenz. Lünette von Giusto Utens, 1599. Florenz, Museo Topografico

Villa Poggio a Caiano. Lünette mit Darstellung einer ländlichen Szene von Pontormo. Photo Scala

Standorte in Arenen und Akademien, Musengrotten und geweihte Wäldchen verwandelten. In dieser letzteren Absicht ist Bramantes Statuenhof des Belvedere im Vatikan vielleicht zu gelungen. Mit seinen großen Flußgöttern, Laokoon und Apoll, in mit Lauben voller Vögel und Blumen bemalten Nischen plaziert, und Kleopatra, die wie eine Nymphe neben ihrem geweihten Becken in einer mit echtem Blattwerk bepflanzten Grotte schlummert, erschien dieser »Hain der Venus und des Cupido« einigen Besuchern lediglich als eine circensische Versuchung: Pico della Mirandolas Neffe Gianfrancesco schrieb ein kritisches Gedicht darüber, und Papst Hadrian versperrte in der Folgezeit leicht zu beeindruckenden Betrachtern diesen Statuenhof.

Es war aber nicht nur die Dekoration alter Villen, welche die Humanisten wiederaufnehmen wollten. Die Vertiefung der archäologischen Bildung im Cinquecento erlaubte Anspielungen auf die tatsächlichen Formen antiker Gebäude, wie im Hof des Belvedere, wo Nachahmungen von Neros Goldenem Haus, der Hadriansvilla und des Fortuna-Tempels in Palestrina dazu dienten, weniger eine Analogie als die wirkliche Kontinuität in den Ansprüchen von Kaisern und Päpsten herzustellen. Anderswo – in Tivoli, auf dem Pincio (dem antiken »Hügel der Gärten«), in und um Neapel – wurden die Standorte klassischer Villen wiederbelebt. An solchen Orten ist die moderne Villa weniger eine Rekonstruktion der Vergangenheit als die Erneuerung und Festschreibung einer Landschaft über Zeit und Geschichte hinaus – wie ein konkretes Beispiel der *urbis eterna* selbst.

Die besondere Aura solcher Orte rechtfertigt ihre Assoziation mit den geweihten Landschaften, die Dichter und Maler wie auch Gärtner der Renaissance entzückten. In der Tat kommt diese Art der Imitation einer Beschwörung nahe[4]. Diese Verwandtschaft mag Anspielungen auf Grazien und Musen Gewicht verleihen, die Eusebius, Petrarca und einer Vielzahl anderer Renaissance-Gärtnern, von denen selbst der bescheidenste sich eines Parnassos oder eines Apolloschreins rühmen könnte, so leicht in den Sinn kommen. Die Musen figurierten nicht nur als Poesie, sondern als das gesamte transformierende Element humanistischer *imitatio*: eines Präsentmachens von Natur und Altertum zugleich. Eine heitere Version dessen wird in Mantegnas Reise an den Gardasee evident. Der Maler und seine humanistischen Freunde entziffern klassische Inschriften inmitten von »baumbestandenen Gärten, die dem Paradies entstammen könnten als Aufenthaltsort der reizendsten aller Musen«. Sich selbst mit Lorbeer bekrönend, den sie auf diesen bezaubernden Inseln finden, spielen sie die Wiedererweckung der Kaiser von Rom zu neuem Leben. Für einen Philosophen bedeutet die Berufung auf die Autorität der Musen für seine Abhandlung – wie es Ficino und die von Coloccis Nymphe beaufsichtigte »Akademie« taten –, an kosmischen Harmonien jenseits der Dialektik teilhaben zu wollen. »Die Musen streiten nicht mit Apollo«, schreibt Ficino, »sie singen« *(De sole)*. Und wenn er versucht, sein Denken von dem der Scholastiker zu unterscheiden, tut er das anhand des Gartens der Villa Careggi, dem Sitz der Grazien (er ist begeistert vom Wortspiel über Careggi = *charitum ager*) und somit der richtigen Heimat der Philosophie. Die Scholastiker abstrahieren das Denken von seinem Standort innerhalb der Welt, entkleideten die Philosophie ihrer Ausschmückung, ließen sie nackt, entwürdigt und haltlos zurück. In Careggi hat sie die ihr gebührende Ehrwürdigkeit wiedererlangt und wird wie in Platos Akademie wieder mit schweren Parfums und tausend Blumen herausgeputzt (*Opera*, Basel, 1576, S. 1129). Von so zentraler Bedeutung wie Villengärten auch für die Sommerfrische, die *villeggiatura*, waren, ideologisch stellten sie sich weniger als Orte der Ferien oder der Flucht dar, denn als solche des Heimkommens: Sie waren Orte, an denen das Denken zu sich selbst zurückfand.

Diese Ideologie wird in der Ikonographie der Programme deutlich, nach denen humanistische Berater Gärten und dekorierte Villen anlegten. Der Mythos des Goldenen Zeitalters war für die Propaganda der Medici von besonderer Bedeutung und diktierte sowohl die Anlage der Villa in Poggio a Caiano für Lorenzo den Prächtigen wie auch der Villa in Castello für Herzog Cosimo I.[5] Im allgemeinen aber war eine Version des Goldenen Zeitalters, die durch die Assoziation mit christlichen Vorstellungen vom Paradies und humanistischen Theorien über die *vita contemplativa* an Resonanz gewann, der fundamentale Mythos der Renaissance-Gärten.[6] Manchmal, wie bei der Villa Carpi mit ihrem schlafenden Schäfer, scheint dieses Zeitalter eine Sine-

Villa Colocci, Rom. Schlafende Nymphe. Stich aus: J. J. Boissard, Romanae urbis topographiae, Bd. VI, Frankfurt 1602. New York Public Library

Villa Carpi, Rom. Schlafender Schäfer. Stich aus: J. J. Boissard, Romanae urbis topographiae, Bd. IV, Frankfurt 1598. New York Public Library

Statuenhof im Belvedere, Vatikan. Stich aus: H. van Cleve, Ruinarum varii prospectus, Antwerpen 1604. Art Institute of Chicago

kure »sorglosen Friedens« *(secura quies)* zu versprechen. Aber sogar hier sind es die *Georgika*, die zitiert werden, nicht die *Eklogen*. Bezeichnenderweise offerierten humanistische Programme keine pastorale Flucht in ein Reich des nur Pittoresken (ein Vergnügen, das verspätet vom englischen Garten geboten wurde), sondern, im Gegenteil, eine Wiederherstellung kosmischer Fülle und Perfektion, die zum Maßstab für die Größe des Gartenbesitzers wird. Wenn der Garten ein neues Hesperien darstellt, ist sein Reichtum das Ergebnis bewußter Auswahl, heroischer Tugend (wie in Tribolos Brunnen in Castello), die natürliche Energien ihrem Willen unterwirft: In der Villa d'Este ist es der Besucher, der die Wahl treffen muß, ob er an der Herkulesstatue entweder einen bequemen Weg zur Venusgrotte oder einen ansteigenden Kletterpfad zur Dianagrotte einschlägt.[7] Astrologische Symbolik und Bezugnahmen auf die Jahreszeiten und Elemente deuten nicht nur die klassisch verordnete Heilsamkeit des Ortes an, sondern auch die Wiederherstellung kosmischer Harmonie, in der widerstreitende Gegensätze versöhnt werden und allen Bereichen ihr eigenes Gedeihen zugestanden wird. Im Casino von Pius IV. im Vatikan macht sich Pirro Ligorios Stuckdekoration das sinnliche Vergnügen des Gartens – das Spiel von Wasser und Licht, das pastorale Wohlbefinden – für eine humanistische Vision des beschaulichen Lebens zu eigen. An der Fassade zur aufgehenden Sonne werden kosmisches und geistiges Licht, Aurora und Apollo einander angeglichen; und die Brunnen, Flußgötter und Meerwesen, die das Casino zu einem wahren Nymphäum machen, finden alle in der Schale, aus der vom höchsten Punkt der mittleren Fassade die Gabe der Wahrheit ausgegossen wird, ihre Apotheose.[8] Wie in Eusebius' Garten spricht die Natur zum Menschen über seine eigenen Möglichkeiten, wenn auch unter Verzicht auf die seltsamen emblematischen Eingebungen.

Der Klostergarten wies mit seinem viereckigen Netzwerk und zentralem Brunnen bereits auf ein kosmisches Paradigma hin, und Interpreten waren häufig bereit, ihn als Darstellung des Paradieses zu deuten, in das die Mönche durch ihre Kontemplation aufgenommen würden. Im Mittelalter jedoch waren die meisten Gärten nicht mehr als ein grüner Raum, von der profanen Welt jenseits ihrer Mauern scharf getrennt. Sie zeichneten kosmische Harmonien, ohne sie zu verkörpern, wiesen auf eine außerhalb ihrer selbst liegende Perfektion hin, die nur vom Intellekt erfaßt werden konnte. Wie bereits angedeutet, ist das Moderne an Eusebius' Garten die Bereitschaft, paradiesische Harmonien in der realen Welt zu finden. Im Renaissance-Garten ist kosmische Ordnung nicht etwas, was durch einen Abstrahierungsprozeß entschlüsselt werden müßte. Sie wird in der Materie der natürlichen Welt realisiert, gegenwärtig gemacht – in Ansichten, Tönen, Gerüchen, Texturen. Darüber hinaus sucht man nach Mitteln, um Aufmerksamkeit auf die Prozesse zu lenken, durch die dieser ideale Kosmos entsteht. Er wird nicht als eine Reproduktion eines zeitlosen Archetyps gesehen, sondern in seiner Ungewißheit, seiner Geschichtsträchtigkeit als die Kreation menschlicher Fähigkeit und Vorstellungskraft – in der Tat ein Beispiel für jene Fähigkeit zur Selbsterschaffung und Selbstkultivierung, die nach Denkern wie Manetti und Pico die besondere Würde des Menschen ausmacht. Die Harmonie des Klostergartens lenkt den fragenden Geist zu Gott; der Renaissance-Garten legt Zeugnis ab von der Vornehmheit seines Besitzers, seiner Stadt, der Menschheit im allgemeinen.

Drei Gestaltungselemente machen diese Umwandlung besonders deutlich: das Boskett, die Verwendung von Wasser, die Entfaltung des Raumes.

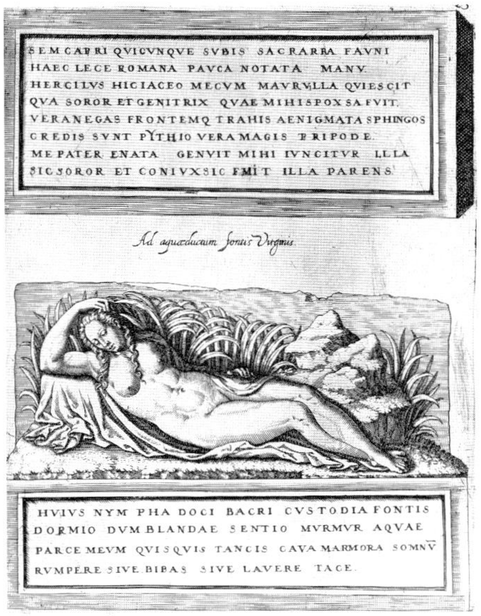

*Villa Medici in Castello bei Florenz.
Brunnen mit Herkules und Antäus.
Photo Alinari*

Das Boskett
Die regelmäßig angelegten Parterres des Renaissance-Gartens verdanken vermutlich einiges der geometrischen Strenge ihrer klösterlichen Vorgänger. Aber anstatt sie von ihrer Umgebung abzutrennen, stellt der Renaissancegarten sie neben bewaldete Flächen, wobei entweder ein fließender Übergang von den regelmäßigen Beeten über das relativ unkultivierte Boskett bis zu der unberührten Landschaft außerhalb geschaffen wird oder, durch Umkehrung des Entwurfs, Spaziergänger im Villenwald mit dem überraschenden Auftauchen kultivierter Bereiche belohnt werden – einem Paradies inmitten der Wildnis –, wo gespeist oder diskutiert werden kann. Die Ordnung des mittelalterlichen Gartens unterscheidet sich qualitativ von dem, was außerhalb der Mauer liegt; die Ordnung des Villengartens stellt sich selbst als die Kultivierung von verborgenen Kräften dar, die sich erstrecken, soweit das Auge reicht. In der Villa Lante in Bagnaia ist der Übergang von unkultivierter Natur zu den Triumphen der Kunst die ausdrückliche Grundlage für das ikonographische Programm des Gartens, ebenso wie er es, viel später, für die Wasserstraße in Caserta[9] war.

Wasser
Innerhalb der weniger kultivierten Bereiche des Gartens wird die Fruchtbarkeit der durch den Garten Gestalt verliehenen natürlichen Kräfte häufig mit Grotten, Brunnen, Flußgöttern, schläfrigen Nymphen dargestellt. Grob behauener Stein, Tuffstein, verkrustete Muscheln zeigen eine ungefaßte Quelle an, und das Wasserspiel läßt die verborgenen Kräfte besonders sinnlich und unmittelbar erscheinen, aural wie auch visuell – eine Fähigkeit zur Transformation im Sinne Ovids, wenn beispielswise das Rauschen von Wasserläufen und Kanälen zum überschwenglichen Sprudeln von Fontänen wird. Diese Trope wird in der Villa d'Este wörtlich genommen, wo eine große Wasserorgel hinter einer Statue der vielbrüstigen Naturgöttin, Diana von Ephesos, hervorklingt. Gleichzeitig wird die Fähigkeit, diese Energien abzuleiten und zu kanalisieren, sie zur Quelle gleichzeitig erstaunlicher Anlagen und fruchtbaren Lebens zu machen, regelmäßig von Besuchern und Lobrednern als Merkmal fürstlicher Pracht zitiert. Wasserläufe entsprechen dem Wunsch ihres Besitzers, Pflanzen entspringen auf sein Geheiß – ein Eindruck, den die Gärten noch durch das Assoziieren von Symbolik und Heraldik mit fließendem Wasser verstärken. Dies ist nicht eine lediglich technische Leistung, obwohl häufig an römische Aquädukte erinnert wird. Ein derart fundamentales meisterliches Können, so empfanden es die Dichter häufig, muß sich auf die alten Gottheiten des Ortes stützen, auf Flußnymphen wie Ambra in Poggio a Caiano oder Parthenope in Poggio Reale, die jetzt zum ersten Mal seit der Antike aufgeboten werden.[10]

Perspektive
Wenn der vom Garten gebotene Ausblick Ausdruck königlichen Sehens ist, so stellt der Anblick des eigentlichen Gartens eine noch ehrgeizigere Selbsterhöhung dar, und zwar keine nur symbolische. Bramantes Belvedere-Hof im Vatikan formt das natürliche Gelände in drei große Terrassen, die nicht um eine Mitte, sondern um eine Achse angeordnet sind. Von den päpstlichen Gemächern, aus denen Raffaels Fresken »einen idealen Tempel des menschlichen Verstandes«[11] machen, wird das Auge von den Blickpunkten im Mittelpunkt des Gartens durch drei konzentrische Kreise gelenkt, bis es an einer

Villa d'Este in Tivoli (Italien). Allee der Hundert Fontänen. Stich von G.F. Venturini. Rom, Bilbioteca Hertziana

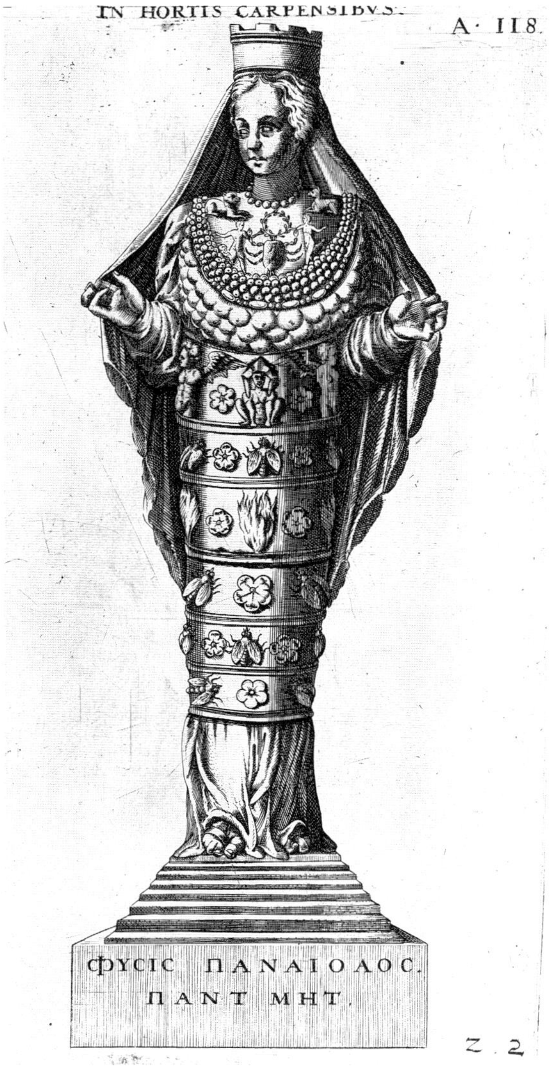

Villa Carpi in Rom. Diana von Ephesos. Stich aus: J.J. Boissard, Romanae urbis topographiae, Bd. IV, Frankfurt 1598. New York Public Library

Palazzo Pitti, Florenz. Innenraum der Grotte in den Boboligärten

räumlichen wie historischen Unendlichkeit Halt machen kann: der Exedra, die sowohl Fluchtpunkt paralleler Linien wie auch Wiederbelebung des Fortuna-Tempels in Palestrina ist. Der Garten wird nicht durch Mauern begrenzt, sondern durch die Aktion des Sehens selbst – durch jene perspektivische Kunst, die (wie Berenson bemerkte) »die Leere humanisiert, indem sie ein eingeschlossenes Eden aus ihr macht«.[12] Der Belvedere-Hof war der Prototyp der Cinquecento-Gärten wie der Villa Lante oder des Palazzo Farnese in Caprarola; das beinhaltete aber eine Veränderung nicht nur des Entwurfs, sondern auch der »kognitiven Art«[13] der Weltbetrachtung. Das wird treffend an zwei Stichen der Villa Medici in Rom illustriert. Der frühere begreift die Blumenbeete als Anhäufung von eingefaßten Flächen, deren prokrustische Umrandungen einfach nur einen Teil der Welt ausschneiden – ebenso wie die Umrandung des Bildes selbst. Der spätere Stich entdeckt eine Achse, die Parterre, Boskett und die sanften Hügel jenseits davon zu einer einzigen Perspektive verknüpft, wobei ihre Harmonien ohne Unterteilung *(in uno aspectu)* und unter Mitwirkung des Auges vom Betrachter erzielt werden.

Anmerkungen

1 Enrico Paglia, »La casa Giocosa di Vittorino da Feltre in Mantova«, *Archivio Storico Lombardo*, 1884, S. 153.
2 Hans Blumenberg, Die Legitimität der Neuzeit (Frankfurt/Main 1977)
3 James S. Ackerman, »Sources of the Renaissance Villa«, in *The Renaissance and Mannerism*, Akten des 20. Internationalen Kongresses für Kunstgeschichte (Princeton, N.J. 1963), S. 6–18.
4 Zur hermetischen Nutzung von Ficinos Garten in Careggi siehe Frances Yates, *Giordano Bruno and the Hermetic Tradition* (Chicago 1964) und D.P. Walker, *Spiritual and Demonic Magic from Ficino to Campanella* (London 1958). Über Salomon de Caus siehe Frances Yates, *The Rosicrucian Enlightenment* (London 1972).
5 Siehe Janet Cox-Rearick, *Dynasty and Destiny in Medici Art* (Princeton, N.J. 1984).
6 Siehe David Coffin, *The Villa in the Life of Renaissance Rome* (Princeton, N.J. 1979).
7 Ligorios Absichten wurden jedoch durch aufeinanderfolgende Wechsel in der Anordnung der Gartenstatuen zunichte gemacht; siehe David Coffin, *The Villa D'Este at Tivoli* (Princeton, N.J. 1960).
8 Siehe Graham Smith, *The Casino of Pius IV* (Princeton, N.J. 1977).
9 Siehe C. Lazzaro-Bruno, »The Villa Lante at Bagnaia: an Allegory of Art and Nature«, in: *Art Bulletin* 59 (1977): George Hersey, *Architecture, Poetry, and Number in the Royal Palace at Caserta* (Cambridge, Mass. 1983).
10 Siehe André Chastel, *Art et humanisme à Florence au temps de Laurent le Magnifique* (Paris 1961), S. 148–57; George Hersey, *Alfonso II and the Artistic Renewal of Naples 1485–1495* (New Haven 1969).
11 S.J. Freedberg, *Painting of the High Renaissance in Rome and Florence*, 2. Auflage (New York 1972), I, S. 116.
12 Bernard Berenson, *Italian Painters of the Renaissance* (New York 1957), S. 199.
13 Michael Baxandall, *Painting and Experience in Fifteenth Century Italy* (London 1972).

Palazzo Farnese in Caprarola (Italien). Wassertreppe vor dem Casino. Photo Alinari

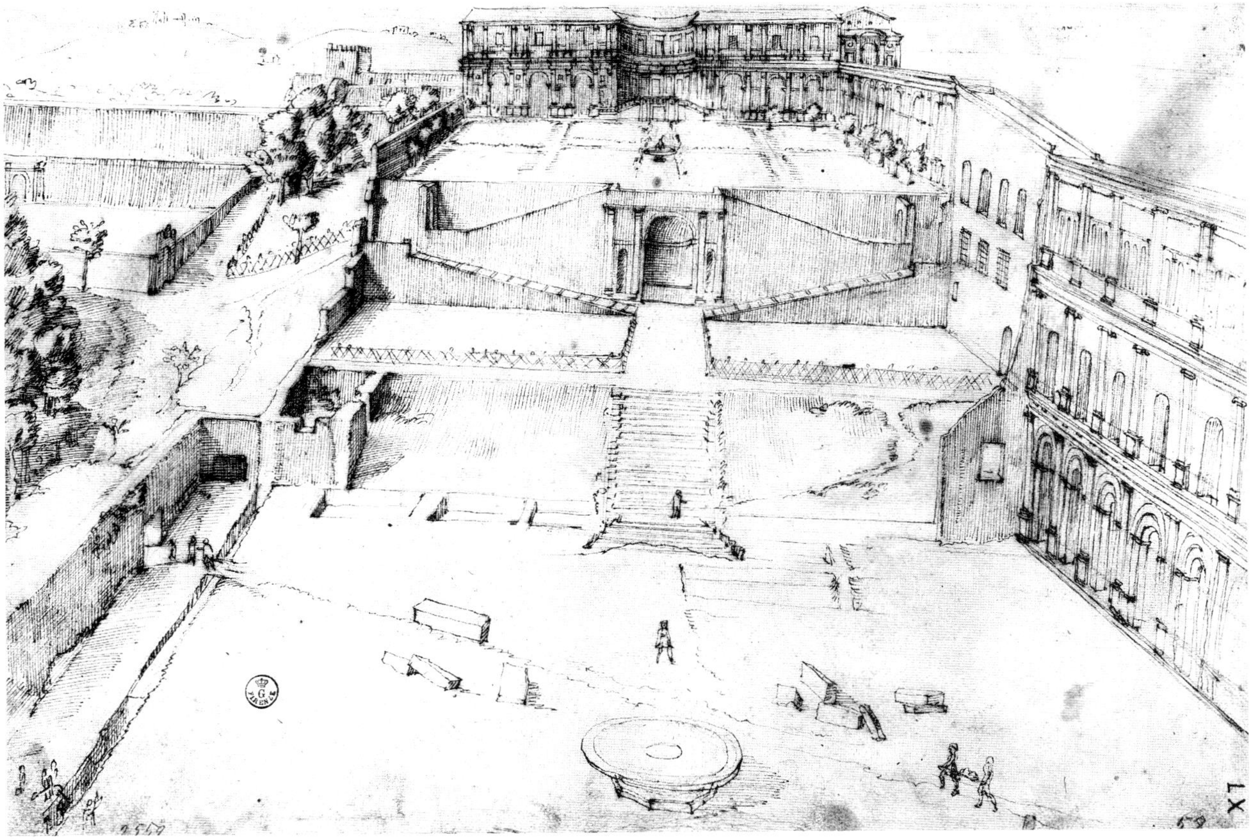

Belvederehof im Vatikan. Zeichnung von G. A. Dosio, um 1568–1561. Florenz, Uffizien

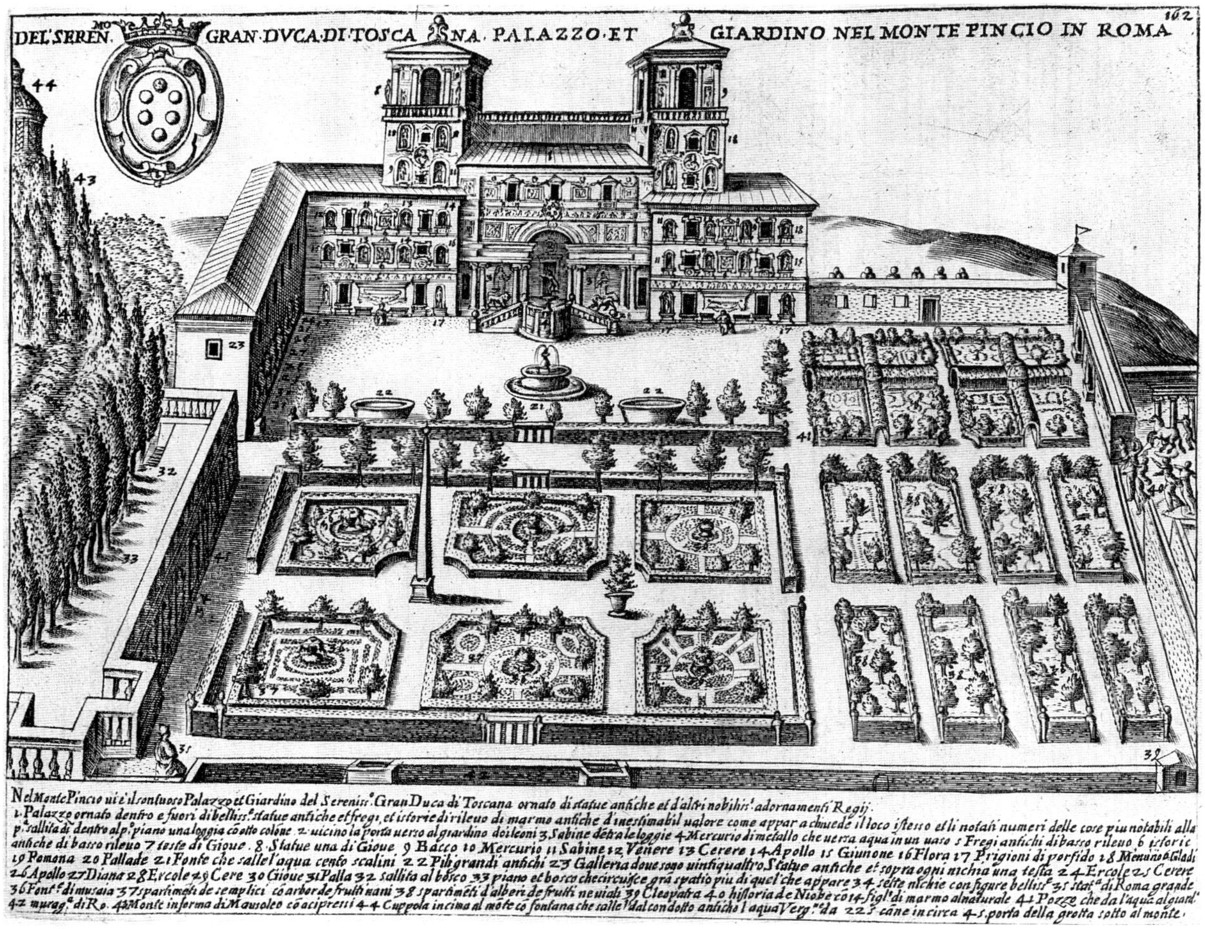

Villa Medici in Rom. Stich aus: J. Lauro, Antiquae urbis splendor, Rom 1612–1614. Washington DC, Dumbarton Oaks

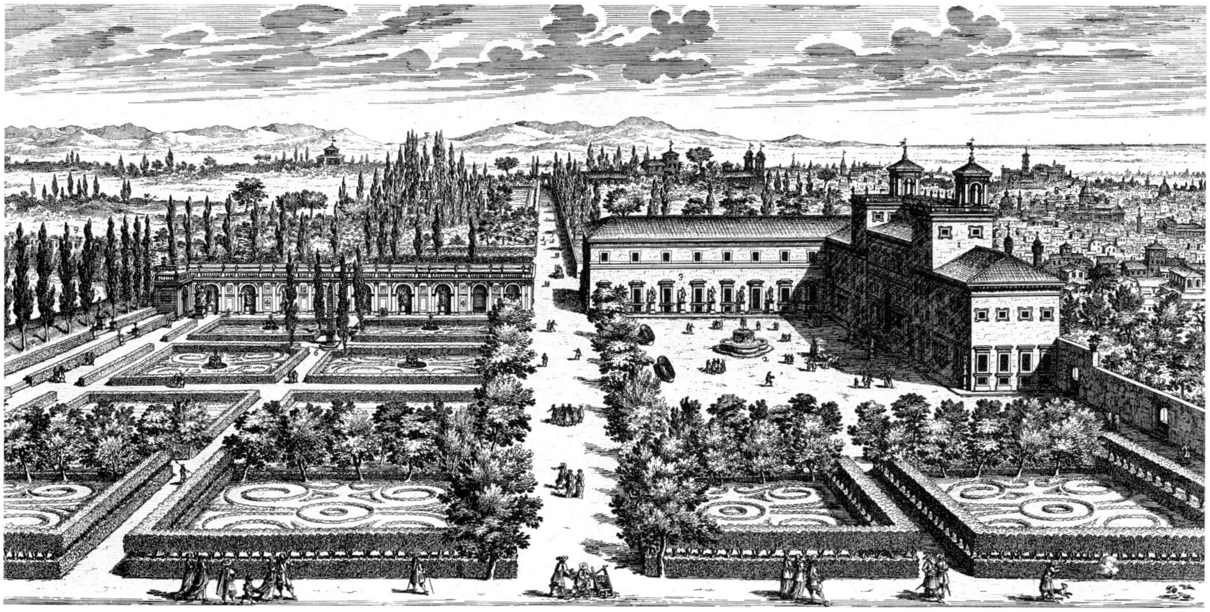

Villa Medici in Rom. Stich aus: G. B. Falda, Li giardini di Roma, Rom 1683. Washington DC, Dumbarton Oaks

Kunst und Natur: der italienische Garten des 16. Jahrhunderts

Lionello Puppi

In der seltsamsten und verwirrendsten Geschichte der »Grotesken, Arabesken« von Edgar Allan Poe wird der überraschende Gedanke vorgetragen, daß der Landschaftsgärtner eigentlich ein Dichter sei. Die Gartengestaltung böte der Dichtkunst herrliche Möglichkeiten. Diese Idee wird von der Hauptfigur der Erzählung, Ellison, ausgesprochen. Er wird als junger, sehr reicher Freund des Erzählers vorgestellt und trägt sich mit dem erregenden Plan, einen Garten zu gestalten, der durch die Kunstfertigkeit seiner Anlage an das Wunderbare grenzt und dadurch die Schönheit der Natur selbst übertrifft.

Bei genauer Betrachtung erweist sich, daß der amerikanische Schriftsteller den Kernpunkt einer aktuellen Diskussion trifft. (Wir wissen sehr wohl, daß es nicht genügt, auf bekannte Werke hinzuweisen, etwa die »Theorie der Gartenkunst» von Hirschfeld oder »Wilhelm Meister« von Goethe.) Wenn zu einer Problemstellung eigene Gedanken über das Gartenbild entwickelt werden sollen, so ist es auch angeraten, das Problem selbst zu ergründen. Es stellt sich zum Beispiel die Frage, wann und unter welchen Bedingungen der Garten des 15. Jahrhunderts dem Künstlichen und dem Kunstwerk eine Vorrangstellung einräumte und damit einen Gegensatz zur Natur manifestierte.[1] Zunächst war die italienische Gartenkunst von dem Willen getragen, innerhalb der Natur und mit der Natur zu bauen. Sodann kam der Gedanke hinzu, das Wesen und die Gesetze der Natur im Garten darzustellen. Der Garten wurde nun als ein Erlebnisraum angesehen, dem eine umfassende Harmonie innewohnen und der den Betrachter erstaunen lassen sollte. All dies entsprang der Inszenierung eines Programms, das in der Gestaltung der Natur Form annahm. Es beflügelte die Vorstellungskraft und regte die Phantasie an.

Wann und wie sich die Entwicklung vom gebauten Garten der Renaissance zum programmatischen Garten des Manierismus vollzog, läßt sich nicht definitiv beantworten. Wir müssen die verschiedenen Theorien vergleichen und dann klären, welche Hypothese für uns die größte Plausibilität besitzt. Der Italienische Garten des 14. und 15. Jahrhunderts ging aus der Polarität zwischen *urbs* und *rus*, also dem Gegensatz zwischen Stadt und Land, hervor. Dahinter verbirgt sich die Diskrepanz zwischen der heiteren und gesicherten Welt des Landlebens und dem gefahrvollen Chaos des Stadtlebens. Der Garten verkörperte die Werte der *iucunditas*, *salubritas*, *amoenitas* und *venustas*, der Liebenswürdigkeit, Gesundheit, Annehmlichkeit und Schönheit. Diese vier Eigenschaften wurden dem Garten in dem 1468 erschienenen Werk »De honesta voluptate et valetudine« von Palatina zugeschrieben. In einem beachtenswerten Aufsatz bezieht A. Vivit sich auf dieses Werk.[2] Der Garten des 15. Jahrhunderts ist der Ort des *otio studioso*, der vergeistigten Muße, der Ort für das gelehrte und vertrauliche Gespräch, der Platz des Menschen in der glücklichen Natur. Die Stadt hingegen ist der Schauplatz ständigen Gewühls, des Feilschens und der politischen Ränke *(polis – pólemos)*. Andererseits ist die Stadt aber auch der Ausgangspunkt und Entstehungsort des Kunstwerks.

Der geistige Hintergrund für die Beliebtheit des Landlebens war die Sehnsucht nach dem Leben in friedlicher Einsamkeit, nach der *vita solitaria*, von der schon Petrarca träumte. »Vere rus illud locus est pacis otii domus, requies laborum; tranquillitati hospitium, solitudinis officina« (Wahrhaftig, das Land ist der Ort des häuslichen Friedens, der Erholung von der Mühsal, der gemütlichen Gastfreundschaft und der Zurückgezogenheit von den Pflichten, Epistolae familiares, XVII, 5; aber auch XIII, 8 und XVIII, 8). »Linquamus urbem mercatoribus, advocatis, feneratoribus, publicanis ... architectis ... pictoribus ... non sunt nostri generis« (Lassen wir die Stadt hinter uns. Händler, Anwälte, Zinswucherer, Steuerpächter, Baumeister und Kunstmaler sind nicht unseresgleichen) (De vita solitana, II, 15). Schließlich ist »jede Form von Besiedlung letztlich etwas Lebensfeindliches«, die »Städte sind todbringend und verderbend«, so daß, wie der Dichter sagt, »domum parvam sed delectabilem et honestam struxi ... cumque oliveta et aliquot vineas abunde quidem non magne modestaque familie suffecturas« (Das kleine Haus, das aber schön und rechtschaffen gebaut wurde ..., umgeben von Olivenhainen und einigen Weinstöcken ..., gibt reichlich, wenn die Familie nicht groß ist und man bescheiden lebt) (Epistolae Seniles, XV, 5).[3] In den folgenden Generationen verfestigte sich dieses Bestreben und fand seinen deutlichen Ausdruck in zwei Lebensmodellen, die Alberti in seinem Werk »Lapides« beschreibt: »In antiqua ripa ... per otium et quietem consenescere in libertate«, oder »per corruentem amnem agitati nullam inquissinorum laborum ... requiem« (Wie in alten Zeiten ... Mit Muße und Stille in Freiheit gemeinsam alt werden ..., oder: Mitten im stürzenden, wilden Strom findet man keine Ruhe von der Unrast der Arbeit)[4]. Auch Leonardo da Vinci nimmt Bezug auf dieses Problem. Er warnt vor dem inneren Schaden und dem Schmerz, die denjenigen erwarten, der sich entschließt, das einsame, kontemplative Landleben gegen das Leben in der Stadt zwischen schlechtem Volk einzutauschen.[5] Selbst Lorenzo der Prächtige schließt sich dem an. Er empfiehlt, einen Bogen um denjenigen zu machen, der das Glanzvolle und die Ehrbezeugungen liebt, die Paläste, die großen Kirchen und die erhabenen Bauwerke. Triffon Gabriele rühmt zwar 1543 die Vielfalt und Belebtheit der Stadt, aber er zieht den einfachen und natürlichen Stand vor, weil er so ein ausgeglichenes und ruhiges Leben führen könne. Er bevorzuge die Einsamkeit, er sage nein zu Rialto, San Marco und den übrigen Plätzen.[6] Es ist auch bezeichnend, daß zu der Definition des Begriffes »Schutz« der *hortus beatus*, der »gesegnete Garten« herangezogen wird. Man nimmt dabei auch Bezug auf die »scriptores de re rustica«, die antiken Schriftsteller, deren Werke sich mit dem Landleben befassen, wie Theophrast: »Agricultura digna est homini libero« (Die Landwirtschaft ist des freien Menschen würdig), oder Columella »Nihil agricultura liberalius aut dulcius« (Nur die Landwirtschaft ist eines freien Menschen würdig und angenehm). Auch Varro und Plinius sind hier zu erwähnen, letzterer gibt zum Beispiel in der Nat. Hist., XIX, 49–51, darüber Auskunft, wie die XII Tafeln selbst dem »hortus ... ad voluptatem« (dem Garten der Lüste) gewidmet werden. Daneben sind auch die Schriftsteller des 14. und 15. Jahrhunderts zu nennen, zum Beispiel Pier de' Crescenzi mit seinem Werk »Ruralia commoda« (Das angenehme Landleben) und Corniolo della Cornia mit »Divina villa« (Das göttliche Landhaus).[7] Nicht zuletzt sollten wir uns auch daran erinnern, daß im Johannesevangelium der auferstandene Christus Maria Magdalena als Gärtner erscheint.[8]

Die Struktur des Gartens, die hier in ihrer Idealform wiedergegeben werden soll, steht in grundlegendem Zusammenhang mit der architektonischen Anlage des Wohnhauses, der Villa. Der Garten ist von Mauern umgeben und einem architektonischen Ordnungsprinzip unterworfen. Immer wiederkehrende Elemente sind die Pergola, Hecken, ein Wäldchen (*pomaria* – Obstgärten, *oleri* – Olivenhaine, *verzeri* – Küchengärten), schließlich auch der Springbrunnen. Oft führt ein Laubengang vom Haus bis in den Garten. Vom Hof muß man nur zwei Stufen hinaufsteigen. Hier und dort gibt es Pavillons, die nicht besonders luxuriös ausgestattet, sondern eher für den täglichen Ge-

Palazzo Pitti in Florenz. Boboligärten. Lünette von Giusto Utens. Florenz, Museo Topografico

brauch bestimmt sind. Im Garten wachsen zahlreiche Apfel-, Birn-, Pflaumen- und Granatapfelbäume sowie üppige Trauben. In der Nähe des Hauses stehen viele Platanen, beschnittene Buchsbaumsträucher und ein herrlicher Lorbeerbaum. Auch entspringt hier eine helle, klare Quelle, die den Musen geweiht ist.[9] So mußte auch die *iucunditas et... rusticana amoenitas* (Freude und Liebreiz des Landlebens) bei dem *domuncula*, dem kleinen Haus von Leonardo und Bernardo Giustinian in Murano gestaltet gewesen sein. Sie zeichnete ebenso den »Garten« von Triffon Gabriele aus (»ein Laubengang mit überreichen Trauben, an dem auch dichter Jasmin emporrankte. Das Laubwerk war so dicht, daß es stets vor den brennenden Sonnenstrahlen schützte«.) Auch der *hortus* von Andrea Navagero besaß diese Eigenschaften.[10] Ähnliche Gartenfreuden empfand wohl Pietro Bembo in seinem kleinen Landhaus »Noniano« in der Nähe von Padua (»ein Wäldchen..., der Gemüsegarten..., recht angenehm und hübsch..., den ganzen Tag über blühen die Rosen..., ausgefüllt mit einem kleinen Laubengang, der den Garten zu einer Seite abschließt... und außerdem ein schöner großer Pavillon«).[11] Aus der Fülle der Beispiele seien auch erwähnt die *loca plena letitiae* »die Orte voller Schönheit« in Pienza[12]; die Gartenräume der Medicivilla in Careggi und schließlich jene *oricellari* der Villa Quaracchi, dem Landhaus von Giovanni Rucellai – diesem »Vorstadtparadies«, wie Leon Battista Alberti es bezeichnet[13], dessen Garten dicht mit Bäumen bestanden war und dessen Zentrum ein großer Springbrunnen schmückte. Ferner ist an den *horto* der Garten des Sannazaro in Mergellina zu denken; nicht zuletzt auch an die ehemals so reich gestalteten Gartenkunstwerke, die Papst Nikolaus V. im Vatikan anlegen ließ oder an den *viridarium pensile*, den »hängenden Lustgarten« von Papst Paul III. im Palast von San Marco[14] oder an die *delizie*, die Gärten von Belriguardo und Belfiore bei Ferrara.[15]

Wenn das Gedankengut, das einem bestimmten Zeitraum der humanistischen Kultur des 15. Jahrhunderts zugeordnet werden kann und wohl bei Betrachtung aus anderer Perspektive anders behandelt würde, in ein Projekt umgesetzt wird, dann liegt diesem in jedem Falle ein Programm zugrunde. Dieses legt mit Hilfe von klar verständlichen Zeichen oder symbolischen Anspielungen das *hic et nunc* der Gelegenheit und der Funktion fest, oder es ist der persönliche Ausdruck der Eigenschaften und Wunschvorstellungen des Besitzers. Das humanistische Gedankengut schlägt sich in Bildern nieder, die sich auf unterschiedliche sprachliche und formale Aspekte begründen.[16] In ihren kompositorischen Elementen, ihren plastischen und räumlichen Gestaltungsmitteln sowie ihrem strukturellen Aufbau sind die Gärten sehr klar und geradezu sparsam. So ist es durchaus möglich, die Natur bei einem *rus*, einem Landgut, in ihrem intakten Zustand zu bewahren und als Ganzheit erfahrbar zu machen.

Wir wissen auch, daß den einzelnen Pflanzen jeweils eine weitreichende Symbolik hinterlegt war. Die Texte von Theoprast, Plinius und Crescenzi liefern hierzu eine Fülle von Studienmaterial.

Aber auch die Aufstellung von Gedenktafeln war ein Mittel, um den Garten mit gedanklichen Inhalten zu hinterlegen. Berühmtes Bespiel dafür ist die Tafel mit dem »lex hortorum», dem »heiligen Gesetz des Gartens«, die Kardinal Carafa in seinem Weinberg auf dem Quirinal in Rom 1476 aufstellen ließ.[1]

Aber bald machen sich die ersten Anzeichen einer Veränderung bemerkbar. Dies sind die fast unmerklichen Vorboten dafür, daß die Natur als alleini-

Laubengang mit Brunnen. Aus: F. Colonna, Hypnerotomachia Poliphili, Venedig 1499

Laubengang. Aus: F. Colonna, Hypnerotomachia Poliphili, Venedig 1499

Belvederehof im Vatikan. Kupferstich von M. Cartaro, 1579. Aus: A. Lafreri, Speculum Romanae Magnificentiae, Bd. III. Rom, Biblioteca Hertziana

Ansicht von Frascati (Italien) und den umliegenden Villen. Kupferstich von M. Greuter. Rom, Biblioteca Hertziana

Villa Medici in Castello bei Florenz. Der Januar, Bronzeskulptur von Ammannati. Photo Daniele De Lonte

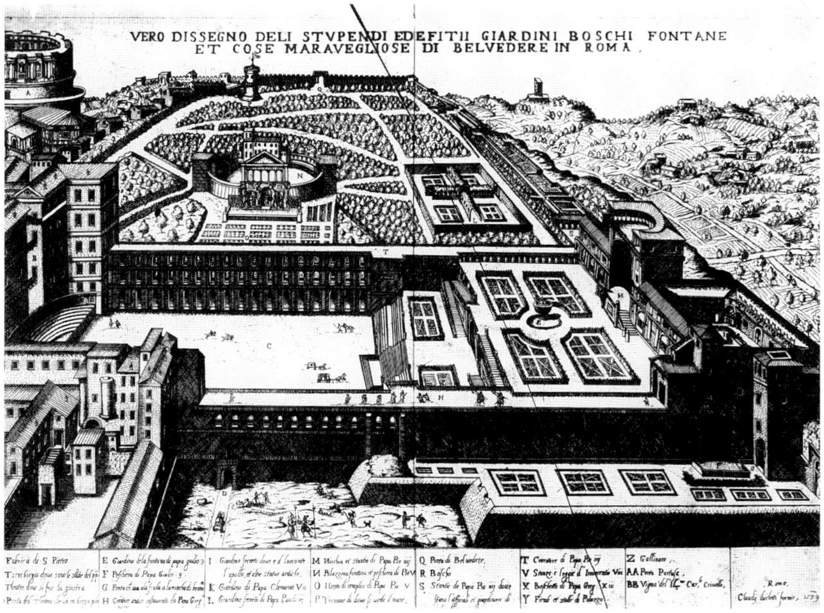

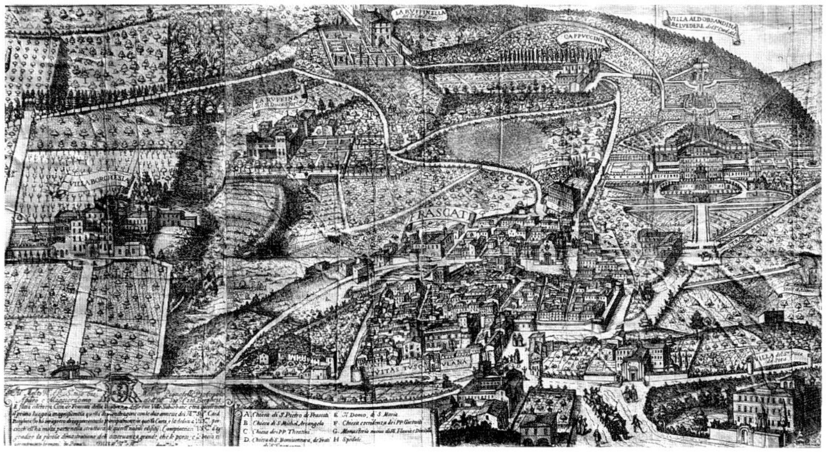

ges Gestaltungsmittel nicht mehr für ausreichend befunden wird. Schon Leon Battista Alberti faßt, wenn auch noch sehr vage, die Möglichkeit ins Auge, in die rein von der Natur bestimmte Komposition als ergänzendes Element das *inganno*, das Blendwerk, das Kunstwerk, einzuführen. Er empfiehlt, den Besucher mit anmutigen Scherzen zu verblüffen und mit raffiniert ausgedachten Effekten zu überraschen. Filarete beschreibt den Garten in der Nähe des fiktiven Plusiapolis und zeichnet dabei das Bild einer »phantastischen und allegorischen Welt«.[18] Auch Bernardo Rucellai gestaltet bei der Anlage des Gartens seiner Villa Quaracchi die Vegetation in höchst verfeinerter Form. Er bedient sich dabei der antiken Kunst der *ars topiaria*, des Formschnitts von Bäumen und Sträuchern.

Für den Renaissancearchitekten Francesco di Giorgio ist bei der Ausgestaltung des *rus*, des Landguts, das Kunstwerk ebenfalls ein notwendiges und legitimes Stilmittel. Wenn er über herrschaftliche Anwesen schreibt, unterstreicht er dabei stets die gegenseitige Ergänzung und die Wechselbeziehung zwischen Haus und Garten. Der Garten ist für ihn »gezähmte« Natur und bietet die Chance spektakulärer Effekte. Er schreibt: »In der Mitte steht ein Springbrunnen mit natürlich quellendem oder mit bewegtem Wasser... In diesen Gärten gibt es Fischteiche, Loggien und Pavillons, mit Pergolen gedeckte und ungedeckte Wege, Plätze, Wasserläufe und viel Grün. Auch verschiedene Tiere, vor allem Vogelarten werden im Garten gehalten. Durch das architektonische Gestaltungselement der Achse werden alle Teile des Gartens, die Wege und Plätze geordnet, so daß eines mit dem anderen in Beziehung steht. Außerdem hat man dort Rasenflächen und kleine Waldstücke mit den verschiedensten Baumarten angelegt. Außer Grünpflanzen und Bäumen sind in schönster Ordnung Tempel, Labyrinthe, Pavillons, Bänke, Tiergehege und andere phantasievolle Dinge zu sehen. Es gibt eine Vielzahl von Dingen an denen sich das Auge zu erfreuen vermag.«[19] Die Forderung nach der geometrischen Ordnung und der gesetzmäßigen Anlage aller Einzelelemente bleibt als Gestaltungsregel bestehen und wird nicht in Frage gestellt. Wir sehen nun aber die ersten Versuche, die Gesetzmäßigkeiten der Geometrie anhand der Natur zu beweisen.

Auch im kulturellen Umfeld Venedigs sucht man nach der glücklichen Welt des *hortus conclusus*, des von Mauern umfriedeten Gärtchens, das ebenfalls den strengen Regeln der Geometrie und der Perspektive unterworfen ist. Dies zeigt sich insbesondere in dem literarischen Gartenbild der »Hypnerotomachia Poliphili«. In diesem 1499 erschienenen Roman von Francesco Colonna wird der Garten der Polia auf der Insel Kythera beschrieben. Neben der weitschweifigen Aufzählung von Bäumen und Blumen findet man eine ausführliche Beschreibung vieler kunstvoll gestalteter Objekte. Immer geht es um *arte e invento*, um Kunst und Erfindungsgeist: Der Garten besitzt ein vollendet ausgeformtes, radiales Wegenetz. Viele Wege werden von Obstbäumen gesäumt... Die Bäume leuchten im Grün des ewigen Frühlings... Grüne Haine werden von stillen Kanälen und munter plätschernden Wasserläufen umflossen... Eine Pergola ist mit den edelsten Rosen berankt. Ihre Blütenpracht steht in leuchtendem Rot.« An dieser Stelle zeigt sich möglicherweise, daß der Autor dieses einzigartigen Romans Kenntnis von der derzeit beinahe fertiggestellten »Barke« Caterina Cornaros in Altivole[20] hatte. Das Selbstdarstellungsbedürfnis des Bauherrn – sei es ein Herrscher, ein Fürst, ein hoher geistlicher Würdenträger oder ein reicher Patrizier – wurde immer mehr zum Anlaß genommen, verfeinerte Kunstwerke mit sym-

Sacro Bosco in Bomarzo (Italien). Löwe und Chimäre mit doppeltem Fischschweif. Photo Daniele De Lonte

bolischen Inhalten und allegorischen Bezügen zu schaffen. Auch ausgeklügelte mechanische Spielautomaten, zum Beispiel mit Vogelstimmenimitationen, waren ein beliebter Gartenschmuck.

Die Entstehungsgeschichte des »insigne viridario«, des »vortrefflichen Lustgartens«, wird besonders anschaulich von Coffin und Vivit am Beispiel der Gärten von Francesco Gonzaga und des Klostergartens von Sant'Agata dei Goti in Rom beschrieben. Die Autoren beziehen sich auf einen Dialog, der in den achtziger und neunziger Jahren des 15. Jahrhunderts zwischen dem Auftraggeber und Francesco Maffei stattfand. Hierbei geht es um die Gestaltung des *giardino segreto.* Kunstvolle und verschlüsselte Gestaltungen wie kulissenartige Elemente, Skulpturen und ähnliches sind die unverzichtbaren Stilmittel zur Inszenierung des Programms. Im völligen Gegensatz dazu besteht auch immer das Bedürfnis, dem Wunschbild der ländlichen Idylle Ausdruck zu verleihen. Die Schwierigkeit liegt nun darin, das Gleichgewicht zwischen dem Kunstvollen und dem Ländlichen herzustellen. Dies bedeutet, daß ständig nach einem Kompromiß gesucht werden muß.[21]

Die Beschreibungen von hochentwickelten »Lustgärten«, wie sie gegen Ende des 15. Jahrhunderts sehr zahlreich überliefert werden und die auch die Aufenthalte von Alfonso von Aragon in Poggioreale in Neapel erfreuten – der Text von Marcantonio Michiel ist leider verlorengegangen –, zeigen immer wieder deutlich das Bemühen um spektakuläre Großartigkeit, um die lautstarke Selbstdarstellung des Bauherrn und die Demonstration seiner privilegierten Stellung. Die eingesetzten Stilmittel sind dabei stets aufwendige künstlerische und künstliche Gestaltungen.[22] Selbst Leonardo da Vinci, der sich mit der Gestaltung des Landsitzes für Karl von Amboise bei San Babila in der Nähe von Mailand befaßte, zögerte nicht mit Lösungsvorschlägen, die, objektiv gesehen, eine unglaubliche Verzerrung der Natur darstellten. Durch hydraulische und akustische Spielereien versuchte er, überraschende und prunkvolle Effekte zu erzielen.[23] Die Vorstellungen der ländlichen Werte der »iucunditas, salubritas, amoenitas und venustas«, der Annehmlichkeit, Gesundheit, des Liebreizes und der Schönheit – mit einem Wort, »die Ideale Arkadiens« – verschieben sich immer mehr in eine ganz andere Richtung. Das Ziel im aristotelischen Sinne ist nun vielmehr, Staunen zu erzeugen und Wunder zu offenbaren. »Vilis gleba fui« (Ich bin bloßer Staub gewesen), schreibt Ludovico Sforza über den Eingang seines »Sforzesca« – »num sum dignissima tellus / Cur? Quia Sfortiadum me pia dextra colit / Mutata est facies, mutataque nomina.« (Nun fühle ich mich eins mit dem ehrenwertesten Landgut./ Warum? Weil meine pflichtmäßig handelnde Rechte dieses Landgut der Sforza bebaut / Sein Äußeres hat sich gewandelt und auch sein Name.)

Es ist deutlich zu erkennen, daß der Prozeß, der hier in groben Zügen zu beschreiben versucht wurde, untrennbar verbunden ist mit dem kaleidoskopartig sich entfaltenden Begriff der *imitatio naturae*, der Nachahmung der Natur. Man will zeigen, daß die Natur vom Menschen zu bändigen, zu lenken und nachzubilden ist. Pracht und Großartigkeit stehen als Zeichen und Beweis der *virtus*, der Tugend. In der Gartenkunst des 16. Jahrhunderts wird das Spektakuläre versucht, fast im Sinne eines Schauspiels, einer Inszenierung also, wie es auch Serlio verkündet.[24]

Ein Brief von Claudio Tolomei vom 26. Juli 1543 an Giambattista Grimaldi ist sehr aufschlußreich. Darin wird die Verbindung von Kunst und Natur als Zielvorstellung umrissen. Das Ideal sei erreicht, »wenn die Kunst mit der Natur verschmilzt und man nicht mehr feststellen kann, ob man einem natür-

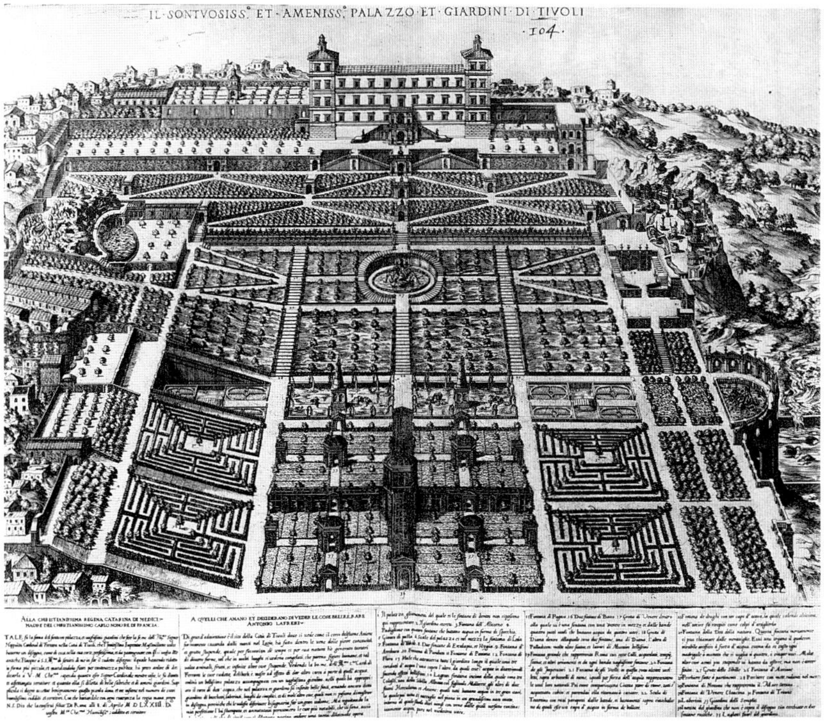

Ansicht der Villa d'Este in Tivoli (Italien). Kupferstich von E. Dupérac, 1573. Rom, Biblioteca Hertziana

Villa d'Este in Tivoli (Italien). Rometta-Brunnen. Kupferstich von G. F. Venturini. Rom, Biblioteca Hertziana

Villa Barbaro in Maser (Italien). Nymphäum im Giardino Segreto. Photo Diego Birelli

lichen Kunstwerk oder einer kunstvoll nachgestalteten Natur gegenübersteht«.[25] Grimaldi selbst beruft kurz danach Galeazzo Alessi, damit dieser seinen Garten umgestalte. Die Gestaltung soll ihren Höhepunkt in einer Grotte finden. Das Thema Grotte steht im Zusammenhang mit der Entdekkung und Vorliebe des Manierismus für die zauberhafte Wirkung des Amorphen. Die Grotte ist zwar auch als reines Naturgebilde zu finden, aber in der Gartenkunst sind es stets Kunstgebilde. Die besondere Wertigkeit und Bedeutung erfährt die Grotte aus den Bezügen zur klassischen Antike und zu Texten von Vitruv, der im 16. Jahrhundert als Autorität galt. Auch die Wasserspiele, die beweglichen und doch in geometrische Formen eingebundenen »Wasser des Lebens« haben hier eine wichtige Inspirationsquelle.[26] Aus ähnlichen Gründen wird wohl auch Perin del Vaga um 1522 für den Admiral und Staatsmann Andrea Doria in dessen Garten in Fossolo bei Genua antike römische Skulpturen und Architekturfragmente aufgestellt haben. Im Belvederegarten im Vatikan und im Garten der Villa Madama in Rom hatte man dies ja ebenfalls ohne Bedenken gemacht.[27]

Durch die Betonung der Wasserspiele und der bildhauerischen Arbeiten wird deutlich, daß man der Technik und Kunstfertigkeit nun im 16. Jahrhundert eine Vorrangstellung gegenüber der Natur einräumte. Diese Haltung war den Idealvorstellungen des 15. Jahrhunderts, die ihren Ausdruck in »der Freude des Menschen an der grünenden Erde, an der Anmut der Blumen, am Wachsen und am Reifen der Früchte« fanden, durchaus entgegengesetzt. 1543 erinnert sich Lollio mit Wehmut daran. Statt der Kunstwerke würde er lieber Bäume und Sträucher im Garten sehen. Man erinnere sich auch an die Anleitungen, die Alemanni 1546 »dem weisen Gärtner« gab und an die praktischen Ziele der Landwirtschaft, das Vermächtnis der »Landbewohner«. Jacopo Bonfadio drückt das neue Verhältnis von Natur und Kunstwerk so aus: »Ich habe mein möglichstes getan, Kunst und Natur zu verschmelzen. Die Natur wird zum Kunstgebilde und damit der Kunst wesensgleich. Aus Kunst und Natur wird etwas, das ich nicht anders benennen kann als ›die dritte Natur‹.« Diese »dritte Natur« ist nach Taegio das Ergebnis von »geistreichen Veredelungen«. Tagliolini wurde mit seinen treffenden Worten hier schon einmal zitiert.[28] Wer sich wissenschaftlich mit diesem Thema befaßt, ist auch gut beraten, die treffenden Analysen von Ackerman und Coffin zu lesen. Der Entwurf von Bramante für den Belvederegarten im Vatikan, mit dem er 1504 von Papst Julius II. beauftragt worden war, wurde in den folgenden Jahrzehnten modifiziert. Dieses Projekt ist das grundlegende Modell für die Weiterentwicklung der Gartenkunst des 16. Jahrhunderts. Als Grundstruktur gewinnt es Bedeutung für die gesamte europäische Gartenkunst.[29] Hier wurde zum ersten Mal ein Freiraum nach einem umfassenden Entwurfskonzept geordnet. Dieser Freiraum befand sich an einem steilen Hang. Unten begrenzte ihn der Päpstliche Palast und oben die Villa von Papst Innozenz VIII., die er sich um 1485 hatte erbauen lassen. Dies war der Rückzugsort des Papstes, der an einem schweren Leiden litt. Eine ausführliche Beschreibung der Entstehungsgeschichte des Belvederegartens würde den Rahmen unseres Themas sprengen. So seien hier nur die bemerkenswertesten Besonderheiten genannt: als erste die Allgegenwart der Architektur, die Festlegung der Raumkanten, die formale Fixierung auf den Scheitelpunkt der Exedra am einen Ende des Gartenraumes; zum anderen die wohlüberlegte Einbeziehung der Topographie, das heißt die geschickte Verbindung der verschiedenen Niveauebenen des Gartens durch eine großzügige Freitreppenanlage;

Villa Giulia in Rom. Nymphäum.
Photo E. Monti

Ansicht der Villa Madama in Rom. Kupferstich von G. Vasi. Rom, Biblioteca Hertziana

und schließlich die geordnete Verteilung der Vegetation und die Anordnung von kleinen Wasserspielen, die dieser Gartenkomposition ihren einmaligen Wert gaben. Es handelte sich also um »ingegnosi innesti«, geistreiche Veredelungen, zu einem Zeitpunkt, als man allerorten von dem gleichen Ideal träumte, den Typus der antiken Villa eindrucksvoll wiederzubeleben. Wichtige Vorbilder waren dabei zum Beispiel Neros »Domus Aurea«, das Praeneste-Heiligtum in Palestrina und die Villa Hadriana bei Tivoli. Alle diese Anlagen erhielten ihre besondere Note durch die Aufstellung von antiken Skulpturen in der Absicht, ein Bühnenbild aufzubauen und einen angemessenen Rahmen zu schaffen für die gelehrten humanistischen Gespräche. Diese vergleichsweise bescheidenen und stillen Freuden des Gartens wurden jedoch zunehmend abgelöst von prunkvollen Festen, Banketts, Bällen, Turnieren und anderen Vergnügungen.

Die Gärten des Palasts der Este in Ferrara wie anderswo lassen noch erahnen, daß sie zu solchem Zweck angelegt wurden. Der Wunsch, in der Villa ein Leben nach antiken Idealen zu führen und die Umsetzung dieses Wunsches in ein Schauspiel sind aufsehenerregend. Die große Pracht war Zeugnis für die künstlerische Leistung des Architekten und zugleich Beweis für die Großzügigkeit des fürstlichen Auftraggebers. Bei der Villa Giulia in Rom[30] erreichte Ammannati spannungsreiche perspektivische Effekte, indem er die Treppenläufe nach einem gleichbleibenden Rhythmus getaltete, offene Laubengänge und Wasserspiele konzipierte. Die Treppenanlage, die zu dem Nymphäum hinabführte, legte er in elengantem Schwung an. Darin unterschied er sich von seinem Zeitgenossen Vignola, der nicht diese Eleganz erreichte. Vignola gestaltete für Papst Paul III. den in drei Terrassenstufen angelegten Garten der Horti Farnesiani. Das ganz ähnlich wie bei der Villa Giulia geformte halbrunde, um ein Geschoß abgesenkte Nymphäum direkt gegenüber dem Eingang ist hier weit weniger gut in die Gesamtanlage integriert. Der Reiz dieser Anlage bestand vielmehr darin, daß man hier einerseits von oben auf die Skulpturen und die phantasievollen Gestaltungen herabschauen konnte, andererseits die Blumenpracht auf den Terrassen das Auge erfreute.[31] Aber diese Besonderheit war weder das Ergebnis der Planung von Vignola noch der hier bereits geschaffenen Ansätze von Raffael, sondern wohl eher dem Einfluß des Kreises um den Architekten Antonio da Sangallo zuzuschreiben. Dieser war auch an der Konzeption der Villa Madama an den Hängen des Monte Mario beteiligt.

Die Anregungen zum Bau all dieser Villenanlagen basierte auf den Schriften von Columella[32], die zu dieser Zeit weite Verbreitung fanden. Er bezog

Villa Aldobrandini in Frascati (Italien). Gran teatro delle acque (Großes Wassertheater). Aus: G. B. Falda, Li giardini di Roma, Rom 1683. Rom, Biblioteca Hertziana

sich darin auf die berühmte Beschreibung des Plinius von seinem Landgut bei Ostia.

Mit dem großartigen Projekt der Villa Madama wollte der Auftraggeber, der florentinische Kardinal Giulio de' Medici, ein Cousin von Papst Leo X., beweisen, daß er es als Kunstförderer mit dem Papst aufnehmen konnte und daß seine glanzvolle Inszenierung der herrschaftlichen Pracht des Papstes ebenbürtig war.

Neben dem Papst und seiner Verwandtschaft, die alle mit Pfründen und Würden gesegnet waren und sich erlauben konnten, aufwendige Bauprojekte durchzuführen, gab es noch eine dritte Gruppe von Bauherren, die steinreichen Bankiers, zum Beispiel Agostino Chigi. Der Garten seiner »Farnesina« war am Tiberufer gelegen und bestand aus einem Gefüge von Parterregärten und Hainen. Hinzu kamen eindrucksvolle Wasserspiele, die der Kunstfertigkeit des Architekten Peruzzi zu verdanken waren.

Wie man den Aussagen von Egidio Gallo in seinem Aufsatz »De Viridario Augustino Chisii« (1511) oder von Blasio Palladio »Suburbanum Augustino Chisii« (1512) entnehmen kann, brauchte dieser Garten den Vergleich mit der architektonischen Glanzleistung und dem Skulpturenreichtum des Belvederegartens im Vatikan in keiner Weise zu scheuen.[33] Zum Kreis der miteinander in Bauprojekten konkurrierenden Mächtigen gehörten schließlich auch noch andere Kardinäle, die nicht durch verwandtschaftliche Bindungen an den Papst begünstigt waren. Auch sie ließen sich in Rom anspruchsvolle Paläste und Villen vor den Toren der Stadt erbauen, was dem ganzen Stadtrand sein besonderes Gepräge gab.

Wir wissen, daß Kardinal Alessandro Farnese in dem 70 km von Rom entfernten kleinen Ort Caprarola seinen Landsitz erst von dem Architekten Vignola erbauen ließ, nachdem er zuvor vergeblich versucht hatte, die Villa Madama zu erwerben.[34] Vollendet wurde das Projekt höchstwahrscheinlich von Giacomo del Duca. Zu gleicher Zeit wie Caprarola entstand auch die Villa d'Este in Tivoli, benannt nach ihrem Bauherrn, dem Kardinal Ippolito d'Este. Dieser berühmten Gartenanlage lag ein Entwurf von Pirro Ligorio zugrunde, der auch die Ausführungsarbeiten überwachte und zu Ende führte. In Kenntnis der Villa d'Este in Tivoli entschied sich Alessandro Farnese in Caprarola für eine ganz ähnliche axiale Ordnung des Gartens. Seine Besonderheit ist, daß hier in Form von Skulpturen in allegorischer Darstellung der Werdegang und Glanz des Hauses Farnese als ein esoterischer Weg wiedergegeben wird.[35]

In dem »sacro bosco«, dem Heiligen Hain von Bomarzo, den Vicino Orsini im Jahre 1552 anlegte – also etwa zur gleichen Zeit, wie Caprarola entstand – ist das Hauptthema des Gartens die Verschlüsselung der seltsamen Gedankenwelt seines Schöpfers. Hier in Bomarzo wird das Künstliche und Künstlerische zum Blendwerk verkehrt. Monsterskulpturen werden in das Repertoire der bildhauerischen Darstellungen einbezogen, Ausdruck der geheimnisvollen Wesenszüge des exzentrischen Bauherrn. Diese Skulpturen sind heute noch in Bomarzo zu sehen, aber ihr Sinn ist noch nicht vollständig entschlüsselt.[36] Doch – und darüber ist man sich einig – der Garten von Bomarzo ist ein Sonder- und Einzelfall. Man kann an diesem Beispiel feststellen, daß die »dritte Natur« zwar in der Kunst existiert, aber in der Natur selbst gibt es sie nicht. Dies erklärt auch, warum Taegio eingestehen kann, daß es ihm unmöglich ist, dieser »dritten Natur« einen »Namen« zu geben.

Es ist eine bekannte Tatsache, daß der römisch-antike Garten zum Vorbild der Gartengestaltung in ganz Europa wurde. Er lieferte das Ausgangsmodell, auf das sich alle Gärten der Renaissance, des Manierismus und später die Anlagen »all'italiana« bezogen. Allerdings fanden diese Gärten nach italienischem Vorbild ihre Weiterentwicklung darin, daß sie sich dem jeweiligen kulturellen Umfeld anpaßten. Es würde jedoch den Rahmen dieses Beitrags sprengen, hier die Geschichte der italienischen Gärten aufzuzeigen.

Kommen wir nun zurück auf den eingangs wiedergegebenen Zusammenhang von Kunst und Natur in der Geschichte von Edgar Allan Poe. Das darin geschilderte Verständnis von Gartenkunst entspricht in vieler Hinsicht den italienischen Vorstellungen des 16. Jahrhunderts. Denn auch hier entsprang die Gartenkunst der Poesie, wurde die Natur dem Künstlichen und Künstlerischen untergeordnet und aus dem verzerrten Blickwinkel des Labyrinths dargestellt.

Anmerkungen

1 Siehe E. Battisti, »Natura artificiosa to Natura artificialis«, in: *The Italian Garden*, Hrsg. D. R. Coffin, Dumbarton Oaks 1972, S. 63–80.
2 A. Vivit, »L'insigne viridario di Francesco Gonzaga in Roma«, in: *Bollettino del Centro di Studi per la Storia dell'Architettura*, 34, 1987, S. 15.
3 B. Ruppert, »Villa. Zur Geschichte eines Ideals«, in: *Wandlungen des Paradiesischen und Utopischen*, Berlin 1966, S. 210–234.
4 Zu Lapides siehe E. Garin, *La città in Leonardo*, Florenz 1971, S. 5f., zur Einstellung Albertis jedoch *De re aedificatoria*, Hrsg. P. Portoghesi und G. Orlandi, Mailand 1966, l. IX, 2, S. 790; l. V, 10, S. 410.
5 P. Barocchi, *Scritti d'arte del Cinquecento*, Bd. 3, Mailand, Neapel 1977, S. 311.
6 *Vita di Triphona Gabriele, nella quale si monstrano apieno le lodi della vita solitaria e contemplativa*, Bologna 1543.
7 V. Zabughin, *Giulio Pomponio Leto*, Rom 1910–1912, Bd. 1, S. 168f.
8 F. Cardini, »Il giardino monastico nelle Sententiae di Bernardo di Clairvaux«, in: *Il giardino storico. Protezione e restauro*, Florenz 1987, S. 92f.; »Il giardino tra filosofia e politica. Il Paradiso degli Alberti di Giovanni Therardi da Prato«, in: *Il giardino come labirinto della storia*, Palermo 1984, S. 40.
9 F. Zordan, *Poesie inedite die Bartolomeo Pagello celebre umanista*, Tortona 1984, S. 54f.
10 L. Puppi, »Giardino veneziani del Rinascimento«, in: *Il Veltro*, Bd. 22, Nr. 3–4, 1978, S. 282–284.
11 L. Puppi, »Le residenze di Pietro Bembo in Padoana«; in: *L'Arte*, Nr. 7–8, 1959, S. 32.
12 Zitat nach Vivit, *L'insignie viridario*, op. cit., S. 18.
13 G. Masson, »The Gardener's Art in Early Florence«; in: *Apollo*, 81, 1965, S. 314–319; A.-Peroa, *Giovanni Rucellai e il suo Zibaldone*, London 1960, S. 23; G. Gherardi da Prato, *Il Paradiso degli Alberti*, Hrsg. A. Laura, Rom 1975.
14 C. W. Westfall, *The Invention of the City: the Urban Strategy of Nicholas V and Alberti in Fifteenth-Century Rome*, London 1984, S. 261ff.; D. R. Coffin, *The Villa in the Life of Renaissance Rome* Princeton/N. J. 1979, S. 27–34.
15 L. Grundesheiner, *Art and Life at the Court of Ercole I d'Este*, Genf 1972, S. 52f., 65f., 68–71.
16 L. Puppi, »The Villa Garden of the Veneto from the Fifteenth to the Eighteenth Century«, in: *The Italian Garden*, op. cit., S. 89ff.
17 M. Levi d'Ancona, *The Gardens of the Renaissance: Botanical Symbolism in Italian Painting*, Florenz 1977; A. Chastel, »Le jardin et les fleurs«, in: *Revue de l'Art*, 51, 1981, S. 42–50; D. R. Coffin, »The lex hortorum and Access to Gardens of Latium during the Renaissance«, in: *The Journal of Garden History*, Bd. 2, Nr. 3, 1982, S. 202ff.
18 A. Taglioni, *Storia del giardino italiano*, Florenz 1988, S. 58–62.
19 F. di Giorgio Martini, *Trattati d'architettura, ingeneria e arte militare*, Hrsg. C. Maltese und L. Maltese Degrossi, Bd. 1, Mailand 1967, S. 245f.
20 F. Colonna, *Hypnerotomachia Poliphili* (1499), Ausgabe Hrsg. G. Pozzi, L. A. Ciapponi, Padia 1964, S. 380, S. 400. Dies ist nicht der geeignete Ort, in die gegenwärtige Diskussion über die Identität Colonnas einzutreten. Zur Information über das »barco« siehe Postfazione, *Quaderni della Fondazione Benetton*, Treviso 1988.
21 A. Vivit, *L'insigne viridario*, op. cit., S. 7–33; D. R. Coffin, *The Villa in the Life of Renaissance Rome*, op. cit., S. 182ff.
22 T. Comito, *The Idea of the Garden in the Renaissance*, New Brunswick 1978, S. 4–7.
23 L. Firpo, *Leonardo, architetto e urbanista*, Turin 1963, S. 107; C. Pedretti, *Leonardo architetto*, Mailand 1978, bes. S. 205f.
24 R. Pocciani, »Aspetti dell'imitazione della natura fra Quattrocento e Cinquecento«, in: *Natura e Artificio*, Hrsg. M. Fagiolo, Rom 1981, S. 14–54; R. Strong, *Art and Power: The Feasts of the Renaissance, 1450–1650* Mailand 1987, S. 68–70; *P. Marchi*, »Il giardino come luogo teatrale«, in: *Il giardino storico italiano*, Florenz 1981, S. 197–210; A. Chastel, »Cortile et théâtre«, in: *Le lieu théâtral à la Renaissance*, Hrsg. J. Jacquot, Paris 1964, S. 41–47.
25 C. Tolomei, *Delle lettre libri setti*, Venedig 1547, Bd. II, Nr. 1.
26 Zum Thema Grotten siehe C. Acidini Luchinat, »Rappresentazione della natura e indagine scientifica nelle grotte cinquecentesche« und zum Thema Wasserfälle M. Fagiolo, »Il significato dell'acqua e la dialettica del giardino«, in: *Natura e Artificio*, op. cit., S. 144–153 bzw. 176–189. Ein sehr nützliches Quellenverzeichnis zu diesen beiden Themen befidet sich auf den S. 227–258 dieser Publikation.
27 G. L. Gorse, »Genoese Renaissance Villas: a Topological Introduction«, in: *The Journal of Garden History*, Bd. 3, Nr. 4, 1983, S. 255–280; L. Magnani, »L'uso d'ornare i fonti: Galeazzo Alessi and the Construction of Grottoes in the Genoese Garden«, ibid., Bd. 5, Nr. 2, 1985, S. 135–153.
28 A. Rinaldi, »La ricerca della terza natura: artificialia e naturalia nel giardino toscano del 55«, in: *Nature e Artificio*, op. cit., S. 154–175; A. Tagliolini, *Storia*, op. cit., S. 226–228.
29 Siehe J. S. Ackerman, »The Belvedere as a Classical Villa«, in: *Journal of the Warburg and Courtauld Institutes*, Bd. 14, 1951, S. 70–91; D. R. Coffin, *The Villa in the Life of Renaissance Rome*, op. cit., S. 80–82.
30 T. Falk, »Studien zur Topographie und Geschichte der Villa Giulia in Rom«, in: *Römisches Jahrbuch für Kunstgeschichte*, Bd. 13, 1971, S. 101–178; D. R. Coffin, *The villa in the Life of Renaissance Rome*, op. cit., S. 150–179 (mit späterer Bibliographie).
31 Siehe die Zusammenfassung von A. Tagliolini, *Storia*, op. cit., S. 185f.
32 R. Lefèvre, *Villa Madama*, Rom 1973; C. L. Frommel, S. Ray, M. Tafuri, *Raffael. Das architektonische Werk*, Stuttgart 1987, bes. S. 325f.
33 C. L. Frommel, *Die Farnesina und Peruzzis architektonisches Frühwerk*, Berlin 1961; D. R. Coffin, *The Villa in the Life of Renaissance Rome*, op. cit., S. 87–109.
34 D. R. Coffin, *The Villa in the Life of Renaissance Rome*, op. cit., S. 281–311; A. Tagliolini, »Il cardinale Alessandro Farnese e il giardino del Cinquecento«, in: *Ville e parchi del Lazio*, Rom 1984, S. 17–35.
35 D. R. Coffin, *The Villa d'Este at Tivoli*, Princeton/N. J. 1960, und *The Villa in the Life of Renaissance Rome*, op. cit., S. 311–340; M. L. Madonna, »Il Genius Loci di Villa d'Este. Miti e misteri nel sistema di Pirro Ligorio«, in: *Natura e Artificio*, op. cit., S. 190–226.
36 Zum *sacro bosco* siehe die neuere Interpretation von M. J. Darnall und M. S. Weil, »Il Sacro Bosco di Bomarzo: its 16th-Century Literary and Antiquarian Context«, in: *The Journal of Garden History*, Bd. 4, 1984, S. 1–84; auch die Argumentation von J. B. Bury, *Review Essay*: Bomarzo Revisited, ibid., Bd. 5, Nr. 2, S. 213–223. Außerdem G. Venturi, *Le scene dell'Eden*, Ferrara 1979, S. 98–132, und E. Battisti, »Il ritiro nel giardino monastico come suicidio politico e culturale«, in: *Il giardino storico*, op. cit., S. 97–104.

Naturalia und Kuriosa in den Gärten des 16. Jahrhunderts

Luigi Zangheri

Im Kulturleben des 16. Jahrhunderts hatte der Bruch mit der Gedankenwelt der aristotelischen Physik zur Folge, daß sich die Sammelleidenschaft und der Einfluß des Mäzenatentums verstärkt ausbreiteten. Die große Weltmaschine, die immer schon Gegenstand emsiger Studien gewesen war, besonders auf den Gebieten der Beziehungen zwischen Mensch und Natur, den Grundlagen der »Symmetrie« und den Affinitäten zwischen Geometrie und Vernunft, verlor zusehends das ihr eigene Gepräge eines heiteren Klassizismus. An seine Stelle traten eine Reihe von Unsicherheiten in bezug auf die Rolle, die der Mensch in seinem Verhältnis zur Natur einnehmen sollte. Das Interesse für die Alchimie, die Begeisterung für merkwürdige Naturerscheinungen, das Interesse an den »sagenhaften« Berichten, die aus den erst vor kurzem entdeckten neuen Erdteilen kamen, beeinflußten die gesamte Kultur des 16. Jahrhunderts. Selbst die Gärten öffneten sich für tausend Kuriositäten und stellten diese öffentlich und systematisch zur Schau, indem sie sie in einen künstlichen Rahmen betteten, der die Natur vollständig nachahmte: mit Wasser, Felsen, Tieren und Pflanzen. Zugleich machten sie auf diese Weise Natur verständlich und zugänglich. Die Brunnen, Grotten und Labyrinthe, aus denen diese großen Gärten bestanden, stellten zugleich die Autorität ihres reichen und mächtigen Besitzers dar, der hinter dem ganzen Aufwand klar erkennbar blieb.

Eine der frühesten fürstlichen Sammlungen in Verbindung mit der Welt des Gartens fand sich in Mantua, dem Wohnsitz von Isabella d'Este. Kleine Bereiche im Garten, die auch als »Studierzimmer« und als »Grotte« bezeichnet wurden, bildeten mit dem benachbarten »giardino segreto« ein organisches Ensemble. Sie waren ein Ort der inneren Sammlung, ein Ort, wo gelehrte Zusammenkünfte stattfanden. Dieser kleine Garten war ein Beispiel für den Geist des Humanismus, der an den italienischen Höfen zu Beginn des 16. Jahrhunderts herrschte.[1]

Nicht einmal ein halbes Jahrhundert später ließ Erzherzog Ferdinand von Tirol in Liboc, in der Nähe von Prag, sein Jagdschloß Stern erbauen, und hier wurde aus dem »kleinen Studierzimmer« mit seinen bescheidenen Abmessungen ein ganzes Gebäude. Das Jagdschloß Stern lag im königlichen Jagdrevier und diente sowohl als ländliche Villa vor den Toren der Stadt wie auch als Jagdsitz. Ebenso war es aber auch ein idealer Ort, um das Leben der Pflanzen und Tiere zu beobachten. Das Jagdschloß baut auf einem hexagonalen oder sternförmigen Grundriß auf, wie das Siegel Salomons, aber ohne die kabbalistischen Bedeutungsinhalte des Davidsterns. Das hexagonale Gebäude umschließt einen quadratischen Hof, dessen eine Seite als Galerie gestaltet ist. Das eindrucksvolle und strenge Äußere des Jagdschlosses weckt die Vorstellung eines abweisenden Bergwalds, aber das Innere ist reich mit Groteskenmalereien ausgeschmückt und erinnert unwillkürlich an die rätselhafte Welt der Grotten. Insbesondere die mit außerordentlich reich gestalteten Stuckornamenten verzierten Gewölbe im Erdgeschoß, riefen die Bewunderung der Besucher hervor. Die Ornamente erinnerten an die »Kuriositäten«, die Erzherzog Ferdinand in seiner »Wunderkammer« in Schloß Ambros versammelt hatte. Zu den Prachtstücken seiner Sammlung zählten sowohl das Salzfaß des Benvenuto Cellini als auch die Federkrone Montezumas.[2]

Pratolino, die Medici-Villa bei Florenz, markiert die dritte und damit entscheidende Etappe dieses im Geiste vollzogenen Weges. Hier werden die Bezüge zwischen geschlossenem und offenem Raum, zwischen dem »Kuriositätenkabinett« der Natur und der gestalteten Natur präzisiert. Dieser Garten ist als beispielhaftes Spiegelbild der Tugenden eines Fürsten konzipiert. Francesco I. de'Medici, der Schöpfer von Pratolino, brach 1565 nach einer langen Reise, die ihn nach Innsbruck, an den Bayrischen Hof und nach Wien geführt hatte, zu einer Fahrt nach Böhmen auf, um seine Durchlaucht Erzherzog Ferdinand aufzusuchen, denn »er wollte nicht die Gelegenheit versäumen, seinen Vetter zu sehen.«[3] Die Zusammenkunft mit Ferdinand von Tirol war der Beginn einer echten Freundschaft und bestärkte den jungen Medici in seinem Wunsch, Sammler und Mäzen zu werden.[4]

In Pratolino übertraf Francesco I. das Ziel, das bereits von Ferdinand von Tirol erreicht worden war: das Jagdschloß Stern als Jagdpavillon und Ort zum Studium der Natur, und Schloß Ambras, in dem die »Wunderkammer« untergebracht ist, als Umgestaltung eines bereits bestehenden Gebäudes zu seinem Meisterstück.

Pratolino hingegen wurde in seiner Gesamtheit als völlig neuer Organismus angelegt, als Umwandlung einer großen Villa in eine Schatzkammer voller Kuriositäten und Kostbarkeiten und einem Park, der zur Hälfte dem Ruhm der Vergangenheit und zur anderen Hälfte den Wundern der Gegenwart gewidmet war. Die Unverwechselbarkeit von Pratolino bestand gerade darin, daß es ein einzigartiges Museum von »Wunderwerken« war, ein echtes Studierkabinett, umgeben von freier Natur, ein großes, lebenssprühendes Labyrinth, in dem die Geheimsse der Natur zur Schau gestellt wurden.[5] Vor dem kulissenartigen Hintergrund des Parnass – mit Standbildern des Jupiter, der Venus, Apolls und des Äskulap –, bewegten sich kleine Puppentheater mit Automatenfiguren, die Szenen aus dem täglichen Leben nachstellten (der Scherenschleifer, der Müller usw.) oder die Geschichten sterblicher Menschen wie Narziß, die zu Halbgöttern geworden waren. Die Wände der Grotten waren mit Szenen ausgemalt, die den »Abbau von Silber und aller erdenklicher Metalle unter Tage und die verschiedenen Arten ihrer Bearbeitung« zeigten. Die Grotten waren zudem mit »Korallen und anderen Halbedelsteinen« verziert, während auf den Wiesen »tausend verschiedene farbenprächtige Blumen« blühten. In der großen Volière tummelte sich »eine ungeheure Menge von Vögeln«, und die Fischteiche waren voll von »vielerlei verschiedenen Fischen«. In den Waldstücken sprang »eine große Menge von Hasen, Rehböcken und Rebhühnern« umher. Francesco I. war es tatsächlich gelungen, einen unwirtlichen, »gebirgigen Ort« in eine wahrhaftige Stätte des Vergnügens zu verwandeln. Das Wasser wurde von weit entfernten Quellen hergeleitet, und die Pflanzen wurden sogar aus dem Trentino eingeführt, damit man sich »in der glühenden Hitze des Sommers eines heiteren und milden Frühlings erfreuen« konnte.[6]

Die Kolossalstatue des Appennin, die Palla Rucellai »wie aus Eis« erschien, das in den »glühenden Sonnenstrahlen« zu schmelzen beginnt, war das größte Wunderwerk von Pratolino.[7] In Anspielung auf die Darstellungen Arcimboldos verschmolz die Gestalt menschliche und versteinerte Formen der Natur in einer unnachahmlichen, dramatischen Komposition. Die Skulptur war von Giambologna zwischen 1579 und 1580 entworfen worden, und der Entwurf wurde in der Folge immer wieder variiert. 1611 fertigte Constantino de' Servi im Auftrag von Heinrich, Prinz von Wales, eine Skulptur nach diesem Vorbild für die Gartenanlagen von Richmond. Es handelte sich um die Skulptur eines Giganten, der »dreimal so groß war wie der von Pratolino, mit vielen verschiedenen Kammern im Inneren seines Körpers, einem großen Treppenhaus im Kopf und tief unten, in den Kellerräumen, wo der Wind

Jagdschloß Stern in Liboc bei Prag. Ansicht, Grundriß und Deckendetail

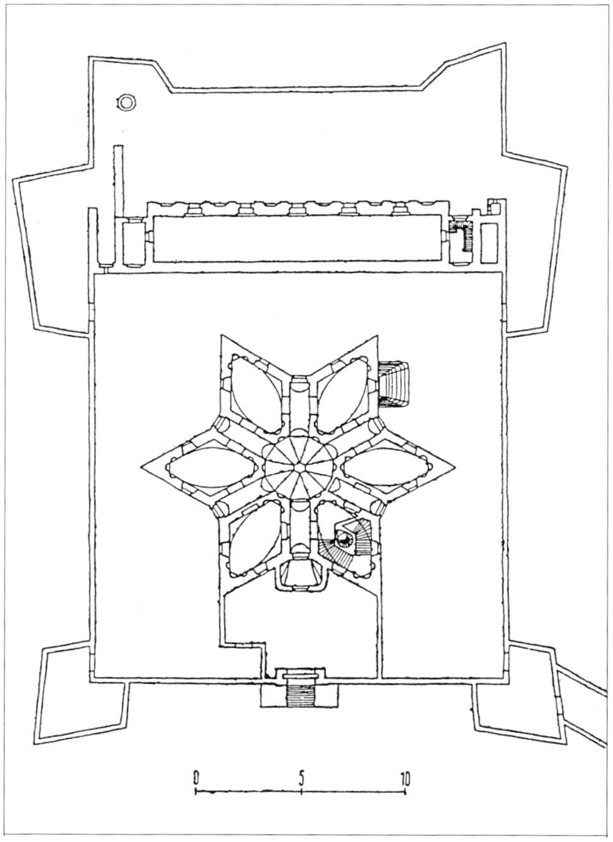

»Far che con uno dracone, che stia a guardia dei pomi d'oro, combatta un Ercole« (Herkules kämpft mit dem Drachen, der die goldenen Äpfel der Hesperiden bewacht). Entwurf für einen Wasserautomaten. Stich von G.B. Aleotti, 1589

Die Nymphe Galathea wird von zwei Delphinen über das Wasser gezogen, während der Zyklop Polyphem auf einer Flöte bläst. Entwurf für einen Wasserautomaten. Stich aus: Salomon de Caus, Les raisions des forces mouvantes, Paris 1624. Paris, Bibliothèque Nationale, Cabinet des Estampes

Saint-Germain-en-Laye (Yvelines) bei Paris. Vogelschau von Schloß und Gärten. Kupferstich von A. Francini, 1614. Paris, Bibliothèque Nationale, Cabinet des Estampes

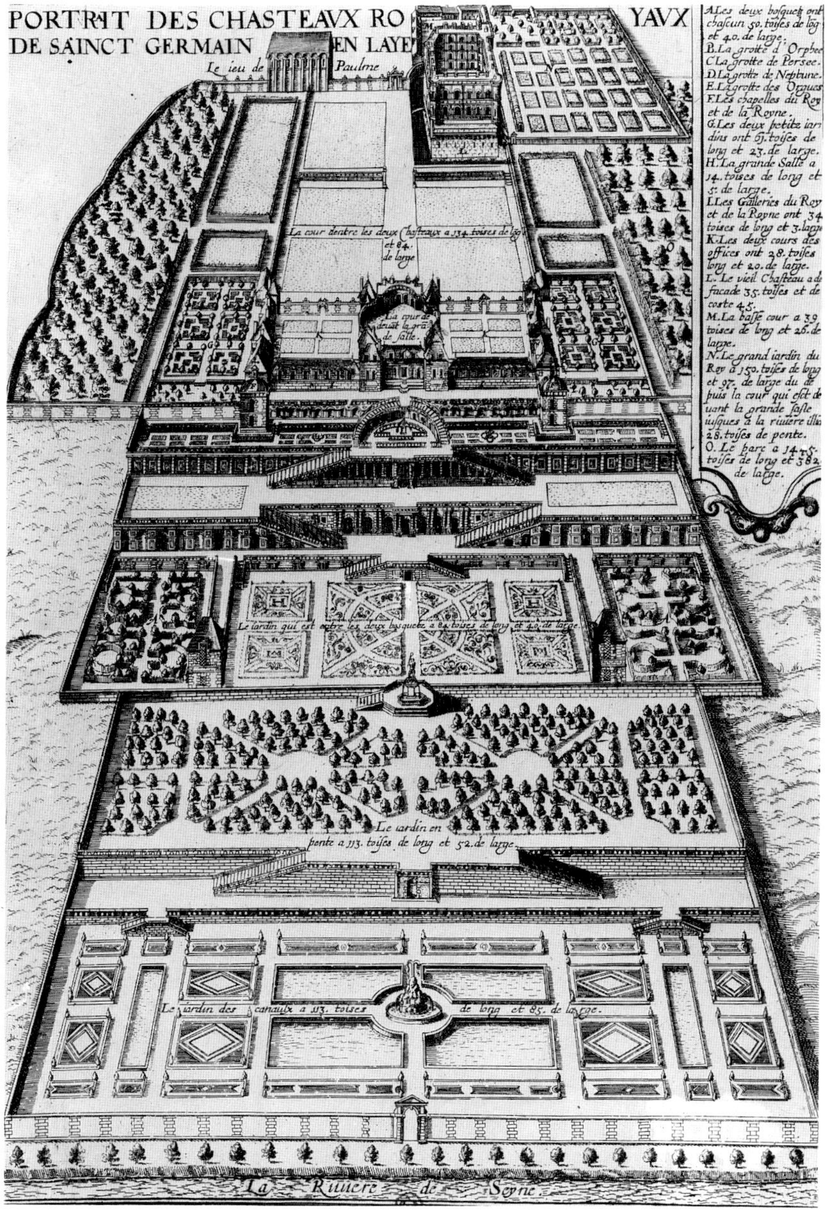

bläst, mit zwei Grotten.«[8] Salomon de Caus schlägt ebenfalls Varianten zu diesem Thema in *»Les raisons des forces mouvantes«* vor, indem er einen »großen Zyklopen« vorschlägt, »in dessen Körper einige Grotten höchst kunstfertig angelegt sind«.[9]

Die Besucher des Parks gerieten in »höchstes Erstaunen« und »Verwunderung«, wenn sie die »wunderbaren Erfindungen«, die »geistreichen Einfälle«, und »geschickten Inszenierungen« erblickten, die unter der Leitung von Bernardo Buontalenti von Bonaventura da Orvieto, Goceramo da Parma, Tommaso Francini und dem Meister Lazzaro delle Fontane entstanden waren. Das Theater der Automatenfiguren, die mit Wasser in Bewegung gesetzt wurden, die Wasserorgeln, die genialen Mechanismen, die den Gesang der Vögel nachahmten, und die Wasserscherze schufen ein märchenhaftes Ambiente, das die Aufmerksamkeit von Künstlern und Erfindern aus ganz Europa auf sich zog. So berühmte Besucher wie Montaigne beschrieben es in glühenden Worten. Insbesondere die kleinen Automatentheater riefen das größte Interesse unter den Gelehrten jener Zeit hervor, die weniger über die genialen Einfälle als vielmehr über die Art und Weise erstaunt waren, mit der diese Technik die Gesetze der Natur zu überwinden schien. Agostino del Riccio erklärte sogar, daß er, würde er »an keinem anderen Übel als am Alter sterben«, sicher sei, in den kommenden Jahren »wunderschöne und unvorstellbare Erfindungen« zu sehen, denn er war mit Francini befreundet, »einem der größten Erfinder, die es in ganz Italien gab und der mit Hilfe der Wasserkraft fast alle Bewegungen des menschlichen Körpers imitieren konnte«.[10]

In der Folgezeit entstanden in ganz Europa Imitationen und Kopien der Werke von Pratolino, die den Vorbildern sogar in der formalen Lösung der ikonographischen Themen nacheiferten. Auf diese Weise wurden zahlreiche andere »Gärten der Wunder« angelegt. Durch die Anregungen, die man von Pratolino empfangen hatte, erfolgte eine richtiggehende Ausbreitung von fortschrittlicher Technologie, die durch Werke von Tommaso und Alessandro Francini, Constantino de' Servi, Cosimo Lotti und Baccio del Bianco entscheidend beeinflußt wurde. Pratolino war aber auch Vorbild und Quelle der Inspiration für Künstler wie Heinrich Schickhardt und Salomon de Caus. Auf den Illustrationen von de Caus gibt es neben der Abbildung des Appennin auch Darstellungen des Narziß, der Galatea und jenes Berges Parnaß, der in den Gärten von Somerset House nachgebildet wurde. Als 1613 der Herzog von Sachsen diese Gartenanlage besuchte, erkannte er sofort, daß Pratolino hier Pate gestanden hatte.

Von all den »Gärten der Wunder« ist heute nur noch der Garten von Hellbrunn erhalten. Markus Sittikus von Hohenems, fürstlicher Erzbischof von Salzburg zwischen 1612 und 1619, übertrug Santino Solari den Bau dieser Anlage. Das Schloß Hellbrunn, das als italienische Villa konzipiert ist, ist mit dem Garten durch eine Grotte verbunden, die Neptun geweiht und über und über mit Schwämmen und Muscheln bedeckt ist. Auf den Wänden der Grotte waren zahlreiche kleine künstliche Vögel angebracht, deren Gesang noch heute ertönt, wenn man mittels Wasserkraft die pneumatisch betriebenen Spielautomaten in Gang setzt. Die Grotte selbst diente als Kulisse für verschiedene kleine Theaterstücke mit Automatenfiguren, sowie für das »Germaul«, eine Maske, die mit den Augen rollte und die Zunge herausstreckte. Gegenüber der Grotte, hinter einigen Fischteichen, befand sich das »Römische Theater«. In dessen Mitte stand ein Marmortisch mit einer Wasserrinne

Saint-Germain-en-Laye (Yvelines) bei Paris. Orpheus-Grotte. Kupferstich von A. Francini, 1614. Paris, Bibliothèque Nationale, Cabinet des Estampes

Saint-Germain-en-Laye (Yvelines) bei Paris. Grotte mit orgelspielender Dame. Kupferstich von A. Francini, 1614. Paris, Bibliothèque Nationale, Cabinet des Estampes

Fontainebleau (Seine-et-Marne) bei Paris. Vogelschau von Schloß und Gärten. Kupferstich von A. Francini, 1614. Paris, Bibliothèque Nationale, Cabinet des Estampes

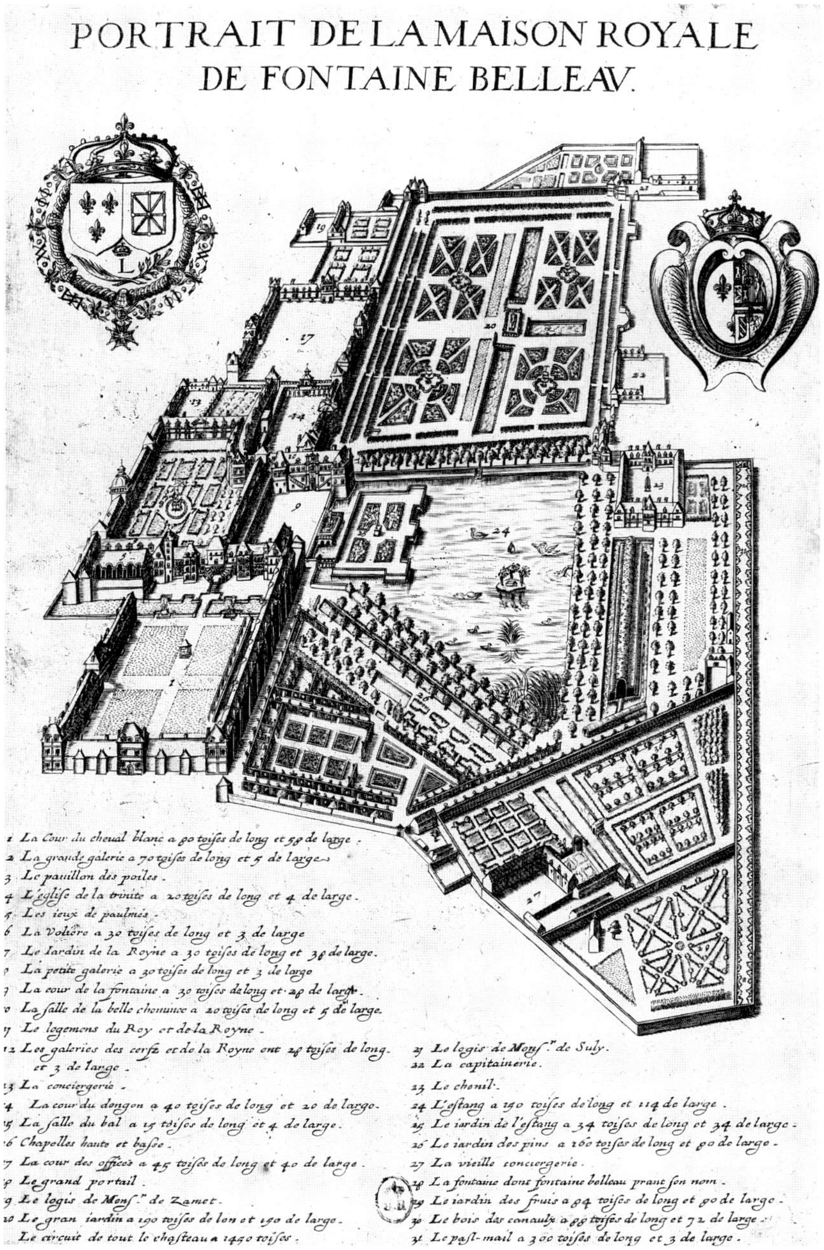

in der Mitte, um darin Speisen und Getränke kühl zu halten. Um den Tisch herum standen Marmorhocker mit eingebauten Wasserscherzen. Vor der nahegelegenen »Kronengrotte« verlief eine kleine Doppelreihe mit Wasserfontänen, die jene Allee von Pratolino zum Vorbild hatte, die dort die Medici-Villa mit der Vasca della Lavandaia, dem »Becken der Wäscherinnen« verband. Die Automatenfigur des Scherenschleifers, des Müllers und des Töpfers, ebenso wie der Wildschweinbrunnen – die Skulptur einer Wildsau, die ihre Frischlinge säugt – erinnern an Motive, die es in Pratolino gab, genauso wie der funktionale Aufbau der Gesamtanlage, in der Wasserscherze eine wichtige Rolle spielen.[11]

Bedauerlicherweise sind heute alle anderen »Gärten der Wunder« verschwunden, diejenigen von Maximilian II. in Wien ebenso wie die von Rudolf II. in Prag, die von Heinrich, Prinz von Wales, in Richmond und schließlich auch jene Heinrichs des IV. von Frankreich in Saint-Germain-en-Laye und in Fontainbleau.[12] Historische Ereignisse, Änderungen des Geschmacks und der Vorlieben, mangelnde Pflege und die hohen Unterhaltskosten, trugen zu ihrem allmählichen Verfall bei. Was uns geblieben ist, sind einige wenige Illustrationen und die begeisterten Beschreibungen mancher Schriftsteller, die das Glück hatten, diese Gärten besuchen zu können.

Die großartigste Gartenanlage dieser Art befand sich zweifelsohne in Saint-Germain-en-Laye. Heinrich IV. beauftragte 1594 Étienne Dupérac mit der Ausführung der Arbeiten. Ihm standen Claude Mollet als Gärtner und ab 1597 Tommaso Francini als Wasserbauingenieur und Erfinder von Wasserspielen zur Seite. In Saint-Germain-en-Laye wurden sechs große Terrassen angelegt, die vom Königspalast zur Seine hinterführten. Auf jeder Ebene befanden sich Grotten, Springbrunnen und Wasserbecken, die entlang einer Zentralachse angelegt waren. Dekorative Freitreppen und Broderieparterres, deren gestutzte Büsche die Initialen des Königspaares nachformten, vervollständigten zusammen mit den Wahlsprüchen, Emblemen und Wappen der königlichen Familie den Schmuck und bildeten den Gesamtrahmen zu den Wunderwerken, die die mechanischen Erfindungen Francinis hervorgebracht hatten. Die orgelspielende Dame, Merkur, der auf einer Muschel bläst, die ausgefeilten Apparaturen in der Grotte des Orpheus, wie zum Beispiel der flügelschlagende Drache – all diese Erfindungen hatten ihre Vorbilder in den kleinen Automatentheatern in den Nischen von Pratolino. So wurde Francini zu Recht zum »Oberaufseher der Wasserspiele und Springbrunnen in Frankreich« ernannt.[13]

In Pratolino wurde lange Zeit den gefeierten technischen Erfindungen mehr Aufmerksamkeit zuteil als der Ausstellung besonderer Pflanzenexemplare oder Mineralienfunde, obwohl diese ebenfalls Seltenheitswert besaßen. Ulisse Aldrovandi, der bekannte Botaniker aus Bologna, der 1577 den Garten von Pratolino besuchte, berichtet, daß es dort Roßkastanien gebe, Koniferen und Blumen wie die *Callis praecox* das *Xilobalsamum* eine seltene Veilchenart, die *Altea flore magno*, eine Hibiskusart oder die *Lances ex montibus tridentinis allatis*. Er schilderte Pratolino als eine Art Botanischen Garten, der nach dem Vorbild der Gärten der Medici in Pisa und Florenz in 400 Metern Höhe angelegt war. Seine Lage und die Bodenfeuchtigkeit förderten die Entwicklung »aller Pflanzen, die die kühle Luft lieben«.[14] Cesalpino, Ghini, Mattioli, Benincasa und Clusius waren zusammen mit Aldovrandi die bedeutenden Botanikerkapazitäten, die im 16. Jahrhundert die Aufmerksamkeiten der Fürsten und Gelehrten für die Botanik als reine Wissenschaft weckten.[15]

Fontainebleau (Seine-et-Marne) bei Paris. Tiber-Brunnen. Kupferstich von A. Francini, 1614. Paris, Bibliothèque Nationale, Cabinet des Estampes

Studie für eine Wanddekoration mit Brunnen. Zeichnung von F. Sustris. Stuttgart, Staatsgalerie

Villa Medici in Castello bei Florenz. Blick von der Orangerie auf das Parterre. Photo Daniele De Lonte

Villa Medici in Castello bei Florenz. Die Tiergrotte. Die Skulpturen aus Stein und Marmor sind von Giambologna und seinen Schülern. Photo Daniele De Lonte

Kaiser Maximilian I. beschrieb die Einzigartigkeit seiner einhundertvierzig Gärten in einer Abhandlung über die Gartenkunst, wobei er sich vom *»Opus agriculturae«* von Palladio anregen ließ. Francesco I. war in der Lage, Politik und Handel mit dem Genuß und der Freude an der Natur zu verbinden. »Wenn er in den herrlichen Gärten lustwandelte, nahm er eine Blume in die Hand, und diese Blume betrachtete er Teil um Teil, und jede Farbschattierung und Schönheit bemerkte er mit großem Vergnügen und Zufriedenheit.«[16]

Es gelang jedoch nur den Botanikern, vor allem aufgrund der Publikationen von Brunfels, Bock und Fuchs, ihrer neuen Disziplin Geltung zu verschaffen. Als Folge des *»ostensio simplicium«* und nachdem die ersten Botanischen Gärten gegründet worden waren, etablierte sich die Botanik als anerkannte und eigenständige Wissenschaft.[17] In der zweiten Hälfte des 16. Jahrhunderts hatten europäische Wissenschaftler bereits über 1760 Pflanzenarten identifiziert und katalogisiert[18], die in den Botanischen Gärten betrachtet werden konnten.

Ein wesentlicher Bestandteil der Botanischen Gärten waren die »Galerien«, in denen »Naturalia« auch »Kuriosa« ausgestellt wurden. Im Botanischen Garten von Pisa konnte man, von einem Metallgitter geschützt, die »Knochen eines Riesen« betrachten, daneben »ein Stück Holz vom Aloebaum, sechs Ellen hoch und so dick wie ein Männerbein« oder auch »den Schwanz einer Meeresschlange mit einem Schlangenmaul«. Weiterhin gab es »Stiefel nach türkischer Art«, eine Bibliothek, die hunderte von seltenen Bänden barg, drei Mappen mit dreihundert Stichen von Dürer und etwa tausend Temperazeichnungen und Entwürfe zu Themen der Natur.[19]

Die Tendenz, die Einrichtung eines Botanischen Gartens mit einem Museum zu verbinden, veranlaßte auch Francesco I., einen wunderschönen Dachgarten auf der Loggia dei Lanzi neben der Galleria degli Uffizi, den Uffizien, anzulegen, »auf dem immergrüne Bäume und vielerlei Blumen zu seinem Vergnügen gepflanzt waren«.[20] Die Grotte wurde zu einem unvermeidlichen Bestandteil dieses Garten-Galerie-Konzeptes. Ein Beispiel war La Tribuna, die Tribüne, mit ihrer Kuppel, die mit Perlmuttintarsien ausgekleidet war und die ein höchst ausgeklügeltes Windanzeigesystem krönte, das dazu diente, die Verbindung mit der Natur zu betonen. Außerdem befand sich dort ein Schrein, der mit seinen Intarsienarbeiten aus »wertvollen Edelsteinen« viel Bewunderung erregte. Die Tribüne, die zugleich »Studierzimmer« und Grotte war, barg Gegenstände, die von Naturkräften hervorgebracht worden waren, die aber eher der Kunst als der Natur anzugehören schienen. So wurde aus der Grotte eine durch Wissen um das Geheimnis der Dinge erhellte Höhle. Der griechische Philosoph Porphirius hätte sich nie vorzustellen gewagt, daß sein Werk *»De antro Nympharum«*, das 1518 mit einer Widmung an Papst Leo X. neu aufgelegt wurde, zum Vorbild und Ratgeber für die prächtigen Grotten Francescos I. werden würde. Aus Muscheln zusammengesetzte Mosaiken und figürliche Darstellungen aus porösem Felsgestein belebten die Grotten zusammen mit Automatenfiguren, Wasserspielen und der Musik, die aus den Wasserorgeln tönte. All dies schuf eine Atmosphäre, in der die Natur ihre innersten Geheimnisse aufzudecken und ihre letzte Wahrheit zu offenbaren schien. Sogar Pythagoras besaß in seinem Garten auf Samos eine künstliche Grotte, »die sein wahres philosophisches Zuhause war«.[21]

Anmerkungen

[1] C.M. Brown, »The Grotto of Isabella s'Este«, in: *Gazette des Beaux-Arts*, Serie 6, 89 (1977), S. 155–171. Zum Sammlertum der Fürsten und seine Auswirkungen auf die Gartenkunst s. F. Cardini, »... un belissimo ordine di servire«, in: *Le corti italiane di Rinascimento*, Mailand 1985, S. 77–126, und J. Dixon Hunt, »Garden and Grove: The Italian Renaissance Garden and the English Imagination, 1600–1750«, London 1986, S. 73–82. Die Kapitelüberschrift lautet: »Cabinets of Curiosity«.

[2] J. Krčálová, Centrální Stavby České Renesance, Prag 1974, S. 51–77; Renaissance Art in Bohemia, Prag 1979, S. 52–53. Zu den Sammlungen Ferdinands von Tirol s. »Kunsthistorisches Museum, Sammlungen Schloß Ambras, Die Kunstkammer«, Innsbruck 1977.

[3] Staatsarchiv Florenz (ASF), *Mediceo*, f. 6377, Brief des Cavaliere Vinta vom 2. Nov. 1565.

[4] Francesco I. sandte Erzherzog Ferdinand zahlreiche Geschenke: 1569 zwei Löwen, einen Leoparden und Pferde; 1574 ein Bild von Karl V., 1581 die Sturmhaube von Giovanni delle Bande Nere (Johannes von den Schwarzen Streifen) und eine Rüstung von Cosimo I. 1580 hatte er ihm für sechs Monate einen Gärtner des Boboli-Gartens »ausgeliehen«.

[5] Zu Pratolino ist neben den klassischen Texten von De Vieri (1586), Sgrilli (1742) und Da Prato (1886) seit 1979 eine Reihe von wichtigen Beiträgen erschienen, z.B.: L. Zangheri, »Pratolino, il giardino delle meraviglie«, Florenz 1979, 2. Aufl. mit aktualisierter Bibliographie 1987; C. Conforti, »Pratolino, il giardino come mito della conoscenza e alfabeto figurato dell'immaginario«, in: *La città effemera e l'universo artificiale del giardino*, Hrsg. M. Fagiolo, Rom 1980, S. 183–192; A. Rinaldi, »La ricerca della ›terza natura‹: artificialia e naturalia nel giardino toscano del ›500‹«, in: *Natura e Artificio*, Hrsg. M. Fagiolo, Rom 1981, S. 154–175. Außerdem hat die Provinz Florenz, die seit 1985 im Besitz des großen Geländes von Pratolino ist, Ausstellungen und Seminare initiiert, aufgrund derer folgende Publikationen erschienen sind: »La fonte delle fonti, iconologia degli artifizi d'acqua«, Protokoll des 1. Seminars, Florenz 1985; »Il ritorno di Pan; Ricerche e progetti per il futuro di Pratolino«, Ausstellungskatalog, Florenz 1985; »Il concerto di statue«, Ausstellungskatalog, Florenz 1986; »Il giardino d'Europa. Pratolino come modello nella cultura europea«, Ausstellungskatalog, Florenz 1986.

[6] Apostolische Bibliothek des Vatikans, Cod. Barb. lat., Nr. 5341, 204–11, transkribiert von L. Zangheri, op. cit., S. 171–177.

[7] G. Baccini, »Pratolino capitolo d'Anonimo – Egloga e canzone di Palla Rucellai editata per la prima volta«, Florenz 1885, S. 17.

[8] Staatsarchiv Florenz, *Mediceo*, f. 1348, c. 194r, Brief vom 16. Aug. 1611.

[9] S. de Caus, »Les Raisons des forces mouvantes«, London 1615, Paris 1624, Bd. 2, S. 13.

[10] Agostino de Riccio, »Del giardino di un re«, Hrsg. D. Heitkamp, in: *Il giardino storico italiano*, Florenz 1981, S. 100. Über die kleinen Theaterbühnen mit den Automatenfiguren s. L. Zangheri, »Suggestioni e fortuna dei teatrini di automati. Pratolino come una Broadway manierista«, in: *Quaderni di Teatro*, Bd. 7, Nr. 25 (1984), S. 78–84.

[11] F. Czerwenka, »Hellbrunn«, Salzburg 1974.

[12] L. Zangheri, »I giardini d'Europa: una mappa della fortuna medicea nella cultura europea«, Ausstellungskatalog, Florenz 1986, S. 82–92.

[13] Tommaso Francini wurde am 24. Okt. 1594 für zwei Jahre zum »Beauftragten für die Brunnen von Pratolino« gewählt, s. Staatsarchiv Florenz, *Magistrato dei Nove*, f. 3679, 74. Zur Tätigkeit der Brüder Francini in Frankreich s. P.E. Renard, »Chambourcy-Fontaine Royale 1686–1986«, Chambourcy 1986.

[14] Universitätsbibliothek Bologna, *MSS, Aldrovandi*, Nr. 136.IX, c, 73r.

[15] Neuere Beiträge über die Geschichte der Botanischen Gärten in Italien sind enthalten in: A. Chiarugi, »Le date di fondazione dei primi orti botanicidel mondo: Pisa (estate 1543), Padova (7 Iuglio 1545), Firenze (1 dicembre 1545)«, in: *Nuovo giornale botanico italiano*, Bd. 60 (1953), S. 785–839; P. Galluzzi, »La rinascita della scienza«, in: *Le corti, il mare, i mercanti – La rinascita della scienza – Editoria e società – Astrologia, magia e alchimia*, Ausstellungskatalog, Florenz 1980, A. 123–243; L. Tongiorgi Tomasi, »Immagini della natura e collezionismo scientifico nella Pisa medicea«, in: *Firenze e la Toscana dei Medici nell'Europa del '500*, Bd. 1, Florenz 1983, S. 95–108; M. Azzi Visentini, »L'Orto botanico di Padova e il giardino del Rinascimento«, Mailand 1984.

[16] L. Berti, »Il principe dello studiolo. Francesco I de'Medici e la fine del rinascimento fiorentino, Florenz 1967, S. 116.

[17] Siehe O. Brunfels, »Herbarum vivae eicones», Straßburg 1530: H. Bock, »New Kreuterbuch«, Straßburg 1539; L. Fuchs, »De historia stirpium«, Basel 1542.

[18] G. Moggi, »Le piante nella pittura italiana dei secoli XV e XVI: problemi e metodi di identificazione botanica«, in: *Die Kunst und das Studium der Natur vom 14. zum 16. Jahrhundert*, Weinheim 1987, S. 71, zitiert P.A. Saccardo, »Cronologia della flora italiana«, Padua 1909, als Erinnerung daran, daß zu Beginn des 16. Jahrhunderts nur 597 Arten der italienischen Flora bekannt waren.

[19] L. Tongiorgi Tomasi, »Il giardino dei semplici di Pisa«, in: *Livorno e Pisa: due città e un territorio nella politica dei Medici*, Ausstellungskatalog, Pisa 1980, S. 516.

[20] H. Keutner, »Der Giardino pensile der Loggia dei Lanzi und seine Fontane«, in: *Kunstgeschichtliche Studien für H. Kaufmann*, 1956, S. 240–251.

[21] A. Carcopino, »Etudes Romaines. La Basilique Pythagoricienne de la Porte Majeure«, Paris 1927, S. 215–216; E. Battisti, »L'antirinascimento«, Mailand 1962, S. 184.

Ruhender Flußgott. Kupferstich aus: Salomon de Caus, Les raisons des forces mouvantes, Paris 1624

Hortus Palatinus, Heidelberg. Allegorie des Rhein

Der Garten der Weisheit des Bernard Palissy

Anne-Marie Lecoq

Die Welt, in der Bernard Palissy 1563 das *Recepte véritable...*[1] verfaßte, erschien ihm wie von der Torheit regiert. Doch war der erste Religionskrieg gerade zu Ende gegangen. Das Edikt von Amboise zur Wiederherstellung des Friedens garantierte den Untertanen des Königs von Frankreich Gewissensfreiheit und gewährte den Protestanten die Amnestie, erlegte aber der Ausübung der reformierten Konfession sehr strenge Einschränkungen auf. Einige Tage nach Unterzeichnung des Edikts wurde Palissy, einer der Begründer der reformierten Kirche in Saintes, auf freien Fuß gesetzt. Er war auf Antrag des Domkapitels verhaftet und eingesperrt worden mit der Beschuldigung, an den »Exzessen« und insbesondere an der Bilderstürmerei anläßlich der Besetzung der Stadt durch protestantische Tuppen im Jahr 1562 teilgenommen zu haben.[2] Für Palissy war der gefeierte Frieden aber nur ein Waffenstillstand. Die »so undurchsichtige und unheilvolle Zeit der Trennungen, Pest, Epidemien und anderer Leiden«[3] finge erst an. Die »Kinder und Auserwählten Gottes« würden bis zum letzten Tag von den »Perversen und Ungerechten, Ablaßverkäufern, Knausern und jeglicher Sorte böser Menschen« verfolgt werden, denn sie würden sich stets an zwei im Widerspruch zum Evangelium stehenden Leidenschaften stoßen, am Geiz und am Ehrgeiz, der Begierde nach Geld und nach Ehre, die fast alle Menschen antreibt. Die Reformierten, welche die Rückkehr zum Evangelium verkündeten, hatten es mit starken Gegnern zu tun: mit den jungen Mondänen und Koketten, die dem Luxus frönten, mit den gierigen und unredlichen Händlern und vor allem mit dem römischen Klerus und seinen Helfershelfern, königlichen Beamten, Präsidialrichtern, Parlamentsberatern, die, so Palissy, der »neuen Religion« den Krieg nur deshalb erklärt hatten, um ihre konfessionellen Vorteile zu verteidigen. Das Verhalten dieser Leute, die irdische Besitztümer anhäufen, gelte in den Augen der Welt als Weisheit und Vorsicht, aber in den Augen Gottes sei es nur Torheit, die darin bestünde, vergängliche Güter mit der ewigen Verdammnis zu bezahlen.

Wie schon Erasmus fünfzig Jahre vorher lieferte Palissy diese moralische Lektion in Form einer phantastischen und satirischen Vision, um die sich das ganze *Recepte véritable* rankt. Es handelt sich um einen Traum des Autors – ein altes literarisches Mittel. Palissy sieht sich selbst die Torheit der Menschen entdecken, unterstützt von den Werkzeugen des Geometers/Architekten und des Chemikers (oder, wie man damals sagte, des Alchimisten). Zirkel, Lineal, Winkelmaß, Lot, Wasserwaage, Schmiege oder Gehrungswinkel und Astrolabium stehen ihm zur Verfügung, um den menschlichen Kopf zu messen, und er muß sich überzeugen lassen von »etwas, das Vitruv, Sebastiano [Serlio] und andere Architekten mit ihren Darstellungen zeigen konnten«[4]: Es gibt im Kopf des Menschen kein sicheres Maß, keine sichere Proportion und auch keine gerade Linie, denn alles wird von der Torheit flukturierend und schief dargestellt. Darauf mußte er nur noch die Zusammensetzung dieses »Steins der Torheit« analysieren, indem er eine gewisse Anzahl von Köpfen der Ofen-, Destillier- und Retortenprobe unterwarf...

Die Meß- und »Verhaltens-«Instrumente waren traditionelle Symbole einer der Torheit entgegengesetzten Tugend: der Vorsicht oder der Klugheit, die Weisheit und Wissenschaft miteinander verbindet. Wenn Palissy ihnen die Instrumente der Analyse auf originelle Weise zur Seite stellt, so deshalb, weil er selbst in der Realität die einen wie die anderen gleichzeitig benutzte. Er ist vor allem als Töpfer und Keramiker gerühmt geworden; weniger bekannt ist, daß er zunächst eine Ausbildung als Geometer, Zeichner und Landmesser erfahren hatte und mehrfach mit dem Erstellen von Plänen beauftragt worden war. Auch hatte er architektonische Kenntnisse: Er zitiert in seinem *Recepte* mehrfach Vitruv und Serlio.[5] Andererseits ging er sein ganzes Leben lang einer Tätigkeit als Naturforscher und Chemiker nach, und seine Untersuchungen über die »Geheimnisse der Natur«, vor allem auf dem Gebiet der Mineralogie und Kristallographie, von 1563 an im ersten Teil des *Recepte* dargelegt und in seinen *Discours admirables...*[6] von 1580 weiterentwickelt, brachten ihm das Lob des 19. Jahrhunderts ein.[7] Die Geheimnisse der Natur zu kennen bedeutete auch, die Wege und Pläne des Schöpfers zu ergründen, und die Wissenschaft auf diesem Gebiet war damals untrennbar mit der christlichen Lehre verbunden. Palissy, der Mensch, welcher die Instrumente der Klugheit gebrauchte, stand also in vorderster Linie im Kampf gegen die Torheit.

Seine Rolle in diesem Kampf bestand darin, drei Erfindungen des Geometers und des Architekten vorzustellen: Die eine ist eine uneinnehmbare, befestigte Stadt, deren Straßen in Form einer Spirale auf einem quadratischen und achteckigen Grundriß um einen zentralen Platz herum angeordnet sind, und zwar nach einem System, zu dem die Stachelschnecke die Anregung gab. Palissy beschreibt sie im Anhang, vervollständigt damit den zweiten Teil des *Recepte*, in dem er die Geschichte der Verfolgungen der reformierten Kirche von Saintonge erzählt und den Entwurf eines sicheren Zufluchtsorts für seine Glaubensgenossen vorlegt. Die andere ist ein »Palast« oder »Amphitheater« als Zuflucht, das heißt, sicherlich ein befestigtes Haus mit zentriertem runden oder quadratischen Grundriß. Palissy gibt nur eine Vorstellung davon, verspricht, in einem anderen Buch darauf zurückzukommen, aber wir erfahren nichts mehr darüber. Die dritte schließlich ist ein Garten, »eine ebenso angenehme wie nützliche Erfindung, wie man noch keine gesehen hat«, der ebenfalls als Zufluchtsort dienen soll, in diesem Fall aber der moralischen: als ein Ort der Zurückgezogenheit und der Erholung.

Dieser Garten, von dessen Realisierung Palissy träumt und den er ausführlich beschreibt, wird ganz unter die Anrufung der Weisheit, jenem anderen Namen Gottes, gestellt. An jedem der an acht Stellen verteilten Besichtigungs- und Erholungsorte wird man, eingraviert, in Stein gehauen oder aus Astwerk geformt, Maximen aus den zwei gelehrten Büchern *Proverbia* und *Ecclesiastes* finden, in denen der Name der Weisheit stets präsent ist. Und in der Mitte des Gartens steht der zentrale Pavillon, versehen mit der Drohung: »Verflucht seien jene, die nicht an die Weisheit glauben!« Der Garten wird also zum Fürsprecher der Gegner der Torheit. Vor allem aber demonstriert er durch seine Existenz selbst die Bedeutung der Weisheit, den Abglanz Gottes in der menschlichen Seele.

Zunächst zeigt sich dies, weil es ein Ort ist, an dem man sich einer weisen Tätigkeit widmen kann: der »Kultivierung der Erde«. Laut Palissy nehmen Geiz und Ehrgeiz in den Städten des Handels und des Magistrats zu, wo man den »lasterhaften Freuden und dem schlechten Verkehr« ausgesetzt ist – vom Hof gar nicht erst zu reden, wo Luxus und Hemmungslosigkeit regieren. Ein Leben nach dem Gesetz Gottes sei nur auf dem Land möglich. Die Rückkehr zum Evangelium gehe Hand in Hand mit einer Rückkehr zur Erde und zur ersten Tätigkeit des Menschen, dem Ackerbau. Dieser Diskurs, der auf eine lange Geschichte zurückblickte, wurde in der zweiten Hälfte des 16. Jahrhunderts wieder in Frankreich aufgegriffen. Das *Recepte* reihte sich in eine Denkrichtung ein, welche die Reformierten zahlreich vertraten. Sie pries die

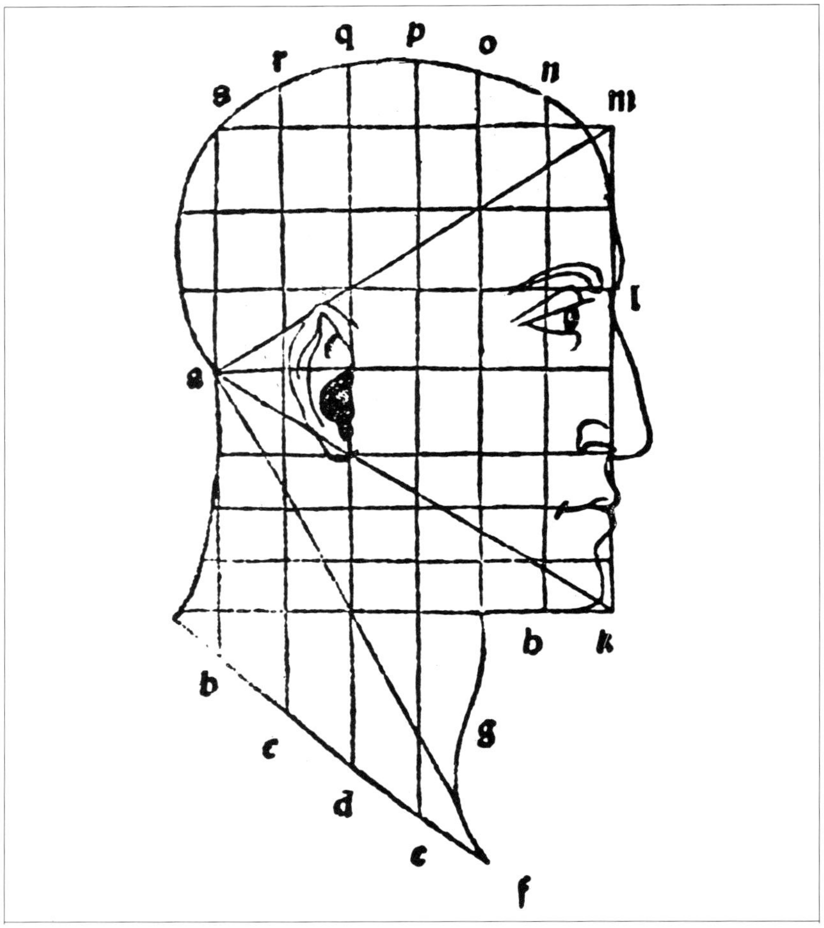

Proportionen des menschlichen Kopfes. Zeichnung aus: L Pacioli, De divina proportione, Venedig 1509

Der kluge Architekt, der auf seinem Weg die Fallen umgeht. Stich aus: Ph. de L'Orme, Le premier tome de l'architecture, Paris 1567

Freuden des ländlichen Lebens innerhalb einer idealen menschlichen Gesellschaft, von Charles Estiennes und Jean Liébaults *Agriculture et maison rustique* (1564) bis zum *Théâtre d'Agriculture et mesnage des champs* von Olivier de Serres (1600), in dem wie in den Gedichten von Nicolas Rapin (1575) oder Claude Gauchet (1583) die Propaganda zugunsten der Erde offiziell verteidigt wird.

Es sei eine Torheit, die Landwirtschaft zu verachten. Eine weitere sei es, sie unter Mißachtung der Naturgesetze zu betreiben, indem man der Erde und ihren Erzeugnissen Gewalt antut. Und diese Torheit äußere sich letztlich im Geiz und im Ehrgeiz, denn die wichtigsten Landbesitzer seien die Mitglieder des römischen Klerus, des Geschäfts- und Beamtenbürgertums und des höfischen Adels, die den armen, unwissenden Bauern die Kultivierung überlassen. Diese begehen aus Geldnot oder dem Wunsch nach Ausdehnung die schlimmsten Fehler, vor allem, indem sie das Land in gefährlichem Ausmaß abholzen, um einen schnellen Profit zu erzielen. Für Palissy »gibt es keine Kunst auf Erden, die eine größere Philosophie erfordert als die Landwirtschaft«. Unter Philosophie sind hier zugleich die Ethik und die Naturwissenschaften zu verstehen. Man könne die Erde nicht ohne Weisheit und ohne Kenntnis der »Geheimnisse der Natur« kultivieren. Zwei Beispiele für die weitverbreiteten Fehler, die schlechte Aufbewahrung von Mist und das unüberlegte Beschneiden der Bäume, veranlaßten den Naturalisten Palissy, seine Theorie der »Salze« im *Recepte* haarklein auszuführen und die Zusammensetzung von Steinen, Metallen, Kristallen, Pflanzen und den Kreislauf des Wassers abzuhandeln. Der Garten ist an erster Stelle ein in genauer Sachkenntnis kultivierter landwirtschaftlicher Bereich.

Schon seine Anlage müsse den Naturgesetzen gehorchen, deren Geheimnis Palissy entdeckt zu haben glaubte. Für ihn war die vom Schöpfer in Gang gesetzte Welt ständig aktiv, hier auflösend, dort wiederherstellend. Nichts geht verloren und nichts wird geschaffen, sondern alles ist gemäß zweier gegensätzlicher Bewegungen der Festigung und der Auflösung ewiger Wandlung begriffen. Die Träger dieser Metamorphosen sind verschiedene »Salze«, die Palissy als »germinativ« oder »generativ« bezeichnet und die, in Wasser gelöst, einmal mit ihm fließen und dann wieder sich festsetzen und »gefrieren«, zu Steinen oder Metallen werden, aber auch Pflanzen, Tieren und dem Menschen selbst ihre Substanz übertragen.[8] Von Wassern aus einem Gebirge durchzogen, welche die Vegetation mit nährenden Salzen versorgen, die sie auf ihrem Weg durch den Fels gesammelt haben, würde der Garten das verkleinerte Modell dieses universalen Systems sein. Er soll tatsächlich in der Nähe eines Stroms oder Flusses eingerichtet werden, am Fuß eines »Felsens«, Hügels oder eines kleinen bewaldeten Gebirges, aus dem eine Quelle hervorsprudelt (Schema I). Der Vergnügungsgarten wird durch den »Felsen« abgeschlossen, um ihn von Norden und Westen gegen die Winde zu schützen, und an den beiden anderen Seiten ist er von Mauern umgeben. Im Süden werden Tore eine Verbindung mit einer zum Fluß hinabführenden Graslandschaft herstellen, im Osten zu Obstplantagen, Hanf-, Flachs- und Weidenanpflanzungen. Weißdornhecken hindern die auf der Wiese grasenden Tiere am Entlaufen und schützen gleichzeitig die Obstgärten. Das Quellwasser wird durch den gesamten Vergnügungsgarten geleitet und läßt »Bäche« und »Inseln« entstehen. Dank eines ausgeklügelten Rohrsystems aus Holunderholz kann es zur Bewässerung der Beete benutzt werden. Es läuft durch das Grasland zwischen zwei Weidenreihen in den Fluß.

Schemaskizze I. Grundriß: Legende: 1. Lustgarten; 2. Garten mit Obstbäumen, Weiden und Schilf bepflanzt; 3. Wiese (Die Übersetzungen für die Termini auf dem Plan lauten: Roccia = Felsen; Ruscello = Bach; Fiume = Fluß)

Schemaskizze II. Schnitt (Die Übersetzungen auf der Schemaskizze lauten: Camere alte = Obere Galerie; Pergolato = Laubengang; Davanzale = Brüstung; Camere basse = Untere Galerie)

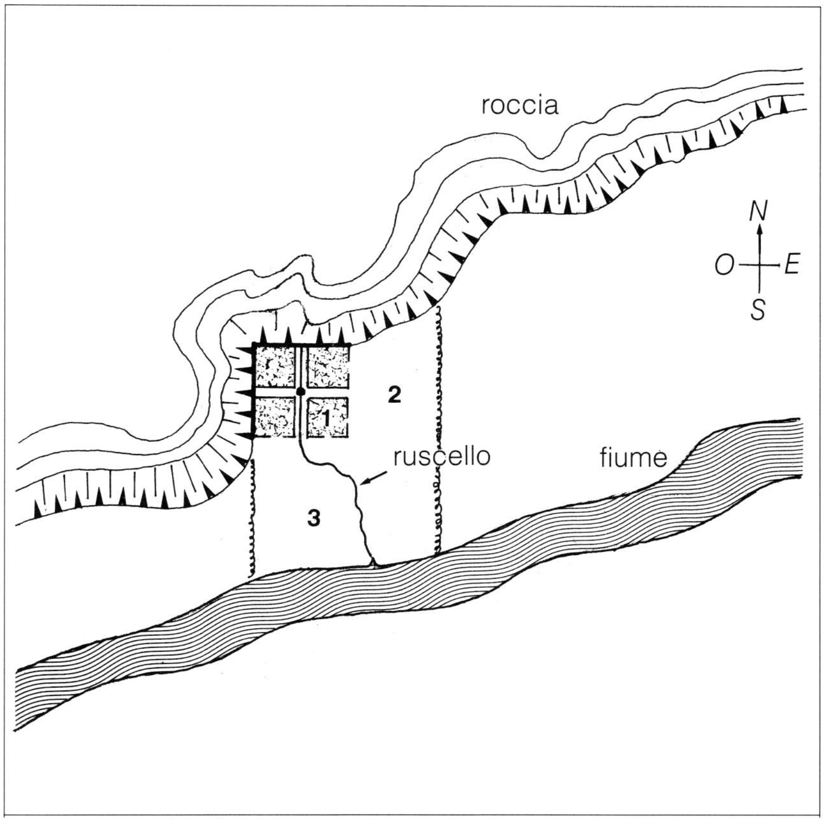

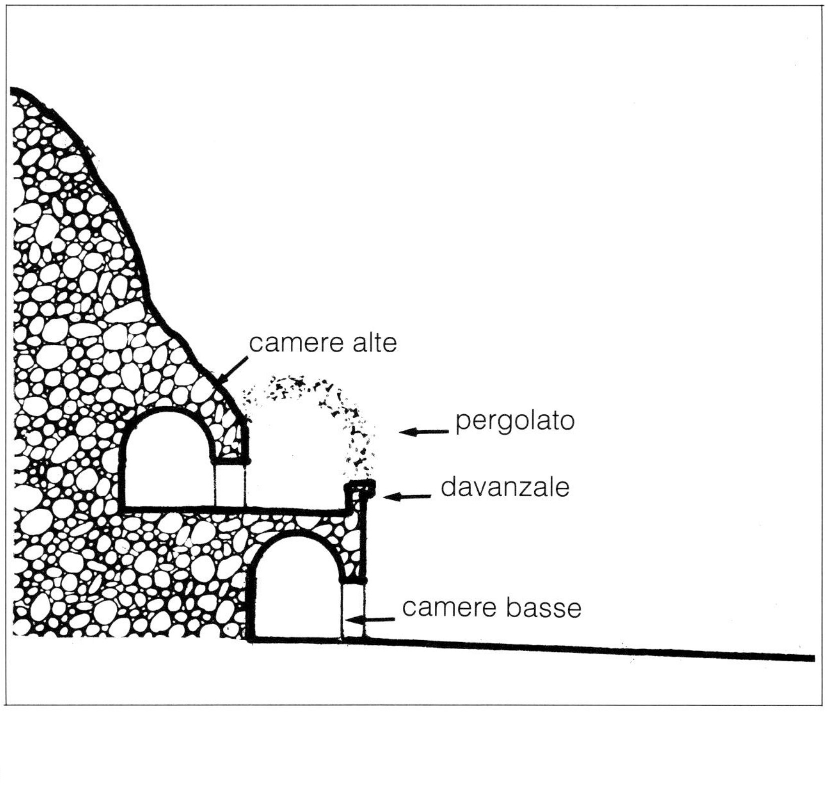

An der Nord- und Westseite (Schema II) wird der Fels auf zwei Ebenen von »Kammern« augehöhlt. Die untere, die man sich wie eine rustikale Bogenhalle vorstellen muß, dient zugleich als Orangerie, Kornkammer, Werkzeugschuppen und Schutzraum für die Gärtner. In den Arkaden dieser niedrigen »Kammern« wird ein Gang untergebracht, der vom Garten aus über zwei Treppen erreichbar ist. Die Mauer, welche die Fassade der Halle bildet, wird verlängert und bildet ein Geländer über die ganze Länge dieser Galerie, auf welche die oberen »Kammern« münden. Mäßig warm und gut belüftet, können letztere als Bibliothek oder Studierzimmer, als Lager für Schnäpse, Essig, Trockenfrüchte etc. und als Labor für die Destillation der Kräuter dienen. Tische, Schränke, Regale und sogar Türen und Fenster werden in den Fels geschnitten. Die Zweckbestimmung der verschiedenen Zellen zeichnet das Porträt des Besitzers: eines Mannes, der sich zugleich für die Praxis und für die Theorie der Natur interessiert und der sich gerne wie ein Eremit in seine Höhle zurückzieht, um zu lesen oder zu meditieren. Aber dieser Weise ist zugleich verliebt in die Natur und erfreut sich am Anblick des Gartens.

Dieser Anblick wird zunächst von Lineal, Winkelmaß und Zirkel vorbereitet. Der Garten ist von quadratischer Form, von zwei senkrechten Alleen in vier gleiche Teile geteilt. An den vier Ecken des Quadrats und an den vier Enden des Kreuzes befinden sich acht »Kämmerchen«. Ein »Amphitheater«, das heißt ein Pavillon mit kreisförmigem Grundriß, kennzeichnet die Mitte des Gartens im Schnittpunkt der beiden Alleen (Schema III). Das Ergebnis ist ein Gitter mit neun Punkten, das wiederum als Grundlage für zahlreiche kosmologische, astrologische oder mnemotechnische Ideogramme des Mittelalters, der Renaissance und des 17. Jahrhunderts dient.[9] Es stellt sich aber die Frage, ob Palissy wirklich nur zwei Alleen vorsah. Oder hat er es versäumt, die zweitrangigen Alleen zu erwähnen? Diese hätten zum Beispiel die Form eines Andreaskreuzes (Schema IV) haben können, und der Grundriß des Gartens hätte dann an die »Karbunkelstrahlen« des Wappens von Navarra erinnert – welch schöner Zufall! – oder, um es noch weiter zu komplizieren, an das Diagramm eines Horoskops (Schema V).

Die Frage bleibt offen, da Palissy seinen Text nicht mit einem Stich illustriert hat. In den Widmungen und in der Mitteilung an den Leser gibt er vor, es wegen Zeit- und Geldmangels nicht gekonnt zu haben. Es ist aber so, daß er es vor allem nicht wollte, und er macht kaum einen Hehl aus seinem ausgeprägten Sinn für das Berufsgeheimnis.

Der Wasserkreislauf bleibt ebenfalls ein ungeklärter Punkt. Ein »großer Bach« soll den Garten auf der Nord-Süd-Achse durchqueren und eine Insel auf halber Strecke bilden. Seine Verbindung mit der Allee, die ja an dieser Stelle verläuft, wird nicht präzisiert, aber man kann ihn sich leicht in deren Mitte fließend vorstellen (Schema VI). Von jedem der acht Kämmerchen der Umfassung gehen »mehr als hundert Rinnsale« aus, »kleine Bäche« bildend, die ihrerseits wieder in den großen münden, »einige Wasserläufe, die kleine, sehr angenehme Inseln bewirken«, welche mit feuchtigkeitsliebenden Pflanzenarten bewachsen sind. Einem Leser des 20. Jahrhunderts rufen solche Elemente eher einen Landschaftsgarten vor Augen. Dieser Illusion aber muß man widerstehen: Palissy hat nicht den englischen Gartenstil erfunden. Im Jahre 1563 kann der Garten des *Recepte* nur geometrisch sein, und Palissy ist zudem Geometer. Die »Bäche« muß man sich demzufolge als kleine, regelmäßige Kanäle vorstellen, und die »kleinen Inseln« sind mit größter Wahrscheinlichkeit mit dem Zirkel entworfen worden, wie die zentrale Insel auch.

Mnemotechnische Figur. Aus: Giordano Bruno, De umbris idearum, Paris 1582

Grundriß eines Gartens mit astrologischer Figur. Aus: D. Loris, Le thrésor des parterres de l'Univers, 1579

Die Form dieses Systems wird nicht genauer ausgeführt, aber Palissys Garten ähnelt in jedem Fall den italienischen, vor allem den römischen Anlagen, in denen überall kanalisiertes Quellwasser fließt.

Der »Erfinder der Landhäuser aus Terrakotta« wird viel weitschweifiger, wenn er die rund um den Garten und in der Mitte verteilten »Kabinette« beschreibt. Hier kann er alle seine Talente gleichzeitig einsetzen, als Geometer und Architekt, als Mineraloge, als Spezialist für das Beschneiden von Bäumen, als Brunnenbauer und Keramiker. Und hier präsentiert er zum Zeitpunkt, als sich der »rustikale« Stil in Frankreich auszubreiten beginnt und mit den Grotten des Kardinals de Bourbon in Gaillon (1550f.) und des Kardinals de Lorraine in Meudon (1552–1560) Triumphe feiert, seine persönlichen Variationen des Themas. Sie sind zugleich Manifest einer »reformierten« Kunst, die in einem möglichst engen Dialog mit der Natur, oder, mit anderen Worten, der Schöpfung, steht.

In den Ecken des Gartens sollen vier gemauerte »Kabinette«, das heißt vier Grotten, untergebracht werden. Im Gegensatz zu denen von Gaillon und Meudon, die im Innern von Bauwerken verborgen sind, welche nach den Regeln der klassischen Architektur erbaut wurden, ist ihr Äußeres absolut rustikal. Jedes einzelne hat einen Unterbau aus Ziegeln, auf den »große Felsbrocken« gesetzt sind, weder geglättet noch zurechtgeschnitten, so daß das Äußere besagten Kabinetts nicht die Form eines Gebäudes annehmen wird. Auf der Spitze werden Kräuter und Sträucher angepflanzt (in denen die Vögel singen), und das über die unsichtbare Kanalisation herbeigeführte Wasser quillt auf scheinbar natürliche Weise zwischen den Felsen hervor. So wie das Äußere durch den Brunnenbauer dem Spiel des Wassers gewidmet ist, so das Innere durch den Töpfer zunächst dem Feuer. Die Ziegelkonstruktion dient in der Tat als Ofen und ermöglicht dem Keramiker, die Glasuren in verschiedenen Farben an den Wänden anzuordnen und durch den Zufall beim Vorgang des Verschmelzens und Ineinanderfließens »sehr heitere Figuren und Entwürfe herzustellen«, größtenteils aufgrund der Zufälle der Verschmelzung. Wie bei den Muscheln, die Palissy sein ganzes Leben lang untersucht und gesammelt hat, ist das Äußere also uneben, stumpf, ungleichmäßig und das Innere vollständig von einem farbigen, glatten und glänzenden Material bedeckt. So also sieht der Beitrag der »Naturalisten« zu der zeitgenössischen manieristischen Neigung aus, Wasser und Feuer zu vereinen und die menschliche Kunst hinter vermeintlich natürlichem Werk zu verbergen.

Die vier Kabinette sind dennoch nicht identisch. Das Innere aus Ziegeln wird in jedem Fall vor der Emaillierung unterschiedlich behandelt. In dem im Nordwesten gelegenen Kabinett dienen halbrunde Nischen als Sitze zwischen Säulen auf einem Sockel mit »Architrav, Fries und Karnies«. Im nordöstlichen Kabinett gibt es statt der Säulen »seltsame Gesten und Grimassen« vollziehende Hermen, angeordnet auf einer durchgehenden Basis, die als Bank dient und ebenfalls aus Architrav, Fries und Karnies besteht. Im südöstlichen Kabinett findet man nur unregelmäßige Löcher als Sitze, oberhalb mit einer »Art Architrav, Fries und Karnies«. Die Sitze erscheinen »nicht ganz ordentlich«, sondern wie mit schweren Hammerschlägen geformt. Das Innere des südwestlichen Kabinetts schließlich ist voller Ausbuchtungen und Löcher, alles hier ist schief, so daß man »weder eine Form von Bildhauerkunst noch von menschlicher Arbeit« erkennen kann und die Gewölbe aussehen, als wären sie kurz vor dem Einsturz.

Die vier Kabinette können als ein Muster eines Grotten-»Katalogs« die-

Schema III *Schema IV* *Schema V* *Schema VI*

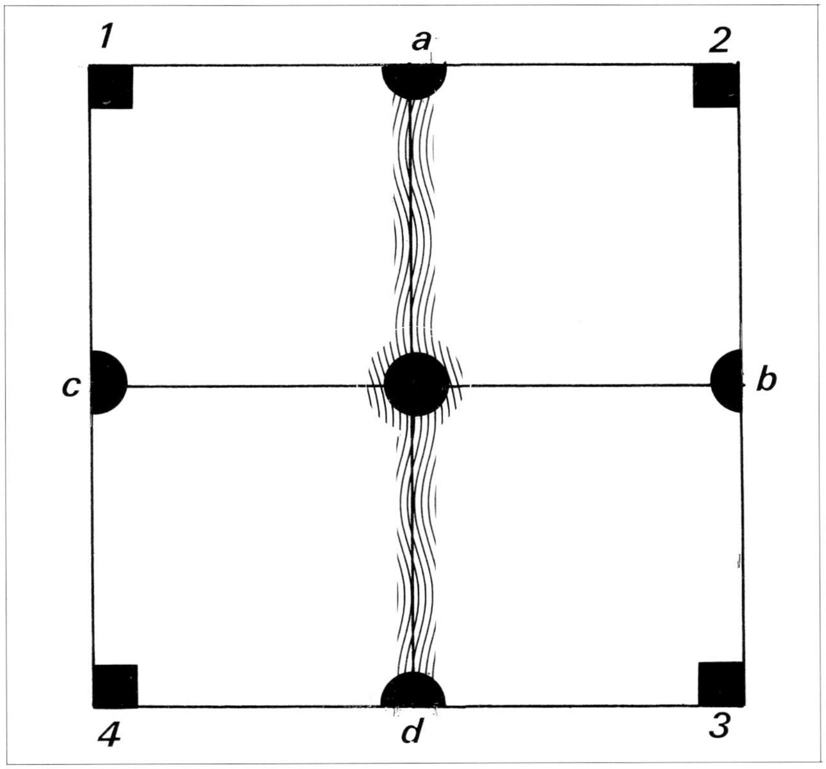

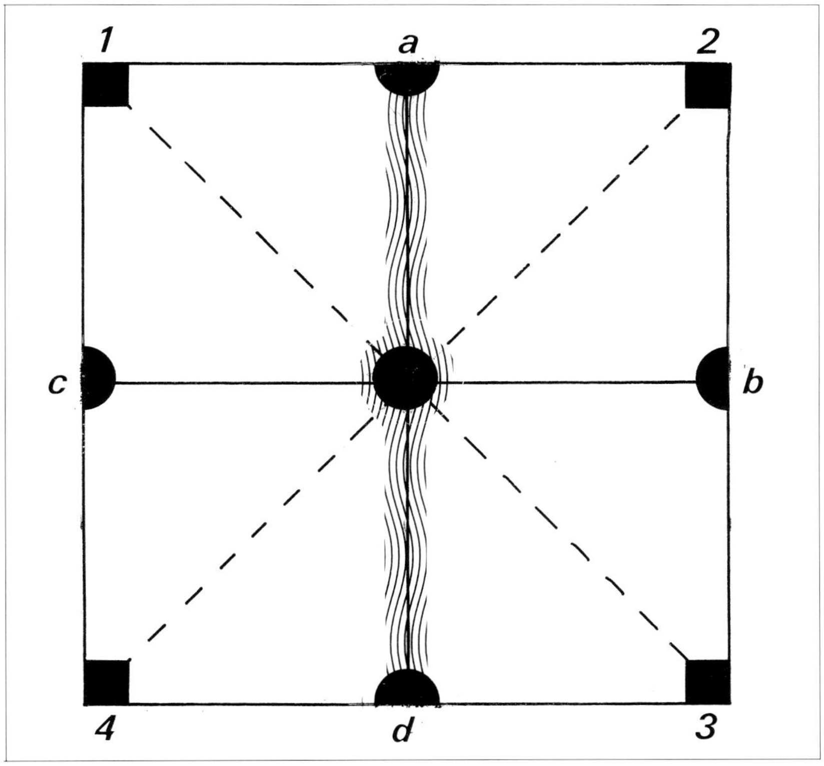

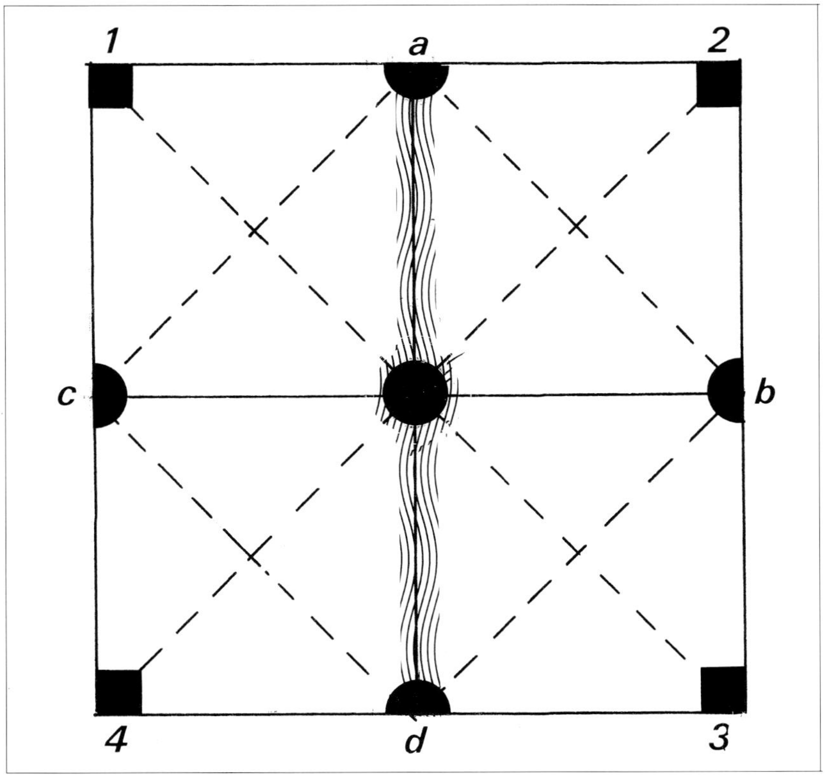

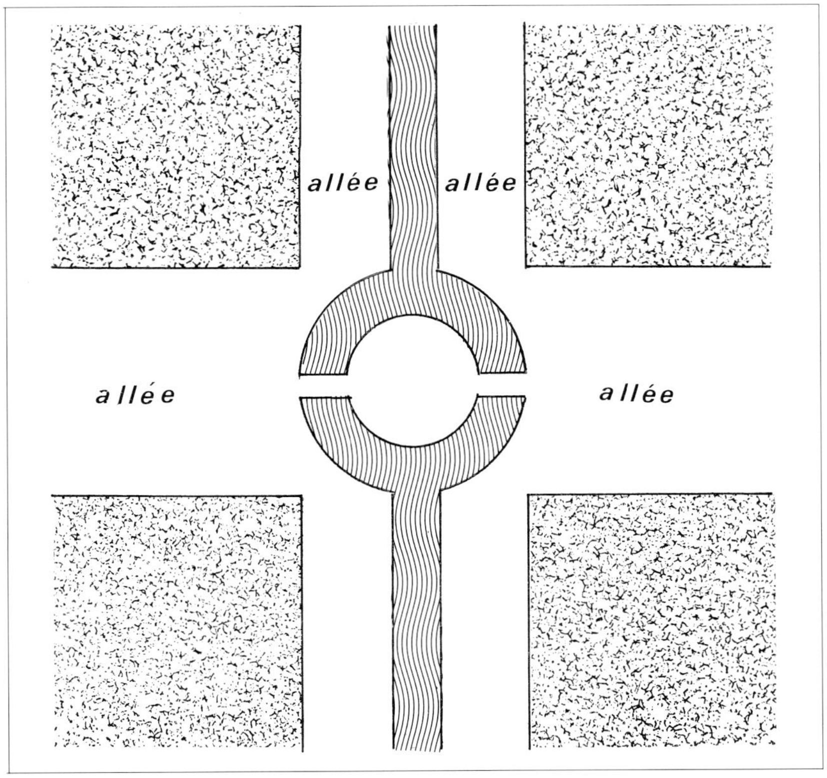

Baum-Säule. Stich aus: Ph. De l'Orme, Le premier tome de l'architecture, Paris 1567

nen. Vorausgesetzt, sie werden der Reihe nach besichtigt, stellen sie aber auch die »natürlichen« Ursprünge der Architektur dar. Eine Passage von Vitruv hatte seit dem 15. Jahrhundert die Spekulationen und Träumereien der Architekten über die primitive Wohnstätte und die ersten Schritte der Baukunst genährt.[10] Der Besucher des Gartens von Palissy wird immer tiefer ins »Rustikale« eindringen, von der absoluten Vollendung der Architektur mit Nischen und klassischen Säulen bis zur natürlichen Höhle mit Löchern und Ausbuchtungen über einen vulgären Abschnitt, symbolisiert durch bizarre und Grimassen schneidende Gestalten und durch erste und seltsame Versuche einer Architektursprache.

Die »grünen Kabinette« an den vier Hauptpunkten und der Pavillon der zentralen Insel vervollständigen diese Betrachtung über die vom Menschen aus naturgegebenen Ideen erfundenen Verschönerungen. Angaben über die Nutzung – diesmal nicht der Höhlen, sondern der Bäume – sollten gemacht werden, da nach Vitruv und Serlio »die alten Erfinder hervorragender Bauwerke«, »Bäume und menschliche Formen« als Modell für ihre Säulen herangezogen haben. Palissy liebte die Bäume sehr, er widmete ihnen schöne Passagen in seinen Schriften. Er litt darunter, sie von ignoranten Rohlingen »verletzt« zu sehen, und wie Ronsard hörte er sie klagen. Der Baum sei ein Bild des Menschen, und beide dienten als Muster für die Säule. Als Wortspiel, wie man es zu seiner Zeit liebte, mit Mensch (l'homme) und Ulme (l'orme) stellte er sich vier Pavillons vor, gebildet aus Anpflanzungen von Ulmen *(homme + orme = [h]ormeaux).* Die Stämme werden als Säulen dienen und Schröpfungen Auswüchse entstehen lassen, welche die Basen und Kapitelle nachahmen. Der Architrav, der Fries mit Inschrift, das Karnies, die gesamte Überdachung bestehen aus geformten, gebogenen und zusammengeflochtenen Zweigen, ebenso das »Frontispiz« und das Tympanon an den drei Seiten jedes Kabinetts.

Auf der mit dem »Zirkel geformten Insel«, welche die Mitte des Gartens markiert, bilden kreisförmig angepflanzte Pappeln Säulen und Gebälk des Pavillons. Die kegelförmige Überdachung wird erreicht, indem man die oberen Äste zur Kreismitte wachsen läßt und dabei ihre Endpunkte verbindet. Zwischen den Stämmen/Säulen werden Wände aus geflochtener Weidenrute angebracht, und es gibt, entsprechend den vier Alleen, vier Türen. Die Kunst des Gartengestalters/Architekten stellt also die Formen wieder her, die ursprünglich von manchen Bäumen auf natürliche Art angenommen wurden und im Menschen eine erste Vorstellung von architektonischem Dekor geweckt haben. Palissy sah die klassische Architektur, wie das 18. und 19. Jahrhundert die gotische Architektur betrachteten:[11] als eine Weiterentwicklung von Formen, die im Wald zu beobachten sind – das heißt, im Werk des »höchsten Baumeisters«.

Die vier »grünen Kabinette« sollen sinnliches Vergnügen bereiten, aber der Reiz des Sehens wird dort besonders bedacht. Im Innern eines jeden Kabinetts wird ein rustikaler Brunnen in Felsenform an die felsige Wand im Norden und Westen und an die Umfassungsmauer im Süden und Osten gemauert. Das Wasser wird in einem »Graben« oder Becken aufgefangen, in das Fische, Schildkröten und Frösche eingesetzt werden. Die vier Brunnen sind unterschiedlich, werden aber alle wie wahre Kuriositätenkabinette funktionieren, das heißt als Orte der Überraschung und des Staunens über die Entdeckungen und Wunderlichkeiten der Natur. Der Brunnen im Osten soll aus »bestimmten weißen und durchsichtigen Kieseln« bestehen, die Palissy, ein Steinesammler, an unterschiedlichen Orten gefunden haben will. Er bietet dem Besucher Nischen mit Sitzgelegenheiten an, damit dieser der Musik aus einer hydraulischen Orgel am Fuß des Felsens bequem lauschen kann. Im Westen verwendet man das Muschelwerk aus dem an den Garten grenzenden »Gebirge« für den Bau des Brunnens, und man schmückt ihn mit Korallen und seltenen Steinen aus verschiedenen Ländern: Chalzedonen, Jaspissen, Porphyren, Marmor, Kristallen »und anderen prächtigen und dem Auge gefälligen Kieselsteinen«, »so wie sie von Natur aus beschaffen sind, ohne das geringste künstliche Aussehen«. Die Ulmen dieses »grünen Kabinetts« werden Sitze für den Besucher bilden, so daß dieser in aller Ruhe staunen kann.

In den südlichen und nördlichen Kabinetten kommt zu der Bewunderung der Werke der *artifiziosa natura*, der künstlichen Natur, eine beinah ebenso große Bewunderung der *naturale artifizio*, der »natürlichen« Kunst.[12] Der Brunnen im Süden, erbaut aus Steinen vom Ufer des Meeres, vor allem aus Fossilien, hat die Form einer Meeresgrotte mit Gewölben, herabhängenden Steinen, schiefen Pfeilern und vervollständigt die Illusion dank der schlangenförmigen Elemente aus glasierter Terrakotta und der türkisfarbenen, in das Mauerwerk des Felsens eingeschlossenen Steine. Das Kabinett im Norden jedoch vertritt den Triumph der »natürlichen Kunst«. Es wird für Bankette mit einem ovalen Keramiktisch auf einem Fuß in Felsenform ausgestattet, und den Wein kann man in Vertiefungen des Brunnens kühlen. Dieser besteht ganz aus glasierter Terrakotta, einem verschiedenfarbigen Felsen ähnelnd, voller Löcher und Buckel, von Moos, Gras und Korallen überzogen und von einer Menge kleiner Tiere bevölkert. Frösche, Schildkröten, Krabben, Krebse, Muscheln, Schlangen und Eidechsen sind so naturgetreu nachgebildet, daß sich nicht nur die Besucher, sondern auch die Tiere des Beckens täuschen lassen, welche sich auf den Felsen neben ihre Doppelgänger aus Keramik setzen.

Die Tiere, Muscheln und Pflanzen aus Keramik werden tatsächlich exakte Duplikate des Lebenden sein, wie diejenigen, welche das berühmte rustikale Geschirr Palissys zieren – die authentischen Stücke[13] – und die, welche er für den Connétable de Montmorency hergestellt hatte und die danach in der Grotte der Katharina von Medici in den Tuilerien verwendet wurden.[14] Die Ausgrabungen des 19. Jahrhunderts und vor allem die jüngsten auf dem Cour Napoleon brachten neben Fragementen verschiedener glasierter Teile zahlreiche Abgußformen ans Tageslicht.[15] Es gibt keinen Zweifel daran (auch wenn Palissy in seinen Schriften nie darüber spricht): Er formte seine Gegenstände mit erstaunlicher Präzision nach der Natur. Gleichzeitig war es ihm gelungen, eine Glasur von außergewöhnlicher Feinheit und Durchsichtigkeit herzustellen, so daß noch die kleinsten Details – Adern, Fältchen, Haare, Schuppen – der Originalform auf dem fertigen Objekt erkennbar sind.

Palissy war nicht der Erfinder des »rustikalen Stils«.[16] Aber er war derjenige, der dessen Prinzipien am weitesten vorantrieb (und der einzige, der ihnen durch seine Schrift eine philosophische Rechtfertigung und eine explizite poetische Wertigkeit verlieh). Im Gegensatz zu dem, was sich in den italienischen Grotten und Gärten oder denen im italienischen Stil abspielt, gibt es hier weder eine Darstellung antiker Statuen noch phantastische Skulpturen, noch Gemälde oder Reliefs mit satirischen oder pastoralen, der heidnischen Fabelwelt entnommenen Gegenständen, noch Wandverzierungen mit Grotesken. Als reformierter Künstler stand Palissy nicht im Dialog mit der Antike, sondern mit der Natur: Seine Kunst bestand darin, eng mit jener zusammenzuarbeiten, um sie besser zu preisen. Als »Bildhauer« benützte er die Vorbilder der Natur nur in ihrem ursprünglichen Zustand, oder er fertigte durch Abgüsse exakte Reproduktionen. Als Architekt imitierte er die durch natürliche Kräfte bewirkten Effekte. Die Kräfte der Natur können auf langsame aber unwiderstehliche Weise alles herstellen und trennen, festigen und auflösen, festmachen und mitreißen. Der Mensch kann sie gemäß seiner Vorstellung von Ordnung und Harmonie disziplinieren und eindämmen. Bis hierhin reicht seine Rolle.

Überraschungs- und Täuschungsspiele waren in den formalen Gärten Frankreichs und Italiens seit der Zeit der »internationalen Gotik« unerläßlich. Im Garten der *Hypnerotomachia Poliphili*, die Palissy übrigens erwähnt, gibt es auch Trugbilder (Mosaikfische auf dem Grund der Becken, Nattern, Eidechsen, Vögel, Kinder bei der Obsternte, alle aus Keramik). Palissy nahm diese scheinbaren Nichtigkeiten wieder auf, zunächst weil es galt, den Geist des Flüchtlings wieder zu erstrecken, der sich für einige Zeit vor der Welt der Ungerechtigkeiten und Verfolgungen in diesen Garten gerettet hatte. Die Herstellung von Personen aus Keramik und menschlichen Automaten sollte aber vor allem das Werk des Künstlers als Imitation der Schöpfung vervollständigen. Im *Recepte* wird Gott als »höchster Geometer und oberster Baumeister« bezeichnet, als Gott mit dem Zirkel aus der mittelalterlichen Bilderwelt. Palissy erinnert andererseits daran, daß Gott den ersten Menschen in einen Garten versetzte, in den Garten Eden. Folglich sei er auch der oberste Gärtner. Traditionellerweise war Gott auch als Töpfer beim Bearbeiten des Tons dargestellt worden. Bei der Anlage seines Gartens handelte Palissy also selbst als Geometer, Architekt, Gärtner und Töpfer, dem Bild des Demiurgen entsprechend, bis zur Herstellung von irdenen Wesen.[17]

Aber dieser Demiurg kannte seine Grenzen: er war es nicht, der Leben einhauchen und die Natur in Bewegung setzen konnte. Aus diesem Grund sollte der Besucher seines umschlossenen Gartens diesen später verlassen, über die Wiese gehen, durch das Weidendickicht spazieren, zum Fluß hinabsteigen, die Wälder auf dem Hügel durchstreifen. Und dort, in diesem Miniatur-Universum, bliebe es ihm nur noch vergönnt, »die wunderbaren Werke der Natur zu betrachten«, das heißt, in allen Einzelheiten des pflanzlichen und tierischen Lebens die wundervolle Weisheit und die Erfindungsgabe der Vorsehung zu entdecken. Dann würde das Loblied des Schöpfers, der Psalm 104, dem Christen auf ganz natürliche Weise über die Lippen kommen. Dies wollte Palissy erreichen und damit den Kreis schließen, denn davon war er ausgegangen. Zu Beginn des *Recepte* berichtet er, wie ihm die Idee gekommen war, einen solchen Garten anzulegen. Einige Tage nach seiner Entlassung aus dem Gefängnis hörte er während eines Spaziergangs über eine Wiese am Ufer der Charente, in Saintes, einen Chor junger Mädchen, die, unter den Weiden sitzend, den Psalm 104 sangen. Daraufhin begann er, die Weisheit des Propheten, der Gott für die Werke der Schöpfung dankte, mit der fehlenden Ehrerbietung der Menschen seiner Zeit zu vergleichen. Um sie die Schönheit der Welt erkennen zu lehren, dachte er zunächst daran, diese in einem großen Landschaftsbild darzustellen. Aber »Gemälde sind von kurzer Dauer« – im Gegensatz zur Keramik der Saintonge, die, nach seiner Einschätzung, besonders widerstandsfähig sei. So bevorzugte er also die Anlage eines Gartens, um seinen Zeitgenossen den Respekt vor und die Kenntnis der Natur nahezubringen, die neben der Bibel das andere Buch Gottes darstellt.

Palissy träumte also davon, ein Werkzeug hoher Katechese zu schaffen und

Die Errichtung der Urhütte. Aus: C Cesariano, Di Lucio Vitruvio Pollione de architectura libri dece, Como 1521

Die Urbehausung. Aus: E.E. Viollet-le-Duc. Histoire de l'habitation humaine, Paris 1875

zugleich dessen erster Besucher und Nutznießer zu sein. Aber er träumte laut und wollte gehört werden. Sein »Plan« war ein Dienstangebot. In Frankreich gäbe es mehr als viertausend Adelshäuser, wo sich ein Hügel und ein Berg mit einer Quelle und einer Ebene am Fuß finden ließe, vor allem entlang der Ströme und Flüsse. Dies war ein Appell an den Adel Frankreichs, zunächst an die Reformierten, aber auch an den katholischen Hochadel, welcher der »neuen Religion« am wenigsten feindlich gegenüberstand, und sogar an die königliche Familie. Im Jahr 1563 hatten die Reformierten keineswegs die Hoffnung verloren, sie für ihre Sache zu gewinnen, und Palissy schien, wie viele seiner Glaubensgenossen, auf die Möglichkeit einer Allianz zwischen dem »sehr christlichen« König und den »wahren« Gläubigen zu vertrauen. Das *Recepte* hatte er dem Connétable de Montmorency, seinem Sohn, dem Marschall, und Katharina von Medici gewidmet. Mit dieser Geste dankte Palissy ihnen für seine Befreiung aus dem Gefängnis. Gleichzeitig schlug er dem Marschall vor, ihm einen Gartenentwurf zukommen zu lassen, und erklärte sich bereit, diesen auszuführen, falls jener es wünsche. Die Königin Mutter wies er darauf hin, daß sie im *Recepte* zahlreiche Dinge finden könne, »die der Einrichtung [ihres] Gartens in Chenonceaux sehr dienlich sein könnten«, und erklärte sich bereit, dort zu arbeiten, wann immer sie es wünsche. Der »Nutz«- und »Vergnügungs«-Garten war in den Augen Palissys also keineswegs eine Utopie, und er behauptete beharrlich, daß sein Garten, im Gegensatz zu dem des Poliphilus, kein Traum sei, sondern durchaus realisierbar. Michel Foucault ordnete die Gärten in der Kategorie der »Heterotopien« ein: als völlig andersartige aber dennoch reale Orte im Vergleich zu jenen, an denen man üblicherweise lebte. Im Zusammenhang mit Palissys »Plan« müßte man also anstatt von einer Utopie eher von der Errichtung eines Raumes sprechen, der in einer Welt der Torheit der Weisheit gewidmet war, von einem Heterotopieprojekt.

Der Entwurf wurde nie realisiert, weder beim Connétable de Montmorency in Ecouen, noch in Chenonceaux[18] oder in den Tuilerien[19] bei der Königin Mutter, noch anderswo, soweit wir es wissen.[20] Die »Terrakotta«-Grotte für Connétable, die Palissy etwa zwischen 1555 und 1565 Stück für Stück in Saintes errichtete, wurde offenbar nie an ihren Empfänger geliefert, welcher 1567 starb.[21] Als Katharina von Medici ihrerseits eine solche Grotte für ihren neuen Pariser Wohnsitz in Auftrag gab, siedelte der Töpfer aus der Saintonge mit seiner Werkstatt nach Paris über und machte sich mit seinen Söhnen an die Arbeit. Wie die jüngsten im Abschnitt des Carrousel durchgeführten Ausgrabungen zeigen, handelte es sich offenbar darum, die Bestandteile der ersten Grotte wiederzuverwenden und vielleicht die Anlage zu vervollständigen.[22] Die Ausgrabungen brachten auch, südlich der Palastfundamente, Reste eines Brunnens aus Muschelwerk ans Tageslicht, mit Fröschen aus emailliertem Ton, die mit einem System zum Wasserspeien ausgestattet waren, ähnlich dem, das Palissy im *Recepte* für eine seiner »grünen Kabinette« beschreibt.[23] Ob Grotte und Brunnen fertiggestellt wurden, weiß man nicht. Die Palissys arbeiteten jedenfalls 1570 und auch noch 1572, zum Zeitpunkt der Bartholomäusnacht, in den Tuilerien. Palissy flüchtete mit seiner Familie nach Sedan und kehrte erst 1576 endgültig nach Paris zurück.[24] Nichts deutet darauf hin, daß er noch einmal eine Werkstatt eröffnet und seine Arbeit für die Tuilerien wiederaufgenommen hat (deren Gartenanlagen 1565 begonnen und 1578 beendet wurden). Seine Beschäftigung war von da ab im wesentlichen wissenschaftlicher Natur. Anläßlich eines kurzen Aufenthalts in Paris

Laube. Aus: Hypnerotomachia Poliphili, französische Ausagbe, Paris 1546

Die Ursprünge der gotischen Architektur. Aus: Sir J. Hall, Essays on the Origins, History and Principles of Gothic Architecture, London 1813

im Jahr 1575 hielt er öffentliche Vorträge über die Naturgeschichte und setzte diese bis 1584 fort. Gleichzeitig arbeitete er an der Abfassung der *Discours admirables…*, die 1580 veröffentlicht wurden.

1585 regierte die Liga in Paris und nötigte dem König das Edikt von Nemours ab, das den Protestanten eine Frist von zwei Wochen ließ, um entweder ihrem Glauben abzuschwören oder das Königreich zu verlassen, wobei ihr Hab und Gut zur Strafe konfisziert wurde. Von 1586 bis 1590 lernte Palissy nacheinander die Kerker von Saint-Germain-des-Prés, der Conciergerie und der Bastille kennen. Und dort starb auch im Jahr 1590 der Mann »an Hunger, Mangel und schlechter Behandlung«[25], welcher einst, als die Greuel des Bürgerkriegs begannen, geschrieben hatte: »Ich habe auf dieser Welt keine größere Freude erlebt als die, einen schönen Garten zu besitzen.«[26]

Anmerkungen

1 *Recepte véritable, par laquelle tous les hommes de la France pourront apprendre à multiplier et augmenter leurs thrésors*, La Rochelle 1563. Die beste Ausgabe ist die von P. A. Cap, in *Œuvres complètes de Bernard Palissy*, Paris 1844. Eine kritische Ausgabe des *Recepte* von K. Cameron soll demnächst erscheinen.

2 Hinsichtlich aller biographischen Angaben verweise ich auf die Chronologie Bernard Palissys (1510–1590), aufgestellt von Dominique Poulain in der Sonderausgabe »Palissy« der *Revue d'Art*, Nr. 78, 1987, S. 58–60.

3 »An den Leser«, in *Architecture, et ordonnance de la grotte rustique de Monseigneur le Duc de Montmorancy, Pair, et Connétable de France*, La Rochelle 1563 (Faksimile-Ausgabe Paris 1919). Alle anderen Zitate stammen aus dem *Recepte véritable.*

4 Hinweise auf die Berechnungen der Proportionen des menschlichen Körpers in den Architekturabhandlungen der Renaissance.

5 1564 wird er als »Architekt und Erfinder der Terrakotta-Grotten des Herrn Connétable« bezeichnet. Das Gefangenenregister der Conciergerie bezeichnet ihn 1590 als »Architekten von Erdarbeiten«.

6 *Discours admirables, de la nature des eaux et fontaines, tant naturelles qu'artificielles, des Métaux, des Sels et Salines, des Pierres, des Terres, du Feu et des Emaux. Avec plusieurs autres excellents secrets des choses naturelles. Plus, un traité de la marne, fort utile et nécessaire pour ceux qui se mellent d'agricullture*, Paris 1580. Überarbeitet von P. A. Cap. Œuvres, op. cit.

7 Zur unglaublichen Popularität Palissys im 19. Jahrhundert verweise ich auf meine kurze Darstellung: »Morts et résurrections de Bernard Palissy«, in: *Revue de l'Art*, Nr. 78, 1987, S. 26–32.

8 Zu dieser Frage und über die Einstellung Palissys zu gewissen alchimistischen Vorstellungen siehe J. Céard, »Relire Palissy«, ebd., S. 77–83.

9 Die Verwendung von Schemata dieser Art im Entwurf von Blumengärten während der Renaissance wird in *La Città effimera e l'universo artificiale del giardino*, hrsg. von M. Fagiolo, Rom 1979, unterstrichen.

10 Siehe J. Rykwert, *On Adam's House in Paradise. The idea of the primitive hut in architectural history*, New York 1972.

11 Siehe *ebd.* und J. Baltrusaitis, »Le roman de l'architecture gothique«, in: *Aberrations. Légendes des formes*, Paris 1957, S. 73–96.

12 Das Spiel zwischen diesen beiden Gegensätzen, wesentliches Merkmal des rusikalen Stils, wird durch den Humanisten Claudio Tolomei in einem Schreiben vom 26. Juli 1543 bezüglich der neuen Brunnen Roms, welche die antike Kunst wiederaufleben lassen, bestätigt, siehe E. B. MacDougall, Einführung zu der Sammlung *Fons Sapientiae. Renaissance Garden Fountains*, Washington 1978, S. 12.

13 Zur Unterscheidung von authentischen Stücken, Imitationen und Fälschungen siehe die ersten Ergebnisse der von L. N. Amico durchgeführten Untersuchung: »Les céramiques rustiques authentiques de Bernard Palissy«, in: *Revue de l'Art*, Nr. 78, 1987, S. 61–76.

14 Siehe Anmerkungen 21 und 22.

15 Die bei Ausgrabungen des 19. Jahrhunderts gefundenen Fragmente wurden zwischen den Museen von Sèvres, des Louvre und Carnavalet aufgeteilt. Zahlreiche Illustrationen in dem alten Artikel von L. Dimier: »Bernard Palissy rocailleur, fontenier et décorateur de jardins«, in: *Gazette des Beaux-Arts*, 1934, II, S. 8–29. Hinsichtlich jüngerer Entdeckungen siehe die erste, von der Gruppe der Archäologen B. Dufay, Y. de Kisch, D. Poulain, Y. Roumégoux, P. J. Trombetta veröffentlichte Bilanz, »L'atelier parisien de Bernard Palissy«, in: *Revue de l'Art*, Nr. 78, 1987, S. 33–57.

16 Die beste Einführung in den »rustikalen Stil« stammt von E. Kris, »Der Stil ›Rustique‹. Die Verwendung des Naturabgusses bei Wenzel Jamnitzer und Bernard Palissy«, in: *Jahrbuch der kunsthistorischen Sammlungen in Wien*, I (1926), S. 137–208.

17 Angaben in diesem Sinn im Artikel von F. Lestringant: »Le prince et le potier: introduction à la »Recepte véritable« de Bernard Palissy (1563)«, *Nouvelle Revue du XVIe siècle*, 3 (1985), S. 5–24.

18 Das 19. Jahrhundert, das einen wahren Mythos um Palissy geschaffen hat, hat nicht versäumt, ihm die Schaffung der neuen Gärten von Chenonceaux, am linken Ufer des Cher, in

Schlange, kleine Krabbe und Krebs aus glasiertem Ton von Bernard Palissy. Aus der ehemaligen Grotte in den Tuileriengärten in Paris. Paris, Musée Carnavalet

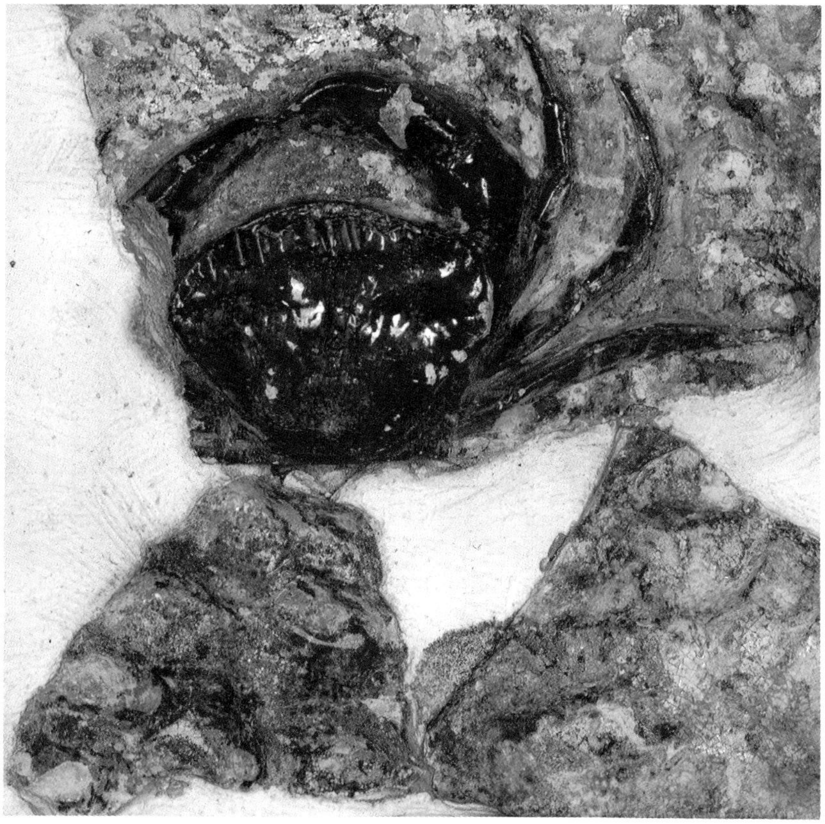

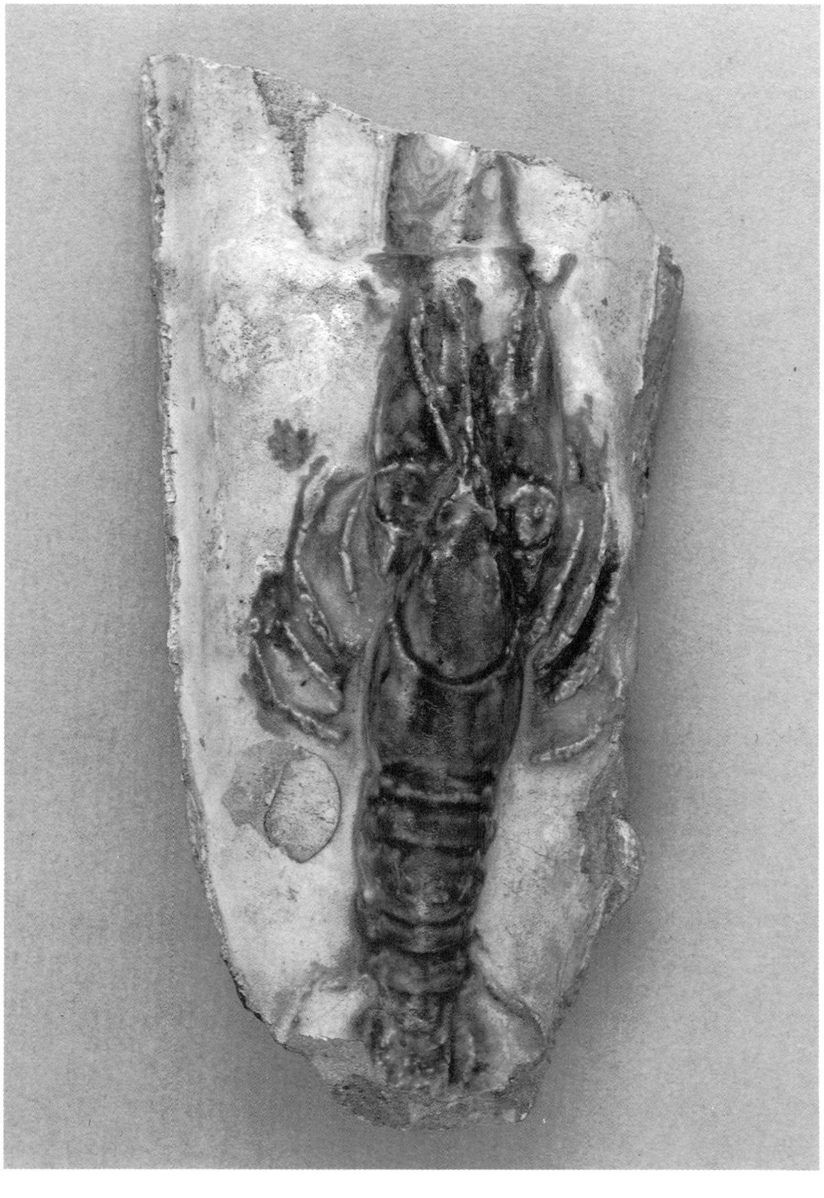

ihrer Gesamtheit zuzuschreiben, sowie die Errichtung des Felsenbrunnens am rechten Ufer neben der großen Eingangsallee. Siehe besonders C. Chevalier, *Histoire de Chenonceaux*, Paris 1968, der immerhin zugibt, daß diese Zuweisung durch keinerlei Urkunde bestätigt wird. Dennoch wird sie regelmäßig wieder aufgegriffen, bis in jüngere Werke hinein: N. Miller, *French Renaissance Fountains*, New York und London 1977, S. 256–260. Man verfolgt Palissy recht gut zwischen Saintes, Paris und Sedan, den drei Städten, in denen er gewohnt hat, findet ihn aber nie im Loiretal, wo er aufgrund solch umfangreicher Arbeiten hätte länger bleiben müssen. Der Felsenbrunnen war ein großer Bau aus Muschelwerk inmitten eines runden Beckens, das von zwei konzentrischen Terrassen eingefaßt war. Weder dessen Beschreibung durch Du Cerceau noch die Reste, die während der kurz vor 1868 durchgeführten Ausgrabungen gefunden wurden, weisen auf Keramiken hin. Deren Nichtvorhandensein wäre sehr erstaunlich, wenn es sich um ein Werk Palissys handelte.

[19] Wie L. Dimier a. a. O. bemerkte, hatte Palissy in den Tuilerien sicherlich keinen Anteil an der Gesamtkomposition und an der Leitung der Gartenarbeiten, solange Philibert De l'Orme lebte, das heißt bis 1570. In seinen *Discours véritables* von 1580 ließ der Mann aus der Saintonge es sich nicht entgehen, die Fehler in Sachen Hydraulik zu kritisieren, die in den Tuilerien vom »Herrn Architekten der Königin« begangen wurden. Er war also nicht verantwortlich für das, was dort geschah. Aber selbst nachdem Bullant die Nachfolge De l'Ormes antrat, deutet nichts darauf hin, daß Palissy mit mehr als der Herstellung der Grotte beauftragt war.

[20] Gemäß C. Chevalier, *op. cit.*, S. 338, »wurde der Park des Schlosses von Chaulnes in der Picardie vollständig nach den Plänen des Lustgartens ausgeführt«. Ich weiß nicht, worauf sich diese Versicherung stützt. Siehe A. Arcelin, *Notice sur l'ancien château historique des ducs de Chaulnes*, Amiens 1924.

[21] Wir kennen den Entwurf Palissys durch eine Broschüre mit dem Titel: *Architecture, et ordonnance de la grotte rustique de Monseigneur le Duc de Montmorancy, Pair, et Connestable de France*, deren Text 1562 verfaßt wurde, während Palissy, in Bordeaux im Gefängnis sitzend, versuchte, von jenem Connétable seine Freilassung und den Schutz seiner Werkstatt in Saintes zu erwirken, die von der Zerstörung durch die Katholiken bedroht war. Die Broschüre wurde einige Monate vor dem *Recepte* in La Rochelle gedruckt, Reprint Paris 1919. Die Grotte des Connétable sollte ein Bauwerk von 13 m Länge, 6,50 m Breite und 5,50 m lichte Höhe sein. Der gesamte Innenraum bestand aus Keramik. (Vom Äußeren wird nichts erwähnt.) Die Eingangswand war mit Pfeilern geschmückt, überragt von »der menschlichen Gestalt sehr ähnlichen« Hermen und Wappen. Die gegenüberliegende Wand war von einem Felsen von 2,60 m Höhe besetzt, davor befand sich ein mit Wasser gefüllter »Graben« von 30 cm Breite. Der Felsen wäre von kleinen Tieren und Pflanzen bewohnt, und an seinem Fuß würden von einer kleinen »Terrasse« aus Schildkröten, Krabben, Frösche, Meeresspinnen, Fische, Seehunde etc. Wasser in das mit Fischen gefüllte Becken speien. An den Seitenwänden herrschten zwei übereinanderliegende Ordnungen: eine Säulenordnung, mehr oder weniger rustikal gestaltet mit Pilastern, untereinander verbunden durch Obst- und Gemüsegirlanden und Architrav, Fries (mit dem Wahlspruch des Connétable) und Karnies tragend; zwischen den Säulen zwölf ebenfalls mehr oder weniger rustikale Nischen; senkrecht oberhalb der Säulen eine Ordnung von Hermen, »ganz rustikal und auf sonderbare Arten geformt.« Auf dem Karnies und in dem Gewölbe würden verschiedene Vögel und andere, mit »felsen und antiken Ruinen« vertraute Tiere wohnen. In der Grotte des Connétable sollten also mindestens drei Stilrichtungen der »Kammern« aus dem im *Recepte* beschriebenen Garten kombiniert werden.

Wie L. Dimier bereits erwähnte, a. a. O., S. 17, hat Ecouen nie eine solche Grotte erhalten, noch finden sich Erinnerungen daran oder Reste davon, und Peiresc, der 1606 das Schloß besichtigte (und dabei Palissy alle möglichen Werke zuordnete, die nicht von ihm stammen) hat sogar nie etwas davon gehört.

[22] Siehe B. Dufay et al., a. a. O., S. 40–42. Für die Wiederherstellung der Grotte der Tuilerien ist es nicht mehr möglich, den »Devys d'une grotte pour la Royne, mère du Roy« zu gebrauchen, publiziert in der Reihe der *Œuvres de Bernard Palissy*, von B. Fillon und L. Audat, Niort 1888, Bd. I, S. 3–8, der mit größter Wahrscheinlichkeit eine Fälschung aus den sechziger Jahren des 19. Jahrhunderts ist: siehe R. H. Bautier und G. Bresc-Bautier, »Un faux du XIXe siècle: ›Devys d'une grotte pour la Royne, mère du Roy‹«, in: *Revue de l'Art*, Nr. 78, 1987, S. 84–85.

[23] 1585 beschrieben schweizerische Gesandte die Gärten der Tuilerien und insbesondere einen Brunnen, »in Form eines Felsens erbaut, in dem verschiedene Tiere aus Ton, wie Schlangen, Schnecken, Schildkröten, Eidechsen, Frösche und andere Wassertiere Wasser aus dem Mund speiten, neben dem, was aus dem Felsen selbst floß«. Es handelte sich wohl tatsächlich um einen Brunnen Palissys, und zwar genau um den, dessen Überreste gerade entdeckt worden sind. Er befand sich nicht im westlichen, dem größten Teil der Gärten, sondern zwischen dem Palast und dem Graben, der sich am Wall Charles V. entlangzog (siehe die aufschlußreichen Schemata in *Le Louvre et son quartier. 800 ans d'histoire architecturale* (Ausstellung im Nebengebäude des Rathauses des 1. Arrondissements von Paris, 1982), Katalog von J. de Fontgalland und L. Guinamard, Nr. 26a und Nr. 34).

[24] Was gegen die These spricht, wie sie nach L. Dimier, a. a. O., S. 24, häufig vertreten wurde, ihm den Felsen aus silbernem Tuch zuzuschreiben, geschmückt mit rustikalen Hermen, Muscheln und Reptilien, aufgebaut auf einem Wagen, anläßlich eines Festes, das 1573 für die polnischen Gesandten im Garten der Tuilerien gegeben wurde.

[25] Pierre de l'Estoile (Hrsg.), *Journal de Henri IV.*

[26] *Recepte véritable*, P. A. Cap, (Hrsg.), op. cit., S. 83.

Eidechse aus glasiertem Ton von Bernard Palissy. Aus der ehemaligen Grotte in den Tuileriengärten in Paris. Paris, Musée Carnavalet

Die botanischen Gärten des 16. und 17. Jahrhunderts

Luigia Tongiorgi Tomasi

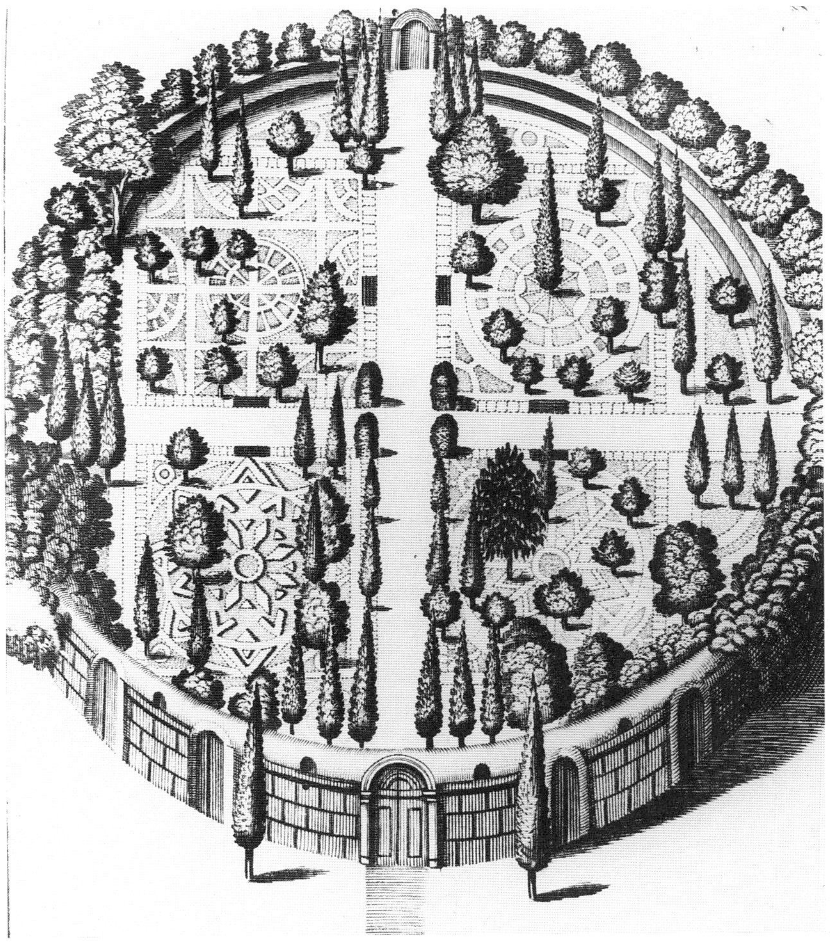

Vogelschau des Botanischen Gartens von Padua (Italien). Stich aus: B. Tomasini, Gymnasium Patavinum, 1654

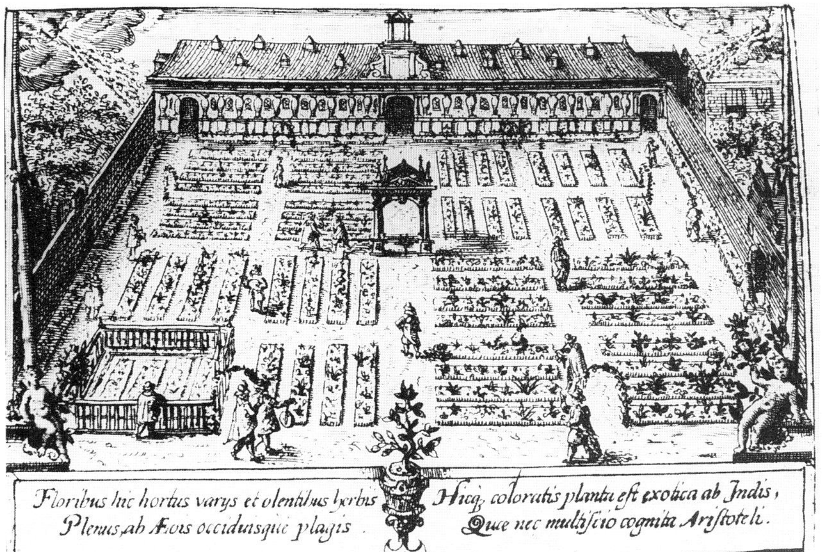

Vogelschau des Botanischen Gartens von Leiden (Niederlande). Stich aus: C. de Passe, Academia sive speculum vitae scolasticae, 1612

»Es wird gut sein, unter Beweis zu stellen…, wie notwendig und nützlich ein Heilkräutergarten für allgemeine Naturstudien ist… Hier kann man den Schülern und Studenten zeigen, wie viele verschiedene Pflanzen in nur einem Jahr zu ernten sind… So war es notwendig, einen öffentlichen Heilkräutergarten anzulegen… Wenn man dies nicht getan hätte, wären uns gewiß vielerlei Nachteile entstanden« (P. Castelli, Hortus Messanensis, 1640).

Der Garten des 15. und 16. Jahrhunderts, der zu Recht als ein »kompliziertes Bedeutungssystem«[1] definiert wird, ist interpretatorisch schwer zu fassen, da er doch stets vielfältige und differenzierte Aufgaben erfüllt hat. So war er nicht nur ein Platz für den angenehmen Zeitvertreib in Gesellschaft oder ein Ort zurückgezogener Meditation, nicht nur Ausstellungsraum für Skulpturen oder ein Theater, auf dessen Bühne Automaten und hydraulisch betriebene Apparate ihre mechanischen Wunderwerke zur Schau stellen konnten; der Garten jener Zeit war auch in vieler Hinsicht ein botanisches und medizinisches Forschungslabor. Vor diesem Hintergrund entwickelte sich im 16. und 17. Jahrhundert der neben all den anderen Gartenformen nicht weniger bedeutsame »wissenschafliche Garten«, also der botanische Garten, der Heilkräutergarten, dessen Entwicklung parallel zu der des »Villengartens« oder des »Lustgartens« verlief.

Die ersten botanischen Gärten entstanden Mitte des 16. Jahrhunderts innerhalb kurzer Zeit und nahezu gleichzeitig in zahlreichen europäischen Städten. Dies hing mit dem neuen Wissenschaftsbegriff zusammen, der sich zu jener Zeit durchsetzte und der mit dem wiedererwachten naturwissenschaftlichen Interesse in Beziehung stand. Dies wiederum war sehr eng verbunden mit dem Studium der Heilpflanzen, mit der Beschäftigung mit pflanzlichen Essenzen und tierischen Stoffen, aus denen die Medizin nach Galenus ihre heilkräftigen Substanzen gewann. Die unmittelbare Beobachtung und das Abzeichnen von Vorlagen während der Vorlesungen regte die Botaniker in ganz Europa – angefangen von Otto Brunfels bis Leonhart Fuchs, von Pietro Andrea Mattioli bis Charles de l'Ecluse – dazu an, die Werke der großen »Heilpflanzenkenner« der Antike wie Dioskorides, Theophrast und Plinius im Zusammenhang zu lesen und sie einer kritischen Betrachtung zu unterziehen. Die Heilkräutergärten wurden vornehmlich bei den namhaftesten Universitäten Europas angelegt. In Padua[2] und Pisa[3] entstanden bereits Ende 1545 botanische Gärten. Für Florenz ist uns das Jahr 1554 überliefert, für Bologna 1567, für Leiden 1587, für Heidelberg und Montpellier 1593, für Oxford 1621 und für Paris das Jahr 1626.[4] Die Tatsache, daß die botanischen Gärten sich langsam zu privilegierten Orten entwickelten, an denen man völlig neue Methoden der Lehre und der Forschung anwenden konnte, und die besonderen Erfordernisse, die das Ziehen von Heilpflanzen stellte, führten schließlich dazu, daß die botanischen Gärten ein ganz anderes Gesicht erhielten.

Man achtete nicht mehr so sehr auf die gestalterischen und dekorativen Qualitäten und gab dafür anderen Aspekten mehr Raum. Auch die mechanischen »Wunderwerke« und »kunstvollen Konstruktionen« wurden bald aus den Gärten entfernt. Die Statuen, Springbrunnen, Grotten, Wasserspiele und Labyrinthe verschwanden oder wurden drastisch verkleinert.

In den botanischen Gärten führte man dem Besucher nunmehr die pflanzlichen »Wunder« vor Augen, die zahlreichen erlesenen und fremdartigen Gewächse aus der gerade entdeckten Neuen Welt wie die Sonnenblume und die Agave, die man in Europa zu akklimatisieren versuchte. Dazu gehörten auch zahlreiche Blumenarten mit ungewöhnlichen Formen und Farben, die man durch Kreuzungen neu gezüchtet hatte. Zu den Pflanzen, die nicht nur wegen ihrer wissenschaftlichen Bedeutung, sondern auch wegen ihres optischen Reizes geschätzt wurden, zählten vor allem viele Zwiebelgewächse. Dabei erfreute sich besonders die Tulpe in ganz Europa außerordentlicher Beliebtheit, aber auch Tuberosen, Kaiserkronen, Narzissen und die Iris.

Die Formen der Beete, die zuvor das wichtigste Element der Grundrißstruktur des Gartens darstellten, wurden einfacher und verloren ihre oft überzogene Verspieltheit. Das Ergebnis dieses Vereinfachungsprozesses war eine neu erwachte Vorliebe für die ganz schlichte kreuzförmige Grundrißstruktur, die den Garten in vier gleiche, meist quadratische Beetfelder gliederte, die nach den vier Himmelsrichtungen ausgerichtet waren. Häufig besaßen diese Gartenanlagen in der Mitte einen Brunnen und glichen damit ebenso exakt den mittelalterlichen Klostergärten wie den mauerumschlossenen Gemüse-

und Kräutergärten. Die kreuzförmig angeordneten Beetgevierte ließen sich beliebig aneinanderreihen, so daß man auch rechteckige Gärten in dieser Weise gliedern konnte. Nach derartigem Schema aufgebaute Gartenanlagen wurden zur gleichen Zeit an ganz unterschiedlichen Orten Europas geschaffen – zum Beispiel in Florenz, Paris, Leiden und Oxford.[5] Der botanische Garten von Padua allerdings erhielt um die quadratische Figur ein kreisförmiges Band.

Die geometrische Ordnung der botanischen Gärten erleichterte nicht nur die systematische Einteilung der Heilpflanzen, sondern sie war auch Ausdruck astrologischer Überlegungen. Schließlich spielten in jener Zeit magisch-okkulte Überlieferungen eine nicht unbedeutende Rolle in der noch jungen Entwicklung der modernen Naturwissenschaften. Die Form der Beete und das Pflanzen der Heilkräuter an bestimmten Stellen besaßen damals auch einen magischen und esoterischen Stellenwert. Das Beetgeviert wurde zu einem richtiggehenden Drudenfuß, in dem der Kräutergärtner eine Art »Naturzauber« ausübte, aufgrund dessen die Gewächse positiv von den Himmelskräften beeinflußt werden konnten. In diesem Zusammenhang ist es kein Zufall, daß der florentinische Pflanzenkundler Zanobi Bocchi Anfang des 17. Jahrhunderts den Heilpflanzengarten von Mantua »nach der Stellung der Planeten« anlegte. Die Anordnung der Beete in Form von ineinandergestellten Quadraten erinnert an die Formen zeitgenössischer Horoskope.

Die magisch-astrologischen Schriften in ihrer oft unverständlichen Sprache und mit ihren vielen Andeutungen waren nur Eingeweihten zugänglich. Viele Verfasser von Abhandlungen über Gärten und auch Gartenarchitekten selbst wie Claude Mollet oder Jacques Boisseau de la Barraudière beziehen sich ausdrücklich auf diese Schriften. Besonders geschätzt waren die positiven Einflüsse, mit denen die Himmelskörper auf die Pflanzen oder Züchtungen, insbesondere aber auf die Arzneipflanzen einwirken konnten. Man schrieb ihnen die Kraft zu, die »salus fisica«, die körperliche Gesundheit des einzelnen bewahren zu können.

In der Anordnung und Aufteilung der Arzneipflanzen in den Beeten sollte eine systematische Ordnung zum Ausdruck gebracht werden. Dies wird aus dem 1640 von Pietro Castelli verfaßten und in Messina erschienenen Werk »Hortus Messanensis« ersichtlich. Auch Guy de la Brosse, der Gründer des »Jardin du Roy« in Paris, beobachtete, wie »die Pflanzen derart in ihren Beetquadraten angeordnet sind ... und so nach ihren Arten und Sorten geordnet sind, daß jeder, der eine Art kennt, auch zu sagen vermag, welche Sorte darin enthalten ist.«[7]

Die systematische Bepflanzung der Beete erfolgte nicht nur gemäß den Kriterien der Einteilung und Klassifizierung, sondern sie war auch eine wahre »Kunst des Gedächtnisses«. In einigen europäischen Heilkräutergärten, wie z.B. in Padua, Pisa und Leiden war es in der Tat üblich, die Beete mit Buchstaben des Alphabets und die Pflanzen mit Hilfe von Zahlen zu kennzeichnen. Die »Indices«, Verzeichnisse, oder »Catalogi Plantarum«, Pflanzenkataloge, die entweder als Handschriften vorlagen oder zu den frühesten Druckwerken gehörten, in denen botanische Gärten beschrieben wurden, waren Beispiele für die Ausbildung der »ars memoriae«, der »Kunst des Gedächtnisses«. Hier sei verwiesen auf das Werk »Horto de i semplici«, »Der Heilkräutergarten«, das 1591 von G. Porro in Padua gedruckt wurde oder auf »Hortus publicus academiae Lugdunum-Bataviae«, »Der öffentliche Garten der Akademie von Lugdunum auf Batavia« von P. Paaw aus dem Jahre 1601. Der Raum dagegen, der von den Arzneipflanzen eingenommen wurde, übernahm die Funktion eines

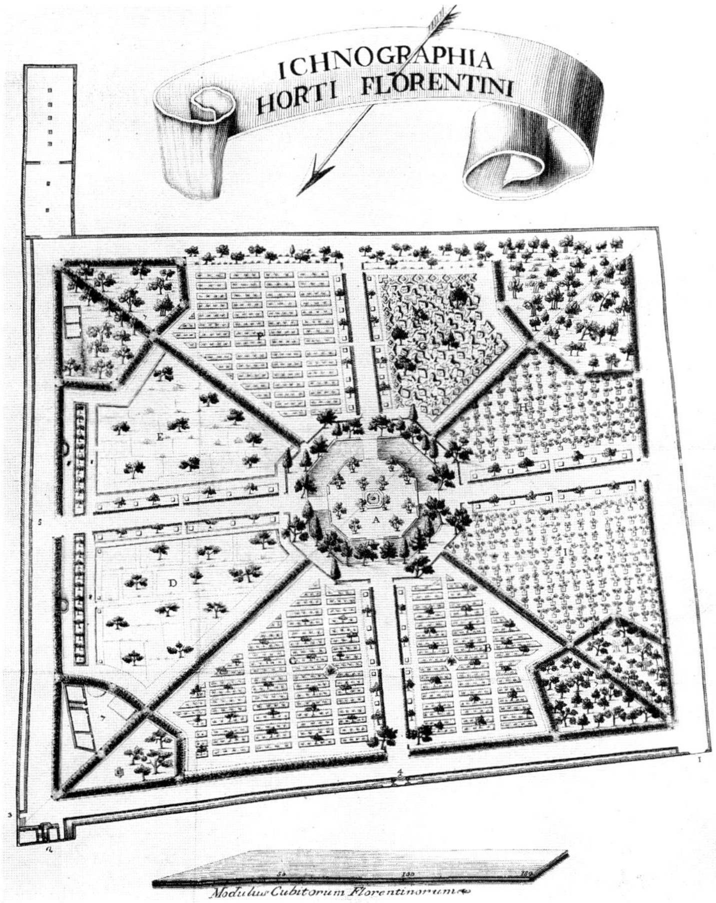

Grundriß des Botanischen Gartens von Florenz. Stich aus: P. A. Micheli, Catalogus plantarum, 1748

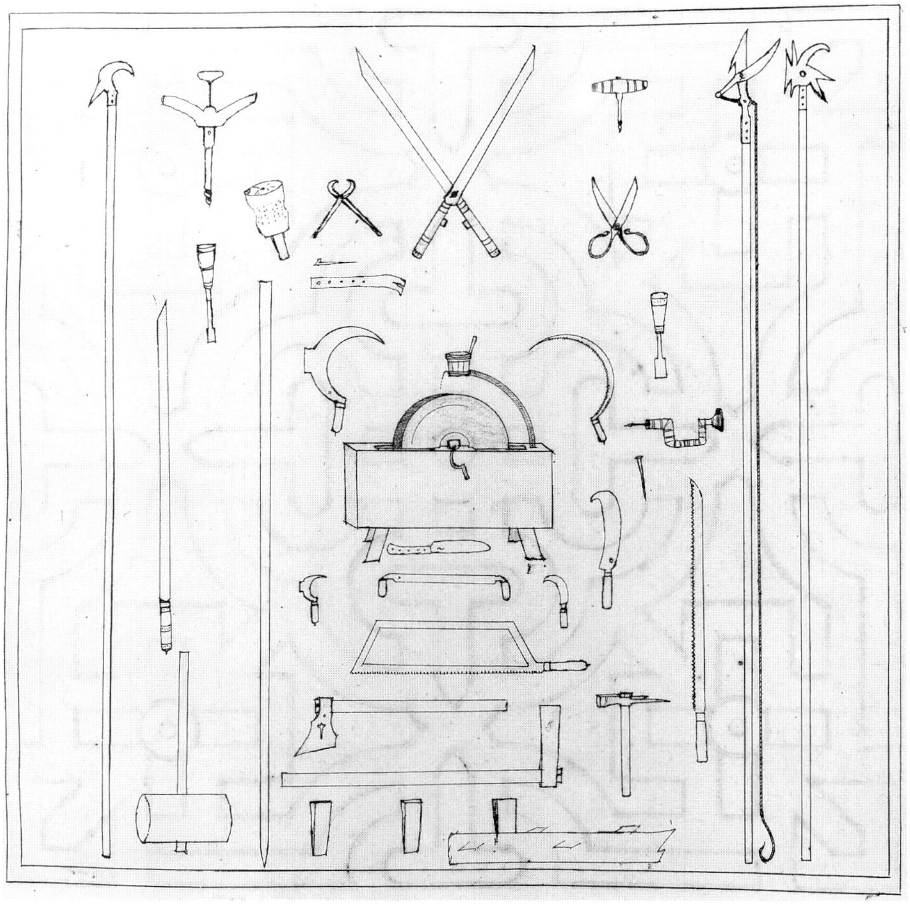

Gartenwerkzeuge. Zeichnung, 16. Jh. Pisa, Biblioteca Universitaria

Grundrisse von Blumenrabatten. Aquarell, 16. Jh. Pisa, Biblioteca Universitaria

physisch bestimmbaren »locus mnemonicus«, eines Ortes der Erinnerung.

Von Anfang an war dem Kräutergarten ein vielseitiges naturwissenschaftliches Museum zugeordnet, das viele Merkmale der »Wunderkammern« und »Raritätenkabinette« des Manierismus aufwies. Seine vornehmliche Bedeutung erhielt der Kräutergarten jedoch durch die nach wissenschaftlichen Gesichtspunkten durchgeführte Gliederung der gezogenen Pflanzen – aber dies waren nicht ausschließlich Arzneipflanzen.

Neben den »exsiccata« oder »trockenen Gärten«, die etwa den heutigen Herbarien gleichzusetzen sind, bargen diese Sammlungen Pflanzen, die im Garten gezüchtet wurden oder die im Austausch zur wissenschaftlichen Beobachtung zugeschickt wurden. Außerdem gab es dort Sammlungen ausgestopfter Tiere, Knochenfunde, Mineralien und Muscheln, seltene und ungewöhnliche Gegenstände der Natur oder von Menschenhand gefertigt. Zu den gezüchteten »vegetabilia«, den Pflanzen des Gartens, gesellten sich die »animalia«, die Bewohner des Tierreiches, und die »mineralia«, die Mineralien aus den Tiefen der Erde. Die drei Reiche der Natur, die hier eine reizvolle Verbindung eingingen, gaben so dem Heilkräutergarten des 16. und 17. Jahrhunderts einen enzyklopädischen Wert und machten ihn zu einem wahren »Mikrokosmos«, der in der Lage war, die Komplexität und Vielfalt dessen aufzuzeigen, was man damals »das große Buch der Natur« nannte.

Anmerkungen

[1] E. Battisti, *Natura artificiosa to Natura artificialis*, in: »The Italian Garden«, Coffin, Dumbarton Oaks/Washington D.C. 1972, S. 1–36.
[2] M. Azzi Visentini, *L'orto botanico di Padova*, Mailand 1984.
[3] *Il giardino dei semplici di Pisa*, in: »Livorno e Pisa. Due città e un territorio nella politica dei Medici«, Hrsg. L. Tongiorgi Tomasi, Ausstellungskatalog, Pisa 1980, S. 513–598.
[4] J. Prest, *The Garden of Eden. The Botanic Garden and the Re-Creation of Paradiese*, New Haven/London 1981.
[5] L. Tongiorgi Tomasi, *»Extra« e »Intus«. Progettualità degli orti botanici e collezionismo eclettico tra XVI e XVII secolo*, in: »Il giardino come labirinto della storia«, Symposiumsbericht, Palermo 1984, S. 48–57.
[6] A. Zanca, *Il giardino dei semplici di Mantova*, in: »Kos«, 18, 1985, S. 90–92.
[7] G. de la Brosse, *Description du Jardin des plantes médicinales estably par le Roy Louis le Juste*, Paris 1636, S. 21.

Das Labyrinth in der Kultur der Spätrenaissance

Paolo Carpeggiani

Das Motiv des Labyrinths ist fest verankert im Themenkreis des Renaissancegartens, sowohl als theoretisches Modell wie auch in der praktischen Umsetzung.

Es ist allerdings notwendig, hier eine Präzisierung des Begriffes vorauszuschicken. Als »Labyrinthe« werden graphische Figuren bezeichnet, die in Wirklichkeit recht unterschiedlich, ja ihrer Bedeutung nach sogar grundverschieden angelegt sind. Der Kunstwissenschaftler Hermann Kern, der dem Labyrinth in seiner thematischen Vielschichtigkeit eingehende und anregende Analysen gewidmet hat[1], unterscheidet zwischen dem Labyrinth im eigentlichen Sinne und dem »Irrgarten«. Das Labyrinth besteht aus einem einzigen Weg, der in vielerlei Windungen zum Zentrum führt. Der »Irrgarten« hingegen besteht aus einem Gewirr von Wegen, in denen man sich verirren kann, denn nur einer der vielen möglichen Wege führt wirklich zum Ziel. Das Labyrinth im eigentlichen Sinne birgt einen zwar verzwickten und verschlungenen Weg, aber man kann sicher sein, mit jedem Schritt dem Ziel näher zu kommen.[2] Im Gegensatz dazu stellt der »Irrgarten« die Übersteigerung des Irrationalen dar. Er widersetzt sich damit jener zentralen Vorstellung des Humanismus von der »Tugend, die das Schicksal besiegt«.

Es ist bemerkenswert, daß Leon Battista Alberti in seinem Werk *»De re aedificatoria«*[3] keine Labyrinthe erwähnt. Das von ihm theoretisch entwickelte Gartenmodell ist in seiner Grundrißstruktur aus Kreisen, Halbkreisen und anderen geometrischen Figuren zusammengefügt. Alles wird von einer strengen »ratio« bestimmt, die keine Übertretungen oder Extravaganzen irgendwelcher Art zuläßt. Antonio Averlino, genannt Filarete, ist der erste, der in seinem *»Trattato die architettura«*[4] die Figur eines großen Labyrinths für den Park des Königs Zaglia vorschlägt. Später stellt Sebastiano Serlio in seinem *»Quarto libro«* (Venedig 1537) neben einigen anderen Gartenanlagen auch zwei Entwürfe für ein Labyrinth vor.

Auch wenn die literarischen Quellen aus der Antike recht dürftig sind[5], tritt jene eingangs erwähnte Sonderform des Labyrinths, der »Irrgarten«, erst ziemlich spät in Erscheinung. Die ersten Beispiele hierfür sind aus dem verschlüsselten Kodex des Giovanni Fontana bekannt (München, Bayerische Staatsbibliothek, Cod. Icon. 242), der in den dreißiger Jahren des 15. Jahrhunderts verfaßt wurde. Aber Fontanas Entwürfe beziehen sich nicht auf Gärten, wie dies bereits von Battisti[6] ganz richtig hervorgehoben wurde, der hier im Gegensatz zu Kern[7] die Zusammenhänge schärfer beobachtete.

Der »Irrgarten« kommt erst im 16. Jahrhundert in Mode. Die nur vom Zufall bestimmte Wahl des Weges und die immer wieder von neuem angebotene Vielfalt der Wahlmöglichkeiten ist eine ständige Herausforderung des Glücks. Der »Irrgarten« lieferte einer genuß- und vergnügungssüchtigen Hofgesellschaft die ideale Bühne zu diesem Spiel.

Auch im Alcazar von Sevilla[8] gab es einen »Irrgarten«. Von ihm ist nur noch eine Darstellung auf dem Fliesenboden des um 1540 erbauten Pavillons von Karl V. erhalten. Einen weiteren »Irrgarten«, der wahrscheinlich nur für kurze Zeit, anläßlich eines Festes, angelegt wurde, gab es im Innenhof des Palazzo Te in Mantua. Dies geht aus einer Zeichnung hervor, die im Skizzenbuch des »Unbekannten von Mantua« gefunden wurde (Berlin, Staatliche Museen Preussischer Kulturbesitz, Kupferstichkabinett). Es darf angenommen werden, daß Giulio Romano (gest. 1546) der Schöpfer dieses »Irrgartens« war.[9] Um Bedeutung und Funktion des »Irrgartens« im Palazzo Te richtig zu beurteilen, ist darauf hinzuweisen, daß am Hofe von Mantua seit der Zeit Isabella d'Estes eine Form der musikalischen Poesie gepflegt wurde, in der häufig die rhetorische Figur des »Liebeslabyrinths« in Erscheinung trat.[10] Der Palazzo Te war im wesentlichen als Ort der Liebe konzipiert; als eindrucksvolles Liebesnest für Federico II. Gonzaga und Isabella Boschetti.

Im Jahre 1607 legte Gabriele Bertazzolo[11] ebenfalls in Mantua, südlich des Palazzo Te, einen weiteren, sehr großen »Irrgarten« an. In seinem Werk *»Urbis Mantuae descriptio«* (1628) wird dieser »Irrgarten«, von dem auch eine Abbildung im Buch enthalten ist, wie folgt beschrieben: »Er ist von solcher Größe, daß man auf dem Weg zu seinem Zentrum eine Strecke von mehr als zwei Meilen zurücklegen muß, dies aber nur für den Fall, daß man den Weg nicht verfehlt, denn sonst würde die Strecke noch um vieles länger. Die Wege des »Irrgartens« sind so breit, daß man sich auch mit Pferd und Wagen darauf bewegen kann.«

Dennoch ist nicht jedes Labyrinth jener Zeit ein »Irrgarten«. Zum Beispiel sind die vier von Pirro Ligorio für den Garten der Villa d'Este[12] in Tivoli entworfenen Labyrinthe (von denen allerdings nur zwei ausgeführt wurden) eindeutig »Labyrinthe« und keine »Irrgärten«. Sie entstanden in den sechziger Jahren des 16. Jahrhunderts neben dem Heilkräutergarten (Giardino dei Semplici), im Anschluß an die lange Achse mit den drei großen Fischbassins. Diese Labyrinthe waren Ausdruck höchster Formverfeinerung und standen in einem Gesamtkontext, der in einer ständigen Zurschaustellung der »Wunder« seine wichtigste Sinngebung fand. Die vier Labyrinthe im Garten der Villa d'Este kann man sehr deutlich auf dem Stich von Dupérac aus dem Jahre 1573[13] erkennen. Auch ein aus dem 16. Jahrhundert datierendes Gemälde eines unbkannten Malers[14], das in der Sammlung Acton in Florenz aufbewahrt wird, führt sie dem Betrachter vor Augen. Im Garten der Villa Lante in Bagnaia, der etwa zur gleichen Zeit wie die Villa d'Este entstand, gab es ursprünglich ebenfalls ein Labyrinth. Dies zeigen zwei Stiche aus dem Werk von Tarquinio Ligustri (1596) und Giacomo Lauro (1612).

Auch im französischen Barockgarten erfreute sich das Labyrinth großer Beliebtheit. Die Ursprünge reichen weit zurück, denkt man nur daran, wie oft dieses Motiv als Fußbodenmosaik in Frankreichs gotischen Kathedralen vertraten ist.[15] Von einem Zeichen mit einer vielschichtigen religiösen Bedeutung – das Labyrinth stand als Sinnbild für die Welt der Schuld und Sünde, und zugleich war es auch Symbol für den Weg der Läuterung – wandelte sich das Labyrinth, in den prunkvollen Gärten des Barock, den herrschaftlichen der Aristokratie, zu einem verspielten, weltlichen Element, das Aufmerksamkeit auf sich ziehen und in Erstaunen versetzen sollte. Jaques Androuet Du Cerceau liefert hierzu in seinen hervorragenden Stichen einige sehr bemerkenswerte Zeugnisse.[16]

Einige Jahrzehnte später taucht das Motiv des Labyrinths auch in der französischen Gartenkunst auf, als zwischen 1613 und 1618 der französische Architekt Salomon de Caus für den König von Böhmen, Friedrich V., den Hortus Palatinus in Heidelberg anlegte.[17] (Das Werk blieb unvollendet, da die Arbeiten durch den Ausbruch des Dreißigjährigen Krieges 1619 unterbrochen werden mußten). De Caus selbst verfaßte eine Beschreibung dieses Gartens, die mit Kupferstichen illustriert war. Etwas später, um 1620, entstand mit dem Bild des flämischen Landschaftsmalers Jacques Fouquières, das sich

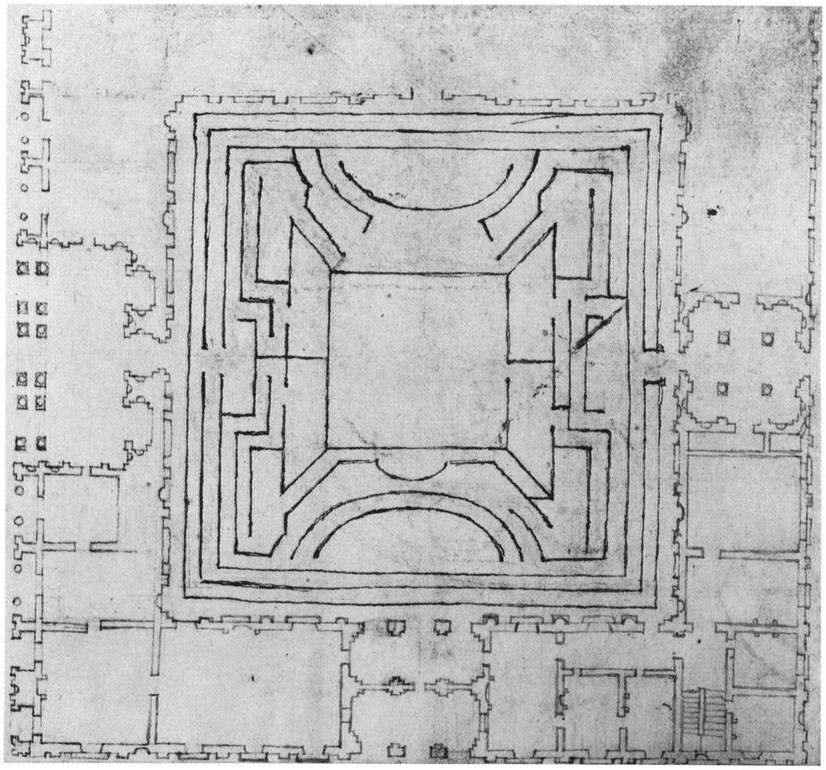

Irrgarten im Innenhof des Palazzo Te in Mantua (Italien). Zeichnung von M. van Heemskerck. Berlin, Staatliche Museen Preußischer Kulturbesitz

Liebeslabyrinth. Ölgemälde. Tintorettoschule, um 1550–1560. Sammlung I.M. Königin Elizabeth II., Hampton Court Palace

Hortus Palatinus in Heidelberg. Ölgemälde von F. Fouqières, um 1620. Heidelberg, Kurpfälzisches Museum

heute im Kurpfälzischen Museum in Heidelberg befindet, ein anderes aufschlußreiches Dokument dieser Gartenanlage.[18]

Aus dem deutschsprachigen Raum stammt auch ein Holzschnitt, der einen höchst komplizierten »Irrgarten« zeigt. Das Werk datiert aus der Mitte des 16. Jahrhunderts. Hermann Kern interpretiert diesen Holzschnitt als Gartenbildnis[19], da die Szenen alle entlang einem Weg und unter freiem Himmel dargestellt sind. Dieser »Irrgarten« wurde einige Jahrzehnte später von D. Loris in seinem Werk über Gärten[20] kopiert, in welchem dreiundzwanzig Entwürfe für Labyrinthe vorgestellt werden.

Bei den Gartentheoretikern waren es vor D. Loris schon Thomas Hill[21], Johan Vredeman de Vries[22], Hans Puec[23] und Lelio Pittonni[24], die Gartengestaltungen in Labyrinthform vorschlugen.

Einen besonderen Hinweis verdient Agostino del Riccio[25], der Ende des 16. Jahrhunderts lebte. Sein »Garten für einen König« besteht aus vier Labyrinthen, die jeweils mit acht Grotten, mit Automaten, Springbrunnen und Wasserscherzen ausgestattet sind. Jedes dieser Labyrinthe ist als ein großer »Irrgarten« angelegt.

Wie sehr das Labyrinth als Gestaltungselement in den Renaissancegarten einging, wird auch durch zahlreiche Quellen aus der Malerei und aus graphischen Werken belegt.[26] Das interessanteste und bedeutungsvollste Werk zu der hier behandelten Thematik ist jedoch zweifelsohne ein Gemälde aus der Werkstatt Tintorettos. Dieses Bild entstand etwa zwischen 1550 und 1560 und befindet sich heute in der Gemäldesammlung von Hampton Court[27]. Dargestellt ist ein Heckenlabyrinth auf einer Insel, in dem sich Liebespaare küssen und junge Paare miteinander Fangen spielen. So werden hier vor unseren Augen die Spiele und Riten eines »Liebeslabyrinths« enthüllt.

Anmerkungen

1 H. Kern, *Labirinti = Labyrinthe.* Erscheinungsformen und Deutungen, München 1982.
2 H. Kern, op. cit., S. 13 ff.
3 Libro IX, Cap. IV (1447–52).
4 Libro XV, f. 121 r (1460–65).
5 H. Kern, op. cit., S. 13.

Vogelschau von Schloß und Gärten von Montargis (Loiret, Frankreich). Aus: J. Androuet du Cerceau, Les plus excellents bastiments de France, Paris 1576

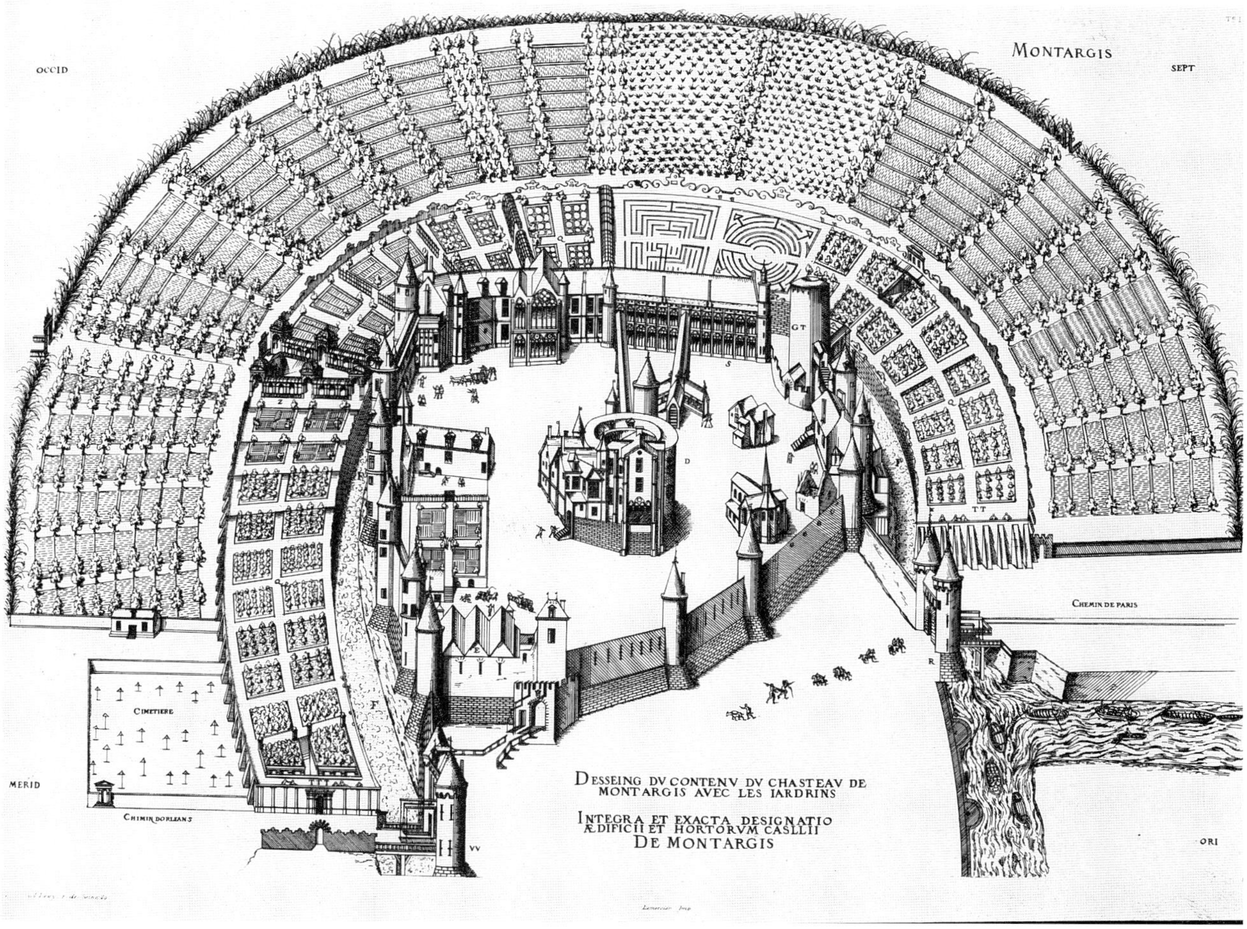

Labyrinth. Aus: S. de Caus, Hortus Palatinus, Frankfurt 1620

[6] E.Battisti, G. Saccaro Battisti. *Le macchine cifrate di Giovanni Fontana*, Mailand 1984, S. 61.
[7] H. Kern, op. cit., S. 202–203.
[8] H. Kern, op. cit., S. 386.
[9] P. Carpeggiani, *Labyrinthos. Metafora e mito nella corte dei Gonzaga*, in: »Quaderni die Palazzo Te«, 2, 1985, S. 62–63.
[10] C. Gallico, *»Forse che sì forse che no« fra poesia e musica*, Mantua 1961.
[11] P. Carpeggiani, op. cit., S. 65.
[12] D.R. Coffin, *The Villa d'Este at Tivoli*, Princeton 1960.
[13] H. Kern, op. cit., S. 388.
[14] I. Belli Barsali, M.G. Branchetti, *Ville della campagna romana. Lazio*, 2, Mailand 1975, S. 133.
[15] H. Kern, op. cit., S. 219ff.
[16] *Les plus excellents bastiments de France*, Bd. I., Paris 1576.
[17] S. de Caus, *Hortus Palatinus a Friderico Rege Boemiae Electore Palatino Heidelbergae extructus*, Frankfurt 1620.
[18] H. Kern, op. cit., S. 381.
[19] H. Kern, op. cit., S. 260–262.
[20] D. Loris, *Le thresor des parterres de l'univers, contenant les figures et pourtraits des plus beaux compartiments, cabanes et labyrinthes des jardinages»*, Genf 1629.
[21] T. Hill, *The Profitable Art of Gardening*, London 1579.
[22] J. Vredeman de Vries, *Hortorum Viridariorumque elegantes et multiplicis formae, ad architectonicae artis normam affabre delineatae*, Antwerpen 1581 (Reprint Köln 1615).
[23] Die Abhandlung über die Gärten von Puec wird als Handschrift in Washington Dumbarton Oaks, aufbewahrt (G 2-2, drei Gärten finden sich auf den Blättern 2, 32 und 35).
[24] L. Pittoni, *Gli artifitiosi, varii, et intricati quatro libri di laberinti* . . .; Das Manuskript aus dem Jahre 1611 befindet sich in Florenz, Biblioteca Nazionale Centrale, Ms. II.I, 229 (Magl. Cl.XVIII, Nr. 13).
[25] A. del Riccio, *Del giardino di un re*, a cura di D. Heikamp, in: *»Il giardino storico italiano. Problemi di indagine. Fonti letterarie e storiche«*, Symposiumsbericht (1978), Florenz 1981, S. 59ff.
[26] H. Kern, op. cit., S. 328ff.
[27] H. Kern, op. cit., S. 332–333; J. Shearman, *The Early Italian Pictures in the Collection of Her Majesty The Queen*, Cambridge 1983, S. 248.

Der »Giardino Segreto« der Renaissance: Ursprung und Entwicklung

Gianni Venturi

Giardino Segreto. Aus: F. Colonna, Hypnerotomachia Poliphili, Venedig 1499

Giardino Segreto im Palazzo Te in Mantua (Italien)

Der Begriff »Giardino Segreto« hat in der Geschichte der Gartenkunst mehrere Bedeutungen, die nur schwer historisch einzuordnen und zu deuten sind. Es ist nicht ohne weiteres zu bestimmen, was denn nun wirklich als ein »giardino segreto« zu bezeichnen ist; und dies in der architektonischen Praxis festzulegen, ist noch weitaus schwieriger. Aus diesem Grund ist es notwendig, hier erst einmal auf den Grundgedanken des Gartens zurückzuschauen und anhand einiger Beispiele alter Gemälde, Holzschnitte und Stiche der Renaissancezeit oder anderer Epochen vor dem 19. Jahrhundert Überlegungen anzustellen, was im Idealfall als »Giardino Segreto« zu bezeichnen ist.

Zum »Giardino Segreto« wird der Garten in dem Augenblick, wo er das Attribut des Versteckten und Verborgenen beinhaltet. In diesem Falle ist die Analyse von Mc Clung (1987)[1] als beispielhaft anzusehen. Der Garten Eden, der Paradiesgarten, so wie er sich vor dem Sündenfall präsentierte, hatte bemerkenswerterweise keine Grenzen, war also kein abgeschlossener Garten. In der späteren Entwicklung des Gartens Eden von der Genesis zum Hohen Lied und anderen biblischen Bildern, zeigt sich, daß sich der Garten immer mehr »schließt« und zu einem verborgenen und abgeschlossenen Ort wird. Auf diese Weise wird er den anderen Archetypen des Himmlischen Jerusalem angenähert und kenntlich gemacht. Dies ist also der religiöse Hintergrund. Allerdings sollte man hier nicht die Entwicklung oder, besser gesagt, die Ähnlichkeit des höfisch-weltlichen Gartens mit der mittelalterlichen Tradition außer acht lassen. Die religiöse Tradition sah im Garten stets einen heiligen Ort, der von Mauern umschlossen ist. Dies weist einerseits auf die Abgeschiedenheit des Gartens hin, andererseits werden aber auch Mittel der weltlichen Gesellschaft benutzt, um gerade diese Welt auszuschließen. So ist der Garten von einer zinnengekrönten Mauer, gleich einer Stadtmauer oder Befestigung, umgeben. Dieses Schema, daß das Göttliche nicht ohne die Geschichte denkbar ist, entspricht dem Denken der klassischen Tradition nach dem Vorbild Vitruvs und nicht nach der Stoa. Auf diese Weise behält sie ihre maßgebliche Berechtigung und Gültigkeit, bei Leon Battista Alberti ebenso wie in der »Hypnerotomachia Poliphili«. Man denke sich den Garten als Raum, der aufgrund seines harmonischen Gefüges und seines mathematisch-gesetzmäßigen Aufbaus bestimmt wird. Diese schließen den metaphorischen und synekdochischen Aspekt des Gartens nicht aus. Sie stellen ihn vielmehr geradezu als göttlichen Raum heraus, als einen besonderen Raum, der der Gottheit des Verstandesdenkens und des edelsten Menschenwerks geweiht ist. In neuerer Zeit ist eine höchst eindrucksvolle Theorie aufgestellt worden, die einen interessanten Gegensatz zwischen dem Fresko »Triumph des Todes« von Francesco Traini in der kreuzgangartigen Friedhofsanlage, dem Campo Santo von Pisa, und dem Werk des Dichters Boccaccio aufzeigt.[2] Wenn man die chronologischen Begriffe umkehrt, stellt diese Theorie in Aussicht, daß Boccaccio im Decamerone möglicherweise von der Grundidee her eine Auseinandersetzung mit diesem Fresko herbeiführen und die trostspendenden Eigenschaften des Gartens hervorkehren wollte. Von diesen Eigenschaften weiß das Fresko offenbar nichts. Andererseits wird aber auch hier in der Darstellung der jungen Menschen, die sich angesichts des drohenden Todes mit der Sense dennoch im Garten ihrem Vergnügen hingeben, diese Symbolik offenkundig. Das Mittelalter brachte dem Garten gegenüber zweierlei Gefühle zum Ausdruck. Zum

Jungbrunnen. Miniatur aus: De Sphaera. Modena, Biblioteca Estense

einen war der Garten Symbol des Göttlichen und damit ein Vorläufer des Miltonschen Pandämonismus. Dies schließt das Streben nach Verschwiegenheit und Abgeschlossenheit aber nicht aus, sondern hebt es noch hervor: Im »Garten der Lüste«, mit dem die Vulgata versucht, den Garten Eden in eine heilige und eine weltliche Abgeschiedenheit zu zerlegen, so wie es die Vorstellungswelt des Spätmittelalters mit dem »hortus conclusus« gemacht hat.

In der Praxis des Renaissancegartens wird jedenfalls als Konsequenz des oben Gesagten, aber auch als Antwort auf die Forderung nach Privatheit, der Gartenraum je nach den gewünschten Funktionen oder beabsichtigten Bedeutungen auf verschiedene Art und Weise strukturiert. Zum Beispiel ist es möglich, in der Strutur eines herrschaftlichen Gartens einen Bereich aus dem symbolischen und ideologischen Gesamtprogramm herauszulösen. Wenn der Renaissancegarten dem Fürsten als Bühne dient – und wenn man an die Symbolik denkt, die klar und deutlich im jeweiligen Programm des Gartens zu erkennen ist, wie zum Beispiel im Belvederegarten in Ferrara[3] oder im Garten der Villa di Castello in Florenz[4], so sind sie Bühne der Macht und dienen ihrer Zurschaustellung. Deshalb ist es eine logische Folge, daß diese Art Gärten auch einen »geheimen« Bereich haben, der dem Hausherrn und seiner Familie ein Stück Privatheit sichert. Diese Gestaltungsform bürgerte sich im Laufe der Zeit immer mehr ein und wurde insbesondere bei den großen Palästen des 17. Jahrhunderts allgemein üblich. Der »giardino segreto« spielte aber auch schon in den frühen italienischen Renaissancegärten eine Rolle, wie Puppi vermutet[5], möglicherweise auch bei der Anlage des Nymphäums der Villa Maser von Palladio. Wenn man jedoch in der Entwicklung der Gartenkunst den Garten als geschlossenen Raum in der mittelalterlichen Tradition betrachtet, so erfährt der »giardino segreto« möglicherweise eine zusätzliche Bedeutung durch seine erotische Komponente. Er ist dann sozusagen die höfische Verweltlichung des »hortus conclusus«.

Die Miniatur *»De Sphaera«* stellt ebenfalls einen mauerumschlossenen, verborgenen Garten innerhalb des höfischen Lebens dar. Er steht noch ganz deutlich in der Tradition des Mittelalters: Es handelt sich hier um die »fontaine de jouvance«, um den Jungbrunnen und den »jardin de loisir«, den Lustgarten. Für diese beiden

Triumph der Venus. Fresko im Palazzo Schifanoia in Ferrara (Italien)

Motive hatten der *»Roman de la Rose«* und einige Szenen aus den Rahmenerzählungen von Boccaccios Decamerone immer wieder Vorbilder geliefert, die in ganz Europa aufgegriffen wurden.

Dieser erotische Ritus wird sehr anschaulich anhand zweier Beispiele aus der Kultur der Renaissance vor Augen geführt. Ich denke hierbei an die Fülle grundlegender Gedanken insbesondere zur Gartenkunst, die uns die »Hypnerotomachia Poliphili« darlegt, und auch an den oberen Teil der Darstellung des Monats Mai innerhalb des großen Freskenzyklus im ›Salon der Monate‹ in der Villa Schifanoia.

Die *Hypnerotomachia Poliphili* ist das erste Buch, das am direktesten auf die architektonische Gestaltung des Renaissancegartens eingewirkt hat. Einen ebenso starken Einfluß wie auf die Gestaltung nahm es auch auf Symbolgehalt und geistige Haltung. Man stelle sich die Struktur und die Bedeutung des Venusgartens vor, der hier bis in alle Einzelheiten beschrieben wird, der aber zugleich so durchdrungen ist von jener rätsel- und zauberhaften Weisheit, die sich jeglichen Versuchen widersetzt.

Der letzte Holzschnitt des ersten Kapitels der *Hypnerotomachia* zeigt den jungen Helden Poliphilo in einem Garten. Die Nymphen die sich um ihn scharen, berichten ihm, daß dies das Heiligtum der Venus sei, und Venus selbst jedes Jahr zur Maifeier den schmerzlichen Ritus vom Tod des Adonis begehe. Hier in diesem Garten aller Gärten, in dem jedes Jahr zur gleichen Zeit der Urmythos der Liebe zu neuem Leben erweckt wird, kommt Poliphilo mit Polia zur Vereinigung. Der Initiationsritus spielt sich in einem Garten ab, dessen Abgeschiedenheit und Geschlossenheit noch durch die beschriebenen Treillagenwände unterstrichen werden, die das Zentrum der Anlage, den der Liebe geweihten Ort, von den umgebenden Gartenpartien abtrennen. Man muß aber sagen, daß in dem Gedanken des Gartens grundsätzlich das Prinzip der Abgeschiedenheit präsent ist, das aus der mittelalterlichen Tradition überliefert ist. Meist sind es Orte des Vergnügens, denen diese Abgeschiedenheit gewährt wird, und Ort der Liebe – sowohl der himmlischen als auch der körperlichen Liebe. Der »Giardino Segreto«, der als Stilmittel und Kunstwerk im 19. Jahrhundert auch in England übernommen wurde, hat im Renaissancegarten noch einen weltanschaulichen und philosophischen Hintergrund. Wenn man ihn so versteht, ist es möglich, die »wilden« Bereiche, die man in zahlreichen großen Parkanlagen der Fürstenhöfe findet, den Winkel, der dem vertrauten Gespräch im Familienkreis vorbehalten ist oder als Ort für das Liebesspiel gilt, als »Giardino Segreto« zu bezeichnen.

Unter diesem Aspekt könnte man versuchen, den oberen Teil jener Darstellung des Monats Mai auf dem Freskenzyklus in der Villa Schifanoia zu deuten, der gerade diese weltanschauliche »Verschwiegenheit« des Gartens zum Ausdruck bringt. Auch hier vollzieht sich das Liebesspiel, das den Angehörigen des Hofes vorbehalten ist, genau wie die Poliphilo in der Hypnerotomachia Poliphili als ein Ritus in Gegenwart der mit Rosen bekränzten Venus. Allerdings, zum Vollzug der »vis amorosa«, des Liebesakts, ist ein Element unerläßlich, das dem Garten als Grundgedanke innewohnt: Nicht die enge Umfassung durch Mauern, sondern ganz so wie einst im ersten Garten, dem Garten Eden, der Friede und die Stille des Ganzen.

Anmerkungen

1 W. A. McClung, *Dimore celesti. L'achitettura del Paradiso*, Bolgona 1987.
2 L. Battaglia Ricci, *Ragionare del giardino. Boccaccio e i cicli pittorici del »Trionfo della morte«*, Rom 1987.
3 G. Ventur, *Un'isola tra utopia e realtà*, in *Torquato Tasso*, Bologna 1985, S. 173–178.
4 C. Conforti, *Il giardino di Castello e le tematiche spaziali del manierismo*, in *Il giardino storico italiano*, Florenz 1981, S. 147–164.
5 L. Puppi, *The Villa Garden of the Veneto from the Fifteenth to the Eigtheenth Century*, in *The Italian Garden*, Washington/D.C. 1972, S. 81–114.
6 G. Venturi, *Picta poesis. Ricerche sulla poesia e il giardino dalle origini al Seicento*, in: Storia d'Italia, Annali 5 (Il paesaggio), Turin 1982, S. 665–749.

Die Villa Lante in Bagnaia: Geschichte und Deutung

Bruno Adorni

Im Jahre 1202 fiel der kleine Ort Bagnaia als Lehen an den Bischof der nahegelegenen Stadt Viterbo, und im Verlauf des 15. Jahrhunderts war Bagnaia Sommersitz verschiedener Kardinäle. Um 1500 entwickelte Kardinal Raffaele Riario, der von 1498 bis 1505 Bischof von Viterbo war, den Plan, hier bei Bagnaia einen großen Park zu schaffen. In dieser Idee wurde der Kardinal von seinem Neffen Ottaviano unterstützt, der von 1505 bis 1523 sein Amtsnachfolger wurde. Bagnaia bot sich für ein derartiges Unternehmen an, denn es gab dort ein etwa 25 Hektar großes Waldstück, das bereits um 1514 mit einer hohen Mauer umfriedet worden war und in welchem Jagdwild gehalten wurde. Die Jagd war zur Zeit Papst Leo X. große Mode. Das kleine Häuschen, das 1521 im Park errichtet wurde, diente höchstwahrscheinlich auch als Jagdhütte.

Im Jahre 1523 ließ Kardinal Nicolo Ridolfi Wasser aus zwei Quellen, deren Nutzung ihm von der Gemeinde Bagnaia zum Geschenk gemacht worden war, in den Park umleiten; fünf Jahre später veranlaßte er den Ausbau einer neuen Straße von Bagnaia zum Heiligtum der Madonna della Quercia (der Heiligen Muttergottes des Eichbaums). Diesem Projekt lag eine Planung von Tommaso Ghinucci, auch Tommaso da Siena genannt, zugrunde, eines Priesters aus Siena, der dem Kardinal als Planer und Berater diente. Er war auch als Architekt für ihn tätig und führte unter anderem die Erweiterungen und Umbauten des Bischofspalastes in Bagnaia aus. Im Jahre 1542 plante er das außerhalb der Stadtmauern gelegene Krankenhaus. Von 1553 bis 1555 schließlich wurde nach Plänen von Ghinucci und auf Veranlassung von Balduino del Monte ein neues Aquädukt errichtet.

Mitte des 16. Jahrhunderts, mit Beginn des Episkopats der Bischöfe aus der Famile del Monte, stellte sich mehr und mehr die Frage, wie sich der mittelalterliche Kern von Bagnaia, das damals an die tausend Einwohner zählte, weiterentwikkeln sollte. Der Stadtrat beschloß, eben jenen Ghinucci, der schon seit vielen Jahren als Ratgeber in »städtebaulichen Fragen« diente, mit eine Planung zu beauftragen und so die Entwicklung des »borgo di fuori« – der Vorstadt außerhalb der Stadtmauern – in die Hand zu nehmen. Es handelte sich dabei um den Bereich zwischen der Burg und dem großen Jagdpark, der seinerzeit von Raffaele Riario angelegt worden war.

Im Februar 1567 legte Ghinucci der Gemeinde zwei Projektversionen zur Auswahl vor. Die Planungen betrafen die Gestaltung eines Platzes und die Anordnung der Straßen, die künftiges Bauland erschließen sollten.[1] Auch unter Kardinal Gambara, dem späteren Besitzer, blieb Ghinucci weiterhin als Architekt tätig. Zu seiner Genugtuung wurden ihm im Dezember 1574 von der Familie del Monte besondere Privilegien für seine Verdienste bei der »architektonischen Ausführung des Palastes« und des Parkes sowie der »großen damit verbundenen Arbeit« verliehen. Im Jahre 1584 gestattete der Stadtrat dem Sieneser Architekten sogar einige gewagte bauliche Eingriffe, »denn auch der Kardinal hat gesagt, man soll ihn nach seinem Willen walten lassen.«[2]

Kardinal Giovan Francesco Gambara, der 1566 das Amt des Bischofs von Viterbo übernahm, begab sich persönlich nach Bagnaia und nahm es am 2. September 1568 offiziell in Besitz. In einem Brief vom 18. September 1568, den Kardinal Alessandro Farnese, der sich in Caprarola aufhielt, an Kardinal Gambara schrieb, teilt er ihm mit: »denn Vignola ist schon dorthin gereist, um Euer Hochwohlgeboren zu treffen und Eure Aufträge entgegenzunehmen«.[3] Auch wenn es andere Projekte in Viterbo gab, mit denen Giacomo Vignola befaßt war – er hatte beispielsweise 1566 die Entwürfe zur Fontana della Rocca geliefert und war unentwegt mit dem Bau der Porta Faul beschäftigt – und Kardinal Gamara selbst an eine Rekonstruktion der Domfassade dachte – so geschah es doch während dieser Zeit, daß der aus Brescia stammende Kardinal sich seinem Besitztum in Bagnaia zu widmen begann und Pläne für dessen gestalterische Entwicklung ins Auge faßte. Die Pläne, den Park zu vergrößern und neu zu gestalten, veranlaßten Gambara, sich die Mitarbeit Vignolas zu sichern. Dessen hervorragende Stellung als Architekt war damals in der Umgebung von Viterbo unbestritten. Hier befanden sich die Güter der Familie Farnese, für die Vignola tätig war, und hier war schließlich Kardinal Alessandro Farnese päpstlicher Legat.

Vignola arbeitete in dem nur wenige Kilometer von Bagnaia entfernt liegenden Ort Caprarola. Hier war er mit einer sehr ähnlichen Entwurfsaufgabe befaßt, wie sie sich in Bagnaia stellte. Warum sollte man ihn nicht wenigstens um eine Beratung bitten? Auch wenn die Arbeiten an dem neuen terrassierten Garten etwas später, um das Todesjahr Vignolas 1573 oder 1574[4], begannen, hat sich Ghinucci sicherlich in dieser Zeit mehr mit der Gestaltung des Parks als mit dem Palazzo des Bischofs in dem kleinen Ort beschäftigt. Dieser Umstand wird von Michel Montaigne, der 1581 die Villa besuchte, in seinen Tagebuchaufzeichnungen gewürdigt. Bei seinem Besuch wurde er möglicherweise von Ghinucci begleitet, der bei dieser Gelegenheit wohl seine Verdienste an

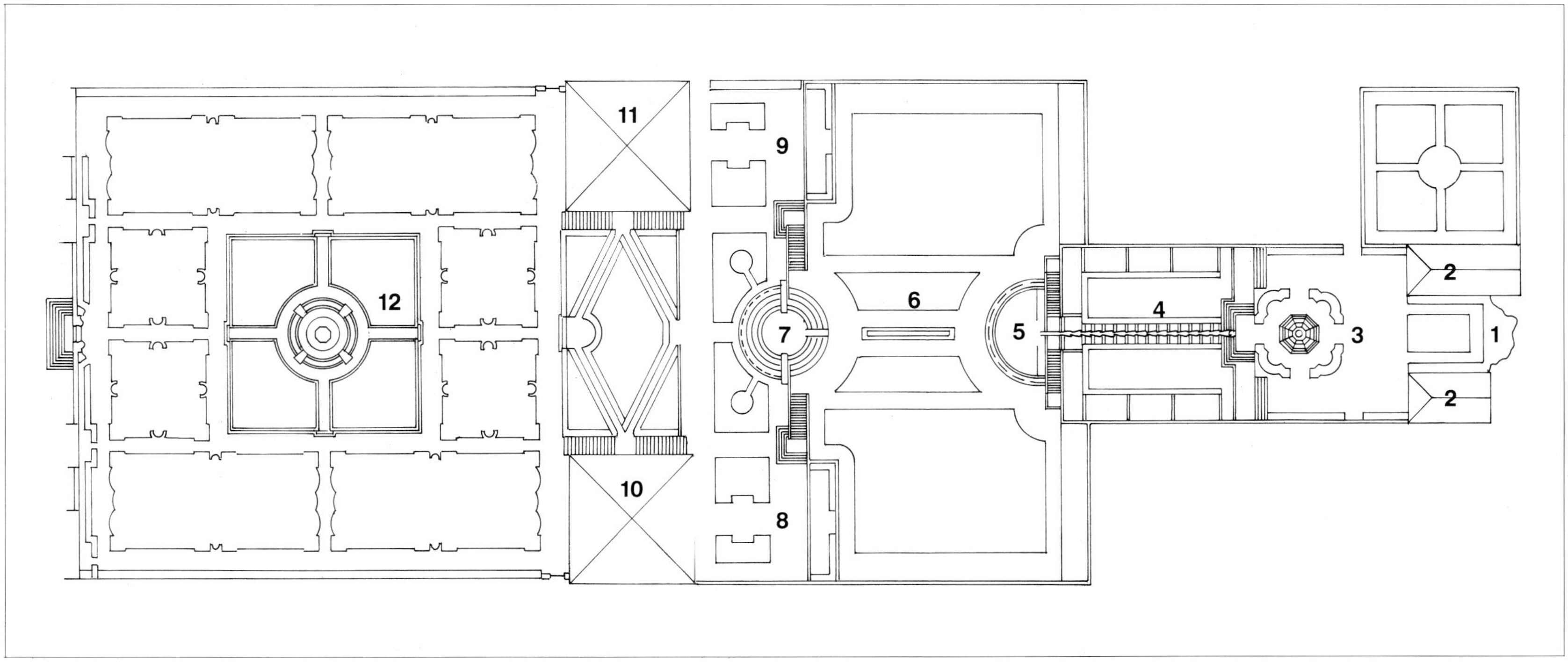

Villa Lante in Bagnaia (Italien). Gartengrundriß Legende: 1. Sintflut-Brunnen; 2. Haus der Musen; 3. Delphinbrunnen; 4. Wassertreppe; 5. Gigantenbrunnen (oder Flüsse- bzw. Sirenenbrunnen); 6. Speisetafel des Kardinals; 7. Höhlenbrunnen (oder Lichter-Brunnen); 8. Venusgrotte; 9. Neptungrotte; 10. Palazzina Gambara; 11. Palazzina Montalto; 12. Mohrenbrunnen (oder Quadrat-Brunnen)

Vogelschau der Villa Lante in Bagnaia (Italien). Stich aus: J. Lauro, Antiquae urbis splendor, Rom 1612–1614. Washington DC, Dumbarton Oaks

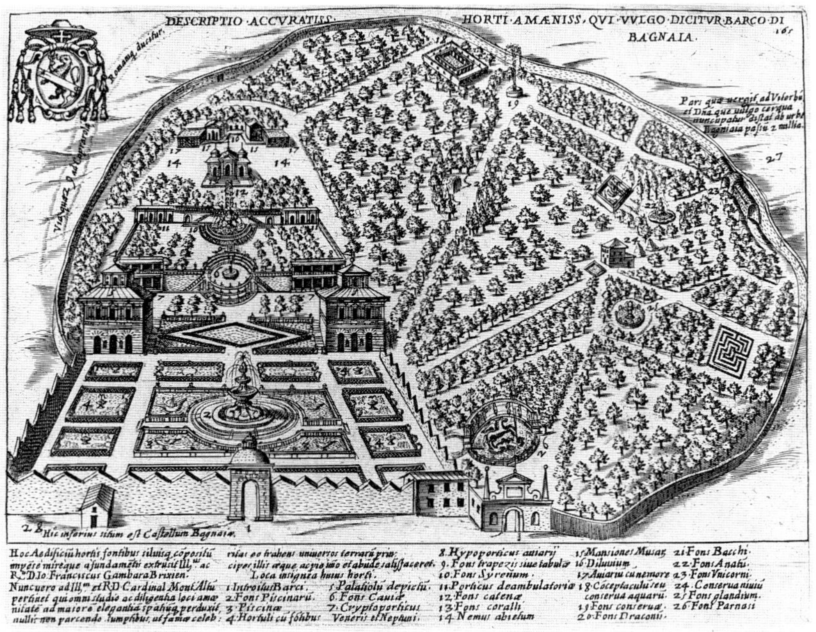

den Arbeiten in Bagnaia und Tivoli ein wenig übertrieben darstellte. Montaigne schrieb: »Der nämliche Messer Tomaso da Siena, der auch die Bauarbeiten im Garten der Villa d'Este in Tivoli geleitet hat, steht nun an der Spitze der Arbeiten hier, die noch nicht vollständig abgeschlossen sind. Indem er immer neue Erfindungen den alten hinzufügt, hat er dieses jüngste Werk mit unvergleichlichem Kunstverstand, Schönheit und Liebreiz versehen.«

In einem Brief vom 7. Oktober 1576 unterrichtet Kardinal Gambara den Herzog von Parma und Piacenza, Ottavio Farnese: »Ich bin dabei, meinen Garten in verschiedene Ebenen zu gliedern, und pflanze ein kleines Platanenwäldchen, wie Eure Exzellenz es mir geraten haben. Aber ich bin noch im Zweifel, ob ich mich darauf einlassen soll, hier im Garten auch eine kleine Villa zu bauen.«[5] Demzufolge waren also im Jahre 1576 die Gestaltungsarbeiten immer noch nicht abgeschlossen, und es war noch nicht entschieden, ob überhaupt eine Villa in den Garten gebaut werden sollte. Ja, es ist für diesen Zeitpunkt noch nicht einmal nachzuweisen, ob die beiden kleinen Villengebäude, so wie wir sie heute sehen, überhaupt schon in Vorbereitung waren. Sie wurden – offenbar in großer Eile – erst zu jenem Zeitpunkt in Angriff genommen, als Papst Gregor XIII. seinen Besuch ankündigte. Am 14. September 1578 traf er in Bagnaia ein; dieses für den kleinen Ort so denkwürdige Datum ist im Sims der Villa eingemeißelt.

Die freundschaftlichen Kontakte des Kardinal Gambara zu dem Herzog von Parma, Ottavio Farnese, müssen recht eng gewesen sein. Es ist bekannt, daß er Vermittler in einem Streit mit dem Kardinal von Santafiora war. Auch zu Vicino Orsini, dem Gestalter des ebenso berühmten wie rätselhaften Gartens von Bomarzo, bestand eine enge Verbindung. Auf dessen Empfehlung in einem Brief besuchte Farnese Bagnaia im Mai 1973.[6] In den Metopen des im dorischen Stil gestalteten Gebälks und dem Dach der kleinen Villa, das mit heraldischen Symbolen der Familie Gambara reich verziert ist, zwischen Krebsen (im Italienischen »gambero«), Skorpionen, doppelköpfigen Adlern, lodernden Fackeln mit der Inschrift »Sol Aliis« und fallenden Sternen sind seltsam verschlungene Buchstaben dargestellt, über denen eine Krone schwebt. Sie verbinden sich zu einer überraschenden Hommage an Ottavio Farnese. Darüber hinaus darf ein Beweis für die enge Beziehung zwischen Kardinal Gambara und Herzog Ottavio Farnese darin gesehen werden, daß die Villa Gambara sehr stark an die 1561 von Vignola entworfene Villa des Herzogs von Parma, die Villa del Giardino, erinnert. Die fast würfelförmig gestaltete Villa Gambara, die im Erdgeschoß eine verglaste Loggia besitzt und dadurch eine sehr schön rhythmisierte Fassade aufweist, hat – nicht zuletzt auch wegen des kleinen turmartigen Dachaufbaus – mehr Ähnlichkeit mit der Villa del Giardino in Parma[7] als mit dem ebenfalls von Vignola entworfenen Lustschlößchen im Garten von Caprarola. Diese Beobachtung legt nahe, die Konzeption der Villa Gambara Vignola »post mortem« zuzuschreiben, trotz einiger kleiner Unstimmigkeiten, die den zeitlichen Ablauf und den Stil betreffen und wohl einer gewissen Sorglosigkeit der beiden Architekten Giovanni Malanca und Ghinucci zuzurechnen sind, die zu dieser Zeit für Gambara arbeiteten.

Es fällt daher schwer, die traditionelle Zuschreibung der Villa Lante an Vignola in Frage zu stellen, die erst kürzlich von Coffin und Fagiolo[8] bekräftigt wurde. Wenn man deren Gedanken folgt, kommt man zu dem Schluß, daß Ghinucci mit seiner städtebaulichen Konzeption bereits einen grundlegenden Beitrag zur Konzeption des Gartens geliefert haben muß. Es ist in der Tat ganz deutlich festzustellen, daß die drei von Ghinucci geplanten Straßen, die von dem Platz ausgehen (besser gesagt: von der Villa) und am Turm des Bischofspalastes zusammentreffen, sich genau in die Maßordnung des Gartens einfügen. Die Via Palla Corda führt bis zum Eingang des Parks und bildet in ihrem weiteren Verlauf so etwas wie eine Trennungslinie zwischen der »wilden« Natur des Parks und der »künstlichen« und architektonisch gestalteten Natur der Gartens. Die mittlere Straße trifft genau auf das Hauptportal und die Via dei Condotti führt genau am östlichen Rand des Gartens vorbei und mündet in die Straße nach Caprarola.

Die Klarheit, ja fast Strenge der architektonischen Struktur, die auf einer Reihung von Quadraten basiert, die geschickte und perspektivisch wirkungsvolle Staffelung der verschiedenen Gartenebenen, das ausgewogene Zusammenspiel von Böschungen, Freitreppen, Balustraden und Säulenreihen gehen in ihrer gestalterischen Qualität über das große Vorbild des Belvederegartens im Vatikan weit hinaus. Die Struktur scheint in vieler Hinsicht dem Aufbau des – nachweislich von Vignola geschaffenen – Gartens von Caprarola sehr verwandt. In der Loggia der Villa Gambara finden sich große Fresken, die sowohl die Gärten von Caprarola wie auch der Villa d'Este in Tivoli zeigen. Daneben ist auch der Garten der Villa Lante in Bagnaia selbst dargestellt. Das Deckengewölbe der Loggia ist mit symbolischen und heraldischen Verweisen auf die Familie der Gambara ausgeschmückt: neben dem Wappen des Bauherren findet sich auch das der befreundeten Kardinäle aus dem Hause Farnese und dem Hause d'Este.

Angesichts der engen Beziehungen des Kardinals Gambara zu Allessandro und Ottavio Farnese ist es kaum verwunderlich, daß er nicht nur ihre Architekten und Künstler für sich arbeiten ließ, sondern auch einen ihrer Gelehrten damit beauftragte, das ikonographische Programm für die Villa und den Garten zu entwickeln. Wahrscheinlich war dies Fulvio Orsini, der als Bibliothekar bei Kardinal Alessandro Farnese angestellt war. Orsini stand in enger Beziehung zu Angelo Colocci, der in Rom einen berühmten, ganz nach antikem Vorbild angelegten Garten besaß.

Mit dem Bau der zweiten, nahezu identischen Villa, die spiegelsymmetrisch zu der ersten angeordnet wurde, begann man noch zu Lebzeiten des Kardinals Gambara. Dies bezeugt Ardizio in seiner Beschreibung des Gartens anläßlich des Besuches von Papst Gregor XIII. im Jahre 1578[9]. Diese zweite Villa – im Gegensatz zur Villa Gambara als Villa Montalto bezeichnet – wurde aber erst um 1590 unter Mitwirkung des Architekten Carlo Maderno vollendet. Auftraggeber war der Nachfolger Kardinal Gambaras, Kardinal Montalto, ein Neffe von Papst Sixtus V. Monalto ließ auch viele der Springbrunnen im Park wieder instandsetzen. Auf seinen Wunsch veränderte Carlo Maderno den großen Brunnen in der Mitte der untersten, quadratisch zugeschnittenen Gartenebene. Er stellte eine Skulpturengruppe mit vier nackten Jünglingen auf, die die Wappenembleme der Familie Montalto emporhalten – fünf Berge und einen Stern. Die ursprüngliche Fassung dieses Wasserspiels ist uns von Montaigne überliefert. Bei ihm lesen wir: »Im Zentrum steht eine hohe Pyramide, aus der das Wasser in allen Richtungen herausquillt: es steigt empor, und fällt herab. Um diese Pyramide herum gruppieren sich vier schöne kleine Wasserbecken, angefüllt mit sauberem, klarem Wasser. In der Mitte jedes Beckens befindet sich eine kleine steinerne Barke, von der aus die Statuen zweier Armbrustschützen und eines Trompeters Wasser gegen die Pyramide im Zentrum speien.« Die Beschreibung Montaignes deckt sich mit der Darstellung, die auf dem Fresko in der Loggia der Villa Gambara zu erkennen ist.

Vogelschau der Villa Lante in Bagnaia (Italien). Fresko aus der Loggia der Palazzina Gambara. Photo Ente Provinciale di Turismo, Viterbo

Die Villa Montalto wurde in den 20er Jahren des 17. Jahrhunderts von Agostino Tassi und Cavalier d'Arpino reich mit Fresken ausgeschmückt.

Im Jahre 1653, während der Amtszeit von Ottavio Aquaviva, wurde das zweite große Aquädukt in Betrieb genommen, das eigens für die Wasserspiele und die Bewässerung von Garten und Park erbaut worden war. Im Jahre 1656 ging die gesamte Anlage schließlich in den Besitz der Familie Lante über und heißt seit dieser Zeit Villa Lante. Das Parterre der unteren, quadratischen Gartenebene wurde gegen des 17. Jahrhunderts wahrscheinlich nach französischem Vorbild neu gestaltet. In jenen Jahren hielten sich häufig die beiden Schwestern de la Trémouille in der Villa auf, von denen die eine mit einem Lante, die andere mit einem Orsini verheiratet war. Um 1745 ließ Kardinal Federico Lante in die Umfassungsmauern des Gartens die beiden Seitenportale in der Nähe der Villen anbringen.

Trotz der Veränderungen, die im Laufe der Zeit an den Gebäuden und dem Garten, insbesondere an den Wasserspielen vorgenommen wurden, ist es möglich, auch heute noch das ikonographische Programm, das dem Garten und dem umgebenden Park zur Zeit des Kardinals Gambara zugrunde lag, nachzuvollziehen. Als Hilfe bieten sich das Verzeichnis an, das nach dem Tode Gambaras im Jahre 1588 angefertigt wurde, sowie die Beschreibung, die Ardizio anläßlich des Besuches von Papst Gregor XIII. im Jahre 1578 verfaßte. Aufschlußreich sind auch die Aufzeichnungen von Montaigne und die Fresken in der Loggia der Villa Gambara. Auch verschiedene Stiche, insbesondere der 1596 gefertigte Kupferstich des aus Viterbo stammenden Künstlers Ligustri sowie die um 1600 entstandenen Skizzen von Giovanni Guerra können zu einer geschichtlichen Untersuchung als Dokumente herangezogen werden.[10]

Der Pegasus-Brunnen, der im Eingangsbereich des Jagdparks aufgestellt ist, mit Büsten der Musen, die auf Konsolen entlang der Mauern des ovalen Brunnenbeckens aufgereiht sind, markiert den Anfangspunkt des ikonographischen Programms. Er deutet an, daß der gesamte, sich den Hügel hinaufziehende Garten und Park – einem häufig anzutreffenden Grundthema entsprechend – als Heim der Musen, als Parnaß zu verstehen ist. Die großen immergrünen Steineichen, aus denen nach Ovid, im Goldenen Zeitalter der Honig floß (Metamorphosen, I, 112), ihre Früchte, die Jupiter geweihte Fontana delle Ghiande, der Eichelbrunnen (Metamorphosen I, 106) sowie der Bacchusbrunnen scheinen eine Anspielung auf die Ströme von Wein zu sein, die nach der Erinnerung Vergils in jenem glücklichen Zeitalter flossen (Georgica, I, 132, Gedichte vom Landbau). All diese Elemente lassen den Jagdpark wie zum »aetas felicior« gehörig erscheinen, im Gegensatz zum Zeitalter Jupiters, das im Garten symbolisch dort dargestellt wird, wo der Mensch sich die Natur untertan gemacht hat.

Folgt man nun dieser Deutung, so sollte man den Besuch des Gartens an der Fontana del Diluvio, dem Brunnen der Sintflut, beginnen. Mit dem dramatischen Ereignis der Sintflut endet gemäß der antiken Mythologie das Goldene Zeitalter. Der Brunnen befindet sich am Fluchtpunkt zweier imaginärer Blickachsen, die von den beiden Villen ausgehen. Zu beiden Seiten der Fontana del Diluvio liegen die Musentempel – Logge delle Muse –, die die Gipfel des Parnass darstellen, die aus den Wassern der Sintflut herausragten. Hierhin retteten sich Deukalion und Pyrrha, und so blieb der Fortbestand der Menschheit sichergestellt. Die beiden Musentempel sind als große Loggien gestaltet und mit Krebsen, den Wappentieren der Familie Gambara, und dem Rost

Villa Lante in Bagnaia (Italien). Wassertreppe. Photo Daniele De Lonte

des Heilgen Laurentius ausgeschmückt, des Schutzpatrons des Domes von Viterbo, dem auch die Ausstattung eines der Räume in der Villa gewidmet ist. Auf der gleichen Terrassenebene tritt das Wasser wieder in der Fontana dei Delfini, dem Delphinenbrunnen, zutage. Er war ursprünglich von einem achteckigen Tempelchen umgeben. Das Baumaterial täuscht Meereskorallen vor, wohl um die See, das Königreich Neptuns zu symbolisieren, vielleicht aber auch einfach nur um an die Delphine zu erinnern, die während der großen Flut zwischen den Ästen der Eichen hin- und herschwammen (Metamorphosen I, 302–303).

Wenn man nun auf die nächste Terrassenebene hinabsteigt, tritt das Wasser, wie von Zauberhand gelenkt, am oberen Ende der Treppenflucht aus dem Maul eines riesigen Krebses heraus. Als Wappenemblem des Hauses Gambara ist das Krebsmotiv im Garten allgegenwärtig. Sodann fließt das Wasser wie eine glitzernde Perlenkette in einer schneckenförmig gewundenen kleinen Kaskade weiter hinab und wird am Ende wieder von den großen Scheren eines Krebses aufgefangen. Ursprünglich wurde diese Anordnung noch vom Standbild einer Sirene gekrönt, die auf einer Tritonmuschel blies. Vielleicht sollte damit darauf angespielt werden, daß die sinnlichen Freuden trügerisch sind, oder, was wahrscheinlicher ist, daran erinnert werden, daß sich der Zauber der weltlichen Musik an der himmlisch vollendeten Musik der Sphären zu messen hat, die von den Musen gespielt wird.

Durch die Scheren und das Maul des Krebses ergießt sich die Kaskade in die Fontana dei Giganti – den Brunnen der Riesen. Die beiden überlebensgroßen Göttergestalten symbolisieren die Flüsse Arno und Tiber. Auf diese Weise verwandelt sich das Meerwasser aus der Fontana dei Delfini in das Süßwasser der beiden Lebensadern des antiken Etruriens. Auf derselben Terrassenebene tritt das Wasser wieder in einer engen Rinne hervor, die entlang der Mitte eines großen steinernen Tisches verläuft. Wahrscheinlich bedeckte das Wasser früher den ganzen Tisch wie eine Kristallschicht. In der Fontana dei Lumini, dem etwas tiefer liegenden Brunnen der Lämpchen, scheint sich das Wasser in Feuer zu verwandeln. Unzählige kleine Wasserstrahlen funkeln »wie silberne Kerzen in einem Leuchter«, so beschreibt uns Ardizio diesen Brunnen. Dieses reizvolle Wasserspiel

Villa Lante in Bagnaia (Italien). Mohrenbrunnen. Photo Daniele De Lonte

erinnert an die konvex-konkave Doppeltreppe der Exedra Bramantes im Belvedere-Garten des Vatikan. Es ist wirklich und wahrhaftig so etwas wie ein »Wassertheater«.

Das Wasser kommt schließlich in den vier kleinen, eine quadratische Gesamtfigur bildenden Wasserbecken des Parterregartens zur Ruhe. Das Zentrum bildet die Fontana dei Mori, jener Mohrenspringbrunnen, der im Auftrag von Kardinal Montalto umgestaltet und durch die Skulpturengruppe ergänzt wurde. In dem symmetrisch angelegten Parterregarten ist die Natur völlig der Kunst unterworfen. Dies geschieht aber auf so heitere und zeitlose Weise, daß es nicht leicht fällt, sich vorzustellen, daß dieser Gartenbereich das Zeitalter des Jupiter symbolisieren soll. Denn dies wird uns in der Mythologie weit dramatischer geschildert als das Goldene Zeitalter, das wir weiter oben im Garten hinter uns gelassen haben. Es war ein Zeitalter, in dem nach Vergil »labor omnia vicit improbus et duris urgens in rebus egestas« – »die Mühsal alles besiegte und angesichts der herrschenden harten Verhältnisse die Not drängen wurde« (Georgica, I, 145–146).

Auch wenn der Weg, den wir gewählt haben, gewisse Mängel in der erzählerischen Abfolge aufweist, so findet er doch seine Bestätigung in dem großen Torbogen des Eingangsportals, das in den großen quadratisch angelegten Gartenbereich mit dem Mohrenbrunnen führt. Das Portal mit der dorischen Ädikula steht den beiden Villengebäuden zugewandt und erweckt den Eindruck, als sei es gleichermaßen ein Ausgang aus dem Garten als auch ein Eingangstor zur dahinterliegenden Stadt. Es gibt also noch eine andere Lesart, die in umgekehrter Wegrichtung verläuft. Man kann den Garten nämlich sowohl von oben nach unten durchlaufen und interpretieren als auch in umgekehrter Richtung. Vielleicht ist dies eine Anspielung auf die Natur des Krebses, der sich auf dem Lande vorwärts, im Wasser aber rückwärts bewegt.

Anmerkungen

1 Cfr. V. Frittelli, *Bagnaia. Cronache di una terra del patrimonio*, Viterbo 1977, S. 59.

2 Op. cit. S. 63, 68.

3 D. R. Coffin, *Some Aspects of the Villa Lante at Bagnaia*, in: Scritti di storia dell'arte in onore di E. Arslan«, 1966, S. 570.

4 Einige Grundstücke wurden 1574 enteignet, um so die Anlage des neuen Gartens außerhalb des bereits bestehenden Parks zu ermöglichen; siehe F. Fagliari Zeni Buchicchio, *G. A. Garzoni da Viggiù: l'architetto dei Farnese a Caprarola dopo il Vignola*, in: »Biblioteca e Società«, Viterbo 1985–86, S. 14, Nr. 53.

5 Siehe die Forschungen von V. Lena, L'associazione Amici di Bagnaia, Bagnaia.

6 H. Bredekamp, *Vicino Orsini und der Heilige Wald von Bomarzo*, Worms 1985.

7 B. Adorni, *L'architettura farnesiana a Parma 1545–1622*, Parma 1974, S. 36ff.; id., *I giardini farnesiani di Parma e di Piacenza*, in *Gli Horti Farnesiani sul Palatino*, atti del convegno, Rom 1988.

8 D. R. Coffin, *op. cit.*; M. Fagiolo, *Le due anime nelle ville della Tuscia*, in *Il giardino d'Europa. Pratolino come modello nella cultura europea*, Mailand 1986, S. 77.

9 A. F. Orbaan, *Viaggio di Gregorio XIII alla Madonna della Quercia*, in: »Documenti del barocco in Roma«, Rom 1920, S. 388ff.

10 Die umfassendste Deutung des Gartens von Bagnaia ist die von C. Lazzaro-Bruno, *The Villa Lante at Bagnaia. An Allegory of Art and Nature*, in: »The Art Bulletin«, 4, 59, 1977, S. 553–560; sie wird im wesentlichen aufgegriffen von D. R. Coffin, *The Villa in the Life of Renaissance Rome*, Princeton 1979; Interpretationen bietet M. Fagiolo, *op. cit.*

Die Gärten von Buontalenti: zwischen Technik und Theater

Luigi Zangheri

Villa Pratolino bei Florenz. Rekonstruktion der Wasserführung im Park (Plan: Verfasser). (Planlegende: Bottino = Wasserreservoir, Chiave = Verteiler, Bronzina = Wasserhahn aus Brone, Risciacquatoio = Reinigungs-/Spülbecken

Villa Pratolino bei Florenz. Allegorie des Appennin von Giambologna. Photo Daniele De Lonte

Bernardo Buontalenti war der treueste Interpret florentinischer Kunst und Kultur in der zweiten Hälfte des 16. Jahrhunderts. Seine Zeitgenossen schätzten ihn so sehr, daß sie ihm im Jahre 1586 das öffentliche Lob aussprachen »ein hervorragender Architekt, Ingenieur und Mathematiker zu sein und auch auf anderen Gebieten Außerordentliches zu leisten, so daß er sich mit den Meistern der Antike vergleichen könne.«[1] Am 1. März 1568 wurde er vom Magistrat – der guelfischen Partei – zum Flußbauingenieur ernannt.[2] Wahrscheinlich festigte sich sein Ruf von diesem Tag an so sehr, daß er so bedeutende Künstler wie Vasari und Ammanati verdrängen konnte, und sie nunmehr bei der Vergabe von Großaufträgen im Großherzogtum Toskana unberücksichtigt blieben. Er erhielt den Auftrag für den Neubau der Villen Pratolino, Artimio und Poggiofrancoli. Ebenso wurden die Arbeiten für den Umbau der alten Landsitze wie Villa di Castello, Villa La Petraia, Villa Lapeggi, Villa La Magia und Villa Cerreto Guidi an Buontalenti vergeben. Er war es auch, der entscheidenden Einfluß auf die Gärten dieser Villen nahm. Er befaßte sich sowohl mit der Gesamtkonzeption, als auch mit der Bepflanzung und der Bewässerungstechnik dieser Gärten.

Buontalentis Interesse an der Gartenkunst geht auf die Zeit zurück, als der Boboli-Garten angelegt wurde. Dies war damals ein großes künstlerisches Ereignis. Eleonora di Toledo, Gemahlin von Cosimo I. de Medici hatte am 3. Februar 1550 (nach florentinischer Schreibweise 1549) den Palazzo Pitti mit den angrenzenden Gartenbereichen erworben. Zur gleichen Zeit wurde Niccolò Tribolo mit dem Entwurf beauftragt, den Garten nach systematischen Gesichtspunkten neu zu ordnen. Die Arbeiten begannen am 12. Mai 1550.[3] Trotz des frühen Todes von Tribolo – er starb im September des gleichen Jahres – wurde sein Entwurf für den »Bereich des Hügels« ausgeführt und »... alle Dinge wurden mit gutem Geschmack auf den ihnen gebührenden Platz gestellt«.[4] Andere Künstler wie Vasari und Bandinelli beschäftigten sich mit der Gestaltung des Boboli-Gartens bis zum Juni 1560, als Bartolomeo Ammanati die Bauleitung für alle Arbeiten übertragen wurde. Es ist jedoch bekannt, daß Buontalenti, der in Diensten des Hofes stand, auch hier wesentlich an den Arbeiten beteiligt war, und zwar in einem Maße, daß Gherardo Silvani schreiben konnte, daß »er einen Teil des Boboli-Gartens anlegte und einen Großteil seiner Zeit dafür aufwendete.«[5]

Im Boboli-Garten existiert noch heute die »Große Grotte«, die Buontalenti zwischen 1583 und 1593 ausführte. Er gestaltete hierzu einen von Vasari entworfenen Fischteich um und überwölbte ihn, dann veränderte er die kleine angrenzende Grotte nach seinem Entwurf und fügte dem Ganzen eine dritte Grottenkammer hinzu. Diese Arbeiten wurden auf Wunsch von Francesco I. ausgeführt, der einen entsprechend stimmungsvollen Platz suchte, um die Skulpturengruppe der »Vier Sklaven« von Michelangelo aufstellen zu können, die ihm von Leonardo Buonarotti, einem Neffen Michelangelos, geschenkt worden war. Er plazierte die vier unvollendeten Figuren in den vier Ecken der Grotte. Die Statuen sahen aus, als seien sie aus Tropfsteinen gestaltet. »Mit ihrer rauhen Oberfläche erschienen sie so, als wäre es ein Werk der Natur selbst.«[6] Die Beteiligung Buontalentis ist insbesondere an der ersten und dritten Grottenkammer ersichtlich. In der zweiten Kammer blieben die Wandmalereien Vasaris im wesentlichen erhalten. Es scheint, als habe sich Buontalenti von den »Metamorphosen« des Ovid in der Übersetzung Angvillaras aus dem Jahre 1566 inspirieren lassen, insbesondere durch die Geschichte von Deukalion und Pyrrha.[7] Die Wände sind mit Landschafts- und Hirtenszenen ausgemalt, die in Stuck und Wischtechnik von Pietro Mati nach Fresken von Bernardino Poccetti ausgeführt sind. Von den Bäumen tropfte Wasser, das über besonders dünne Leitungen dorthin geführt wurde und den Frauenhaarfarn, der zwischen den Figuren und aus den Felsen wucherte, bewässerte. Buontalenti hatte für diese Grotte auch eine besondere Beleuchtung ausgetüftelt. Das Licht fiel durch ein gläsernes Becken, das unter der runden Öffnung am Scheitelpunkt des Gewölbes angebracht war und in dem Fische umherschwammen. Die Bewegung des Wassers verursachte stets wechselnde, geheimnisvolle Lichtreflexe auf den Wänden der Grotte.

Diese indirekte Beleuchtung wurde noch durch das gelegentlich in allen Regenbogenfarben leuchtende Aufblitzen der Kristalle betont, die zwischen die Tropfsteine und die Statuen eingelassen waren. Ein sich ständig veränderndes Bild

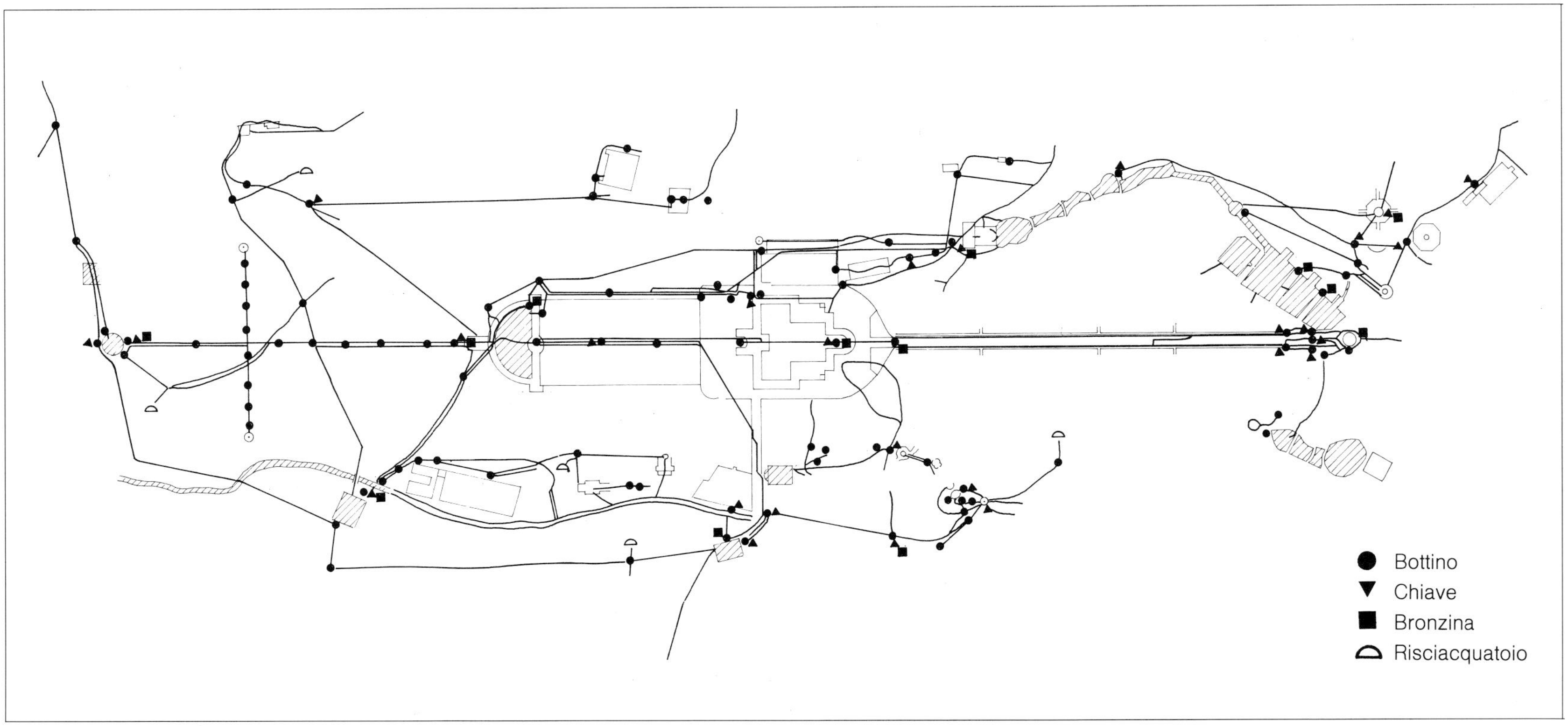

Villa Pratolino bei Florenz. Allegorie des Flusses Mugnone. Photo Daniele De Lonte

Zeichnung eines Gartentheaters, in dem »die Harmonie zu sehen und zu hören ist« und des Parnass-Berges in den Gärten der Villa Pratolino bei Florenz. G. Guerra, um 1580. Wien, Albertina

umgab so die »unvollendeten« Statuen Michelangelos und hob sie ganz besonders hervor. Das Bild war so lebhaft, daß man den Eindruck gewinnen konnte, als seien gerade diese Statuen in ihrer Ausführung vollkommen und die kostbarsten Stücke der Grotte.

Als Gartenarchitekt hatte Buontalenti auch besonderen Anteil an der Gestaltung des Gartens der Villa Pratolino. Die Arbeiten an dieser riesigen parkartigen Anlage beschäftigten ihn von 1568 bis 1586. In dieser Zeit wurde der Garten in seiner Gesamtstruktur angelegt und mit ihm auch die einzelnen Bereiche, die Francesco I. Medici hier für seinen neuen Landsitz erdacht hatte. Pratolino war in zwei Bereiche unterteilt: einen nördlichen Teil, den »Garten der Antike« und den südlichen Teil, den »Garten der Moderne«. Im Zentrum lag die Villa. Am höchsten Punkt des Parkes erhob sich eine Jupiterstatue des Bildhauers Bandinelli. Sie war Endpunkt der Zentralachse, die auf die Villa zuführte, und überragte ein großes Labyrinth, die Skulpturengruppe mit der von Giambologna geschaffenen allegorischen Darstellung des Appenin als Gigant und »den Garten der Antike«, in dem sechsundzwanzig Skulpturen von Helden der Antike aufgestellt waren. Am untersten Punkt des Parkes befand sich eine Skulpturengruppe von Valerio Cioli, die eine Wäscherin und einen »puer mingens« – einen pinkelnden Knaben – darstellte. Von diesem Punkt führte eine breite Allee, die »Allee der kleinen Fontänen«, zur Villa. Diese Allee wurde mittels einer raffinierten Sprühanlage von funkelneden Wasserstrahlen wie eine Pergola überwölbt. Zwei weitere Wege, die ebenfalls ihren Ausgangspunkt bei der Skulptur der Wäscherin nahmen, führten links und rechts von der Allee zur Villa. Auf dem linken Weg kam man an der Grotte des Cupido vorbei, am Fischteich mit der Maske, am »roten Brunnen«, der auch »Brunnen der jungen Hähne« genannt wurde und am »Froschbecken«. Wenn man den rechten Weg wählte, passierte man zu seinen Seiten verschiedene Becken für die Krebszucht; man traf auf den Eichenbrunnen, den Ammanatibrunnen, den »Parnaß« und eine große Voliere.[8]

Die Villa und der Park von Pratolino wurden von Gelehrten wie Algarotti und De Vieri hoch gelobt, Künstler wie Heinrich Schickhardt – Salomon de Caus und Stefano della Bella beschrieben sie in ihren Werken, und berühmte Besucher wie Michel de Montaigne und John Evelyn schilderten die Villa in ihren Reiseberichten. Anfang des 17. Jahrhunderts wurden in ganz Europa die Erfindungen dieses »Gartens der Wunder« aufgegriffen. Dadurch wurde der Verfall des Gartens etwas aufgehalten – die zu Beginn des 19. Jahrhunderts durchgeführte Umgestaltung zu einem Landschaftspark bewahrte noch Anklänge an den Ruhm der ursprünglichen, von Buontalenti geschaffenen Anlage. Der Garten von Pratolino machte aus Buontalenti einen »Vorläufer des Surrealismus in der Gartenkunst«.[9]

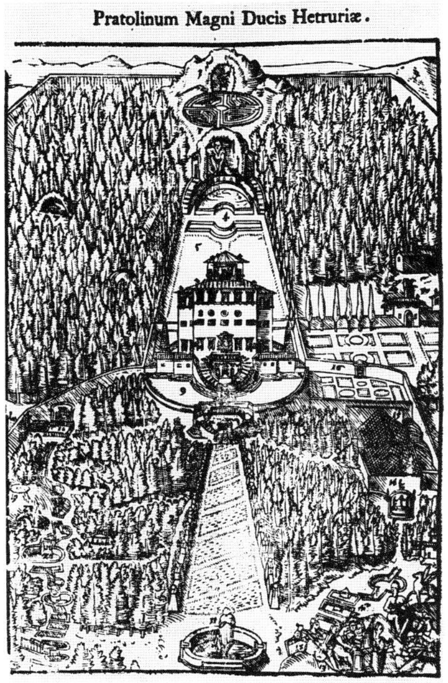

Vogelschau der Villa Pratolino bei Florenz. Aus: S. Vitale, Ad Annales Sardiniae, Florenz 1639

Anmerkungen

[1] B. De' Rossi, *Descrizione del Magnificentiss. Apparato e de' maravigliosi Intermedij fatti per la Commedia Rappresentata in Firenze nelle felicissime Nozze degl'Illustrissimi ed Eccellentissimi Signori il Signor Don Cesare d'Este e la Signora Donna Virginia Medici*, Florenz 1586, S. IV.
[2] Staatsarchiv Florenz, *Capitani di Parte*, f. 721, cc. 197, 199.
[3] A. Lapini, *Diario fiorentino*, Florenz 1900, S. 20.
[4] G. Vasari, *Le vite de' più eccellenti pittori scultori e architettori*, Florenz 1964, V, S. 482.
[5] F. Baldinucci, *Notizie dei professori del disegno*, Hrsg. P. Barocchi, Florenz 1975, VII, S. 13. Eine neuere Bibliographie der Boboli-Gärten enthält: F. Gurrieri, J. Chatfield, *Boboli Gardens*, Florenz 1972.
[6] F. Baldinucci, *op. cit.*, II, S. 499.
[7] Siehe D. Heikamp, *La grotta grande del giardino di Boboli*, in: »Antichità Viva«, IV, 4, 1965, S. 30.
[8] Zur Bibliographie über Pratolino siehe Anmerkung 5 meines Beitrags »Naturalia ...« im vorliegenden Buch.
[9] *The Oxford Companion to Gardens*, Oxford-New York 1986, S. 83.

Gartenbilder im 16. Jahrhundert: »die vortrefflichsten Gebäude Frankreichs«

Françoise Boudon

Gartengrundrisse für das Schloß von Chenonceaux (Indre-et-Loire, Frankreich) von J. A. Du Cerceau. London, British Museum. a) Erweiterungsentwurf von 1576; b) der Garten auf der rechten Flußseite, »so wie er heute ist« (1565); c) Erweiterungsentwurf für beide Gärten

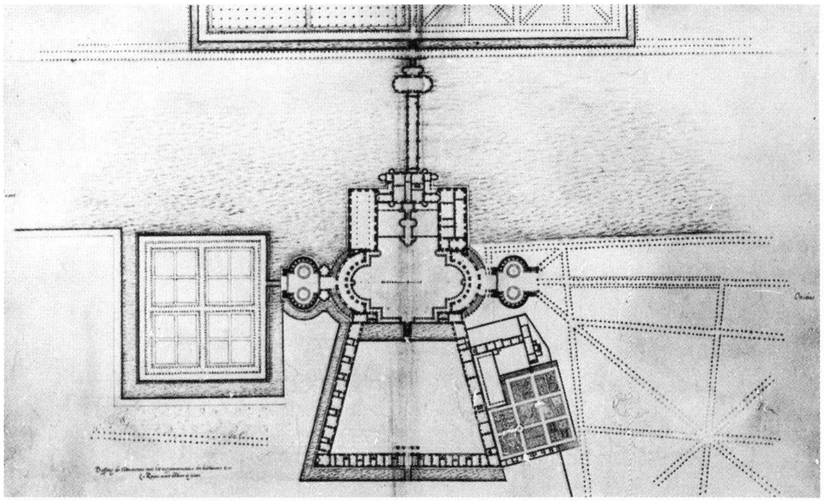

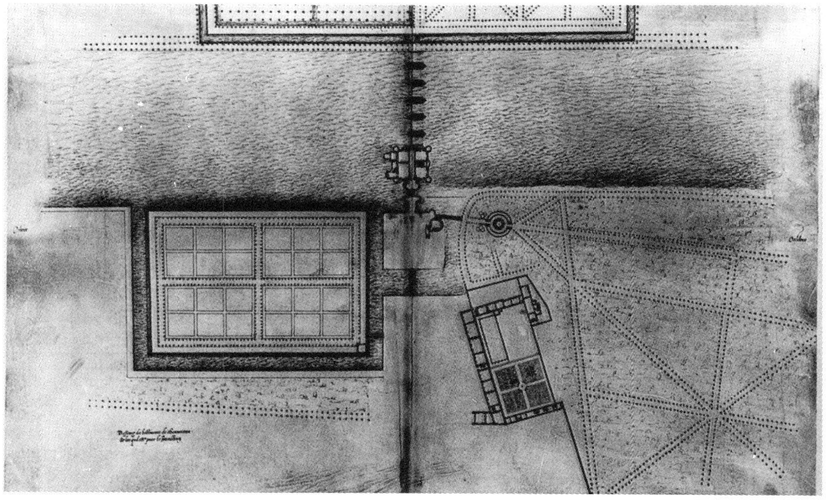

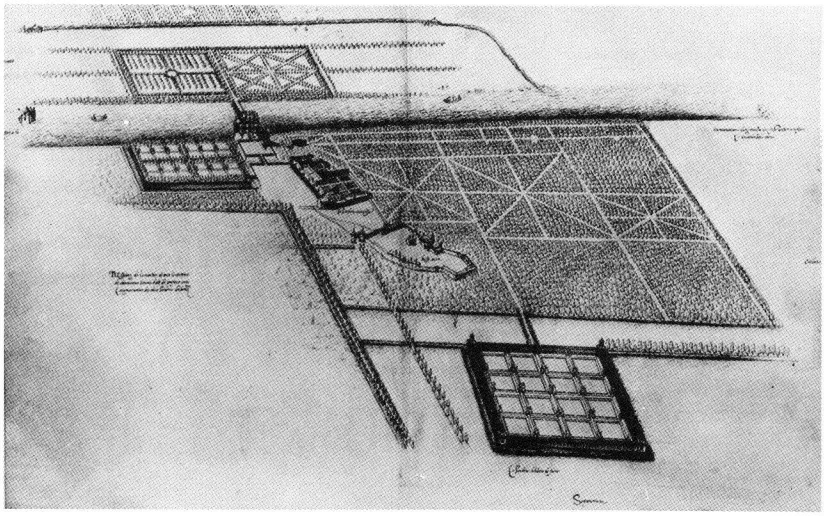

In den sechziger Jahren des 16. Jahrhunderts begann Jacques Androuet Du Cerceau[1], Leiter einer großen Kupferstecherwerkstatt, mit der illustrierten Anthologie der schönsten Schlösser im Königreich Frankreich. Als berühmter Entwerfer, Dekorationsmaler, Architekt, aber auch als Fachmann für die Verbreitung von Bildern hatte Androuet keine Probleme, sein Geschäft zu betreiben: Die Veröffentlichung des *Premier volume des plus excellents bastiments de France* im Jahr 1576 in Paris und des *Second volume*... 1579 war das verlegerische Ereignis am Ende des Jahrhunderts.[2] Um diese außergewöhnlichen Bauwerke darzustellen, benutzte Du Cerceau eine außergewöhnliche Aufnahmetechnik, für die es in der Geschichte der Architekturdarstellung keine Entsprechung gibt, das »Zoom« eines Cineasten. In hundertundzwanzig großformatigen Stichen (35 × 47,5 cm) riß der geschickte Mann den Leser mit fort auf eine phantastische Reise zu dreißig »exquisiten Gebäuden dieses Königreichs«, indem er von der Gesamtheit ins Detail ging. Als beflügeltes Genius ließ er ihn die Dächer von Coucy, Amboise oder Bury überfliegen; als Architekt führte er ihn in die Lektüre der Pläne von Anet und Fontainebleau ein; als vertrauter Liebhaber der Räumlichkeiten durchschritt er mit ihm die großen Säle von Madrid und des Louvre, zog ihn mit auf einen Bummel unter den Lauben der Gärten von Montargis.

Gewiß, Montargis lag ihm am Herzen: Vermutlich entwarf er diese Wandgalerien in der Zeit, als er zurückgezogen in der für Protestanten geöffneten Stadt lebte. Gleichermaßen für sich wie für seine Gönnerin, Renée de France, verwendete er größte Sorgfalt darauf, die Schönheit dieser Gärten publik zu machen. Das war aber nicht sein ausschließliches Anliegen. Du Cerceau stellte jedes Schloß mit seinem Garten dar, indem er dieselbe Vergrößerungstechnik vom Ganzen zum Detail benutzte wie bei den Gebäuden. Dieses Vorgehen war nicht zufällig; er hatte seine Gründe dafür. Der erste war kultureller Natur. Androuet, mit der vornehmen Gesellschaft seiner Klienten vertraut, kannte den Wert, den diese dem Garten beimaßen. Dieser war doch seit langem »wesentlicher Bestandteil« des noblen Wohnsitzes, genau wie der große Saal oder die Spielwiese. Der zweite Grund war in ihm selbst zu suchen: Du Cerceau liebte die Landschaft; die Art, wie er in den Einführungen zu jeder Sammelmappe über sie spricht, ist der beste Beweis dafür. Seine Erläuterungen über die Besonderheiten der Topographie, über die Art der Vegetation, über die Qualität der Luft deuten auf einen Liebhaber hin. Die Gärten hätten also bei der Darstellung der Schlösser nicht weggelassen werden können. Demzufolge beinhalten *Les plus excellents bastiments* eine Zusammenstellung von außergewöhnlichen Bildern einiger der schönsten französischen Gärten des 16. Jahrhunderts.[3] Die Stichesammlung ist dennoch nicht ohne Fehler. Die Dokumentation aller Sammelmappen ist weder vollständig noch homogen. Neben den ausgezeichneten Beiträgen über Montargis, Gaillon oder Valléry gibt es viele unbefriedigende. Der wunderbare Garten der Tuilerien wird nur mit einem Grundriß und einem lakonischen Kommentar bedacht. Diese Lücken werden zum Teil mit einer Serie von hundertvierzig zum Thema gehörenden Zeichnungen geschlossen, die im wesentlichen in London aufbewahrt wird[4], einer Parallelausgabe zu den Stichen, die aber kein Konzept derselben darstellen. Tatsächlich machte Du Cerceau kurz bevor oder zur gleichen Zeit, in der er an den Kupferstichen für die *Plus excellents bastiments* arbeitete, zu demselben Thema schöne Federzeichnungen auf Velin, grau koloriert und mit einigen hellen Farbauftragungen, darunter in Gelb für die Gärten. Diese Platten waren vermutlich als Geschenke für eventuelle Auftraggeber bestimmt.[5] Der Künstler verwendete für die Zeichnungen und Stiche jeweils dieselben Unterlagen, Aufstellungen, Pläne und Modelle[6], wodurch sich die Ähnlichkeit der beiden Dokumentationsarten erklärt. Dennoch heben sie erkennbare Unterschiede voneinander ab. Die Blickwinkel in manchen Zeichnungen sind nicht weiter gefaßt als in den Stichen und schließen so einen größeren Teil der Landschaft ein, sondern nehmen vor allem einen Standpunkt an, spiegeln einen Zustand des Gartens wider, den der Stecher nicht festhalten kann. Für Anet zeichnete Du Cerceau zwei Vogelperspektiven, wovon eine – die gestochen werden sollte –, von Süden nach Norden gerichtet, das Schloß und den von einer Mauer mit Nischen und Rustika eingefaßten und von Delorme entworfenen Garten darstellt, die andere – ohne entsprechenden Stich –, von Südost nach Nordwest gerichtete, höher angelegt ist, den Blick bis zu den Parkmauern weiterführt und ein brauchbares Detail der Kanalisa-

Entwürfe für das Schloß von Verneuil (Oise, Frankreich).
Vogelschau der Gesamtanlage von J. A. Du Cerceau. London, British Museum
Grundriß von J. A. Du Cerceau. London, British Museum

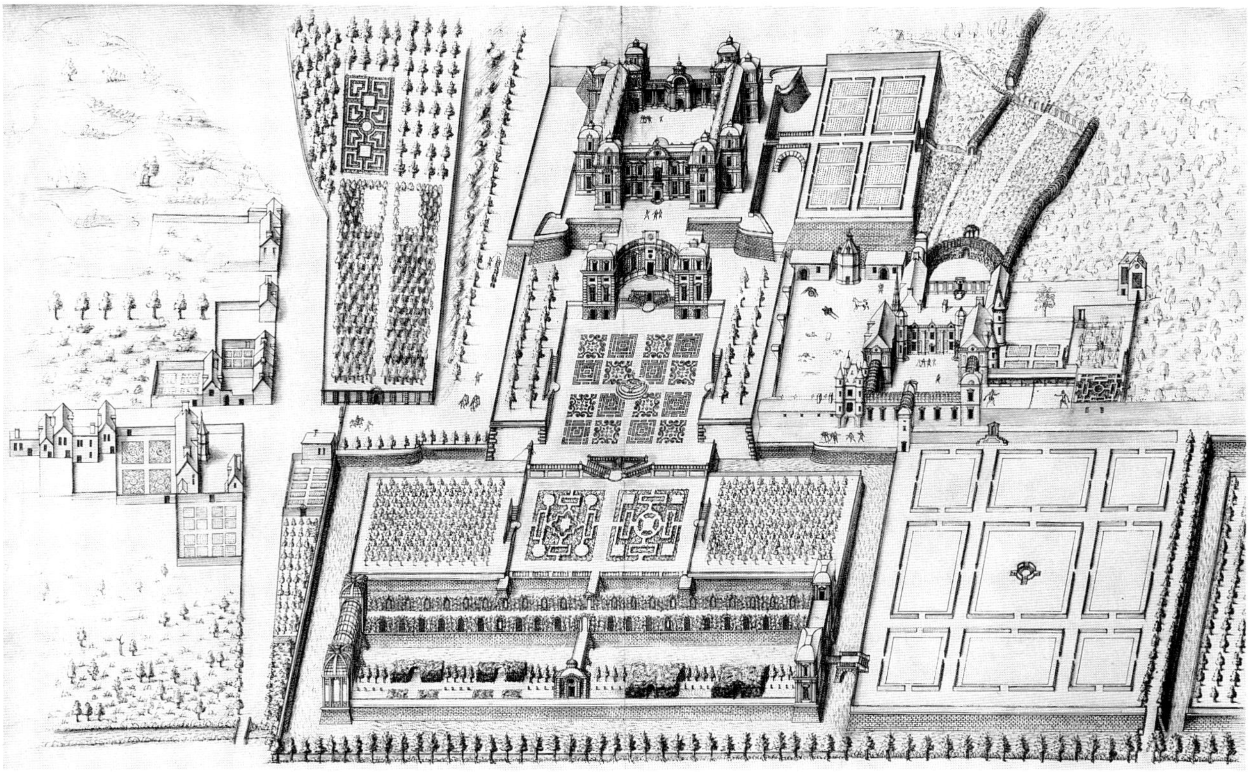

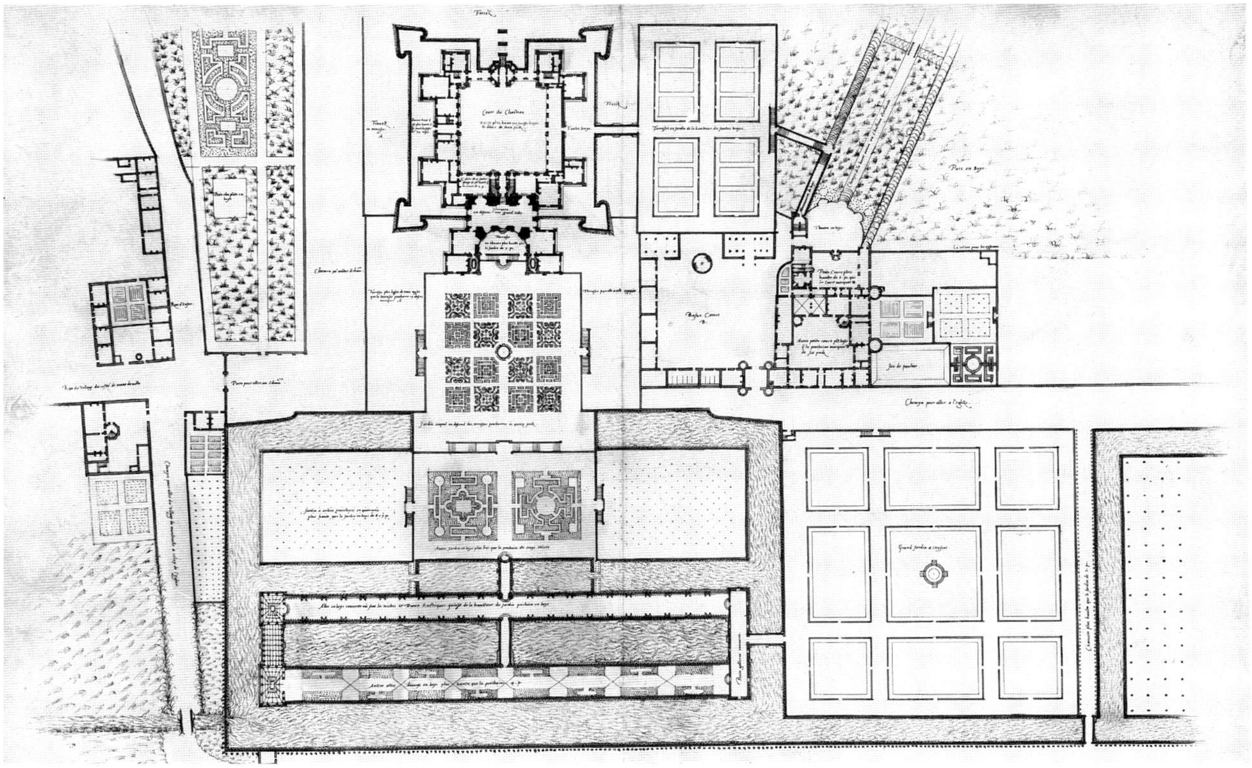

tion des Flusses Vesgre zeigt, der an der Grenze entlangfließt. Das Dossier der Zeichnungen von Chenonceaux enthält neben dem großen im Stich von 1576 enthaltenen Plan zur Erweiterung zwei wunderbare Ansichten des Jahres 1565: einen Grundriß des Gartens, »wie er heute aussieht«, mit zwei unlängst am linken Ufer des Cher angelegten Beeten und einen Grundriß, verbunden mit einer Vogelperspektive, der »die Erweiterung der« für das rechte Ufer »als geeigneten beiden Gärten« wiedergibt. Eine wunderbare Sequenz von Zeichnungen zu dem Zweck, Königin Katharina den Plan darzustellen, wie aus Chenonceaux »ein kleines Haus« zu machen sei, »um dort der Gartenarbeit und anderen vergnüglichen Tätigkeiten nachzugehen«.[7] Die Zeichnungen haben gegenüber den Stichen auch den Vorteil, sorgfältig beschriftet zu sein: Anstelle der unverständlichen Buchstaben, die den Stich unnötig überladen, hat Du Cerceau die Zeichnungen mit Worten und sogar ganzen Sätzen versehen, die genaue Informationen geben. So erfährt man, daß am nördlichen Ende des Parks von Vallery die Bäume »in einer Reihe gepflanzt« wurden, daß das Viereck am Fuß des alten Schlosses von Verneuil – auf dem Stich lediglich mit einem »O« markiert – ein »großer Küchengarten« ist. All diese Einzelheiten sind wertvoll; sie sollen davon überzeugen, daß die Konsultation der Stichesammlung unnütz ist, wenn diese nicht von einem Kommentar begleitet werden, der in manchen Fällen die Form dokumentarischen Quellenmaterials annimmt. Nützlich sind diese Texte, wie wir gesehen haben, um den Garten wieder in die Landschaft einzugliedern, um die Besonderheiten der Topographie aufzuzeigen (in einigen wenigen Zeichnungen nur andeutungsweise und auf den Stichen unkenntlich), und auch wegen ihrer historischen Genauigkeit.[8] Was wissen wir über die Gärten von Charleval, die noch vor Baubeginn des riesigen Königsschlosses angelegt wurden, außer dem, was Du Cerceau darüber berichtet? Es gibt verschiedene Beweise dafür, daß diese Kommentare sorgfältig, nach präzisen Anmerkungen abgefaßt wurden. Was Du Cerceau über den nördlichen Garten von Ecouen sagt, der damals noch unvollendet war, bestätigt, was man aus anderer Quelle weiß: Um das Jahr 1560, zum Zeitpunkt, als der Künstler Ecouen besuchte, war man viel mehr damit befaßt, das Schloß zu befestigen, als einen Garten zu planen, der gefährdet au-

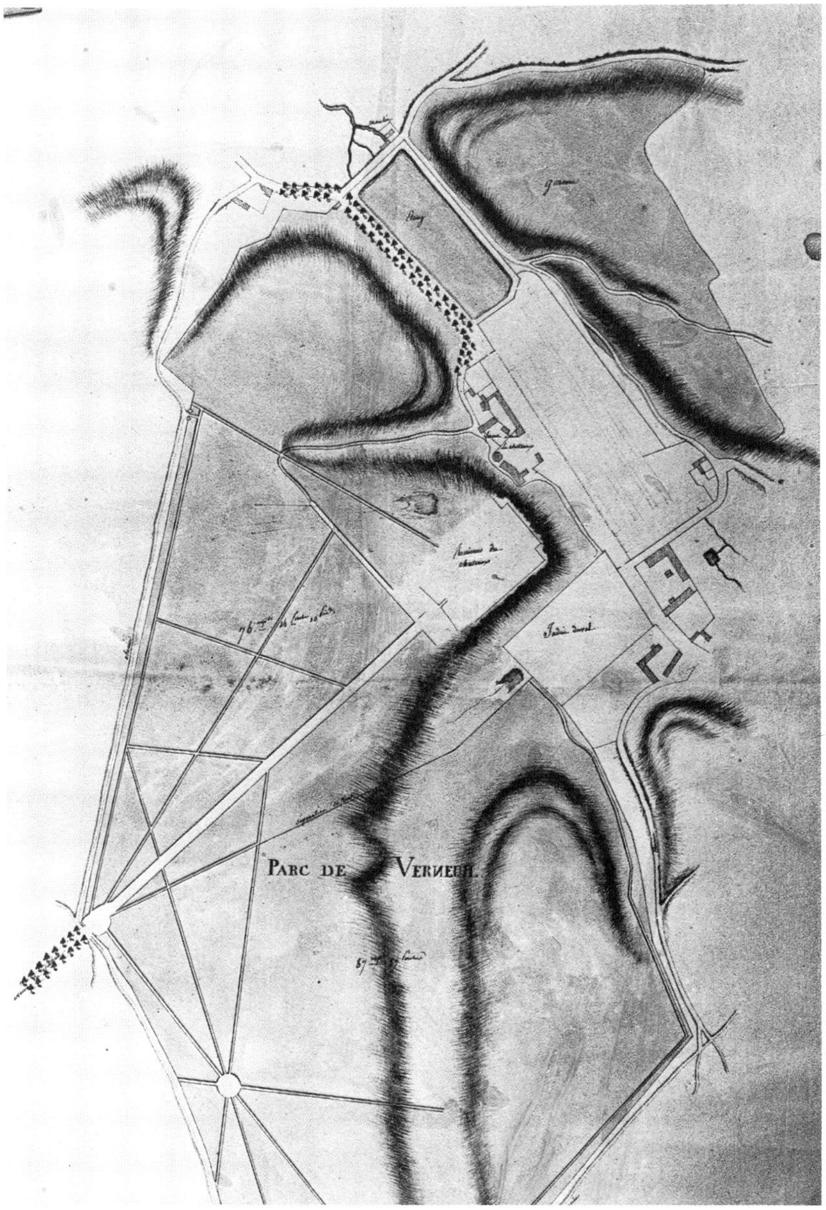

Verneuil (Oise, Frankreich). Katasterplan des Anwesens, Mitte 18. Jh. Chantilly, Musée Condé

ßerhalb der Mauern und auf einem ungünstig abfallenden Gelände gelegen war.

Die Ausweitung dieser Darstellungen bis ins Detail erscheint unvernünftig, da kaum Aussicht besteht, jemals das Ausmaß systematischer Planung in der Anlage der Beete festzustellen, die in den Zeichnungen wie auch auf den Stichen gleichermaßen gelungen erscheint. (Bei dieser wirtschaftlichen Zwängen unterworfenen Werkstattproduktion war der Rückgriff auf Stereotypen unerläßlich). Dagegen ist es nicht schwer, die Genauigkeit der Darstellungen nachzuvollziehen, wenn sie von den Verzerrungen der Gesamtzeichnung befreit sind. Du Cerceau regulierte und vermaß offenbar ohne Rücksicht auf die Topographie: Der Teich von Dampierre, in kurvenreichem Verlauf zwischen zwei Hügeln gelegen, wurde unter seinem Stift zur vollkommen rechtwinkeligen Wasserfläche. Der Künstler verschleierte die Realität und ihre mißliebigen Unregelmäßigkeiten: Nach den Regeln der Symmetrie wurde das Gelände von Verneuil begradigt, die unteren Gärten sind fälschlicherweise in die Achse des neuen Schlosses gelegt, und der Zugang zum Schloß von Saint-Maur wird ärgerlicherweise an die Seite verlegt. Aber mit Ausnahme einiger offenkundiger Fälle, wie dem Park von Saint-Germain, wirkt das Gesamtbild gut und präzis. Du Cerceaus Zeugnis ist wichtig, verleiht er doch dem Gartenbereich eine Form, von dem die anderen dokumentarischen Quellen nur eine andeutungsweise Vorstellung erwecken.[8] Aus der – noch zu leistenden – notwendigen Kritik an den Gartendarstellungen der *Plus excellents bastiments de France* wird Du Cerceau zweifellos untadelig hervorgehen.

Anmerkungen

1 Hinsichtlich Jacques Androuet Du Cerceau (1520?–1585 oder 1586) ziehe man H. de Geymüller, *Les Du Cerceau*, Paris 1887, und die noch unveröffentlichte Dissertation von D. Thomson, Courtauld Institut, London 1978, zu Rate.

2 *Les Plus Excellents Bastiments de France* wurden von H. Destailleur (Paris 1870) neu herausgegeben; 1970 wurde ein Faksimile veröffentlicht. Eine neue Ausgabe von D. Thomson ist in Vorbereitung. Die Zeichnungen wurden teilweise von W.-H. Ward, *French châteaux and gardens in the XVIth century*, London 1909, veröffentlicht. Zur kritischen Darstellung der Sammlung siehe: F. Boudon und H. Couzy: »Les Plus Excellents Bâtiments de France: une anthologie de châteaux à la fin du XVI° siècle«, in: *L'Information d'Histoire de l'art*, 1974.

3 Da Du Cerceau sich auf die »vortrefflichsten Gebäude« beschränkte, nahm er in seine Sammlung nicht die Villen der Sekretäre des Königs auf, die häufig mit prächtigen Gärten ausgestattet waren, wie etwa die von Picart in Saint Cloud, von Neufville oder Spifarme in Conflans. Sylvie Le Clech steuerte in ihrer Dissertation an der Hochschule von Chartres (*Chancellerie et culture au XVIe ciécle: les notaires et secrétaires de François I*, 1988, unveröffentlicht) zahlreiche neue Informationen zu dem Thema bei.

4 Auch in Paris (Nationalbibliothek), Rom (Vatikanische Bibliothek) und New York (Pierpont Morgan Library) finden sich Zeichnungen.

5 Der in der Vatikanischen Bibliothek aufbewahrte Band wurde wahrscheinlich um 1570 von Du Cerceau Kardinal Francesco Barberini als Geschenk übergeben.

6 Du Cerceau erwähnt ausdrücklich, welchen Platz die Modelle der Gebäude und Gärten in seiner Dokumentation einnehmen. In der Notiz über Saint-Maur präzisiert er: »Ich habe das Modell gesehen, das davon angefertigt wurde …, das nicht nur die Gebäude, sondern auch … die Gärten beinhaltet …« J. Androuet Du Cerceau. *op. cit.*, Bd. II, 1579. Hinsichtlich der Stellung der Modelle im Entwurf Du Cerceaus siehe W. Prinz und R.G. Kecks, *Das französische Schloß der Renaissance*, Berlin 1985, S. 360-363.

7 Brief Chantonays an die Herzogin von Parma, 23. März 1560, in *Revue historique*, 1880, S. 334, zitiert von F. Gebelin, *Les châteaux de la Renaissance*, Paris 1927, S. 85.

8 Gewisse Blätter sind im Hintergrund leer, weil das Schloß nie einen Garten besessen hat, wie im Fall der mitten im Wald gelegenen Jagdschlösser, wie Saint-Léger, Madrid oder Chambord, über das Du Cerceau anmerkt: »Was den Garten angeht, so ist er nichts und entspricht keineswegs der Pracht des Gebäudes, obwohl, wer auch immer ihn verbessern möchte, genug Platz dafür vorhanden ist« (J.A. Du Cerceau, *op. cit.*, Bd. I, 1576).

9 Die jüngsten Forschungen in den Archiven haben die Kenntnis über die Gärten des 16. Jahrhunderts spürbar vorangetrieben. Siehe besonders C. Grodecki, *Documents du minutier central des notaires de Paris. Histoire de l'art a XVIe siècle, 1540–1600*, Paris 1985, S. 329–344.

Die »Hortorum Formae« von Johan Vredeman de Vries

Ulbe Martin Mehrtens

Ein konstanter Faktor in dem seltsamen Lebenslauf von Johan Vredeman de Vries (1526–1606?) war die Publikation von Modellbüchern. Von 1555 bis 1605 erschienen regelmäßig, manchmal mehrere Male im Jahr, Bücher mit Modellen von Grotesken, Kartuschen, Grabmälern, Möbeln, Kaminummantelungen, architektonischen Fassaden, Vasen, Karyatiden, Brunnen, Trophäen, Dekorationen und Gärten, so daß insgesamt ungefähr 500 Gravuren mit Architekturmodellen aus seiner Hand erhalten blieben.[1] Nur 28 dieser Modelle sind Gärten gewidmet.

Mit Ausnahme von acht Modellen für Gärten, die 1587 in Antwerpen erschienen[2], wurde diese Folge von Publikationen von 1584 bis zum Beginn des siebzehnten Jahrhunderts unterbrochen. Die Ursachen hierfür sind wahrscheinlich im Weggang von Vredeman de Vries aus Antwerpen, wo er bis 1585 als Ingenieur der Festungsanlagen tätig gewesen war, zu suchen. Über Frankfurt reiste er nach Wolfenbüttel, wo er am Hofe von Herzog Julius bis zu dessen Tod 1589 als Architekt und Ingenieur Dienst tat. In Wolfenbüttel realisierte er verschiedene Entwürfe: 1588 baute er die Neue Kanzlei, das einzige noch bestehende, wenn auch im Laufe der Zeit einige Male erneuerte Gebäude von Vredeman de Vries, das bewahrt geblieben ist.[3] Ferner unterstand ihm 1588 die Oberleitung der Ausführung eines Gartens für Herzog Julius, die einzige bisher bekannte Gartenanlage, die wahrscheinlich nach dem Entwurf von Vredeman de Vries ausgeführt ist.

Nach dem Tod von Herzog Julius 1589 ließ sich Vredeman de Vries für kurze Zeit in Hamburg nieder, wo er Malereien in der Grabkapelle von Jacob Moor ausführte, danach lebte er in Danzig.

Später folgte er seinem Sohn, dem Künstler Paul Vredeman de Vries (1567–1630?), der in Prag am Hofe Kaiser Rudolfs II. arbeitete. In Prag wurde Johan Vredeman de Vries für einen Anbau an das Schloß und für den Entwurf eines Brunnens[4] bezahlt. 1601 etablierte er sich endgültig in den Niederlanden.

Für die Entstehung des graphischen Oeuvres von Vredeman de Vries ist sein Aufenthalt in Antwerpen vermutlich von großer Bedeutung gewesen. Der überwiegende Teil seiner Modellbücher ist dort erschienen. Antwerpen war zu jener Zeit das wichtigste Wirtschafts- und Kulturzentrum Nordeuropas.

Vor allem auf dem Gebiet der Baukunst und der Innendekoration haben die Modelle von Vredeman de Vries Ende des 16. und Anfang des 17. Jahrhunderts einen bahnbrechenden Einfluß ausgeübt. Zwei Charakteristika sind in allen seinen Modellen, auch in denen von Gärten, wiederzuerkennen. Sie waren modern, weil sie eine Interpretation der Wiederentdekkung der Architektur der klassischen Antike durch Serlio und über Serlio und Vitruv von Pieter Coecke van Aelst darstellen. Diese Interpretation erfolgte auf einem Nährboden, der vermutlich vom emblematischen Moralismus der südlichen Niederlande im 17. Jahrhundert getränkt war.[5] Darüber hinaus waren Vredeman de Vries' Modelle in einer für jene Zeit fortschrittlichen Methode in die Perspektive gesetzt. Carel van Mander zufolge hat er kurz nach 1549 gründliche Kenntnis von Pieter Coeckes Vitruv-Ausgabe *Die Inventie der Colommen* und dessen Übersetzung des vierten Buches von Serlio (1537), *Generale Reglen der Architecturen*, beide 1539 in Antwerpen erschienen, gehabt.[6]

Für Vredeman de Vries war wahrscheinlich nicht nur der technische Teil der *Inventie* und der *Generale Reglen* von großer Bedeutung, sondern Coecke van Aelsts historische Übersicht der Wurzeln der Architektur in der *Inventie* hat auch Einfluß auf seine Modelle, Zeichnungen und Malereien gehabt. So wird im Vorwort von Vredemann de Vries' *Architectura, oder Bavvung der Antiquen aus dem Vitruvius, vvoelches sein funff Colummen Orden*, das erstmals 1577 in Antwerpen erschien, fast der gesamte Text von Folio 5 das Kapitel über die Ursprünge der Architektur aus der *Inventie* übernommen. Wahrscheinlich müssen die Pyramiden, Obelisken und exotisch anmutenden Gebäude im Dekor von zahllosen Modellen, Zeichnungen und Malereien von Vredeman de Vries als Hinweise darauf aufgefaßt werden.

Für die Präsentation seiner Entwürfe entwickelte er eine eigene Methode mit einem für seine Zeit ungewöhnlichen Realismus in der Perspektive. Am Ende seiner Laufbahn, im Jahre 1604, gab der 77jährige Vredeman de Vries in seiner Veröffentlichung *Perspective, dat is de hoogh-gheroemde Conste*... auf einfache Weise Aufschluß über diese Methode, die seinem Erfolg zugrunde lag.[7]

Obwohl Vredeman de Vries die Perspektive in seinen Entwürfen mit großer Virtuosität anwandte, war seine Methode nach unseren heutigen Kriterien nicht ganz korrekt. Wie Mielke beschreibt, zeichnete Vredeman de Vries nämlich beide Fluchtpunkte auf den Horizont, ohne sich ihrer Funktion als Abstandspunkte bewußt zu sein. Die Folge war, daß sich der Vordergrund und vor allem die Bildränder perspektivisch verzeichneten und die Verjüngung zu stark wurde, wenn er den Abstand zwischen Standpunkt und dem Gegenstand zu klein wählte.[8] Erst seit J. H. Lamberts *Die freye Perspektive oder Anweisung jeden perspektivischen Aufriss von freyen Stücken und ohne Grundriss zu verfertigen* (Zürich 1759) konnte die Illusion einer perspektivischen Konstruktion auf einer ebenen Fläche entsprechend unseren Maßstäben vollkommen erfolgen.[9] Zur Zeit von Vredeman de Vries wurde vermutlich auch der lineare Effekt einer perspektivischen Strichkonstruktion gewürdigt, wobei man die Perspektive folglich als Stilmittel auffaßte und Verzeichnungen in Kauf genommen wurden.[10]

1583 erschien das erste Buch von Vredeman de Vries, das ganz den Gartenansichten gewidmet ist. Die zwanzig Entwürfe, aus denen diese Ausgabe des *Hortorum Viridariorumque elegantes et multiplicis formae, ad architectonicae artis normam affabre delineatae* bestand, wurden in einer neuen Aufgabe um 1600, die ebenso wie die erste in Antwerpen erschien, um vierzehn Modelle erweitert. Untersuchungen haben ergeben, daß die letzten sechs dieser vierzehn Modelle nach Entwürfen von Peter van der Borcht ausgeführt worden sind, so daß sie in diesem Beitrag unberücksichtigt bleiben.[11] Die letzten acht Modelle von der Hand Vredeman de Vries' aus dem *Hortorum* waren bereits 1587 ohne Titel in Antwerpen erschienen[12]; möglicherweise waren sie schon 1585, als er nach Wolfenbüttel zog, fertig. Obgleich bemerkenswert, war eine Präsentation von Gartenentwürfen zu jener Zeit nichts Neues. In England waren 1563 und 1577 von Thomas Hill *The profitable arte of Gardening* beziehungsweise *The Gardener's Labyrinth* erschienen; im letzteren Werk sind verschiedene Grundrisse von Gärten, darunter von Labyrinthen, enthalten. Ähnliche Grundrisse kommen auch in Estiennes *Agriculture et la maison rustique* aus dem Jahre 1570 vor.

Es ist nicht unmöglich, daß Vredeman de Vries, der schon, wie erwähnt, nach 1571 bis 1585 in Antwerpen wohnte, diese Werke zu Gesicht bekommen hat. Aufgrund der Virtuosität, mit der die Ansichten in die Perspektive gesetzt sind, und wegen des Themas überhaupt muß das Erscheinen des *Hortorum* 1583, 1587 und um 1600 großen Eindruck gemacht haben. Darüber hinaus enthielten die Entwürfe eine Novität in der Gartenkunst, die übrigens auch auf einigen Zeichnungen und Malereien von Vredeman de Vries wahrgenommen werden konnte: die sogenannten *parterres de pièces coupées*, in Muster zusammengefaßte Ensembles von Beeten für die Zurschaustellung exotischer Pflanzen.[13]

Die Elemente, aus denen die Gartenkompositionen im *Horturum* angelegt

J. Vredeman de Vries, Architekturcapriccio. Ölgemälde, 1572. Den Haag. Photo Christie's, London

Gartenentwürfe aus: J. Vredeman de Vries, Hortorum Viridariorumque elegantes et multiplicis formae, 1583

sind – Lauben, Brunnen, Zäune, Parterres und Labyrinthe –, waren zu jener Zeit nicht neu. Modern war aber die Komposition der Parterres und der Gesamtentwurf der Gärten, die das Resultat von Vredeman de Vries' Integration der antiken Architektur nach Serlio und Vitruv darstellten. Die ersten zwanzig Entwürfe des *Hortorum* sind aufgeteilt in die Ordnungen Dorisch, Ionisch und Korinthisch, die als Beischrift unter die Modelle gesetzt sind. Die Parterres der dorischen Modelle sind kreisförmig im Aufbau. Die korinthischen Modelle enthalten Parterres, die aus labyrinthischen Formen bestehen, aber ein Teil ist im Aufbau nicht von den ionischen Modellen zu unterscheiden, was den Unterschied zwischen den ionischen und korinthischen Beischriften verwischt.

Klassischer als die Beischriften sind die Komposition der Gärten und die räumliche Einheit der Gärten mit ihrer Umgebung. Die meisten Gärten, die aus rechteckigen Feldern bestehen, sind hierarchisch aufgebaut. Die Aufmerksamkeit des Betrachters wird auf das am nächsten gelegene Feld gezogen, dessen Mittelpunkt durch einen Brunnen, einen Pavillon oder einen Baum akzentuiert wird, oder auf das Zentrum der Umrahmung, in der die Felder liegen. In einigen Entwürfen ist dieser hierarchische Aufbau weniger spürbar und sind die Akzente rhythmisch über die geometrischen Felder verteilt. In wieder anderen Modellen ist in der Komposition des Gartens keine formale Verbindung zu erkennen; diese Gartenkompositionen bilden eher eine Einheit durch ihre Umgebung. In den meisten Entwürfen werden die Gärten an zwei oder drei Seiten rechtwinklig durch Architektur begrenzt, die, obwohl ziemlich schematisch angedeutet, wahrscheinlich als Schloß oder Landhaus angesehen werden muß. Bei 19 Modellen ist in die Einfassung als Übergang zwischen Haus und Garten mit Architektur eine Galerie oder Loggia aufgenommen. Nur Blatt 2, 4 und 11, versehen mit der Beschriftung *Dorica*, *Dorica* und *Ionica*, geben Gartenansichten in der Perspektive wieder, wobei ein architektonischer Rahmen fehlt.[14] In den meisten Entwürfen bildet die Komposition der Gärten mit ihrer architektonischen Umgebung eine Einheit, indem die Achsen des geometrischen Gartengrundrisses im Tor oder Portal des Hauptgebäudes der architektonischen Anlage enden.

Das Konzept einer räumlichen Einheit der Gartenanlage oder der Komposition von Haus und Garten war bis dahin in keinem von Vredeman de Vries' Modellen, Zeichnungen oder Malereien so weit geführt worden. Mielke hat in seiner Dissertation über Vredeman de Vries eine Übersicht über die Modelle in verschiedenen Büchern aufgestellt, die Gartenansichten betreffen.[15] Zu Recht bemerkt er, daß diese Ansichten, im Gegensatz zu denen im *Hortorum*, nur die Funktion eines Dekors in einem größeren Zusammenhang haben. Auch bei den Gartenansichten in Vredeman de Vries' Zeichnungen und Malereien wird der Betrachter im Ungewissen gelassen über die Beziehung der Gartenkomposition zur Architektur, zu der sie gehört, und häufig auch über den Aufbau des Gartens selbst.

Vermutlich hat Vredeman de Vries, der sich bei der Zusammenstellung von Modellbüchern in den meisten, wenn nicht in allen Fällen, an bereits vorhandenen Entwürfen orientierte, die Kompositionen des *Hortorum* unter dem Einfluß von Beispielen des französischen Architekten Jacques Androuet du Cerceau (ca. 1520–ca. 1584) erarbeitet. Ohne der Originalität des *Hortorum* von Vredeman de Vries Abbruch zu tun, muß angemerkt werden, daß das Konzept der Einheit von Haus und Garten bereits von Androuet du Cerceau in seinem Werk *Les plus Excellents Bastiments de France*, das 1576 und 1579 herauskam und vermutlich in Antwerpen vorlag, erprobt worden war.

Erwiesen ist, daß Androuet du Cerceaus Entwürfe in verschiedenen anderen Modellbüchern von Vredeman de Vries ihre Spuren hinterlassen haben.[16] In den *Bastiments* sind französische Kastelle und Gärten in Grundriß und Vogelschau wiedergegeben. Hier sind die Gartenansichten nicht zentral angeordnet, wie beim *Hortorum*, die Aufmerksamkeit ist vielmehr der Architektur des Hauses und der Anlage des Gartens gleichermaßen gewidmet. In der Komposition von beiden hat Androuet du Cerceau eine formale Einheit erreicht, indem er die Achsen des geometrischen Systems die Gärten mit dem Eingang oder mit dem Mittelteil des Hauses verband. Haus und Garten sind auch in der Mehrzahl seiner Pläne zu einer Einheit verbunden, indem die Ummauerung des Gartens dem Mauerwerk des Hauses entspricht. Auf verschiedenen Plänen dient eine Loggia oder Galerie als Verbindungselement zwischen Haus und Garten. In seinem meisterhaften, nie ausgeführten Plan für Charleval hat Androuet du Cerceau, um eine räumliche Einheit von Haus und Garten zu schaffen, ein ideales Konzept entwickelt. Dieser für diese Zeit sehr moderne Entwurf, der als Prototyp des klassizistischen französischen Gartens angesehen wird[17] und vermutlich die Entwicklung der niederländischen architektonischen Gärten beeinflußt hat, ist im Œuvre von Androuet du Cerceau allerdings eine Ausnahme.

Der Einfluß des *Hortorum* auf die europäische Gartenbaukunst war vermutlich groß. Besonders Vredeman de Vries' komponierte Ansichten und Parterres, Labyrinthe, Brunnen, Laubengänge und Pavillons sind in diversen Entwürfen wiederzufinden, von Hans Puec 1592, der am Hofe von Rudolf II. in Prag arbeitete[18], bis zu Jan van der Groens *Den Nederlandtse Hovenier* (1669).[19] Nach Roy Strong war ein Teil von Theobald's Park zwischen London und Ware vermutlich

Entwurf für den Garten von Gaillon (Eure, Frankreich). Aus: J. A. Du Cerceau, Les plus excellents bastiments de France, 1576 bzw. 1579

Der Garten des Prinzen Moritz von Nassau in Den Haag (Niederlande). Aus: H. Hondius, Institutio artis perspectivae, 1622

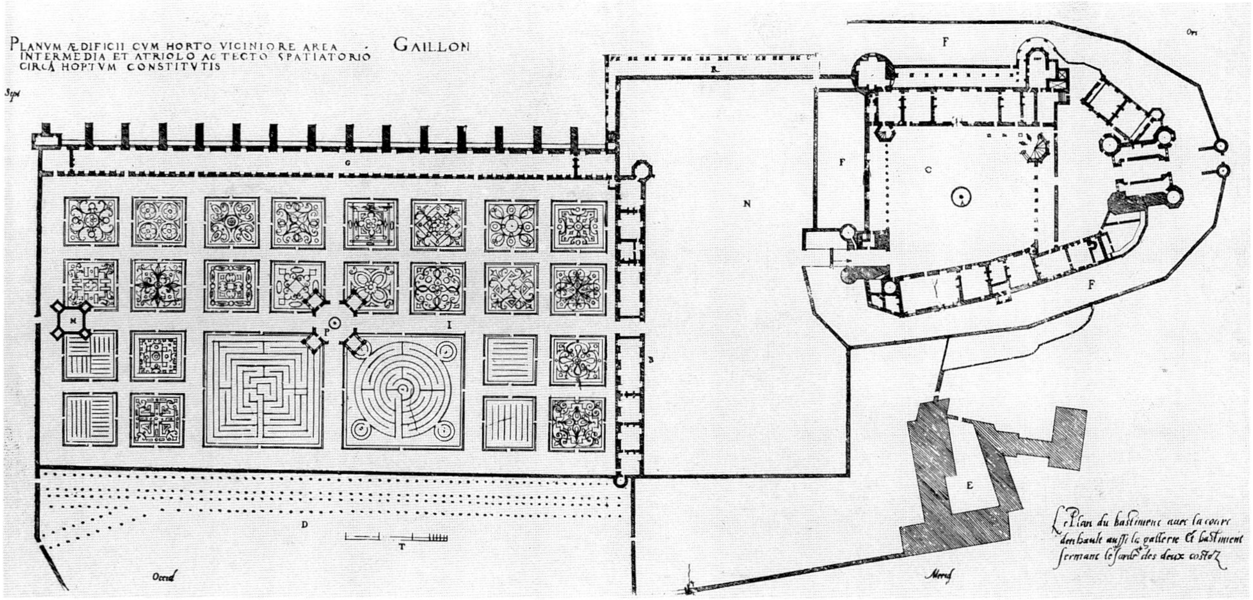

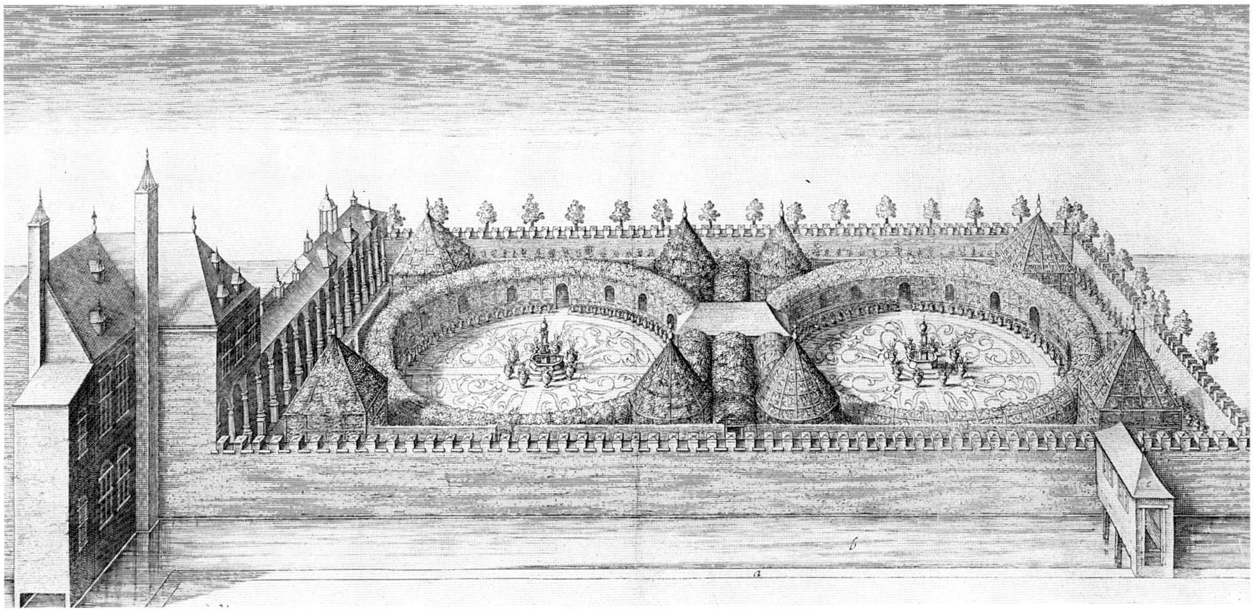

nach Vredeman de Vries' Gartenmodellen konzipiert[20], und auch die Anlage des Hortus Palatinus in Heidelberg erinnert sowohl im Entwurf als auch in seinen Parterres an die Modelle von Vredeman de Vries.

Darüber hinaus beeinflußte das *Hortorum* meiner Meinung nach nicht unerheblich die Entwicklung des niederländischen formalen Gartens. Zu Unrecht wird dessen Entwicklung als ein Bruch mit der Gartenarchitektur im Stil von Vredeman de Vries dargestellt.[21]

Im Plan für den Buitenhof von Prinz Maurits im Statthalter-Quartier von Den Haag, der etwa von 1620 datiert und als erstes Beispiel des niederländischen klassizistischen Gartens angesehen wird[22], ist die Einheit zwischen der Anlage des Gartens und der Architektur des Hauses in vergleichbarer Weise erreicht wie in den Modellen des *Hortorum* von Vredeman de Vries und den Plänen von Androuet du Cerceau.

Ein Stich in Hendrick Hondius' *Institutio Artis Perspectivae* aus dem Jahre 1622 gibt die Ansicht eines Gartens in der Vogelschau wieder. Die Anlage, die in zwei geometrische Felder aufgeteilt war, schloß in einem rechten Winkel an das Haus an. Sie war insgesamt von einer Mauer umgeben, die in das Mauerwerk des Hauses integriert war. Eine Galerie fungierte als Verbindungselement zwischen Haus und Garten.

Möglicherweise wurde bei diesem Entwurf, der wahrscheinlich von Jacques de Gheyn II in Zusammenarbeit mit Prinz Maurits stammt, das *Hortorum* zu Rate gezogen, so daß dieser Garten nicht unter dem unmittelbaren Einfluß von Androuet du Cerceau zustande gekommen ist.

Anmerkungen

1 Siehe Hans Mielke, *Hans Vredeman de Vries*, Diss. Berlin 1967.
2 *Ibid.*, S. 59.
3 Hierzu und zu den anderen Tätigkeiten von Vredeman de Vries in Wolfenbüttel siehe F. Thöne, »Hans Vredeman de Vries in Wolfenbüttel«, in: *Braunschweigisches Jahrbuch*, Band. 41, 1960, S. 47–68.
4 Zum Aufenthalt von Vredeman de Vries in Prag siehe Hans Mielke, »Hans Vredeman de Vries«, in: *Fünf Architekten aus fünf Jahrhunderten*, Ausstellungskatalog, Berlin 1976, S. 7.
5 Zu diesem Thema, zum Beispiel über den Einfluß von Erasmus' *Convivium religiosum*, 1522 der noch im 16. Jahrhundert in der Architektur und in Vredeman de Vries' Werk erkennbar war, siehe Florence Hoppers Beitrag »The Erasmian Garden«, in: *The Oxford Companion to Gardens*, Oxford 1986, S. 390f. In diesem Zusammenhang kann auch Vredemans Interpretation der klassischen Säulenordnungen als Symbole für die menschlichen Lebensphasen in seinem *Theatrum vitae humanae Aeneis Tabulis Per Ioa Phrys Exaratum*, Antwerpen 1577, gesehen werden.
6 Carel van Mander, *Het Schilder-Boeck*, Haarlem 1604, Fol. 226 r. Als bibliographische Quelle siehe *Die Inventie der Colomnen met haren Coronnementen . . .*, wovon nur ein einziges Exemplar in der Universitätsbibliothek Gent vorhanden ist, und Rudi Rolf, *Pieter Coecke van Aelst en zijn architectuuruitgaven van 1539*, Amsterdam 1978, mit einer Faksimileausgabe von beiden Büchern.
7 Zur Anwendung der Perspektive in seinen Arbeiten siehe Uwe M. Schneede, »Interieurs von Hans und Paul Vredeman«, in: *Nederlands Kunsthistorisch Jaarboek*, 8. Jg., 1967, S. 125ff.
8 Hans Mielke, *op. cit.*, Anm. 5, S. 9.
9 Uwe M. Schneede, *op. cit.*, S. 130.
10 Ibid. und H. Mielke, *op. cit.*, Anm. 5, S. 59 mit Verweis auf E. Panofksy, »Die Perspektive als symbolische Form«, in: *Aufsätze zu Grundfragen der Kunstwissenschaft*, Ausgabe Berlin 1964, S. 99–168.
11 H. Mielke, *op. cit.*, Anm. 1, S. 139ff.
12 *Ibid.*, S. 59. Zum *Hortorum* siehe *ibid.*, S. 56f., 185f. Hierzu muß angemerkt werden, daß Mielke weder die Bibliothèque Nationale in Paris noch die British Library in London konsultiert hat. Es nicht auszuschließen, daß er – wenn er weitere Sammlungen aufgesucht hätte – die von ihm erarbeitete bibliographische Geschichte des *Hortorum* hätte ändern müssen. Es ist interessant, daß Auguste Schoy in seinem Buch *Hans Vredeman de Vries*, Brüssel 1876, S. 13, die Erstausgabe des *Hortorum* auf 1565 datiert und es als »assez rare« bezeichnet sowie die Ausgabe von 1583 als zweite Auflage betrachtet. Schoy wurde von Mielke konsultiert (*op. cit.*, Anm. 1), diese Besonderheit von ihm jedoch nicht vermerkt. Sollte tatsächlich eine Erstausgabe des *Hortorum* von 1565 entdeckt werden, bedarf diese These einer Korrektur.
13 Siehe Florence Hoppers Beitrag über Vredeman de Vries in: *op. cit.* Anm. 8, S. 141f.
14 Hierfür wurde die Faksimileausgabe des *Hortorum* von 1982 (Amsterdam) verwendet.
15 Mielke, *op. cit.*, Anm. 1, S. 138ff.
16 *Ibid.*, S. 141–155.
17 Kenneth Woodbridge, *Princely Gardens*, London 1986, S. 90f.
18 Elisabeth M. MacDougall (Hrsg.), *Fons sapientiae: Garden Fountains in Illustrated Books, 16th–18th Centuries*, Dumbarton Oaks 1977.
19 Siehe Florence Hopper, *op. cit.*, Anm. 25, S. 42.
20 Roy Strong, *The Renaissance Garden in England*, London 1979, S. 52.
21 Florence Hopper argumentiert in ihrem Beitrag »The Dutch Classical Garden and André Mollet«, in: *Journal of Garden History*, Vol. 2, Nr. 1, 1982, S. 25, daß die Entwicklung der niederländischen klassizistischen Gartens durch die manieristische Gartenarchitektur im Stil von Vredeman de Vries einen Bruch darstellte und von der italienischen Architekturtheorie, besonders der Albertis, beeinflußt gewesen sei.
22 *Ibid.*, S. 25f.
23 *Ibid.*, S. 22.

Villa Brenzone in Punta San Vigilio: ein Garten des Humanismus

Margherita Azzi Visentini

Konzert im Garten. Ölgemälde von L. Toeput, um 1590. Treviso, Museo Civico. Photo Giuseppe Fini

Zu den eindrucksvollsten, am besterhaltensten, jedoch am wenigsten wissenschaftlich untersuchten Gärten der Renaissance in Veneto gehört der Garten der Villa Brenzone in Punta San Vigilio. Er liegt auf der westlichen Seite eines Vorgebirges, einem Ausläufer des dahinterliegenden Monte Baldo, das als Landzunge am Ostufer des Gardasees in den See hineinragt und so den nördlichen Abschluß der Bucht von Bardolino bildet. Das Zusammentreffen der klimatischen und geographischen Gegebenheiten ist außerordentlich glücklich. In der Mitte der Landzunge erhebt sich der regelmäßige Baukörper der Villa. Der Entwurf wird Michele Sanmicheli, einem bedeutenden Architekten des Manierismus zugeschrieben, eine Urheberschaft, die später von den Architekturkritikern akzeptiert wurde, obwohl Beweise hierfür fehlen.

Die Villa Brenzone ist ein prächtiges Beispiel für einen Landsitz, der als willkommener Rückzugsort aus dem Stadtleben geplant war. Der humanistisch gebildete Bauherr hatte sich hier ein Refugium für seine Mußestunden geschaffen. In seiner Villa konnte er die lästigen Geschäfte der Stadt vergessen und sich in der ländlichen Ruhe seinen Neigungen als Literat widmen, sei es allein oder in Gesellschaft einiger ausgewählter Freunde. Mit ihnen pflegte er das gelehrte Gespräch und die angenehme Tafelrunde, ganz so wie »die Weisen der Antike«.[1]

Viele der in diesem Geist errichteten Villen des frühen 16. Jahrhunderts wurden in späteren Jahren zerstört oder vollständig umgebaut. Betroffen davon waren die Villa von Pietro Bembo in Santa Maria di Non, in der Nähe von Padua; jene von Fracastoro und Verità in Incaffi und San Pietro di Lavagno in der Gegend von Verona; die Villa von Bartolomeo Pagello bei Vicenza; und diejenigen von Navagero und Ramusio in Murano.

Zu dem Kreis der venezianischen Humanisten gehörte auch der Bauherr der Villa Brenzone, der namhafte Rechtsgelehrte, Philosoph und Literat Agostino Brenzone. Am 13. Dezember 1538 erwarb Brenzone das Grundstück von Nicolò Barbaro.[2] Es lag neben einer kleinen, dem Bischof San Vigilio geweihten Kirche. San Vigilio hatte das Trentino zum Christentum bekehrt und war als Märtyrer gestorben.

Wie aus einer Landkarte hervorgeht, die vom Ende des 14. Jahrhunderts datiert, bestand damals bereits ein Wohnhaus, das wahrscheinlich direkt am Seeufer beim Anlegesteg lag. An dieser Stelle gab es zudem ein Gasthaus mit Beherbergungsrecht, ein Recht, das auf Agostino Brenzone und seine Nachkommen übertragen wurde. Der neue Besitzer muß sofort mit dem Bau der Villa begonnen haben, denn schon wenige Jahre später konnte Brenzone hier illustre Gäste empfangen und beherbergen.

Lieder ist nicht mehr festzustellen, wann Francesco Zorzi seine *»Heroischen Verse«* über die Villa schrieb, obwohl Brenzone sie in seinem Text *»in laude della fabbrica«* (zum Lob des Werkes) zitiert, den er um 1553 schrieb.[3] Um 1542 lieferte Pietro Aretino in einem Brief eine Beschreibung der Villa und berichtete von ihren Annehmlichkeiten.[4]

Die aufschlußreiche Beschreibung über das Erscheinungsbild der Villa findet sich jedoch in Brenzones eigenen Aufzeichnungen. Der Bauherr führt auch die verschiedenen Besonderheiten des Gartens auf, indem er die verschiedenen Pflanzenarten, den Skulpturenschmuck und die von ihm selbst erdachten Inschriften auflistet. Sowohl die Skulpturen als auch die Inschriften gibt es noch heute, auch wenn ihre Standorte zum Teil verändert wurden.

Das erste Detail, welches das Interesse des Besuchers weckt, befindet sich auf der linken Seite des Weges, den man von der kleinen Hafenbucht kommend einschlägt. Wir folgen Brenzones Beschreibung auf seinem Weg vom Seeufer hinauf zur Villa. Vom Anlegesteg kommend, erblickt der Besucher zuerst ein Relief, das an der Seitenwand des alten Gasthauses angebracht ist. Es zeigt die Verbindung des Heiligen Markus mit dem Lago di Benaco, einem Teil des Gardasees, als Abwandlung der traditionellen Darstellung, die den Evangelisten Markus mit dem Adriatischen Meer in Verbindung bringt. Ein Bildnis Neptuns mit dem Dreizack – hier nicht wie sonst üblich mit dem Delphin, sondern mit zwei »carponi«, zwei Gardaseeforellen[5] – findet man auf der Fassade eines Ölspeichers, in dem die Ernte der benachbarten Olivenhaine gelagert wurde. Brenzone erwähnte die Olivenhaine bereits in seinen Schriften.[6] Nach einer kurzen Wegstrecke gelangt man zum »Garten der Venus«, der »ganz mit Myrthen und Zitronen bestanden« ist. Man betritt den Garten durch ein Portal in der Umfassungsmauer, dessen Inschrift auf die vier Geschmacksempfindungen warm, kalt, süß und bitter verweist. Gemäß Plinius und Dioscorides finden sich diese Empfindungen sowohl in der Zitrone als auch im Liebesleid vereint. Am äußersten Ende dieses von Mauern eingefaßten Gartens, dem Eingang gegenüber, steht eine großartige antike Marmorstatue der Göttin Venus, die aber statt in Begleitung eines »kleinen pinkelnden Cupidos, der den Garten beregnet«, wie Brenzone vermerkt, von einem Amorettenpärchen begleitet wird, das auf dem Rad der steinernen Brunnenschale sitzt. Die Inschrift zu Füßen der Statue bezieht sich auf persönliche Ereignisse im Leben Brenzones, wie die bewegende Huldigung an die verstorbene Geliebte *»mortuus obliviscar Flaviae«* »nur der Tote vergißt Flavia.« Noch heute blühen in diesem Gartenbereich üppige Zitronenbäume in Gewächshäusern des 18. Jahrhunderts, die im Sommer offen sind und nur im Winter mit Glasrahmen abgedeckt werden.

Anschließend an den Garten der Venus öffnet sich »ein weiterer Bereich, der als Garten des Apoll bezeichnet wird. Hier wachsen Orangenbäume und Zedern und ein herrlicher Lorbeerbaum, der schönste, größte und mächtigste am ganzen Seeufer. Auf einer Seite des Gartens befindet sich eine steinerne Büste Petrarcas, aus deren Augenhöhlen Wasser quillt, den Fuß des Baumes netzt und seine Wurzeln tränkt. Auf der anderen Seite steht eine große Apollostatue aus feinstem Marmor. Der Lorbeerbaum bildet das Zentrum des Gartenraumes.«

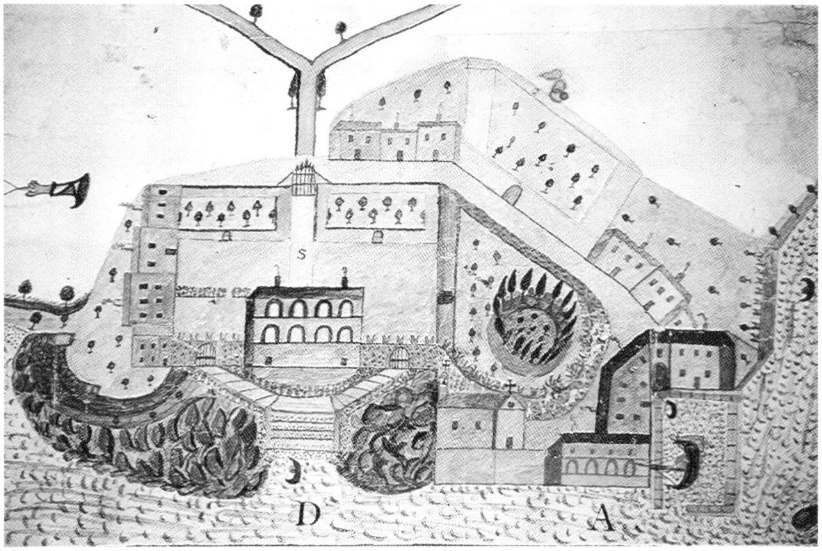

Villa Brenzone in Punta San Vigilio bei Verona (Italien). Topographisches Aufmaß von Villa und Park von 1788. Photo Cesare Gerolimetto

Möglicherweise bezog sich Brenzone in dieser Schilderung auf die Marmorplatte aus dem 16. Jahrhundert mit Darstellungen Apollos, Daphnes und Lauras (die an Laura Brenzone, die Muse Petrarcas erinnert). Auf dieser Tafel ist Apollo als römischer Krieger dargestellt. Heute ist diese Tafel an der Außenmauer des Venusgartens befestigt, an der zur Villa gewandten Seite.

Geht man nun weiter den Hang hinauf, so trifft man »auf einen weiteren Garten, der voll von den Früchten Adams ist, und deshalb heißt dieser Gartenbereich Garten des Adam«. Zwei Zugänge öffnen sich zur Straße und zur Villa. Die Inschriften nehmen Bezug auf das irdische Paradies, das hier geschaffen wurde, aber im Unterschied zum Garten Eden gewährt hier der »genius loci« Schutz. Hier herrscht das Leben über den Tod; die üppig wachsenden Früchte kann man genießen, ohne die List der Schlange fürchten zu müssen. In diesem Garten befand sich ursprünglich das Marmorrelief mit den Figuren von Adam und Eva, das später, wahrscheinlich während einer Umbaumaßnahme im 18. Jahrhundert, in der Antikenrotunde zwischen zwei Skulpturennischen seinen neuen Platz fand.

Die Reliefskulpturen mit der Darstellung der Verbindung des Lago di Benaco mit dem heiligen Markus und die Apoll- und Adamsfigur wurden nie wissenschaftlich untersucht, werden aber gewöhnlich Gerolamo Campagna zugeschrieben. Diese Urheberschaft steht jedoch im Widerspruch zur Entstehungszeit, die eher auf den veronesischen Künstler Danese Cattaneo hinweist.

Die drei mythologischen Orte – Parnaß, Garten Eden und Liebesgarten – entsprechen dem intimen Bereich eines »hortus conclusus«. Sie scheinen eher als eigenständige Abschnitte nebeneinandergestellt als in einen organischen Gesamtentwurf eingebunden zu sein. Schließlich stehen sie auch in keiner konzeptionellen Verbindung zur benachbarten Villa.

Das Haus befindet sich als alleinstehender Baukörper direkt oberhalb der Kapelle, in der Brenzone zur letzten Ruhe gebettet werden wollte: »Man kann dort noch das Grabmal des großen Dichters Catull sehen. Sein Bildnis scheint über den See nach Sirmione, seiner Heimat, hinüberzublicken.« Zweifellos existierten direkter gedanklicher Bezug zwischen den eindrucksvollen Ruinen der Villa des Catull in Sirmione und der klassischen Villa aus dem 16. Jahrhundert, in deren Garten der Dichter eine neue Ruhestätte fand.

Als letzter Gartenbereich soll die Antikenrotunde vorgestellt werden. Die Zypressen, die sie damals umgaben, sind heute nicht mehr dieselben. Brenzone und vor ihm Aretino verzeichneten ihren genauen Standort. Mit der Beschreibung der »hügeligen Höhe, wo die flinke Schar der Kaninchen ihre Löcher gräbt«, nimmt Brenzone Bezug auf die kleine Felsenerhebung, die zwischen der Villa und der kleinen Kapelle liegt und die später zum Aussichtsrondell umgestaltet wurde. Ein Ausgabenbeleg aus dem Jahre 1560 bestätigt, daß die Arbeiten an der Villa Brenzone zu diesem Zeitpunkt noch nicht abgeschlossen waren. Dieser Beleg bezieht sich auf »einige Statuen, die um das Jahr 1560 nach San Vigilio geschickt worden waren«; damals wurden »dem Schiffer, der sie von Venedig gebracht hatte, sechs Dukaten ausgezahlt«.[7] Bei den genannten Statuen handelte es sich höchstwahrscheinlich um die antiken Büsten der Cäsaren, die auf neuen Sockeln und längs der Innenseite der Rotunda in kleinen gemauerten Nischen aufgestellt wurden.

Das Rondell selbst hat einen Durchmesser von ungefähr zwölf Metern. Seine niedrige, leicht vorgewölbte Umfassungsmauer wirkt wie eine Brüstung, von der aus man über den See blickt. Auch hier wird das Programm mit lateinischen Inschriften erläutert. Über dem Eingang liest man »Karthago gegen Italien«, andere, nur noch teilweise erhaltene Sinnsprüche schmücken die kleinen, zweiseitig konzipierten Nischenhäuschen, in denen Büsten aufgestellt sind. Unter den Plastiken befinden sich auch einige Karyatidenköpfe – Teilstücke von ionischen Kapitellen –, die an der Außenseite plaziert sind.

Der Brauch, im Garten antike Skulpturen auszustellen, geht auf eine frühe römische Tradition zurück. Hier in der Rotunda scheinen die antiken Fundstücke aber nicht nur für eine einfache Ausstellung gedacht gewesen zu sein, sondern auch als Träger bestimmter Botschaften. Die zwölf Büsten der Cäsaren beziehen sich höchstwahrscheinlich auf die zwölf Monate des Jahres und auf die Tierkreiszeichen. Außerdem sind »zwölf Regeln« auf der Fassade der Villa unterhalb der Büste des Hausherren angebracht und heißen den Besucher willkommen. Die Rotunde ist nicht nur Aussichtsplatz, sondern auch ein dem Andenken der Antike geweihter Tempel und ein Theater. Es ist unschwer zu erkennen, daß die Anregung auf den Botanischen Garten in Padua zurückgeht, der mit seinem kreisförmigen Grundriß ein Abbild des gesamten Kosmos darstellt. Er wurde 1545 von Daniele Barbaro entworfen, der 1556 das Werk Vitruvs herausgab, in dem auch Palladios Rekonstruktion des Antikentheaters abgebildet ist. Das Rondell ruft den Gedanken an ein Studierzimmer unter freiem Himmel wach. Trotzdem beruht es auf dem Vorbild eines kleinen, kuppelüberwölbten Zentralbaus, wie er sich in venezianischen Palazzi findet, etwa dem Palazzo dei Thiene in Vicenza, der mit den Büsten von acht Kaisern geschmückt ist.

Villa Brenzone in Punta San Vigilio bei Verona (Italien). Luftaufnahme der Villa. Photo Cesare Gerolimetto

Die Büsten berühmter Persönlichkeiten der Antike waren von den Sammlern des 16. Jhds., die sie in ihren Gärten aufstellten, sehr begehrt. In der Legende eines Planes von Lauro, der den Garten der Villa Mattei in Rom darstellt, wird besonders hervorgehoben, daß sich in diesem Garten »eine Büste des Cicero und andere antike Büsten befanden«. Im Mittelpunkt der Exedra, die auf der einen Seite das Hippodrom dieses Gartens abschloß, stand eine monumentale Skulpturennische mit der Büste Alexanders des Großen, der so die großartige Anlage überblickte. Eine Rotunde auf einer Anhöhe, von Zypressen umgeben, ist ein häufig wiederkehrendes Motiv in italienischen Gärten, aber die Antikenrotunde von San Vigilio ist in ihrer Art einzigartig.

Botanik, Astrologie und Mythologie, Verweise auf die Kultur der klassischen Antike, Erinnerungen an biblische Themen und den christlichen Glauben – all das verbindet sich im Garten der Villa Brenzone zum Mikrokosmos einer vollkommenen Welt, in der der Traum des humanistisch gebildeten Hausherrn von der Flucht vor dem Alltag Gestalt angenommen hat: Jener Mann war auch Autor eines unveröffentlichten Kurzepos mit dem Titel *»De vita solitaria«*. Sein Traum hat zahlreiche Analogien mit demjenigen von dem Francesco Colonna in der *»Hypnerotomachia Poliphili«* erzählt.

Im Inneren der Villa ließ Brenzone zwei Inschriften, die ›Marmorrätsel‹, als Abschluß der Folge von Inschriften im Garten anbringen. Sie nehmen deutlich Bezug auf seinen unstillbaren Wunsch, sich »am schönsten Ort auf der ganzen Welt« zu erfreuen.[8]

Villa Brenzone in Punta San Vigilio bei Verona (Italien). Antikenrotunde. Photo Cesare Gerolimetto

Villa Brenzone in Punta San Vigilio bei Verona (Italien). Antike Venusstatue. Photo Cesare Gerolimetto

Ende des 18. Jahrhunderts nahm Agostino Vincenzo Brenzone, der 1786 zum Grafen von San Vigilio geadelt worden war, verschiedene Umgestaltungsmaßnahmen an der Villa und auch am Garten vor. Er vergrößerte auch durch Zukauf an Land den Grundbesitz der Familie.

In diesem Zusammenhang erscheint es angebracht, die Mitwirkung Trezza's zu erwähnen, der einen Plan ausarbeitete, um die Leistungsfähigkeit der Pumpe zu erhöhen, die das Wasser für die Springbrunnen aus dem See heraufpumpte. Die Pumpenanlage befindet sich hinter der Kapelle in einer kleinen neo-gotischen Loggia. Außerdem wurden damals zahlreiche gotisierende Details eingefügt. Insbesondere seien hier die Fensteröffnungen genannt, die in die Umfassungsmauern des alten Gartens Adams gebrochen wurden; ebenso wie die Zinnen, mit denen die Gartenmauern und die Balustraden der Terrasse verziert wurden. Sie verleihen der Anlage, wenn man sie vom See aus betrachtet, einen ausgesprochen malerischen Charakter, der ganz im Gegensatz zu dem strengen Kubus der Villa steht. Die Zinnen sind deutlich auf der hier zum ersten Mal abgebildeten Panoramakarte aus dem Jahre 1788 zu erkennen. Die Rotunde scheint auf dieser skizzierten Gartendarstellung die ganze Anlage zu beherrschen.

Wenn der Garten der Villa Brenzone einerseits an die Traditionen des mittelalterlichen *»hortus conclusus«* anknüpft, scheint er andererseits auch Merkmale des Englischen Landschaftsgartens aus der frühen Georgianischen Epoche vorwegzunehmen. Sind hier doch auch Elemente wie das Nebeneinanderstellen unterschiedlicher Bestandteile ebenso vorhanden wie die persönlichen Anspielungen in der übermittelten Botschaft. Zahlreiche Inschriften, Skulpturen, Grabmale und Gedenkstätten, schlagen einen hochmoralischen Ton an. Die Öffnung des Gartens zur umgebenden Landschaft wird betont und der natürlichen Lage Respekt gezollt, ja die Umgestaltung der Landschaft erfolgt in ein Ideal ihrer selbst.

Die Kunstgeschichte hat in letzter Zeit die enge Verbindung bestätigt, die zwischen der Entstehung des Englischen Landschaftsgartens und dem Italienischen Garten der vorhergehenden Jahrhunderte besteht. Insbesondere die Reihe berühmter Männer im »Temple of British Worthies« in Stowe – dieses Motiv hatte William Kent bereits für den Garten von Chiswick vorgeschlagen – scheint in einem direkten Bezug zu der Antikenrotunde in San Vigilio zu stehen. Wir wissen heute noch nicht, ob die Antikenrotunde einen unmittelbaren oder eher indirekten Einfluß auf englische Gartengestalter gehabt hat. Wenn jedoch das Archiv der Familie Brenzone irgendwann einmal eingesehen werden kann, werden diese und noch viele andere Unklarheiten und Fragen eine genaue Antwort finden.

Anmerkungen

1 A. Palladio, *I quattro libri dell' architettura*, Venedig 1570, 1. II, S. 45.
2 R. Brenzoni, 1960, S. 14.
3 *Lettera di Agostino Brenzon... per la descrizione del suo luogo a San Vigilio sul lago die Benaco*, in: S. Cattaneo, B. Grattarolo, 1745, S. XXXIX–XLII. Die Widmung an M. A. da Mula stammt von 1553.
4 P. Aretino, 1957, S. 250.
5 Diese Skulpturentafel wurde 1875 in einem Akt von Vandalismus in den See geworfen, wo sie heute noch liegt.
6 Verfaßt am 1. Januar 1562 und 21. November 1563. Siehe Staatsarchiv Venedig, *M. Cavanis*, 193.52, siehe auch R. Brenzone, op. cit., S.28–10. Brenzone starb 1577 in Venedig.
7 Staatsarchiv Verona, *Archivio Cermison*, Processo Nr. 471, c. 2.
8 *Lettera*, op. cit., S. XLII.

Literatur

S. Cattaneo, B. Grattarolo, *Salò, e sua Riviera*, 2 voll., Venedig 1745, I, S. XXXIX–XLII, 78–80; G. D. Marai, *San Vigilio sopra il lago di Garda*, Verona 1807; G. B. Da Persico, *Descrizione di Verona e della sua provincia*, Verona 1820–1821, II, S. 198–202; H. Thode, *Somnii Explanatio. Traumbilder vom Gardasee in S. Vigilio*, Berlin 1909; M. L. Gothein, *Geschichte der Gartenkunst*, 2 Bde., Jena 1914, I, S. 255–258; L. Eccheli, *Punta San Vigilio*, Verona 1957; P. Aretino, *Lettere sull' arte*, Hrsg. E. Camesasca e F. Pertile, 3 Bde., Milano 1957–1960, I, S. 249–252, 482–483; R. Brenzoni, *Agostino Brenzone, umanista, giureconsulto ricostruttore di San Viglio del Garda*, in »Atti e Memorie dell' Accademia di Agricoltura, Scienze e Lettere di Verona«, 1960, 6, XIII (1962),S. 37–52; *La villa nel Veronese*, Hrsg. G. F. Viviani, Verona 1975, S. 237–238, 329–333; *Il giardino veneto*, Hrsg. M. Azzi Visentini, Mailand 1988, S. 90–92; M. Azzi Visentini, *Il giardino veneto tra Sette e Ottocento e le sue fonti*, Mailand 1988, S. 14–15, 19.

Gerade Linie und Arabeske
Vom Barockgarten zum klassizistischen Park

Versailles (Yvelines, Frankreich). Detail des Parterre du Midi. Photo Luigi Ghirri

Grundriß des Schloßparks von Rueil (Hauts-de-Seine, Frankreich). Plan von Kenneth Woodbridge nach einer Rekonstruktionszeichnung von Launay und einem Katasterplan von 1818

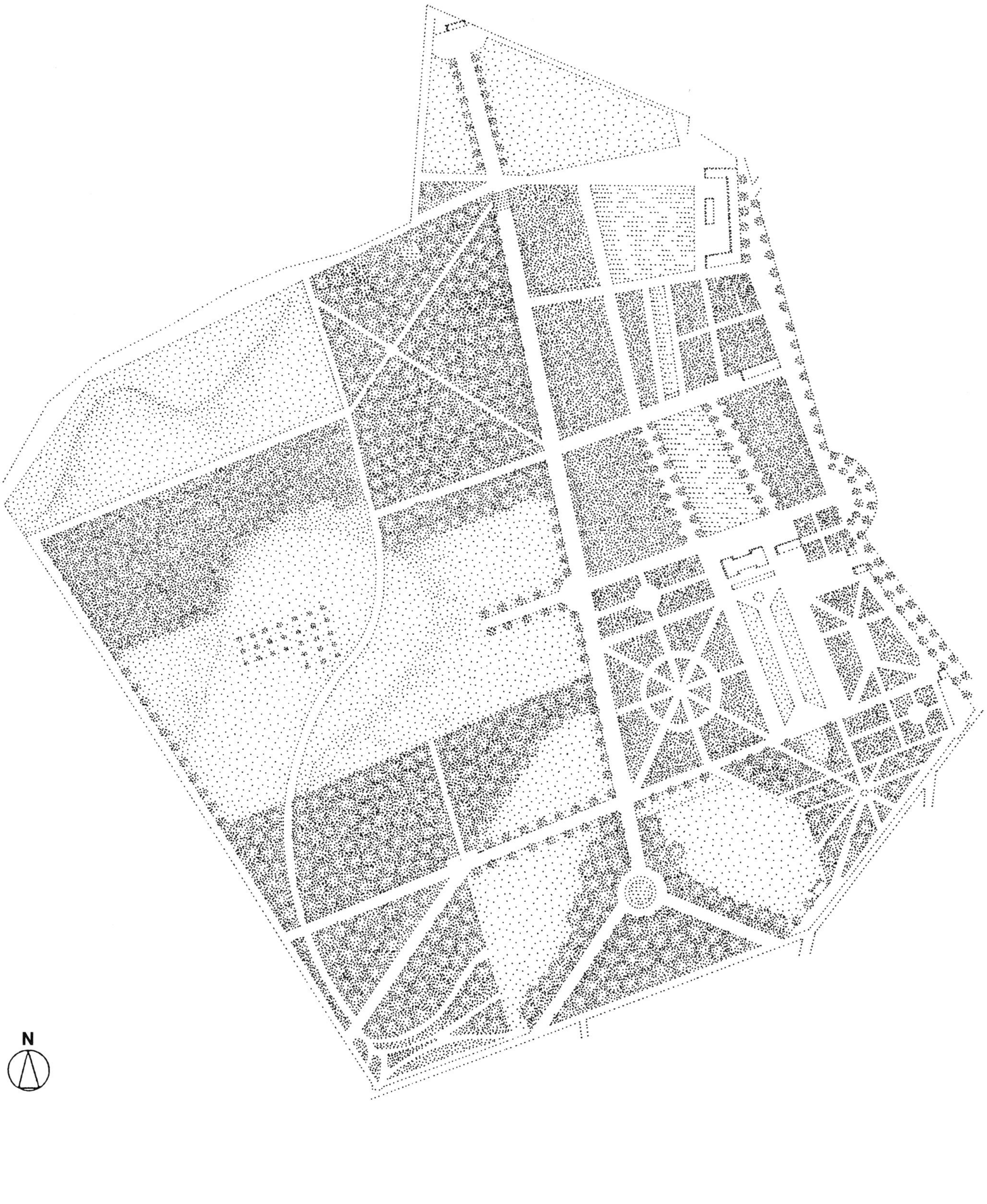

Grundriß des Inselgartens in Aranjuez bei Madrid. Nach einem Aufmaß des Servicio de Jardines, Parques y Montes, Madrid 1985

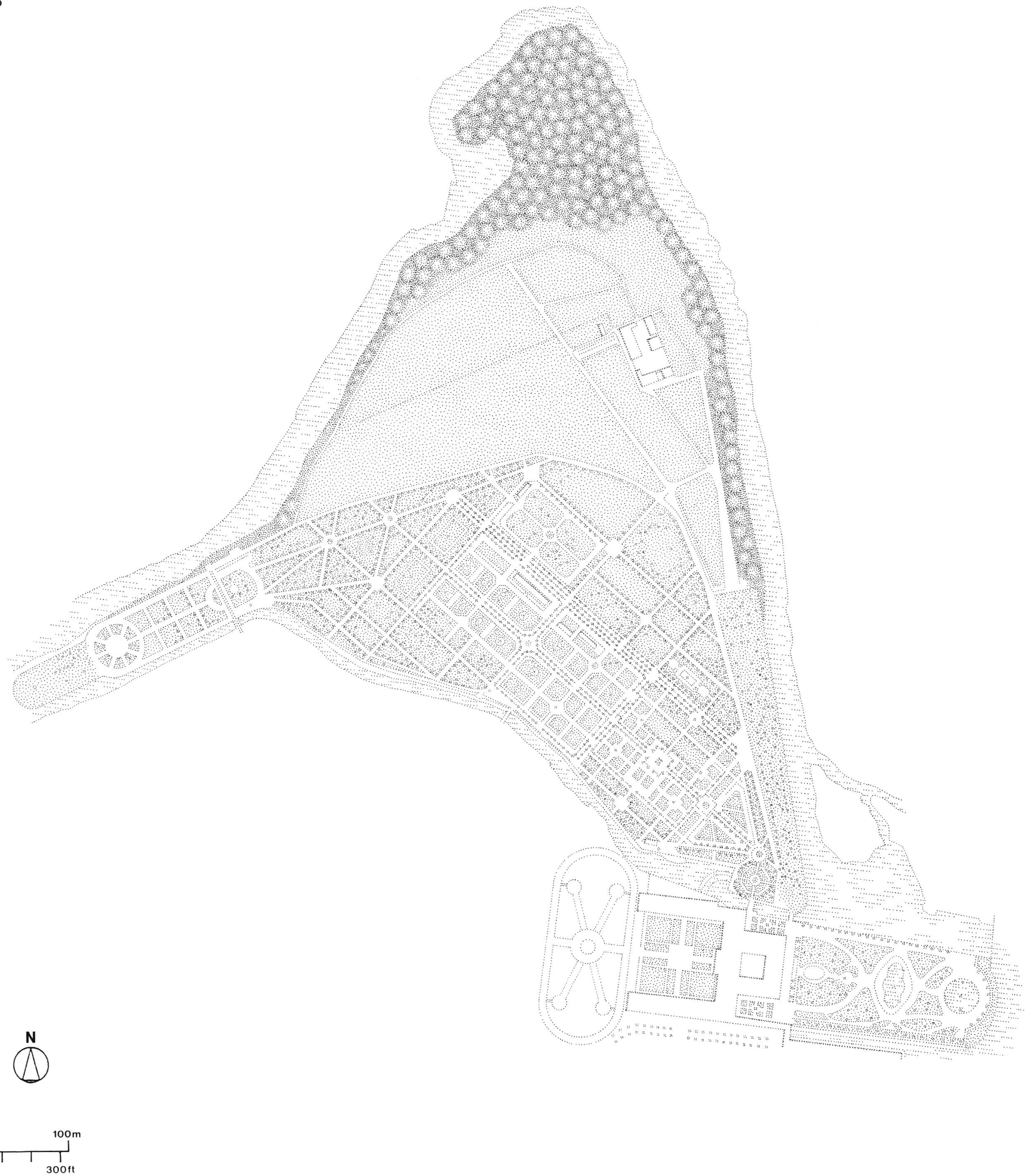

Gartengrundriß der Villa Orsetti (später Villa Reale, heute Pecci-Blunt) in Marlia bei Lucca (Italien). Nach einem Aufmaß aus dem Archivio di Stato di Lucca

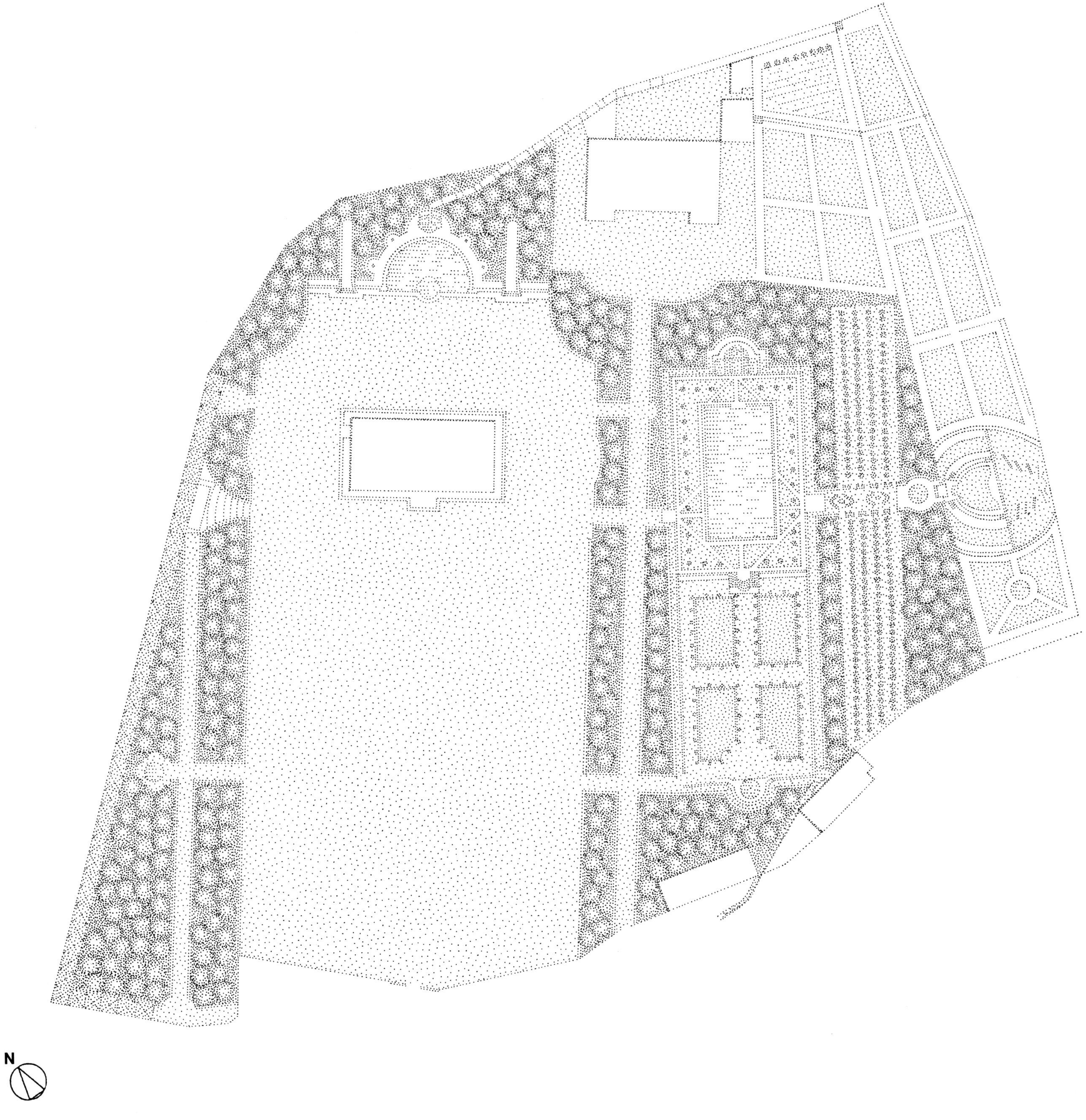

Gartengrundriß der Villa Garzoni (heute Villa Gardi) in Collodi bei Pistoia (Italien). Nach einem Plan von 1692 (Archivio di Stato di Lucca) und einem modernen Aufmaß

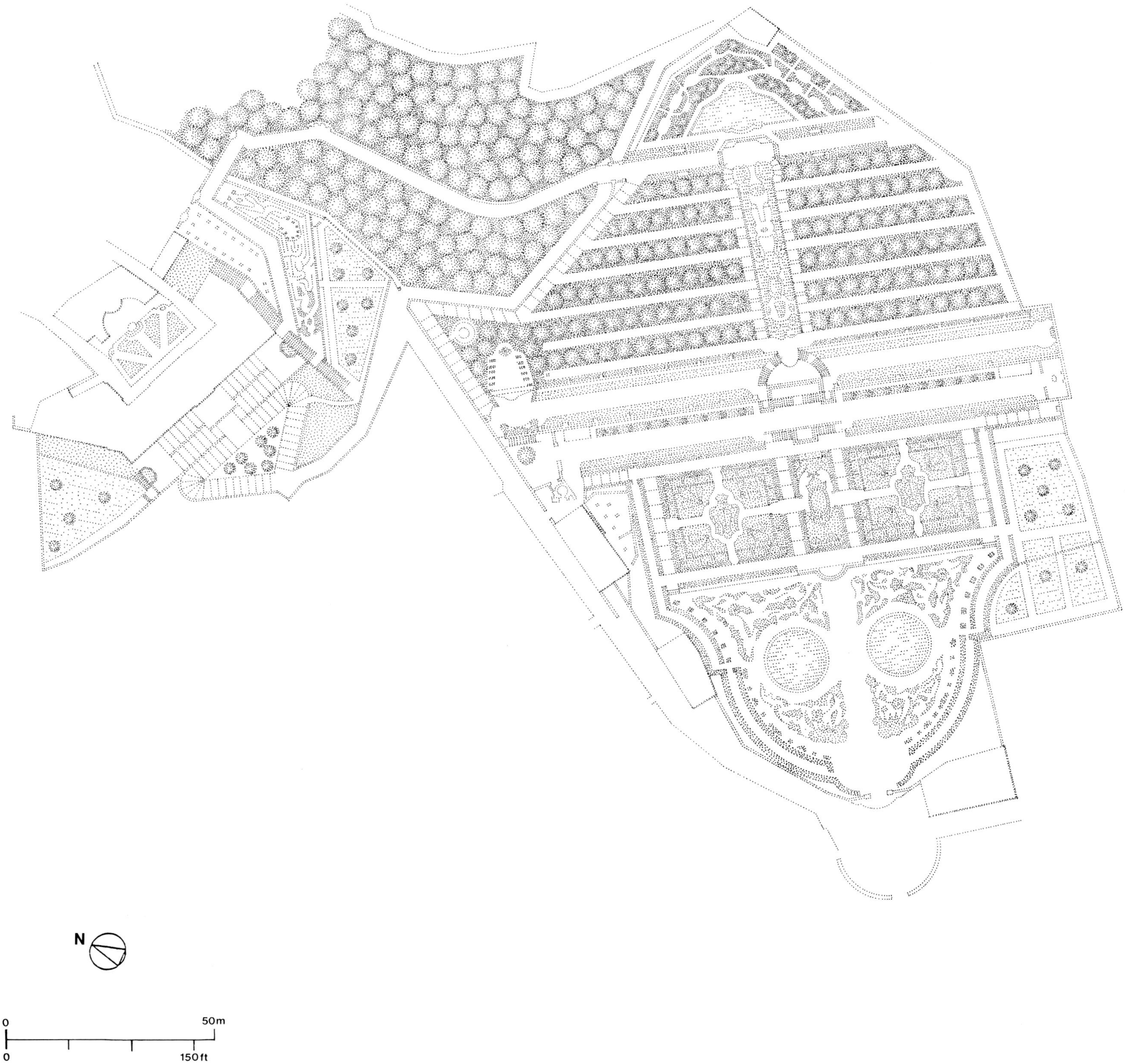

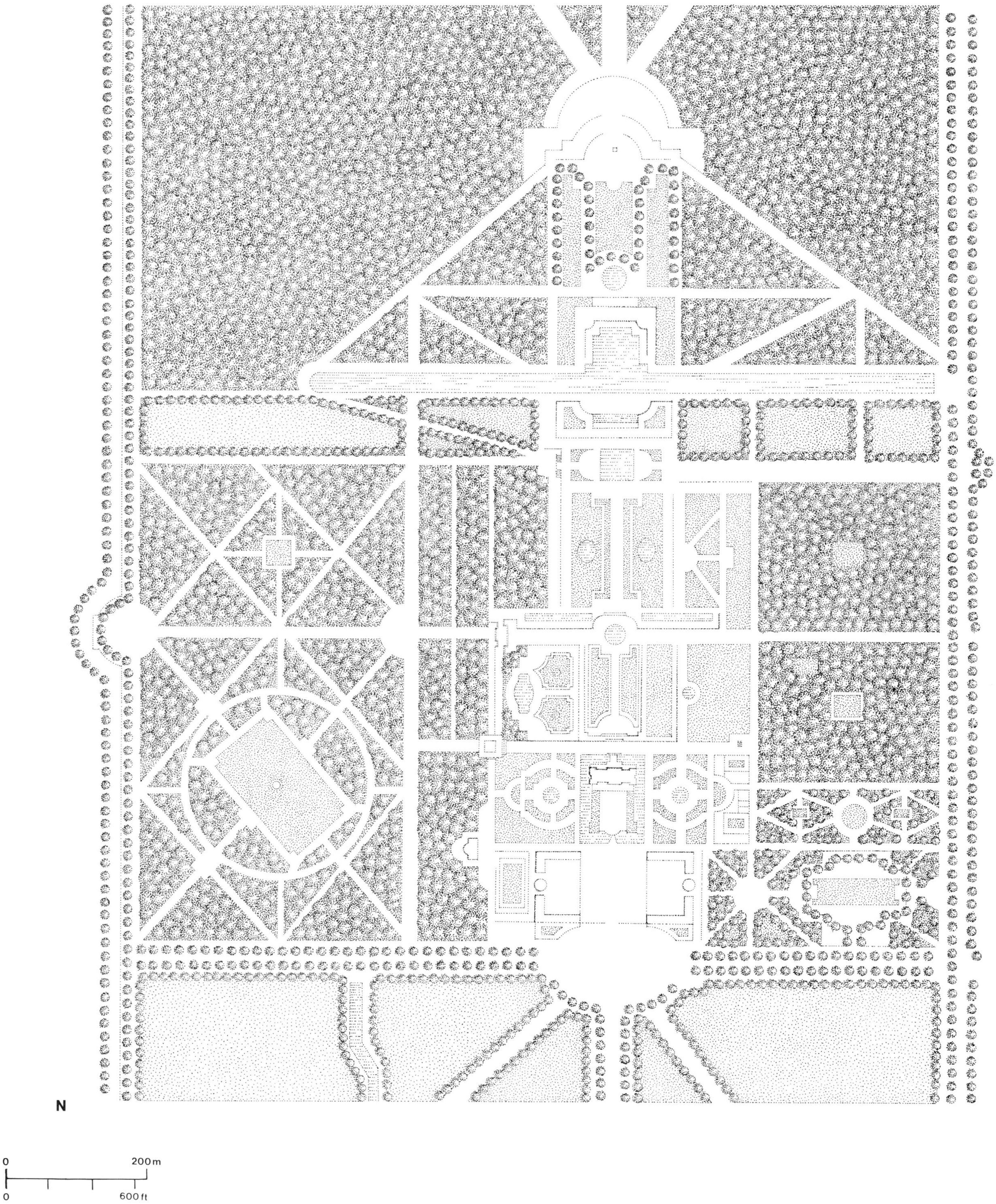
N
0
200 m
0
600 ft

Grundriß des Parks von Vaux-le-Vicomte (Seine-et-Marne, Frankreich). Nach einem Plan von I. Silvestre

Grundriß des Petit Parc des Schlosses von Versailles (Yvelines, Frankreich). Nach einem gedruckten Plan von 1710 von Pierre Le Pautre und einem modernen Aufmaß

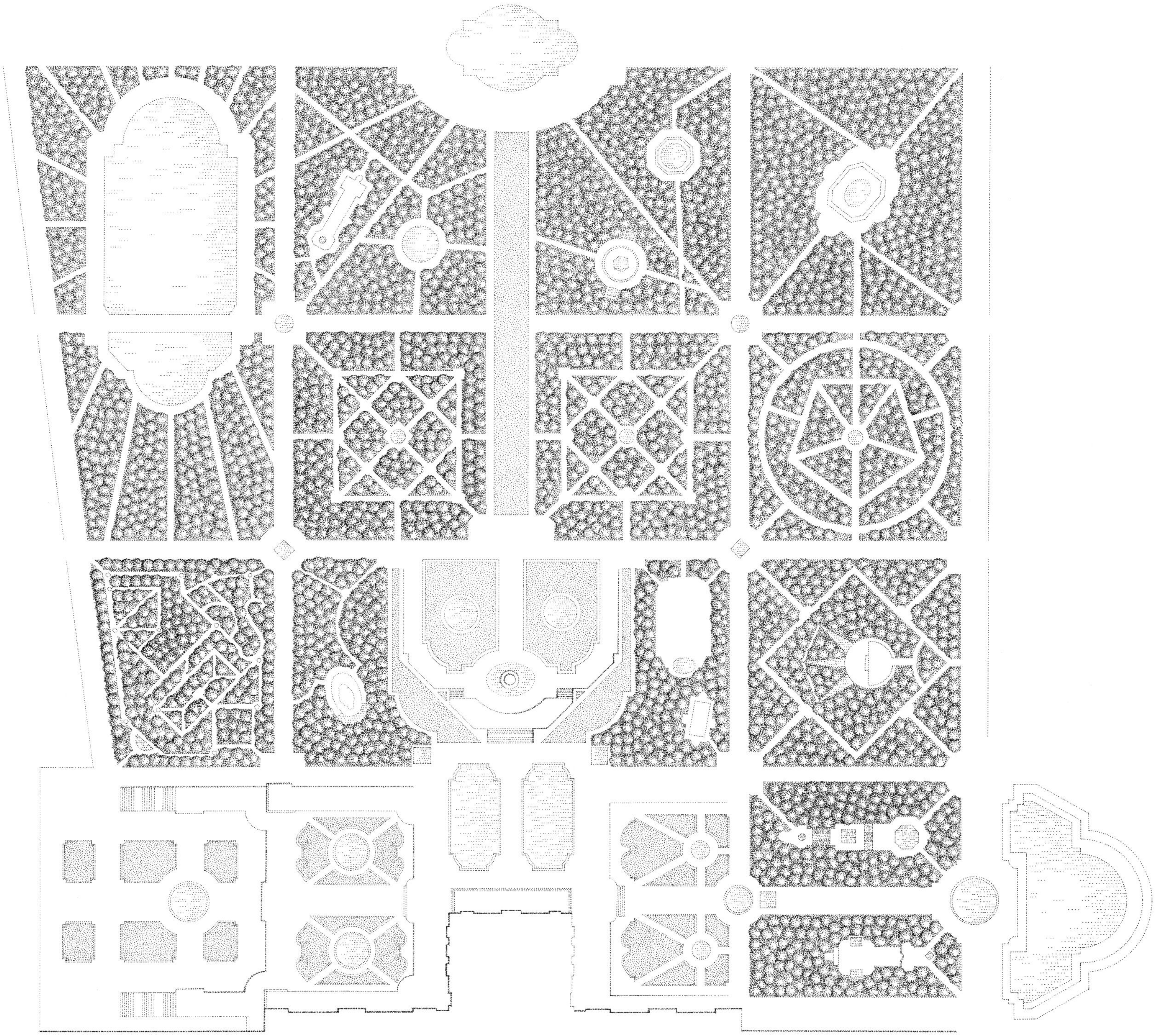

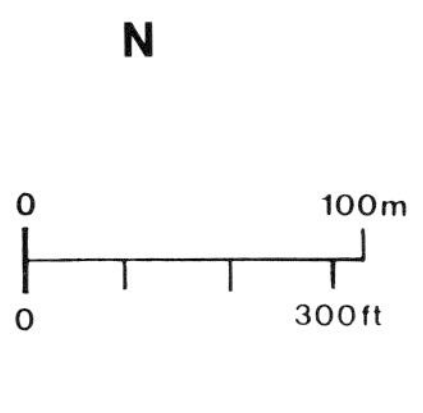

Gartengrundriß der Villa Villani-Novati (später Villa Belgiojoso, heute Brivio-Sforza) in Merate bei Como (Italien). Aus: M. Dal Re, Ville di delizia, 18. Jh.

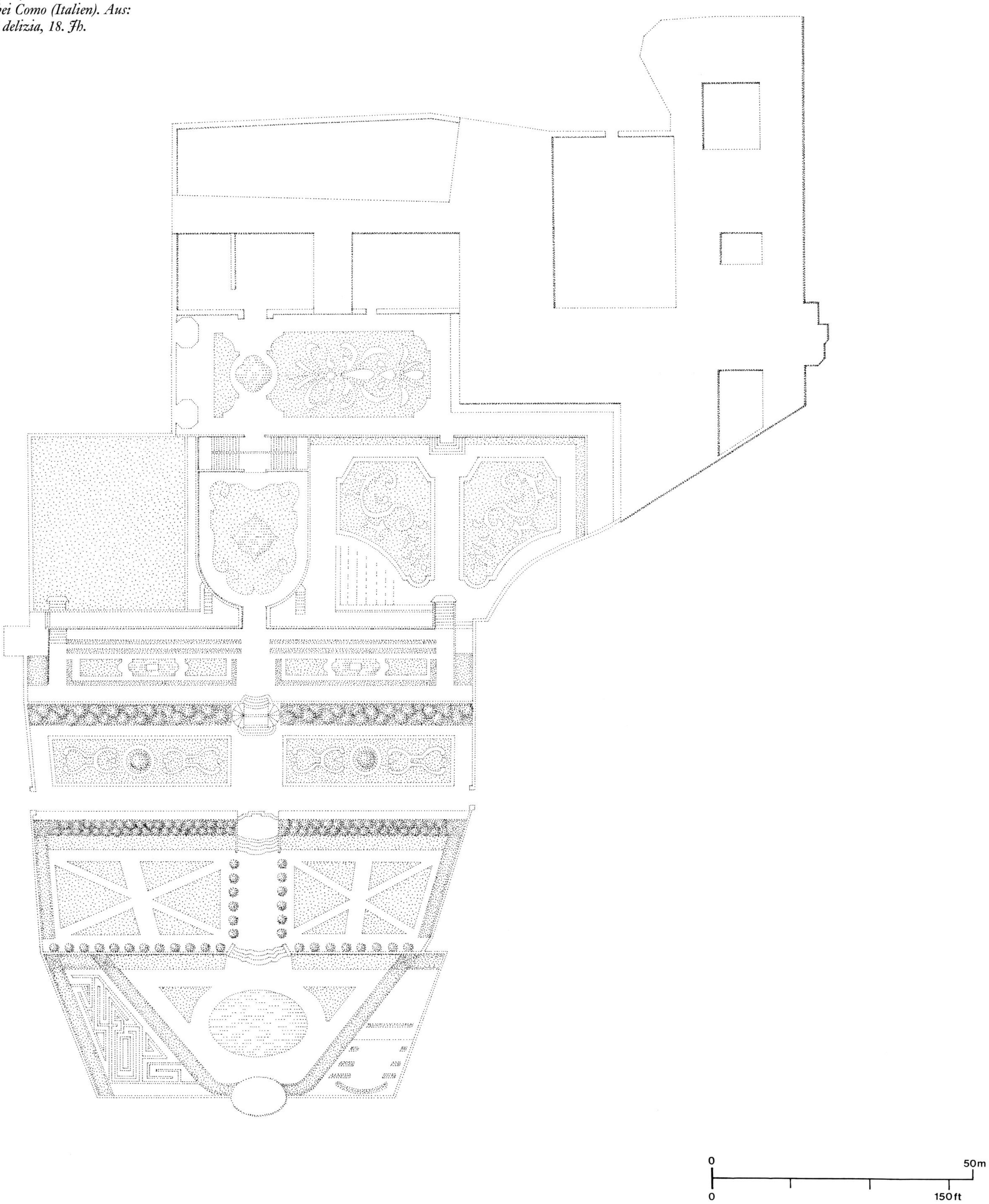

Gartengrundriß von La Granja in San Ildefonso bei Segovia (Spanien). Nach einem Aufmaß des Servicio de Jardines, Parques y Montes, Madrid 1985

Gartengrundriß von Het Loo in Apeldoorn, Geldern (Niederlande). Nach einem Luftbild und Rekonstruktionszeichnugen von J. B. Baron von Asbeck

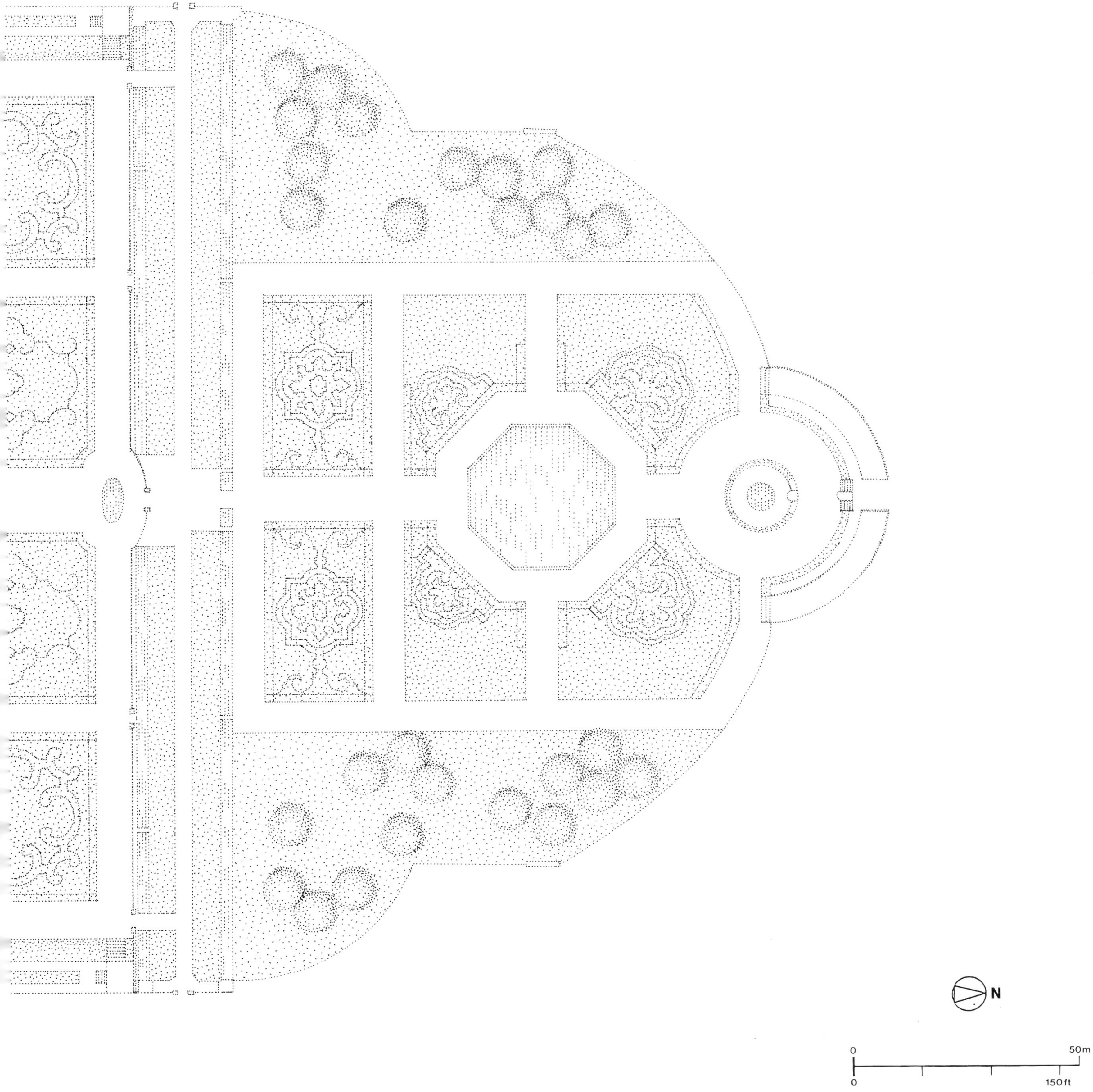

Gartengrundriß der Villa Barbarigo in Valsanzibio bei Padua (Italien). Aus: F. Fariello, Architettura dei giardini, Rom 1985 (Neuauflage)

Gartengrundriß des Großen Gartens von Herrenhausen in Hannover. Nach einem Plan von M. Charbonnier, Beginn 18. Jh.

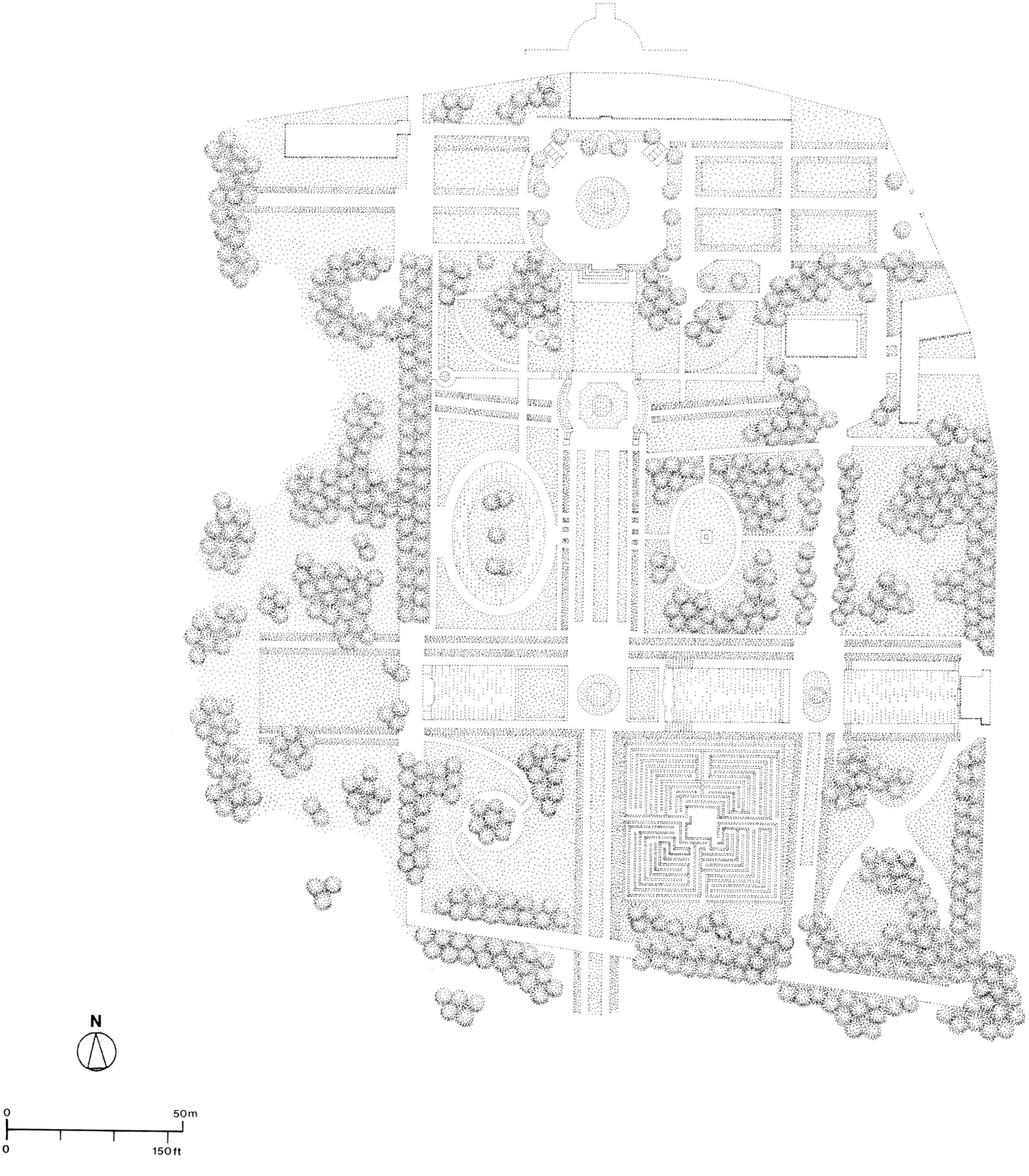

N
0
100m
0
300ft

Grundriß des fürstbischöflichen Gartens in Veitshöchheim bei Würzburg. Nach dem Plan von J. A. Oth, um 1780 und einem modernen Aufmaß der Bayerischen Verwaltung der Staatlichen Schlösser, Gärten und Seen, München 1986

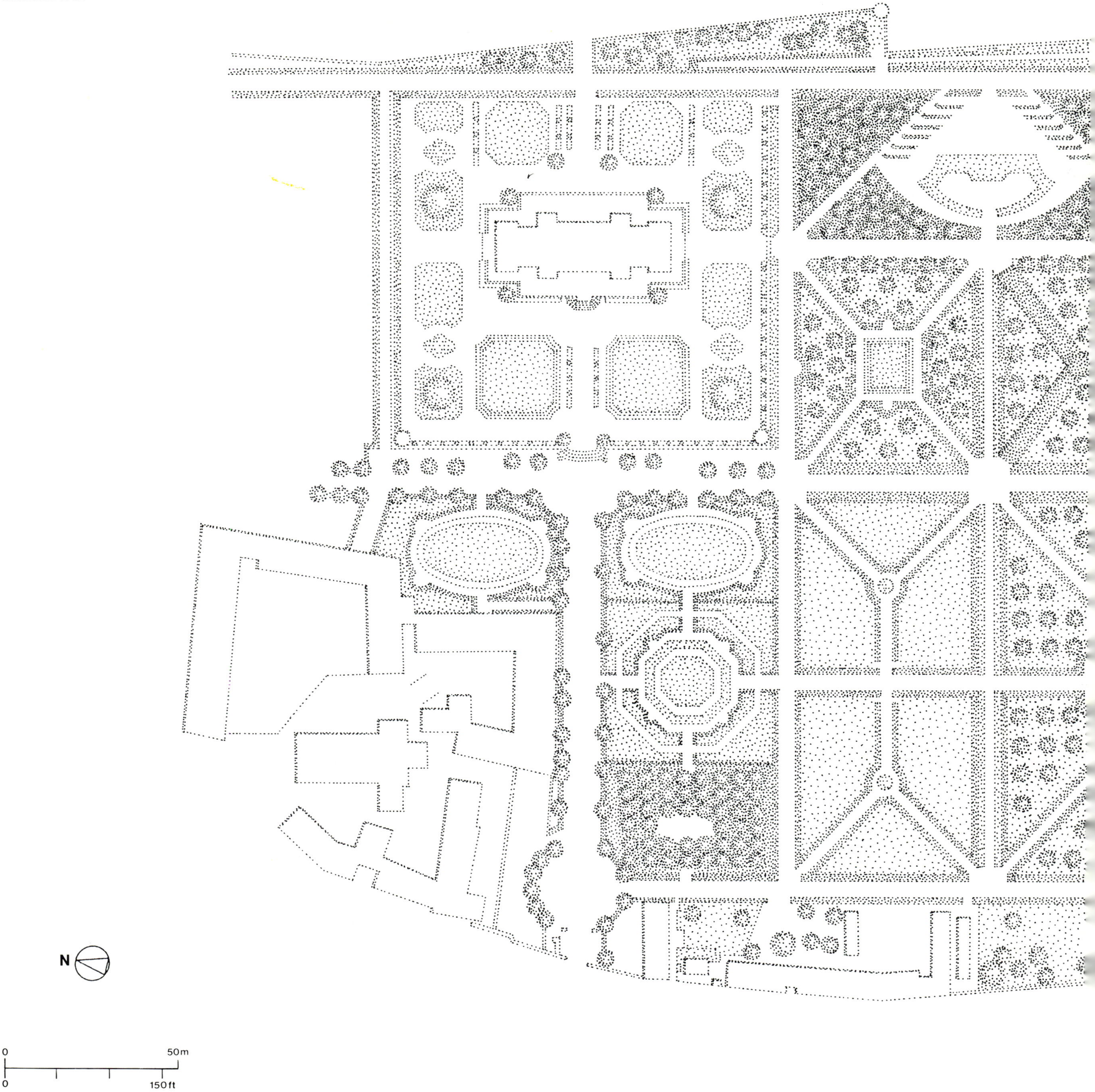

Gartengeschichte und Kartographie

Françoise Boudon

Wollte man eine neue Geschichte des Gartens schreiben, so wäre es notwendig, die Ausgangsbasis der Arbeit zu bestimmen. Sollte man von den »konservierten« Räumen ausgehen, deren Echtheit sorgfältig überprüft werden müßte, oder von den verschwundenen Räumen, die zu rekonstruieren wären? Welche Instrumente soll man für jede dieser schwierigen Aufgaben benutzen? Ausgezeichnete jüngere Untersuchungen über die großen Fürstengärten des 17. Jahrhunderts[1], illustriert mit unveröffentlichten Plänen aus wertvollen Sammlungen, mit farbenfrohen Ansichten aus der Vogelperspektive, mit aussagekräftigen Texten, expliziten Urkunden, haben unsere Kenntnisse beträchtlich erweitert, aber die dokumentarische Methode, das System der Wiederherstellung, die Art der Analyse kaum beeinflußt. Die Schönheit dieser außergewöhnlichen Gärten, ihr Reichtum, die Eigenschaften ihrer Auftraggeber, die Bedeutung der veröffentlichten Dokumente lassen dieses Defizit vorübergehend vergessen. Es wird notwendigerweise wieder auftreten, wenn man den wissenschaftlichen Erfordernissen schließlich nachgibt und sich entschließt, mehr in die Tiefe zu gehen; wenn man die bezaubernden Wege der wenigen großen fürstlichen Parks verläßt, um die banalere – aber bezeichnende – Geschichte der großen Zahl von Gärten der kleinen und mittleren Wohnsitze zu erforschen.

Wenn sich, worauf Kenneth Woodbridge[2] verdienstvollerweise hingewiesen hat, in der Anlage des Gartens oft die Logik gegenüber dem Idealkonzept durchsetzte, so muß man zugeben, daß die Voraussetzungen jeder genauen Studie neben der Art der Bepflanzung, der Zusammenstellung der Massen, Farben, Düfte die Wahl seiner Lage und seiner Begrenzungen, das langfristige Verhältnis zur Topographie des Geländes, die nicht notwendigerweise unveränderlichen Naturgegebenheiten, das Landschaftsprofil, die Wasserläufe, die manchmal erstaunliche Permanenz der Straßen, des Dorfes, des Schlosses und seiner Nebengebäude sind. Man kann also sagen, daß einer der wesentlichen Schlüssel zur Geschichte des Gartens die historische Kartographie ist; sie stellt ihr privilegiertes Instrument dar, weil sie ihr ein reiches und homogenes Dokumentationsfeld öffnet und zu einer Fragestellung, Analyse und Darlegung anregt, die diesem Forschungsgebiet offensichtlich noch abgeht.

Bilder eines neuen Typs

Garten und Park nehmen einen wichtigen Platz in der kartographischen Darstellung ein. Nur wenige Karten, und seien sie noch so schematisch, versäumen es, das Vorhandensein eines Gartens anzuzeigen. Die Mauern, die ihn einfassen, zwingen dazu, ihn dem Gebäude zuzuordnen, aber zweifllos sind auch nur wenige Stücke Landes ästhetisch und symbolisch so beladen. Ein Beweis für das latente Interesse des Kartographen am Park ist folgende Tatsache: Sobald die Größe der Karte es erlaubt, ergreift der Zeichner die Gelegenheit, das Bild des Gartens zu detaillieren, indem er den Umriß des Parks, die Richtung der Alleen, die Lage der Beete festhält.[3] Wenn also der Garten einer der wesentlichen Bestandteile der Karte ist, so läßt sich die Folge dieses »Gesetzes« mühelos formulieren: Die Karte ist eine der grundlegenden dokumentarischen Quellen der Geschichte des Gartens.

Wie ergiebig dieses Material aber auch sein mag, so muß es doch mit Bedacht geprüft werden.[4] Viele Karten sind weit davon entfernt, gleichermaßen interessante Bilder zu liefern. Die Qualität der Darstellung ist extrem unterschiedlich, variiert entsprechend dem Maßstab, dem Datum ihrer Herstellung und ihrer Zweckbestimmung, sei sie administrativer, steuerlicher, juristischer oder topographischer Natur.

Aus verständlichen Gründen stellt die chronologische Folge der Geländepläne eines herrschaftlichen Gutes – einschließlich des Grenzverlaufs – das Gebiet dar, auf das sich die Autorität des Gutsherrn erstreckt. Sie liefert für ein und denselben Garten eine Reihe von praktischen, genau datierten und gut lesbaren Auskünften, die von unschätzbarer Bedeutung für die Rekonstruktion der Geschichte des Anwesens sind. Das Zentrum des herrschaftlichen Mikrokosmos, das Schloß und seine Umgebung, ist häufig Gegenstand einer sorgfältig detaillierten, kolorierten und bisweilen sogar mit Untertiteln versehenen Zeichnung. Man erfährt nicht nur die Größe des Gartens und seine Zusammenstellung, sondern auch etwas über die Art der Pflanzen, zumindest die wichtigsten, die natürlich in den meisten Fällen Nutzpflanzen sind: ein mit Weinstöcken und Gemüse bepflanztes Karree, in Fünfform angeordnete Obstbäume, Melonengarten etc.

So nachhaltig und homogen die Folge von Geländeplänen aber auch sein mag, so weist sie doch gelegentlich zu viele chronologische Lücken auf – Ende des 18. Jahrhunderts wird meist mehr Wert auf Details der Umgebung gelegt – und im allgemeinen gibt es auch zu viele geographische Leerstellen – die Darstellung ist im wesentlichen auf das Gutshaus beschränkt. Umfassendere topographische oder administrative Informationen fehlen. Diese Karten, die dazu bestimmt waren, die getreue Wiedergabe eines Gebiets, die Grenzen einer Gemeinde, die Ausdehnung eines Waldes oder einer Jagd, den Verlauf eines Flusses, die Führung einer Straße, die Anlage eines Kanals darzustellen, liefern als Sammlungen von Gartenplänen ohnegleichen wertvolle Wiedergaben der im betreffenden Ausschnitt enthaltenen Parks. Die Betrachtung des Gartens in seinem topographischen Kontext ermöglicht das Verständnis seiner Besonderheiten, eine Beurteilung der gepflanzten Perspektiven, eine Bewertung beispielsweise des Teichs oder des Kanals im Verhältnis zum örtlichen Gewässernetz und folglich eine Einschätzung der Bedeutung der Landschaftsgestaltung als Ganzes.

Die topographische Karte zeigt die chronologische Entwicklung, die Übereinstimmung oder Verschiedenartigkeit der Lösungen für einen gleichen Kontext, die den Epochen entsprechende unterschiedliche Betrachtungsweise eines Ortes durch den jeweiligen Besitzer und den Gärtner des Guts. Von allen topographischen Karten zu diesem Thema ist der Atlas von Trudaine (1740)[5] zweifellos am bekanntesten; er inventarisiert fehlerlos – wenngleich bisweilen nicht ohne Phantasie – die gesamte Länge des riesigen königlichen Straßennetzes, die Parks, denen es ausweicht und die es umreißt sowie die Alleen, die es verbindet. Andere Serien sind noch auszuwerten: Gibt es eine bessere ikonographische Quelle als die Gewässerkarten für das vergleichende Studium der Gärten am Wasser? Die Karte des Gewässersystems von Versailles, in den Jahren um 1670 anläßlich der Aushebung des großen Kanals und der Herstellung der Wasserbecken erstellt, verzeichnet sorgfältig die allgemeine Gestaltung der benachbarten Parks, die von diesen gigantischen Wasserführungsarbeiten in unterschiedlicher Weise betroffen waren. Untersucht man diese Dokumente, so erfährt man innerhalb weniger Minuten mehr über die Gärten im Westen von Paris am Ende des 17. Jahrhunderts als nach monatelanger Auswertung zahlloser Urkunden.

Dennoch taugen all diese Karten wenig, zumindest bis Mitte des 18. Jahrhunderts. Bevor die Topographen die Aufnahme- und Zeichentechniken per-

Der Garten von Lorrez-le-Bocage (Seine-et-Marne, Frankreich) in der Darstellung seiner Domänenpläne
Der Garten vor 1610. Kupferstich aus: C. Chastillon, La Topographie française. Photo Bibliothèque Doucet, Paris

Der Garten von Lorrez-le-Bocage (Seine-et-Marne, Frankreich). Gezeichneter Lebenskatasterplan von 1768. Archives départementales de Seine-et-Marne

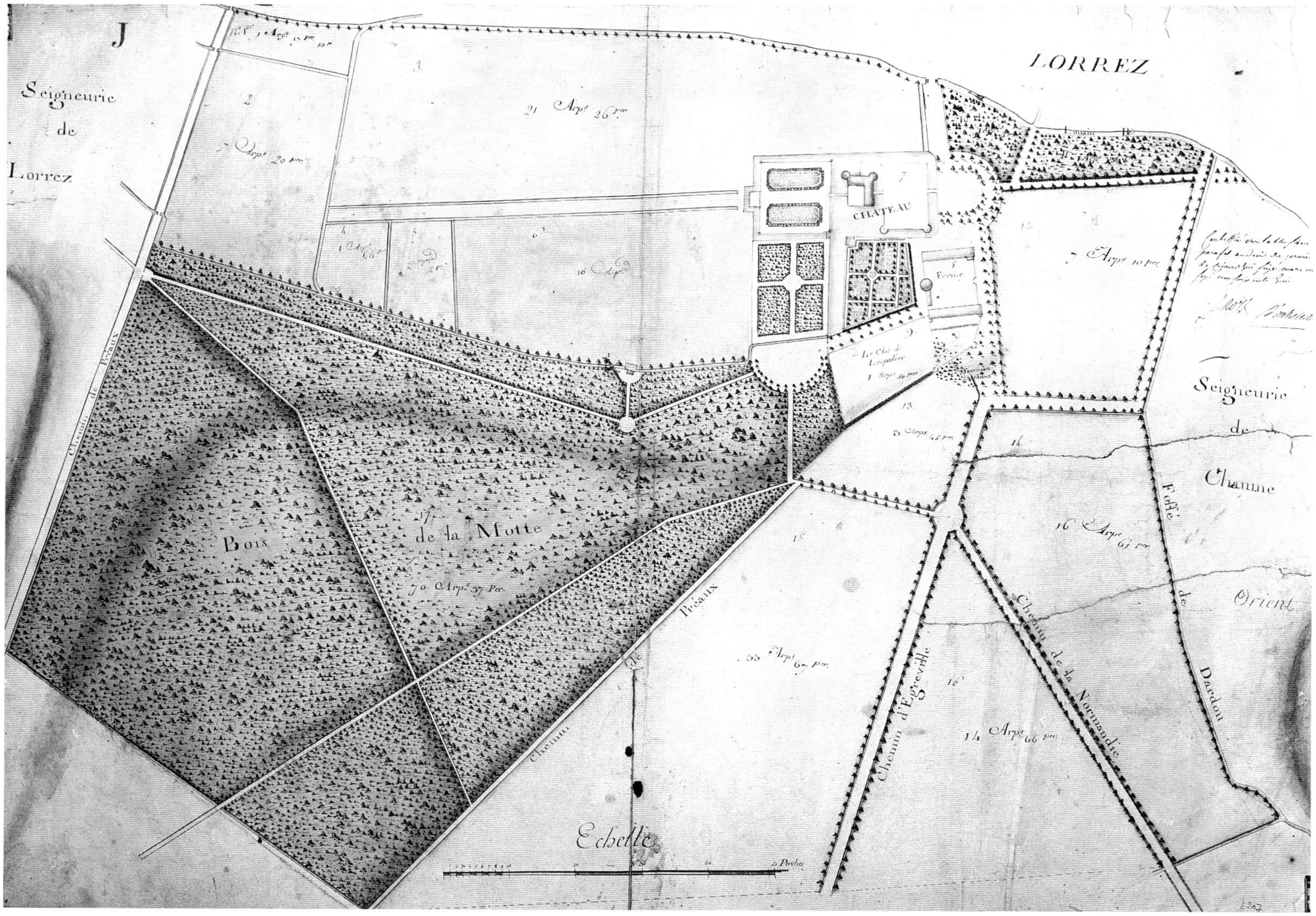

Die Zwänge bei der Anlage eines Gartens: Das Beispiel Bonnelles (Yvelines, Frankreich). Der Garten und das alte Schloß liegen seit dem Mittelalter auf einem von einem Graben umgebenen Gelände. Ausschnitt aus einem gezeichneten Domänenplan, Anfang 18. Jh. Paris, Bibliothèque Nationale, Département des Manuscrits

Zustand des Gartens nach dem Neubau des Schlosses und dem Auffüllen des Schloßgrabens. Kupferstich, Ende 18. Jh. Ausschnitt aus der Carte des Chasses. Photo CRHAM

fekt beherrschten – das heißt vor Gründung der Ecole des Ponts et Chaussées im Jahr 1747 – beschränkten sie ihre Aufgabe auf das Wesentliche. Die Parks wurden nur selten in den Karten der Waldreform der sechziger Jahre des 17. Jahrhunderts, doch fast immer in den Wiedergaben adeliger und fürstlicher Anwesen Ende des 18. Jahrhunderts dargestellt. In allen Fällen sind Ausnahmen zur Regel nicht selten: eine ungeschickt gezeichnete Karte vom Ende des 17. Jahrhunderts mag mehr Informationen enthalten als eine andere jüngeren Datums, die von einem oberflächlichen Topographen in Eile erstellt wurde. Daher sollte man nie auf die Konsultation eines alten Grundstücksdokuments verzichten. Solche topographischen Karten decken, überlagern und ergänzen sich, aber sie widersprechen sich auch bisweilen. Der Gartenhistoriker ist relativ gut gerüstet, um die Lücken zu schließen und die Fehler aufzuspüren, wenn Topographen bei der Aufzeichnung von Gärten entlang den rechtwinklig verlaufenden königlichen Straßen ihrer Phantasie freien Lauf gelassen haben. Mit den Intendaturplänen vom Ende des 18. Jahrhunderts, von denen jeder die Größe einer Gemeinde erfaßte, und dem nationalen Kataster seit Beginn des 19. Jahrhunderts besitzen wir ein grundlegendes Arbeitsinstrument, ein vollständiges Verzeichnis der Parks und Gärten Frankreichs. Der Napoleonische Kataster (dessen Realisierung sich bis 1830/40 hinzog), bildet einen wesentlichen dokumentarischen Schwerpunkt in der Geschichte des Gartens. Die Herstellungszeit dieses Registers für die großen ländlichen Wohnsitze fiel mit einem entscheidenden Augenblick in der Geschichte der französischen Landschaftsgestaltung zusammen. Das Schloß, sein Verhältnis zu den Nebengebäuden und dem Dorf, die Umrisse des Gartens, die Begrenzungen des Parks, das Straßennetz, all diese oft kurz vor dem Verschwinden stehenden Merkmale sind hier in einem Zustand abgebildet, der dem am Ende des 18. Jahrhunderts schon sehr nahekommt. Die Wiedergabe der Gärten im Napoleonischen Kataster ist keineswegs attraktiv: ein dünner und trockener Strich, fast ohne Farbauftrag, im Vergleich zu den bestehenden aquarellierten Karten der Aufklärung. Sie sind aber eine sichere Basis für eine gründliche Arbeit, besitzt man damit doch eine korrekt erstellte Kartengrundlage kleinen Maßstabs, die für eine solide Rekonstruktion notwendig ist.[6]

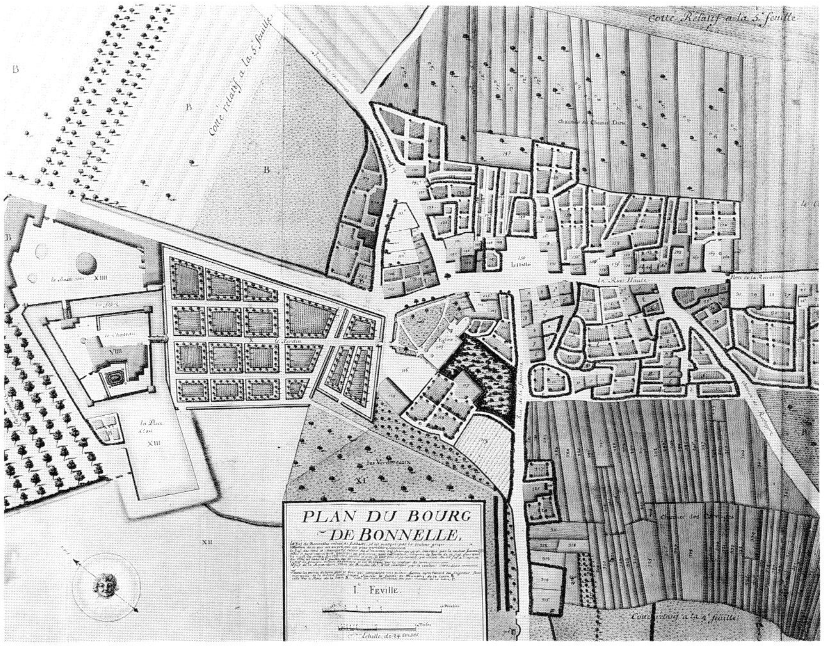

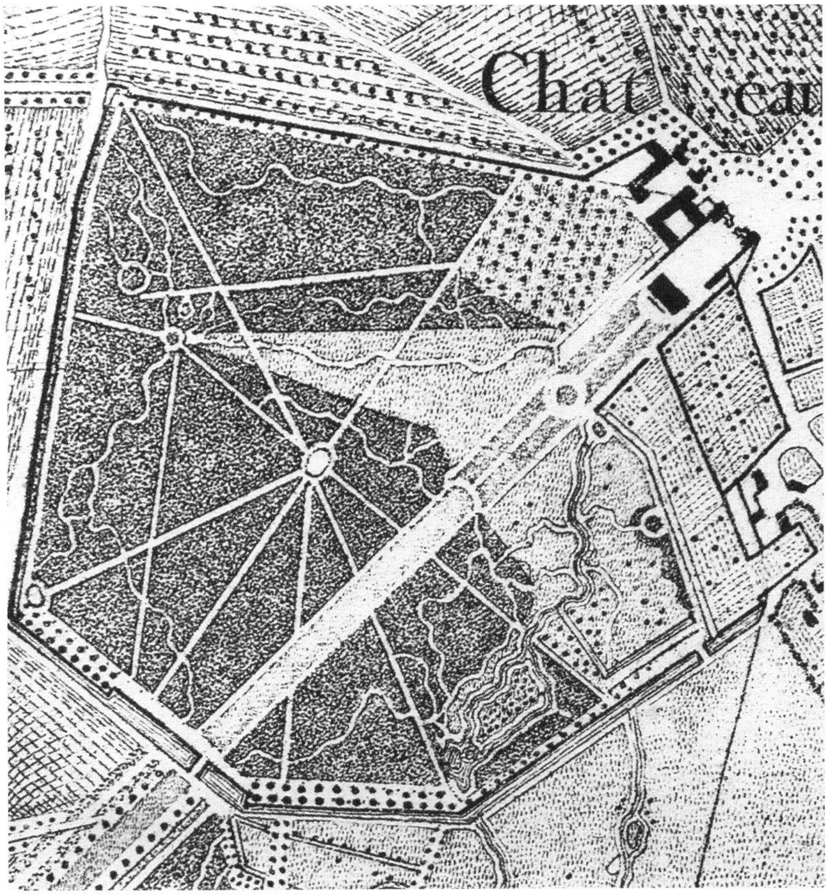

Ein Bild von der Entwicklung des Gartens

Die Geschichte des Gartens wird immer noch am häufigsten nach der Technik des »Festhaltens im Bild« geschrieben in dem Moment X, an dem ein begabter Grätner oder ein wunderbarer Geldgeber auftreten, ohne den früheren Zustand des Geländes in Erwägung zu ziehen. Eine auf der Karte begründete Forschung regt zu einem klügeren Vorgehen an. Die Ex-nihilo-Kreationen sind selten. Ähnlich den Häusern erneuern sich Gärten fast immer aus sich selbst heraus.[7] Liest man die Beschreibung des Gartens vom königlichen Sekretär Gaillard Spifame in Conflans (Val-de-Marne), die in einem Besuchsprotokoll von 1532[8] steht, so muß man feststellen, daß das, was die Historiker als eine Perfektion der Gartenkunst zu Beginn des 17. Jahrhunderts preisen, zum großen Teil eine Schöpfung aus der Zeit des Königs François I. ist. Der Garten von Berny (Hauts-de-Seine) wurde 1622/23 zur gleichen Zeit verändert, als François Mansart das Schloß umbaute. Die Wasserläufe wurden kanalisiert, aber die Vegetation, die, wie ein Stich von Claude Chastillon belegt, früher gepflanzt worden war, wurde nicht verändert. Wenn ein Garten auch selten neu ist, so ist er umgekehrt auch niemals statisch. Die

Wahrheitsgetreue und weniger wahrheitsgetreue Gartendarstellungen: Das Beispiel von Schloß Les Bergeries in Draveil (Essonne, Frankreich). Die untere Abbildung, ein Ausschnitt aus einem gezeichneten Plan des Forstes von Sénart aus dem Jahr 1708 (Archives Nationales Estampes, N I Seine-et-Oise. Photo CRHAM), bestätigt die Darstellung von Gaignières aus dem Jahr 1707 (obere Abbildung: Detail eines Kupferstiches. Paris, Bibliothèque Nationale) und belegt für Les Bergeries eine Zick-Zack-Allee nach dem Vorbild des Parks von Meudon.

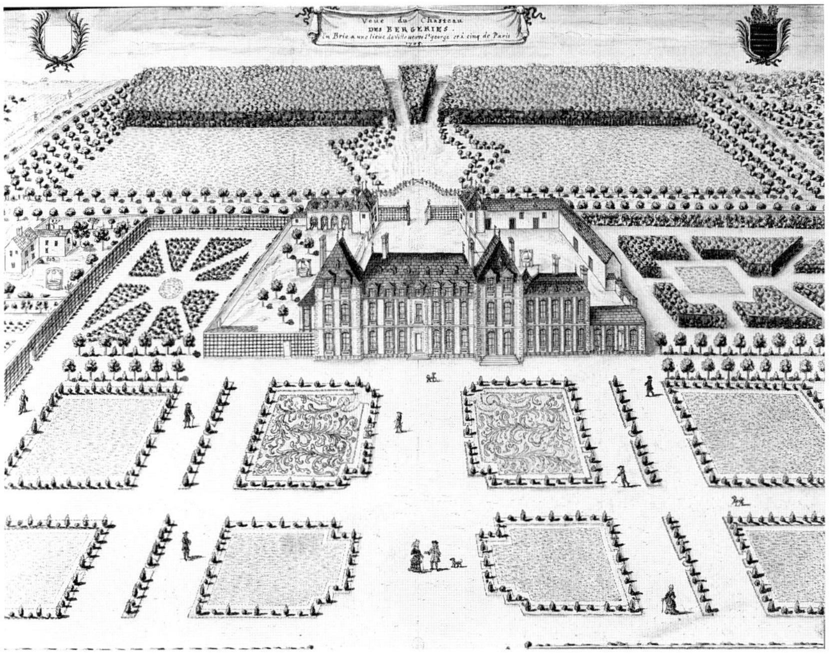

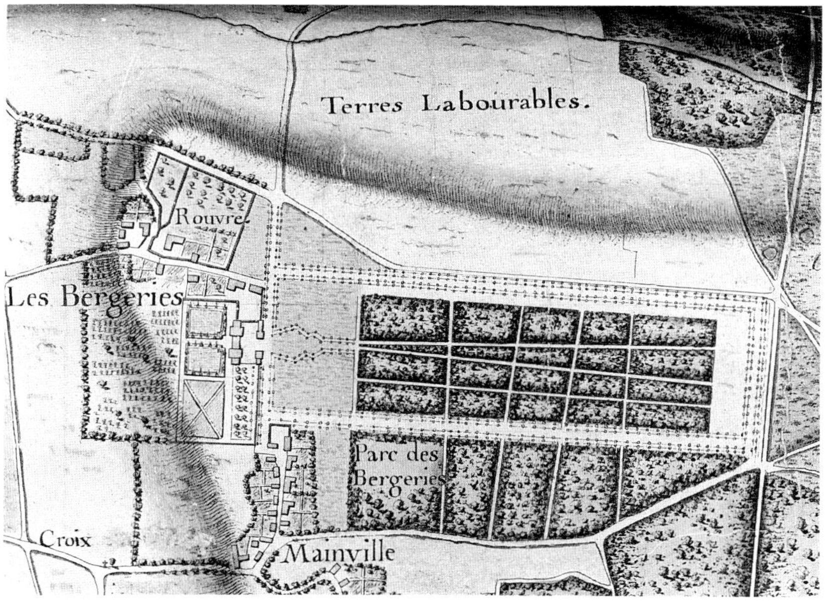

neue These einer langsamen Entwicklung des Gartens[9] ist gefährlich, wenn sie - wie ihr Verfasser leichtsinnigerweise vorschlägt - zur anachronistischen Benutzung einer Karte vom Ende des 18. Jahrhunderts führt, um die Geschichte der Gärten zu Beginn des 17. Jahrhunderts zu schreiben. Mehr noch als Theorien über die ewige Neubildung oder die Beständigkeit des Gartens, welche die Erweiterung des Kenntnisstandes unnötig verlangsamen, bedarf die Geschichtsschreibung des Gartens einer geduldigen und von der Realität dokumentierten Forschung, die zum großen Teil auf dem Studium von Karten beruht.

Die seit dem 17. Jahrhundert außergewöhnlich umfangreiche, gut inventarisierte[10] und so den Gartenhistorikern zur Verfügung stehende kartographische Dokumentation sollte dazu veranlassen, vorrangig eine bewährte Arbeitsmethode anzuwenden - welche Stadthistoriker seit langem mit Erfolg erprobt haben: das diachronische Studium von Karten, wobei die aufeinanderfolgenden Zustände der Topographie eines Ortes übereinandergelegt werden. Wenn man die aus den über die Zeit verteilten Karten rekonstruierten Gartenpläne auf denselben Maßstab bringt und übereinanderlegt, kann man mühelos die wesentlichen Entwicklungslinien eines Gartens oder von Gärten im gleichen Gebiet vom frühesten Stadium bis zu seiner Fertigstellung nachvollziehen, wie in der Gegend von Paris zu beobachten ist. Diese Rekonstruktion beinhaltet nur ein Minimum an Ungewißheit, sofern man sich an die Grundregel hält, vom Genauen zum Ungenauen zu gehen. Man arbeitet also rückwärts, indem man von den Grundlagen zeitgenössischer Karten ausgeht und chronologisch Schicht um Schicht den Gartenplan auf der Grundlage von zeitgenössischen Karten, Katasterkarten und Reliefkarten rekonstruiert.[11]

Wenn man der topo-chronologischen Untersuchung Vorrang gibt, übertragen auf kartographische Schemata, die im selben Maßstab gezeichnet und folglich direkt lesbar und vergleichbar sind, kann man die Geschichte der Entwicklung der Formen in Beziehung zu den Bedingungen dieser Entwicklung setzen. Die unverzichtbaren dokumentarischen Grundlagen sind zur Hand. Die Genauigkeit der Grundstücksabbildung in den Geländeplänen erlaubt eine exakte Einschätzung der Hindernisse, welche den Schloßbesitzern bei der Umgestaltung der Landschaft rund um ihren Wohnsitz und bei der Erweiterung ihrer Parks im Wege standen. Die vergleichende Karte ist das beste Instrument, um die Entwicklung der Formen zu verfolgen, von den allgemeinsten zu den ausgefallensten, und um Spuren früherer Anlagen in neuen Einrichtungen zu erkennen. Die Überlagerung von Karten ermöglicht es, die Geschichte von Flächenvergrößerungen oder -verkleinerungen entsprechend den Zufällen der Vermögenslage oder den Moden des Augenblicks, der Erwerbs- oder Verkaufspolitik zu rekonstruieren, zu verstehen, was bei der Anordnung einer Allee, eines Teichs oder eines Beetes auf Phantasie oder auf Notwendigkeit beruhte. In Bonnelles (Yvelines) ist die Fünfformpflanzung der Bäume aus der Mitte des 18. Jahrhunderts nicht willkürlich, sie folgt der Linie des die mittelalterlichen Plattform begrenzenden Grabens, und diese Linie wurde selbst nach der Zerstörung des alten Schlosses und seinem Wiederaufbau beibehalten. Die übereinandergelegte Karte ermöglicht schließlich auch eine Unterscheidung dessen, was in der Entwicklung individueller, zufälliger Initiative entsprang und was auf allgemeine Tendenzen zurückging. Beispiele dafür sind in der ersten Linie des 17. Jahrhunderts das Verschwinden der aufeinanderfolgenden eingefriedeten Gärten, die bis dahin charakteristisch für den französischen Garten waren, oder in Brunoy

*Das Beispiel des Schlosses La Norville (Essonne, Frankreich).
Der gezeichnete Plan aus der Mitte des 18. Jh.s (untere Abbildung) vermittelt ein getreues Abbild des damaligen Gartenzustandes (Ausschnitt aus dem Atlas des Rentes Royales. Paris, Archives Nationales. Photo CRHAM), während der Kupferstich von A. Langlois (obere Abbildung), ebenfalls aus dem 18. Jh., den Garten idealisiert und damit ungenau überliefert (Photo CRHAM).*

(Val-de-Marne) die Bestrebungen, leicht ansteigende Grundstücke auf den angrenzenden Hügeln beiderseits des Flusses Yerres zu erwerben, um, entfernt vom überschwemmbaren Bereich, einen Garten mit doppelter Orientierung anzulegen. Topo-chronologische Karten sind auch hilfreich zur genauen Datierung geringfügiger Veränderungen an Bauten und Gärten und der Ermittlung geographischer Verbreitungsgebiete von Mikrophänomenen, in denen Bau- und Gartengeschichte sich überschneiden. So verschwanden etwa seit dem Ende des 17. Jahrhunderts die eingefriedeten, eng verbundenen Wirtschaftshöfe, die den Zugang zur Schlußterrasse erschwerten, zugunsten großer, grasbewachsener oder mit Blumenbeeten ausgestalteter Vorhöfe.

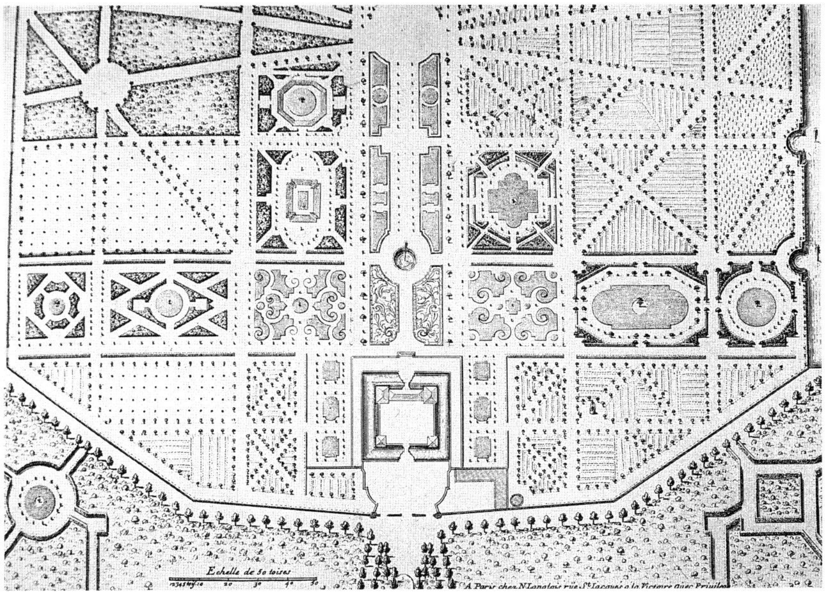

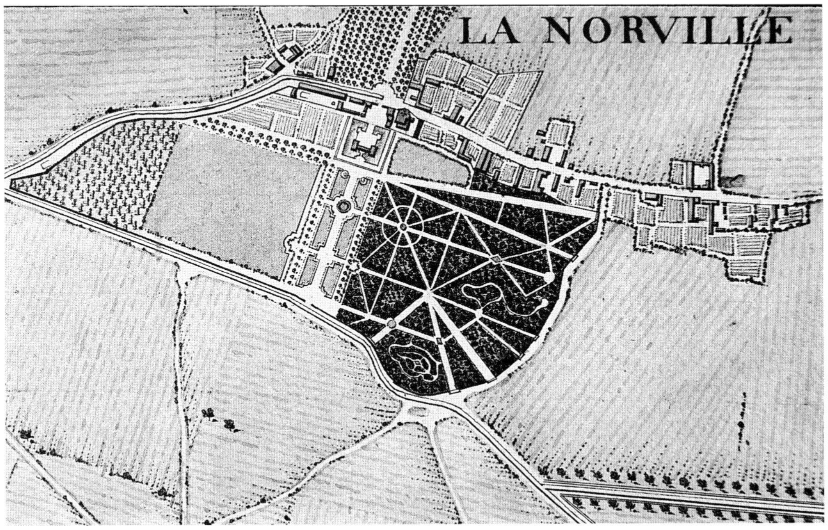

Die Kritik an den Bildern
Die Gartengeschichtsschreibung hat sich bisher kaum um Karten gekümmert. Noch immer stützt sie sich gern auf eine unangefochtene ikonographische Dokumentation. Man benutzt Gartenansichten als Illustrationen, mehr oder weniger als Apriori-Demonstration, aber selten als heuristisches Instrument, als Infragestellung der Richtigkeit ihres Inhalts. Man erklärt sie für gut oder schlecht, nimmt sie für bare Münze oder verwirft ihr Zeugnis insgesamt ohne entsprechende Argumente. Selbst dem übermäßig regulierten Plan vom Park von La Norville (Essonne) und der wahrscheinlich sehr getreuen Vogelperspektive vom Garten von Liancourt (Oise) mißt man Bedeutung bei. Man übersieht, daß diese Bilder in den meisten Fällen zu Serien gehörten, vom selben Künstler oder Atelier hergestellt, die ihre Logik der Darstellung, Interpretation oder auch Verzerrung vertraten. Ein von Silvestre gestochener oder von Lapoint gemalter leerer Bereich um ein Schloß bedeutet nicht, daß kein Garten vorhanden war, vielmehr handelt es sich um eine Laune des Künstlers oder eine Konvention des Genres. (Bilder des Gartens wurden großzügig auf anderen Blättern geliefert.) Dagegen wirft die gleiche Ansicht, von einem so pedantischen Topographen wie Chastillon skizziert, die Frage auf, ob dieses Schloß tatsächlich keine bepflanzten Bereiche hatte. Und die Auswertung illustrierter Dokumentationen endet häufig dort, wo die Anachronismen der Darstellung anfangen. Die Ansichten Pérelles, erwiesenermaßen frei erfunden, aber nach den besten Regeln der Perspektive konstruiert, sind hochgeschätzt; die von Chastillon, schlecht aufgebaut, aber reich an authentischen Zeugnissen, werden vernachlässigt. Und wenn man auf die Vogelperspektiven Du Cerceaus mehr Wert legt, so liegt das weniger an ihrem Inhalt als am gefälligen Erscheinungsbild.

Der Gartenhistoriker wertet allzu oft den Inhalt von Darstellungen aus, ohne sich um eine topographische Standortbestimmung zu bemühen. Wer hat sich je darum gekümmert, was genau Silvestre vom Park von Saint-Cloud darstellte, zu welchem Zeitpunkt und unter welchem Winkel er diese offenkundig sehr unterschiedlichen Stiche hergestellt hat? Aus den Ansichten von Chantemerle (Essonne) – und der enthusiastischen Beschreibung von Duchesne – läßt sich für die Geschichte des Gartens aus der Mitte des 17. Jahrhunderts nichts entnehmen, wenn man die kartographische Darstellung dieses seltsamen Ortes nicht vor Augen hat.

Eine kritische Lektüre der bebilderten Anthologien des 16. und 17. Jahrhunderts ist erforderlich, um so mehr, als diese – solange die Entdeckung von Urkunden aussteht – für zahlreiche kleine Gärten die einzigen Quellen sind, die eine Vorstellung von ihrm Aussehen vermitteln. Diese Erfahrung wurde mit der *Topographie française* gemacht, die Claude Chastillon 1640 nach

Der Plan und seine Bildersprache: Das Schloß von Chantemerle in Corbeil (Essonne, Frankreich). Die Anlage nach einem Stich von I. Silvestre, Mitte 17. Jh. Photo CRHAM.

Schloß und Park von Chantemerle in Corbeil (Essonne, Frankreich). Die Anlage auf einem gezeichneten Domänenplan, 1760. Archives Nationales, NIII, Seine-et-Oise. Photo CRHAM

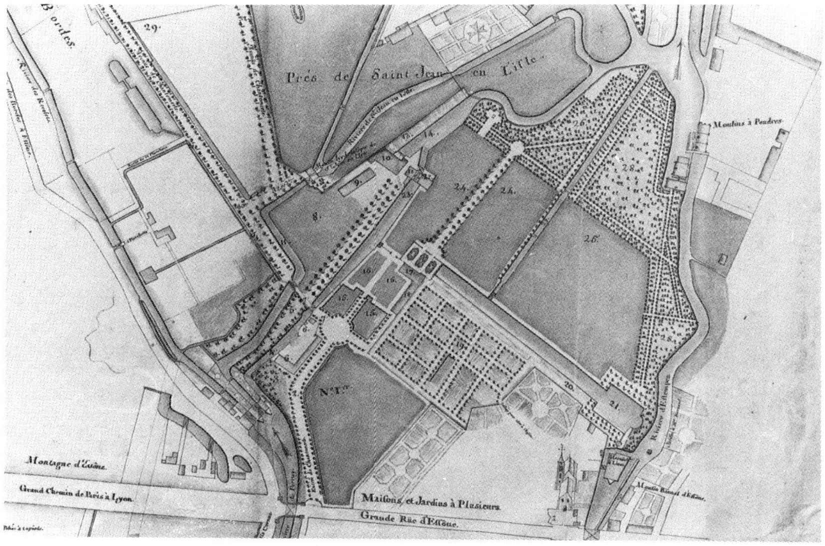

Zeichnungen gestochen hat, welche vor 1610 hergestellt wurden.[12] Die Sammlung ist historisch von höchster Bedeutung. Zwischen *Les plus excellents bastiments de France* von Jacques Androuet Du Cerceau (1576–1579) und den überschwenglichen Serien vom Ende des 17. Jahrhunderts ist Chastillon fast der einzige Zeuge einer noch kaum untersuchten Epoche. Aber ist es nicht paradox – und vielleicht sogar unberechtigt –, den gewandten und groben Bildern der *Topographie* einen Platz innerhalb der Quellen über die Geschichte des Gartens einzuräumen? Ziel Chastillons war es offenbar tatsächlich, architektonische Objekte, Schlösser oder ganze Städte, darzustellen. Als Topograph aber, der die Landschaft als Ganzes betrachtet, konnte er die Architektur nicht außerhalb ihres natürlichen Rahmens darstellen. Seine weit gefaßten Stiche geben dem Garten und der Landschaft häufig viel Raum und stellen sie mit einer Genauigkeit dar, die von den folgenden Generationen selten erreicht wurde. Im übrigen lieferte Chastillon damit auch den Beweis für sein Interesse am Garten: Er paßte das Format der Tafel und die Bildeinstellung der Bedeutung und dem Renommee der bepflanzten Bereiche an. Die Doppeltafeln waren mit Gärten ausgestatteten Schlössern vorbehalten, die in besonderer Übereinstimmung mit der Landschaft geplant wurden: Berny mit einem Garten, der in seiner gesamten Länge entlang der königlichen Straße Paris–Orléans verläuft; Lorrez-le-Bocage (Seine-et-Marne), wo die Arme des Flusses Loing dazu benutzt werden, die verschiedenen Ebenen geschickt abzustufen; Le Pouty (Loiret) mit seinen Terrassen, welche die Loire überragen. Diese Methode war nicht die übliche. In den meisten Fällen begnügte Chastillon sich mit Kupfertafeln im Standardformat, die den Garten zur Geltung bringen und nur einen Teil des Schlosses darstellen wie bei Villepreux (Yvelinges) und Montceaux (Seine-et-Marne). Eine Aufstellung der großen Formate und speziellen Bildeinstellungen in der *Topographie* liefert seine erste Liste bemerkenswerter Gärten der Ile-de-France, der Champagne und des Poitou um 1600 – jener Gegenden, die Chastillon bereiste.

Die Aufmerksamkeit Chastillons gegenüber der natürlichen Umgebung – die Aufmerksamkeit eines Fachmanns, der darin geübt war, die Merkmale eines Ortes zu beurteilen – wurde bis heute völlig vernachlässigt. Man hat häufig die dokumentarische Bedeutung der *Topographie française* für die Architektur erwogen, aber nie für die Landschaft. Aber wie könnte ein professioneller Landvermesser eine künstliche, stereotype Ansicht der Landschaft liefern? Es ist nicht leicht, diese Hypothese zu überprüfen, erfordert es doch eine gute Kenntnis der Mikro-Historie der Landschaft; jeder Stich erfordert eine topo-chronologische Rekonstruktion des dargestellten Gebietsausschnitts und also ein gründliches Studium der kartographischen Dokumentation, verbunden mit einer Untersuchung des Geländes. Nach dem gegenwärtigen Stand der Forschung scheint es gesichert, daß Chastillon die Realität der Landschaft exakt wiedergab: Das kahle Gelände am unteren Rand des Stichs von Montceaux ist kein vordergründiger »Effekt«, sondern die genaue bildliche Darstellung einer unfruchtbaren Landschaft, einer »minderwertigen Wiese«, wie auf den Plänen des Parks vom 18. Jahrhundert bescheinigt wird. Solche Aufmerksamkeit gegenüber dem Detail ist für den Gartenhistoriker nicht ohne Bedeutung.

Wie bereits erwähnt, kann eine Bewertung der Arbeiten Chastillons nicht erfolgen, ohne daß man den Stich in Beziehung zur Karte setzt. Dies erfordert eine vorherige kartographische Rekonstruktion des Gartens bis zurück ins 17. Jahrhundert, sofern man die Analyse korrekt durchführt. Aus dieser kombinierten Untersuchung von Karten und Stichen resultieren neue Informationen: Aufgrund genauer Interpretation der vom Kartographen erhaltenen und verzeichneten Spuren lassen sich nicht nur verschwundene Gärten rekonstruieren, wie im Fall von Chilly (Essonne), sondern auch die Veränderungen in der Orientierung der Fassaden und deren Beziehung zum Garten erkennen[13], wie in Villepreux. Dort war der Garten des 16. Jahrhunderts – von dem Chastillon einen Stich anfertigte – nach Nordosten gerichtet und am Fuß einer schmalen Terrasse gelegen, die sich entlang dem Hauptgebäude erstreckte, während er Ende des 17. Jahrhunderts, in dem sich die Hierarchie von Gärten und Fassaden umkehrt, nach Südwesten orientiert war und in der Achse des Kanals lag. Manchmal jedoch verbietet die zu früh abgebrochene kartographische Folge, etwas Fundiertes über bestimmte Darstellungen zu sagen. So muß man sich noch damit abfinden, keine gesicherte Analyse des Schloßgartens von Tresmes vornehmen zu können.

Zu fast jeder Etappe in der Konzeption eines Gartens, zu fast jeder Phase seiner Entwicklung gibt es eine entsprechende Karte. Diese Dokumente zusammenzustellen, zu vergleichen und zu analysieren, ist eine unverzichtbare Vorarbeit, wenn man eine neue Geschichtsschreibung des Gartens in Angriff nehmen will.

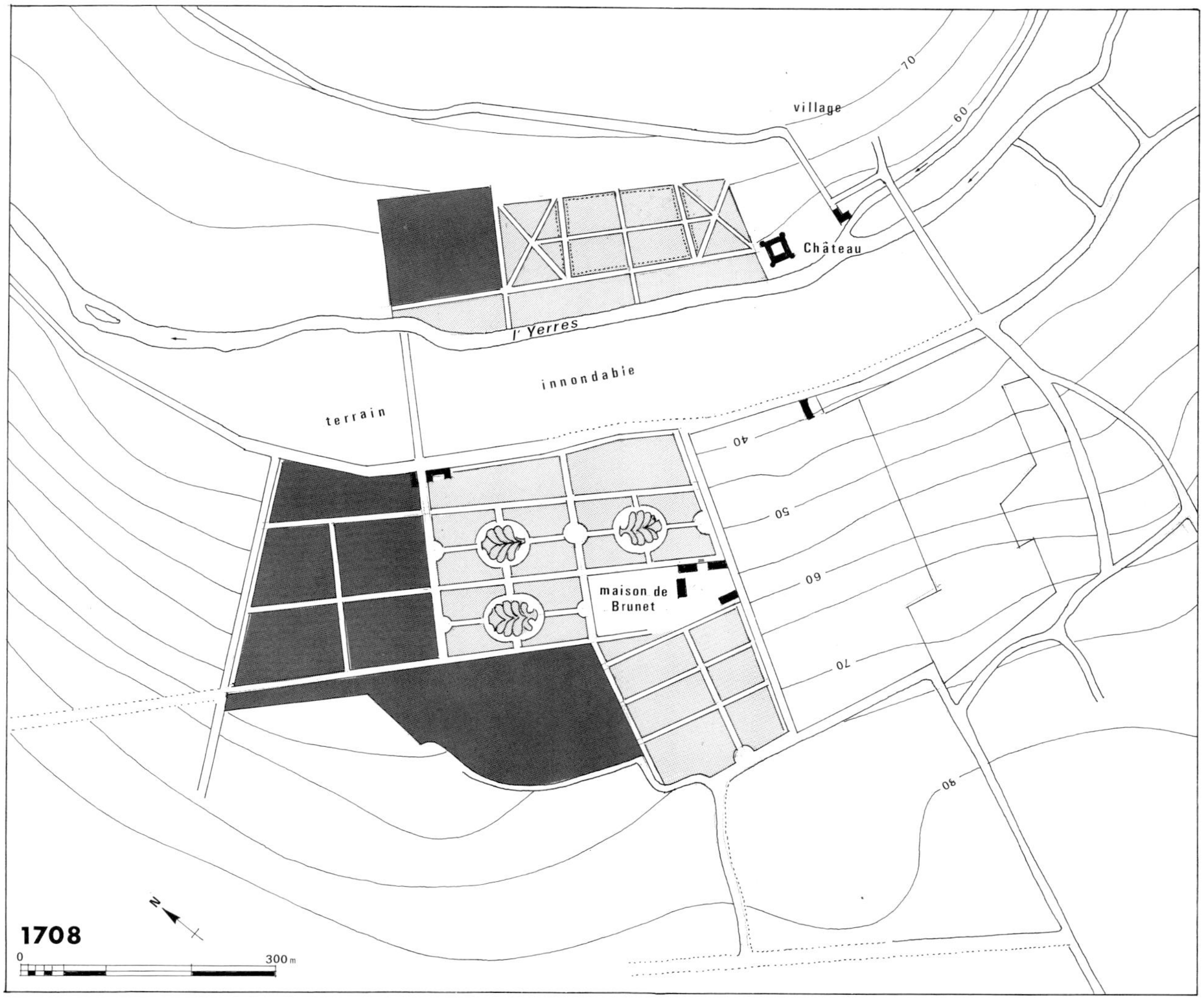

Bildunterschriften der fünf Pläne (S. 127–129), die die Entwicklung des Parkes von Brunoy (Val-de-Marne, Frankreich) vom Beginn des 18. Jh.s bis 1983 wiedergeben. Die zeichnerische Darstellung der Bepflanzung ergab sich anhand der kartographischen Untersuchung der verwendeten Pläne. Plangrundlage war eine Karte des IGN (Institut Géographique National) im Maßstab 1:5000. Zeichnungen von J. Blécon

Ende 17./Anfang 18. Jh.: zwei voneinander unabhängige Gärten.
Zustand 1708. Nach dem Plan des Forstes von Sénart und dessen Umgebung, 1708 von den beiden königlichen Geometern Bourgault und Matis erstellt.
Archives Nationales, NI, Seine-et-Oise, 24.
Auf dem Nordufer des Flusses Yerres der Garten des alten Schlosses von Brunoy (15. Jh., im 16. Jh. verändert); auf dem Südufer liegt der große Garten des Palais Brunet, der mit leichtem Gefälle zum Fluß abfällt und von dem gegenüberliegenden Garten durch ungenutztes Überschwemmungsgelände getrennt ist.
Brunet war königlicher Rat. Der Garten wurde vor 1650 angelegt. Die von den Geometern angedeutete Darstellung der Parterres stimmt nicht mit dem Zustand überein, der von diesem Garten aufgrund der Abbildungen von I. Silvestre bekannt ist.

Anmerkungen

1 F. Hamilton Hazlehurst, *Gardens of Illusion, The Genius of André Le Nostre*, Nashville 1980; K. Woodbridge, *Princely Gardens*, London 1986.

2 K. Woodbridge, *op. cit.*, S. 56.

3 Cassinis Karte von Frankreich (ab 1748 erstellt und um 1815 gestochen) liefert ein ausgezeichnetes Beispiel für die der Darstellung des Gartens beigemessene Bedeutung. Angesichts der Größe der Karte (im Maßstab 1:86400) sollten das Schloß und sein Garten in Form eines Siegels erscheinen. Ab 1756 jedoch bemühte sich das bankrotte Unternehmen Cassinis um Subskriptionen. In der offenbaren Absicht, den Geldgebern zu schmeicheln, sind die Darstellungen der Parks darauf besonders sorgfältig und größer gehalten, als es der Maßstab der Karte erfordert hätte, mit einer in den früheren Blättern nicht existenten Detailanalyse (Colonel Berthaut, *La carte de Cassini, 1750–1890, Etude historique*, Paris 1898).

4 Ähnliche Überlegungen, über die Verwendung von Karten zur Erforschung der Geschichte des Schlosses, wurden vor mehr als zehn Jahren durchgeführt von F. Boudon und H. Couzy, »Le château et sonsite. L'histoire de l'architecture et la cartographie«, in: *Revue de l'art*, 1977, Nr. 38, S. 7–22. Unter Berücksichtigung des engen Verhältnisses zwischen Schloß und Garten kann das Wesentliche der gewonnenen Schlüsse auch auf die Gärten übertragen werden.

5 G. Arbellot, »La grande mutation des routes de France«, in: *Annales. Economies. Sociétés. Civilisations*, 2, 1973, S. 755 f.

6 Man wird dafür Sorge tragen, die Konsultation der Katasterkarten durch die ihrer administrativn Fortsetzungen, der Grundsteuerrollen, zu ergänzen, welche die Art der Bepflanzung auf jedem Stück Land genau angeben.
Der Zustand der verschiedenen Versionen des alten Katasters ist alarmierend. Es wäre an der Zeit, daß die Architektur- und Gartenhistoriker sich darum kümmern, bevor dieses unersetzliche Dokument verschwindet.

7 F. Boudon et al., *Le site et ses châteaux. La modernisation du chéteau et le choix d'un nouvel emplacement*, CNRS-Forschungsarbeit, Abtlg. für Architekturforschung, Paris 1980, unveröffentlicht.

8 S. Le Clech, *Chancellerie et culture au XVIe siècle: les notaires et secrétaires de François Ier*, Dissertation an der Ecole de Chartres, 1988.

9 Thierry Mariage, *L'Univers de le Nostre et lesOrigins de l'Aménagement du Territoire*, Paris 1980.

10 Siehe vor allem den wertvollen *Catalogiue général des cartes, plans et dessins d'architecture*, ab 1958 vom Staatsarchiv veröffentlicht.
Diese vor allem ab dem 18. Jahrhundert ergiebige Dokumentation ist nicht für ganz Frankreich gleich; die Ile-de-France ist darin zweifellos eine der bevorzugten Regionen.

11 K. Woodbridge, (*op. cit.*, S. 188), der den in den Karten vermerkten Höhenangaben wenig vertraut oder mit ihnen nicht sehr vertraut ist, kann sich nicht vorstellen, daß man anders als an Ort und Stelle das Bodenprofil erfassen könne.

12 J. Blécon, F. Boudon, J. Bourdu und M. Herme-Renault, *L'archéologie du paysage au 17e siècle. La »Topographie française« de Claude Chastillon. La région parisienne.* CNRS-Forschungsarbeit, Abtlg. für Architekturforschung, Paris 1984, unveröffentlicht; von F. Boudon zusammengefaßte Studie »La Topographie française de Claude Chastillon. Proposition pour une grille d'analyse«, in: *Les Cahiers de la recherche architecturale*, Nr. 18, 1985, S. 54–73.

13 Die jüngsten Arbeiten veranlassen zu einer Überprüfung der Vorstellung, daß es vor dem 17. Jahrhundert keinen Zusammenhang zwischen Gartenkomposition und architektonischer Komposition gegeben habe.
Im Zusammenhang mit diesem Thema siehe auch J. Guillaume und C. Grodecki, »Le jardin des pins à Fontainebleau«, in: *Bulletin de la Société de l'histoire de l'art français*, 1978, S. 43–51, und J. Guillaume »Fontainebleau 1530. Le pavillon des armes et sa porte égyptienne«, in: *Bulletin monumental*, 1979, S. 225–240.

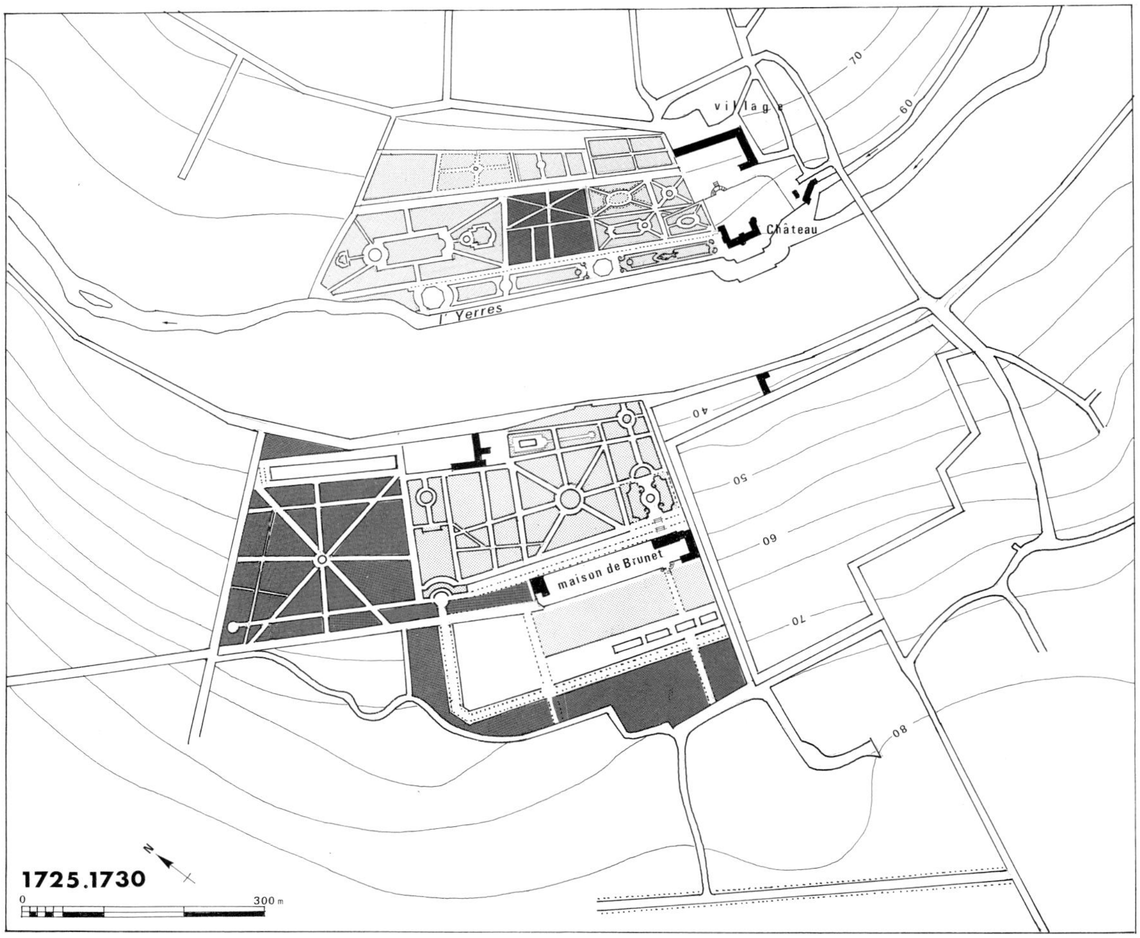

Mitte 18. Jh.: zwei Gärten, die zueinander in Beziehung treten. Zustand um 1730, nach dem Atlas de la Seigneurerie de Brunoy, 1725–30. Archives départementales, A 711. Das Anwesen des Palais Brunet ist unverändert geblieben: die Umgestaltungen, die man in dem Garten wahrzunehmen glaubt, sind irreführend, da sie bloß auf einer besseren Plandarstellung beruhen. Die zeichnerische Darstellung deutet auf ein ausgeklügeltes, durch Treppen miteinander verbundenes Terrassensystem hin.
Seit 1722 gehörte das alte Schloß von Brunoy dem Financier Pâris de Marmontel, der es unverändert läßt, aber die Gärten völlig umgestaltet. Da eine Erweiterung der Gärten nach Osten durch das dort liegende Dorf behindert war, wurden sie nach Westen, den Fluß entlang, vergrößert, wobei die Gärten insgesamt dem neuen Geschmack angepaßt worden zu sein scheinen.

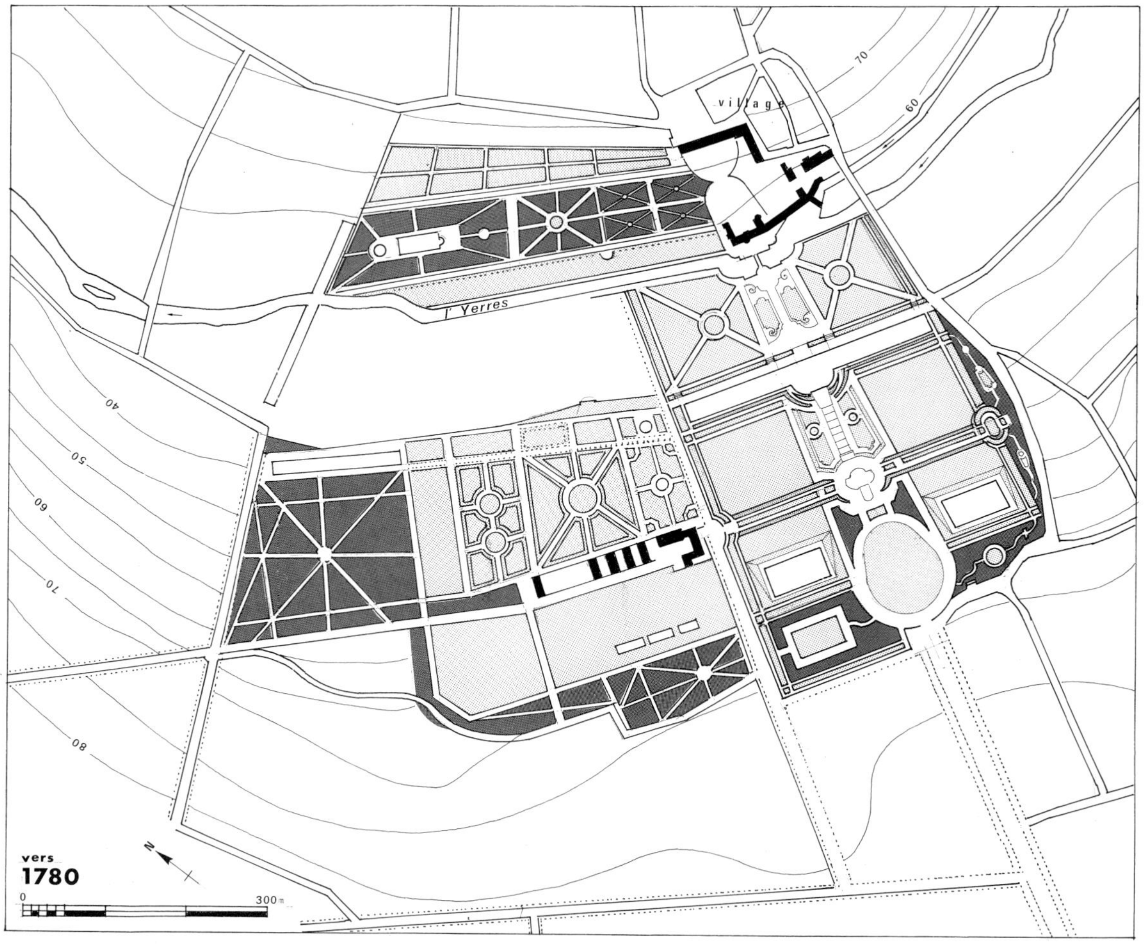

Ende 18. Jh.: zwei Gärten, die miteinander verschmelzen. Zustand um 1780 nach dem Original der Carte de Chasses Royales (Vincennes, Service historique des Armées de Terre) und nach einem Wasserleitungsplan für Brunoy aus dem 18. Jh. (Archives Nationales, N II, Seine-et-Oise, 118).
1774 kaufte der Comte d'Artois (der jüngere Bruder Ludwigs XVI.) die zwei Anwesen, ließ sie miteinander verbinden und einen raffinierten, vielteiligen Garten anlegen, dessen zwei Hauptachsen jeweils von der Mittelachse des Schlosses von Brunoy bzw. des Palais Brunet ausstrahlten und sich rechtwinklig schnitten. Die starke Geländemodulation des linken Flußufers ermöglichte die Anlage einer Kaskade, nach einem Entwurf von Laurent (s. Dulaure, Dictionnaire des Environs de Paris, Paris 1786, I, S. 37); in der Verlängerung der Kaskade erstreckte sich ein Kanal, dem auf der anderen Seite des Parterres, welches in dem ehemaligen Überschwemmungsgebiet entstanden war, ein weiterer Kanal entsprach, der unterhalb des alten Schlosses parallel zum Fluß Yerres verlief.

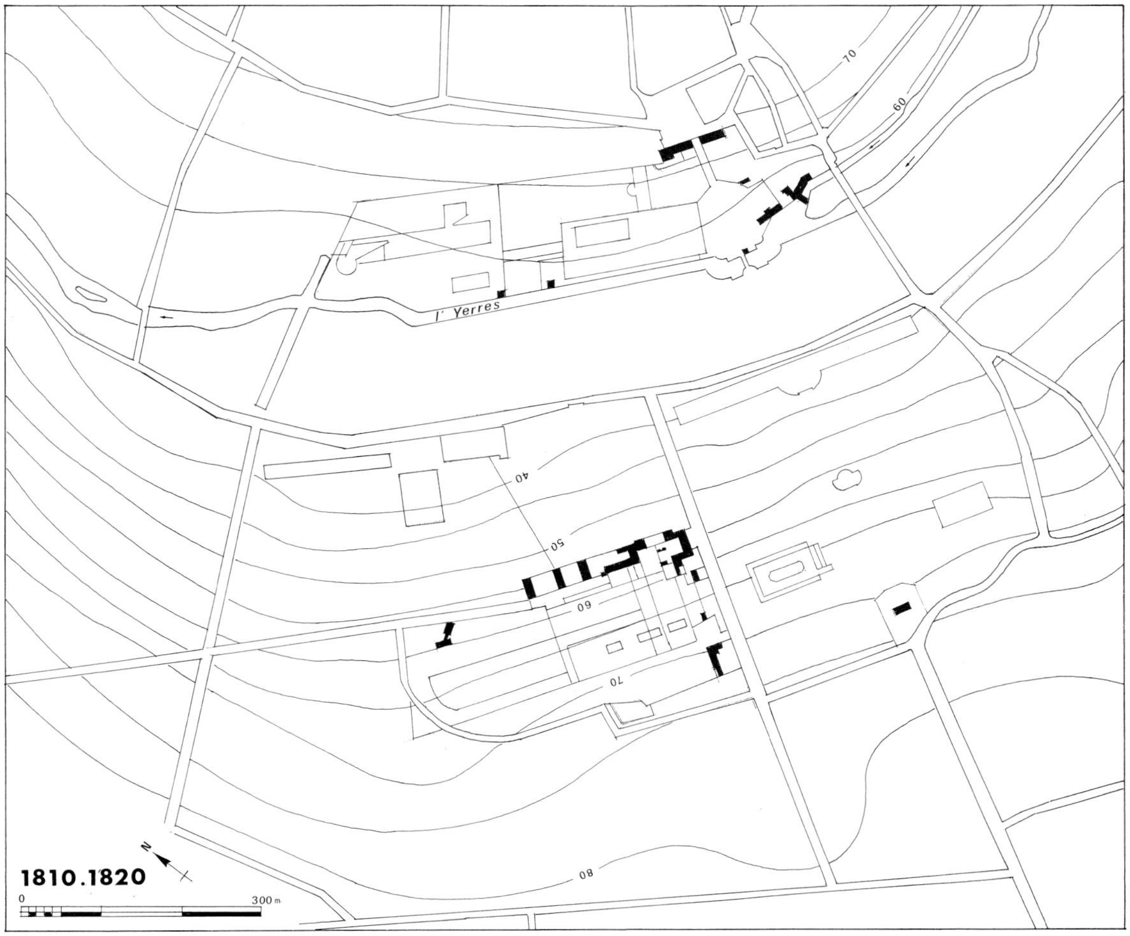

Anfang 19. Jh. Ein Park im Zustand der Auflösung. Zustand um 1810–1820 nach dem alten Katasterplan und dem Original des Plans des IGN (Institut National Géographique) im Maßstab 1:10 000 (Saint-Mandé, IGN).
Von dem ehemaligen Park sind nur noch Grundlinien übrig geblieben, aber alle Details verschwunden.

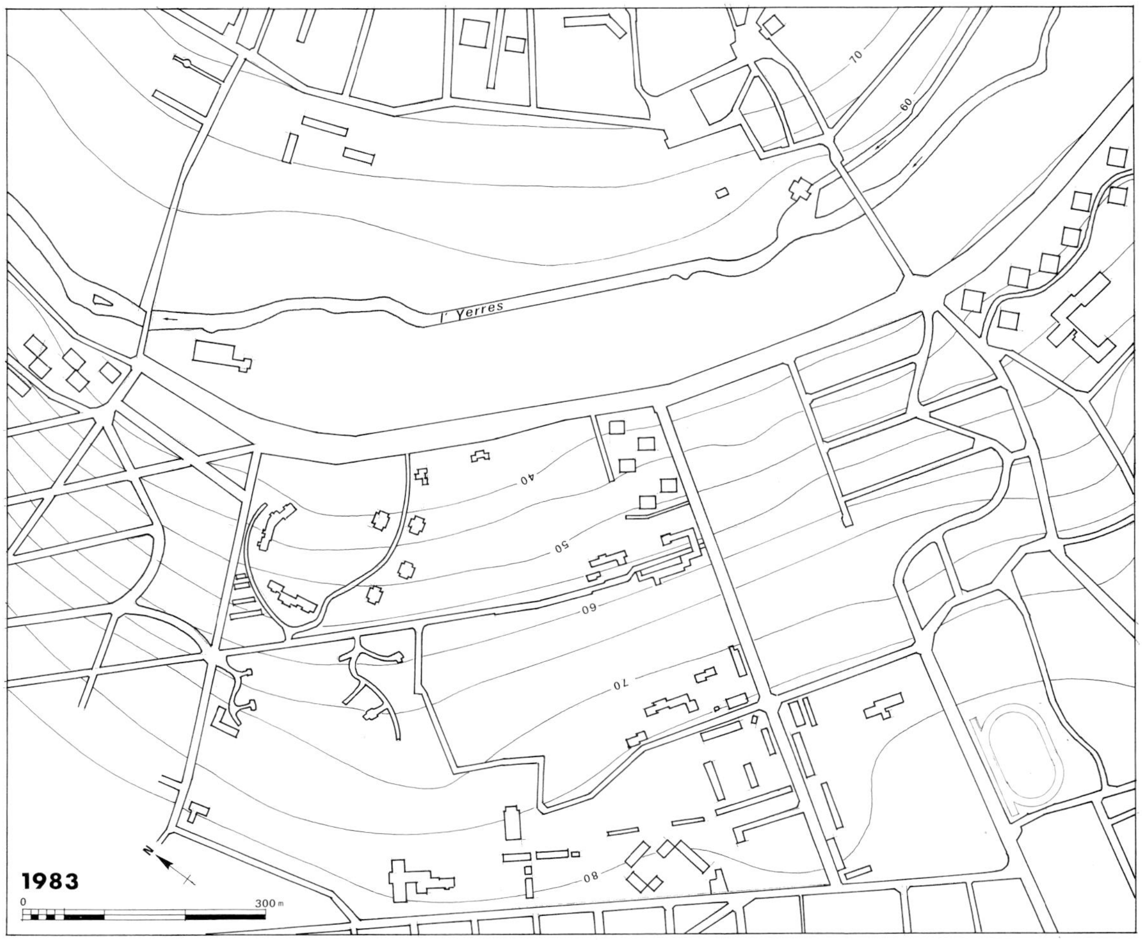

Zustand im Jahr 1983, nach dem überarbeiteten Katasterplan und dem IGN-Plan im Maßstab 1:5000.
Reste der ehemaligen Gartenalleen sind noch wahrnehmbar, die Gesamtanlage ist jedoch in einem Wohngebiet des Großraums Paris aufgegangen.

Technik im Park: Ingenieure und Gärtner im Frankreich des 17. Jahrhunderts

Hélène Vérin

Wenn die Anmut eines Gartens aus der Anordnung seiner Teile herrührt, dann geschieht das durch die Aufforderung des Blickes, dort umherzuwandern, des Schrittes, dort zu verweilen. Seine ganze Kunstfertigkeit muß dazu dienen, die Begeisterung des Besuchers zu erregen.[1] Dézailler sagt, man solle nicht »das Sehen ermüden«, sondern es wecken[2], »es ja nicht verletzen«[3], »das Auge nicht daran hindern umherzuwandern«[4], ihm anbieten, »alles auf einmal zu erblicken«[5] in einer »schönen weitreichenden Aussicht«[6] und es »geschickt festzuhalten wissen«.[7] Um zum Spaziergang anzuregen, sollen im Garten Hänge, die »besonders ermüden und langweilen«, vermieden[8] und schräge Terrassen und Böschungen »mit Verstand« angelegt werden.[9] Das gilt auch für jene »zwanzig beachtlichen Gärten rund um Paris (...), die einen Besuch letztlich nicht lohnen: Man erfaßt sie mit einem Blick aus der Vorhalle des Gebäudes, ohne sich anstrengen zu müssen«.[10] Sie sind mißlungene Beispiele. Man kann kein Vergnügen erleben, ohne tätig zu werden.[11]

Jegliche Handlung kann, mechanisch gesehen, als Ausdruck von Gestalt, Größe und Bewegung analysiert werden. Ob man diese Doktrin nun akzeptiert oder ablehnt, sie beansprucht und prägt konstruktive Praktiken. Der Garten ist ein künstliches Gebilde, und ein solches ist stets gekennzeichnet durch eine bestimmte Anordnung seiner Teile im Verhältnis zum Ganzen, unter Berücksichtigung des Endziels, das heißt, durch »seine Eigenschaft der Attraktion«, die nicht nur gedeutet werden kann, sondern konstruiert werden muß. Die Gartengestalter achten beim Zusammenstellen der Elemente darauf, eine bestimmte Wirkung zu erzielen: Sie wiederum wird Anlaß zu einer Gemütsbewegung. Die Anrührung der Seele erfolgt durch Eindrücke, die der Körper erfährt.

Es wäre sicher übertrieben, in der Konzeption der großen Gärten des 17. Jahrhunderts die direkte Anwendung der florierenden »neuen Wissenschaften« und der ihnen zugrundeliegenden philosophischen Doktrinen zu sehen. Für den Architekten, den Ingenieur und den Gärtner ist es kaum von Belang, sich beim Pflanzen von Alleen oder bei der Anlage von Seen und Kanälen zwischen konvergierenden wissenschaftlichen Theorien zu entscheiden. Die Standpunkte von Descartes oder seinem Gegner Bourdin sind für sie wenig relevant. Dagegen beeinflußten die physische und geometrische Analyse der Interaktionen von Körpern und des Körpers auf die Seele nicht nur die Bemerkungen Dezaillers, sondern auch die von Boyceau und Mollet: Jeder Gärtner macht mehr oder weniger Gebrauch von einer natürlichen Philosophie – anders ausgedrückt, einer Physik – von dem Moment an, wo er eine neue Anlage plant, bis zu deren Verwirklichung an Ort und Stelle. Dies erforderte eine beträchtliche Größe der Gärten, was kennzeichnend war für das 17. Jahrhundert. Nur nach Augenmaß mit Hilfe von einfachen Mauerwerkzeugen zu arbeiten, wird unmöglich, sobald die Dimensionen eine gewisse Grenze überschreiten. Vor allem aber sind Geometrie und gute Vermessungsmethoden unverzichtbar, wenn man anstrebt, einen einheitlichen Garten anzulegen, in dem auf großer Fläche »alles aufeinander abgestimmt ist«. Die Schwierigkeiten der Gartengestalter sind identisch mit jenen der Militäringenieure, die ihre Probleme seit fast einem Jahrhundert aufs beste lösen. Befestigungsanlagen für den Kriegsfall waren vom gleichen Prinzip bestimmt: Alle Teile mußten aufeinander abgestimmt sein. Die größten Schwierigkeiten dabei, so faßte es 1629 der Ingenieur Fabre zusammen, betrafen die »fortlaufenden Linien«, die »hundert, hundertundzwanzig oder gar zweihundert Klafter überschreiten. Man muß nämlich bestimmte Proportionen beachten zwischen den zu verteidigenden Festungen und den Entfernungen zu den Orten, von denen die Gegner herkommen«[12] oder von wo sie angegriffen werden konnten. Um diese Proportionen zu bestimmen, hatten die Ingenieure ein Standardmaß: die Reichweite der Feuerwaffen, die dort verwendet werden konnten, sowie Blickwinkel und Schußrichtung, die von Baukörpern und ihren Öffnungen behindert oder begünstigt wurden. Dem Gärtner stehen für seine Berechnungen nur die Reichweite des Auges und seine Eigenschaften, seine möglichen Bewegungen zur Verfügung. Zweifellos erinnerte er sich auch an dieses perfekte Vorbild eines von geometrischen Überlegungen beherrschten Raumes: die Festung.

Man muß kein Historiker sein, um zu wissen, daß die Entstehung der großen Vergnügungsgärten mit der Zerstörung der Stadtbefestigungen im Innern des Landes zusammenfiel. Wenn es auch gewagt wäre, darin eine – rein geometrische – Revanche der Besitzer zu sehen, so besteht doch kein Zweifel daran, daß die von den Festungsingenieuren entwickelten Techniken auch für diese Zurschaustellungen angewandt wurden. Ebenso drückte sich dieselbe »natürliche Philosophie« in diesen beiden Arten von Anlagen aus, oder, besser, ihre Entwicklung verlief parallel.

Als Bernard Palissy 1563 zur Planung seiner Festung »ein Vorbild in befestigten Städten« suchte, begeisterte er sich »für die Betrachtung der Wiedergaben von Geländeabschnitten und anderen Darstellungen, die von Meister Jacques du Cerceau und mehreren anderen Porträtisten hergestellt worden waren«.[13] Parterres als Labyrinth: Der Palast des Daidalos war damit wohlbestückt. Palissys Festung verfolgte in der Tat dasselbe Prinzip: Der Angreifer würde sich und seine Kräfte in einem System ineinander verschachtelter und bis zum Kern der Stadt reichender Festungsmauern verlieren. Palissys Modell verfolgte aber vor allem ein Hauptanliegen: große Öffnungen zu vermeiden, die Kanonaden erleichterten. Es war wohlüberlegt als Gegensatz zu den Festungssystemen entwickelt, welche die Fürsten in ganz Kontinentaleuropa zu bauen begannen; als Gegensatz zu dem staatlichen Anliegen, die Grenzen zu schützen, aber gleichermaßen, um den Aufstand zu verhindern.[14] Wie sein von Mauern eingeschlossener Garten war Palissys Festung ein Zufluchtsort für die von außen bedrohte Bevölkerung.

Ein Jahrhundert später hätte ein anderer Palissy beim Besuch »aller vortrefflichsten Gärten, die zu entdecken sind«, um seiner Planung einer Festung dienlich zu sein[15], entgegengesetzte Prinzipien entdeckt: Geländeneigungen den optischen Wert des Defilierens zu verleihen; einen offenen Raum durch den freien Überblick zu beherrschen und, als Folge dieses ersten Imperativs, die Proportionen und Abstände der gebauten Volumen zu bestimmen, um dem Blick Perspektiven entlang den Achsen freizuhalten, die den umgebenden Baumassen entsprechen. Alles dies waren Überlegungen und Regeln, die zur Kunst des Festungsbaus gehörten. Die Parallele kann übrigens noch weitergeführt werden: Im 17. Jahrhundert verdankte die Gartenplanung viel dem Krieg.

Als Colbert, beunruhigt über die Leidenschaft des Königs für Versailles, ihn darauf aufmerksam machte, daß »in Ermangelung aufsehenerregender Kriegsaktionen nichts die Größe und den Geist der Fürsten mehr zur Geltung bringt als Bauten«[16], konnte dies nur als Aufforderung zur Verschönerung der Gärten aufgefaßt werden. Tatsächlich ist die Gartenkunst nicht nur untrennbar von der Lehre der Architektur[17], sondern sie ist auch ein Wettstreit zwischen Kunst und Natur[18], wie es gemäß Charles de Sercy die wun-

Die Arithmetik. Ölgemälde von L. de la Hyre, 1650. Heino (Niederlande) Stiftung Hannema-De Stuers. Die Plandarstellung eines französischen Gartens ist eine spätere Hinzufügung.

dervollen Gärten von Vaux-le-Vicomte bezeugen. Diese Kunst ist mit der Kriegstaktik vergleichbar.[19] Sicher handelt es sich hierbei nicht um Botanik, sondern um Konstruktion, und man muß die rhetorische Geste berücksichtigen. Dennoch wurde die »natürliche Philosophie«, welche die Ingenieure und Handwerker im 17. Jahrhundert leitete, von einem Prinzip beherrscht: »Die Welt besteht aus Gegensätzen, ohne die nichts fortbestehen kann.«[20] Alle Dinge werden durch diesen Widerstreit, diese »Mißgunst« erhalten, sowohl »die Bäume und Pflanzen, die aufeinander neidisch sind (...), als auch die vernünftigen Geschöpfe und die Tiere«[21], ebenso wie die Teile einer Maschine oder eines Verteidigungssystems.[22] Als Lebensprinzip darf, wenn man Antoine de Ville[23] glauben soll, dieser »Widerstreit« nicht unterdrückt, sondern muß vielmehr durch die Kunst geregelt werden. Nur dann werde es zu einer Nachahmung der Natur und ihrer Wunder kommen. Der Gärtner müsse arbeiten wie Gott, »der völlig entgegengesetzte Dinge so geordnet und arrangiert hat, daß sie bestehen können, ohne sich gegenseitig zu zerstören.«[24] Es empfiehlt sich, proportionale Widersprüche zu erhalten, ohne daß die Harmonie zur Monotonie wird. Vielfalt und Komposition, Verschiedenartigkeit und Anordnung, geregelte Verteilung, all diese sich in den Lehrbüchern der Gartengestaltung wiederholenden Weisungen, können die Phantasie nur anregen, wenn man die Vorstellung von einem Konflikt aufrecht erhält: einem wohlgeordneten, aber sehr aktiven. Das gleiche gilt für die Musik, wo »vier gute, in ihrer Höhe disharmonische Stimmen melodischer und harmonischer klingen, wenn sie nicht in derselben Tonart singen. Ebenso ist die Übereinstimmung der vier Substanzen, die wir Elemente nennen, um so perfekter und ihre Verbindung enger, als ihre Eigenschaften unterschiedlich oder gar gegensätzlich sind: Ihre gleichmäßigen Kräfte sind auf so bewundernswerte Weise aufeinander abgestimmt, daß sie einander nicht zerstören können«.[25]

Die Kräfte sind einander anzugleichen, um durch die Proportion heterogene Eigenschaften auf die Quantität zu übertragen. Boulenger, Autor einer während des gesamten 17. Jahrhunderts immer wieder neu herausgegebenen, für Architekten, Ingenieure, Maurer, Landvermesser und andere Geometer einschließlich der Gärtner bestimmte praktischen Geometrie, propagiert und rektifiziert Claude Mollets Theorien über die Musik und die Elemente. Sicher, man findet sie schon bei Euklid, und sein Schüler Pythagoras war bestrebt, eine Theorie zu begründen. Da es darum ging, die Grundlagen einer praktischen Geometrie zu definieren, »wird man sich dort eher mit einer bestimmten Analogie der Gestalt befassen als mit der Wahrheit: daß diese Gestalt nur Symbol oder Kennzeichen der Bewegung und der Ruhe ist«.[26] Eine »positive Wissenschaft« hat Pater Niçéron sie genannt, »die Regeln vorschreibt und Gebote für die Praxis aufstellt«[27], die dadurch zur Kunst wird. Girard Desargues faßt deren Anwendung zusammen: »Was die Kunst der Handarbeit betrifft: Wenn Sie sie von Grund auf verstehen wollen, so gibt es drei Dinge zu unterscheiden: erstens, was zu tun ist; zweitens, die Mittel, um es zu tun, und drittens, es effektiv zu tun.«[28] Als Konsequenz dessen kann Desargues das positivistische Credo verkünden: »Es gibt Mittel, etwas »auf der Basis der Kenntnis« zu machen, und sie sind untrüglich. Von diesen Mitteln sind einige leichter zu erlernen als andere; vor allem aber sind die am leichtesten zu erfassenden Mittel üblicherweise auch die am raschesten anzuwendenden.«

Die Sicherheit, die diese Methode gewährt, wird aus der Vorstellung abgeleitet, daß eine Kunst wohl geraten ist, wenn sie in ihrer Anwendung eine Gestaltung der Natur nachahmt, die vom Schöpfer stammen könnte. »Der Mensch fühlt sich einem kleinen Gott gleich«[29], wenn er sich bemüht, mit seinen Gärten eine »Natur« neu zu konzipieren, für die er empfänglich ist, weil er sie gestaltet hat. Er begreift sie aber gemäß seiner Vorschriften und Regeln. Dies ist eine sehr idealistische Auffassung, bei der sich Taktiker und Gärtner in Äußerungen wie der folgenden wieder einig sind: »Wie nicht die Masse der Menschen den Kampf verordnet, sondern die militärische Führung, so breitet sich auch in der Natur die Materie nicht beliebig aus, sondern gemäß den Regeln der Form, die Quantität nach ihrem Ermessen bildet und bewegt. Und daraus entsteht die Gestalt.«[30] Unter ein und derselben Führung erzeugen die Natur und die Kunst ein neues Ideal, das Mittel und Ausführung unter einem Kommando und daher in derselben Perfektion beläßt. Desargues ist ein zu großer Geist, um sich weiter zu wagen, und es wird allgemein anerkannt, daß, sobald eine Wahl besteht, das Gelingen nicht unbedingt vorauszusetzen ist und es keine unumstößlichen Regeln gibt.[31]

Dennoch läßt sich ein solches Ideal kaum schmälern. Die Überlegung ist jedoch einfacher: Die Theorie existiert, sie lehrt lediglich, welche Form das gewünschte Objekt erhalten darf. Demnach ist die Form die »Ableitung« von der Idee des Objekts. Am besten ist es – das zeichnet den guten Architekten aus –, die Idee und die Form gleichzeitig zu erfassen. Genau das erwartet man von einem Entwurf. Es gibt kein Zwischenstadium zwischen Konzeption und Realisierung, nicht mehr als zwischen der Vermessung des Geländes, über das man verfügt, und dem bereits gestalteten Garten. Der geometrische Entwurf und das Repertoire der mathematischen Instrumente sichern die Beherrschung der Idee und die formale Gestaltung der Materie, diese »Überprüfung« der Natur und ihrer Geheimnisse, um die Formulierung Jacques Boyceaus wiederaufzugreifen.[32]

Wenn man also der Unterscheidung von Desargues folgen will: Das, was zu tun ist, die Mittel, um es zu tun, und es effektiv zu tun, bedeutet, daß wir von der zweiten Prämisse ausgehen müssen. Boyceau beruft sich auf die »Wissenschaft der getreuen Widergabe als Basis und Fundament jeglicher Mechanismen«[33] und macht »Disposition und Ordnung der Gärten und der ihrer Verschönerung dienenden Mittel« von deren Kenntnis abhängig. Er bestimmt also die methodische Disziplin, zu der die Vergnügungsgärten in Zukunft gehören werden. Halten wir fest, daß er seine Aussage rechtfertigt: Figuren und Modelle anzubieten habe nur dann einen Sinn, wenn die Gärtner die Regeln und Instrumente kennen, die eine Reproduktion derselben ermöglichen. Die Handhabung des Maßstabs ist entscheidend. Sie ermöglicht es dem Gestalter, die Formen zu vergrößern oder zu verkleinern unter Beibehaltung derselben Proportionen, »sie seiner Planung und dem gegebenen Ort anzupassen«.[34] Claude Mollet betont, das Wesentliche für den Gärtner sei es, »nicht zu versäumen, Abmessungen entsprechend dem Maßstab vorzunehmen«.[35] Wenn er das beherrscht, braucht er nur je nachdem, ob er mit einem großen oder kleinen Gelände konfrontiert wird, den Maßstab zu variieren: »Er muß das auf der Meßlatte eingetragene Maß größer oder kleiner machen.«[36] Auf diese Weise wird er die Modelle aus dem *Théâtre des plans et jardinages* von Mollet reproduzieren können. Dies ist nicht möglich, ohne die Prinzipien des Metiers zu erschüttern. Der Meistergärtner wird darauf verzichten müssen, »sich damit zu brüsten, daß er keinem verpflichtet sei«.[37] Alle vorgefaßten Ideen, die guter Leistung hinderlich sind, das heißt von den

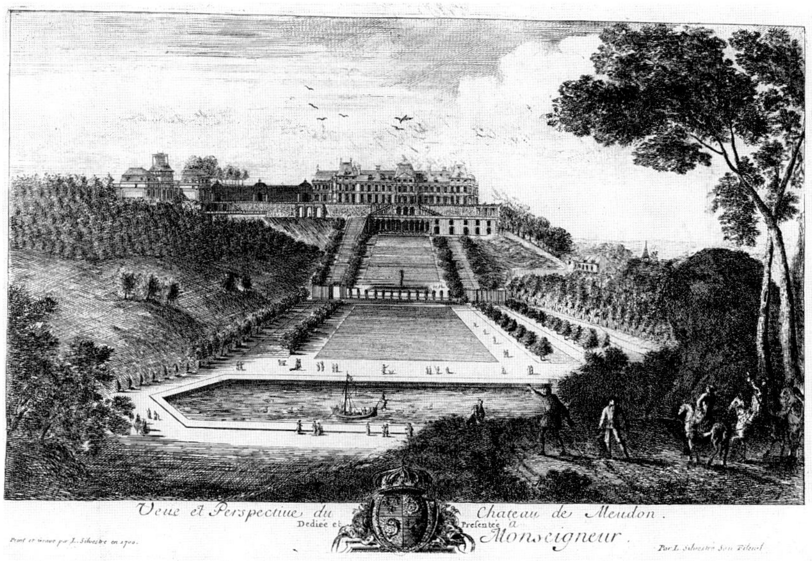

Perspektivische Ansicht des Schlosses von Meudon (Hauts-de-Seine) bei Paris. Kupferstich von I. Silvestre, 1700. Paris, Bibliothèque Nationale, Cabinet des Estampes

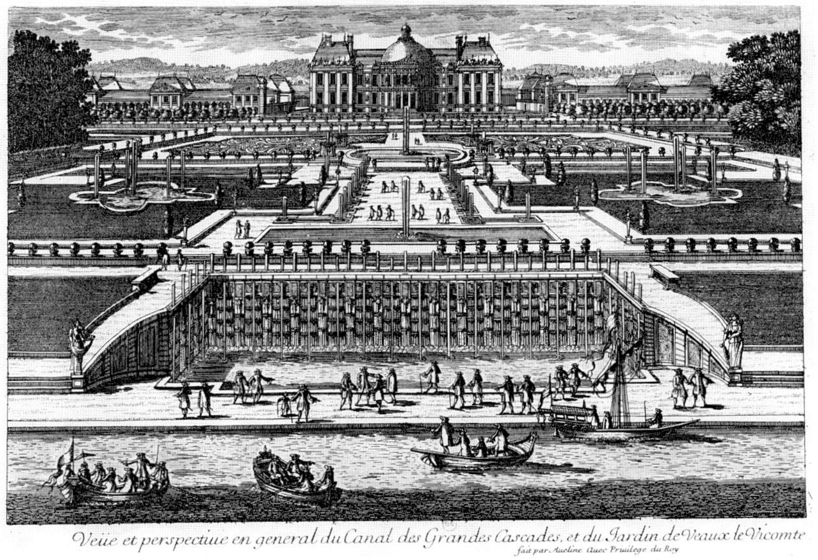

Ansicht des Kanals und der großen Kaskade in Vaux-le-Vicomte (Seine-et-Marne, Frankreich). Kupferstich von Aveline. Paris, Bibliothèque Nationale, Cabinet des Estampes

Das Boskett der drei Fontänen im Petit Parc von Versailles (Yvelines, Frankreich). Ölgemälde von Cotelle. Musée de Versailles

Frontispiz mit dem Porträt von C. Mollet, dem Verfasser des Théâtre des plants et jardinage, Paris 1652

vorgeschlagenen Modellen Gebrauch zu machen, müssen aufgegeben werden. Der Gärtner, welcher den Entwurf nicht beherrscht, wird weder zu »einer Erfindung noch zu einer Beurteilung der Ornamente und ihrer Anordnung« auf einer so großen Fläche fähig sein.[38] Die »Konstruktion« des zu gestaltenden Raumes erfolgt also in jeder Phase: Man muß »die Form« des Geländes – und der Wasserläufe – durch Vermessung und Nivellierung »gestalten« können; »Pläne und Ansichten anfertigen«, die es ermöglichen zu erkennen, »ob die Anordnung gefällig ist, ob die einzelnen Teile zueinander passen, und das Werk beurteilen können, bevor es entsteht«.[39] Den Entwurf vom Papier auf das Gelände zu übertragen, ist ein sehr schwieriger Vorgang, zu dem die Methoden und Instrumente der Vermessung und Nivellierung benutzt werden. Dann müssen das Gelände geformt, seine Formen reguliert werden entsprechend der Vermessung und der von den Festungsingenieuren entlehnten Methode, Terrassen, Böschungen und Abhänge anzulegen. All diese Methoden machen aufgrund des darin enthaltenen beträchtlichen theoretischen Elements einen unkultivierten Bereich »sensibel« für die Instrumente der Abmessungen.

Die Zunahme von mathematischen Instrumenten während des gesamten 17. Jahrhunderts sollte nicht vergessen lassen, daß es sie in dem von den Gebildeten angewendeten Prinzip – der Proportion von Längen und Winkeln – bereits Mitte des 16. Jahrhunderts gab. Als Palissy eine Liste der Dinge aufstellte, die für die Herstellung seines Gartens nützlich seien: Zirkel, Meßlatte, Winkelmaß, Lot, Wasserwaage, Schmiege und Astrolabium, war er anspruchsvoller als Dezailler im Jahr 1713. Sicher war Ende des 17. Jahrhunderts jedes dieser Instrumente hinsichtlich Präzision und Anpassung an bestimmte Aufgaben perfektioniert. Auf den Meßlatten finden sich verschiedene aufeinander abgestimmte Unterteilungen: Sie variieren entsprechend der Verwendung. D'Aviler zählt neun verschiedene Zirkel auf. Die Schmiege wird, in Verbindung mit einem Winkelmesser, zum Pantometer. Das Winkelmaß vermehrt seine Pinnulen auf acht statt vier und dient so »den Gärtnern, um Baumreihen auszurichten und sternförmig anzupflanzen«[40], es hat mit dem Winkelmaß des Maurers nichts mehr zu tun.[41] Die Verwendung der Platte wird üblich, erlaubt sie doch, die horizontalen Winkel direkt beim Visieren aufzuzeichnen. Es handelt sich dabei aber um eine englische Erfindung des 16. Jahrhunderts. Die verschiedenen Sorten von Wasserwaagen dagegen erfahren beträchtliche Verbesserungen, nicht nur hinsichtlich des Gebrauchs von Lünetten anstelle der einfachen Pinnulen zum Visieren.

All diese Instrumente wären nutzlos, wenn man nicht in ihrem richtigen Gebrauch erfahren ist. Das Studium der zahlreichen Abhandlungen über praktische Geometrie klärt über die Schwierigkeiten auf: Es geht darum, ihren Gebrauch zu »erleichtern«, zu »vereinfachen«, schließlich »dem Gedächtnis nachzuhelfen« und vor allem die Regeln der Arithmetik zu vermeiden. Präzision ist vor allem dann erforderlich, wenn die Arbeiten in politischer, militärischer oder wirtschaftlicher Hinsicht von Wichtigkeit sind. Das Anlegen von Gärten ist immer eine aufwendige Angelegenheit. Um das Gelände zu nivellieren, seine Gefälle anzupassen, muß man zunächst die »Windungen« des Hangs genau untersuchen, sein Profil korrekt aufnehmen, um die Terrassen ökonomisch und sinnvoll anlegen zu können. Möglichst wenig Erde ist zu bewegen.[42] Nur ein Architekt oder Ingenieur verfügt über hinreichendes Wissen, praktischer wie theoretischer Natur, über den Erddruck und entsprechend der Beschaffenheit des Bodens und über die bei Abhängen und Abfla-

chungen einzuhaltende Neigung. Die gemauerten Terrassen machen Anleihen bei den Bastionen. Als Dézaillier definiert, was man als »Hinterfüllung« bezeichnet, fühlt er sich zu der Erklärung veranlaßt, es sei das, »was man bei Befestigungen als solche bezeichnet«.[43] Die Lehrbücher für Befestigungsbau behandeln in der Tat ausführlich diese Praktiken, und präzisieren die Werkzeuge und Methoden; die Theorie rechtfertigt die Entscheidungen. Und stets herrscht auch hier, wie in unseren Gärten, das ökonomische Problem vor.

Einen Hügel möglichst in seinen natürlichen Formen zu belassen ist weniger eine ästhetische Entscheidung als das Ergebnis einer wirtschaftlichen Arbeitsdurchführung.[44]

Also erfordern nicht nur Arbeiten von politischer und militärischer Bedeutung Präzision. Das bestätigt die »Vermessungskunde«, deren Methoden die Gärtner des 17. Jahrhunderts anwandten, um vor Ort zu planen. Auch wenn sich diese Wissenschaft zwecks Steuererhebungen und für Grundstückstransaktionen weiterentwickelte[45], war die Verbesserung der topographischen Messungen vor allem den neuen militärischen Praktiken zu verdanken; besonders im Hinblick auf Erkundung der Umgebung einer Stadt, die man einnehmen wollte.[46] Wenn de Ville gegen die Verwendung dieser »mathematischen Instrumente« protestierte, »die nicht zur Einnahme von Orten dienen«[47], so mußten die Ingenieure sie doch benützen, um Schützengräben einzurichten und die Geschütze mit guter Reichweite anzuordnen. Bei der Artillerie gehörten Quadrant und Winkelmaß genauso zur Ausrüstung wie die Fuhrwerke. Die Meßgenauigkeit war wichtig im Krieg, wo der Gegner überlistet werden mußte: Kanonen waren einzustellen, die Reichweite der Kugeln hing von den Schußwinkeln ab. Höhe und Tiefe des Raumes wurden mechanisch vermessen nicht mehr nur nach Sicht, deren Mängel man erkannte, sondern gemäß der kalkulierbaren Flugbahnen der Geschosse.

Es gibt einen Bereich, in dem die Präzision der Messung sich um eine andere Art der Wahrnehmung des Raumes bemüht, die Landvermessung. Gewiß bedürfen auch ihre Praktiken extremer Feinfühligkeit, und ihre richtige Anwendung erfordert ein hohes Maß an Kenntnissen und Geschick.

Sicher hatten die Wasserwaagen der Gärtner in der Regel nicht die Präzision wie die der Herren von der Akademie der Wissenschaften. Für die Vermessung des großen Kanals von Versailles machte man unter Anleitung dieser Herren, berichtet Charles Perrault, Gebrauch von deren Instrumenten. Sie erreichten eine so große Präzision, daß auf 900 Klafter vermessener Länge nur 2 oder 3 Zoll Abweichung zu vermerken war. Nichts kann die Schwierigkeiten dieser Vermessungen besser verdeutlichen als die Erklärung Perraults über die Vorteile des Instruments, das damals benutzt wurde. »Diese große Genauigkeit«, so schreibt er, »entstand nicht nur durch die Geschicklichkeit der Vermesser, sondern durch die Qualität der Wasserwaage, für die es bis dahin nichts Gleichwertiges gegeben hat. Diese Qualität machen im wesentlichen drei Dinge aus; erstens, daß anstelle der Schnur, welche die Maurer üblicherweise an ihre Wasserwaage halten, die Herren der Akademie ein sehr langes Frauenhaar verwendeten, das die senkrechte Stellung der Wasserwaage mit unendlich größerer Genauigkeit anzeigt (...). Zweitens ist das Haar in ein Blechrohr eingeschlossen, was verhindert, daß es der Wind bewegt. An der Stelle, wo das Haar die senkrechte Stellung markiert, ist eine Öffnung in dem Rohr: diese wird durch ein Glas verschlossen, so daß der Wind nicht eindringen und man hindurchschauen kann. Drittens setzt man ein Fernglas auf die Querleiste der Wasserwaage. Dieses Glas fixiert die Ansicht, die immer ein wenig unruhig ist, wenn die Wasserwaage kein Glas hat, so gut, daß man Entfernungen zwischen 100 und 200 Klaftern genau messen kann, ohne auch nur um Haaresbreite abzuweichen. Kein Arbeiter konnte verstehen, wie man zu einer solchen Genauigkeit gelangte, weil sie mit ihren normalen Wasserwaagen keine Entfernung von dreißig Klaftern vermessen konnten, ohne dabei um drei oder vier Zoll abzuweichen.«[48]

Zahlreiche Kanäle sind ohne die Perfektion von Wasserwaagen, ausgestattet mit weniger geschmeidigen und weniger feinen »Haaren«, vermessen worden. Vielmehr wurden sie vom Wind bewegt, schwankten vor dem Auge, waren einer veränderlichen Lichtbrechung unterworfen, deren Auswirkungen man ignorierte, und wurden zudem von Vermessern benutzt, die häufig nichts anderes als Dorfmaurer waren. Als Helfer sollten, den Lehrbüchern zufolge, Männer ausgewählt werden, die fähig waren, die kodierten Signale zu erlernen und zu behalten, welche ja dazu dienten, Befehle außerhalb der Rufweite zu übermitteln. Man kann sich die Szene gut vorstellen, welche die methodische Strenge Picards hervorhebt, als er Geländehöhen und -neigungen an Seine und Loire vermaß.[49] Seine Bedenken veranschaulichen zwei Vorstellungen, die unserer üblichen Wahrnehmung widersprechen: erstens ist die Sehlinie, wenn sie eine gewisse Entfernung überschritten hat, nicht mehr gerade. Die Lichtbrechung bewirkt, daß sie in einer gebogenen Linie verläuft. Zweitens muß die scheinbare Ebene korrigiert werden, denn diese zeigt, »indem sie einen rechten Winkel mit der Senkrechten bildet – einer Linie, die zur Erdmitte strebt –, die Horizontale an. Aber diese Linie »erhebt sich über das wirkliche Niveau ebenso, wie eine Tangente vom Kreisumfang in dem Maß abrückt, wie sie sich von dem Punkt entfernt, an dem sie ihn berührt«.[50]

All diese Praktiken der Geometrie, so schreibt 1638 Pater Nicéron, entleihen ihre Instrumente der Perspektive.[51] Die Gebäude- und Gartenarchitektur übernimmt »deren Ordnung für die Symmetrie und Anmut« ihrer Werke, die nur dann als schön empfunden werden, »wenn ihre Proportionen angenehm fürs Auge sind«.[52] Diese Praktiken und die damit verbundenen Experimente stellen einen wichtigen Beitrag zur neuen Klassifikation des Wissens über die sichtbare Welt dar. Die Perspektive wurde assimiliert in eine Anwendung der Optik, die wiederum sich in drei Arten entwickelte: geometrische Optik, Dioptrik und Katoptrik.[53] Diese »neuen Wissenschaften« vervollkommneten sich unbestreitbar, während die Naturphilosophie der Seh- und Lichttheorien nach dem kartesischen Mechanismus mit geringerer Sicherheit als in der Optik Ursachenforschung über die Physik der Bewegung und der Ruhe betrieb. Die Doktrin der Gegensätze herrschte im allgemeinen bei den Kunstexperten. Häufig dienten die Experimente jedoch nur Rechtfertigungen *a posteriori*, begünstigten sogar die Rückkehr der spekulativen, der »theologischen« Geometrie, und, um eine Formulierung Boulengers aufzugreifen, die Suche nach einer »göttlichen Proportion«.

In dieser Zeit der rasanten Entwicklung der Wissenschaften und ihrer Anwendung wurden die großen Gärten geplant. Daß sie der Perspektive eine Menge verdankten, ist offenkundig: Die Erklärungen Boyceaus und Claude Mollets beweisen dies hinreichend – aber auch die von Oliver de Serres, Salomon de Caus, Du Breuil, Binet, Desargues, Nicéron, später Dézallier, d'Aviler, Ozanam. Es gibt nur wenige Werke über Perspektive, welche die Gärten nicht als Vorbild für ihre Anwendungen hinstellen, und alles in diesen Gärten wurde seit Beginn des Jahrhunderts nach den Gesetzen der Perspektive angelegt. Sie zeigte sich dort vor allem in der Symmetrie – axial oder auch

Park von Sceaux (Hauts-de-Seine, Frankreich). Heutiger Zustand des Kanals. Photo Fulvio Ventura

Vogelschau des Gartens von Marly (Yvelines, Frankreich). Mittelteil der großen Kaskade, im Bereich des oberen Endes der Allée de la Rivière. Anonyme Zeichnung. Paris, Bibliothèque Nationale, Cabinet des Estampes

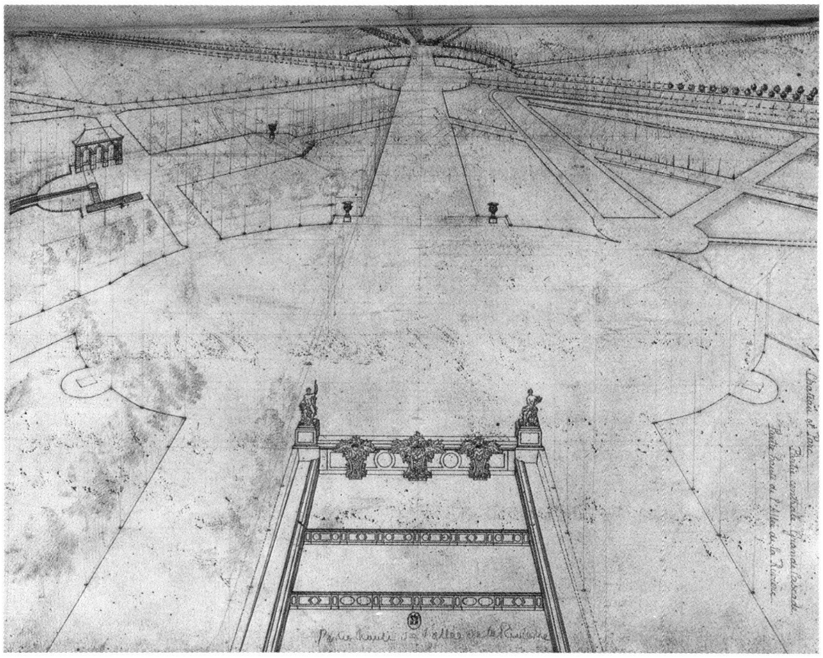

nicht[54] – und in der Ordnung der Terrassen, von denen aus der Blick die gesamte Anlage beherrschte.[55] Beschränkungen des Ausblicks wurden gemäß den Regeln der Optik zu seinem »Naturell«: Man konnte damit spielen und sie zur Simulation benutzen. Optische Verkürzungen wurden bewußt verwendet: Zu lange Alleen entmutigen den Spaziergänger; man brachte ihm das Ziel näher, indem man die Sicht verengte oder versperrte und so einen Teil des Ausblicks verbarg.[56] Um die Alleen scheinbar zu verlängern, konnte man sie, wenn der Garten groß genug war, zu der umgebenden Landschaft hin öffnen. War er dagegen klein, so war man bestrebt, nicht alle Alleen »von einem Ende zum anderen laufen zu lassen«[57], und konnte sogar als höchsten Kunstgriff »Mängel« in den Proportionen, die aufgrund einer schrägen Mauer oder eines schiefen Winkels entstanden waren, beheben. Entweder geschah dies, indem man zum »Ausgleich« Baumreihen an die Mauer stellte, »um eine angenehme Täuschung über ihre beträchtliche Ausdehnung vorzunehmen«[58], oder »durch Abhilfe mit dem Pinsel«, indem man Perspektiven malte[59], »und zwar so«, schrieb Salomon de Caus bereits 1612, »daß es, wenn man hundert Fuß von besagter Mauer in einem Fenster von fünfunddreißig Fuß Höhe entfernt war, schien, als wäre besagter gemalter Garten natürlich und grenzte an einen natürlichen an«.[60]

Wo ist das »Natürliche«, wenn der Raum aufgebrochen wird in scheinbar veränderliche Räume, entsprechend jeglicher Art möglicher »Projektionen«, wobei das Auge nah oder fern ist, statisch oder in Bewegung?[61] Wenn auch die »wirklichen Räume« entsprechend ihrem Maßstab nach unterschiedlichen Möglichkeiten vervielfacht werden? Was ist mit den perspektivischen Tricks in diesen Gärten, wenn der Besucher seinen Standort am Fenster, auf dem Vorplatz oder auf der Terrasse verläßt und sie besichtigen geht?

Ab 1642 konnte jeder Architekt, Ingenieur oder Gärtnermeister, der den Umgang mit dem Maßstab beherrschte, einen perspektivischen Garten entwerfen, welcher für den betreffenden Ort geeignet war. Da seine Arbeit nur in der Anordnung der einzelnen Teile bestand, genügte es, wenn er sich an die Modelle hielt, die Boyceau, Mollet und der Abbé du Breuil vorschlugen. »Die Pläne«, schreibt dieser, müssen so gemacht werden, wie auf Blatt 35, 38 oder 113 gezeigt, und können dann in beliebige Abschnitte aufgeteilt werden«.[62] An Mustern fehlte es nicht, man konnte sogar Anleihen bei Stickereientwürfen oder türkischen Teppichen machen.[63] »Wenn man Laubengänge wünscht«, fährt Du Breuil fort, »findet man deren Ausführung auf den Blättern 60 oder 61. Zieht man den Laubengängen Palisaden (...) oder Baumalleen vor, so zeigt die Seite 112 unterschiedliche Möglichkeiten«.[64] Für Brunnen galt dieselbe Wahlmöglichkeit. Um die Entscheidung zu erleichtern, konnte Du Breuil keine anderen Kriterien liefern als Attraktivität, Proportionen und Symmetrie, die Vermeidung von Unordnung und den Aspekt von Größe. Die Langweile, die diese Art von Gärten erzeugt, läßt sich leicht vorhersehen. Sie sind das Produkt der Kunst von Zeichenlehrern. Die kodifizierte Form, die »Idee« geht im Konformismus verloren.

Als Dézaillier das Scheitern dieser Ideen feststellte, konnte er es sich kaum anders erklären als durch den Mangel an »notwendiger Intelligenz«, der, wie er sagte, »tiefere Ursachen hat, als man denkt«. Um Erfolg zu haben, muß man außer über gewisse Kenntnisse über »Intelligenz und einen guten natürlichen Geschmack verfügen, der sich durch die Betrachtung schöner Dinge, durch Kritik der schlechten und durch vollendete Ausübung der Gartenbaukunst gebildet haben muß«.[65] Damit sind wir wieder bei Desargues angelangt, dem ersten der drei bei der Handarbeit zu unterscheidenden Kriterien: »Wenn es eine Wahl gibt; um absoluten Erfolg zu haben, sehe ich keine etablierten und unantastbaren Regeln.«[66] Bei Dézaillier findet sich jedoch ein Imperativ, der diese Anordnungen beherrscht; es ist derselbe, welcher die Anordnungen von Teilen innerhalb eines Befestigungssystems steuert. Man glaubt, Vauban oder seine zeitgenössischen Ingenieure von Verteidungsanlagen zu lesen: Die Doktrin der Gegensätze ist einer exakten Beurteilung der Vorteile gewichen, und die Kunst besteht aus einer Mischung von Natürlichem und Künstlichem, bei welcher die Vernunft über die Gewalt des Genies siegt, das edle Natürliche über die affektierte Künstlichkeit.[67] Die Perfektion der Erfindung läßt sich an der Ökonomie der Mittel messen, welche die Ausführung erleichtert. Von den drei Kriterien, die Desargues unterschied, werden nacheinander, gemäß den Gesetzen der Technokratie, Abstriche gemacht.[68] Vielleicht ist man deshalb versucht, sich mit einem Gemeinplatz zu verteidigen, der zur damaligen Zeit überall zu hören war: daß die Architekten, im Gegensatz zu den Ingenieuren, die Gründe für ihre Wahl nicht rechtfertigen und die sie leitende Einsicht nicht erklären können.

Das ist auch die Kritik, die an der mechanistischen Philosophie geübt wird. Boyle bemerkte, nicht ohne Ironie, daß die Kartesianer die Liste der Prinzipien ihrer Physik mit *mens*, dem Geist, beginnen und diesen dann vergessen.[69] Die ganze praktische Geometrie ergäbe keine Mechanik und die ganze Mechanik keine Physik, wenn sie nicht von Intelligenz angetrieben würde: von der Gottes in der Natur und von der des Gestalters beim Kunstwerk, dessen Idee er konzipiert. Als La Fontaine ein Loblied auf die Schönheiten von Versailles sang, »nutzte er die Gelegenheit, um über die Intelligenz zu sprechen, welche die Seele dieser Wunder ist«.[70]

Anmerkungen

1 In *La promenade de Versailles* hebt Mlle. De Scudery das offensichtliche Vergnügen hervor, das König Ludwig XVI. beim Vorführen seiner Gärten hatte; vgl. auch Felibien: Die Gärten von Versailles, die Freuden des großen Königs, werden »von allen Persönlichkeiten Frankreichs besucht«, *Description du chasteau de Versailles*, Paris 1674, S. 5.
2 Dézallier d'Argenville, *La théorie et la pratique du jardinage ...*, Paris 1713, S. 61.
3 *Op. cit.*, S. 24.
4 *Op. cit.*, S. 19.
5 *Op. cit.*, ebd.
6 *Op. cit.*, S. 37.
7 *Op. cit.*, S. 20.
8 *Op. cit.*, S. 24–25.
9 D'Aviler, *Dictionnaire d'architecture*, Paris 1691, Bd. II; Artikel: Abflachung.
10 Dézallier, *op. cit.*, S. 19.
11 Durch einen quasi-mechanischen Reiz erinnert die Vorstellung von Anordnung sofort an die der Handlung. Als er von der Wasserstraße von Versailles spricht, bemerkt Felibien: »Erwähnt werden muß die angenehme Anordnung all dieser Abkömmlinge und ihrer verschiedenen Handlungen«: *op. cit.*, S. 64.
12 Fabre, *Les pratiques du Sr. Fabre ...*, S. 76.
13 Bernard Palissy, *Recepte véritable pour laquelle les hommes de France pourront apprendre à multiplier et augmenter leurs thresors*, (1. Auflage, La Rochelle 1563), Ausgabe der *Oeuvures complètes*, Paris 1961, S. 214.
14 Daher die Bedeutung der Zitadelle, auf dem Platz in Voraussicht der möglichen Aufstände errichtet. Im 17. Jahrhundert unterschied man kleine, mittlere und große Plätze entsprechend dem zahlenmäßigen Verhältnis von Soldaten zu Einwohnern.
15 Bernard Palissy, *op. cit.*, S. 214.
16 P. Clement, *Lettres ... de Colbert*, Bd. II, Paris 1886, Brief vom 20. September 1663.
17 Vgl. z.B. A.C. D'Aviler, *Cours d'architecture*, Paris 1691, Artikel: Gärten.
18 Charles de Sercy, Widmung an Nicolas Fouque des *Théâtre des plans et jardinages* von Claude Mollet. Paris 1652, S. iij.
19 »Die größten Könige der Erde (...) verwandten früher dieselbe Sorgfalt auf die Anlage eines Obstgartens wie auf die Aufstellung einer Armee; Diokletian (...) sah man das Pflanzen von Bäumen in einer Reihe länger erwägen als das Ordnen von Schwadronen in einer Schlacht«, *op. cit.*, S. iij.
20 Antoine de Ville, *La fortification du chevalier A. de Ville*, Lyon, Ausgabe von 1666, S. 211.
21 Claude Mollet, *op. cit.*, S. 119.
22 Ozanam beispielsweise spricht in seinem *Dictionnaire de mathématiques ...*, Paris, 1689, Artikel: Befestigungen, von der »Eifersucht« der Teile eines Verteidigungssystems.
23 »Die Unsterblichkeit der Arten besteht fort durch die Verführung der Individuen, die sich durch das Übermaß der Eigenschaften gegenseitig verderben (...), eine Form jagt die andere, und alle bekriegen sich«, *op. cit.*, S. 211.
24 Claude Mollet, *op. cit.*, S. 229.
25 Claude Mollet, ebd.
26 *La géometrie pratique du Sr. Boulenger*, Ausgabe von Ozanam, Paris 1691, S. 268 (erste Ausgabe 1624).
27 P.J.F. Niceron, *La perspective curieuse*, Paris 1638, S. 11.
28 A. Bosse, *Manière universelle de pratiquer la perspective par le petit pied comme par le géométral*, Paris 1647, S. 7.
29 R.P. Etienne Binet, *Essay des merveilles de nature et des plus nobles artifices*, Rouen 1629, S. 456.
30 Fleurance-Rivault, *Les Elements de l'artillerie*, Paris 1612, S. 3.
31 Bosse-Desargues, *op. cit.*, Vorwort.
32 Jacques Boyceau de la Baraudiere, *Traité du jardinage selon les raisons de la nature et de l'art*, Paris 1638, S. 31 (erste Ausgabe 1636).
33 Boyceau, *op. cit.*, S. 68.
34 Boyceau, *op. cit.*, ebd.
35 Claude Mollet, *op. cit.*, S. 192.
36 Claude Mollet, *op. cit.*, ebd.
37 Claude Mollet, *op. cit.*, S. 201.
38 Claude Mollet, *op. cit.*, ebd.
39 Boyceau, *op. cit.*, S. 68.
40 Nicolas Bion, *Traité de la construction et des principaux usages des instruments de mathématiques*, 3. Auflage, Paris 1723, S. 110.
41 Dézallier, *op. cit.*, S. 97.
42 Dézallier, *op. cit.*, S. 133.
43 *Op. cit.*, S. 139.
44 Claude Mollet macht genau Angaben darüber, wie man Erdaushübe mit Hilfe von Markierungen abmessen könne, »die er mit einem Stempel und spanischem Wachs kennzeichnen würde, so daß man ihre Lage nicht verändern kann«, *op. cit.*, S. 317–318. Diese Praktiken waren üblich. Sie waren unumgänglich, wenn es darum ging, nicht nur Fundamente auszuheben, sondern große Flächen zu nivellieren, wie das bei Gärten und Befestigungen der Fall war, vgl. A. Manesson-Mallet, *Les travaux de Mars ...*, Paris 1672, S. 316: »Erdtransport mit den Mitteln, Markierungen dort zurückzulassen«.
45 Nach Claude Flamand, der erklärt, daß es »über die geometrische Landvermessung kaum etwas Schriftliches gibt, außer im Maison Rustique«, La pratique et usage d'arpenter, Montbeliart 1611.
46 Um beim mittelalterlichen Europa zu bleiben, vgl. beispielsweise: in *Floir et Blanceflor* (1. Fassung, 12. Jahrhundert) »Vassal es tu engigneor Que ci mesures nostre tor?«
47 A. de Ville, *op. cit.*, S. 292.
48 Charles Perrault, *Mémoires ...*, Avignon 1759, S. 167–168.
49 Es ging darum, Versailles mit Wasser zu versorgen, indem man einen Teil der Loire bis an die Berge von Satori bei Versailles führte. Riquet mache sich anheischig, das zu erreichen, indem er sich auf die Vermessung stützte, die er hatte vornehmen lassen. Colbert begünstigte das Projekt. Das Abkommen war getroffen. Perrault berichtet, »M. Le Nostre sagt, dem König bleiben zwei Tage, wenn man ihn entlang den Ufern des Kanals von Versailles begleitet, und es wird schön sein, die Schiffe mit ihren Masten und Segeln entlang dem Berg die Loire herunterkommen zu sehen«, *op. cit.*, S. 147. Picard wurde nach einer Intervention Perraults – wenn man letzterem glauben kann – damit beauftragt, die Angaben Riquets zu überprüfen. »Da es sich um ein sehr großes Unternehmen handelte, machte er seine Beobachtungen mit der größtmöglichen Genauigkeit«, La Hire, Vorwort zu Picards *Traité du nivellement*, S. a ij 5.
50 Picard, *Traité du nivellement*, Paris 1684, S. 3.
51 »Seine Quadranten, seine Armbrüste, Meßlatten von Jacob & andere Instrumente zum Messen der Längen, Breiten, Höhen & Tiefen«, Nicéron, *op. cit.*, Vorwort.
52 Nicéron, *op. cit.*, Vorwort.
53 Nicéron, *op. cit.*, S. 11.
54 Man hat »vom Vorplatz aus« eine Aussicht. Dézaillier, *op. cit.*, S. 19, und die große zentrale Allee ist unerläßlich. Von ihr aus erfolgt die Nivellierung des Geländes, vgl. C. Mollet: »Ich empfehle ihm (dem Gärtner), genau von der Mitte des Gebäudes auszugehen: Danach muß er seinen Kompaß oder sein Winkelmaß aufstellen ...«, *op. cit.*, S. 326.
55 »Da es darum ging, Teile des Gartens von weitem zu betrachten, war es angebracht, die Reihen weiter voneinander zu plazieren (...), aus Gründen der Perspektive jedes Objekt im Verhältnis zur Entfernung in der Größe zu reduzieren (...) warum es wünschenswert ist, daß die Gärten von oben betrachtet werden, entweder von nahen Gebäuden oder von erhöhten Terrassen um das Parterre herum, O. de Serres, *Agriculture ou mesagne des champs*, Paris 1600, S. 581.
56 Bezüglich dieser Praktiken vgl. M. Charageat, »André Le Nostre et l'optique de son temps«, in: *B.S.H.A.F.*, Jahrgang 1955, S. 66ff. Charageat sieht in P. le Muets Plan für den Kanal von Tanlay eine Anwendung des Lehrsatzes von Boyceau bezüglich der Schließung von Perspektiven. In Vaux, Chantilly, in den Tuilerien, in St. Germain und in Versailles wäre Le Nôtre anders mit der Perspektive umgegangen, um mit Hilfe von proportionalen Anordnungen der hintereinanderliegenden Becken eine verkürzende Wirkung zu erzielen.
57 Dézailler, *op. cit.*, S. 36.
58 *Op. cit.*, S. 20.
59 Du Breuil, *La perspective pratique*, Bd. 3, Teil III, Einführung in dritten Traktat.
60 *La perspective avec la raison des ombres et miroirs*, London 1612.
61 P.P. Bourdin, *Le dessein ou la perspective militaire*, Paris 1655, S. 10.
62 *Op. cit.*, Bd. 3, S. ij.
63 Mollet, *op. cit.*, S. 190.
64 Du breuil, *op. cit.*, S. ij
65 Dézallier, *op. cit.*, S. 16.

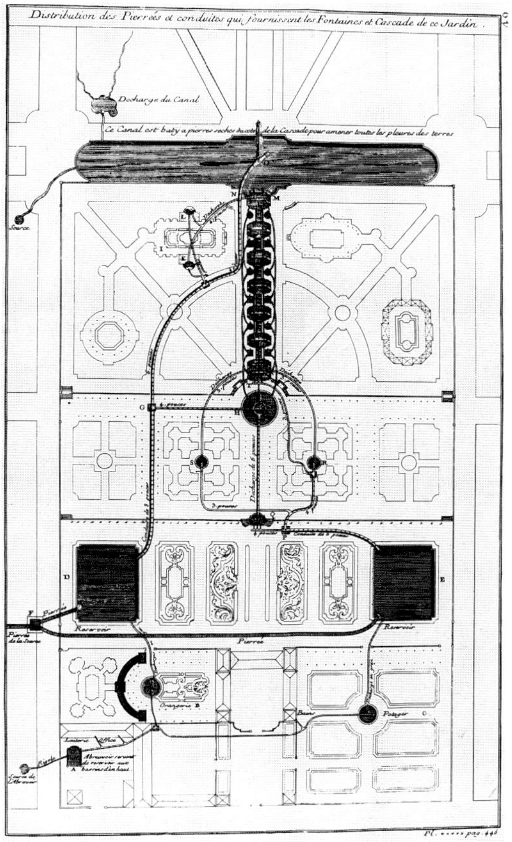

Wasserführung in einem Garten. Aus: A.-J. Dézallier d'Argenville, La théorie et la pratique du jardinage, Paris 1713

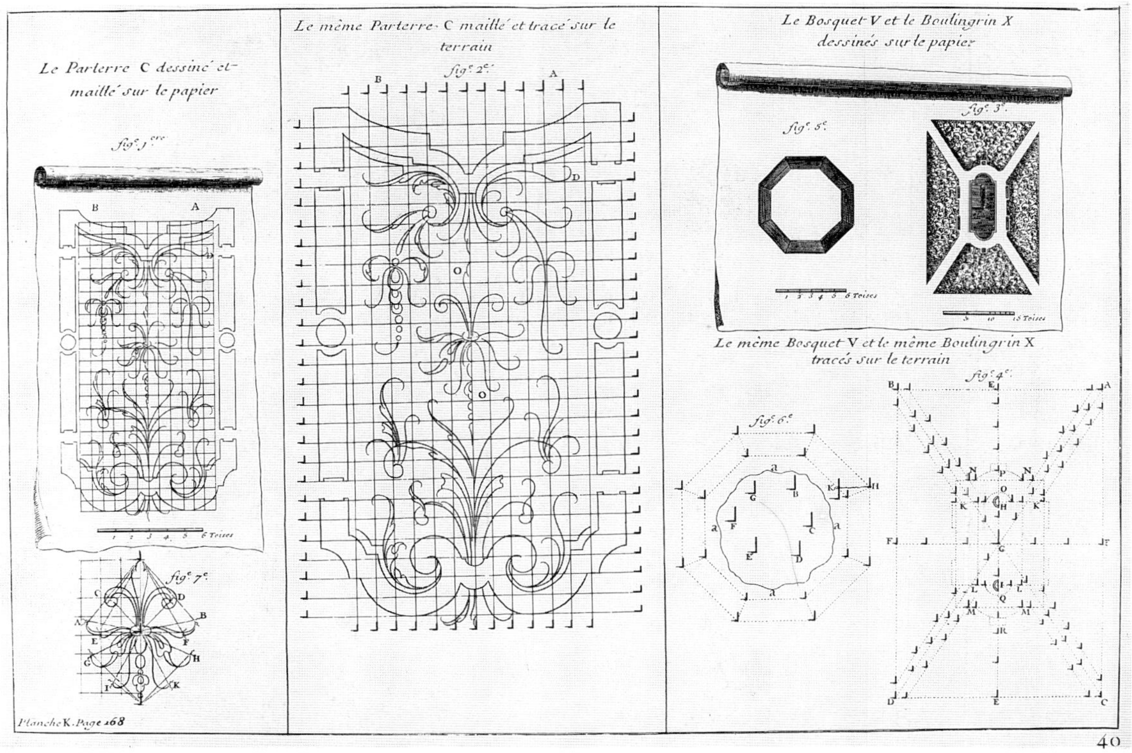

Umsetzung von Parterreentwürfen im Gelände. Aus: A.-J. Dézallier d'Argenville, La théorie et la pratique du jardinage, Paris 1713

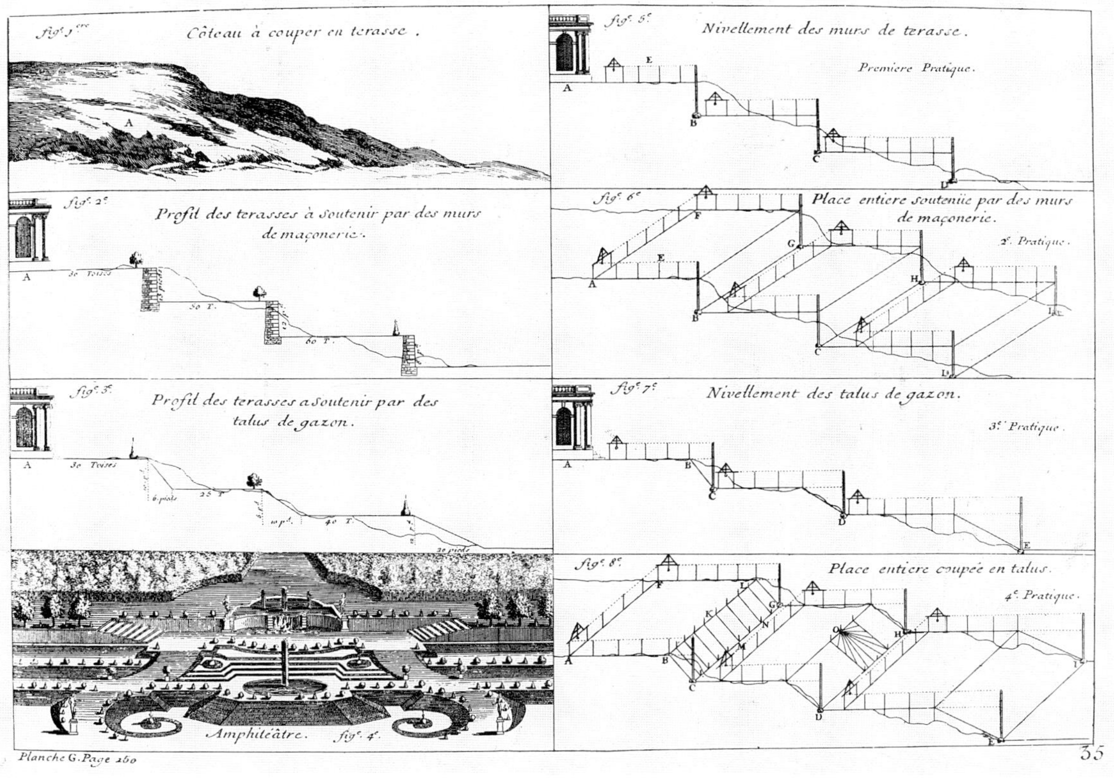

Nivellierverfahren zur Anlage von Terrassen. Aus: A.-J. Dézallier d'Argenville, La pratique et la théorie du jardinage, Paris 1713

Nivellierinstrumente und Nivelliermethoden. Aus: N. Bion, Traité de la construction des instrumens mathématiques, Paris 1709

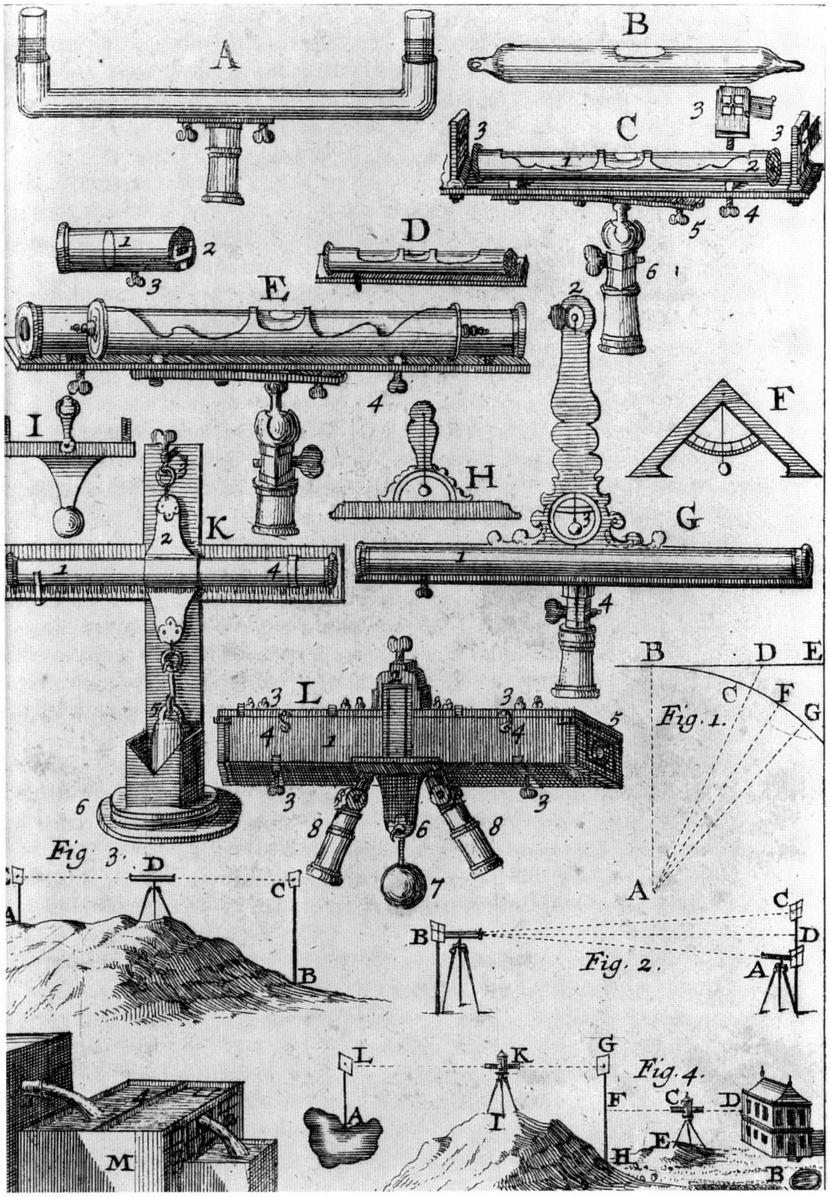

66 Desargues, *op. cit.*, S. 1.

67 Dézallier, *op. cit.*, S. 15: »Die höchste Wissenschaft, einen Garten gut anzulegen, besteht darin, die natürlichen Vor- und Nachteile des Ortes gut zu kennen und zu untersuchen, um von den einen zu profitieren und die anderen zu korrigieren.« »Wenn er einen schönen Plan ausarbeiten möchte, indem er die Vorteile eines Orts mit Geschick und Wirtschaftlichkeit nutzt und mit seinen Mitteln die Mängel, Schrägen und Ungleichheiten des Terrains korrigiert.« Bis auf ein oder zwei Wörter könnten diese Abschnitte in jedem zeitgenössischen Lehrbuch über Befestigungen stehen. Dieses Bemühen, sich unter wirtschaftlichen Aspekten dem Ort und Terrain anzupassen, war stets wesentlich bei der Ausführung von Befestigungsanlagen und hat die Untersuchung der Methoden bestimmt. Was sich Ende des 17. Jahrhunderts veränderte, war die Aufstellung von Merkmalen: die Quantifizierung von Proportionen, die Variationen ermöglichen.

68 Sicher muß man die Begründungen von Dézallier näher untersuchen, die ja komplex und oft widersprüchlich sind. Halten wir fest, daß er sich hier ausdrücklich auf die Neureichen bezieht, welche einen Garten für um so schöner hielten, je teurer er war.

69 Bayle, *Dictionnaire historique et critique*, Amsterdam 1740, Band II, S. 7, Artikel *Caïnites.*

70 La Fontaine, *Les Amour de Psyché et de Cupidon*, Paris 1795, S. 97.

Nivelliergeräte. Aus: Picard-Labbé, Traité du nivellement, Paris 1684. Paris, Bibliothèque Nationale, Cabinet des Estampes

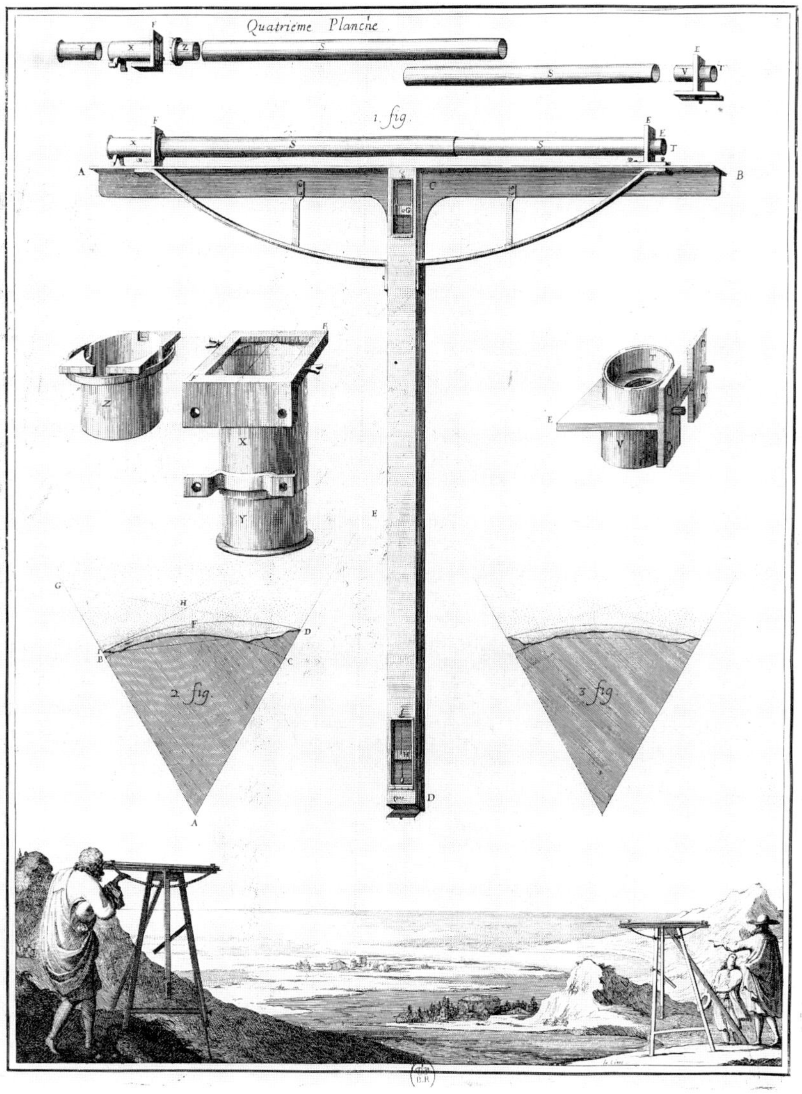

Die Gärten des Barock und des Rokoko in Italien

Anna Maria Matteucci

Am 11. September 1714, anläßlich der Eheschließung von Elisabetta Farnese mit Philipp V. von Spanien, verfaßte ein anonymer Chronist einen Bericht über den Besuch bekannter Persönlichkeiten im Garten der Residenz zu Colorno bei Parma. Dieser Text ist deshalb von so großem Interesse, da er den Zustand der gesamten Anlage nur sechs Jahre, nachdem Ferdinando Bibiena den Hof der Farnese verlassen hatte, beschrieb. Bibiena war, mit Unterbrechungen, mehr als 25 Jahre am Hofe tätig gewesen und hatte dort sogar das Amt des Ersten Herzoglichen Architekten bekleidet. Damals wurden »jedes Gebäude, alle Bühnenbilder, Theater und Bauwerke, ob in Parma oder Piacenza oder im entzückenden Garten von Colorno nach dem Entwurf und unter der Leitung und Mitwirkung von Bibiena ausgeführt, der zweifelsohne nicht Seinesgleichen hatte.«[1]

Die *»Delizie farnesiane«* – die lieblichen Orte der Farnese – jene berühmte Sticheserie, die 1726 über Colorno erschien, dokumentieren den Park in einer bereits fortgeschrittenen Phase, als nämlich der Wasserbauingenieur Jean Baillieul bereits einige Jahre dort gewirkt hatte. Zeitgenössischen Schriftstükken zufolge hatte Baillieul eine wichtige Rolle beim Ausbau der Wasserspiele inne, nicht zuletzt dadurch, daß er die Grotten mit Automatenfiguren ausstattete. Bereits 1714 konnten die Gäste der Königshochzeit die »drei riesigen Alleen« bewundern, »die vom Garten in das Wäldchen führten ... Ein Netz gut befestigter Wege gliederte das Wäldchen in regelmäßige Gevierte ... An den Schnittpunkten der Wege waren kreisrunde Plätze ausgeformt.«

Es ist nicht übertrieben, diesen Park, so wie er uns durch die Stiche überliefert ist, als prächtig und außerordentlich gut gegliedert zu bezeichnen. In den Legenden zu den Stichen werden Lobreden auf die »allerhöchsten Springbrunnen« gehalten, die um 1712 vor allem von dem Architekten und Bildhauer Giuliano Mozani ausgeführt wurden. Nach dem Fortgang von Ferdinando Bibiena hatte Mozani die Leitung der Bauarbeiten übernommen. Zu jener Zeit existierte bereits der Trianon-Brunnen, ein Werk, das den weit verbreiteten Ruhm des berühmten Vorbildes in Versailles bezeugt.

Das frühzeitige Einfließen französischer Elemente in die Gestaltung macht es schwierig zu definieren, was typisch italienisch an diesem Garten, genauer gesagt, was auf Bibiena zurückzuführen ist. Frühe szenographische Entwürfe, wie beispielsweise die Aquarellzeichnung »Der Palast der Diana«, die im Metropolitan Museum in New York zu sehen ist, zeigen Pläne für großartige Zypressen- oder Pappelalleen, die fächerförmig in vier Richtungen führen. Dies entsprach sicherlich den Stilvorstellungen der französischen Schule, die damals überall glanzvollen Einzug hielt. Man kann aber gleichwohl sagen, daß die Anwendung der Diagonalen ihren Ursprung in den orthogonalen Organisationsstrukturen hatten, die Bibiena sowohl bei seiner szenographischen als auch seiner dekorativen Arbeit gerne anwandte. Es sei daran erinnert, daß auch die für die Emilia Romagna so typische ›Gartenlandschaft‹, mit ihren langen Pappelreihen, die sich von den Villen aus über die Hügel erstrecken, hier mehr als nur eine Anregung geboten haben mögen. – Die spezifischen Qualitäten von Bibiena werden insbesondere bei dem »großen Rund der weiträumigen Orangerie« sichtbar. Diese Orangerie war ellipsenförmig angelegt, und die in fünf Reihen hintereinander aufgestellten Gefäße lassen Erinnerungen an die Säulengänge des Petersplatzes in Rom wach werden. In der zweifachen Abstufung des Terrains erkennt man einerseits die Absicht, jeden einzelnen Baum herausstellen zu wollen und andererseits einen privilegierten Betrachterstandpunkt zu schaffen, der genau in der Mitte der großen Freitreppe liegt. Die Höhenunterschiede sind minimal, aber ausreichend genug, um bei demjenigen, der gerade dieses »große Theater der Zitrusgewächse« durchschritten hatte, einen bleibenden Eindruck zu hinterlassen.[2]

Die Anwesenheit französischer Gärtner und insbesondere französischer Wasserbauingenieure ist bei den verschiedenen Gartenanlagen in Italien schon frühzeitig nachgewiesen. Auch ist bekannt, daß Abhandlungen von Autoren, die jenseits der Alpen lebten, in Italien weit verbreitet waren. In der Bibliothek der Familie Sorra, einer wohlhabenden Kaufmannsfamilie aus Modena, fanden sich unter anderem Titel wie: *»Der französische Garten«* von M. René Dahavron, Venedig 1704, *»Le jardinier solitaire«* Paris, beim Verlag Rigud, 1704; *»Anleitungen für den Garten«*, Paris 1678; *»Das Labyrinth von Versailles«*; *»Pläne und Gartenentwürfe und andere perspektivische Darstellungen«* von S. Bouteux, zwei handgeschriebene Bände. All diese Werke wurden Ende des 17.[3] oder Anfang des 18. Jahrhunderts verfaßt. Vielleicht wurden sie anläßlich der Planung der Villa in Panzano erworben, die mit großer Wahrscheinlichkeit im ersten Jahrzehnt des 18. Jahrhunderts erbaut wurde. Es ist übrigens erwähnenswert, daß es André Le Nôtre selbst war, der den großen Park von Schloß Racconigi entwarf[4], und letzteres stellt deutlich unter Beweis, wie sehr der französische Stil die typisch italienische Barocktradition beeinflußt hat. Es ist sehr wohl bekannt, daß in diesem Zusammenhang Guarino Guarini selbst eine sehr interessante Reihe von Entwürfen nicht nur für den Umbau des Schlosses vorgelegt hatte, sondern auch einen äußerst gewissenhaften Plan für die Gestaltung des Parks. Unter seinen sorgfältig ausgeführten Entwürfen für die große Freitreppe, die zum ›piano nobile‹ hinaufführen sollte, zeigt einer ein ähnliches Rautenschema wie die später von Bibiena in Colorno verwendete Treppenform. Andere Entwürfe unterstreichen die enge Beziehung zwischen der herzoglichen Residenz und den Nebengebäuden. Oft findet man vorgeblendete Säulenreihen, die den Palast auf die verschiedenste Weise umschließen. Der Einfluß französischer Entwicklungen auf die italienische Gartenkunst läßt sich nicht verleugnen. Darüber hinaus ist es jedoch auch bemerkenswert, daß insbesondere die wohldurchdachte, auf geschwungener Grundrißform angelegte Verbindung zwischen dem Wohnhaus, den Nebengebäuden und dem Garten ein Entwurfselement ist, das ganz und gar italienischen Ursprungs ist. Häufig sind diese Lösungen nach dem Geschmack des italienischen Rokoko auf die großen Lehrmeister Borromini und Guarini zurückzuführen. Die außergewöhnliche Villa in Bagheria bei Palermo, von Tommaso Maria Napoli erbaut, ist ein gutes Beispiel für das Zusammenspiel der einzelnen Elemente. Die eigenwillige Geometrie des Wohnhauses wird durch die umgebenden niedrigen Baukörper zusätzlich betont, wogegen die Terrassen, die vom Gebäude ausgehen, in der Anlage von langen, vielfältig gestalteten Passerellen eine Steigerung erfahren.[5]

Die Terrasse wird bei den Villen des 18. Jahrhunderts zum Hauptthema. Immer neue Lösungen entstehen, und oft werden die Terrassenanlagen mit eleganten Gruppen von Statuen vervollständigt. Man denke nur an die Terrassenanlage der Villa della Rovere in Albissola von Girolamo Brusca[6] mit ihren spiegelnden Wasserbecken entlang der Terrassenebenen, die untereinander mit Treppenfluchten verbunden sind, oder an die Terrasse, die sich über mehrere Ebenen auf dem zerstörten Vorbau des Palazzo Tarsia in Neapel ausdehnt.[7] Domenico Antonio Vaccaro hatte hierfür »einen Bodenbelag« entworfen, der »mit Arabesken, Putti, Blumen und Girlanden bemalt« war. Bei der Villa Trissino (heute Marzotto) in Trissino verbinden die Passerellen

Amphitheatralische Aufstellung einer Orangerie. Aus: Delizie farnesiane in Colorno, Sammlung anonymer Zeichnungen, um 1726

Grundriß von Schloß und Park Racconigi bei Turin (Italien). Guarino Guarini zugeschriebener Entwurf. Karlsruhe, Staatliche Kunsthalle

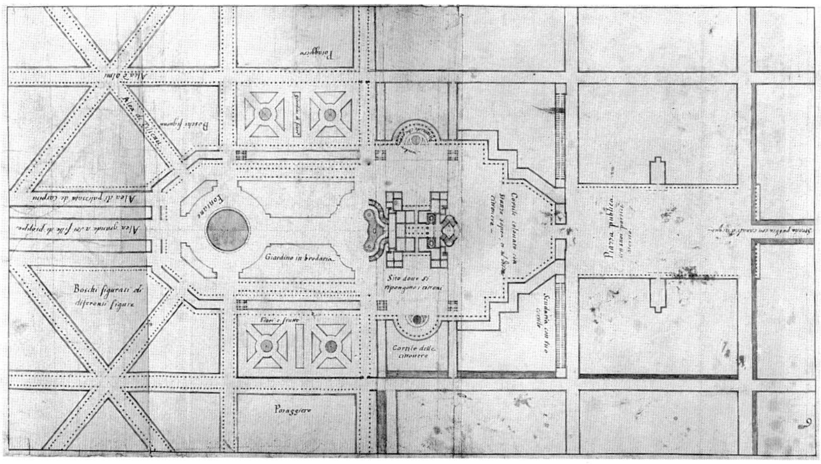

das ›piano nobile‹ mit dem nahegelegenen kleinen Hügel und rahmen zugleich den großen, heute grasbewachsenen Innenhof ein.[8] Bei Schloß Portici in der Nähe von Neapel von Antonio Canevari erstrecken sich zwei große Terrassen wie ausgebreitete Flügel um den prächtigen Garten, der von Francesco Geri angelegt wurde.[9] Um die Vielzahl der unterschiedlichen Barockgärten des 18. Jahrhunderts in Italien richtig einschätzen zu können, ist es wichtig, die Zweckbestimmung des Gebäudes, den sozialen und wirtschaftlichen Status des Bauherrn und die Größe des verfügbaren Grundstückes im Auge zu behalten. Seit den Tagen der Gärten Arkadiens im alten Rom hatten Herrscherfamilien, Hoch- und niedriger Adel, Gelehrte, Doktoren und reiche Kaufleute Gärten erschaffen, die auf besondere Weise ihre Stellung im gesellschaftlichen und wirtschaftlichen Leben sowie ihre persönlichen Vorlieben widerspiegelten.[10] Die Terrassen und die langen Passerellen entsprangen nicht nur dem Wunsch, das Gebäude mit dem Garten zu einer Einheit zusammenzufügen, sondern auch der Vorstellung, auf diese Weise vielfältige Ausblicke zu schaffen und lebendige Blickbezüge herzustellen. In dieser Hinsicht übte Bibiena als Initiator der bühnenhaften Landschaftsgestaltung einen starken Einfluß in mehreren Regionen Italiens aus. In der Lombardei bauten beispielsweise Architekten wie Federico Pietrasanta neben Villen auch bedeutende Theater. Unter den zahlreichen Parks, die uns in den *»Ville di delizia«*, dem bekannten Stichewerk Marc' Antonio dal Res überliefert sind, erkennt man das Bestreben, einerseits eine Vielfalt der Blickbeziehungen herzustellen, andererseits aber bestimmte Ausblicke »verschleiernd« darzustellen, so daß ihre allmähliche Enthüllung ein Element der Überraschung und Dramatik einführten, wie es zu jener Zeit auch in den Theaterinszenierungen von Galliari oder Pietro Righini angewandt wurde.

In diesem Sinne dienten auch Besonderheiten wie Gartentore aus filigranem Schmiedeeisen oder Säulen, die in versteckten Ecken aufgestellt waren und von lebensnahen Skulpturen gekrönt wurden, als höchst wirkungsvolle Kunstgriffe im Spiel mit den Entfernungen. In Gärten, die zwar, was ihre Vegetation betrifft, inzwischen oft sehr vernachlässigt sind, wo diese Gestaltungselemente aber die Zeit überdauert haben, ist man mitunter sehr erstaunt über die Wirkung, die solche Ensembles noch ausüben. Ihre sorgfältige Plazierung ermöglicht noch heute, visuelle Räume und Perspektiven nachzuvollziehen. Ein Beispiel für die wohldurchdachte Anordnung von Zäunen, Toren und Skulpturengruppen, die sich gegenseitig zu dramatischer Wirkung steigern, zeigen Giorgio Massaris Entwürfe für die Villa Cordellina. Hier wird der verhältnismäßig kleine Garten zum unersetzlichen Gegenstück für die ungleich strenger wirkende Villa.[11]

Wenn man die Beschreibung, die Marc' Antonio dal Re der Villa Brentano in Corbetta widmet, einer eingehenden Analyse unterzieht, stellt man fest, daß im Entwurfsschema, das Francesco Croce 1737 schuf, häufig die ganze Aufmerksamkeit auf den Blickbeziehungen liegt. Dal Re verweilt lange bei der Tatsache, daß jedes Fenster der zum Garten hin weisenden Fassade vom Architekten mit »großem Einfallsreichtum« so gestaltet wurde, »daß es einer ganz bestimmten Allee zugeordnet ist..., die entweder geradlinig oder schräg verläuft: dies scheint je nach dem Einzelfall entschieden worden zu sein und ist gewiß auf eine wohlüberlegte Wirkung seiner Kunst zurückzuführen.«[12] Ganz besonders geeignet für diese Zwecke erwiesen sich einerseits die Trapezform des Gartens und andererseits die Anwendung des traditionellen lombardischen Grundrisses für die Villa, nämlich die U-Form mit einem

Orangerie (oben) und Casino (unten) der Villa Pisani (heute Villa Nazionale) in Stra bei Venedig. Photo Luigi Ghirri

Das Amphitheater (oben) und Terrassen (unten) auf der Isola Bella im Lago Maggiore (Italien). Photo Daniele De Lonte

Vogelschau der Isola Bella im Lago Maggiore (Italien). Stich aus: M. Dal Re, Ville di delizia, 18. Jh.

Vorhof, der von den niedrigen Nebengebäuden umschlossen wird und so den höfischen Bereich des Herrenhauses vom landwirtschaftlichen Trakt abschirmt. Zugleich aber wurden durch die notwendigen Zwischenräume und Toröffnungen flüchtige Blicke auf die weiten Ausblicke ringsum ermöglicht.

Francesco Croce, der zur zweiten Architektengeneration des 18. Jahrhunderts gehörte, zeigte sich beim Bau der Villa Corbetta vom Werk des römischen Architekten Giovanni Ruggeri beeinflußt, mit dem in der Lombardei ein außerordentlich interessantes Kapitel auf dem Gebiet der Villenarchitektur begonnen hatte. Ruggeri schuf außergewöhnliche Gartenausstattungen. Nach seinen Entwürfen wurden Pavillons, Springbrunnen und Freitreppen angelegt, die häufig eine Neigung zum Bizarren und Exotischen zeigten. Ganz im Geist des Rokoko wurden die Geländersäulen von asymmetrischen Voluten abgelöst, die wie stilisierte Wellen gestaltet waren. Bei diesen Einfällen des italienischen Rokoko kann man eine enge Übereinstimmung mit den deutschsprachigen katholischen Ländern feststellen. Man denke zum Beispiel an den Skulpturenschmuck, den Ferdinand Tietz im Park von Seehof schuf, allerdings zu einem etwas späteren Zeitpunkt.

Als 1710 die Burg des Visconte di Brignano D'Adda modernisiert wurde, gestaltete Ruggeri die vorhandenen alten Bastionen zu Passerellen um, die mit Skulpturenschmuck ausgestattet wurden. Die erfindungsreich gestalteten Statuen harmonierten vorzüglich mit den originellen Dekorationen der Säle im Inneren der Villa. Diesem Werk ganz ähnlich und demselben Wunsch nach einer wirklich bildhaften Rokoko-Form entsprungen, ist die Ausschmükkung der Umfassungsmauern und Balustraden im Park der Villa Arconati in Castellazzo. Dal Re schreibt diese Arbeiten allerdings dem Franzosen Jean Janda zu, aber ein ähnliches Entwurfschema, das vielleicht noch ausgeprägter dem Stil des Rokoko entspricht, findet man bei der Villa Belgiojoso, deren Gartenanlage aus dem 18. Jahrhundert zum Teil noch erhalten ist.[13]

Noch ein anderer Name sollte in dieser von Eleganz geprägten Epoche Erwähnung finden: Franceso Muttoni, der als Architekt in der Gegend von Vicenza tätig war und bei der Anlage des berühmten Gartens der Villa Trissino eine wichtige Rolle spielte.[14] Der phantasievolle Höhepunkt der Anlage, die Exedra, durch deren vier Durchgänge man entweder auf unterschiedliche Wege oder auf eine luftige Aussichtsterrasse gelangt, war nur möglich durch die Kenntnis der Entwurfsideen Ruggeris. Da leider heute so viele Beispiele der großartigen italienischen Rokokoanlagen unwiderruflich verlorengegangen sind, ist es schwierig, diesen komplexen Gartenentwurf in einen angemessenen Kontext zu stellen. Es ist ebenfalls sehr schwierig, viele der im 18. Jahrhundert angelegten Parks zeitlich genau einzuordnen, auch wenn die Bauzeit der Villa genau bekannt ist. Aber zweifellos sind die Vorläufer dieser Gartenanlagen mit Sicherheit in den faszinierenden Entwurfsideen eines Filippo Juvarra für die Gärten bei Lucca zu suchen.[15]

Um die Zielsetzung des italienischen Rokokogartens zu verstehen, ist es hilfreich, den Entwurf zur Umgestaltung der bekannten Gartenanlage der Villa Trissino genau zu studieren. Dieser Entwurf trägt die Unterschrift von Francesco Muttoni und ist wahrscheinlich vor 1718 entstanden, wurde jedoch nur teilweise ausgeführt. In den ersten Abschnitten des Verzeichnisses aller Arbeiten, die in Angriff genommen werden sollten – unter anderem war auch die Erweiterung der Villa vorgesehen – werden auch Pläne für »incontri« – Treffpunkte – und »vedute« – Ausblicke – erwähnt, was bestätigt, daß diese Aspekte vor allen anderen Vorrang genossen.[16] Die »Ausblicke« sind nicht auf bestimmte Punkte im Park selbst gerichtet, sondern leiten den Blick in die umgebende Landschaft. Gelb gezeichnete Linien auf dem Entwurfsplan verbinden den neuen Zugang an der Front des Gebäudes in direkter Linie mit dem dahinterliegenden Atrium, wo paarweise angeordnete Doppelsäulen die Linie aufnehmen und zu einem Belvedere führen. Die sechs Blickachsen des Entwurfschemas sind ziemlich frei angeordnet; wohingegen die Blickführung peinlich genau ausgearbeitet und geschickt angelegt ist: nur an sorgfältig ausgewählten Punkten wird die dichte Reihe der Zypressen, die sich wie eine kleine Schutzmauer um den Garten zieht, unterbrochen, um für Balustraden und Aussichtspunkte Platz zu machen.

Dieser Entwurf zeigt in beispielhafter Weise, wie schnell und bereitwillig die italienische Schule französische Anregungen aufnahm, ohne aber die eigene ruhmreiche Vergangenheit zu verleugnen oder das Verhältnis des Gartens zu seiner natürlichen Umgebung aus den Augen zu verlieren. Bezeichnenderweise nutzt der italienische Rokokogarten die topographischen Vorteile des Geländes und setzt perspektivische Verkürzungen, Statuen oder Wasserpiele ein, um seine Lage zu betonen. Als Beispiel sollen hier, neben vielen anderen, die Beschreibungen und Stiche von Marc' Antonio dal Re von der Villa Pertusati in Comazzo genannt werden. Besonders seine Illustrationen der hochgewachsenen, schwungvoll sich schlängelnden Hainbuchen kennzeichnen sehr genau den Geist des Stils, der ausschließlich dem italienischen Rokokogarten angehört.

Eingang in den Garten der Villa Belgiojoso in Belgiojoso bei Pavia (Italien)

Anmerkungen

[1] L. Crespi, *Felsina pittrice, Vita de' pittori bolognesi*, Rom 1769, S. 66.

[2] Über Colorno und seinen Garten siehe V. Comoli Mandracci, *Le delizie farnesiane di Colorno*, in: »Arte Lombarda«, X, 2, 1965, I, 1966; M. Pellegri, *Colorno villa Ducale*, Parma 1981 und zu der zitierten Beschreibung S. 54. Zu Ferdinando Bibiena siehe D. Lenzi, *La »veduta per angolo« nella scenografia*, in *Architettura, scenografia, pittura del paesaggio*, Bologna 1980, S. 170.

[3] Siehe M. Armandi, *Eden alla moda: il giardino Sorra*, in *Villa Sorra*, Modena 1983, S. 91.

[4] Über Racconigi und seinen Park siehe A. Lange, *Disegni e documenti di Guarino Guarini*, in *Guarino Guarini e l'internazionalità del barocco*, Bd. I, Turin 1970. Über das Schicksal des Parks im 18. Jahrhundert siehe A.M. Matteucci, *Scenografia e architettura nell'opera di Pelagio Palagi*, in: *Pelagio Palagi artista e collezionista*, Bologna 1976.

[5] Zu den Villen in Palermo von Tommaso Maria Napoli und die dazugehörige Bibliographie siehe S. Boscarino, *Sicilia barocca*, Rom 1981, S. 206ff. Es gibt von der Villa Valguarnera einen Stich mit Darstellung des Gartens, der auch die abwechslungsreiche Linienführung des Zufahrtswegs erkennen läßt. Er wird von einer ovalen Form unterbrochen, die das Motiv des großen terrassierten Hofes aufgreift. Siehe M. de Simone »Ville palermitane«, Genua 1968.

[6]Eine Reproduktion der berühmten Terrasse der Villa della Rovere, später Gavotti, ist in dem Führer vom B. Marta Nobile, *I giardini d'Italia*, Bologna 1984, und im von F. Borsi und G. Pampaloni herausgegebe Band *Monumenti d'Italia: ville e giardini*, Novara 1984, S. 251, abgebildet. Für die hier nicht behandelten Genueser Gärten sei an das kürzlich erschienene Werk von L. Magni erinnert, *Il tempio di Venere: giardini e ville nella cultura genovese*, Genua 1987.

[7] Siehe D.F. Mormone, *Domenico Antonio Vaccaro architetto. I. Il palazzo Tarsia*, in *Napoli nobilissima*, 1961/62. Bd. 1.

[8] Zu der Villa Trissino (heute Marzotto) und ihrem Park s. M. Tafuri *Il parco della Villa Trissino a Trissino e l'opera die Francesco Muttoni*, in: »L'Architettura«, Nr. 114, April 1965, und R. Cevese, *Ville della provincia di Vicenza*, Mailand 1971, Bd. 1, S. 223ff. Hier werden die luftigen Passerellen dem Veroneser Architekten Girolamo dal Pozzo zugeschrieben. Das große, herrliche Gittertor der unteren Villa wird von Cevese Girolamo Frigimelica, dem Schöpfer des berühmten Parks der Villa Pisani in Stra, zugeschrieben. Hierzu ist kürzlich ein wichtiger Beitrag von C. Corboz erschienen: *Il parco di Stra* (1719).

[9] Zu der Villa Reale di Portici und die entsprechende Bibliographie s. C. De Seta, L. Di Mauro, M. Perone, *Ville Vesuviane*, Mailand 1980, S. 102ff.

[10] Zu dem römischen Garten dell' Arcadia und die reichhaltige Bibliographie zu diesem Thema siehe die Dissertation von D. Predieri, *Bosco Parrasio, un giardino per l'Arcadia*. In dieser Untersuchung wird der Anspruch erhoben, daß Antonio Canevari der Urheber des Entwurfs war.

[11] Zur Villa La Cordellina und ihrer Gartenanlage s. R. Cevese, a.a.O., S. 257, und L. Puppi, *The Villa Garden of the Veneto from the Fifteenth to the Eighteenth Century*, in: The Italian Garden, Dumbarton Oaks 1972.

[12] M. Dal Re veröffentlichte neben Einzelstichen zwei Auflagen – 1726 und 1743 – des Werkes *Ville di delizia o siano palagi camperecci nello Stato di Milano* s. auch den Nachdruck der Ausgabe *Il Polifilo*, Hrsg. P.F. Bagatti Valsecchi, Mailand 1963. Auf dieses Buch sei auch bezüglich der geschichtlichen Ereignisse und Kritiken der verschiedenen Werke hingewiesen.

[13] Über Giovanni Ruggeri s. besonders G. Mezzanotte, *Giovanni Ruggeri e le ville di delizia lombarde*, in: *Bolletino CISA*, Bd. 11 (1969). Um die lombardischen Villen wie auch Villen der anderen Regionen kennenzulernen, sind die in der bekannten Reihe von P.F. Bagatti Valsecchi, *Ville d'Italia* erschienenen Bände von Nutzen; zu Castellazzo di Bollate siehe S. Lange, *Ville della provincia di Milano*, Mailand 1972. S. 135, zur Villa Brentano ibid., S. 175ff. Zur Villa Alari Visconti von Ruggeri und zur Villa Archinto von Federico Pietrasanta s. C. Perogalli und P. Favole, *Ville dei navigli lombardi*, Mailand 1982, S. 106ff., 152ff.

[14] Siehe Anmerkung 8.

[15]Die Entwürfe Juvarras und die entsprechende Bibliographie findet man in S. Boscarino, *Juvarra architetto*, Rom 1973, S. 120ff., 177ff.

[16] Siehe Anmerkung 8.

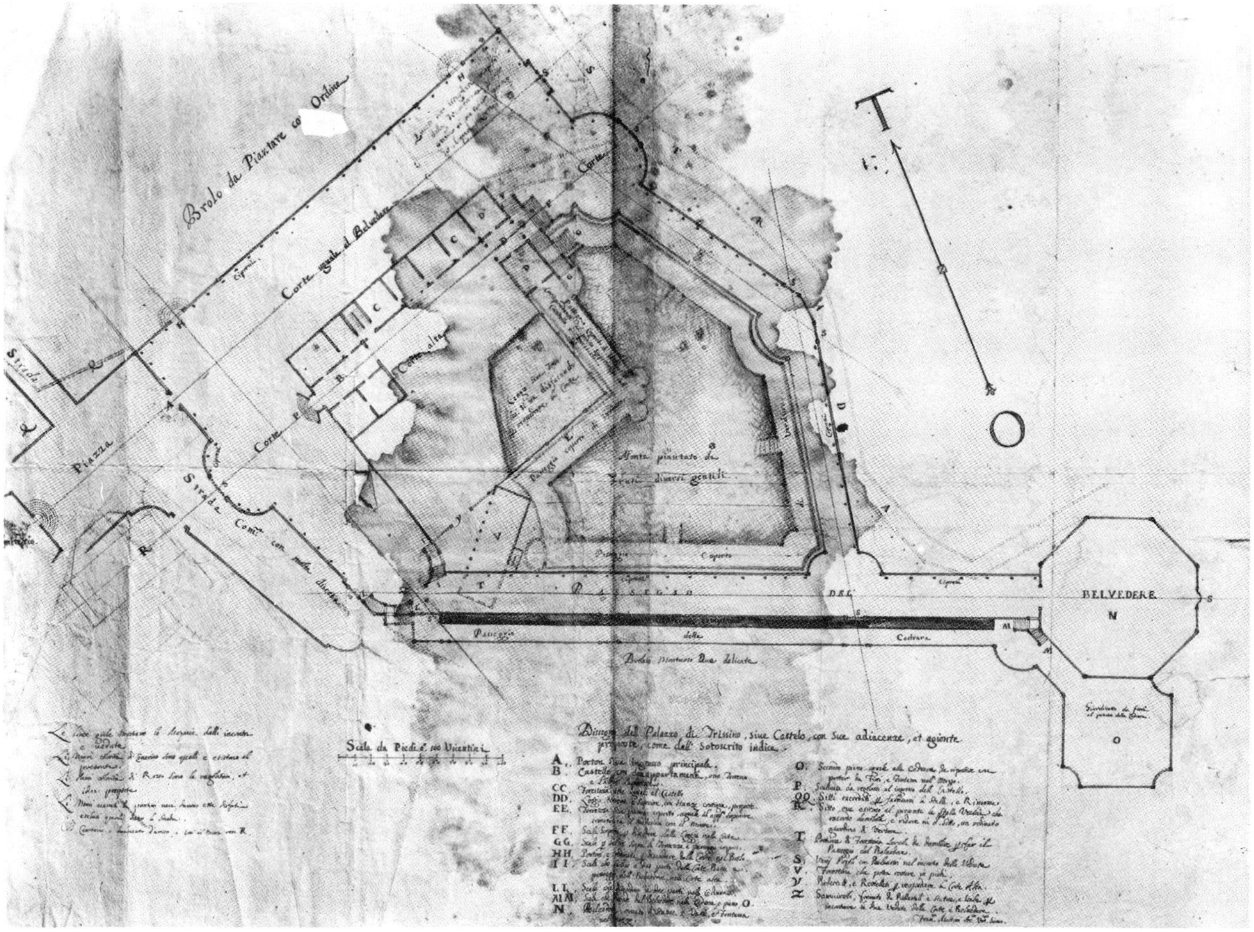

Umgestaltungsentwurf von F. Muttoni für die Gärten und Höfe der Villa Trissino da Porto (heute Villa Marzotto) bei Vicenza (Italien)

Luftbild der Villa Trissino da Porto (heute Villa Marzotto) in Trissino bei Vicenza (Italien). Photo Piero Orlandi

Ansicht der Kaskade der Villa Pertusati in Comazzo bei Mailand (Italien). Aus: M. Dal Re, Ville di delizia, 18. Jh.

Ansicht eines Pavillons aus dem Garten von Brignano (heute Schloß Visconti) in Brignano d'Adda (Italien). Stich aus: M. Dal Re, Ville di delizia, 18. Jh.

Brunnenstudie von F. Juvarra für die Villa Garzoni in Collodi bei Lucca (Italien), 1714. Turin, Biblioteca Nazionale Universitaria

Das Berceau der Villa Arconati-Visconti (heute Villa Crivelli Sormani Verri) di Castellazzo in Bollate bei Arese (Italien). Kolorierter Kupferstich aus: M. Dal Re, Delizie della villa di Castellazzo, 1743. Mailand, Civica Raccolta delle Stampe Achille Bertarelli

Vogelschau der Villa Belgiojoso in Merate (Italien). Stich aus: M. Dal Re, Ville di delizia, 18. Jh.

Vogelschau der Villa Valguarnera in Bagheria bei Palermo (Italien). Entwurf von Tommaso Maria Napoli. Aus: A Leanti, Lo stato presente di Sicilia, 2. Bd., Palermo 1761

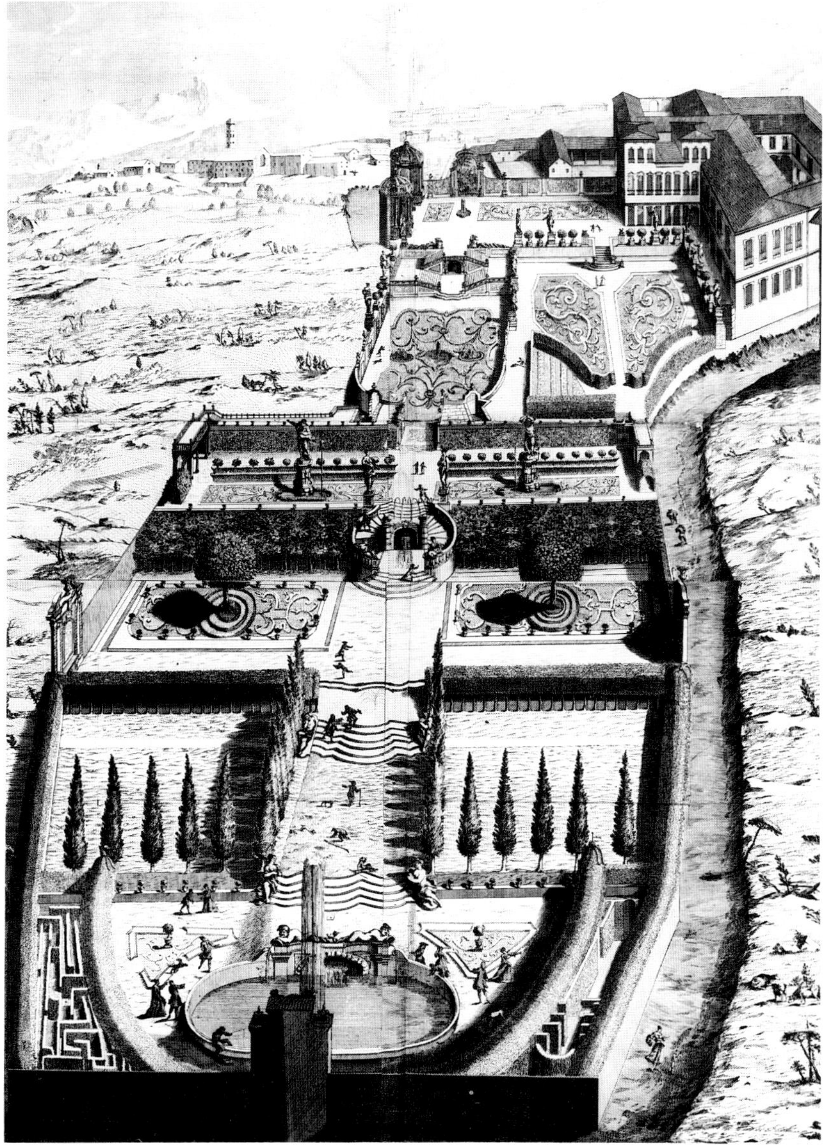

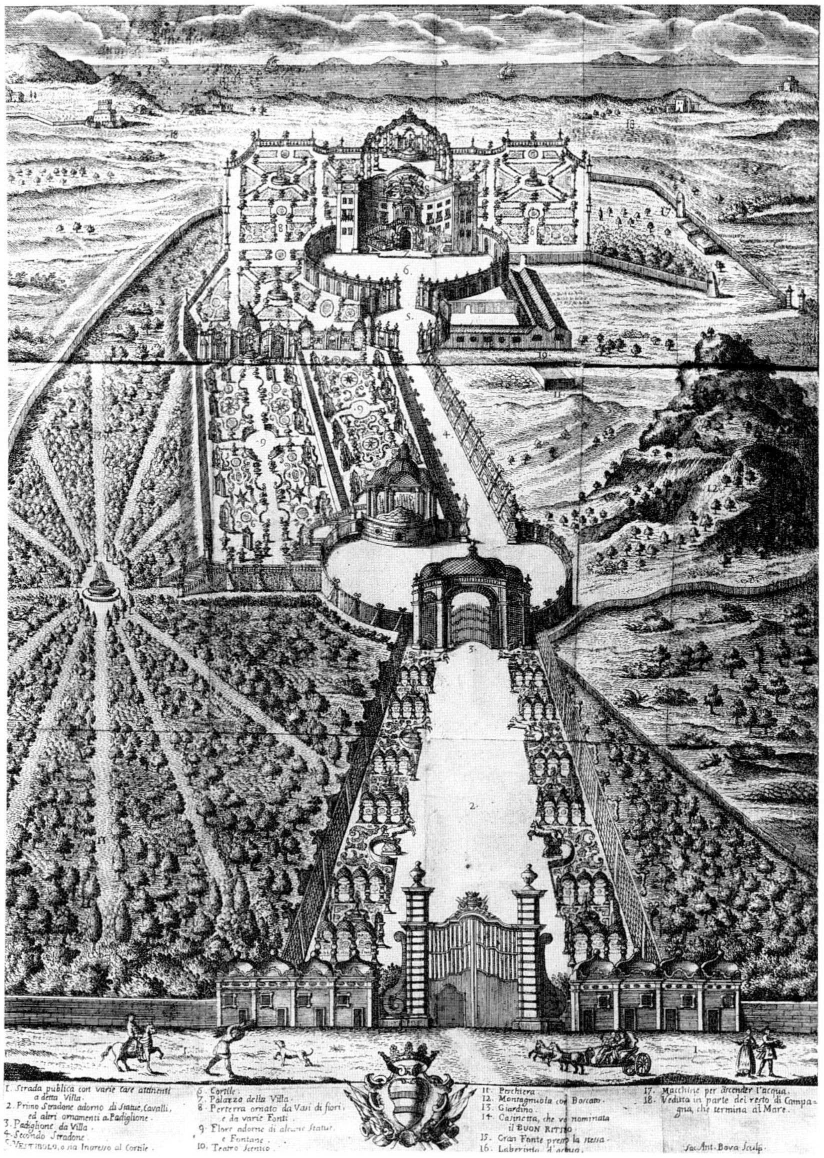

Der »Hortus Palatinus« in Heidelberg von Salomon de Caus

Reinhard Zimmermann

Die Geschichte des Hortus Palatinus beginnt am 14. Juli 1614, als der Ingenieur, Architekt und Gelehrte Salomon de Caus (1576–1626) mit den Arbeiten am neuen Heidelberger Schloßgarten betraut wurde. Auftraggeber war Kurfürst Friedrich V. von der Pfalz (1596–1632, Regierungsantritt 1614), in dessen Dienste de Caus als Architekt und Ingenieur bereits am 1. April 1613 in London getreten war, wo Friedrich kurz zuvor die Tochter König Jakobs I., Elisabeth Stuart, geheiratet hatte. In England hatte de Caus etwa seit Herbst 1610 für den Prinzen Henry of Wales, für andere Mitglieder des Königshauses und des Hochadels gearbeitet. Offenbar Hugenotte aus Dieppe oder dessen näherer Umgebung, unternahm er etwa zwischen 1595 und 1598 eine Italienreise, für die ein Besuch des Gartens zu Pratolino belegt ist, und war danach bis 1610 als Ingenieur in Brüssel bei Erzherzog Albrecht von Habsburg tätig. Obwohl der Heidelberger Garten zum überwiegenden Teil ausgeführt werden konnte, blieb er Fragment: die Arbeiten wurden eingestellt, nachdem Friedrich am 28. September 1619 die böhmische Königskrone angenommen und seinen Hof nach Prag verlegt hatte. Mangels Pflege verfiel der Garten im Lauf der Zeit; im 19. Jahrhundert erfolgte die Umwandlung in einen englischen Park. Erhalten haben sich die Terrassen (soweit sie ausgeführt wurden) und die Ruinen der meisten Steinbauten. In jüngster Zeit wurden Rekonstruktionen einiger Wasserbecken sowie architektonischer und skulpturaler Einzelemente ausgeführt. Die ursprüngliche Konzeption des Gartens ist durch de Caus' Stichwerk von 1620 überliefert.

Zwei langgestreckte, im rechten Winkel zueinander stehende Terrassenarme, die sich einer Einbuchtung des Schloßbergs anpassen, bestimmen die Grundstruktur des Gartens. Diese zweiarmige, relativ breite Hauptterrasse, die teilweise auf mächtigen Substruktionen ruht und gleiches Niveau mit dem Haupteingang des seitlich gelegenen Schlosses hat, wird zum Berg und zum Tal hin von weiteren schmäleren bzw. kleineren Abteilungen des Gartens gesäumt, die auf anderem Höhenniveau liegen. Nach unten fügt sich ein rechteckiger Teilgarten mit einem Annex für eine große Pyramidentreppe in den Winkel der beiden Hauptarme, und nach oben werden diese von der ebenfalls zweiarmigen, sehr schmalen »obersten Terrasse« gesäumt, die nach Westen über das entsprechende Ende der Hauptterrasse noch wesentlich hinausstößt. Zwischen diesem Ost-West-Arm der obersten Terrasse und der Hauptterrasse liegt als weitere Abstufung eine langgestreckte Zwischenterrasse. Die oberste Terrasse ist (mit Ausnahme einer geplanten, aber nicht mehr ausgeführten Erweiterung für ein Labyrinth) nicht gärtnerisch gestaltet; sie diente vor allem als Promenierweg mit Aussichtsmöglichkeiten und als Zugang zu weiteren bergseitig gelegenen – überwiegend rein architektonischen – Anlagen. Sieht man von den sogenannten »Kabinetten« ab (einer kleinen Erweiterung am Ostrand), baut sich der Garten auf vier verschiedenen Ebenen unterschiedlicher Form und Flächengestaltung auf. Durch ihre große Fläche ist die Hauptterrasse eindeutig hervorgehoben. Der Garten enthält also, formal gesehen, einerseits die Tendenz zu möglichst großen, ebenen Flächen, und andererseits die Tendenz zur Höhenstaffelung nach dem Vorbild italienischer Terrassengärten. Dabei kommt es zur additiven Aneinanderfügung der Teilebenen, deren formale Inkommensurabilität offenbar nicht als Mangel, sondern als positiver ästhetischer Wert verstanden wurde.

Der Hortus Palatinus verfügt über drei verschiedene Formen der Parterregestaltung: die Knotenparterres mit Bandstrukturen, die *parterres de pièces coupées* mit Teilflächenstrukturierung und die damals modernen Broderieparterres. Auch das Verhältnis der Einzelkompartimente zueinander ist weitgehend additiv. Übergeordnete Strukturierungen sind nur ansatzweise vorhanden; Achsen bleiben latent, und die Verbindungen zwischen den Terrassen werden als Nebensache behandelt. Vorrangig war wohl der Gedanke der Ansammlung vielfältiger Strukturen, deren Erfahrung durch das Prinzip der Abwechslung geregelt war.

Unter den Parterregestaltungen sind drei Sonderformen hervorzuheben: das (nicht ausgeführte) Labyrinth, ein nach dem Prinzip der *parterres de pièces coupées* gestaltetes Wasserbeet (statt der erhöhten Teilflächen weist es mit Wasser gefüllte Vertiefungen auf) und das »Jahreszeitenbeet«, auf dem kreisförmig 72 Einzelbeete angeordnet sind – das Prinzip, nach dem die Pflanzen auf diesen Beeten verteilt sind, ist der Zeitpunkt ihrer Blüte.

Der Garten erhielt (oder sollte erhalten) mehrere aufwendige Bauwerke, u.a. eine große Grotte, ein großes, turmartiges Belvedere mit Appartements in den Obergeschossen (nicht fertiggestellt), eine an den Hang angelehnte zweischiffige Halle mit Wasserbecken zur Fischzucht, einer kleinen Grotte und einer in Arkaden geöffneten Fassade mit Säulenvorlagen und szenischen Reliefs zur Herkulessage in der Attikazone sowie ein weiteres Gebäude, das teils beheizbare Badeanlagen enthielt, teils als Orangerie diente. Ein geplantes selbständiges Orangeriegebäude in Stein wurde nicht ausge-

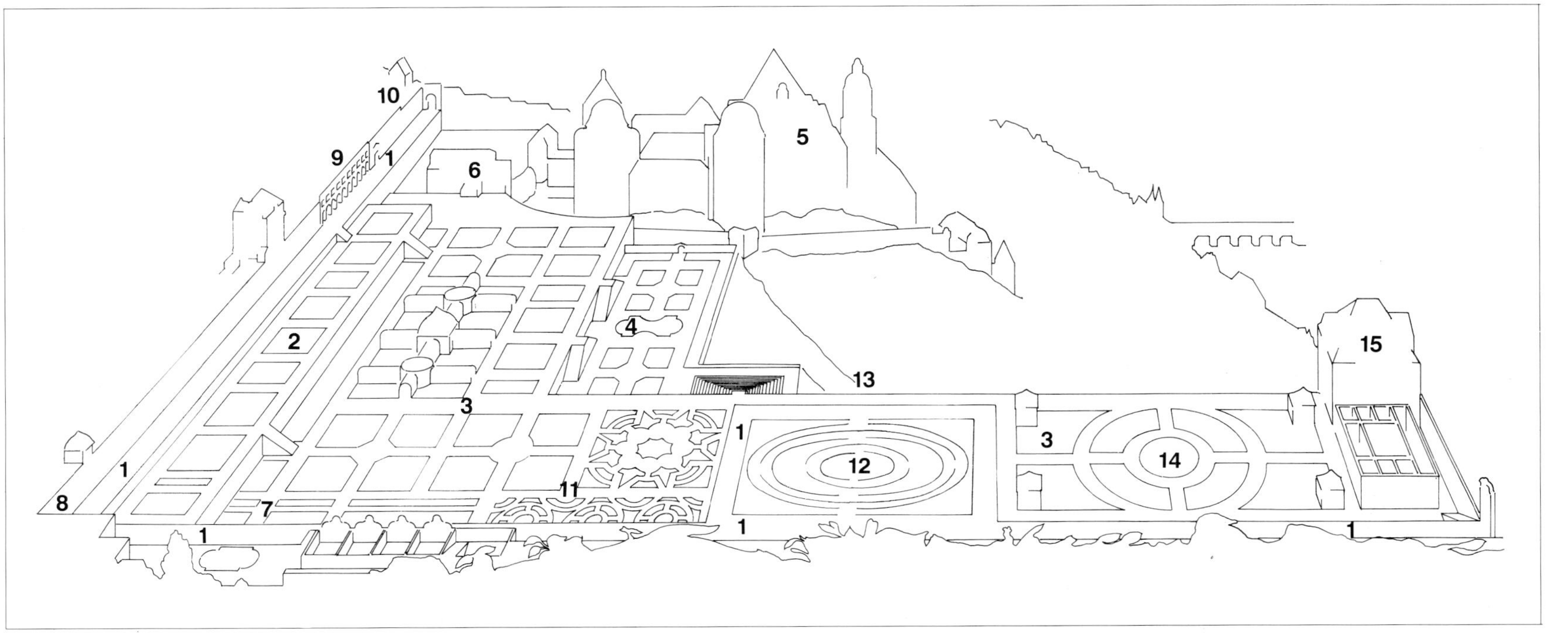

Schemaskizze der »Scenographia« des Hortus Palatinus in Heidelberg von M. Merian. Zeichnung von Radames Zaramella. Legende: 1. Oberste Terrasse; 2. Zwischenterrasse; 3. Hauptterrasse; 4. Unterste Terrasse; 5. Schloß; 6. Hauptzugang zum Garten; 7. Portal der Großen Grotte; 8. Wandnische mit dem Standbild Friedrichs V.; 9. Galerie (zweischiffige Halle mit Muschelgrotte; 10. Grotte mit Badeappartement; 11. Wasserparterre; 12. Labyrinth; 13. Orangerie; 14. Blumengarten; 15. Belvedere mit Wohnappartements

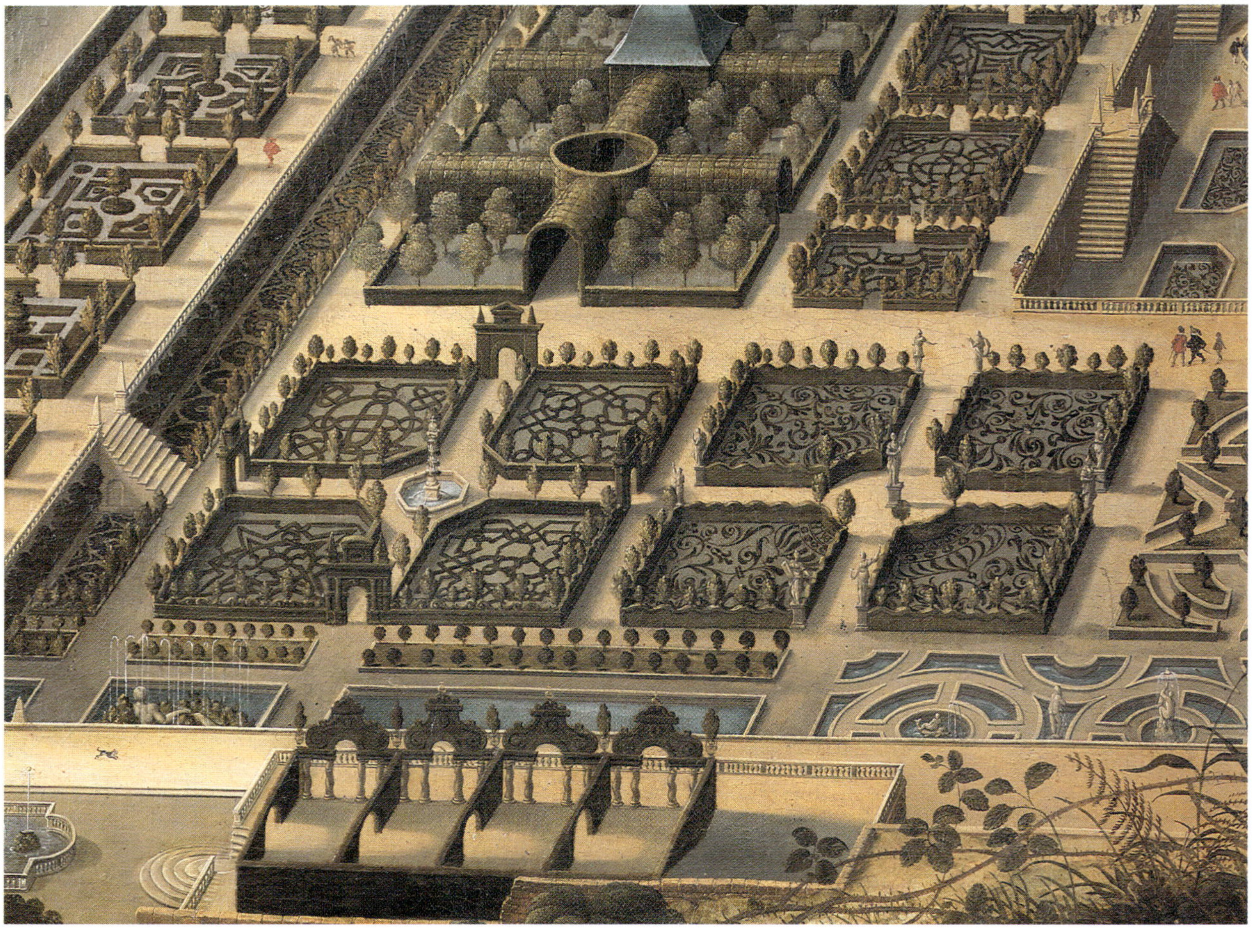

Hortus Palatinus, Heidelberg. Südostbereich (oben) und Blumengarten (unten). Ausschnitt aus dem Gemälde von J. Fouquières, vor 1620. Heidelberg, Kurpfälzisches Museum

führt. Als Säulenordnung ist die Ionica vorherrschend; die geplante Orangerie wäre mit Baumstammsäulen-Vorlagen in toskanischer Ordnung ausgestattet worden. Die Fassade der Kabinette enthielt gewundene Säulen. Als Zierelement tritt die Rustica häufig auf, zum Beispiel in Form von bossierten Schaftringen an Säulen und Halbsäulen. Zur Ausstattung des Gartens gehörten ferner die Wasserbekken und Brunnen, die teils mit Felsenaufbauten, teils mit Statuen geschmückt sind, sowie die mechanischen Spielwerke in den Grotten. Wichtige Vorbilder und Anregungen haben Sebastiano Serlio, Wendel Dietterlin, Philibert de l'Orme sowie die Gärten der Medici-Villa zu Pratolino und der Villa d'Este zu Tivoli abgegeben.

Die Ikonographie des Hortus Palatinus kreist um zwei Schwerpunkte: die Würdigung von Naturelementen und die Darstellung des Herrschertums Friedrichs V. Naturelemente erscheinen in den Statuen und Reliefes von Flußgöttern oder den Statuen von Ceres und Pomona sowie in den Tierfiguren am Portal der Großen Grotte. Das Jahreszeitenbeet ist eine Huldigung an Vertumnus, den Gott der Jahreszeiten. Vielfältig und vielschichtig ist die Herrscherikonographie: Sie ist praktisch überall präsent. Eine Herrscherstatue mit Inschrifttafel über die Südostecke der obersten Terrasse bekrönt den Garten an höchster Stelle; Inschriften an anderen Orten nennen den Namen des Kurfürsten. Allegorische Verkörperungen Friedrichs sind auch die bildlich oder plastisch dargestellten oder indirekt zitierten Götter: Neptun unter der Herrscherstatue (Vergil hatte den Meeresgott in der »Aeneis« mit irdischen Herrschern verglichen, die aufrührerisches Volk zu besänftigen verstehen), Herkules, Apollo (im Parterre mit den Musen – indirekte Darstellung), Vertumnus (im Jahreszeitenbeet – indirekte Darstellung), ferner der Löwe, das kurpfälzische Wappentier, am Portal der Großen Grotte. Auch der Narziß in den Badeanlagen könnte mit der Herrscherproblematik zu tun haben – entweder negativ als Mahnung, sich nicht egoistisch zu verhalten, oder positiv als Sinnbild für Selbsterkenntnis. – Die Statuen der Flußgötter »Rhein«, »Neckar« und »Main« machen den Hortus Palatinus zu einem symbolischen Abbild des kurpfälzischen Territoriums. Ihre Verteilung folgt einer strengen Hierarchie: die Nebenflüsse des Rheins (Main und Neckar) befinden sich auf der untersten Ter-

Hortus Palatinus, Heidelberg. Die große Grotte. Aus: S. de Caus, Hortus Palatinus, Frankfurt 1620
Hortus Palatinus, Heidelberg. Rustikaportal vor der Großen Grotte

rasse, der Rhein selbst auf der Haupttterrasse; auf der obersten Terrasse wacht Neptun mit dem Dreizack, und noch über ihm thront die Statue Friedrichs.

Eine Grundaussage ist im gesamten Garten deutlich ausgesprochen: daß die Natur durch Kunst unterworfen wurde. Im Wetteifer mit den Leistungen der römischen Antike hat Friedrich V. das Gelände radikal umgeformt, die Vegetation nach seinem Gutdünken geordnet, das Element Wasser seinem Willen unterworfen; selbst den Wechsel der Jahreszeiten hat er – in der Orangerie – überwunden. Die Darstellung politischer Herrschaft ist mit der Zurschaustellung der Herrschaft über die Natur zur Dekkung gebracht: Beides spiegelt sich ineinander, ebenso wie sich Friedrich V. – mythologisch überhöht – in Neptun spiegelt: weil Friedrich durch Kunst das Element Wasser unterworfen hat, ist er im Garten der eigentliche Neptun, der wiederum das Bild idealen Herrschertums verkörpert. Ideale politische Herrschaft realisiert sich, vermittelt über die antike Mythologie, als eine Form der Naturbeherrschung, welche die Leistungen der römischen Antike nachahmen und übertreffen wollte. Der Hortus Palatinus ist zugleich Symbol staatlicher Ordnung, Abbild des kurpfälzischen Territoriums und ein Nachfolgeunternehmen antik-römischer Naturbeherrschungspraxis, die den Unterschied zwischen Kunst und Natur radikal betont und das Verhältnis zwischen beiden nach Maßgabe militärischer Unterwerfung versteht: Natur wird überwunden, gefügig gemacht, verändert oder sogar – durch die Leistungen der mechanischen Technik – ersetzt. Somit legt der Heidelberger Garten von einer Strategie der Naturbeherrschung Zeugnis ab, die einerseits bis zum heutigen Tag prägend geblieben ist, die andererseits aber inzwischen als Strategie effektiver Naturzerstörung erkennbar geworden ist.

Literatur

Salomon de Caus: *Hortvs Palatinvs a Friderico rege boemiae electore Palatino Heidelbergae Exstrvctvs Salomone de Caus Architecto*, Frankfurt 1620 (erschienen gleichzeitig in einer französischen und einer deutschen Ausgabe).

Salomon de Caus: *Hortus Palatinus. Die Entwürfe zum Heidelberger Schloßgarten*, Teil 1: Faksimile der Ausgabe Frankfurt 1620 (deutsche Ausgabe), Worms 1980, Teil 2: Kommentar von Reinhard Zimmermann, Worms 1986 (hier weitere Literaturangaben).

Salomon de Caus: *Le Jardin Palatin. Hortus Palatinus*, Hrsg. Michel Conan, Paris 1981 (Nachdruck der Ausgabe Frankfurt 1620, französische Ausgabe).

Die Gartenentwürfe Joseph Furttenbachs d. Ä.

Dorothee Nehring

Joseph Furttenbach (geb. 1591 in Leutkirch, gest. 1667 in Ulm) stammte aus einer angesehenen protestantischen Allgäuer Familie. Nach einer gründlichen Schulausbildung und einer kaufmännischen Lehre hielt er sich ab 1607 mehrere Jahre in Italien auf.[1]

Besonders seine Studien an der Kriegs- und Kunstakademie Giulio Parigis in Florenz befähigten ihn zum Theoretiker und Praktiker des Festungsbaus, des Ingenieur- und des Artilleriewesens, der Feuerwerks- und der Bühnenkunst wie auch der Geschützkunde. In seiner Lebenstätigkeit für die Stadt Ulm seit 1621, als Stadtbaumeister seit 1631 und als Ratsherr seit 1636, widmete er seine Entwürfe zivilen, technischen und sozialen Bauwerken (Paläste und Wohnhäuser, Wasserwerk, Schul- und Waisenhäuser, Lazarette, Schiffs- und Geschützbau) sowie reformerischen Überlegungen in diesem Bereich. Die Stadt Ulm erhielt durch ihn als erste deutsche Stadt ein Theater mit beweglichen Kulissen nach italienischem Vorbild.[2]

Furttenbachs Architekturtraktate[3] sollten dem in der Baukunst dilettierenden Adel und Bürgertum dienen. Seine umfangreiche Bildung in den *Artes liberales* und in den *Artes mechanicae*, seine technisch innovatorischen und reformerischen Überlegungen, die Sammeltätigkeit für sein berühmtes Kunst- und Raritätenkabinett in seinem Ulmer Wohnhaus waren typisch für diese Zeit und richtungweisend für die Bildungsideale des Adels und des Bürgertums im aufkommenden Barockzeitalter in Deutschland nach dem Dreißigjährigen Krieg. Dem Wiederaufbau und der allgemeinen Erneuerung nach Beendigung dieses Krieges widmete er seine Schrift »Architectura recreationis« von 1640, welche die meisten seiner Gartenentwürfe enthält.

Furttenbach gilt als der erste deutschsprachige Architekturschriftsteller, der die Gartenkunst gleichrangig neben der Architektur behandelte. In dieser Aufwertung der Gartenkunst und in der Vermittlung des italienischen Gartenkunststils liegt seine eigentliche Bedeutung.[4] Weder lieferte er eine besondere Theorie zur Kultivierung der Natur als Kunstform, noch findet man bei ihm originelle stilistische Neuerungen oder überraschende ikonographische Programme. Doch arbeitete er die ihm aus den italienischen Gärten bekannten Gestaltungselemente in seine Entwürfe ein und machte so die italienische Gartenkunst in Deutschland bekannt. Neu war, daß seine Entwürfe ausdrücklich allen Ständen gewidmet sind, dem Adel wie dem Bürgertum. Hierbei knüpfte er noch an die Auffassung des Petrus Crescentius an, aber wies auch schon auf das neue adlige und bürgerliche Patriziat hin, das sich sehr bald als Kenner der »neuen« Gartenkunst erweisen sollte.

Bemerkenswert sind auch Furttenbachs Gartenentwürfe für pädagogische und soziale Institutionen, zum Beispiel für das »Schul-Paradeiß-Gärtlin« im »Mannhaften Kunst-Spiegel« zur Erholung der Schuljugend oder für Lazarettgebäude in der »Architectura civilis«.

Bestimmte Gestaltungselemente, besonders die »Drietter« (Laubengänge), Galerien, Volieren und Grottenbauten entlehnte er aus der italienischen Gartenkunst[5], die er im »Itinerarium« besonders bei der Beschreibung der Gärten des Principe Doria in Genua, aber auch in den römischen Gärten der Medici-, Farnese-, Borghese- und Almonte-Cavallo-Villen rühmt. Diese Merkmale kehren in Variationen, je nach Größe des Gartens und Wohlhabenheit des Besitzers, in seinen Entwürfen immer wieder.

Während im Spätmittelalter die Gärten meistens noch ohne Beziehung zum Wohngebäude dargestellt sind, rückt Furttenbach den kleineren bürgerlichen Hausgarten unmittelbar an das Gebäude heran und umschließt ihn hofartig mit Mauern. Den großen Lustgarten dagegen setzt er über längsrechteckigem Grundriß vor das Wohnhaus oder den Palast, meist auch in dessen Achse. Er besteht aus einem zentralen Zierbeetbereich, gefolgt vom Nutz- und Obstbaumgarten oder einem Selvatico (Tiergarten) nach italienischem Vorbild. Eine Besonderheit bietet Furttenbachs Entwurf für den »Sechsten Lustgarten«; hier sind die Gartenquartiere und der Hof einzeln um die vier Seiten des Palasts gruppiert.

Im Gegensatz zum meist terrassierten Gelände italienischer Renaissancegärten und vielleicht in Kenntnis der großflächigen französischen Gärten aus zeitgenössischen Stichwerken, etwa Du Cerceaus, sind Furttenbachs Gärten über ebenes Gelände konzipiert. Der Zusammenhang von Gebäude und Garten wird durch die Einfriedung mit oft monumentalen, sternförmigen, fortifikatorischen Anlagen, durch Mauern, Baumreihen oder Wasserkanäle betont. Als isoliert geplante Idealgärten zeigen sie meistens keine Beziehung zur umgebenden Landschaft, weder zur »wilden« Natur, wie sie in italienischen Gärten oft bewußt als Gegensatz zur kultivierten Gartenlandschaft dargestellt wird, noch zu urbaner Nachbarschaft. Allein das Selvatico kann einen modellierten Grund innerhalb der flächigen, streng symmetrischen Gesamtgliederung des Gartens haben; ein Stück »wirklicher« Natur als italienisches Gartenmotiv und als besondere Liebhaberei in Furttenbachs Entwürfen.

In allen seinen Gartenentwürfen herrscht die Kreuzform im Grundriß vor. Das dem Wohnbereich vorgelagerte Parterre ist in Viereranordnung um ein zentrales Wasserbecken gruppiert. Es setzt sich im Grundriß aus asymmetrischen Ornamenten oder Winkelhaken, wie sie aus zeitgenössischen, aber auch schon aus den Entwürfen des Vredeman de Vries bekannt sind[6], zu einem symmetrischen Gesamtmuster zusammen.

Die einzelnen Gartenabschnitte verbindet Furttenbach durch den Hauptweg als Symmetrieachse, die zusammen mit den *points de vue* wie Grotten, Wasserbekken, Laubendurchblicke die perspektivische Wirkung erhöht. Doch bleiben die einzelnen Gartenabschnitte durch quer verlaufende, rahmende Galerien, Drietter oder Wasserläufe voneinander getrennt; sie werden noch nicht einem hierarchisch gegliederten Gesamtentwurf untergeordnet wie in der barocken Gartenkunst. Die additive Ordnung der Gartenabschnitte wird durch die nicht symmetrisch, aber gleichrangig verteilten Statuen, Obelisken, Wasserbecken, Volieren, Teiche mit Inseln sowie breiten Wegen betont. Dem ovalen Labyrinth und dem 36torigen Haaggarten widmete Furttenbach separate Entwürfe. Für einen reich ausgestatteten Brunnen- und für einen Grottenentwurf lassen sich italienische Vorbilder feststellen.[7]

Furttenbachs großes Interesse galt der Herstellung von Grotten und Muschelwerk, den »Scoglie« und »Cose Marit-

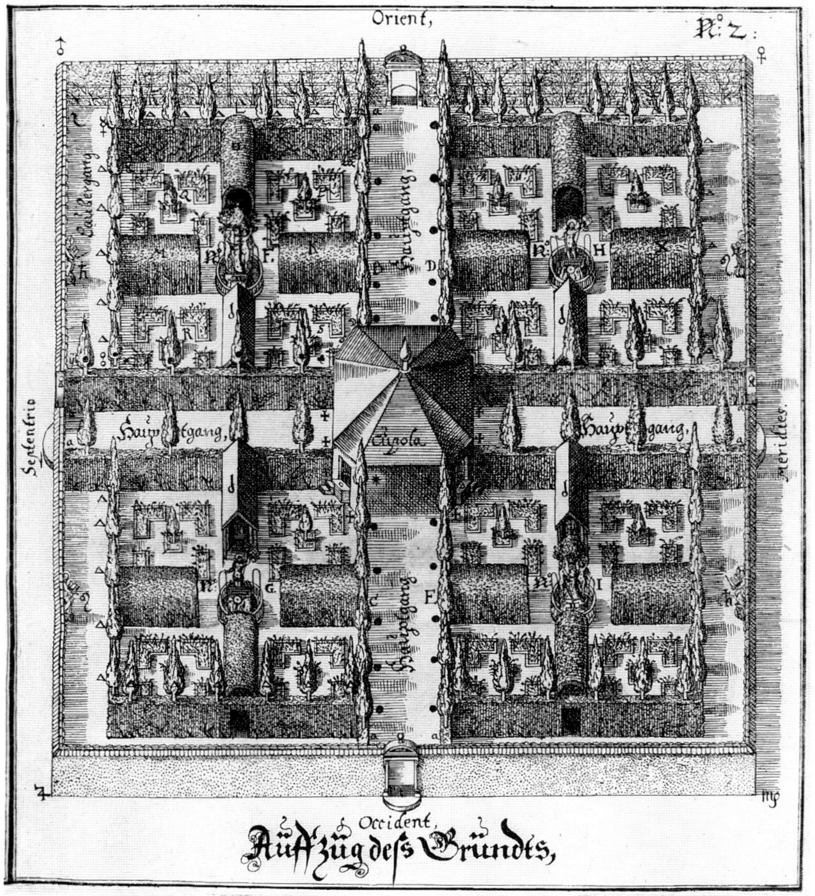

»Schul-Paradeiß-Gärtlein«. Aus: J. Furttenbach, Mannhafter Kunst-Spiegel, Augsburg 1663. München, Bayerische Staatsbibliothek

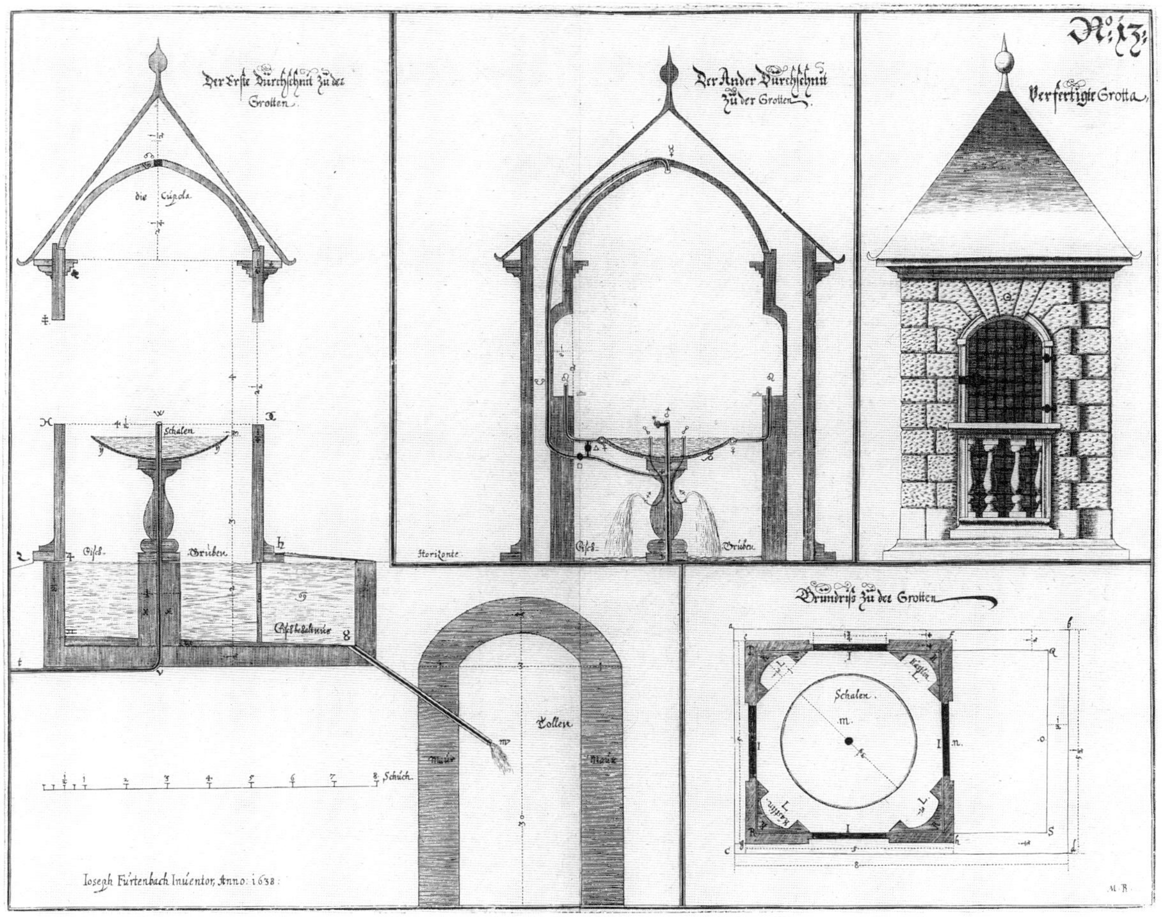

Grotte in Furttenbachs Privatgarten in Ulm. Aus: J. Furttenbach, Architectura Privata, Augsburg 1641. München, Bayerische Staatsbibliothek

Ansicht von Furttenbachs Privatgarten in Ulm. Aus: J. Furttenbach, Architectura Privata, Augsburg 1641. München, Bayerische Staatsbibliothek

timi«, die neben den Wasserautomaten in seinem »Itinerarium« immer wieder seine Bewunderung besonders für die Genueser Gärten hervorriefen. Grotten mit »Meeresgewächsen« waren nicht nur ein wichtiges Thema des Manierismus im Zeitalter Kaiser Rudolphs II., sondern erfreuten sich in der Gartenkunst bis in das 19. Jahrhundert großer Beliebtheit.

Zur Bepflanzung der Gärten äußert sich Furttenbach, der selbst offensichtlich kein besonderer Pflanzenkenner war, zurückhaltend. Eine interessante Quelle für die süddeutschen Gartenpflanzen des 17. Jahrhunderts ist jedoch die in der »Architectura privata« enthaltene Pflanzenliste seines eigenen – und wohl einzigen wirklich ausgeführten – Gartens an seinem Ulmer Wohnhaus, die sein botanisch versierter Bruder Abraham zusammengestellt hatte. Die darin erwähnten über hundert Tulpen waren eine Kostbarkeit, wenn man an die Preise für Tulpenzwiebeln in dieser Zeit denkt.

In den Entwürfen für die großen Lustgärten überläßt Furttenbach die Bepflanzung den Gärtnern, die Beete sind lediglich mit einzelnstehenden Pflanzen und deutlichen Beetumrandungen, wie es dem Geschmack der Zeit entsprach, dargestellt. Für den »Sechsten Lustgarten« empfiehlt er einen Eichenwald und für den »Ersten Lustgarten« die Pflanzung von Tannen anstelle der im Norden nur selten vorhandenen Zypressen. Mit kuppelförmig geschnittenen Laubbäumen, Fensteröffnungen im Laub und Aussichtspodesten in den Rondellen greift Furttenbach ein aus der antiken über die mittelalterliche Gartenkunst bis zur Barockzeit tradiertes beliebtes Motiv auf. Allgemein empfiehlt er für die Obstgärten »subtile« Pflanzen und außer Feigen- und Granatapfelbäumen auch Pomeranzen-, Zitrus- und Limonenbäume, die der Pflanzensammelleidenschaft und der Hesperidenmode des Gartenbesitzers in dieser Zeit entsprachen, welcher stolz auf die Beherrschung der Natur und auf neue Kultivierungsmethoden war.

Zum naturbeobachtenden Dilettieren gehörte auch die Überschaubarkeit des Gartens, zum Beispiel von den begleitenden Galerien oder aus dem in der Mitte des Wohngebäudes gelegenen »Dachsalettel« für den Blick auf die Lustpartie des Gartens oder aus einem Salotto im Garten zur Beobachtung des Wilds im Selvatico; aber auch die betont breiten Wege zum Flanieren, zum Sehen und Gesehenwerden trugen dazu bei und schließlich

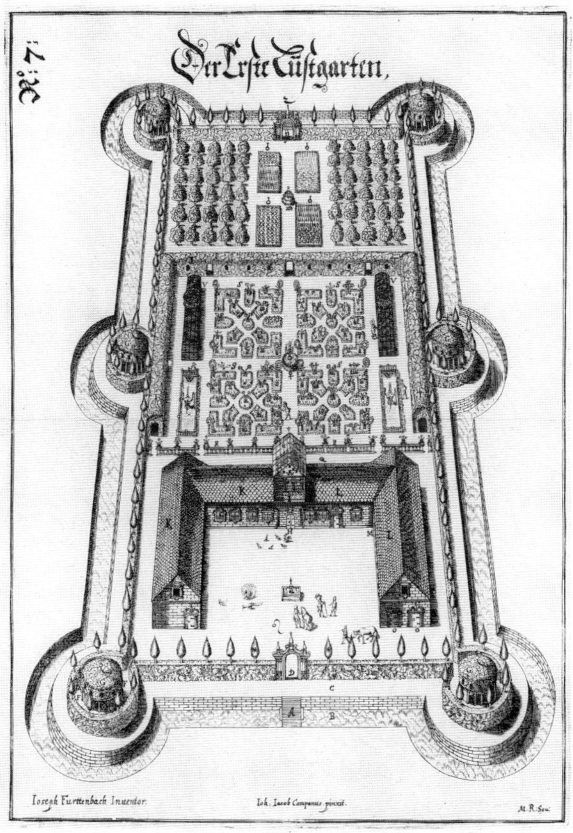

Der erste Lustgarten. Aus: J. Furttenbach, Architectura Recreationis, Ausgburg 1640. München, Bayerische Staatsbibliothek

Schnitt durch die Grotte in Furttenbachs Privatgarten. Aus: J. Furttenbach, Architectura Privata, Augsburg 1641. München, Bayerische Staatsbibliothek

auch das Mittel der Vogelperspektive selbst, mit dem Furttenbach seine Gartenentwürfe dem Dilettanten übersichtlich darbietet.

Mit seinen Entwürfen zur Gartenkunst gab Furttenbach nicht nur einen grundsätzlichen Anstoß für die Verselbständigung der Gartenkunst in der zweiten Hälfte des 17. Jahrhunderts; er adressierte sie auch ausdrücklich an einen neuen Typ des Gartenbesitzers. In Kenntnis der italienischen Renaissance-Gartenkunst und als gebildeter Beobachter der Naturvorgänge sollte dieser bald als sich selbst darstellender *promeneur* im Garten der anbrechenden Barockzeit auftreten.

Anmerkungen

1 Joseph Furttenbach, *Newes Itinerarium Italiae*, Ulm 1627. Diese Veröffentlichung war eines der meist gelesenen Reisehandbücher in Deutschland im 17. Jahrhundert.

2 Zur Biographie Furttenbachs vgl. Margot Berthold, *Joseph Furttenbach (1591–1667). Architekturtheoretiker und Stadtbaumeister in Ulm. Ein Beitrag zur Theater- und Kunstgeschichte.* Phil. Diss., München 1951. S. 1–16. Dass. gekürzt in: *Ulm und Oberschwaben, Zeitschrift für Geschichte und Kunst = Mitteilungen des Vereins für Kunst- und Altertum in Ulm und Oberschwaben*, 32, 1951.

3 Joseph Furttenbach, *Architectura civilis*, Ulm 1928.
Ders., *Architectura universalis*, Ulm 1635.
Ders., *Architectura recreationis*, Ulm 1640.
Ders., *Architectura privata*, Ulm 1641.
Ders., *Mannhafter Kunst-Spiegel*, Augspurg 1663.

4 Zur Beurteilung des Furttenbachschen Werks vgl. Berthold, a.a.O., S. 170ff., die nachdrücklich Dietzels Auffassung widerlegt. Furttenbach habe noch vor der französischen Gartenkunst die Grundlagen zur barocken Gartenkunst in Deutschland gelegt, vgl. Senta Dietzel, *Furttenbachs Gartenentwürfe*, Nürnberg 1928, S. 70–76. Hennebo schließt sich Bertholds Überlegungen weitgehend an, vgl. Dieter Hennebo und Alfred Hoffmann, *Der architektonische Garten. Renaissance und Barock*, Hamburg 1965, S. 96–103 = Geschichte der Gartenkunst, Bd. 2.

5 Vgl. hierzu: Günter Mader und Laila Neubert-Mader, *Italienische Gärten*, Stuttgart 1987. S. 58ff., 82ff.

6 Zum Beispiel der Garten »korinthischer Ordnung« in: Johann Vredeman de Vries, *Hortorum viriadoriumque*, Antwerpen 1583.

7 Elisabeth B. MacDougall, und Naomi Miller, *Fons Sapientiae. Garden Fountains in Illustrated Books. 16.th–18.th Centuries*, Dumbarton Oaks/Washington 1977, S. 36f.

Klassizistische Gartenanlagen der Niederlande im 17. Jahrhundert

Carla S. Oldenburger-Ebbers

Zur Zeit der jungen Republik der Vereinigten Niederlande nahmen Macht und Reichtum zu, auch dank der Einrichtung von Schiffahrtsgesellschaften, welche die Kolonien Ost- und Westindien anfuhren. Einflußreiche Niederländer besuchten Frankreich und Italien, und ihre Kenntnis der italienischen Renaissance ist sicher von Einfluß auf die Entwicklung der Gartenarchitektur in den Niederlanden gewesen. So ist bekannt, daß Constantijn Huygens als Mitglied einer niederländischen Delegation 1619 nach Venedig reiste und die Villen an der Brenta bewunderte.

Im gesamten 17. Jahrhundert wurden vor allem in der Grafschaft Holland neue Gärten entsprechend der holländischen Auffassung der klassizistischen Prinzipien angelegt. Man kannte diese aus den in das Niederländische übersetzten Architektur-Traktaten der italienischen Architekten Serlio, Scamozzi und Palladio. Auf die holländischen Gärten angewandt, resultierte dies darin, daß der Grundriß des Gartens ein Rechteck bildete, welches durch die Symmetrieachse, meistens die Längsachse, in zwei gleiche Teile aufgeteilt wurde. Diese Achse war senkrecht auf die Mitte des Hauses projektiert, und der rechteckige Garten war von Baumgruppen und/oder Grachtenanlagen umgeben. Letzteres findet man oft in der Polderlandschaft. Das gesamte Terrain wurde aufgeteilt in meistens quadratische Teilgärten, geschmückt mit französischem Laubwerk und holländischen Blumenbeeten. Das französische Laubwerk war nach dem französischen Architekten Claude Mollet mit einer niedrigen und einfarbigen Bepflanzung auszufüllen. Das Verhältnis Länge zu Breite der Seiten des Rechtecks war idealerweise das klassische harmonische Verhältnis 4:3. Der niederländische Architekt Philip Vingboons stellte seine ideale Villa allerdings in einen Innengarten und in einen Gesamtgrundriß mit einem Längen-Breiten-Verhältnis 2:1. Die Funktionen dieser Gärten waren Statussymbol, Zierde und Nutzen.

Charakteristisches Element des holländischen klassizistischen Gartens waren: eine aus früheren Zeiten stammende Ummauerung oder eine spätere Einfassung aus Hecken und Ringgrabenbepflanzung, Grachten, sternförmig angelegte Wälder, Irrgärten; Laubgänge und Laubgartenhäuser, Holzzäune, niedriges Laubwerk aus Buxus mit einer niedrigen Randbepflanzung aus Thymian, Nelke oder Kamille und Blumenbeete mit Töpfen auf Fliesen.

Die Rolle des Wassers war bescheidener als in den italienischen Gärten, dennoch kamen Brunnen und Wasserspiele zu jener Zeit vor. Es gab noch wenig Gartenskulpturen, wohl aber Sonnenuhren.

Die Pflanzen, die in der zweiten Hälfte des 17. Jahrhunderts für diese Gärten verwendet wurden, sind beschrieben in *Den Nederlandsten Hovenier* von Jan van der Groen (1669). Van der Groen (ca. 1635–1672) war Gärtner des Prinzen von Oranien und hatte von 1659 bis 1665 am Oude Hof – heute Schloß Noordeinde – gearbeitet und möglicherweise auch in Huis Ten Bosch (1665–1670) auf Honselaarsdijk und 1671 in Huis Ter Nieuwburg. Viele Pflanzen, die er beschreibt, werden auf Honselaarsdijk vorhanden gewesen sein, wo er arbeitete, als er sein Buch verfaßte.

In Zorgvliet trug Hans Willem Bentinck, der Günstling Wilhelms III.[1] ab etwa 1675 die erste große Sammlung exotischer Pflanzen zusammen.

Gestalter von bedeutenden holländischen klassizistischen Gärten waren Jacop van Campen, Constantijn Huygens, Pieter Post und Philip Vingboons. Die bekanntesten Häuser und Gärten, die in diesem Stil gebaut und angelegt wurden, sind die Paläste, die Frederik Hendrik bauen ließ, nämlich *Honselaarsdijk* (1621), Huis ter Nieuwburg (1630) und Huis Ten Bosch (1647).

Constantijn Huygens und Jacob Cats folgten ihm mit Hofwijck (1640) und Zorgvliet (1651), alle in der Umgebung von Den Haag gelegen. Aber auch anderswo in den Niederlanden ließen reiche Bürger Hofstätten bauen und Landsitze anlegen.

Mittelalterliche Schlösser in den Provinzen Utrecht, Overijssel und Gelderland wurden im 17. Jahrhundert auch restauriert oder im holländisch klassizistischen Stil umgebaut, und die Anlage der Gärten erfolgte im Zusammenhang mit dem Haus, wie in Kruidberg (ca. 1660).[2]

Während in den Niederlanden die Religionsfreiheit hoch angesehen war, wurden die Protestanten unter der Regierung von Ludwig XIV. in Frankreich nach der Widerrufung des Edikts von Nantes streng verfolgt. Ab 1685 flüchteten viele französische Hugenotten nach Norden, unter ihnen der Graveur und Architekt Daniël Marot, der auf Empfehlung von Hans Willem Bentinck (seinerzeit holländischer Gesandter in Frankreich) an den Hof Wilhelms III. kam.

Seit 1680 standen die Gartenanlagen von Hofstätten, Landsitzen und Schlössern unter dem Einfluß französischer Interpretation der bekannten klassizistischen Prinzipien. So wie sich im 16. Jahrhundert der Charakter der Gärten vom geschlossenen zum offenen veränderte, wiederholte sich dies um 1680. Unter dem Einfluß der französischen klassizistischen Gartenkunst mit den langen symmetrischen Mittelachsen, wodurch eine große perspektivische Wirkung erreicht wurde, veränderte sich nun der mit Grachten umgebene und abgeschlossene rechteckige Garten in eine stark verlän-

Mittelalterlicher Garten mit Abzugsgräben. Holzschnitt aus: Pflantzbüchlein von mancherley artiger Lustgärten, Leipzig 1598. Wageningen, Bibliotheek Landbouwuniversiteit

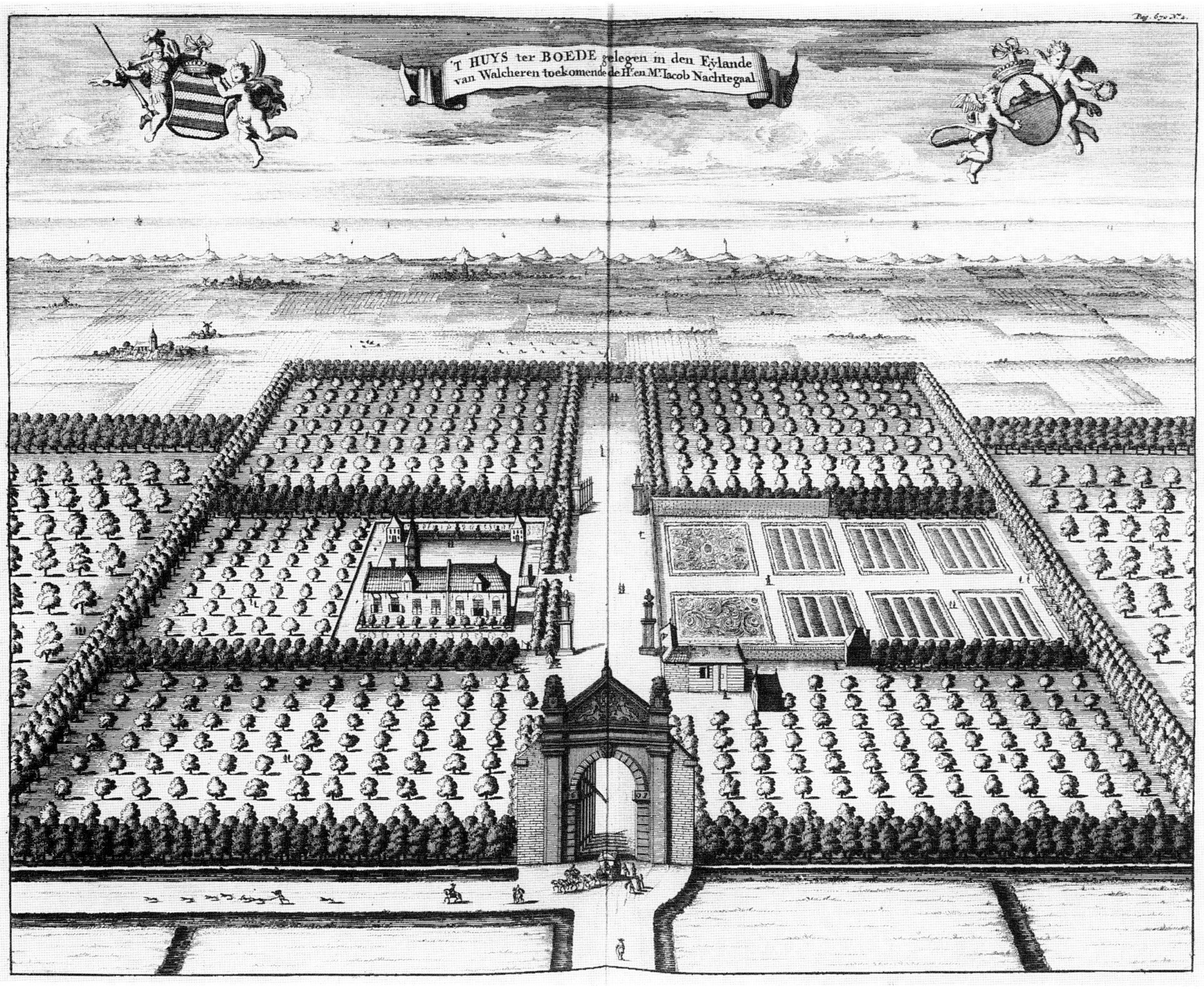

Vogelschau von Schloß Boede in Zeeland (Niederlande) und seinen Gärten. Kupferstich aus: M. Smallegange, Nieuwe Cronyk van Zeeland, Middelburg 1696. Wageningen, Bibliotheek Landbouwuniversiteit

gerte klassizistische Anlage, deren Umgrenzung oft nicht mehr wahrnehmbar war. Die Gärten wurden so ausgedehnt, daß sie in die umgebende Landschaft überzugehen schienen. Die Hauptachse wird in der Landschaft häufig durch eine Allee fortgesetzt.

Der Garten wurde, wie in der holländisch klassizistischen Periode, symmetrisch entlang der Mittelachse und zwischen den Seitenachsen, die parallel zur Mittelachse verliefen, in Teilgärten aufgeteilt, und der Mittelgarten in klassischer Manier halbkreisförmig abgeschlossen. Die Form des Abschlusses war abgeleitet von dem sogenannten Serliana-Motiv der klassizistischen Baukunst. Daniel Marot arbeitete in seinem Buch *Nouveaux Livre de Parterres*, 1703, gern mit diesem halbkreisförmigen Abschluß in Form eines Laubengangs oder einer Kolonnade. Auch in seinen Parterre-Dekorationen finden wir dieses Serlio-Motiv.

Jacob Roman legte wahrscheinlich den ersten französischen klassizistischen Garten in den Niederlanden an. Es stellt sich die Frage, ob er die Beschreibungen der Gärten von Plinius d.J. gekannt oder den Entwurf von J. Boyceau de la Barauderie für den Jardin Luxembourg in Paris zum Vorbild nahm. Eine Übereinstimmung zwischen der Form des Jardin Luxembourg und Zeist – und später Het Loo, De Voorst und Heemstede – ist deutlich nachzuweisen.

Charakteristika der Gärten aus jener Zeit waren Erlebnisreichtum und üppige Dekoration. Erreicht wurde dies durch unterschiedliche Formen der Strukturelemente, Unterschiede in Duft und Farbe, plätscherndes Wasser aus Brunnen oder über Wassertreppen und eine Vielzahl von Gartenplastiken. Diese stellten Figuren aus der griechischen Mythologie dar und symbolisierten oft zugleich das Leben des Besitzers oder dessen Gattin. Das Wasser wurde bewegt durch eine kleine Mühle oder, bei Vorhandensein einer Quelle, sogar durch natürliche Höhenunterschiede im Gelände. All diese Elemente sollen die Neugierde bei dem Besucher wecken und ihm Erfüllung schenken.

Typische Struktur-Elemente der Teilgärten waren Irrgärten, sternförmig angelegte Wälder, Laubwerk mit abwechselnder Bepflanzung, Hecken, Bosketts, Kabinette, Obstgärten, Nutzgärten, Schlangenmauern, Pavillons und Kolonnaden. Das Wasser sprühte aus Fontänen und Wasserspielen, stürzte über Wassertreppen und spiegelte sich in den Grachten um den zentralen Teil des Gartens. Dekorative Elemente in den Gärten waren Skulpturen, Sonnenuhren, Muschelgrotten, Gartenhäuschen, Laubportale, Laubengänge und Lattenwerk. Eine zusätzliche Belebung erfolgte durch Menagerien, Aviarien und Orangerien.

In der Zeit von 1720 bis 1750 wurde die Zahl der dekorativen Elemente noch größer. Der Wegeverlauf in den Bosketts wurde gewunden, eine Reaktion auf die schweren klassizistischen Stilformen. Die zentrale Hauptachse bekam manchmal Konkurrenz von weiteren Achsen, die strahlenförmig von einem Punkt aus (dem Hauptgebäude, dem Wasserbecken usw.) ausgingen. Auch entstanden in dieser Periode sogenannte Obergärten und Seitengärten außerhalb des ursprünglichen Entwurfes.

Sehr bekannt waren damals die exotischen Pflanzensammlungen von Zorgvliet, Honselaarsdijk, Gunterstein, Leeuwenhorst und Het Loo. Besondere Pflanzen zu jener Zeit waren unter anderem Zitrusbaum, Granatapfel, Olive, Myrte, Oleander, Lorbeer, Laurustinus, Erdbeerbaum, Gummibaum, indischer Flieder, Zyprischer Terpentinbaum, Judasbaum, Agave und Aloe.

Die Bepflanzung der Beete um das Laubwerk mußte sowohl abwechslungsreich als auch symmetrisch sein.[3]

Planer von Gärten in den Niederlanden dieser Periode waren J. Roman, D. Marot, S. Schijnvoet und J.H. Knoop. Beispiele von Gärten, die auf französische klassizistische Weise entlang einer langen Symmetrieachse angelegt oder mit einer auf

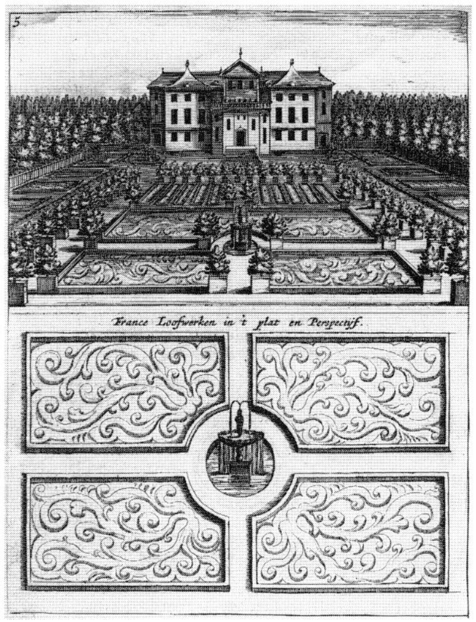

Grundriß und Ansicht des im klassischen holländischen Stil angelegten Gartens von Schloß Kruidberg (Niederlande). Aus: J. van der Groen, Den Nederlandtsen Hovenier, Amsterdam 1669. Wageningen, Bibliotheek Landbouwuniversiteit

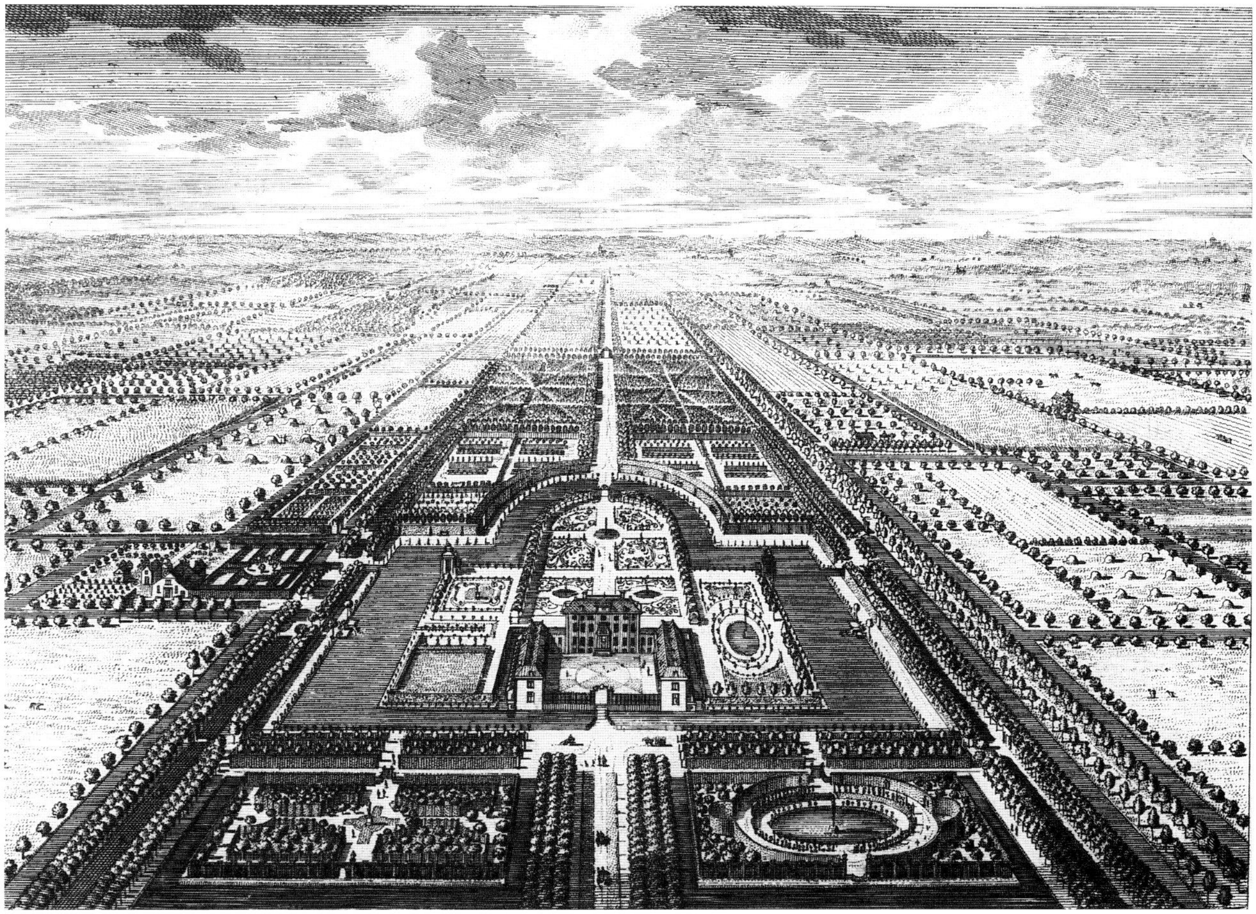

Vogelschau von Schloß Zeyst (Niederlande) und seinen Gärten im klassischen französischen Stil. Kupferstich von D. Stoopendaal, um 1700. Wageningen, Bibliothek Landbouwuniversiteit

Ansicht von Huis Ten Bosch in Den Haag (Niederlande). Ölgemälde von J. van der Heyden. London, National Gallery

das Haus projizierten Sichtallee oder einem Sichtkanal modernisiert wurden, sind unter anderem:

Schloß Zeist (1677), Clingendaal (1680), Leeuwenburg (1686), Het Loo (1689), Fraylemaborg (1690), De Voorst (1695), Neercanne (1698) und Heemstede (um 1700).[4]

An der Vecht und anderen Flüssen waren die Gärten im allgemeinen nicht so tief, so daß man selten eine Längsachse senkrecht auf das Haus anordnete. Diese Gärten waren allerdings reichlich versehen mit Dekorationen, Wasserbecken, beschnittenen Hecken, Formbäumen usw. In den Gärten von Schloß Rosendael und Nienoord te Leek befindet sich auch jetzt noch je eine Muschelgrotte aus dieser Periode.

Anmerkungen

1 Neuere Literatur zum Thema: V. Vingboons, *Afbeeldsels der voornaamste gebouwen* (Illustrationen der wichtigsten Paläste), 1648; P. Post, *De Sael van Oranje*, 1655; J. van der Groen, *De Nederlandtsen Hovenier*, 1669; H. Cause, *De Koninglycke Hovenier*, 1676.

2 In Nordholland gibt es Gärten in diesem Stil in Hof te Bergen (1642), De Nijenburg, Frankendael, Trompenburg (1680), Elswout (1645), De Hartenkamp (1691), Het Manpad, Kruidberg (um 1660), Beeckestein. In Südholland sind ähnlich gestaltete Gärten, außer den schon genannten um Den Haag, zu finden in: Ockenburg (1648), Duivenvoorde, Warmond und Keukenhof (1641), in der Provinz Utrecht zum Beispiel in Renswoude (1654), Geerstein und Soestdijk (1676) und in Gelderland und Overijssel unter anderem in De Slangenburg (1675), Oldenaller (1655), Vanenburg (1654), Weldam (1645) und Schoonheten (1640). Die für den niederländischen Klassizismus typische Unterteilung ist deutlich sichtbar in Weldam, Beeckensteijn (im Bereich unmittelbar hinter dem Haus) und in Hof te Bergen.

3 Stichserien verschiedener berühmter Häuser und Gärten wurden verfertigt von P. Schenk, J. Moucheron, C. Danckerts, C. Allard, L. Scherm, J. Covens, D. Stoopendaal und H. de Leth. Etwas später wurde P. de la Court van den Voorts *Byzondere Aenmerkingen over het aenleggen van pragtige en gemene Landhuizen, Lusthoven, Plantagien en aenklevende cieraden* (1737) zu einem Standardwerk.

4 Diesen lassen sich hinzufügen: Huize Doorn (1701), Oranjewoud (1707), Eerde (1710), Renswoude (1708), Oldengaerde (1717), Duivenvoorde (1717), Keukenhof (1720), Middachten (1725), Twickel (um 1725), Beeckesteijn (um 1735), Meerenberg in Heemstede (1732), De Hartenkamp (um 1735), Borg Welgelegen (1736), Manpad (um 1740) und Ter Hooge (1751).

Literatur

W. Kuyper, *Dutch Classicist Architecture. A Survey of Dutch Architecture, Gardens and Anglo-Dutch Architectural Relations, from 1625 to 1700*, Delft 1980; *Journal of Garden History*, I, 4, Oktober–Dezember 1981, Sondernummer über Holland, Hrsg. E. de Jong; K. Jones Hellerstedt, *Gardens of Earthly Delight* Bloomington 1986; D. Jacques, A. van der Horst, *William and Mary*, London 1988: »The Anglo-Dutch Garden in the Age of William and Mary«, in: *Journal of Garden History*, 2–3, April–September 1988.

Villen, Gärten und Brunnen in Rom: das Stichwerk des Giovanni Battista Falda

Maurizio Gargano

Vogelschau und Grundriß der päpstlichen Gärten auf dem Quirinal in Rom (heute Residenz des italienischen Staatspräsidenten). Kupferstich aus: G. B. Falda, Li giardini di Roma, Rom 1683

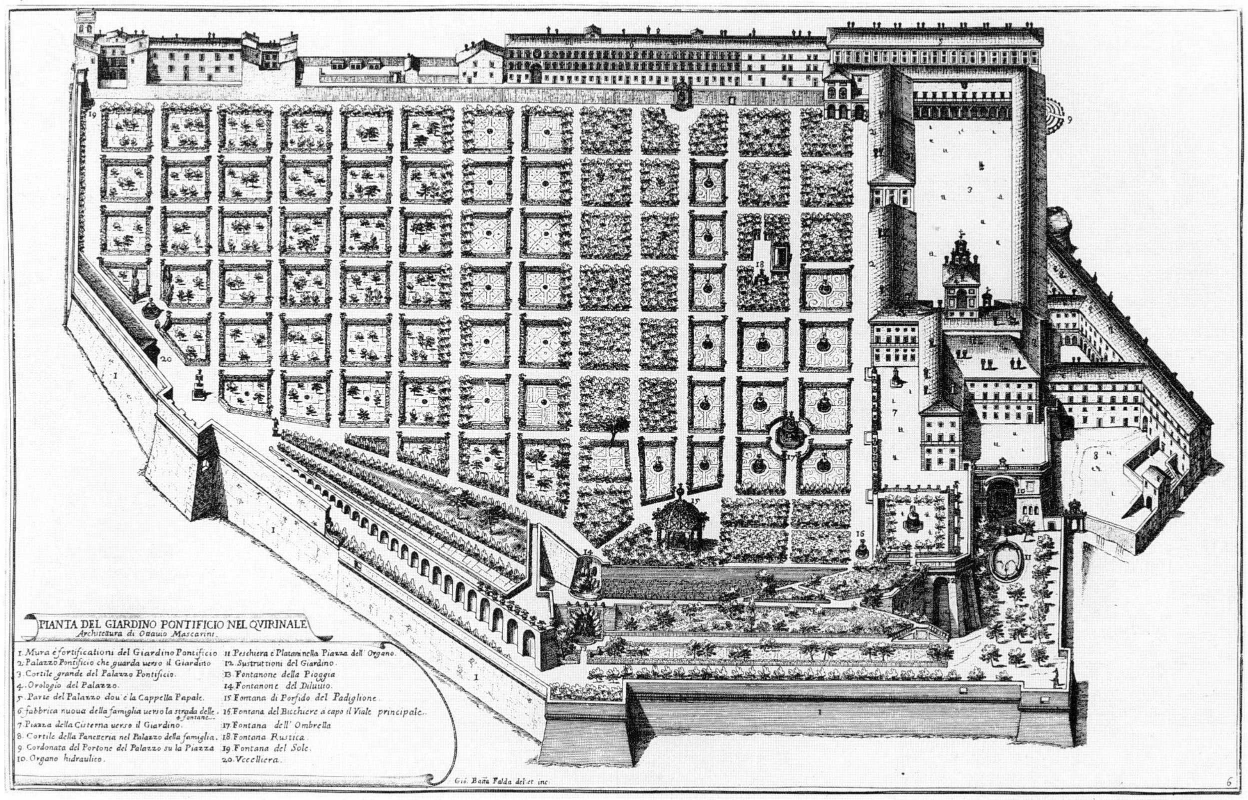

In der zweiten Hälfte des 16. Jahrhunderts erschienen in Rom verschiedene Schriften, in denen eine lebhafte Diskussion über die Trinkbarkeit des Tiberwassers geführt wurde. Einige Verfasser schrieben ihm medizinisch-therapeutische Qualitäten zu, andere hingegen warnten vor dem Genuß des Wassers. Dieser Disput zeigte deutlich das wachsende Bedürfnis, Abhilfe gegen die mangelhafte, städtische Wasserversorgung zu schaffen, und zwar unabhängig von den unterschiedlichen Meinungen für oder gegen dessen Trinkbarkeit. Als Folge davon wurden ab den sechziger Jahren des 16. Jahrhunderts erste systematische Schritte unternommen, um den gestiegenen Bedarf an Trinkwasser zu decken, der vor allem auf das Wachstum der Stadt zurückzuführen war. Die örtlichen Quellen reichten schon lange nicht mehr aus, um so weniger, als sie – einer Tradition des Mittelalters entsprechend – eine ganze Reihe von Springbrunnen und Brunnen auf den Plätzen, in den Gärten, Klöstern, Kreuzgängen oder den Innenhöfen von privaten Palästen speisen mußten.[1] Auch wenn es vereinzelt Bemühungen unter den Päpsten des 15. Jahrhunderts gab (Nikolaus V. oder Sixtus IV.), wurde erst im 16. Jahrhundert die fortschreitende und systematische Wiederinstandsetzung der antiken römischen Aquädukte betrieben, die dann wesentlich zur Ausdehnung Roms über die Hügel beitragen sollte: Die Höhen in der Nähe des Stadtzentrums wurden von den bedeutendsten Adelsfamilien zur Residenz erkoren. Sie setzten ihren ganzen Ehrgeiz ein, um Weinberge anzulegen und private Villen zu erweitern oder ganz neu zu bauen. Mit Ausnahme der Villa Giulia, die in der Ebene erbaut ist, sind hier die fürstlichen Anwesen der Villa Madama, der Villa Lante, der Orti Farnesiani, der Villa Medici und der Villa Montalto im wahren Sinne des Wortes »herausragend«. Sie zeigen deutlich, wie sehr sich das Interesse der päpstlichen Familien am Schicksal Roms in immer neuen Formen darstellte. Dieses Interesse steigerte sich zu einer echten Anteilnahme an den öffentlichen Belangen, nachdem die Päpste endgültig aus dem Exil in Avignon nach Rom zurückgekehrt waren. Diese Zusammenhänge sind bisher nur wenig in der Literatur oder von der Geschichtsschreibung untersucht worden.

Die funktionalen Ansprüche in bezug auf die Erschließung privater Besitztümer der päpstlichen Familie brachten somit

Vogelschau und Grundriß der Villa von Papst Sixtus V. (später des Kardinals P. Savelli; dann Villa Peretti-Montaldo) auf dem Quirinal in Rom (heute fast vollständig zerstört). Kupferstich aus: G. B. Falda, Li giardini di Roma, Rom 1683

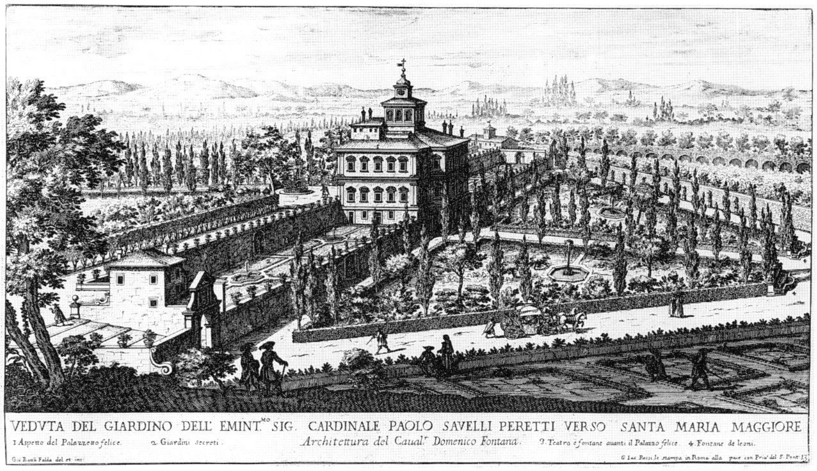

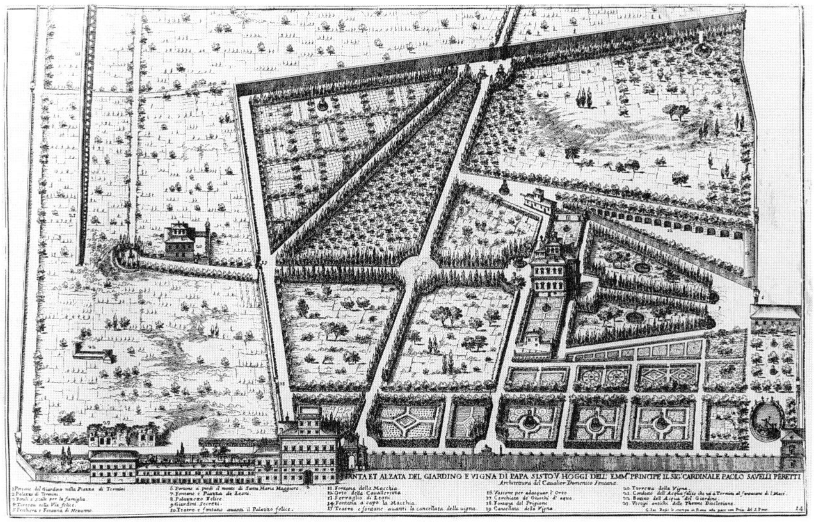

auch vielerlei Vorteile für das tägliche Leben der Römer. Springbrunnen auf öffentlichen Plätzen sprudelten neben jenen anderen Brunnen, die notwendig waren, um die Weinberge gedeihen zu lassen, oder jenen, welche die phantasievollen Nymphäen, Brunnenanlagen und Wasserspiele in den Gärten der Villen zum Leben erweckten. Diese Tendenz des 16. Jahrhunderts verstärkte sich im 17. Jahrhundert, als die antiken Aquädukte, die bis dahin dem Verfall preisgegeben waren, wieder instandgesetzt und das gesamte Leitungsnetz und sein Fassungsvermögen erweitert wurden: Der Bogen spannt sich von den Arbeiten am »Acqua Felice«, die von Papst Sixtus V. angeregt wurden, bis zu dem »neuen« Acqua Paola von Papst Paul V. In den ersten drei Jahrzehnten des 17. Jahrhunderts entstanden dann aufgrund der gestiegenen Leistungsfähigkeit der Wasserversorgung Villen wie die Villa Ludovisi, Villa Borghese, Pamphili, Patrizi, Corsini, Albani oder Giustiniani. Sie bildeten einen Teil des »Grüngürtels«, der – die ganze Stadt umschließend – eine Übergangszone zwischen der historischen Altstadt mit den neugegründeten Quartieren und der »Wüstenei« des unbebauten Brachlandes der Umgebung entstehen ließ. Parallel zu diesen einzigartigen Entwicklungen in Rom entstand das Werk eines der aufmerksamsten »Photographen« und Zeugen dieser Um- und Neugestaltungen: Giovanni Battista Falda.

Die ersten biographischen Daten über Giovanni Battista Falda sind uns durch einen Eintrag in das Taufbuch überliefert: Er wurde am 7. Dezember 1643 in Valduggia, einem kleinen Ort im Alta Valsesia, Piemont, geboren. Weitere, nachweisbare Daten gibt es später über seine Lehrzeit, als der Vierzehnjährige von seinen Eltern nach Rom zu einem Onkel geschickt wurde, der ihn in seiner »natürlichen Neigung« führen und ihm zu einer angesehenen künstlerischen Laufbahn verhelfen sollte. Seinem kurzen, aber sehr intensiven Schaffen wurde durch einen frühen Tod, der ihn am 22. August 1678 »nach einer langen, schmerzhaften Krankheit« im Alter von fünfunddreißig Jahren ereilte, ein Ende gesetzt.[3] Die einzigartige Qualität seiner Zeichnungen haben die Aufmerksamkeit von Giovan Giacomo De Rossi, einem der bekanntesten römischen Verleger und Stichehändler seiner Zeit, auf den jungen Piemonteser gelenkt. Das Zusammentreffen mit De Rossi war für das Schicksal und für die eigenständige berufliche Entwicklung des jungen Falda von entscheidender Bedeutung. Im Laden und in der Druckerei von De Rossi verfeinerte Falda seine Darstellungstechnik und setzte sie hervorragend in jene Stiche um, die dann maßgeblich zum wirtschaftlichen Erfolg der Druckerei bei der Kirche Santa Maria della Pace beitragen sollten. Es ist also Giovan Giacomo De Rossi zu verdanken, daß er es Giovanni Battista Falda mit Hilfe seiner weitreichenden beruflichen Verbindungen ermöglichte, seine Kunst zu vervollkommnen und seine Kenntnisse auf dem Gebiet der Architektur, der Perspektive oder der »Darstellung nach Art der Vedutenmalerei« zu erweitern. Die Kunst der Vedutenmalerei hatte im Rom des 17. Jahrhunderts eines ihrer aktivsten Zentren.[4]

Die herausragenden künstlerischen Begabungen des frühvollendeten Zeichners aus Valduggia bildeten die Grundlage für sein fruchtbares Schaffensleben. Die Sammlung der Druckerei von La Pace macht es möglich, sich eine Vorstellung von der enormen Menge an Stichen zu verschaffen, die Falda angefertigt hat. Der Umfang seines Werks erstaunt gerade durch die Fülle an Details und durch die hochentwickelte Reproduktionstechnik, die jeden einzelnen Stich charakterisiert. Die Sparsamkeit der Mittel, die Klarheit der Darstellung, die Kraft der Linienführung und die reichen Schwarz-Weiß-Kontraste machen sein Stichewerk unverwechselbar. Betrachtet man sein Werk nicht nur von der beruflichen und wirtschaftlichen Seite der Beziehung Faldas zu der Druckerei von De Rossi, sondern auch vor dem Hintergrund der weitreichenden Unternehmungen zugunsten einer besseren Versorgung Roms mit Wassser – womit wiederum das Leben in den Landvillen und der Umgebung der Weinberge zu neuer Blüte kam – so bekommt man eine Ahnung vom Ausmaß der Energie und Vielseitigkeit Faldas.

»Die Brunnen Roms auf Plätzen und in öffentlichen Anlagen ...«, »Die Brunnen in den Palästen und Gärten Roms ...«, »Die Brunnen der Villen in Frascati ...«, »Villa Pamphilia ...«, »Die Gärten von Rom ...«, »Die Gärten von Rom mit ihren Grundrißdarstellungen, Aufrissen und Veduten ...«[5] All diese Sammlungen wurden seit der zweiten Hälfte der siebziger Jahre des 17. Jahrhunderts in systematischer Folge in Druck gegeben. Sie dokumentieren wirklichkeitsgetreu alle städtischen Orientierungspunkte und entsprechen damit zugleich den kommerziellen Ansprüchen, die die berühmteste Druckerei Roms erfüllen mußte, um die Nachfrage der Kundschaft zu befriedigen. Das waren insbesondere Reisende aus dem Ausland, die in steigender Zahl Italien besuchten. Der kommerzielle Erfolg dieser Stiche, der durch die hohe Zahl der Nachdrucke bestätigt wird, ist der letzte und eindeutige Beweis für den Zweck, den diese Stiche erfüllten – und dies galt ganz besonders für den Zyklus »Gärten von Rom«. Die Stichesammlungen wurden zu einer Art Handbuch für diejenigen, die sich direkt oder indirekt mit Gartenkunst befaßten: Gartenliebhaber, Garten- und Landschaftsarchitekten oder Planer.[6] Den einzigartigen Beiträgen Faldas ist es zu verdanken, daß wir heutzutage über Zeugnisse von Brunnen, Parks und Villen – innerhalb und außerhalb der Stadt – verfügen, die sich durch hohe dokumentarische Aufmerksamkeit auszeichnen. Der »Hyperrealismus« dieser Veduten trug dazu bei, daß der Künstler nicht nur die Gunst des päpstlichen Hofes genoß, sondern auch die der römischen Adelsfamilien, die sich mit der Darstellung ihrer Besitztümer selbst feiern wollten. Sogar die Ex-Königin von Schweden wollte ihn in ihren Diensten sehen, ihr Drängen war jedoch vergeblich.

Diese Veduten, insbesondere die der römischen Gärten, sind die ersten Stiche jener Zeit in Italien, deren dargestellte Objekte in der Reproduktion nicht »schwach und flach« wirken. Dies ist einerseits auf den starken Schwarz-Weiß-Kontrast zurückzuführen, andererseits auf die Qualität der Strukturierung bei der

Darstellung von Architekturen. Wenn das Blattwerk und die gesamte Vegetation einem rein dekorativen Zweck einer dargestellten Szene dienen, dann besteht die Gefahr der »Flachheit«. Die Qualität der Details und die Gesamtdarstellung heben also »Die Gärten von Rom« von Giovanni Battista Falda hervor. Von diesen Gartenanlagen wird stets das Wesentliche gezeigt: die Gartenkunst.

Als er Faldas Stich von der Villa Mattei sah, sagte Rosario Assunto, seine Gärten seien »Orte, in denen Leben und Kontemplation, Natur und Geschichte, natürliche Spontaneität und menschliche Kunstfertigkeit in einer Welt aus Bäumen und Wasser, grünen Hecken und Statuen zu einem Ganzen zusammenwachsen. Zwischen dem Grün tauchen Gebäude auf und verschwinden wieder und sprechen von längst vergangenen Zeiten.«[7]

Anmerkungen

1 Es gibt reichhaltige Literatur über das Wasser in Rom. Eine ausführliche Bibliographie enthält C. d'Onofrio, »Acque e fontane di Roma«, Rom 1977.

2 Der Eintrag in das Taufbuch von Giovanni Battista Falda kann in der Kirche von Valduggia eingesehen werden. Aus der Urkunde wurde zitiert nach A. Baudi de Vesme, »Schede Vesme. L'arte in Piemonde dal XVI al XVIII secolo, Turin 1963–1968, Bd. 2 (1966), S. 451.

3 A. Rasario, »Un antico incisore valsesiano: G. B. Falda«, in: *Bollettino Storcio per la Provincia di Novara*, 1932, S. 196–202, vor allem S. 197, und L. A. Cotta, »Museo Novarese«, Mailand 1701, S. 293–295. Eine Bibliographie über Falda ist zu entnehmen P. Bellini, »per una definizione dell'opera di G. Battista Falda«, in: *Arte Cristiana*, Bd. 71, Nr. 695, Rom 1983, S. 81–92. Hier ist eine beachtenswerte chronologische Katalogisierung des Stichewerks des Piemonteser Künstlers vorgenommen worden. Allerdings wird den bekannten biographischen Informationen nicht viel hinzugefügt. Diese Informationen kann man auch den zahlreichen biographischen Lexika entnehmen, auf die hingewiesen wird.

4 Siehe R. d'Amico, »La veduta nell'incisione tra '600 e '799: G. B. Falda e G. Vasi«, in: *Il Seicento. Ricerche di storia dell'arte*, Rom 1976, Nr. 1–2, S. 81–101. Die außerordentlich umfangreiche Produktion der Druckerei bei der Kirche Santa Maria della Pace wird in dem Verkaufskatalog dokumentiert. In diesem Katalog sind auch einige Nachdrucke mit entsprechender Aktualisierung aus den Jahren 1705, 1714 und 1735 enthalten.

5 Chronologisch-beschreibende Kärtchen, bei P. Bellini, op. cit., S. 85–91.

6 Unter diesem Gesichtspunkt, in Übereinstimmung mit besonderen Nachforschungen zu diesem Thema, s. den kurzen Aufsatz von Diane K. McGuire, »Giovanni Battista Falder and the decorative plan in three Italian gardens«, in: *The American Connoisseur*, Bd. 159, Nr. 636, Mai 1965, S. 59–63, der trotz einiger biographischer Ungenauigkeiten lesenswert ist. Auch im Aufsatz von McGuire wird hervorgehoben, daß Falda seinen Erfolg dem dokumentarischen Charakter, der graphischen und der detaillierten Darstellung der Vegetation zu verdanken hatte. Dies traf genau den Geschmack der Engländer, die sich auf ihre Reise nach Italien für den italienischen, insbesondere den römischen Garten interessierten. Einzigartig ist auch die eindrucksvolle Einführung von R. Assunto zu »Ville e giardini di Roma nelle incisioni di Giovan Battista Falda«, Mailand 1980, in der die Reisenden der damaligen Zeit (John Evelyn war bereits 1644 in Rom) noch einmal zu Wort kommen, oder die Stadtführer, die in jenen Jahren gedruckt wurden (z. B. der von Pietro Rossini aus dem Jahre 1776). Diese Beschreibungen lassen insbesondere Gegenüberstellungen zu den Tafeln Faldas zu. Es wird deutlich, wie dokumentarisch genau der Künstler aus Valduggia arbeitete, indem er die Gärten im Rom seiner Zeit darstellte, die im Laufe der späteren Jahre umgestaltet oder stark verändert wurden. Immer wieder trifft man neben der »Schärfe« der Dokumentation auf kleine Episoden aus dem täglichen Leben. Es sind dies Darstellungen von Personengruppen oder Einzelpersonen, die die »Zwänge« des Kommerziellen hinter sich lassen. Diese Darstellungen von Menschen scheinen auf eine Sensibilität für die alltäglichen Dinge des Lebens hinzuweisen. Ein Empfinden, das auch von den Biographen in der Vergangenheit immer hervorgehoben wurde, indem sie darauf hinwiesen, daß Falda die »schöne Literatur und die Poesie« liebte, für die er, zusammen mit der Malerei »eine herausragende Begabung zeigte«, s. insbesondere A. Rosario, op. cit., S. 197.

7 R. Assunto, op. cit., S. 128.

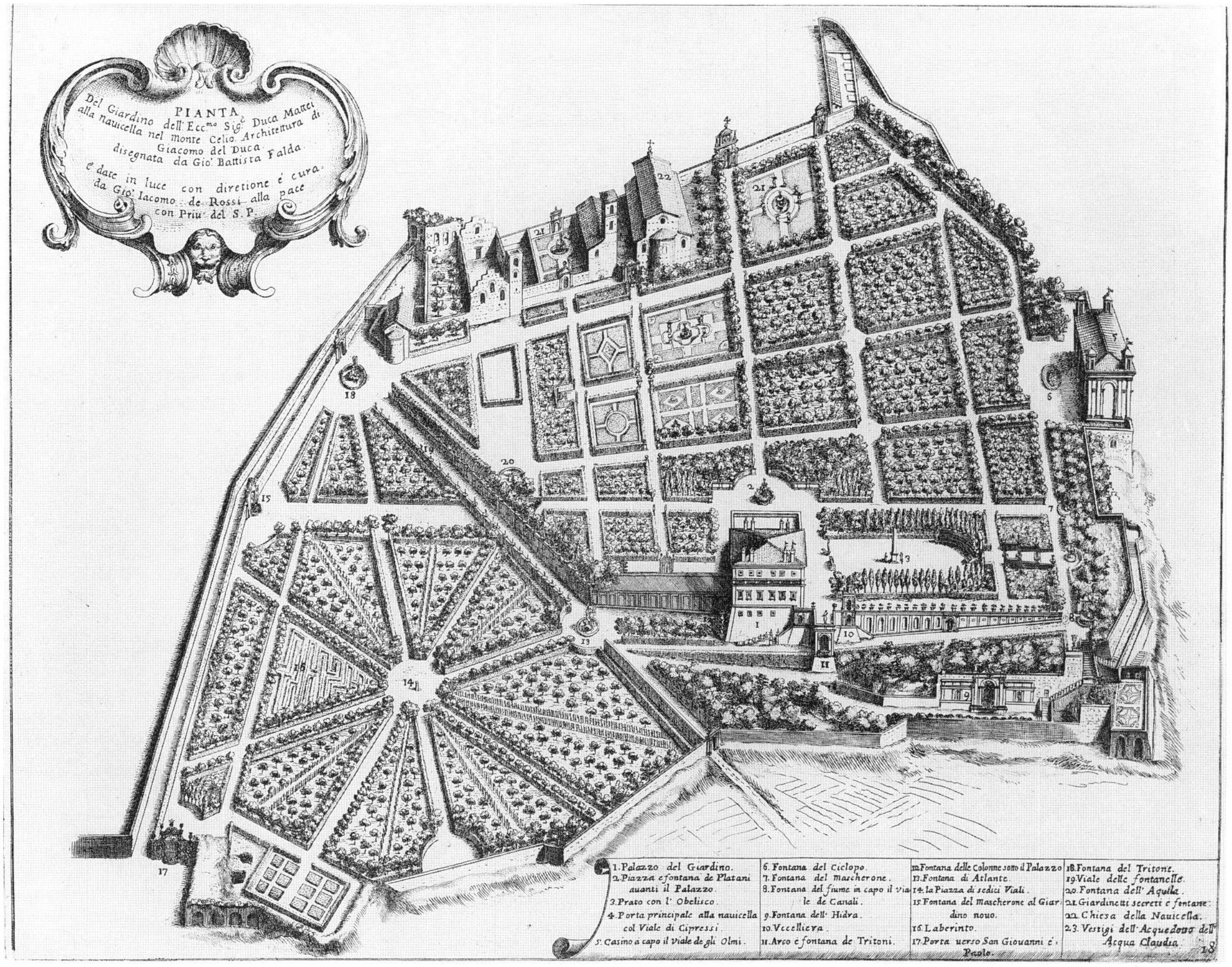

Vogelschau der Villa Mattei auf dem Palatin in Rom (heute öffentlicher Stadtpark). Kupferstich aus: G. B. Falda, Li Giardini di Roma, Rom 1683

Kardinal Richelieus Garten in Rueil

Kenneth Woodbridge

Ansicht der Grotte und eines Teils des Kanals im Park von Rueil (Hauts-de-Seine, Frankreich). Kupferstich von A. Perelle nach einer Zeichnung von I. Silvestre, 1661. Paris, Bibliothèque Nationale, Cabinet des Estampes

Richelieus Garten in Rueil wurde seinerzeit nicht nur aufgrund seiner architektonischen Elemente, sondern auch wegen seiner malerischen Lage gepriesen. Er verkörperte italienische Einflüsse in mehr als einer Hinsicht und stand in völligem Gegensatz zum anderen großen Garten des Kardinals in der Touraine.

Große italienische Gärten des sechzehnten Jahrhunderts, etwa derjenige der Villa Lante, existierten als eigenständige Anlagen häufig an erhöhten Plätzen fern der Stadt und boten kühle Zufluchtsorte vor dem heißen Sommer. Die französische klassizistische Tradition des Gartenentwurfs entwickelte sich als architektonischer Rahmen für das Haus, was sein entscheidendes Merkmal darstellte. So war auch der Charakter von Jacques Lemerciers Château de Richelieu, dem man sich über etwa 700 Meter lange Vorhöfe näherte. Parterres als Höhepunkt einer axialen Annäherung lagen dahinter, Kanäle und andere Teile des Gartens im rechten Winkel zu dieser Achse. In Rueil jedoch, wie John Evelyn 1644 schrieb[1], »sind, obwohl das Haus nicht zu den großartigsten gehört, die Gärten rundherum so wundervoll, daß ich mich frage, ob es in Italien einen gibt, der es in der Vielfalt der Freuden übertrifft«.

Das Château von Rueil (oder Ruel, wie es damals hieß), das Richelieu schließlich 1633 erwarb, hatte Jean Moisset (bekannt als Montaubon) gehört, einem früheren Schneider Henri IV., der zum *Fermier général des rentes, aides et gabelles* ernannt worden war. Er fügte einem sechzehn Acres großen Park zwanzig Acres hinzu und investierte große Summen in Haus und Grundstück. Ein englischer Besucher, Peter Heylyn, beschrieb Ruel 1625[2] als einen »Ort voller abgeschiedener Wege, anmutig und geschickt ersonnen, so daß sie sogar einen Menschen zur Melancholie verleiten würden; denn auf ihnen würde selbst die Melancholie köstlich erscheinen ... Es machte den Eindruck eines Wäldchens, eines Obstgartens und eines Weinfeldes, so verschiedenartig miteinander verwoben und zusammengestellt, als ob der Künstler die Absicht gehabt hätte, den Menschen zu veranlassen, sich in die Verwirrung zu verlieben. Inmitten der Wildnis stand das Haus, umschlossen von einem Graben mit fließendem Wasser; das Haus hübsch und daher klein, eher für ein Bankett denn für ein Fest erbaut.«

Das Gelände war ein flaches Tal, von Süden nach Norden geneigt, parallel zur Straße nach Saint-Cloud verlaufend. Die einzigen von Heylyn erwähnten Zierden waren »zwei Brunnen von bewundernswertem handwerklichen Können«, einer davon der Drachenbrunnen, von Evelyn als »ein Basilisk aus Kupfer« beschrieben, »der, vom Bediener des Brunnens gehandhabt, Wasser fast zwanzig Meter in die Höhe schoß und sich so schnell drehte, daß man kaum vermeiden konnte, naß zu werden«.

Jean Héroard schrieb über Ludwig XIII., der 1624 als Junge Ruel mit seiner Mutter Maria von Medici besuchte: »Er setzt sich mit der Gesellschaft zu Tisch, ißt wenig, geht zu den Grotten, macht dort andere naß und wird selbst naß gemacht.«[3] Eine davon war vermutlich die von Israel Silvestre illustrierte *Vieille Grotte*. Obwohl Dr. Launays rekonstruierter Plan[4] sie in einem sternförmigen Weg auf der einen Seite des Parterres ansiedelt, zeigt Silvestre sie am Ende des Kanals, vermutlich zwei Teiche nördlich des Schlosses miteinander verbindend.

Die von Pérelle illustrierte und von Elie Brackenhoffer[5] ausführlich beschriebene architektonische Grotte wurde vermutlich von Richelieus Architekt Jacques Lemercier entworfen. Sie lag zwischen dem oberen Teich und dem Kanal. Ihr Dach bildete eine mit einer Balustrade versehene Terrasse, von der aus Stufen zum Eingang der tiefer gelegenen Grotte führten. Sie war mit raffinierten Wasserspielen ausgestattet, die im Detail von Brackenhoffer geschildert werden. »Sie ist achteckig«, schrieb er, »mit einem schönen Gewölbe aus behauenen Steinen, gut gebaut und überall künstlerisch ausgestattet mit schönen Skulpturen und Figuren, Blumen, Schnecken, Achaten, Spiegeln, Verdickungen und anderen Materialien. In den vier Ecken stehen Satyrn, in den anderen vier Nymphen, alle lebensgroß, schön geformt aus Seemuscheln und Schnecken. Jede Figur macht eine seltsame Geste mit der Hand, manche hält einen Finger auf den Schenkel, einen auf den Mund, während die andere Hand das *membrum virile* in die Luft richtet, aus dem Wasser heraussprudelt. An den vier Seiten sind Brunnen mit schönen ovalen Becken; neben jedem stehen drei Marmorfiguren, aus deren Genitalien ebenfalls Wasser fließt. In der Mitte steht ein achteckiger Marmortisch, auf dem man allerhand amüsante Dinge tun kann. Durch Druck auf das Instrument oder das Rohr, das aus der Mitte herausragt, lassen sich alle möglichen Formen aus Wasser herstellen: Lilien, Schalen, Blumen, Gräser, Monde, Sterne, Sonnenschirme.« Wenn das Wasser aufgedreht wurde, kam es von oben, von unten und von den Seiten, so daß man nur schwer einer Dusche entgehen konnte.

Jacques Lemercier vergrößerte das Haus, von dem aus man ein Parterre im Südosten und den oberen Teich im Nordwesten überschaute. Die Lage der Orangerie mit einem Trompe-l'oeil-Triumphbogen, von Nicolas Poussins Freund und Mitarbeiter Jean Lemaire bemalt, wird auf einem Katasterplan von 1818 rechtwinklig zur Straße nach Saint-Cloud ausgewiesen. Aber genau wie bei den anderen Elementen, etwa dem Drachenbrunnen oder einer runden, von einem Wassergraben umgebenen Insel, die von Brackenhoffer beschrieben wird, sind die Standorte nur mutmaßlich. Der von Dr. Launay rekonstruierte und von Cramail benutzte Plan sollte nur mit Vorbehalt akzeptiert werden. Andererseits bestätigen bestehende Straßen, die der Linienführung der Parkalleen auf dem Plan von 1818 folgen, die Lage der *Grande Allée*, die, über 800 Meter lang, den alten Garten vom höheren, unregelmäßigen Terrain im Osten trennte, das von Richelieu, der den Park um mehr als die Hälfte vergrößerte, einverleibt wurde. An ihrem oberen Ende befand sich die *Grande Cascade*, die erste jener monumentalen französischen gebauten Kaskaden, die den ita-

Ansicht der Orangerie und der Trompe-l'œil-Perspektive im Park des Schlosses von Rueil (Hauts-de-Seine, Frankreich). Kupferstich von I. Silvestre. Paris, Bibliothèque Nationale, Cabinet des Estampes

Ansicht der Kaskade im Park des Schlosses von Rueil (Hauts-de-Seine, Frankreich). Kupferstich von I. Silvestre. Paris, Bibliothèque Nationale, Cabinet des Estampes

Ansicht der Rocaillegrotte im Park des Schlosses von Rueil (Hauts-de-Seine, Frankreich). Kupferstich von A. Perelle nach einer Zeichnung von I. Silvestre. Paris, Bibliothèque Nationale, Cabinet des Estampes

Ansicht des Wasserbassins oberhalb der Grotte im Park des Schlosses von Rueil (Hauts-de-Seine, Frankreich). Kupferstich von A. Perelle nach einer Zeichnung von I. Silvestre. Paris, Bibliothèque Nationale, Cabinet des Estampes

lienischen Prototypen in Frascati nachgebildet waren. Wasser mußte aus einiger Entfernung herbeigeschafft werden.[6] Den Abschluß des unteren Endes der *Grande Allée* bildete die *Grotte de Rocaille*, auch als *Grotte de la Baleine* bekannt, von Brackenhoffer als »aus feinem Stein mit einem großen offenen Mund, drei- bis viermal so hoch wie ein Mensch, mit großen Ohren und einem mächtigen Schlund, schon von weitem erschreckend« beschrieben. Das Innere war wie ein Felsen geformt, mit Muscheln und Schnecken bedeckt, und enthielt eine Fontäne. Die Arbeit stammt vermutlich von einem Mitglied der Familie Francini[7], die für alle Wasserarbeiten verantwortlich war. Das Maul eines Untiers war das weitverbreitete Symbol für den Eingang zur Unterwelt, den Schnittpunkt zwischen Himmel und Hölle.[8] Es gab italienische Prototypen, etwa das Gartenportal am Palazzo Zuccari in Rom.[9] Eine Analogie zu dem offenen Maul findet sich auch im Orsini-Garten in Bomarzo, über dem sich die Inschrift befand, *»Lasciata ogni pensiero voi ch'intrate«*, eine Anpassung an die Zeile aus Dantes »Göttlicher Komödie« – *Inferno, Lasciata ogni speranza voi ch'intrate«*. (»Beim Eintritt hier laßt alle Hoffnung [Sorge] fahren«).

Die klassizistische französische, von Lemercier vertretene Tradition hatte zum Ziel, die Architektur des Hauses und dessen Umgebung als Symbol für den Status des Besitzers, sozusagen als sein öffentliches Image darzustellen. Italienische Gärten wie Bomarzo waren nicht nur private Orte, sie zeigten auch jene Phantasien, welche die öffentliche Haltung nicht zuließ. Die Obszönitäten der Grotte in Reuil und die aggressiven Wasserspiele wie der Drachenbrunnen waren eindeutig eine Provokation. Louis Huygens[10] schrieb 1655, daß die Leute wegen der Erregung jener, die sich über die Dusche ärgerten, ihre Schwerter am Eingang zurücklassen mußten.

Rueil stand in der europäischen Tradition, daher konnte der Garten zu einem geeigneten Ort der Phantasie werden. Diese Tradition wurde zeitweise von der rationalen Geometrie des Stils von Le Nôtres überschattet. Die *Grande Allée* in Rueil war Vorläufer der großen, weitreichenden Ausblicke, wie sie Le Nôtre schuf, um den unregelmäßigen und fragmentarischen Charakter der Gärten und des Parks von Saint-Cloud zu dominieren. In Rueil jedoch führte sie zum Eingang der Hölle. Die Mode der Gartengestaltung schwankt in der Tat, wie in den anderen Künsten, zwischen den Extremen der Zügellosigkeit und Kontrolle und spiegelt die Spannungen innerhalb der menschlichen Psyche wider. Im achtzehnten Jahrhundert war die Romantik eine Reaktion auf die rationale Einstellung und die daraus resultierende exzessive Regelmäßigkeit. Irgendwo zwischen diesen beiden liegt das Gleichgewicht, ohne das Kunstwerke entweder arid oder anarchisch sind.

Anmerkungen

1 Das *Tagebuch* von John Evelyn, 27. Februar 1644 (verschiedene Ausgaben).
2 *The Voyage of France*, Ausgabe von 1673.
3 *Journal sur l'enfance et de la jeunesse de Louis-XIII*, 1601–1628; Hrsg. E. Soulié und B. de Barthelemy, 1865.
4 A. Cramail, *Le Château de Rueil et ses jardins*, 1888.
5 Elie Brackenhoffer, *Voyage des Paris en Italie 1644–46*.
6 Die *Mémoires des Dépenses* von Richelieus Nichte und Erbin, der Herzogin von Aiguillon, sagen: »plus de demie-lieue«, siehe Cramail, *op. cit.*
7 Thomas und Alexandre Francini, die königlichen Brunnenbauer.
8 Es gibt ein mittelalterliches Beispiel im Chor des Museums von Valenciennes.
9 Ein weiteres Beispiel ist ein Kamin aus Marmor von Alessandro Vittoria im Palazzo Thiene in Vicenza, abgebildet in John Shearman, *Mannerism*, 1967.
10 H.L. Brugmans, »Châteaux et Jardins de l'Ile de France d'après un Journal de Voyage de 1655«, in: *Gazette des Beaux Arts*, XVIII, 1937.

Die Menagerie von Versailles

Gérard Mabille

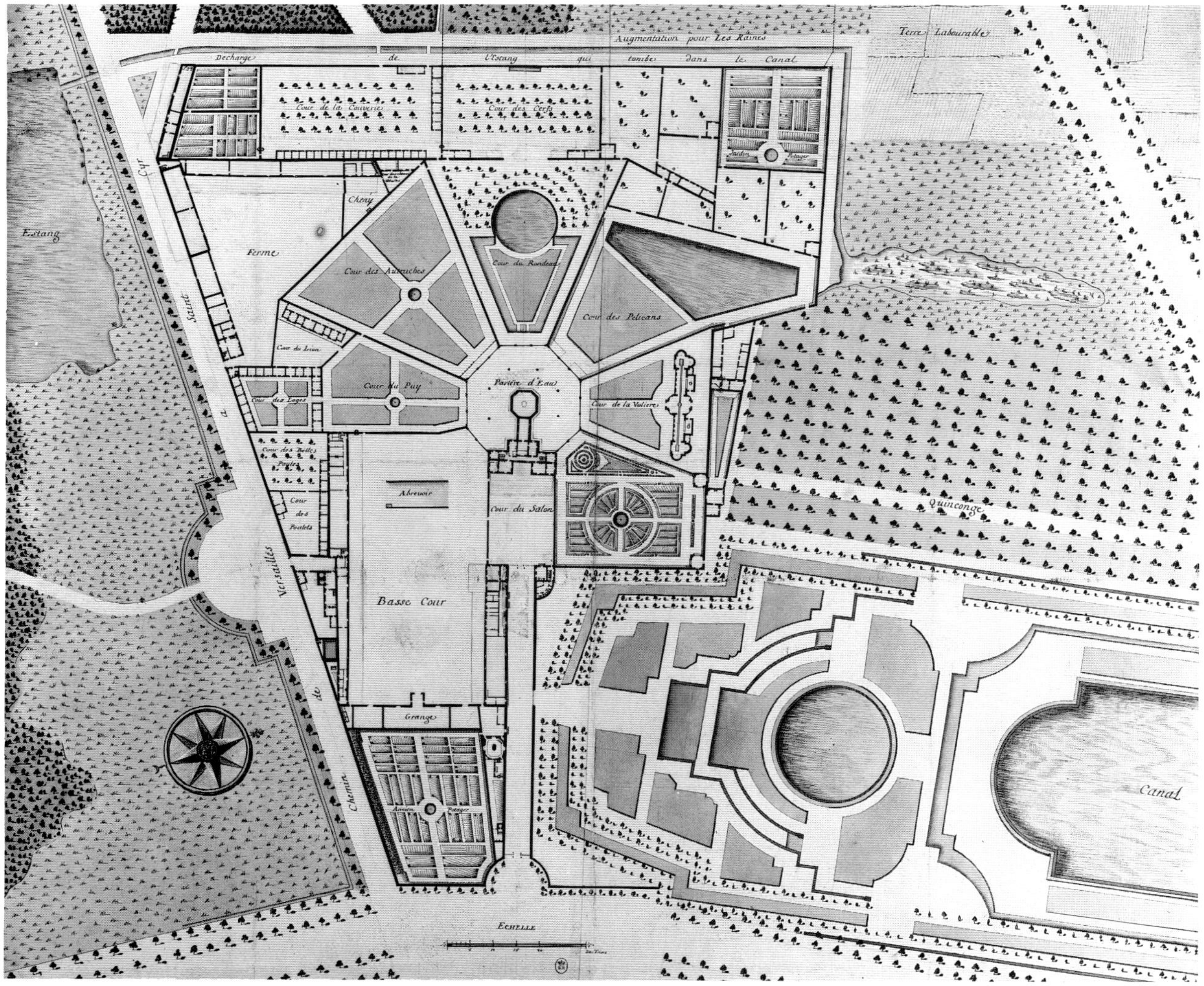

Grundriß der Menagerie von Versailles (Yvelines, Frankreich). Zustand vor der Anlage des Grand Canal und der Tiergehege auf der Ostseite (um 1663–1670). Anonyme Zeichnung, 18. Jh. Paris, Bibliothèque Nationale, Cabinet des Estampes

So wie er sich in den sechziger Jahren des 17. Jahrhunderts in groben Zügen praktisch endgültig präsentierte, zeugte der Petit Parc von Versailles von einer logischen, klassischen und sozusagen kosmogonischen Konzeption, deren symbolischer Rahmen durch die räumlichen und funktionalen Verbindungen von drei deutlich hierarchisch gegliederten privilegierten Bereichen gebildet wird. Das ursprünglich sehr bescheidene Hauptschloß, am Kreuzungspunkt der Achsen gelegen, kennzeichnet deren Mitte. Sehr bald wurde es von zwei symmetrischen »Satelliten« flankiert, von denen jeder einen Aspekt des Universums symbolisierte: im Norden bot Trianon, buchstäblich ein Porzellanpalast, eine Traumvorstellung von China, während seine Gärten den aufhörlichen Luxus der seltensten Blumen offerierten; im Süden bildete die heute verschwundene Menagerie das unentbehrliche Pendant mit recht komplexer Funktion und Bedeutung: Eigentlich war die Menagerie nichts anderers als ein Gehöft mit Hühnerhof, Taubenschlag, Ställen und Meierei, sie war aber auch ein Palast im Herzen eines sonderbaren, mit exotischen Tieren und seltenen Vögeln bevölkerten Landguts. So läßt diese architektonische Schöpfung, die älteste der persönlichen Bauwerke König Ludwigs XIV., schon in ihrer Dualität eine große Originalität erkennen. Gewiß hatte sich seit der Antike die Tradition dieser Sammlungen von seltenen und wilden Tieren, mit denen die Herrscher sich sogar in ihrem täglichen Leben zu umgeben liebten, etabliert. Der Reiz ihrer Exotik und ihrer Seltenheit trug dazu bei, die Macht des Monarchen zu betonen. Solcherart waren das »Hôtel der Löwen des Königs« von Philipp VI. von Valois im Louvre oder die vergleichbaren Einrichtungen von Karl V. im Hôtel Saint Pol in Paris. Häufig wurden die Tiere zu grausamen Kämpfen angetrieben, eine barbarische Form der Unterhaltung, welche die Tradition der antiken Zirkusspiele fortsetzte. Beispiele dafür finden sich in Amboise Ende des 15. Jahrhunderts und unter der Herrschaft von Franz I., in Saint-Germain unter der Heinrichs II., schließlich in Vincennes im 17. Jahrhundert zu Beginn der Herrschaft Ludwigs XIV. Von 1661 an begann dieser mit dem Umbau des kleinen Schlosses, das sein Vater in Versailles hatte errichten lassen. Zehn Jahre lang nahmen die Arbeiten im Park größere Ausmaße an als die am Schloß selbst. In diesem Zusammenhang ist die Entstehung der Menagerie zu betrachten. Sie wurde im Südwesten, entlang der Straße von Saint-Cyr, weit außerhalb der Einfriedung der Gärten, aber innerhalb des kleinen Parks angesiedelt und aller Wahrscheinlichkeit nach 1663, möglicherweise sogar schon 1662 begonnen. Die Gebäude scheinen, zumindest zum großen Teil, schon 1664 fertiggestellt worden zu sein, währnd die Innenausstattung bis 1668 dauerte. Die Bereiche für die Tiere wurden bereits ab dem Frühjahr 1664, anläßlich der berühmten Feste der »Plaisirs de l'Ile Enchantée«, genutzt. Die »maritime« Verbindung zwischen der Menagerie und dem unteren Teil der Gärten durch das Mittelstück des großen, zwischen 1668 und 1672 ausgehobenen Kanals entstand eindeutig später als die ursprünglichen Pläne. Daraus erklärt sich die nicht zu verleugnende Disparität der räumlichen Beziehungen zwischen den beiden gleichzeitig in Benutzung genommenen Elementen: Wie Trianon (ab 1670 entstanden) war die Menagerie von nun an das ideale Ziel der beliebten Kahnpartien auf der größten Wasserfläche des Parks. Ein einziger großer Architekt leitete die Baustelle von Versailles bis 1670: Louis Le Vau. Alles spricht für die Annahme, daß er die Entwürfe für die Menagerie lieferte, obwohl keine Zeichnung aus seiner Hand zu diesem Bauwerk erhalten blieb.

Wie bereits erwähnt, war die Menagerie, die ja gleichzeitig exotische Tiere beherbergte und alle Vorzüge eines kleinen, wirklich unabhängigen Wohnsitzes bot, ein Bau mit Doppelfunktion: In diesem Sinn empfiehlt es sich, sie zu beschreiben und zu analysieren.

Man erreichte die Menagerie über einen langen, von Ost nach West führenden, mauergesäumtn Weg. In der Mitte der nördlichen Mauer brachte man um 1670 ein Gittertor an, als ein Zugang zum Kanal erforderlich wurde; an die Südmauer wurde ein langes Gebäude angebaut, hinter dem sich ein kleiner Gemüsegarten sowie ein großer rechteckiger Hühnerhof erstreckte. Es war ein wahrer Musterhof, ausgestattet mit Scheune, Taubenschlag, Backofen, Tränke, Ställen sowie einer Meierei, wo man die Butter für die königliche Tafel herstellte.

Die Zufahrtsstraße mündete im Westen im Ehrenhof, zwischen zwei symmetrischen Pavillons, von denen der nördliche eine Kapelle beherbergte. An der Nord- und Südseite von hohen Mauern

Vogelschau der Menagerie von Versailles (Yvelines, Frankreich) von der Eingangsseite aus. Kupferstich von A. Perelle. Paris, Bibliothèque Nationale, Cabinet des Estampes

Vogelschau der Tiergehege und Pavillons der Menagerie von Versailles (Yvelines, Frankreich). Kupferstich von Aveline. Paris, Bibliothèque Nationale, Cabinet des Estampes

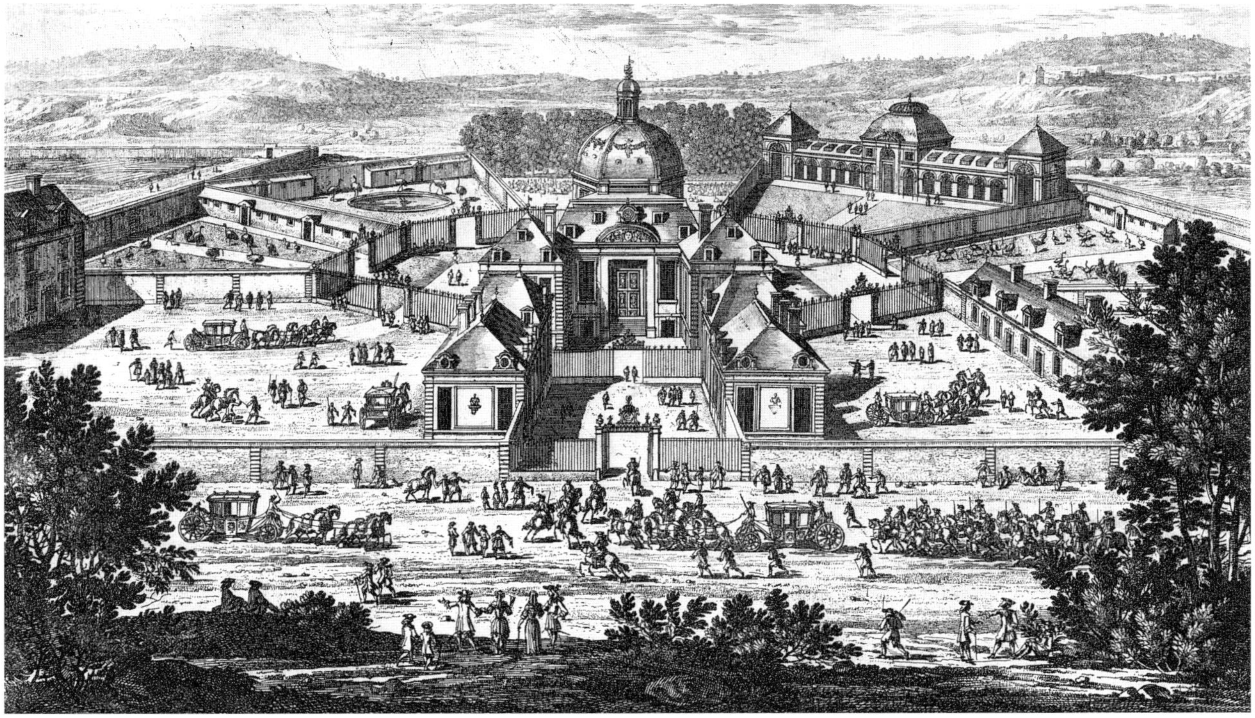

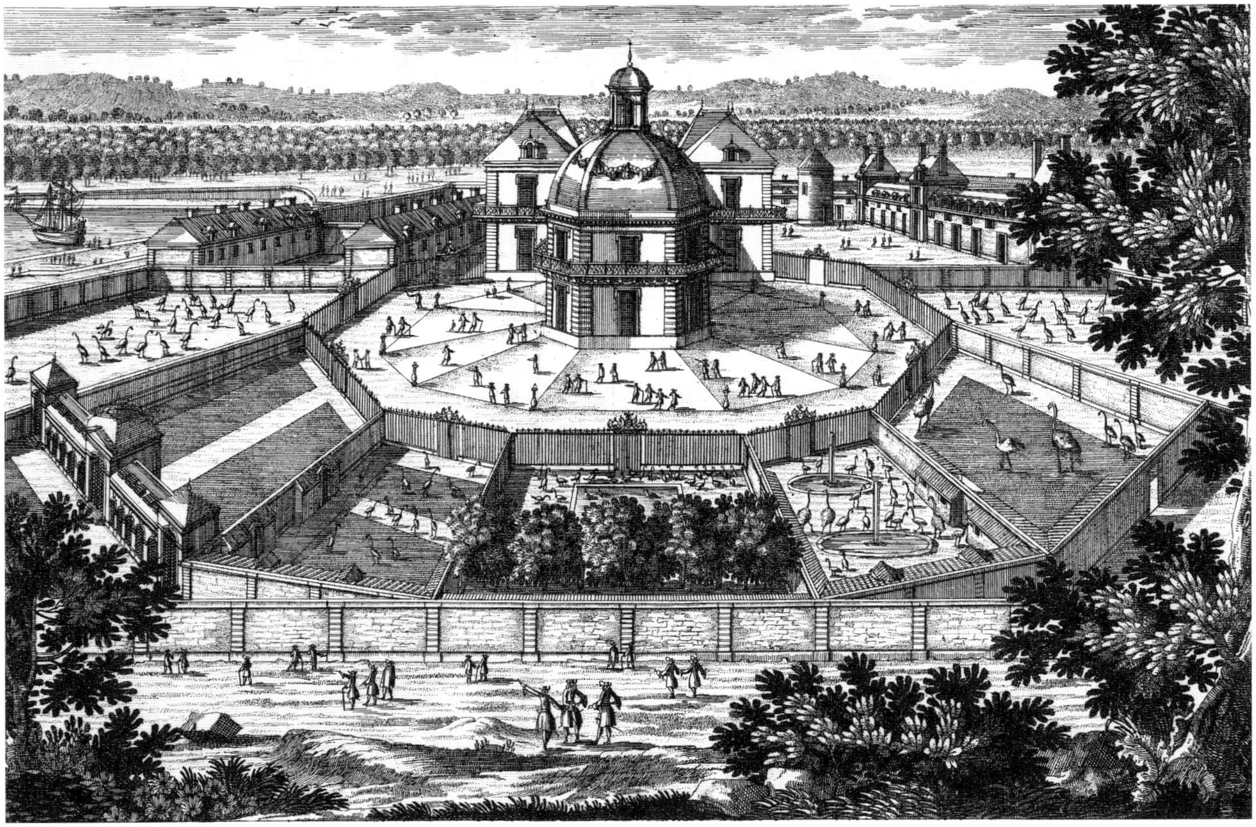

gesäumt, war dieser Hof im Westen durch die östliche Fassade des Schlosses begrenzt. Tatsächlich gehörte dieses aufgrund seiner reduzierten Proportionen zur Kategorie des Pavillons; dennoch war nichts versäumt worden, um ihm den Anschein einer wirklichen Residenz zu verleihen, in der jedoch länger als einen Nachmittag, für die Dauer eines Spaziergangs, zu verweilen trotzdem kaum in Frage kam.

Von Osten oder Westen aus betrachtet, bot das Schloß ziemlich gegensätzliche Aspekte, was die Komplexität seiner Erscheinung und seiner Rolle exakt widerspiegelt. Zum Ehrenhof hin bildeten drei kubische Pavillons, der mittlere etwas zurückversetzt, bestehend aus Erdgeschoß und einem Dachgeschoß, einen eher traditionell wirkenden Hauptbau. In der Mitte ermöglichte eine breite Öffnung in voller Höhe des Gebäudes den Zugang zur großen, aus einer zentralen Flucht bestehenden Treppe. Die Pavillons auf beiden Seiten beherbergten die Küchen und die Schloßwache im Erdgeschoß sowie zwei vollständige, symmetrisch angelegte Wohnungen im ersten Stock. Viel ungewöhnlicher kragte aus der Mitte der westlichen Fassade ein achteckiger, kuppelbedeckter Pavillon aus, ein Lieblingsmotiv Le Vaus, der ihn mit dem dahinterliegenden Gebäude durch einen geraden, senkrecht dazu im rechten Winkel auf gleicher Achse stehenden Flügel verband. Im Innern entsprach dieser überraschenden Anordnung eine kurze Galerie im ersten Stock, die man vom oberen Podest der großen Treppe aus erreichte und die zu einem riesigen, achteckigen, genial in die geometrische Mitte des umgebenden Raumes plazierten Kuppelsalon führte, welcher exotischen Tieren vorbehalten war. Um die Lage des achteckigen Salons, eines wahren »Aussichtsturms«, noch deutlicher zum Ausdruck zu bringen, führten seine sieben Fenstertüren auf einen schmiedeeisernen Balkon, der einen Umgang darstellte und sich bis zum Hauptbau erstreckte. Von da aus bot sich dem Blick die strenge Anordnung dieses Gutes. Die unmittelbare Umgebung des achteckigen Pavillons bildete ein geräumiger, ebenfalls achteckiger Hof, welcher mit Parterres und kleinen Brunnen geschmückt war. Zwischen den Pflastersteinen sprudelten hier und da als Scherz gedachte mysteriöse und heimtückische Fontänen empor, welche die Spaziergänger beregneten. Dies war eine unerwartete Wiederaufnahme der im vorangegangenen Jahrhundert geschätzten hydraulischen Überraschungen, deren Tradition sich in der im Untergeschoß des achteckigen Pavillons unter dem Salon gelegenen Grotte aus Muschelwerk wiederfindet. Der oktogonale, dem Spaziergang vorbehaltene Hof hatte sieben Gittertore mit Säulen in Gestalt von skulptierten Hermen, welche, diesem zoologischen Ort angemessen, die Metamorphosen Ovids darstellten. Dahinter lebten in sechs strahlenförmig angeordneten Höfen die Tiere. Nördlich des Ehrenhofs erstreckte sich der »Hof der schönen Hühner« oder das Quartier der Störche, in der Mitte mit einem Wasserbecken ausgestattet. Westlich davon lag der Hof der Voliere, in dem sich ein wahrer Palast für die Vögel erhob: Eine Galerie, deren Öffnungen mit vergoldetem Messing vergittert waren, unterteilt von drei Pavillons, wurde über ihre gesamte Länge von einem kleinen Kanal mit Fontänen durchzogen. Noch weiter im Westen lag der »Hof der Pelikane« oder das Quartier der afrikanischen Vögel mit einem großen Wasserbecken in Dreiecksform, dem Teich der Pelikane. In der Achse des Schlosses bot der vierte Hof, wegen seines runden Wasserbekkens »Rondeau« genannt, Stelzvögeln und Fischen Unterkunft. Weiter südlich war der Straußenhof, mit einem runden Wasserbecken ausgestattet. Zwischen dem achteckigen Pavillon und der Straße nach Saint-Cyr schließlich beherbergten drei hintereinanderliegende quadratische, von Verschlägen umgebene Höfe weitere Vögel sowie die kleinen Säugetiere.

Die Menagerie war demnach zum Zeitpunkt ihrer Entstehung nur von friedlichen Tieren, vor allem von Vögeln, bevölkert. Als man Ende des 17. Jahrhunderts die alte Menagerie von Vicennes auflöste, wurden größere oder wildere Gattungen nach Versailles verpflanzt, wo man den »Hof der Löwen«, den »Hof der Ziegen aus Thebais«, den »Hof der Hirsche« einrichtete.

Erst im 18. Jahrhundert kamen ein Elefant und ein Nashorn hinzu. Es muß also betont werden, daß die Menagerie zum Zeitpunkt ihrer Entstehung, um 1662/63, als friedlicher, idyllischer, paradiesischer Ort geplant war, weit entfernt von jenen primitiven Tierkämpfen, die einige Jahre zuvor noch im Vincennes zu sehen gewesen waren. In Versailles ist die Bestimmung des Orts eine ganz andere; die Tiere, die dort gehalten werden, sind Objekte immer verfeinerter Vergnügungen: Während die schlichte Neugier der Besucher befriedigt wird, scheint alles gleichzeitig für wissenschaftliche Beobachtung im modernsten Sinn bestimmt gewesen zu sein.

Die Fähigkeit Le Vaus zeigt sich auf glänzende Weise in einem unveröffentlichten, einer neuen Funktion angepaßten Plan. Gewisse Details erinnern an das traditionelle Repertoire der Gartenkunst, etwa die Muschelwerksgrotte und die Wasserspiele; andere transponieren nur das übliche Repertoire der bürgerlichen Architektur: Dies gilt für das Schloß, dessen Grundriß letztlich nichts anderes ist als die Verkleinerung großer Bauwerke wie Vaux. Dagegen ist es eine absolute Neuerung Le Vaus, den Großen Salon sozusagen zu isolieren, indem er ihn zum geometrischen Zentrum einer strahlenförmigen Anordnung machte, die der Ausstellungsfunktion auf bewundernswerte Weise angemessen ist.

Trotz ihrer bescheidenen Ausmaße stellt die Menagerie also ein architektonisches Experiment dar, das Interesse verdient. Die Neuheit und die Qualität ihrer Anlage veranlaßten in der Folge zahlreiche Architekten dazu, manche der Elemente mehr oder weniger gelungen aufzugreifen.

Andere herrschaftliche Menagerien wurden nach ihrem Vorbild realisiert. Die Menagerie von Chantilly, 1686 vom Prince de Condé geschaffen, griff das Prinzip der strahlenförmig angelegten Höfe, der Brunnen und einer Grotte auf, stellte jedoch in die Mitte einen Pavillon. Der Architekt La Guépière konstruierte in Sceaux ab 1710 für die Herzogin von Maine einen eleganten, kuppelbedeckten, von einem Balkon umfaßten Pavillon; inmitten eines französischen Gartens gelegen und »Die Menagerie« genannt, obwohl er nie irgendein seltenes Tier beherbergte. Die 1716 im Belvedere in Wien von Eugen von Savoyen eingerichtete Menagerie griff die Versailler Anordnung der strahlenförmigen Höfe auf; die 1752 in Schönbrunn durch Franz I. errichtete schließlich glich dem französischen Muster noch mehr: Dreizehn Einfriedigungen sind strahlenförmig um einen zentralen runden Platz angeordnet, auf dem sich ein achteckiger Pavillon erhebt.

Es war verlockend, den Plan Le Vaus auf den Maßstab einer Stadt, eines Palasts oder eines Parks zu übertragen; das geschah in Karlsruhe, der 1715 gegründeten Hauptstadt des Herzogtums Baden, die durch den Architekten Friedrich Weinbrenner Anfang des 19. Jahrhunderts klassizistisch umgestaltet wurde. Von einem zentralen Punkt – markiert durch einen hohen achteckigen Turm, den eine Galerie mit einem trapezförmigen Hof, der den Palast umschließt, verbindet – gehen zweiunddreißig Straßen strahlenförmig aus; davon stellen neun eine Verbindung zur Stadt und zu den Gärten her, die anderen führen in den Wald. Trotz des enormen Größenunterschieds ist dies eine direkte Ableitung der Menagerie von Versailles, deren funktionale Intelligenz sich daran ermessen läßt.

Ansicht von Norden auf den achteckigen Pavillon und die Galerie der Menagerie von Versailles (Yvelines, Frankreich). Stich von Boel. Paris, Bibliothèque Nationale, Cabinet des Estampes

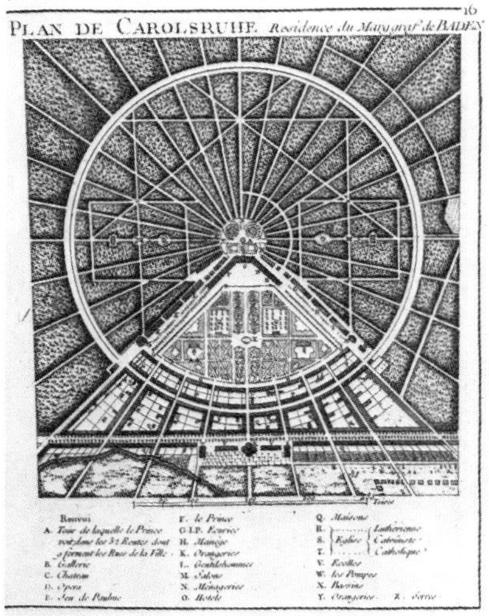

Grundriß von Karlsruhe. Stich aus: G.-L. Le Rouge, Jardins anglo-chinois, Tafel 16

Literatur

Gustave Loisel, *Histoire des ménageries de l'antiquité à nos jours*, 3 Bände, Paris 1912.

Gérard Mabille, »La Ménagerie de Versailles«, in: *Gazette des Beaux-Arts*, Januar 1974, S. 5–36.

Gärten und Pflanzensammlungen des 17. Jahrhunderts in Frankreich und Italien

Antoine Schnapper

Blumenstudien. Ölgemälde von G. Pini, 1614. Paris, Musée des Arts Décoratifs

Vorlage für einen Fächer. Anonymer Kupferstich. Paris, Bibliothèque Nationale, Cabinet des Estampes

Der Garten bietet sich nur für eine paradoxe Form der Sammlung an: Blumen und Früchte sind ja in der Tat vergänglich, selbst wenn sie sich jedes Jahr erneuern können. Man unterschied Sammlungen wissenschaftlicher Art, Herbarien *(hortus siccus)* oder botanische Gärten, in denen die größtmögliche Zahl von Pflanzengattungen versammelt war, und Gärten, in denen man die größtmögliche Zahl von Variationen einer Pflanzenart oder mehrerer besonders geschätzter Pflanzen vereinte, wobei der zweite Sammlungstyp übrigens den ersten beeinflussen konnte.

Private botanische Gärten sind in Venetien seit dem Beginn des 16. Jahrhunderts beurkundet; die relativ günstigen klimatischen Bedingungen ermöglichten es, einige der vielen exotischen Pflanzen heimisch werden zu lassen, die von den großen Entdeckungsreisen aus den Balkanländern, der Türkei, aber auch aus Afrika und Amerika nach Europa gebracht wurden. Mehr noch als die Tiere wurden Pflanzen in der alten Welt wegen ihrer heilenden Kräfte geschätzt. Mit den Lehrstühlen für Botanik, die mit der Lehre der Medizin verbunden waren, entstanden ab 1545 in Italien und dann in ganz Europa öffentliche botanische Gärten. Große Pflanzensammlungen zu bilden war um so verlockender, als die Zahl der bekannten Pflanzen erstaunlich niedrig war: Nur 3000 Arten sind im *Pinax theatri botanici* von Gaspar Bauhin (1613) verzeichnet, 10 000 ein Jahrhundert später, zur Zeit des John Ray, im Vergleich zu der heute gezählten halben Million. Daher bestand für die großen botanischen Gärten wie die von Paris oder Blois (Gaston d'Orléans) Mitte des 17. Jahrhunderts die Möglichkeit, mit ihren etwa 2300 Pflanzen einen sehr hohen Prozentsatz aller bekannten Arten zusammenzustellen, selbst wenn diese Zahlen mit Vorsicht betrachtet werden müssen, weil die Unterscheidungen zwischen Art und Variante unklar bleiben.

Die Zahl der botanischen Gärten verdoppelte sich um die der Herbarien, deren Kunst im Milieu der italienischen *Semplicisti* geboren wurde: Man schreibt die Erfindung Giorgio Ghini zu. Jedenfalls ist eines der ersten großen erhaltenen Herbarien das seines Schülers Andrea Cesalpino aus dem Jahr 1563, dem ersten systematischen Botaniker der modernen Zeit.[1] Diese Herbarien ermöglichten es, Pflanzen zu erhalten, die man nicht heimisch machen konnte oder die ein strenger Winter in den Gärten vernichtete. Ihre zum großen Teil heilkräftige Wirkung erklärt, weshalb man fast immer Herbarien in den zahllosen Kuriositätenkabinetts von Medizinern und Apothekern fand.

Zu den bedeutenden botanischen Gärten gab es gedruckte Kataloge, in denen die Pflanzen lange Zeit alphabetisch geordnet waren. An diesen Katalogen kann man die Verbreitung der Moden nachvollziehen, die bei den Blumenliebhabern und »Blumenzüchtern« herrschten. Darüber hinaus bezeichnete das Wort *semplice* (einfach) ebenso exotische Pflanzen wie Blumen; die bekannten Botaniker, wie Carolus Clusius, waren im allgemeinen große Blumenliebhaber. Ende des 16. Jahrhunderts begann ein internationaler Handel mit seltenen Blumen. Georgina Masson hat über einen der Pioniere dieser Aktivitäten, den Florentiner Matteo Caccini, geschrieben.[2] Das Netz weitete sich von Italien über Deutschland,

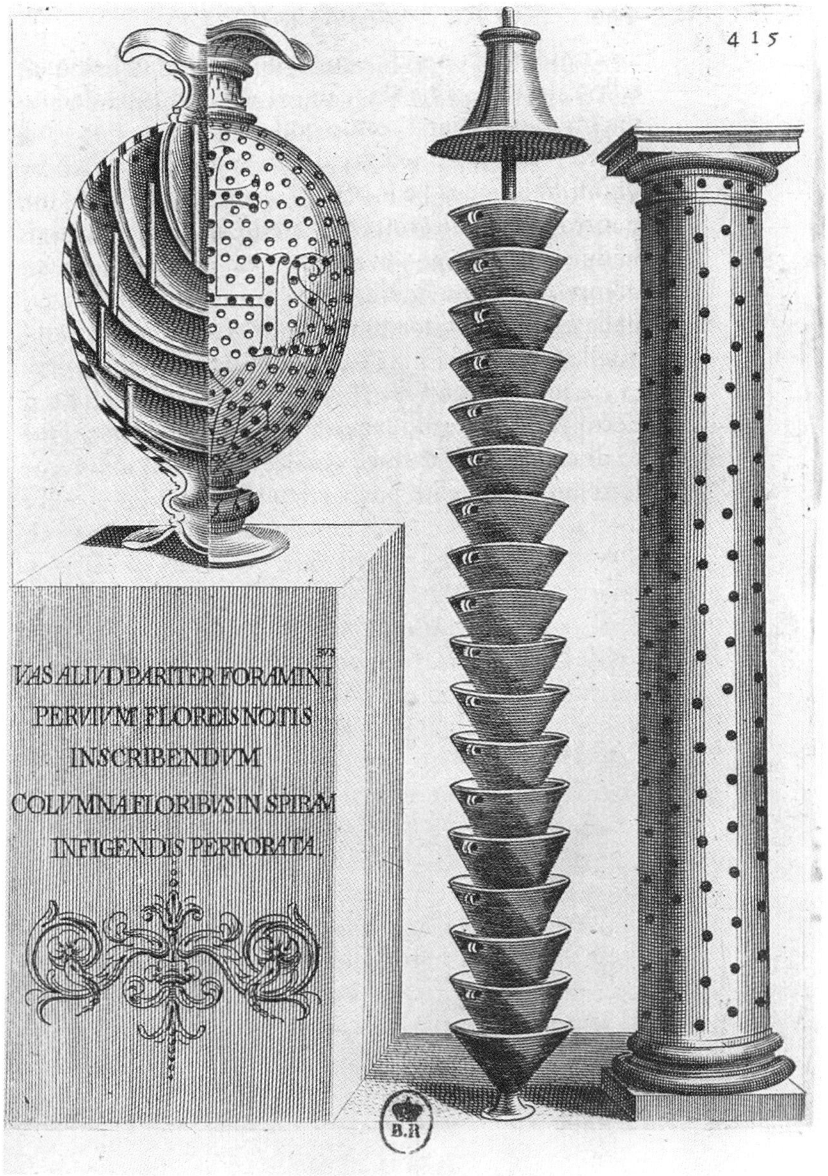

Verschiedene Vasenentwürfe für Blumenarrangements. Kupferstich aus: J. B. Ferrari, Flora ovvero cultura dei fiori, Rom 1638. Paris, Bibliothèque Nationale, Cabinet des Estampes

Frankreich, und die Niederlande bis nach England aus. Zu Beginn des 17. Jahrhunderts waren die gefragtesten Blumen alle Arten des *Hyacinthus orientalis*, der Narzissen, Iris und vor allem der Anemonen und Tulpen (die um 1560 aus der Türkei gekommen waren). Diese in Mode gekommenen Blumen waren, obwohl ihrer Heilkraft beraubt, in den botanischen Gärten besonders stark vertreten. Der erste Katalog des botanischen Gartens von Paris aus dem Jahr 1636 zählte 108 Arten von Narzissen, 60 Hyazinthen, 47 Iris, 44 Anemonen, 14 besondere Arten von Tulpen, ohne Berücksichtigung der nicht näher bschriebenen Früh-, Spät- oder Durchschnittssorten entsprechend der von Clusius auferlegten Klassifizierung.

Anemonen und Tulpen übten eine große Anziehungskraft aus.[3] Schon 1616 wurden im *Jardin d'hyver ou Cabinet des Fleurs* von Franeau 31 Varianten der ersten und 50 der anderen Gattung beschrieben, wobei keine andere auch nur zehn erzielte. Diese bemerkenswerte Zunahme fiel zeitlich mit der Leidenschaft der »Blumenzüchter« zusammen, neue Farbvarianten und andere Kreuzungen zu erzielen. Die Kataloge der Tulpenhändler oder -spezialisten in Frankreich beschrieben Mitte des 17. Jahrhunderts vier- bis fünfhundert Arten.[4] Bei der Tulpe können aus ihren Samen, nicht aus den Zwiebeln, unerwartete Variationen von Farben und Mischungen entstehen, und das bei wenig sachgemäßer Pflege. Die einfacher zu kultivierenden Anemonen waren fast ebenso gefragt, besonders die heute verschwundenen samtigen Arten (italienisch *di velluto* genannt). Ihre in Frankreich seit 1596 praktizierte Zucht hat sich später in Italien stark verbreitet. Francesco Caetani, Herzog von Sermoneta, hatte in seinem Garten 62000 Pflanzen, davon 15000 Tulpen und 29000 Anemonen in 230 verschiedenen Arten.

Diese in speziellen und häufig vom Wohnhaus getrennte Gärten angesiedelten Blumensammlungen blieben trotz des hohen Preises der seltenen Arten nicht nur den Fürsten vorbehalten. In Paris besaß der Maler Roch Voisin zum Zeitpunkt seines Todes im Jahr 1640 zwei Gärten, wovon der eine 6000 und der andere 8000 Tulpen enthielt; die Zahl der Varianten ist nicht bekannt, aber er tauschte seine Raritäten mit dem Bildhauer Simon Guillain.[5] Diese Leidenschaft wurde von berühmten Händlern in ganz Europa genährt, wie Pierre Morin in Paris oder Jean-Baptiste Dru in Lyon. Deren Blumengärten waren zugleich Kollektion und kommerzielles Lager, zu dem sie einen Katalog veröffentlichten. Der Wunsch, neue Arten zu züchten (Alexandre Dumas père gibt in *La Tulipe noire* eine Vorstellung davon sowie von der Spekulation, die im ersten Drittel des Jahrhunderts in

Chemikalischer Versuch im Jardin du Roi. Kupferstich von S. Le Clerc für D. Dodart, Mémoires pour servir à l'histoire des plantes, Paris 1676. Paris, Bibliothèque Nationale, Cabinet des Estampes

Die Grammatik. Ölgemälde von L. de La Hyre, 1650. London, National Gallery

Holland herrschte), und die Schwierigkeiten der Nomenklatur (wie konnte man sicher sein, daß die seltsam gekreuzte Tulpe, die man mit viel Zeit- und Arbeitsaufwand erzielt hatte, wirklich eine Neuheit war?) führte zu unzähligen Pflanzen-»Porträts«, welche die Liebhaber sich gegenseitig von weither zuschickten oder sammelten und die sehr teuer sein konnten. Aus der Korrespondenz von Arenberg und Caccini erfahren wir, daß eine sorgfältige Miniatur (Aquarell auf Velin) einen Goldtaler kostete. Die berühmte, von Gaston d'Orléans begonnene Sammlung von Velins im Pariser Museum, die auch Vögel umfaßt, hat keinen anderen Ursprung. Diese Bilder sind ungewöhnliche Beispiele einer sehr reichhaltigen Produktion, zu der auch mehr oder weniger zerbrechliche oder ephemere Modelle von Tieren und Insekten gehörten, die sich in den fürstlichen Sammlungen in Prag oder Florenz wie auch in einfachen Kuriositätenkabinetten finden. Ebenso erkennt man die gefragtesten Blumen in zahlreichen gemalten Sträußen und Blumenstilleben dieser Zeit aus Frankreich, Italien und vor allem den Niederlanden wieder.

Neben Blumensammlungen gab es auch solche von Obstbäumen mit der gleichen Inflation an Spielarten, die kein Gebrauchswert rechtfertigte und der professionellen Gärtnern mißfiel. Orangen- und Zitronenbäume waren sehr beliebt und wurden, je weiter man in den Norden Europas gelangte, zu Luxusartikeln. Die Anzahl der Sorten war weniger hoch, aber Peiresc rühmte sich 1632, in seinen Gärten von Belgentier um die zwanzig verschiedene Zitronen- und noch mehr Orangenbäume zu besitzen. Die Zitrusfrüchte, denen Giovanni Battista Ferrari ein berühmtes Buch gewidmet hat[6], wurden von umsichtigen Gärtnern, welche die Qualität der einheimischen Obstsorten priesen, kritisiert. Am beliebtesten war die Birne, die Claude de Saint-Estienne rühmte.[7] Dieser zählt 406 Arten auf, die er selbst gesammelt hatte, »indem er sie aus allen Teilen Frankreichs« kommen ließ; er stellte auch eine Liste von 157 verschiedenen Pflaumen und 119 Pfirsichen zusammen. Die Unsitte solcher Blumen- oder Früchtesammlungen, von Jean de la Bruyère Ende des 17. Jahrhunderts als Zeichen einer mißverstandenen Wißbegierde bezeichnet, besteht noch heute: Gibt es nicht trotz der enormen Zahl bekannter Arten Sammler von Orchideen?

Anmerkungen

1 Siehe Allan G. Morton, *History of Botanical Science*, London 1981.
2 Georgina Masson, »Italian Flower Collector's Gardens in Seventeenth Century Italy«, in: *The Italian Garden*, Erstes Dumbarton Oaks Kolloquium über die Geschichte der Landschaftsarchitektur, Hrsg. David R. Coffin, Washington/DC 1972, S. 63–80; siehe auch Dieselbe, »Fiori quali pezzi da collezione nell' Italia del secolo XVII«, in: *Arte Illustrata*, III, Nr. 30–33, Juni–September 1970, S. 100–109.
3 Antoine Schnapper, »Curieux fleuristes. Collectionneurs de fleurs dans la France du XVIIè siècle«, in: *Commentaire*, Nr. 21, Frühjahr 1983, S. 171–180.
4 Jean-Baptiste Dru, *Catalogue des plantes, tant des Tulipes que des autres fleurs*..., Lyon 1649 und Reprint; Pierre Morin, *Catalogue de quelques plantes à fleurs, qui sont de présent au jardin de Pierre Morin le jeune*..., Paris 1651 (und Reprint); Charles de la Chesnée-Monstereul, *Le Floriste françois, traitant de l'origine des tulipes*..., Caen 1654 (die erste Abhandlung, die je diesem Thema gewidmet wurde).
5 »Inventaire de Roch Voisin (1640)«, Hrsg. Georges Wildenstein, in: *Gazette des Beaux-Arts*, September 1957, S. 163–172.
6 Giovanni-Battista Ferrari, *Hesperides, sive de Malorum aureorum cultura et usu*..., Rom 1646. Viele Informationen über die Blumen in Mode und ihre italienischen Sammler in Derselbe: *De Florum cultura libri IV*, Rom 1633.
7 Claude de Saint-Estienne, *Nouvelle instruction pour connoistre les bons fruits selon les mois de l'année*, Paris 1670.

Der architektonische Garten Het Loo

Jan van Asbeck

Statthalter Prinz Wilhelm III. von Oranien beschloß im November 1684, in unmittelbarer Nähe von Apeldoorn ein neues Jagdschloß zu erbauen. Über seinen Botschafter in Paris erging im Dezember an die Académie Royale d'Architecture die Bitte, einen Plan zu erstellen. Er verlangte, wie aus dem Protokoll der Sitzung vom 15. Dezember 1684 hervorgeht: »ein Corps de logis über gewölbten Kellern, enthaltend ein Vestibül, ein Treppenhaus und zwei Appartements mit Nebenräumen«.

Dem Protokoll vom 6. April 1685 der Akademie ist zu entnehmen, daß der holländische Botschafter an diesem Tage die Akademie aufsuchte, um ihr für die Zeichnungen, die sie für den Prinzen von Oranien angefertigt hatte, zu danken. Diese Pläne sind weder in Frankreich noch in Holland wiedergefunden worden. Sie gelten als Grundideen, auf deren Basis der holländische Architekt Jacob Roman (1640–1716) und der Architekt französischer Herkunft Daniël Marot (1663–1752) die Pläne für Het Loo erarbeiteten.

Het Loo wurde in zwei schnell aufeinanderfolgenden Bauphasen realisiert, die erste begann im Frühjahr 1685. 1687 bestand Het Loo aus einem Corps de logis mit zwei Viertelkreis-Kolonnaden, die, dem palladianischen Prinzip entsprechend, die Verbindung mit den Flügeln herstellten. Diese Kolonnaden wurden 1687 von dem bekannten schwedischen Architekten Nicodemus Tessin, als er auf der Durchreise nach Paris Het Loo einen Besuch abstattete, vermessen und genau beschrieben.

Die Grünanlagen beschränkten sich vorläufig auf den sogenannten Unteren Garten und die zwei Seitengärten, die ab 1689 Königs- und Königinnengarten genannt wurden. Kennzeichnend für den Entwurf waren der strenge geometrische Aufbau, die konsequent durchgehaltene Symmetrie und die Renaissanceelemente der Gestaltung. Folgende Bedingungen auf dem Terrain waren vorgegeben: an der Nordseite die bestehende Allee zum Oude Loo, seitdem bekannt als Querallee (Dwarslaan); an der Südseite, angrenzend an den Vorhof, die Königsallee (Koningslaan); das Oude Loo an der Westseite und die Grundstücksgrenze an der Ostseite.

Der Bereich zwischen beiden Alleen war präzise geteilt. Das Corps de logis, die zwei Kolonnaden, die Flügel, der Königs- und Königinnengarten lagen südlich der Mittelachse. Nördlich von dieser Linie befand sich der Untere Garten, ausgeführt als *salle de dehors* und erreichbar über die breit ausgefächerte Podesttreppe zur Mittelallee.

Vogelschau von Schloß und Garten von Het Loo (Niederlande). Kupferstich von R. de Hooghe, um 1695. Photo A. Meine Jansen

Ansicht des Gartens der Königin in Het Loo (Niederlande). Kupferstich von L. Scherm, um 1700. Photo A. Meine Jansen

Einzigartig für die Niederlande waren die hochgelegenen Wandelterrassen, die U-förmig um den unteren Garten führten und an der Nordseite von der Querallee mit vier Reihen Eichen abgeschlossen wurden. Von den Terrassen blickte man auf acht quadratische Parterres, von denen die vier mittleren Broderieparterres waren. Weiter ging der Blick auf die Bassins, Kaskaden, Brunnen und auf die Rabatten mit Blumen, Sträuchern und beschnittenem Blumenwerk. An den Hauptpunkten der geometrischen Anlage standen Skulpturen aus weißem Marmor sowie weiß gestrichenem Sandstein und blattvergoldetem Blei und schließlich Vasen aus Naturstein, Blei und Terrakotta.

Sowohl der Königs- als auch der Königinnengarten waren von der hohen Terrasse aus über gemauerte Treppen an den Stirnseiten der Gartenmauer erreichbar.

Der Königsgarten bestand aus zwei Teilen. Der direkt an das Haus angrenzende Bereich zeigte in allerlei Figuren geschnittenen Buxus. Zwei Parterres waren von Rabatten eingefaßt. Hierin standen Pflanzen und Blumen sowie in regelmäßigem Abstand pyramidenförmige Wacholdersträucher oder Buchsbaum.

Im Zentrum der Anlage lag ein achtekkiges weißes Marmorbassin mit einem vergoldeten speienden Triton in der Mitte und acht vergoldeten speienden Seedrachen auf dem Rand. Im anderen Teil des Gartens, in Höhe der Pferdeställe, lag die vertiefte Rasenfläche für Spiele an allen vier Seiten von einem breiten Kiesweg umgeben. Über eine schmiedeeiserne Pforte in der Gartenmauer war der Königsgarten mit dem Labyrinth und weiter mit einem Komplex aus Gärten, Wasserpartien und einer Menagerie, seitlich und hinter dem Oude Loo gelegen, verbunden.

Der Königinnengarten lag an der Ostseite des Corps de logis und war über eine separate Treppe vom Appartement der Königin im ersten Obergeschoß zum Souterrain erreichbar. Hier endete die Treppe in einem Raum, der an die Muschelgrotte angrenzte, so daß die Königin den Garten über diese Grotte erreichen konnte.

Auch dieser Garten bestand aus zwei Teilen. Der eine an den Unteren Garten angrenzende, hatte drei Parterres, wovon zwei mit Rabatten gesäumt waren. Zwischen den beschnittenen Buxusrändern

Grundriß von Schloß und Garten von Het Loo (Niederlande) von Ch. P. van Staden, Anfang 18. Jh.

dieser Rabatten standen die in Pyramidenform geschnittenen Wacholdersträucher und dazwischen wiederum die Pflanzen und Blumen. In der Mitte befand sich das weiße Marmorbassin des Arion. Auf dem Rand des Bassins saßen acht vergoldete speiende Seepferdchen. Der zweite Teil des Gartens lag vier Stufen höher und bestand in voller Länge und Breite aus mehreren Laubgängen von Hainbuche. Er enthielt fünf Fontänen mit blattvergoldeten speienden Tritonen, sitzend auf Felsen aus Steinen und Muscheln in Bassins aus Felswerk und Kieselmosaik.

Durch eine schmiedeeiserne, blau und gold gestrichene Gartenpforte in der östlichen Gartenmauer konnte man den Königinnengarten verlassen und sich in die angrenzenden Gärten mit hohen Hecken, Wandelpfaden, Brunnen, Wasserfällen, Felspartien, Treillagen, Skulpturen, Vasen und Sitzbänken begeben. Auch diese Seitengärten sind verschwunden.

Nach der Krönung von Wilhelm III. und Maria Stuart zu Herrschern von England und Schottland im Jahre 1689 wurde Het Loo erweitert. An der Stelle der Viertelkreiskolonnaden entstanden vier neue Pavillons; die Kolonnaden wurden in den Garten versetzt. Sie dienten dort als Abschluß des höhergelegenen Oberen Gartens. Die Eichenquerallee zwischen Unterem und Oberem Garten erhielt dadurch den Charakter einer »grünen Kolonnade« zwischen den beiden architektonischen Gärten.

Prunkstück im Oberen Garten war das achteckige Bassin mit einem Durchmesser von 32,5 Metern und der dreizehn Meter hohen Königsfontäne, die aus natürlichen Quellen gespeist wurde, so daß sie Tag und Nacht in Betrieb war. Vom Standpunkt zwischen den zwei Viertelkreiskolonnaden in der Achse der Gesamtanlage fiel das Auge auf den 800 Meter entfernten Obelisken, einem klassischen Blickfang und passend zu einem königlichen Barockgarten.

Als Walter Harris, der Leibarzt von Wilhelm III., 1699 seine sorgfältige Beschreibung publizierte, befanden sich Het Loo und insbesondere der Garten in ihrem schönste Zustand.[1] Sie waren bereits damals weit über die Landesgrenzen hinaus bekannt.

Im 18. Jahrhundert wurden die Gärten so gut wie möglich instand gehalten. Die Eichen der Querallee wurden durch Buchen ersetzt, und die architektonische Anlage des Oberen Gartens wurde in der zweiten Hälfte des 18. Jahrhunderts in ei-

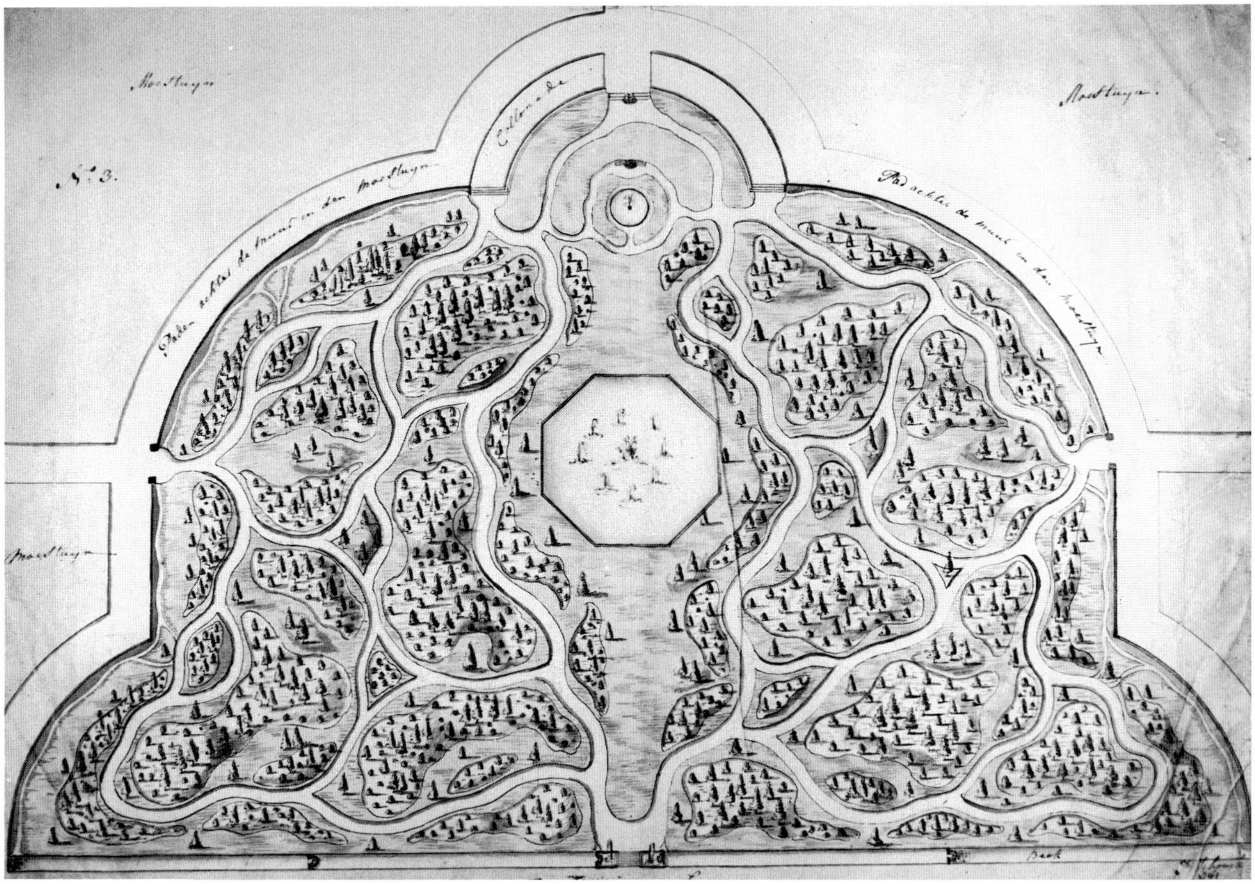

Entwurf für einen Landschaftsgarten im oberen Garten von Het Loo (Niederlande). Zeichnung von P. W. Schonck, 1781. Photo A. Meine Jansen

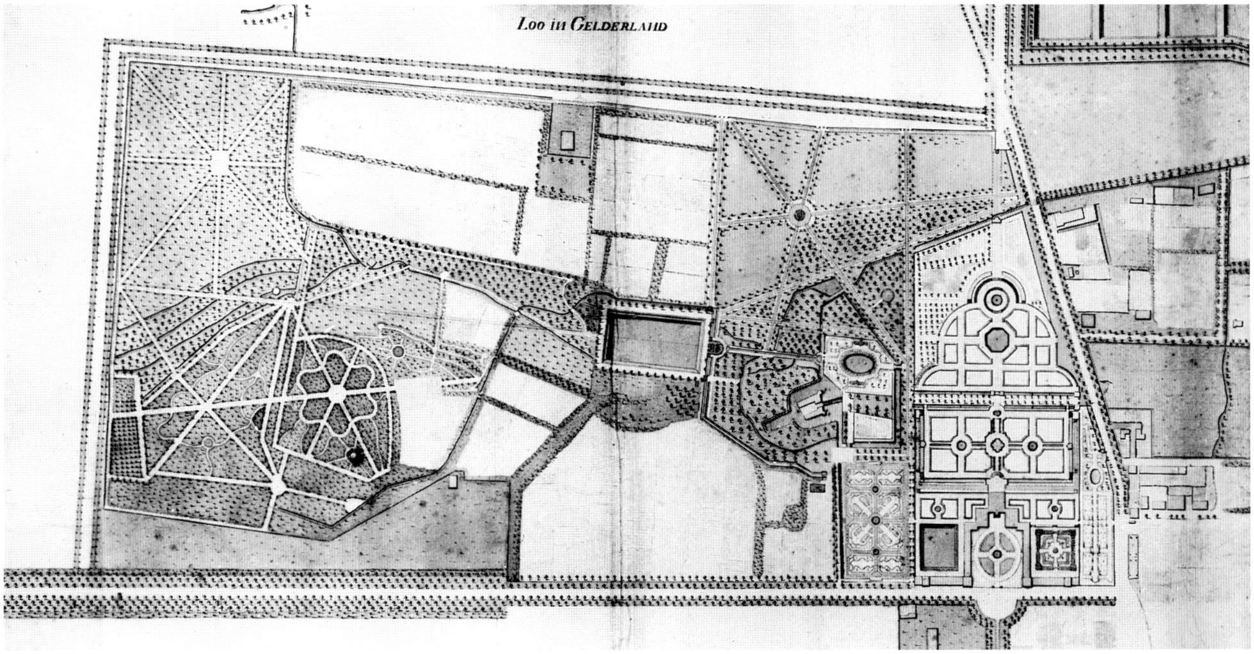

»Loo im Gelderland«. Lageplan von Het Loo (Niederlande), um 1760. Photo A. Meine Jansen

nen Landschaftsgarten nach dem Entwurf von Philip W. Schonck (1735–1823) ersetzt.

Nach dem Abzug der Oranier wurde Het Loo in der Zeit der Batavischen Republik geplündert, und der Garten verkam vollständig. In der kurzen Periode (1806–1810) der Herrschaft von Louis Napoleon wurden nach dem Entwurf des Franzosen Alexandre Dufour (1750–1835) die Reste der formalen Gartenanlage entfernt, ohne jedoch die geplanten Teiche auszuführen – wegen der Angst Louis Napoleons vor dem Wasser.

1979 wurde der Garten nach umfassenden historischen Forschungen und sorgfältigen Ausgrabungen in der ursprünglichen Form rekonstruiert. Gleichzeitig erfolgte der Umbau des Schlosses zu einem Museum.

Anmerkung

1 *A Description ot the King's Royal Palace and Gardens at Loo by Walter Harris M. D. Physican in Ordinary to His Majesty, and Fellow of the College of Physicians*, London 1669.

»Le Pompe di Collodi«: der Garten der Villa Garzoni

Alessandra Ponte

Der Garten der Villa Garzoni (heute: Villa Gardi) in Collodi (Provinz Pistoia) ist wohl eine der beeindruckendsten, sicherlich aber die am besten erhaltene Schöpfung im Luccheser Stil des 17. Jahrhunderts. Die Existenz eines Gartens in Collodi wird bereits in einem »Terrilogium« aus dem 16. Jahrhundert (damaliger Eigentümer: Gardi) und durch eine Zeichnung von 1633 (Staatsarchiv Lucca) belegt. In beiden Dokumenten nimmt der Garten, in dem Trennmauern eine Reihe unregelmäßiger Einfriedungen bilden, eine sehr beschränkte Fläche ein; er erstreckt sich östlich der Villa bis zum Ufer eines Wildbachs. Der Zugang erfolgt über seitlich vom Gebäude angebrachte Freitreppen. In der Zeichnung von 1633 erscheint außerdem bereits jene Brücke, welche die Residenz mit dem neuen, großen Garten verbinden sollte, der in den Jahren danach angelegt wurde.

In der 1652 erschienenen Dichtung »Le Pompe di Collodi« von Francesco Sbarra werden die Kostbarkeiten dieses neuen, von Romano Garzoni in Auftrag gegebenen Gartens ausführlich geschildert. Sowohl die ungewöhnliche Lage des Gartens, nämlich seitlich der Villa statt in einer Linie mit ihr, als auch der separate Parkzugang von einer öffentlichen Straße her lassen den Eindruck entstehen, man habe hier eine eigenständige, vom Villenbau unabhängige Gartenszenerie schaffen wollen. Die umfangreichen Erdarbeiten, die den jenseits des Baches gelegenen Steilabhang in eine gefällige geometrische Abfolge von Terrassen verwandelten, waren, als Sbarras Dichtung erschien, höchstwahrscheinlich bereits abgeschlossen. Dem Blick des Dichters freilich hatten sich noch »schroff abfallende, unförmige Erdaufschüttungen« dargeboten. Unklar ist, ob der Illusionseffekt der Anlage schon zu jener Zeit erzielt wurde; von unten gesehen, betonen die Stützmauern die vertikale Dimension und verbergen die Tiefe der Terrassenflächen, während sich diese, von oben betrachtet, in ihrer ganzen Weite entfalten und in einem einzigen, sanft abfallenden Hügel bruchlos zusammenzufügen scheinen. Aus dem Gedicht Sbarras geht hervor, daß in dieser ersten Ausbaustufe der am Eingang gelegene große Halbkreis einen »von feinen Steinarbeiten geschmückten Boden« hatte und auch die Hecken des zwischen Villa und Terrassenhügel gelegenen Irrgartens bereits angepflanzt waren. Vorherrschender Gartenschmuck waren in phantastischen Formen gestutzte

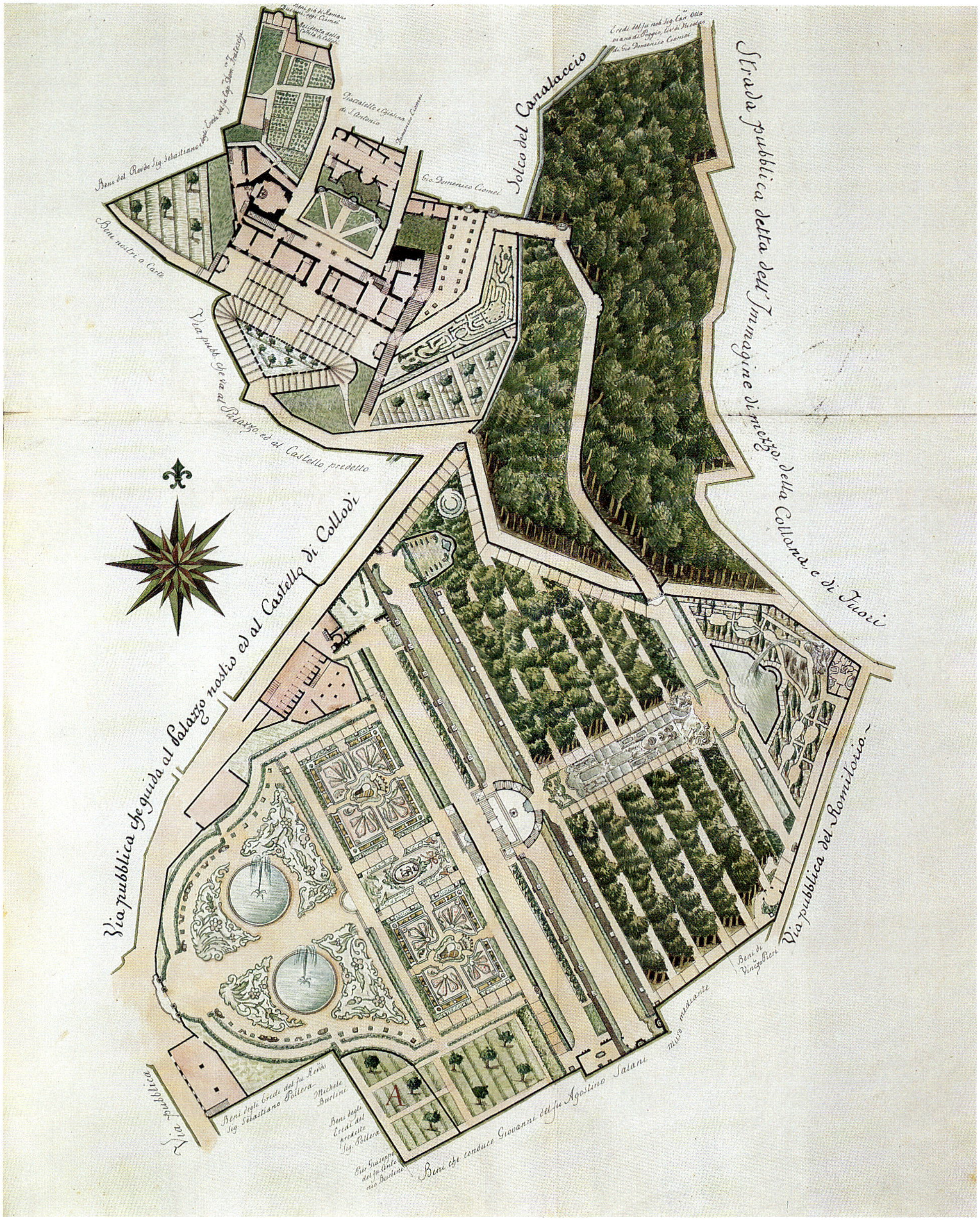

Grundriß der Villa Garzoni (heute Villa Gardi) in Collodi bei Pistoia (Italien) von 1692. Fondo Garzoni n° 198 c 13. Lucca, Archivio di Stato

Villa Garzoni in Collodi bei Pistoia (Italien). Allegorie der Stadt Lucca mit dem Panther als Attribut, im Vordergrund ein Löwe, der zu der Allegorie der Stadt Florenz gehört. Photo Daniele De Lonte

Villa Garzoni in Collodi bei Pistoia (Italien). Wasserbecken im oberen Teil des Gartens mit Allegorie der Fama. Photo Daniele De Lonte

Villa Garzoni in Collodi bei Pistoia (Italien). Blick von der mittleren Terrasse auf den halbkreisförmigen Eingangsbereich. Photo Daniele De Lonte

Bäume und Sträucher: »Auf vielerlei Arten windet und streckt sich, / mal neckend, mal ernst der Zypressenstrauch, / erst Turmes Form, dann Schiffes Bauch, / hie Tiergestalt, da Vogelfittich.«

Noch 1662, als Collodi von Ferdinand von Österreich und Anna de' Medici besucht wurde, fehlten die Brunnen und Statuen, die in einem »Terrilogium« von 1692 Erwähnung finden. In dieser Quelle wird der Garten als von Mauern umgeben beschrieben. Im abschließenden Teil, auf der Anhöhe, befand sich eine – Einsiedelei genannte – innen ausgemalte Kapelle mit ihren Räumlichkeiten; es gab »von Zypressen und Lorbeerspalieren flankierte Alleen, in denen sich große Fenster öffneten, außerdem kugelförmig geschnittene Zypressen«..., Felstreppen, mit Zitrusfruchtspalieren bedeckte Mauern, unterbrochen von Nischen für Statuen und von Grotten für kleine Wasserspiele und Springbrunnen, zahlreiche Buchsbaumabteile mit Vogelfiguren und anderem, einen Kräutergarten, eine von Rosenspalieren unterteilte Obstplantage und im ebenen Teil ein wunderschönes Theater mit Zypressenspalieren und Doppelalleen.« Die hier beschriebenen Details des Gartens erschienen auch in einer Planzeichnung aus dem gleichen Jahr, die der heutigen Gestalt des Gartens bereits sehr nahekommt und weitere Einzelheiten erkennen läßt: die beiden großen kreisförmigen Wasserbecken mit je einer Wasserfontäne, die zusammen mit reichgegliederten Blumenbeeten den straßenseitigen Eingangsbereich zieren; die drei großen Teilbereiche der ersten Terrasse mit den Wappen der Familie Garzoni; die drei Queralleen, die heute Palmen-, Kaiser- und Türkenallee heißen; das Halbrund, das die Neptunsgrotte aufnimmt; das Theater; die Kaskade, die den Abhang beschließt und an ihrem oberen Ende von den beiden »Pescia«-Statuen bewacht wird. (Die toskanische »Pescia« mit dem Löwen und die Luccheser »Pescia« mit dem Panther verweisen auf die beiden Staaten Florenz und Lucca. »Pescia« ist der Name zweier Wasserläufe in bzw. bei Collodi; der eine gehört zu Lucca, der andere zum Florentiner Staatsgebiet); ganz oben befindet sich das Wasserbecken mit seiner doppelten – geraden und geschwungnen – Linienführung, in das der gewaltige Wasserstrahl niederfällt, den die Statue der Fama aus ihrer Muschel hervorbläst. Eine gewundene Allee (heute: Kamelienallee), welche über die schon in der Zeichnung von

1633 dargestellte Brücke führte, verband die Villa mit dem höhergelegenen Teil des Gartens.

Ein ebenso interessantes historisches Dokument, dessen Herkunft allerdings im dunkeln bleibt, findet sich vollständig nachgedruckt in einem Führer zu Schloß und Garten von Collodi (N. Andreini Galli, F. Guerrieri, 1975). Es handelt sich um eine weitschweifige Beschreibung, von der die Autoren des Führers annehmen, daß sie im 17. Jahrhundert verfaßt wurde. Der Text (Arnolfini-Bestand, Staatsarchiv Lucca) führt alle »ab dem Jahr 1670« in diesem Garten ausgeführten Arbeiten auf; er folgt dabei ihrer räumlichen Anordnung, ausgehend von der Villa bis hinunter zum straßenseitigen Eingang. Zunächst ist die Rede von dem unmittelbar ans Hauptgebäude grenzenden »Gärtchen« und der schmalen Allee (heute: Allee der Armen), die es vom Irrgarten trennt. Hier »wurden in Nischen, die mit Tuffstein ausgekleidet waren, fünf Terrakottafiguren aufgestellt.« Zwei weitere Nischen waren in der Nähe der Brücke angelegt worden. In der einen befindet sich noch heute die Statue des mit der Hydra kämpfenden Alkides, in der anderen sieht man Samson, der den Philister getötet hat. Im folgenden werden die eindrucksvollen hydraulischen Einrichtungen beschrieben, besonders das »große Staubecken« mit einem Fassungsvermögen von rund 20000 Fässern, das sämtliche Brunnen, Wasserkünste und Wasserbecken im Garten versorgte, sowie das Bäderhaus mit seinen drei Baderäumen, Umkleideräumen und Orchesterplatz, das die Einsiedelei auf der Anhöhe ersetzt hatte.

Die Darstellung der Sehenswürdigkeiten im oberen Teil des Gartens entspricht in jeder Hinsicht der des Plans von 1692. Aufschlußreicher sind die Ausführungen zur Neptunsgrotte, die als außerordentliches Bauwerk, als Beispiel »hoher Kunst und großen Könnens« eingestuft wird: Sie »hat einen Mosaikfußboden, ihre Wände sind mit einer gelungenen Mischung aus Tuffstein und anderen Materialien überzogen, und an ihrem höchsten Punkt besitzt sie eine Öffnung, die eine der Örtlichkeit angemessene Lichtmenge hereinläßt. Ringsumher sind Nischen unterschiedlicher Größe eingerichtet, in denen sich diverse Statuen befinden: Eine zeigt Neptun mit den vor seinen Wagen gespannten Meerespferden, die anderen beherbergen verschiedene wasserspeiende Seeungeheuer; es gibt mehre-

Villa Garzoni in Collodi bei Pistoia (Italien). Blick vom Eingang in den Garten; links oben im Bild die Villa. Photo Daniele De Lonte

re Wasserspiele, die zu Scherzen einladen, darunter ein Gittertor und steinerne Stühle. Von der Grotte aus gelangt man in zwei kleinere Räume, die dazu dienen können, Erfrischungen anzurichten.« Im folgenden werden die anderen, über den Garten verteilten Statuen angesprochen; der Landmann, der Wasser aus dem Faß auf seiner Schulter gießt – die Musen der Tragödie und der Komödie, die ihren Platz im Theater haben – das wasserspeiende Wildschwein – die allegorischen Darstellungen der Jahreszeiten – Pomona, »Pagoden« und Satyrn – schließlich das »halbe Dutzend ballspielender Affen«. Außerdem gab es ein »kleines Wäldchen für die Sänger des – Arkadien genannten – Hirtenspiels mit kleinen Kabinetten und Geheimpfaden, die in verschiedene Teile des Waldes führten«. Die Existenz dieses Wäldchens (dessen Beschreibung auf eine »informelle« Anlage schließen läßt) sowie des Theaters, aber auch die Bemerkung des anonymen Autors über dieses Dokument, die über den Garten verstreuten Statuen stellten »verschiedene Fabeln« dar, legen die Vermutung nahe, daß hier ein ganz bestimmtes »ikonographisches Programm« zugrunde gelegt wurde, das unterschiedliche Themen und Genres umfaßte. Leider ist bis heute noch kein umfassender Interpretationsversuch unternommen worden; es wurden lediglich zu Teilbereichen Thesen formuliert und Analogien zu anderen toskanischen und römischen Gärten hervorgehoben. Zu vertiefen wäre etwa die Beziehung zwischen Collodi und Pratolino sowie Boboli, von denen einige bildhauerische Element übernommen, wenn nicht gar kopiert zu sein scheinen. Diese Vermutung wird durch die Wildschweinskulptur oder den Bauern mit dem geschulterten Faß, aber vor allem auch durch den Umstand belegt, daß den Figuren aus der griechischen und römischen Mythologie ländliche Motive an die Seite gestellt wurden (Bauern, Bettler usw.; wir beziehen uns vor allem auf die Tuffsteinplastiken in den Nischen an der Allee der Armen).

In der letzten Phase der im Garten von Collodi durchgeführten Arbeiten erscheint zum ersten Mal der Name eines Architekten. Es handelt sich um Ottaviano Diodati, der im Auftrag des letzten Romano Garzoni (1721–1786) in den Jahren 1786/87 in Collodi tätig war. Diodati werden neue Anpflanzungen im unteren Teil des Gartens, die Aufstellung weiterer Statuen und sonstiger Zierobjekte sowie die Instandsetzung der Wasseranlage zugeschrieben. Ende des 18. Jahrhunderts erreichte der Garten den Höhepunkt seines Glanzes und seiner Berühmtheit: Karl VII. von Neapel forderte Diodati auf, einen Entwurf für den Park von Caserta anzufertigen (nicht ausgeführt) und Stanislaus Poniatowski, der König von Polen, suchte beim damaligen Eigentümer, Paolo Ludovico Garzoni, um eine Zeichnung der Villa nach, die 1793 von F. A. Cecchi aus Lucca ausgeführt wurde. Aber mittlerweile hatte sich der Geschmack gewandelt, wie die Verse von Cerati und Franceschi zeigen, welche die Pracht des Gartens in den achtziger Jahren des 18. Jahrhunderts besangen.

Literatur

F. Sbarra, *Le Pompe di Collodi, deliziosissima villa del Signor Roman Garzoni*, Lucca 1652.
A. Cerati, *Le ville Lucchesi con altri opuscoli in versi ed in prosa*, Parma 1783.
F. Franceschi, *Descrizione delle Ville Lucchesi al Principe di Kaunitz. Ode III*, in: »Odi e Prose del dottore Francesco Franceschi«, Lucca 1788.
G. C. Martini detto il Sassone, *Viaggio in Toscana (1728–1745)*, ital. Übers. Massa 1969.
J. Belli Barsali, *Ville e committenti dello Stato di Lucca*, Lucca 1980.

Paradies und Hölle: der Garten der Villa Barbarigo in Valsanzibio bei Padua

Lionello Puppi

Wenn man den Garten der Villa Barbarigo auf die Grundzüge seiner geometrischen Struktur reduziert, so entsteht ein Bild von überraschender Einfachheit. Zwei große, sich kreuzende Achsen bilden das Grundgerüst der Gartenanlage. Die Längsachse führt fast unmerklich ansteigend, vom Eingangstor zu einer Freitreppe, die den Auftakt zu einer großen, der Villa vorgelagerten Terrasse bildet. Die schlichte Fassade der Villa, die fast wie eine elegante Bühnenarchitektur wirkt, begrenzt die Terrasse und bildet zugleich einen ruhigen Kontrapunkt zu der geschwungenen Kontur der Hügellandschaft im Hintergrund. In ihrem weiteren Verlauf durchzieht die Längsachse die Villa, durchkreuzt eine hinter dem Gebäude gelegene, rustikal gestaltete Exedra, zieht sich über eine steile Treppe hinauf und verliert sich dann hügelan in einer Reihe gewundener Pfade. Der Querachse dient als Ausgangs- und als Zielpunkt jeweils ein Fischteich. Der eine besitzt seinen besonderen Reiz wegen des benachbarten Pavillons, der andere wegen der künstlich angelegten Felseninsel in seiner Mitte. Parallel zu dieser Achse verlaufen einige Nebenwege, so daß die Dominanz der Längsachse etwas abgeschwächt wird.

Die einzelnen Ensembles, die sich in dieser rasterförmigen Anlage in einer einzigartig reichen Bildersprache entfalten und durch das Wegenetz miteinander verbunden sind, liegen alle hinter hohen beschnittenen Hecken verborgen. Die gesamte Anlage besitzt auch heute noch einen außerordentlichen visuellen Reiz, weil ihr ein äußerst komplexes ikonographisches Programm zugrunde liegt. Zu den Besonderheiten gehören der Pavillon der Jagdgöttin Diana, und eine Statue des Äolus, die sich über der Felsspitze der Insel abzeichnet. Beide Figuren spiegeln sich im Wasser. Springbrunnen, die von Putti bewacht werden und Skulpturen, die an den Wegkreuzungen aufgestellt sind, verleihen dem Weg zur Villa einen eigenen Rhythmus. Auch der Zugang zur Terrasse und ihre Balustraden sind von Statuen bevölkert. Die beunruhigende Anwesenheit des Gottes Chronos beherrscht den Schnittpunkt der beiden Achsen. Zwei der kürzeren Wege führen zu einem Heckenlabyrinth und zu der »Kanincheninsel«. Steinerne Inschriften, die zum Teil noch lesbar sind – sie wurden alle von Salomonio gesammelt und sind uns deshalb heute noch zugänglich[1] –, kennzeichnen prägnante Punkte des Gartens. Sie deuten an, daß sich alle Elemente auf einen zusammenhängenden Plan beziehen, dessen Sinn sich auf dem Weg durch den Garten nach und nach erschließt. Es gehört jedoch dazu, daß dieser Weg plötzlich im Nichts endet, weil nur noch verwirrende und rätselhafte Aussagen gemacht werden.

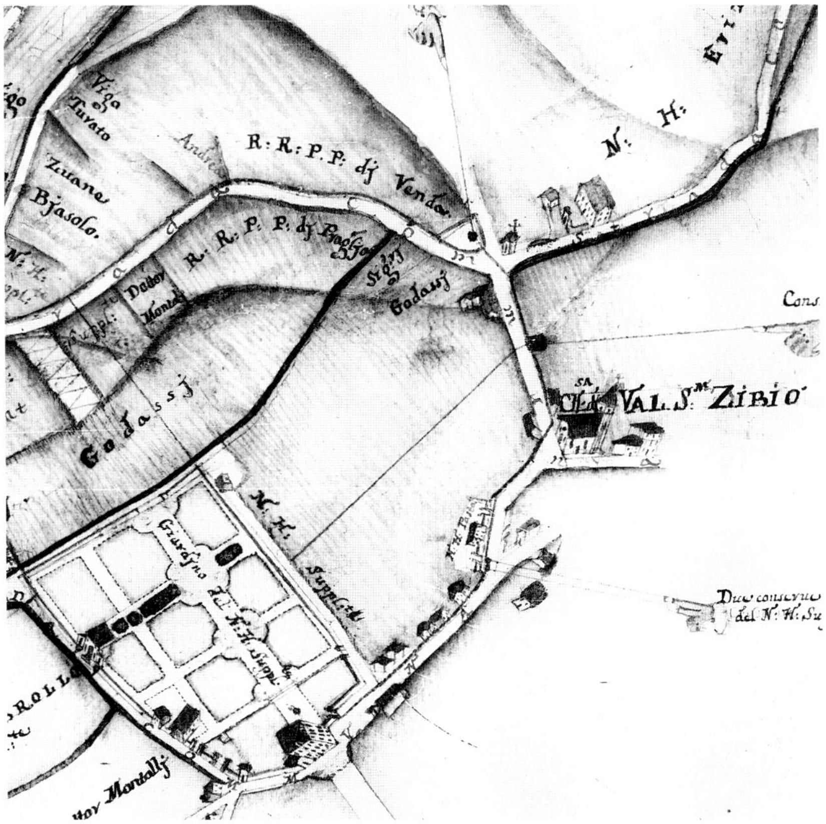

Villa Barbarigo in Valsanzibio bei Padua (Italien). Lageplan von A. Gornizai, 1717. Venedig, Archivio di Stato

Vogelschau der Villa Barbarigo in Valsanzibio bei Padua (Italien). Anonymes Ölgemälde, Ende 17. Jh. Privatsammlung

Abgesehen von dem vielschichtigen ikonographischen Programm des Gartens, auf das wir später noch zurückkommen werden, ist es ein ungewöhnlicher Glücksfall und eine Besonderheit, daß dieser Garten so hervorragend erhalten ist. Die Partien, die im Laufe der Zeit Schaden erlitten haben, sind in der Vorstellung alle gut rekonstruierbar, da neben der Sammlung Salomonios auch die mit Stichen illustrierte Beschreibung von Giacinto Campana zur Verfügung steht. Das Werk wurde im Jahre 1702 von Domenico Rossetti gedruckt.[2] Darüber hinaus liefert uns ein Gemälde wichtige Informationen über den Garten. Das Bild, das etwa aus derselben Zeit stammt, ist zwar heute verschollen, wurde aber in der Vergangenheit häufig reproduziert, so daß man auf diese Quelle zurückgreifen kann. Allerdings scheint das Gemälde zum Teil nur Entwurfsvorstellungen und nicht die ausgeführte Wirklichkeit wiederzugeben.[3]

Heute ist das Anwesen im Besitz der Familie Pizzoni Ardemani, aber lange Jahre gehört es den Barbarigo, wohlhabenden Patriziern, die ursprünglich aus Venedig kamen. Ein Großteil des Geländes, auf dem die Villa erbaut und der Garten angelegt wurde, wurde am 30. August 1627 von der Familie Contarini an Gianfranco Barbarigo verkauft. Bis zum Jahre 1650 vergrößerte sich der Besitz durch weitere Grundstückskäufe.[4] Eine Karte aus dem Jahre 1570 zeigt hier weitläufiges Weideland, das an ein Sumpfgelände angrenzt.[5] Es besteht kein Zweifel, daß Barbarigo kurz nach dem Erwerb des Geländes dort ein Haus bauen ließ, das heute den Kernbestand der Villa bildet. Dokumente, die vom September 1628 datieren, erwähnen bereits das Gebäude, und ein Jahr später hielt sich der Astronom Andrea Piccolomini bereits als Gast dort auf. In einem Brief vom 10. August betont er nicht nur »die herrliche ... linde Luft«, sondern auch »die verschiedenen Annehmlichkeiten, die man hier den ganzen Tag über haben kann«.[6]

Im Jahre 1661 verzeichnet der Venezianische Fiskus in einem Protokoll an dieser Stelle »ein Herrenhaus, ein Nebenge-

Villa Barbarigo in Valsanzibio bei Padua (Italien). Fischbecken. Photo Luigi Ghirri

Villa Barbarigo in Valsanzibio bei Padua (Italien). Kanincheninsel mit Voliere. Photo Luigi Ghirri

Villa Barbarigo in Valsanzibio bei Padua (Italien). »Kaninchengehege mit Voliere für Kleinvögel«. Stich aus: D. Rossetti, Le fabbriche e i giardini dell' Ecc. Casa Barbariga a Valsanzibio, Verona 1702. Padua, Museo Civico

bäude und Ländereien.«[7] Das ursprüngliche Wohnhaus ist mit Sicherheit verändert worden. Das Nebengebäude wurde abgerissen, weil es der Planung der Gartenanlage im Wege stand. Programm und Entwurf des Gartens lagen sehr wahrscheinlich nur wenig später fest. Am 1. Juni 1665 wurde mit den Steinmetzen Pio und Domenico ein Vertrag über die Ausführung umfangreicher Natursteinarbeiten abgeschlossen. Er beinhaltete die Herstellung von Säulen für die Portale, und eine Reihe von Brunnen, Vasen und Obelisken für den Garten.[8]

Fünf Jahre später waren bereits so große Fortschritte erzielt worden, daß man am 22. Januar 1670 den bekannten Ingenieur Nicolò Ratti nach Valsanzibio berief, um »die ausgeführten Arbeiten zu überprüfen«.[9] Es besteht kein Zweifel, daß ein Großteil der Arbeiten zu diesem Zeitpunkt bereits abgeschlossen war. Dies bezeugt auch eine von Jacopo Cuman angelegte Karte, die vom 10. September 1678 datiert und ein Brief von Gregorio Barbarigo (der später Heilig gesprochen wurde), der drei Monate später auf die »Herrlichkeiten, derer man sich dort erfreuen kann« Bezug nimmt.[10]

Zu jener Zeit fehlten lediglich noch »eiserne Stützen für die Statuen« (die noch 1678 bezahlt wurden), dekorative Wappen (Rechnungen für ein Wappenschild wurden 1688 beglichen), die Kanincheninsel (1693 ausgeführt) und die letzten Feinheiten an der Villa, die jedoch zum größten Teil fertiggestellt war, wie Unterlagen aus dem Jahre 1694 belegen.[11]

Auftraggeber all dieser Arbeiten war Antonio Barbarigo, Sohn von Gianfranco Barbarigo und Bruder von Gregorio. Er starb am 5. Juni 1702, im gleichen Jahr, in dem Domenico Rossetti seinen Text über den Garten veröffentlichte, der jedes Details der Anlage genauso beschreibt, wie es zumindest seit 1696 ausgesehen haben muß, als Salomonio die im Garten vorhandenen Inschriften sammelte und veröffentlichte. Antonio Barbarigo war recht aktiv in der Politik tätig und hatte eine Reihe verantwortungsvoller Ämter inne. Die Krönung seiner Laufbahn war die Ernennung zum Prokurator von San Marco in Venedig. Aber alle Bemühungen, einen Bezug zwischen seiner ehrenvollen Laufbahn und dem Gestaltungsprogramm von Valsanzibio herzustellen, erwiesen sich als abwegig. Ebenso sind die Bemühungen, den Gartengestalter und den Urheber des ikonographischen Programms herauszufinden, ohne Erfolg geblieben. Möglicherweise war es Antonio Barbarigo selbst. Es ist wahrscheinlich, daß Valsanzibio nicht dazu bestimmt war, seinen Besitzer zu feiern, sondern dazu diente, die Überlegenheit der Harmonie in der Natur über die Wirren des politischen Lebens zu demonstrieren; ein Zufluchtsort vor den »Drangsalen der Stadt«.

Insbesondere aber macht den »Liebreiz« des Gartens »ganz die Natur selbst und nicht die Kunstwerke« aus. Die Anspielung auf die beiden Gottheiten Diana und Äolus, die Gottheiten, die über die Natur herrschen, bestimmt die Gesamtstruktur und die Gesamtaussage des Gartens. Das Wasser der Teiche und Brunnen (»dessen Wiege die Erde und dessen Grab das Meer ist«) kann mit der *»natura generans«*, der lebensspendenden Natur gleichgestzt werden. Das bestätigt die Vorstellung des Wassers als Urquell, als Spiegelbild der Welt in ihrer ursprünglichsten Form. Soll der Garten ein Ort der Erlösung oder ein natürlicher Urzustand, makellos und unberührt von der »Kunst« sein? Die Kanincheninsel und das Labyrinth sind beides Orte, an denen Täuschung und List eine große Rolle spielen, und die Gestalt des Chronos, gebeugt vom Gewicht des Felsbrockens auf seinen Schultern, scheint daran zu erinnern, daß auch im Garten das unerbittliche Gesetz der Vergänglichkeit regiert (»die Stunden fliegen dahin und die Jahre fliehen«). So wird der Garten doch letztlich wieder zum illusionistischen Ausdruck einer Gesetzmäßigkeit, die mit Hilfe der »Kunst« geschaffen wurde.

»Hier ist das Paradies und die Hölle«, besagt eine andere Inschrift, die sich vielleicht als Schlüssel zum Verständnis von Valsanzibio anbietet, obwohl es genauso viele Deutungsversuche der Symbolik gibt wie Besucher, die im Garten spazieren. Es gibt zwei Möglichkeiten: entweder, er nimmt den Traum, der sich ihm bietet, bedingungslos an und erlebt ihn, als sei er Wirklichkeit, oder er weist ihn als Erfindung und Trugbild zurück und verweigert auch die ironische Einladung, den Pfaden zu folgen, die sich oben auf dem höchsten Punkt der kleinen Treppe, die von der Exedra hinaufführt, zwischen Felsen und kleinen Wasserläufen in dem dichten und geheimnisvollen Buschwerk des Waldes verlieren.

Anmerkungen

1 J. Salomonio, *Inscriptiones patavinae sacrae et prophanae*, Padua 1696.
2 D. Rossetti, *Le fabbriche e i giardini dell'Ec-c[ellentissima] Casa Barbariga a Valsanzibio*, Verona 1702.
3 L. Puppi, *The Giardino Barbarigo at Valsanzibio*, in: »Journal of the Garden History«, III, 1983, S. 281 und Abb. 1.
4 Biblioteca Correr, Venezia (BCV) bzw. MS PD c. 2485/7, MS. PD c. 2486/6, PD c. 2485/22, PD c. 2485/43.
5 BCV, MS PD c. 2359/I.
6 BCV, MS PC c. 2472/23. B. Brunelli, A. Callegari, *Ville del Brenta e degli Euganei*, Mailand 1931, S. 220ff.
7 BCV, MS PD c. 2403/4.
8 BCV, MS PD c. 2392/6.
9 BCV, MS PD c. 2392/6.
10 Staatsarchiv Venedig, Region Padua und Polesine, Rolle 19. Siehe auch B. Aikema *A French Garden and the Venetian Tradition*, in: »Arte Veneto«, Nr. 35, 1981, S. 127–137; S. Serena, *San Gregorio Barbarigo e la vita spirituale e culturale del suo Seminario*, Padua 1963, Bd. 2, S. 479.
11 BCV, MS PD c. 2392/6.

Der fürstbischöfliche Garten zu Veitshöchheim

Helmut Reinhardt

Veitshöchheim bei Würzburg. Grundriß des fürstbischöflichen Gartens. Unbekannter Zeichner, um 1721–1725. München, Bayerische Verwaltung der Staatlichen Schlösser, Gärten und Seen

Das nur wenige Kilometer nördlich von Würzburg gelegene Veitshöchheim besitzt mit der ehemaligen Sommerresidenz der Würzburger Fürstbischöfe eine Gartenschöpfung, die im deutschsprachigen Raum nichts Ebenbürtiges hat – sie gilt als *der* Rokokogarten schlechthin.

Ihr Anfänge reichen bis weit in das 17. Jahrhundert zurück, als das Hochstift Würzburg auf dem Gebiet des späteren Hofgartens zwei Schlößchen erwarb. Im Zusammenhang mit dem 1680 bis 1682 erbauten »Sommer- oder Lusthaus« wurden umfangreiche Ländereien südlich des bis dahin relativ kleinen Gartens angekauft. 1686 erhielt der Besitz durch weitere Geländearrondierungen seine bis heute verbindliche Orientierung und Form: ein zur Dorfstraße (nach Westen) hin ausgerichteter Lustgarten sowie, nach Süden, ein Baumgarten für Fasane und Wild – im Durchschnitt 475 m lang und 270 m breit.

Unter dem Fürstbischof Johann Philipp von Greiffenclau (reg. 1699–1719) wurden 1702/03 grundlegende Arbeiten für die auch später noch gültige Disposition des Gartens ausgeführt: Er wurde von einer hohen Mauer umgeben, das Geviert um das Schloß durch Futtermauern terrassenartig aus der Umgebung gelöst, und vier künstliche Seen ausgehoben.

Dies war indes keine Anlage, die dem Ideal der Zeit mit einer vom Schloß über Parterre, Boskett- und Waldregion ausstrahlende Achse entsprach, sondern es handelte sich weiterhin um zwei parallel zueinander liegende Gärten und Hauptachsen. Dieses Untypische rührte vermutlich aus der unterschiedlichen Zweckbestimmung von Lust- und Jagdgarten her.

Um die Mitte des 18. Jahrhunderts machten die Fürstbischöfe aus dem vorübergehenden Jagdaufenthalt eine Sommerresidenz, bauten in den folgenden Jahren Schloß und Wirtschaftsgebäude aus und erweiterten sie.

Auch der Garten sollte dabei neu gestaltet werden. Zunächst erhielt 1752 der Bildhauer Johann Wolfgang von Auvera den Auftrag, eine Gruppe von olympischen Göttern und Musen für die Schloßterrasse zu liefern. Der Ausbruch des Siebenjährigen Kriegs 1756 unterbrach aber zunächst alle weiteren Pläne.

Erst unter dem Fürstbischof Adam Friedrich von Seinsheim (reg. 1755–1779) erhielt Veitshöchheim seine endgültige Gestalt.

Wenige Tag, bevor im Frühjahr 1763 der Friede von Hubertusburg das Ende des für Deutschland verheerenden Krieges besiegelte, erging ein Beschluß an die Hofkammer, den Garten neu anzulegen. Die Fasanerie wollte man endgültig aufgeben und ihren gesamten Bereich in eine übergreifende Komposition einbeziehen. Außer dem Fürstbischof selbst wirkten dabei die folgenden Künstler mit: der Architekt Johann Philipp Geigel, die Bildhauer Ferdinand Tietz und Peter Wagner, der Stukkateur Materno Bossi, der Maler Christoph Fesel und als Gartenkünstler vermutlich Johann Prokop Mayer sowie der Hofgärtner Georg Joseph Oth und dessen Sohn Johann Anton.

Die beiden seit mehr als achtzig Jahren formal voneinander unabhängigen Gärten wurden in ihrer Eigenständigkeit belassen und lediglich durch Sichtachsen, Alleen und Treppen lose verbunden. Die ehemalige Fasanerie war in Nord-Südrichtung bereits in drei lange, unterschiedlich breite Streifen aufgeteilt. In ihrem Zentrum befand sich der Große See, von dem aus Alleen und Gänge bis an die Gartengrenzen stießen. In ihm war schon 1753 eine Skulpturengruppe, und zwar die Darstellung der Bändigung des Höllenhundes Cerberus durch Herkules, geplant gewesen.

Adam Friedrich von Seinsheim entschied sich jedoch gegen die Herkulesepisode und ließ statt dessen den von Pegasus bekrönten Parnaßfelsen mitten im See auftürmen, an den sich – auch aus aktuellem Anlaß – weit komplexere Assoziationen knüpfen ließen. Die in den 1750er Jahren um den See gepflanzten Fichten wurden zugunsten eines Heckenrahmens mit Nischen und Kabinetten entfernt, den Ferdinand Tietz mit Statuen olympischer Götter, Allegorien der Künste und Jahreszeiten vervollständigte.

Veitshöchheim bei Würzburg. Chinesischer Pavillon von F. Tietz, 1768. Photo Bildarchiv Photo Marburg

Veitshöchheim bei Würzburg. Allegorie des Sommers von F. Tietz, um 1765/66. Photo Bildarchiv Photo Marburg

Gleichzeitig begann man mit der Umgestaltung der anschließenden Boskettregion. Im Schnittpunkt ihrer Quer- und Längsachse sparte man ein Platzrondell aus, an das sich nach Norden und Süden Korridore, Salons und Kabinette in Form einer Enfilade reihten. Auf dem freien Wiesenplatz wurden kreisförmig Heckennischen angelegt und mit einer verschwenderischen Fülle von Bildwerken belebt: Allegorien der vier Erdteile, Tänzer und musizierende Schäfer, Vasen mit Tiergruppen, Trophäen mit Jagdwaffen und Musikinstrumenten sowie steinerne Kanapees. Die Variation der Themen Natur, Poesie, Musik und Tanz setzte sich in den Salons und Kabinetten weiter fort.

1767/68 begannen die Arbeiten in der benachbarten Waldregion. In diesem schon immer am dichtesten bewachsenen Gartenteil verstärkte man den Waldcharakter noch durch Aufforsten mit Fichten. In drei gleich großen Rechteckflächen waren verschiedene Funktionen untergebracht. Im nördlichen Teil richtete man ein Heckentheater mit vor die Kulissen gestellten, farbig gefaßten Sandsteinfiguren aus der Commedia dell'Arte ein. Im mittleren Bereich, in zwei symmetrischen Zonen links und rechts der Hauptachse, wurden die Quellplätze mit Fabelgruppen nach La Fontaine bereichert und daneben bizarre »Chinesische Häuschen« erbaut. Im südlichen Teil schließlich führten in den düsteren Fichtenpflanzungen labyrinthartige Gänge über einen achteckigen Platz zu einem lichtdurchfluteten »Lindensaal«.

Unmittelbar danach wurden die restlichen Gartenteile modernisiert. An die Stelle der vier altertümlichen, winkelförmigen Parterrebeete um das Schloß traten kleinere, elegante Broderieparterres. Die Musen- und Götterfiguren von Auvera ordnete man auf der Balustrade der westlichen und südlichen Futtermauer neu an. Mit der Einbeziehung der spitzwinkligen Dreieckszone zwischen Waldregion und Gartengrenze waren die Arbeiten 1773 abgeschlossen. Die Mittelachse des Sees, die über den »Festsaal« hinweg lief, wurde in der hier 1772/73 erbauten Kaskade, einer künstlichen Ruinenarchitektur, brennpunktartig aufgefangen: »Parnaß« und Neptungrotte waren damit kontrapunktisch zueinander in Beziehung gesetzt.

Im Süden lag ein Belvedere mit grottiertem Untergeschoß, von dem aus Treppenrampen zu einem darüberliegenden achteckigen Salon führten. Die Skulpturen für diesen Gartenbereich fertigte, nach dem Weggang von Ferdinand Tietz 1768, Peter Wagner an.

Schon bald nach der Vollendung setzte der Niedergang des Gartens ein: Nachdem er 1776 der Öffentlichkeit zugänglich gemacht worden war, begann man Verluste und Zerstörungen an Kunstwerken und Gebäuden zu beklagen.

Vor der Umwandlung in einen Landschaftsgarten rettete ihn der bayerische König Max I. Joseph, der, als echter Romantiker, die elegische Stimmung des verfallenden und längst nicht mehr zeitgemäßen Rokokogartens spürte und 1823 anordnete, daß »die symmetrischen Formen dieses königlichen Gartens« zu erhalten seien.

Im Frühjahr 1945 beschädigten Bomben den Garten und vernichteten die Kaskade, mit der jetzt ein wichtiges Bezugs- und Verständniselement fehlt.

Die Bedeutung Veitshöchheims für die Gartenkunst liegt, neben dem relativ guten Erhaltungszustand, in der gelungenen Durchdringung zweier Stilepochen. Der Garten des frühen 18. Jahrhunderts, der mit seiner kleinteiligen, rasterförmigen Aufteilung an frühbarocke Anlagen und mit seinen schmalen, langgestreckten, von Diagonalen durchschnittenen Geländestreifen an italienische Terrassengärten erinnert, wurde ab 1763 von einem neuen Geist erfüllt. Ohne an der Disposition zu rühren, ließ Adam Friedrich von Seinsheim in knapp zehn Jahren darin intime Räume im Geschmack des Rokoko anlegen und mit einer Vielzahl von Skulpturen schmücken.

In den drei Regionen von See, Boskett und Wald setzen Pflanzen, Bild- und Bauwerke die ihnen zugedachten Botschaften vielstimmig in Szene. Vom »Parnaß« im Großen See aus, dem ideellen Zentrum des Gartens im Schnittpunkt seiner Hauptachsen, entschlüsselt sich das Programm. Die neun Musen sind hier unter der Führung Apollos versammelt. Mit ihnen korrespondieren rings um den See ein Götterzyklus sowie Allegorien der Jahreszeiten und Künste. In der den Metamorphosen Ovids entnommenen Sintflutsage ging nach der Zerstörung der Welt von dem aus den Wassern herausragenden Parnaß eine neue, von den olympischen Göttern beherrschte kosmische Ordnung aus.

Das Ende des Siebenjährigen Kriegs, 1763, und die Wahl dieses Bildprogramms treffen in auffälliger Weise zusammen: In dem nun anbrechenden Goldenen Zeitalter würde Apollo als Musenführer den Künsten zu neuem Aufschwung verhelfen. Die vom »Parnaß« in den Garten ausstrahlenden Achsen demonstrieren sinnfällig die Unterwerfung der Natur unter die göttliche Autorität und Ordnung. Da Apollo zugleich als Sonnengott im Zentrum der ihn umkreisenden Planetengötter steht, wird die Sonnensymbolik des absolutistischen Fürstentums zitiert, wie dies schon Ludwig XIV. mit dem »Parnaß« in Versailles exemplarisch vorgeführt hatte.

Am Endpunkt der durch den Veitshöchheimer »Parnaß« laufenden Hauptachse befand sich Neptun, umgeben von Nymphen und Tritonen, in seiner Grotte. Er ist hier sowohl als Gott des Wassers wie auch, Apollo gegenüberstehend, als Gott der Unterwelt zu deuten.

Zwischen diesen beiden Polen vertei-

Veitshöchheim bei Würzburg. Der Parnaß-Felsen von F. Tietz, 1765/66

len sich, vielgestaltig kostümiert, die Bedeutungsträger der Botschaft.

In Wald-, Boskett- und Seeregion sollen die Grundformen des menschlichen Lebens verbildlicht werden: Neptun und seine den Garten mit Wasser und Leben erfüllende Kaskade stehen am Ausgangspunkt des zu beschreitenden Weges. Die Waldregion mit ihren labyrinthischen Gängen, den von dem Spiel naturhafter Wesen bevölkerten Plätzen, steht für das rein naturhafte Dasein. Man gelangt dann in die lichtere Boskettregion. Das hier dominierende Thema des Festes, mit Musik, Tanz und Maskerade phantasievoll variiert, ist das Abbild der kulturell-gesellschaftlichen Entfaltung des Menschen. In der weiträumigen, lichterfüllten Seezone werden mit der Sintflutsage und dem Triumph Apollos geistiger Aufschwung und Streben nach Ordnung und Schönheit als die höchsten Ziele des irdischen Daseins vor Augen geführt.

Wenn auch die Mittel erprobt waren, so ist den Schöpfern dieses Gartens doch ein unverwechselbares Kunstwerk gelungen, das im Zusammenspiel von gestalteter Natur, Bild- und Bauwerken noch heute seinen ursprünglichen Charme besitzt.

Literatur

Georg Karch, *Der königliche Garten zu Veitshöchheim*, Würzburg 1855.

Ders., *Der königliche Garten mit dem Schloß in Veitshöchheim nach Platons Schule*, Würzburg 1881.

Heinrich Kreisel, »Die Entwicklungsgeschichte des Veitshöchheimer Hofgartens«, in: *Münchner Jahrbuch der bildenden Kunst*, Neue Folge III, München 1926.

Ders., *Schloß und Garten Veitshöchheim*, München 1932.

Ders., *Der Rokokogarten zu Veitshöchheim*, München 1953.

Felix Mader (Bearb.), *Die Kunstdenkmäler des Königreichs Bayern, III, 3 Bezirksamt Würzburg*, München 1911.

H.K. Röthel, »Der Figurenschmuck des Parks von Veitshöchheim«, in: *Der Kunstbrief*, No. 7, Berlin 1943.

Walter Tunk, *Veitshöchheim, Schloß und Garten*, München 1977.

Veitshöchheim bei Würzburg. Blick aus einem Pavillon in die Heckenkabinette

Der Große Garten zu Herrenhausen bei Hannover

Dieter Hennebo

Entwurf für den Großen Garten von Herrenhausen von M. Charbonnier. Zeichnung Anfang 18. Jh. Hannover, Staatsarchiv

Die eigentliche Entfaltung der feudalen Gartenkunst des Barock begann in Deutschland, bedingt durch die Folgen des Dreißigjährigen Kriegs, erst um 1680.

Entsprechend der damaligen territorialen Zersplitterung des Reiches spielten dabei unterschiedliche politische oder dynastische Beziehungen der Fürstenhäuser, aber auch persönliche Vorlieben einzelner Herrscher eine erhebliche Rolle – traten infolgedessen individuelle oder regionale Besonderheiten insgesamt deutlicher zutage als in anderen Ländern. So verband sich der nun allenthalben zunehmende Einfluß der französischen Gartenkunst im Süden häufiger mit fortdauernden Impulsen italienischer Provenienz, im Norden mit solchen aus den Niederlanden. Zuweilen – und das gilt auch für den Großen Garten zu Herrenhausen bei Hannover – wechselte in den verschiedenen Ausbauphasen einer Anlage mit dem Bauherrn auch die Ausrichtung der künstlerischen Orientierung.

Als der kunstverständige Herzog Johann Friedrich zu Braunschweig und Lüneburg 1665, unmittelbar nach Übernahme der Regierung, beschloß, den damals noch weit vor den Toren Hannovers gelegenen Wirtschaftshof seines Vaters in eine Sommerresidenz zu verwandeln, haben ihn ohne Zweifel auch Erinnerungen an die Villen der venetianischen Terraferma, die er bei seinen Italienreisen besucht hatte, beflügelt.

Auf einem um 1666 entstandenen Lageplan sind die Umrisse der ersten, noch recht bescheidenen Anlage markiert. Neben dem »Fürstlichen Lusthaus: Herrenhausen genannt« (dessen Seitenflügel von vornherein einen zum Garten geöffneten Hof flankierten), lag damals ein Baumgarten. Das etwa quadratische Areal des eigentlichen »Lustgartens« war durch einen auf das Zentrum des Corps de logis gerichteten Mittelweg geteilt und durch zwei Fischbecken begrenzt. Südlich von ihnen, also außerhalb der Gartengrenze, führte eine Allee die Linie der Mittelachse bis zum Ufer des Leineflusses weiter.

In einer zweiten, um 1673 einsetzenden Bauphase wurden Schloß und Garten unter der Leitung des aus Venedig stammenden Hofarchitekten Hieronymo Sartorio und des französischen, damals in Celle tätigen Gärtners Henri Perronet erweitert. Von wem die dazu vorgelegten Gartenentwürfe stammen und welcher von ihnen realisiert wurde, ist nicht bekannt. Nachgewiesen ist lediglich, daß das Parterre, welches seither die Fläche des ersten Lustgartens einnahm, neu geordnet und reicher geschmückt wurde. Außerdem erhielt es eine rahmende Zone aus regelmäßigen Obstpflanzungen und Bosketts. Zwei besonders bedeutende und typische Elemente dieser Phase, die »Haute Cascade« und die Grotte, existieren noch heute.

Ihre endgültige, für die Blütezeit der höfischen Kultur des Absolutismus in Deutschland exemplarische Gestalt und Ausstattung erhielt die Sommerresidenz der Welfen bezeichnenderweise erst nach 1680 durch den Herzog und (seit 1692) Kurfürsten Ernst August (Regierungszeit 1679–1698) und seine Gemahlin Sophie. Sie vor allem bemühte sich um die Verbesserung und Vergrößerung der Anlage, von der sie noch 1713 schrieb: »Le jardin de Herrnhausen, qui es ma vie«. Daß sie dabei nicht nur – wie damals üblich – Anregungen in der französischen Gartenkunst suchte, sondern ebenso bei den Gärten der Oranier, war naheliegend, denn sie unterhielt zeitlebens enge Beziehungen zu den Niederlanden, wo sie 1630 (als Tochter des dort seit 1619 in der Verbannung lebenden Kurfürsten Friedrich V. von der Pfalz) geboren wurde und ihre Jugend verlebt hatte.

Wahrscheinlich beabsichtigte Sophie von vornherein die Vergrößerung des Herrenhäuser Gartens und ließ nicht zuletzt deshalb schon 1682 den begabten Gärtner Martin Charbonnier aus Osnabrück (wo er seit 1677 für sie tätig gewesen war) nach Hannover kommen. In den ersten eineinhalb Jahrzehnten ihres Wirkens – gewissermaßen der dritten Ausbauphase in Herrenhausen – wurde aber zunächst einmal die überkommene Anlage komplettiert, so durch die Aufstellung zusätzlicher Skulpturen oder durch die Einrichtung des alsbald berühmten Gartentheaters (1689–1693).

Auch bemühte man sich immer wieder – freilich mit geringem Erfolg – um die Verbesserung der Wasserspiele. Da das Schloß den wachsenden gesellschaftlichen Ansprüchen nicht mehr genügte, wurde von 1694 bis 1700 neben ihm das sogenannte »Galeriegebäude« errichtet, ein von Wohnpavillons flankierter Festsaal, der bis zum Bau der »Neuen Orangerie« (1720–1723) zugleich als Winterquartier für die Kübelgewächse diente.

1695 hatte Martin Charbonnier noch einmal die Oranier-Residenzen in Holland besucht. Ein Jahr danach begann unter seiner Leitung die vierte und letzte

Vogelschau von Schloß und Gärten Herrenhausen. Kupferstich von J. van Sasse nach J. J. Müller, um 1720. Hannover, Niedersächsische Landesbibliothek. Photo Historisches Museum am Hohen Ufer, Hannover

Luftaufnahme des Großen Gartens von Herrenhausen, um 1965. Photo Niedersächsisches Ministerium für Wirtschaft und Verkehr

Ausbauphase in Herrenhausen, die zu Beginn des 18. Jahrhunderts mit der Vollendung des »Großen Gartens« ihren Abschluß fand.

Nun wurde dem vorhandenen, orthogonal gegliederten Areal (mit seinen neu gestalteten Parterres und Heckenbosketts) der annähernd gleich große, aber gänzlich anders gestaltete und genutzte »Nouveau Jardin« angefügt. Diese beiden, jeweils annähernd quadratischen Teile bilden seither ein etwa 50 ha großes Rechteck, das von einem breiten, am Ende der Zentralachse (die sich hier zu einem ovalen Platz weitet) apsidenförmig ausgebuchteten Graben (der sogenannten »Graft«) und von rahmenden Alleezügen eingefaßt ist. Zwei 1708 nach Entwürfen von Louis Rémy de la Fosse errichtete Rundpavillons markieren seine südlichen Eckpunkte.

Als die Kurfürstin Sophie am 8. Juni 1714 in ihrem geliebten Garten starb, dürfte er so ausgesehen haben, wie ihn die meisten Pläne und Ansichten des frühen 18. Jahrhunderts zeigen. Man erkennt auf ihnen die dreiflügelige Schloßanlage mit dem nördlich vorgelagerten »Cour d'honneur«-Halbrund und den seitlich der Galerieflügel gelegenen Kompartimenten: im Westen – hinter der »Haute Cascade« – den »Jardin privé« der Kurfürstin und im Osten – hinter und neben der Grotte – einen »Jardin à melons et fruits«. Noch weiter westlich liegt das Galeriegebäude mit dem Orangeriegarten, dem sich nach Süden, in axialer Ausrichtung, das Gartentheater anschließt. Weitere Heckenbosketts mit Salons und Cabinets, zwei Quinconces und vier aus den ehemaligen Fischteichen entstandene Bassins umfassen den Parterrebereich. Seine vier inneren Felder, die mit einer zentralen Fontäne eine Gesamtfigur bilden, erscheinen auf fast alle Plänen und Abbildungen als »Parterres à l'Angloise«, das heißt als durch Zierwege ornamental gegliederte, von »Plate-bandes Coupées en Compartiments« gerahmte Rasenstücke. Die vier äußeren Felder sind von ebensolchen Bordüren eingefaßt, aber – entsprechend dem damals üblichen Kompositionsprinzip einer nach außen (mit zunehmender Entfernung von Schluß und Mittelachse) abnehmenden Ausstattung und Ornamentierung – ungegliedert.

Den »Noveau Jardin« teilt ein Alleekreuz, in dessen Zentrum die große Fontäne aufsteigt, in vier quadratische Areale, die mit Sternanlagen besetzt sind. Ihre Mittelpunkte, Rundplätze mit achteckigen

»Theatrum in dem Königlichen Garten zu Herrenhausen«. Kupferstich von J. van Sasse nach J. J. Müller, um 1740. Photo Historisches Museum am Hohen Ufer, Hannover

»Prospect der Cascade zu Herrenhausen«. Kupferstich von J. van Sasse nach J. J. Müller, um 1740. Photo Historisches Museum am Hohen Ufer, Hannover

Fontänenbassins, ordnen sich wiederum im Quadrat um die große Fontäne. Die durch dieses Gliederungssystem bedingten dreieckigen Kompartimente (»Triangeln«) enthielten mit wenigen Ausnahmen regelmäßige Obstbaum-Pflanzungen.

Der Große Garten zu Herrenhausen gehört zu den wenigen Barockanlagen, die in ihren wesentlichen Zügen erhalten geblieben sind. Ein Vergleich seiner ursprünglichen, durch zahlreiche Quellen belegten Gestaltung und Ausstattung zeigt jedoch, daß man bei den umfassenden, außerordentlich verdienstvollen Restaurierungen der Jahre 1936/37 und 1960 bis 1966 nicht überall den historischen Vorgaben gefolgt ist. Das gilt vor allem für die Bepflanzung der »Triangeln« im »Noveau Jardin« oder für die Gestaltung der Parterres.

Literatur

Udo von Alvensleben, Hans Reuther, *Herrenhausen, die Sommerresidenz der Welfen*, Hannover 1966.

Wolfgang Fiedler, Martin Heinzberger, »Der Pflanzenbestand des Barockgartens zu Herrenhausen im frühen 18. Jahrhundert und heute«, in: *Niedersächsisches Jahrbuch für Landesgeschichte*, Band 55, Hildesheim 1983, S. 207–242.

Wilfried Hausmann, *Gartenkunst der Renaissance und des Barock*, Köln 1983, S. 252–255.

Dieter Hennebo, Alfred Hoffmann, *Geschichte der deutschen Gartenkunst*, Bd. II, *Der architektonische Garten – Renaissance und Barock*, Hamburg 1965, S. 162–165.

Dieter Hennebo, Erika Schmidt, »Das Theaterboskett, Zu Bedeutung und Zweckbestimmung des Herrenhäuser Heckentheaters«, in: *Niedersächsisches Jahrbuch für Landesgeschichte*, Bd. 50, Hildesheim 1978, S. 213–274.

Karl H. Meyer, *Königliche Gärten*, Hannover 1966.

Kurt Morawietz, *Glanzvolles Herrenhausen*, Hannover 1981.

Ders., *Herrenhausen 1666–1966*, Katalog der Jubiläumsausstellung in Hannover 1966, Hrsg. Landeshauptstadt Hannover.

Schönbrunn: Privattheater aus Fragmenten

Paolo Morachiello

Ansicht von Schloß Schönbrunn in Wien von der Gartenseite. Ölgemälde von B. Bellotto um 1750. Wien, Kunsthistorisches Museum

Im Jahre 1569 besaß die Abtei Klosterneuburg, etwa zehn Kilometer vom Stadtzentrum Wiens entfernt, zwischen den Dörfern Hietzing und Meidling, einen Gutshof namens Katterburg. Mit dem Wasser des Flüßchens Wien wurde hier eine Mühle betrieben. Weiterhin wurde das Wasser zur Bewässerung von Weinbergen und Obstgärten genutzt, die sich bis zu einem kleinen Wäldchen am nächsten Hang, dem »Katterhölzel«, erstreckten.

Kaiser Maximilian II. erwarb das Gut mit der Mühle und den Ländereien und machte es zu seinem Jagdrevier. Mit Hilfe seines Geflügelzüchters Domenico Weiner und Martin Gutta, einem Gärtner, errichtete er um das gesamte Anwesen und das Wäldchen eine Umfriedigung. Er ließ Vögel ansiedeln, einen Garten pflanzen und einen Fischteich anlegen.

1622 entdeckte man eine Quelle und der Kaiser beauftragte seinen Gärtner Christoph Strauss damit, das Wasser so weiterzuleiten, daß es nahe des Hauses zutage träte. Der sprudelnde Wasserstrahl gab dem Jagdrevier seinen Namen: Schön Brunn.

Knapp vierzig Jahre später umstanden vier große Linden die Quelle, und dieses Ensemble wirkte trotz seiner künstlichen Anlage so natürlich und reizvoll, daß dort im Jahre 1660 die Aufführung des Singspiels »Le Fonti della Beozia« (»Die Quellen Böotiens«) des Italieners Giovanni Battista Pederzuoli stattfand. 1682 bis 83 griffen die Türken in das Schicksal Schönbrunns ein. Sie zerstörten die Jagdhütte und das gerade neu entstandene arkadische Idyll. Während der Belagerung schwieg das Stampfen der Pferdehufe, und die Lieder der Sänger verstummten.

Der glorreiche Sieg der Habsburger im Jahr 1683 veränderte auch Bedeutung und Ansehen des kaiserlichen Jagdsitzes von Schönbrunn. Aus dem stillen Rückzugsort wurde nun das glänzende Wahrzeichen der Habsburger Monarchie.

In den ersten zehn Jahren nach dem Krieg überwachte der Baumeister Hieronymus von Scalvinoni im Auftrag des Kaiserhauses die systematische Wiederherstellung des Jagdsitzes. 1693 beauftragte Leopold I. den Baumeister Fischer von Erlach mit dem Entwurf für ein Lustschloß. Seine Konzeption verband Anklänge an Versailles, an den Tempel von Praeneste und an den Belvederegarten im Vatikan miteinander. Der Entwurf sah einen fünfflügeligen, geschwungenen Baukörper vor, der sich über eine Folge von Terrassenebenen mit Wasserbecken und Springbrunnen erhebt. Das Schloß war zugleich Ziel und Mittelpunkt von Fußwegen, die über unterschiedlich geneigte und in verschiedene Richtungen orientierte Rampen zu ihm hinaufführten. Es sollte auf der Kuppe eines Hügels liegen, der mittels künstlicher Anschüttungen einem wahrhaftigen Titanenwerk gleichsah. Dieses Schloß sollte für das Haus Habsburg den passenden Rahmen für die glanzvolle Wiederbelebung der Monarchie abgeben. Es beherrschte symbolisch die Stadt und die Ebene nahezu bis zur ungarischen Grenze. Hier manifestierte sich der Mittelpunkt eines Imperiums, dem der Friede wiedergegeben worden war – ein Bollwerk des christlichen Europa, das für immer von der Bedrohung durch das Ottomanische Reich befreit worden war.

Der Entwurf war in seiner Größenordnung kaum zu überbieten. Aber als man mit den Ausführungsarbeiten für den Park begann – ein Stück Land hinter dem Schloß wurde eingeebnet und Parterres und Alleen in Schachbrettmuster angelegt – setzte sich doch langsam ein Gefühl für Proportionen und das rechte Maß durch. Auch ökonomische Gründe mögen eine Rolle gespielt haben, und so beauftragte

Entwurf für den Hügel im Park von Schönbrunn in Wien. Zeichnung von F. Hetzendorf von Hohenberg, vor 1773. Wien, Albertina

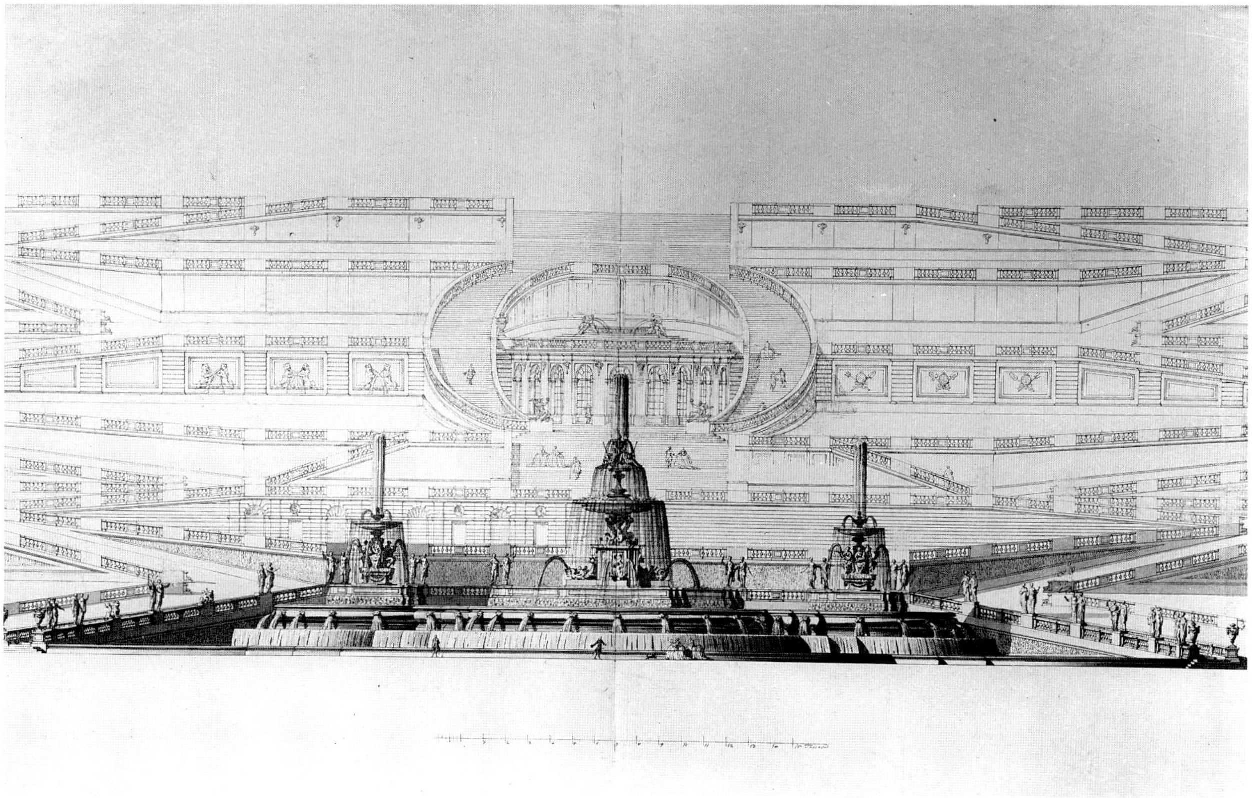

Entwurf für den Neptunbrunnen im Park von Schönbrunn, in Wien. Zeichnung von F. Hetzendorf von Hohenberg, vor 1773. Wien, Albertina

der Kaiser Fischer von Erlach mit einem Alternativentwurf. Der Architekt vereinfachte das Gebäude und verlegte es in die Ebene vor den Eingang zu dem umfriedeten Bereich, so daß zwischen der Gebäuderückseite und den Hügeln im Hintergrund eine ebene Fläche entstand. Der Entwurf sah auch einen schiffbaren Kanal für Vergnügungsfahrten vor. Das Schachbrettmuster aus Alleen und Parterres wurde ebenfalls vereinfacht. Getreu dem System der Axialsymmetrie, der dem neuen Gesamtentwurf zugrunde lag und bei dem die Hauptachse vom Haupteingang durch die Vorderansicht des Schlosses verlief, sah er am Ende einer Allee, die sich durch die Ebene erstreckte und einen Hügel hinaufzog, auf der Höhe ein Gebäude mit einer großen offenen Loggia vor. Hierdurch bewahrte er die Idee des ursprünglichen Plans für ein beeindrukkendes Belvedere.

Mit einigen Änderungen und sogar einschneidenden Abstrichen, die in verschiedenen Bauphasen vorgenommen wurden, kam der zweite Entwurf schließlich zur Ausführung. Fischer selbst, Anton Erhard Martinelli und Nicola Pacassi leiteten der Reihe nach die Arbeiten bis zum Jahre 1750, das man als das Fertigstellungsjahr angeben darf.

Mit der Neugestaltung des Parks beschäftigte sich seit 1695 der Gartenbauingenieur Johann Trehet. Zwischenzeitlich reiste er nach Frankreich, um dort Erfahrungen zu sammeln und seine Kenntnisse zu erweitern. Als er 1698 zurückkehrte, widmete er seinen ganzen Arbeitseifer dem Bau von Wasserbassins und Wasserleitungen, damit die vom Architekten vorgesehenen Springbrunnen gespeist werden konnten. Er ließ zwanzigtausend Buchen pflanzen, um den Waldbestand zu verdichten. Für die Parterres ließ er Blumen aus Holland und für die Hecken Eiben aus Frankreich einführen.

Nicht alle diese Bemühungen waren von dauerhaftem Erfolg gekrönt. Karl VI. brachte Schönbrunn nur wenig Liebe entgegen und dies bedeutete, daß die Anlage jahrelang vernachlässigt wurde. Unter der Herrschaft von Maria Theresia kam Schönbrunn dann schließlich wieder zu neuen Ehren. Sie veranlaßte einige Umgestaltungen im inneren Bereich des Parks, ohne allerdings dessen Grundzüge zu verändern. Unter den kartographischen Dokumenten, die in der Albertina aufbewahrt werden, befinden sich auch zwei Pläne des Parks von Schönbrunn. Der Verfasser dieser Pläne ist zwar unbekannt,

Allee im Park von Schönbrunn in Wien. Photo Daniele De Lonte

Gartengrundriß von Schönbrunn in Wien mit einem Umgestaltungsvorschlag für die Mittelachse des Gloriette-Hügels. Anonyme Zeichnung, nach 1756. Wien, Albertina

aber hier wird die endgültige Gestaltung und Ordnung der Anlage so dargestellt, wie sie von dem holländischen Gärtner Adrian van Steckhoven vollendet wurde, der höchstwahrscheinlich im Einvernehmen mit Pacassi arbeitete.

Die Gärten von Schönbrunn gleichen einer Folge von kunstvollen und theatralischen Szenen, die in ihrer Ausführung weder heroisch noch schwülstig sind. Vielmehr fungieren sie als eine Erweiterung in die Außenwelt für die vielen literarischen Anspielungen, die im Schloß selbst zu finden sind. Für die österreichischen Erzherzöge und -herzoginnen und für Maria Theresia selbst stellten sie eine beliebte Umrahmung für die Aufführungen der Werke des hochgeschätzten italienischen Hofpoeten Pietro Metastasio dar.

In den siebziger Jahren des 18. Jahrhunderts beauftragte der oberste Minister Maria Theresias, Fürst Kaunitz, den Architekten Ferdinand Hetzendorf von Hohenburg mit der Vollendung des Parks. Dieser errichtete als Gegenstück zu der Menagerie, die sich am Endpunkt der rechten Diagonalachse befand, einen Obelisken und eine künstliche Ruine am Endpunkt der linken Diagonalachse. Damit führte er die Symbole der irdischen Vergänglichkeit und der Unsterblichkeit des regierenden Herrscherhauses in das Programm des Gartens ein. Dann wandte er seine Aufmerksamkeit der Neugestaltung des Aufstiegs auf den Belvederehügel zu. Der dichte Wald auf den Hängen dieses Hügels war bereits durch Wege auf unterschiedlicher Höhe unterteilt. Von Hohenburg entwarf Pläne für eine herabrauschende Kaskade und für eine ansteigende Rampe, die zwischen Beeten, geschnitzten und bemalten Säulen, Obelisken, Reiterstatuen und Triumphbögen zu der Loggia auf die Kuppe des Hügels führte. Dies war ein Belvedere auf dem Grundriß eines griechischen Kreuzes, der von einer Kuppel überwölbt wurde und dessen Vorhallen mit Giebeln verziert waren. In vielen Punkten glich der Entwurf der monumentalen Version des Fischer von Erlach, aber er blieb ohne Erfolg.

An seiner Stelle entstand eine vereinfachte Variante: Ein ruhiges Wasserbekken, das Neptun und seinem Gefolge gewidmet war, wurde am Fuße des Hügels angelegt und auf der Kuppe erhob sich eine Loggia mit Inschriften und Siegestrophäen, die Gloriette.

Im Jahre 1773 beauftragte Kaunitz auf ausdrücklichen Wunsch Maria Theresias den Gärtner Bayer, das Parterre der großen Allee fertigzustellen. Eine Reihe von Statuen wurden vor den Hecken aufgestellt, die damit gleichzeitig als Kulisse dienten. Ruhige Bilder aus der Mythologie und der Geschichte stehen dem Schauspiel symbolischer Verweise gegenüber, die den Ruhm des Hauses Habsburg den Triumphen der Cäsaren gleichsetzen. Die Kaiserin allerdings, die bescheidener war und sich des Augenblicks und seines Platzes in der Geschichte besser bewußt war, zog es vor, sich an dem grünbewachsenen Hügel und der Gloriette zu erfreuen.

Literatur

Historisch-topographische Darstellung Schönbrunns, Wien 1824; E.M. Kronfeld, *Park und Garten von Schönbrunn*, Wien 1923; K. Kobald, *Schloß Schönbrunn*, Wien-Leizpig 1924; O. Raschauer, *Schönbrunn*, Wien 1960; P. Morachiello, *Schönbrunn: una serie di progetti mancati*, in: »Storia dell'Arte«, 22, 1974, S. 277-290; E. Neubauer, *Wien, einst größte Gartenstadt. Was ist davon geblieben? Forderung des Denkmalschutzes für historische Gärten*, in: »Historische Gärten und Anlagen als Aufgabengebiet der Denkmalpflege«, Hrsg. J. Hotz Symposiumsbericht (Oktober 1975), Tübingen 1978; M. Molin Pradel, *Le château de Schönbrunn*, 1984.

La Granja: zwischen kastilischem Barock und europäischem Klassizismus

Carmen Añón Feliu

La Granja in San Ildefonso bei Segovia (Spanien). Neptunparterre. Photo G. Careaga

La Granja in San Ildefonso bei Segovia (Spanien). Mittelachse und Gartenfassade des Schlosses. Photo G. Careaga

Die ersten geschichtlichen Zeugnisse dieses Ortes sprechen von einer einfachen Schutzhütte, die von Heinrich III. (1379–1406) erbaut wurde. Die Hütte wurde auch von Heinrich IV. (1429–1474) häufig aufgesucht. Er gründete dort eine dem Heiligen Ildefons geweihte Einsiedelei. Daneben ließ er ein Hospiz bauen, das später von den Katholischen Königen Ferdinand und Isabella dem Orden des heiligen Hieronymus überlassen wurde. Philipp II. (1527–1598) errichtete schließlich ganz in der Nähe den Palast von Valsaín, der auch in späterer Zeit von den spanischen Monarchen häufig aufgesucht wurde. Philipp V. (1683–1746) war der erste spanische König aus der Dynastie der Bourbonen. Er hatte am glanzvollen und prächtigen Hof Ludwigs XIV. gelebt, dort den Geist der Aufklärung kennengelernt und brachte nun diese Vorbilder nach Spanien. Auch er liebte den Palast von Valsaín. Als er eines Tages die Einsiedelei und den Bauernhof der Mönche des heiligen Hieronymus genauer kennenlernte, beschloß er, dort einen neuen Palast zu bauen, dessen Kernstück das Hospiz der frommen Brüder sein sollte.

Mit den Arbeiten am Palast wurden sofort begonnen. Der König beauftragte den Architekten Teodoro Ardemans mit der Ausführung des Projekts. Dieser fertigte die Entwürfe für das Herzstück des Palasts, die Kapelle, die später dem heiligen Ildefons geweihte Stiftskriche und ihren Hochaltar. Noch während der ersten Bauarbeiten berief der König, einem Ratschlag der Königin folgend, Filippo Juvarra als neuen Architekten. Er galt als einer der besten Architekten Europas. Der König beauftragte ihn mit einem neuen Entwurf für die Fassade. Dies geschah vielleicht aufgrund des Einflusses ausländischer Künstler, die bereits mit der Ausführung der Gartenskulpturen befaßt waren. Vielleicht entsprach aber auch der strenge Geschmack Ardemans nicht den Vorstellungen des Königs, der die Bauarbeiten persönlich beaufsichtigte. Juvarra, der außerdem noch den Auftrag für den Entwurf des neuen Königspalasts in Madrid erhalten hatte, starb kurz nach seiner Ankunft in Spanien. Die Ausführung des Projektes übernahm sein Lieblingsschüler, Giovanni Sacchetti. Im Jahre 1729 wurde schließlich Andrea Procaccini mit der Vollendung des gesamten Palasts beauftragt. In nur drei Jahren wurden der Zentralbau und die Kapelle fertiggestellt. Philipp V. wollte sich sobald wie möglich dort niederlassen. Die Arbeiten an den Gartenanlagen gingen etwas langsamer vonstatten. Lediglich die Bereiche vor den königlichen Gemächern, insbesondre die »Cascada Nueva« (Neue Kaskade), wurden zügig zum Abschluß gebracht. Am 27. Juli 1723 wurde der Palast bezogen und die Kapelle am 22. Dezember des gleichen Jahres geweiht.

Die Arbeiten an La Granja wurden weitergeführt, und der königliche Park wurde durch Landkäufe noch beträchtlich erweitert. Das von Ardemans entworfene Gebäude umschloß lediglich den Kreuzgang der Eremitage. An der rückwärtigen Fassade war nur die Kapelle angebaut worden. Diese Anordnung mit der Kirche als Achse und den Eingängen an den Seiten ist einerseits ein Beispiel für die traditionelle spanische Architektur, andererseits beweist sie die besondere Liebe des Königs zum Garten, denn die Hauptfassade und die Privatgemächer waren dahin orientiert. Als Andreas Procaccini die Leitung der Bauarbeiten übernahm, wurde dieses Grundrißschema aufgegeben. Der italienische Architekt verdreifachte die Länge der Fassade, indem er zwei Seitenflügel hinzufügte und so den Grundriß H-förmig komplettierte. Dadurch entstanden zwei Flügel für die königlichen Gemächer. Andrea Procaccini gestaltete außerdem mit Sempronio Subisati den »Patio de la Herradura« (Hufeisenhof), einen »im schönsten Rokoko« gehaltenen Patio, der einer »der reizvollsten Bereiche des Palastes« ist.

Die von Juvarra entworfene Fassade blieb bis zur Regierungszeit Karls III. (1760–1788) unvollendet. Sie zeigt eine außergewöhnliche Architektursprache. »Sie ist elegant und einfach, aber zugleich so prachtvoll wie kaum eine andere«. Zudem besitzt sie »eine besonders schöne Farbgebung. Der rosafarbene Granit aus Segovia, der für die Säulen verwendet wurde, und der weiße Marmor aus Italien, in dem die Ornamente ausgeführt sind, erzeugen ein elegantes und lebhaftes Fassadenbild«.

Um auf dem felsigen Grund einen Garten anlegen zu können, mußte man teilweise mit der Spitzhacke arbeiten und gelegentlich sogar Sprengungen vornehmen. Für jeden Baum, der gepflanzt werden sollte, wurde eigens Erde herbeigeschafft. Binnen kürzester Zeit importierte man Bäume aus dem Ausland: Linden aus Holland, Kastanien, Hainbuchen und Eiben aus Frankreich. Aus der Alcarria und aus den Bergen von Cuenca besorgte man Buchsbaum. Die von den Mönchen gepflanzten Ulmen blieben erhalten.

Mehr als fünftausend Arbeitskräfte waren mit der Ausführung der Gartenanlage beschäftigt. Aber auch wenn das Gelände problematisch war und die Arbeiten auf enorme Schwierigkeiten stießen, so war doch wenigstens Wasser im Überfluß vorhanden. Deshalb und auch aufgrund des großen Höhenunterschieds zwischen Gebirge und Palast war es möglich, herrliche Springbrunnen und phantastische Wasserspiele in einer unendlichen Vielzahl als Fontänen, Kanäle und Kaskaden anzulegen.

Für die Gestaltung der Gärten und Wege hatte der König einen Ingenieur namens Marchand berufen, »der sie so plante und ausführte, wie man sie jetzt sehen kann ... Die Gartengestaltung selbst wurde insbesondere zwei Künstlern namens Solís und Esteban Boutelou, dem Vater des berühmten Esteban Bou-

La Granja in San Ildefonso bei Segovia (Spanien). Die Nymphe Clio als Jägerin; Skulptur von Pitué. Photo G. Careaga

teleou, dem Obergärtner von Aranjuez, anvertraut. Mit den Arbeiten für die Brunnen, Statuen sowie den sonstigen Skulpturenschmuck wurden die Professoren René Frémin und Jean Thierry betraut, die in Paris hohes Ansehen genossen. Frémin hatte in Rom studiert.«

Trotz dieser Aussage von Antonio Ponz scheint es, daß die Arbeiten an der Gartengestaltung anfangs unter der Leitung von René Carlier, dem Schüler Robert de Cottes, standen. Carlier hat wohl das Parterre und die »Cascada Nueva« als Verlängerung desselben entworfen. Mit großer Wahrscheinlichkeit gestaltete er auch den »Bosquete de las Ocho Calles«. Als Carlier 1722 starb, wurde Estaban Boutelou sein Nachfolger. Ihm standen Joly, Basani und Lemmi zur Seite. Boutelou wurde später Obergärtner, er war der erste einer ganzen Gärtnerdynastie, die bis 1820 in la Granja arbeitete.

Carlier, der auch Zeichner war, leitete die erste Bildhauerwerkstatt: 26 aus Blei gegossene Brunnenfiguren, 54 Skulpturen aus weißem Marmor und 67 Marmorbänke sowie etwa 40 Skulpturengruppen mit insgesamt 148 Einzelbildwerken und 50 Vasen wurden in den Werkstätten von Valsaín gefertigt. Die Mehrzahl der Brunnen wurde zwischen 1722 und 1739 ausgeführt.

Als Carlier starb, berief man wieder einen Bildhauer in das Amt des »Gartendirektors«. Der bedeutendste war René Frémin. Auf ihn folgten Bousseau und Dumandré. Sie alle nahmen unausgeführte Entwürfe von Le Brun für Versailles zum Vorbild für ihre Gestaltungen.

Drei weitere Geländezukäufe markieren deutlich drei unterschiedliche Gestaltungsphasen des Gartens. Möglicherweise erklärt sich dadurch auch das Fehlen eines Gesamtplanes, der den Garten mehr zur Einheit hätte werden lassen.

Auch heute noch, 250 Jahre nach ihrer Entstehung, sind die Springbrunnen von La Granja Gegenstand der Bewunderung. Das Wasser des »Mar« (Meer) und des »Estanque Cuadrado« (Quadratischer Teich) ist aufgestaut.

Zur Rechten des Palasts, vor dem »Patio des la Herradura« ist, etwas abgesenkt, das »Parterre de la Fama« angelegt. Am Ende dieses Gartenbereiches befindet sich das Wasserspiel mit dem Fama-Standbild (eine allegorische Darstellung des Gerüchtes), das dem Parterre seinen Namen gibt. Wegen seiner hoch aufsteigenden Fontäne war dieses Wasserspiel

La Granja in San Ildefonso bei Segovia (Spanien). Die Brücke über den Kanal. Photo G. Careaga

sehr berühmt. Diese Fontäne war damals die höchste in ganz Europa, und man konnte sie bei klarem Wetter vom 10 km entfernten Segovia aus sehen. Die Fontäne wird direkt vom »Mar« gespeist und sprudelt fast fünfzig Meter hoch aus der Trompete der Figur der »Fama«, die auf dem Pegasus reitet.

Vor der Hauptfassade des Palastes entwickelt sich das »Parterre de la Cascade«, an deren Endpunkt sich ein architektonisch reizvoller Pavillon erhebt. Er ist aus rosafarbenem Stein erbaut und besitzt vier Türen. Vor ihm liegt der »Fuente de las Tres Gracias« (Drei-Grazien-Brunnen). Von hier weht ein Wasserschleier über den vielfarbig schimmernden Marmor der zehn Wasserbecken, die in Stufen bis zum »Fuente de Anfitrite« (Brunnen der Amphritite) hinabführen. Die Kaskade wird belebt durch Putti, Delphine, Tritonen und Meeresgetier. Die Skulpturen zweier ehrwürdiger Flußgöttergestalten symbolisieren die Flüsse Guadiana und Guadalquivir. Das Parterre zwischen der Kaskade und dem Palast ist ebenfalls mit zahlreichen Statuen geschmückt. Die gesamte Kaskade ist ein einziger »trompe l'oeil«, der die geringe Entfernung zwischen dem Palast und dem nahegelegenen Gebirge verlängert, dieser mächtigen, den Horizont abschließenden natürlichen Grenze. Die Kaskade wird optisch durch aufeinanderfolgende, rhythmisch gegliederte Raumsegmente gedehnt. Während der Regierungszeit Isabel II. wurde die Kaskade, um 1835, vollständig restauriert.

Parallel zur Großen Kaskade verläuft in einer anderen Achse eine weitere Reihe von Wasserbecken, die ihren Beginn an der »Fuente de Andrómeda« (Andromeda-Brunnen) hat. Dort finden wir eine Skulpturengrupe, die Andromeda mit Perseus zeigt. Die Wasserachse führt zum Neptunsbrunnen. Der Wassergott ist hier, von Seepferdchen umgeben, inmitten seines Elementes dargestellt. Diese Folge von insgesamt 114 Wasserspielen trägt den Namen »Carrera de Caballos« (Pferderennbahn). Ihre fünf in Stufen angeordneten Becken bilden eine Kaskade, die sich in ein größeres Becken, genannt »Media Luna« (Halbmond) ergießt. Sie münden in die »Ría«, einen Kanal, der das Wasser aus dem Park hinausleitet.

Drei weitere Wasserspiele, allerdings von untergeordneter Bedeutung, vervollständigen das Parterre vor der Hauptfassade des Palastes. Eines dieser Wasserspiele ist der »Fuente del Abanico« (Fächerbrunnen), dessen Fontäne fächerförmig emporsteigt. Die beiden anderen heißen »Fuentes de las Caracolas« (Seemuschelbrunnen). Vom Palast aus gesehen, öffnet sich nun eine weitere Perspektive, die seitlich der »Cascada Nueva« verläuft. Den Hintergrund bildet, dunkelgrün, der »Silla del Rey« (Königsstuhl). Der Blick ist gerahmt von majestätischen Bäumen. Mit der Feinheit und dem Reiz seiner Komposition, seinen Bildwerken und Wasserspielen ist dies Parterre eines der bedeutendsten Beispiele des europäischen Barock.

Eine für die Welt des 18. Jahrhunderts thematisch wohlbekannte Sammlung von klassischen Skulpturmotiven ist über den Park verteilt: der »Fuente de Latona« (Latonabrunnen), der »Fuente de las Tres Gracias« (Drei-Grazien-Brunnen), der »Fuente del Canastillo« (Körbchenbrunnen) und das Labyrinth. Von ihm gibt es eine Zeichnung in einer Abhandlung von Antoine Joseph Dezallier d'Argenville (neben vielen anderen Vorschlägen von ihm, die man in dem Entwurf dieser Gartenanlage erkennen kann). Aber all diese Elemente beweisen, daß hier keine eigenständige Planung vorlag. Dennoch, das Gefühl für den Raum und die Maßstäblichkeit, die Ursprünglichkeit der Landschaft, die Schönheit des Gebäudes, der Rhythmus und die Lebendigkeit der Skulpturen geben dem Ensemble eine besondere Eigenständigkeit.

Literatur

F. Arias De Verastegui, *Costumbre de Segovia y sus preheminencias y jurisdicción*, Segovia 1611 (Manuskript, Archivio Municipale di Segovia); L. De Rouvray (Herzog Saint Simon), *Memorias. Viajes a Valsain...*, 1722, in: »Viajes por España«, Hrsg. J. Mercandal, Madrid 1972; A. Ponz, *Viaje a España*, Madrid 1718; De la Cruz y Bahamonde (Graf di Maule), *Viaje a Valsain y San Idelfonso*, Cádiz 1812; S. Martin Sedeño, *Descripcíon del Real Sitio de San Idelfonso y de sus jardines y fuentes*, Madrid 1825; J. de Faroaga, T. Muñico, *Descripcíon de los Reales Sitios de San Idelfonso, Valsain y Riofrio*, Segovai 1845; P. Madoz, *Diccionario geografico y estadistico*, Stichwort »Valsain«, Madrid 1850; Candido, *Cartas descriptivas del Real Sitio de San Idelfonso, de sus jardines, fuentes y otras preciosidades*, in: »La Epoca«, Madrid 1856; R. Breñosa, J. M. De Castellarnau, *Guia y descripcíon del Real Sitio de San Idelfonso*, Madrid 1884; Peñacitores, *La Granja y el Valsain*, in »El Campo«, Madrid 1884; C. de Lecea, *La Comunidad y Tierra de Segovia*, Segovia 1894; Campau, *Residencias reales de España. Los jardines de La Granja*, in: »La Esfera«, Madrid 1914; A. Prast, Rodriguez del Llano, *Bosquejo historico del palacio de Valsain y de los jardines de San Idelfonso*, Madrid 1925; J. Digard, *Les jardins de La Granja et leurs sculptures décoratives*, Paris 1934; R. Robsillo Abillo, *Tres árboles distinguidos del pinar del Valsain*, in: »Universidad y Tierra«, Segovia 1934; E. Maestre, *San Idelfonso. La Granja. Valsain-Riofrio. Segovia*, Madrid 1936; J. M. De Castellarnau, *Recuerdos de mi vida*, Burgos 1942; C. Sarthou Carreres, *Jardies de España*, Valencia 1949; Y. Bottineau, *L'art de cour dans l'Espagne de Philippe V, 1700–1746*, Bordeaux 1960; M. Grau, *Notas sobre la venta de los pinares de Valsain, Riofrio y Matas robledales*, in: »Estudios segovianos«, XXI, Segovia 1969; Marquesa de Casa Valdes, *Jardines de España*, Madrid 1973; R. Carnicer, *Gracia y desgracias de Castilla la Vieja*, Barcelona 1976; J. De Contreras, J. Lopez de Ayala (Marchese di Lozoya), A. Oliveras Guart, *Palacios reales de la Granja de San Idelfonso, Riofrio y Museo de Caza*, Madrid 1976; *Patrimonio architectonico y urbanistico de Segovia*, Madrid 1979; Enriquez de Salamanca, *Por la Sierra de Guadarrama*, Madrid 1981.

La Granja in San Ildefonso bei Segovia (Spanien). Die unteren Gärten. Photo G. Careaga

Pittoresk, arkadisch und sublim
Das Zeitalter der Aufklärung

Prior Park bei Bath (Avon, Großbritannien). Photo Daniele De Lonte

Grundriß des Parks von Schloß Nymphenburg bei München. Nach einem D. Girard zugeschriebenen Plan (um 1715–20) und einem Stich von F. Cuvilliés (1772)

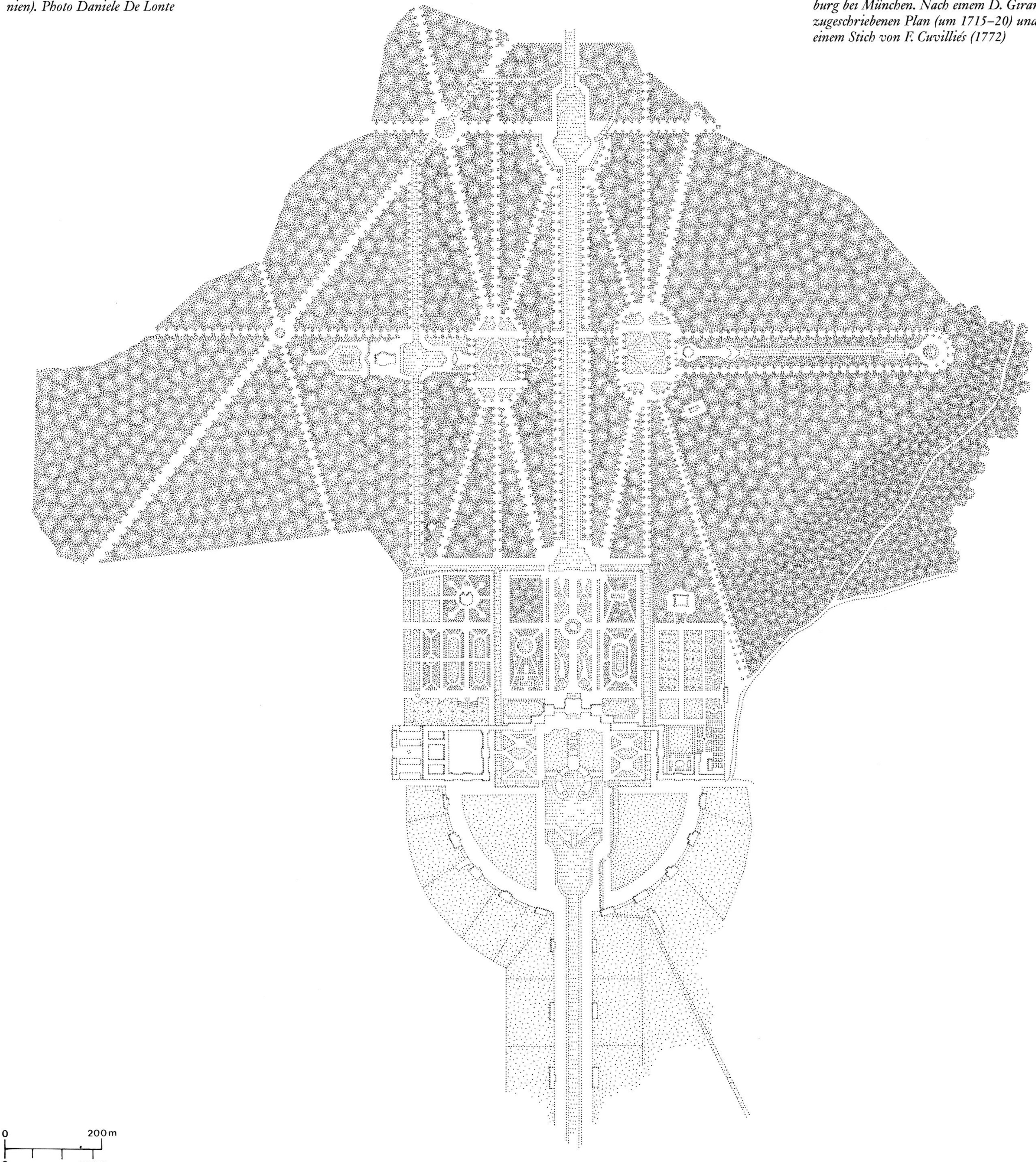

Grundriß des Parks von Schloß Schleißheim bei München. Nach dem von D. Girard um 1715–1717 gezeichneten Plan und einem modernen Aufmaß von B. Ringholz und E. Götz

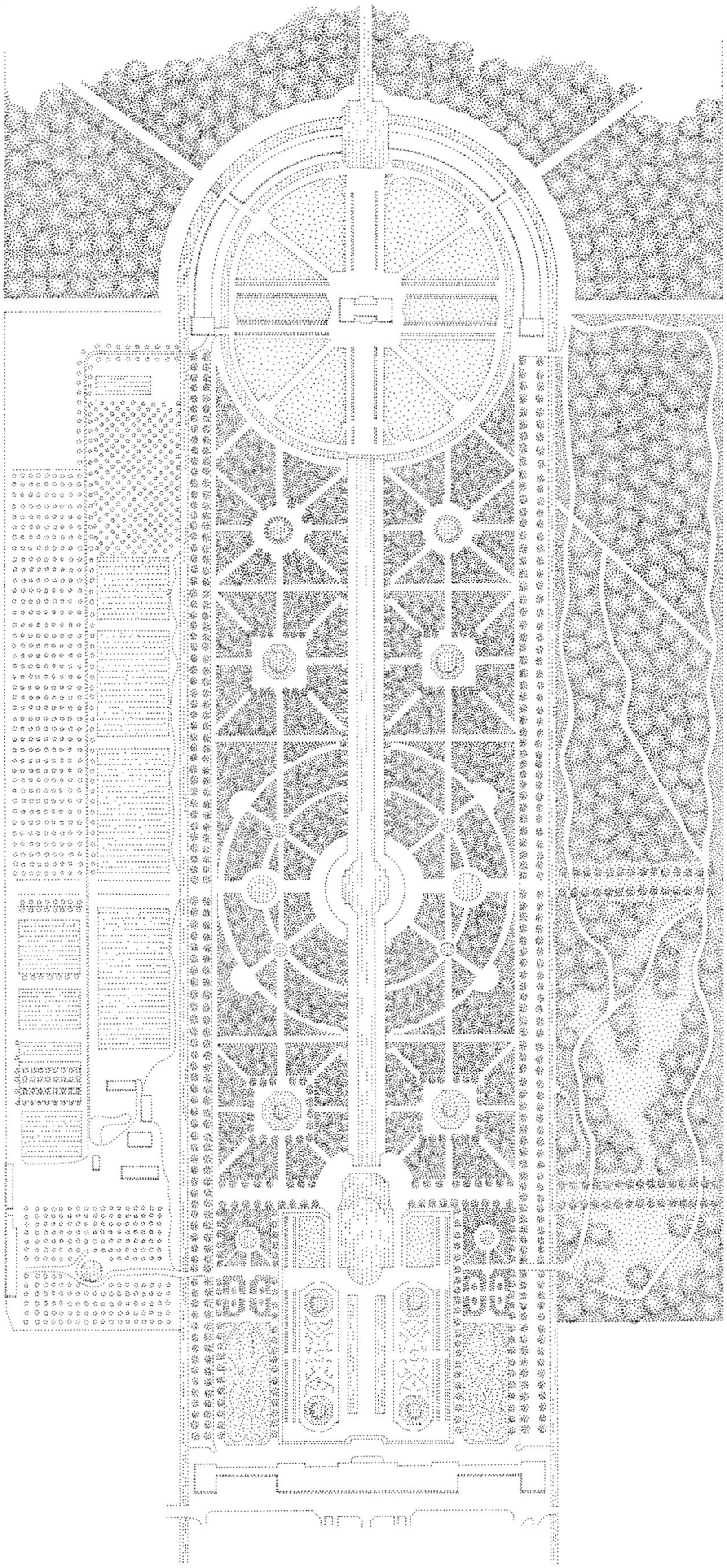

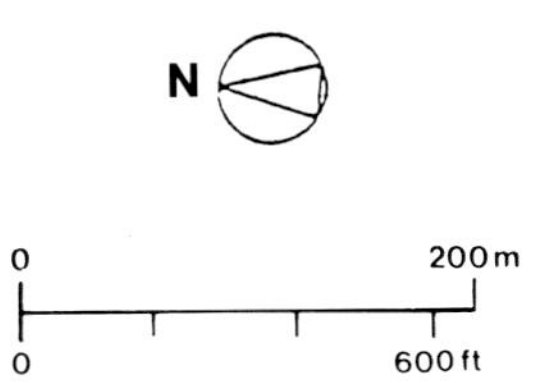

Grundriß der Villa Pisani (heute Villa Nazionale) in Stra bei Venedig. Nach einem Umgestaltungsentwurf aus der Napoleonischen Zeit. Venedig, Sovrintendenza Beni Ambientali e Archivio del Veneto

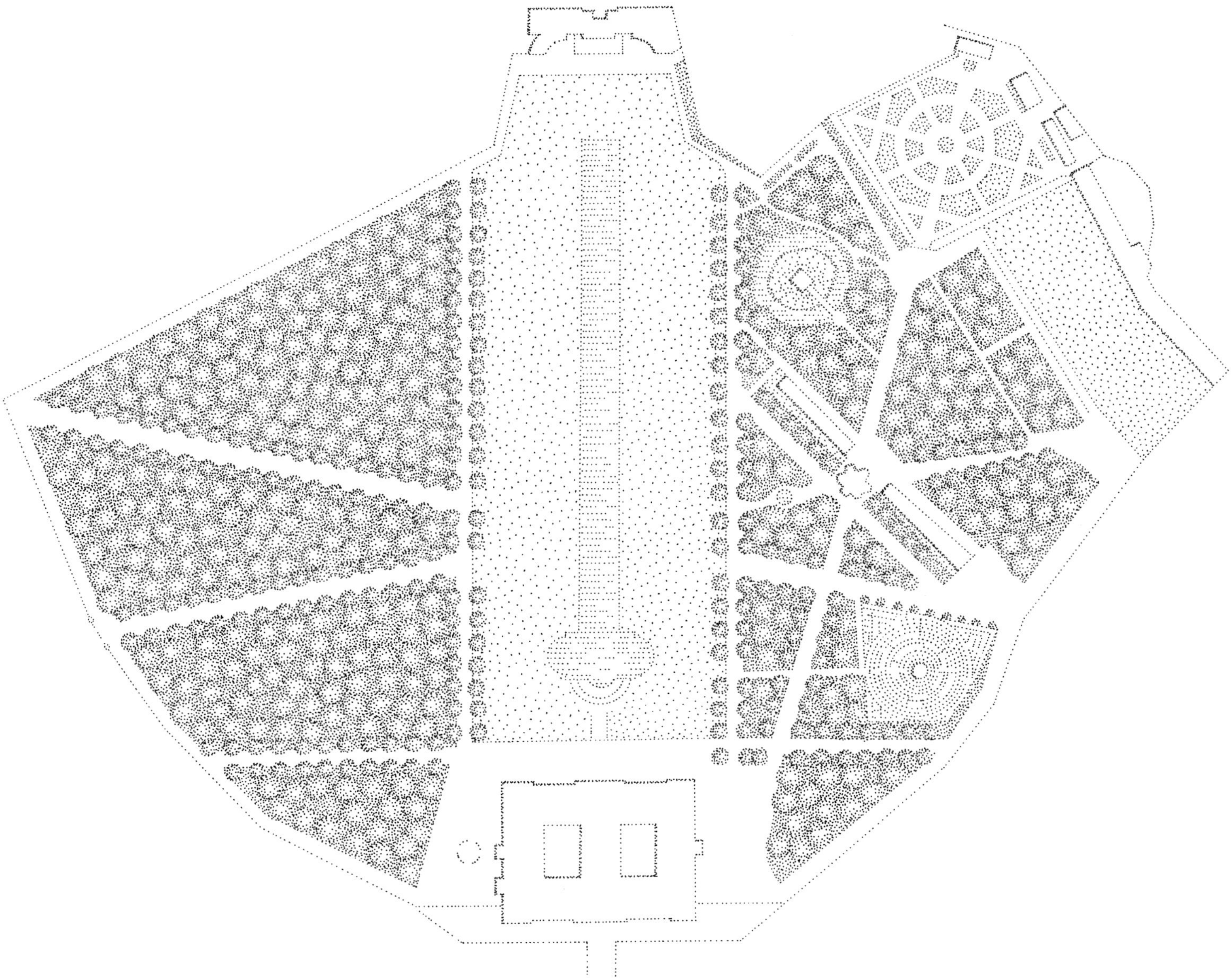

Grundriß des Parks von Schwetzingen. Nach dem Plan von Johann Ludwig Petri (1753) und, bezüglich der Erweiterung als Landschaftsgarten, einem gestochenen Plan von 1834

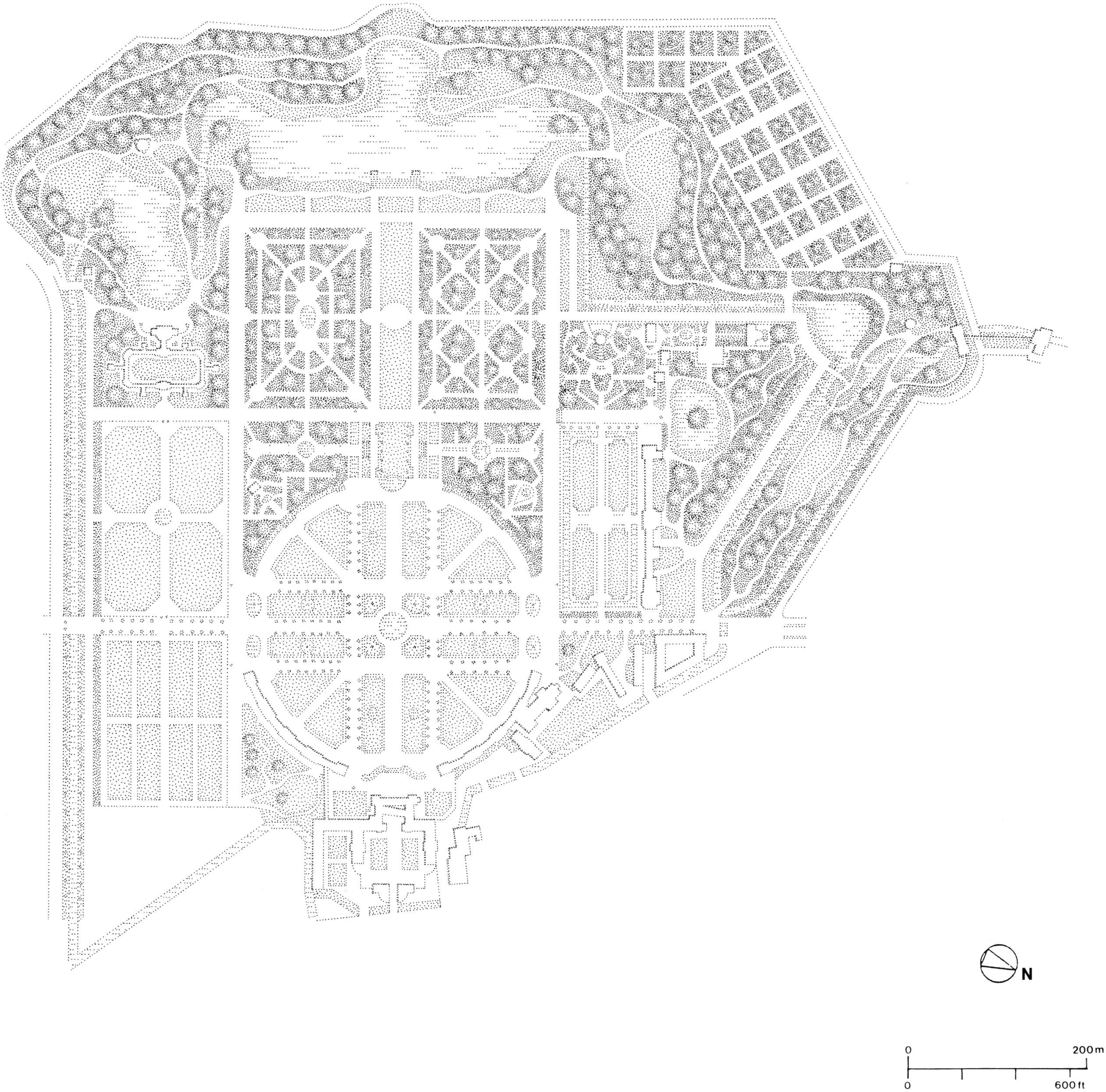

Grundriß des Parks von Stowe (Buckinghamshire, Großbritannien). Zustand nach den von William Kent durchgeführten Veränderungen. Nach einem von Sarah Bridgeman 1739 herausgegebenen Plan und einem Stich von Bickham und Chatelain (Views of Stowe, 1753) sowie einem Parkplan von 1978

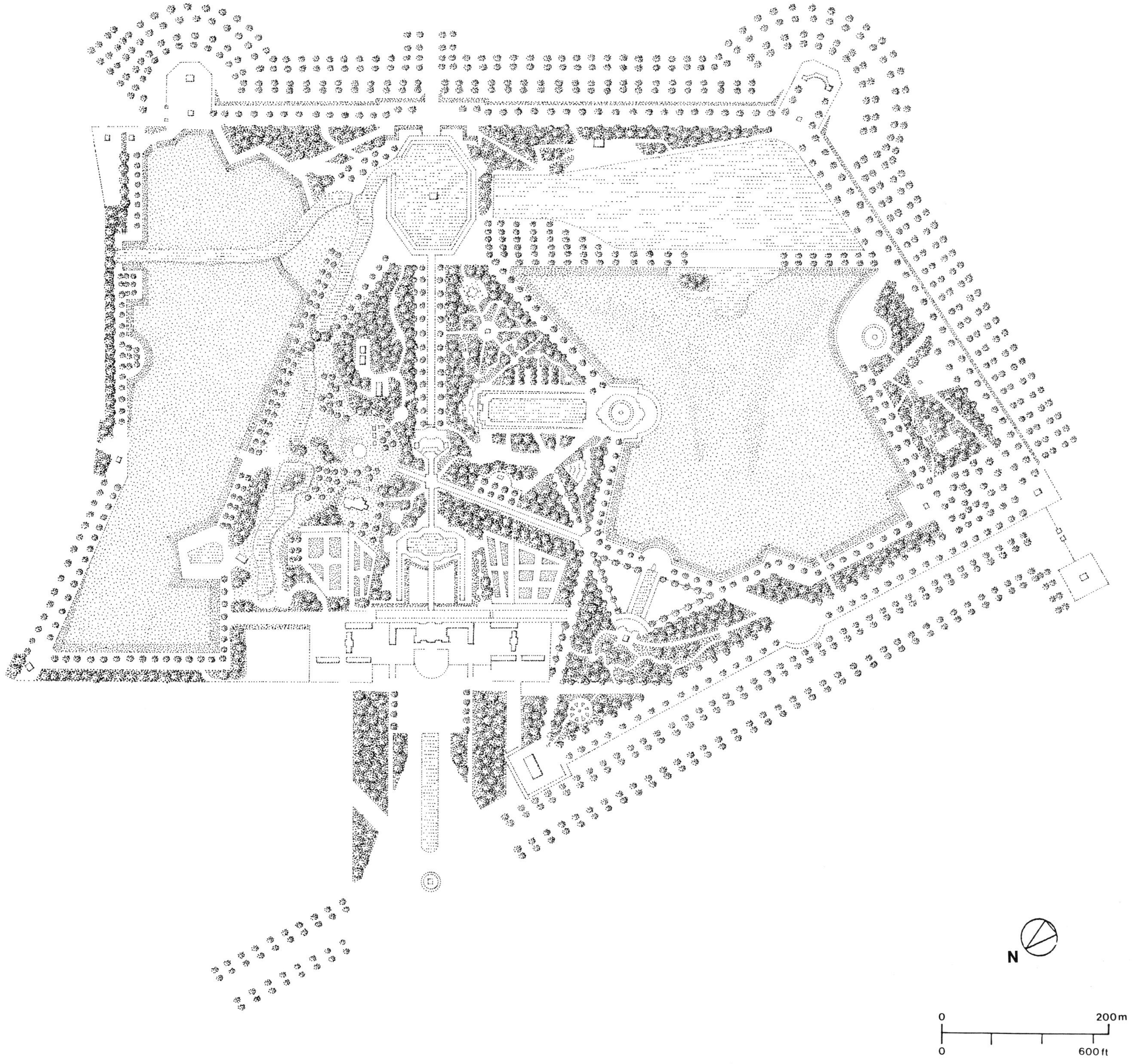

Gartengrundriß der Villa von Lord Burlington in Chiswick bei Twickenham, London. Nach dem Plan von J. Rocque (1736)

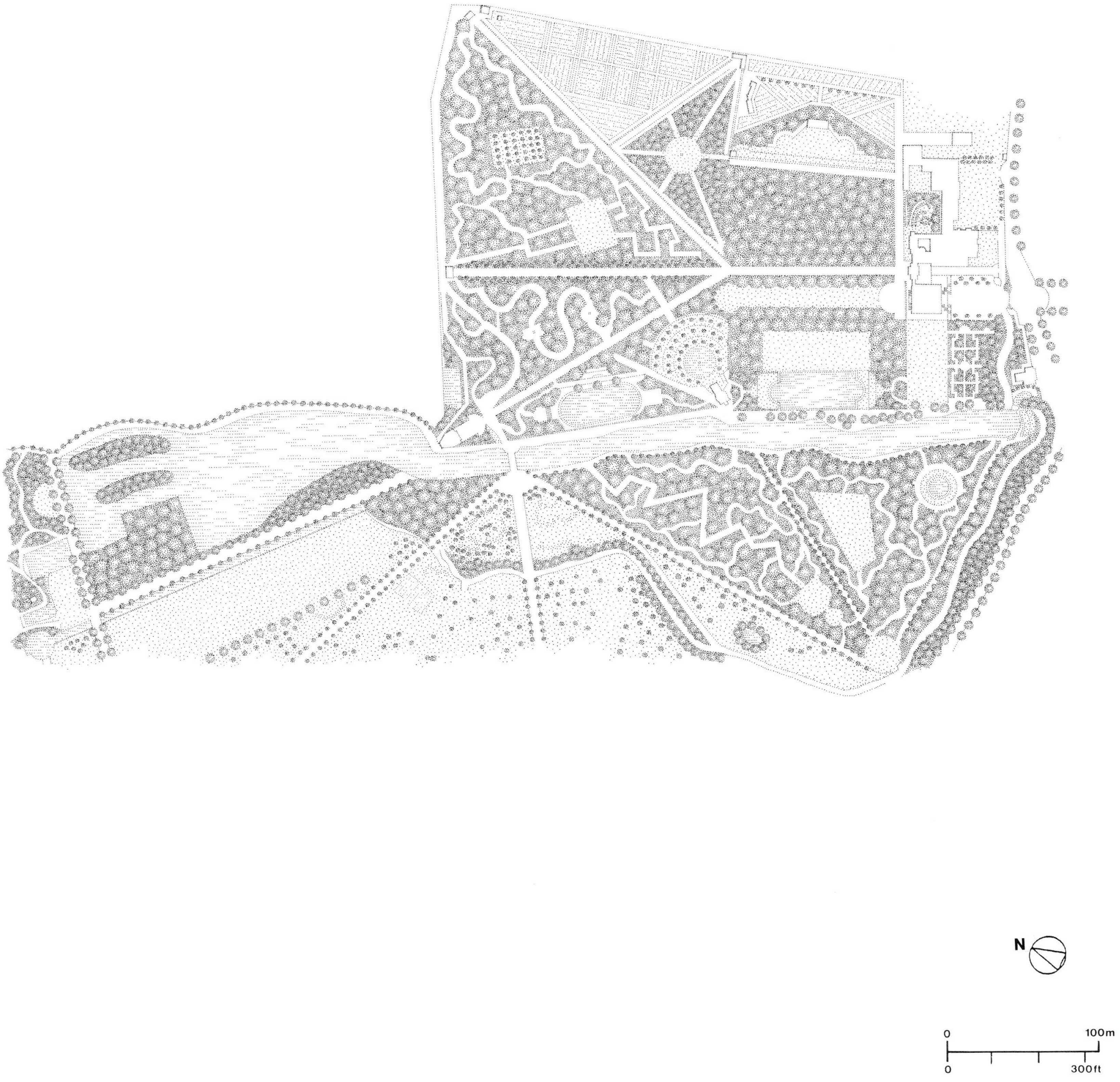

Grundrisse des Parks von Rousham (Oxfordshire, Großbritannien).
1. Zustand. Planung von Charles Bridgeman (um 1715–1720); nach einem Aufmaß der Historic Buildings and Monuments Commission for England
2. Zustand: Umgestaltung durch William Kent; nach einem Aufmaß der Historic Buildings and Monuments Commission for England

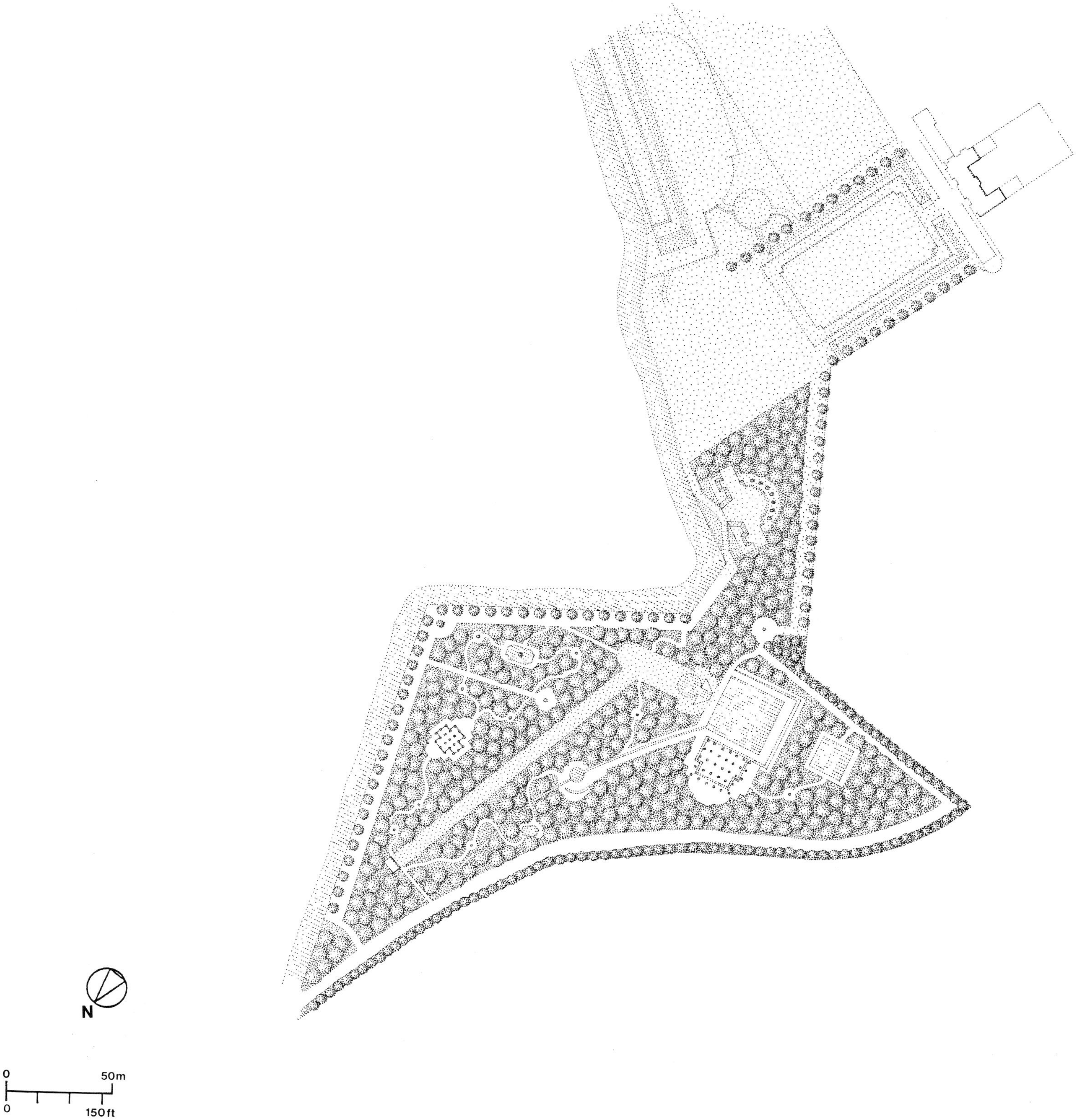

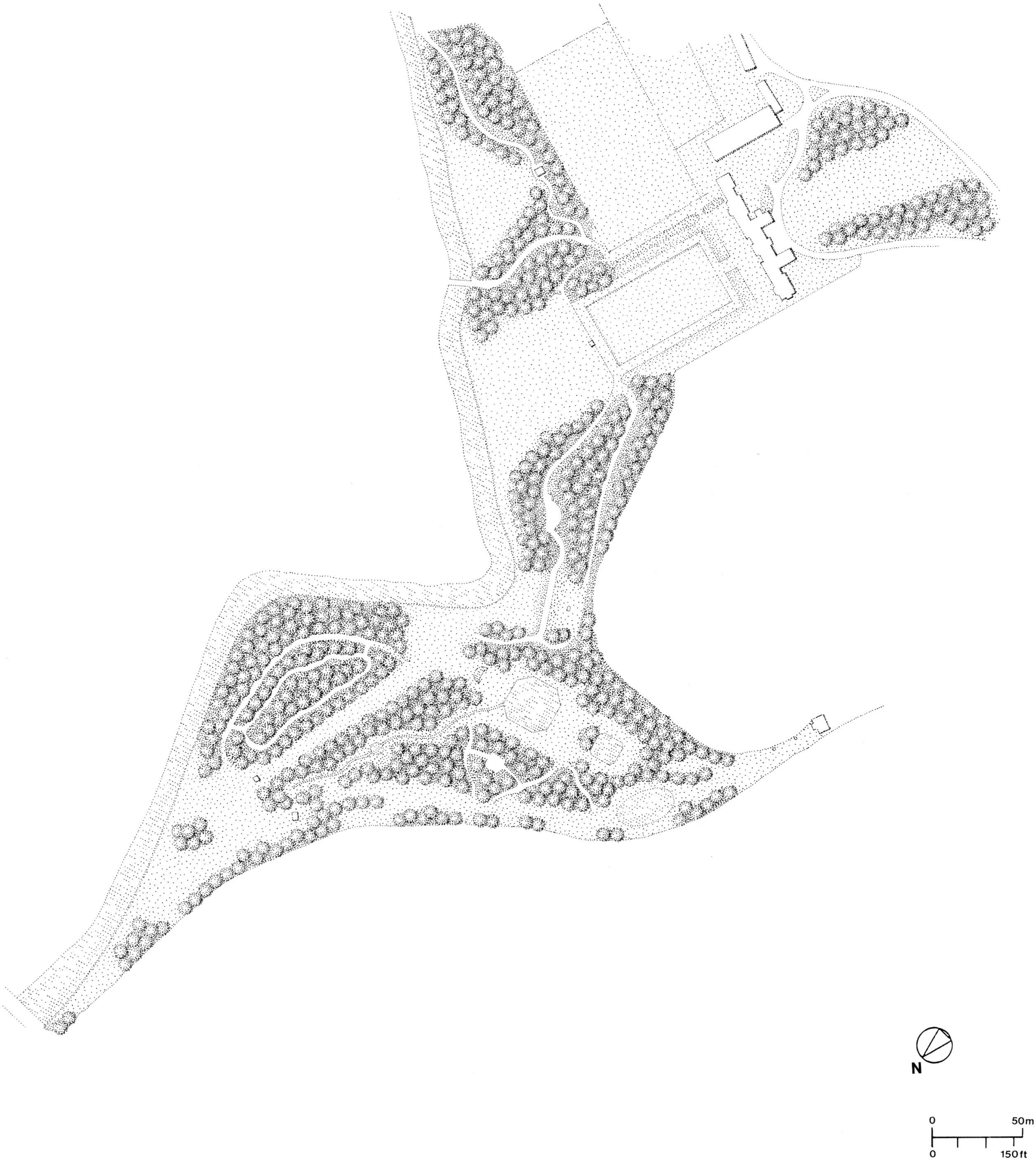
N
0
50m
0
150ft

Grundriß des Parks der Villa von Claremont (Surrey, Großbritannien), nach der Umgestaltung durch William Kent. Nach dem Plan von J. Rocque (1738) und einem modernen Aufmaß

Grundriß des Parks in Painshill (Surrey, Großbritannien). Nach einem Aufmaß des Painshill Park Trust

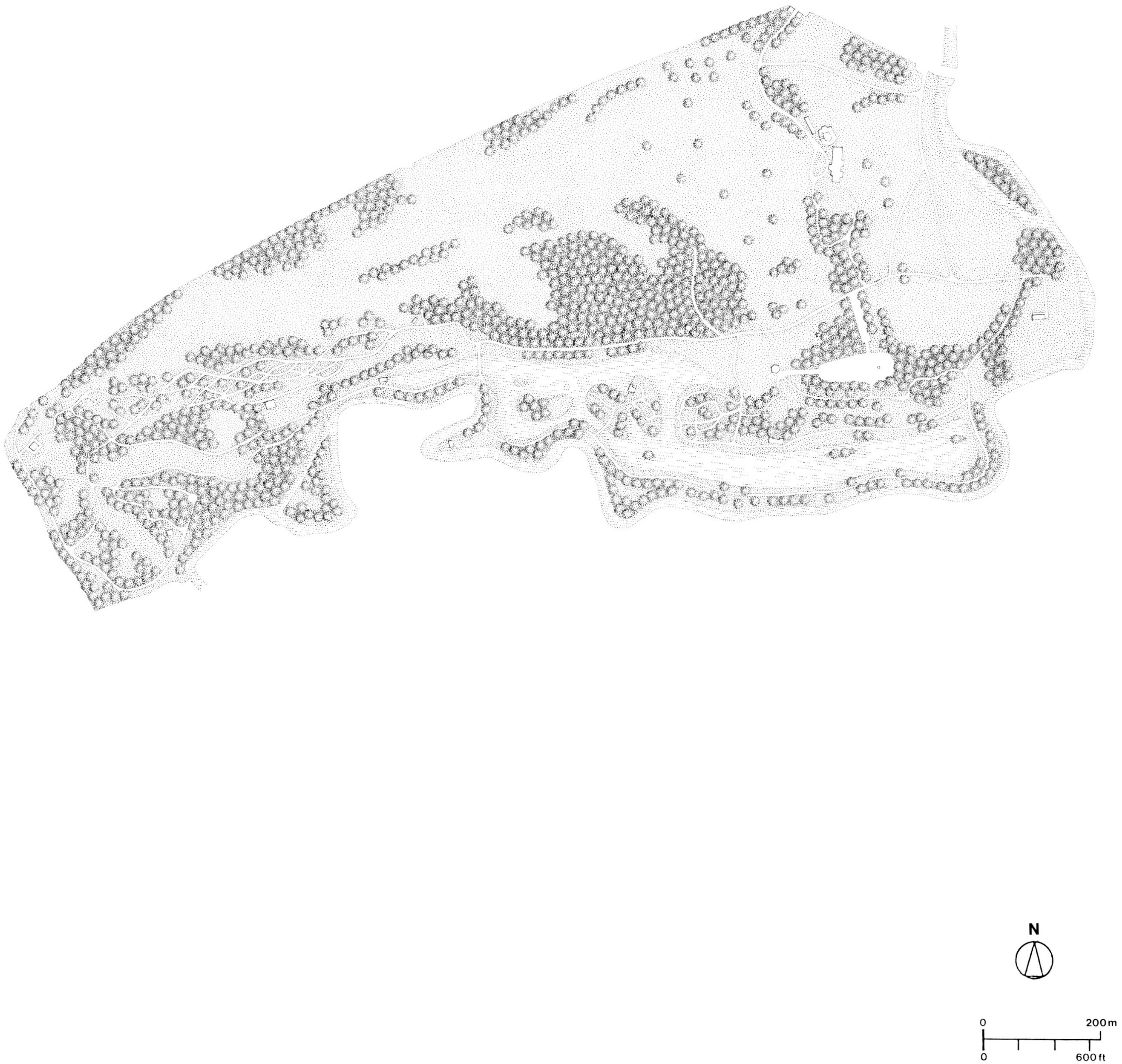

Grundriß von Prior Park bei Bath (Avon, Großbritannien). Nach einem Aufmaß von Thorp und Overton (um 1758–1763) und einem Plan von Daniel Smith (1856)

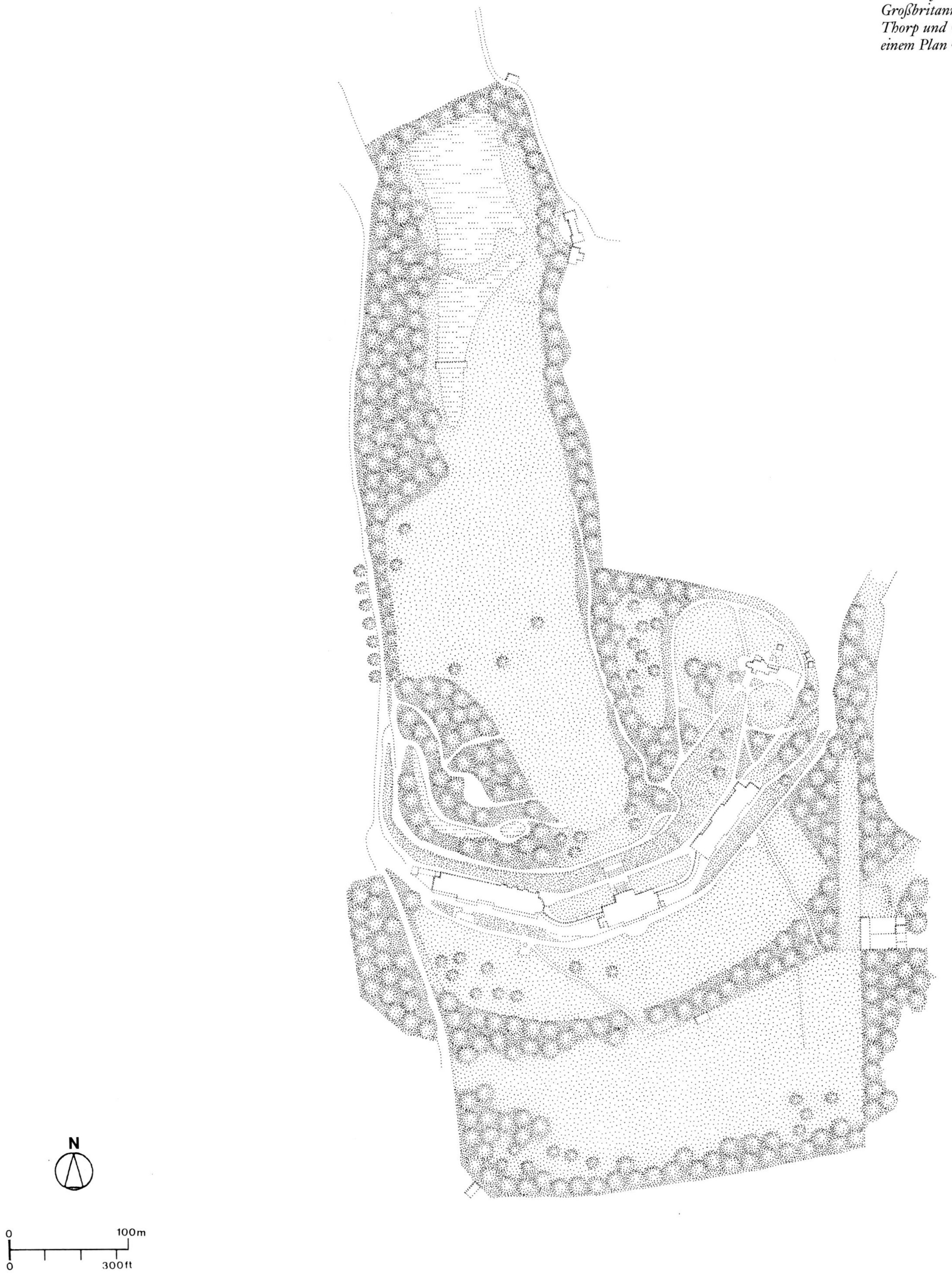

Grundriß des Parks von Stourhead (Wiltshire, Großbritannien).
Nach dem von Piper 1779 gezeichneten Plan und einem Plan in: The Conservation of the Garden at Stourhead, National Trust, Bath 1978

Grundriß des Parks von Blenheim (Oxfordshire, Großbritannien).
Zustand des Parks nach den Eingriffen von Lancelot »Capability« Brown. Nach einer Zeichnung von Brown, um 1765, und einem modernen Aufmaß

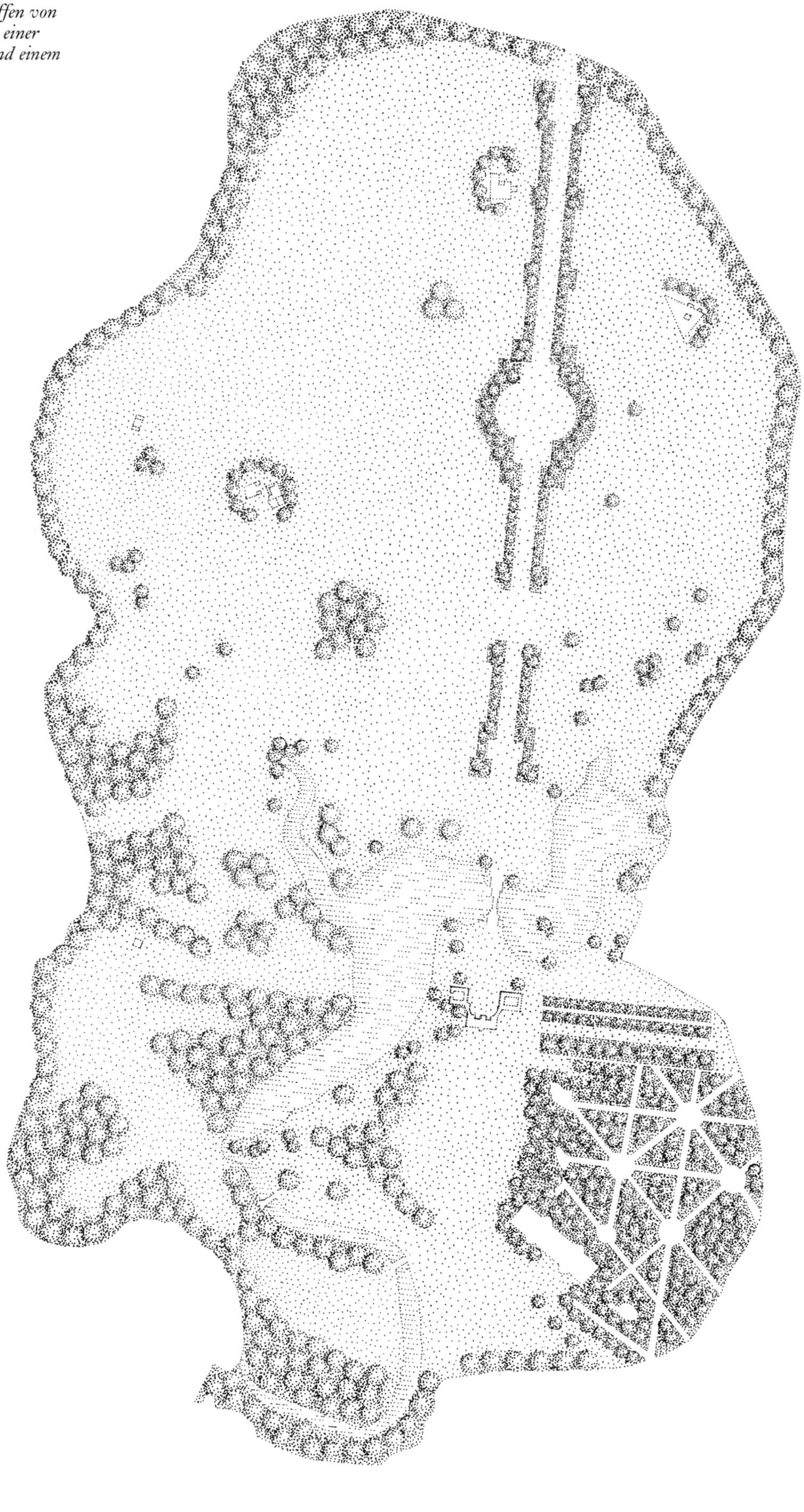

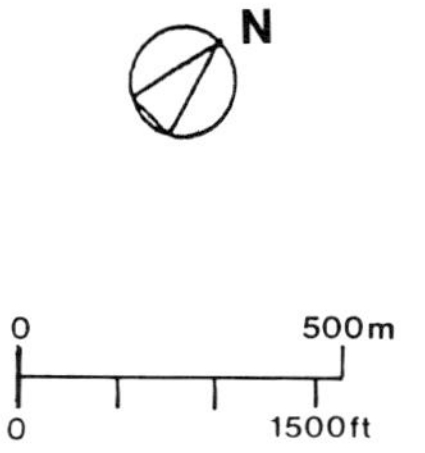

Grundriß der Eremitage bei Bayreuth (Oberfranken). Nach dem von Jean Gottlieb Riedel gestochenen Plan von 1771 und einem modernen Aufmaß von 1984 der Bayerischen Verwaltung der Staatlichen Schlösser, Gärten und Seen, München

Grundriß des Felsengartens in Sanspareil bei Bayreuth (Oberfranken). Nach einem Plan der Bayerischen Verwaltung der Staatlichen Schlösser, Gärten und Seen, München, 1985

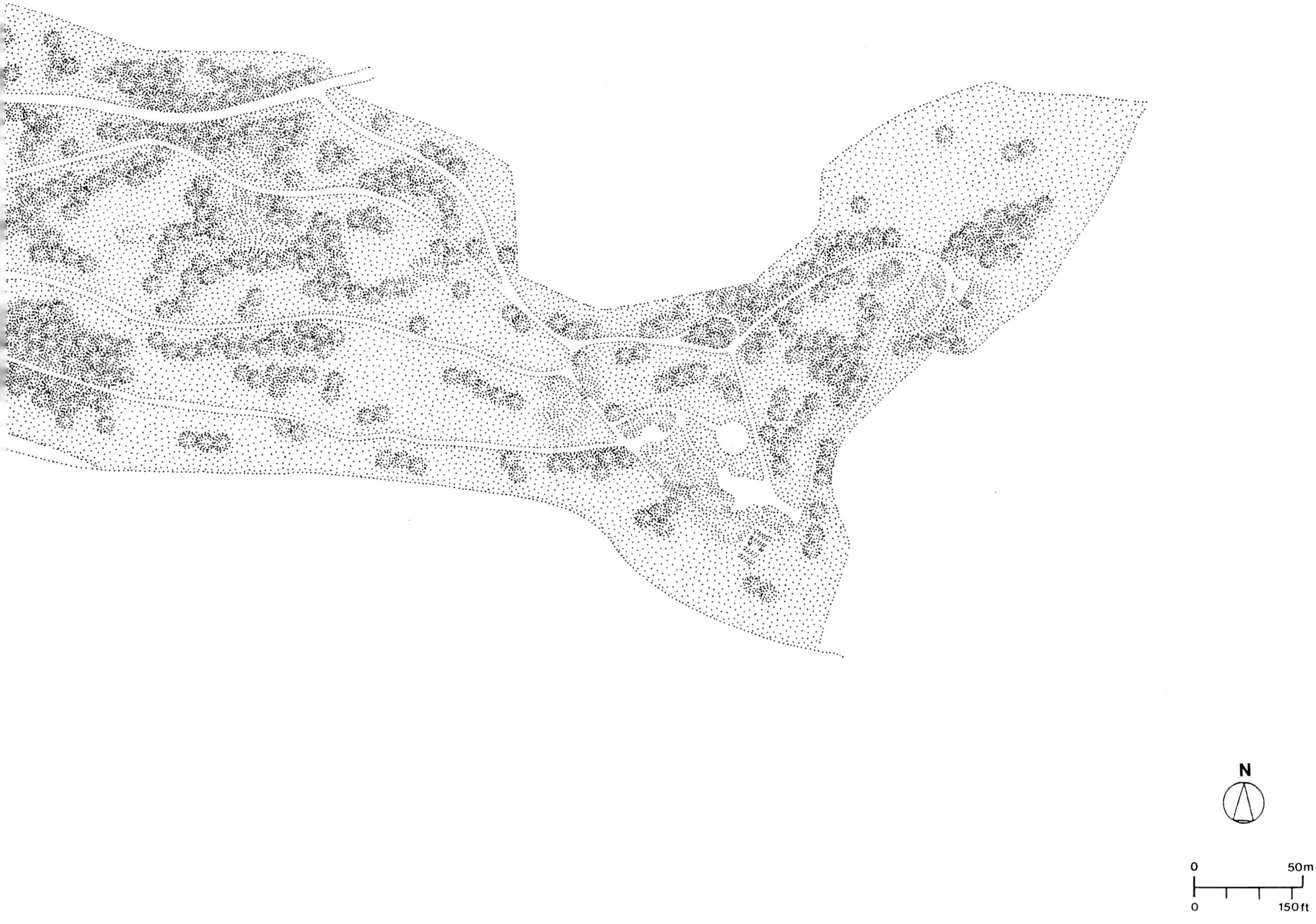
N
0
50m
0
150ft

Grundriß des Parks von Ermenonville (Oise, Frankreich). Nach G.-L. Le Rouge, Jardins anglo-chinois, III, Paris 1775

Grundriß der Folie d'Artois (Jardin de Bagatelle) im Bois de Boulogne in Paris. Nach dem Aufmaß von Boucher und Nicolas von 1814. Paris, Musée Carnavalet

Grundriß der Folie de Chartres (Parc Monceau) in Paris.
1. Zustand nach dem Entwurf von Carmontelle; nach dem Plan von Le Rouge (1783)
2. Zustand nach dem von Thomas Blaikie gezeichneten Plan. Aus: Plan d'un Jardin à Mouceau (sic), um 1788 und nach dem Aufmaß von Lauly von 1803

N
0
50m
0
150ft

Grundriß des Désert de Retz bei Chambourcy (Yvelines, Frankreich). Nach dem Plan von Collet Duclos (1. April 1811; Versailles, Arch. dép. de Yvelines) und einem unter der Leitung von Olivier Choppin de Janvry erstellten modernen Aufmaß

Grundriß des Parks von Wörlitz bei Dessau. Nach dem Plan von August Rode und einem modernen Aufmaß aus: R. R. M. Borchard, Elysische Felder, Berlin 1987

Grundriß des Parks von Schönbusch bei Aschaffenburg. Nach einer Zeichnung von E. J. d'Herigoyen (1788) und einem modernen Aufmaß

Grundriß des Parks Wilhelmshöhe bei Kassel. Nach einem Kupferstich von G.W. Weise nach einer Zeichnung von C.C. Schaeffer (1810)

Grundriß des Prinzengartens in Aranjuez bei Madrid. Nach einem Aufmaß des Servicio de Jardines, Parques y Montes, Madrid 1985

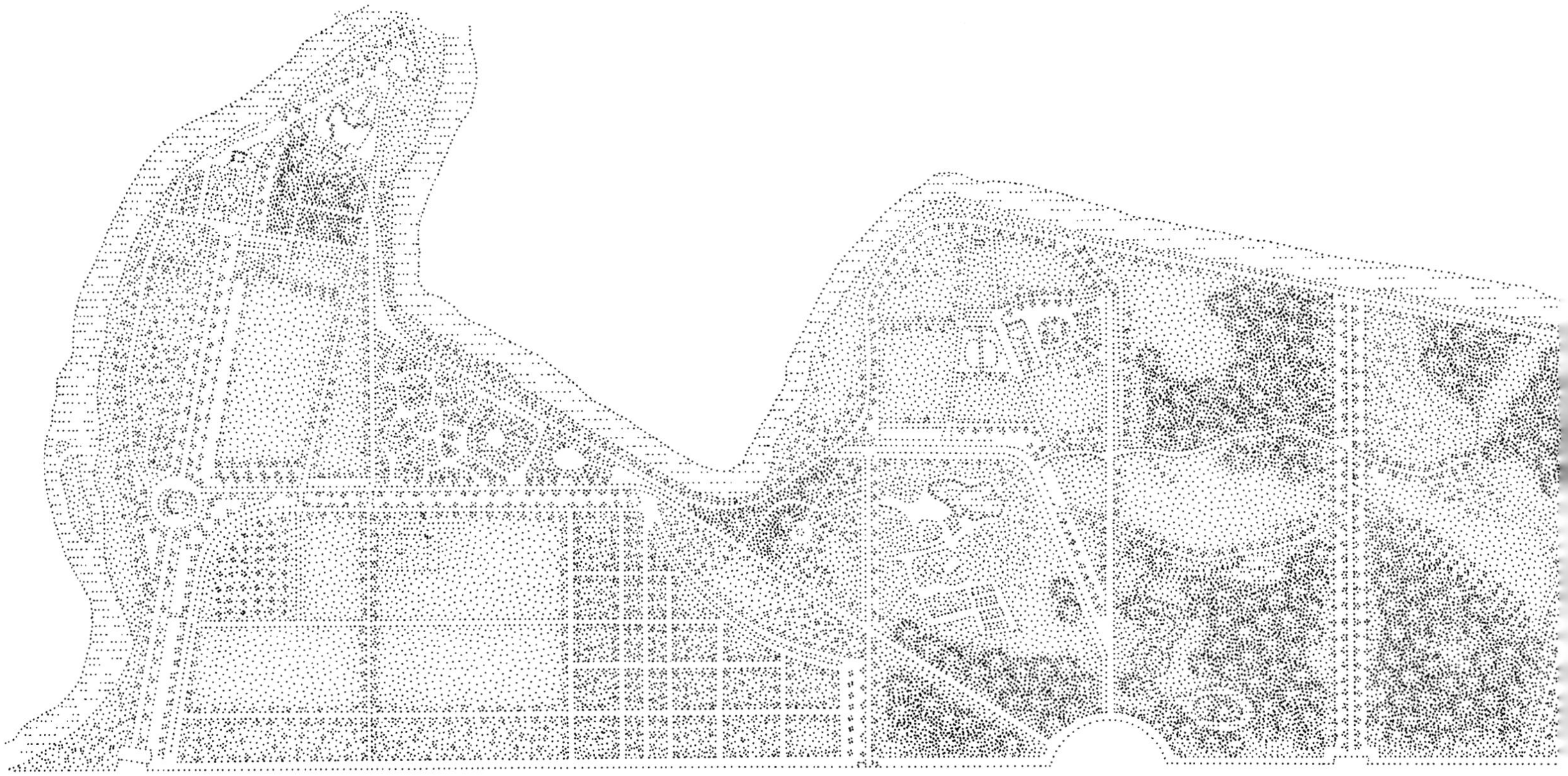

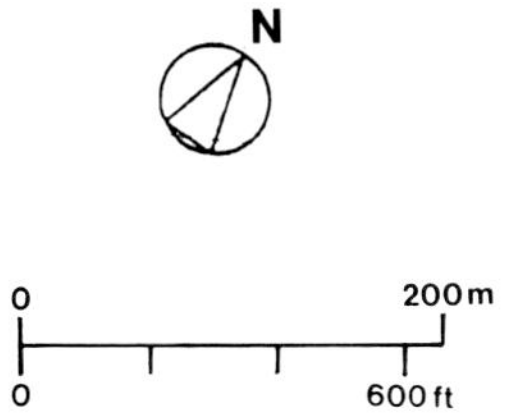

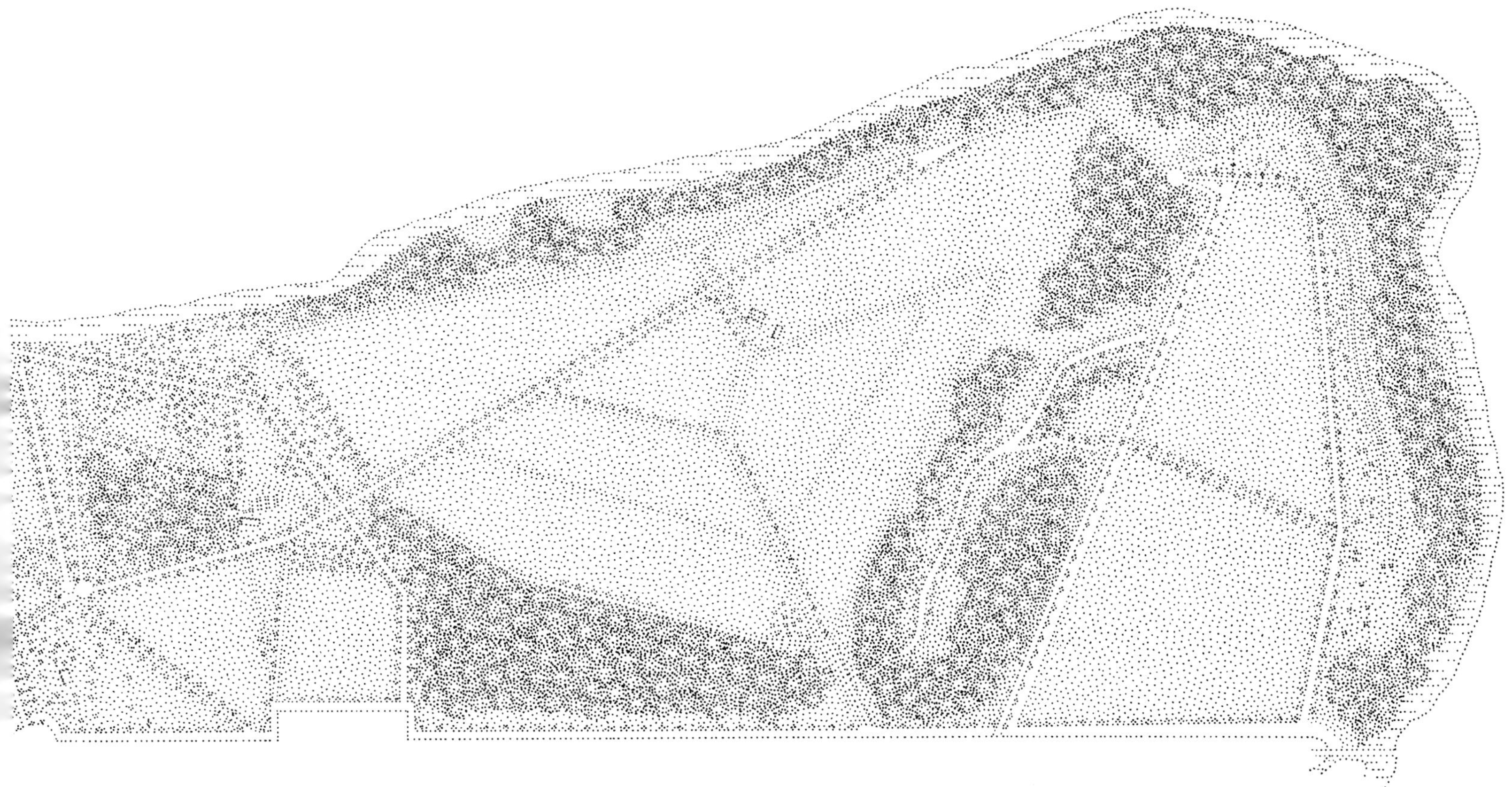

»Ut Pictura Poesis«: der Garten und das Pittoreske in England (1710–1750)

John Dixon Hunt

Die pittoreske Bewegung des 18. Jahrhunderts wird mittlerweile als ein Phänomen der Garten- und Landschaftsgestaltung betrachtet. Während das für ihre Spätphase zutreffen mag, entstellt eine solche Betonung ihre frühe Geschichte mit der Folge, daß ein großer Teil der Abhandlungen über die Anfänge des Landschaftsgartens in der ersten Hälfte des 18. Jahrhunderts durch unnötige teleologische Befangenheit belastet ist. Der Begriff »pittoresk« in Englisch (wie auch dessen Entsprechungen in Französisch und Italienisch) diente ursprünglich zur Bezeichnung von Stoffen, die sich dafür eigneten, in ein Gemälde aufgenommen zu werden, oder, im weiteren Sinne, von Stoffen aus der realen Welt, die so aufgefaßt oder betrachtet werden konnten, als wären sie bereits Teil eines Bildes. Erst in Tobias Smolletts Roman *Humphrey Klinkers Reisen* beschreibt eine Person die Szene, in der Klinker im Gefängnis zu den Mitinsassen und anderen Besuchern predigt, als äußerst pittoresk[1]: Der Redner und seine unterschiedlich aufmerksame Versammlung werden einer Historienmalerei ähnlich oder dafür geeignet betrachtet, wie etwa Guido Reni oder Nicolas Poussin sie ausgeführt haben. Daß der Begriff des Pittoresken daher nicht notwendigerweise das Erlebnis der *Landschaft* beinhaltete, ist für die Geschichte des frühen Landschaftsgartens entscheidend.

Von den ersten Theoretikern der sogenannten englischen Gärten betrachteten Addison, Pope und Shaftesbury die Malerei direkt oder indirekt als Modelle für die Gartenplanung: »Kornfelder bieten einen schönen Anblick, und wenn etwas besser auf die dazwischenliegenden Wege geachtet würde, wenn einige kleine künstlerische Hinzufügungen das natürliche Aussehen der Wiesen ergänzen und sie verbessern könnten und die Reihen von Hecken durch Bäume und Blumen hervorgehoben würden..., dann könnte ein Mensch ein schönes Landskip [ein holländischer Begriff für eine gemalte Landschaftsdarstellung] von seinen eigenen Besitztümern herstellen.«[2]

Alle Gartengestaltung ist Landschaftsmalerei und entspricht einem aufgehängten Landschaftsbild:

Man kann Dinge in Distanz setzen, indem man sie verdunkelt und die Pflanzen mehr zur Seite rückt, ebenso wie das in der Malerei getan wird«[3]

Shaftesburys Versuch, im Gartenentwurf zwischen Kunst und Natur zu unterscheiden, wurde benützt, um die Perspektive einzuführen[4] wie Pope es im vorhergegangenen Zitat tat. Hier muß festgehalten werden, daß keiner dieser Schreiber den Begriff »pittoresk« verwendete, und wenn doch, wie Pope (wie wir noch sehen werden) bei anderen Gelegenheiten, so nicht in der Bedeutung einer nur formalen Anordnung in grober oder »unruhiger« (Begriff nach Gainsborough) Manier, die Ende des Jahrhunderts zum zentralen Begriffsinhalt wurde. Für diesen frühen Landschaftstheoretiker waren Gemälde Modelle für die Gartenordnung, verliehen sie doch der relativ neuen Kunst der Gartengestaltung das *imprimatur* einer etablierten und vornehmeren Schwester.

Weder Addison noch Pope oder Shaftesbury sahen im Garten etwas anderes als eine künstliche Kreation, daher griffen sie Analogien zur Malerei auf, um diese Auffassung zu signalisieren. Und was Gärten von Bildern lernen konnten, war – über Aspekte der rein formalen Kompositionen hinaus oder sogar noch vorher – die Entwicklung von Themen und Bedeutungen. Das wird aus Popes Anrufung des »Pittoresken« in seinen Anmerkungen zu Homer deutlich, die er in den zwanziger Jahren des 17. Jahrhunderts schrieb. Er teilte den Lesern der *Ilias*, XVI. Gesang, mit, daß die Haltung des Patroklos, hingestreckt vor Achill und auf die brennende griechische Flotte weisend, »lebendig und pittoresk« sei. Welches landschaftliche Element Pope diesem homerischen Bild auch zugestand (»die Felsen oder das Meer, die sich vor ihnen ausbreiteten«), es war der im Vordergrund stattfindenden menschlichen Handlung gänzlich unterworfen. Homers Leser wurden aufgefordert, seine Szenen so zu lesen, als wären sie Gemälde von Raffael, Poussin oder den Carracci. Texte wie die Homers lieferten die Themen für die Historienmaler, die ihrerseits erwarteten, daß die Betrachter die literarischen Texte hinzuziehen würden, um die Handlung zu erläutern (buchstäblich: ihnen Sprache zu geben): also *ut pictura poesis*, wie bei einem Bild so in einem Gedicht und umgekehrt.[5]

Popes damalige Verwendung des Pittoresken ist also nur im Blick auf zeitgenössische Kommentare über die Wechselwirkungen zwischen den Künsten zu verstehen: Ein solcher Text war Drydens *Parallel of Poetry and Painting*, der 1719 mit Popes eigener *Epistle to Jervas* neu herausgegeben wurde; Jervas war ein mit Pope befreundeter Maler. Drydens »Parallele« lieferte die Bestätigung, daß beide Künste bedeutende und vereinte menschliche Handlungen imitierten. Das Dekorum und die Phantasie, mit der Maler und Dichter solche Themen behandelten, seien im weiteren Sinne das, was auch Gartenentwerfer zu bemessen hätten. So wird im *Post to the Odyssey*, das sich auf die Diktion der Naturbeschreibung in den »darstellenden und pittoresken Teilen« konzentriert, gesagt, daß ihr »Wesen Schlichtheit und Reinheit« sei. Mit anderen Worten, sie lenken nicht von den Handlungen ab, denen die Beschreibungen den entsprechenden Hintergrund liefern, sondern unterstützen sie vielmehr. Daher werden die »Umstände des denkbarsten Pittoresken« in Homers berühmter Nachtszene in der *Ilias*, X. Gesang, von Pope wegen ihres Beitrags zum Gesamteindruck eines anderen homerischen Gemäldes gelobt, in dem die »menschlichen Gestalten ... exzellent und in den geziemendsten Handlungen dargestellt sind«.[6]

Genau wie in dieser homerischen »Perspektive« die Wirkung zentral und die expressive Szenerie obwohl wichtig, so doch sekundär ist, so auch in den Gärten dieser frühen Landschaftsgestalter: *ut pictura hortus.* Pope scheint nie die Notwendigkeit aus den Augen verloren zu haben, eine wichtige Handlung oder Bedeutung dem Gartenentwurf beizugeben (ebensowenig wie seiner Dichtung, beginnend mit der frühen *Ode an Solitude*). In Twickenham stellte er einen Obelisk, einen Tempel, eine Urne oder eine Statue mit begleitenden Inschriften, welche die Handlung erläuterten, so auf, daß sein Garten »im großartigen Licht eines Historiengemäldes« gesehen werden konnte, ja sollte.[7] Zwei nicht ausgeführte Entwürfe für ein Paar Flußgötter am Ufer der Themse, begleitet von Zitaten Vergils und Polizianos, sowie die Statue einer Nymphe in ihrer Grotte (später von Henry Hoare in Stourhead realisiert), zeigen sein Verständnis von der Bedeutung als zentrales Gartenerlebnis.

Im Kreis der Gartengestalter, in dem Pope sich bewegte – vor allem Lord Burlington und sein Protegé William Kent – schien allen dieses Interesse an einer Gartenlandschaft, deren Bedeutung sorgfältig verschlüsselt war, gemeinsam. Wenn wir vom heutigen Standpunkt diese Seite der enorm populären Bewegung des Pittoresken im späten 18. und im 19. Jahrhundert betrachten, ignorieren wir diese Verschlüsselung ebenso wie die Bedeutung des privilegierten Besuchers, der die Gärten von Twickenham, Chiswick, Stowe oder Rousham zu dekodieren verstand. Unser Unverständnis, die Verwandtschaft zwischen Garten- und Theaterentwurf zu erkennen, trägt auch nicht dazu bei, diese wichtige historische Haltung nachzuvollziehen. Pope und

Der Clyde-Wasserfall. Ölgemälde von J. More. Edinburgh, National Gallery of Scotland

Dem Andenken der Mutter gewidmeter, von Alexander Pope in seinem Garten in Twickenham bei London aufgestellter Obelisk. Aus: E. Ironside, History and Antiquities of Twickenham, London 1797. Twickenham Public Library

seine Freunde stellten sich Gärten auch als eine Komposition aus »Szenen« vor, und die Landschaft außerhalb der Gärten wurde von ihnen als Bühnenbild aufgefaßt. (Die Schlucht des Avon in Bristol entsprach den »aufeinanderfolgenden Bühnenbildern in einem Theater«.)[8] Das Bühnenbild verbindet mit den pittoresken Landschaften der Historienmalerei, daß beide Hintergründe darstellen, vor denen sich eine Handlung abspielt. So betont Félibien in seiner Abhandlung über Poussins Gemälde *Landschaft mit Mann, der von einer Schlange getötet wurde*, daß des Künstlers ganzes Bemühen darauf gerichtet gewesen sei, durch expressive Kontraste zwischen der Tragödie im Vordergrund und der umgebenden Landschaft sowie durch die eloquente Gestik der betroffenen Menschen (»Leidenschaften darzustellen, wie das nur wenig andere Maler konnten«).[9]

In William Kents Gartenzeichnungen können wir dieselbe Auseinandersetzung menschlicher Präsenz und Handlung vor einer gegebenen Szenerie erkennen. Bedeutung gewinnt dies durch die Tatsache, daß Kent bekanntlich (wenngleich nur wenige Beispiele erhalten geblieben sind) sowohl für das Theater wie in der Landschaftsgestaltung arbeitete.[10] Seine Zeichnungen enthüllen aber auch ein ernsthaftes Problem dieser Entschlossenheit des frühen 18. Jahrhunderts, thematische wie auch formale Merkmale von der Malerei auf den Gartenentwurf zu übertragen. Was nimmt denn im Garten den Platz von Schauspielern auf der Bühne oder von Gestalten in Historiengemälden ein? Erstens übernimmt die Szenerie selbst die Verantwortung für die Handlung, und zweitens wird von den Besuchern dieser höchst intellektuellen englischen palladianischen oder augusteischen Gärten verlangt, daß sie sowohl Schauspieler als auch Zuschauer werden.

Die Zeichnung der Hügel von Chatsworth zeigt eine Gruppe von Menschen, die sowohl Bestandteil einer Gartenhistorienmalerei sind als auch Beobachter der Szenerie: Der Wasserfall beginnt an einem klassischen Tempel, dem sogenannten Tempel der Sibylle von Tivoli, fließt durch rustikale Bögen, die den Hügeln von Kents bevorzugter Villa Aldobrandini nachempfunden sind, und ergießt sich zwischen zwei »kapriziösen« römischen Pavillons in ein Becken. Diese Entwicklung der Gartenkunst – von der über das moderne Italien bis zur gegenwärtigen Anlage in Derbyshire – wird von den Gartenbesuchern sowohl beachtet als auch verstanden; da ihr Verständnis für Kents Entwurf entscheidend ist, sind sie Schauspieler, Teilnehmer im Sinne des Wortes.

Nicht alle Zeichnungen Kents zeigen solche zentralen menschlichen Handlungen, es erscheint aber eindeutig, daß er seine Szenerie durch sie und mit ihnen vervollständigen wollte. Bei einer anderen Zeichnung, keinem Gartenentwurf, sondern einer imaginären Landschaftsdarstellung, steht der »Text« der Handlung tatsächlich am Rand. Kent illustriert hier einen weiteren kulturellen Fortschritt: vom antiken Rom, verkörpert wohl durch den sein Pferdegespann flußabwärts treibenden Meergott als auch durch den klassischen Tempel in der Ferne, der Palladios Rekonstruktion des Fortunatempels in Palestrina (dem klassischen Praeneste) nachempfunden ist, zum mittelalterlichen England, dargestellt durch Hampton Court links und »Wolsey's Turm« in Esher ganz rechts, bis schließlich zur Gegenwart, ihrerseits versinnbildlicht durch die Gestalten, die diese Entwicklung beobachten, und durch Kents eigenes Werk in Hampton Court und Esher. Die bedeutsame Handlung im Zentrum dieser Szene bezieht die Landschaft selbst als Teil dieser Handlung mit ein. Der Text, den Kent an die Ränder schrieb, stammt aus

Michael Draytons *Polyolbion* und bildet das Szenarium, wie Ovid oder Virgil für ein Gemälde Claude Lorrains. Die englischen Verse beziehen sich auf das von Kent gezeichnete Zusammentreffen der Flüsse Themse und Mole und sind Teil von Draytons Loblied auf Englands kulturelle Wurzeln und das Erbe der Klassik (der griechische Titel bedeutet »viel Glück haben«).

Nun können Gärten nicht so einfach solche literarischen Texte ausdrücken, um kulturellen Historiengemälden Gestalt zu verleihen (sowenig wie die Bilder selbst, insofern unterscheiden sie sich vom Theater, wo es, außer beim Ballett, einen gesprochenen Text gibt). Natürlich können Gärten Inschriften enthalten, wie das an so wichtigen Orten wie den Elysischen Gefilden in Stowe der Fall ist, oder Formen zitieren, wie mit der Praeneste-Terrasse in Rousham, und dadurch Bedeutung einprägen. Eine der wichtigsten Äußerungen der frühen Landschaftsgartenbewegung, Joseph Addisons Beschreibung des imaginären Bereichs der Göttin Libertas, benutzt den ganzen Bereich konventioneller Ikonographie, um ihre Bedeutung erfaßbar zu machen.[11] Daß schließlich einige Gartenbesucher sich bereitwillig in die Deutung solcher Garten-»Texte« einbeziehen ließen, wird aus Jacques Rigauds Zeichnungen von Stowe und Chiswick deutlich.

Wenn wir die von Rigaud abgebildeten Aktivitäten und die ihnen beigemessene Ernsthaftigkeit oder die zentrale Bedeutung des Gartenerlebnisses mit einer späteren Zeichnung Rowlandsons vergleichen, läßt sich sofort der Niedergang erfassen, den das Pittoreske in der zweiten Hälfte des Jahrhunderts erlebte. Rowlandson macht sich über das Verweilen seiner Gartenbesucher vor der Herme lustig; sie seien (so wird angedeutet) an ihrem priapeischen Glied weniger deshalb interessiert, weil Priapos der Gott der Gärten war, als wegen dessen Relevanz für ihre eigenen amourösen Abenteuer. Die Zeichentechnik unterstreicht ein rein formales Interesse an Gestalt, Linienführung und Struktur, genau den Elementen des pittoresken Geschmacks zur Zeit Rowlandsons. Ein ähnlich bedeutsames Moment pittoresken Geschmacks ist in William Gilpins *Dialogue upon the Gardens... at Stowe* von 1748 zu beobachten. Informiert durch das örtliche und altmodische Handbuch, diskutieren Gilpins Besucher den Sinn und die Bedeutung der Historiengemälde des Gartens. Überläßt man sie jedoch ihrem eigenen Urteil, so sind es die äußerlichen optischen Merkmale der Szenerie, die sie entzücken. Wenn Bilder dazu beitrugen, das Erlebnis der natürlichen Welt zu gestalten – wie William Gilpins spätere Schriften es den Lesern nahelegten – so war ihr formaler, nicht ihr thematischer Beitrag dafür entscheidend. Zahllose die britischen und die europäischen Landschaften erforschende Touristen wurden dazu angeregt, Ansichten einzurahmen, Perspektiven vom Vordergrund zum Hintergrund abzustufen und vor allem sich der Vielfalt gemalter, gezeichneter oder gravierter Strukturen zu versichern, die ähnliche Merkmale in der natürlichen Welt nachahmten. Selbst das altertümliche Interesse an der britischen Landschaft, ursprünglich von der Royal Society als Teil ihrer empirischen Geschichtsforschung gefördert, ging vom Studium der Vergangenheit an Ruinen und Topographie zur Vorliebe für »tiefe Höhlen, bemerkenswerte Felsen, ungewöhnliche Widerspiegelungen oder malerische Aussichten« um ihrer selbst willen über.[12]

Verschiedene Faktoren waren für diesen Verfall pittoresker Werte verantwortlich; sie sollen kurz dargestellt werden, um das frühere Pittoreske, das in diesem Essay behandelt werden soll, schärfer herausarbeiten zu können.

Landschaft mit einem von einer Schlange getöteten Mann. Ölgemälde von N. Poussin. London, National Gallery

Entwurf für den Hügel im Park von Chatsworth (Derbyshire, Großbritannien). Zeichnung von W. Kent. Chatsworth, The Trustees of the Chatsworth Settlement. Photo Courtauld Institute, London

Zeichnung von W. Kent als Illustration einiger Verse des Polyolbion von M. Drayton. London, British Museum

Zunächst gab es einen Niedergang der ikonographischen Kenntnisse. Dieser wurde von Joseph Spence in seinem Werk *Polymetis* von 1747 erwähnt, in dem er versuchte, die Nomenklatur und Attribute klassischer Gottheiten für eine Ära zu retten, in der sie schnell in Vergessenheit gerieten. Die Popularität dieses Lehrbuchs – von dem 1755 und 1774 zwei Auflagen und 1764 eine Schulversion erschien, die sechs Auflagen erlebte – zeigt, wie sehr eine solche Enzyklopädie benötigt wurde. Spences eponymischer Charakter arrangierte dieses Memorientheater in Form eines Landschaftsparks mit Tempeln, die verschiedenen Gruppen klassischer Gottheiten gewidmet waren, als eine Art der Gartengestaltung, die sich bald den unbedarften Formen »Capability« Browns näherte, der eine Landschaft ohne jede Anspielung und Bedeutung propagierte. Noch vor Brown hatte der Dichter Joseph Warton 1744 eine Flucht vor »mit selbstgefälligen Prunkstücken der Kunst herausgeputzten Gärten« befürwortet, von den »vornehmen Tempeln, ... Obelisken und Urnen« in Stowe bis zu den »drosselgeplagten Wäldchen«.[13]

Des weiteren, und das zeigt Spences eigene Gartenplanung, fanden auch die niedereren Stände langsam Gefallen an Gärten. Diese Leute besaßen weder die Bildung (sicher hatten sie keine Studienreise durch Europa gemacht) noch die Mittel, um sich Gärten mit Statuen, Inschriften und Tempeln leisten zu können – die wesentliche Syntax von Historiengemälden. Dieses nachlassende Vorkommen von Gegenständen, welche die Phantasie der Gartenbesucher anregten, von verschlüsselten Botschaften, die von jenen interpretiert werde sollten, welche die Kenntnisse und den Verstand dazu hatten, traf mit dem zunehmenden Einfluß John Lockescher Philosophie zusammen, die jedem Individuum den Aufbau seiner eigenen geistigen Welt zugestand. Dies sensiblisierte zweifellos die individuelle Wahrnehmung, die ortsbezogene und persönliche mehr als die öffentliche und allgemeine. Rowlandsons Zeichnung erinnert daran, daß Gärten damals Orte waren, an denen die Besucher sich selbst überlassen blieben, und daß bedeutsame Aktionen, die dort stattfanden, nach innen gerichtet und privater Natur waren.

Was die Geschichte des Gartens betrifft, so sind diese Entwicklungen in Thomas Whateleys *Observations on Modern Gardening* von 1770 zusammengefaßt. In einer mittlerweile wohlbekannten Passage[14] unterscheidet er zwischen emblematischer und expressiver Gartengestaltung, das heißt zwischen Syntax und Grammatik der Historienmalerei und den freieren, persönlichen Bedeutungen, die Besucher der sie umgebenden Szenerie ohne den Stimulus von Statuen und Inschriften beimaßen. Spences Bemerkung in *Polymetis*, daß »die Gestalten der Dinge selbst ... die klarste Sprache ... sprechen«, weshalb sie allegorischen Kunstgriffen vorgezogen werden sollten, wird von Whately einfach für eine weniger gebildete Leserschaft neu formuliert.[15]

Das Pittoreske, das auf den erlernten Parallelen beruhte, auf die das Etikett *ut pictura poesis* hinwies und das die frühe Landschaftsbewegung stützte, hatte sich im letzten Viertel des 18. Jahrhunderts visuellen Reizen und Texturen unterworfen. Diese Unterwerfung wurde in der *Analytical Review* von 1784 festgestellt, bezeichnenderweise in einer Rezension von Uvedale Prices *Essay on the Picturesque.* Er verschmähte die »Nutzlosigkeit solcher wechselseitigen Angriffe von Poesie und Malerei«, welche die Poesie zur Beschreibung und die Malerei zur Darstellung von Emotionen und Erzählungen geführt habe.[16] Das Pittoreske hingegen würde zur Verschönerung einer Szenerie beitragen, betrachtet als Gravierung mit der Struktur eingekerbter Linienführung oder als Übertragung der natürlichen Welt in Form und Farbe der Malerei.

Park von Stowe (Buckinghamshire, Großbritannien). Der Tempel der Alten Tugenden vom Tempel berühmter Engländer (»British Worthies«) aus gesehen. Photo Edwin Smith

Obelisk in den Gärten von Chiswick House bei London. Ölgemälde von J. Rigaud. Chatsworth, The Trustees of the Chatsworth Settlement

Die Gärten von Stowe (Buckinghamshire, Großbritannien). Zeichnung von T. Rowlandson. San Marino (Kalifornien), Huntington Art Gallery

Ansicht des Parks von Esher Place (Surrey, Großbritannien) mit Tempel und Brücke. Zeichnung von W. Kent. London, Victoria and Albert Museum

Zwei eine Ruine zeichnende Künstler. Anonyme Zeichnung. Ende 18. Jh. London, British Library

Die Praeneste-Terrasse im Park von Rousham (Oxfordshire, Großbritannien). Photo Daniele De Lonte

Wir neigen dazu, diese späte Form des Pittoresken als den englischen Beitrag zum frühen Landschaftsgarten zu deuten. Pope wird daher fehlinterpretiert als moderner pittoresker Gartengestalter, als Prophet von Entwicklungen, die er gar nicht vorhergesehen haben kann[17], und Kent wird sozusagen als Johannes der Täufer für Christus »Capability« Brown betrachtet.[18] Horace Walpole jedoch, der weitgehend für die Verbreitung dieser teleologischen Geschichte des Landschaftsgartens verantwortlich zu machen ist, war nicht nur voll Vertrauen in das zunehmende Potential der Kulturpolitik, sondern brachte in seinen Schriften auch ein spätes Verständnis der sechziger Jahre des 18. Jahrhundert zum Ausdruck. Selbst Walpoles Gartenbeobachtungen lassen jedoch bisweilen, wie die Entwürfe seines Helden William Kent das noch deutlicher tun, den Wendepunkt erkennen, der Thema dieses Beitrags ist. Kent sah in seinem Park in Esher im Mai 1763 einen »Parnaß, wie Watteau ihn gemalt hätte«; er fand sowohl eine *fête champêtre*, die auf den Garten als Theater, als Schauplatz allerdings trivialisierter menschlicher Aktion zurückgriff, als auch eine Szenerie (er benutzte das Wort »Szene«) höchster formaler Freuden – »die Schönheit der Landschaft, ein Regenbogen vor einer dunklen Wolke, der genau hinter dem Turm einer benachbarten Kirche, zwischen einem weiteren Turm, und dem Gebäude von Claremont verschwand ... die Bäume, Rasen, Mulden, alle in einer Perfektion, bei deren Anblick der Geist Kents seine Freude hätte.«[19]

Walpole betrachtete Esher Place als Kents bestes Werk (dort sei er »kentissime«), und auch Thomas Whately zollte ihm hohes Lob:

»Die Gruppe [von Bäumen] sind dünn gesät und klein; es gab keinen Platz für mehr oder größere. Es gab keine Gelegenheit, durchgängige enge Lichtungen zwischen gegenüberliegenden Reihen zu schaffen; die freien Bereiche sind daher hauptsächlich unregelmäßige Öffnungen, die sich überallhin ausbreiten, und große Unterschiede in den Abständen der Bäume bilden eine Hauptabwechslung. Das Wäldchen windet sich aber entlang dem Ufer eines breiten Flusses, liegt seitlich und am Fuß eines plötzlich ansteigenden Hügels, dessen oberer Teil ebenfalls mit Bäumen bewachsen ist. An einer Stelle schmiegt er sich dicht an das Gebüsch, weicht an anderer Stelle zurück und erstreckt sich an einer dritten über eine deutliche Vertiefung, die sich in das Dickicht hinaufzieht. Die Bäume überziehen ab und zu die Ebene und lassen dann wieder einen Bereich zum Fluß hin offen; krönen an anderer Stelle den Rand einer Kuppe, erklimmen einen Steilhang oder halten sich an einem sanften Abhang fest. Diese Situationsvielfalt ist mehr als ein Ausgleich für den Wunsch nach Abwechslung in der Anordnung der Bäume ...[20]

Dieser Bericht ist vollständig den »pittoresken« Eigenschaften von Esher gewidmet, seiner »Vielfalt«, seiner »Gestalt«, der Unregelmäßigkeit und der Anordnung natürlicher Formen. Bezeichnend ist, daß Whately Kents Rousham unberücksichtigt läßt. Diesen Garten, der etwas von jener erwähnten Ambivalenz hat, bewertet Walpole ebenfalls hoch; aber seine Lobrede benutzt allgemeine Formulierungen, obwohl sie einen bedeutungsvollen Garten klassischer Assoziationen signalisiert – »elegant und antik, als hätte Kaiser Julian die angenehmste Abgeschiedenheit der Daphne ausgewählt, um sich philosophischer Zurückgezogenheit zu erfreuen«; oder an anderer Stelle: »Die lieblichsten kleinen Wälder, Wasserläufe, Lichtungen, Portiken, Wasserfälle ... alle Szenen sind vollkommen klassisch.«[21] Walpole macht nicht einmal den Ansatz, auf die intellektuellen Bedeutungen einzugehen, die Kent in Rousham offenbar dargestellt hat: die Skulptur des Löwen, der ein Pferd

Löwe, ein Pferd angreifend. Skulptur von Scheemaker im Park von Rousham (Oxfordshire, Großbritannien)

Ansicht des Parks von Castle Howard (Yorkshire, Großbritannien). Photo Daniele De Lonte

angreift, ist eine Anspielung auf die Fontana di Roma der Villa d'Este, die eloquente Praeneste-Terrasse eine verkleinerte Wiedergabe des zerstörten klassischen Tempels in Palestrina, gekonnt miniaturisiert in seiner Übertragung auf das Hannoveranische England; das Venustal ist ein Anklang an Frascati; schließlich die zahlreichen Ausblicke in bewirtschaftete Landschaften, der Temple of the Mill und als letztes der Blickfang, zugleich römischer Triumphbogen *und* gotische Schaufassade.

Kents Schöpfung, sicherlich sein Meisterwerk (zumindest besteht es im Gegensatz zu Esher noch heute), stellt eine geistreiche Version dieser Entwicklung in der Gartenbaukunst dar, die er, wie erwähnt, in der Wiedergabe von Michael Draytons Texten aus *Polyolbion* erläuterte. In seinem kleinformatigen, 1739/40 entstandenen Garten beschenkt Kent die Besucher mit einer Reihe von Historiengemälden, in denen Englands eigenständige Rolle in der Gartengestaltung von Rom bis Oxfordshire dargestellt wird.[22] Sein Konzept des Pittoresken in der Gartengestaltung geriet jedoch langsam aus der Mode; Kent selbst, ausgebildet als Historienmaler und zugleich ein erfahrener Bühnenbildner, reizten dennoch gleichermaßen die rein formalen Freuden der Wäldchen von Esher wie die wissenschaftlichen Kompositionen seines Freundes Alexander Pope. Kents künstlerische Laufbahn war von entscheidender Bedeutung für das Schicksal des Pittoresken, verwandelte es sich doch von einer begrenzten und intellektuellen Darstellungsweise zu einer populären, ästhetischen Würdigung der visuellen Herrlichkeiten und Möglichkeiten, welche die Landschaft bietet.

Der Apollotempel im Park von Stourhead (Wiltshire, Großbritannien). Photo Daniele De Lonte

Anmerkungen

1 *Humphry Clinker* (1771), Hrsg. A. Ross, Harmondsworth 1967, S. 184.
2 Addison, *The Works*, London 1720, III, S. 497.
3 Pope, dokumentiert von Joseph Spence, *Observations, Anecdotes and Characters of Books and Men*, Hrsg. James M. Osborn, Oxford, 1966, I, S. 252f.
4 David Leatherbarrow, »Character, Geometry and Perspective: the Third Earl of Shaftesbury's principles of garden design«, in: *Journal of Garden History*, IV, 1984, S. 332–358.
5 Als typisches Beispiel für die Zusammenhänge von visueller Darstellung und Literatur siehe Jonathan Richardsons Betrachtungen über Michelangelos Gemälde anhand der Texte von Dante und Villani in: *Two Discourses*, London 1719, S. 26ff.
6 Diese Passagen von Pope sind am einfachsten in der modernen Twickenham-Ausgabe seiner Dichtung nachzuschlagen, London und New Haven 1967. Ich habe sie in meinem Essay »Ut pictura poesis, ut pictura hortus, and the picturesque«, in: *Word* & *Image. A journal of visual/verbal enquiry*, I, 1985, S. 87–107, genauer abgehandelt.
7 David Jacques zitiert Drydens Übersetzung von du Fresnoys wissenschaftlicher Abhandlung über das Malen, »The art and sense of the Scribblerus Club in England 1715–35«, in: *Garden History*, IV, 1976, S. 42. Für weitere Abhandlungen über Popes Gartenbaukunst siehe Peter Martin, *Pursuing Innocent Pleasures. The gardening world of Alexander Pope* Hamden Conn. 1984, Maynard Mack, *The Garden and the City*, Toronto, Buffalo und London 1969, und John Dixon Hunt, *Garden and Grove*, London 1986, Kapitel. 11.
8 *The Correspondence of Alexander Pope*, Hrsg. George Sherburn, Oxford 1956, IV, S. 201.
9 André Félibien, *Entretiens*, Trevoux 1725, S. 150.
10 Siehe John Dixon Hunt, *William Kent. Landscape Garden Designer. An assessment and catalogue of his designs*, London 1987.
11 Addison, *The Tatler*, Nr. 115, 1705.
12 Der Satz aus dem Fragebogen der Walisischen Literaturgesellschaft von 1795 über »Wahrnehmbares« in der Landschaft wird von Graham Walters in seinem Essay in der kartographierten Ausgabe von *Word & Image*, IV/2, 1988, zitiert.
13 Warton, »The Enthusiast«, 1744, in: *The Genius of the Place*, Hrsg. John Dixon Hunt und Peter Willis (neue, überarbeitete Ausgabe Cambridge/Mass. 1988), S. 241. Im Zusammenhang mit dem Niedergang ikonographischer Kenntnisse siehe den ertragreichen Essay von D.J. Gordon, »Ripa's Fate«, in: *The Renaissance Imagination*, Hrsg. Stephen Orgel, Berkeley und Los Angeles, 1975, S. 51–74.
14 Whately, *Observations*, 1770, S. 146–151.
15 Spence, *Polymetis*, S. 290.
16 *Analytical Review*, 20, 1794, S. 259; der Verfasser zeichnet mit »R.R.«
17 Siehe Morris Brownell, *Alexander Pope and the Arts of Georgian England*, Oxford 1978, und meine Besprechung dessen in *Review*, III, 1981, S. 155–164.
18 Das ist Walpoles These in seiner *History of the Modern Taste in Gardening*, Hrsg. Isabel W.U. Chase, *Horace Walpole: Gardenist*, Princeton/N.J. 1943.
19 Walpole, *Correspondence*, Hrsg. W.S. Lewis et al., New Haven und London 1937, X, S. 72–73.
20 Whately, op. cit., S. 52.
21 Walpole, *History*, op. cit., S. 29, und *Correspondence*, X, S. 72.
22 Rousham wird ausführlich abgehandelt in Simon Pugh, *Garden-Nature-Language*, Manchester 1988, in meinem Buch über Kent (siehe Anm. 10) sowie in Valentin Hammerschmidt, Joachim Wilke, *Die Entdeckung der Landschaft*, Stuttgart 1990, S. 61ff.

*Garten von Chiswick House bei London.
Das Pantheon im Winter. Photo Daniele
De Lonte*

Szenographie und Perspektive in der französischen Gartenplanung des 18. Jahrhunderts

Marianne Roland Michel

Zu den zahlreichen von Huquier nach Watteau einige Jahre nach dessen Tod gestochenen Arabesken gehören zwei Stiche als Pendants. Beide stellen Personen in Ziergärten dar, eine Bacchantin in einer wilden Landschaft, in der Bäume und Schilf eine tiefe Schlucht umgeben, und »galante« Personen in einem Garten französischen Stils, symmetrisch angelegt mit beschnittenen Eiben und Bögen, welche die Wasserfälle überragen und die Skulpturen miteinander verbinden.

Wahrscheinlich wegen seines Blätterbaldachins trägt das erste Blatt den Titel *Le Berceau* (Der Laubengang), was an die klassischen Gärten denken läßt. Der zweite Stich dagegen trägt die Bezeichnung *Le théâtre* (Das Theater), eine Anspielung auf seine frontale Anordnung, seine perfekte Symmetrie, die aus diesem Garten eine Art Konkavszenerie macht: Girlanden hängen von Festons, auf denen kleine musizierende Affen hocken, was der Komposition zusätzlich etwas Theatralisches verleiht.

Zwei weitere thematisch aufeinander abgestimmte Stiche sind von gleicher Ambiguität: *Les Jardins de Cythère* (Die Gärten der Kythera) und *Les Jardins de Bacchus* (Die Gärten des Bacchus), sie zeigen eine um einen Brunnen und ein Bacchusmonument symmetrisch angeordnete Szene. Bäume begrenzen den Horizont, während Abstufungen eine Neigung nach vorne zum Ausdruck bringen. Das Ganze wird von Draperien, Festons, Girlanden, Trophäen, verschiedenen Masken eingerahmt und von Pfeilern flankiert, die den szenographischen Aspekt dieser Gärten noch unterstreichen; die statischen Figurenpaare, die zur Belebung gedacht waren, verstärken die Theatralik. Eine ebenfalls von Huquier gestochene letzte Arabeske mit dem Titel *La Grotte* (Die Grotte) zeigt nochmals, hier auf einer Bühne, eine Gartenlandschaft, in der konkave Arkaden eine groteske, von Tropfsteinbildungen umringte Statue rahmen. Selbst wenn die Titel dieser Stiche eher Huquier als Watteau selbst zuzuschreiben sind[1], sind sie dennoch explizit mit dem Gartenvokabular der ersten Hälfte des 18. Jahrhunderts verknüpft und in diesen Arabesken zu szenographischen Zwecken benutzt. Mit vollem Recht wird der theatralische Aspekt von Watteaus Werk als Grundlage seiner Kunst betrachtet, besonders bei seinen Gemälden, die französische oder italienische Komödianten oder das Thema der Insel Kythera darstellen, inspiriert von den *Trois Cousines* (Drei Cousinen) von Florent Carton Dancourt; aber man beruft sich in diesem Zusammenhang kaum auf die Arabesken.

Wenig Aufmerksamkeit ist der szenographischen Phantasie Watteaus zugewandt worden[2], für die diese Stiche den Beweis liefern. Trotzdem definiert Charles Augustin d'Aviler das »Gartentheater« als eine »Art erhöhter Terrasse mit einer perspektivischen Dekoration aus Baumalleen oder einem Laubengang, um Pastoralen aufzuführen. Das gegenüberliegende Amphitheater besteht aus mehreren Rasen- oder Steinstufen.«[3] Diese Definition, für die die Arabesken Watteaus die perfekte Illustration liefern, wird in der *Encyclopédie*, wo man sie unter dem Stichwort »Theater« und nicht unter »Garten« findet, wörtlich aufgegriffen. Es ist richtig, dies zu einem Zeitpunkt zu präzisieren, an dem Unklarheit über diese beiden Begriffe herrscht, die entweder eng miteinander verknüpft oder, im Gegenteil, sorgfältig voneinander getrennt werden.

Kehren wir zu Watteaus Gärten zurück: Manche von ihnen sind Orte der Zerstreuung mit direkten Hinweisen auf Ballett oder die Komödie. So finden die *Fêtes vénitiennes* (Venezianischen Feste) (Edinburgh, National Gallery of Scotland), deren Titel, absichtlich oder nicht, an ein Ballett von André Campra erinnert, auf einer »Bühne« statt, die von einer gebogenen Wand abgeschlossen wird. Ein älterer Mann, in dem man Watteau wiederzuerkennen glaubt, führt zum Menuett ein Paar, dessen Mann wiederum niemand anderes sein kann als der Maler Vleughels. Das Gemälde, eine Kombination also aus galantem Fest und Realität, aus Theater und gesellschaftlichem Vergnügen, erscheint in der Tat als die Hälfte einer Bühne, deren rechter Teil fehlt. Die fertiggestellte Komposition würde ein wirkliches Bühnenbild zeigen, am äußeren Rand von Baumreihen begrenzt, die im Hintergrund aufeinandertreffen und einen Halbkreis um einen Brunnen bilden. Eine vergleichbare Komposition zeigt den *Sommer* und den *Herbst* der Julianischen Jahreszeiten. Auf diesen Stichen, die verlorengegangene Gemälde rekonstruieren, musizieren Menschen in einem Traumgarten; die Hälfte des Bildes nimmt eine von Nischen, Springbrunnen und Statuen durchbrochene Wand ein; außerdem spielt sich eine – eher theatralisch dargestellte – Weinlese vor einer mit einem Brunnen in einem Gitterpavillon gezierten Bühne ab.

Die Perspektive ist ein ausgesuchtes Beispiel, schon durch ihren Titel[4], für einen szenographischen Bedeutungsträger. Diese »Perspektive« zeigt im Mittelgrund eine entfernt palladianische Fassade, deren Transparenz eine Landschaft ohne Tiefe zu vermitteln scheint; eine zentrale, von Bäumen gesäumte Allee führt zu ihr hin. Diese wird von ein paar Menschen belebt. Die Überlieferung besagt, daß es sich um das Haus und den Garten Pierre Crozats in Montmorency handele, aber der allgemeine Aspekt der Komposition läßt eher an eine Opernausstattung denken, etwa für den Aufzug der Zigeuner in den *Fragments de M. de Lully*, 1702 in der Oper aufgeführt, oder für Torellis *Noces de Thétis et Pelée*. Wiederum findet hier, mehr noch als in den *Fêtes vénitiennes*, eine Vermischung des realen Orts und der Dekoration, der aus dem Leben gegriffenen Personen und der eine Rolle übernehmenden Schauspieler, des Wahren und des Erfundenen statt. Walpole, ein Kritiker des künstlichen Aussehens von Watteaus Gärten, fand dafür eine Erklärung, als er die Pariser Gärten sah: »Hier sah ich die Originale jener Büsche aus Federn und Fächern und herausgeputzten Wäldchen, die sich gegenseitig zunicken wie die Szenen einer Oper.«[5]

Diese ikonographische Verwechslung wird durch die Texte der Zeit begünstigt, die seltsamerweise Gärten, die an Theaterausstattungen erinnern oder, im Gegenteil, durch wirkliche Gärten angeregte Bühnendekorationen, miteinander vermischen. So verleiht der Beitrag unter dem Stichwort »Theater« in der *Encyclopédie* diesem Begriff unter anderem die Bedeutung eines »Komplexes aus mehreren Gebäuden, die durch ihre Ansicht und eine gelungene Anordnung den Betrachtern einen erfreulichen Anblick bieten. Das gilt für die meisten Bauten in den Weinbergen von Rom (...) und in Frankreich für das Schloß St. Germain-en-Laye am Fluß.«[6] In demselben Artikel wird noch angegeben, daß das Theater der Griechen und Römer »mit langen Portiken, überdachten Galerien und schönen baumgesäumten Alleen verbunden war«. Dagegen beschreibt und illustriert Dezallier d'Argenville 1747 einen »Portikus und Grünraum« mit stufenförmig angeordneten Sitzreihen, Amphitheater etc., während Neufforge den Plan für eine Grotte, einen Tempel oder einen Aussichtsturm zeigt, »geeignet für die Ausschmückung des Gartens oder für einen anderen Zweck«, womit die Bühne gemeint war.

Zwei aus derselben Zeit stammende Texte vergleichen also einmal den Garten mit einem Theater und beschreiben zum anderen das Theater mit Bezugnahme auf den Garten. Die Ambiguität dieser doppelten Betrachtungsweise ist für diese Zeit typisch.

Die Grotte. Kupferstich von Huquier. Paris, Bibliothèque Nationale, Cabinet des Estampes

Der inszenierte Garten

Zu den »verschiedenen grünen Zimmern« führt François Blondel einige Beispiele an wie »die Ballsäle, die Säle für antike Kunstwerke, die Amphitheater usw.«.[7] Er beschreibt auch in *L'Homme du Monde* die Gärten von Marly mit Worten, die man zur Kommentierung einer Vorstellung verwenden könnte: Man sei »erstaunt«, man erlebe »eine Art Verzauberung« vor den Springbrunnen, den Abhängen, »den natürlichen und künstlichen Säulengängen und den Marmortreppen«. Säle, Wäldchen, Laubengänge, Amphitheater und Statuen werden beschrieben, als wären sie Requisiten.[8]

Theatralische Kunstgriffe, optische Täuschungen, perspektivische Tricks dienen außerdem dazu, die städtischen Gärten trotz ihrer verhältnismäßig geringen Flächenausdehnung spektakulär zu machen: Portiken, Kolonnaden, Laubengänge, Skulpturen werden angeordnet, ja sogar vorgetäuscht, um die Illusion eines unbegrenzten Raumes zu erwecken. Maler wie Jean Daret, Jacques Rousseau, Philippe Meusnier spezialisieren sich auf dieses Genre der Illusionsmalerei. Selbst wenn die Fläche riesig ist, wie in Versailles, verzichtet man nicht auf die optische Täuschung, indem man eine Folge von Perspektiven entstehen läßt, die dem entzückten Auge des Spaziergängers ständige Überraschungen bieten. Cotelle hatte das wohl verstanden, als er Nymphen und Gottheiten in seinen Darstellungen der Gärten von Versailles plazierte. Ein Jahrhundert später bezeichnete Claude-Henri Watelet mit Recht »jene *überlegten Arrangements*, mit denen man die neuen Parks verschönerte, als Theaterbühnen«.[9] Das erklärte Ziel war die Übertragung der vom Maler auf der Leinwand oder dem Dekorateur auf der Bühne erzielten Effekte auf den Garten. Und Louis Carmontelle erhob für seine Schöpfung des Gartens von Monceau den Anspruch eines illusionären Landes. Er präzisierte: »Verändern wir die Szenen des Gartens wie die Dekoration der Oper: Lassen wir dort Realität werden, was die geschicktesten Maler aller Zeiten und aller Orte als Dekoration dafür bieten.«[10]

So wird der Garten also als ein Ort des Traumes und der Illusion betrachtet, aber auch als die Verwirklichung dieses Traumes. Durch seine Konzeption, durch die dort erzeugten Wirkungen, die dort plazierten Objekte, die dort entstandenen Perspektiven gestaltet man ihn mehr oder weniger dramatisch, mehr oder weniger beglückend. Die Natur wird in Anspruch genommen und entsprechend den gewünschten Effekten benutzt. Shaftesbury beschreibt die »schroffen Felsen, die bemoosten Grotten, die sich brechenden Wasserfälle und alle schrecklichen Schönheiten der Wildnis« als wären sie Illustrationen der wahren Natur.[11] Ebenso bemerkt Chambers, daß die Chinesen in ihren Gärten bezaubernde, schreckliche und fröhliche Szenen unterscheiden[12], was Jurgis Baltrušaitis gestattet, von einer Dramaturgie der chinesischen Gärten zu sprechen, weil man darin Zuschauer und Schauspieler zugleich ist.[13] Kann man übrigens nicht die theatralische Exotik mit derjenigen von Gärten vergleichen, seien sie nun chinesisch, englisch oder italienisch, und ist es nicht Aufgabe der Pagoden, gotischen Türme und chinesischen Brücken, das literarische und imaginäre Universum des Spaziergängers zu verkörpern?

Die Künstler reflektieren diese konstante Mehrdeutigkeit, und in ihren Gartendarstellungen halten Maler und Entwerfer die topographische Illusion in einer Weise aufrecht, daß man nicht weiß, ob man sich in einem Garten befindet, der das Theater nachahmt, oder auf einer Bühne in Gartengestalt. Jean-Baptiste Oudry liefert das überraschendste Beispiel dafür, gelingt es ihm

»Die Perspektive«. Ölgemälde von J.A. Watteau, Boston, Boston Museum of Art

Das Fest in Rambouillet. Ölgemälde von J.H. Fragonard. Lissabon, Museu Calouste Gulbenkian

Le Parnasse française. Kupferstich von Maisonneuve, nach einem Gemälde von Lajoüe. Paris, Bibliothèque Nationale, Cabinet des Estampes

Der Garten von Arcueil. Zeichnung von J. B. Oudry. London, Courtauld Institute of Art

doch, durch wiederholte Zeichnungen der Gärten von Arcueil[14] – die Natoire, Boucher, Portail zur gleichen Zeit ebenfalls, wenn auch anders darstellen – dem Aquädukt, den Treppen, den Laubengängen dieser verwilderten Gärten einen szenographischen Anstrich zu verleihen. Lajoüe machte es genauso, als er den *Parnasse français* von Titon du Tillet inszenierte oder in die von ihm gemalten Gärten extravagante Skulpturen und nicht weniger extravagante Menschen plazierte. Sie haben aber gegenüber Oudrys Wiedergaben den Vorzug der totalen Erfindung, auch wenn sein Parnaß an einem Ort angesiedelt ist, der absichtlich an den Park von Versailles erinnert. Und als Lancret beschließt, die Tänzerin Marie-Anne de Camargo beziehungsweise den Schauspieler Grandval[15] darzustellen, plaziert er sie in Gärten, die zwar als Bühnenhintergrund dienen, aber, wie im Theater, der Phantasie entsprungen sind.

Im Gegensatz dazu lassen Huet, Boucher und Fragonard bei der Dekoration des Salons von Demarteau[16] die unbekümmerte Atmosphäre eines mit Statuen geschmückten, von Vögeln bevölkerten Gartens wieder erstehen, in dem sich Bäume, Wäldchen, Brunnen und Blumen entfalten können. Der Eindruck ist so stark, daß man sich fragen muß, ob Dominique Vivant Denon nicht an einen ähnlichen Ort dachte, als er das Boudoir der Liebenden aus *Point de lendemain* beschrieb: »Ich sah nur noch ein lichtes Wäldchen, das sich aussichtslos an nichts haltend und auf nichts zu stützen schien. Die Seite, von der aus wir eingetreten waren, hatte blumengeschmückte Portiken aus Gitterwerk und Laubengänge in jeder Einbuchtung; auf einer anderen Seite sah man die Statue Amors Kränze verteilen. Vor dieser Skulptur stand ein Altar, auf dem eine Flamme brannte; ... ein in leichter Architektur gehaltener Tempel komplettierte die Ausstattung dieser Seite. Gegenüber befand sich eine düstere Grotte; der Gott des Mysteriums bewachte den Eingang: Parkett, bedeckt mit einem samtartigen Teppich, imitierte den Rasen.«

Dieser Text illustriert deutlich die Rolle des Gartens als erotischer Ort, entschloß man sich doch, dem den Liebesspielen vorbehaltenen Raum das Aussehen eines Gartens zu geben. Gleichzeitig handelte es sich um eine Theaterszene der Sinneslust – die durch die zu diesem Zweck entworfene Dekoration noch erhöht wurde, als ob die Liebenden diesen präzisen Kulissenrahmen aus Portiken, Blumen und Rasen benötigten. Das ist implizit der gleiche Effekt, den Fragonard anstrebte, als er für Louveciennes die vier großen Gemälde des *Progrès de l'amour*[17] anfertigte, vier Momente des Liebesromans, vier Paare, inszeniert in einer entzückenden Atmosphäre, welche die riesigen Bäume, die Blumen, die Orangenbäume in Töpfen und all das Beiwerk des »grünen Paradieses« entstehen lassen. Diese lyrische Note des Gartens ist vielleicht in seiner *Fête à Rambouillet* noch offensichtlicher, einem geheimnisvollen Gemälde, in dem ein omnipräsenter Garten als Hintergrund für eine galante Einschiffung dient.[18] Trotz der Wildheit der dargestellten Natur befinden wir uns in einem Garten, was die Statue, von der der Wasserfall links ausgeht, die zu Grotten und Passagen geformten Bäume (Eiben?), die Treppe und die Blumengruppe bestätigen.

Die Bühne als Garten

In der *Fête à Rambouillet* liegt das Geheimnisvolle in der Laubgrotte und den Personen, die sich am Rand ihres Halbschattens aufhalten. Der Spaziergänger ist nicht länger in einem wirklichen Garten; mit den eleganten Damen und ihren Kavalieren schifft er sich ein zur Fahrt nach dem schattigen Kythera.

Doppelläufige Treppe in einem Park. Zeichnung von J. D. Lajoüe. Musée de Rennes

Sultan in einem Garten. Ölgemälde von J. D. Lajoüe. Paris, Privatsammlung

Befinden wir uns denn auf einem Fest? Zu welcher Stunde und zu welcher Jahreszeit findet es statt? Stammt der verwunderliche Lichtstrahl, der die schwankenden Wipfel der Bäume umgibt, von der untergehenden Sonne, von einem gleich ausbrechenden Gewitter, oder muß man ihn als künstliche Bühnenbeleuchtung betrachten?

Wenn der Garten häufig als Dekoration konzipiert wurde, so gilt die Umkehrung nicht weniger, und es gibt unzählige Beispiele in Schauspiel und Oper, wo das Bühnenbild einen Garten darstellt. Ebenso wie zu den Elementen des Gartens Amphitheater, Sitzreihen, Tanzsäle gehörten, so nahm Frézier »Pyramiden, Statuen, Obelisken, Brunnen, Gärten, Wälder, Landschaften, Perspektiven ...«[19] in das Sortiment der Bühnenaccessoires auf. Von diesem quasi unbegrenzten Vokabular machte ein Künstler wie Lajoüe weitreichend Gebrauch, und zwar in einer Weise, daß man angesichts seiner extravaganten Kompositionen nie so genau weiß, ob man auf einer Bühne oder in einem Garten steht. Die Mehrdeutigkeit wurde von seinen Zeitgenossen so stark empfunden, daß eine seiner Kompositionen – von der Huquier einen Stich mit dem Titel *Fontaine* herstellte und die eine Skulpturengruppe der Grazien in einem blühenden Garten zeigt – für eine Reihe von Theaterdekorationen aufgegriffen wurde. Der neue Titel *La Fontaine des Graces* (Der Brunnen der Grazien) kennzeichnet den Übergang von einem Entwurf für einen Garten zu dem für eine Bühne, und betont die Gleichheit der dekorativen Zweckbestimmung. Diese Praxis stimmt mit der Theorie überein, glaubt man den Kommentaren von Grimm und Gougenot zu den Dekorationen Servandonis und Bouchers: »Das Talent eines Bühnenbildners« – schreibt ersterer – »besteht auch nicht darin, Wunder oder gar die Natur in Aktion für uns zu reproduzieren; die friedliche Natur ist es, die dem Dekorateur, der den Verstand hat, sie wahrzunehmen, tausend wunderbare Bilder anbietet.«[20] Und Gougenot rief aus, indem er Boucher Servandoni gegenüberstellte: »Wer könnte diese schönen Gärten, diese schönen Grotten, diese schönen Landschaften, in denen man mit Vergnügen eine glückliche Mischung aus Ansichten von Rom und Tivoli mit denen von Sceaux und Arcueils erkennt, besser wiedergeben als F. Boucher?«[21] Rom und Tivoli bieten das Malerische einer Palme oder einer Ruine, aber Sceaux und Arcueil die Theatralik ihrer Gärten. Diese seltsame Kombination wurde tatsächlich von allen Bühnenbildnern mit Vergnügen angewandt, und die Gärten, die sie inszenierten, unterschieden sich kaum von solchen, in denen die Betrachter spazierengingen.

Die Beispiele lassen sich leicht vermehren: So griff man 1702 für die bereits erwähnten *Fragments de M. de Lully* eine Dekoration auf, die von Bérains Atelier für den *Triomphe de Venus* entworfen wurde, mit Gärten, die zu einem Palast führten.[22] *Hippolyte et Aricie* von Rameau wurde 1733 uraufgeführt, für die Wiederaufnahme neun Jahre später erfand Servandoni eine Dekoration für den Garten Hippolytes, die gemäß dem Textbuch Pellegrins »einen köstlichen Garten darstellt, in den die Wege vom Wald aus führen, in dem man Aricie auf einem Bett aus Laub liegen sieht«. Es war ebenfalls Servandoni, der 1735 die Inszenierung des Blumenaufzugs des *Indes galantes* erdachte; zum großen und wunderbaren Garten von Alis Palast gehörte »eine mit Eiben durchsetzte Baumallee, die in einem großen Gewölbebogen mündet«; im Hintergrund ein Laubengang; auf jeder Seite verbinden sich fünfarkadige Portiken mit einem Brunnen im Vordergrund; in der Mitte des Bühnenbildes erkennt man einen Rosenstrauch.[23]

Amor mit Weintrauben. Teil einer von François Boucher bemalten Wandvertäfelung aus dem Salon des Kupferstechers Demarteau. Paris, Musée Carnavalet

Auch Michel-Ange Slodtz wurde mit dem Entwurf der Dekorationen für die Opern Rameaus beauftragt. Flür *Anacréon* dachte er sich »einen mit Säulen in Form durchbrochener Gitterstäbe verzierten Laubengang« aus sowie Rundbögen.[24] Für die Aufführung von *Hilas et Zélie* von Bury im Theater von Versailles 1763 stellte er »das Bühnenbild aus einer angenehmen Landschaft mit einem Gehölz im Vordergrund« her und für die Wiederaufführung der *Eléments* im selben Jahr entwarf er »die Obstgärten von Pomone« für den vierten Auftritt des Balletts.[25]

Als 1758 die *Fêtes à Paphos* aufgeführt wurden, ein heroisches Ballett von Mondonville, sah die Dekoration des zweiten Aktes einen Hain vor. Bacchus zeigt sich dort empfänglich für das »süße Plätschern des Bachs, der seine Ufer umspült... und für die tausend sprießenden Blumen, die sich in alle Richtungen ausbreiten«; die seitlichen Kulissen bestehen aus Blumen, Bäumen, Wasserfällen und Brunnen.

All diese beschriebenen, ersonnenen und ausgeführten Dekorationen beziehen sich auf eine alles in allem gewöhnliche und fast banale Topologie. Aber es ist trotzdem interessant, daß es kaum eine Aufführung gibt, die nicht ihren Garten hat. Ein Beispiel liefert uns die Beschreibung der kleinen mechanischen Oper, die von Magny für Bonnier de la Mosson produziert wurde.[26] Der Mechaniker sah dafür die traditionelle Folge von Bühnenbildern für den Prolog und jeden der fünf Aufzüge vor: »Thema (des) letzten Akts bildet ein wunderbarer Garten, der von allen Seiten mit Statuen, Kabinetten und grünen Säulengängen ausgeschmückt ist. In der Mitte schießt ein Springbrunnen hoch, und in der Entfernung entdeckt man eine prächtige Kolonnade, an deren Ende ein herrlicher Palast zu sehen ist.«

Als Pierre-Adrien Pâris zahlreiche Dekorationen für die Vorführungen der *Menus plaisirs* ersann, war es extrem schwierig, den Anteil des Realen oder unterwegs ausgeführte Reiseskizzen von der eigentlichen Bestimmung für das Theater zu unterscheiden. So bildeten in den *Jardins de Cythère* ein Tempel, eine Grotte, eine Amorstatue und verschiedene Bäume eine wirkliche Landschaft, von der man dennoch wußte, daß ihr Verfasser sie für ein bestimmtes Bühnenbild vorsah. Gleichzeitig waren diese Elemente wie in einem Garten austauschbar, und eine unterschiedliche Anordnung ermöglichte ihre Verwendung in verschiedenen Arten des Balletts.[27]

Dieser Mehrzweck-Aspekt einer Dekoration, der auf realen Elementen beruht, wird besonders gut anhand einer Serie von Modellen illustriert, die man lange Zeit Servandoni zuordnete, die La Gorce aber unlängst Algieri zugeschrieben hat. Dieser Bühnenbildner, der in der Tat mit Servandoni und mit Boucher zusammenarbeitete, hat etwa ein Dutzend mehrfach zu verwendende Dekorationen entworfen, von denen Modelle angefertigt wurden, die heute im Schloß von Chambord aufbewahrt werden. Die für viele Gelegenheiten passenden Bühnenbilder sind kombinierbar und ihre Elemente können beliebig für alle Modelle verwendet werden. Der Bühnenhintergrund wurde manchmal durch einen Stich ersetzt: die Gärten von Marly, von Rigaud oder die Haine von Versailles von Silvestre. Diese reale Darstellung berühmter Gärten in Dekorationen, geschmückt mit allen Elementen der traditionellen Szenographie, Girlanden, extravaganten Brunnen, Gitterwerken, die den Raum in Folgen aufbrechen, zeigt die beabsichtigte Vermischung der Realität der Gärten mit dem Imaginären der für die *Surprises de l'amour* von Rameau oder die *Amours des dieux* von Mouret entworfenen Bühnenbilder. Spaziergänger und Zuschauer werden letztlich in einem gemeinsamen Topos vereint.

Anmerkungen

[1] Man muß daran erinnern, daß die Tafeln von *Le Recueil Jullienne* nach Watteaus Tod gestochen wurden und offenbar keine der Bildbezeichnungen vom Künstler stammen.
[2] Zu diesem Thema siehe M. Roland Michel, *Watteau, un artiste au XVIIIe siècle*, Paris 1984, und J. de la Gorce, »Watteau à l'Opéra (1702?)«, in: *Antoine Watteau, le peintre, son temps et sa légende*, Paris und Genf 1987.
[3] A.C. d'Aviler, *Dictionnaire d'architecture civile et hydraulique et des arts qui en dépendent*, Paris 1696 und weitere Ausgaben.
[4] Boston Museum of Art. Zur Bildbezeichnung siehe Anmerkung 1.
[5] H. Walpole, *Anecdotes of Painting in England*, 1762–1771, Bd. 4, »Antoine Watteau«.
[6] Aus diesem Grunde belebte Natoire, der Direktor der Académie de France in Rom, seine nach 1760 angefertigten Zeichnungen der Gärten um Rom, Frascati und von der Villa Madama mit biblischen oder mythologischen Gestalten und transformierte so die reine Landschaft in gemalte Szenen.
[7] J.F. Blondel, *De la distribution des maisons de plaisance et de la décoration des édifices en général*, Paris 1738, Bd. 2.
[8] J.F. Blondel, *L'Homme du monde éclairé par les arts*, Paris 1774.
[9] Watelet, *Essai sur les jardins*, Paris 1774.
[10] Carmontelle, *Le jardin de Monceau près de Paris*, Paris 1779.
[11] Shaftesbury, *The Moralist*, London 1711.
[12] Chambers, *Designs of Chinese Buildings*, London 1757.
[13] Katalog der Ausstellung *Jardins en France 1760–1820. Pays d'illusion. Terre d'expériences*, Paris 1977.
[14] Siehe Th. Opperman im Katalog der Ausstellung *J.B. Oudry*, Paris 1982/83, Nr. 129–138.
[15] Mehrere Versionen von Lancrets *Camargo Dancing* sind bekannt, vor allem in Leningrad (Ermitage), London (Wallace Collection) und Nantes (Musée des Beaux-Arts). *Der Schauspieler Grandval in einem Garten* befindet sich im Museum of Art in Indianapolis.
[16] Paris, Musée Carnavalet.
[17] New York, Frick Collection.
[18] Lissabon, Stiftung Calouste Gulbenkian.
[19] Frézier, *Traité des feux d'artifices*, Paris 1706.
[20] Grimm, *Correspondance littéraire*, April 1754.
[21] Abbé Gougenot, *Lettres sur la peinture...*, 1784.
[22] J. de La Gorce, *op. cit.*, Anmerkung 2.
[23] J. de La Gorce, »Un grand décorateur à l'Opéra au temps de Rameau: Jean-Nicolas Servandoni«, in: *Proceedings of the Colloque Rameau*, Dijon 1983.
[24] F. Souchal, *Les Slodtz, sculpteurs et décorateurs du roi*, Paris 1967, S. 475.
[25] F. Souchal, *op. cit.*, S. 478.
[26] Diese mechanische Oper ist detailliert beschrieben von Gersaint im Katalog des Verkaufs Bonnier de la Mosson 1745. Sie wurde von Scheffer für Königin Louisa Ulrica von Schweden gekauft und nach Stockholm transportiert. Seither ist sie verschwunden.
[27] Besançon, Musée des Beaux-Arts, siehe den Katalog in Anmerkung 13, Nr. 62.

Die Gärten von Kythera. Bühnenbild für ein Ballett. Zeichnung von P. A. Páris. Besançon, Musée des Beaux-Arts

Liebesgötter in einem Gartenkabinett. Modell eines J.-N. Servandoni zugeschriebenen Bühnenbildes. Château de Chambord

Gedanken über das Pastorale

Simon Pugh

Artifizielles
Wie das Geschlecht, klug gehandhabt, kann es als natürlich aufgefaßt werden. Gleich der Liebe ist das Natürliche glückbringend, wenn bewußt artifiziell. Sexuelle Beziehungen, ein Palimpsest, werden aufgehoben und in Landschaftsform neu geschrieben (17).[1]

Auge
Kennzeichen guten Geschmacks, aber leicht gelangweilt. Es distanziert, befiehlt, schließt den Blick aus; muß Gleichgewicht und einen ebenen Bereich um sich haben, lehnt Wiederholungen desselben Gegenstands ab. Fuß und Auge müssen nicht über denselben Boden wandern. Kann leicht durch Wegschauen oder Schließen der Augen kontrolliert werden (17).

Bauernhof
Indolentes Vergnügen. Scheinbare Aufmerksamkeit zu erzeugen, verwischt die Vorstellung vom Bauernhof als Kategorie des Gartens. Was hat Landwirtschaft mit Tempeln, Schein-Prioreien und künstlichen Wasserfällen zu tun? Wer würde sie ohne diese besuchen? Die plastische Konfiguration pastoraler Poesie kennzeichnet einen Ort des Rückzugs von Pracht und Ordnungszwang zugunsten pastoraler Schlichtheit. Von wirtschaftlich genutztem Land wie Gutsbesitzer von Pächtern zu unterscheiden: »Noch laß je Ehrgeiz überfallen die Pächter dieser bewachsenen Laube« (13, 19, 5).

Bürger
Ausdruck der Geringschätzung, ein Stilist ohne Substanz. Vergoldet seine Ballsäle, läßt seine Flüßchen in Fontänen hochsteigen, bewundert nichts an der Natur außer ihrer Gefügigkeit (eindringliche Bilder ohne »elegante Wendungen«). Der Bauer ist sein Bewunderer (17).

Einbahnpfade
Einfacher Verkehrsverlauf, die sorgfältig kontrollierte Route, die malerische Strecke (Wegweiser, Richtungsanzeiger, Stimmungswechsel, Fremdenführer). Enden wieder am Beginn, wenn man alles gesehen hat.[4]

Freisasse
Pejorativer Begriff für einen Rohling. Eine niedrigere Stufe als der (aufpolierte) Schäfer. Der Charakter entspricht der Kultivierung, welcher die ungezähmten Wilden unterworfen wurden (19).

Garten
Dazu bestimmt, um in ihm zu wandeln oder zu sitzen (19).

Geliebte
Venus *(semi-reducta)*, ländliche Feen in kühler Grotte (selten von sterblichem Auge erblickt), Najaden und Dryaden (geliebte Damen, nackt und vom groben Winter dem allgemeinen Anblick ausgesetzt), Maria Dolman *(Maria Puellarum Elegantissima)*, die achtundzwanzigjährig an Pocken starb. Najaden dürfen nicht durch Inschriften dazu aufgefordert werden, ihre schönen Glieder in kristallenen Becken zu baden, die vom Schmutz durchdrungen sind, den die Stagnation erzeugt. Geliebte sind reine Natur unter einem anderen Deckmantel, Objekte käuflicher Verehrung (5, 17, 6).

Geschichte
Ein Umstand, ein Ereignis, das einen Gegenstand »liefert« (17).

Häßlichkeit
Widerwärtig (17).

Inschriften
Importierte Laune. Sollte wohlbekannt, bewundert, geeignet sein. An einem Bauernhof angebracht, erhebt sie ihn über das übliche Niveau (19).

Ländliche Anmut
Strategem für Anhänger des Pastoralen, um der Landarbeit auszuweichen: (I) langweilig; (II) ungetrübte Freude. *Divina gloria ruris!* (16, 5).

Leasowes
Von Shenstone entdeckt und aufgewertet, ein wichtiger Ort, den man gesehen haben mußte. Eine perfekte Projektion von Shenstones Geist: einfach, elegant und liebenswürdig, unberührt und schmucklos als einfaches Gelände (5, 29).[2]

Natur
Nur Erscheinungsbild, nie Arbeitsstoff oder Materialreproduktion. Ausgewählt, gesammelt und zusammengefaßt von der Kunst, die das vollendet, um was sich die Natur vergeblich bemüht. Am besten, wenn sie dem Können des Künstlers vorgreift. Weiblich, impulsiv, bei mangelnder Sorgfalt verletzbar. Was die Natur vereitelt, ist der Verrat, doch als Modell bedeutet sie Bestialität und Täuschung; von der Kultur eingebracht oder vereinnahmt wird sie absorbiert. Wenn Kunst die Natur betritt, so muß das heimlich und bei Nacht geschehen, als Stelldichein. In pastoraler Form ist die Natur unverdorben (15, 17, 3, 14, 5, 1, 2, 8).

Pastorales
Moderne Form als Ersatz des alten Stils, benutzt den Schäfer als Paradigma ländlicher Einfachheit. Eine Form der Illusion, die das Elend verheimlicht, keine Schilderung von Schäfern wie sie wirklich sind. Zeigt die Schönheiten ohne die Rauhheit des ländlichen Lebens, verbirgt seine Dürftigkeit, sein Elend. Das Pastorale ist nicht die ganze Wahrheit, sondern nur der Teil, der erfreulich ist. Unglück ist ein Dorn im Fuß. Die absolute Nichtbeachtung von Leben und Natur. Eine stilisierte Erinnerung an einen nicht-repressiven Zustand, den es nie gab (4, 12, 8, 11, 3).

Reise
Größtenteils metaphysisch oder in Vertretung. Der Tempel wird zu einer Grotte, Vergils Wäldchen zu einem Dickicht mit einem Wasserlauf. Weniger bedeutende kulturelle Aneignungen zerstören Andersartigkeit, ein ödes Streben nach Kolonisation (greifbare, profitable Reise).

Scherze
Zweischneidig, ironisch.

(I) Für die »kleinen Leute« ist das Haha, der versenkte Grenzzaun, ein plötzliches und unbemerktes Hindernis bei einem Spaziergang.

Stowe (Buckinghamshire, Großbritannien). Der Rundtempel von J. Vanbrugh, um 1719. Photo Daniele De Lonte

Stowe (Buckinghamshire, Großbritannien). Der gotische Tempel von 1741 von J. Gibbs. Photo Daniele De Lonte

Frontispiz von Copleston Warre Bampfylde für »Columella or the Spiritual Anchorite« von R. Graves, Bd. 1, London 1779

Porträt William Shenstones aus: R. & J. Dodsley, The Works in Verse and Prose of William Shenstone, Bd. 1, London 1764

Kaskade im Park von The Leasowes (Warwickshire, Großbritannien). Zeichnung von F.J. Bélanger (1744–1818). Paris, Bibliothèque de l'Ecole des Beaux-Arts

(II) Für Columella hätte das von ihm abgetane Haha das Überrennen seines »Bauernhofs« durch die Schweine verhindert (18, 7).

Schlürfen
Poetische Diktion. »Gewählte Redewendung« über das *Trinken*, vorzugsweise an klaren Quellen aus einer Buchenschale von einem Zufriedenen in bäuerlichem Kittel, der vorher in höfischem Glanz gebadet und sich in der schwindelnden Sphäre des Glücks abgemüht hat (5).

Schönheit
Als »das Schöne in der Natur« eine Kritik an den Baumphalangen und der planierten Erde des Absolutismus. Vermutlich eine Ablehnung der beherrschten Natur. Als Kunst nachgebildet, ist »natürliche Schönheit« eine Tautologie. Braucht Neuartigkeit: Vertrautheit mit dem Schönen führt zu seiner Vernachlässigung (3, 17).

Shenstone
Der Columella von Halesowen. Sein ganzes Vergnügen im Blick (der Splitter im Auge ist das beste Vergrößerungsglas). Er betonte seine Aussichten, gestaltete seine Flächen abwechslungsreich, verwickelte seine Wege und wand seine Wasser, hatte laut Dr. Johnson ein ständiges Verlangen nach immer neuer Unterhaltung. War plump, gleichgültig hinsichtlich seiner Kleidung; gefangen zwischen *zuviel* (unpassende Dekorationen) und *nicht genug* (Säubern seiner Grundstücke) Tun. Seiner Poesie fehlt es an Substanz. Sackgasse auf dem weitschweifigen Weg von Pope zu Wordsworth (2, 12, 6).

Vielfalt
Schöne Anordnung von Elementen, häufige Vergleiche angenehmer Gegenstände, herrliche Abschweifungen, elegante Wendungen mit Worten. Neuartigkeit ohne Übermaß (5, 4, 17).

Täuschung
Sophismus. Metaphorisch, um die Kunst zu transponieren, sich von ihr zu distanzieren und sich ihr anzunähern. Fehlgeleitete Natur.
(I) Tivoli. Wasserfall aus Blech, Wasser aus dem Spundloch eines großen Fasses.
(II) *Hic frigida tempe.* Tropfender Brunnen, ein kleiner Bach läuft einen rauhen Felseinschnitt hinab, durch Farne, Leberblümchen und Wasserpflanzen (17, 5, 9).

Wald
Verurteile jene, die weder einen Baum gepflanzt noch ein Kind gezeugt haben. Bäume sind Menschen vergleichbar: die Eiche, ein männlicher – britischer – Charakter, nicht plötzlich heiter bei Wohlergehen oder deprimiert durch Mißgeschick, die rauhe Schönheit ihrer Rinde und der umfassende Schutz ihrer Zweige, ehrwürdig, ein Gewölbe bildend, vornehm, prächtig. Hohe stattliche Eichen ..., ihre Zufriedenheit, ihre Freude am Leben, ihr Wachstum und ihr Blühen ..., eine unendliche Zahl von winzigen Kreaturen in den Wiesen ... (oder, laut den »intimen Bekenntnissen eines wahren Sozialisten« – »Der Mensch«, sagt Marx, könne eine Menge anderer Dinge in der Natur beobachten, zum Beispiel den erbitterten Wettstreit zwischen

The Leasowes (Warwickshire, Großbritannien). Wasserfälle im Vergil-Wäldchen

Das Vergil-Wäldchen. Stich von C. Grignion, aus: R. & J. Dodsley, The Works in Verse and Prose of William Shenstone, Bd. 2, London 1764

Frontispiz von R. Graves aus: Recollections of Some Particulars in the Life of the late William Shenstone, Esq., London 1788

Pflanzen und Tieren ... in seinem »Wald aus großen und stattlichen Eichen«, wie diese großen und stattlichen Kapitalisten die Nahrung der kleinen Sträucher konsumieren ...) (17, 5).[3]

Wissen
Die Verewigung anerkannter Schönheit durch Assoziation eines Gartens oder einer Landschaft mit irgendeinem klassischen Ort oder Text. Wissen ist ein Zuwachs für die »Freiheit« *(für*, nicht *von)*: Freiheit, um Orte zu transponieren, um die planlose, zufällige Natur zu kontollieren. *Das* Wissen[4] um gekennzeichnete Wege, einen Rundgang, der üblicherweise durch Sitzplätze mit klassischen Inschriften markiert ist. Dieser Zuwachs für die »Freiheit« nimmt das Automobil vorweg und stellt neue Regeln auf: Geschwindigkeitsbeschränkungen (Inschriften vom Typ »Bleiben Sie noch eine Weile«), Anweisungen, in der Bahn zu bleiben (Reiseführer), Diagramme, welche die Form der Straße vor einem anzeigen (Karten) und die Notwendigkeit, auf die Straße vor einem zu achten (»Objekte«, die das Auge erblickt). (10).

Xystus
Extrem abstoßend, sofern nicht frei von Unkraut (9).

Zickzack
Beschwerlich. Eine exakte Schlangenlinie ist eine törichte Spielerei. In The Leasowes nahm der Besitzer die Najade bei der Hand und führte sie (an der Nase) herum. Vorliebe für Unregelmäßigkeit und Zufälligkeit ist dem Geist des Nominalismus verwandt. Zickzack-Bewegung zwischen Anbetung und Beherrschung, Geist und Namen (6, 9, 5, 3).

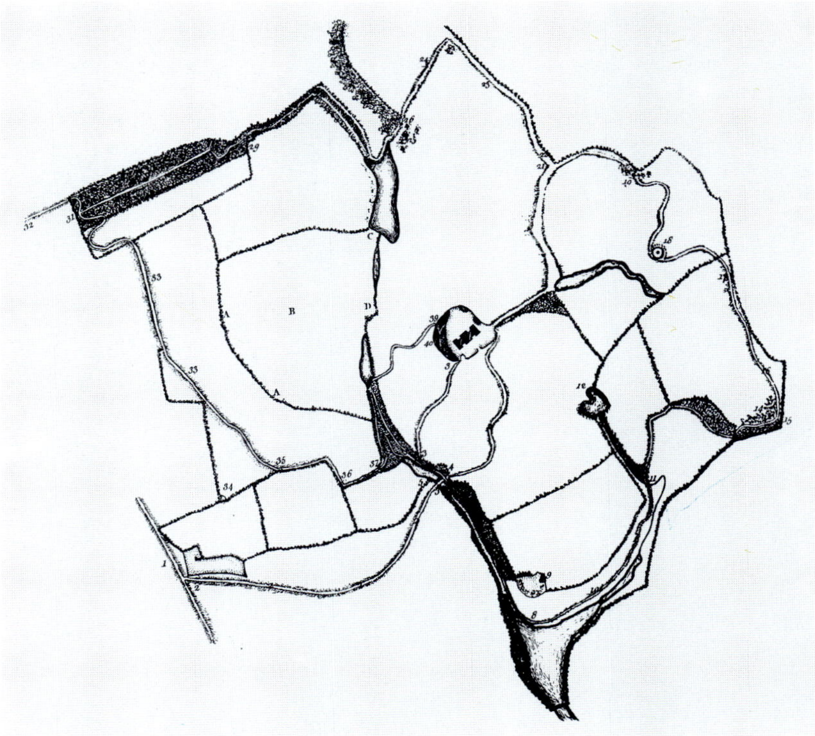

Grundriß von The Leasowes (Warwickshire, Großbritannien). Aus: R. & J. Dodsley, The Works in Verse and Prose of William Shenstone, Bd. 2, London 1764

Prior Park bei Bath (Avon, Großbritannien). Photo Daniele De Lonte

Blaise Hamlet (Gloucestershire, Großbritannien). Gruppe von Cottages; von J. Nash in Zusammenarbeit mit G. S. Repton entworfen; um 1811 abgeschlossen. Photo Daniele De Lonte

Anmerkungen

[1] Die Zahlen am Ende jedes Stichworts beziehen sich auf die folgenden bibliographischen Angaben.
[2] Aus verschiedenen Führern wird deutlich, daß es einen anerkannten Rundweg in The Leasowes gab, der im Tal unterhalb von Virgils Wäldchen begann und endete. Siehe 5; 9; 19; *A Companion to the Leasowes, Hagley and Enville with a sketch of Fisherwick*, Birmingham 1789; *A Description of Hagley, Envil and the Leasowes, wherein all the Latin Inscriptions are translated, and every particular Beauty described*, Birmingham, um 1800. Solche festgelegten Rundwege waren in Gärten des 18. Jahrhunderts, wie Rousham, Hagley und Stourhead, nicht ungewöhnlich.
[3] Zitiert nach Alfred Schmidt, *Der Begriff der Natur in der Lehre von Marx*, Frankfurt/M. 1978.
[4] »Das Wissen« ist die Bezeichnung für die festgelegten Strecken durch London, die der Londoner Taxifahrer beherrschen muß. Der Gartenrundweg, der Pfadfinder für den pittoresken Führer, macht das ziellose Umherschweifen durch die Natur überflüssig.

Literatur

Mit der Bitte um Entschuldigung bei Gustave Flaubert, *Bouvard* und Pécüchet, deutsch 1909; und Julian Barnes, *Flaubert's Parrot*, London 1985, S. 153–159.
[1] Theodor W. Adorno, Max Horkheimer, *Dialektik der Aufklärung*, Frankfurt/Main 1981.
[2] Theodor W. Adorno, *Minima Moralia*, Frankfurt/M. 1980.
[3] Theodor W. Adorno, *Ästhetische Theorie*.
[4] John Butt (Hrsg.), *The Poems of Alexander Pope* London 1963.
[5] R. & J. Dodsley, »A Description of the Leasowes«, in: *The Works in Verse and Prose of William Shenstone*, London 1765, Bd. 2, S. 287–320.
[6] William Gilpin, *Observations relating chiefly to Picturesque Beauty, made in the Year 1772, on ... the Mountains and Lakes of Cumberland and Westmorland*, London 1788.
[7] Richard Graves, *Columella or the Spiritual Anchorite*, 2 Bände, London 1779.
[8] *The Guardian*, 1713, Nr. 22, 30.
[9] James Heely, *Letters on the Beauties of Hagley, Envil, and the Leasowes*, 2 Bände, London 1777.
[10] Max Horkheimer, »The Revolt of Nature«, in: *The Eclipse of Reason*, New York 1974, S. 92–127.
[11] Samuel Johnson, *The Rambler*, 1750, S. 36–37.
[12] Samuel Johnson, »William Shenstone«, »The Lives of the English Poets«, in: *The Works of Samuel Johnson*, London 1792, Bd. 11, S. 276–285.
[13] William Marshall, *Planting and Rural Ornament*, 2 Bände, London 1796.
[14] George Mason, »Discussion ... on Shenstone«, in: *An Essay on Design in Gardening*, London 1768.
[15] William Mason, *The English Garden: A Poem in Four Books*, Dublin 1786.
[16] William Shenstone, »Rural Elegance, An Ode ... 1750«, in: R. & J. Dodsley, (op. cit.), Bd. I, S. 111–122.
[17] William Shenstone, »Unconnected Thoughts on Gardening« in: Dodsley, R. & J., *A description of the Leasowes*, op. cit., Bd. 2, S. 111–131.
[18] Horace Walpole, »History of modern gardening«, in: *The Works*, London 1798, Bd. 2, S. 517–545.
[19] Thomas Whately, *Observations on Modern Gardening*, London 1801.

Park von Bowood (Wiltshire, Großbritannien). Der Park geht auf einen Entwurf von »Capability« Brown zurück; die Kaskade wurde 1785 von Charles Hamilton of Painshill angelegt

Paradoxe Architekturen oder kleiner Traktat über die *fabriques*

Monique Mosser

Der Franzose Jean-Marie Morel war es, der in seiner *Théorie des Jardins* (1776) eine der besten Analysen der *fabriques* in Gärten lieferte: »Es ist besonders jenes Verhältnis des Charakteristischen zum Ort, das ich als Harmonie in der Gartenbaukunst bezeichne. Wenn ich es bekannt gemacht habe, wenn ich die Situation benannt habe, die jedem Gebäude am besten entspricht, seinem Wesen, seiner Form und Masse sowie seinem Stil, seinem Farbton, der es in Einklang mit der Landschaft bringt, in der es steht, so hätte ich meine Aufgabe erfüllt. Die des Architekten ist es, die Ausführung für die Dauerhaftigkeit zu übernehmen ... ihm den Ausdruck zu verleihen, den der Gärtner von ihm erwartet, für die Anmut und die Wahrhaftigkeit der Bilder, die er erschafft. Die unter diesem Gesichtspunkt betrachteten Gebäude sind das, was in der Malerei als *fabriques* bezeichnet wird – ein Ausdruck, dessen ich mich bedienen möchte, um alle beeindruckenden Gebäude und alle Konstruktionen zu bezeichnen, welche die menschliche Leistung der Natur zur Verschönerung der Gärten hinzufügt. Und wenn sich auch die Architektur seiner bedient, so wird das ein neuer, dieser kostbaren Kunst hinzugefügter Zweig sein.«[1] Auf diese »Miniaturmonumente« greift er fortan zurück, um das ikonographische, also symbolische Programm des Gartens zu erläutern. In enger Verbindung mit dem ganzen Register der Emotionen und Eindrücke müssen diese Bauten die verborgensten Elemente zum Ausdruck bringen. So erfüllen Liebe, Erinnerung oder Freundschaft diese Tempel, schweben über Kenotaphen, ritzen sich in die Felsen ein. Jedes Objekt bekommt eine besondere Bedeutung. Die einfachen, nur roh behauenen Balken einer Hütte verweisen auf die Grundsatzdiskussionen über die Ursprünge der Architektur. Eine rustikale Grotte läßt einen seltsam lebendigen Paganismus wiederentstehen, erfüllt mit Erinnerungen an den antiken Kult der Nymphen.[2]

Über die damit verbundene Poesie hinaus muß die wichtige kulturelle Rolle der *fabriques* hervorgehoben werden. Ob es sich um einen antiken Tholos, eine chinesische Brücke oder einen gotischen Bergfried handelt, sie werden alle als Symbole verstanden, die von einer weit entfernten Landschaft, einer vergangenen Zeit zeugen. Sie sind die Zeichen eines neuen architektonischen Alphabets und fügen die so eng mit der Literatur verbundene Geschichte dieser Gärten zusammen. Sie stellen wichtige Elemente dieser Landschaftsmikrokosmen dar; man versteht den Wunsch, sie zu sammeln, sie zusammenzutragen, sie mit Sachkenntnis zum geistigen Vergnügen und zur Anmut des Spaziergangs zu verbinden. Der Garten wird zur Enzyklopädie: indem man ihn durchschreitet, durchblättert man verschiedene Kapitel des Weltenbuches. Dieser »neue Zweig der Architektur« erlebte bald einen enormen Erfolg, wodurch sich die Vermehrung von Mustersammlungen und die unglaubliche Verbreitung von Werken wie *Les Jardins anglo-chinois* von Le Rouge oder des *Ideenmagazins* von Grohmann erklärt.[3] Zahlreiche Besitzer wollten die unterschiedlichsten *fabriques* besitzen, vom druidischen Menhir bis zur ägyptischen Pyramide, von der türkischen Moschee bis zur primitiven Hütte. Der Garten ist nun nicht mehr nur eine Folge von Bildern, er wird zugleich Kuriositätenkabinett und Freiluftbibliothek, enthält er doch literarische Zitate im Überfluß.[4] Man muß sich davor hüten, diese Praxis zu unterschätzen, die weit mehr war als eine Mode, widmeten sich ihr doch, bisweilen mit Leidenschaft, die bedeutendsten Architekten Europas. *Fabriques*, Bauten zwischen Modell und Realität, ermöglichten es, die Formen zu testen, gewissermaßen experimentelle Architektur zu realisieren, die Komponenten eines neuen Stils zu schaffen: des dorischen nach Paestum, des neugotischen oder des orientalischen. Folglich muß das Phänomen seriell und typologisch untersucht werden, um sowohl seine Innovationen wie seine Wiederholungen darzulegen. Letztlich ist jedes Symbol Träger eines philosophischen oder ideologischen Inhalts: Man hat vielfach die genaue Bedeutung dieser kleinen Bauwerke vergessen, von denen nur wenige die Zeit überdauert haben. So ist der »Tempel der modernen Philosophie« in Ermenonville alles andere als die antike Ruine, als die er allgemein betrachtet wurde, sondern hat sich im Gegenteil als eine Art Hymne auf den menschlichen Fortschritt erwiesen: als Monument, das nur künftige Generationen komplettieren können, entsprechend den Zielen desjenigen, der es begonnen hat: des Marquis de Girardin, eines großen Bewunderers der Aufklärung und Anhängers einer freimaurerisch geprägten Esoterik.

Jedes Extrem hat Kritik zur Folge und man kennt die berühmten Verse des Abbé Delille in seinem Gedicht: *L'Art d'embellir les paysages* (1782), in dem er eine Befreiung der Gärten von jenen »modischen Obelisken, Rotunden, Kiosken und Pagoden, den römischen, griechischen, arabischen und chinesischen Bauten« fordert.[5]

All diese Charakteristika des eigentümlichen Universums der *fabriques* haben seit langem die Aufmerksamkeit der Historiker auf sich gezogen, und wir verfügen nunmehr über erschöpfende Untersuchungen und Bestandsaufnahmen. Grotten, Nymphäen und andere Brunnen bilden die Gruppe, die seit der Antike wohl die meisten wissenschaftlichen Arbeiten hervorgebracht hat.[6] In dem beschränkteren Bereich, der uns hier beschäftigt, ist über die Bedeutung der neugotischen und der orientalischen Ruinen eine Menge Literatur unterschiedlicher Qualität publiziert worden.[7] Aus Anlaß einer Ausstellung hat die »Georgian Group« kürzlich eine interessante typologische Analyse für England erarbeitet, in der nicht weniger als 22 Kategorien herausgestellt werden.[8] Andere Untersuchungen, beispielsweise über Bäder oder Eremitagen, werden in speziellen Programmen über ganz Europa durchgeführt. Wir bewegen uns also auf einem gut erforschten Terrain, was uns erlaubt, hier nur das zu behandeln, was man als »Grenzfälle« betrachten kann. Jeder davon zeigt auf seine Weise, in welchem Maß die Kunst der *fabriques* damals ein gesondertes Kapitel innerhalb der Architektur darstellte; ein Kapitel, welches offenbart, daß eine Obsession zur Manie werden kann, bei welcher der Hang zum Geheimnisvollen (oder zur Enthüllung) zu sonderbaren Erfindungen anregte; bei der die Exzesse beweisen, daß es die Gärten waren, wo die von uns verehrten »Visionäre« ihre schönsten Phantasien realisieren konnten. Schließlich können die wesensgleichen Verbindungen zwischen Literatur und Gartenkunst im 18. Jahrhundert nicht genug betont werden. Vielleicht wurden die Bilder allzu oft außerhalb jeglichem literarischen Kontext analysiert, während doch gerade darin Inspiration und Erklärung zu suchen sind. Das hat auch unser methodisches Vorgehen bestimmt: Äquivalente herzustellen, die als gegenseitige Aufklärung fungieren und erregende Übereinstimmungen suggerieren.

Charles-Joseph de Ligne, der Fürst der fabriques

Wenn man unter den Schriftstellern, Liebhabern und anderen Gartentheoretikern denjenigen nennen sollte, der den *fabriques* am meisten gehuldigt hat, so käme die Siegespalme unbestritten dem Fürsten de Ligne zu. Sein kleines autobiographisches Buch: *Coup d'oeil sur Beloeil et sur und grande partie des jardins de l'Europe*, eine seltsame Ideensammlung über die Kunst der informa-

Park Monceau, Paris. Carmontelle übergibt die Schlüssel des Parks Monceau an dessen Besitzer, den Herzog von Chartres. Ölgemälde von Carmontelle. Ende 18. Jh. Paris, Musée Carnavalet. Photo E. Revault

Park Monceau, Paris. Die Naumachie.
Photo Fulvio Ventura

len Gärten, ist in der Tat übervoll von Beschreibungen, Aphorismen und spaßigen Bemerkungen.[9] Es ist bekannt, daß der Fürst de Ligne für seine Zeit repräsentativ war. Als echter Kosmopolit, eleganter und vielseitiger Schriftsteller ging er mit leichter Hand von der militärischen Strategie zu erotischen Erzählungen über. Dieser vornehme »Gartensüchtige« machte sich Beloeil zu seiner Domäne, einen in den ehemaligen österreichischen Niederlanden gelegenen, enorm großen, seinem Verständnis entsprechenden allegorischer Garten, in dem man von der »Wiege der Kindheit« zur »Totenkammer« gelangte. »Man hat mich manchmal wegen der Namen und Spaziergänge meiner Allegorie getadelt. Die Besucher, welche es nicht mögen, zum Nachdenken angeregt zu werden, brauchen sie lediglich als Wäldchen oder als Pfade inmitten der Büsche und Blumen aufzufassen«[10].

Dieser von Ideen überquellende Mann, der seinesgleichen an allen Höfen Europas beriet, fand Gefallen daran, ein typologisches Verzeichnis der verschiedenen, zur Ausschmückung eines Gartens geeigneten Gebäude zusammenzustellen. Nach der *Residenz* und dem *Palast* interessiert er sich eingehend für die *fabriques* (obwohl der Fürst die Richtigkeit des Begriffs anzweifelte[11]). Das *Schloß* müsse vier Türme haben, das *Lustschlößchen* werde gekennzeichnet durch eine Balustrade im italienischen Stil, das *Landhaus* könne »durch abgerundete Ziegel gekennzeichnet werden«, das *Jagdhaus* erfordere weißen Verputz, um einen »Kontrast zum Wald zu bilden«. Der *Bauernhof* zeichne sich aus durch ein »halb mit Stroh und halb mit Ziegeln gedecktes Dach«; danach folgen das *Weinberghaus* und die *Hütte*. Nach diesen mehr oder weniger regionalen Typen zieht der Fürst die exotischen Register: »Die *chinesischen Häuser* verraten die Boulevards und Jahrmarktsspektakel (...). Die *gotischen Häuser* werden auch sehr gebräuchlich.« Allein die *moldavischen Häuser*, die »nirgendwo bekannt sind, verdienen es« in den Augen dieses extremen Originals, »in der Welt verbreitet zu werden«.

In der Tat betrachtete der Fürst, wie zahlreiche andere Protagonisten dieser Bewegung, vor allem Architekten, die Kunst der *fabriques* als eine Art antiklassische »Kriegsmaschine«: »Ich sehe keinen großen Verdienst darin, die Radierung eines großen Monuments für hunderttausend Taler zu kopieren. Ich schätze diejenigen, die sich, ohne den Ordnungen Vitruvs und den fünf Ordnungen der Architektur zu folgen, selbst eine machen. Möglicherweise wird ihre eigene Konstruktion gefälliger sein als zwölf dorische Säulen, die man auswendig kennt. Ungewöhnliche Gebäude – ohne Firlefanz (den ich verabscheue) oder Kindereien (die ich verachte) – kommen auf einem Rasen wunderbar zur Geltung. Die Lagerstätten der Wilden aus Baumrinde, die peruanischen Hütten, die Schutzzelte der Lappen, die kleinen Paläste im Kaukasus sind reizvoller als die ewigen Parodien der Sonnen-, Kriegs- und Weingötter und der Helden der Antike, die nicht soviel wert sind wie diejenigen, unter denen ich gedient habe. Heute ist alles so voraussehbar, so bekannt, daß es einer Neuerung bedarf. Die englische Monotonie ist in ihrer Vertreibung der französischen Monotonie so einförmig geworden, daß die modernen Gärten noch moderner gemacht werden müssen, ohne dabei irgend jemanden zu imitieren. Sehen Sie in jedem Ankleidezimmer und Korridor jene Stiche von London oder Yorkshire. Es ist stets dasselbe. Zwischen ein paar Bäumen steht auf einem Hügel immer ein griechischer Tempel. Das langweilt mich.«

Und tatsächlich gehörte der Fürst stets zur Avantgarde, was einer der originellsten Teile seines enormen Guts, jener nach einem Flurnamen Baudour

Der künstliche Felsen im Park der Folie Saint-James in Neuilly bei Paris. Gouache von L. Moreau. Paris, Privatsammlung

genannte Ort, den wir unter anderem aus einer Reihe von Stichen Le Rouges kennen, bezeugt. Die wirklich panoramaähnliche Anordnung wie auch der formale Synkretismus und die Polychromie der Architektur erinnern unweigerlich an die wilden Phantasien des Zeichners Jean-Jacques Lequeu, von dem viele Stiche das Repertoire von *fabriques* in riesigen Parks wiedergeben.[12] »Eine halbe Meile von dort entfernt, mitten im Wald und dennoch mit einem der schönsten Ausblicke der Welt, als Amphitheater, ausgestattet mit Städten, Klöstern, Schlössern und Dörfern, steht ein seit Hunderten von Jahren bekanntes Schloß, das Baudour heißt, einst *Bois d'Ours* (= Bärenwald), weil es hier viele davon gab. Ich habe die noble, altertümliche und respektable Atmosphäre in seinem Innern erhalten. Die Giebel habe ich abgerissen, die Gräben aufgefüllt, außer an der Südseite, wo ich Reben gepflanzt habe. Um eine Regelmäßigkeit herzustellen (wobei ich mich nach den vorspringenden Ecken auf der linken Seite richten mußte), ist die rechte Seite in gleicher Form erbaut worden, und das Ganze repräsentiert die erste Schlachtordnung Hannibals in Cannes. Es gibt ein Dach im italienischen Stil, Jagdtrophäen aller Arten sowie Ruhmes-, Liebes- und Weinlesetrophäen. All das ist auf Fresken dargestellt, wovon eine Seite in Grün gehalten ist, ebenso wie die beiden Eingangspavillons, die Tore, die chinesischen Laternen und die Holzpfosten, die als Umzäunung des Hofs dienen. Der Innenhof ist im chinesischen Stil dekoriert, an einer Seite als Imitation von blauweißem Porzellan, während die andere Marmor aus Ägypten vorgibt. Er ist Garten und Voliere zugleich. Gitterwerk in Form eines Portikus gestaltet die andere Fassade. Manche Säulen sind rosa gestrichen, andere gelb, eine Treppe ganz bunt. Das Dach der Ställe ähnelt einer Farbenpalette. Schließlich gibt es in diesem Haus, aus dem ich die prätentiöse Atmosphäre vertreiben wollte, alles, was bizarr, extravagant, sogar verrückt ist – jedoch stets mit der Eleganz des Themas, welches die Jagd ist, kommen doch die Hirsche, Wildschweine und Wölfe bis vor die Fenster dieses fröhlichen und außergewöhnlichen Hauses.«

Diese Dimension einer Traumvorstellung und einer grenzenlosen Phantasie läßt die tiefen, fast organischen Verbindungen mit der Welt der Literatur erkennen. In der Tat scheinen zahlreiche Seiten aus dem *Coup d'oeil* in ihren minuziösen Beschreibungen unmittelbar vom Szenario der Märchen angeregt worden zu sein, beispielsweise denen der Mme. d'Aulnoy.[13] Der Überfluß an Kostbarkeiten, die Vorliebe für Überraschungseffekte und für groteske Figuren, die von der Ästhetik des Rokoko übernommen wurden, finden sich, kaum verändert in den informalen Gärten wieder. Das ist jedoch nicht das einzige Paradoxon. Der Fürst de Ligne ließ in direkter Ideenassoziation seiner Phantasie auf den Spuren der Affenprinzessin, der »Babiole« Mme. d'Aulnoys, freien Raum: »Das gab mir die Idee zu einer Affeninsel und -stadt. Ich weiß schon, wo ich sie einrichten werde. Ich sehe manche von ihnen schon in Kleidern und Uniform. Jeden Tag begegne ich welchen, die nicht so fröhlich sind, wie die meinen sein werden, und die ich lieber nicht haben wollte. Mir scheint, ich sehe bereits, wie ich sie zu Besuch empfange. Lange, leichte Ketten werden ihr Entgegenkommen einschränken. Allein ihre Liebenswürdigkeit wird schwer zu kontrollieren sein.«

Man muß feststellen, daß Humor und Ironie notwendige Aspekte in der zeitgenössischen Auffassung von Gärten waren. Im übrigen gibt es zu diesem Thema nichts Unterhaltsameres als eine der *Contes hiéroglyphiques et autres bizarreries* von Horace Walpole, dem »gotischen« Mann von Strawberry Hill und Autor von *Castle of Otranto.*[14] Hier handelt es sich um *Mi-Li, Ein chinesi-*

Der Liebestempel von R. Mique im Garten des Petit Trianon in Versailles (Yvelines, Frankreich). Photo Luigi Ghirri

Fassade der Laiterie aus dem Park von Méréville, heute im Park von Jeurre (Essonne, Frankreich). Photo E. Revault

Detail des türkischen Zeltes aus bemalten Blech in Hega Park (Schweden). Entwurf von L.-J. Desprez, 1787

schen Märchen, das die Wanderungen eines »echten« Prinzen aus dem Reich der Mitte auf der Suche nach der versprochenen Frau im georgianischen England schildert und in dem man Zeuge seiner zunehmenden Verblüffung angesichts aufeinanderfolgender Szenen eines exorbitant englischen Gartens wird, der aber nicht total erfunden ist, da sich der Autor direkt von Park Place inspirieren ließ![15]

Ein innenliegender Garten oder des Eros optische Täuschung

In seinen *Contes immoraux* huldigt der Fürst de Ligne der Szenerie, der er am meisten gewogen ist, und beschreibt die Liebreize eines »wahren Gartens der Semiramis« am Ufer der Ostsee, in einem umgenannten Teil Rußlands, mit dem er aber vertraut war. In der Tat fanden zahlreiche unbedeutendere Romane jener Zeit in den »neuen Gärten« einen für die Entwicklung ihrer Handlung günstigen Rahmen. Sie verdienen also neben dem Schloß einen guten Platz im Repertoire der »Asyle der Libertinage«.[16] Aber bei manchen Autoren weicht der charmante Rahmen des Idylls plötzlich der reinen Phantasie. Dann wird der Garten als idealer, abgesonderter Ort außerhalb der realen Welt zum absoluten Träger des Imaginären, zur mobilen und mehrdeutigen Bühne eines geistigen Theaters. Wiederum stehen die Worte den Bildern in nichts nach. Als Beweis dafür kann der sonderbare, wohl in Polen gelegene »Liebesgarten« dienen, der ziemlich genau dem in einem kurzen »Roman« von Vivant Denon, dem späteren Generaldirektor der Napoleonischen Museen, geschilderten entspricht.

Eine Folge von Zeichnungen in der Bibliothek der Universität Warschau gibt einen Trompe-l'oeil-Garten wieder, halb »reale« Landschaft, halb Wandgemälde, im Untergeschoß des kleinen Mniejszy-Palasts in Warschau gelegen. Ihr Verfasser Szymon Bogumil Zug, einer der größten Architekten der polnischen Aufklärung[17], war auch der Fürsprecher der Landschaftsgärten in diesem Land, in dem er selbst zahlreiche schuf, darunter den berühmten *Arkadia* bei Nieborów für die Prinzessin Helena Radziwill.[18] Zug, der in Sachsen geboren wurde, arbeitete zunächst in Dresden; 1756 reiste er wahrscheinlich nach Italien, bevor er sich nach Polen begab, wo er den größten Teil seines Berufslebens verbrachte. Für zahlreiche Einflüsse offen, war er Bühnenbildner und »Gärtner« ebenso wie auch Planer »neuer Städte«.

Für den Mniejszy-Palast erdachte Zug 1775 bis 1777 eine Anordnung, zu der kein Äquivalent bekannt ist: ein verborgener Liebesgarten, ein gewiß dem Vergnügen zuzuordnender Bereich, zu dem der Zugang offenbar einer Initiation ähnelt. Auch hier wird man mit einem jener Grenzfälle konfrontiert, die eine Exegese erfordern. Bei diesem Projekt steht seltsamerweise der Wille, die Illusion einer natürlichen Landschaft neu zu erschaffen, der Notwendigkeit gegenüber, die strenge Rechtwinkligkeit eines traditionellen Plans und einer entsprechenden Anordnung zu überschreiten. Man dringt ein in die Welt der Kunstgriffe und der Täuschungen unter Führung des Architekten, der die bizarre Anordnung dieses »Wohn-Gartens«, dessen Plan ein Labyrinth und die Aufrisse von Theaterdekorationen erkennen läßt und mit zahlreichen Inschriften auf Französisch versehen ist. Die als »Abstieg zu den Katakomben« bezeichnete Zugangstreppe, die sich in felsigen Windungen in Richtung »Schreckensszene« schlängelt, stellt eine beunruhigende Einführung dar, auch wenn sie letztlich in der »Hoffnungsszene« mündet. In einer Art symbolischem Crescendo zeigen die Aufrißzeichnungen Zugs für diesen Teil eine ägyptische Dekoration, wie ein enormes Fresko, mit grinsenden

Palais Mniejszy, Warschau. Grundriß eines künstlichen Gartens innerhalb des Palais. Zeichnung von S. B. Zug, 1775–1777. Warschau, Biblioteka Uniwersytetska, Zeichnungskabinett

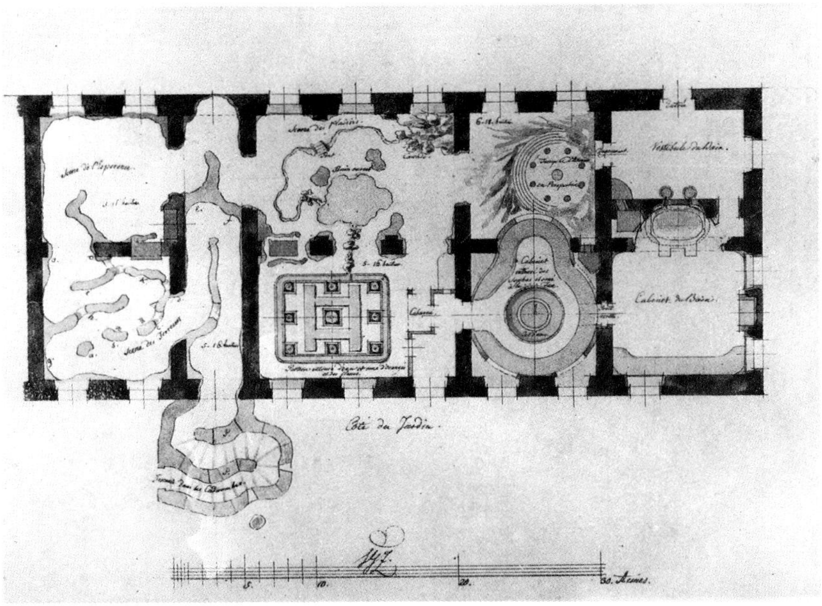

Gottheiten, grotesken Gestalten des Gottes Bes, monumentalen Hieroglyphen und Urnen.

Das Repertoire, aus dem Zug ausgiebig geschöpft hat, ist leicht zu identifizieren: die beeindruckenden Stiche der *Diverse Maniere d'adornare i cammini*, welche Piranesi im Jahre 1769 veröffentlichte. So erinnert Zugs Zugang zum Liebesgarten aufgrund der seltsamen Verlegung von Rom nach Warschau an die Dekoration des *Caffè degli Inglesi*. Dann ergreift die Landschaft wieder Besitz von ihren Rechten: Die »Hoffnungsszene« entspricht einer Art Grotte oder offener Höhle mitten im Gebirge. Sie geht dem wilderen Bereich der »Vergnügungsszene« voraus, einem wirklich aformalen Garten, durch den sich ein Bach von den Wasserfällen zu einem offenen Becken schlängelt. Genau an dieser Stelle eröffnet ein Felsbogen den »Blick auf den Liebestempel«. Vor dem »mit Orangenbäumen und Blumen geschmückten Wasserparterre« entdeckt man eine rustikale, strohgedeckte Holzhütte. Dieses harmlose Bauwerk funktioniert wie eine zweifache Illusion, verbirgt sie doch den Zugang zum »türkisch geschmückten Divanzimmer«, einer lieblichen Rotunde, in der ein Springbrunnen plätschert. Von dort führt eine »Geheimtür« in die »Badekammer«, in der sich eine große Wanne und ein riesiger Diwan befinden.

Der Landschaftsillusionismus in den Zeichnungen Zugs und gewisse Charakteristika der Dekoration verweisen sehr genau auf den kleinen erotischen Roman, der 1777 in den *Mélanges littéraires, ou journal des dames* von Dominique Vivant Denon unter dem Titel *Point de lendemain*[19] veröffentlicht wurde. In dieser bezaubernden Geschichte einer kurzen Liebesbegegnung wird die Szenerie, ein Herrenhaus auf dem Lande mit all seinen kunstvollen Anlagen, auf gewisse Weise zum eigentlichen Protagonisten. Aber lassen wir den Autor selbst zu Wort kommen: »Zugegebenermaßen empfand ich nicht die ganze Inbrunst, die ganze Hingabe, die nötig war, um diesen neuen Tempel zu besichtigen, aber ich war sehr neugierig: Es war nicht mehr Madame de T..., die ich ersehnte, sondern das Kabinett... Kurz vor dem Eintreten hielt man mich an: ›Denken Sie daran‹, sagte man mir ernst, ›daß man von Ihnen annimmt, Sie hätten das Refugium, in das Sie gleich hineingeführt werden, nie gesehen noch etwas von ihm geahnt. Keine Unbesonnenheit; das ist meine einzige Sorge.‹ Diskretion ist die oberste Tugend; ihr verdanken wir viele Glücksmomente. All das hatte den Anschein einer Initiation. Man ließ mich einen kleinen düsteren Korridor durchqueren, wobei ich an der Hand geführt wurde. Mein Herz pochte wie das eines jungen Proselyten, den man vor der Feier der großen Mysterien auf die Probe stellt... Die Türen öffneten sich... Ich war erstaunt, entzückt, ich wußte nicht mehr, was mir geschah, und begann an Zauberei zu glauben. Die Tür schloß sich wieder, und ich konnte nicht mehr erkennen, wo ich hereingekommen war. Ich sah nur noch ein Wäldchen, das zu schweben schien. Schließlich befand ich mich in einem riesigen Glaskäfig, auf den Objekte so kunstvoll gemalt waren, daß sie in der Spiegelung die Illusion realer Gegenstände bewirkten. Man sah innen kein Licht; ein schwacher, himmlischer Lichtschein drang ein, entsprechend dem Bedarf eines jeden Gegenstandes, mehr oder weniger gut wahrgenommen zu werden. Räucherpfannen strömten köstliche Düfte aus; Zeichen und Trophäen entzogen den Augen das Licht der Lampen, die diesen Ort der Wonnen auf magische Art erhellten. Die Seite, von der wir hereingekommen waren, bestand aus blumengeschmückten Gitterwerks-Säulengängen mit Gewölbebögen in jeder Nische; an der anderen Seite war eine Statue Amors zu

Palais Mniejszy, Warschau. Drei Schnitte durch den künstlichen Garten im Palaisinneren. Bühnenbildartige Darstellungen von »Schrecken«, »Vergnügen« und »Hoffnung«. Warschau, Biblioteka Uniwersytetska, Zeichnungskabinett

Grundrisse von zwei unter- und zwei ober-irdischen Stockwerken eines Gartengebäudes. Zeichnung von J. D. Dugourc. Arc-et-Senans Fondation Claude-Nicolas Ledoux

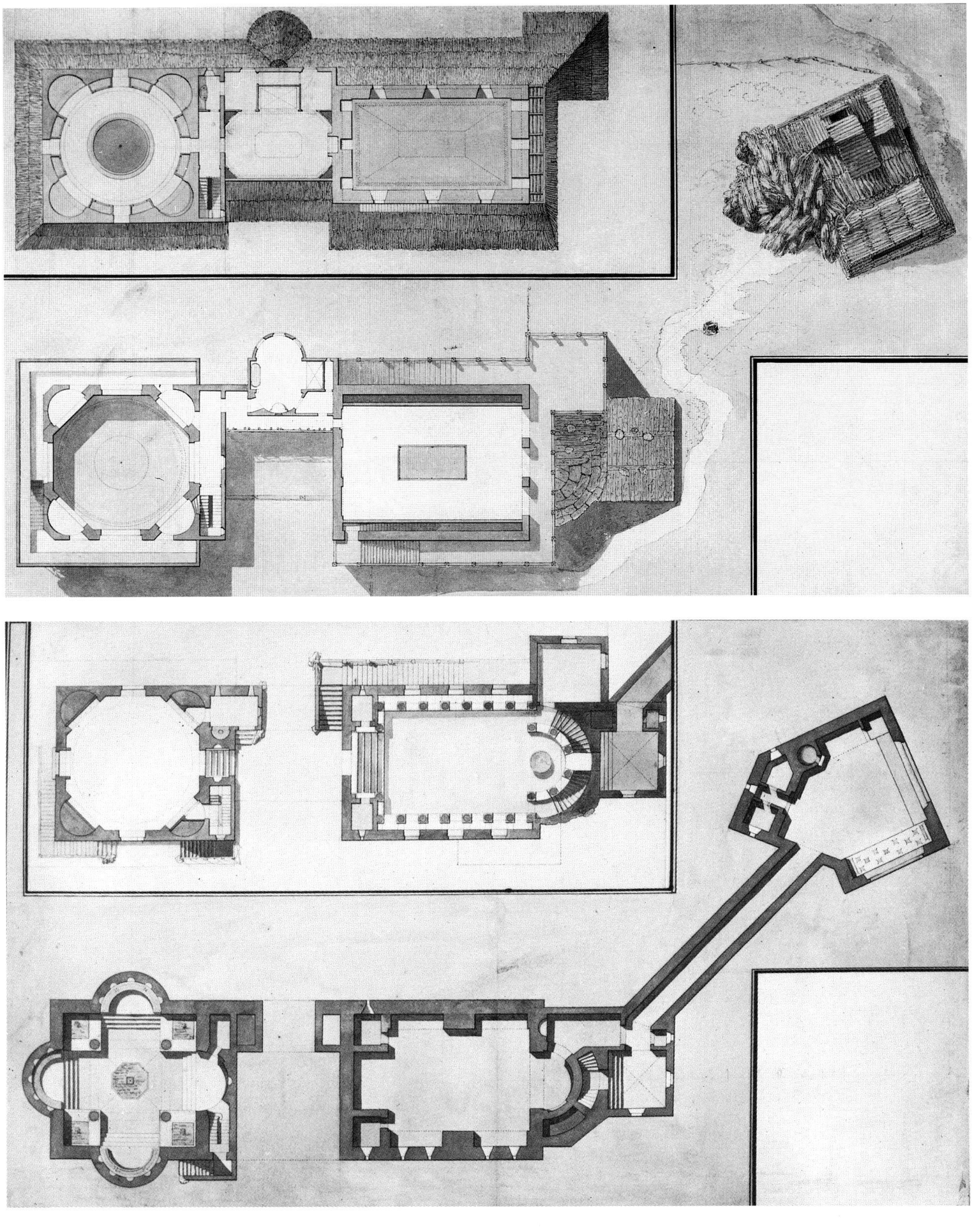

Aufriß eines Portals für den Park von Zarizino bei Moskau. Zeichnung von B. I. Bajenov. St. Petersburg, Naučno-issledovatel'skij muzej akademii chudožestv Rossii

Triumphbogen für das neue Herculaneum im Park von Enghien (Belgien). Zeichnung von Ch. De Wailly, 1782. USA, Privatsammlung

sehen, der Kränze verteilte. Vor dieser Statue stand ein Altar, auf dem eine Flamme leuchtete; am Fuß dieses Altars befanden sich eine Schale, Kränze und Girlanden; ein anmutiger Tempel vollendete die Ausstattung dieser Seite. Gegenüber lag eine dunkle Grotte; der Mysteriengott wachte an ihrem Eingang: Das mit einem samtigen Teppich bedeckte Parkett wirkte wie Rasen. An der Decke hingen Putten Girlanden auf; und an der Seite, die den Säulengängen entsprach, befand sich ein von Cupidos getragener Baldachin, unter dem Kissen angehäuft waren. Hier hatte sich die Königin dieses Orts niedergelassen. Ich fiel vor ihren Füßen nieder; sie beugte sich zu mir, streckte ihre Arme aus, und in diesem Moment sah ich, da diese Bewegung überall um mich wiederholt wurde, die ganz von glücklichen Liebenden bevölkerte Insel. Ihr Anblick entzündete mein Verlangen. ›Werden Sie‹, sagte ich zu ihr, ›mein Haupt ungekrönt lassen? Könnte ich, dem Thron so nahe, solche Unerbittlichkeit ertragen? Könnten Sie eine Weigerung aussprechen?‹ – ›Und Ihre Schwüre?‹, antwortete sie mir, sich erhebend. – ›Ich war ein Sterblicher, als ich sie ablegte, Sie haben mich zu einem Gott gemacht: Sie zu bewundern, das ist mein einziger Schwur.‹ – ›Kommen Sie‹, sagte sie zu mir, ›das Dunkel des Mysteriums wird meine Schwachheit verbergen, kommen Sie...‹. Gleichzeitig näherte sie sich der Grotte. Kaum hatten wir deren Eingang überschritten, wußte ich nicht mehr, welcher geschickt angewendete Mechanismus uns mit sich fortriß. Von derselben Bewegung getragen, fielen wir kopfüber weich auf einen Haufen Kissen. Die Dunkelheit regierte in der Stille dieses neuen Heiligtums. Unsere Seufzer ersetzten die Sprache. Zärtlicher, vermehrter, leidenschaftlicher wurden sie zu Interpreten unserer Empfindungen, bezeichneten sie deren Maß; und der letzte von allen zeigte unseren Dank an die Liebe an.«

Die derart suggestive Beschreibung Vivant Denons läßt kaum einen Zweifel an der Realität solcher Umgebungen, selbst wenn sie in der Erinnerung und auch in der Literatur verherrlicht wurden. Man denkt auch an die ornamentalen Anregungen von Le Camus de Mézières oder von Maillier, der in seinem Gedicht *L'Architecture* ein Boudoir in das »Wäldchen Idalies« verwandelt.[20] So suchten die Gärten und ihr Gefolge von *fabriques* die Epoche in dem Maße heim, daß die Liebhaber sich nicht damit zufriedengaben, nur darin spazierenzugehen, sondern auch im Innern ihrer Wohnungen einen besitzen wollten, und das mit seltsamen Vorwänden.[21]

Initiationsreise in das Land der Tempel und Hütten

Das endlose Register der Überraschungen, des Vergnügens und der reinen Verzauberung wich bisweilen komplexeren Mysterien, höheren Forderungen. Seit einigen Jahren sind Historiker bestrebt, die engen Verbindungen zu ergründen, die zwischen der Gartenbaukunst und der Freimaurerei in ganz Europa bestanden.[22] Es ist aber nicht einfach zu erkennen, was verschwiegen werden, und zu enthüllen, was verborgen bleiben sollte. So erscheinen viele dieser Exegesen zu beschränkt und zu systematisch, um ganz zu überzeugen.[23] Gewisse Fakten sind nicht zu leugnen, aber andere gehören einfach zu der spezifischen Welt des Imaginären am Ende des 18. Jahrhunderts, in der die Finsternis plötzlich auf die Erleuchtung folgte. In einer neueren Studie versuchte Helmut Reinhardt zu rekapitulieren, was im verschiedenartigen Repertoire der *fabriques* auf irgendeine Weise mit der Initiationszeremonie assoziiert werden kann.[24] »Was uns vor allem interessiert, sind Bauanlagen, die aufgrund ihres Namens einen bestimmten moralischen Anspruch verraten

(Elysium, Tempel der Freundschaft, der Tugend, der Weisheit; Freundschaftsaltäre; Häuser und Hütten für Eremiten, Philosophen, Brahmanen etc.). Dann Türme und Burgen, deren neomittelalterliches Aussehen auf die angeblichen Wurzeln der Freimaurer bei den Templern hinweisen soll. Des weiteren der Formenkanon ägyptischer Architektur, der die Gärten in Gestalt von Pyramiden, Tempeln und Plastiken überzieht. Schließlich noch Gebäude und Grotten, in denen unter dem Einfluß der Rosenkreuzer spiritistische Sitzungen abgehalten oder alchimistische Versuche unternommen worden sind.« Und dann gab es noch getarnte Bauten, die ihre geheimnisvolle Bestimmug aus freien Stücken verbargen.

Wenn man nur die Beispiele in Frankreich betrachtet, ist festzustellen, daß viele der großen in den Jahren 1770 bis 1780 entstandenen pittoresken Gärten Mitgliedern der freimaurerischen Aristokratie gehörten[25]: der Park Monceau (dem Herzog von Chartres), der Park von Canon im Département Eure (wo Elie de Beaumont eine Privatloge erbauen ließ), der Park von Castille bei Uzès (wo der Baron de Castille im Innern des Schlosses einen dorischen Tempel, überdacht von einem sternenbesäten Gewölbe errichtete), Ermenonville (dem Marquis de Girardin), Mortefontaire (dem Haushofmeister Le Peletier), die Folie Saint-James in Neuilly (dem »Felsenmann« Baudard de Saint-James), Méréville (dem Generalpächter Laborde) oder Maupertius (dem Marquis de Montesquiou). Schließlich muß daran erinnert werden, daß der Fürst de Ligne, Mitglied mehrerer Logen in den österreichischen Niederlanden, in Frankreich in die von »Saint Jean de Montmorency-Luxembourg« aufgenommen worden war. Letzterer, der ja, wie erwähnt, die Verständnislosigkeit mancher Besucher gegenüber seiner »Allegorie« beklagte, war ein typischer Vertreter dieser vornehmen Herren, die, ob aus Spielerei oder aus Überzeugung, eine »kryptische« Sprache der Gärten schufen, die schließlich riesigen, aus *fabriques* zusammengesetzten Bilderrätseln glichen.

Wir sollten uns jedoch nicht auf die einzelnen Elementen der Dekoration beschränken, ohne die Gesamtkomposition zu berücksichtigen. Folglich ist daran zu erinnern, daß jegliche Initiation ritueller Wege bedurfte, das heißt der Überwindung einer Folge von spezifischen Stufen, entsprechend dem Bestehen von »Prüfungen«, welche die notwendige moralische und geistige Entwicklung des künftigen Eingeweihten symbolisierten. Der Gartenraum eignete sich ideal für diese Art der symbolischen Wegstrecke, für das beinahe rituelle Umherwandeln bei dem die *fabriques* den obligatorischen »Stationen« entsprachen, während sie gleichzeitig als »Triangulationspunkte« der Landschaft funktionierten. In Wörlitz, beim Fürsten von Anhalt-Dessau, mußte der Besucher seinen Weg vor der »Zelle des Mystagogen« beginnen und die Wahl treffen zwischen dem »gedankenlosen mühseligen Stieg des Menschen ohne Kenntnis und Geisteskultur« und dem »geheimnisreichen Pfad der Mysten, der Lehrlinge erhabener Weisheiten«.[26] Häufiger war die Botschaft schwieriger zu entziffern, aber ebenso ehrgeizig. Denken wir an Ermenonville oder auch an jene merkwürdigen »Gärten der Revolution«, wo sich philosophischer und politischer Diskurs miteinander verbanden.[27] Anthony Vidler hat in seinem Essay *The Architecture of the lodges*[28] das besondere Wesen der Inititiatonsräume erläutert, und die von ihm rekonstruierten Diagramme machen die absolute Notwendigkeit einer »dritten Dimension« deutlich. Er analysierte ausführlich den Besuch des englischen Schriftstellers William Beckford, begleitet von dem bedeutenden Architekten Ledoux, eines Bauwerks in einem Park bei Paris, das in allen Details einer »Loge« ähnelt.[29] Manche Biographen Beckfords haben in diesem langen, perfekt geschriebenen »Brief«, voll literarischer Anspielungen, nicht mehr sehen wollen als eine »erfundene Geschichte«. Und doch fällt offenbar wieder einmal eine romantische Fiktion im Bereich des Gartens eng mit der architektonischen Wirklichkeit zusammen.

Die Entdeckung von Zeichnungen des französischen Architekten und Innenarchitekten Jean-Démosthène Dugourc legt tatsächlich erregende Parallelen zu der Erzählung Beckfords nahe. Wie bei der Begegnung Szymon Bogumil Zug/Vivant Denon geht es nicht darum, einen starken Einfluß zu bestätigen, sondern herauszustellen, daß derart enge Analogien verständlicherweise als Beweis dafür dienen können, daß die literarische Phantasie aus sehr realen Fakten und Orten gespeist wurde. Wir entlehnen bei Michel Gallet[30] das Resümee dieses seltsamen »Ausflugs«: »An besagtem Tage verließen der Architekt und der junge Engländer in einer verhängten Kutsche Paris. Nach einer Stunde Weges hielt der Kutscher in einem waldigen Gebiet an, wo lange Reihen von Hütten Beckford an ein Tatarendorf erinnerten. Sie drangen zu einem Haus vor, in dem verschiedene sparsam erleuchtete Räume einander folgten: zunächst eine Scheune und ein Aufenthaltsraum eines ländlichen Hauses, der zu einem Garten geöffnet war; dann ein reich ausgestattetes Vorzimmer, in dem ein sehr großer Kakadu auf seiner Stange zu schlafen schien. Von da traten sie in einen Salon von fürstlicher Pracht, in dem ein Tizian hing und Schränke von Kunsttischlern zu bewundern waren, unter einem Plafond, dessen leuchtende, mit Gold versehene Ausmalung Beckfords Neugier schon als Skizze bei einem Besuch im Büro von Ledoux geweckt hatte. Sie fanden einen düsteren und zeremoniellen Greis vor, der sie einlud, an ein Wasserbecken heranzutreten. Auf seinem Grunde erschienen leichenähnliche Gestalten, die sich bewegten und unseren Engländer in Furcht und Schrecken versetzten. Als er seine Angst überwunden hatte, stieg er eine Treppe hinauf, die Ledoux täuschend der Scala von Bernini im Vatikan nachgebildet hatte. Diese Treppe führte zu einer vergitterten Tribüne, aus welcher der Klang grandioser Psalmengesänge drang. Der fromme junge Mann erkannte einige Wortfetzen der Propheten wieder und die Verse des *Magnifikat*, die den Fall der Mächtigen und die Erhöhung der Niederen verkündigen. Dann erklärte Ledoux ihm, er habe gerade unaussprechliche Dinge erblickt, es stehe ihm aber frei, diesen Offenbarungen nicht zu glauben. Als die Nacht hereingebrochen war und der Architekt ihn zu seinem Hotel zurückgebracht hatte, fühlte Beckford sich einige Zeit elend, bevor er die Schilderung dieses seltsamen Ausflugs niederschreiben konnte.«

Beckford selbst benutzte das Wort »Verzauberung«, und der zukünftige Erbauer von Fonthill bezog sich auf die *Quatre Fils Aymon* und auf das Übernatürliche in den altfranzösischen Heldengedichten. Was trotz allem erstaunt, sind die letztlich sehr »pragmatischen« Details: die zentrale Beleuchtung der verschiedenen Räume, der architektonische Weg vom Summarischen oder Bescheidensten (Holzstapel) zum Kostbarsten (der große Salon und die Kapelle) und auch die Subtilität, mit der Beckford die Spannweite der Gefühle beschreibt, die ihn nach und nach ergreifen.

Die beiden erwähnten Zeichnungen von Dugourc, der ein Schwager Bélangers war und von dem eine Reihe von Gartenentwürfen stammen, entwickeln Pläne für ein seltsames Gebäude auf vier verschiedenen Ebenen: eine große, ungleichmäßig geformte strohgedeckte Hütte neben einem großen Holzhaufen.[31] Die vier Pläne entsprechen einer Kellerebene, einem Tiefparterre,

Die Kolossalsäule im Park des Désert de Retz (Yvelines, Frankreich). Photo Fulvio Ventura

Die chinesische Pagode von L. D. Le Camus im Park des Herzogs von Choiseul in Chanteloup bei Amboise (Indre-et-Loire, Frankreich)

einem Hochparterre und einer ersten Etage. Die grobe Außenform verbirgt, soweit man das beurteilen kann, eine sonderbare und prächtige Inneneinrichtung. Der Holzstapel, eine Art »getarnter« Eingang, erhebt sich über einen küchenähnlichen Raum, in dem man Öfen erkennt. Ein unterirdischer Flur, der von außen unsichtbar ist und durch einen Schacht belichtet wird, führt in einen rechteckigen Raum, der an eine Krypta erinnert und ohne erkennbare Verbindung auf diesem unteren Niveau in »Bäder« mit kreuzförmigen Grundrissen übergeht. Über verschiedene Treppen ist die Ebene des Tiefparterres zu erreichen, wo man eine von Kolonaden gesäumte »Kapelle« entdeckt, deren »Apsis« ein großes Becken enthält. Auf den beiden oberen Ebenen, deren verschiedene Räume untereinander verbunden sind, erkennt man eher die einer Wohnung entsprechende Anordnung: einen achteckigen Salon mit Balkon im Zwischengeschoß, wahrscheinlich über ein Glasdach belichtet, ein Zimmer mit Alkoven und kleinem separatem Badezimmer und einen großen Billardsaal. Man fragt sich, wofür dieses mysteriöse Bauwerk wohl bestimmt war. Der »Holzhaufen«, aus dem sich einzelne Bündel lösen, verweist auf Beckford, aber auch auf andere Beispiele wie das vom Fürsten de Ligne beschriebene Peterhof bei St. Petersburg: »Es gibt in diesem neuerschaffenen Garten eine Sennhütte, welche die Form eines Heuhaufens hat. Einige Bündel verstopfen Türen und Fenster, und man muß sie entfernen, um eintreten zu können. Man wird immer getäuscht, aber das verzeiht man leicht, wenn man den mit bestem Pariser Geschmack ausgestatteten Salon betritt.« Wozu dienten jedoch diese Kapelle und diese offenbar kostspieligen Bäder? Man erinnert sich an Beckfords Text: »Ich wagte ihn zu fragen: Zu welchem Kloster gehört die Kapelle unten und zu welchem Orden gehören die Mönche, die ich durch das Chorgitter gehört habe? – Das ist zwar eine Kapelle, antwortete Ledoux, aber verzeihen Sie mir, wenn ich Ihnen ihren Namen nicht verrate. Denken Sie an unsere Abmachung. Es genügt, wenn Sie wissen, daß dieses heilige Gebäude einer erhabenen, wenn auch nicht religiösen Bestimmung gewidmet ist. Lassen Sie sich von mir dazu bewegen, sich jeglicher Frage zu enthalten.« Angesichts dieses auf das kaum enthüllte Geheimnis bezogene Stillschweigens läßt sich der Versuch einer Deutung nur mit dem Schluß des Abschnitts über die *L'Architecture* vornehmen, in dem Ledoux die Eingangstür der Saline von Arc-et-Senans »vorstellt«, eines Bauwerks außerhalb aller Normen: »Ich konnte dem Reisenden gut vor Augen führen, daß das betreffende Gebäude keinen triumphalen Charakter hatte, daß sein Stil völlig anders war, daß man zum Prinzip zurückkehren müsse; er setzte meinem Vorbehalt einige unerhebliche, den Gemeinplätzen der Voreingenommenheit entlehnte Ausdrücke entgegen.« Es ist wirklich schwierig, Proselyten zu machen!

Anthony Vidler erinnert in seinem Essay daran, daß der berühmte Cagliostro, Begründer des »ägyptischen Rituals«, für den Bankier Sarasin bei Basel im hintersten Winkel seiner Ländereien eine Loge der »Regeneration« erbaute, wo der Aspirant in Gesellschaft seines Hierophanten etwa vierzig Tage vor seiner Initiation leben mußte. Hier sind wir nicht weit von Dugourcs Plänen entfernt!

Die Embleme der Unvernunft

Erotisches Labyrinth, Initiationsweg – in der Denkweise der Gartenliebhaber wie auch in der der Künstler besteht die einzige Regel für das »Spiel der *fabriques*« im unendlichen Bereich der Phantasie. Traditionellerweise betonte man vor allem die vergnügliche Seite solcher Architekturen, dieser *folies*.[32] Man bemühte sich aber auch, deren exzentrischen Aspekte zu analysieren, besonders der Bauten im englischen Bereich.[33] Nur selten hat man ihre »beunruhigende Sonderbarkeit« hervorgehoben. Im Zusammenhang mit Castle Goring ist von Schizophrenie gesprochen worden.[34] Zahlreiche andere Beispiele beruhen auf einer seltsamen Megalomanie oder gar anderen pathologischen Zwangsvorstellungen! Diese Maßlosigkeit selbst ist symptomatisch für die überwältigende Neugier, welche die Menschen am Ende des 18. Jahrhunderts ergriff. Im Verlauf der Zeit veränderte sich die Belichtung. »Die Farbe Schwarz breitet sich allmählich über die Landschaft aus, löscht dabei die Lichtflecken der Idylle und bewirkt eine erschreckende Verhärtung ... Die Begegnung mit der Natur hat nicht stattgefunden: Man begnügte sich damit, sie auf dem Schachbrett des Kunstgriffs zu simulieren. Und von einem Kunstgriff zum anderen meinte man, auf die ›Karte der Liebe‹ zu setzen und verirrte sich doch zu der ›Karte des Wahnsinns‹.«[35]

Dieser »Wahnsinn«, diese »wahre Leidenschaft der Seele« kann verschiedene Formen annehmen. Manchmal entwickelt sich die Krankheit zur Manie, und der Besitzer möchte unaufhörlich alles erwerben, was man nur sammeln kann. Der Fürst de Ligne, ein großer Kenner, kritisierte einige »Gartensüchtige« unter seinesgleichen. Dem Herzog Karl Eugen von Württemberg mit seinem Gut Hohenheim[36], um 1782 bei Stuttgart angelegt, wies er einen besonderen Platz unter den Sammlern, zu: »Es ist ein beispielloser Besitz: vom Schloß aus gelangt man durch eine Reihe kleiner natürlicher Gärten in einen reich ausgestatteten Garten, der besten Geschmack erkennen läßt und der vielleicht wundervollste aller existierenden ist. Mehr als sechzig verschiedene Szenerien folgen aufeinander. Um in seinem Garten realiter das zu besitzen, wovon andere glücklich wären, einen Stich in ihrem Arbeitszimmer hängen zu haben, ließ der Herzog die schönsten Stücke Italiens im Maßstab vier zu ein ausführen. Das heißt, daß alle Proportionen seiner Gebäude gleich sind und seine Säulen beispielsweise ein Viertel so groß sind, wie diejenigen, von denen uns die Römer so schöne Überreste überlassen haben, um Lust auf eine Pilgerfahrt zu diesem lehrreichen und köstlichen Ort zu erwecken. Ich werde nicht alles aufzählen, was ich gesehen habe; ich sage nur, daß die erste Szene eine Ruine der Domus Aurea Neros ist; danach kommen drei wunderschöne, tief in der Erde steckende Säulen (tatsächlich die vom Jupitertempel); das Grabmal des Gaius Sextus mit Urnen; der Tempel der Sibylle, das Bad Diokletians oberhalb eines anmutigen Baches ..., ein römisches Grabmal und noch zwanzig derartige Monumente, durch Baumgruppen, zwei weitere Bäche, Brücken oder Hecken voneinander getrennt. So verschmelzen sie nie und harmonieren sogar gut miteinander, wenn man zufällig mehrere von ihnen gleichzeitig entdeckt. Die kompakten Baumgruppen als Abtrennungen dieser verschiedenen Schauplätze stammen aus den drei anderen Erdteilen, womit der Himmel sie anscheinend dafür entschädigen wollte, nicht so zivilisiert zu sein wie Europa.«[37] Es gibt noch mehr Beispiele solcher enzyklopädischer Sammlergärten. Shugborough in England erscheint wie die direkte dreidimensionale Übertragung der Stiche aus dem ersten Band der *Antiquities of Athens*, 1762 von James Stuart und Nicholas Revett veröffentlicht. Hier entdeckt man der Reihe nach: den »Turm der Winde«, die »Laterne des Demosthenes« (oder das Choregische Lysikratesdenkmal) und einen Triumphbogen als eindeutige Kopie des Hadrianbogens.[38] In Polen scheinen manche der von S. B. Zug für *Arkadia* erdachte Bauten unmittelbare Imitationen der berühmten Zeichnungen Clérisseaus zu sein, der im übrigen eine wichtige Rolle in Wörlitz spielte. Und um beim Repertoire der antiken Ruinen zu bleiben, sollten auch die sonderbare Zusammenstellung römischer Zitate erwähnt werden, welche die Potsdamer Zufahrt schmücken, sowie die wunderbaren Entwürfe von Charles de Wailly für das »Neue Herkulaneum«, das er für den Herzog von Arenberg in Enghien in den vormals österreichischen Niederlanden anzulegen hoffte.[39]

Die Faszination aber wird vollkommen, wenn die Maßlosigkeit des Architekten der Megalomanie des Auftraggebers gleichkommt. Ein bemerkenswertes, kaum bekanntes und noch zugängliches Beispiel ist der Park von Zarizino bei Moskau. Basile Ivanovitch Bajenov, der es verdient, neben Ledoux und Boullée im Pantheon der Visionäre zu stehen, plante für Kaiserin Katharina II. einen Park, in dem jedes Gebäude einem veritablen Palast gleichkommen sollte. Der Ursprung dieses unvollendeten Werks, das den Architekten in Ungnade fallen ließ[40], geht auf das Jahr 1775 zurück. Anläßlich der Unterzeichnung des wichtigen Friedensvertrags zwischen Rußland und der Türkei wurden große Feste veranstaltet, für die prunkvolle Dekorationen von Bajenov und Kazakov auf der Khodinka, dem Moskauer Marsfeld, geschaffen wurden. Diese ephemeren Architekturen, die von den Türken eroberte Paläste und Burgen darstellten, vermischten klassische Zitate mit orientalischen Anleihen und Elementen der traditionellen russischen Architektur. Sie gefielen der Kaiserin so gut, daß sie eine Reproduktion derselben auf einem riesigen Gut wünschte, welches sie gerade vom Fürsten Antioch Kantemir erworben hatte und das auf einem heiklen Grundstück gelegen war: dem stark gezackten Rand eines großen, abschüssigen Plateaus. Bajenov entwarf eine Anordnung mit Panoramablick: eine Zusammenstellung unterschiedlich großer Pavillon-Paläste von extremer formaler Verschiedenartigkeit, die in drei Reihen stufenförmig anstiegen, mit mehreren monumentalen Toren und zwei Brücken zur Überwindung der beträchtlichen Höhenunterschiede. Der Bau dieses riesigen Komplexes wurde im Jahr 1775 begonnen und erfuhr tausenderlei Schwierigkeiten. Als Katharina II. 1785 die Baustelle besichtigte, fand sie die Gebäude zu düster, die Gewölbe zu mächtig, die Zimmer zu eng – und entließ Bajenov. Alle Pläne des Architekten wurden aufgehoben: Grundrisse, Aufrisse, Gesamtansichten.[41] Diese umfangreiche Dokumentation ermöglicht eine generelle Vorstellung von der symbolischen Funktion der Gebäude und ihrer Rolle im Entwurfsprozeß des Architekten. Fast könnte man sagen, daß jeder Architekt einen »inneren Garten« besitzt, versehen mit einem großen Gebäudekatalog, in gewissem Sinn dem gesamten Repertoire seines potentiellen Werks! So widmete Bajenov sich mit Leidenschaft der Kunst unendlicher Kombinationen. Seine Grundrisse spielen mit modularen Elementen auf geometrischer Basis (dem Halbkreis, dem Dreieck, dem Quadrat mit abgerundeten Ecken, der Diagonalen), aus denen die »proliferativen«, quasi »organischen« Formen resultieren. Die Ansichten, die sich aller Kontraste des Mauerverbands aus roten Ziegeln mit Ornamentik aus weißem Naturstein bedienen, zeigen eine so perfekte Seltsamkeit, daß sie jeglichem Versuch einer Beschreibung trotzen. Auf die Aufgabe des Vorhabens folgte der Verfall. Aber bis heute ist Zarizino einer der exzentrischsten aller architektonischen Träume geblieben.

Wenn man von den *fabriques* spricht, denkt man im allgemeinen zuerst an ihre reduzierte Größe, ihren Aspekt als Modelle, als architektonischer Nippes. Nun verwandelten sie sich häufig in technische Glanzleistungen. In Za-

Hundezwinger in Form eines von einem Obelisken bekrönten Felsens. Ölgemälde von Hubert Robert. Basel, Kunstmuseum

rizino äußerte sich die Maßlosigkeit des Unternehmens auch in einem Höhepunkt des Maßstabs. Die gebrochene Säule aus dem Désert de Retz (Yvelines) ist sicher das Sinnbild dieser bisweilen an Science-fiction grenzenden Überdimensionierung.[42] Man hat ausgerechnet, daß der vollständige Schaft 120 Meter hoch gewesen wäre (wenn man das geläufigste dorische Modul von acht Durchmessern anwendet)! Es ließen sich genügend weitere *fabriques* nennen, deren gigantische Ausmaße ihre Dekadenz zur Folge hatte, beispielsweise der des berühmten Lord Burlington für Sir Robert Furness 1725 bis 1727 im Waldershare Park in Kent erbaute Aussichtsturm, dessen prächtige palladianischen Fenster sich nur noch ins Leere öffnen[43] oder der 1782 bis 1788 für den Grafen François-Ferdinand de Gemegnies errichtete »Felsen« von Attre in Belgien, eine sonderbare Metamorphose von Ruine und Gebirge, die einen »Vulkan« enthält und in der man von einer unterirdischen Grotte aus in prächtig ausgeschmückte Zimmer gelangt. »Er besteht aus der Zusammenfügung formloser Steine, von denen mehrere fünfundzwanzigtausend Pfund wiegen und die von achtzehn Pferden aus einer Meile Entfernung herbeigeschafft und von vierzig Arbeitern acht Jahre lang unter der persönlichen Leitung und Aufsicht des Grafen errichtet wurden.«[44]

Zweifellos sind die Gartenenthusiasten eine merkwürdige Gesellschaft, die es darauf anlegte, das Unmögliche möglich zu machen. Sie wies übrigens noch andere Manien auf: Die Lust am Sammeln führte zu einer Art der Katalogisierung, die so minuziös war, daß sie an taxonomische Verrücktheit grenzte. Diese pathologische Kompilation erinnert an die *Hundertzwanzig Tage von Sodom* des Marquis de Sade.[45] Aber der Spott, eine Schwester der Verrücktheit, ist davon nie weit entfernt. Hubert Robert malte einen eleganten Hundezwinger in Form einer kleinen, von einem Obelisken überragten Grotte, und M. A. Carême veröffentlichte 1815 *Le Patissier Pittoresque*, dessen Bauten aus Zuckerguß oder Marzipan direkte Nachahmungen von Durands *Parallèle* sind.[46] Aber ist das Groteske nicht auch eine Spielart des Sublimen?

Entwurf für eine Tortendekoration in Form eines auf einem Felsen sitzenden chinesischen Pavillons. Aus: M.A. Carême, Le pâtissier pittoresque, Paris 1815

Anmerkungen

[1] Jean-Marie Morel, *Théorie des jardins*, Paris 1776. Reprint Genf 1973. Elisabetta Cereghini führt z.Zt. eine Untersuchung über das Werk dieses Theoretikers durch.
Vgl. Notiz »Strukturen« (M. Mosser), in: *The Oxford Companion to Gardens*, Oxford 1986, S. 182. Über Frankreich hat Ernest de Ganay eine Reihe von Artikeln veröffentlicht, die eine Referenzbasis darstellt:
- »Le goût du Moyen-Age et des ruines dans les jardins du XVIIIe siècle«, in: *Gazette des Beaux-Arts*, 1932, S. 183–197.
- »Fabriques aux jardins du XVIIIe siècle. Edifices de la Chine et de l'Orient. Temples, belvédères, pavillons«, in: *Revue de l'Art Ancien et Moderne*, Bd. LXIV, Jan.–Dez. 1933, S. 49–74.
- »Les rochers et les eaux dans les jardins à l'anglaise«, in: *Revue de l'Art Ancien et Moderne*, Juli 1934, S. 63–80. S. außerdem die Titel: Jurgis Baltrusaitis: »Jardins et pays d'illusion«, in: *Aberrations, Quatre essais sur la légende des formes*, Paris 1957, S. 97–126, Neuauflage 1986, sowie den Ausstellungskatalog *Jardins en France 1760–1820, Pays d'illusion, terre d'expériences*, Paris, April–Juni 1977.

[2] Zu diesem Thema gehören innerhalb der neueren Literatur Monique Mosser, »Le rocher et la colonne, un thème d'iconographie architecturale au XVIIIe siècle«, in: *Revue de l'Art*, Nr. 58–59, 1982/83, S. 55–74; Georg Germann, »Höhle und Hütte«, in: *Jagen und Sammeln, Festschrift für H.G. Brandi, Jahrbuch des Bernischen Historischen Museums*, 1983/84, Bern 1985, S. 121–130. Zur »heidnischen Architektur« siehe Johannes Langner, »L'architecture pastorale sous Louis XVI«, in: *Art de France*, Nr. III, 1963, S. 170–186, und Henri Lavagne: »L'Amalthaeum de Cicéron et la ›laiterie de la Reine‹ au château de Rambouillet«, in: *La mythologie. Clef de lecture du monde classique*, Tours 1986, S. 467–474.

[3] Le Rouge: *Jardins anglo-chinois ou détails des nouveaux jardins à la mode*, 21 Hefte mit 496 Stichen; E. de Ganay; *op. cit.*, Notiz Nr. 99. Dieser Autor erinnert daran, daß ihr Erscheinen in einzelnen Heften die Ursache dafür ist, daß es nur noch sehr wenige komplette Sammlungen gibt. Diese Stiche waren in ganz Europa verbreitet, wie später Johann Christian Grohmanns *Ideenmagazin für Liebhaber von Gärten, englischen Anlagen und für Besitzer von Landgütern*, 5 Bände, 1796–1806. Die Geschichte dieser Bände, von denen es auch zahlreiche Übersetzungen gibt, ist sehr komplex.

[4] Die Verbindungen zwischen den Gärten und der Literatur im 18. Jahrhundert wurden sehr genau untersucht. Für Großbritannien vgl. John Dixon Hunt und Peter Willis: *The Genius pf Place. The English Landscape Garden 1620–1820*, London 1975; für Deutschland Siegmar Gerndt; *Idealisierte Natur. Die literarische Kontroverse um den Landschaftsgarten des 18. und frühen 19. Jahrhunderts in Deutschland*, Stuttgart 1981; für Frankreich Denise und Jean-Paul Le Dantec, *Le roman des jardins de France, leur histoire*, Paris 1987. Im Zusammenhang mit den spezifischeren Fragen der Inschriften und Zitate vgl. Monique Mosser, »Le texte mis en espace ou la littérature dans le jardin«, in: *Eidos*, Nr. 4, 1989.

[5] Abbé Delille, *Les jardins ou l'Art d'embellier les paysages*, Gedicht in vier Gesängen, Paris 1782. E. de Ganay, *op. cit.*, Notiz Nr. 502, erfaßt etwa zehn Ausgaben für 1782. Dieser Erstausgabe folgten bis 1844 um die zwanzig weitere Ausgaben. Es gibt englische, italienische und portugiesische Übersetzungen.

[6] Man könnte einen ganzen Band über die Bibliographie dieser Frage zusammenstellen, zu den bedeutendsten Werken gehören aber: für die Antike vgl. Henri Lavagne, *Operosa Antra. Recherches sur la grotte à Rome de Sylla à Hadrien*, Rom 1987. Für die neuere Zeit und vor allem für Frankreich vgl.:
- *Fons Sapientiae. Renaissance Garden Fountains*, 5. Dumbarton Oaks Kolloquium, Hrsg. Elisabeth B. MacDougall, Washington 1978.
- Naomi Miller, *French Renaissance Fountains*, New York 1977, und *Heavenly Caves*, New York 1982.
- Gerold Weber, *Brunnen und Wasserkünste in Frankreich im Zeitaler von Louis XIV.*, Worms 1985.
- Barbara Rietssch, *Künstliche Grotten des 16. und 17. Jahrhunderts. Formen der Gestaltung von Außenbau und Innenraum an Beispielen in Italien, Frankreich und Deutschland*, München 1987.

[7] Zum Kapitel der Ruinen muß man sich für unsere Zeit nur merken: Günter Hartmann, *Die Ruine im Landschaftsgarten. Ihre Bedeutung für den frühen Historismus und die Landschaftsmalerei der Romantik*, Worms 1981. Für den orientalisch geprägten Geschmack seit den beiden nie ersetzten großen Klassikern:
- Eleanor von Erdberg, *Chinese Influence on European Garden Structures*, Buchram 1936, Neuauflage New York 1985, und Oswald Sirén, *China and Gardens of Europe of the Eighteenth Century*, New York 1950, kann man Patrick Conner, *Oriental Architecture in West*, London 1979, als Referenz heranziehen.

[8] *Georgian Arcadia: Architecture for the Parkland Garden*, Ausstellung zum Goldenen Jubiläum, von der Georgian Group Colnaghi, London, Juli–August 1987. Hier die Liste der in Erinnerung behaltenen »items«: »Arches, Banqueting Houses, Bath houses, Boat houses, Bridges and cascades, Churches and chapels, Columns, Eye catchers – Follies – Ruins, Gazebos, Grottoes and shell houses, Hermitages, Lodges and cottage ornés, Mausoleas, Monuments, Obelisks and pyramides, Orangeries and conservatories, Practical Buildings, Rotundas and umbrellos, Seas, Summerhouses and Pavilions, Temples, Towers«.

[9] Es gab zahlreiche Ausgaben, allesamt vertraulich, des *Coup d'oeil sur Beloeil*; die erste stammt von 1781. Vgl. E. de Ganay, *op. cit.*, Notiz Nr. 110. Wir haben hier die mit Anmerkungen versehene Neuausgabe verwendet, die 1922 von de Ganay herausgegeben wurde. Alle Zitate des Fürsten de Ligne, die den Artikel illustrieren, sind dieser Ausgabe entnommen.

[10] Der Fürst de Ligne war aufgrund seiner Rolle als Gartenliebhaber Gegenstand von zahlreichen biographischen Studien. Vgl. Vorwort von E. de Ganay zu seiner Ausgabe des *Coup d'oeil...*, und vom gleichen Autor; »Le Prince de Ligne et les Jardins«, in: *La Revue de Paris*, 15. Juli 1935, S. 400–413.
[11] Vgl. *Coup d'oeil...*, S. 275: »Es ist genug, daß ich mich zu dem Begriff *fabriques* hinreißen ließ, mit dem man die Vorstellung seiner Bezeichnung nicht mehr verbindet. Er ist um so schlechter gewählt, als er sehr passend wäre, um einen Park zu bevölkern, zumal es dort eine wirkliche Fabrik gäbe, in der 500 junge Leute beiderlei Geschlechts angenehm zu sehen wären, in den Ruhestunden, beim Spielen oder beim Schlafen auf dem Rasen.«
[12] Es gibt wenig, was man sich aus dem unter der Signatur von Philippe Duboy veröffentlichten Album *Lequeu. An Architectural Enigma*, London 1986, merken müßte. Zum Problem, das uns beschäftigt, vgl. Günter Metken, »Jean-Jacques Lequeu ou l'architecture rêvée«, in: *Gazette des Beaux-Arts*, April 1965, S. 213–230, und Jacques Guillerme, »L'instance scénique dans l'oeuvre de Lequeu«, in: *Ligeia*, Nr. 2, 1988.
[13] *Le Cabinet des fées*, Bd. 1: *Contes de Madame d'Aulnoy*, Paris 1988, S. 77–99, und Laurence Jyl, *Madame d'Aulnoy ou la fée des contes*, Paris 1989.
[14] Horace Walpole, *Hieroglyphic Tales*, 1785, als neuere Monographie B. Fothergill, *Beckford of Fonthill*, London 1979.
[15] Für die Park Place betreffende Bibliographie vgl. Ray Desmond, *Bibliography of British Gardens*, Winchester 1984, S. 211.
[16] Anthony Vidler, »Asylums of Libertinage. De Sade, Fourier, Lequeu«, in: *The Writings of the Walls*, Princeton 1987, S. 103–124.
[17] Marck Kniatkowski, *Szymon Bogumil Zug, architekt polskiego oświecenia*, Warschau 1971. Zur generelleren Annäherung an die Zeit siehe auch Stanislaw Lorentz und Andrzej Rottermund, *Neoclassicism in Poland*, Warschau 1986. Ich danke Wanda M. Rudzińska, Konservatorin in der Zeichnungsabteilung der Bibliothek Warschau, für ihre Unterstützung.
[18] Zur Verbreitung von englischen Gärten in Polen vgl. außerdem Brian Knox; »The Arrival of the English Landscape Garden in Poland and Bohemia«, in: *The Picturesque Garden and its influence outside the British Isles*, Washington 1974, S. 101–116. Noch spezieller J. Wegner; *Arkadia*, Warschau 1948.
[19] Dominique Vivant Denon, *Point de lendemain*, 1777, Text, Varianten und Chronologie Vivant Denons von Marguerite du Cheyron et Etiemble in: *Romanciers du XVIIIe siècle*, Bd. II, Paris 1965, S. 379–401.
[20] Monique Mosser, »L'Arredemento libertino, ovvero il letto pittore«, in: *Il progetto domestico. La casa dell'uomo: architipi e prototipi*, XVII, Triennale di Milano, Mailand 1986, S. 58–73.
[21] So beschreibt der Fürst de Ligne »Winterwohnungen« neben Gewächshäusern, die eine Art Innengärten darstellten. Es gab sie in den großen Palais von Petersburg wie im Palast von Taurid beim Fürsten Potjemkin, wo man einen »Wintergarten« entdeckte, »der so groß ist, daß es dort mehrere Alleen gibt und einen Tempel in der Mitte, in dem eine Statue der Kaiserin steht«. Im Park Monceau, beim Herzog von Chartres, gab es einen »Gewölbe- oder Wintergarten« mit einem in dem Felsen eingerichteten Salon und Eßzimmer (vgl. Thierry; *Guide des amateurs et des étrangers...*, Paris 1787, Bd. I, S. 64–66). Später wurde die optische Täuschung für weniger vermögende Eigentümer üblich; das war der Ursprung der großen Panoramen auf Tapete zu Beginn des 19. Jahrhunderts.
[22] Vgl. u.a. Adrian von Buttlar, *Der englische Landsitz 1715–1760. Symbol eines liberalen Weltentwurfs*, Mittenwald 1982; Günter Hartmann; *op. cit.*; Monique Mosser; *Le rocher et la colonne...*, art. cit.; Magnus Olausson, »Freemansonry, occultism and the picturesque garden towards the end of the Eighteenth century«, in: *Art History*, Bd. 8, Nr. 4, Dez. 1985, S. 412–433; Giuliana Ericani, »La storia e l'utopia nel giardino del senatore Querini ad Altichiero«, in: *Piranesi e la culture antiquaria. Gli antecedenti e il contesto*, Rom 1983, S. 171–185. Siehe ebenfalls in diesem Werk den Essay von Eliana Mauro und Ettore Sessa, »Giardini massonici in Sicilia«.
[23] Das ist der Fall bei den zweifelhaften Analysen des Parks von Brüssel oder des Labyrinths im Botanischen Garten von Paris.
[24] Helmut Reinhardt, »*L'influence de la franc-maçonnerie dans les jardins du XVIIIe siècle*, in den Protokollen des vom Grand Orient von Italien organisierten Kolloquiums vom 15.–17. April 1988, Florenz.
[25] Vgl. in: *Histoire des francs-maçons en France*, Hrsg. Daniel Ligou, Toulouse 1981, M. Mosser, »Les Arts«, S. 127–133. Wegen der Quellen vgl. Alain Le Bihan, *Francs-Maçons parisiens du Grand Orient de France, Fin du XVIIIe siècle*, Paris 1966.
[26] Zitiert von H. Reinhardt nach August Rode, *Beschreibung des Fürstlichen Anhalt-Dessauischen Landhauses und Englischen Gartens zu Wörlitz*, Dresden 1788, Reprint Dessau 1928, S. 81.
[27] Monique Mosser, »Le temple et la montagne: généalogie d'un décor de fête révolutionnaire«, in: *Revue de l'Art*, Nr. 83, 1/1989, S. 21–35.
[28] Anthony Vidler, »The Architecture of the Lodges. Ritual and Symbols of Freemasonry«, in: *The Writings of the walls*, Princeton 1987, S. 83–102. Diese Studie war ursprünglich in *Oppositions*, Nr. 5, 1976, S. 75–97, erschienen.
[29] Der Brief von William Beckford wird von J. Oliver, *The Life of William Beckford*, London 1932, S. 171–182, zitiert. Er war Gegenstand einer langen Untersuchung durch A. Vidler, der diesem Dokument als erster Aufmerksamkeit widmete, vgl. Anm. 34.
[30] Michel Gallet veröffentlichte eine Übersetzung dieses Dokuments in seinem Buch *Claude-Nicolas Ledoux*, Stuttgart 1983, S. 26.
[31] Vgl. Verkaufskatalog *Jean-Démosthène Dugourc (1749–1825)*, Paris, Salle Drouat, 3. Juni 1988, Nr. 118: »Grundrisse der beiden Bauten mit vier verschiedenen Ebenen«, mit Reproduktionen. Diese Zeichnungen gehören heute der Stiftung Claude-Nicolas Ledoux. Zu Dugourc vgl. Simone Hartmann: »Fabriques et jardins: dessins de Jean-Démosthène Dugourc dans la collection de Tassinari et Chatel de Lyon«, in: *Bulletin de la Société d'Histoire de l'Art Français*, 1980, S. 211–218.
[32] In der französischen Sprache entspricht der Begriff »folie« (Verrücktheit) vor allem einem kleinen Landhaus. Diese »Verrücktheiten« waren unlängst Gegenstand von wenig beachteten Fotobüchern.
[33] Für England vgl. Barbara Jones; *Follies and Grottoes*, London 1953. Die Autorin besteht hier unter anderem auf der sehr bedeutenden Rolle des Architekten Thomas Wright, dessen Sammlung *Arbours and Grottos*, (1755 und 1758) kürzlich Neuauflage von Eileen Harris erfuhr, London 1988. Vgl. auch Gwyn Headley und Wim Meulenkamp, *Follies. A National Trust Guide*, London 1986, mit einer vollständigen Bibliographie.
[34] Vgl. Headley und Meulenkamp, *op. cit.*, S. 132. Der Collage-Effekt von verschiedenen Baustilen ist eine weitere bizarre Erfindung Lequeus.
[35] Annie Le Brun, *Les châteaux de la subversion*, Paris 1982; vgl. das Kapitel: »L'interrogation du paysage«, S. 110. Derselbe »schwarze« Gedanke inspirierte den kanadischen Photographen Geoffrey James in seinem Buch: *Morbid symptoms. Arcadia and the French Revolution*, Princeton 1986.
[36] Adrian von Buttlar, *Der Landschaftsgarten*, München 1980, S. 147–153. Vgl. auch E. Nau, *Hohenheim, Schloß und Gärten*, Sigmaringen 1978.
[37] Fürst de Ligne, *Coup d'oeil...*, S. 123–125.
[38] Shugborough bei Stafford war Gegenstand einer umfassenden Bibliographie, vgl. Ray Desmond, *op. cit.*, S. 237. Der Garten- und Denkmalführer von S.E. Pybus (1984) liefert eine interessante Liste von Quellen, Artikeln und Referenzen.
[39] Vgl. Monique Mosser und Daniel Rabreau, *Charles De Wailly, peintre architecte dans l'Europe des Lumières*, C.N.M.H.S., Paris 1979, S. 87f. Die Entwürfe für den Park von Enghien finden sich z.T. in der Kollektion Wrightsmann (USA) und der Archives Générales du Royaume in Brüssel.
[40] A.I. Mikhailov, *Bajenov*, Moskau 1951.
[41] Die sehr zahlreichen Entwürfe werden an verschiedenen Orten aufbewahrt. Ein paar große Zeichnungen sind im Architekturmuseum von Moskau ausgestellt. Dagegen befinden sich die Grundrisse und Detailansichten in der Akademie der Schönen Künste und der Graphikabteilung der Eremitage in Moskau, vgl. A.I. Mikhailov, *op. cit.*, S. 111–168.
[42] Vgl. Olivier Choppin de Janvry, *Réponses à 101 questions sur le Désert de Retz*, Marly-le-Roy-Louveciennes 1988. Zu den zahlreichen Publikationen desselben Autors gehört »Avant que disparaisse à jamais le Désert de Retz«, in: *L'Oeil*, September 1967, S. 30–40f.
[43] Vgl. G. Headley und N. Meulenkamp; *op. cit.*, S. 103, und *Georgian Arcadia*, op. cit., S. 55.
[44] Benoît Fondu, *Le Val de Beaulieu-Attre*, Hrs. Architectur Association School, London 1988.
[45] Vgl. Anthony Vidler, »Asylums of Libertinage«, op. cit., und Annie Le Brun, op. cit. Einige Romane De Sades enthalten interessante Beschreibungen von Gärten; das gilt für *Marquise de Grange*, in dem ein Labyrinth sehr genau auf den »Gräberwald« von Castille bei Uzès hinweist.
[46] Vgl. Katalog zur Ausstellung *L'Art culinaire au XIXe siècle. Antonin Carême*, und zwar den Artikel von Daniel Rabreau: »Le citoyen-architecte«, Paris 1984.

Natur und Empfindung: der Garten im Spanien des 18. Jahrhunderts

Carmen Añon Feliu

Zu Beginn des 18. Jahrhunderts übernahmen die Bourbonenkönige in Spanien die Regierung und lösten damit die fast zweihundert Jahre währende Dynastie der Habsburger ab. Die Gartenkunst schöpfte damals in ganz Europa aus französischen Quellen und ließ sich noch immer durch den vergangenen Glanz von Versailles inspirieren. Überall wetteiferte man mit der Herrlichkeit dieses großen Vorbilds, ohne sie je zu erreichen. Außerdem kursierten an allen europäischen Höfen Abhandlungen über Gartenkunst, deren Inhalte quasi zum Gesetz erhoben wurden. In Spanien gab es wahrscheinlich besondere Gründe, das Vorbild Versailles hochzuhalten. Es war nicht nur ein Garten, den man nachzuahmen versuchte, vielmehr ging es darum, die Macht, die hier zum Ausdruck gebracht wurde, in gleicher Weise symbolisch darzustellen. Die Abhandlungen über Gartenkunst des 18. Jahrhunderts waren weit davon entfernt, neue Konzepte zu entwickeln. Sie dienten nur dazu, die Prinzipien, die Le Nôtre empirisch entwickelt hatte, als Gesetz festzuschreiben. Damals lag die Betonung weniger auf »Kunst«, es handelte sich vielmehr darum, erprobte »Rezepte« im Rahmen einer Theorie umzusetzen, die »eine edle Einfachheit im Zusammenspiel mit der Vielfalt der Formen« anstrebte. Aber Handbücher und Abhandlungen, Verordnungen und Gesetze beinhalten immer Gefahren, wenn sie in untalentierte Hände geraten. Im Laufe jenes Jahrhunderts wurden unendlich oft Klischees gedankenlos wiederholt. Gute und geschickte Gärtner, die aber keine echten »Gestalter« waren, versuchten ihre fehlende Kreativität auf diese Weise zu überspielen.

Der Mangel an echten Meistern der Gartengestaltung führte dazu, daß auch Architekten sich wieder dieser Aufgabe zuwandten, zum Beispiel Robert de Cotte, Mansart, Lassurance, Gabriel, Vanvitelli, Sacchetti, Sabatini, Ribera, Ventura Rodríguez, Villanueva. Viele von ihnen wurden zu bedeutenden Gartenkünstlern.[1]

Bald zeichnete sich die neue Rolle des Landschaftsarchitekten ab. Sein Aufgabengebiet wurde nie genau definiert, denn es war außerordentlich komplex und seine Ausbildung sehr umfassend. Claude Mollet hatte sie bereits im vorangegangenen Jahrhundert wie folgt beschrieben: »Nehmen wir einen Knaben, der willig und gescheit ist, am besten den Sohn eines guten Arbeiters, denn er sollte nicht empfindlich sein, und man sollte von ihm hoffen können, daß er kräftig heranwächst. Bis er groß geworden ist, lassen wir ihn Lesen, Schreiben und Zeichnen lernen. Insbesondere sollte er Pläne anfertigen können. Denn es hängt vom Plan ab, ob man die Schönheit der Dinge erkennen und beurteilen kann ... Er muß sich in Geometrie und Arithmetik üben, und wenn er ein Talent für Architektur zeigt, ... so soll er seine eigenen Entwürfe oder diejenigen, die ihm vorgelegt werden, auf die Erde zeichnen. Er soll die Parterres ordentlich anlegen, bepflanzen und beschneiden können ... Er soll die Pflanzen kennen und darüber Bescheid wissen, wie man sie sät oder verpflanzt ...«, und schießlich »soll er all dies den Menschen in seiner Umgebung vermitteln können.«[2]

Bereits Morel stellte fest: »Von dem Zeitpunkt an, als Architekten sich der Gartengestaltung bemächtigt haben, war damit zu rechnen, daß die Prinzipien dieser beiden Künste vermischt würden. Da ein Architekt zu sehr gewohnt ist, in regelmäßigen Formen zu denken, wie dies seinem Werk durchaus zukommt und richtig ist, versucht er nun, das Gebäude, welches Hauptobjekt seiner Planung ist, mit dem Garten, dem er immer nur eine untergeordnete Bedeutung beimißt, in eine Beziehung zu bringen.«[3]

Antoine Joseph Dezallier d'Argenville beschrieb, welche Eigenschaften ein Gärtner aufzuweisen habe: »Er muß ein guter Geometer sein, der Kenntnisse von Architektur hat und auch Architekturzeichnungen anfertigen kann. Er muß etwas von Schmuckformen verstehen. Außerdem muß er die Eigenschaften und Wirkungen aller Pflanzen kennen, die man in den schönen Gärten antrifft, und er muß erfindungsreich sein. All diese Eigenschaften und Kenntnisse sollten gepaart sein mit einer angeborenen Intelligenz und einem natürlichen guten Geschmack. Er sollte durch die Betrachtung schöner Dinge und durch die Kritik an Häßlichem in seiner Urteilskraft geschult sein und ein gutes Praktikum im Gartenbau absolviert haben.«[4]

In der »Encyclopedia of Gardening« von John Claudius Loudon (1783–1843) werden die verschiedenen Etappen aufgeführt, die ein Gärtner in seinem Berufsleben zu durchlaufen hat: »Handlanger, Lehrling, Tagelöhner, Obergärtner, Chefgärtner, Direktor der Gewächshäuser, Gärtner für verschiedene Bereiche, Leiter des Botanischen Gartens, Gärtner des Königs ...« Es werden auch die Fachleute aufgezählt, die ihm unterstellt sind: »... ein Forstbeamter für die Wälder und Bosketts des Parks, je ein Obergärtner für die Lustgärten, Rasenflächen und Staudenbeete und ein Obergärtner für den Küchengarten.« In Spanien gab es im 18. Jahrhundert noch den Beruf des Baumpflegers, der bedauerlicherweise ausgestorben ist. Die Praxis zeigt jedoch, daß dies auch heute noch ein sehr nützlicher Beruf wäre.

Es wäre ein Armutszeugnis, wenn wir den französischen Garten ausschließlich auf einen rein formalen Ausdruck reduzieren würden, und wenn dieser noch so perfekt wäre.

Mit dem französischen Garten verband man damals nicht die negativen Eigenschaften, die ihm seine Kritiker in späterer Zeit anhängten: Er war nicht kalt, geometrisch, intellektuell, symmetrisch, die reine Form und Makellosigkeit. Im Gegenteil, er war ein Ort, geschaffen für das Leben, das Licht, die Bewegung, die Farben, die Stimmen, die Lebendigkeit, den Lärm, das Spiel, die Musik. Taine schrieb in seinem Werk über das Ancien Régime: »Die Parterres und Parks sind Salons unter freiem Himmel; die Natur dort ist nicht mehr natürlich, sie ist gänzlich nach den Bedürfnissen der Gesellschaft gestaltet und verbessert. Dies ist keineswegs ein Ort, wo man alleine sein und sich erholen kann. Dieser Ort ist nur mit dem einen Ziel angelegt, in Gesellschaft zu promenieren und nach rechts und links zu grüßen.«[5] Der französische Garten war der Inbegriff des Erhabenen. Er war von Poesie, Literatur und Musik erfüllt, die ganz seinem Wesen entsprach. Es war eine perfekte oder »ideale« Natur als Ausdruck des Guten, Wahren und Schönen. Batteux definierte die Natur ganz richtig folgendermaßen: »Wenn die Künste Nachahmer der Natur sind, so muß dies eine wohlüberlegte und kenntnisreiche Nachahmung sein, keine sklavische Kopie, sondern eine Nachgestaltung, die Gegenstände und Linienführung sorgfältig auswählt und sie mit der größtmöglichen Pefektion gestaltet. Mit einem Wort, der Garten soll eine Nachahmung der Natur sein, in der die Natur selbst sichtbar ist, aber nicht die Natur soll dargestellt werden, sondern der Garten eine Nachbildung dessen sein, was die Natur sein und wie man sie mit dem Verstand wahrnehmen kann.«[6]

Kintzler drückt dies ebenfalls treffend aus: »Es existiert ein ästhetischer Kartesianismus, und zwar als Theorie des Vergnügens. Er vermittelt den Zugang zum französischen Barockgarten, diesem geometrisch gestalteten Ort, in dem die Künste der Klassik sich manifestieren. Der Ausdruck des französischen Barockgartens erschöpft sich keineswegs in kalter, steifer Banalität. Man muß ihn nur eingehend betrachten. Er steht für die paradoxe

Grundriß des Botanischen Gartens von Madrid. Entwurf von M. Gutiérrez de Salamanca, 1786. Madrid, Museo Municipal

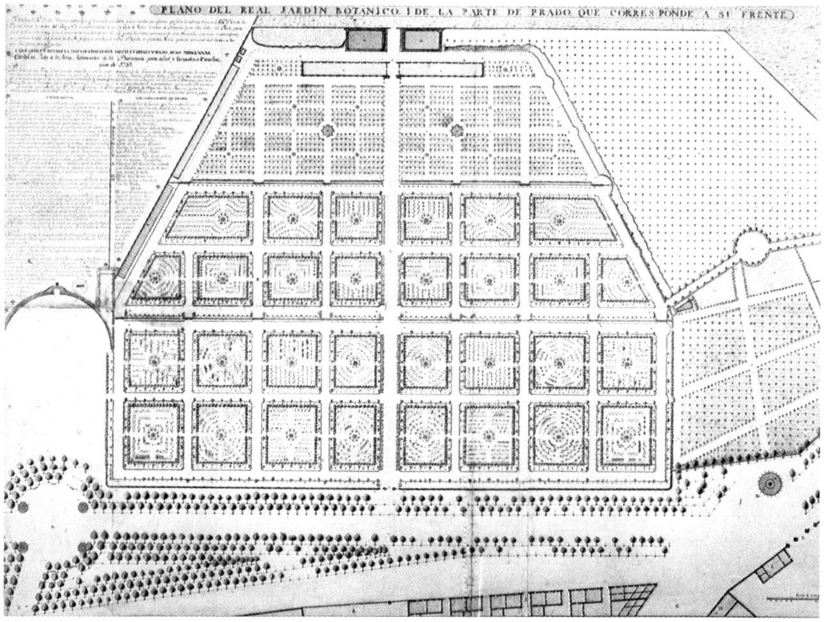

Ästhetik, die Wirklichkeit und Wahrheit als Gegensätze betrachtet und es meisterlich beherrscht, Scheinbilder aufzubauen, mittels derer das künstliche Gebilde zur Offenbarung der Natur selbst wird.«[7]

Was fand nun die von den Bourbonen in Spanien eingeführte Art der Gartengestaltung dort vor? Eine wahrhaft verwickelte und vielgestalte Situation, die es unmöglich machte, allgemeingültige Gestaltungsformen für das ganze Land aufzustellen. Die Unterschiede der Böden und des Klimas in den verschiedenen Regionen, der Reichtum und die Vielfalt der vorhandenen Traditionen und auch die eigenständige Entwicklung hatten zur Folge, daß die Gärten in Spanien stark ausgeprägte Unterschiede aufwiesen. Es erfolgte eine seltsame Symbiose zwischen dem weltumspannenden Reich Karls V., der zwei Drittel seines Lebens außerhalb Spaniens verbrachte und die Länder seines Reiches bereiste, von einem europäischen Geist getragen, der heute nur schwer nachzuvollziehen ist, und der Regierung dieser Könige. Sie kamen von den Höfen Frankreichs oder Neapels und fanden in Spanien eine dumpfe Provinzialität vor, die einerseits aus der Armut des Volkes genährt wurde, andererseits aus einem bequemen, wenig repräsentativen Großbürgertum. In der Oberschicht orientierte man sich bei der Planung an europäischen Maßstäben, bei der Durchführung und der Auswahl der Techniken stützte man sich auf regionale Überlieferungen, und bei der Bepflanzung schließlich bestimmten Klima und Umgebung die Auswahl.

Auf der Grundlage der römischen Kultur, die in ganz Europa verbreitet gewesen war, hatten die Araber in Spanien einen nachhaltigen Einfluß mit ihrer Gartenkunst hinterlassen. Der allseitig umschlossene Garten, der seine Wurzeln in der orientalischen Welt und in der römischen Antike hat, brachte im gesamten Süden und in weiten Teilen Zentralspaniens eine eigenständige Gartenkunst hervor. Trotz der Kämpfe der »Reconquista« war das tägliche Zusammenleben von Mauren, Juden und Christen von einer bereichernden, gegenseitigen Durchdringung der verschiedenartigen Traditionen bestimmt.

»Der wohlhabende Moslem versuchte die Annehmlichkeiten, die der Prophet konkret für das jenseitige Leben zugesichert hatte, bereits im hiesigen Leben zu verwirklichen. In literarischer und architektonischer Betätigung verbanden sich als vollkommenes Ideal die Suren des Koran mit den Traditionen alter Kulturen (zum Beispiel der persischen Kultur und der jemenitischen). Hinzu kamen jüdische und christliche Legenden ... Man kann vor allem zwei kulturelle Hauptlinien erkennen, die der Islam in seinem westlichen Einflußbereich hinterlassen hat. Einerseits ist es die *bàdīya*, der romantische Wunsch der Beduinen nach Freiheit und Ungebundenheit, welcher gegen die Stadt gewendet ist, andererseits das Wirtschafts- und Herrschaftsmodell, wie es schon zu Zeiten der Römischen Republik als fester Bestandteil im römischen Gesellschaftssystem existiert hatte und das im 16. Jahrhundert in Venetien zu neuer Blüte glangte, so daß diese Region zum gemeinsamen Zentrum einer europäischen Kultur wurde.«[8]

Orientalischer Luxus und die Eleganz der gläsernen Pavillons zwischen Wolken aus zerstäubendem Wasser, Palmen, deren Stämme mit Kupfer verkleidet, und Teiche, die mit glänzendem Quecksilber gefüllt waren, gingen eine geistige Verbindung mit dem Garten des Manierismus ein, der aus dem nebligen Norden kam. Daraus entstand ein prachtvoller Salongarten, klein im Maßstab, perfekt in der Ausführung seiner Details. Wir können ihn auf den herrlichen Brüsseler Wandteppichen bewundern, welche die königlichen Paläste schmücken.

Grundriß des Königlichen Botanischen Gartens in Madrid. Alternativentwurf, F. Sabatini, 1778, zugeschrieben. Madrid, AGP

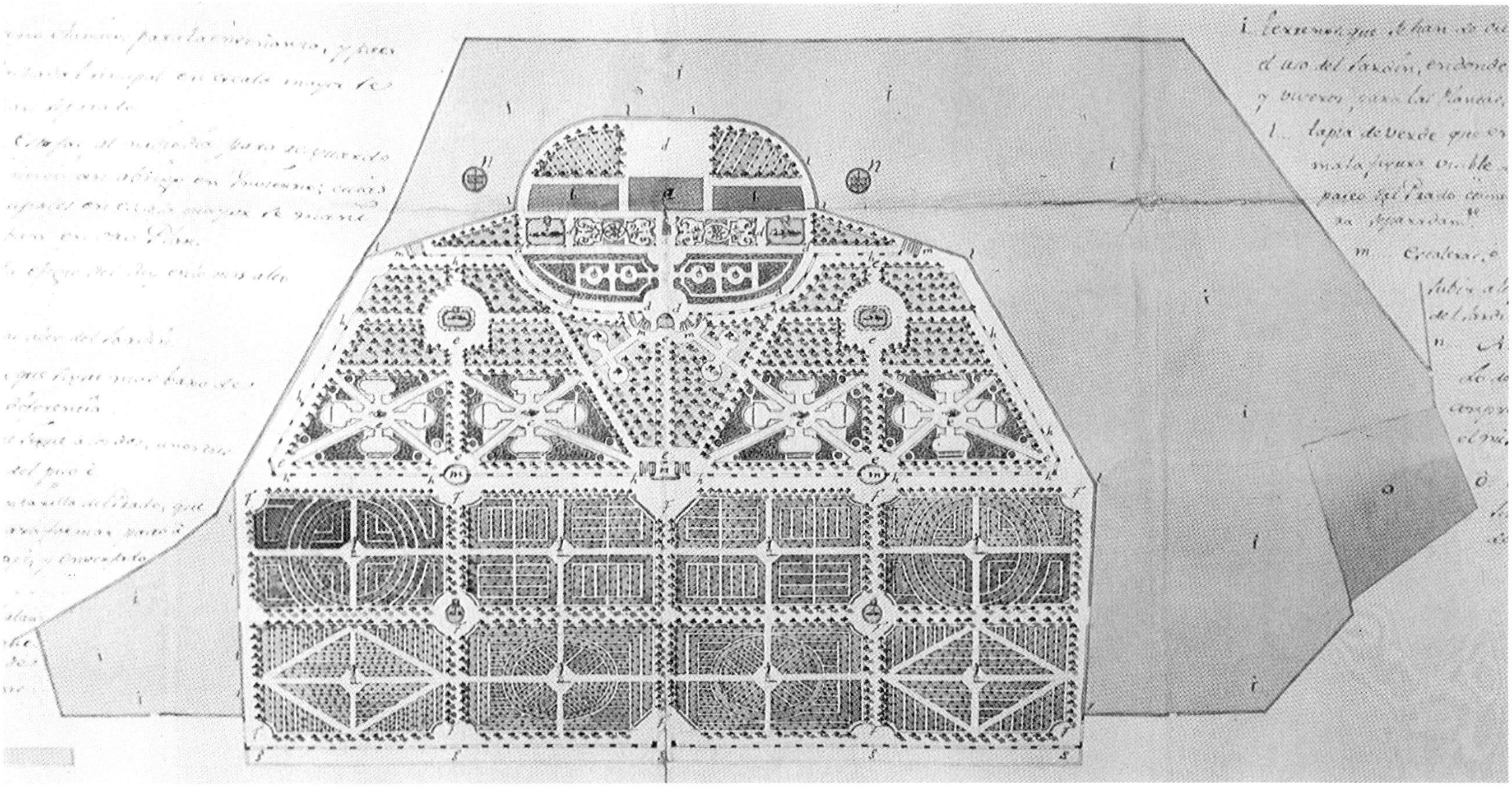

Grundriß des Inselgartens in Aranjuez (Spanien) von Cuellar, 1737. Madrid, AGP

Entwurf für die Gärten des Königschlosses in Madrid. Zeichnung von Estevan Boutelou, Hauptgärtner des Schlosses von Aranjuez. Madrid, AGP

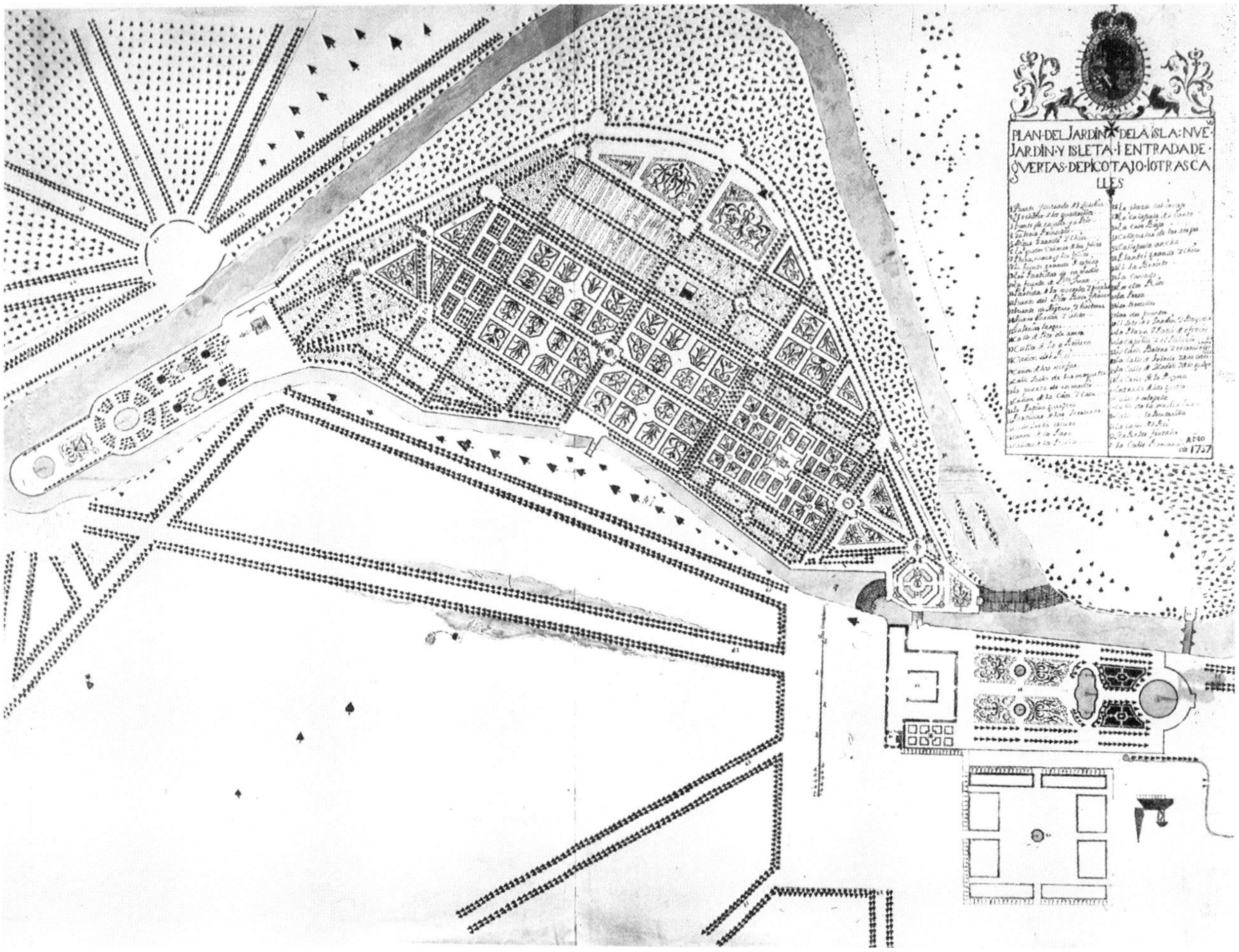

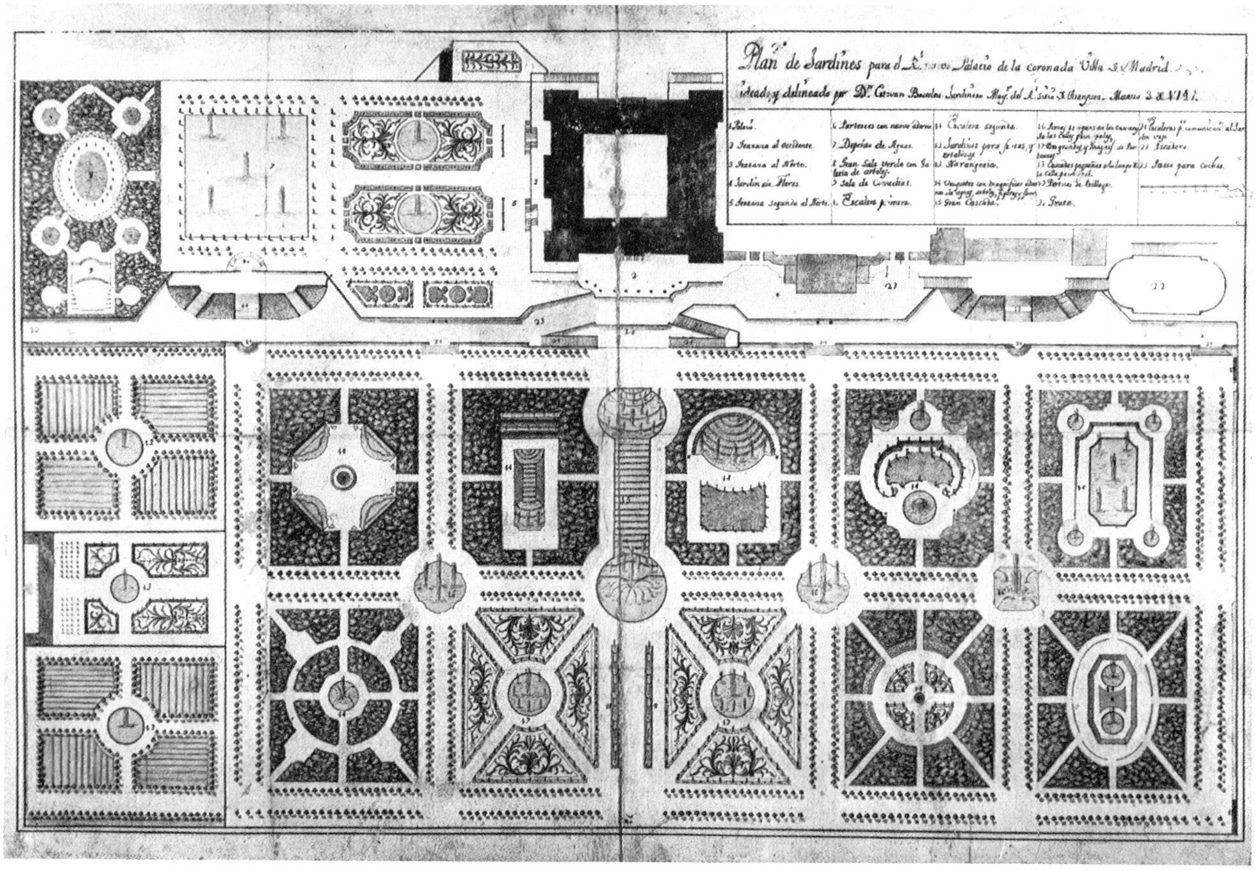

Entwurf für die Gärten des Königschlosses in Madrid von F. Sabatini. Madrid, AGP

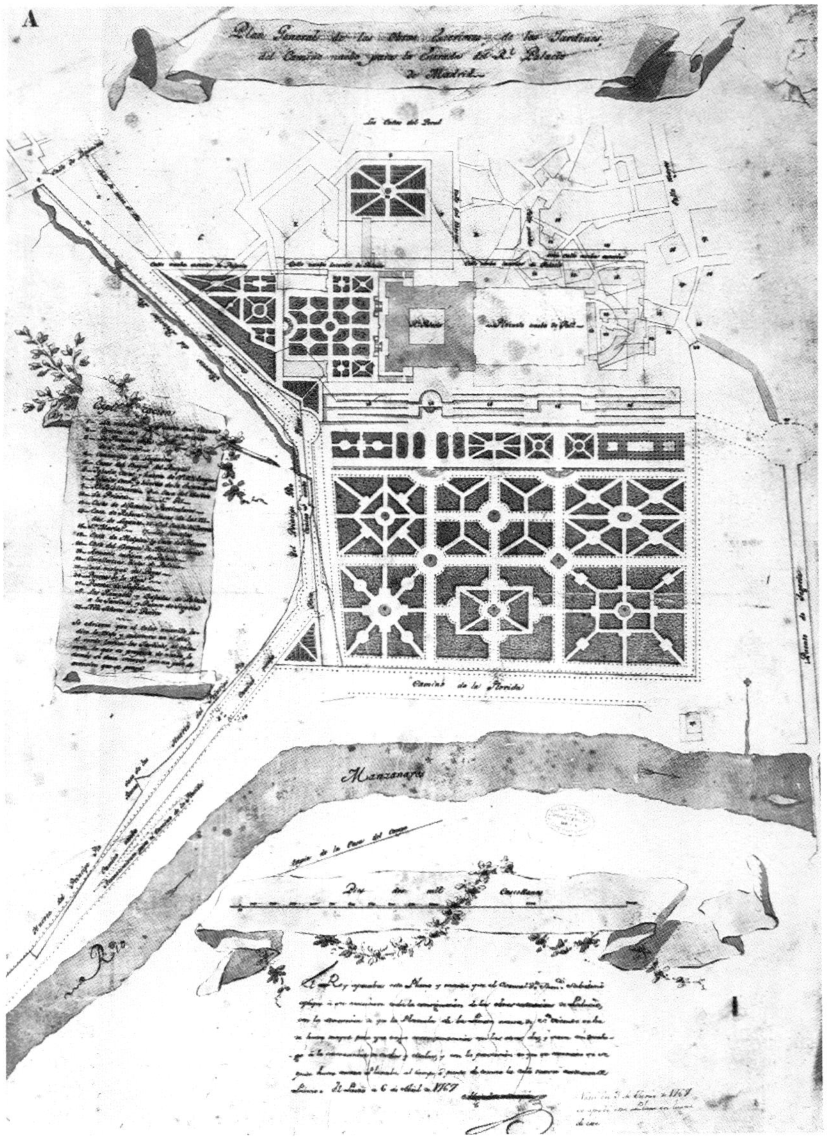

Die spanischen Könige lernten schnell, sich nach Moriskenart zu kleiden und das Leben in den kurz zuvor eroberten Palästen zu genießen. Die Araber hatten es verstanden, ihre hochentwickelten Techniken in der Bewässerungskunst und in der Landwirtschaft mit einem Höchstmaß an Sinnlichkeit, ästhetischem Empfinden und Symbolik zu verbinden. Karl V. und Philipp II. waren dieser kulturellen Vereinigung günstig gesonnen und unterstützten sie tatkräftig. Es war vor allem Philipp II., der mit außerordentlichem Feingefühl und sicherem ästhetischem Gespür Anregungen gab und die kulturelle Verbindung förderte und weiterentwickelte. Heutige Forschungen lassen sein Verhältnis zur Architektur, zur Gartenkunst und den bildenden Künsten in einem neuen, überraschenden und positiven Licht erscheinen.[9] Er sandte einerseits seine Gärtner und Architekten nach Flandern, Frankreich und Italien, andererseits holte er zahlreiche flämische Gärtner nach Spanien. Für den Escorial, sein Lebenswerk, entwarf er ein komplettes Städtebaukonzept.

Darin sind alle Einzelheiten des Geländes, die Zuordnung zur Umgebung, Bepflanzung, Pflege, Küchengärten und der Entwurf einer Reihe von Lustgärten festgehalten. Überall wird deutlich, daß der König den Genius loci respektierte. Dies beweisen auch zahlreiche andere Bauwerke, die der königliche Architekt während seiner Regierungszeit erbauen ließ. So befahl er zum Beispiel seinem Baumeister Juan de Herrera, der mit der Restaurierung der Alhambra befaßt war, alle Morisken (die zum Christentum konvertierten Mauren) freizulassen, damit sie sich um die Pflege und den Unterhalt der Alhambra kümmerten. »Sie sind diejenigen, die am meisten davon verstehen«, da ihnen die Verbindung von Technik und Ästhetik vertraut war, die dieser Garten in höchstem Maße repräsentiert. Wenn er aber eine zerstörte und nur noch fragmentarisch vorhandene Grundstruktur vorfand, wie zum Beispiel im Alcázar von Sevilla, so zögerte er auch nicht, dort einen herrlichen Garten im manieristischen Stil anzulegen.

Der manieristische Garten, mit tiefer Symbolik befrachtet, erfuhr in Spanien ebenfalls eine Weiterentwicklung. Ein Beweis dafür ist das exquisite Gedicht von Pedro Soto de Rojas: »Das Paradies – vielen verschlossen, Gärten – wenigen nur geöffnet«. Er schrieb es zur gleichen Zeit, als er seinen »ganz persönlichen *Carmen*« (das für Granada typische Landhaus mit Garten) baute, »nach den Regeln einer Ästhetik, die später ihren Niederschlag im Gedicht fand ... Diese Vergöttlichung der Gärten zeigt sich auch im Symbolgehalt, der den Blumen und Pflanzen beigemessen wird. So wird die Arbeit des Bauern zu einer Kunst, welche die Tradition im Laufe der Zeit mit Bedeutungen anreichert ... Rojas setzt die Landschaft und die Poesie in Beziehung zueinander und unterstreicht die Bedeutung ihrer Analogie, indem er Wortpaare in ihrer jeweils umgekehrten Schreibweise benutzt: Garten-Buch wird zu Buch-Garten, das läßt sich beliebig fortführen ... Der Unterschied zwischen diesem Garten und seinen klassischen oder islamischen Vorbildern liegt darin, daß er nicht nur ein Paradies ist, sondern eine richtige ›Akademie‹. Sich darin ergehen heißt, auf einem philosophischen Weg auf der Suche nach der Wahrheit wandeln ..., die Sprache bemächtigt sich des Gartens ..., die Sprache wird zur Ausdrucksweise, in die auch die Malerei eingeschlossen ist.«[10]

Auf dieser Grundlage entwickelte sich der Garten des 18. Jahrhunderts. Außerdem mußte er sich geographischen Verhältnissen anpassen, die vom Klima und besonders von den Windverhältnissen her sehr verschieden sind. Aus diesem Grund gibt es erhebliche Unterschiede zwischen den Gärten des

Grundriß des Labyrinths im Park von Enghien (Belgien). Stich aus: G.-L. Le Rouge, Détails des nouveaux jardins à la mode, Paris 1776

nebelverhangenen Nordens, denjenigen auf dem zentralen Hochland und denen im Süden der Halbinsel oder den mediterranen Gärten. Diese einander bereichernden Unterschiede lassen sich in einer breit gefächerten Typologie aufzeigen: Pazos in Galicien, Masías in Katalonien, Cigarrales in Toledo, Sones auf Mallorca, Cármenes in Granada, Patio in Andalusien.

In der Folge enormen Einflusses, den der klassische französische Barockgarten in der Tradition Le Nôtres ausübte, setzte eine schwärmerische Bewegung für die freie Natur ein und begann in philosophischen Streitgesprächen eine neue Dimension anzunehmen. »Gegen Ende des 18. Jahrhunderts, wurde die Liebe zur Natur, insbesondere zur unberührten Natur, fast zu einem religiösen Akt.«[11]

Luis Urteaga macht auf die Duplizität von Begriffen aufmerksam, die durch die Wiederentdeckung der Natur entstanden und die besonders deutlich an der Bedeutung des Begriffs »Landschaft« veranschaulicht werden können: »Ist denn das, was man sieht, etwa keine Landschaft? Nicht ganz. Was man sieht, sind Aussichten. Jahrhundertelang bezeichnete ›Landschaft‹ nicht mehr als ein Gebiet, das vom Menschen bewohnt war. Ende des 16. Jahrhunderts wurde das Wort ›Landschaft‹ in Holland und England ausschließlich zu einem Begriff der Kunst, genauer gesagt, der Malerei. Im 17. und 18. Jahrhundert war ›Landschaft‹ ein Schauplatz, der von einem Beobachter beherrscht wurde, war sie der Ausblick oder die Szenerie, die den Blick des Malers auf sich zu ziehen vermochte.

So war also ›Landschaft‹ ein Begriff der Malerei, der, wie unter anderem auch ›Relief‹, in späterer Zeit in der Geograhie und den Naturwissenschaften zu einem feststehenden Begriff wurde. Damals verwendete man dieses Wort ausschließlich im künstlerischen Bereich. Die Landschaftsmaler des 18. Jahrhunderts, die das Gelände von einem erhöhten Standpunkt aus betrachteten und uns das Abbild ihrer Aussichten hinterließen, bezeichneten das von ihnen Dargestellte nicht als ›Landschaft‹, sondern gaben etwas wieder, das dem, was wir heute unter ›Landschaftsbild‹ verstehen, sehr nahekommt.«[12]

Der Mensch der Aufklärung bewunderte die durch seine Tat veränderte Landschaft, er war noch weit entfernt von der romantischen Auffassung, die sich gegen Ende des Jahrhunderts abzuzeichnen begann. Damit entstand auch der vermeintliche Zwiespalt zwischen der Rationalisierung der Arbeitsweisen, den Vorzügen der Technik und den Hoffnungen, die man auf den wissenschaftlichen Fortschritt setzte, einerseits und den dazu scheinbar im Widerspruch stehenden Argumenten der Ästhetik andererseits. Cavanilles drückt dies unmißverständlich aus: »Vielleicht würde ich gerne unbewirtschaftetes Land unberührt lassen, um daran meine Naturstudien zu treiben; aber ich ziehe diesem Vergnügen das handfestere vor, nämlich die Landwirtschaft, die Fabriken und die Menschen gedeihen zu sehen.«[13]

Man sollte sich in diesem Zusammenhang bewußt machen, wie arm und verwahrlost damals die Dörfer, das Land, ja selbst die Städte in Spanien waren. Dann wird veständlich, daß diese geradlinigen und großen Geister sich eher um die Linderung der herrschenden Armut bemühten als rein ästhetische Belange zu verfolgen. Vielleicht liegt auch hierin der Grund, weshalb bei den königlichen Gärten, den höfischen Wohnsitzen oder auch den öffentlichen Promenaden das Nützliche über alles andere gestellt und das »Dekorative« ihm untergeordnet wurde.

Diese Dialektik zwischen Lustgarten und Nutzgarten ging schließlich eine der schönsten Verbindungen ein, die in einer der gelungensten ästhetischen

Ausschnitt aus einem Entwurf von Marchand, um 1730, für das Hauptparterre in Aranjuez (Spanien). Madrid, AGP

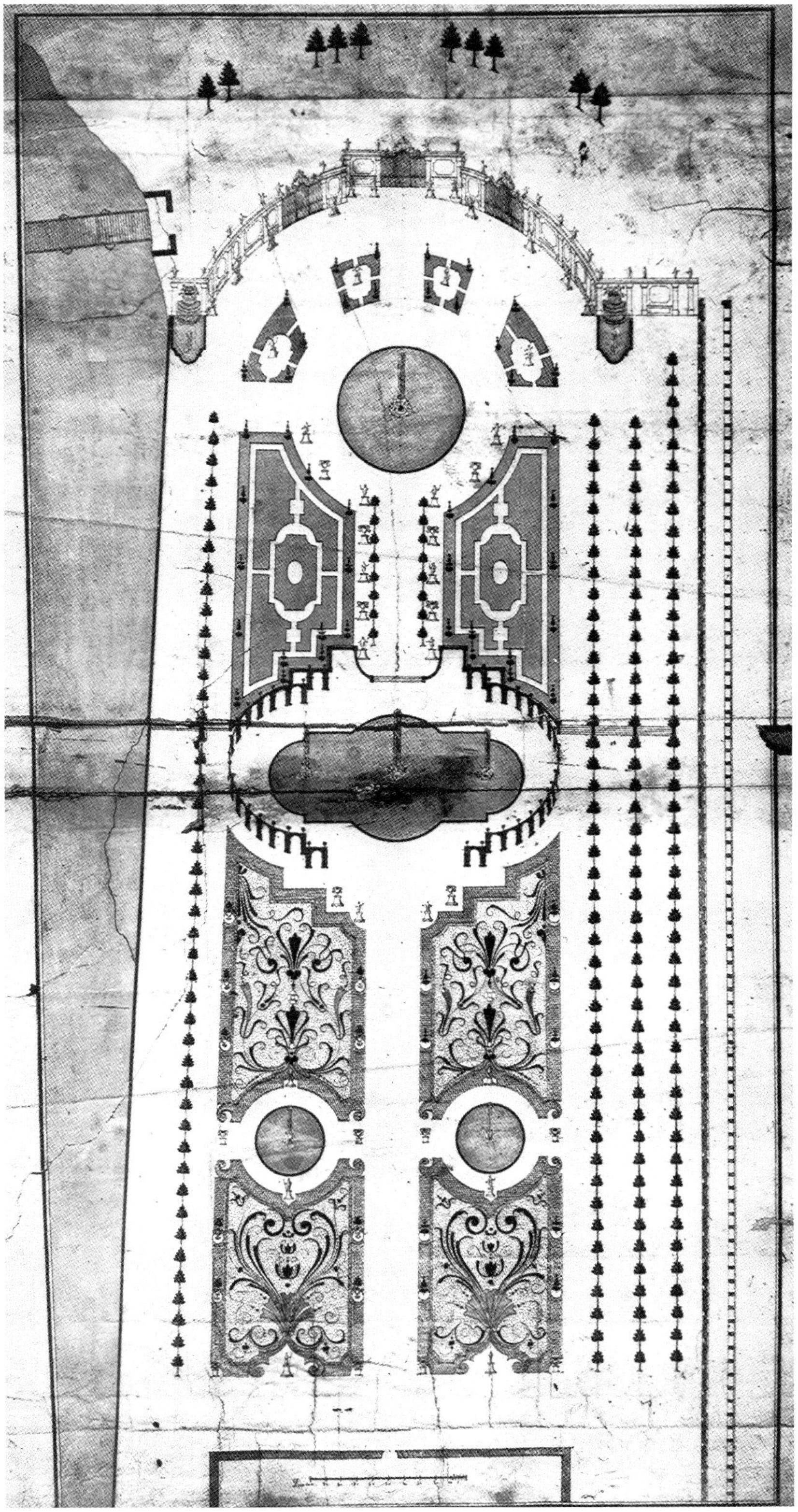

Formen der Gartenkunst jener Zeit ihren Ausdruck fand, »denn alles im Küchengarten steht in einem Zusammenhang, ist miteinander verbunden, ohne ineinander aufzugehen, ohne miteinander verwechselt werden zu können, ohne gegenseitig in Konkurrenz zu treten... Der Küchengarten ist nicht... ein Ort, wo lediglich Gemüse und Obst angebaut werden... er ist ein Ausdruck der Kultur... Der Küchengarten ist ein mit den Sinnen und dem Verstand aufzunehmendes Abbild des Lebens...«[14] So nahmen der Küchengarten und der Ziergarten eine gemeinsame Entwicklung, und es entstanden in dieser Zeit die schönsten Beispiele.

Auch wenn Rousseau in Spanien unter die Zensur fiel, so waren seine Gedanken hier in aufgeklärten Kreisen doch bekannt und auf fruchtbaren Boden gefallen. Das Buch »Eusebio« von Pedro Montagón y Paret, das 1786 und 1788 erschien, war sehr beliebt, obwohl es ebenfalls von der Zensur verboten wurde. Die Erziehung des Schiffbrüchigen, den man an einem Strand in Amerika findet, bezieht ganz offensichtlich ihre Anregungen aus Rousseaus »Emile«, auch das Loblied auf die Natur und das einfache Leben als Bild des glücklichen Urzustands der Menschheit.

Dennoch sollte man nicht nur von Wissenschaft oder Schönheit sprechen. Paul Vernière weist darauf hin, daß »der französische Klassizismus auch ein kultureller Ausdruck ist. In Italien und Spanien ist er zwar nur wenig ausgeprägt, zumindest in Neapel und Madrid – dies ist auf die Verbindung mit dem Hause Bourbon zurückzuführen –, in England jedoch ist er besonders ausgeprägt,... seit der Regierungszeit von William III. und Maria Stuart (1689–1702) erleben wir mehr oder weniger bewußte Angriffe auf die französischen Sitten und den französischen Geschmack.«[15]

Hinzu kam das neuerwachte Interesse an den Naturwissenschaften. Dies spiegelt sich in einer Äußerung d'Alemberts wider, die er Mitte des 18. Jahrhunderts verfaßte: »Die Naturwissenschaften erschließen täglich neue Reichtümer; die Geometrie überschreitet ihre Grenzen und erhellt mit ihrem Licht die ihr am nächsten liegenden Bereiche der Physik; das wirkliche Weltsystem ist erkannt, weiterentwickelt und verbessert worden... Von der Erde bis zum Saturn, von der Geschichte der Himmel bis zur Geschichte der Insekten – die Physik hat ihr Gesicht verändert. Mit ihr haben fast alle anderen Wissenschaften eine neue Form erhalten, und dies war notwendig.«[16]

Wenn wir die Natur unter einem weiter gefaßten Blickwinkel betrachten, so taucht »ein Widerstreit in der Haltung gegenüber der Naturwelt und der Nutzbarmachung durch den Menschen« auf. »Eine dieser Haltungen... gründet sich auf die klassische Kultur und durchläuft die theologische Tradition des Mittelalters und der Renaissance,... das Fortbestehen des anthropozentrischen Weltbildes aus dem jüdisch-christlichen Kulturkreis..., ein Kriterium der »ökologischen Selbstgefälligkeit«..., Überbeanspruchung (oder schlechte Nutzung) der natürlichen Umwelt..., Frucht der Unwissenheit.«[17]

Das wissenschaftlich Studium setzte ein Bewußtsein über das Verhältnis des Menschen zur Natur voraus. Geologie, Klimatologie, Botanik und Zoologie boten Erkenntnisse, mit deren Hilfe die Landschaft begriffen und nach Kriterien der Vernunft erforscht werden konnte. Die Naturwissenschaften erlangten immer größere Bedeutung und verdrängten schließlich sogar die Geisteswissenschaften. Die Botanik erlebte damals in Spanien ihr Goldenes Zeitalter. Mit dieser Epoche sind Namen wie José Quer, Antonio Palau, Miguel Barnades, Casimiro Gómez Ortega (1740–1818) ebenso eng verbunden wie die botanischen Forschungsreisen, die unter der Leitung von

Der Harpyen-Brunnen in Aranjuez (Spanien). Kupferstich aus: Délices de l'Espagne

Antonio José Celestino Mutis in das neue Königreich von Granada, heute Kolumbien, führten, oder die von Martín Sessé und José Mariano Mociño geführte botanische Expedition nach Neuspanien, heute Mexiko, und die Reise von Hipolito Ruiz López und José Antonio Pavón (1754–1838) in die Königreiche Peru und Chile.

Das Interesse an den Naturwissenschaften äußerte sich in zweierlei Formen. Einerseits entstanden nun richtige botanische Gärten. Es gab zwar bereits Gärten mit diesem Namen, aber sie hatten bis dahin mehr den Charakter von Heilkräutergärten gehabt. Jetzt wurden sie nach wissenschaftlichen Gesichtspunkten angelegt. Andererseits war das Interesse für die Botanik enorm gewachsen und die Geschichte ihrer praktischen Anwendung untrennbar mit der Geschichte der Gartenkunst verbunden. Zur gleichen Zeit setzte eine wahre Leidenschaft ein, exotische Pflanzen zu akklimatisieren, um sie als Gartenschmuck einzusetzen. Dies hatte entscheidenden Einfluß auch auf die Gartengestaltung. Normalerweise verfügten die Gärten zur damaligen Zeit über eine recht begrenzte Farbpalette. Die Gestaltungsvielfalt ergab sich aus der Anordnung der Räume, aus optischen Effekten oder dem Einsatz von Wasser. Um mehr Farbtöne im Garten zu erhalten, benutzte man unter anderem auch Ziegel-, Schiefer- und Marmorsplitt.

Auch im Landschaftsgarten wurden anfangs nur wenige Farbtupfer gesetzt. Man arbeitete mit Baumgruppen und einzelnen Elementen. (Daher stammte auch die Notwendigkeit, feste Bezugspunkte im Garten zu schaffen, um die herum eine ganze Inszenierung aufgebaut wurde.) Ebenso wichtig waren die wohldurchdachten Terrainmodellierungen. Gegen Ende des 18. Jahrhunderts hielt jedoch die Farbe Einzug in die Gärten und eröffnete ganz neue Möglichkeiten.

Die Verwendung der Farbe wurde später zu einer regelrechten Manie, degenerierte Mitte des 19. Jahrhunderts zu einer »Mosaikkultur« und hält bedauerlicherweise auch heute noch an. Ganze Kollektionen exotischer Pflanzen wurden in die Gärten eingeführt, einige davon sogar heimisch; Koniferen in verschwenderischem Maße angepflanzt. Nach und nach wurden die Sumpfzypresse, die Weihrauchpinie und die Libanonzeder in die Gärten eingeführt. Wegen der Farbigkeit ihres Blattwerks setzte man Buchen, Birken, die rotlaubige Zierkirsche, die rosafarbene Akazie ein, zusammen mit dem Gingkobaum, dem Amberbaum, dem Tulpenbaum, der Magnolie und dem Paradiesbaum. Mit großem Erfolg wurden neue blühende Sträucher gepflanzt: falscher Jasmin, Liguster, Kornelkirsche, verschiedene Fliedersorten, Hasel, Potentilla und Hortensien.

In der ersten Hälfte des Jahrhunderts waren es französische Architekten und Gärtner, die sich mit der Gartengestaltung befaßten – Robert de Cotte mit seinen Plänen zur Neugestaltung des Parks Buen Retiro in Madrid, von denen nur das Parterre ausgeführt wurde; Etienne Marchand, der in La Granja arbeitete und in Aranjuez mit der Anlage des neuen Parterres vor der rückwärtigen Fassade des Palasts umfangreiche Veränderungen durchführte; René Carlier, ein Schüler Robert de Cottes, der mit Hilfe von Esteban Boutelou die Wasserspiele und Gärten von La Granja gestaltete; Garnier d'Isle, der den Garten des Königspalasts gestaltete; Jaime Marquet, der für den König und den Herzog von Alba in Piedrahita arbeitete, und Bélanger, der im Dienst der Herzöge von Osuna stand. Sie alle hinterließen mit ihren Arbeiten eine typisch französische Handschrift. Juvarra, Sacchetti und Sabatini dagegen gaben ihren Gestaltungen ein italienisches Gepräge. Im Vergleich dazu ist der Stil von Teodoro Ardemans und Ventura Rodríguez ausgeglichener, obwohl ihre wichtigsten Projekte nicht ausgeführt wurden.

Nach und nach konnte sich Villanueva gegen Sabatini durchsetzen. Er machte mit seiner strengen Auffassung, gepaart mit einer formalen Einfachheit in der Ausführung, den vorangegangenen Auswüchsen ein Ende und beschritt neue Wege, wie der Botanische Garten von Madrid zeigt.

Gegen Ende des 18. Jahrhunderts wurden schüchterne Versuche unternommen, den Landschaftsgarten mit seinen festen Klischees und schon zur Gewohnheit gewordenen Besonderheiten auch in Spanien einzuführen. Aber das Land war aufgrund der natürlichen und der gesellschaftlichen Gegebenheiten nicht darauf vorbereitet, diese Art der Gartengestaltung zu assimilieren. Deshalb ist der Landschaftsgarten in Spanien nur in sehr wenigen und kaum gelungenen Beispielen vertreten. Eine Ausnahme ist die Anlage »Mi Capricho« in La Alameda de Osuna in der Nähe von Madrid.

Bei der Wechselbeziehung zwischen Garten und Natur, die im 18. Jahrhundert entstand, wirkte im Hintergrund noch ein Element mit, das nicht übersehen werden darf: die Wertschätzung, welche man der Landwirtschaft und dem richtigen Umgang mit dem Boden entgegenbrachte. Dem liegt eine gemeinsame Philosophie zugrunde, die sie über Raum und Zeit hinweg vereint. Die weise Verbindung von Muße und Arbeit darf in keinem noch so gelungenen Garten fehlen. Ist sie doch eine innige Beziehung gegenseitiger Abhängigkeit, eine Übereinstimmung und das Spiegelbild vollkommener Harmonie. In Spanien gibt es nur selten Gärten, die sich aufdrängen. Der Garten weiß sich der Landschaft anzupassen und verändert das Land sanft, ohne daß diese Veränderung zur Verletzung wird. Dies ist die Rückkehr zu den Ursprüngen des Gartens, wodurch der Landwirtschaft eine weitreichende Bedeutung gegeben wird, und es bedeutet auch den Schutz der Intimität, die dem romantischen Wunsch nach Einsamkeit sehr nahe kommt. Vielleicht bietet das selektive Bild, das man sich von der Natur macht, einen möglichen Weg auf der Suche nach dem Paradies, das immer ein Garten sein wird.

»La Fresnada«, der künstliche See mit seiner Insel im Garten Philipps II. im Escorial bei Madrid

Die Gärten des Alcazar in Sevilla (Spanien)

Brunnen im sogenannten Haus des Pilatus in Sevilla (Spanien)

Gartenhof im Pazo de Oca in Galicien (Spanien)

See und Bootsanlegestelle im Capricho-Garten der Alameda de Osuna bei Madrid. Photo Gonzalo Careaga

Anmerkungen

1 Carmen Añon, »El arte del jardín en la España del siglo XVII«, in: *El Real Sitio de Aranjuez y el Arte Cortesano del siglo XVIII*, Aranjuez 1987.
2 Claude Mollet, *Théatre des plans et jardinages*, Paris 1652, zitiert von M. Conan in: *Le jardin de plaisir*, Paris 1981.
3 J.M. Morel, *Théorie des jardins ou l'art des jardins de la nature*, Paris 1776.
4 A.J. Dezallier d'Argenville, *La théorie et la pratique du jardinage*, Paris 1747.
5 H. Taine, *Les origines de la France contemporaine. L'Ancien Régime*, Paris 1904–1907.
6 Charles Batteaux, *Les Beaux Arts réduits à un même principe*, Paris 1746.
7 C. Kintzler, Jean Philippe Rameau, *Splendeur et naufrage de l'esthetique du plaisir à l'âge classique*, Paris 1983.
8 Alfonso Jimenez Martín, »Los jardines de Medinat Alzahrà«, in: *Cuadernos de Medinat Al-zahrà*, Córdoba 1987.
9 Carmen Añon, »L'immagine della natura nell'Escorial di Filippo II., in: *Restauro-Città*, 5/6, Venedig 1987.
10 Pedro Soto de Rojas, *Paraiso cerrado para muchos, jardines abiertos para pocos*, Madrid 1981.
11 Thomas Keith, *Man and the Natural World. Changing Attitudes in England 1500–1800*, London 1983.
12 Luis Urteaga, *La tierra esquilmada*, Madrid 1987.
13 Zitiert von Urteaga, op. cit.
14 Ramón Gaya, April 1985.
15 Paul Venière, »Les incidences philosophiques et politiques et l'art des jardins«, in: *La litteratura e i giardini, Atti del Convegno Internazionale di Studi di Verona*, Florenz 1987.
16 D'Alembert, *Essai sur les Elements de Philosophie*, Amsterdam 1759, Band IV.
17 Urteaga, op. cit.

Festung und Festungsgraben im Capricho-Garten der Alameda de Osuna bei Madrid. Photo Gonzola Gareaga

Gartenkunst in Deutschland im 18. Jahrhundert: Klassik, Rokoko und Neoklassizismus

Helmut Reinhardt

Das Vorhaben, die Entwicklung der Gartenkunst im Deutschen Reich über einen Zeitraum von rund 150 Jahren auf dem hier zur Verfügung stehenden Raum abzuhandeln, macht von vornherein eine kritische Auswahl erforderlich, um wenigstens die künstlerisch wichtigsten und herausragendsten Gärten vorstellen zu können. Der Verzicht auf Vollständigkeit muß bei diesem komplexen Thema zwangsweise zu Verkürzungen und Vereinfachungen führen. So behandeln wir auch nur solche Anlagen, die sich entweder durch ihre Qualität vor Gleichzeitigem auszeichnen oder der weiteren Entwicklung entscheidende Anstöße gegeben haben.

Wir beschäftigen uns nur mit Schöpfungen des Adels, weil dieser bis zum Ende des 18. Jahrhunderts nahezu ausschließlich die materiellen Voraussetzungen für die Errichtung der zumeist weitläufigen Gärten und Parks besaß. Erst ab der Mitte jenes Jahrhunderts trat auch das reicher und selbstbewußter gewordene Bürgertum als Auftraggeber großen Stils in Erscheinung. Die Zersplitterung des Reichsgebiets in viele Einzelherrschaften, die fehlende Ausrichtung auf die nicht vorhandene Hauptstadt mit deren stilbildender Kraft, die mannigfaltigen Interessen- und Familienverflechtungen mit anderen europäischen Ländern sind unter anderem die Gründe dafür, daß in der deutschen Gartenkunst bis ungefähr zur Mitte des 18. Jahrhunderts, je nach politischer oder dynastischer Ausrichtung des Bauherrn, unterschiedliche fremdländische Einflüsse vorherrschten.

Für die künstlerische Entwicklung in Deutschland war bis in das 17. Jahrhundert Italien richtungweisend und stilbildend. Nach der Beendigung des Dreißigjährigen Krieges reiste der Herr vom Stand auf seiner Kavaliersreise zwar noch weiterhin nach Italien und lernte dort unter anderem die toskanischen, römischen und venezianischen Villengärten kennen. Aber die Grand Tour führte ihn von nun an auch nach Frankreich, wo er um die Hauptstadt Paris neuartige Gärten sah, die unter Le Nôtre und seinen Vorgängern in einer Weise perfektioniert und kanonisiert worden waren, daß sie in der Vorliebe der Zeitgenossen den italienischen Gärten den Rang abzulaufen begannen.

Dem strahlenden Vorbild Versailles konnte sich kaum ein deutscher Fürst entziehen, und er versuchte, auf seinem Territorium eine ähnlich glänzende Hofhaltung zu entfalten – und ähnlich prächtige Gärten anzulegen.

Neben italienischen und französischen Einflüssen finden wir in den deutschen Gärten des 17. und 18. Jahrhunderts aber auch Züge, die auf die Niederlande verweisen. Auf dem »praktischen«, dem nutzgärtnerischen Gebiet und in der Landmelioration hatten die Niederlande ohnehin fast allen europäischen Ländern wichtige Anregungen gegeben. Ihre Rolle als Vorbild für »Lustgärten« (Kunstgärten) im Deutschen Reich war immer dort besonders stark, wo aufgrund dynastischer Verbindungen holländische Künstler ins Land gerufen worden waren, so in vielen norddeutschen Fürstentümern. Die süddeutschen Fürsten hingegen orientierten sich eher an Frankreich oder blieben, wie der Wiener Kaiserhof, italienischen Traditionen verpflichtet.

Hinzu kommt, daß in Deutschland selbst während der Vorherrschaft regelmäßiger Gartenstile weiterhin Strömungen, die in das späte Mittelalter zurückreichten, unterschwellig rezipiert und nie ganz aufgegeben wurden.

Die ersten formalen Gärten, für die Le Nôtresche Anlagen mehr oder weniger stark prägend waren, entstanden im Deutschen Reich ungefähr ab 1690. Sie konnten sich in den folgenden vier Jahrzehnten allgemein durchsetzen und verschiedene Spielarten ausbilden. Da hier aber dieser Gartentypus erst zu einem Zeitpunkt übernommen wurde, als er in seinem Ursprungsland bereits den künstlerischen Höhepunkt überschritten hatte, stellen wir an ihm schon relativ früh Symptome einer Spätzeit fest, die zu der nächsten Entwicklungsstufe überleiten. Diese, die Rokokogärten, begegnen uns zwischen 1730 und 1770. Der Einbruch des Landschaftsgartens in Deutschland erfolgte ungefähr um 1770, nachdem er also in England schon mehrere Häutungen durchgemacht hatte. Nach einer zunächst sehr starken literarischen Phase erreichte er zwischen 1800 und 1820 seine größte Reife, nach der aber auch schon bald ein Niedergang einsetzte.

Der klassische Garten 1680 bis 1730

Nach dem Ende des Dreißigjährigen Krieges und einer Zeit des Übergangs brach in allen Teilen des Deutschen Reiches zum Ende des Jahrhunderts hin eine rege Bautätigkeit an. Ludwig XIV. nacheifernd, wurden neue Residenzstädte gegründet und ehemalige Jagd- und Gutshäuser zu aufwendigen Schlössern mit ausgedehnten Gartenanlagen umgestaltet. »Das für die Gartenkunst so fruchtbare Streben nach *variété* trieb den Hof von Schloß zu Schloß, von Fest zu Fest. Noch einmal muß hier betont werden, daß die Feste, und gerade die Gartenfeste, »im Mittelpunkt des Lebens und Trachtens der höfischen Gesellschaft des Barocks standen« (Hennebo-Hoffmann, Bd. 2, S. 153).

Zentren der Gartenkunst waren vor allem im Norden des Reiches die Höfe von Berlin, Hannover und Salzdahlum, im Osten Dresden, in der Mitte Kassel, Bamberg, Würzburg und Mainz, im Westen Bonn und Brühl, im Süden Ludwigsburg, München und schließlich Wien – alles Orte, an denen wir neben den Schlössern und Gärten der regierenden Fürsten solche des Hofadels und des niederen Adels finden.

Die italienischen, französischen oder niederländischen Anregungen vermischten sich rasch mit lokalen Gegebenheiten und Traditionen. Im Verlauf des Jahrhunderts konnten die französischen Gartenvorstellungen, insbesondere nach dem Erscheinen des Standardwerks »La Théorie et la Pratique du Jardinage« von Dézallier d'Argenville im Jahr 1709 (erste deutsche Ausgabe 1731), die ialienischen und niederländischen weitgehend zurückdrängen. Eigenwillige Schöpfungen entstanden, die sich in vielen Details von den Vorbildern unterscheiden. Und so gibt es nur ganz wenige Gärten, bei denen das Le Nôtresche Schema kanonisch übernommen wurde.

Eine Besonderheit der deutschen Gartenkunst ist der Verzicht auf die Vorherrschaft der Hauptachse: Viele Gärten besitzen ausgeprägte Querachsen, oder einzelne Gartenzonen sind parallel aneinandergereiht. Dadurch wirken sie breiter gelagert und erinnern an Renaissanceanlagen.

Oft sind sie ringsum abgeschlossen, sei es durch eine Mauer, eine Hecke oder einen Kanal, wobei die Gartenachsen nicht in die Umgebung ausstrahlen. Die Lage des dominierenden Bauwerks im Garten entspricht häufig nicht der in Versailles programmatisch geprägten Stellung: Selten steht es am höchsten Punkt und am Beginn des Gartens. Bisweilen befindet es sich im Mittelpunkt des Gartens, es gibt gewisse Funktionen an andere Gartengebäude ab, oder die Hauptachse des Gartens zielt auf einen Seitentrakt.

Es kann auf der höchsten Terrasse eines in mehreren Stufen absteigenden Gartens stehen (Pommersfelden) oder aber wie eine italienische Bergvilla, am Hang (Kassel-Wilhelmshöhe) oder auch an seiner tiefsten Stelle (Schönbrunn). Ist das Gelände völlig eben, kann beim Garten auf eine Terrassierung

Vogelschau von Schloß Charlottenburg in Berlin und seinen Gärten. Radierung von M. Engelbrecht nach einer Zeichnung von J. F. Eosander von Göthe, aus: Theatrum Europaneum, 16. Teil, 1717. Berlin, Staatliche Museen Preußischer Kulturbesitz, Kunstbibliothek

Vogelschau der Favorite in Mainz. Kupferstich von J. A. Corvinus nach einer Zeichnung von S. Kleiner. Aus: S. Kleiner, Wahrhaffte und eigentliche Abbildung Der Favorita . . ., Augsburg 1726. Berlin, Staatliche Museen Preußischer Kulturbesitz, Kunstbibliothek

Schloß Nymphenburg, München. Ansicht von der Gartenseite auf Hauptpavillon und Kanal. Photo Daniele De Lonte

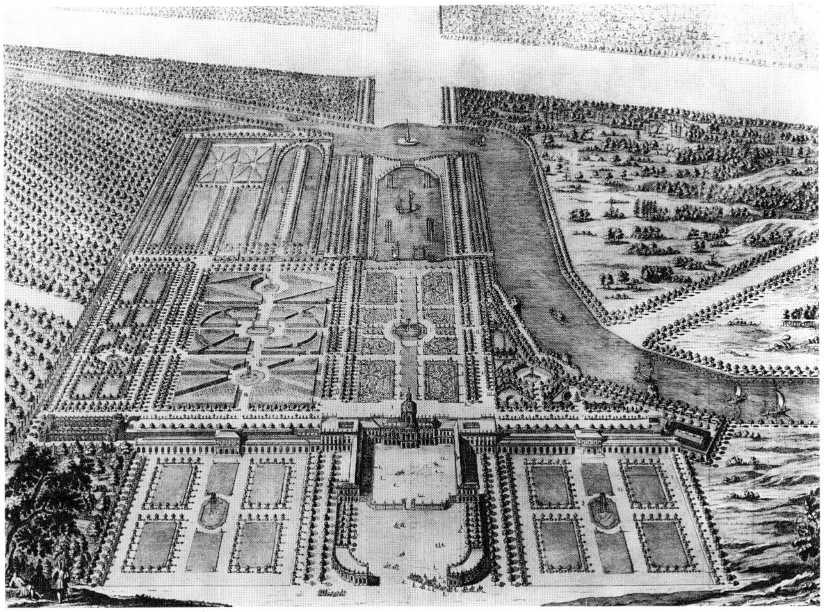

ganz verzichtet werden (Berlin-Charlottenburg), oder man deutet mittels einer optischen Täuschung einen Niveauvorsprung an (München-Nymphenburg).

Berlin-Charlottenburg. 1694 ließ der spätere König Friedrich I. von Preußen für seine Gemahlin Sophie Charlotte in dem Dorf Lietzenburg, westlich der Hauptstadt Berlin, ein Schloß erbauen und einen Garten anlegen. Dessen ersten Plan hatte der Le-Nôtre-Schüler Simon Godeau entworfen. Ein Vorschlag, den die Fürstin 1696 bei Le Nôtre selbst eingefordert hatte, wurde von ihr als »zu einfach« verworfen.

Der Garten war in seinen Grundzügen bis 1700 angelegt, gegen 1706 wurde er auf Veranlassung des Königs um das Doppelte erweitert. Ein Idealplan aus der Zeit um 1717 gibt einen angestrebten Zustand wieder, der in dieser Form indessen nie ganz erreicht worden ist.

Die vom Mittelsalon des Schlosses ausgehende Hauptachse durchquert als *Tapis vert* das achtteilige (an Herrenhausen erinnernde) Parterre, setzt sich über das anschließende langgestreckte Wasserbecken fort, und verliert sich als breite Schneise, jenseits der Spree, in der Unendlichkeit. Der links an das Parterre anschließende Bereich ist im Sinne französischer Vorbilder als vielräumige Boskettzone ausgebildet, während die zahlreichen Alleen aus niederländischen Gärten übernommen sind.

Kassel-Karlsberg (1798 in »Wilhelmshöhe« umbenannt). Welch großen Einfluß italienische Gartenvorstellungen um die Jahrhundertwende noch hatten – vierzig Jahre nach dem Beginn der Arbeit Le Nôtres in Versailles –, wird an dem gewaltigen Unternehmen des Landgrafen Karl von Hessen-Kassel deutlich. Er, der im Winter 1699/1700 nach Italien gereist war und dort den Architekten Giovanni Francesco Guerniero unter Vertrag genommen hatte, ließ sich von diesem ein Projekt ausarbeiten, das einen ganzen Berghang in der Nähe der Residenzstadt Kassel in einen Terrassengarten verwandeln sollte. 1705 war von Guerniero in einem prächtigen Kupferstichwerk der Endzustand der Anlage publiziert worden; es war aber, als er 1715 Kassel verließ, aufgrund technischer Schwierigkeiten und enormer Kosten nur ein Drittel davon ausgeführt. Die ursprüngliche Idee sah ein oktogonales Riesenschloß (als Wasserreservoir) auf der Berghöhe vor, das über eine differenzierte Wassertreppe mit einer hangabwärts gelegenen Villa verbunden war. Von dieser Villa aus sollten Achsen in die angrenzenden Waldreviere ausstrahlen, wobei die Hauptachse über eine Länge von fünf Kilometern bis zur Stadt Kassel geführt worden wäre. Im Vergleich mit französischen Anlagen sind die flächigen Beete und Parterres vernachlässigt, dafür, ganz wie bei italienischen Villen, die Wasserkünste auffallend betont und der Hang durch ein System von Querachsen gegliedert. Die Villa wurde nicht gebaut, dafür bekrönte man das 63 m hohe Riesenschloß mit einer 9,20 m hohen Herkulesstatue in Anlehnung an den Herkules Farnese. Er ist hier der siegreiche Mitstreiter der Götter in der Gigantenschlacht, deren Thematik in Grotten, Brunnen und Wassereffekten entlang der Wasserachse vielstimmig in Szene gesetzt ist.

München-Schleißheim. Ausgangspunkt der Gartenplanung des bayerischen Kurfürsten Maximilian II. Emanuel in Schleißheim war das 1684 bis 1687 von Enrico Zuccalli erbaute Gartenschlößchen Lustheim.

Nach der Rückkehr von Max Emanuel aus Brüssel, wo er von 1692 bis 1701 Statthalter der Spanischen Niederlande gewesen war, wurde 1701 in Schleißheim der Grundstein für ein ausgedehntes Schloß gelegt und gleichzeitig

auch der Ausbau der Münchner Stadtresidenz sowie des Schlosses Nymphenburg energisch vorangetrieben. Die hochfliegenden Planungen Max Emanuels sind nur vor dem Hintergrund seiner Spekulationen auf die spanische Krone zu verstehen. Der Ausbruch des Spanischen Erbfolgekrieges 1701 und die Parteinahme des Kurfürsten gegen den Kaiser zwangen ihn ins Exil nach Frankreich, von wo aus er erst 1715 wieder nach Bayern zurückkehren konnte.

Mehrere Planungen lagen schon für den Schleißheimer Garten vor, bis schließlich das Projekt des Le Nôtre-Schülers Dominique Girard von 1715 bis 1717 zur Ausführung gelangte. Trotz dessen langjährigem Aufenthalt am Versailler Hof und eines französischen Gärtners wurde die bereits von 1690 stammende Grundgliederung Zucallis bis auf die Parterrezone übernommen.

Der Garten ist, wie wir das häufiger in Deutschland antreffen, zwischen zwei Bauten eingespannt, hier zwischen dem Hauptschloß und dem älteren Gartenpavillon Lustheim. Dadurch konnte von der klassischen Abfolge Parterre – Bosquets – Grand Parc nur die Parterre- und Boskettzone ausgeführt werden. Girards Parterre nimmt nur die Breite des Corps de Logis ein und ist etwas eingetieft. Es ist ein *Parterre de pièces coupées pour des fleurs*, das nach Dézallier d'Argenville in Frankreich schon aus der Mode gekommen war. Den seitlichen Abschluß bildet je ein *Parterre de broderie melée de massifs de gazon.* Die Bosketts enthalten eine Reihe von außergewöhnlich aufwendigen *cloîtres.* Ein Kanal umschließt den ganzen Garten, eine durchaus unfranzösische Gepflogenheit, die der Kurfürst aus niederländischen Anlagen übernommen hatte.

München-Nymphenburg. Seine zweite große Gartenschöpfung hat Max II. Emanuel in Nymphenburg verwirklicht. Er ließ 1701 von Enrico Zuccalli Pläne entwerfen, die das für seine Mutter erbaute Sommerpalais in eine gewaltige Schloßanlage verwandeln sollten. Die Entwürfe sowohl für das Schloß als auch für den Garten lehnen sich stark an niederländische Beispiele (vgl. Het Loo) an.

Nach der Rückkehr des Kurfürsten aus dem Exil wurde ab 1715 von Dominique Girard und Josef Effner ein neuer Gartenplan ausgearbeitet, der dem neuesten französischen Geschmack entsprach. Gleichwohl sind auch hier mit den zahlreichen Kanälen noch niederländische Einflüsse spürbar. Das Große Parterre ist um eine vergoldete Florafontäne angeordnet. Nächst dem Schloß liegen zwei Broderieparterres und, zum Kanal hin, zwei von einer Blumenrabatte gerahmte Rasenstücke. Seitlich grenzen an das Parterre vier Bosketts mit unterschiedlichen Salons und Kabinetten an. Jenseits des den eigentlichen Gartenbereich abriegelnden Querkanals befindet sich eine ausgedehnte Waldzone, die durch Wasserachsen und Schneisen gegliedert ist. Hier entstanden in den folgenden Jahren nach dem Vorbild französischer Trianons verschiedene Filialschlösser.

Mainz-Favorite. Der 1695 zum Erzbischof von Mainz gewählte Lothar Franz von Schönborn war einer der gartenfreudigsten Fürsten seiner Zeit. Er hatte bereits in Schloß Seehof bei Bamberg und dem östlich von Würzburg gelegenen Familiensitz Gaibach die Gärten umgestalten lassen, bevor ihm mit der Anlage der Favorite eine der originellsten deutschen Gartenschöpfungen gelang. 1700 erwarb er einen von Main rheinaufwärts gelegenen Garten und machte sich sofort an dessen Vergrößerung und Umgestaltung. Obwohl der Name Favorite an das kaiserliche Sommerschloß in Wien erinnert, bezog sich Lothar Franz ausdrücklich auf Ludwig XIV., wenn er von seinem neue Garten als »le petit Marly« sprach.

Die Anlage besteht aus drei völlig eigenständigen Partien, die über meh-

Das Indianische Haus im Park von Schloß Augustusburg in Brühl bei Bonn. Ölgemälde, F.J. Rousseau zugeschrieben, um 1755–1760. Brühl, Schloß Augustusburg

rere Terrassen den Hang zum Rhein hinuntersteigen. Im linken, dem größeren Teil befinden sich die Pavillons, aufgrund derer wohl der Bezug zu Marly hergestellt wurde. Um 1722 präsentierte sich der Garten so, wie ihn der Stich Salomon Kleiners zeigt. (Er wurde im übrigen 1792/93 bei der Belagerung von Mainz restlos zerstört.)

Seine Dreiteiligkeit, seine teils parallelen, teils senkrecht zueinander verlaufenden Achsen, mit denen die strenge Einheit in eine Vielzahl von reizvollen Einzelräumen zu zerfallen beginnt, deuten bereits die allmähliche Auflösung des Subordinationsschemas des klassischen Gartens an.

Brühl-Augustusburg. Clemens August, der Sohn des Schöpfers der Schleißheimer und Nymphenburger Gärten, wurde 1723 zum Erzbischof von Köln gewählt.

Für die Gärten der Sommerresidenz Augustusburg lagen ältere Planungen vor. Aber erst als um 1727 mit Dominique Girard der damals bedeutendste Gartenarchitekt in Deutschland in das Erzbistum berufen wurde, nahmen die Arbeiten eine entscheidende Wende. Die unregelmäßige Grundrißform des Parkareals wurde von Girard übernommen.

Den Hauptgarten ordnete er vor dem Südflügel des Schlosses an. In klassischer Reihenfolge entwickelte er hier, ausgehend von der Übersichtsterrasse, das zweiteilige »Parterre de broderie melée de massifs de gazon«, Boskette und Park, der, ähnlich wie in Nymphenburg, von Wasser- und Wegeachsen durchquert ist und Filialschlösser enthält: Diese, das »Schneckenhaus«, 1750 bis 1760, und das »Indianische Haus«, 1745 bis 1750, mit ihrer bizarren Architektur und ihren Separatgärten gehören indessen schon der nächsten Gartengeneration an.

Der Rokokogarten 1730 bis 1770

Wir haben bei einigen der vorangegangenen Gärten bereits Anzeichen für die Auflösung und Überwindung des französischen Gartenschemas beobachten können. Trotz der Forderung Dézallier d'Argenvilles nach mehr Natürlichkeit wurde der französische Garten als Kunstform auf dem europäischen Kontinent zunächst nicht in Frage gestellt. Seine durchkomponierte Strenge, sein Gesamtentwurf weichten allerdings allmählich auf, und es drangen vermehrt exotische und bizarre Elemente in ihn ein. Man bevorzugte asymmetrische Grundrisse, in denen eine vorsätzlich geplante Unordnung herrschte, wo in einer Vielzahl von kleinen und intimen Gartenräumen sich eine schier ungebärdige Lust an Spiel und Amüsement entfalten konnte. Dafür schlossen sich die Gärten von der umgebenden Landschaft ab und richteten sich nach innen aus. Sie wurden unüberschaubar, und es gab in ihnen nicht mehr den einen Standort, von dem aus sich die Gesamtanlage erschlossen hätte. Die Teile entwickelten im Gegenteil eine starke Eigenständigkeit, ja sie schienen bisweilen in autonome Zonen zu zerfallen und waren durch Achsen nur noch locker gehalten.

Potsdam-Sanssouci. Friedrich II. von Preußen hatte schon als Kronprinz zwischen 1734 und 1739 in Rheinsberg erste Erfahrungen mit der Anlage eines Gartens gesammelt. Nach einer eigenhändigen Skizze ließ er, 1740 König geworden, nach 1744 in Potsdam ein neues Schloß erbauen, dessen Name die für die Zeit typische Sehnsucht vieler Fürsten ausdrückt, in einem intimeren Rahmen dem als drückend empfundenen Hofzeremoniell zu entfliehen. Der langgestreckte, eingeschossige Bau erhebt sich über sechs in der Mitte zurückschwingenden Terrassen und entspricht in keiner Weise den für ein

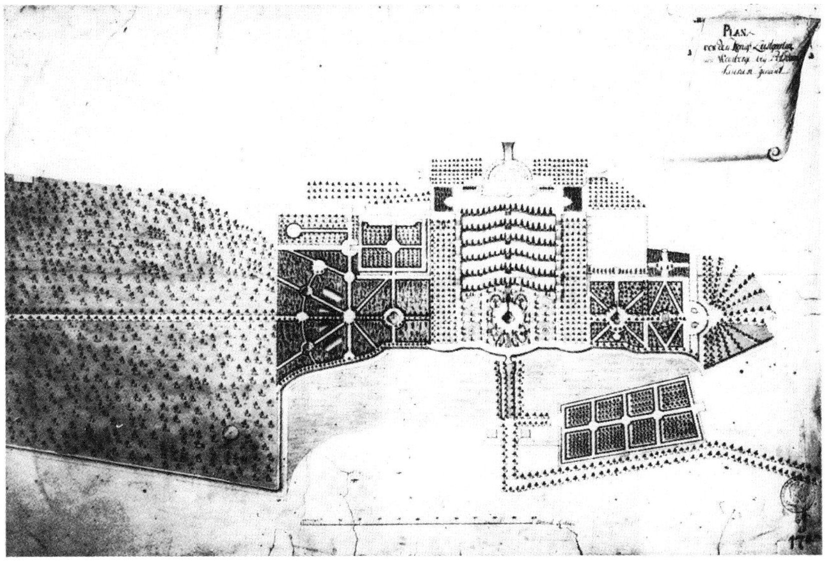

Gartengrundriß von Schloß Sanssouci in Potsdam. Anonyme Zeichnung, um 1752

Mentorgrotte im Felsengarten von Sanspareil bei Bayreuth (Oberfranken). Kupferstich von J. G. Köppel, 1793. Photo Landesbildstelle Nordbayern, Bayreuth

königliches Schloß geltenden Konventionen, sondern erinnert vielmehr mit seinen Obstbaumpflanzungen und seiner »entrückten« Lage, hoch über einem gläsernen Sockel, an den Typus einer Eremitage. An das Schloß schließen seitlich Treillagen an, die in Pavillons enden. Der Garten nimmt nur die Breite dieses Baukörpers ein. Er wird auf beiden Seiten von fünfreihigen Alleen aus Kastanien und Walnußbäumen gerahmt, die auch noch das in der Ebene liegende kleine Parterre einfassen und so aus seiner Umgebung isolieren. Jede der Terrassenmauern enthält 28 Nischen, in denen hinter verschließbaren Fenstertüren Feigen und Weintrauben wachsen. Zwischen den Nischen werden Kirschen, Aprikosen und Pfirsiche an Spalieren gezogen. In den vier Broderiekompartimenten des Parterres, die sich um ein vierpaßiges Brunnenbassin legen, wächst eine verschwenderische Fülle von Blumen.

Nach 1750 gestaltete man das anschließende Waldrevier (Rehgarten) um und erschloß es mit einer senkrecht zu der Hauptachse der Sanssouci-Terrassen verlaufenden Allee. Der Garten wurde noch einmal 1763, nach dem Ende des Siebenjährigen Krieges, im Zusammenhang mit dem Bau des Neuen Palais, vergrößert und verändert.

Bayreuth – Eremitage. Die Schwester Friedrichs II., Wilhelmine, die seit 1731 mit dem Markgrafen von Bayreuth verheiratet war, erhielt 1735 den schon seit zwei Jahrzehnten bestehenden Garten Eremitage zum Geschenk und machte sich unverzüglich an seine Umgestaltung. Auf dem nach drei Seiten zum Roten Main hin abfallenden Gelände stand bereits ein Schloß, und es gab, im Wald verstreut, eine Reihe von hölzernen Eremitenhäuschen. In den folgenden Jahren baute der französische Architekt Saint-Pierre das Neue Schloß, eine Orangerie, dessen Garten mit dem schon existierenden nur locker verbunden wurde. In den Bosketts und Waldrevieren wurden zahlreiche Staffagen und Wasserspiele verteilt.

Es gibt in der Eremitage weder einen zentralen Gartenbereich noch eine dominierende Achse, welche die einzelnen Zonen zusammenfaßt. Geometrische Parterres kontrastieren mit »natürlich« gehaltenen Partien, die auch das Ganze säumen. Hier bezieht ein umlaufender Weg in der Art des englischen *garden belt* die umliegende Landschaft mittels kunstvoll hergerichteter Blickschneisen in den Garten ein. Solche Anklänge an den englischen Landschaftsgarten, in Bayreuth zum ersten Mal überhaupt außerhalb Englands nachweisbar, gehen mit Sicherheit auf eigene Ideen der Markgräfin zurück, die durch enge verwandtschaftliche Beziehungen zum englischen Königshof mit der dortigen Gartenentwicklung vertraut gewesen sein muß.

Bayreuth-Sanspareil. Eine weitere höchst eigenwillige Schöpfung Wilhelmines begegnet uns in der ab 1745 vorgenommenen Umgestaltung eines natürlich gewachsenen Buchenhains, in Sanspareil, rund 30 km westlich von Bayreuth. Das von pittoresken Felsformationen durchsetzte Gelände wurde von ihr durch Staffagen in einen Zauberort verwandelt, den Schauplatz der Abenteuer des jungen Telemach aus Fénelons Erziehungsroman »Les Aventures de Télémaque« von 1699.

Obwohl Wilhelmine in diesem Felsengarten die natürlichen Gegebenheiten des Ortes aufnahm, ohne sie architektonisch zu überformen (nur vor dem Hauptgebäude, dem »Morgenländischen Bau«, gibt es ein vertieftes geometrisches Parterre), lag es ihrem Verständnis und ihrer Deutung von Natur fern, die landschaftlichen Schönheiten des Ortes herauszustellen. Vielmehr ging es ihr darum, die wilde Natur als theatralischen Spielort für die Handlungsbilder des »Télémaque« einzusetzen. Dahinter steckte die Absicht, den Besucher durch die den einzelnen Episoden innewohnenden moralischen Botschaften erzieherisch anzusprechen – ganz im Sinn der deutschen Aufklärung.

Obwohl Sanspareil mit seinem Verhaftetsein in literarischen Anspielungen und seiner unbeschwerten Anmut einerseits noch enge Bezüge zu zeitgleichen Rokokogärten hat, weist es andererseits schon weit in die Zukunft. Vielleicht hat es, eben weil es seiner Zeit voraus war, keine unmittelbaren Nachfolger gefunden.

Schwetzingen. Der Ausbau eines älteren Schlosses und Gartens zu der Sommerresidenz des pfälzischen Kurfürsten Carl Theodor begann 1748/49. Nach einer nur vorübergehenden Bautätigkeit wurden die Arbeiten 1750 zunächst eingestellt und erst nach drei Jahren wieder aufgenommen. Die von beiden Seiten des Schlosses viertelkreisförmig ausgehenden sogenannten ›Zirkelhäuser‹ (Orangerie und Festräume) schließen zwischen sich ein halbrundes Parterre ein. Seine Ergänzung zum vollen Kreis durch die die Form der Zirkelhäuser zitierende *Berceaux*, die Überführung des Keises durch Zwickelsegmente ins Quadrat und schließlich dessen Erweiterung nach Westen zu einem Rechteck ist in der europäischen Gartenkunst ohne Beispiel.

Der Plan von Johann Ludwig Petri entstand 1753, eventuell in Zusammenarbeit mit dem französischen Architekten Nicolas Pigage. Der Garten selbst war bis 1758 angelegt und wurde nach 1761 unter der Oberleitung Pigages erweitert. Durch die entschiedene Verlängerung der Mittelachse in Form einer beeindruckenden Mittelperspektive gelang es Pigage, den Garten zu öffnen und zu dynamisieren. Obwohl er seinen Idealplan von 1762 nur zum Teil ausführen konnte, vermochte er dem Garten durch die straffe Achsengliederung einerseits ein ausgesprochen monumentales Gepräge zu geben. Andererseits schuf er zwischen diesen Achsen, in den neuen Boskettbereichen, eine Vielzahl intimer Gartenräume, die durch eine differenzierte anglochinoise Wegeführung miteinander korrespondierten. Diese Gartensalons, die der Kurfürst in der Folge mit Bauwerken, Brunnen und Skulpturen ausstatten ließ, entsprachen dem Bedürfnis der Rokokogesellschaft nach Zerstreuung, Abwechslung und raffiniertem Spiel.

Stuttgart-Solitude. Der württembergische Herzog Karl Eugen ließ, beseelt von dem Wunsch nach einem Refugium abseits der Residenz, nach 1763 südwestlich von Stuttgart ein neues Schloß nebst Garten anlegen. Die Arbeiten am Garten begannen 1764. Eine Planänderung 1767 sowie Erweiterungen sollten aus der Solitude eine dritte Residenz nach Stuttgart und Ludwigsburg machen, hätte der Herzog nicht schon gegen 1770/71 das Interesse an ihr verloren und sich Hohenheim, seiner letzten Gartenschöpfung, zugewandt. Der Plan für die Solitude macht deutlich, daß hier zwei widersprüchliche Vorstellungen aufeinanderprallten: einerseits die ganz in der barocken Tradition stehende Verwendung von weit in die Landschaft ausgreifenden Achsen und andererseits die verwirrende Vielfalt der Binnenzeichnung des Gartens mit einer schon fast manisch zu nennenden Sucht nach Aneinanderreihung von kleinen und kleinsten Gartenzonen.

Damit sind wir am Ende einer künstlerischen Entwicklung angelangt. Der architektonische Garten, der sich entweder in einer planmäßigen Unübersichtlichkeit zu verlieren drohte oder aber Gefahr lief, mit dem Versuch wieder an Formen des klassischen Gartens des späten 17. Jahrhunderts anzuknüpfen, in akademischer Strenge zu erstarren, konnte sich nicht mehr aus sich selbst heraus erneuern. Es bedurfte eines energischen Anstoßes von außen und einer völlig anderen gartenkünstlerischen Ästhetik.

Chinesisches Teehaus in den Gärten von Sanssouci in Potsdam

Untere Grotte im Hofgarten der Eremitage bei Bayreuth (Oberfranken)

Gartengrundriß von Schwetzingen. Aquarellierte Federzeichnung von J. L. Petri, 1753. Heidelberg, Kurpfälzisches Museum

Grundriß von Schloß Solitude bei Stuttgart und seinen Gärten. Aquarellierte Federzeichnung von G. P. Schreyer, 1776. Stuttgart, Württembergisches Landesmuseum

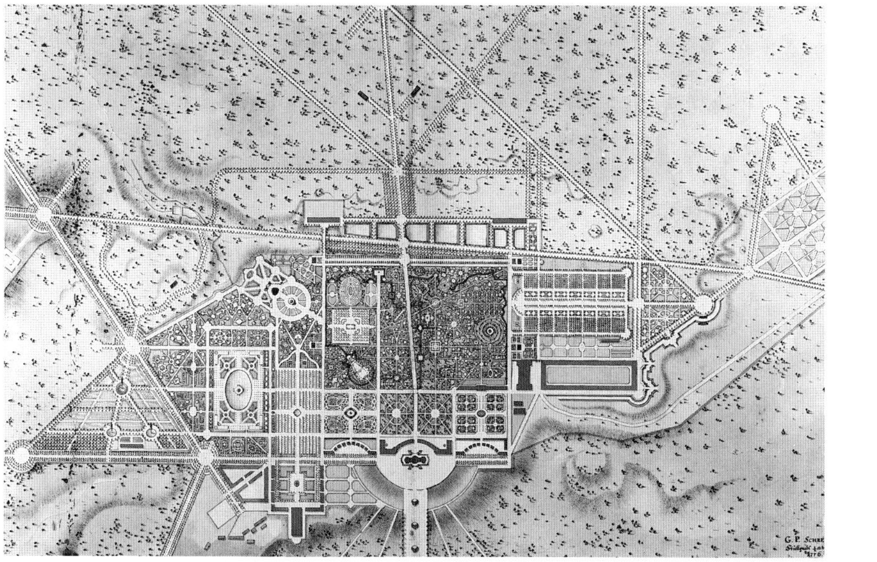

Der Landschaftsgarten 1770 bis 1820

Vom französischen Königshof ging seit dem späten 17. Jahrhundert eine Faszination aus, der sich im Deutschen Reich kein Fürst verschließen mochte. Französische Kultur und französisches Kunstschaffen waren mit lokalen Traditionen eine enge Verbindung eingegangen. Auf dem Gebiet der Gartenkunst konnten sich zwar weiterhin niederländisch und italienisch beeinflußte Vorstellungen behaupten, sie wurden mit dem Fortschreiten des Jahrhunderts jedoch immer mehr zurückgedrängt. Die für Geschmacksfragen nahezu uneingeschränkt geltende Vorherrschaft Frankreichs verstellte den Blick für Ideen des englischen Landschaftsgartens, so daß dieser in Deutschland erst dann Fuß fassen konnte, als er in seinem Ursprungsland schon einige Entwicklungsstufen durchlaufen hatte. Zudem verhinderte der Siebenjährige Krieg zwischen 1756 und 1763 den unmittelbaren Kontakt mit der englischen Kunstproduktion. Klammert man die Bayreuther Vorboten einmal aus, so ist dieses späte Auftreten des Landschaftsgartens in Deutschland um so erstaunlicher, als zum Beispiel die Kurfürsten von Hannover seit 1714 in Personalunion Könige von England waren und sich regelmäßig in ihrem deutschen Fürstentum aufzuhalten pflegten.

In England hatte sich aufgrund anderer politischer Verhältnisse ein Naturgefühl entwickelt, das die für den französischen Garten geforderte »Strenge« und »Künstlichkeit« verwarf. Ein ähnliches Persönlichkeitsbewußtsein bildete sich in den deutschen Staaten erst allmählich durch die Schriften der Aufklärung aus. Als eine der Folgen wurden nun regelmäßige, geometrische Gärten als Ausdruck eines unerwünschten absolutistischen Regierungssystems interpretiert, denen man die ungebändigte Natur als Ausdruck von Freiheit gegenüberstellte. Insofern hatte der Siegeszug des Landschaftsgartens auch eine politische Note – obwohl dies den meisten fürstlichen Bauherren zweifellos nicht bewußt war.

Nach 1770 verbreiteten sich in Deutschland zunehmend Beschreibungen englischer Gärten. Das Erscheinen der ersten theoretischen Beschäftigung mit dem neuartigen Stil, Johann Georg Sulzers »Allgemeine Theorie der schönen Künste«, (Leipzig 1771–1774) verhalf der neuen Ästhetik rasch zum Durchbruch.

Sie traf auf vorbereiteten Boden. Es gab die schon bei Rokokogärten zuweilen zu beobachtende Neigung, Gartenteile zu vereinzeln und voneinander zu lösen; dann die häufig anzutreffende Nutzung von Boskettbinnenräumen für landwirtschaftliche Zwecke. Diesem Hang nach mehr Natürlichkeit verbanden sich die nie ganz abgerissenen Strömungen, die an spätmittelalterliche Gartenvorstellungen anknüpften – man denke zum Beispiel an die von dem Grafen Sporck in seinem böhmischen Herrschaftsbereich zwischen 1700 und 1720 angelegten Felsen- und Eremitengärten.

Wörlitz. Anfang der 1760er Jahre hatte der Fürst Leopold Friedrich Franz von Anhalt-Dessau in Begleitung seines Architekten Friedrich Wilhelm von Erdmannsdorff und seines Gärtners Johann Friedrich Eyserbeck zwei ausgedehnte Englandreisen unternommen und die wichtigsten Gärten besucht.

Nachdem erste gärtnerische Versuche von einem Elbhochwasser zerstört worden waren, begann man 1770 ein vorhandenes Jagdhaus mit einem kleinen Garten umzugestalten. Ein Plan von 1763/64 zeugt noch von den Schwierigkeiten im Umgang mit der neuen Kunstform. 1778 wurde der Garten erweitert und zwischen 1790 und 1798 sowie kurz nach 1800 abermals vergrößert. Wörlitz ist für die Gartenentwicklung insofern wichtig, als hier zum ersten Mal nicht mehr bloß nachgeahmt wurde, sondern in der Synthese aus fremden Vorstellungen mit eigenen Ideen und deren Anpassung an örtliche Gegebenheiten ein neuartiger Weg beschritten wurde. Goethe faßte seine Eindrücke von Wörlitz 1778 folgendermaßen zusammen: »Hier ists jetzt unendlich schön. Mich hats gestern Abend, als wir durch Seen, Canäle und Wäldgen schlichen, sehr gerührt, wie die Götter dem Fürsten erlaubt haben, einen Traum um sich herum zu schaffen. Es ist, wenn man so durchzieht, wie ein Mährgen, das einem vorgetragen wird, und hat ganz den Charakter der Elisischen Felder. In der sachtesten Mannigfaltigkeit fliest eins ins andere, keine Höhe zieht das Aug und das Verlangen auf einen einzigen Punckt, man streicht herum, ohne zu fragen, wo man ausgegangen ist und hinkommt« (zitiert nach Hennebo/Hoffmann, Bd. 3, S. 79/80). Goethes Beschreibung verrät, daß die einzelnen Gartenpartien als Bedeutungsträger fungierten. Der Wörlitzer Garten ist aus einer Vielzahl von durchkomponierten Hauptbildern zusammengesetzt, die sich dem Besucher auf Land- und Wasserwegen durch allmähliches Fortschreiten erschlossen. Die zahlreichen Staffagen und ihnen zugeordnete Zonen sollten bei dem Wanderer ganz bestimmte Assoziationen hervorrufen und genau kalkulierte Gefühle auslösen. Hirschfeld lobte Wörlitz als »eine der edelsten Anlagen in Deutschland« (*Theorie der Gartenkunst*, Bd. 5, S. 360), vermutlich weil hier die von ihm vehement geforderten verschiedenen Empfindungsgattungen (heiter, feierlich, melancholisch etc.) exemplarisch umgesetzt worden waren.

Überspringen wir die Neuanlage des Gartens von Hohenheim bei Stuttgart (ab 1774), die teilweise Umgestaltung Schwetzingens in einen Landschaftsgarten (ebenfalls ab 1774) und die literarisch-sentimental gestaltete Landschaft des Seifersdorfer Tals bei Dresden (seit 1781), um uns Weimar zuzuwenden.

Weimar. Goethe, der seit 1775 in Weimar lebte, hat sich in seinem Oeuvre verschiedentlich mit Gärten beschäftigt, so 1777 im »Triumph der Empfindsamkeit«, einer bissigen Abrechnung mit den von einer Unzahl miniaturhafter Staffagen überladenen »modernen« Gärten, und erneut 1809 in den »Wahlverwandtschaften«.

Der Anlaß für die gärtnerische Umgestaltung der Ilmauen war das 1778 von ihm am Ufer des Flusses arrangierte »Luisenfest« (übrigens durchaus im Stil der von ihm ironisierten Staffagearchitektur!).

Der im gleichen Jahr erfolgte Besuch Goethes und des Herzogs Karl August von Sachsen-Weimar in Wörlitz mag Anregungen gegeben haben, aus den Flußniederungen einen Landschaftspark zu machen, eingedenk der Vorstellungen des Wörlitzer Fürsten, »das ganze Land in einen Garten zu verwandeln«.

Aber erst im 19. Jahrhundert wurden in Weimar die heutige Gestalt und Ausdehnung erreicht. Ähnlich wie in Wörlitz ist das Gelände in relativ kleine und abgeschlossene Teilräume aufgeteilt, die dem Besucher mit kleinen Bauwerken, Gedenksteinen oder Anpflanzungen ständig wechselnde Szenen präsentieren und so seine Gefühle bewegen sollen.

Nahezu alle deutsche Gärten des letzten Jahrhundertviertels sind von starken literarischen Anklängen durchdrungen. Diese unterlegen dem Garten in seinen einzelnen Bereichen Aussagen und beschäftigen so die Einbildungskraft des Betrachters, sei es durch den Anblick einer Staffage, einer Hinweistafel oder einer gepflanzten Partie. Erst ab der Jahrhundertwende löste sich der Landschaftsgarten aus dieser sentimentalen Naturkoketterie und erreichte mit dem Durchbruch zu großräumigen Gestaltungen unter fast ausschließlicher Verwendung der Kompositionsmittel Baum, Wiese und Wasser seinen Höhepunkt. Die in diesem Sinne bis ungefähr 1820 geschaffenen Gärte, wie die Umgestaltung von Wilhelmshöhe/Kassel (zwischen 1785 und 1793), Nymphenburgs (seit 1804 durch Friedrich Ludwig von Sckell) und die Anlage des Englischen Gartens in München (ebenfalls von Sckell, ab 1804) sind dafür die reifsten Beispiele.

Das Luisenkloster in Weimar. Zeichnung von J. W. Goethe, 1778

Felsengarten Sanspareil bei Bayreuth (Oberfranken). Blick durch das Ruinentheater in die Grotte der Kalypso

»Youngs Grotte« im Seifersdorfer Tal bei Dresden. Aus: W. G. Becker, Das Seifersdorfer Thal, Leipzig, Dresden 1792

Literatur

C. C. L. Hirschfeld, Theorie der Gartenkunst, 5 Bde., Leipzig 1779–1785 (Reprint, 2 Bde., Hildesheim-New York 1985); M. L. Gothein, *Geschichte der Gartenkunst*, Jena 1926 (Reprint München 1988); P. O. Rave, *Gärten der Goethezeit*, Leipzig 1941; G. Allinger, *Der deutsche Garten*, München 1950; E. Bachmann, *Anfänge des Landschaftsgartens in Deutschland*, in: »Zeitschrift für Kunstwissenschaft«, V, 1951; P. O. Rave, *Gärten der Barockzeit*, Stuttgart 1951; A. Anger, *Landschaftsstil des Rokoko*, in: »Euphorion«, III, 51, 1957; G. Lippold-Hällsig, *Deutsche Gärten*, Dresden 1957; H. Kreisel, *Das Rokoko und die Gartenkunst*, in: »Festschrift für Eberhard Hanfstaengel«, München 1961; E. Berckenhagen, *Deutsche Gärten vor 1800*, Hannover–Berlin–Sarstedt 1962; D. Hennebo, A. Hoffmann, *Geschichte der deutschen Gartenkunst*, 3 Bde., Hamburg 1962–1965 (Reprint Königstein 1981); H. Schuttauf, *Parke und Gärten in der DDR*, Leipzig 1973; S. Gerndt, *Idealisierte Natur. Die literarische Kontroverse um den Landschaftsgarten des 18. und frühen 19. Jahrhunderts*, Stuttgart 1981; W. Hansmann, *Gartenkunst der Renaissance und des Barock*, Köln 1983; H. Scharf, *Die schönsten Gärten und Parks in Deutschland und Österreich*, Düsseldorf 1985; T. Wengel, *Gartenkunst im Spiegel der Zeit*, Innsbruck–Frankfurt/M. 1985.

Berlin-Charlottenburg: F. Wendland, *Berlins Gärten und Parke*, Frankfurt/M.–Berlin–Wien 1979; C. A. Wimmer, *Die Gärten des Charlottenburger Schlosses*, Berlin 1984; *Berlin durch die Blume oder Kraut und Rüben. Gartenkunst in Berlin-Brandenburg*, Ausstellungskatalog, Berlin 1985; C. A. Wimmer, *Parks und Gärten in Berlin und Potsdam*, Berlin 1985.

Kassel-Karlsberg: Park Wilhelmshöhe, Hrsg. A. Hoffmann, München 1962; H. Reuther, *Der Carlsberg bei Kassel*, in: »Architectura«, 6, 1976.

München-Schleißheim: L . Hager, *Der Schloßgarten zu Schleißheim*, in: »Deutsche Kunst und Denkmalpflege«, 23, München–Berlin 1965; *Schleißheim, Neues Schloß und Garten*, Hrsg. G. Hojer, München 1970; G. Hojer, *Die Münchner Residenzen des Kurfürsten Max Emanuel*, in: »Kurfürst Max Emanuel Bayern und Europa um 1700«, Ausstellungskatalog, München 1976; G. Imhof, *Der Schleißheimer Schloßgarten des Kurfürsten Max Emanuel von Bayern*, München 1979; E. D. Schmid, *Schloß Schleißheim*, München 1980.

München-Nymphenburg: L. Hager, *Nymphenburg, Schloß, Park und Burgen*, München o. D. (1955); *Nymphenburg, Schloß, Park und Burgen*, Hrsg. G. Hojer; E. D. Schmid, München 1975; G. Hojer, *Die Münchner Residenzen des Kurfürsten Max Emanuel*, in: »Kurfürst Max Emanuel Bayern und Europa um 1700«, Ausstellungskatalog, München 1976; E. D. Schmid, *Nymphenburg*, München 1979.

Mainz-Favorite: R. Busch, *Das Kurmainzer Lustschloß Favorite*, in: »Mainzer Zeitschrift«, 44/45, 1949/50, 1951; W. Wenzel, *Die Gärten des Lothar Franz von Schönborn*, Berlin 1970.

Brühl-Augustusburg: F. Hörold, *Der Schloßpark zu Brühl*, in: »Kurfürst Clemens August«, Ausstellungskatalog, Brühl 1961; W. Kordt, W. Bader, *Die Gärten von Brühl*, Köln 1965; W. Hansmann, G. Knopp, *Schloß Brühl*, Köln 1982.

Potsdam-Sanssouci: W. Kurth, *Sanssouci. Ein Beitrag zur Kunst des deutschen Rokoko*, Berlin 1962; D. Karg, *Die Entwicklungsgeschichte der Terrassenanlage und des Parterres vor dem Schloß Sanssouci*, Potsdam-Sanssouci 1980.

Bayreuth-Eremitage: J. C. E. von Reiche, *Bayreuth*, Bayreuth 1795 (Reprint Erlangen 1980); E. Bachmann, *Die Eremitage bei Bayreuth*, München 1978; S. Habermann, *Bayreuther Gartenkunst*, Worms 1982.

Bayreuth-Sanspareil: Felsengarten-Sanspareil, Hrsg. E. Bachmann, L. Seelig, München 1985.

Schwetzingen: Beschreibung der Gartenanlagen zu Schwetzingen, Hrsg. J. M. Zeyher, G. Roemer, Mannheim 1809 (Reprint Freiburg 1983); K. Martin, *Schloß und Garten Schwetzingen*, Karlsruhe 1957; C. Reisinger, *Der Schloßgarten zu Schwetzingen*, Worms 1987.

Stuttgart-Solitude: G. Kleemann, *Schloß Solitude bei Stuttgart*, Stuttgart 1966; *Die Gärten der Herzöge von Württemberg im 18. Jahrhundert*, Hrsg. A. Berger-Fix, K. Merten, Worms 1981.

Wörlitz: A. Rode, *Beschreibung des Fürstlichen Anhalt-Dessauischen Landhauses und Englischen Gartens zu Wörlitz*, Dessau 1788 (Reprint Dessau 1928); *Die Kunstdenkmale des Landes Anhalt-Köthen, Landkreis Dessau-Köthen*, Hrsg. M.-L. Harksen, Teil II, *Stadt, Schloß und Park Wörlitz*, Burg 1939; E. Hirsch, *Dessau-Wörlitz*, in *Zierde und Inbegriff des XVIII. Jahrhunderts*, München 1985.

Seifersdorfer Tal: W. Becker, *Das Seifersdorfer Thal*, Leipzig-Dresden 1792; H. Koch, *Sächsische Gartenkunst*, Berlin 1910.

Weimar: F. A. Klebe, *Historisch-statistische Nachrichten von... Weimar*, Elberfeld 1800 (Reprint Leipzig 1975); W. Huschke, W. Vulpius, *Park von Weimar*, Weimar 1962.

Park Schönbusch bei Aschaffenburg. Speisesaal, 1792 von J. E. d'Herigoyen errichtet

Moschee im Park von Schwetzingen

Der Stadtspaziergang im Frankreich des 17. und 18. Jahrhunderts: zwischen Geplantem und Imaginärem

Daniel Rabreau

Spaziergang: »Gemäßigte Übung, bestehend aus der abwechselnden Bewegung von Beinen und Füßen, durch die man sich langsam und als Entspannung von einem Ort zu einem anderen begibt« (...). »Wenn der Spaziergang zu Fuß nützlich ist, dann ist es der in einem einfachen Wagen oder zu Pferd um so mehr.«[1] Die Bezugnahme auf moderne Auffassungen und Bräuche ist kein konstantes Kennzeichen der Artikel der *Encyclopédie*; dagegen bezeugt die relative Länge der Kommentare, mit denen mehrere Definitionen ein und derselben Vokabel versehen sind, einen echten Willen zur Untersuchung, zu einer überzeugenden oder militanten Belehrung. Solcherart ist die Bedeutung des ausführlichen Artikels, der die medizinischen Vorteile des Spaziergangs behandelt im Vergleich zur Kürze der Definition dieses Begriffs: Die historische Bezugnahme auf diese Aktivität in manchen Artikeln (etwa den Spaziergang der Römer[2]) inspiriert Verfasser, die bei diesem Thema auf die Untersuchung der zeitgenössischen Sitten verzichten, um so mehr.

Der *Stadtspaziergang*, der während des gesamten 19. und zu Beginn des 20. Jahrhunderts noch häufig praktiziert wurde, ist heute kein Merkmal der *typischen* französischen Stadtgesellschaft mehr, außer vielleicht noch in gewissen südlichen Bereichen. Wenn wir also seine Ursprünge und Entwicklung während des Ancien Régime (vor 1789) untersuchen, müssen wir nicht nur seine Erscheinung verfolgen, sondern auch seine tiefere Bedeutung ergründen, die seit nunmehr über einem halben Jahrhundert verlorengegangen ist. Alle historischen Epochen haben diese »gemäßigte Übung« – die sich mit der Jagd der Aristokratien vergleichen läßt – nach einem bewußten oder unbewußten Ritual praktiziert, das im Laufe der Zeit seine Bedeutung verloren hat. Romane[3], Theaterstücke, Zeitungen, Erinnerungen, Anekdoten und Archivalien lehren uns, daß sich der Stadtspaziergang Mitte des 18. Jahrhunderts deutlich von dem unterschied, was hier behandelt wird, das heißt, vom *ländlichen* Spaziergang. In der Stadt bestand das Spazierengehen einst darin, zu sehen und gesehen zu werden. Das Spiel der individuellen und sozialen Identität wirkte anregend auf diesen Akt der Zurschaustellung.

Die von allen Chronisten angegebene und von den Historikern bestätigte Bedeutung dieser Aktivität[4] vernachlässigt die naturalistische und medizinische Definition der Idee. Ist die Definition der *Encyclopédie* nicht *ideal*? Die Spazierfahrt mit einem Gespann beispielsweise praktizierte man seit Mitte des 17. Jahrhunderts nicht mehr in einem gewöhnlichen Wagen (außer auf dem Land), sondern in einer komfortablen Kutsche! Die Vorstellung des Transports »von einem Ort zu einem anderen« paßte auch besser aufs Land oder zu einem Schloßpark. Sie hatte sich wegen ihrer Ziellosigkeit eher zu einer Hin- und Her- oder Kreisbewegung verwischt, was gewisse ebenfalls ab dem 17. Jahrhundert aufgetretene Führungen von Alleen und Anpflanzungen bewirkte.[5] Das ritualisierte »Amusement« dominierte: der Stadtspaziergang, ein gesellschaftliches Merkmal, gehörte zur Freizeitaktivität einer Gesellschaft, die sich zivilisierter Sitten rühmte.

Die Suche nach dem Glück[6] gehörte in der Stadt mit einer reglementierten und erkennbaren Ordnung von Räumen zusammen, einschließlich der Begegnung mit Gebautem, das über die Natur herrschte. Historisch gesehen, war also der Stadtspaziergang der Vorläufer dieser Begegnung, wenn man von der Nutzung des Privatgartens absah, den es seit jeher gab. Wenn die Bewegung innerhalb des letzteren zu beengt wurde, führte sie hinaus – um die Häuser, in Erholungsgebiete und, mangels Besserem, an Sonn- und Festtagen in ländliche Gegenden, die an die Stadt grenzten. In städtischen Gegenden war die greifbare Nutzung der Natur in Form von Anpflanzungen oder auch die visuelle (durch Öffnung von Aussichtspunkten) für die Öffentlichkeit eines der Hauptmerkmale der städtischen Zivilisation der modernen Ära. Von der Zeit Ludwigs XIV. bis zu der Napoleons III., vom Mythos des in die Stadt verlegten französischen Gartens Le Nôtres bis zu den herrischen Aktivitäten Haussmanns, die daraus hervorgingen[7], wurden der Stadtspaziergang und der öffentliche Garten als besondere Merkmale der französischen Stadtplanung über zwei Jahrhunderte betrachtet. Vielleicht kam zu dieser besonderen Eigenschaft Mitte des 18. Jahrhunderts eine spezielle Originalität hinzu, als Frankreich einerseits vom tugendhaften Rousseauschen Wesen erschüttert und andererseits mit der Magie des Landschaftsgartens, auch als anglo-chinesischer Garten bezeichnet, vertraut wurde.[8]

Die Herrschaft der Natur und die monarchische Ordnung

Ein ebenfalls der *Encyclopédie* entnommener Artikel enttäuscht häufig Historiker[9] durch die scheinbar archaische Definition der Stadt: »Es handelt sich um einen geschlossenen Mauergürtel, der mehrere Quartiere, Straßen, öffentliche Plätze und andere Gebäude einschließt.«[10] Diese Definition überrascht, ist sie doch rein formal zu einer Zeit, in der Paris seine Wälle bereits seit Jahrzehnten durch schöne bepflanzte Promenaden ersetzt hatte, während die entfernteren Provinzstädte im ganzen Reich dieser neuen Praxis nach und nach folgten. Erinnern wir uns jedoch daran, daß sie auf juristisch-ökonomischem Niveau trotzdem exakt war, da der an den Schranken und Stadttoren auf Lebensmittel und Waren erhobene städtische Eingangszoll eine Begrenzung des fiskalischen Gebiets forderte, die nicht nur eine symbolische war. Die Pariser erfuhren dies schmerzlich am Ende der Herrschaft Ludwigs XVI. mit der berühmten Mauer des steuereintreibenden Finanzpachtamts[11], die Ledoux erbaute, nicht ohne sich übrigens mit dem Problem des Spaziergangs und der Freizeitbeschäftigung auseinanderzusetzen.

In Paris (der französische Zentralismus machte das Beispiel auch für das ganze Land typisch) entsprach die Schaffung der großen, außerhalb der Mauern der Hauptstadt liegenden Erschließungsachsen, eindrucksvoll bepflanzt für den Spaziergang – wie kurze Zeit später auch der großen Ringboulevards – der allgemeinen Öffnung der Städte in ihre Umgebung. Zu der Übung des Spazierengehens gesellte sich also das Vergnügen, den Fluß, die Ebenen und die benachbarten Hügel zu sehen; bei seiner Rückkehr war der Spaziergänger wie ein Reisender von dem Erlebnis erfüllt, eine zur städtischen Agglomeration führende Perspektive durchlaufen zu haben, die ostentativ an jene geradlinigen Alleen erinnerte, welche auf dem Land zum Schloß führen. Die Parallele war nicht zufällig, wenn man an die Pariser Trassen denkt, die im Westen zum Schloß der Tuilerien und im Osten vom Cours de Vincennes auf das gleichnamige Schloß ausgerichtet sind. Die Stadt Versailles, vollständig auf der Basis der drei zum Schloß strebenden Alleen angelegt, ist ein perfekt erhaltenes Beispiel für diese Herrschaft der königlichen Macht über die Stadt – einer Macht, die sich hier ihr eigenes Abbild schuf. Natürlich war im 17. Jahrhundert die Frage der ländlichen Erholung in der Stadt noch nicht existent. Die beträchtliche Ausdehnung der Städte im 18. Jahrhundert verursachte jedoch eine rasche Integration dieser Promenaden in den städischen Kontext; in Paris gilt dies noch immer für die Quartiers des Invalides und de l'Arsenal und vor allem für die großen Boulevards zunächst im Norden, dann im Süden im Quartier du Mont-Parnasse. Zu diesem

Entwurf für eine öffentliche Promenade in Toulouse (Haute-Garonne, Frankreich) von L. de Mondran. Kupferstich von Baour, 1752. Paris, Archives Nationales, Cartes et Plans

Das Hôtel de Brunoy in Paris, von den Champs-Elysées aus gesehen. Zeichnung von Lallemand, 1774. Paris, Bibliothèque Nationale, Cabinet des Estampes

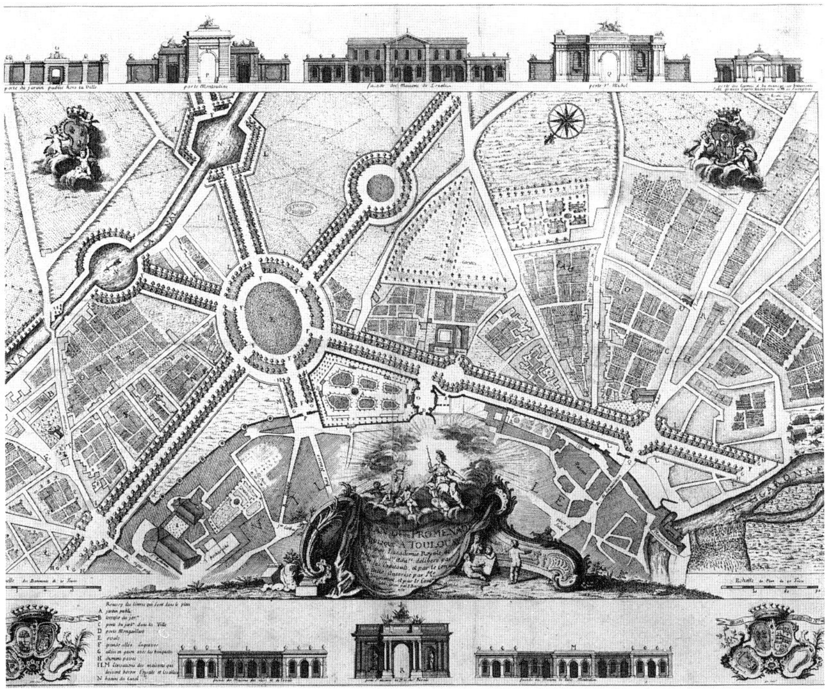

Zeitpunkt, das heißt, um 1760 bis 1770, führte der Stadtspaziergang zur Natur, von der die Stadt ja physisch und rechtlich abgeschnitten war. Es handelte sich aber vor allem um eine Form der kodifizierten Aktivität, die der Mode entsprechend praktiziert wurde. Diese entwickelte sich mit dem Erscheinen des öffentlichen Parks und später, im letzten Drittel des Jahrhunderts, mit der Erfindung des Unterhaltungs- oder Vergnügungsgartens.[12] Die Unterscheidung zwischen dem natürlichen Spaziergang und der mondänen Übung des Spazierengehens wird in der *Enzyclopédie* unter dem Stichwort »Promenade, Promenoir« deutlich: »Der erste Begriff wird benutzt, um einen Ort zu bezeichnen, an dem man sapzierengeht, und der zweite ist veraltet: Man hätte ihn erhalten sollen, weil er unsere Sprache bereicherte und man zur Zeit Ludwigs XIV. zwischen diesen beiden, aus der gleichen Wurzel stammenden Wörtern unterschied. *Promenade* bezeichnete etwas Natürliches; *Promenoir* hatte mehr von der Kunst.«[13] Aus diesem Grunde umfaßte jegliches städtische Verschönerungsprogramm, zum Nachweis solcher als notwendig erachteten Monumentalität, einen grünen, quasi szenographischen Raum, der sich zur Natur öffnete und dessen Kunst dem Bereich der Geselligkeit diente.

Diese Kunst war, wie erwähnt, Teil jener Suche der Stadtbewohner nach Identität, die sich in zahlreichen Verhaltensweisen äußerte: der von Marivaux auf der Bühne verklärten Kunst der Konversation, der Begeisterung für galante Feste à la Watteau und für die Schäfergedichte Bouchers[14], dem Einsatz von Spiegeln in Salons, von religiösen Zeremonien als gesellschaftliche Ereignisse, denen man beiwohnte wie einem ergreifenden Spektakel[15], etc. Die Beamten des Ancien Régime, verantwortlich für die städtische Politik und Wirtschaft, verstanden es erstaunlich gut, diese Sensibilität zu nutzen – nicht nur, um Zustimmung zu den ihre Macht fördernden Anordnungen zu erreichen, sondern auch, um das Bedürfnis danach zu steigern. Der demographische, architektonische und territoriale Aufschwung der Stadt im 18. Jahrhundert war kein Verhängnis, vielmehr das Ergebnis einer politisch-ökonomischen Verwaltung der Güter (der »Landgüter«, wie man damals sagte, der Patrimonialgüter, der Tausch- und Produktionsgüter), die parallel zu einer sehr langsamen Entwicklung der Geisteshaltung verlief.

Das Verhältnis von Stadtgebiet zum Land, von Stadt zur Natur veränderte sich nach und nach, bis die Rolle der Natur für das Gemeinschaftswohnen als Planung und Bebauung definiert wurde. Die Ansicht der umgebenden Landschaft wie die Ansicht der Stadt von einem gewählten Standort aus, jene ideale Position, welche die Promenade ja darstellt, symbolisierte das Verhältnis der Stadt zum Königreich und definierte ihre Stellung in bezug zur Größe des Territoriums. »Der freie Raum (...) war ein königliches Privileg; das 18. Jahrhundert brauchte ihn nicht zu erfinden; es nahm nur seine allgemeine Verbreitung vor«, schreibt Lavedan.[16] War es nicht das Zeitalter (unter den Régence, nachdem der Hof mit den neuen Reizen von Paris vertraut gemacht worden war), in dem sich die apollinische Ikonographie des Parks vom Sonnenkönig in der Stadt verbreitete, ebenso wie die symbolische, Stein gewordene Darstellung des Geistes der Aufklärung?[17] Der Versailler, dann der Pariser Zentralismus erklärt die besondere Rolle Frankreichs auf diesem Gebiet im 17. und 18. Jahrhundert; er beschwört das Bild eines Landes, das den neuen Praktiken der Verwaltung durch Straßenbau, Ingenieurwesen und Steuerintendanten der Amtsbezirke unterstellt war. »Für den Ingenieur ist das Gelände eine Art Garten, in dem das Projekt angesiedelt wird, genau wie ein Gebäude innerhalb eines Parks«, »Plan für Plan findet man dieselben Obses-

Ansicht der Place Louis XV. in Paris.
Ölgemälde J.-B. Leprince zugeschrieben.
Besançon, Musée des Beaux-Arts

sionen wieder: Versailles und seine Alleen«, schreibt Picon[18] in einer neueren Studie über die Architekten und Ingenieure der Aufklärung. Die Anlage von Promenaden, wo Erdaufschüttungen, Flachtreppen, Verschönerungen durch Werke der Architektur, der Bildhauerei und der hydraulischen Kunst sich mit den Anpflanzungen in die öffentliche Bewunderung teilten, lag offenkundig in ihrer Zuständigkeit.

Der Cours-la-Reine, eine mit Ulmen bepflanzte Promenade von 1500 Metern Länge, 1616 an den Ufern der Seine geschaffen, westlich des Tuileriengartens gelegen und später von Le Nôtre umgestaltet, wird traditionellerweise als frühestes Beispiel für einen bepflanzten Wandelgang genannt. »Der Cours«, schreibt Sauval, »war übrigens ein neues Wort und eine neue Sache, erfunden von Maria de' Medici. Bis zur Régence kannte man in Frankreich kaum andere zum Spaziergang dienende Mittel als die Flüsse und die Gärten; nun aber brachte sie aus Florenz die Mode der Kutschfahrt in den kühlen Abendstunden nach Paris, die heute an so vielen Orten praktiziert wird.«[19] Die alten Pläne von Paris zeigen diese durch eine dreifache Allee abgesteckte »Avenue«, in der Mitte von einem großen halbrunden Platz unterbrochen, auf dem die Kutschen wenden konnten. Ursprünglich der königlichen Familie und dem Hochadel vorbehalten, war der Cours-la-Reine an seinen Enden durch Gitter verschlossen. 1669 wurde ein Bankett entlang der Straße nach Versailles angelegt, 1723 wurde es vollständig neu bepflanzt. 1729 sollten entlang den Gräben aufgestellte Laternen dazu beitragen, unerwünschte Besucher fernzuhalten. Seltsamerweise wurde 1766, nach einigen Jahren freien Zutritts, der Spaziergang auf dieser Strecke erneut der Genehmigung in Form eines Passierscheins unterworfen! In der Zwischenzeit hatte sich eine neue öffentliche Promenade auf der Achse des Tuileriengartens zum Etoile, an den Chaillot-Hängen, etabliert: die Champs-Elysées.

Schon im 17. Jahrhundert war an einem dem Cours-la-Reine ähnlichen, aber im Osten von Paris gelegenen Ort eine andere Promenade entstanden: der Mail de l'Arsenal. Mit den neuen Trassen des Cours de Vincennes verbunden, die an der Place du Trône ihren Anfang nahmen, hätte die Erweiterung des Faubourg-Saint-Antoine die Blütezeit des Marais-Viertels begründen können. Es geschah aber nichts dergleichen, da die Achse Paris–Versailles die Entwicklung der Hauptstadt bald definitiv nach Westen lenkte. Wenn man Maria de' Medici auch die Idee zuschreibt, einen großen Vergnügungspark an den Champs-Elysées einzurichten, so mußte man doch die Folgen des Friedens von Aachen (1668) abwarten, um, auf Anregung Colberts, die großen, mit Triumphbögen an den Eingängen der Hauptstadt markierten Boulevards und eben die Champs-Elysées zu realisieren (1670–1723). Diese gigantische, legendäre Promenade wurde zum Modell für andere – viel bescheidenere –, die in Form von Esplanaden die Rolle der zunächst auf die Boulevards und die Vorfelder der Schutzwälle in den Provinzstädten beschränkten Anpflanzungen übernahmen.

Einer der grandiosesten Stadtpläne, der teilweise nach dem Vorbild der Pariser Trassen realisiert wurde, ist der von de Mondran für Toulouse ausgeführte (1752). Deutlicher noch als in Bordeaux, wo es ebenfalls imposante Plätze und erweiterte Boulevards aus der ersten Hälfte des 18. Jahrhunderts gab, räumte das Toulouser Projekt dem Spaziergang, der Gesundheit und dem freien Blick Vorrang ein[20]; um das *Grand Rond* wurden zwischen Garonne und Canal du Midi strahlenförmig Achsen angelegt, auf die der Botanische und der Königliche Garten sich öffneten. Wie an der Peripherie von Paris lassen diese strahlenförmigen Trassen, die nach wenigen Jahrzehnten in das Stadtgebiet integriert wurden, ahnen, was der Theoretiker Laugier in seinem *Essai sur l'architecture*, einem der Bestseller der Architekturliteratur im Zeitalter der Aufklärung, empfahl: »Man muß eine Stadt wie einen Wald betrachten. Die Straßen der einen sind die Wege des anderen; sie müssen gleichermaßen angelegt werden. Was die besondere Schönheit eines Parks ausmacht, ist die große Zahl der Wege, ihre Breite, ihre Ausrichtung; aber das genügt nicht: Ein Le Nôtre muß die Pläne dazu entwerfen (...). Lassen Sie uns diese Vorstellung in die Praxis umsetzen, so daß der Entwurf unserer Parks als Plan für unsere Städte dient.«[21] Es ist bekannt, wie diese Idee sich bis zur Umgestaltung des Zentrums von Paris im letzten Drittel des 19. Jahrhunderts unter dem Einfluß des Barons Haussmann in Frankreich durchgesetzt hat.[22]

Ebenfalls von den Realisierungen des Grand-Siècle inspiriert, wurde die Frage der Place Royale, eines monumentalen, gleichförmigen Platzes, der die passende Kulisse um die Bronzestatue des Monarchen darstellte[23], im 18. Jahrhundert zur idealen Gelegenheit, die den städtischen Freizeitspaziergängern vorbehaltenen Bereiche für neue Rituale zurückzugewinnen. Später als der Platz Bellecour in Lyon und der Platz du Peyrou in Montpellier (zwei zu Ehren Ludwigs XIV. bepflanzte und »mit Architektur ausgestattete« Esplanaden) wurde der Platz Ludwigs XV. in Paris, von dem man sagte, er sei zwischen 1755 und 1763 auf dem »flachen Land« entstanden, zum wirklichen Angelpunkt der Champs-Elysées innerhalb der Stadt. Unter der Herrschaft Ludwigs XVI. wurden Platz und Avenuen vollkommen in die Stadt integriert.[24]

Alle im 17. Jahrhundert in der Provinz angelegten Promenaden hatten ihren Ursprung gleichermaßen im königlichen Machtanspruch, vertreten durch die Militärgouverneure; die Intendanten begannen erst unter Ludwig XV. zu intervenieren. Diese Promenaden waren die Folge eines bemerkenswerten Ereignisses, welches das lokale städtische Leben mit der Geschichte der zentralen Macht verband. In jedem Fall bildete die Politik zur Wiederherstellung des Friedens (intern nach der Fronde, extern dank Eroberungen) von Ludwig XIV., während des 18. Jahrhunderts noch verstärkt, den Ausgangspunkt dieser urbanen Strategie: Die Öffnung der Städte und die Bepflanzung der Wälle, die unnötig geworden waren, fanden ihre gegenläufige Folge in der Zunahme von befestigten Städten und Zitadellen, die von Vauban als Teile eines nationalen Verteidigungssystems geplant wurden.

Die Promenaden tauchten also auch in den großen Provinzstädten auf, sogar noch vor der klassizistischen Stadtplanung: ihr Vorhandensein trug sicher zu dieser neuen Definition des städtischen Komplexes bei.[25] Schon 1676 besaß Caen einen Cours-la-Reine; in Bordeaux fuhr man im Wagen über die Alleen der Chartreuse, und die Stadt besaß eine mit Ulmen bepflanzte Esplanade: *l'Ormée* [Orme = Ulme], die der Bordelaiser Fronde, deren Drahtzieher sich an diesem Ort trafen, seltsamerweise ihren Namen gab (1651–1653). Es ist nicht erstaunlich, daß die Promenaden als Folge des wieder eingekehrten Friedens entstanden oder in unlängst eroberten Städten als Zeichen der Huldigung an Versailles. In Lille erstreckten sich die Promenaden und die öffentlichen Gärten, die während des ganzen 18. Jahrhunderts entstanden, auf den Bereich zwischen der Stadt und der Zitadelle. In Straßburg schlug Marschall d'Huxelles dem Magistrat schon 1692 eine Lindenallee vor: die Allée des Pêcheurs, die später zur Allée de Robertsau wurde. (Die

Der Hafen von Bordeaux (Gironde, Frankreich), vom Château Trompette aus gesehen. Ölgemälde von J. Vernt. Paris, Musée du Louvre

Aufriß des Loirekais in Nantes (Loire-Atlantique, Frankreich) mit der Börse und der Promenade. Zeichnung des Architekten M. Crucy, 1790. Nantes, Archives Municipales

Grundriß der »Cours« (Promenade) in Nantes (Loire-Atlantique, Frankreich). Zeichnung von J. B. Ceineray, 1763. Nantes, Archives municipales

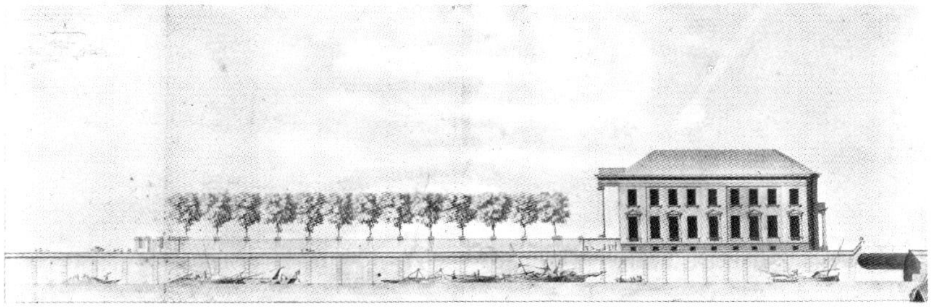

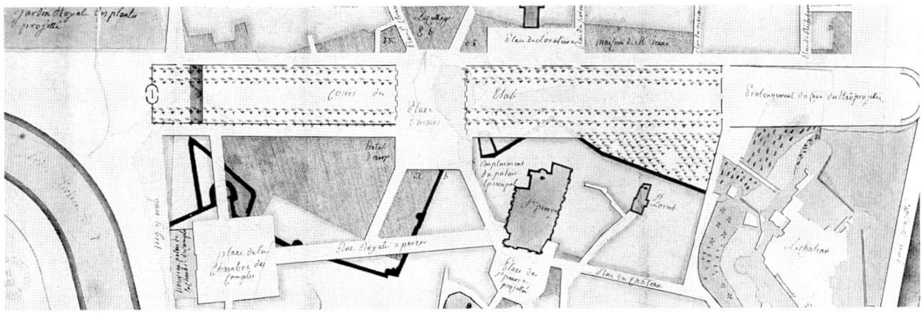

Stadt war 1681 annektiert worden.) Eine 1931 veröffentlichte historische Studie weist auf die Legende hin, die diese Trassen Le Nôtre zuweist![26] In Bordeaux wurden die Glacis des Château-Trompette zum Auslöser der grandiosen Führung des *Cours*, der Baumschule und bald des öffentlichen Parks. So konnte die Stadt innerhalb weniger Jahrzehnte ihre Fläche verdoppeln und sich zum Fluß und zu den Vorstädten öffnen, wo der Weinhandel ansässig war.[27] Der Architekt des Königs, Ange-Jacques Gabriel, der die von seinem Vater begonnene Baustelle der Place Royale überwachte, war der Verfasser des Plans für diesen Garten (1746). Der große Intendant und Städtebauer Tourny definierte das Programm dieser Schöpfung sehr utilitär: »In einer Handelsstadt muß man einen solchen Garten als notwendig oder zumindest als dem Handel sehr nützlich betrachten, bietet er doch den Kaufleuten Gelegenheit, sich dort zu treffen, um noch mehr Geschäfte zu machen. Er ist in gewissem Sinne eine zweite Börse, eine Abendbörse.«[28] Das Thema Promenade = Börse sollte man im Gedächtnis behalten: Ein halbes Jahrhundert später stößt man in Nantes wieder darauf, wo der Architekt Mathurin Crucy am Kai der Loire in der Verlängerung des offenen Säulengangs der neuen Börse eine bepflanzte Esplanade plante, »Börse unter freiem Himmel« genannt.[29] Bei gutem Wetter gönnten sich Händler, Besitzer von Sklavenschiffen und Reeder das Vergnügen eines Blicks auf den Hafenverkehr! Der Spaziergang auf den Kais war im 18. Jahrhundert offensichtlich eines der großen Themen des Städtebaus; in Brest, Bayonne, ebenso wie in Tours oder in Toulouse lassen sich wundervolle Beispiele dafür finden.

Die im innerstädtischen Bereich angelegte Promenade existierte praktisch nicht vor ca. 1700; es gab aber alte Promenaden, entstanden bei der Ausdehnung neuerer Viertel in der zweiten Hälfte des 17. Jahrhunderts, die schon lange vor Ende des 18. Jahrhunderts eine zentrale Position einnahmen. Die drei besten Beispiele dafür sind zweifellos der Cours Mirabeau in Aix-en-Provence (1649–1658: die ausschließlich Kutschen vorbehaltene Allee war zunächst mit Ulmen bepflanzt, bevor sie ab dem 19. Jahrhundert mit wunderbaren Platanen geschmückt wurde; das entspricht auch der heutigen Situation); die Allée de Meilhan und der Grand Cours, die senkrecht zur berühmten Canebière in Marseille verlaufen (nach dem von Ludwig XIV. 1666 initiierten Erweiterungsplan für die Stadt), und die Place de la Carrière in Nancy, von Herzog Leopold begonnen und von Ludwig XIV. wiederhergestellt, um einen Zugang zu dem prunkvollen Palast zu schaffen, den Boffrand ihm baute. Im letzteren Fall wurden die Transparenz der Räume und die Erweiterung des Blickes durch das Talent des Architekten erhöht, indem er mittels eines stehenden Portikus das gesamte Erdgeschoß des Gebäudes öffnete und die öffentliche Promenade mit dem Garten des herzoglichen Palasts verband. Das Abtragen der Wälle führte hier zur Integration der neuen Viertel in die Altstadt. Für den Schwiegervater Ludwigs XV., den König Stanislas Lesczynski, erweiterte der Nachfolger Boffrands, Emanuel Héré, das System der Passagen und der städtischen Szenographie, indem er die bepflanzte Carrière mit zwei wundervollen Plätzen einrahmte: dem Hémicycle und der Place Royale. Auf letzteren heben sich die vergoldeten Gitter eines Brunnens im Osten vor dem Laub des von Stanislas im Jahr seines Todes 1766 errichteten Parc de la Pépinière ab.[30]

Über diesen zauberhaften Beispielen sollte man aber nicht die schnellen Veränderungen vergessen, welche die kleineren Städte, selbst in weniger begünstigten Gegenden, erfuhren. Eine Studie über die Bretagne von H.F. Buffet nennt nicht weniger als 54 zwischen 1675 und 1791 geschaffene Promenaden in 28 Städten dieser Provinz.[31] Von Guérande bis Dinan, von Fougères bis Quimper, über Josselin und Ploërmel handelt es sich um kleine, im Mittelalter befestigte Städte, die in den meisten Fällen die freien Hänge der Schutzwälle mit Ulmen oder Linden bepflanzten. Als Orte traditioneller Freizeitbeschäftigung – man machte Schießübungen, spielte Boule etc. – gehörten diese neuen Promenaden auf Wällen und Gräben zur am meisten verbreiteten Kategorie in solchen kleinen Städten. Aber die Nomenklatur der dem Spaziergang gewidmeten Orte zeigte eine erstaunliche Vielfalt in größeren Städten oder in solchen, die am Meer, an einem Fluß oder an einem Hang liegen, an Standorten, welche die Art der Tätigkeit nunancierten, die man mit dieser Promenade assoziierte. Nur in großen Städten gab es, wie wir gesehen

Treppenaufgang zur Promenade du Peyrou in Montpellier (Hérault, Frankreich), 1765–1776 angelegt

Blick auf die Place de la Carrière in Nancy (Meurthe-et-Moselle, Frankreich)

Aufriß der Brunnenfassade von Nîmes (Gard, Frankreich). Zeichnung von J.-P. Mareschal, 1774. Nîmes, Musée du Vieux Nîmes

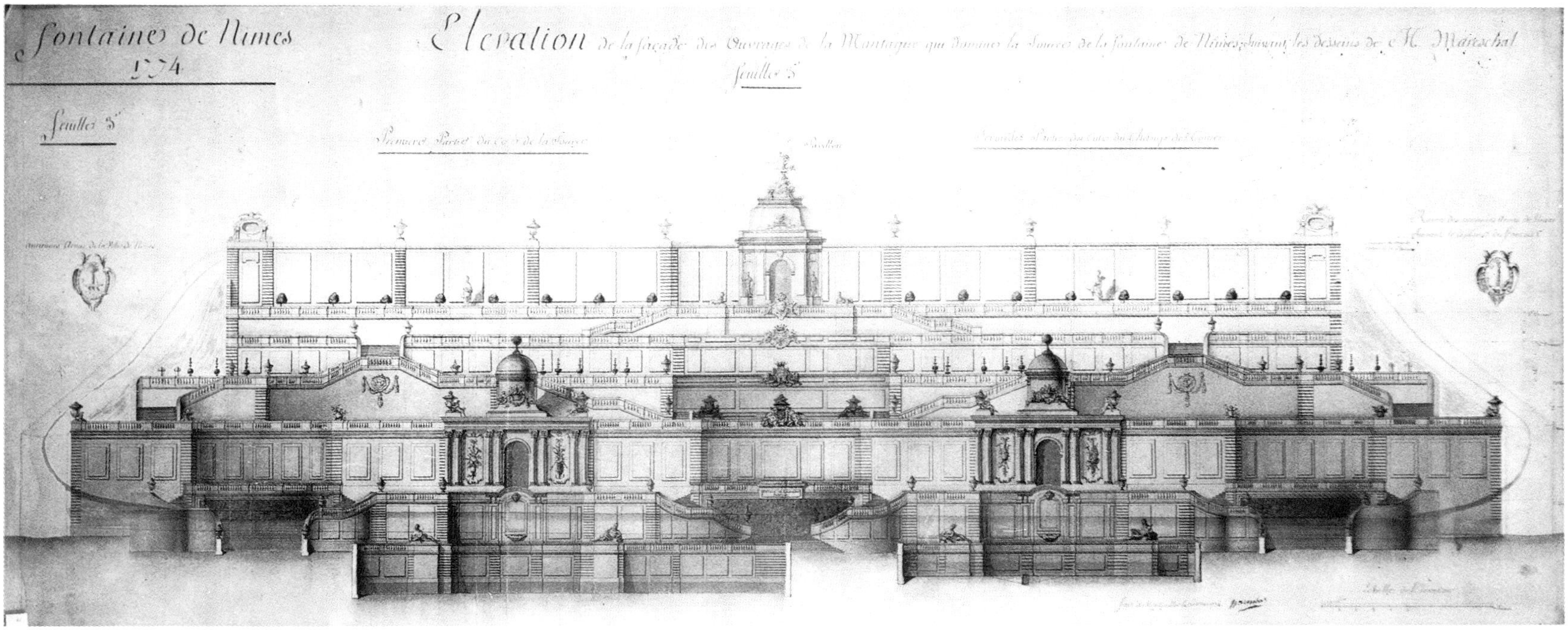

haben, den Kutschen vorbehaltene *Cours*, die *Mails* (abgeleitet von einem dort praktizierten Boulespiel), die *Boulingrins* (häufig in den Gärten religiöser Gemeinschaften, für die Öffentlichkeit zugänglich), die Promenaden mit Panoramablick (die Mail von Guérande zum Beispiel mit Sicht auf die Saline der Halbinsel Le Croisic), die Uferpromenaden, bepflanzte Festplätze, Alleen, Schlachtfelder, Esplanaden, Parade- oder Exerzierplätze. Es gibt heute keine Bezirkshauptstadt, welche die greifbare Erinnerung an diese städtische Verbesserung, diese Verschönerung nicht bewahrt hätte als Zeugen der Aufklärung, deren Erbe wir uns nicht immer bewußt sind.

Vom Naturschauspiel zu den Vorzügen der Natur: eine städtische Dramaturgie?

»Es erstaunt mich sehr, daß die schönsten Städte, die ich in diesem Land gesehen habe, keine öffentlichen Promenaden haben, die denen unserer kleinen Städte gleichkämen«, schrieb der Präsident de Brosse[32] anläßlich seiner Italienreise und bestätigte damit schon 1739 den allgemeinen Eindruck. Die von Maria de' Medici aus Italien eingeführte Spazierfahrt spielte sich jenseits der Alpen auf dem Korso, dem Platz, der Esplanade oder der Straße ab, die mit keinerlei besonderen Anpflanzungen geschmückt waren. Ging man zu Fuß spazieren, dann unter den Arkaden oder Säulengängen der Straßen und Plätze: im Schatten. Die in Privatgärten zugängliche Natur war sicherlich auch ein Ziel beim Spazierengehen, aber außerhalb der Mauern, auf den Wegen – eine Natur, die keinerlei Anleihe bei der Kunst des französischen *promenoir* machte. Mit Ausnahme von Lucca, dessen Wälle schon im 16. Jahrhundert bepflanzt wurden, erlebte Italien erst in der zweiten Hälfte des 18. Jahrhunderts die Einführung bepflanzter Promenaden: in Turin, aber vor allem in Parma (der 1767 von Ennemond Petitot realisierte Stradone) und in Neapel, wo der Einfluß der Bourbonen – genau wie in Madrid[33] – diese Verschönerung »im französischen Stil« rechtfertigte. Man weiß ja, daß Napoleon Bonaparte um 1800 diese für die französischen Präfekturen typisch gewordenen »Schwesterrepubliken«[34] systematisch ausbeutete.

Während Arthur Young nach drei Aufenthalten in Frankreich am Ende der Herrschaft Ludwigs XVI. seine Bewunderung für alle Promenaden in der Provinz niederlegte, stimmten Philosophen und andere Theoretiker mit seiner ernsthaften Kritik der denaturierten Ausführung der Promenaden von Paris überein.[35] Dieser erklärte Unterschied zwischen dem Leben in der Hauptstadt und dem in den großen Provinzstädten um 1780 beruhte auf zwei Gründen, die zusammentrafen. Der erste ergab sich aus der Tatsache, daß die Großstadt gleichbedeutend war mit negativen Auswirkungen; sie stand dem Fortschritt der Lebensweise und dem theoretischen Glück, das aus ihr resultieren sollte, entgegen. Der zweite war ein Streben nach Aufrichtigkeit und Weisheit, das den Zustand der Natur bewahrt – das während der Aufklärung in allen Bereichen der Zivilisation zu beobachten war und zu großer Vielfalt der Pflanzenformen und der Mittel, sich ihrer sogar im Stadtinnern zu erfreuen, führte.

Der den Philosophen, Enzyklopädisten, Künstlern und aufgeklärten Beamten teure Fortschrittsgedanke schien in den Provinzhauptstädten, deren Gesicht der moderne Städtebau völlig veränderte, noch mehr Früchte zu tragen. Er war eine Frage des Maßstabs: Paris war zu dicht bevölkert und zu groß, aber vor allem stießen sich die Beamten, die seine Umwandlung durchführten, an einer so komplexen ökonomisch-politischen Struktur, daß es schwierig war, Paris anders als Schritt für Schritt zu verschönern! Die städtische Promenade, die sich zu einer reinen gesellschaftlichen Unterhaltung gewandelt hatte, ließ die verschiedenen sozialen Klassen auf die Champs-Elysées und die großen Boulevards vordringen, und der moderne Spaziergang

Grundriß des Parks von Blossac in Poitiers (Vienne, Frankreich). Poitiers, Bibliothèque Municipale

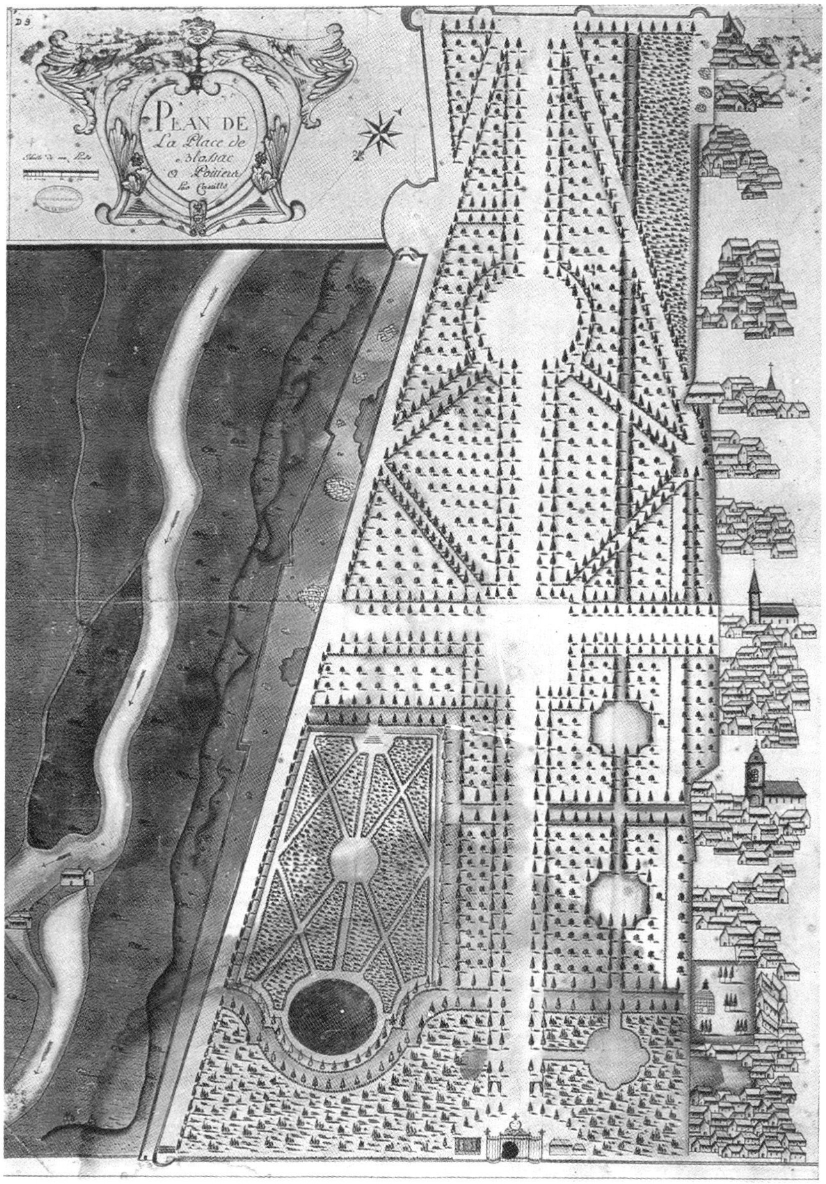

zu Pferd, in der Kalesche, im offenen viersitzigen Wagen oder in der Kutsche spielte sich von nun an weiter entfernt ab, in den Alleen von Longchamp und im Bois de Boulogne.[36] Die Chronisten berichten vom unmäßigen Verhalten der guten Gesellschaft, die auf dieser alten, zu den frommen Klausen der Abtei von Longchamp führenden Straße paradierte.[37] Tänzerinnen, Sängerinnen, Schauspielerinnen und berühmte Frauen mit lockeren Sitten wetteiferten dort mit sensationellem Aufwand – und Ausländer, vor allem Briten, deren Pferderennen man nachahmte[38], versäumten es nicht, an dem Schauspiel teilzuhaben: »Ein Engländer tauchte in Longchamp in einer Kutsche aus Silber auf, deren Räder mit kostbaren Steinen geschmückt und deren Pferde mit demselben Metall beschlagen waren. Das allgemeine Interesse erstreckte sich auf die größte Pracht der Equipagen, die größte Eleganz der Gespanne, den größten Prunk der Gewänder. Elegante Masken, die Bühnenpersönlichkeiten en vogue darstellten, durchstreiften die Menge.«[39]

Dem zügellosen Luxus der Hauptstadt, dem Wegfall der Sitten bot der öffentliche Garten ein bequemes Refugium; die Provinzstadt stellte dem bürgerlichen Wohlstand einen relativen und eher seltenen Luxus, kurz, das Bild der Vorteile der städtischen Verschönerungen für das – physisch und moralisch gesunde – mittelstädtische Leben entgegen. Zwei hinsichtlich der Kunst der Erdbewegung und der Architektur beeindruckende Promenaden haben wirklich zwei Städten der Languedoc den Stempel der Vornehmheit aufgedrückt: Montpellier und Nîmes, deren Mittel weit davon entfernt waren, mit denen der großen Hafen- und Handelsstädte – Bordeaux, Nantes oder Lyon – verglichen zu werden.

Über Montpellier schrieb Arthur Young: »Die große Attraktion für den Fremden ist die Promenade oder die öffentliche Anlage – denn sie hat diesen Doppelcharakter – Le Peyrou genannt. Der wunderbare Aquädukt mit drei Bogenreihen transportiert Wasser von einem fernen Hügel in die Stadt: Ein Wasserschloß, das Wasser in einem Becken, von wo es in ein Außenreservoir fällt, um die Stadt und die Springbrunnen zu versorgen, welche die Luft eines tiefer liegenden Gartens erfrischen. Das Ganze liegt in einem schönen Grünbereich, ist beachtlich über das umgebende Gelände erhoben, von einer Balustrade und anderer Wandornamentik umgeben. In der Mitte befindet sich ein schönes Reiterstandbild von Ludwig XIV. Es liegt ein Hauch von Größe und Pracht über diesem nützlichen Werk, das mich mehr bewegt hat als alles, was ich in Versailles gesehen habe. Der Ausblick ist ebenfalls einzigartig. Im Süden wandert das Auge mit Wonne über ein herrliches Tal, in dem Villen verstreut liegen und das bis ans Meer grenzt: Im Norden erblickt man eine Reihe von landwirtschaftlich genutzten Hügeln. Auf einer Seite verschwimmt die große Kette der Pyrenäen in der Ferne; auf der anderen ragt der ewige Schnee der Alpen bis in die Wolken. Das Ganze ist ein erstaunlicher Anblick, wenn bei klarer Sicht die entfernten Berge näherrücken.«[40]

Den Jardin de la Fontaine von Nîmes beschrieb Young nicht; er steht dem wunderbaren Peyrou aber an Schönheit, Größe und Annehmlichkeiten in nichts nach. Zudem hat dieser vielfältige Freiraum, sowohl Promenade als auch Garten, den Vorzug einer historischen Vergangenheit, für welche die Menschen des Ancien Régime besonders empfänglich waren. Eingeschlossen zwischen Tour Magne und dem Versorgungskanal der Fontaine, wurde sein Standort seit der Antike verehrt. Der Bevölkerungszuwachs von Nîmes im 18. Jahrhundert und die Entwicklung seiner Textilindustrie erforderten eine bessere Wasserversorgung, die nicht anders realisiert werden konnte als durch

Eingangsportal des Parkes von Blossac in Poitiers (Vienne, Frankreich). Zeichnung von Duché de Vancy, um 1780. Poitiers, Bibliothèque Municipale

Anicht des Innenhofes des Palais Royal in Paris. Zeichnung von Lespinasse, 1791. Paris, Musée Carnavalet. Photo Bulloz

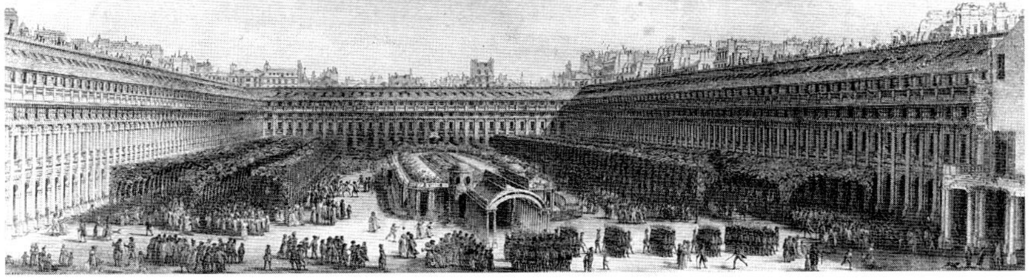

die Regulierung der veränderlichen Wassermenge der Fontaine, die aus einem die Stadt überragenden Hügel sprudelte. Die ersten, 1738 begonnenen Arbeiten legten die prächtigen Überreste einer römischen Kirche frei, die man in einer riesigen Promenade, die stufenförmig am Berghang angelegt und entlang den Ufern des Kanals weitergeführt wurde, zu erhalten beschloß. Aus mehreren rivalisierenden Vorschlägen – manche wollten die Promenade mit einem Platz Ludwigs XV. verbinden[41] – ging der des Ingenieurs J. Ph. Mareschal als Sieger hervor, er wurde zwischen 1745 und 1760 realisiert. Die Fontaine von Nîmes wurde zu einem riesigen architektonischen Garten rund um das Quellbecken, mit Nymphäum, von Balustraden gesäumten Terrassen, Brücken über den Kanal, Statuen und skulpturenverzierten Vasen. 1819 wurde der Hügel aufgeforstet, während ein Erweiterungsplan für die Stadt als Fortsetzung der Pläne Mareschals ausgeführt worden war (1774): Der große Korso, der der neuen Stadt als Achse diente, führte zur Fontaine.

Mit Bewunderung führte Young die Promenade von Bayonne wegen der Anmut ihres schattigen Laubwerks an, die von Reims wegen der Schönheit ihrer Gitter, die von Montauban und Poitiers wegen ihrer Aussicht, die von Besançon wegen ihrer Besonderheit sowie eine innerhalb der Mauern eines Militärgebiets liegende.[42] Er zog folgenden Schluß: »Die französischen Städte sind wegen ihrer öffentlichen Promenaden den englischen weit überlegen.«[43] Für ihn zählte nicht nur der Aspekt der Erholung. Die Hygiene, der städtische Komfort, der Beitrag zu industriellen (Wasser) und ökonomischen Unternehmungen – manche Promenaden dienten als Baumschulen, andere zur Zucht von Seidenraupen auf Maulbeerbäumen[44] – beschäftigten den reisenden Wirtschaftswissenschaftler. In der Provinz bot die Promenade der Bevölkerung eine domestizierte und nutzbare und nicht eine nur repräsentative Natur wie in Versailles oder, wie in Paris aufgrund des Sittenverfalls, eine eitle.

Sämtliche Beobachter zur Zeit der Herrschaft Ludwigs XVI. beklagten, daß der Fußgänger in Paris aufgrund der ständigen durch Kutschen und Wagen jeder Art verursachten Verstopfung seine Gesundheit und bisweilen sein Leben riskierte. Selbst die Promenaden seien sehr gefährliche Rennbahnen geworden, auf denen man auf »unendlich viele leichte Einspänner« stößt, »von jungen, modernen Leuten oder ebenso verrückten Nachahmern mit einer solchen Schnelligkeit gelenkt, daß sie zu wahren Landplagen werden«[45], schrieb Young. Im Sommer, berichtete Mme. d'Oberkirch, »ist ein Spaziergang auf den Champs-Elysées unerträglich. Es gibt keinen Tropfen Wasser, die Regelmäßigkeit ist trist und der Staub durch die Nähe der Straße nach Versailles lästig.«[46] Angesichts mangelnder Bequemlichkeit und des bunten Durcheinanders der großen zentrumsnahen Promenaden belagerte die bessere Gesellschaft, die sich zu Fuß unter Bäumen bewegen und nicht weit entfernt in der Kalesche paradieren wollte, die ältesten öffentlichen Gärten der Hauptstadt, welche sich zu jener Zeit der Gunst des Publikums erfreuten: die Tuilerien, den Jardin Luxembourg und vor allem das Palais-Royal.

In seiner *Parallèle de Paris et de Londres* machte L. S. Mercier den Unterschied zwischen den beiden Traditionen von Promenade und bepflanztem Bereich deutlich; der legendäre Respekt der Engländer vor der Natur, ihre häusliche Vorliebe und ihr staatsbürgerliches Pflichtgefühl veranlaßten sie zur Anlage jener berühmten Grünplätze, deren Vorzüge den Franzosen unbekannt sind. Diese Bereiche, eine private Version der öffentlichen Plätze, waren mit eingefaßten Rasenplätzen, Wasserbecken und Baumgruppen aus-

Ansicht und Grundriß der »Griechischen Promenade« auf dem Hügel von Chaudane in Besançon (Doubs, Frankreich). Die beiden Zeichnungen C. J. A. Bertrand, 1770, zugeschrieben. Besançon, Bilbiothèque Municipale

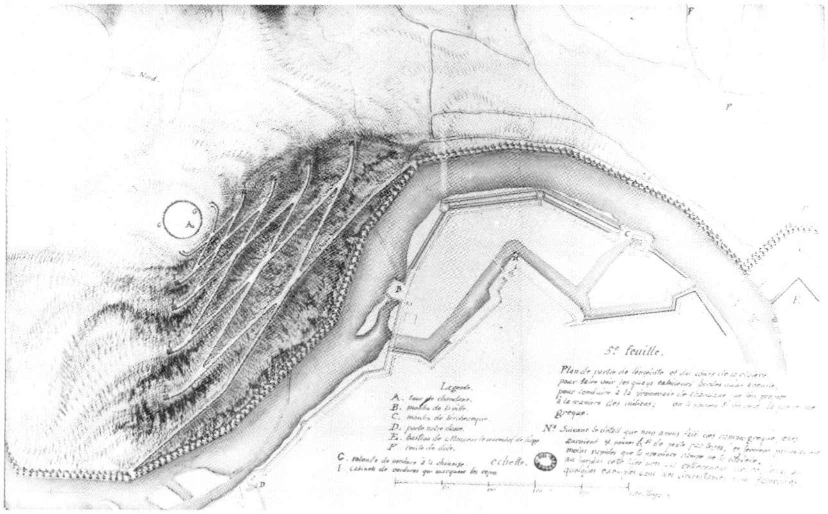

gestattet: »Das Ganze ist gut gepflegt und dient der ansässigen Bevölkerung zum Spazierengehen; diese Plätze sind sehr groß und von äußerster Schönheit. Man findet sie überall und in großer Zahl. Neue Bauten werden nur an allen Seiten eines Platzes errichtet.[47] Zwei Formen des gesellschaftlichen Verhaltens unterscheiden sich in beiden Städten voneinander: Hygiene und die Natur beschäftigen die Londoner, Zurschaustellung und sozialer Wettbewerb die Pariser. Zwei Formen des Städtebaus stehen in Kontrast zueinander: die Autonomie des Quartiers und eine kontrollierte Umgebung jenseits des Kanals, schöne Ausblicke und die Öffnung zur Landschaft in Frankreich. Denn trotz des Vorzugs, den Mercier dem städtischen Leben in London gegenüber dem in Paris gibt, kann er nicht umhin, die Schönheit eines guten Ausblicks zu bewundern: »Paris hat mit Baumreihen versehene Boulevards, die eine solche Zierde für die Stadt darstellen, wie man sie in London kaum findet.«[48] Mit Ausnahme der baufälligen Quartiere des mittelalterlichen Kerns, den er verabscheut, erscheint ihm die Häßlichkeit von Paris weniger physischer als moralischer Art, sie liege an der Verschlechterung des Verhaltens: »in London«, schreibt Mercier, »sieht man keine dicken Frauen oder zurechtgemachten kleinen Maitressen, die ihre kleinen Hunde spazierentragen und die Kinder den Dienstboten überlassen.«[49]

Die Harmonie des Grundrisses von Paris in bezug auf Rolle, Gestaltung und Verteilung der bepflanzten Flächen – Gärten, Avenuen oder Boulevards – stand für ihn außer Frage: »Paris ist durch die Seine gut unterteilt; dem Vorteil der Tuilerien auf der einen Seite steht der des Luxembourg auf der anderen gegenüber. Zudem gibt es das Palais-Royal, den königlichen Garten, den des Arsenals und weitere, wie den von Soubise und den Jardin de l'Infante.«[50] Mercier verfaßte diese Gegenüberstellung zu einer Zeit, als der Garten des Palais-Royal, von Victor Louis zu einem Wandelgang unter Arkaden neu gestaltet, wie ein Grünplatz zu einem der schönsten eingeschlossenen Grundstücke von Paris wurde! Und mit welchem Ergebnis? Er wurde zur Büchse der Pandora, zu jenem Bordell, wo Glücksspielen und anderen Lastern mit Arroganz gefrönt wurde.

Mercier beklagte, daß der Eingang zum Garten der Tuilerien von einem Schweizer bewacht wurde, der die Korrektheit der Kleidung derer überprüfe, die spazierengehen wollten.[51] In seiner Utopie *L'an 2440, rêve s'il en fut jamais* beschrieb er eine Gesundung der Sitten in der Hauptstadt.[52] In Wirklichkeit verfolgte der Pragmatismus der Beamten zunächst das Ziel, die kodifizierten Freizeitbeschäftigungen der guten Gesellschaft zu befriedigen. Ihre Mißstände, die Angriffe von Philosophen und Künstlern, basierend auf den Lehren Rousseaus und der Anglomanie, ließen die Natur erneut in die Stadt eindringen und bewirkten schließlich um 1770–1780 die Einführung des Landschaftsgartens anstelle der formalen Parterres und eingefaßten Rasenflächen der herrschaftlichen Privathäuser.[53] Am Vorabend der Revolution, die Marie-Antoinette ihrer Versailler Schäfchen beraubte, wurden daraus die Vergnügungsgärten des Directoire, die *Tivolis*, *Idalies* und *Frascatis* der städtischen Traumvorstellung[54], die Antithese der »Grand-Siècle« – oder Provinzpromenade.

Ansicht der Tuileriengärten in Paris mit den beiden von Hubert und Bernard während der Revolution angelegten Exedren. Gouache von A.-P. Mongin. Paris, Privatsammlung

Anmerkungen

[1] *Encyclopédie ou Dictionnaire raisonné* (...), Ausgabe 1765, Bd. XIII, S. 444.
[2] *Ebd.*, S. 150 (vom Chevalier de Jaucourt).
[3] Vgl. *La ville au XVIIIe siècle*, Kolloquium in Aix-en-Provence (1973), Aix 1975.
[4] Vgl. M. Poëte, *Promenade dans Paris au XVIIe siècle*, Paris 1913, und *Au Jardin des Tuileries. L'art des jardins. La promenade publique*, Paris 1924.
[5] Vgl. P. Lavedan, *Histoire de l'urbanisme*, Bd. I, *Renaissance et Temps modernes*, Paris 1959.
[6] Vgl. R. Mauzi, *L'idée de bonheur au XVIIIe siècle*, Paris 1969.
[7] H. Haussmann, *Mémoires du baron Haussmann, 1853–1870. Grands Travaux de Paris*, Paris 1979.
[8] Vgl. *Jardins en France 1760–1820. Pays d'illusion. Terre d'expérience*, Katalog zur Ausstellung der C.N.M.H.S., Paris 1977.
[9] P. Lelièvre, »La ville au XVIIIe siècle. Expansion et morphologie«, in: *La ville au XVIIIe siècle*, op. cit., s. Anm. 3, S. 135–143.
[10] *Encyclopédie ou Dictionnaire raisonné* (...), Ausgabe 1765, Bd. XVII, Stichwort »Stadt«.
[11] Vgl. M. Gallet, *Claude-Nicolas Ledoux*, Stuttgart 1983.
[12] Vgl. *Jardins en France* (...), op. cit., s. Anm. 8; vgl. ebenfalls in diesem Buch den Beitrag von I. Auricoste, S. 479ff.
[13] *Encyclopédie ou Dictionnaire raisonné* (...), Ausgabe 1765, Bd. XIII, S. 444.
[14] Vgl. R. Tomlinson, *La fête galante: Watteau et Marivaux*, Genf–Paris 1981.
[15] Vgl. Einführung zum Katalog der Ausstellung *Les arts du théâtre de Watteau à Fragonard*, Bordeaux 1980.
[16] P. Lavedan, op. cit., s. Anm. 5, S. 200.
[17] Vgl. D. Rabreau, *Apollon dans la ville. Essai sur la théâtre et l'urbanisme en France au XVIIIe siècle* (noch nicht erschienen).
[18] A. Picon, *Architectes et Ingénieurs au Siècle des Lumières*, Paris 1988, S. 202–205.
[19] Zitiert von P. Lavedan, op. cit., s. Anm. 5, S. 200.
[20] G. Costa, »Louis de Mondran, économiste et urbaniste (1699–1792)«, in: *La vie urbaine*, Nr. 1, 1955. Bezüglich Luft und Hygiene vgl. besonders R. Etlin, »L'air dans l'urbanisme des Lumières«, und R. Favre, »Du médico-topographique à Lyon en 1783«, in: *Dix-huitième siècle*, Nr. 9, 1977.
[21] M.A. Laugnier, *Essai sur l'architecture*, Paris 1753, Ausgabe 1755, S. 209.
[22] Op. cit., s. Anm. 7.
[23] Vgl. P. Patte, *Les Monuments érigés en France sous le règne de Louis XV.*, Paris 1765. Vgl. auch die Zeitschrift *Monuments Historiques*, Nr. 120, März–April 1982.
[24] Vgl. *Les Champs-Elysées et leur quartier*, Ausstellungskatalog, Paris 1988, und S. Granet, *La place de la Concorde*, Paris 1963.
[25] Vgl. P. Lavedan, op. cit., s. Anm. 5.
[26] G. Delahache, *Strasbourg*, Paris 1931.
[27] Vgl. J.P. Bériac, *Jardins en Aquitaine*, Aix-en-Provence (noch nicht erschienen).
[28] Zitiert in L. Desgraves, *Evocation du Vieux Bordeaux*, Paris 1960, S. 353.
[29] Vgl. C. Cosneau, *Mathurin Crucy, architecte nantais néoclassique*, Ausstellungskatalog, Nantes 1986, und P. Lelièvre, *Nantes au XVIIIe siècle. Architecture et urbanisme*, neue erweiterte Auflage, Paris 1988.
[30] W. Ostrowski, »Stanislas Leszczynski urbaniste«, in: *La vie urbaine*, Nr. 4, Okt.–Dez. 1957.
[31] H.F. Buffet, »Les promenades urbaines en Bretagne au XVIIIe siècle«, in: *Mémoires de laSociété d'histoire et d'archéologie de Bretagne*, Bd. XXXV, 1955, S. 11–30.
[32] Zitiert von F. Boyer in »Les promenades publiques en Italie du nord au XVIIIe siècle«, in: *La vie urbaine*, Nr. 3, Juli–Sept. 1959. Vgl. auch F. Boyer, »Les promenades publiques en Italie du centre et du sud au XVIIIe siècle«, in: *La vie urbaine*, Nr. 4, Okt.–Dez. 1960.
[33] Vgl. *Jardines clasicos madrileños*, Ausstellungskatalog, Madrid 1981. (Es handelt sich vor allem um den *Paseo* im Prado.)
[34] Vgl. F. Boyer, »Napoléon Ier et les jardins publics en Italie«, in: *La vie urbaine*, Nr. 1, Jan.–März 1954.
[35] Vgl. *La vielle au XVIIIe siècle*, op. cit. s. Anm. 3.
[36] Vgl. V. Fournel, *Le Vieux Paris*, Paris 1887.
[37] *Ebd.*, S. 151.
[38] *Ebd.*, S. 421.
[39] *Ebd.*, S. 162.
[40] A. Young, *Voyages en France, en 1787, 1788 et 1789*, kritische Ausgabe in französischer Sprache, Hrsg. H. Sée, Paris 1931, Bd. I, S. 132 (vgl. auch *Projets et dessins pour la Place du Peyrou à Montpellier*, Ausstellungskatalog, Montpellier 1980).
[41] Vgl. V. Lasalle, *La Fontaine de Nîmes de l'Antiquité à nos jours*, Paris 1967, und M. Raphel, *Les comptes de la Fontaine de Nîmes*, Nîmes 1920.
[42] Über Besançon vgl. E. de Ganay, »La promenade de Chamars à Besançon«, in: *Figaro artistique*, Nr. 166–168, 1927, und L. Estavoyer, *Besançon au Siècle des Lumières*, Besançon 1978.
[43] A. Young, op. cit., s. Anm. 40, S. 327.
[44] Vor allem in Toulouse, Perpignan und Poitiers (über diese Stadt vgl. die Studie von M.E. Pilotelle über die Promenade von Blossac, in: *Mémoires de la Société des Antiquaires de l'Ouest*, Bd. XXII, 1855, Ausgabe 1856).
[45] A. Young, op. cit., s. Anm. 40, S. 201.
[46] Baronin d'Oberkirch, *Mémoires*, Paris 1970, S. 302.
[47] L.S. Mercier, *Parallèle de Paris et de Londres* (um 1781), Hrsg. C. Bruneteau und B. Cottret, Paris 1982, S. 60.
[48] *Ebd.*, S. 57.
[49] *Ebd.*, S. 76.
[50] *Ebd.*, S. 60.
[51] Vgl. M. Poëte, *Au jardin des Tuileries* (...), op. cit., s. Anm. 4.
[52] L.S. Mercier, *Paris*, Neue Ausgabe 1786, Bd. I, S. 50: »Den einfachen Leuten den Zutritt zu diesem Garten zu verwehren, erscheint mir wie eine unbegründete Beleidigung, und eine um so größere, als sie es nicht merken.«
[53] Vgl. M. Mosser, »Il pittoresco nella città«, in: *Lotus International*, 30, 1981/1, S. 28–37.
[54] Vgl. *Jardins en France* (...), op. cit., s. Anm. 8.

Wilhelmshöhe bei Kassel: von der barocken »Delineatio Montis« zur heroischen Landschaft

Hans-Christoph Dittscheid

Grundriß des Parks Weißenstein (Wilhelmshöhe) bei Kassel. Zeichnung des Hofgärtners Fuchs, um 1780. Kassel, Staatliche Kunstsammlungen

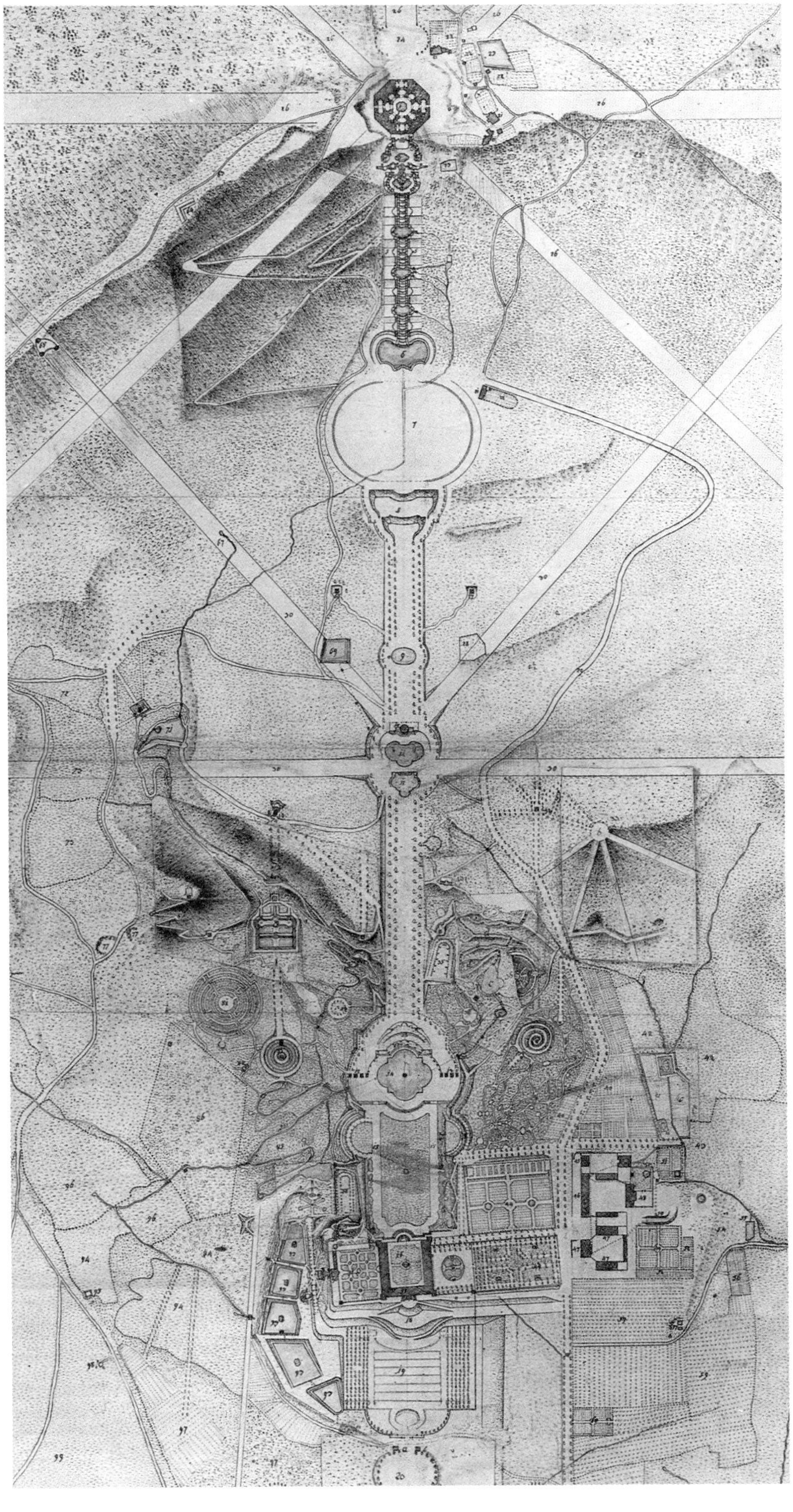

In der Geschichte der europäischen Gartenkunst nimmt die Wilhelmshöhe als Landschaftsgarten eine führende Stellung ein. Schon die natürlichen Voraussetzungen waren an diesem Ort zur Schaffung eines weiträumigen Parks denkbar günstig: Zu der Lage am weitgezogenen Hang des Karlsbergs, der die sieben Kilometer entfernte Residenzstadt Kassel weithin sichtbar überragt, gesellen sich der Reichtum an Wasser und ein vulkanischer Boden, der auch exotischen Pflanzen ein üppiges Wachstum garantiert.

Zur Genese des Parks bedurfte es dreier Anläufe im 18. Jahrhundert mit jeweils unterschiedlichen stilistischen Orientierungen. Dem italienisch inspirierten Barock am Anfang des 18. Jahrhunderts antworteten in der zweiten Hälfte des Jahrhunderts, als die Quellen der Inspiration aus England kamen, die Empfindsamkeit des Rokoko und zuletzt die Romantik. Für die erste barocke und die dritte romantische Entstehungsphase gilt, daß die Leistungen des jeweiligen Mutterlandes noch übertroffen werden sollten.

Landgraf Moritz der Weise war zu Beginn des 17. Jahrhunderts der erste, der die Vorzüge des Ortes erkannte und auf der halben Höhe des Hanges Schloß Weißenstein errichtete, eine bescheidene, nach Osten zur Stadt hin geöffnete Dreiflügelanlage. Hinter dem Schloß ließ Moritz einen Garten anlegen, der in der Moritzgrotte, dem Vorläufer der späteren Plutogrotte, seinen Abschluß fand. Doch kann erst unter Landgraf Karl seit um 1700 von ausgreifenden gartenkünstlerischen Vorstellungen gesprochen werden. Karl, politisch wie persönlich der bedeutendste der hessischen Landgrafen im 18. Jahrhundert, beschloß, den Park bis auf die Spitze des Karlsbergs auszudehnen, wo er 1696 ein erstes Bauwerk im Süden der späteren Achse gründete.

Zum Wendepunkt der künstlerischen Konzeption wurde eine Reise nach Italien 1699/1700, auf der Karl Rom und die Villen der römischen Campagna besuchte und wohl jenen Künstler kennenlernte, dem er die Entwürfe für seinen damals noch Weißenstein genannten Park anvertraute, Giovanni Francesco Guerniero. Dieser, der selbst als »Architectus Romanus« signierte, war von Hause aus *stuccatore* und ist als Architekt vor seiner Tätigkeit in Kassel nicht nachweisbar. Seine Entwürfe für den Weißenstein konnten nur etwa zu einem Drittel ausgeführt werden. Das Projekt ist uns in seinem vollen Umfang dadurch bekannt, daß es als opulente Stichfolge 1705 in Rom und 1706 in Kassel unter dem Titel »Delineatio montis...« publiziert wurde; dabei wirkte als Stecher der bekannte Alessandro Specchi aus Rom mit.

Die Vogelschau der »Delineatio« macht deutlich, daß das Gelände des Parks zum großen Teil in seinem angetroffenen natürlichen Zustand belassen bleiben sollte. Das gestalterische Element beschränkt sich auf die große geometrische Achse einer Wasserkaskade, die das Schloß im Osten mit dem Oktogon auf dem Karlsberg im Westen verbindet. Der Park sollte wohl seinen Charakter als Jagdgarten wie schon unter Landgraf Moritz behalten. Die Kaskade wird an zwei Punkten unterbrochen. Vor der Moritzgrotte verläuft eine von Parterres und Fontänen besetzte große Querallee. Die Mitte der Kaskade wird von einem Plateau eingenommen, das von einem zentralen Tempietto strahlenförmig sechs Wege zu Seiten der Kaskade in den Waldgarten entsendet. Zum oberen Abschnitt der Kaskade leiten zwei mit Girlanden umwundene Triumphsäulen über. Die Kaskade entspringt aus zwei Grottenhöfen, die axial übereinander dem bekrönenden Oktogon auf der Bergspitze vorgelagert sind. Die Fontäne der unteren Grotte entspringt dem Kopf des Riesen Enceladas, der gegen Herkules kämpft. Zu den Skulpturen in den Nischen der Grotte gehören ein Zentaur und ein Flöte blasender Pan. Der untere Grottenhof orientiert sich am manieristischen »Teatro d'aqua« der ein Jahrhundert älteren Villa Aldobrandini in Frascati, wo die Herkules-Thematik, der Kampf des Riesen sowie die als Herkules-Säulen zu deutenden Triumphsäulen vorgebildet sind. Die von Karl bewunderte Villa Aldobrandini erweist sich so als wichtigste Anregung für Guernieros Planung. Wie zum Beweis haben sich auf Guernieros Stich oberhalb der Grotte zwei Drachen eingeschlichen, die als Wappentiere der Borghese auf dem Karlsberg unvermutet auftauchen.

Das 1701 begonnene Oktogon selbst ist die ausschließlich der Welt der Götter vorbehaltene Burg mit offenem Hof, gleichsam ein steinerner Olymp. Die unteren eineinhalb Geschosse sind in grobschlächtigem, Felsen imitierenden Mauerwerk aufgeführt, für das der am Ort anstehende, leicht verwitternde Basalttuff verwendet wurde. Das Hauptgeschoß öffnet sich über rustizierten Pfeilern in weiten Arkaden: Diese Götterburg war nie

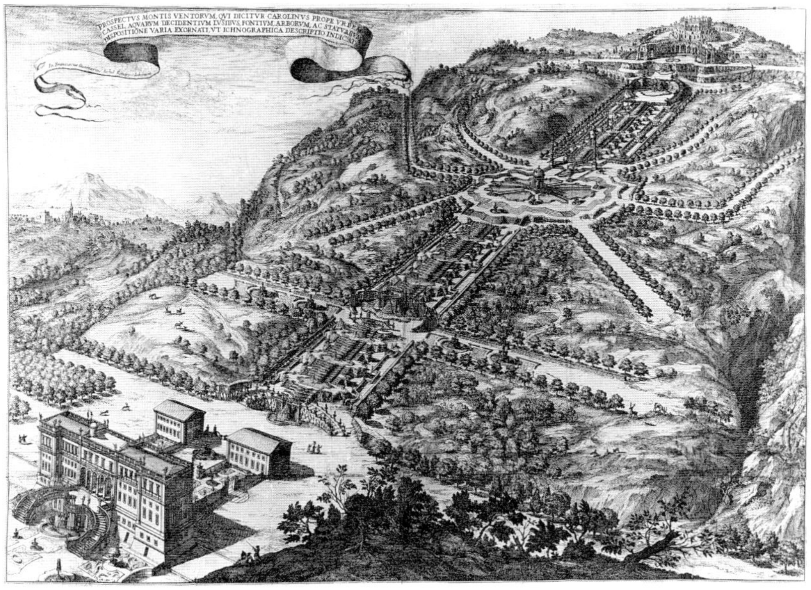

Vogelschau der am Karlsberg (Wilhelmshöhe) bei Kassel projektierten Anlagen. Kupferstich von A. Specchi nach einer Zeichnung von G. F. Guerniero, 1706. Berlin, Staatliche Museen Preußischer Kulturbesitz, Kunstbibliothek

zum Bewohnen bestimmt! Sie stellt für ihre Zeit die wohl monumentalste architektonische Anlage mit reinem Denkmalcharakter dar. Als Vorbild kommt vor allem der manieristische Palazzo Farnese in Caprarola in Frage, der von Vignola auf einem ähnlich die Landschaft beherrschenden Punkt als Pentagon über einer *rocca* 1559 bis 1575 errichtet wurde. Nach dem ersten Plan sollte das Oktogon mit einer begehbaren Plattform enden. Erst während der Ausführung wurde der Wunsch nach eindeutiger Akzentuierung wach. Über der der Kaskade nächstgelegenen östlichen Seite des Oktogons wurde 1713 eine obeliskenartig schlanke Pyramide aufgerichtet, welche die kupfergetriebene Kolossalstatue des Herkules vom Typus des Herkules Farnese trägt. Damit war eine Idealfigur des Absolutismus zum Allbeherrscher des Weißensteins erkoren worden.

Das Oktogon lebt aus dem typisch barocken Kontrast zwischen naturhaftem Unterbau und künstlich-sublimiertem Oberbau. Schon Guerniero selbst hat in seinem Kommentar diesen Wesenszug herausgestellt. Er bezeichnet in der »Delineatio« das Oktogon als »nicht allein mit Kunst, sondern gleichsam von Natur auf den Berg erhoben«. Mit diesem *Concetto* erweist sich Guerniero als ein unmittelbarer Nachfolger Gianlorenzo Berninis. In der Orientierung an Berninis Stil überwand Guerniero den Manierismus der früheren italienischen Anlagen.

Als Schloß hatte Guerniero einen Bau vorgesehen, der sich an Berninis drittem Projekt für den Louvre orientierte, dieses aber mit offenen Arkaden im Zentrum zu einer Villa verwandelte. Dieser Teil blieb unausgeführt, weil schon das Oktogon und die Kaskade alle zur Verfügung stehenden Mittel aufgezehrt hatten. Zudem war die Gestalt des geplanten Schlosses umstritten. Sogar Filippo Juvarra gehörte zu den Teilnehmern an dem Schloß-Wettbewerb.

Landgraf Friedrich II. hatte schon als Erbprinz für die Geschichte der europäischen Gartenkunst Maßstäbe gesetzt, als er 1758 sein Kasseler Schloß Bellevue mit einem anglo-chinesischen Garten, dem frühesten Beispiel dieses Stils auf dem Kontinent, umgab. Für den englischen Einfluß in Kassel sorgte Friedrichs Gemahlin Prinzessin Mary, die Tochter des Königs Georg II. von England. Der Garten wurde 1781 in Georges-Louis Le Rouges »Jardins anglo-chinois« (Cahier 9) publiziert. In demselben Stil wurde auch der Weißenstein nach dem Siebenjährigen Krieg umgestaltet, indem die nähere Umgebung des Schlosses in zahlreiche empfindsame Szenen aufgelöst wurde. Zum Vorbild der Gartenarchitekturen wurde der englische Park von Kew, dessen klassizistische Tempel und türkische Moschee in Kassel kopiert wurden: William Chambers und der Architekt des Kasseler Hofes, Simon Louis Du Ry, hatten zusammen in Paris bei Jacques-François Blondel studiert. Zum Bau eines Schlosses kam es indessen nicht mehr.

Die drei Projekte des Pariser Architekten Charles De Wailly kamen erst im Jahr vor Friedrichs Tod 1785 in Kassel an. Erst Friedrichs seit 1785 regierender Sohn Wilhelm IX. (Kurfürst Wilhelm I.) wurde zum Vollender der Anlage, die seit 1798 nach ihm »Wilhelmshöhe« heißt. Der von seiner Mutter im Sinne der englischen Kultur erzogene Wilhelm und sein auch als Gartenkünstler tätiger Hofarchitekt Heinrich Christoph Jussow huldigten dem Ideal des Landschaftsgartens in seiner reifen, von »Capability« Brown entwickelten Stufe. Zugleich aber meldete sich der Anspruch auf die angemessene Darstellung des Schlosses, ein absolutistisches, für das kontinentale Europa typisches Relikt. Jussow inszenierte eine heroische Naturlandschaft mit wild zerklüfteten, künstlich aufgeschichteten Felsen, Ruinen eines römischen Aquädukts, reißenden Wasserfällen und einer »Teufelsbrücke«. Der römische Aquädukt mit seinem tiefen Wassersturz und die über 30 m hoch aufschießende Fontäne am Bowlinggreen vor dem Schloß setzen das Wasser in seiner elementaren Gewalt frei: Die inszenierte Allgewalt der Natur gewinnt etwas für den Menschen Bedrohliches. Die Suche nach dem Sublimen fand auch darin seinen Ausdruck, daß das Oktogon für Landgraf Wilhelm erstmals bewohnbar eingerichtet wurde. Bei der Schaffung der »terrible scenes« berief man sich am Kasseler Hof auf die Theorie von William Chambers. Breite, bequem mit der Kutsche zu befahrende Alleen mit bildartig komponierten Ausblicken lösten Friedrichs kleinteilig-verspielte Szenerien ab. Südöstlich vor dem Schloß vereinte Jussow fünf kleine Teiche zu einem Stausee, in dem sich der gesamte Park bei untergehender Sonne spiegelt. Das seit 1786 erbaute Schloß wurde zu zwei stilistisch divergierenden Komplexen aufgelöst. Dem zu drei autonomen Flügeln auf-

Die neomittelalterliche Löwenburg im Park von Wilhelmshöhe bei Kassel

Idealansicht von der Wilhelmshöhe bei Kassel. Ölgemälde von J. E. Hummel, um 1800. Kassel, Staatliche Kunstsammlungen

Idealprospekt der Oktogon-Anlage auf dem Karlsberg (nachmalig Wilhelmshöhe). Ölgemälde von J. van Nickelen, um 1716–1721. Kassel, Staatliche Kunstsammlungen

gelösten, im klassizistischen Gewand der Öffentlichkeit zugekehrten Hauptschloß antwortet die private Pseudoruine der neogotischen Löwenburg als Zeichen des Rückzugs in die Natur. Landschaftsgarten und Schloßpark halten sich nun die Waage.

Die Idealvedute von Johann Erdmann Hummel zeigt die Wilhelmshöhe um 1800 als eine glückliche Synthese aus den Transformationen von drei Generationen, die, jede auf ihre Weise, dem heroischen, in Herkules gipfelnden Genius loci verpflichtet blieben. Er ist bis heute zu erleben.

Literatur

P. Heidelbach, *Die Geschichte der Wilhelmshöhe*, 1909.

A. Holtmeyer, *Die Bau- und Kunstdenkmäler im Regierungsbezirk Cassel*, Bd. IV: »Kreis Cassel-Land, Marburg 1910.

A. Holtmeyer, »Giovanni Francesco Guerniero«, in: *Zeitschrift für Geschichte der Architektur*, 3, 1909/1910, S. 249–257.

A. Holtmeyer, *W. Strieder's Wilhelmshöhe*, Marburg 1913.

K. Paetow, *Klassizismus und Romantik auf Wilhelmshöhe*, Kassel 1929.

H. Vogel, »Englische Einflüsse am Kasseler Hof des späteren 18. Jahrhunderts«, in: *Hessisches Jahrbuch für Landesgeschichte*, 6, 1956, S. 218–231.

H. Vogel, *Heinrich Christoph Jussow, Baumeister in Kassel und Wilhelmshöhe*, Katalog, Kassel 1958.

E. Berckenhagen, *Barock in Deutschland. Residenzen*, Katalog, Berlin 1966.

H. Reuther, »Der Carlsberg bei Kassel – Ein Idealprojekt barocker Gartenarchitektur«, in: *Architectura*, 6, 1976, S. 47–65.

Aufklärung und Klassizimsus in Hessen-Kassel unter Landgraf, Friedrich II. 1760–1785, Katalog, Kassel 1979.

A. v. Buttlar, *Der Landschaftsgarten*, München 1980.

H.-Ch. Dittscheid, »Charles De Wailly in den Diensten des Landgrafen Friedrich II. von Hessen-Kassel«, in: *Kunst in Hessen und am Mittelrhein*, 20. 1980, S. 21–77.

H.-Ch. Dittscheid, *Kassel-Wilhelmshöhe und die Krise des Schloßbaues am Ende des Ancien Régime. Charles De Wailly, Simon Louis Du Ry und Heinrich Christoph Jussow als Architekten von Schloß und Löwenburg in Wilhelmshöhe (1785–1800)*, Worms 1987.

Die italienischen Ursprünge des Gartens von Rousham

Elisabetta Cereghini

Während seines zehnjährigen Aufenthalts in Italien (1709–1719) besuchte William Kent die bedeutendsten Kunstzentren des Landes und führte darüber eine Zeitlang, von 1714–1715, tagebuchartige Aufzeichnungen.[1] Diese kostbaren Dokumente, deren tatsächliche Bedeutung bis heute noch nicht in gebührender Weise Beachtung fand, enthalten eine unglaubliche Fülle von Daten und Informationen, die sich zu einem umfassenden Bild der wichtigsten Ereignisse und Persönlichkeiten dieses Jahrzehnts gestalten; zudem beinhalten sie Aufzeichnungen über Kents Untersuchungen und Vorbereitungen für spätere Projekte. Kent bezog sich als Architekt und Gartengestalter immer wieder auf seine damals in Italien gewonnenen Eindrücke. Wie aus Untersuchungen hervorgeht, waren diese auch für die Entstehungsgeschichte des Landschaftsgartens von grundlegender Bedeutung. Bei Kents Konzeption des Gartens von Rousham in Oxfordshire waren sie eine wichtige Voraussetzung. Dieser Garten gehört noch heute den Nachfahren seines Auftraggebers General Dormer, der Familie Cottrel-Dormer. Kent arbeitete an dieser Gartenanlage von 1737 bis 1741.

Schon eine genauere Betrachtung des Gartens läßt die Hauptelemente des Entwurfes schnell hervortreten. Neben verschiedenen architektonischen Bedeutungsträgern wie dem Praeneste-Heiligtum, der Brunnengrotte des Venustals, dem Townesend's Building sind Skulpturen wie die Kolossalstatue des Apoll und die drei Nymphäen im Halbrund angeordnet und beschreiben so einen Theaterraum, um den herum Kent verschiedene Bühnenbilder gestaltete. Eines davon ist beispielsweise die Szenerie, die um das Townesend's Building komponiert wurde: Der achteckige Tempel der Nympe Echo, dessen Hauptfassade ein Portikus schmückt, wird im Hintergrund von einer baumbestandenen Kulisse eingefaßt. Davor erstreckt sich eine leicht abfallende Grasfläche. Das gebaute, architektonische Element ist also der Punkt, auf den ein Teil des umgebenden Raumes ausgerichtet ist und der den verbindlichen Maßstab für die Gesamtanlage vorgibt. Diese Art der Komposition hat ihren Ursprung in der Malerei der *quadratura.*[2] Die Quadraturisten nutzten die Zentralperspektive und die damit verbundene perspektivische Verkürzung, um auf der ebenen Fläche eines Bildes die räumliche Wirkung der Architektur darzustellen.

In Italien hatte Kent persönlichen Kontakt zu einem der bedeutendsten Vertreter der Schule der *quadratura*, zu Giovanni Paolo Pannini (1691–1765)[3], der für seine Landschaftsansichten berühmt war. Kent und Pannini trafen sich im Atelier von Benedetto Luti (1666–1724).[4] Pannini war 1711[5] nach Rom übergesiedelt, nachdem er den ersten Teil seiner Ausbildung als Schüler des Architekten und Bühnenbildners Ferdinando Galli Bibiena (1657–1743)[6] absolviert hatte. In dieser Anfangsphase konzentrierte sich Pannini auf die perspektivische Technik und deren Anwendung, nicht nur in seinem malerischen Werk, sondern auch in seinen Bühnenbildentwürfen. Nach Auffassung der Quadraturisten sind Kunst, Architektur und Bühnenbildnerei einander ergänzende Disziplinen von jeweils gleichem Rang. In der Folgezeit vollzog Pannini in seiner Arbeit eine Art Synthese zwischen den kompositorischen Prinzipien der Landschaftsmalerei und denen der Schule der *quadratura*, indem er sie den neuen Vorstellungen einer räumlichen Komposition anpaßte. Das Ziel dieser Theorien lag nämlich nicht darin, illusionistische Räume zu schaffen, sondern die Perspektive als Hilfsmittel zu gebrauchen, um einen Bezug vom realen Raum zu dem dargestellten Raum herzustellen.

Die Szenerien, die man im Garten von Rousham vorfindet, sind – wie Kent sagt – nach einem System von gegenseitigen Beziehungen angelegt. Dabei wird eine Ordnung geschaffen, der das Gesamtsystem und die Einheit der einzelnen Teile untergeordnet sind und bei der die Prinzipien der Vielfalt und Natürlichkeit gewährleistet bleiben. Diese zwei letztgenannten Charakteristika – die später für Pope das Resultat bestimmter, ganz genau definierter ästhetischer Werte darstellten –, wurden für Kent zu Ergebnissen einer Technik, die es sich zum Ziel gesetzt hatte, ein »realistisch« konstruiertes Raumbild in einen künstlich geschaffenen Raum zu verwandeln. In dieser Perspektivtechnik führte Kent noch während seines Italienaufenthaltes verschiedene Studien aus. Auf den letzten Seiten seines Manuskriptes sind einige Skizzen überliefert. Als Anregung diente Kent ein Aufsatz von Giulio Troili[7], auf den auch Pannini Bezug nahm.[8] Anstatt einen Raum mit den Methoden der Zentralperspektive zu konstruieren, bei dem der Fluchtpunkt mit dem Blickwinkel des Betrachters übereinstimmt und so ein hierarchisch symmetrisch gestalteter Raum wie im Barockgarten entsteht, wandte Kent die Technik der Winkelperspektive an. Hier wird der Raum aufgrund von zwei oder mehr Fluchtpunkten konstruiert, die sich außerhalb der Szenerie befinden und die nicht mehr mit dem Betrachterauge übereinstimmen. Das Fehlen dieser Übereinstimmung veranlaßt den Betrachter, sich unabhängig vom Aufbau der Szenerie einen für ihn optimalen Standort und Blickpunkt zu suchen.

Die Regeln der Winkelperspektive sind mit Anwendungsbeispielen in dem 1711 in Parma erschienenen Werk »L'Architettura Civile«[9] von Ferdinando Bibiena erklärt und dargelegt. Der Autor veranschaulicht hier die räumlichen Wirkungen, die sich mit Hilfe von mehreren Fluchtpunkten erzielen lassen. Man kann die räumliche Struktur des Venustales, des

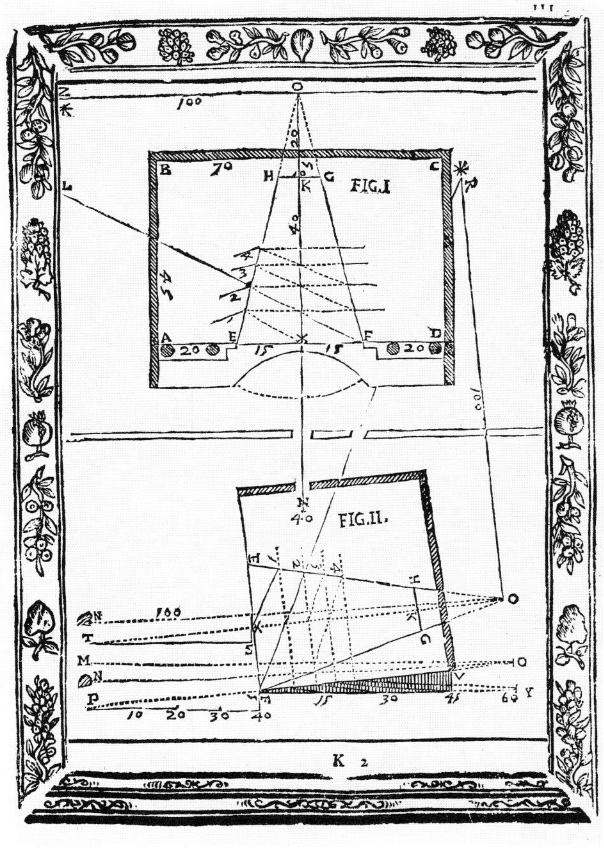

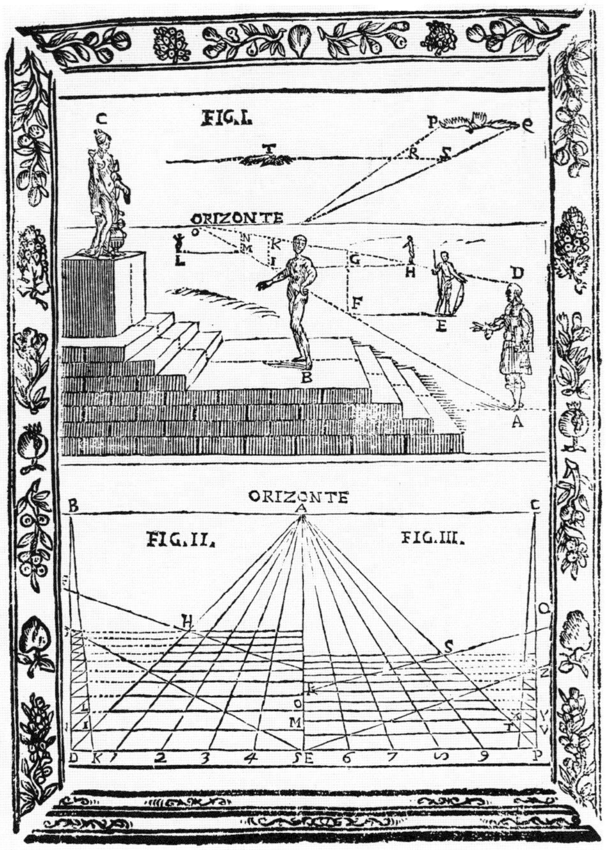

Zwei Kupferstiche aus: G. Troili, Paradossi per practicare la prospettiva senza saperla, Bologna 1683

Theaters und des Praeneste-Heiligtums, die ja gemeinsam den Kern des Gartens von Rousham bilden, als direkte Umsetzung dieser Theorien ansehen. Vom Ende des Ulmenwegs, an dessen Anfang die überlebensgroße Apollostatue steht, ist es unmöglich, diese drei Architekturen auf einen Blick zu erfassen, denn sie liegen in spitzen Winkeln zum Betrachterstandpunkt.

Nun wird auch klar, auf welche Weise die verschiedenen Architekturelemente untereinander verbunden sind: Eine frontal betrachtete Szenerie schließt bereits Teile der Szenen ein, die am Rand des Blickfelds des Betrachters liegen, in einer Zone, in der sich der architektonische Mittelpunkt im spitzen Winkel zur linearen Perspektive befindet. Solch eine Anordnung schafft natürliche Übergänge von einem Bereich des Gartens zum nächsten und garantiert, daß die einzelnen Elemente der Reihe nach, wie in der Natur, gesehen werden. Wenn man nun zu dem oben genannten Punkt zurückkehrt, kann man den Blick auch auf die umgebende Landschaft richten, die den Hintergrund für die Architekturelemente des Gartens bildet: In Rousham ist die Umgebung von Oxfordshire ein wesentlicher Bestandteil der Konzeption, der bei jeder Blickrichtung in das Gesamtbild einbezogen wird.

Wie in den Szenerien von Ferdinando Bibiena baut auch Kent in seinen Entwürfen ein System auf, das auf vielfältigen Dreiecksverbindungen oder besser auf vielfältigen perspektivischen Sichtbeziehungen basiert. Aus diesen entsteht eine dynamische räumliche Struktur, innerhalb derer sowohl künstlich geschaffene als auch natürliche Räume gleichermaßen zur Gestaltung des Landschaftsgartens beitragen. Kent wählte also die Winkelperspektive, um die verschiedenen Gartenbilder zu einem einheitlichen Ganzen zu komponieren. Er bewies hier zum ersten Mal, daß man in einen Naturraum eingreifen kann, ohne die darin bestehende Ordnung zu stören. Zugleich schuf er eine neue Ordnung, die den gleichen Prinzipien der Abwechslung und der Freiheit folgt.

Die geistigen Werte der damaligen Zeit, die sich insbesondere in den Theorien Lord Shaftesburys wiederfinden, haben ihre symbolische Entsprechung in den Gartenentwürfen von William Kent. Die Entscheidung für die spezielle Darstellungstechnik steht gemäß den Überlegungen von Panofsky[10] im Zusammenhang mit einer bestimmten Weltsicht und einer bestimmten Weltvorstellung.

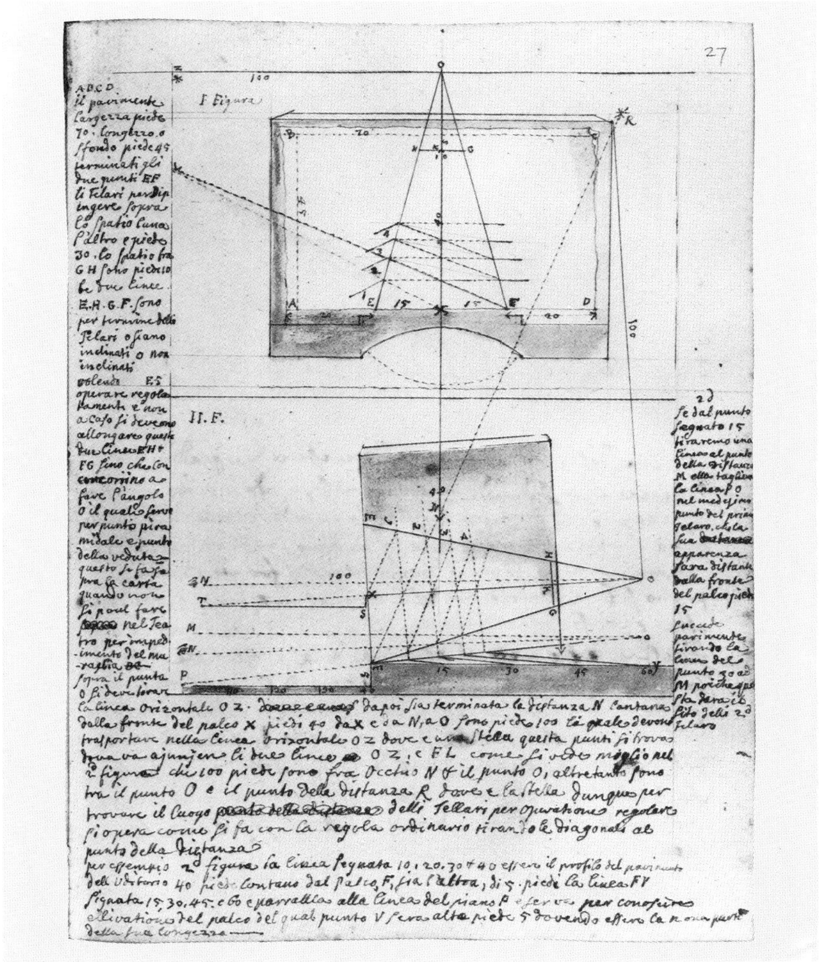

Zwei Zeichnungen aus William Kents Italian Diary, 1714/15. Oxford, Bodleian Library

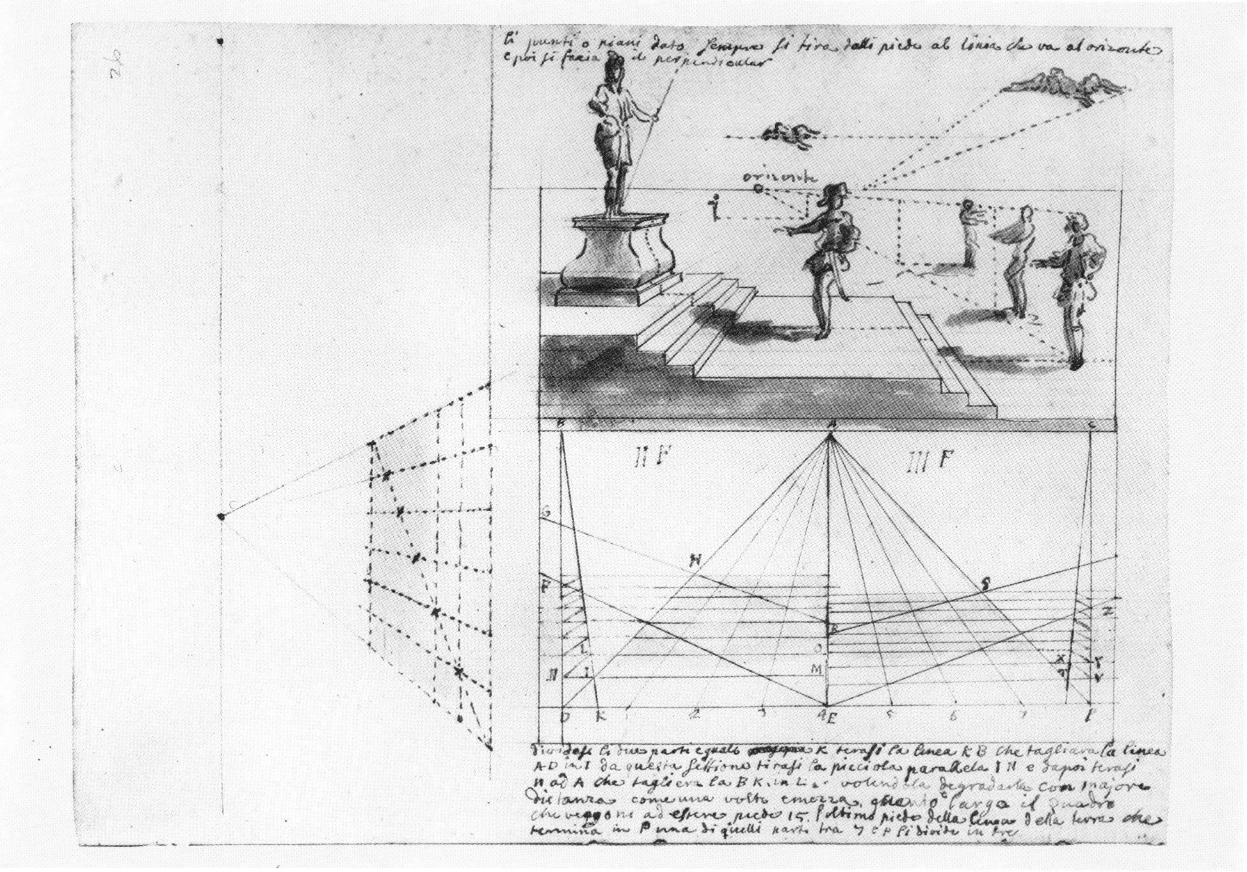

Anmerkungen

1 William Kent *Italian Diary (1714–1715)*, Bodleian Library, Oxford Rawl, DL 1162; seit 1986 besitzt die Bibliothek für Baugeschichte am Institut für Architektur in Venedig (IVAV) eine Mikrofilmkopie dieses Werkes.

2 Die Quadraturmalerei ist eine Schule der Malerei, die sich im 16. und 17. Jahrhundert in Mailand, Rom, Venedig und insbesondere in Bologna entwickelte, siehe besonders *Architettura scenografica e pittura di paesaggio L'arte nel sette cento emiliano*, Ausstellungskatalog, Bologna 1980; A. Negri, *Prospettici e quadraturisti*, in: »Enciclopedia Universale dell'Arte«, Bd. 2, S. 100–115; R. Bossaglia, *Riflessioni sui quadraturisti nel settecento lombardo*, in: »Arte«, Bd. 7, 1980, S. 377–398.

3 Eine gute und empfehlenswerte Monographie über alle Aspekte des künstlerischen Werkes von Pannini ist die von F. Arisi, *Govan Paolo Pannini*, Bologna 1961.

4 Schüler des Künstlers Carlo Maratti. Nach dem Tod seines Meisters (1713) wurde Luti zu einem der höchstdotierten Maler in Rom. Kent hielt sich seit seiner Ankunft in Italien häufig im Atelier von Luti auf und verließ es erst nach dem »Concorso Clementino« (Cle-

Das Venus-Tal im Park von Rousham (Oxfordshire, Großbritannien). Photo Daniele De Lonte

mens-Wettbewerb) 1713 und seinen Reisen in den Jahren 1714/15. Es gibt nur wenig biographische Quellen über Luti. Deshalb sei hier auf geschichtliche Quellen hingewiesen, L. Pascoli, *Vita di Benedetto Luti*, in: »*Vite de'pittori, Scultorie Architetti*«, Rom 1730. M. Missirini, *Il principato di Benedettò Luti*, in: »Memorie per servire all'storia della Romana Accademia di S. Luca«, Rom 1823, sowie auf den Aufsatz von V. Moschini ...

[5] Vgl. F. Arisi, op. cit. Nach Wittkower ging Pannini erst 1713 nach Rom; vgl. *Arte e architettura in Italia 1600–1750*, Turin 1972.

[6] Über seine Aktivitäten als Bühnenbildner und Architekt, die er in Italien und an den europäischen Fürstenhöfen entwickelte und über die Familie Bibiena im allgemeinen siehe: *Arte e architettura in Italia 1600–1790*, Turin 1970.

[7] Maler und Essayist, 1613 in Bologna geboren und 1685 gestorben. Sein Aufsatz *Paradossi per praticare la prospettiva senza saperla*, Bologna 1983, wurde von vielen Künstlern und Bühnenbildnern aufgenommen. Ferdinando Bibiena entwickelte daran seine ersten Studien. Der Aufsatz von Troili wird im Text von L. Vagnetti in *Studio di Prospettiva*, Nr. 9, Florenz 1979, wiedergegeben.

[8] Dies wird durch das 1708 datierte Skizzenbuch belegt. Es befindet sich heute in der Stadtbibliothek von Piacenza (Biblioteca Comunale di Piacenza) (MS. Pallastrelli 256) vgl. F. Arisi, op. cit.

[9] Zu dem Essay von Ferdinando Bibiena aus dem Jahre 1711 erschien 1753 vom Autor ein erweiternder Nachtrag. Im gleichen Jahr erschien das Werk *Direzioni della prospettiva teorica* (Bologna). Insbesondere unter dem Aspekt der Analyse dieser beiden Werke s. F. Ruffini, *Per un epistemologia del teatro del Settecento. Lo spazio scenico in Italia dall'età Barocca al Settecento*, Rom 1974.

[10] E. Panofsky, Die Perspektive als »symbolische Form«, 1924/25.

Literatur

C. Hussey, *A Georgian Arcady, William Kent's Gardens at Rousham, Oxfordshire*, in: »Country Life«, Bd. 99, 1946, S. 1083–1133; M. Jourdain, *The Work of William Kent*, London 1948; E. Croft Murray, *William Kent in Rome*, in: »English Miscellany«, Bd. 1 1950, S. 221–229; H. Hugh, *John Talman and William Kent in Italy*, in: »Connoisseur«, Bd. 134, 1954, S. 3–7; J. Fleming, *William Kent at Rousham. An 18th-Century Elysium in Connoisseur*, Bd. 153, (1963), S. 158; S. Pugh, *Nature as a Garden: a Conceptual Tour of Rousham*, in: »Studio International«, Bd. 186, 1973, S. 121; K. Woodbridge, *William Kent as a Landscape Gardener*, in: »Apollo«, Bd. 90, 1974, S. 126; K. Woodbridge, *William Kent's Gardening: the Rousham Letters*, in: »Apollo«, Bd. 100, 1974, S. 282; H. Moggridge, *Notes on Kent's Garden at Rousham*, in »Journal of Garden History«, Bd. 6, No. 3, S. 187–226.

Das Erhabene als Paradigma: Hafod und Hawkstone

Malcolm Andrews

Lageplan von Hafod House bei Dyfed (Wales, Großbritannien). Kupferstich von W. Blake für G. Cumberland, An Attempt to Describe Hafod, London 1796. National Library of Wales

Der Garten ist ein Bereich, in dem eine ständige Spannung zwischen Kunstwerk und Natur, Ordnung und Wildnis herrscht. Jedes Zeitalter schreibt fest, was es als zufriedenstellendsten Kompromiß zwischen diesen beiden Extremen empfindet, und jedes Zeitalter verleiht dem einen oder dem anderen eine unterschiedliche Betonung. Das England des 18. Jahrhunderts bot ein bemerkenswertes Beispiel für die gesamte Palette von Gärten der äußerst formalen Gestaltung – geradlinige Muster und kunstvoller Baumbeschnitt – bis zu solchen, welche der Vorliebe für das Wilde und Erhabene in den späteren Jahrzehnten des Jahrhunderts entsprachen. Bei einigen dieser späteren Gärten sei die Frage erlaubt, welchen Sinn es hat, den Begriff »Garten« überhaupt auf ein Gelände anzuwenden, das aus Hunderten von Morgen felsiger Terrains besteht, dicht bewaldet, von rauhen Gebirgswasserläufen durchschnitten und hier und da unterbrochen von einer Lichtung für grasende Schafe und Vieh. Dieser Art nämlich war Hafod, das Gelände im gebirgigen Cardiganshire.

Wie schmal die Trennungslinie zwischen Garten und ungebändigter Natur verläuft, wird an der Reaktion des Landschaftsexperten Arthur Young erkennbar, den eine seiner Forschungsreisen nach Derwentwater in Cumberland führte:

»Sich windende Pfade sollten in den Fels geschnitten werden und Rastplätze für den müden Reisenden: Viele dieser Pfade müssen notwendigerweise durch die Hangwälder führen, man könnte Öffnungen freilassen, um Blicke auf den See zu ermöglichen, wo Motive wie etwa die Inseln besonders schön sind ... Es ist gewiß amüsant, an die Mühen und Opfer zu denken, mit denen die Umgebung mancher Herrensitze verändert wurde, um schöne Szenerien zu erreichen. Aber wie weit entfernt sind diese von den Wundern, die einem hier in der reichen Fülle der Naturgemälde vor Augen treten würden. Welche Auswirkungen hat Ludwigsche Pracht auf die verspielte Natur im Tal von Keswick!«[1]

Young beklagte sich über die Schwierigkeit, viele der besten Aussichtspunkte zu erreichen, und empfahl, Derwentwaters durch die Maximierung seiner pittoresken Vorzüge zu einer Art Landschaftsgarten wie in der Mitte des 18. Jahrhunderts zu entwickeln. Die natürliche Unberührtheit solle nicht beeinträchtigt werden, jedoch sei eine gewisse Anpassung notwendig, damit man mehr Freude an ihr habe. Die herabsetzende Bezugnahme auf Versailles (die »Ludwigsche Pracht« des Sonnenkönigs) war charakteristisch für den Geschmack des späten 18. Jahrhunderts, der jeglichen Ansatz von Künstlichkeit und Formalität ablehnte. Solche Vorlieben waren zu Beginn des Jahrhunderts kaum erkennbar, außer bei einer kleinen Minderheit. »Ein weiter Horizont ist ein Sinnbild für die Freiheit«, schrieb Joseph Addison 1712. Er legte dar, daß offenes, nicht kultiviertes Land und gebirgige Landschaften eine besondere Art von Vergnügen beinhalten: »diese rauhe Pracht, die in vielen überwältigenden Naturwerken sichtbar wird«. Addisons Zeitgenosse, der 3. Earl of Shaftesbury, brachte in seiner *Philosophical Rhapsody* dasselbe Vergnügen an der »rauhen Pracht« der Natur auf bemerkenswerte Art zum Ausdruck: Ich werde meiner zunehmenden Leidenschaft für natürliche Dinge nicht länger widerstehen; bei denen weder die Kunst noch der Hochmut oder die Laune des Menschen ihre unverfälschte Ordnung durch Einbruch in diesen primitiven Zustand verdorben haben. Selbst die rauhen Felsen, die moosigen Höhlen, die unbearbeiteten Grotten und zerklüfteten Wasserfälle mit all den schrecklichen Reizen der Wildnis werden anziehender sein und hinter dem formalen Blendwerk der fürstlichen Gärten mit Pracht zum Vorschein kommen.[2]

Die Intensität dieser Empfindung ist bemerkenswert. Die unberührte Landschaft erregte beim Schreiber eine kaum bezähmbare Leidenschaft. Diese unterscheidet sich ganz deutlich von der Stimmung so zahlreicher Gartendichter der Restauration, in der die formale Komposition des Entwurfs, die sorgfältig ersonnenen Gelegenheiten zum Rückzug in die Abgeschiedenheit als Fluchtmöglichkeit vor der Leidenschaft betrachtet wurden. Stürmisches Empfinden aber sollte untrennbar sein vom Erleben des erhabenen Gartens: plötzliches Erschrecken, wenn man sich, aus einer dunklen Höhle auftauchend, wenige Meter vor einem lauten Wasserfall findet; schwindelerregende Ausblicke von ausgesuchten Standpunkten auf Felsspitzen; die beunruhigende Finsternis von Grottenpfaden. Diese Empfindungen wurden in den Begriff des Erhabenen in Edmund Burkes berühmter Abhandlung *A Philosophical Enquiry into the Origin of our Ideas of the Sublime and the Beautiful* (1757, überarbeitet 1759) aufgenommen. Er vertrat darin den Standpunkt, daß die Faktoren, die den Geist am stärksten prägen, die »Selbsterhaltung« und die »Gesellschaft« seien. Alles, was den Drang der Selbsterhaltung bedrohe, sei eine Quelle des Erhabenen: »Das heißt, es führt zu den stärksten Emotionen, die der Geist zu empfinden vermag.« Schrekken, »das latent herrschende Prinzip« des Erhabenen, werde von folgendem ausgelöst: Dunkelheit, Kraft, Entzug (d.h. der Verlust von Licht, Geräusch etc.), Weite, Unendlichkeit. Schönheit andererseits rege die sozialen »Leidenschaften« an, indem sie verlockende Formen darbiete, die, weit davon entfernt, die Selbsterhaltung zu bedrohen, zu Geselligkeit und sexuellem Umgang anregen. Hier die wesentlichen Gegensätze:

»Erhabene Gegenstände sind nämlich groß in ihren Dimensionen, schöne sind vergleichsweise klein; Schönheit sollte ebenmäßig und glatt sein; das Große unregelmäßig und nachlässig; Schönheit sollte die gerade Linie scheuen, sich sogar unmerklich von ihr entfernen; das Große liebt in vielen Fällen die gerade Linie, und wenn es von ihr abweicht, dann häufig sehr weit; Schönheit darf nicht finster sein; das Große sollte dunkel und trübe sein; Schönheit sollte hell und zart sein; das Große fest und sogar massiv.«[3]

Die großen Parks von Hafod und Hawkstone boten natürlich ausreichend Gelegenheit, die ganze Palette der mit dem Erhabenen assoziierten Emotionen zu befriedigen. Ihre Anziehungskraft war durch die landschaftlichen Erscheinungsformen bedingt, die eben »riesig«, »unregelmäßig«, »nachlässig«, »dunkel«, »trübe«, »massiv« waren. Beide Gärten wurden im letzten Drittel des 18. Jahrhunderts geplant. An dieser Stelle ist es angebracht, kurz auf ihre Besitzer, ihre Geschichte und die Möglichkeiten einzugehen, die sie dem Besucher boten, das Erhabene der Landschaft zu erleben.

Das Gut Hafod in der Grafschaft Cardiganshire (heute Dyfed) wurde in den achtziger Jahren des 18. Jahrhunderts angelegt. Sein Besitzer war Thomas Johnes,

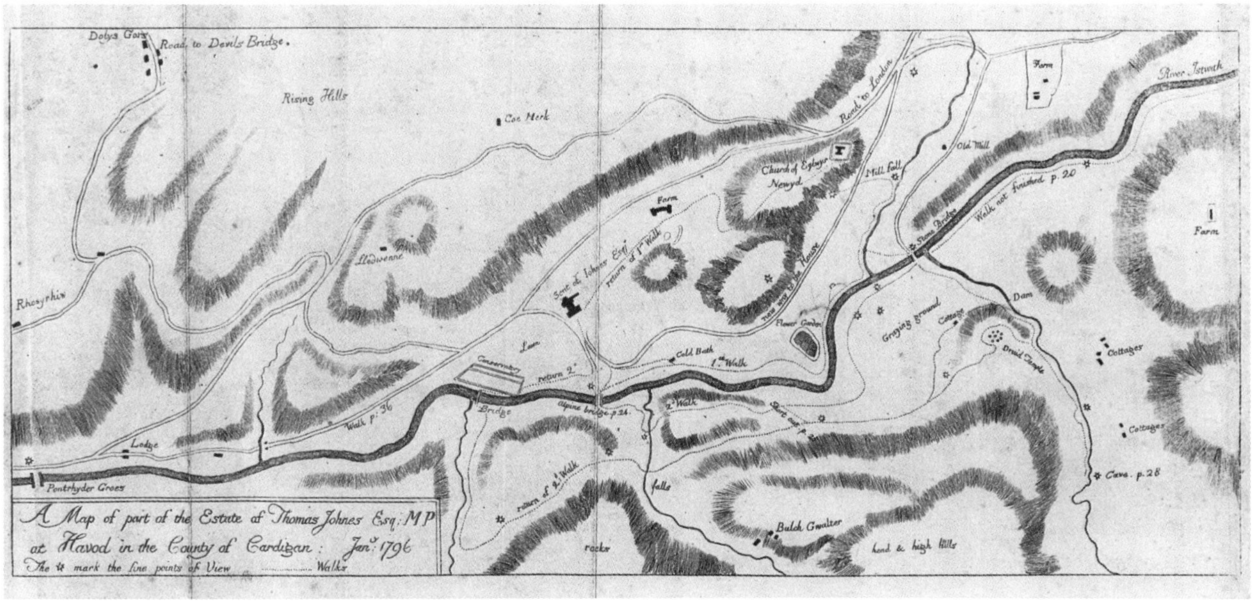

Hafod House bei Dyfed (Wales, Großbritannien). Aus: J. E. Smith, Fifteen Views Illustrative of a Tour to Hafod, Tafel I, London 1810. National Library of Wales

Die Wasserfall- oder Räubergrotte im Park von Hafod House (Wales, Großbritannien). Aus: J. E. Smith, Fifteen Views Illustrative of a Tour to Hafod, Tafel V, London 1810. National Library of Wales

ein Mitglied des Parlaments, dessen Familienbesitz zum großen Teil aus der Frühzeit der Industrialisierung stammte. Das Besitztum dehnte sich über das enge Tal des Flusses Ystwyth hinaus und nahm viele Quadratmeilen unebenen, hügeligen Terrains ein. Obwohl es einen zwei Morgen großen, als schattigen Zufluchtsort entworfenen Garten mit sorgfältig kultivierten Sträuchern, kleinen Bäumen und Blumen gab, war der beherrschende Eindruck von Hafod der einer Wildnis. Seine Bestimmung lag darin, in dem Besucher starke Empfindungen zu wecken. Burke empfand eine besondere Art von kathartischem, qualvollem Entzücken als Kennzeichen des Erhabenen:

»Wenn Schmerz und Schrecken so modifiziert werden, daß sie nicht wirklich schädlich sind; wenn der Schmerz nicht zur Gewalt wird und der Schrecken sich die gegenwärtige Verwirrung der Person zunutze macht, wenn diese Emotionen die Einzelteile, feine oder grobe, von einer gefährlichen und beschwerlichen Last befreien, so sind sie in der Lage, Entzücken hervorzurufen; keine Freude, sondern eine Art köstlichen Entsetzens, eine Art Seelenruhe mit dem Beigeschmack des Schreckens.«[4]

Effekte, die genau dieses »köstliche Entsetzen« hervorbrachten, wurden, gemäß einem seiner begeistertsten Topographen, George Cumberland, in Hafod beinahe mühelos erreicht:

»Keine Sprache kann die Erhabenheit der Szenerie schildern, die, ohne direkt auf ein Gefühl der Aversion abzuzielen, in der leidenschaftlichen Seele all die packenden Schreckensgefühle erzeugt, die erhabene, doch düstere Darstellungen immer auslösen.«[5]

Bestimmte Wege und ausgesuchte Standpunkte wurden aufgrund der Tatsache geschaffen, daß der Garten angelegt worden war, um die überwältigenden natürlichen Schönheiten der walisischen Gebirgslandschaft und ihre bardischen Assoziationen zu nutzen. Die Popularität keltischer und gälischer Legenden war von ihrem rauhen Umfeld im Hochland von Wales nicht zu trennen. Es war die Zeit des wiedererwachten Interesses an der walisischen Kulturgeschichte. Thomas Grays *The Bard* (1757) schilderte das Schicksal des letzten der verfolgten Barden im Widerstand gegen die eindringende englische Armee hoch oben an den Hängen des Snowdon. Die Beliebtheit der leidenschaftlichen Bardenliteratur trug auch dazu bei, den Kult um Ossian,

Der Park von Hawkstone (Shropshire, Großbritannien). Photo Country Life

den legendären gälischen Barden und Krieger, zu nähren. Unter dem Eindruck bardischer Assoziationen beschrieb George Cumberland einen der Aussichtspunkte in Hafod – ein Erlebnis, das er für »unvergänglich« hielt:

»Ich sah ihn aber ohne irgendwelche vorteilhaften Begleitumstände. Wie muß erst die Wirkung bei Sonnenschein – Dunst – herbstlichem Laubwerk – einer zarten Morgenröte – oder klarem Mondschein sein!« ›Wenn‹, in der Sprache Ossians, ›der Windstoß in den Schoß des Gebirgsschattens dringt und seine sich windende Düsterkeit verbreitet, dann kann hier, auf diesen kugelförmigen Vorbergen, ein Barde tatsächlich sitzen und die schönen Bilder der Natur in sich aufnehmen!«[6]

Ein »Druiden«-Steinkreis wurde eigens an diesem Ort angelegt, um den bardischen Charakter zu unterstreichen. An anderer Stelle des Geländes wurde ein Weg durch einen Fels geschlagen, um den Besucher mit dem plötzlichen, unerwartet nahen Anblick eines Wasserfalls zu konfrontieren:

»Während wir den gewundenen und schlüpfrigen Pfad entlangkriechen, erweckt ein dunkles Loch im Felsen zur Rechten unsere Aufmerksamkeit; das Getöse herabstürzenden Wassers hallt durch die Höhle und läßt uns zögern, die feuchten und düsteren Nischen zu betreten. Durch einen simplen, aber wirkungsvollen Kunstgriff scheinen sich am vermeintlichen Ende des Weges vorne unsere Hoffnungen zu enttäuschen, aber ein plötzlicher Schwenk nach links läßt durch eine gewaltige Öffnung Licht einfallen, und ein glitzernder Wasservorhang stürzt vor dem Loch senkrecht vom Fels oberhalb in ein tiefes Loch unterhalb der Höhle.«[7]

Zahlreiche solcher schwindelerregenden, freudigen Überraschungen lassen sich in Hawkstone in Shropshire erleben:

»So klettert er die steilen Abhänge von Hawkstone hinauf und fragt sich, wie er hierher kam und wie er zurückkehren soll (...). Er empfindet keine Seelenruhe, sondern das Grauen der Einsamkeit, eine Art ungestümes Vergnügen zwischen Schrecken und Bewunderung. Die Vorstellungen, die es dem Verstand aufzwingt, sind das Erhabene, das Furchterregende und die Weite.«[8]

Hier beschreibt Samuel Johnson dasselbe komplexe Gefühl des Erhabenen, dem wir bereits in Burkes Abhandlung und in Cumberlands Reaktion auf Hafod begegnet sind. Hafods einheitliche Großartigkeit des Gebirges vermochte Hawkstone nicht zu bieten; aber in mancherlei Hinsicht war die Landschaft hier sogar noch eindrucksvoller. Die zerklüfteten, steilen Berge erheben sich unvermittelt von der nördlichen Shropshire-Ebene und bieten außergewöhnliche Ausblicke über zwölf Grafschaften hinweg. Es waren diese »Abgründe«, die Hawkstones Hauptattraktion ausmachten. Besitzer des Gutes war die Familie Hill. Im 18. Jahrhundert zeichnete Sir Richard Hill, Mitglied des Parlaments (1733–1808), für die eher bizarren und spektakulären landschaftlichen Elemente verantwortlich, die sich entlang dem zehn Meilen langen Rundweg durch das Gelände darboten. Hawkstone war in der Präsentation seiner Gartenmotive sonderbar eklektisch. Es gab ein gotisierendes Bauernhaus, welches die Statue »Neptuns Laune« (Neptun, zwischen zwei großen Rippen eines Wals sitzend), ein Wurzelhaus, einen »chinesischen« Tempel, eine »Szene in der Schweiz« mit alpiner Brücke, die (echten) Ruinen einer Burg aus dem 13. Jahrhundert, eine Einsiedelei, eine Menagerie und eine »Szene in Otaheite« mit einer Hütte, deren Aussehen von Illustrationen zu Captain Cooks Reisen abgeleitet war.

Die eindrucksvollste Attraktion war der Grottenberg. Bedeckt von Pinien und mit der Ruine eines gotischen Bogens stellte er einen Triumph der »erhabenen Landschaftsgestaltung« dar. Der Berg war teilweise ausgehöhlt, tiefliegende Kammern wurden ausgegraben, die Dunkelheit hier und da durch runde Fenster aus gelbem, blauem und grünem Glas auf mystische Weise durchbrochen. Die rauhen Oberflächen von Säulen, Wänden und Decke überzogen applizierte Muscheln und Fossilien. Und es gab weitere, noch überraschendere Altertümer in der Grotte:

»Als nächstes wurden wir durch einen dunklen Gang zu einem Fenster oberhalb eines Gatters geführt, das eine Zelle mit einem Tisch und einem Krug darauf erkennen ließ, und sogleich erschien eine riesige Gestalt im Gewand eines Druiden, einen Zauberstab in der Hand, die uns mit rauher Stimme guten Morgen wünschte; es war gerade hell genug, um das Gewand und die Gestalt auszumachen, die zweimal in unser Blickfeld trat, sich vorbeugte und zurückzog; die Wirkung war wundervoll.«[9]

·Diese erstaunliche Gestalt war das wächserne Bildnis eines Vorfahren von Sir Richard Hill. Ihre Bewegung wurde durch einen versteckten Hebel getätigt,

Red Castle und die Alpenbrücke. Stich aus: A Description of Hawkstone, the Seat of Sir John Hill, Shrewsbury 1822

zu dem der Gartenführer Zugang hatte. Vom Gartenwärter stammte auch die »rauhe Stimme«. Wenn der Besucher aus der Grotte ins Tageslicht trat, war die Erleichterung nur kurz; befand er sich nämlich noch immer weit oberhalb der Ebene, über dem »schrecklichen Abgrund« oder auf dem »Rabenfelsvorsprung«. Der hinabführende Pfad sah entsetzlich steil aus. Die große Ebene von Shropshire breitete sich unterhalb aus. Über die Köpfe kreisten lärmend die Raben hinweg. Das ganze Erlebnis ahmte vielleicht ein oder zwei Szenen aus einer jener Spukgeschichten nach, die in den neunziger Jahren des 18. Jahrhunderts die Erzählliteratur beherrschten.

Die eigentliche Vorstellung von einem Garten bezog die Domestizierung der ungezähmten Natur durch den Menschen mit ein. Die hier kurz beschriebenen Güter forderten diese Ansicht heraus, indem sie ihre natürliche, erhabene Szenerie betonten und nutzten. Sie provozierten die irrationale, die Sinne erregende Reaktion in einer Art, welche die konventionelle Definition des Wortes Garten in Frage stellte. Auf dem Höhepunkt der Vorliebe für wilde Landschaften wurde dieses Problem von Sir Joshua Reynolds in seinem 13. Diskurs vor der Royal Academy (1786) kurz und bündig formuliert:

»Die Gärtnerei ist, soweit sie eine Kunst ist oder einen Anspruch auf diese Bezeichnung hat, eine Abweichung von der Natur; denn wenn der wahre Sinn dafür darin besteht, wie viele meinen, jede Erscheinungsform der Kunst oder jegliche Spuren menschlicher Fußstapfen zu verbannen, dann wäre es kein Garten mehr.«

Anmerkungen

[1] Arthur Young, *A Six Months Tour through the North of England*, 1770, S. 155f.
[2] Anthony Ashley Cooper, *The Moralists*, 1709, in: »Characteristics of Men, Manners, Opinions, Times«, 1711, II, S. 125.
[3] Edmund Burke, *A Philosophical Enquiry*, 1759, S. 237f.
[4] Op. Cit., S. 257.
[5] George Cumberland, *An Attempt to Describe Hafod*, 1796, S. 40.
[6] Op. cit., S. 31.
[7] Benjamin Malkin, *The Scenery, Antiquities, and Biography of South Wales*, 1804, S. 344f.
[8] Samuel Johnson, zitiert in A. Aswald, *Beauties and Wonders of Hawkstone – I*, in: »Country Life«, 3. Juli 1958, S. 18.

Der Garten des Palazzo Reale in Caserta

Cesare De Seta

Die kompositorische und visuelle Einheit von Schloß und Park ist der zentrale Entwurfsgedanke von Caserta. Der Architekt Luigi Vanvitelli machte in seinen Entwürfen keinen Unterschied zwischen den beiden Elementen – dem Natürlichen und dem Künstlichen – dieser Konzeption. Vanvitelli kam Mitte des 18. Jahrhunderts nach Neapel. Er war ein kultivierter, aber nicht unbedingt gelehrter Mann. Als Praktiker mit langjähriger Erfahrung verfügte er mit Sicherheit über Kenntnisse von den bedeutendsten Bauwerken und Gartenanlagen seiner Zeit. Der – übrigens unbegründete – Vorwurf, daß er sich allzu sehr an Versailles orientiert habe, konnte bereits zu der Zeit zurückgewiesen werden, als er noch mit der Ausführung von Caserta befaßt war.

Vanvitellis Entwurf basiert auf einer perspektivisch angelegten Achse von etwa drei Kilometern Länge. Sie führt als breite Allee, von Neapel kommend, zum Schloß, nimmt die Gebäudeachse auf und setzt sich auf der anderen Seite als Mittelallee bis zu einem großen, abschließenden Wasserfall fort.

Die zuverlässigste Quelle zum Verständnis seiner Entwurfsüberlegungen und seiner Arbeit sind die Pläne, die heute bei der Verwaltung der künstlerischen und architektonischen Bestände des königlichen Schlosses von Caserta einzusehen sind, und die Stiche, die er für das Werk »Dichiarazione dei disegni del Real Palazzo di Caserta ...« anfertigte (Königliche Druckerei, Neapel 1756). Weil Vanvitelli die Arbeiten vieler Abschnitte des königlichen Schlosses nicht selbst leiten konnte und auch die Ausführung großer Teile des Gartens – der letztlich von seinem Sohn Carlo gestaltet wurde – nicht selbst überwachen konnte, bietet es sich an, zumindest drei Tafeln des erwähnten Buches einer genaueren Analyse zu unterziehen. Die Stiche und Originalpläne sind nahezu identisch, in einigen Fällen fehlen jedoch die Legenden zu den Plänen und andere, weniger wichtige Details. Tafel I, der Lageplan, ist als das wichtigste Dokument seiner Entwurfsidee anzusehen. Es ist interessant festzustellen, wie der Architekt in den aufeinander folgenden sechs oder sieben Monaten, in denen er sich mit diesem Jahrhundertwerk befaßte, zahlreiche grundverschiedene Varianten für die Gestaltung des Gartens entwickelte.

Auf dem Lageplan ist deutlich zu erkennen, daß der Entwurf sehr weiträumig angelegt ist und – wie bereits erwähnt –

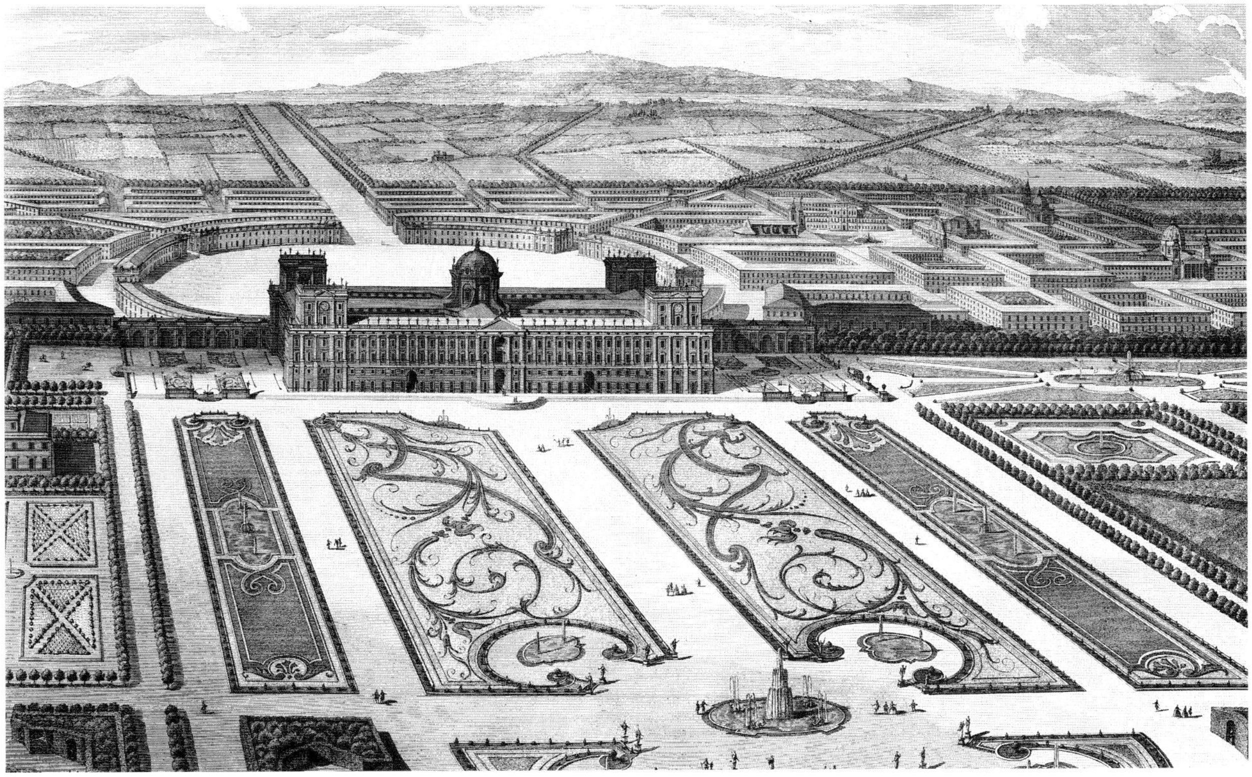

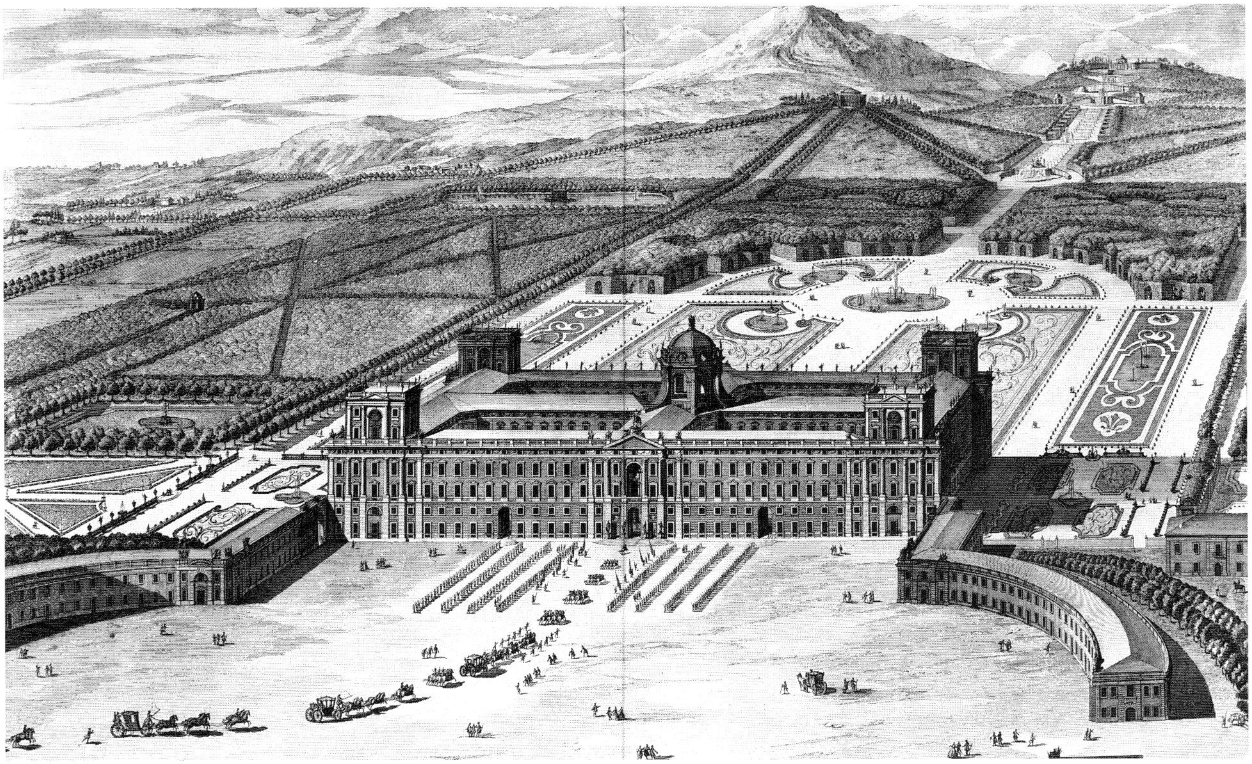

Zwei Vogelschauansichten des Königschlosses von Caserta bei Neapel und seiner Gärten. Aus: L. Vanvitelli, Dichiarazione dei Disegni del Real Palazzo di Caserta, Tafel XIV & XIII, Neapel 1756. Photo Massimo Velo

Ausschnitt aus dem Gartengrundriß des Königschlosses von Caserta bei Neapel. Aus: L. Vanvitelli, Dichiarazione dei Disegni del Real Palazzo di Caserta, Tafel I, Neapel 1756

sogar die lange Allee, die von Neapel zum königlichen Palast führt, einbezieht.

Über drei strahlenförmig angeordnete Alleen, die dem städtebaulichen Vorbild der Piazza del Popolo nachempfunden sind, gelangt man auf einen großen, ovalen Platz – angelegt nach dem Vorbild des Petersplatzes von Bernini. Die Tatsache, daß hiermit eindeutige Bezüge zu Rom hergestellt werden, wird dadurch bekräftigt. Vanvitelli war ein guter Kenner Roms und der Arbeiten von Bernini. Zahlreiche, in seinen Entwürfen immer wieder auftauchende Zitate beweisen dies. Dort finden sich jedoch nicht nur Architekturzitate von Gianlorenzo Bernini, sondern auch von Pietro da Cortona und von Francesco Borromini. Der wahrhaftig städtebauliche Charakter des Entwurfes wird in der perspektivischen Darstellung auf Tafel-XIV deutlich. Die Bildunterschrift lautet: »Blick auf das große Parterre des Gartens, entsprechend dem ersten Grundgedanken, mit dem Palast im Hintergrund, den terrassenförmig angelegten Gärten und der neuen Stadt.« Es ist bezeichnend, daß Vanvitelli besonders hervorhebt, daß es sich um den »ersten Grundgedanken« handelt. Auf dieser Tafel sieht man jenseits von Garten und Palast auch die breite, von Platanen gesäumte Allee, die nach Neapel führt. Leider hat die mächtige Baumreihe in den letzten fünfzehn Jahren durch eine Infektionskrankheit großen Schaden erlitten. Infolgedessen hat nicht nur die Zufahrt zum Palazzo Reale in erheblichem Maße an Schönheit eingebüßt, auch bedeutet dies den Verlust eines wesentlichen Entwurfselementes. Heutzutage ist auch der bestehende Platz bedroht, da man die Umstrukturierung eines Teilbereiches für notwendig erachtet, um verschiedene Dienstleistungseinrichtungen für die Besucher vorzusehen. Die beiden anderen Achsen dieses dreistrahligen Entwurfkonzeptes führen einmal zu der vom Architekten entworfenen, aber nie gebauten »neuen Stadt«, die andere in die offene Landschaft. Diese Landschaft bildet ein vollkommenes Gegenstück zu der gezähmten Natur des Gartens.

Tafel XIII zeigt eine Abbildung in entgegengesetzter Richtung, zum Wasserfall hin: »Ansicht des königlichen Palastes von dem großen Platz aus, mit dem Garten im Hintergrund. Seine Ausführung unterscheidet sich ein wenig von dem vorgelegten Lageplan.« Auch hier betont Vanvitelli mit den Worten »unterscheidet sich ein wenig«, daß gegenüber seiner ursprünglichen Vorstellung Änderungen durchgeführt wurden. Wenn man nun auf den Palast zugeht, so hat der Architekt zu beiden Schmalseiten terrassierte Gärten und Parterres vorgesehen, ferner zwei Flora und Zephir geweihte Brunnen mit Vasen und Statuen. Auf der rechten Seite befinden sich eine Reithalle und eine offene Reitbahn. Zur Linken umschließen vier von Linden gesäumte Wege ein Parterre, in dessen Mitte ein Springbrunnen steht. Hinter der Fassadenflucht des Palastes öffnet sich ein weiter Raum, der zu den Bergen hin leicht ansteigt. Wenn man nun in diese Richtung blickt, fällt auf, daß Vanvitelli anfangs den gesamten Hintergrund der Landschaft und den Wasserfall nicht miteinbezogen hat. Die oben beschriebene Lösung erinnert aus der Nähe betrachtet eher an Vaux-Le-Vicomte – vor allem wegen der Terrassierung und der breiten Treppen, welche die Terrassenebenen verbinden. Hingegen ist das Thema des Springbrunnens in der Mitte klar definiert. Zu ihm gelangt man über die große, zwei Meilen lange Hauptallee, die bis auf den Hügel hinaufführt, der von einer Loggia gekrönt wird, die als eine Art ›Belvedere‹ gedacht ist. Der Entwurf des Parterre, das vor der Loggia angelegt ist, geht eindeutig auf Vorbilder des französischen Rokoko zurück. Abbildungen von Versailles und Marly, die in Paris zwischen 1714 und 1715 veröffentlicht wurden, waren in den Kreisen, in denen der junge Vanvitelli seine Ausbildung erhielt, ziemlich weit verbreitet. Sein architektonisches Gesamtwerk (beispielsweise die Ausstattung des Palazzo Sciarra in Rom) stellt ebenso wie viele seiner Entwürfe deutlich unter Beweis, daß er mit dem Geist des Rocaille-Stil vertraut war.

Die typische Linienführung der Beete des großen Parterres vor dem Palast mit den Buchsbaumbroderien und ihren Arabeskenmustern (Buchstabe K auf dem Lageplan) ist ebenfalls eindeutig auf diese Quellen zurückzuführen. Neben diesen Beeten sind Lindenalleen angepflanzt (N), zwischen denen das Wasser in langgestreckten Springbrunnenbecken plätschert. In der Mitte der Hauptachse befindet sich der Springbrunnen, der die »königlichen Flüsse« darstellt. Er wird von vier symmetrisch angelegten Rondellen gerahmt. Folgt man nun dem Weg weiter hügelan, gelangt man zu einem »Theaterrund mit Hainbuchenspalieren und Linden« (M), zwischen kleinen Wäldchen mit Skulpturen und Spring-

Luftbild des Parks von Caserta bei Neapel. Photo Piero Orlandi

Venusgrotte im Giardino Inglese des Königschlosses von Caserta bei Neapel. Photo Giovanni Chiaramonte

brunnen. Die Harmonie und Vielfalt dieses zentralen Gartenbereichs erhält seine Einheit durch das regelmäßige Wegenetz der Alleen, in das der Architekt die unterschiedlichen Grüngestaltungen hineinkomponiert hat.

Um dieses komlexe System von Haupt- und Nebenwegen, von diagonal und axial verlaufenden Wegen, Plätzen und Rondellen genau zu beschreiben, bedürfte es weitaus mehr Platz, als hier zur Verfügung steht. Es sei aber die Tatsache hervorgehoben, daß es sich um reine Baukunst handelt. Deshalb ließ Vanvitelli auch bei der Gartengestaltung eine strenge kompositorische Logik walten: außen ein mathematisches, geometrisch geradliniges Erscheinungsbild; innen dann die im Rocaillestil geschwungenen Linien in ihrem fein ausgearbeiteten Entwurf.

Der Palazzo Reale selbst ist nach den gleichen stilistischen Regeln gestaltet. Er orientiert sich nach zwei Richtungen. Neben dem Wäldchen, das im rechten Winkel zu der Hauptachse liegt, befindet sich der große rechteckige Fischteich (X), dessen Kopfstücke in Bogenform ausgeführt sind. Die anderen Gestaltungen seitlich des zentralen Parterre sind bereits gründlich untersucht worden. Vanvitelli komponiert mit diesen Elementen sozusagen eine große Enzyklopädie der Traditionen europäischer Gartenkunst: angefangen mit den Erfahrungen der Renaissance, mit dem Labyrinth, dem Barockgarten bis hin zum englischen Landschaftsgarten (der erst sehr viel später, nach seinem Tod, angelegt wurde). Der Garten an sich findet seinen Endpunkt in der Fontäne und natürlich auch in dem Wasserfall, der angelegt wurde, als Vanvitelli das große Aquädukt von Ponti della Valle vollendet hatte.

Die zusammenfassende Beschreibung der Tafeln zeigt, daß der Garten, wie ihn sein Sohn Carlo nach dem Tode Vanvitellis angelegt hat, eine Vereinfachung des ursprünglichen Planes darstellt. Er bleibt aber dennoch ein Beweis für die gedankliche Treue, die dem Werk des Meisters gehalten wurde.

Literatur

A. Venditti, *L'opera napoletana di Luigi Vanvitelli*, und C. De Seta, *Disegni di Luigi Vanvitelli architetto e scenografo*, in: »Luigi Vanvitelli«, Neapel 1973.

C. De Seta, *Architettura, ambiente e società a Napoli nel Settecento*, Turin 1977.

C. Knight, *Il giardino inglese di Caserta*, Neapel 1988.

Eine aktuelle Bibliographie findet sich in *Civiltà del Settecento a Napoli*; Ausstellungskatalog, Florenz 1979–1980.

Die Azulejos-Gärten im Süden Portugals

Anne De Stoop

Die Casa da Fresco de Quinta da Bacalhoa bei Setubal (Portugal), Mitte 16. Jh. Detail der mauresken Azulejo-Wandverkleidung

Quinta de Bacalhoa bei Setubal (Portugal). Darstellung des Nil auf der Azulejo-Wandverkleidung in der westlichen Loggia

Mit ihren riesigen, zur Zeit der großen Entdeckungen eingeführten Kamelien oder ihren Granitstatuen sind die Gärten im Norden Portugals zwar besonders originell, aber weniger faszinierend als die in Europa einzigartigen des Südens mit ihren Azulejos. Hier begegnten sich Orient, Okzident und die regionalen Einflüsse Portugals, wo die Zivilisation stets von Asien fasziniert gewesen und noch heute durch die lange Anwesenheit der Araber gekennzeichnet ist.

Die Frauen gehen wenig aus, sondern spazieren in von hohen Mauern umgebenen Gärten, einer natürlichen Fortsetzung der Häuser. Das heiße Klima verführt dazu, vom sehr privaten Patio zu der offeneren Terrasse überzuwechseln, dann zum großen Wasserbassin mit Vergnügungspavillons und weiter in Richtung Orangen- und Zitronengarten. In diesen absichtlich unzusammenhängenden, beinah autonomen Bereichen ist die Perspektive nur noch eine Illusion, von der Brillanz und dem Rhythmus der Azulejo-Kacheln bestimmt.

Patiogärten

Diese wenigen Leuten vorbehaltenen privaten Zonen sind Übergangsbereiche. Wie in den angrenzenden Räumen verkleiden die Azulejos Wände, Boden und als Erweiterung dessen Bänke, Becken und Blumenkästen. In diesen Oasen wirkt die beherrschende Natur fast abstrakt. Im königlichen Palast von Sintra scheint das Grün der Azulejos das Blattwerk zu vervielfältigen. Bis zum 16. Jahrhundert hatten diese arabisch inspirierten, häufig in Spanien hergestellten Kacheln eine Reliefoberfläche, die »Aresta« – eine Zellenunterteilung, die unverzichtbar war, damit sich die Farben beim Brennen nicht vermischten. Dieses von technischen Notwendigkeiten auferlegte geometrische Muster verleiht dem Ganzen einen sich stets wiederholenden musikalischen Rhythmus. Jahrhundertelang wurden diese Mauern entsprechend dem herrschenden Geschmack farblich neu gestaltet. Zu diesem Erscheinungsbild gehörte immer als Gegengewicht der Duft von Orangenbäumen, Blumen, das Geräusch von Wasser oder das der Vögel. Mauerumsäumte Patios, Loggien oder offenere Terrassen wurden alle als Paradies der Sinne entworfen.

Loggien, Terrassengärten

Während der Renaissance eingeführt, wurden die der Lebensart und dem portugiesischen Klima so gut entsprechenden Loggien wie die Terrassen zu einem architektonischen Charakteristikum. Diese privaten Bereiche, häufig ohne Außentreppe, sind nicht zur umgebenden Landschaft orientiert, sondern dazu gedacht, die Freude an den Gärten zu verstärken. Auch hier öffnen die Azulejos die Tore zur Phantasie. Zwischen 1550 und 1570 wird die Loggia der Quinta de Bacalhôa bei Setúbal mit allegorischen, Flüsse darstellenden Figuren geschmückt. Nicht mehr reliefartig, sondern glatt werden die Azulejos in der während der Renaissance wiederentdeckten Fayencetechnik hergestellt, bei der Zinnsalze, welche die Farben beim Brennen binden, deren Verlaufen verhindern. Nur wenige Metalloxide vertragen die hohe Brenntemperatur, die Vielfarbigkeit ist beschränkt: kupfergrün, kobaltblau, antimongelb, manganlila. Dies erwies sich keineswegs als ein Hindernis, sondern führte zu Ergebnissen, die einfache Majolikamalerei weit übertrafen.

So haben diese durch Stiche angeregten Darstellungen der »Flüsse« nichts mehr mit den geometrischen spanisch-arabischen Motiven zu tun. Nun, da den Malern jegliche Bewegungsfreiheit geboten war, begann die Verbreitung der wunderbaren Azulejos in den Landstrichen, in denen Ton, Zinn und Metalloxide im Überfluß vorhanden waren.

Etwa hundert Jahre später, Ende des 17. Jahrhunderts, wurde im Palais Fronteira bei Lissabon die Loggia zu einer langen Terrasse, zum Ort für eine bevorzugte, zur Kapelle führende Promenade. Hier hatte man die phantastische Dekoration im Zusammenhang mit der Architektur entworfen. Unter die Muschelwerke und Reliefs im Stil della Robbias mischen sich Azulejos, die antike Ornamente und große allegorische Figuren darstellen, sowie Büsten und Statuen aus Marmor. Wie das nach Portugal eingeführte Porzellan aus China und die Kacheln aus Delft sind diese neuen Azulejos blau und weiß – mit einigen zusätzlichen violetten Farbaufträgen. Bei diesen in Blau gehaltenen Bildern konnte der Maler, wenn er die Technik etwas besser beherrschte, mit mehr Fingerspitzengefühl gestalten und sich gleichzeitig von einem Repertoire hochwertiger Stiche inspirieren lassen. Als autonomer Bereich – ebenso wie die Patios – ist diese Terrasse mit Brunnen, Bänken und Blumenkästen ausgestattet, die ebenfalls mit Azulejos verkleidet sind, deren Dekor durchaus passend Gärten nach orientalischem Geschmack darstellt.

Im 18. Jahrhundert war das Thema, das diesen Übergangsbereichen, welche die Terrassengärten ja darstellen, vielleicht am ehesten angemessen war, die Darstellung der vier Jahreszeiten, bukolische Bilder von der Vergänglichkeit der Zeit. Menschen wurden wie Skulpturen behandelt, ihre Haltung, ihre Kleidung und ihr Rahmen entwickelten sich entsprechend des zeitgenössischen dekorativen Formenkanons. In der Quinta Grande von Damaia – um 1740 – sind die Jahreszeiten barock, in Blautönen gehalten, im Palais Pinteus bei Loures – um 1755 – aus Muschelwerk und mehrfarbig, in der Quinta da Barão in Carcavelos – um 1770 – bereits klassizistisch. Manchmal griffen die Maler auch auf intellektuellere Themen zurück, wie auf die Götter der Mythologie im Palais National von Belém oder auf christliche Allegorien in der Quinta Grande Demaia um 1740.

Die geringeren Kosten und ein Mangel an qualifizierten Künstlern sind nicht die

Quinta dos Azulejos in Lumiar, Lissabon, 1745–1775

Palais Fronteira in Benfica, Lissabon, Ende 17. Jh. Photo Andrea Nulli

einzige Erklärung für die optische Vortäuschung von Naturstein auf den Kacheln in einem Land, in dem es Marmor im Überfluß gibt. Es ist vielmehr die arabische Tradition der Wandverkleidung, die in diesem Land, das durch die spanische Okkupation von 1580 bis 1640 isoliert wurde und lange danach geschwächt blieb, sehr lange fortlebte. Die Azulejos, welche durch die Intensität ihrer Farben einen Ausgleich für den beschränkten Raum zu schaffen suchen, finden sich auch inmitten der Gärten wieder, um Wasserbecken, auf Bänken, Blumenkästen und Umfassungsmauern.

Waser im Garten

Die bei den Arabern so beliebten Wasserbecken wurden ab dem 16. Jahrhundert zu großen, mit dekorativen Mauern geschmückten oder von »Casas de Fresco« im italienischen Stil gesäumten Bassins umgestaltet. Wie die Loggia ist auch die »Caso do Lago« von Bacalhea mit Azulejos überzogen, wobei manche Platten mit Illustrationen von mythologischen, biblischen oder ornamentalen Themen versehen sind. »Susanna im Bade« ist wegen der Feinheit der Zeichnung, der Behandlung der Farben und des ungewöhnlichen Vorhandenseins eines Datum – 1565 – zu Recht berühmt geworden. Später wurde das Hauptelement des Palais Fronteira der Wasserspiegel, der eine Art Ruhmespantheon des vom spanischen Joch befreiten Portugal symbolisiert. Die Azulejostafeln stellen 14 lebensgroße Reiter in Blau und Weiß dar. Sie sind eher wie Atlanten, die symbolisch die Königsgalerie tragen, denn als schöne Standbilder behandelt, in lebhafter Farbgestaltung und ganz im traditionellen portugiesischen Pinselstrich ausgeführt.

Während des ganzen 18. und 19. Jahrhunderts priesen und verkörperten die Azulejos unaufhörlich das Wasser. Als besonders zum Becken passend, finden sich im Palais Pinteus bei Loures Gestalten der Mythologie oder in der Quinta Correio-Mor in Loures die Helden der Metamorphosen Ovids.

Die berühmteste unter diesen Darstellungen ist aber unbestritten die der Kaskade von Taveira in der Quinta des Marquis von Pombal in Oreias. Hier sind – um 1770 – die Wände mit Hilfe von mehr als 12000 Azulejos zu scheinbar durchsichtigen Wassern geworden, in denen sich in Blautönen gemalte Gottheiten und Wassertiere nach Stichen von Joseph Vernet tummeln.

Die Gärten von Benfica, Lissabon. Ölgemälde von J. Pillement, 1785. Paris, Musée des Arts-Décoratifs

Trotzdem schienen die Portugiesen weniger akademische Themen als Szenen des täglichen Lebens zu bevorzugen, die im 17. Jahrhundert in Mode kamen. Eine sehr repräsentative Zusammenstellung findet sich im Palais Royal von Queluz, wo das Wasser wie ein Spiegelbild des Lebens behandelt wird. So erzählen die Bilder der 55000 vielfarbigen Azulejos von Joaõ Autumes auf vier Mauern von 115 Metern Länge, die den Rio Jamer begrenzen und sich in dessen Wasser spiegeln, von den Aufgaben und Vergnügungen der Höflinge. Diese Darstellungen des Alltagslebens finden sich auf unzähligen bescheideneren Brunnen, etwa in der Quinta da Arraiga in Sintra (um 1780). Es gibt sogar prächtige biblische Szenen wie die von Basalisa gemalte Hochzeit von Kanaan oder die in Blautönen gehaltenen Fresken am Rand der Quelle der Quinta do Pombal in Sintra (um 1920).

Azulejos sind überall, vereinheitlichen und vereinigen jene unzusammenhängenden Bereiche, die Patios, Loggien und Gärten ja sind. Sie bilden Übergänge von Treppen zu Terrassen und niedrigen Mauern; auf Bänken und Blumenkästen werden sie zu feststehendem Mobiliar, und sie beleben die hohen Umschließungsmauern.

Gärten und Erde: Mauern, Bänke und Blumenbeete

Die Azulejos auf Treppen und Stützmauern machen die zahlreichen Niveauunterschiede, deren Ursache in den damaligen Schwierigkeiten bei der Erdbewegung zu suchen ist, attraktiv. Die Erdmassen wurden zu riesigen Leinwänden, auf denen sich mythologische Szenen in Blau und Weiß abspielen, wie in der Quinta des Marquis de Pombal in Oeiras (um 1765). Auch ländliche Szenen oder sogar exotische, märchenhafte Wälder als Trompe l'oeil tauchten unter dem Pinsel Luis Ferreiras in den Quintas de São Mateus in Dafundo und da Assumção in Belas – Mitte des 19. Jahrhunderts – auf.

Bisweilen sind die Gärten wie grüne Zimmer ausgestattet. Zur besseren Anordnung und Pflege pflanzt man die Blumen häufig in Kästen. Sie verbreiten die für portugiesische Gärten unentbehrlichen Düfte neben den Bänken, die ihre Verlängerung darstellen. Das Dekor dieses »Mobiliars«, das dazu bestimmt ist, ohne Hast betrachtet werden zu können, wird stets besonders gepflegt. In der Quinta des Azulejos von Lumiar entfaltet sich ein wahres Feuerwerk in Farben. Hier scheinen alle Elemente vor allem dazu entworfen worden zu sein, die dekorativen Möglichkeiten der Azulejos auszuschöpfen, die zugleich zu ausdrucksstarken polychromen Reliefskulpturen und kostbaren Bildern im Stil Watteaus (1745–1775) geworden sind.

Häufig werden die Niveauunterschiede von niedrigen Mauern unterstrichen, die einfacher zu pflegen sind als Hecken. Sehr symbolträchtig sind die »Monatsarbeiten« im Palais Fronteira oder die »blumengeschmückten Körbe« des Palais da Mitra in Loures. Schließlich – allerdings seltener – werden die Wände dieser grünen Säle auch durch figürliche Trompe-l'oeil-Darstellungen belebt: Hell/Dunkelblau-Töne für die Götter der Mythologie in der Militärschule von Carnide (1750–1760), fröhliche Vielfarbigkeit für die gutmütigen Bürger in der Quinta Nova da Assumção.

Welche geheime Schönheiten verbergen diese hohen Mauern, über die bisweilen ein paar Zweige von Orangenbäumen ragen!

Literatur

A. De Stoop, *Demeures portugaises, dans les environs de Lisbonne. Histoire et Décor*, Porto 1986; H. Carita, H. Cardoso, *Tratado da Grandesa dos Jardins em Portugal, ou da Originalidade e Desaires desta Arte*, Lissabon 1987.

Die kaiserlichen Gärten Rußlands

Peter Hayden

Allegorie der Nacht von G. Bonazza im Sommergarten in St. Petersburg

Obgleich in Moskau seit dem 15. Jahrhundert kaiserliche Gärten existierten, gab es bis zur Herrschaft Peters des Großen in Rußland nichts, was mit den besten Gartenanlagen Westeuropas hätte konkurrieren können. Zar Peter besuchte 1697/98 Gärten in Berlin, Holland und England, und obwohl er erst 1717 nach Frankreich kam, eignete er sich viel über französische Gärten aus Büchern und Stichen an. Er war entschlossen, in und um seine neue Stadt St. Petersburg Parks und Gärten zu schaffen, die keinen anderen nachstehen würden, und er engagierte Gartengestalter und Architekten aus dem Ausland, die ihm bei der Realisierung dieses ehrgeizigen Vorhabens helfen sollten.

Der 1704 begonnene Sommergarten war von den holländischen Gärten, die der Regent gesehen, sowie von französischen Gärten, über die er gelesen hatte, beeinflußt. Hier gab es zahlreiche Brunnen, dazu eine Reihe von Brunnenfiguren, die auf Aesops Fabeln basierten, und eine schöne Sammlung von mehr als 200 Statuen aus Italien, von denen heute noch etwa neunzig erhalten sind. Baumreihen wurden gestutzt, um grüne Wände zu bilden, und einzelstehende Bäume zu geometrischen Figuren geformt.

Der Palast von Strelna wurde auf einer natürlichen Terrasse über dem Finnischen Meerbusen mit einem oberen und einem unteren Park erbaut. Es gab Kanäle, die noch heute existieren, und Brunnen, aber die Wasserversorgung war unzureichend, und Zar Peter konzentrierte seine Aufmerksamkeit statt dessen auf Peterhof (heute Petrodvoretz), wo der Palast auf einer vergleichbaren natürlichen Terrasse wie Strelna mit ebenfalls einem oberen und einem unteren Park errichtet wurde. Eine ausgezeichnete Wasseranlage mit einem Kanal, der von den Hügeln beim Ropsha-Palast über etwa zwanzig Kilometer verlief, versorgte einen der größten Wassergärten der Welt. Die Becken im oberen Park dienten als Reservoire für die Wasserfälle und zahlreiche Brunnen, darunter einige trickreiche, im unteren Park. Die spektakulärste Attraktion ist die große Kaskade, deren Wasser unter dem Palast hindurch, dann marmorne Stufen unterhalb seiner zur See orientierten Fassade zum Samson-Brunnen hinab- und dann den Kanal entlang zum Meer fließt. Samson ringt mit dem Löwen, aus dessen aufgerissenem Maul ein Wasserstrahl hoch in die Luft steigt. Dieser Kampf symbolisiert den Krieg mit Schweden, der mit einem Sieg Rußlands und der Rückgewinnung seiner baltischen Gebiete endete. J.F. Braunstein war der erste Architekt in Peterhof, aber von Alexandre Le Blond stammt der größere Beitrag. Sein Nachfolger war Niccolò Michetti, und Bartolomeo Rastrelli vergrößerte später den Palast und den oberen Park für die Kaiserin Elisabeth.

Fürst Alexander Menschikows Palast in Oranienbaum (heute Lomonossov) wurde einige Kilometer von Peterhof auf derselben natürlichen Terrasse oberhalb des Finnischen Meerbusens erbaut und war ebenfalls durch einen Kanal mit dem Meer verbunden. Als Sommerresidenz Peters III., des unglücklichen Ehemanns von Katharina der Großen, wurde er 1743 zum Kaiserpalast. Der Italiener Antonio Rinaldi baute Peterstadt, einen befestigten Palastkomplex für Peter III., der dort sein Holsteiner Regiment unterbrachte. Das eindrucksvollste Gebäude in Oranienbaum ist Rinaldis Schlittenberg-Pavillon, der einst als weiterentwickelte Version des russischen Gleithangs, eines Vorläufers der modernen Berg- und Talbahn, betrachtet wurde.

In Zarskoje Selo (heute Puschkin) stehen zwei Paläste, von denen einer von Rastrelli für Kaiserin Elisabeth umgestaltet wurde, heute aber als Palast Katharinas bezeichnet wird, der andere ist Giacomo Quarenghis Palast für Alexander I. Der jüngere Palast ist umgeben von beeindruckenden architektonischen Gärten mit Bosketten, Alleen, Statuen und einigen bemerkenswerten Gartenhäusern, darunter Rastrellis Einsiedelei und Grotte. Katharina die Große war eine leidenschaftliche Anhängerin des englischen Landschaftsgartens und veranlaßte Johann Busch, einen gebürtigen Hannoveraner, seine Baumschule im Norden Londons zu verkaufen und nach St. Petersburg zu ziehen, um dort Gärten für sie anzulegen. Er arbeitete mit Wassili Neelov in Zarskoje Selo, wo das gleichmäßige Wasserbecken zu einem unregelmäßigen See umgestaltet, gewundene Wasserläufe eingefügt, ein großer Teil des Bodens umgeschichtet und zahlreiche Bäume so gepflanzt wurden, wie die Natur sie hätte anordnen können. Am Ende des Sees entwarf Neelov eine zierliche palladianische Brücke, inspiriert von der Brücke im Park von Wilton in England. Der schottische Architekt Charles Cameron plante hier eine Reihe von Bauten für Katharina, von denen die Cameron-Galerie die bedeutendste ist, eine überdachte, dem Palast angegliederte Promenade, von der aus

Samson-Brunnen, Kaskade und Schloß Peterhof bei St. Petersburg

Ansicht eine Pavillons im Park von Kuskowo bei Moskau. Kupferstich

Grundriß des Parks von Kuskowo, Besitz der Fürsten Scheremetjew, bei Moskau. Kupferstich, Ende 18. Jh.

Katharina den architektonischen Garten, den Landschaftspark und die ebenfalls von Cameron stammende Modellstadt von Sofia mit Straßen, die auf diese Galerie ausgerichtet waren, überschauen konnte. Zu den anderen Bauten im Park gehörte eine Reihe von Monumenten, die an Siege in den Türkenkriegen erinnerten.

In der Nähe von Moskau, in Zarizino, wurde Wassili Baschenow mit dem Bau eines Palasts und verschiedener anderer Gebäude im russisch-gotischen Stil für Katharina beauftragt, aber ihr mißfielen seine freimaurerischen Symbole bei der Dekoration der Gebäude – die Freimaurer hatten den Plan ausgeheckt, ihrem Sohn, Großherzog Paul, statt ihrer zum Thron zu verhelfen –, und sie ordnete die Zerstörung der Bauten an. Neue Gebäude wurden von Mattei Kazakow entworfen, blieben aber nach Katharinas Tod unvollendet. Sie waren in einem hügeligen, bewaldeten Park zusammen mit zierlichen Pavillons und künstlichen Ruinen angeordnet.

Pawlowsk, in der Nähe von Zarskoe Selo, war der Wohnsitz des Großherzogs Paul und seiner Frau Maria Fedorowna, Prinzessin von Württemberg. Mit letzterer wird der Park in Zusammenhang gebracht, überwachte sie doch aus nächster Nähe dessen Ausführung in sentimental pastoralem Stil mit einer Meierei, einer Köhler- und einer Einsiedlerhütte, so wie sie sie in ihrer Jugend kennengelernt hatte.

Cameron entwarf den Palast, legte die ihn umgebenden Gärten an und begann mit der landschaftlichen Gestaltung des Slawjanka-Tals. Er plante außerdem einige hervorragende Parkbauten, darunter den Freundschaftstempel, die Apollo-Kolonnade, das Denkmal für die Eltern, das Vogelhaus und den Tempel der drei Grazien.

Nachdem Paul Kaiser geworden war, legte Vincenzo Brenna Teile des Parks in formalem Stil an, unter anderem die »Alte Sylvia«, eine große, kreisförmige Lichtung, von der zwölf Wege strahlenförmig abgehen. In der Mitte steht eine Apollo-Statue, und Standbilder der neun Musen und Merkurs, Neptuns und Floras sind entlang der Kreislinie verteilt. Nach Pauls Tod verwandelte Pietro Gonzaga, der sich nach einer bemerkenswerten Karriere als Bühnenbildner der Landschaftsgestaltung zugewandt hatte, das Paradefeld in eine Landschaft aus Wiesen, Wald und Wasser. Später gestaltete er das weite, flache Gebiet, der »Weißen Birken«, für das er

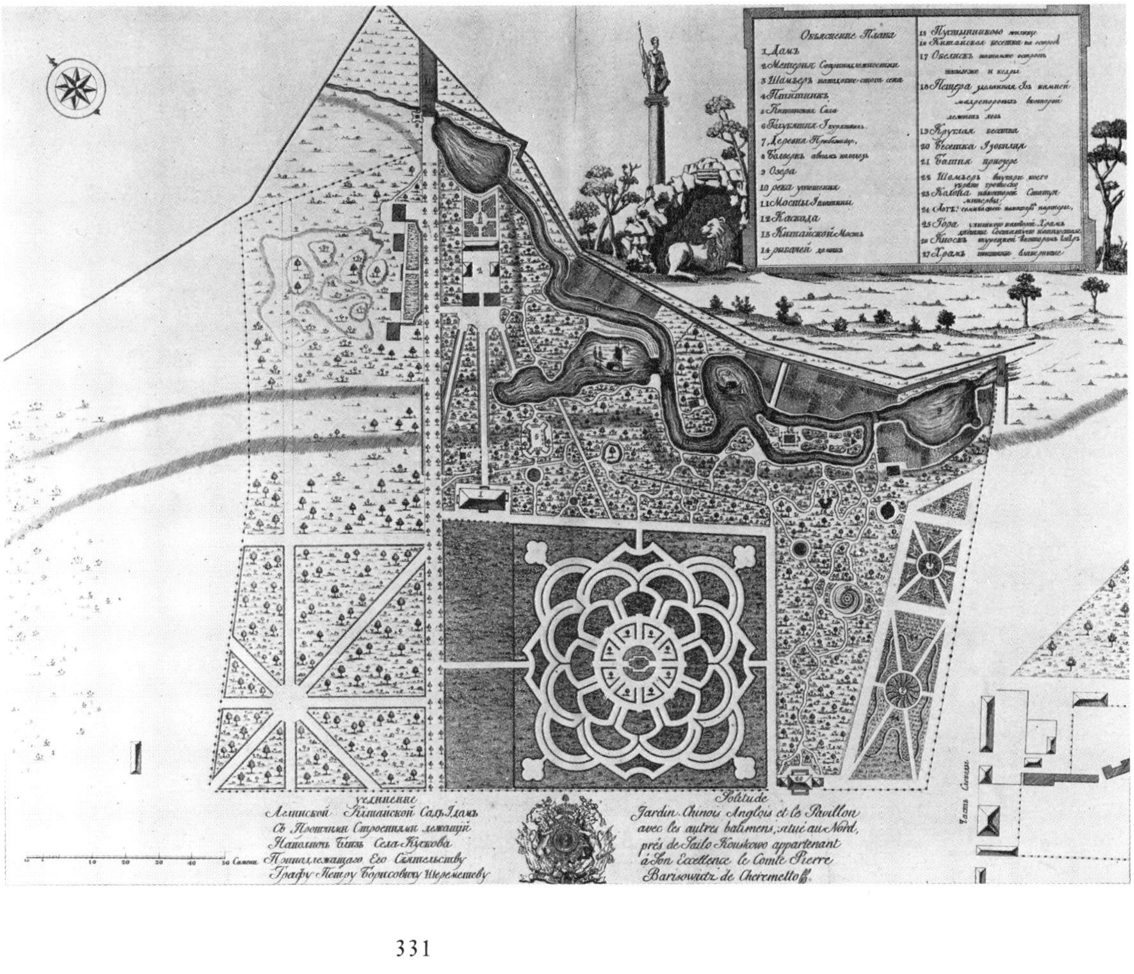

Zarskoje Selo bei St. Petersburg. Der See im Park mit der von Neptunmasken, Tritonen, Nereiden, Delphinen und Wasserpferden geschmückten Grotte von C. Rastrelli. Links das Galeriegebäude von Cameron

die nördliche russische Landschaft mit ihren Wiesen und Wäldern zum Vorbild nahm.

Pauls bevorzugter Park war Gachina, wo eine Gruppe von untereinander verbundenen malerischen Seen mit außergewöhnlich klarem Wasser den Kern der Komposition bildet. Ihre Oberflächen spiegeln die vereinzelten architektonischen Elemente sowie die Bäume entlang des Ufers und auf den geschickt plazierten Inseln wider. Die Landschaftsgestaltung wird Johann Busch zugeschrieben. Sein Sohn Joseph gestaltete die Insel Elagin in der Mündung der Newa, zeitweiliger Wohnsitz Maria Fedorownas. Er arbeitete hier mit Carlo Rossi zusammen, der den Palast umgestaltete und die außergewöhnlich schönen Gebäude im Park entwarf.

Fünf Landschaftsparks wurden in Peterhof geschaffen – der Englische Park für Katharina von James Meader, die Anlage für Quarenghis Englischen Palast; der Alexandria-Park mit dem Sommerpalast von Adam Menelaws für Zar Nikolaus I.; der Aleksandrinskii (heute Proletarskii)-Park von Menelaws und anderen; und die Kolonistkii- und Lugovoi-Parks, beide für Nikolaus I. Darüber hinaus existieren noch zwei frühere kaiserliche Parks bei Jalta, in Livadia und Oreanda.

Literatur

V. Ya. Kurbatov, *Sady i parki*, Petersburg 1916.
A.N. Petrov et al., *Pamiatniki arkhitectury prigorodov Leningrada*, Leningrad 1983.
A.S. Elkina, *Gatchina*, Leningrad 1979.
A. Kuchumov, *Pavlovsk: Pallace and Park*, Leningrad 1975.
A. Raskin, *Petrodvorets*, Leningrad 1978.
A. Raskin, *Gorod Lomonosov*, Leningrad 1979.

Die »Ideen« des René de Girardin in Ermenonville

Antoinette Le Normand Romain

Park von Ermenonville (Oise, Frankreich). Die Sphinx auf der Insel im See. Zeichnung aus dem Skizzenbuch des Marquis de Girardin, des Besitzers von Eremonville. Paris, Privatsammlung

Park von Ermenonville (Oise, Frankreich). Pappelinsel und Tempel der Philosophie. Zeichnung aus dem Skizzenbuch des Marquis de Girardin. Paris, Privatsammlung

Als der Marquis de Girardin (1735–1808) im Jahr 1766 das Gut von Ermenonville in Besitz nahm, fand er im entlegensten Teil eines kleinen sumpfigen Tals ein Schloß vor, bestehend aus einem von Türmen flankierten und von Quellwasser umgebenen Viereck. Unter Ausnutzung der vorhandenen natürlichen Quellen begann er, einen Park nach den Vorbildern zu schaffen, die er in England bewundert hatte. Dieser Landschaftsgarten, der 1777 fertiggestellt, viel besucht und häufig gemalt wurde, verzeichnete den Höhepunkt seines Erfolgs mit dem Aufenthalt Rousseaus, der dort auch am 4. Juli 1778 auf der Pappelinsel beigesetzt wurde.

»Hinzufügen und komponieren« lauteten die Prinzipien, die René de Girardin bei diesem Vorhaben leiteten. Wenn auch der Name Hubert Robert stets im Zusammenhang mit Ermenonville ausgesprochen wurde, ohne daß sich jedoch seine Rolle genauer bestimmen ließe, und wenn auch sicher ist, daß der Landschaftsarchitekt Morel Girardin half, so ist Ermenonville doch in jeder Hinsicht, in Konzeption und Realisation, das Werk seines Besitzers, von dem Mayer ein Porträt in Arbeitskleidung hinterließ, mit Halbstiefeln an den Füßen, dem Stock in der Hand, das Gesicht durch einen breitkrempigen Hut geschützt (Abtei Chaalis, Museum Jacquemart-Andre).[1]

Es ist in der Tat seine Persönlichkeit, die der Park widerspiegelt, es sind die Lektionen einer täglich aufs neue gemachten Erfahrung, welche Girardins Abhandlung mit dem Titel *De la composition des paysages ou des moyens d'embellier la nature autour des habitations en joignant l'agréable à l'utile* übermittelt, die 1777 in Genf erschien.

Sein Hauptverdienst aber liegt in der Intuition, die ihn als wirklichen Künstler die wesentlichen »Bilder« voraussehen ließ, aus denen sich der Park zusammensetzen sollte. Er begann, wie es scheint, mit der Szenerie im Norden: In diesem Bereich legte er, unter Beseitigung eines Parterres im französischen Stil, einen künstlichen Fluß an, dessen Vorzug darin lag, den Boden zu dränieren. Entlang seines Laufs verliehen geschickt angeordnete, italienisch *(Neue Mühle)* oder mittelalterlich *(Gabrielle-Turm)* inspirierte Gebäude der Sicht eine große Tiefe. Im Süden ließ der Marquis größere Arbeiten durchführen: Aus dem Wunsch resultierend, die diversen Ansichten des Parks von einem bestimmten Standpunkt aus, dem großen Salon im Mittelteil des Schlosses, überschauen zu können, riß Girardin den Südflügel ab, um den Hof, den er nach dem Herausreißen des Pflasters bepflanzte, zum Park hin zu öffnen. Die vor dem Schloß vorbeiführende, stark frequentierte Straße von Senlis nach Meaux wurde in die Landschaft, die sie beleben sollte, integriert, während man den sich dahinter erstreckenden Gemüsegarten in ein Wasserbecken umwandelte, das aus dem *Kleinen Teich* gespeist wurde. Von dort floß das Wasser über den alten Staudamm in einer Kaskade in das Becken. Der geradlinige Verlauf dieses Damms wurde aufgelockert, die Form des oberen Teichs und die Unebenheiten des Geländes korrigiert, wahrscheinlich mit Mayers Hilfe, der mit Ermenonville, von dem er neben dem Porträt des Marquis mehrere Ansichten hinterließ, vertraut war. An den Hängen dieser natürlichen Mulde wurden Gebäude errichtet: die *Eisgrotte*, der *Tem-*

pel der modernen Philosophie, um 1775 realisiert, unvollendet, aber nicht als Ruine vorgesehen. Im Unterschied zu seinem Vorbild, dem Tempel in Tivoli, war dessen Philosophie »nondum perfectae«: Die unbearbeiteten oder nur roh behauenen Steine warten noch heute darauf, in der Fortsetzung der sechs Säulen aufgeschichtet zu werden, welche bereits zum Ruhm der sechs dem Fortschritt der Menschheit dienenden »Philosophen«, aufgestellt worden waren: Descartes, Newton, Penn, Montesquieu, Voltaire und Rousseau. Mit dem Grabmal Rousseaus, in seiner endgültigen Form 1780 nach den Entwürfen Hubert Roberts (oder d'Auberts?)[2] mit Reliefs von Lesueur angefertigt, setzte Girardin diesem Tableau, das uns glücklicherweise fast vollständig erhalten blieb, einen Schlußpunkt. Erhalten ist auch die *Wüste*, eine brachliegende, sandige Einfriedung mit verstreut liegenden Felsen, bewachsen mit Kiefern, Heidekraut und Ginster. Der Marquis hatte sich hier damit begnügt, eine *Eremitage* zu errichten, an der er Inschriften anbringen ließ, um den Eindruck von der natürlichen Einsamkeit des Ortes zu verstärken.

Park von Ermenonville (Oise, Frankreich). Der Fluß mit den gotischen Staffagebauten. Zeichnung aus dem Skizzenbuch des Marquis de Girardin. Paris, Privatsammlung

Park von Ermenonville (Oise, Frankreich). Die arkadische Wiese und die Grotte der Nymphe Egeria. Zeichnung aus dem Skizzenbuch des Marquis de Girardin. Paris, Privatsammlung

Diese zahlreichen Inschriften in Französisch, Latein, Englisch und Italienisch, die den Geist des Besuchers anregen sollten, spiegelten die Neigungen, Vorstellungen, Überzeugungen Girardins wider. Sie erleichterten das Verständnis der Tableaus, die der Eigentümer philosophisch untermauert, sowie malerisch und gestalterisch vorbereitet hatte, in »der einzigen Art, seine Vorstellung aufzuschreiben, um sich vor deren Ausführung genau darüber klarzuwerden«.[3]

Zufällig sind mehr als achtzig Zeichnungen erhalten geblieben. Sie wurden vom Urenkel René de Girardins in einem Album[4] zusammengestellt; wahrscheinlich entnahm er sie Mappen, in denen sie nach Themen gruppiert waren, Pläne für Pavillons, »Ansichtsskizzen von Ermenonvillle, wie sie vor Ausführung auf dem Gelände komponiert worden waren«, Pläne für die Umgestaltung des Schlosses.[5] Sie haben nichts von Architektenzeichnungen, sondern sind, überwiegend kleinformatig, mit Bleistift oder Tinte in einem etwas naiven Stil auf beigem oder bläulichem Papier ausgeführt. Sehr präzise – die Inschriften sind noch lesbar – wie kleine Pläne sorgfältig mit Niveauangaben und mit Gestalten in diversen Aktivitäten versehen, stellen sie eine Sammlung von »Ideen« dar, die Aufschluß über Girardins Inspirationen geben und vor allem auf England verweisen, das er besucht hatte, bevor er mit der Umgestaltung des Parks begann. Sie verdeutlichen aber auch sein Bemühen, dem Auge zu gefallen und »Herz und Phantasie anzusprechen«.[6] Manchmal befaßte er sich selbst mit der Anordnung eines Bildes – sollte er im Nachtigallenwald, wo er die Gestaltung eines unebenen Geländes plante, eine grüne Grotte und einen Wasserfall oder eine stärker formale Komposition errichten, angeregt durch den Brunnen der *Nymphe Egeria*, den er 1775 mit seinem Sohn in Rom besichtigt hatte? »Heute ist er nur noch eine große zerbrochene Arkade mit sechs Nischen, in denen einst Statuen standen, man sieht noch eine zerbrochene (...) Wasser läuft dort reichlich«.[7] Dann wieder ist er unschlüssig über die Bedeutung, die er der Szene geben soll: Nachdem er überlegt hatte, in den Vordergrund der *Arkadischen Wiese* einen Sarkophag mit der berühmten Inschrift *Et in Arcadia ego* zu plazieren, veranlaßte ihn sein natürlicher Optimismus, ein weniger melancholisches Motto vorzuziehen, und so wurde eine Hütte aus Schilfrohr errichtet, die *Hütte von Philemon und Baucis*; sie erinnerte an das Goldene Zeitalter, dessen Wiederkehr er für möglich hielt.

Die Pläne für die Umgestaltung des Schlosses stellen eine besonders interessante Serie dar. Girardin beabsichtigte nicht, es zu rekonstruieren, vielmehr es zu reparieren. Wenn er der französischen Tradition auch häufig treu blieb, so gewann seine Bewunderung für englische Schlösser und italienische Villen doch manchmal die Oberhand: Monumentale Treppen führen zum Wasser hinab, eine Loggia, welche das Vorbild der Villa Medici unmöglich verleugnen kann, öffnet sich zum Erdgeschoß.

An anderer Stelle vermischen sich italienische und mittelalterliche Bezüge in einem Entwurf, der im Ergebnis durch seinen Eklektizismus und seine Proportionen eher an England erinnert: Von Säulchen unterteilte Fenster zieren das Ende zweier kurzer Flügel, die einen monumentalen Portikus mit dreieckigem Giebel einrahmen; die stufenförmigen Dächer werden von einem Aussichtsturm gekrönt. Das Schloß ist mit dem Festland durch eine Brücke verbunden, die in der Manier der Renaissance überdacht ist.

Der Egeria-Brunnen wurde nicht realisiert, das Schloß nicht umgestaltet, die Gärten begannen schnell zu verfallen. Schon in der Nacht des 7. Dezember 1787 verwüstete ein starker Sturm die Arkadische Wiese und zerbrach den Damm des kleinen Teichs: Beide wurden nicht wiederhergestellt, da Girardin zu diesem Zeitpunkt Frankreich schon verlassen hatte. Nach dem Sturz der Bastille wurden die als »feudal« bewerteten Inschriften zerstört. Schließlich beschloß man die Überführung von Rousseaus Asche ins Panthéon und führte diese am 9. Oktober 1794 auch durch. Während des gesamten 19. Jahrhunderts beließ man den Park in einem relativ verwahrlosten Zustand, aber durch den Verlust relativ unbedeutender Einzelheiten, die lediglich dem Geschmack einer bestimmten Zeit entsprochen hatten, gewann er nur an Schönheit. Er bringt das Talent Girardins bei der »Komposition der Landschaft« zur Geltung und trägt dazu bei, die »von einem großen Künstler verstandene und bearbeitete Natur«[8] zu erkennen.

Park von Ermenonville (Oise, Frankreich). Die Pappelinsel. Photo Fulvio Ventura

Anmerkungen

[1] Abtei Chaalis, Museum Jacquemart-André, Sammlung Girardin.
[2] Louis Gillet, *La collection Girardin à Chaalis. Le reliquaire de Jean-Jacques*, in: »Revue des Deux Mondes«, 1. September 1925, S. 134–159.
[3] R. de Girardin, *De la composition des paysages* . . ., S. 21.
[4] *Dessins originaux. Croquis au crayon et à l'encre du marquis René de Girardin, vicomte d'Ermenonvillle, concernant sa terre d'Ermenonville, comté de Senlis, Isle de France. Projets et exécution définitive. Le tout recueilli et classé par le comte Fernand de Girardin.* Privatsammlung.
[5] Die Existenz dieser Mappen, vielleicht einfacher Papierstapel, läßt sich durch die von René de Girardin handgeschriebenen Titel nachweisen. (Zu beachten ist der Gebrauch englischer Wörter, *factories, prospect*), die ausgeschnitten und auf eine der ersten Seiten des Albums geklebt wurden.
[6] R. de Girardin, *De la composition des paysages* . . ., S. 44.
[7] Stanislas de Girardin an seine Mutter, 9. November 1775, in: *Lettres de Suisse et d'Italie*, geschrieben von René de Girardin und seinem Sohn, 1775–1776, Manuskripte. Privatsammlung.
[8] Louis Gillet, *Abbaye de Chaalis et musée Jacquemart-André. Notice et guide sommaire des Monuments, des Collections et de la Promenade du Désert*, Hrsg. J.E. Bulloz, 1933, S. 184.

Literatur

René de Girardin, *De la composition des paysages ou des moyens d'embellier la nature autour des habitations en joignant l'agréable à l'utile*, Paris und Genf 1777. Neu herausgegeben mit einem Nachwort von Michel H. Conan, Paris 1979.
Promenade et itinéraire des jardins d'Ermenonville, Paris 1786 und 1811, soll von Stanislas de Girardin redigiert worden sein, geschmückt mit 25 von Mérigot nach Zeichnungen der Familie de Girardin hergestellten Stichen.
André Marin-Decaen, *Le dernier ami de J.J. Rousseau. Le marquis de Girardin d'après des documents inédits*, Paris 1912, mit einer sehr vollständigen Bibliographie.
Antoinette Le Normand, *Ermenonville 1766–1794*, Dissertation an der Universität Paris-Nanterre, unveröffentlicht, 1974.

Die Gärten des Hubert Robert

Jean de Cayeux

Die Schiffsanlegestelle. Ölgemälde von Hubert Robert. San Francisco, The Fine Arts Museum

In einem wichtigen, jedoch nie veröffentlichten Text legte Pierre-Adrien Pâris (1745–1815), der für die Menus Plaisirs Ludwigs XVI. verantwortlich war, seine *Réflexions sur le caractère particulier des jardins romains*[1] dar: »Man mißbraucht das Mittel des Vergleichs, wenn man es auf Gegenstände anwendet, die zu weit voneinander entfernt sind. Ich habe häufig erlebt, daß man römische mit englischen Gärten vergleicht, um zu beurteilen, welcher der beiden Arten der Vorzug gebührt. Mir erscheint die Zeit, die man auf solche Diskussionen verwendet, verloren. Jeder Stil hat seine eigenen Schönheiten, die klima- und ortsbedingt sind. Es wäre genauso schwierig, einen englischen Garten in Rom zu gestalten, wie es unmöglich ist, römische Gärten woanders als in Rom selbst anzulegen. Was den römischen Gärten außerdem Charme und Würde verleiht, ist die sichtbare Wirkung vom Zahn der Zeit. Während der Jahrhunderte großen Reichtums entstanden und mit Kunstwerken aller Art ausgestattet, haben sie durch eingetretene Veränderungen des Wasserspiegels oder andere natürliche Ursachen Schaden erlitten: Die Natur hat gewissermaßen ihre Rechte wieder beansprucht, und triumphiert über die Kunst. Das Ergebnis dessen sind höchst pittoreske Effekte. Die Vernachlässigung, der Verfall und die ungebändigte Vegetation haben wundervolle Anblicke geschaffen ... Die Gärten von Rom regen bei mir die Begeisterung für die Künste an, wecken die Erinnerung an die großen Ideen und veranlassen mich, über die Ereignisse nachzudenken, die das Gesicht der Welt moralisch und physisch verändert haben. Die antiken und erhabenen Marmorbildwerke scheinen mir von den berühmten Römern aufgestellt worden zu sein, deren Gesichtszüge die mich umgebenden Statuen darstellen.« Diese »Réflexions« sind ein perfekter Kommentar zum Werk des größten französischen Landschaftsmalers jener Zeit: Hubert Robert, der im übrigen ein Freund von Pâris war.[2] Die antiken, von der Vegetation überwucherten und von Hirten häufig besuchten Ruinen, die pittoresken Spuren des täglichen Lebens an den Zeugnissen vergangener Größe, der Schatten der Schirmpinien auf den Gräbern und Statuen prägten sich während seiner Lehrjahre so tief in das Denken des Künstlers ein, daß sie sein gesamtes Werk durchdringen. Atmosphäre, Einbildung, Erinnerungen und Variationen der Kindheitsbilder vermischen sich mit der Phantasie: Hubert Robert erscheint wirklich als ein »Erfinder«, ein »Komponist« von Landschaften, daher sein besonderer Sinn für die Gärten.

Man weiß, daß der junge Maler, gefördert vom Grafen de Stainville, dem späteren Herzog von Choiseul, elf Jahre in Rom verbrachte, während derer er sich nicht nur mit den antiken Ruinen und den Denkmälern der Renaissance, sondern auch mit den berühmten städtischen und vorstädtischen Gärten vertraut machte. Er zeichnete und malte nicht nur vernachlässigte Gärten, sondern auch die mehr oder weniger gut erhaltenen berühmten Villen: Albani, Borghese, Farnese, Madama, Mattei und Sacchetti.[3] Während seines Aufenthalts in Neapel skizzierte Hubert Robert die Gärten von Portici und im nahe gelegenen Pozzuoli die Ruinen des Serapis-Tempels, die an einen großen, verwilderten Garten erinnern. Die interessantesten Darstellungen aber betreffen die Güter in der Umgebung von Rom. So verweilte er in der Villa d'Este in Tivoli, die der Abbé von Saint-Non gemietet hatte, und fand sich dort in der Gesellschaft eines anderen berühmten Malers, Fragonard. Inspirieren ließ er sich auch von den Gärten des Farnese-Palasts in Caprarola und vielleicht noch mehr vom Charme Frascatis, wohin man sich in die Sommerfrische begab, um dem ungesunden römischen Klima zu entfliehen. Er zeichnete dort weitere Ansichten der Gärten Pamphili, Aldobrandini und Conti. Nach seiner Rückkehr nach Frankreich wertete Hubert Robert diese reiche Ausbeute aus. Nach seinen Skizzen stellte er eine ganze Serie von Bildern her, die zwischen 1767 und 1775 regelmäßig im *Salon* ausgestellt wurden. Aber die Erinnerung an seine römischen Wanderjahre verfolgten ihn bis zu seinem Lebensende: So malte er die Bilder *La Fontaine* und *Le jet d'eau* (Baltimore) wahrscheinlich im Gefängnis von Saint-Lazare während der Revolution (1793).

Dieselbe Mischung aus »wild« und »gepflegt«, Großartigkeit und Vernachlässigung herrschte zu der Zeit in manch einem der großen königlichen Güter in der Umgebung von Paris, in denen das nun wuchernde Laubwerk die ursprüngliche klassische Ordnung zerstört hatte. Aus diesem Grund liebte es der Maler, sich in Saint-Cloud, dessen Brunnen »La Garbe« zu einer Art Leitmotiv wurde, auf den melancholischen Terrassen von Marly oder auch im dunklen Laubtunnel von Rambouillet aufzuhalten. Aber der »Gartenmaler« wurde, der Logik des Landschaftsgartens entsprechend, bald zum Meister dieses Stils, zum eigenständigen »Gärtner«. Auf Empfehlung des Grafen von Angiviller, des Direktors der Bauten, beauftragte der junge König Ludwig XVI., der die nun notwendige Erneuerung der Bäume im Park von Versailles beschlossen hatte, Robert mit der Schaffung einer Erinnerung an ein Ereignis, »das seinesgleichen im nächsten Jahrhundert nicht erleben würde«. Auf diese Weise wurden im *Salon* von 1777 *Vue des jardins de Versailles vers le Tapis Vert au moment de l'abattage des arbres* und *Vue du Bosquet des Bains d'Apollon lors de l'abattage des arbres* (Museum von Versailles) ausgestellt. Das letztgenannte Gemälde, auf dem ein Fragment der Gruppe der *Chevaux d'Apollon* erscheint, kann als Vorläufer der großen Realisierungen des Malers als Gartengestalter betrachtet werden. Im selben Jahr wurde er mit der Neuplanung für das Wäldchen der Bäder Apolls beauftragt, die er von 1777 bis 1780 in Zusammenarbeit mit Thèvenin erfolgreich ausführte. Er entwarf eine monumentale und pittoreske Anordnung, beinah eine Opernausstattung: Die Öffnung einer sehr großen künstlichen Grotte stellt den Eingang zum Thetis-Palast dar, wo Apoll inmitten seiner Nymphen steht. Als Ergebnis dieser Arbeit wurde Robert zum »Gestalter der königlichen Gärten« (1778) ernannt, ein Posten, der seit dem Tod des großen Le Nôtre nicht mehr besetzt gewesen war. Danach arbeitete Robert bei der Gestaltung der Gärten des Petit-Trianon für

Der Wasserfall. Ölgemälde von Hubert Robert. Paris, Privatsammlung

Königin Marie-Antoinette mit Mique zusammen, vor allem bei der Planung des *Hameau* mit seinen rustikalen Häusern. In Rambouillet, einem Gut, das Ludwig XVI. 1783 von seinem Vetter Penthièvre erwarb, ist seine Beteiligung besser beurkundet. So ist bekannt, daß Hubert Robert die Entwürfe für die neuen Gärten lieferte. Gemeinsam mit Thèvenin erarbeitete er auch die prächtige Meierei, in der nach damaliger Mode die Damen des Adels Milch und Käse zu sich nahmen oder ihren Gästen anboten. Dieses komplexe und prunkvolle Gebäude bezog seine Inspiration von Ciceros Amaltheum in Arpinum.[4]

Parallel zu diesen »offiziellen« Arbeiten erstellte Robert Pläne für vornehme Auftraggeber, die zugleich Kunstsammler und Gartenliebhaber waren. Zahlreiche Rötelzeichnungen und Zeitdokumente offenbaren, daß er Stammgast auf dem Gut Claude-Henry Watelets war, jener berühmten Moulin-Joli auf einer Seineinsel in Colombes, deren ländlichen Charme er schätzte.[5] Ein interessanter Briefwechsel zwischen dem Maler und dem reichen Steuerpächter de Laborde ermöglicht es, seine Arbeiten für den Park von Méréville von 1786 bis 1790 zu verfolgen, wo er die Nachfolge des Architekten Bélanger antrat. Die zahlreichen Zeichnungen und Gemälde, die sich diesem Gut zuordnen lassen, zeigen die Problematik des Verhältnisses von Gärten zur Malerei und die Schwierigkeit, reale Gartendarstellungen und Pläne für die Gestaltung solcher Gärten von rein imaginären Ansichten zu unterscheiden.[6] Viele der Werke beruhen darauf, daß das »Pastorale« und das »Pittoreske« hinter dem »Erhabenen« zurücktreten.

Über den Anteil Roberts bei der Anlage von Ermenonville kann man nur Mutmaßungen anstellen. Der Marquis de Girardin, sein Besitzer, scheint eifersüchtig darüber gewacht zu haben, daß die gesamte Urheberschaft ihm zugschrieben wurde.[7] Dennoch spielen zahlreiche »Szenen« dieses Parks eine nicht unerhebliche Rolle im malerischen Werk Hubert Roberts: etwa der Tempel der Philosophie als Erinnerung an den der Sibylle in Tivoli oder die Brauerei mit ihrem Strohdach. Man weiß jedoch, daß das ursprüngliche – jetzt leere – Grab Jean-Jacques Rousseaus auf der Pappelinsel von Philippe Lesueur nach Plänen von Hubert Robert gestaltet wurde. Als die Asche des Philosophen fünfzehn Jahre später ins Panthéon überführt wurde, fer-

Der Pavillon rustique. Ölgemälde von Hubert Robert. Paris, Privatsammlung

Heckenlaube in einem Park. Zeichnung von Hubert Robert. Paris, Institut Néerlandais

tigte der Maler merkwürdigerweise zwei großartige Bilder des in der Mitte des Sees in den Tuilerien errichteten provisorischen Grabmals an.[8] Es scheint, als wäre Hubert Robert, der von der Protektion und der Freundschaft bedeutendster Personen profitierte und häufig in ihre Landhäuser eingeladen wurde, dazu aufgefordert worden, Ratschläge zu geben, wenn nicht gar weiterführende Pläne zu unterbreiten. So geschah es im Fall des Landgutes für den Maréchal de Noailles in Saint-Germain, von dem heute nichts mehr erhalten ist. Der letzte Garten, für den Robert Arbeiten ausführte, war, wie jüngst entdeckte Dokumente beweisen, der Park von Lafayette im Schloß Lagrange in der Brie (1800/01).

Mit seinen Kenntnissen von Rom bis zur Ile-de-France und perfekt ausgerüstet mit Informationen von jenseits des Ärmelkanals, war Hubert Robert die exemplarische Gestalt eines »Maler-Gärtners«. Vom Motiv bis zu der auf Leinwand komponierten Landschaft gelangte er auf natürliche Weise zur neu komponierten Landschaft in der Natur. Hier gab es keine Rückblicke und auch keine Rückgriffe auf Lorrain, auf Berchem oder auf Salvator Rosa, vielmehr zählte seine fast einzigartige Erfahrung. Selbst wenn man die doppelte Rolle des Engländers William Kent ein halbes Jahrhundert früher berücksichtigt[9], hat nie ein Künstler mit solcher Virtuosität die Grenzen der Disziplinen überschritten.

Anmerkungen

[1] Das gesamte Werk und die Urkundensammlung des Architekten Pierre-Adrien Pâris wurden der Stadtbibliothek von Besançon (Doubs), seiner Geburtsstadt, überlassen. Dieser Text findet sich in Band 480: *Etudes d'architecture, Band III, Palais*. Überdies fertigte Pâris während seines Besuchs der Akademie (1771–1774) zahlreiche Aufmaße in den Gärten der Umgebung von Rom, auch schöne Ansichten als Aquarelle und Rötelzeichnungen, die bisweilen mit denen seines Freundes Hubert Robert verwechselt wurden, von dem er Werke besaß. Bis die angekündigte Monographie erscheint, kann man sich immer noch auf das Buch von A. Estignard, *P.-A. Pâris, sa vie, ses oeuvres, ses collections*, Paris 1902, und auf E. de Ganays Beitrag *L'Architecte P.-A. Pâris*, in: *»R. A. A. M.«*, Juni–Dez. 1924, S. 249–264, beziehen.

[2] Die Literatur über Hubert Robert ist bedeutend. Es ist also ganz natürlich, sich auf die unlängst erschienene Biographie von Jean de Cayeux, *Hubert Robert*, Paris 1989, zu beziehen, die auf dem neuesten Stand ist. Zur Rolle des Malers vgl. Jean de Cayeux, *Hubert Robert et les jardins*, Paris 1987.

[3] Serien dieser Ansichten italienischer Villen befinden sich im Louvre in Paris, in der Eremitage von Leningrad, im Metropolitan Museum in New York, in der Albertina in Wien sowie im Museum von Valence.

[4] Die Verwandtschaft zwischen dem »Felsen« der Bäder Apolls und der »Meierei« vom Rambouillet ist übrigens eindeutig, vgl. Henri Lavagne, *L'Amalthaeum de Ciceron et la »Laiterie de la Reine« au château de Rambouillet*, in: »La Mythologie, Clef de lecture du monde classique, Hommage à R. Chevallier«, Tours 1986, S. 467–474.

[5] Eine der besten dokumentarischen und historischen Analysen findet man im Buch von Dora Wiebenson, *The Picturesque Garden in France*, Princeton 1978.

[6] Reproduktionen einer Anzahl dieser Werke, etwa derer in Sceaux oder im Museum von Stockholm, findet man in J. de Cayeux, *Hubert Robert et les jardins*, a. a. O., S. 102–112. Einige Gebäude aus dem Park von Méréville wurden im 19. Jahrhundert in einen anderen Park der Essonne, im Süden von Paris, nach Jeurre, transportiert.

[7] Vgl. in diesem Buch den Aufsatz von Antoinette Le Normand Romain über René de Girardin und Ermenonville (S. 333 ff.).

[8] Diese Bilder, die sich im Musée Carnavalet (Paris) bzw. in Dublin befinden, zeigen ein dorisches Häuschen, das an das Grabmal Cooks im Park von Méréville erinnert. Bis heute konnte jedoch nicht bewiesen werden, daß es von Robert stammt.

[9] Vgl. John Dixon Hunt, *William Kent, Landscape Garden Designer*, London 1987, und in diesem Buch den Beitrag von Elisabetta Cereghini (S. 316 ff.).

Holzbrücke und Hütte im Park von Méréville (Essonne, Frankreich). Ölgemälde von Hubert Robert. Stockholm, Nationalmuseum

Der »Charakter« des Baumes: Alexander Cozens und Richard Payne Knight

Alessandra Ponte

In den Parks von Downton und Foxley, die Ende des 18. Jahrhunderts von den beiden großen Theoretikern des Pittoresken, Richard Payne Knight (1751–1824) und Uvedale Price (1747–1829), geschaffen wurden, verraten nur vereinzelte Spuren die Hand des Künstlers.

Vergeblich sucht man dort Tempel und Säulen, Statuen und Inschriften, ländliche Cottages und chinesische Pavillons, welche die Landschaft strukturieren oder einer bestimmten Landschaftskonzeption Ausdruck verleihen. Knight verurteilte die in englische Gärten verpflanzten Tempelchen und Pagoden als »bedeutungslose Auswüchse«.[1] In den pittoresken Gärten blieb der künstlerische Eingriff verborgen; die Bauwerke sollten unauffällig, versteckt, häufig sogar vergänglich sein. Von der »Alpine Bridge«, in Downton, die – wie eine Zeichnung von Thomas Hearne belegt[2] – kaum mehr als ein von unbearbeiteten Baumstämmen gestützter Laufsteg war, ist keine Spur geblieben. Heute völlig von Buschwerk überwachsen, sind die nur grob behauenen Steine des Römischen Bades, das – wie einem um 1790 entstandenen Aquarell von William Owen[3] zu entnehmen ist – aus drei kleinen, grottenähnlichen Räumen bestand, die eher Druidenbauten als klassischen Vorbildern glichen und schon damals mit der Vegetation verschmolzen. Price ist in Foxley noch zurückhaltender. Auf der von seinem Freund Thomas Gainsborough ausgeführten Zeichnung »Beach Trees in Wood at Foxley with Yazor Church in Distance«[4] ist, abgesehen vom Turm der Dorfkirche, als einziges künstliches Element ein aus Ästen geflochtener Zaun zu sehen, während der Weg kaum mehr als ein Feldweg ist. Einige um 1830 erschienene Lithographien zeigen in Foxley nur Bäume, Wiesen und Wälder. Das Haus steht in der Ferne, halb von Bewuchs verdeckt.[5]

Verglichen mit der Beredsamkeit von Gärten wie Stowe, Rousham, Stourhead oder Chiswick mit ihren Tempeln, Inschriften, Grotten und Obelisken, wirken diese pittoresken Parks sprachlos. Durch den Verzicht auf Architektur und Bildhauerei verbleiben nur die »natürlichen« Materialien – Fels, Wasser und Bäume –, um etwas auszudrücken, um dem Garten *Charakter* zu verleihen, ihn zum Kunstwerk zu machen. Wenn nämlich das Anlegen eines Parks als Kunst betrachtet werden soll, dann muß diese Kunst, ebenso wie in der Malerei oder Dichtung, mehr leisten als das bloße Abbilden der Natur.

La Crescenza. Ölgemälde von Claude Lorrain (1648). New York, The Metropolitan Museum of Art. Dieses Gemälde, das R. P. Knight gehörte, scheint diesen zu der Anlage von Downton Castle inspiriert zu haben

Wie Kight in seinem Traktat über den Geschmack (Erstveröffentlichung 1805) bemerkt, ist die reine Imitation in den Künsten nur für den ungebildeten Menschen genußbringend. Für den Gebildeten dagegen halte dieser Genuß nicht lange an; er suche – so Knight – in den »nachahmenden Künsten einen Charakter und Ausdruck, der das Einfühlungsvermögen zu wecken, neue Ideen anzuregen oder schon existierende zu erweitern und zu erheben vermag«.[6] Selbst das »Pittoreske«, so erklärt Knight in der Auseinandersetzung mit Price, sei nichts weiter als eines der möglichen Charkteristika von Landschaft. Auf einige dieser Landschaftscharakteristika weist Knight, der sich dabei im Rahmen der schottischen Assoziationstheorie bewegt, seinen Freund Price ausdrücklich hin: klassische Landschaften mit Mauerresten und zerbrochenen Säulen, die beim Betrachter eine Erinnerung an die antike Literatur erwecken; wild-romantische, phantastische, erstaunliche Szenen, die alle Elemente des »Romanhaften« enthalten; Hirtenlandschaften, in denen Cottages, Schafherden, Hirten und bestellte Felder – bei entsprechender Vorbildung – angenehme Assoziationen an die Schäferdichtung wachrufen. Pittoresk seien Landschaften, die an die Gemälde der großen Vedutenmaler erinnern: die Venetier, die Flamen, Poussin, Lorrain, Salvator Rosa. Pittoresk, betont Knight, bedeute »nach Art der Maler«. Die Maler hätten ein Bild der Natur festgehalten, wie es sich nur selten dem Auge des Betrachters darbiete; diesem Bild nun in der Wirklichkeit zu begegnen, habe einen Genuß zur Folge, der aus unserer Vertrautheit mit der Malerei herrühre.[7]

Abgesehen von der angesprochenen Polemik, sind sich Knight und Price über die Art der Parkgestaltung einig: Verwendung natürlicher Materialien und Orientierung an den Grundsätzen der Landschaftsmalerei. Mit ihrem Plädoyer für die »Natur« stehen sie freilich nicht allein; auch andere Stimmen erheben sich gegen den Versuch, mittels Einführung architektonischer und bildhauerischer Elemente eine Wesensart zum Ausdruck zu bringen. Erinnert sei etwa an John Dalrymple, der in einer um die Mitte des 18. Jahrhunderts verfaßten Abhandlung über den Garten hervorhebt, die Natur selbst habe dafür gesorgt, »den Veduten verschiedener Geländeformen unterschiedliche Gefühle« einzuprägen.[8] Zitiert sei auch der berühmte Abschnitt aus Whatelys *Observations on Modern Gardening* (1765): »Die bloße Natur hat – auch ohne die Zugabe von Bauten oder anderem Beiwerk – genügend Mittel zur Verfügung, um nahezu alle Charakteristika in Szene zu setzen. Ihr allgemeines Wirken und ihre Effekte sind von unbegrenzter Vielfalt. Unsere Seele erhebt sich, verzagt oder beruhigt sich zu sanfter Gelassenheit, je nachdem, ob Fröhlichkeit, Traurigkeit oder Ruhe das Bild beherrschen.«[9]

Bei der Lektüre dieser Äußerungen sollte man freilich bedenken, daß es sich bei der hier bemühten Natur nicht um die »echte«, sondern um eine korrigierte, umgestaltete und neu zusammengesetzte Natur handelt. William Gilpin, der für Liebhaber und Sonntagsmaler Führer durch die wildesten und malerischsten englischen Landschaften verfaßt hat, weist darauf hin, daß sich eine Landschaft nur selten dazu eigne, auf der Leinwand abgebildet zu werden; man müsse weg-

Downton Castle (Herefordshire, Großbritannien). Heutiger Zustand

Alpenbrücke. Aquarell von Th. Hearne (1744–1817). Photo Courtauld Institute of Art, London

nehmen, hinzufügen und erfinden, um die Wirklichkeit den Regeln der großen Landschaftsmalerei anzupassen. In einem seiner Führer heißt es, er habe sich die Aufgabe gestellt, einen Ort nicht einfach nach seinem Aussehen, sondern auf der Grundlage der Regeln pittoresker Ästhetik zu untersuchen – ihn nicht bloß zu beschreiben, sondern die Beschreibung des Naturschauspiels an den Grundsätzen der künstlichen Landschaftsdarstellung auszurichten.[10]

Komplexer und differenzierter ist das didaktische Programm von Alexander Cozens. In *Principles of Beauty*, veröffentlicht 1778, illustriert er, mit welchen Mitteln sich die »einfache Schönheit« eines menschlichen Gesichts, das hieißt ein »schönes Gesicht ohne Charakter« erzeugen läßt und mit welchen Verfahren man dagegen eine »komplexe Schönheit«, das heißt die Verbindung von Schönheit und Charakter, erzielt. Er zählt sechzehn Wesensmerkmale der Schönheit auf: Würde, Empfindsamkeit, Weisheit, Entschlossenheit, Bewegtheit, Schwermut, Zartheit usw. Diese Charakteristika sollen durch Kombination verschiedener Arten von Gesichtszügen erzielt werden, die Cozens nach den fünf Segmenten Stirn, Nase, Augen, Mund und Kinn gliedert und in einer Reihe von Tafeln abbildet. Dasselbe Vorgehen taucht in einer anderen, wesentlich ambitiöseren und unvollendet gebliebenen Abhandlung desselben Autors wieder auf: *The Various Species of Landscape etc. in Nature.* Das Titelblatt eines der veröffentlichten Fragmente verzeichnet sechzehn Landschaftstypen, vierzehn Klassen von Gegenständen (Felsen, Wasser, Wälder, Gebäude usw.) und 27 Begleitumstände (Tageszeiten, Jahreszeiten, Wetterverhältnisse, Katastrophen usw.). Jedem Landschaftstyp sind bestimmte Gefühle zugeordnet: dem Bild des Abgrundes entsprechen Erstaunen, Furcht und abergläubische Angst; die Gipfel eines Alpenkamms symbolisieren Stille, Schwermut, Erstaunen und Erschrecken; Seen und große Wasserflächen verkörpern Frische, Stille und Wonne; eine weite, offene Landschaft schließlich bedeutet allgemeines Wohlbefinden, Freiheit und erhabenes Gefühl.

Unter den Fragmenten dieses großangelegten Unternehmens verdienen zwei weitere Veröffentlichungen eine Erwähnung: *The Shape, Skeleton and Foliage of Thirty-Two Species of Trees* (1771) und die Reihe der »Himmel«, die zusammen mit der berühmten *New Method* erschien. Die Untersuchung von Bäumen und Wolken bildet das Gegenstück zu jener der Gesichtszüge. Während der Charakter eines Gesichts aus der Kombination und Montage von in Tabellen geordneten einzelnen Zügen gebildet wird, soll der Charakter einer Landschaft aus der Mischung von Objekten und Begleitumständen entstehen.[11]

Mit Cozens vergleichbar, erkennt auch Knight in seinem Lehrgedicht *The Landscape* Analogien zwischen den in Malerei und Bildhauerei verwendeten Mitteln zur Darstellung eines menschlichen Charakters einerseits und denjenigen, andererseits, die in der Landschaftsgestaltung zur Anwendung kommen sollten. In Knights Versen begegnet uns der für das 18. Jahrhundert typische Mythos des edlen Wilden, aus dessen Gestalt und Mimik die ausdrucksstarke »Sprache der Aktion« spricht. Die griechischen Künstler hätten gelernt, diese Sprache in der Bildhauerei zum Ausdruck zu bringen. Die Impulse des Geistes hätten sich unmittelbar im Gesichtsausdruck und in der Körperhaltung niedergeschlagen, frei von den Kün-

Buchen im Wald von Foxley, im Hintergrund die Kirche von Yazor. Zeichnung von Thomas Gainsborough (1727–1788). Manchester, The Whitworth Art Gallery

steleien aufgezwungener Regeln und noch unverdorben vom Verfall des Geschmacks und der Sitten. Dank der »angeborenen Sensibilität«, die Menschen und natürliche Gegenstände verbinde, sei das Verständnis dieser ästhetischen Merkmale unmittelbar und universell gegeben. Wer einen Garten gestaltet, müsse die Objekte der Natur, also die ihm zur Verfügung stehenden Materialien, in demselben Maße zum »Sprechen« bringen, wie dies dem griechischen Bildhauer mit dem Menschen gelang. Der Gärtner müsse diese ursprüngliche Sprache also ebenso beherrschen wie der Maler. Wer einen Park anlegt, kann jedoch – im Unterschied zum Maler – die von Cozens »Begleitumstände« genannten Faktoren (Licht, Regen, Mondschein, Wolken, Jahreszeiten usw.) nicht beeinflussen. Selbst die Gegenstände sind nur teilweise seiner Kontrolle unterworfen; letztlich beschränkt sich sein Gestaltungsspielraum auf die Bäume, die damit zum hauptsächlichen Träger von Bedeutung und Charakter avancieren.

Price schreibt in seinem *Essay on the Pictoresque* (1810): »Die Kunst des *improvement* liegt in der Anordnung und Pflege der Bäume: die Erde ist allzu massig und schwer, als daß man es mit ihr aufnehmen könnte ... Aber die Bäume ... Ganz ohne Zutun formen sie hoch über uns ein Gewölbe, umrahmen in wechselnder Weise alle übrigen Objekte und lassen sich, fast ganz nach Belieben des *improver*, mit ihnen gruppieren ... Die Bäume sind nahezu unverzichtbarer Bestandteil der pittoresken Szenerie«.[12]

Knight widmet dem Thema Bäume den gesamten dritten Teil von *The Landscape.* Und mit dieser Baum-Leidenschaft steht er durchaus nicht allein da. Ende des 18. Jahrhunderts war das Anpflanzen von Bäumen zu einer Lieblingsbeschäftigung des Adels geworden – vergleichbar mit Hunde- und Pferdezucht oder Jagdsport. Es galt als Zeichen guten Geschmacks und als Statussymbol; es zeugte von wirtschaftlicher Weitsicht und Patriotismus. Den Eifrigsten wurden von der *Royal Scociety for the Encouragement of Arts* Medaillen verliehen. Thomas Johnes (1748–1816), ein Verwandter Knights, ruinierte sich finanziell, weil er auf seinem Gut in Hafod über einen Zeitraum von fast 30 Jahren fünf Millionen Bäume angepflanzt hatte. In Schottland setzten drei Generationen der Herzöge von Atholl in der Zeit von 1740 bis 1830 vierzehn Millionen Lärchen. Das Interesse an Bäumen nahm fast die Form eines Kultes an. Doktor Johnson äußerte die Ansicht, daß die »Verbreitung aller Arten von Bäumen, die unter freiem Himmel wachsen«[13], ein edles Ziel für wohlhabende Leute sei: für William Gilpin verkörperten die Bäume das größte und edelste Produkt der Erde, während Sir George Beaumont (Amateurmaler und Freund von Price und Knight) auf einer Reise durch Italien einen Baum kaufte, um zu verhindern, daß er gefällt werde.

Drayton, Cowper, Wordsworth und Clare brachten dieses wachsende Gefühl der Zuneigung in ihren Dichtungen zum Ausdruck; die Maler erkoren den Baum zum bevorzugten und bis ins kleinste Detail studierten Bildmotiv, so zum Beispiel der schon erwähnte Cozens. Baumliebhaber diskutierten stundenlang über die ästhetischen Eigenschaften einer Eiche, als handele es sich um den Apoll von Belvedere.[14] Im Zuge dieser Begeisterung wurden dem Baum nicht nur anthropomorphe Wesenszüge – wie Sensibilität und Charakter – zugeschrieben, er übernahm auch eine politische Symbolfunktion. William Shenstone, Dichter, Essayist und Schöpfer eines berühmten Gartens (Leasowes) schrieb: »Alle Bäume haben, ganz wie die Menschen, einen Charakter. Die Eichen sind das vollkommene Abbild des mannhaften britischen Charakters. So wie ein tapferer Mann sich weder von blühendem Wohlstand verzücken noch von Widrigkeiten bedrücken läßt, so zeigt die Eiche ihr Grün nicht gleich beim ersten Strahl der Sonne, aber wirft es auch nicht gleich ab, wenn deren Kraft nachläßt. Hinzu kommen ihre erhabene Gestalt, die rauhe Pracht ihrer Rinde und der weite Schutzmantel ihres Laubwerks.«[15]

Anmerkungen

1 R. Payne Knight, *An Analytical Inquiry into the Principles of Taste,* 1. Aufl. 1805, 4. Aufl. 1808; Neuausgabe Farnbourogh 1972, S. 170. Zur vollständigen Biographie von Payne Knight vgl. *The Arrogant Connoisseur Richard Payne Knight, 1751–1824,* Hrsg. M. Clarke, N. Penny, Oxford 1982.

2 Thomas Hearne (1744–1817), zweitrangiger Vertreter der englischen topographischen Vedutenmalerei, bekannt vor allem für seine Arbeiten zur »antiquarischen Topographie«, fertigte 1784/85 eine Reihe von Veduten des Parks von Downton Castle an, vgl. *The Arrogant ...,* a. a. O., S. 156 ff.

3 William Owen (1769–1825), Schützling von Knight und der Familie Townley, Porträtmaler; vgl. *The Arrogant ...,* a. a. O., S. 159.

4 Gainsborough besuchte Foxley in den sechziger Jahren des 18. Jahrhunderts, also bevor das Gut von Uvedale Price umgestaltet wurde. Gleichwohl steht das von Gainsborough überlieferte Bild nicht im Widerspruch zu späteren Beschreibungen und bildlichen Darstellungen von Foxley. Gainsborough war übrigens ein großer Freund von Prices Großvater und auch von Uvedale selbst, der dem

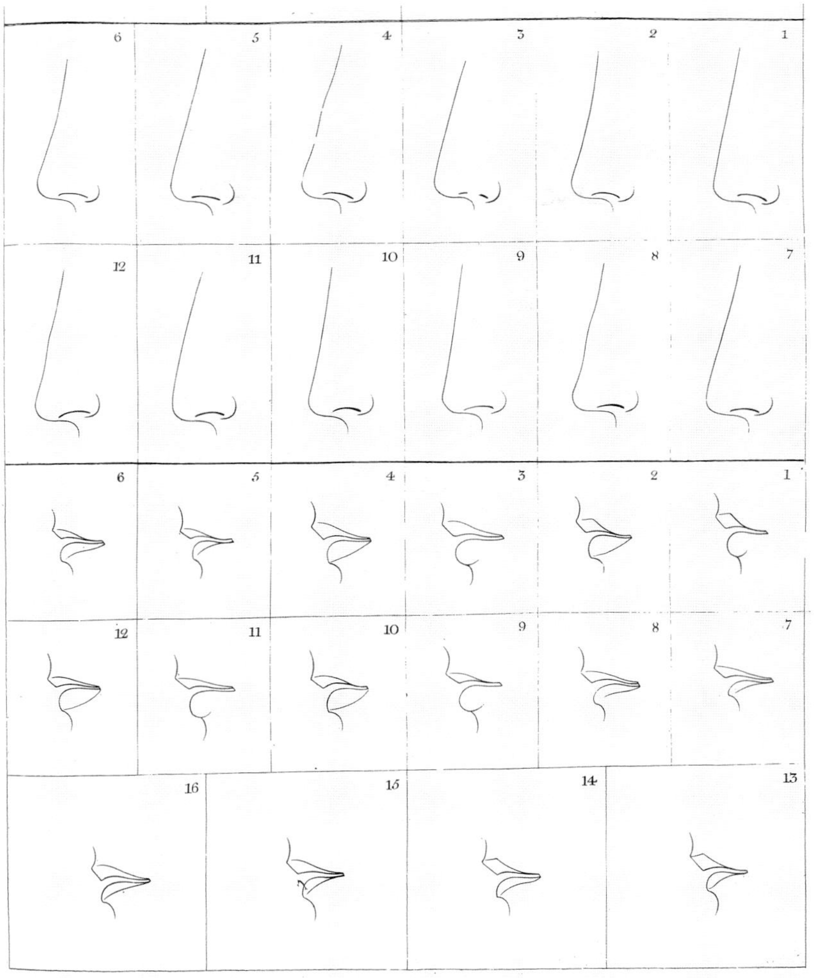

Principles of Beauty (Die Schönheitslinien: Nasen und Kinne). Kupferstich von F. Bartolozzi nach A. Cozens, 1788. London, The Board of Trustees of the Victoria and Albert Museum

The Various Species of Composition of Landscape in Nature (Die verschiedenen Landschaftstypen). Vier von insgesamt sechzehn Beispielen. Kupferstich von A. Cozens. London, The Trustees of the British Museum

Maler Gesellschaft zu leisten pflegte, während dieser die Umgebung von Bath in Bildern festhielt, vgl. dazu D. A. Lambin, *Foxley: The Price's Estate in Herefordshire*, in: »Journal of Garden History«, VII, 3, 1987, S. 244–270.

[5] Zum Werk von Price vgl. D. Lambin, *Uvedale Price et le Pittoresque*, in: »Urbi«, VIII, Herbst 1983, S. L–LVII, sowie M. Allentuck, *Sir Uvedale Price and the Picturesque Garden: the Evidence of the Coleorton Papers*, in: »The Picturesque Garden and its Influence outside the British Isles«, Washington 1974.

[6] R. Payne Knight, *An Analytical* ..., a.a.O., S. 102.

[7] Zu diesem hier nur grob skizzierten Thema vgl. W. J. Hipple, *The Beautiful, the Sublime, and the Pictoresque in 18th-century British Aesthetic Theory*. Carbondale 1957; P. Punnel, *Visible Appearances*, in: »The Arrogant ...«, a.a.O., S. 82–92; S. Ross, *The Picturesque: An 18th Century Debate*, in: »The Journal of Aesthetics and Art Criticism«, XLVI, 2, 1987, S. 271–279.

[8] Der Text von Dalrymple ist – zusammen mit einer Einführung von R. Williams – neu herausgegebenen unter dem Titel: *Sir John Dalrymple's »Art Essay on Landscape Gardening«*, in: »Journal of Garden History«, III, 2, April–Juni 1983, S. 144–156.

[9] Der 1765 verfaßte Text wurde fünf Jahre später in London und Dublin veröffentlicht und gleich darauf ins Französische und Deutsche übersetzt. Wir haben die Neuauflage der französischen Ausgabe zugrunde gelegt: T. Whately, *L'art de former les jardins modernes ou l'art des jardins anglais* ..., Paris 1771; Neuauflage Genf 1973, S. 208.

[10] W. Gilpin, *Observations on the River Wye, and Several Parts of South Wales* ..., London 1782, S. 1f. Die beste Darstellung der Problematik der Landschaftswahrnehmung im ausgehenden 18. Jahrhundert findet sich bei J. Barrell, *The Idea of Landscape and the Sense of Place 1730–1840. An Approach to the Poetry of John Clare*, Cambridge 1972.

[11] Dieser Abschnitt ist eine Zusammenfassung der Thesen von K. Sloan, *Alexander and John Robert Cozens. The Poetry of Landscape*, New Haven/London 1986. Knight kannte höchstwahrscheinlich die Arbeit von Cozens; dafür spricht schon die Tatsache, daß er mit dessen Sohn, John Robert Cozens, eine Reise nach Italien unternommen hat.

[12] U. Price, *Essays on the Picturesque*, 1810; Neuauflage Farnborough 1971, 3 Bde., Bd. I, S. 259ff.

[13] J. Boswell, *Life of Johnson*, Oxford 1985 (Originalausgabe 1791), S. 475f.

[14] Die in diesem Abschnitt wiedergegebenen Informationen sind größtenteils übernommen aus K. Thomas, *Man and the Natural World. Changing Attitudes in England 1500–1800*, London 1983.

[15] W. Shenstone, *Unconnected Thoughts on Gardening*, 1764, teilweise abgedruckt in J. Dixon Hunt, P. Willis, *The Genius of the Place, The English Landscape Garden 1620–1820*, London/New York 1975, S. 292. Der vorliegende Beitrag beruht auf Forschungsarbeiten im Rahmen meiner Dissertation: A. Ponte, *Il viaggio alle origini. Il diario di Richard Payne Knight e il neoclassicismo pittoresco in Inghilterra*, IUAV, Venedig 1987. Abschließend sei verwiesen auf die einschlägige klassische Studie von C. Hussey, *The Picturesque. Studies in a point of view*, 1. Aufl. 1927, 3. Aufl. London 1983, sowie die neuere Arbeit von D. Watkin, *The English Vision. The Picturesque in Architecture, Landscape and Garden Design*, London 1982.

Sizilianische Gärten – zwischen Aufklärung und Freimaurertum

Eliana Mauro und Ettore Sessa

Zwischen 1700 und 1800 legten die Gärten der Conca d'Oro in der Umgebung von Palermo – philosophisch als »Garten der Hesperiden« umschrieben – einerseits Zeugnis eines überlieferten Kulturideals ab, das der traditionellen Lehre verhaftet blieb, andererseits entsprachen sie auch den Erkenntnissen der modernen Wissenschaft. Zahlreiche Gärten jener Zeit vereinten in ähnlicher Weise widersprüchliche Tendenzen in sich: von der komplexen Gartenanlage der Herzöge von Monteleone mit einer Pyramide, Loggia und Observatorium hin zu den »nie zuvor gesehenen« Pflanzen und Blumen aus einer Beschreibung Goethes der Villa Giulia, im Jahr 1777; von den Grabpyramiden für die Großmeister der Freimaurer und Meister der Loge bis hin zum Chinesischen Garten und den Fresken im Casina Cinese (dem Chinesischen Teehaus), die zwischen 1799 und 1800 von Ferdinand III. von Bourbon und Maria Carolina von Österreich in Auftrag gegeben wurden.

Gegen Ende des 18. Jahrhunderts wurde in nächster Nähe der Villa Giulia ein öffentlich zugänglicher Botanischer Garten – mit dem die Person des Vizekönigs Francesco d'Aquino, eines ehemaligen Großmeisters einer französischen Freimaurerloge verbunden ist – angelegt. Im klassizistischen Stil entworfen, bot er das perfekte Bild eines »Tempels der Weisheit«. Die ursprüngliche Konzeption für den Botanischen Garten, die der Franzose Léon Dufourny um 1790 ausarbeitete, sah einen Hügel als Gegenstück zur Villa vor, den man über einen spiralförmig gewundenen Weg bis zu einem Tempel auf seiner bewaldeten Spitze erklimmen sollte. Ein gleichsam »heiliger Berg« also, der am Ende eines Initiationsweges durch die »Natur« stand und von der Wissenschaft (der Botanik) zur heilsamen Erkenntnis führte.

Grundriß des öffentlichen Parks der Villa Giulia in Palermo (1777–1779) von Nicolò Palma. Kupferstich von G. Fortuyn. Palermo, Biblioteca Comunale

Die Wiederentdeckung der Naturgesetze und die Bemühungen der Wissenschaftler, den Artenreichtum der Erde zu klassifizieren und zu ordnen, fanden ihren Niederschlag auch in den hierarchischen Strukturen des Freimaurertums. Der sizilianische Prälat Giuseppe Gioeni d'Angiò (1717–1798) trug diesen Beziehungen Rechnung, indem er 1785 einen völlig neuen Kodex ausarbeitete und einen neuen Sizilianischen Staat entwarf, dessen Hauptstadt – sechseckig angelegt und von Gärten umgeben – sich in der Mitte des Territoriums befinden sollte. Zu jener Zeit ahmten »gelehrte« Sizilianer, die Anhänger des Freimaurertums waren, in den Gärten selbst antike Architekturen nach und steuerten so eine Reihe neuer Symbole zur philosophischen Bildersprache des Zeitalters bei. Dies ist beispielsweise der Fall bei dem kleinen Observatorium in Gestalt eines Tempels, das zu Beginn des 19. Jahrhunderts in dem Freimaurergarten der Familie Pignatelli, Herzöge von Monteleone, in Palermo errichtet wurde. Dieser Garten war in seinem ursprünglichen Ansatz vollkommener Ausdruck der linearen Klarheit und Strenge, die für die klassizistische Ästhetik bestimmend sind. Architekturformen, die von der rationalen Poesie der Aufklärung inspiriert waren, markierten die grundlegenden Entwurfselemente. All diese Formen waren in einer Anlage zusammengefaßt, die, obwohl sie an den Gestaltungsprinzipien des Klassizismus festhielt, auch die Idealvorstellungen der Romantik nicht verleugnete, jener Vorstellungen, die bereits ein neues Vokabular des Natursymbolismus hervorgebracht hatten. Hier trat eine jener seltenen Gelegenheiten ein, daß sich zwei im Grunde völlig entgegengesetzte Prinzipien kurzzeitig in einem vollkommenen Gleichgewicht befanden.

Die Freimaurer-Philosophen, die gegen Ende des 18. Jahrhunderts und im ersten Jahrzehnt des 19. Jahrhunderts in Palermo aktiv waren und die sich großteils als Anführer an der Reform der sizilianischen Verfassung von 1812 beteiligten, haben in unterschiedlichem Maß die Idee des »Symbolischen Gartens« wiederbelebt. Auf der Grundlage der geheimnisvollen Lehre ihrer Bewegung ersannen sie Bilder von vielschichtigem Symbolgehalt. Der Park des Fürsten von Castelnuovo – der Großmeister der Loge des Heiligen Demetrius in Palermo und 1812 Finanzminister war – folgt mit seinen Gartenanlagen den Prinzipien des ästhetischen Rationalismus. In seiner Gestaltung als formal gestaltete Landschaft ist er klassizistisch. Hinzu kommt als Besonderheit die Villa, die aus zwei voneinander getrennten, sonst aber identischen Gebäuden besteht – dem Wohnhaus und dem Gästehaus. Eine kleine Loggia mit zwei Karyatiden an der Vorderseite des Wohnhauses liegt symbolisch dem Eingangstor gegenüber. Das später erbaute landwirtschaftliche Institut in Palermo, das der Fürst selbst begründet hat, ist ein im klassizistischen Stil gehaltener »Tempel des Wissens«.

Im »Felsenpark« des Fürsten Belmonte – der 1812 Außenminister war – befindet sich der Ausdruck des Klassizismus bereits an der Schwelle zur romantischen Ästhetik. Das Resultat ist in zweierlei Hinsicht bemerkenswert; zum einen verknüpft sich die klassizistische Villa von Venanzio Marvuglia mit den nach griechischen, römischen oder gotischen Stilvorstellungen errichteten Tempeln im Garten. Auf der anderen Seite verweist der Symbolgehalt der Szenerie auf die Ideale des Freimaurertums durch die Jahrhunderte. Der Belmonte Park ist ein Beispiel dafür, wie seit etwa 1770 die gedankliche Betrachtungsweise über den »Geschmack« von Edmund Burke in den intellektuellen Kreisen der Insel, die sich der »neuen« Kultur verbunden fühlten, Verbreitung fand.

Eine klare Konzeption der Landschaftsgestaltung und Vorschriften über die zweckmäßige Pflege der Ländereien, sind der Inhalt des Traktats »Das fruchtbare und liebliche Landgut«, das 1735 von Baron F. Nicosia in Palermo veröffentlicht wurde: Nicht weit entfernt von den Prinzipien eines Addison, Pope oder der englischen »Neopalladianer«, bietet es die theoretische Grundlage für die Schaffung klassizistischer und informeller Gärten

Anfang des »Weges« zur Eremitage des Franziskaner-Klosters von Santa Maria di Gesù (Ende 16. Jh.) in Palermo. Blick auf das Belvedere mit Nymphäum und Exedra, in deren acht Wandnischen Heiligenstatuen aufgestellt sind. Photo G. Cuttitta

Villa Giulia in Palermo. Grabstelen berühmter Sizilianer der Antike, Anfang 19. Jh. Photo G. Cuttitta

auf Sizilien im Umland von Palermo. Diese Orte wurden in den meisten Fällen als Metapher einer idealen Gesellschaft konzipiert, die von einer liberalen Grundtendenz gekennzeichnet ist und sich nicht länger dem »göttlichen Recht« der Oligarchie beugt. Ordnung und Wohlergehen der Allgemeinheit gewährleistete eine Elite, die sich gesellschaftliche »Verdienste« erworben hatte.

In der sizilianischen Ausprägung wurde diese Denkweise mit der Bruderschaft der Grundbesitzer identifiziert, die sich, wie die Verfassungsrechtler, aktiv dem wirtschaftlichen Fortschritt der Nation verpflichtet fühlten. Daneben machten sich jene Intellektuellen aus Wissenschaft und Kunst diese Ideologie zusammen mit Vertretern aus der Welt der Kultur und der Wissenschaften zu eigen, die der »Königlichen Akademie der Studien« verbunden waren und die den Einfluß einer aufklärerischen Neubelebung der okkulten Tradition aufgeschlossen gegenüberstanden. Zu diesem Personenkreis zählten der Architekt G. Venanzio Marvuglia, der Astronom Giuseppe Piazzi, der Dichter, Arzt und Botanikgelehrte Giovanni Meli, der sich auch mit anderen botanischen Themen befaßte als denen, die von der Freimaurerei vorgeschrieben wurden, sowie der Agronom P. Balsamo. Unter ihnen fanden sich auch Bewunderer des Werkes von Arthur Young und solche, die die experimentellen Methoden des »Bruders« George Washington zu schätzen wußten, der an eine sinnvolle Verknüpfung des Utilitarismus mit den Menschenrechten glaubte.

Bereits um das Jahr 1780 hatte der Archäologe Ignazio Paternò, Fürst von Biscari, in Catania einen Nutzgarten mit angrenzender Loggia und einem »Chinesischen« Garten angelegt. Dieser Garten wurde zum Vorläufer einer ästhetischen Entwicklung im Mittelmeerraum, die zum ersten Mal im Garten Butera Wilding in Palermo anschaulich wird. Für all diese Gärten war die gedrängte Abfolge einer Serie von kontrastierenden, pittoresken Bühnenbildeffekten typisch. Für den fürstlichen Archäologen bedeutete der durch des Menschen Arbeit wohlgeordnete Park eine visuelle Freude. Er war das greifbare Zeugnis gesellschaftlichen Wohlergehens, und Ausdruck des Freimaurerglaubens, daß die Landschaft ein »Spiegelbild der kosmischen Ordnung« sein solle.

Auch Baron V. Schininà unterstützte diese Konzeption. Er war, wie viele Ade-

Park der Real Favorita in Palermo, um 1799 angelegt. Die Zypressenexedra und der Herkulesbrunnen sind vom Beginn des 19. Jh.s. Postkarte, Anfang 20. Jh.

Garten des Herzogs von Serradifalco in Olivuzza bei Palermo, um 1825 angelegt. Photo Ende 19. Jh. Palermo, Biblioteca Comunale

lige aus Catania, Mitglied der Kommission, die den Wiederaufbau der Stadt Ragusa im 18. Jahrhundert überwachte. In Ragusa besaß er einen »giardino segreto«. Das Prinzip der »Spiegelung der kosmischen Ordnung« unterstützte grundlegend die aufklärerischen Neigungen von Biscari, der darum bemüht war, die Idee des »philosophischen Gartens« des 16. Jahrhunderts, von dem einige wenige, aber bedeutende Beispiele in der Hauptstadt Palermo existierten, weiterzuentwickeln. Aus dieser Tradition heraus schöpfend, belebte Biscari in seinem Park in Catania auch den Entwurfsgedanken des Labyrinths neu. Das Labyrinth sollte wegen seiner symbolischen Bedeutung als Initiationsweg zu einem unverzichtbaren Element aller Gärten werden, die von aristokratischen Freimaurern in Sizilien bis zur Mitte des 19. Jahrhunderts geschaffen wurden. Das Labyrinth trat in verschiedensten Erscheinungsformen auf – zum Beispiel die geometrische Anlage im Garten der Fürstin Maria Cristina Gaetani in Palermo aus dem späten 18. Jahrhundert (die später zur Villa Trabia wurde). Die Fürstin entstammte der Familie Palli aus Lucca, die der Reformloge verbunden war. Es gab aber auch das Labyrinth im romantischen Park, wie jenem in Olivuzza bei Palermo, der in den Jahren 1810–1840 von dem Staatsmann und Archäologen, dem Herzog von Serradifalco angelegt wurde, der Freunde unter den Freimaurern hatte. Weiterhin erschien das Labyrinth als Element in den eher eklektizistisch angelegten Gärten der Region, wie zum Beispiel im Garten des Baron C. Arezzo De Spuches in Donafugata, der nach den Aufständen von 1848 realisiert wurde. In der klassizistischen Anlage in frei gestalteten Formen findet sich eine steinerne Version des Irrgartens von Hampton Court.

Als das Sammeln von Antiken in Mode kam, legte der Archäologe Laudolina, der Meister einer Freimaurerloge in Syracus einen Garten in dem Teil der Stadt an, in dem Ausgrabungen vorgenommen wurden. Der Garten nahm symbolisch Bezug auf das Grab – den Ort, von wo sich nach den Vorstellungen der Freimaurer die Seele zum Zenit erhebt –, und auf die Mutmaßungen über die ägyptischen Ursprünge der antiken Kulturen auf Sizilien. In gleicher Weise steht der Garten auch für die Suche nach den »Wurzeln« des sizilianischen Freimaurertums, die viele Archäologen jener Zeit, die den Freimaurern angehörten, eifrig betrieben.

Diese Bemühungen fanden ihren Abschluß in der Entdeckung der Ursprünge bestimmter »Grundwerte«, die in archaischer Zeit und in der klassischen Antike entstanden waren und denen der gleiche Rang eingeräumt wird wie den Schöpfungen der Natur. In der Ideologie der Freimaurer wurden sie als Hilfsmittel zur Erkenntnis des »Übersinnlichen« angesehen.

Die Suche nach der kosmischen Harmonie und dem »Urzustand« des Lebens nahm im Garten der Real Casa dei Matti (des Königlichen Palastes) in Palermo außerordentlich komplizierte Formen an. Der von Baron P. Pisani angelegte Garten ist dreigeteilt – in einen Griechischen, Römischen und Chinesischen Garten, es gibt zwei Höfe mit einer zentralen Brunnenanlage, und als Begrenzung sind zwei Baumreihen gepflanzt, die von Sitzbänken unterbrochen werden. Die beiden Höfe dienen als Hinführung zu der differenzierten geschichtlichen Bedeutung und nehmen innerhalb der logischen Abfolge eines die Seele errettenden Ritus Bezug auf den biblischen Gedanken des ursprünglichen Zufluchtsortes und auf die Suche nach einer »natürlichen Ordnung«.

Literatur

H. Tuzet, *La Sicile au XVIII siècle vue par les voyageurs étrangers*, Straßburg 1955.

G. Pirrone, *Palermo e il suo »verde«*, in: »Quaderno«, Hrsg. Istituto di Elementi di Architettura e Rilievo dei Monumenti, Nr. 5/6 (Fakultät für Architektur, Palermo 1965).

M. de Simone, *Ville palermitane*, Genua 1968.

G. La Monica, *Sicilia misterica*, Palermo 1982.

R. Assunto, *Il parterre e i ghiacciai. Tre saggi di estetica sul paesaggio del Settecento*, Palermo 1984.

G. Pirrone und G.G. Cosentini, *Donnafugata, un castello, un giardino*, Palermo 1985.

R. Giuffrida und M. Giuffrè, *La Palazzina Cinese e il Museo Pitrè nel Parco della Favorita a Palermo*, Palermo 1987.

Il giardino come labirinto della storia, Konferenzprotokoll, Palermo 1987.

E. Mauro, *I giardini di Palermo tra '700 e '800 un itinerario massonico*, Konferenzprotokoll der Int. Konferenz über »Freimaurerei und Architektur«, Florenz 1988.

G. Pirrone, M. Buffa, E. Mauro und E. Sessa, *Palermo detto Paradiso di Sicilia (ville e giardini XII–XX secolo)*, Palermo.

Der eklektische Garten und die städtischen Parks

Philips Park in Manchester (Großbritannien). Photo Daniele De Lonte

Grundriß von Queen's Park in Manchester (Großbritannien). Aus: A Few Pages About Manchester, um 1849

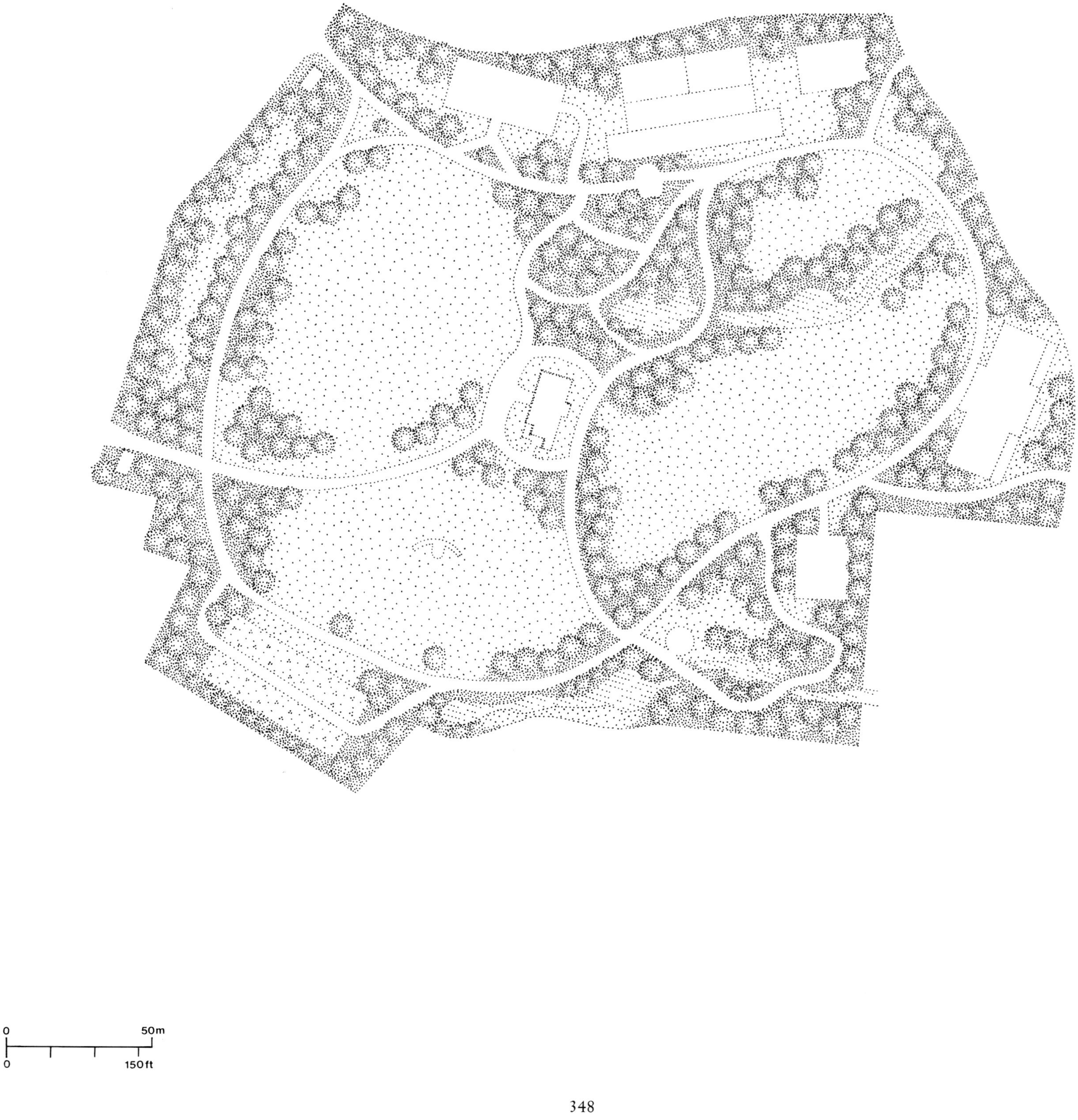

Grundriß von Peel Park in Manchester (Großbritannien). Aus: A Few Pages About Manchester, um 1849

Grundriß von Philips Park in Manchester (Großbritannien). Aus: A Few Pages About Manchester, um 1849

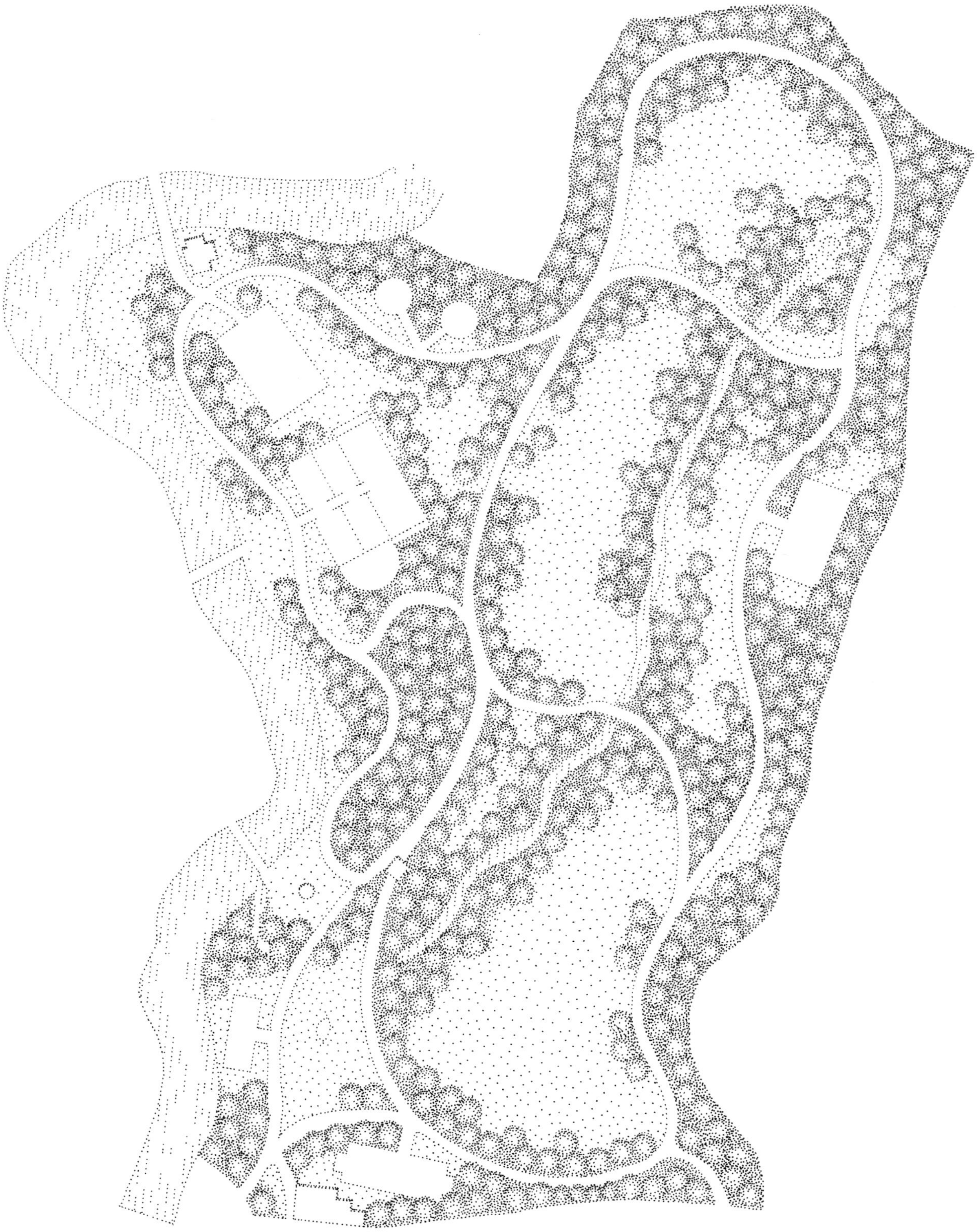

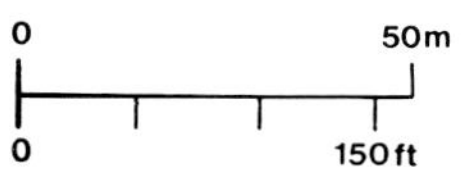

Grundriß des Park Güell in Barcelona.
Nach einem Aufmaß von E. Torres und
E. Martinez la Peña von 1988

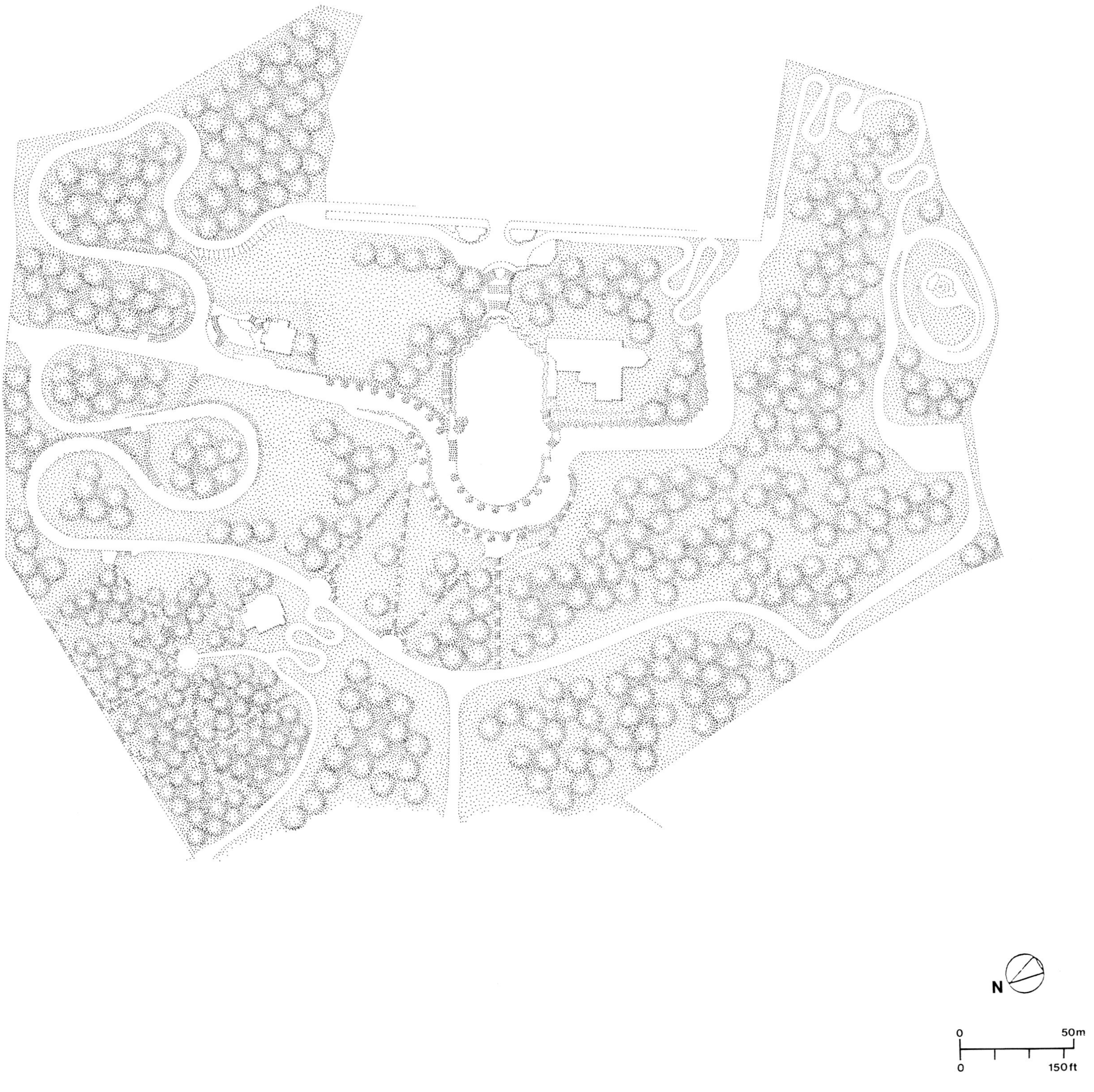

Grundriß des Central Park in Manhattan, New York. Nach einem Plan von F. L. Olmsted und C. Vaux und einem Aufmaß des heutigen Zustandes

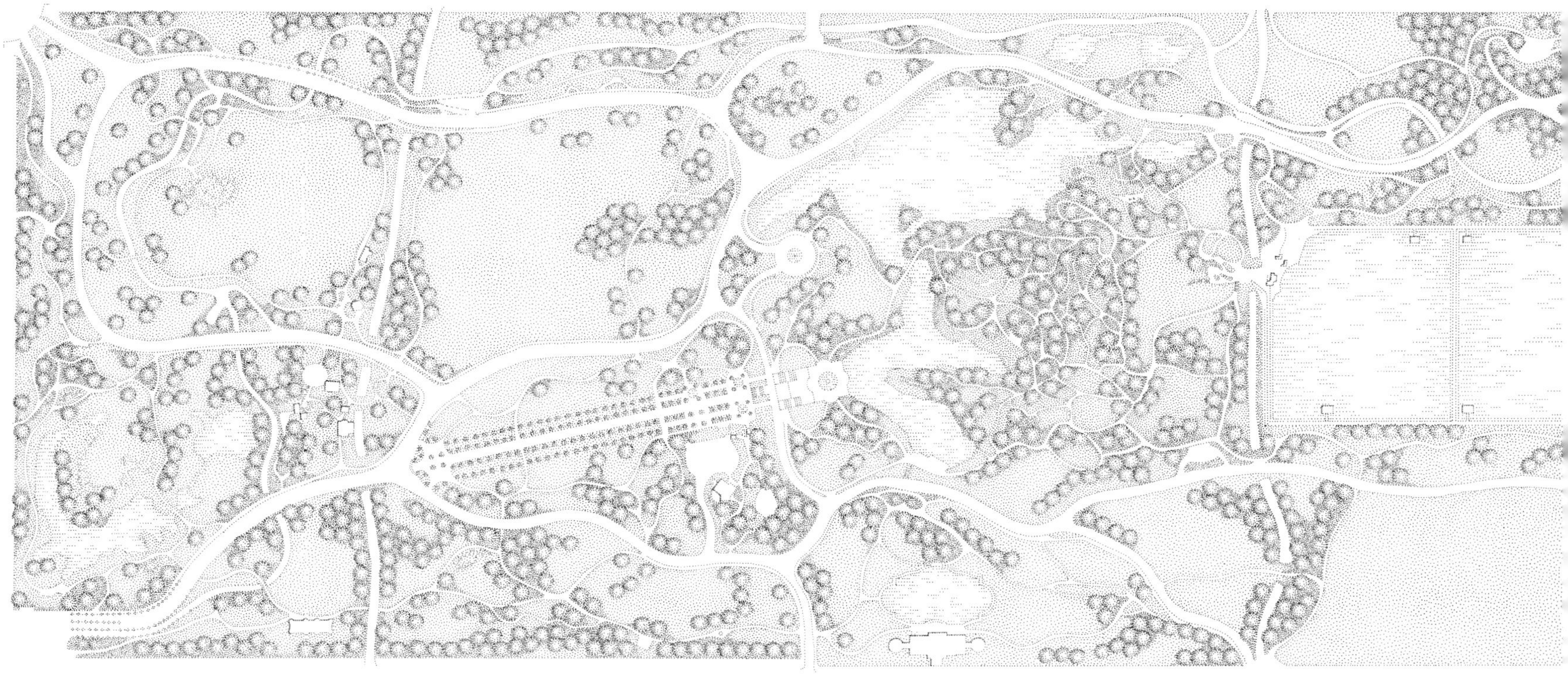

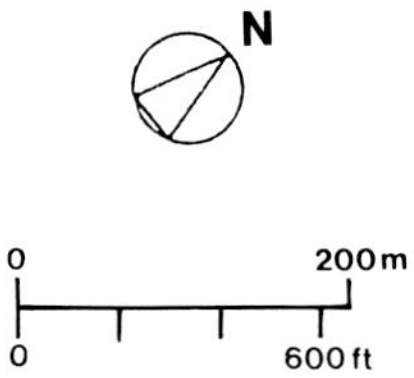

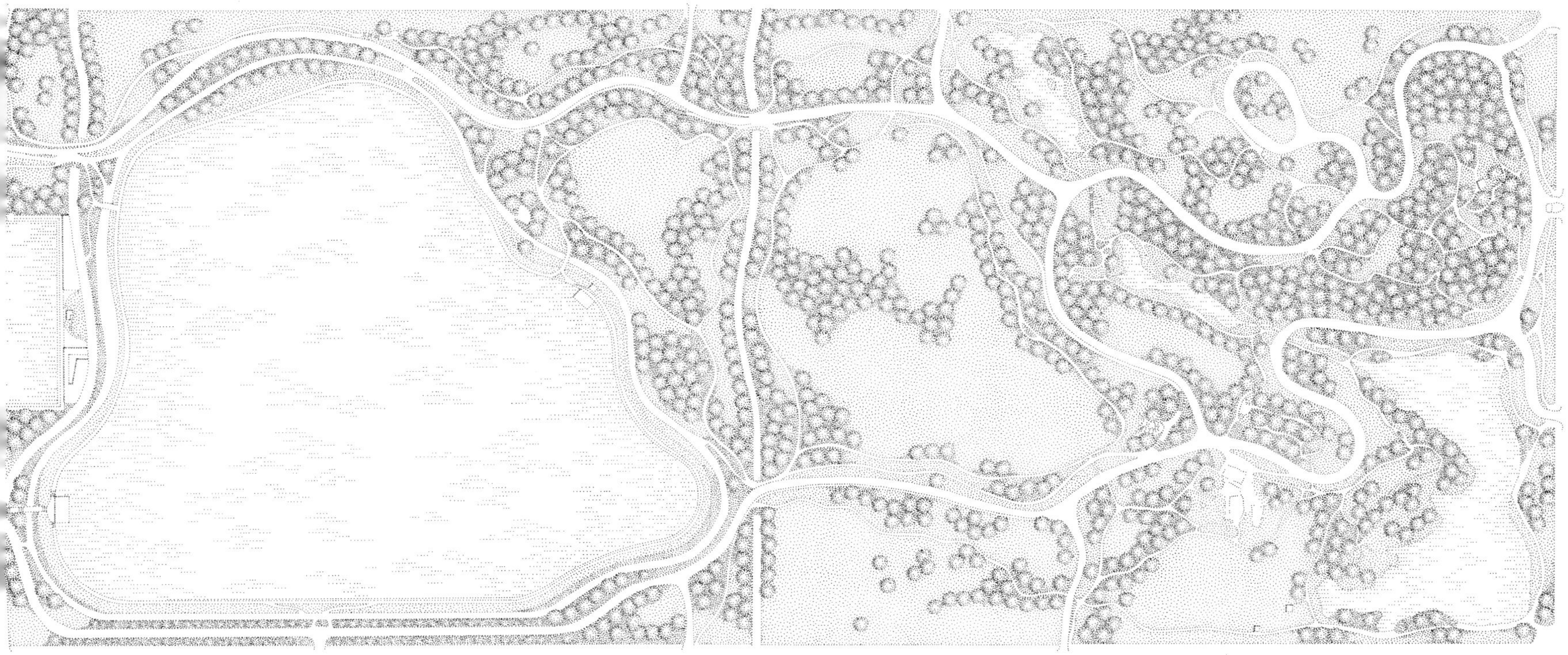

Verborgene Kunst: der Garten des Eklektizismus und die Nachahmung der Natur

Georges Teyssot

Der Architekturtheoretiker Antoine Chrysostôme Quartremère de Quincy, der von dem Verleger Panckoucke den Auftrag erhielt, die Bände der »Encyclopédie méthodique« über Architektur zu redigieren (der erste Band war 1788 erschienen), ist heute noch berühmt, weil er die Theorie des »Charakters« in der Architektur systematisch dargestellt hat. Weniger bekannt ist, daß er auch eine Anmerkung über den »Charakter« in der Gartenkunst hinzufügte, in der er vorschlug, auch auf die Gartenkunst einige der in dem vorhergehenden Aufsatz genannten Unterscheidungsprinzipien und Beobachtungen anzuwenden. Zwei theoretische Überlegungen werden hier in ihrer Eigenartigkeit dargelegt: der Bezug zu dem Ort und der Bezug zu dem besonderen Zweck des Gartens. Die erste theoretische Überlegung basiert »auf der Kenntnis der Natur«, die zweite »auf der Zweckmäßigkeit des Gartens *(convenance)* und dem sozialen Status der Auftraggeber, auf der Art der Gebäude, die an den Garten grenzen, und auf den Bedürfnissen, nach denen die Anlage angeordnet werden muß, sei es zur öffentlichen oder privaten Nutzung. Hinzu kommen die Annehmlichkeiten, die der Garten bietet.«

Die erste Reihe der Charakteristika nimmt Kategorien auf, die bereits in Abhandlungen des 18. Jahrhunderts mehrfach geäußert worden waren, zum Beispiel von Thomas Whatley, Claude-Henri Watelet und Jean-Marie Morel. In seinem 1770 erschienen Werk »Observations on Modern Gardening«, hatte Whatley bereits den Grundstein gelegt für die Unterscheidung zwischen dem emblematischen Charakter (belehrend oder allegorisch) und dem expressiven Charakter (metaphorisch) des Landschaftsgartens. Nach Quatremère ist die erste Reihe auf naturalistische Kategorien zurückzuführen: »Wenn man den ewigen Gesetzen der Schönheit und Mannigfaltigkeit folgt, nach denen sich die Natur richtet, so hat sie den Landschaften eine große Vielfalt unterschiedlicher ›Charaktere‹ verliehen, man könnte sagen, daß sie damit der Vielfalt der unterschiedlichen Geschmäcker und Neigungen der Menschen, die diese Orte bewohnen, in besonderer Weise Rechnung trägt.« Hier wird eine vage Analogie zwischen der äußerlichen Vielfalt des Ortes und der Unterschiedlichkeit der Temperamente hergestellt, so daß man in der Lage ist, unser Wohlgefallen an den Gärten in einer ebenso vielfältigen Weise zufriedenzustellen, sogar in noch reicherer Form, als es die unterschiedlichsten Ausdrucksformen der Malerei und der Dichtkunst vermögen.« Der Garten kann demnach »liebreizend«, »fröhlich«, »lachend«, »ernst« oder »melancholisch« konzipiert werden. Bei der letztgenannten Charakterisierung verstärken Architekturelemente wie Eremitagen, Mausoleen, Ruinen und Einsiedeleien oder auch Skulpturalschmuck in Form von Denkmälern, Urnen, Säulen und poetische Inschriften, die den Betrachter anrühren, die Vergänglichkeit der irdischen Dinge zum Ausdruck bringen oder auch weise Ratschläge erteilen sollen, die beabsichtigte Wirkung, sofern sie zurückhaltend und vernünftig eingesetzt werden. Daneben gibt es aber auch den Charakter des »Romanesken« oder »Romantischen«, der weniger der Kunst entspringt, sondern fast ausschließlich ein Werk der Natur ist: Hügel, kleine Bergkuppen, Felsen, Höhlen, Grotten, Kaskaden, Wasserfälle, usw. sind Elemente, die dieses Charakterbild kennzeichnen.

Hier ist die Nachwirkung des »Essay über Gärten« spürbar, den Watelet 1774 geschrieben hatte. Der Maler-Architekt war auch Schöpfer des wunderbaren Gartens von Moulin-Joli an der Seine, bei Argenteuil, nicht weit von Paris gelegen. In dem berühmten Kapitel über die »modernen Parks«, hatte Watelet zwischen drei Hauptcharakteristiken unterschieden: dem Malerischen, dem Poetischen – mit Anspielung auf die Mythologie und die Pantomime – und dem »Romanesken« – mit allegorischen oder erhabenen Ausdrucksformen. Auch Morel hatte in seiner 1776 erschienen »Théorie des jardins« den »Garten als solchen« nach mehreren Aspekten unterschieden: den »poetischen« Garten – mit Mythologien, Fabeln und geschichtlichen Bezügen –, den »romanesken« – vom Zauberhaften, vom Schrecklichen und von China beeinflußten Garten, den »pastoralen« und den »nachahmenden« – exotischen. Quatremère, der sich eng an die Texte von Watelet und Morel hielt, führte zusätzlich das »Majestätische« – alte Wälder – und das »Erhabene« ein. Der Garten wird entweder auf einer Bergkuppe, auf einem Geländevorsprung angelegt, oder er schmiegt sich an einen schwindelerregenden steilen Hang.

Die andere Auflistung von Charakteristiken, die Quatremère einführte, nimmt jedoch auf starke Analogien Bezug. Diese sind Teil einer funktionalistischen und sozialen Ordnung: »Es ist nicht daran zu zweifeln, daß die Gärten eine gewisse Analogie zum Stand ihrer Besitzer haben sollten; und man kann zu diesem Thema das gleiche sagen, was bereits über Gebäude geäußert wurde.« Es ist offenkundig, daß der Autor gewisse Schwierigkeiten hat, individuelle Charakteristiken bei den einzelnen Gärten zu bestimmen. Er neigt dazu, diesen Bereich auf die Architektur zu übertragen. Deshalb werden die Gärten als »königlich«, »ländlich« (für die einfachen Bürger) bezeichnet oder als »öffentliche Gärten« (mit breiten, bequemen, abwechslungsreichen Alleen und symmetrischer Linienführung), Klostergärten (melancholisch), Gärten in Thermalbadeorten und Krankenhausgärten (sonnig und gesund).

An anderer Stelle, in dem Kapitel »Bäume (Gartenbau)«, spricht Quatremère von der »verte architecture« – der grünen Architektur – der Gärten. Die Bäume werden hier, unter Berücksichtigung der Form des Stammes, der Anordnung der Äste und Zweige und der »Natur« (das heißt der Form und Farbe) des Blattwerks, in verschiedene Kategorien eingeteilt. So gibt es »Bäume, die zum Wasser passen. Das sind diejenigen, deren Blattfärbung mit den Farbtönen des Wassers harmoniert, wie zum Beispiel Weiden und Pappeln. Dazu gehören auch solche Bäume, deren wogende Kronen und leicht bewegten Blätter die Wellen der Wasserflächen nachzuahmen scheinen.« Man kann »richtiggehend Bilder komponieren, indem man in kunstvoller Weise diese bis ins Unendliche wandelbaren Farbtöne und Nuancen vertieft oder abtönt«. Mit Quatremère de Quincy wird die Theorie der Gartenkunst auf die künstlerische Nachbildung, die griechische Mimesis, zurückgeführt. Dieses bestätigt er später in dem »Essay sur la nature ... de l'imitation dans les beaux-arts« (1823), indem er die Erinnerung an die Überlegungen Platos in »Cratilo« wachruft: »Nachahmung in der Kunst heißt, ›Ähnliches‹ herzustellen, aber aus einem anderen Stoff, so daß es zum ›Abbild‹ wird.« Die gesamte Literatur des 18. Jahrhunderts sah sich jedoch mit der Schwierigkeit konfrontiert, die ihr insbesondere durch die Architektur entstand: Welches wirklich »natürliche« Element soll denn nun nachgeahmt werden? Der französische Epigone Winckelmanns antwortete darauf – in der »Encyclopédie méthodique Architecture« –, daß die Architektur nicht über wirkliche Modelle verfüge, sondern nur über »Analogien« oder über »Modelle einer metaphysischen und indirekten Nachahmung«. Die wirkliche Nachahmung bestehe nicht darin, ein Werk der Natur zu kopieren, sondern die »Idee« darzustellen, die es angeregt hat. So liege also dem spezifischen Vorgehen der Architektur der Begriff der »analogen Nachahmung« zugrunde. Indem er

Ein Landsitz nach dem Geschmack des Verfassers, vom Stil Lancelot Browns und Humphry Reptons beeinflußt. Kupferstich aus: J. C. Loudon, Treatise on Country Residences, London 1806

Zweiter Entwurf für die neu anzulegenden Gärten der Villa von Poggio Imperiale bei Florenz. Zeichnung von Giuseppe Manetti, 1811/12. Florenz, Uffizi, Gabinetto Stampe-Disegni

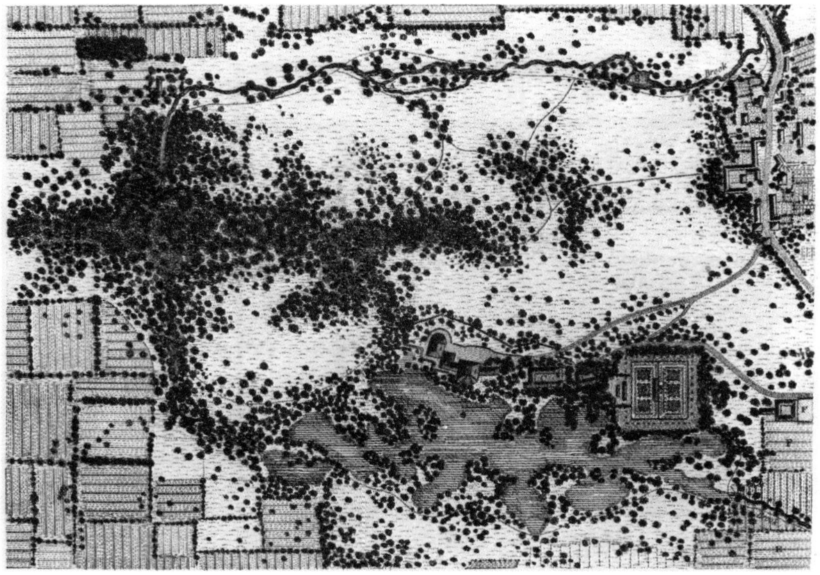

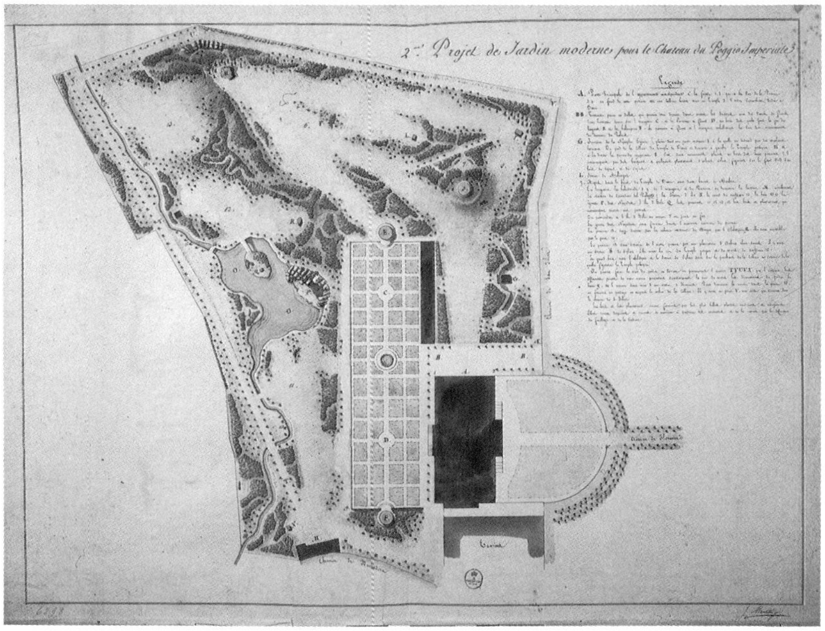

diesen Begriff auf das viel weniger eindeutige und weiter gefaßte Gebiet der Gartenkunst übertrug, mußte Quatremère zwei Reihen von Analogien einführen. Es sei kurz daran erinnert, daß die Analogie in der Kunst jene Art des Einklangs ist, der zwischen dem Werk und dem Betrachter entsteht und der bei diesem Empfindungen intellektueller Art hervorruft und die Phantasie weckt. Unter Verwendung einer anderen Terminologie ist hier der geistige Prozeß der »Assoziation« beschrieben. Dieses Thema wurde im gleichen Zeitraum von dem schottischen Rationalisten Archibald Alison in seinen »Essays on the Nature and Principles of Taste«, die 1790 erschienen, einer eingehenden Betrachtung unterzogen. Für diesen Philosophen war Schönheit kein dem Objekt innewohnender Wert, sondern existierte nur im Kopf des Betrachters. Quatremère schreibt in der Tat, daß die Gartenkunst »in uns die gleichen Vorstellungen wecken und in unserer Seele die gleichen Empfindungen hineintragen kann, wie es die Natur selbst vermag«. Diese besondere Kunst erwecke von neuem etwas, das bereits in uns existiert: Also zeige sie uns die gleichen Gedanken und Empfindungen, die bereits in unserem Geist ruhen. Wenn diese Überlegungen für die Kunst im allgemeinen auch ausreichen mögen, müssen sie doch deutlicher formuliert werden, wenn man die Ästhetik des Gartens beurteilen möchte: Diese sozusagen »hybride« Kunst wirke mittels der analogen Reproduktion der gefühlsmäßigen und geistigen Anregungen, welche die Natur in uns hervorruft. Alles erfolge so, als ob der Garten Anlaß zu einer doppelten Nachahmung gäbe oder gar einer Nachahmung in gesteigerter Potenz.

An dieser Stelle muß die Theorie des »Charakters« ins Spiel gebracht werden, die sich seit dem Ende des 17. Jahrhunderts als die technische Übertragung der Ästhetik der klassischen und klassizistischen Nachahmung herausgestellt hatte. Bei Quatremère und bei anderen Theoretikern lieferte sie das Instrumentarium, ohne das die Theorie nur im Bereich der Spekulation verbliebe. Dazu muß man auf zwei verwandte Künste zurückgreifen: die Malerei (die Komposition wahrhaftiger Bilder) und die Architektur (das Wesen der Gebäude, zu denen die Gärten in Bezug stehen). Diese Gedanken enthielten nichts grundsätzlich Neues: Horace Walpole zum Beispiel hatte bereits ähnliche Überlegungen zum Ausdruck gebracht. Hier wurde jedoch ganz klar eine Reihe von Thesen formuliert, die in den letzten Jahren des 18. Jahrhunderts und den ersten dreißig Jahren des 19. Jahrhunderts in ganz Europa diskutiert wurden. In England, in dem berühmten Federstreit, mit dem die beiden Gartenliebhaber Richard Payne Knight und Uvedale Price gegen den professionellen Gartengestalter Humphry Repton zu Felde zogen, scheint das grundlegende Problem darin bestanden zu haben, daß die Natur sozusagen doppelt nachgeahmt wurde. Das heißt, es ging auch hier um die beiden analogen Künste, die von Quatremère ins Spiel gebracht wurden: die Malerei und die Architektur. Die Schwierigkeit lag möglicherweise in ihrer relativen Unvereinbarkeit begründet: Die eine ist zweidimensional, die andere dreidimensional.

In der Einleitung zu Hegels »Vorlesungen über die Ästhetik« steht, daß er die Naturschönheiten geringer bewertete als das »Kunstschöne«. Die sogenannten »gemischten« Künste haben die Probleme der ästhetischen Theorie des 18. Jahrhunderts immer um einiges belastet. Es genügt hier, die damals geführten Diskussionen über die Eloquenz oder die Architektur anzuführen, eine Mischung zwischen dem Nützlichen und dem Schönen. Der Gartenraum, der erst relativ spät in die theoretischen Betrachtungen eingeführt wurde, führte neben der Malerei und der Architektur noch andere Disziplinen ein, zum Beispiel Naturgeschichte (Botanik), das Ingenieurwesen und den Wasserbau. Der Text von Watelet ist ein gutes Beispiel für die weitverbreitete Unentschlossenheit, die sich zeigt, wenn der Maler diese seltsame Aufgabenverteilung postuliert: »Der Architekt bezweckt in dem Bereich, wo er seine Kunst frei entfalten kann, alle Teile eines Ansichtsplans als ein für das Auge angenehmes Gesamtbild zu entwickeln. Der Gartengestalter hingegen übt sein Talent mit dem Ziel aus, einen angenehmen Grundriß zu entwickeln.« Die Unterscheidung der Berufsbilder entspricht auch einem visuellen

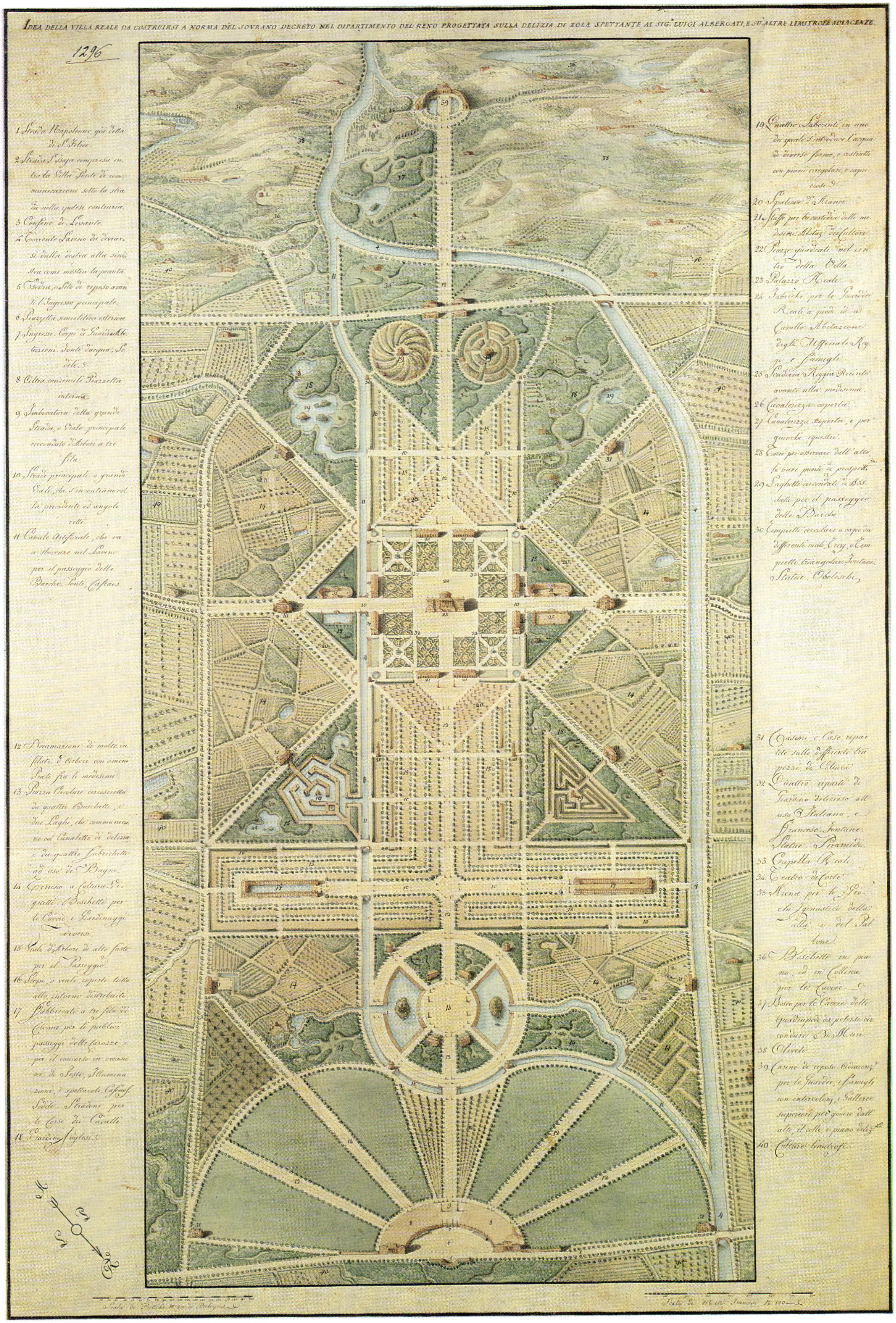

Entwurf für die »Königliche Sommerfrische von Napoleon«, Villa Albergati in Zola Predosa bei Bologna (Italien). Zeichnung von Antonio Basoli und Ercole Gasparini, 1805. Bologna, Biblioteca Comunale dell' Archiginnasio

Garten des Landsitzes Les Fontaines in Chantilly (Oise, Frankreich). Entwurf von Louis-Martin Berthault. Aus: P.-G. Berthault, Suite de vingt-quatre vues de jardins anglais, Paris 1812

Blick auf den Englischen Fluß im Park von La Malmaison (Hauts-de-Seine, Frankreich)

und einem ästhetischen Gegensatz. Watelet fährt fort, der Architekt »muß bewerkstelligen, daß man mit den Augen alles auf einen Blick erfassen kann«, wogegen der Gärtner »die Schönheiten eines Gartens nacheinander enthüllen muß«. Damit sind einerseits der Augenblick und andererseits der Weg des sich bewegenden Betrachters gemeint.

Der Däne Christian Cay Lorenz Hirschfeld, Professor für Ästhetik an der Universität Kiel und Autor der »Theorie der Gartenkunst«, die zwischen 1779 und 1785 in fünf Bänden in Leipzig in deutscher und französischer Sprache erschien, sah darin das »Trügerische« des Gartens, der insgesamt den Gesetzen der Architektur mit ihrem Regelmaß, ihrer Symmetrie und Geradlinigkeit unterworfen war: Die Gartenkunst sei (gemäß der Auffassung der Nachfolger von Le Nôtre) nichts anderes als eine flach auf die Erde projizierte Architektur (Band 1, Teil 2, S. 138).

Aber dies sind nicht die einzigen Schwierigkeiten, die es zu überwinden gibt. Wenn man die Natur nachahmen will, läuft man Gefahr, auch die weniger angenehmen Seiten wiederzugeben. Es gibt immerhin auch unwirtliche Länder und Landschaften. Der Präsident der Royal Academy, Sir Joshua Reynolds, hatte in seinen zwei 1769 bis 1790 entstandenen Bänden mit dem Titel »Discourses on Art« die Maler darauf hingewiesen, daß sie der Versuchung widerstehen sollten, die ungleichen Wirkungen der Natur abzubilden. Sie sollten vielmehr bestrebt sein, mit ihrer Darstellung eine noch größere Schönheit zu erreichen und die schönsten Teile der Natur hervorzuheben. Das Konzept der »schönen Natur« durchdrang die gesamte Ästhetik und führte zum Begriff des »Idealen« in der Kunst. Abbé Batteux hatte bereits in seinem Werk »Les Beaux-Arts réduits à un même principe« den Künstlern nahegelegt, »eine Nachbildung so auszuführen, daß man nicht sieht, wie die Natur wirklich ist, sondern wie sie durch das Einwirken des Geistes gestaltet sein könnte.« Dieses Buch erschien 1746 und erlebte mehrere Auflagen, auch in englischer und in deutscher Sprache. Das Bemühen um die Nachahmung der Natur, das in der Landschaftsmalerei so offenkundig ist, kam nicht von ungefähr. Batteux schrieb: »Aus diesem Grunde versäumen es die großen Maler nie, in das Bild der bloßen Landschaft auch einige Spuren des Menschen hineinzukomponieren, sei es ein Grabmal, eine Ruine oder ein altes Bauwerk. Der Hauptgrund für dieses Vorgehen liegt darin, daß die Maler mit ihren Bildern den Menschen direkt ansprechen wollen.« Reynolds hatte in seiner »Dreizehnten Abhandlung« sehr deutlich erklärt, daß die Gartenkunst eine Verirrung der Natur sei; denn wenn das wahre Vergnügen, wie viele behaupten, darin bestehe, jeden Anschein des Künstlichen zu vermeiden und keine Spur menschlichen Wirkens sichtbar werden zu lassen, dann hätte die Kunst niemals ein Gartenkunstwerk hervorgebracht. Es gab im 18. Jahrhundert einige Gelehrte, die sich der Schwierigkeiten bewußt waren, welche sich durch die Nachbildung der »reinen Natur« ergaben.

Dennoch war Morel 1776 der Meinung, daß seine Theorie auf der Natur gegründet sei. »Nur die Natur hat die Gebote, die Vorbilder und die Gestaltungsmaterialien zur Verfügung gestellt.« »Die Gartenkunst hat nicht eine Fälschung zum Ziel, sondern sie ist bestrebt, dem Garten eine Ordnung zu geben im Einklang mit den Regeln, die von der ›schönen Natur‹ vorgegeben werden.« Seit Anfang des 19. Jahrhunderts war diese Auffassung bei den meisten Theoretikern und Architekten weit verbreitet. Die Lobrede auf Morel, die Savalette de Fortaire 1813 hielt, faßte seine Ideen zusammen: »Morel koordiniert das Ganze mit all seinen Details unter Berücksichtigung aller Vorgaben der jeweiligen Örtlichkeit. Er gestaltet mit Weisheit und Geschicklichkeit ein äußeres Bild. Die Kunst greift so unmerklich ein, daß die Horizontlinie Teil des Entwurfs zu sein scheint und erst durch den künstlerischen Entwurf die Schönheiten der Umgebung voll zur Geltung gebracht werden. Er ordnet die einzelnen Partien so hervorragend, daß die Waldstücke, Wildbäche, Seen, Felsen, Büsche und Flüsse mit einer spürbaren, allerdings nicht definierbaren Zwangsläufigkeit verbunden sind, daß jedes Detail für sich hervortreten kann, je nach dafür vorgesehenem Blickwinkel und ausgeklügelten Himmelsreflexen, unter denen er sie angeordnet hat. So lenkt der Künstler mit viel Feingefühl das Auge des Betrachters und führt dessen Schritte in sanften, natürlich wirkenden und nahezu unmerklichen

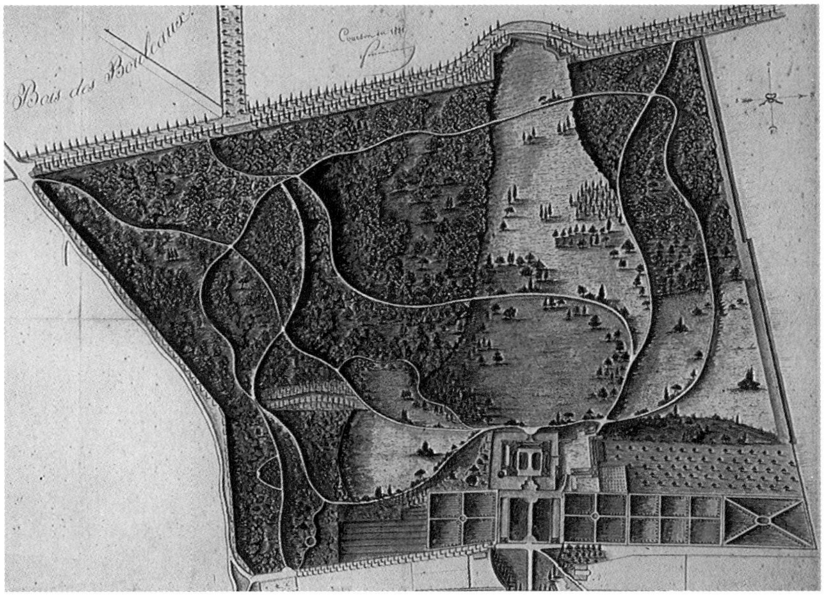

Grundriß des Parks von Courson (Essonne, Frankreich), um 1820. Zeichnung von Louis-Martin Berthault. Privatsammlung

Grundriß des Parks von Saint-Leu-Taverny (Val d'Oise, Frankreich) mit eingetragenen Blickachsen. Aus: Nicolas Vergnaud, L'Art de créer les Jardins, Paris 1835

Übergängen.« In den Anmerkungen zu der 1802 erschienenen zweiten Auflage seines zweibändiges Werkes »Théorie des jardins« verteidigt Morel, der Vater der französischen Gartenkunst, die frei und unregelmäßig gestalteten Gärten. Zum Beispiel übt er Kritik an demjenigen, der einen künstlichen Hügel auf einem ebenen Gelände anlegen will. Für den Umgang mit Wasserflächen fordert er, daß sie nicht wie ein Zufallsergebnis eines krampfhaften Bemühens um künstlerische Wirkung anmuten dürfen. Es scheinen also keine neuen Erkenntnisse zu diesem Thema gewonnen zu sein, seit der Herzog von Harcourt seinen Schriften das Epigraph voranstellte: »Ars est celare artem« (Die Kunst besteht darin, die Kunst zu verbergen).

Dieses Bemühen tauchte zum ersten Mal in dem formalen französischen Garten auf, allerdings auch in den ersten freien Gestaltungsversuchen auf dem Kontinent. Alle hatten die umstrittene Kozeption des Gartens »Folie de Chartres« vor Augen, der 1773 von dem Maler Carmontelle entworfen worden war und später zum Parc Monceau in Paris wurde. In der dritten Auflage des Führers »Nouvelle Desription des Environs de Paris« von 1790 legte Dulaure Zeugnis von dem damals allgemeinen Empfinden ab: »Die Europäer verdanken den Chinesen diese neuen Gärten; dieser Geschmack gelangte von China nach England, wo der Architekt Kent als erster seinen Landsleuten diese Art der Gestaltung mit unregelmäßiger Linienführung nahebrachte und schätzen lehrte. Die Franzosen haben diesen Stil dann begierig aufgenommen; allerdings waren die ersten Versuche nicht sehr geglückt. Eine Überfülle von Objekten auf viel zu knapp bemessenem Terrain hatte zur Folge, daß diese neuen Gärten lächerlich wirkten, weil niemand daran gewohnt war und sie eher das Bild eines Warenlagers für Säulen, Obelisken, Ruinen usw. als das einer schönen Landschaft boten. Seit einigen Jahren jedoch hat der gute Geschmack diesen Übertreibungen ein Ende gesetzt, und es sind reizende Gärten entstanden, wo das Herz, der Geist und die Augen auf das angenehmste erfreut werden.« So lobt er den Garten von Liancourt, den Landsitz des Herzogs von Rochefoucauld, der von dem Architekten Louis Villars im englischen Stil umgestaltet wurde. In diese Reihe gehören die Gärten von Moulin-Joli, Ermenonville und Saint-Leu-Taverny. Letzterer wurde nacheinander von Dufort de Cheverny, dem Bankier de Laborde, vom Fürsten di Conti und schließlich vom Herzog von Chartres erweitert.

Angesichts einer so weitverbreiteten, dem Althergebrachten verbundenen und orthodoxen Haltung meldeten sich die ersten Zweifel an der Theorie der Nachahmung in der Gartengestaltung innerhalb des kulturellen Kreises, der sich um Melchiore Cesarotti, dem Übersetzer der Gesänge Ossians, gebildet hatte. Er hatte einen emblematischen Garten in Salvazzano geschaffen, das Gegenstück zu dem Werk Leasowes in Italien. Im Jahr 1792 legte auf Einladung Cesarottis der Dichter Ippolito Pindemonte, der England bereist hatte, der Akademie von Padua seine Abhandlung mit dem Titel »Dissertazione sui giardini inglesi e sul merito in ciò dell' Italia« vor. Die Arbeit wurde 1817 gedruckt und 1842 in Nantes in französischer Übersetzung vorgelegt. Indem die Schönheiten der freien Landschaft dem Bild des Gartens gegenübergestellt werden, wird letzterem die Möglichkeit abgesprochen, ein Werk der »schönen« Künste zu sein. Im Gegensatz zum Maler oder Bildhauer, denen Pinsel, Farben und Marmor zur Verfügung stehen, oder zum Dichter, der Worte und Verse benutzt, um die Natur nachzuahmen, stehe dem Gärtner nur die Natur selbst zur Verfügung, und diese könne sich unmöglich selbst nachahmen: Die Kunst »eines Malers dörflicher Szenen, der auf seinem Ge-

Statue des Baffometto in der Templergrotte des von G. Jappelli für A. Vigodarzere (heute Villa Valmarana) entworfenen Gartens in Saonara bei Padua (Italien). Kupferstich nach einer Zeichnung von G.B. Cecchini. Padua, Museo Civico

Die Insel mit dem Tempel des Pythagoras im Park der Villa Puccini in Scornio bei Pistoia (Italien).
Photo Paolo Bandinelli, Florenz

mälde eine schöne Landschaft darstellt, wird die von ihm beobachtete Szene kraft seiner Phantasie zum Ideal überhöhen und noch viel perfekter wiedergeben als die Wirklichkeit«. Dies könne nachahmende Kunst sein. »Aber ich werde nie verstehen, wie etwas Nachahmung sein kann, wenn ich mich doch der gleichen Materie bediene, aus der auch mein Original besteht. Wie sollte man die Natur mittels der Natur nachahmen?« Was er nicht in der »schönen künstlich angelegten Szene« findet und was er andererseits in der natürlichen Landschaft erkennt, ist »jene Schönheit, die durch Zufall entsteht«, ein Quell der Freude und Wunder. Als Ergebnis daraus entsteht eine überraschende Wertschätzung des architektonisch angelegten Gartens, der als Symbol der nach dem Willen des Menschen geformten Natur anzusehen sei. Der italienische Garten erfährt somit eine Aufwertung, und gleichzeitig wird der englische Landschaftsgarten auf literarische Vorbilder aus Italien zurückgeführt. Hier sei lediglich auf die Beschreibung der Gärten des Armida in »Das befreite Jerusalem« – von Torquato Tasso hingewiesen.

Der Dozent für klassische Philologie und Ästhetik an der Universität Padua, Luigi Mabil, versuchte 1796 in seinem Werk »Saggio sopra l'indole dei giardini moderni«, die von Pindemonte aufgestellten Thesen zu widerlegen. Er unternahm den Versuch, die Gestaltungen des Künstlers und Gärtners zu verteidigen, der »wie ein Landwirt« in der Lage sein sollte, »sich alle praktischen Hilfsmittel zunutze zu machen« und der auch ein »Kompositions- und Ornamentkünstler« sein soll. So kann es ihm gelingen, die Räume des Gartens zu verschönern, wie ja auch die Räume der Wohnung durch künstlerische Gestaltung verschönert werden. Mabil entwickelte eine Konzeption der Nachahmung, die sich etwas von der Pindemontes unterscheidet. Es geht nicht darum »die Natur mittels der Natur nachzuahmen«, sondern ihre Wesenszüge wiederzugeben. Er empfiehlt, die Gegenstände und Formen nicht zu kopieren, sondern »eher die Anordnung, die Eigenart und den Ausdruck, den der Garten haben soll, zu betonen, damit eine angenehme Rätselhaftigkeit erzeugt werden kann, ein köstlicher Zweifel, ob Natur oder Kunst die Szene geschaffen, diese Überraschung vorbereitet oder dieses Bild gemalt habe«. Aber am Schluß schlägt auch Mabil die folgenden beiden Gartentypen vor: den symmetrisch gestalteten Garten für die Sammlung der schönsten Dinge, welche die Natur zu bieten hat« – darin kündigt sich bereits die Vorliebe des 19. Jahrhunderts für seltene und exotische Pflanzen an –, und den frei gestalteten Landschaftsgarten. Gerade in jenen Jahren gewann das Vorbild des unregelmäßig angelegten Gartens in Italien immer mehr an Bedeutung. Zentren der neuen Mode waren: Wien, London, Paris und die deutschen Staaten. Der Garten der Villa Belgiojoso (heute Communale) in Mailand wurde ab 1793 von dem Architekten Leopold Pollack gestaltet. Es ist anzunehmen, daß er ihn auch ausführte, obgleich Graf Ercolo Silva diesen Garten Lancelot Brown zuschreibt. Doch dies scheint wohl mehr seiner Phantasie entsprungen zu sein, schließlich war »Capability« Brown bereits zehn Jahre zuvor gestorben. Graf Ercole Silva genoß gewissen Ruhm, weil er seinen Barockgarten in Cinisello Balsamo (heute Villa Silva-Ghirlanda, nördlich von Mailand) in einen frei gestalteten Park verwandelte. Durch eine Reihe von Darstellungen des Kupferstechers Lanzani ist uns die Anlage überliefert. Lanzanis Werk »Dell'arte dei giardini inglesi« erschien 1813 in zweiter Auflage, die erste datiert aus dem Jahre 1801. Dieses Kompendium wurde übrigens von Hirschfeld nicht entsprechend gewürdigt. Es beinhaltet auch interessante Kommentare zu den Veränderungen, die im königlichen Park von Monza ausgeführt wurden. Der Park war von Giuseppe Piermarini begonnen und 1805 von dem Architekten Luigi Canonica und dem Gärtner Luigi Villoresi umgestaltet worden. Villoresi hatte auch die Aussichtsterrassen der Villa Melzi d'Eril in Bellagio am Comer See ausgeführt. Zu jener Zeit wurden in ganz Europa formale Gärten zu Landschaftsgärten umgestaltet, einerseits, um die neue Mode mitzumachen, und andererseits, um die hohen Unterhaltskosten zu reduzieren. In Italien seien hier stellvertretend für viele andere die leider nicht ausgeführten Entwürfe von Giuseppe Manetti aus den Jahren 1811 und 1812 zur Umgestaltung der Villa Poggio Imperiale genannt, ferner die von dem Böhmen Joseph Fricks 1823 durchgeführte Neugestaltung des Gartens und der Medici-Villa Pratolino und die Entfernung aller barocken

Fest im Park der Villa Racconigi bei Turin, 1814 von König Carlo Alberto von Savoyen anläßlich der Hochzeitsfeierlichkeiten von Vittorio Emanuele gegeben. Aquarellierte Zeichnung. Turin, Biblioteca Reale

Die Wollweberei Rossi mit ihrem Garten und dem Anbau des Theaters Jacquard in Schio bei Vicenza (Italien). Kolorierte Lithographie von Matschegd, 1864. Vicenza, Biblioteca Bertoliana

Gestaltungselemente der Villa Villari-Novati (später Belgiojoso) in Merate am Comer See. Eine Ausnahme von der vorherrschenden Englandbegeisterung bildete der nicht realisierte Entwurf aus dem Jahre 1805 für die »villegiatura reale per Napoleone«, der in der Villa Albergati di Zola Predosa, in der Nähe von Bologna realisiert werden sollte. Der hervorragende Architekt und Bühnenbildner Antonio Basoli hatte unter Mitarbeit von Ercole Gasparini den Entwurf ausgearbeitet. Der Park sollte als riesengroßes Netzwerk aus in spitzen und rechten Winkeln sich kreuzenden Alleen gestaltet werden. Diese geraden Linien teilten das Gelände in zahlreiche polygonale Bereiche und faßten ein vielfältig gestaltetes Ensemble von »Abteilungen« ein. Jede dieser Abteilungen sollte einen kleinen Garten in unterschiedlichen Stilen enthalten. Einer der vierzig Bereiche ist als »Englischer Garten« dargestellt. Das Einbeziehen landwirtschaftlich genutzter Flächen in dieses Landschaftsgitterwerk weist einerseits auf die in dieser Gegend um Bologna typische Tradition des »Gartens auf dem Lande« hin, die originelle Lösung erinnert andererseits an die phantastischen Entwürfe von Charles Percier und Pierre François Fontaine für die Restaurierung des Parks von Versailles.

Die Sensibilität wandelte sich jedoch. Davon zeugt die Diskussion zwischen Napoleon I. und seinem Lieblingsarchitekten Fontaine, der völlig unbedacht den Kaiser mit Überlegungen zu den neuen Geschmacksvorstellungen konfrontiert hatte. Dieser bezichtigte in einem Streitgespräch die Gärten im englischen Stil der Nichtigkeit und empörte sich über die Dummheit jener Gartenbesitzer, die ihr Vermögen dafür ausgaben, um Miniaturseen, kleine Felsen und Flüsse anzulegen, wie im Garten von Bagatelle von Mosseaux (heute Monceau) und in Fontainebleau. Derartige Kindereien seien dumme Launen von reichen Bankiers: »Meinen englischen Garten finde ich im Wald von Fontainebleau, und ich will keinen anderen« (P. Fontaine »Journal«, Tagebuch, 3. März 1813). Daß die Karriere vieler Gartengestalter eng an freundschaftliche Beziehungen zu Persönlichkeiten der Hochfinanz gebunden war, zeigt der Werdegang des Architekten Louis-Martin Berthault. In der Zeit des Direktoriums wurde er von dem Bankier Récamier und dessen berühmter Frau Juliette als Dekorateur beauftragt. Er dekorierte seinen Wohnsitz in der Rue du Mont-Blanc. Danach erhielt Berthault von Gabriel-Julien Ouvrard, einem Lieferanten des Heeres den Auftrag, auf dessen Besitz in Raincy, der wegen seiner »Badegrotte« bekannt war, die Eisenbrücke und das Russische Haus zu bauen. Berthault arbeitete auch für Carvillon de Tillière im Park von Pontchartrain und legte dort Wasserfälle und Grotten an, aber keine »fabriques«, Gartengebäude. Seine praktische Ausbildung hatte er auf dem Familienbesitz Les Fontaines in der Nähe von Chantilly erhalten, der zwischen 1792 und 1822 erweitert wurde. Heute sind nur noch wenige Spuren davon erhalten, aber andere malerische oder klassizistische Bauwerke – zum Beispiel die Fischerhütte, das Bootshaus, ein Grabmal und ein Obelisk auf einer Insel – sind durch die Entwürfe von Charles Bourgeois besser bekannt. Sie wurden von seinem Onkel, dem bekannten Künstler Pierre-Gabriel Berthault, in Mezzatinta gestochen: »Suite de vingt-quatre vues de jardins anglais...«, 1812 in Paris erschienen. Berthault wurde häufig beauftragt, Gärten nach den neuen Stilvorstellungen umzugestalten, aber er war auch als Restaurator tätig. Zum Beispiel wurde der von Watelet entworfene Garten von Moulin-Joli von ihm wieder instandgesetzt, auch der unregelmäßig gestaltete Park von Schloß Prulay in der Nähe von Tremblay bei Paris, der bereits von Abée Delille umgestaltet worden war. Im Jahre 1820 erhielt Berthault von Arrighi di Casanova, Herzog von Padua und Cousin Napoleons, den Auftrag, den bereits um 1680 angelegten Park von Courson umzugestalten. Der Architekt ließ die Gräben aus dem 17. Jahrhundert auffüllen und zeichnete ein Netz frei gestalteter, gekrümmter Wege. Er pflanzte seltene Bäume und Büsche mit dekorativer Wirkung und betonte dadurch Blickbeziehungen. Die Arbeiten wurden 1860 unter der Leitung der Gebrüder Bühler fortgesetzt. Zwischen 1920 und 1950 wurde diese herrliche Anlage von Graf Caraman, einem Freund von Albert Kahn, vollendet.

Als Berthault 1805 zum Architekten der Kaiserin Josephine ernannt wurde, trat er die Nachfolge des greisen Morel an und nahm sich der verzwickten Situation des westlich von Paris gelegenen Parks von Malmaison an, eines »kleinen Reiches«, das sich über mehr als 700 Hektar erstreckte. Der Park wird in »englischer« Manier von einem Flußlauf durchzogen, und es sind nur wenige Bauwerke darin eingefügt, zum Beispiel der Amortempel von Alexandre Lenoir. Mit der Hilfe zahlreicher Botaniker, wie Howatson, Delahaye und Bonpland, verteilte Berthault im Park eine Pflanzensammlung, die große Berühmtheit erlangte: 250 Rosensorten, die später Pierre-Joseph Redouté malte, Hortensien, Dahlien, Kamelien, Päonien, Hibiskus usw. und Bäume: Zedern aus dem Libanon, Gingkos, Buchen, Magnolien, Lärchen und Silberlinden. Die Begeisterung für die »fabriques«, die kleinen Tempelchen und anderen Gartenbauten, wich hier einer Passion für die Botanik. Aber dies fand nicht den ungeteilten Beifall: Der Landschaftsarchitekt J. Lalos übte Kritik an dem Park »wegen der übermäßig vielen exotischen Bäume« und behauptete, die heimischen Bäume seien viel besser dazu geeignet, eine perspektivische Wirkung zu erzeugen und mit ihrer Masse Konturen zu schaffen.

Berthault war jedoch kein wirklicher Erneuerer: Diese Mode gab es bereits, wenn wir dem Text der »Descriptions des nouveaux jardins de la France« Glauben schenken sollen. Dieser prächtige Band, von den Arbeiten Humphry Reptons beeinflußt, wurde 1805 verfaßt von Graf Alexandre de Laborde, dem Sohn des Marquis und Finanziers, der, bevor er 1794 die Guillotine bestieg, gemeinsam mit Hubert Robert den Park von Méréville gestaltet hatte. De Laborde schreibt, daß die Wende »vor vierzig Jahren eintrat, ohne daß hierzu irgendein ausländischer Einfluß vonnöten gewesen wäre; es geschah ganz natürlich durch die Einführung exotischer Bäume: Die Vielfalt ihrer Erscheinungsformen, der Variantenreichtum ihres Blattwerks führten bald zu der Erkenntnis, daß sie eine bessere Wirkung erzielten, wenn man sie in kleinen Gruppen zusammenpflanzte oder als Solitäre freistellte, statt sie geradlinig in Form einer Allee aufzureihen. Auf diese Weise können sie sich freier entwikkeln und bilden schönere Massen. Sobald diese Unregelmäßigkeit angenommen wurde, veränderte man in gleicher Weise auch die Wasserläufe. Und für die Wege, die durch den Park führten, bestand keine Notwendigkeit, Meister aus fremden Ländern kommen zu lassen, die uns in einer Kunst unterweisen sollten, welche uns die Natur in unserem Lande ebenso vorführen konnte.«

De Laborde reiht sich unter die Historiker und empfindet die Notwendigkeit, eine Überlegung zum Mentalitätswandel anzuschließen. Er stellt die Hypothese auf, daß zwischen »der Regelmäßigkeit im Leben« und der Symmetrie der Gärten eine Parallele bestehe: »Die Gefühle selbst waren in Nuancen eingeteilt und hatten sozusagen ihr eigenes Zeremoniell, wie der Hof seine Etikette. Das Unbestimmte, daß sich in alle Gefühle wie auch in alle Prinzipien eingeschlichen, und die Freiheit, die in unserer Lebensweise Eingang gefunden hat, haben ausgereicht, um der Regelmäßigkeit der Orte, wo man lebte, ein Ende zu setzen.«

Nachdem Berthault bei der kaiserlichen Familie eingeführt war, wurde er berufen, den Park von Saint-Leu-Taverny zu vollenden, der sich im Besitz von Louis Bonaparte und Königin Hortense befand (mit den legendären achttausend Gefäßen, die mit Hortensien bepflanzt waren). Auch sollte er für den Fürsten Aldobrandini Borghese den Park Beauregard bei Villeneuve-Saint-Georges vollenden. Die Arbeiten wurden nach dem Tode Berthaults von Nicolas Vergnaud fortgesetzt. In diesen Jahren erwarb Joseph Bonaparte die Domäne von Mortefontaine und entwickelte das weitgreifende landschaftsgestalterische System der Seen weiter, welches im 18. Jahrhundert angelegt worden war. 1806 erhielt Berhault als Architekt den Auftrag für das Schloß von Compiègne und gestaltete den von Jacques-Anges Gabriel nicht vollendeten Garten als Landschaftsgarten im englischen Stil. Siebzigtausend Bäume und Sträucher wurden von den kaiserlichen Baumschulen und Gärtnereien, die Gabriel Thouin leitete, an den »Jardin des Plantes« geliefert. Auf der einen Seite des Geländes entwickelte er den »Berceau de Fer« – die »Eiserne Pergola« –, einen langen von Kletterpflanzen bedeckten Laubengang. Auch wenn es schwierig ist, Berthault stilistisch einzuordnen – ist sein Stil eklektizistisch, oder gibt er nur eine pragmatische Antwort auf den wankelmütigen Geschmack seiner Auftraggeber? – so kann man doch mit Sicherheit sagen, daß in Compiègne einer der ersten Gärten im Mischstil geschaffen wurde. Diese Formel entwickelte er in den großen Folgeprojekten weiter, zum Beispiel bei dem Garten für den König von Rom auf dem Hügel von Chaillot in Paris. Ein sicherer Hinweis auf den veränderten Geschmack ist die Ablehnung durch A. F. Peyre im Namen des Rats der »Bâtiments Civils« der Entwürfe von Joseph Valadier, die dieser 1812 für die Kapitolinischen Gärten und für den »Nuovo Giardino del Gran Cesare« zwischen der Piazza del Popolo und dem Pincio in Rom vorlegte. Diese Entwürfe mit ihrer »englischen« Linienführung waren, unter Berücksichtigung des Festprogramms, ein Fehlgriff in bezug auf die »convenance« – die Zweckmäßigkeit. Deshalb erstaunt es auch nicht, daß es Berthault und Alexandre de Gisors zur Auflage gemacht wurde, in ihre Entwürfe geometrische, regelmäßig gestaltete Elemente einzuarbeiten und eine flach ansteigende Freitreppenanlage als Bindeglied zur Terrasse vorzusehen. Diese Vorschläge wurden 1813 gebilligt.

Anzeichen für Veränderungen sind vielleicht nicht so sehr im formalen Bereich erkennbar als vielmehr in dem indifferenten Umgang mit den »Inhalten«, im doppelten Sinn des Wortes: Zweckbestimmung einerseits und Bedeutung andererseits. Wenn zum Beispiel das Schema des englischen Gartens von Giuseppe Japelli für den Ritter Antonio Vigodarzere in Saonara in Venetien wie eine Wiederholung erscheint, so war der philantropische Hintergrund dafür ausschlaggebend. Der örtlichen, durch die Hungersnot von 1816 leidgeprüften Bevölkerung sollte geholfen werden. Der Auftraggeber wie auch der Architekt wiesen sich als Freimaurer aus, was in den Dekorationen zum Ausdruck kommt, etwa in der aufsehenerregenden Statue des Baffometto in der Grotte der Tempelritter. Eine neue politische Sensibilität trat in Erscheinung, die von einer Generation idealistisch und fortschrittlich denkender Aristokraten vertreten wurde.

Solche aufgeklärten Motivationen, oft deutlich vom Geist der Freimaurer geprägt, zeigen sich insbesondere im Kulturbereich der Toskana. Sie wurden zum Beispiel im Werk des Architekten Luigi de Cambray Digny realisiert, der sie zu wahrhaft »philosophischen Orten« verband. In Florenz sind dies die Orti Oricellari, 1813 für den Marchese Stiozzi Ridolfi angelegt, und der um die gleiche Zeit für den großen Reformator Marchese Pietro Torrigiani geplante Villengarten; in der Umgebung von Pistoia legte Cambray Digny in Scornio von 1821 bis 1827 den Park der Familie Puccini an. Dorthin kamen einige Jahrzehnte später Besucher aus ganz Europa, eine »auserwählte Schar«, und sahen dort ein Pantheon, das der Erinnerung tugendhafter Männer gewidmet war, ebenso die Napoleon-Brücke. Beide Bauwerke wurden 1838 vervollständigt.

Ländliche Feste gaben dem Ablauf der Arbeiten über das Jahr einen weltlichen Rhythmus. Auf einer Insel stand der Tempel des Pythagoras, eine stille Hymne auf die nur in der Vorstellung existierende nationale Tradition. Es gab auch ein »gotisches Kastell«, ein Beitrag von Alessandro Gherardesca, dem Autor der 1826 in Pisa erschienenen Abhandlung »La casa di delizia, il giardino e la fattoria« und Urheber des Entwurfs für die Bigattiera – Seidenraupenzucht – mit Spinnereien im Garten der Villa Roncioni in Pugnano bei Pisa. Dieser letztere Entwurf kündigte, der Entwicklung um einige Jahre vorausgreifend, die gotischen Szenerien an, welche Jappelli selbst, aber auch der Architekt Pelagio Palagi später umsetzten. Insbesondere seien hier der gotische Turm genannt, der als Museumsbau zwischen 1831 und 1836 in dem malerischen Garten der Villa Traversi in Desio bei Mailand gebaut wurde, oder die phantasievolle Inszenierung der Margheria, einer kleinen Meierei mit Kapelle und Wohnhaus im neogotischen Stil, die zwischen 1832 und 1842 auf Wunsch von König Carlo Alberto von Savoyen im Park von Racconigi in Piemont erbaut wurde. Der Park wurde zur gleichen Zeit von Saverio Curten umgestaltet und erweitert. Die auf Fabrikgebäude übertragene Version gotischen Stils in einem venezianisch-byzantinischen Stilgemisch ist in einem von dem Architekten Alessandro Caregaro Negrin gestalteten Garten zu sehen: der Wollweberei von Alessandro Rossi in Schio bei Vicenza.

Nach 1799 rief der Philantrop und Gutsbesitzer Francois de La Rochefoucauld, Herzog von Liancourt, in seinen Gärten die »Rond de la danse« für die Arbeiter und Arbeiterinnen ins Leben, welche in den eigens hierfür eingerichteten Töpfereien und Textilmanufakturen beschäftigt waren, damit sie das Bühnenbild belebten. Der Architekt und Ingenieur Curten, Curten der Ältere genannt, ein begeisterter Reisender, Agronom und Gartentheoretiker, nahm den von Antoine-Michel Perrache 1776 entwickelten Gedanken wieder auf, die Halbinsel von Lyon zwischen Rhône und Saone städtebaulich zu erschließen und zu besiedeln. Er unterbreitete verschiedene Vorschläge für eine Gartengestaltung und einen Palast für den Kaiser, aber Napoleon, der durch die veranschlagten Kosten verärgert war, lehnte diese Überlegungen ab. In seinem 1807 in Lyon und Paris erschienenen »Essai sur les jardins« entwickelte Curten zum ersten Mal eine Theorie für den Garten in der Stadt: »In den Städten, wo Grundstücke nur begrenzt vorhanden und besonders wertvoll sind, ist es notwendig, sich anderer Mittel zu bedienen als auf dem Lande... Sofern es die Umgebung zuläßt, ist der Versuch angeraten, den Ort in der Vorstellung größer erscheinen zu lassen, als er in Wirklichkeit ist... Das geeignete Mittel hierfür ist, den gesamten Raum mit Pflanzen einzufassen, so daß ein größerer Freiraum in der Mitte entsteht.« Curten verbreitete hier Überzeugungen, die bereits von Humphry Repton und John Nash in ihren Parkgestaltungen in die Praxis umgesetzt worden waren. Außerdem propagierte Curten den Gedanken von Gärten und Parks in der Nähe von Fabrikanlagen, in denen sowohl landwirtschaftliche Betriebe als auch Industriebetriebe angesiedelt werden sollten: »Mit ihren zahlreichen Gebäuden und im Zusammenspiel mit der Bewegung der wasserbetriebenen Maschinen und den dazugehörenden Wasserläufen, die von der Rhône gespeist werden, dem Abwechslungsreichtum der Felder und Pflanzungen, die alle nach einem Gesamtplan geordnet sind, vereinigt eine solche Siedlungskolonie alle nur wünschenswerten Vorzüge, insbesondere bezüglich der Reinheit der Luft und der Güte des Wassers.« Im theoretischen Teil seiner Abhandlungen diskutierte Curten auch die Qualifikationen des Planers. Die Gartenkunst sei der »Luxus der Landwirtschaft«, so daß »der Ausdruck ›Garten‹ mir unangemessen erscheint, ebenso wie der Ausdruck ›Gärtner‹. Der Mann, den die Engländer ›Gärtner‹ nennen, ist von einer ganz anderen Art als bei uns: Er wird Gärtner genannt, weil er Kenntnisse der Gartenkunst hat; er weiß also, wie man Gärten anlegt.«

Auch der »Gebäude«-Park von Garenne Lemot in Clisson, der für den Bildhauer Francois-Frédérique Lemot zwischen 1805 und 1827 von dem Architekten Mathurin Crucy aus Nantes angelegt wurde, stellte sich als Symbol der Befreiung dar, als eine Art moralischer und kultureller Reparationsleistung für die Verwüstungen, die durch die damals gerade beendeten Kämpfe in der Vendée entstanden waren. Außerdem steht dieser Park in engem Zusammenhang mit den Initiativen der Brüder François und Pierre Cacault, die ebenfalls in der kleinen Stadt Clisson ein Museum mit einer Schule gegründet hatten, um die künstlerische Erziehung der Jugend in der Vendée zu fördern. Vielleicht kann man sagen, daß Lemot und Crucy im kleinen das durchführten, was danach Peter Joseph Lenné, der Schüler von Gabriel Thouin war, und Karl Friedrich Schinkel im großen Stil in Schloß Charlottenhof in Potsdam (1826) und im Tiergarten in Berlin (1818 bis 1840) realisierten.

In dem 1835 in Paris erschienenen Buch »L'art de créer les jardins« schlug der Architekt Nicolas Vergnaud, der sich 1830 länger in England aufgehalten hatte, bezeichnenderweise vor, mit Wasserkraft betriebene Mühlen und Fabrikgbäude in den Gärten anzulegen: Diese »usines«, Fabriken, »gehören zu dem Beiwerk, das die Szenerie belebt und jedem Ort eine malerische Komponente hinzufügt... Mit den von Dampfmaschinen betriebenen Fabriken lassen sich mühelos große Linien ziehen und beeindruckende Baumassen schaffen.« Der Gedanke, daß man die ersten sichtbaren Auswirkungen der industriellen Revolution harmonisch in das Bild einer Parklandschaft einbeziehen könnte, zeigt, in welchem Maße der Garten als wirkungsvolles Instrument der hygienischen und moralischen Reformarbeit, der Philantrophie und der sozialen Integration angesehen wurde. Es war kein Zufall, daß Vergnaud, der an dem Kastell La Perrine (Eure-et-Loir) und in Beauregard (Seine-et-Oise) arbeitete, der Autor eines »Projet d'amélioration et d'embellissement pour Auteuil, Passy et communes voisines de la capitale« (Entwurf für die Verbesserung und Verschönerung von Auteuil, Passy und anderen Nachbargemeinden der Hauptstadt) war, der 1832 nach der Choleraepedemie in Paris veröffentlicht wurde. Sein Entwurf zur Verbesserung (Straßenreinigung, Schlachthöfe, Wasserversorgung, Feuerwehr, öffentliche Brunnen, Bäder, Kanalisation, Bürgersteige, Straßenbeleuchtung) der Nachbargemeinden von Paris wurde von dem Bankier Gabriel Delessert unterstützt. Er war das vierte Kind des aus der Schweiz stammenden Lyoner Finanziers Etienne Delessert, der ein Freund von Rousseau und Necker war und den liberalen Gedanken von Jeremy Bentham zur Verbreitung verhalf. Die Familie Delessert besaß eine Zuckerfabrik in Passy, der Stadt, wo Gabriel Delessert 1830 zum Bürgermeister gewählt worden war. Im Laufe seiner späteren politischen Karriere kämpfte er gegen den Verfall der öffentlichen Denkmäler in der Hauptstadt.

Im Jahre 1819 veröffentlichte Vicomte Amédée de Viart, Besitzer des Parks von Brunehaut (Essonne), den er auch selbst hatte anlegen lassen, eine Abhandlung mit dem Titel »Le jardiniste moderne«. In diesem Werk versuchte er die neuen Begriffe »jardinisme« – etwa Gärtnerismus – und »jardiniste« – etwa Gartengestalter – durchzusetzen. Mit »jardiniste« sollte der »anerkannte Künstler, der die Gärten kreiert«, bezeichnet werden, um ihn »von dem Arbeiter, der ihn bepflanzt« zu unterscheiden. In der zweiten Auflage seiner Abhandlung, die 1827 erschien, benutzte Viart statt dessen die Wortneuschöpfung »jardinque« – gärtnerisch – die von dem großen Theoretiker des Eklektizismus in England, John Claudius Loudon, aufgegriffen wurde. Er schrieb im »Gardener's Magazine«, Nr. VIII vom Dezember 1832: »Es gibt

Grundriß der Halbinsel Perrache am Zusammenfluß von Rhône und Saône in Lyon (Rhône, Frankreich), von Curten dem Älteren. Aus: Essai sur les jardins, 1807

Blick in ein Tal des Parks von Brunehaut (Essonne, Frankreich). Aus: A. de Viart, Le jardiniste moderne, 1819

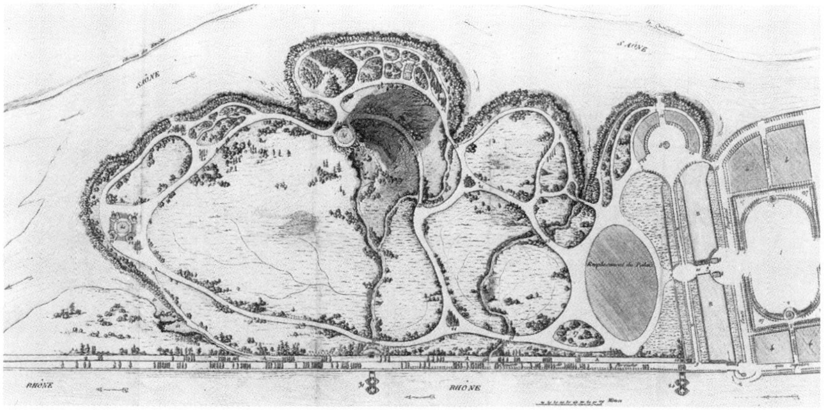

noch verschiedene andere Schönheiten außer dem Malerischen, welche die Aufmerksamkeit des Landschaftsgärtners auf sich ziehen mögen; als eine der ersten wäre die Botanik der Bäume und der Büsche zu nennen ... Die malerische Verschönerung allein genügt nicht mehr in unserer heutigen, aufgeklärten Zeit: Es ist notwendig zu begreifen, daß es neben dem Malerischen einen Charakterzug in der Kunst gibt, den wir das Gärtnerische (gardenesque) nennen können.« Loudon ist kein Prediger in der Wüste gewesen. Auf englischem Boden hatte das wiedererwachte Interesse an den Barockgärten dazu geführt, daß die Architektur des »Topiary« im Garten von Levens Hall in der Grafschaft Cumbria restauriert wurde. Diese Arbeit wurde von dem Obergärtner Archibald Forbes ab 1810 ausgeführt. Der französische Publizist Pierre Boitard veröffentlichte 1834 in der vierten Auflage seiner Abhandlung eine Ansicht von Levens Hall auf dem Frontispiz. Der eklektische Geschmack hatte bereits seinen konkreten Ausdruck in dem Garten des Grafen Shrewsbury in Alton Towers in der Grafschaft Staffordshire gefunden, einem Bauwerk von Robert Abraham. Loudon besuchte diesen Garten und übte mißbilligende Kritik an ihm wegen seiner Übertreibungen. Er hatte hingegen Freude daran, durch den Garten von Hoole House in Cheshire zu wandeln, den Lady Broughton in den zwanziger Jahren geschaffen hatte. Hier war eine Rasenfläche von Blumenbeeten unterbrochen und von einem Steingarten umgeben, dessen Konturen die Alpen bei Chamonix nachmodellierten.

Loudon versuchte, eine Gartentheorie aufzustellen, die sich auf dem Gedanken der »Erkennbarkeit der Kunst« gründete. Eine Quelle der Anregung hierfür war ihm der bereits zitierte »Essai sur la nature ... de l'imitation« aus dem Jahre 1823 von Quatremère de Quincy, wo man seltsamerweise einen Anklang an die bereits zitierte Abhandlung von Pindemonte über den nicht nachahmenden Charakter der Kunst des Landschaftsgartens verspürte, die er 1817 veröffentlicht hatte. Im Unterschied zu der 1788 von ihm vertretenden These verfolgt Quatremère nunmehr den Gedanken, daß bei den unregelmäßigen Gartengestaltungen »das angestrebte Bild der Natur nichts anderes als die Natur selbst sei. Das Mittel dieser Kunst ist die Wirklichkeit ... Nun kann aber nichts für sich beanspruchen, Wirklichkeit und zugleich Nachahmung der Wirklichkeit zu sein.« Wer mag wohl als Mittler zwischen der Theorie des Paduaners und der brillanten Synthese des Bildhauers und Theoretikers aus Paris gewirkt haben? Höchstwahrscheinlich ein Freund, der Präsident der Akademie in Venedig, Leopoldo Cicognara, der 1817 einen Auszug des 1814 erschienenen »Giove olimpico« von Quatremère übersetzt hatte und 1824 einen Auszug des Aufsatzes über die Nachahmung in der in Florenz erscheinenden Zeitschrift »Antologia« veröffentlichte. Und es war wiederum Loudon, der den Maler J.C. Kent bat, das 1837 von Quatremère publizierte Buch ins Englische zu übersetzen. Mit diesem theoretischen Hintergrund unterstützte auch Loudon die neue Ästhetik, die es in trefflicher Form erlaubte, eine große Palette verschiedener Pflanzen einzusetzen, zugleich zur reinen Regelmäßigkeit der Gartengestaltung zurückzukehren und das Anordnen von Blumenbeeten und Solitärbäumen weiter zu verbreiten. Etwa im gleichen Zeitraum gab der Obergärtner William Baron seine Zustimmung dazu, wieder ein »Topiary« im Garten von Elvaston Castle in Derbyshire anzupflanzen. Er konnte sich bei der geometrischen Konzeption des »Topiary« von »Mon Plaisir«, einem Gartenbereich im gleichen Garten, auf einen Entwurf aus dem 17. Jahrhundert von Daniel Marot stützen. Der Architekt Anthony Salvin baute zwischen 1831 und 1838 eine neoelisabethanische Terras-

Levens Hall (Cumbria, Großbritannien). Beispiel für einen Garten, der mit in verschiedensten Formen geschnittenen Eiben gestaltet ist. Aus: P. Boitard, Traité de la composition et de l'ornement des jardins, Frontispiz der 4. Aufl., Paris 1834

Der Felsengarten, die Wiese und das Kamelienhaus im Garten von Hoole House (Cheshire, Großbritannien). Aus: J. C. Loudon, The Gardener's Magazine, No 14, 1838

senanlage für Harlaxton House in der Grafschaft Lincolnshire für Gregory Gregory, den Nachkommen des Fürsten de Ligne. Zwischen 1851 und 1854 ließ Sir Charles Barry in Shrubland Park in der Grafschaft Suffolk eine Freitreppe mit 137 Stufen zu einer Terrassenanlage all'italiana umgestalten.

Daher scheint weder eine Interpretation, die sich auf die Veränderung des Geschmacks und der Mode gründet, auszureichen noch die einfache Feststellung, daß die alten Stile in ihrer Neubelebung Verbreitung fanden. Die Vorherrschaft des malerischen Gartens, eine wunderbare Idee, die in der ersten Hälfte des 18. Jahrhunderts in England ihren Anfang nahm, begann zu dem Zeitpunkt an Kraft zu verlieren, als die Theorie, auf die er sich gründete – nämlich die Nachahmung der Natur – Einschränkungen und Schwächen aufwies. Das Gift des Zweifels, das zwischen Padua und Venedig entstand und Paris berührte, fand reiche Nahrung in der englischen Landschaftsarchitektur. Ist es angebracht, Hypothesen von einer Verbindung zwischen einer solchen theoretischen Schwächung und den Veränderungen aufzustellen, welche die naturwissenschaftliche und die industrielle Revolution mit sich brachten?

Literatur

Allgemein

C. Batteux, *Les Beaux-Arts réduits à un même principe* (1746), Hrsg. J.-R. Mantion, Paris 1989.

A. C. Quatremère de Quincy, *Encyclopédie Méthodique: Architecture*, 3 Bde., Paris und Lüttich 1788–1825, Nachdruck als *Dictionnaire historique d'Architecture*, Paris 1832; *idem*, *Essai sur la nature, le but et les moyens de l'imitation dans les beaux-arts*, 1823; Reprint Brüssel 1980.

G. L. Hersey, *Associationism and Sensibility in Eighteenth-Century Architecture*, in: »Eighteenth-Century Studies«, Bd. 4, Nr. 1, 1970, S. 71–89.

Frankreich

G. Thouin, *Plans raisonnés de toutes les espèces de jardins*, 1820; Reprint Paris 1989.

F. de Ganay, *Bibliographie de l'art des jardins*, 1944; Paris 1989; *idem*, *Les Jardins en France et leur décor*, Paris 1949.

Jardins en France, 1769–1820. Pays d'illusion, terr d'expérience, Ausstellungskatalog, CNMHS, Paris 1977.

Mathurin Crucy (1749–1826). Architecte nantais néoclassique, Ausstellungskatalog, Nantes 1986.

J. B. Babelon (Hrsg.) *Le château en France*, Paris 1986.

P.-F.-L. Fontaine, *Journal (1799–1853)*, 2 Bde., Paris 1987.

J. D. Devauges, *Berthault, Louis-Martin*, in: »Encyclopedia Universalis«, Paris.

Italien

S. Lange, *Ville della provincia di Milano*, Mailand 1971.

E. Silva, *Dell'arte de' giardini inglesi*, Hrsg. G. Venturi, Mailand 1976.

Pelagio Palagi, artista e collezionista, Ausstellungskatalog, Bologna 1976.

L'arte del Settecento emiliano. Architettura, scenografia, pittura di paesaggio, Ausstellungskatalog, Bologna 1979.

Il giardino storico italiano. Problemi di indagine. Fonti letterarie e storiche, Florenz 1981.

G. Mazzi (Hrsg.), *Japelli e il suo tempo*, 2 Bde., Padua 1982.

F. Borsi und G. Pampaloni (Hrsg.), *Monumenti d'Italia. Ville e giardini*, Novara 1984.

Alla scoperta della Toscana lorense. Architettura e bonifiche, Ausstellungskatalog, Florenz 1984.

A. Maniglio Calcagno (Hrsg.), *Giardini, parchi, paesaggio nella Genova dell'ottocento*, Genua 1984.

Valadier, segno e architettura, Ausstellungskatalog, Rom 1985.

Forma. La città antica e il suo avvenire, Ausstellungskatalog, CNHMS, Rom 1985.

Il giardino romantico, Ausstellungskatalog, Florenz 1986.

Racconigi. Il castello, il parco, il territorio, Racconigi 1987.

A. Tagliolini, *Storia del giardino italiano*, Florenz 1988.

M. Azzi Visentini (Hrsg.), *Il giardino Veneto. Dal tardo medioevo al Novecento*, Mailand 1988.

England

The Landscape Gardening ... of Humphry Repton, Hrsg. J. C. Loudon, 1840; Reprint Farnborough 1969.

H. I. Triggs, *Formal Gardens in England and Scotland*, 1902; Reprint London 1989.

C. Hussey, *The Picturesque, Studies in a Point of View*, 1927; Reprint London 1983.

J. Dixon Hunt, *Emblem and Expressionism in the Eighteenth-Century Landscape Garden*, in: Eighteenth-Century Studies, Bd. 4, Nr. 3, 1971, S. 294–317.

G. Hersey, *High Victorian Gothic. A Study in Associationism*, Baltimore 1972.

J. Harris, *»Gardenesque«: the Case of Charles Greville's Garden at Gloucester*, in: Journal of Garden History, Bd. 1, Nr. 2, 1981.

John Claudius Loudon and the Early Nineteenth Century in Great Britain, Dumbarton Oaks 1980.

G. Carter, P. Goode, K. Laurie (Hrsg.), *Humphry Repton, Landscape Gardener. 1752–1818*, Norwich und London 1982.

T. H. D. Turner, *Loudon's Stylistic Development*, in: Journal of Garden History, Bd. 2, Nr. 2, 1982, S. 175–188.

D. Watkin, *The English Vision. The Picturesque in Architecture, Landscape and Garden Design*, London 1982.

T. Carter, *The Victorian Garden*, London 1984.

B. Elliott, *Victorian Gardens*, London 1986.

K. L. Simo, *Loudon and the Landscape. From Country Seat to Metropolis, 1783–1843*, New Haven 1988.

E. Clarke, G. Wright, *English Topiary Gardens*, London 1988.

J. Brown, Kunst und Architektur englischer Gärten, Stuttgart 1991.

Levens Hall (Cumbria, Großbritannien). Heutiger Zustand der geschnittenen Eiben im Park. Photo Brigitte Thomas und Philippe Perdereau

Blick in den Garten von Alton Towers (Staffordshire, Großbritannien). Photo Daniele De Lonte

Ansicht von „Mon plaisir" im Garten von Elvaston Castle (Derbyshire, Großbritannien). Aus: E. Adveno Brooks, The Gardens of England, London, 1857

Der öffentliche Park in Großbritannien und den Vereinigten Staaten: vom Genius loci zum »Geist der Zivilisation«

Alessandra Ponte

Mit Hilfe der Analyse zweier besonderer Parkentwürfe ist eine – wenn auch stark vereinfachte – Zusammenfassung der wichtigsten Aspekte zur Entstehung der öffentlichen Parks im Großbritannien in den ersten Jahrzehnten des 18. Jahrhunderts möglich. Der erste Entwurf wurde von John Claudius Loudon, einem bekannten Gartengestalter, 1829 im »Gardener's Magazine« veröffentlicht. Der zweite stammt vom Gartenbaumeister und Architekten Sir Joseph Paxton und erschien fünf Jahre später im »Magazine of Botany«.[1]

Loudons Schaubild war im Zusammenhang mit der berühmten, vom Stadtrat von Hampstead entfachten Debatte realisiert worden. Dieser hatte die Einzäunung von Hampstead Heath gefordert, einer weiten unbebauten Fläche aus Wiesen und Wäldern, die bis dahin der Allgemeinheit frei zugänglich gewesen war. Der Verlust von Hampstead Heath, dem sonntäglichen Ziel von Künstlern, Arbeitern und kleinen Angestellten, die kilometerlange Wege auf sich nahmen, um diesen Ort im Grünen zu erreichen, wurde als ein weiteres Glied einer bedrohlichen Entwicklung aufgefaßt, die London seinerzeit erlebte: In drei Jahrzehnten hatte sich die Bevölkerung verdoppelt (1830 zählte man 1,5 Millionen Einwohner), und daraus resultierte eine nur noch schwer aufzuhaltende Expansion über die eigentlichen Stadtgrenzen hinaus. Die Umzäunung der zweihundert Acres von Hamstead Heath war nur ein weiterer aufsehenerregender Schritt in der fortschreitenden Aufgabe der traditionellen Freiräume, und mit diesem Eingriff verschwand, um die bevorzugte Definition der Zeitgenossen aufzunehmen, eine der wichtigsten »Lungen« der Stadt.[2]

Wir wollen die »Unwirtlichkeiten«, welche die Metropolen im allgemeinen und die mit den durch die Industrialisierung hervorgerufenen Nöten kämpfenden urbanen Zentren im besonderen belasteten, nicht noch einmal aufzählen, vielmehr nur daran erinnern, welche Bedeutung dem Thema des öffentlichen Parks in Verbindung mit den sanitären und sozialen Problemen des städtischen Wachstums zukam. Die Reformbewegungen des 19. Jahrhunderts nutzten diese Leitidee als eines der wichtigsten Mittel zur Überwindung jener Probleme. Einer der ersten, welche die wirkliche Bedeutung der aufgeworfenen Fragen erkannten, war der erwähnte John Claudius Loudon. Er reihte seine Stimme in den Protestchor gegen die Umzäunung und Bebauung Hampstead Heaths ein, beschränkte sich jedoch nicht darauf, den Erhalt des freien Raumes zu fordern, sondern legte ein umfassendes Planungsprogramm vor, das die Bildung einer Serie von konzentrischen Gürteln *(belts)* vorsah, in denen sich städtische (urbane) und ländliche (rurale) Zonen abwechseln sollten. Dieser Entwurf wurde in einem *Breathing Places for the Metropolis* betitelten Artikel näher beschrieben und war mit einem trügerisch einfachen Bild illustriert: Über der Karte von London und Umgebung liegt ein Diagramm mit weißen (bebaute Flächen) und grauen (freie Flächen) Kreisringen in deren Zentrum die Kathedrale St. Paul's steht. Die rigide Geometrie des Plans läßt jedoch nicht vermuten, daß das Projekt keine gewaltsamen Grenzen zwischen den einzelnen Zonen vorsah, ebensowenig radikale Zerstörungen des bestehenden Stadtnetzes. In den urbanen Zentren und in den ländlichen Gebieten sollten vorhandene Gärten erhalten bleiben. Die Metropole war als harmonische Folge verschiedener, durch zusammenhängende Grünflächen miteinander verbundener Szenarien gedacht. Gleichzeitig mit diesem Projekt stellte Loudon seine Idee einer idealen Hauptstadt vor, ausgestattet mit einem strahlenförmigen und konzentrischen Netz von Straßen, öffentlichen Transportmitteln, Wasser- und Gasversorgung und Kanalisation; die Anwendbarkeit seines Entwurfs auf das bereits Bestehende setzte er stillschweigend voraus. Loudon schätzte die hygienischen, ökonomischen und ästhetischen Kriterien realistisch ein, und machte den Vorschlag, eine fähige Kommunalverwaltung zu beauftragen, die auf globaler Ebene lang- und kurzfristige Ziele, nicht nur auf der Gemarkung der Stadt London, sondern auch der gesamten Region, flexibel koordinieren könnte. Loudons Plan muß insofern als utopisch angesehen werden, als er die Existenz von Kompetenzen und Instrumentarien bei der Regierung voraussetzte, die es zu seiner Zeit noch nicht gab. Dennoch definierte er die Maßnahmen der Stadtplanung und wies mit bemerkenswerter Präzision auf das in der Zukunft erforderliche Vorgehen hin: auf die Notwendigkeit eines Gesamtplans, das Bedürfnis nach einer die Kommunalverwaltung unterstützenden legislativen und administrativen Politik, die enge Zusammenarbeit zwischen der Gartenbaukunst und der im Enstehen begriffenen »urbanen Kunst«, welche die städtebauliche Entwicklung der Zukunft bestimmen sollten.

Die zuletzt genannte Zusammenarbeit bezog sich nicht einfach auf die Planung öffentlicher Parks oder anderer Grünflächen als Teile der Stadt, sondern vielmehr auf ein Projekt, das die ganze Stadt als eine zu gestaltende Landschaft auffaßte. Gärtner und Gartengestalter waren zu jener Zeit vielleicht die einzigen »Professionellen«, deren Methoden und Kenntnisse ausreichten, um Gelände großen Umfangs unter Kontrolle zu halten. Ihre Mittel hatten sie im vorangegangenen Jahrhundert in den enormen Landschaftsparks des Adels erprobt. In der Beschreibung Loudons erscheint die Metropole als eine Folge harmonischer und verschiedenartiger Szenarien malerischer, ländlicher, städtischer und formaler Art. Es ist genau jenes Kriterium, das beim Entwerfen der Parks angewandt wurde; der Gärtner hatte die Aufgabe, eine Anzahl von Landschaften mit unterschiedlichen Erscheinungsbildern zu schaffen und sich um einen ausgeglichenen Übergang von einem zum anderen zu bemühen. Noch interessanter ist die Einführung des Begriffs *belt*, der für die Lösung des Problems der Parkgrenzen entwickelt wurde. In der Sprache der Gärtner bezeichnete *belt* den Baumgürtel, der die Grenzen des Grundstücks markierte und gleichzeitig dem Gesamteindruck einen ordentlichen Charakter gab. Die Baumgrenzen öffneten sich genau dort, wo sie dem Betrachter den schönsten Blick – entweder ins Innere oder ins Äußere – preisgaben. Welche Überzeugungskraft und Beständigkeit hat dieses Konzept in der Geschichte der öffentlichen Parks und des Städtebaus innegehabt! Erinnert sei in diesem Zusammenhang nur an zwei sehr frühe Beispiele, auf die wir im folgenden noch zu sprechen kommen: der in den vierziger Jahren des 19. Jahrhunderts für Manchester geplante und der in Liverpool zwischen 1862 und 1872 realisierte Parkring.

Loudon war nicht der einzige, der solche Thesen mit extremer Deutlichkeit von sich gab. In einem Aufsatz aus der Mitte des Jahrhunderts, der die Bildung eines Garten- und Parksystems für Liverpool vorschlug, wird empfohlen, einen »Gürtel aus Gärten und Parks« zu schaffen, »der von den Grenzen bis zur heutigen Stadterweiterung reicht und zwischen Gebäuden mit urbanem Charakter relativ unberührte Naturflächen garantiert«.[3] In dieser Passage findet sich sowohl das Thema *belt* als auch die Auffassung wieder, daß die Stadt aus sich abwechselnden verschiedenartigen Erscheinungsbildern zusammengesetzt sein solle. Etwa zwei Jahrzehnte später rühmte William Robinson, vor allem als Erfinder des wilden Gartens *(wild garden)* bekannt

Ansicht von Hampstead Heath mit Staffagefiguren im Vordergrund. Ölgemälde von John Constable, 1821. Yale Center for British Art, Paul Mellon Collection

Entwürfe für die Anlage von »Atem-Orten in der Metropole« (Großraum London) von J. C. Loudon. Aus: Gardener's Magazine, No 5, 1829. London, The Royal Horticultural Society

Grundriß des Arboretum von Derby von J. C. Loudon. Aus: Gardener's Magazine, No 16, 1840. London, The Royal Horticultural Society

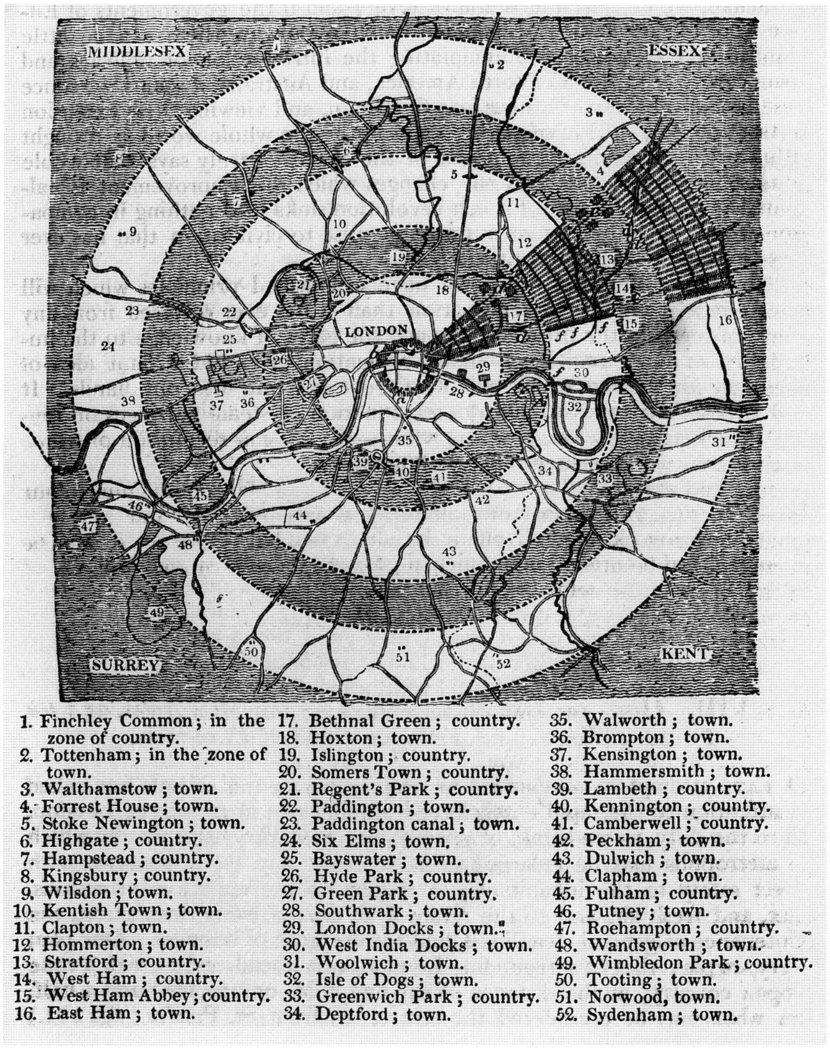

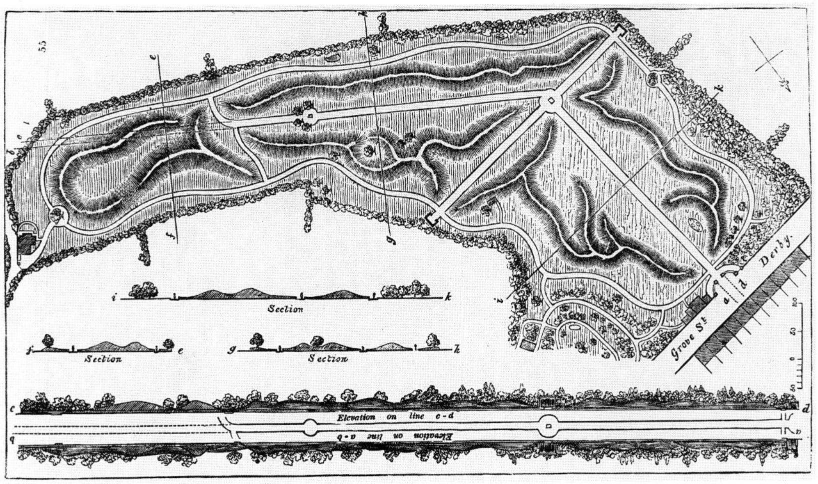

geworden, in seinem wichtigen, 1869 veröffentlichten Buch über Spazierwege, Parks und Gärten in Paris mit einigen Einschränkungen das französische Beispiel – und forderte lautstark dessen Nachahmung in Großbritannien. Damit sich dies realisieren ließ, war das Mitwirken der Regierung nötig, welcher die Aufgabe, einen Gesamtplan zu erarbeiten, übertragen wurde: »Der wahre Fehler«, behauptete Robinson, »ist das Fehlen eines Plans«.[4] Ein solcher müßte nicht nur die Schaffung von öffentlichen Parkanlagen, sondern auch von baumbestandenen Boulevards, von Plätzen und Erholungsorten vorsehen, weil, so Robinson, die Parks die Bedürfnisse nach frischer Luft und freiem Atem nur an Sonn- und Feiertagen, also nur wenn die Leute die Zeit hätten, auch mehrere Meilen bis zu einem Park zu laufen, befriedigen könnten. Robinson schloß mit der Aufforderung ab, alle Reserven auf das *city gardening*, den städtischen Gartenbau, mit anderen Worten auf das Stadtbauwesen, zu konzentrieren, anstatt sie zu unnötiger Auschmückung einzelner Parkanlagen zu verwenden.

Loudon beendete den Artikel, in dem er den Plan für die Londoner Region präsentierte, mit einer praktischen Empfehlung: Die zukünftigen Gesetze zur Umzäunung von Grünflächen sollten festlegen, daß ein gewisser Prozentsatz dieser Flächen zu öffentlichen Grünanlagen gemacht werde. In die gleiche Richtung gingen auch die Bemühungen um die Reglementierung – mittels einer spezifischen Gesetzgebung – der Nutzung der *commons* (Land für kollektive Nutzung) und der *wastelands* (unbebautes Land) in der Nähe der städtischen Zentren. Erinnert sei hier an die Vorschläge von John Arthur Roebuck, Mitglied des Parlaments und aktiver Verfechter der Utilitarian Society, der für das notwendige Eingreifen der städtischen Behörden zur Erhaltung und Unterhaltung der *commons* in unmittelbarer Umgebung der Städte eintrat. Ein Gesetz von 1836 verbot, unbebautes Land innerhalb eines Umkreises von, im Fall Londons, 10 Meilen zu umzäunen. Das Verbot galt innerhalb eines Umkreises von 3 Meilen bei Städten mit 100 000 Einwohnern, von 2,5 Meilen bei Städten mit 70 000 Einwohnern etc. Der Gesetzentwurf von 1837 bestimmte für jede Umzäunung die Erhaltung freier Flächen zur »Erholung« und »körperlichen Übung«.[5]

Im Jahr 1833, als das Selected Committee on Public Walks dem Parlament seinen ersten Bericht präsentierte, wurde das Thema öffentlicher Park in den Bereich der staatlichen Belange aufgenommen. Aufgabe des Komitees war es, die Anzahl der in den Großstädten des Landes der Öffentlichkeit zugänglichen Anlagen festzusetzen und ein Programm zur sowohl lokalen als auch nationalen Einflußnahme der jeweiligen Behörden zu entwickeln. Der Bericht, in dem die Faktoren, die den Bedarf an Grünflächen bestimmten, beschrieben sind (zum Beispiel die Notwendigkeit, die Bevölkerung und besonders die arbeitenden Klassen gesund zu erhalten), schließt mit der Feststellung, daß man sich in den letzten fünfzig Jahren weder um die Nöte, welche die Verstädterung mit sich brachte, noch um die Empfehlung, offene Anlagen zu schaffen, gekümmert habe. Die Bezeichnung »offene« Anlage ist zutreffend, weil auch vom Selected Committee nie nur von Parks, sondern von öffentlichen, nicht bebauten Flächen gesprochen wurde. In diesem Sinne können tatsächlich die verschiedensten Gattungen von Grünflächen darunter subsumiert werden: botanische Gärten, Spazierwege, Friedhöfe, Spielfelder, *commons* sowie zu verschiedenen Institutionen gehörende Gärten.[6] Dieser Ansatz führt zu einer der zentralen Fragen, welche die Anfänge des öffentlichen Parks im 19. Jahrhundert und die Geschichte der Gartenbaukunst im

„Plan for forming subscription gardens" (Entwurf für die Anlage von Gärten, die in einem Ausschreibungsverfahren vergeben werden sollten) von John Paxton. Aus: Magazine of Botany, No 1, 1834. London, The Royal Horticultural Society

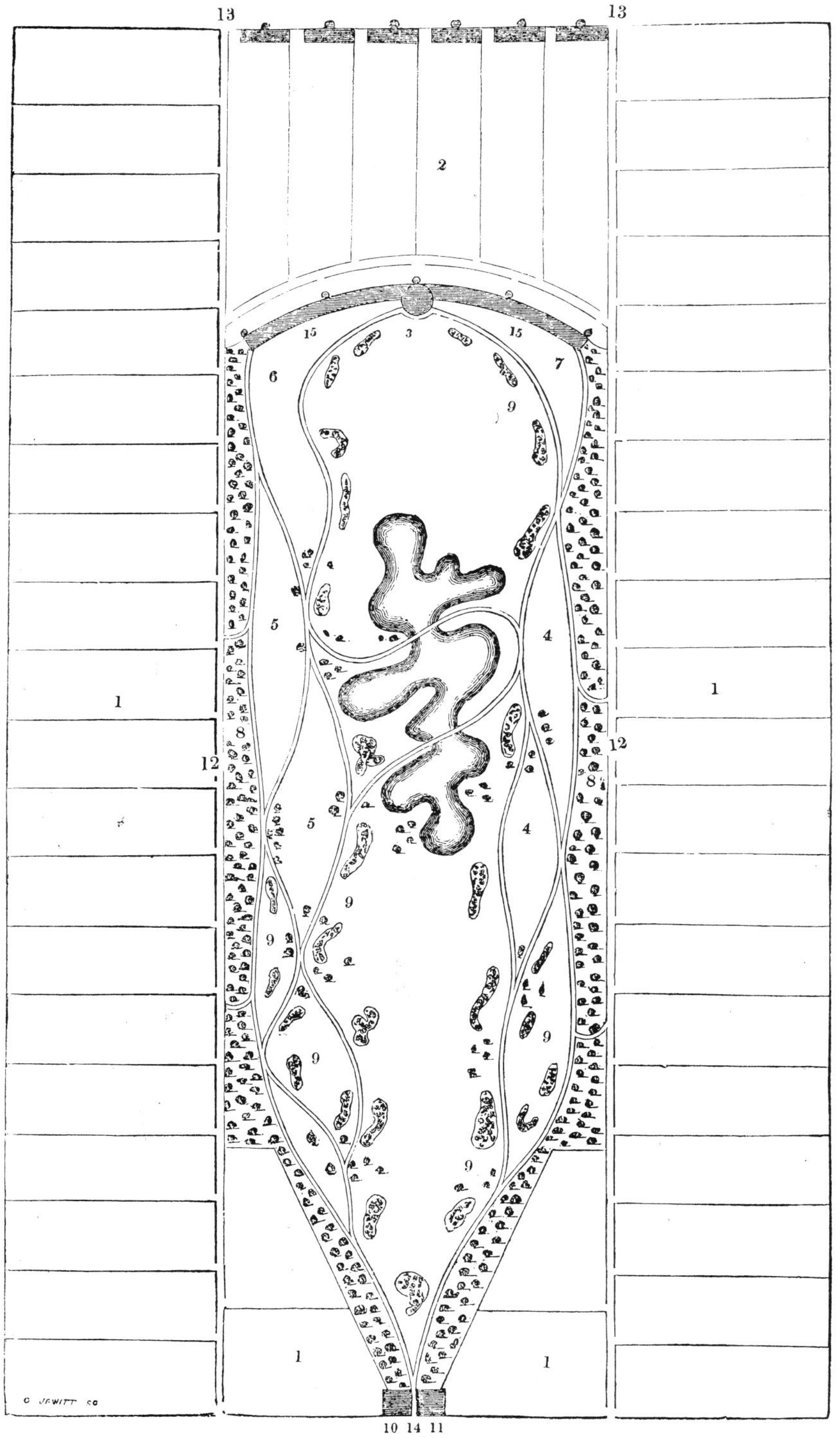

allgemeinen betrifft. Vom Ende des 18. Jahrhunderts bis zum Beginn des 19. Jahrhunderts fand in der Gartenbaukunst ein analog zur Architektur verlaufender Prozeß statt: Die Aufmerksamkeit des Künstlers verschob sich vom »Ästhetischen« zum »Funktionellen«. Dieser Bewegung entsprechend veränderte sich das Bild der Person, für die das Werk bestimmt war: vom gebildeten Betrachter zu einem Zeitgenossen, der den zur Befriedigung von Bedürfnissen geschaffenen Raum ganz einfach genoß.

Klare Anzeichen dieser Revolution sind schon im Werk von Humphry Repton erkennbar, der im Verlauf der berühmten Auseinandersetzung mit Richard Payne Knight und Uvedale Price um das Pittoreske damit begonnen hatte, eine Reihe von Unterscheidungen zwischen der Malerei und der Gartenbaukunst herauszuarbeiten. Knight und Price hatten Repton vorgeworfen, er habe als Schüler von Lancelot »Capability« Brown, dem großen Gartenbaumeister der vorhergehenden Generation, unterschiedslos dasselbe Modell auf die verschiedensten Orte angewandt, woraus eine entsetzliche Monotonie resultiere. Den Parkanlagen von Brown wie jenen Reptons fehle es an poetischer Ausdruckskraft, da sie die Lehren der großen Landschaftsmaler nicht berücksichtigt hätten. Er hielt ihnen auch vor, sie hätten die individuelle Entfaltung des Geschmacks (eine Kunst) in einen Beruf (eine Technik) umgewandelt. Dies war nicht der einzige Vorwurf, der im Streit erhoben wurde, welcher auf der einen Seite von zwei »Dilettanten«, Knight und Price, und auf der anderen Seite von einem »Professionellen«, Repton, ausgetragen wurde.[7]

Das wichtigste Argument Reptons zu seiner Verteidigung war, daß Park und Garten dazu bestimmt seien, »bewohnt« zu sein. Die auf den Gemälden dargestellte Natur, erklärte er, sei unbewohnbar; sie könne Zigeuner und Banditen beherbergen (wie auf den Bildern von Salvator Rosa), aber keinen zivilisierten Menschen. Die Natur müsse also gebändigt und behaglich gemacht werden. Während seiner ganzen Laufbahn wiederholte und präzisierte Repton diese These; er ging sogar so weit, jegliche Verbindung zwischen Malerei und Garten, die er anfangs noch zugegeben hatte, zu verleugnen. Schließlich suchte er in der Architektur – und besonders in der des Hauses, das heißt der Aufteilung der Räume gemäß ihrer Funktion – Rechtfertigungen und Gründe, um die Gartenbaukunst zu verfeinern und in die von ihm gewünschte Ordnung zu bringen. In seiner letzten, 1816 veröffentlichten Abhandlung schrieb Repton: »Obwohl ich der Vereinigung zweier Begriffe, Landschaft und Garten, zugestimmt habe, bleiben sie dennoch zwei so unterschiedliche Dinge wie ein Gemälde und sein Rahmen. Das Szenario der Natur, Landschaft genannt, und das des Gartens sind so verschieden wie ihre Nutzung. Das eine muß dem Auge gefallen, das andere der Bequemlichkeit genügen und der Inanspruchnahme durch den Menschen. Das eine ist wild und kann den Tieren in ihrem ursprünglichen Zustand angeglichen werden, während das andere für den hochzivilisierten und gebildeten Menschen geeignet ist.«[8] Hier taucht schon frühzeitig die ästhetisch wichtigste Kategorie der Gartenkünstler des 19. Jahrhunderts auf: das »zivilisierende« Element. Im Verlauf des 19. Jahrhunderts wurde bei Parkanlagen die Suche nach dem Schönen, Sublimen und Malerischen, welche das 18. Jahrhundert gekennzeichnet hatte, der Wiedergabe eines herrschenden ästhetischen Ideals untergeordnet – eines Ideals, das durch den unterschiedlich aufzufassenden und komplexen Begriff »Zvilisierung« ausgedrückt wurde. Überlegungen solcher Art haben Repton dazu geführt, die »nützlichen« Gärten und die

Der Schießstand für Bogenschützen im Peel Park in Manchester (Großbritannien). Manchester Central Library

Queen's Park in Manchester (Großbritannien), um 1850. Manchester Central Library

»formalen« Elemente, welche vorher in die unerreichbaren Winkel der Parks verbannt gewesen waren, in die Nähe der Wohnstätten zurückzuführen. In seinen Schriften finden sich die ersten Aufzählungen nach ihrer Funktion geordneter Gärten: der Nutzgarten, der, wieder unmittelbar am Haus gelegen, den Anbau von Kräutern und Gemüsen vereinfacht und, wenn er richtig angelegt ist, mit seinen schützenden Mauern zum angenehmen Spaziergang verleiten kann; die Treibhäuser als notwendige zusätzliche Gartenanlagen jedes mit einem gewissen Luxus ausgestatteten Anwesens: die Ménagerie, in der Fasanen und anderes schön anzuschauendes Wild untergebracht werden konnte; der für die Herrschaft bestimmte Rosengarten, der mit exotischen Pflanzen angelegte Garten, der die botanische Neugier befriedigt usw.

Für Repton war eine solche Aufgliederung nach der Funktion jedoch nur im Zusammenhang mit einer Gesamttheorie berechtigt, für die der Aufbau der einzelnen Gärten und ihre Beziehungen untereinander dem Bild des naturalistischen Parks untergeordnet waren, der eine »höhere« Form von Kunst darstellte. Die entscheidende Wendung vom ästhetischen zum funktionellen Ansatz erfolgte aber erst mit der Veröffentlichung der *Plans raisonnés de toutes les espèces de jardins* (1820) von Gabriel Thouin. Der erstaunliche Erfolg der Sammlung von Thouin ist nur dann zu verstehen, wenn wir sie als einen ersten radikalen Klassifizierungsversuch der Gärten gemäß ihrer Funktion auffassen. Einerseits »adelte« eine derartige Klassifizierung bestimmte Arten von Gärten, andererseits ließ sie die Kunst im allgemeinen verarmen. Indem Thouin die ordentlich in einer Reihe stehenden Bäume des Obstgartens und die ganz unterschiedlichen, unregelmäßigen Pflanzungen des Vergnügungsgartens, die Laube des Gärtners und den Pavillon für Feierlichkeiten, die geometrischen Rechtecke des botanischen Gartens und die gewundenen Seen des Lustgartens auf ein und dieselbe Stufe stellte – nebenbei bemerkt, entsprechen sowohl bei Repton als auch bei Thouin dem »Nützlichen« die »regelmäßigen«, dem »Schönen« die »unregelmäßigen« Elemente –, verwischte er die Grenzen, die das Nützliche vom Schönen, die Kunst von der Technik trennen. Es handelte sich hierbei nicht um einen befreienden Akt, er erwies sich im Gegenteil als besorgniserregend. Loudon zum Beispiel, der ebenfalls von Thouins Werk und der Idee der Klassifikation fasziniert war, sah sich gezwungen, nach Kompromissen zu suchen, und siedelte die Gartenbaukunst schließlich zwischen den »schönen« und den »nützlichen« Künsten an, wofür er die Definition der »gemischten« Kunst einführte.[9] Die Klassifikation nach der Funktion, mit der eine Beeinflussung auf den Parkentwurf einherging, blieb jedenfalls die vorherrschende Idee des 19. Jahrhunderts.

Verhalf uns Loudons Diagramm zur Veranschaulichung der allgemeinen Thematik der Gartenbaukunst und ihrer Beziehung zur Stadt, so führt uns der Entwurf Paxtons zurück zu unserer Analyse der mit der Planung und Realisation öffentlicher Parks eng verbundenen Probleme. Paxtons Diagramm, unter dem Titel *Design for Forming Subscription Gardens* veröffentlicht, stellt ein rechteckiges Gebiet dar, das in fünfzig jeweils $\frac{1}{4}$ Acre große Parzellen aufgegliedert ist, die entlang der Grenzen eines vier Acre großen Gartens verlaufen. Auf jeder Parzelle war der Bau einer von einem privaten Garten umgebenen Villa vorgesehen, der sich zum zentralen öffentlichen Park öffnete. Die Darstellung des letzteren zeigt, wenn auch sehr schematisch, die für diese Zeit typischen Prinzipien. Die Begrenzungslinie ist durch einen Baumgürtel gekennzeichnet, an dem ein befahrbarer Parkweg entlang-

Entwurf für Sefton Park in Liverpool (Großbritannien) von Edouard André. Aus: The Builder, No 25, 1867. London, Royal Institute of British Architects

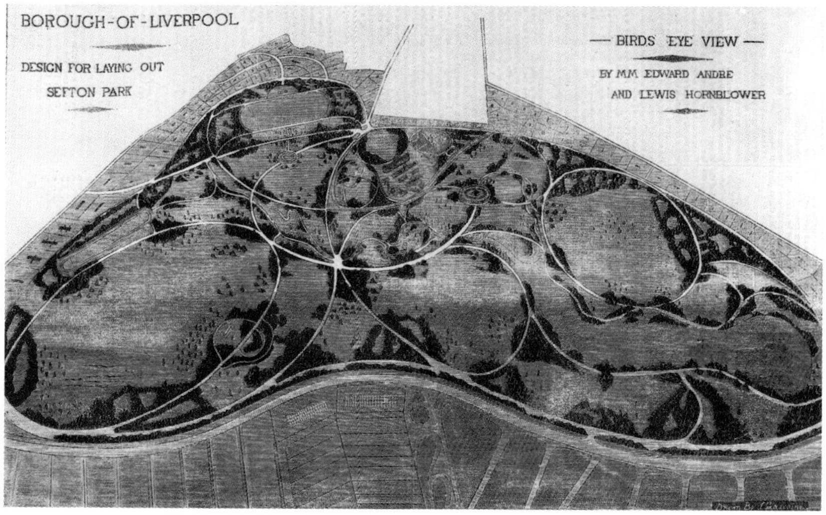

führt. Das Innere, von kurvigen Pfaden durchlaufen, wird durch weite Grasflächen, die von Macchia und einzelnen Bäumen durchsetzt sind, charakterisiert. Das wichtigste Element ist der Wasserspiegel, dessen Umrisse unregelmäßig gefaßt sind und der einen ausgedehnten und natürlichen Eindruck machen soll. Dieses Modell ist keine Neuheit in der Geschichte des Gartenbaus; am Ende des 18. Jahrhunderts war eine solche Technik schon ironisch zusammengefaßt worden mit der Formel »belting, clumping, dotting« (Umschließen, Anhäufen, Unterbrechen). Dennoch präsentiert das Projekt zumindest zwei innovative Elemente: die Idee, dasselbe System auf den Aufbau verschiedener Typen von Gärten anzuwenden, und den Vorschlag, das Unterfangen mit Hilfe der Parzellierung des Begrenzungsbereichs zu finanzieren.

In dem zugehörigen Artikel erklärte Paxton, daß die zentrale Fläche einen botanischen Garten oder einen Blumengarten aufnehmen könne. Diese Empfehlung entsprang der Vorliebe für den *giardinesco* und – vor allem in bezug auf den öffentlichen Park – erzieherischen Impulsen, die diesen Stil charakterisieren. Der erste, der die Elemente des Giardinesco definierte, war wieder einmal Loudon. Er begründete dessen Aufkommen mit der wachsenden Einführung von exotischen Varietäten in Europa. Dieses Phänomen habe das ästhetisch-wissenschaftliche Interesse für die Pflanzenwelt angeregt, was sich bei der Planung von Grünanlagen in einer immer deutlicheren Unterscheidung zwischen Garten und Park ausdrücke, sowie im Bemühen um die Hervorhebung der Charakteristika der verschiedenen Pflanzen.[10] Der Giardinesco war ein kostspieliger Stil. Die Akklimatisierung der exotischen Varietäten erforderte qualifiziertes Personal, fortschrittliche Techniken, beträchtliche Investitionen und ständigen Einsatz zur Instandhaltung der Gärten. Dies machte es in den meisten Fällen schwierig, ihn für öffentliche Parkanlagen zu adaptieren, denn die Einschränkung der Kosten hatte dort Prioritäten. Andererseits bot der Stil faszinierende didaktische und reformatorische Möglichkeiten: Gab es ein besseres Mittel als die Natur und ihre Lehren zur physischen und moralischen Genesung der arbeitenden Klassen? Der Giardinesco mußte in einer neuen Form auf den öffentlichen Park angewendet werden. Eine der brillantesten und am häufigsten nachgeahmten Lösungen dieses Problems war das Arboretum von Derby.

Das Arboretum, mit dessen Bau 1839 begonnen wurde, war das wichtigste Auftragswerk in Loudons Karriere. Zu einer Zeit, in der, wie schon erwähnt, die Stadtverwaltungen weder die gesetzlichen noch die finanziellen Mittel besaßen, um Aufbau und Erhaltung von Parkanlagen zu fördern, war der Stadt Derby die für das Arboretum bestimmte, relativ kleine Fläche – nach damals verbreiteter Praktik – geschenkt worden; und zwar von ihrem ehemaligen Bürgermeister Joseph Strutt. Der Platz war eben, von unregelmäßiger Form und wegen des schlechten Drainagesystems nicht im besten Zustand. Außerdem hatte Strutt das Geschenk nicht mit einer ausreichenden Summe ausgestattet, welche die künftigen Kosten der Instandhaltung abdecken würde. Die Aufgabe Loudons war es nun, diesen Schwierigkeiten zu begegnen und gleichzeitig die schon bestehenden Elemente (den Baumgürtel, den Blumengarten, ein Landhaus, eine mit Efeu bedeckte Laube und eine Eiche nahe dem Haupteingang) unberührt zu lassen. Loudon reagierte mit einem relativ einfachen Plan: Zwei sich kreuzende Achsen, in deren Schnittpunkt eine Rotunde liegt, bilden den Mittelpunkt des Entwurfs. Die Hauptachse beginnt am Eingang und wird an einigen Stellen unterbrochen, da sie der Bodenformation folgt, während ein gewundener Weg den Besucher entlang der Begrenzungs-

Philips Park in Manchester (Großbritannien). Photo Daniele De Lonte

Sefton Park in Liverpool (Großbritannien). Photo Daniele De Lonte

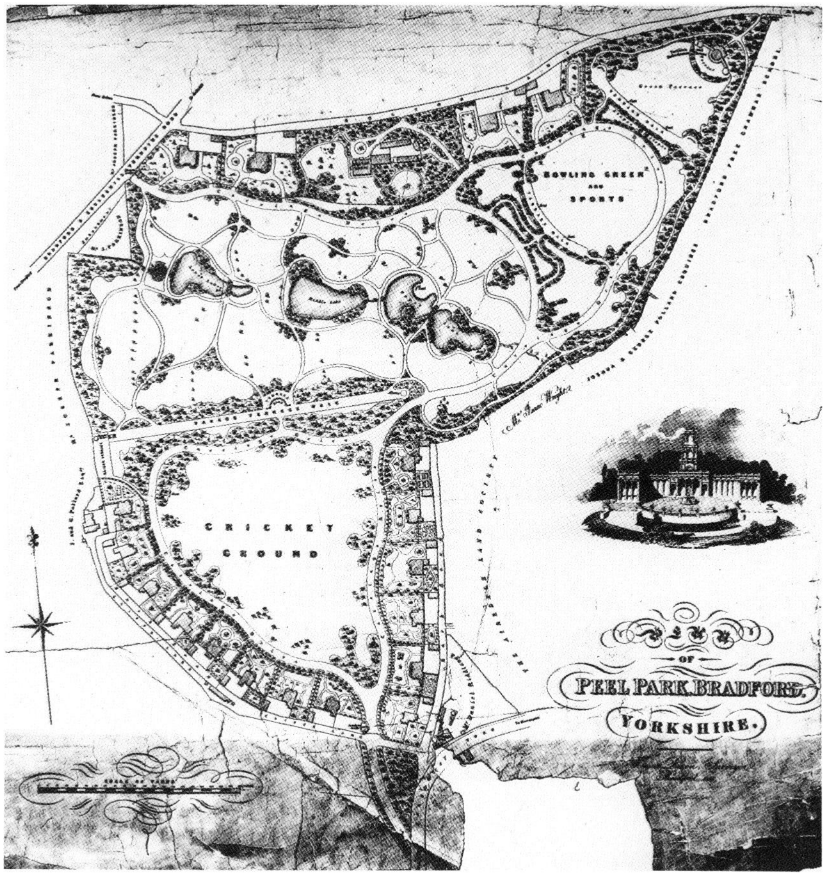

Grundriß von Peel Park in Bradford (Yorkshire, Großbritannien), 1854. Bradford Libraries and Information Service

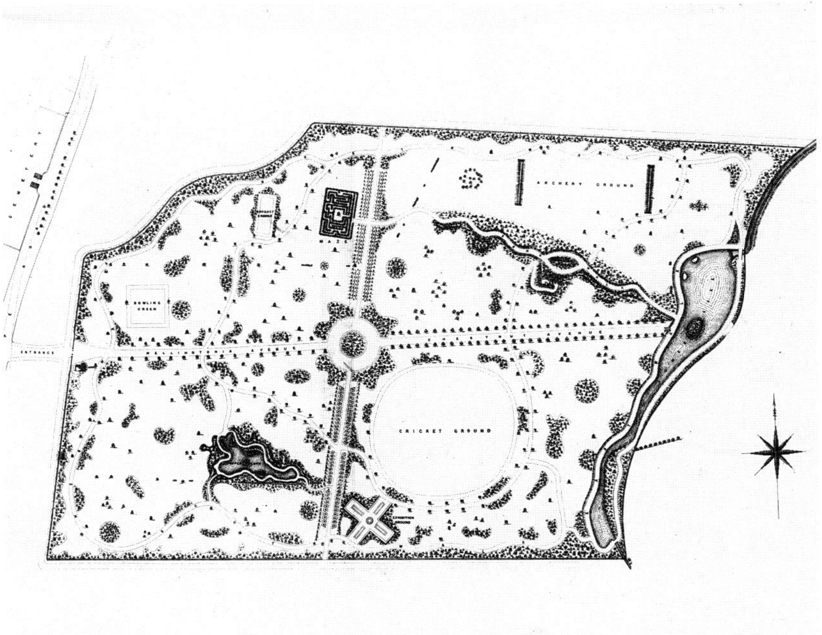

Grundriß von Albert Park in Middlesborough (Großbritannien), 1868. Middlesborough County Library

linie führen soll. Der Umriß wird von einer Reihe kleiner Reliefs belebt. Die wichtigste Entscheidung betraf jedoch die wesentlichen Elemente des Gartens: eine Baum- und Staudensammlung, die aus den größten englischen Baumschulen zusammengetragen und nach dem System der natürlichen Klassifikation von Jussieu angeordnet war. Jedes Exemplar war numeriert und trug ein Identifikationsschild, das den botanischen und den gemeinen Namen, den Ursprungsort, das Datum der Einfuhr nach Großbritannien und die im Herkunftsland erreichte Höhe des ausgewachsenen Baumes angab. Der Besucher konnte seinen Informationsstand noch erweitern, wenn er eine ebenfalls von Loudon verfaßte Broschüre mit wissenschaftlichen und allerlei kuriosen Anmerkungen las. Die botanische Auswahl war auch eine ökonomische: Um diesen Park zu erhalten, genügten laut Loudon ein Gärtnermeister und zwei Assistenten. Den Schilderungen der Zeitgenossen nach zu urteilen, hatte das Arboretum einen enormen Erfolg. Ein parlamentarischer Kommissar schrieb 1845 in einem Bericht über die Lebensbedingungen in den großen Städten: »Das Arboretum ... wird viel besucht, es hat schon eine deutlich wahrnehmbare Wirkung auf das Äußere und das Verhalten der arbeitenden Klassen hervorgerufen und zweifellos den gleichen Vorteil für ihre Gesundheit mit sich gebracht.«[11]

In verschiedenen Schriften ist schon darauf hingewiesen worden, daß sich in den Anfängen des öffentlichen Parks drei Modelle herausgebildet haben: der Landschaftspark des 18. Jahrhunderts, der botanische Garten und der Vergnügungspark vom Typ der berühmt gewordenen Vauxhall Gardens.[12] Im Arboretum von Derby lassen sich die ersten beiden Gattungen erkennen, während die dritte dort keine Spuren hinterlassen hat. Das Arboretum blieb ein Garten, den die Besucher hauptsächlich zum Spaziergang aufsuchten.

Vom Vergnügungspark abgeleitete Elemente finden sich dagegen im Peel Park, im Queen's Park und im Philips Park, drei in den vierziger Jahren des 19. Jahrhunderts angelegten Grünflächen. Eine der Funktionen dieser Parks war es, eine gesunde Alternative zu den »Versuchungen der Tavernen und Bierstuben und ihrem Hang zu Unsittlichkeit und Laster« zu bieten; sie besaßen, abgesehen von den schmückenden Elementen, eine Reihe von Einrichtungen für sportliche Betätigung und den Genuß von »rationalen« Vergnügungen. Das Programm des vom lokalen Komitee für öffentliche Parkanlagen ausgeschriebenen Wettbewerbs forderte, daß die eingereichten Entwürfe für jeden der Parks eine Turnhalle, ein oder zwei Springbrunnen mit reinem Wasser, zahlreiche Sitzbänke und ausreichend Platz für Bogenschießen und andere Spiele vorsahen. Gewinner des Wettbewerbs war Joshua Major, dem die schwierige Aufgabe zufiel, auf einer begrenzten Fläche diese vielen Betätigungsfelder unterzubringen, ohne die geläufigen Richtlinien der Gartenbaukunst zu mißachten.[13] In einem kürzlich veröffentlichten Artikel über die Einfügung von Spiel- und Sportfeldern in den öffentlichen Parks des 19. Jahrhunderts hat Hazel Conway drei Lösungsversuche herausgearbeitet, mit denen das Problem angegangen wurde: der erste, als die pragmatische Lösung definiert, sah die Einfügung der Einrichtungen gemäß der Ausschreibung in ein schon bestehendes Parkmodell vor; der zweite, separatistische, schlug die Absonderung der Spielfelder vor; der dritte, integrierende, versuchte, diese Sportfelder in das Gesamtprojekt des Parks aufzunehmen.

Der erste Ansatz kann als eine Variante des dritten angesehen werden, da das Problem, das sich dem Planer stellte, in Wirklichkeit ein und dasselbe war, nämlich die für die Erholung und sportliche Betätigung angelegten Flächen in

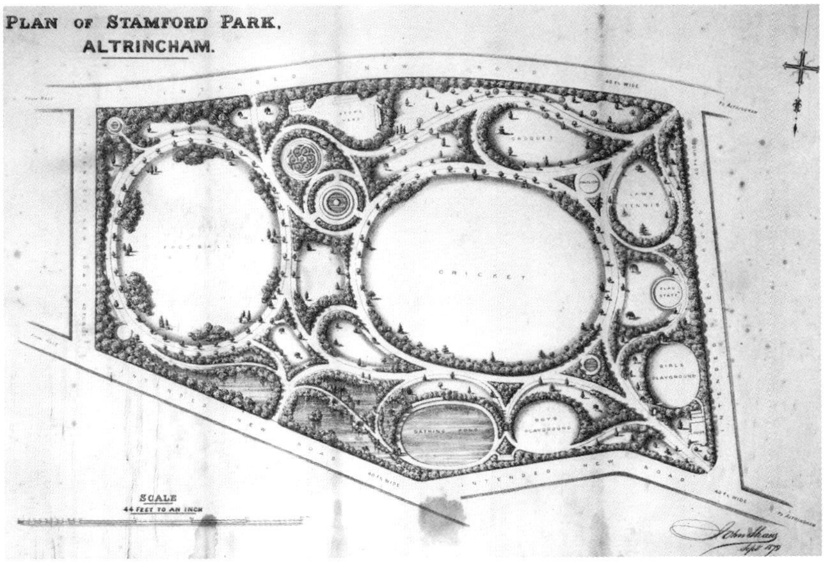

Grundriß von Stamford Park in Altrincham (Großbritannien), 1879. Altrincham Library

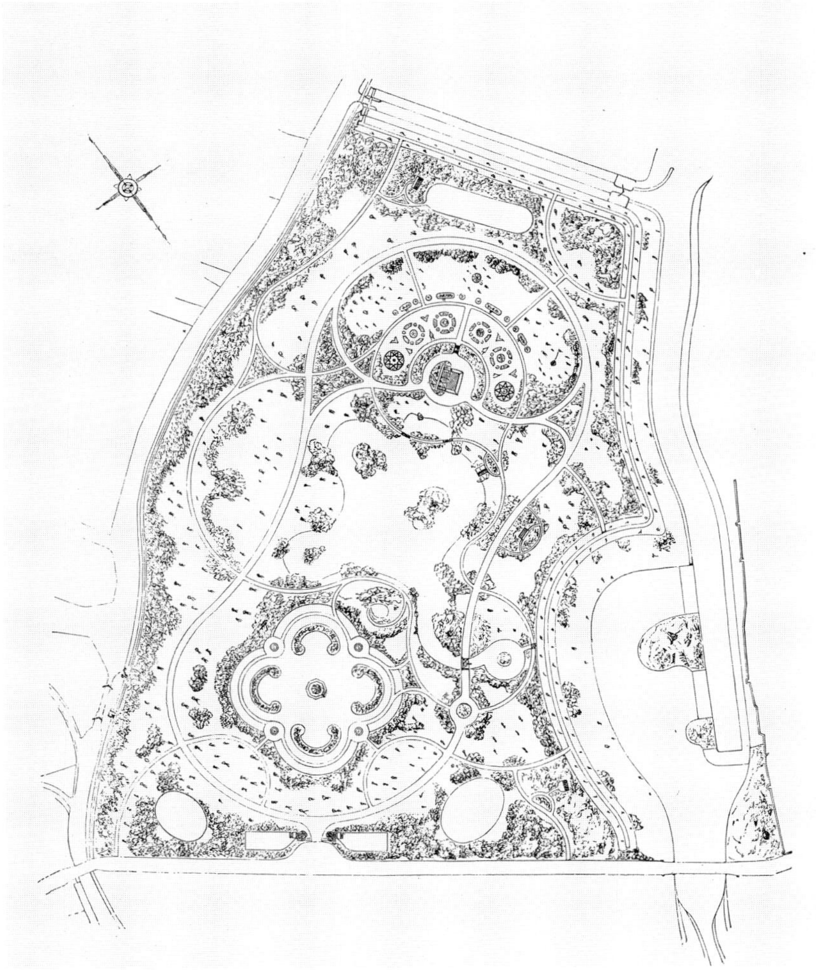

Grundriß von Abbey Park in Leicester (Großbritannien). Aus: Gardener's Chronicle, No 2, 1880. London, The Royal Horticultural Society

die Szenarien des Landschaftsparks zu integrieren.[14] Auch in diesem ging es also um den Konflikt zwischen dem Nützlichen und Regelmäßigen (Spiel- und Sportfelder) und dem Schönen und Unregelmäßigen. In Manchester wählte Major die Lösung kleiner »Ausschnitte« entlang der Begrenzungslinie, die von der restlichen zentralen Parkfläche durch Wände aus Bäumen und Büschen abgetrennt waren. Diese Winkel waren für das Bogenschießen, Kegeln, Seilspringen, das Bocciafeld, die Turnhalle, Schaukeln etc. bestimmt. Auf der Hauptfläche des Parks war dagegen Platz für öffentliche Versammlungen oder Kricket-, Lauf- und Fußballspiele. Nicht alle Resultate waren geglückt, und Majors Projekte wurden vor allem vom ästhetischen Gesichtspunkt aus stark kritisiert. Auf diesem von Major ungelöst gebliebenen Gebiet übten sich die Gartenkünstler noch lange; einmal entschieden sie sich für die »separatistische«, dann wieder für die »integrierende« Lösung. Ein einigermaßen gelungenes Beispiel der zweiten Alternative ist der um 1850 in Bradford angelegte Peel Park, in dem ein gegliedertes System von Wegen und grünen Wänden die Zonen für Spaziergänge mit den unterschiedlich großen Flächen für sportliche Aktivitäten verband. Vollkommen zusammenhanglos erscheint hingegen der Versuch William Baratts, der bei der Planung vom Albert Park (1868) in Middlesbrough die Kricketfelder, Labyrinthe und Flächen wahllos um die beiden Hauptachsen herum verstreute.

Ganz unterschiedlich und sehr interessant war der Ansatz des französischen Gartenkünstlers Edouard André, der den vielgepriesenen Sefton Park in Liverpool schuf. Der Plan von André (1867), der jedoch auch nicht von Kritik verschont blieb, enthält gleichzeitig eine Trennung und eine Verbindung der verschiedenen Teile des Parks mit Hilfe eines komplexen Kurvengeflechts. Seine Ellipsen, Rundbögen und tränenförmigen Flächen sind in zwei nur kurze Zeit später entstandenen Projekten sofort wiederzuerkennen: im Stamford Park in Altrincham, 1879 von John Shaw aus Manchester geplant, und im Abbey Park in Leicester, der aus einem von William Barron & Sons 1878 gewonnenen Wettbewerb hervorgegangen war. Der Einfluß Andrés, so unbestreitbar er auch ist, war dennoch nicht sehr groß. Seltsamerweise war die Geometrik seiner Kurven – die offensichtlich die optimale Lösung sowohl in praktischer als auch in theoretischer Hinsicht für das Verbindungsproblem der unregelmäßigen und regelmäßigen Formen darstellte – das Element, über das sich seine britischen Kollegen so sehr erbosten. Typisch dafür sind die Überlegungen von Markham Nesfield, einem bekannten Gartenkünstler der Zeit, der von Sefton Park schrieb: »Die Straßen und Wege laufen in Wirklichkeit oft parallel zueinander, mit geringem Abstand, und sie biegen sich in dieselbe Richtung. Indem sie auf diese Weise den Boden in dünne und unschöne Streifen mit spitz zulaufenden verlängerten Winkeln zerschneiden, bieten sie im Ganzen das Bild eines Eisenbahnnetzes.[15] Eine ähnliche Meinung vertrat William Robinson in seinem schon zitierten Buch über Parks und Gärten in Paris. Aber wenngleich der Streit um die Kurven es verdiente, in den Schriften über die Kunst der Gärten, über Analogien und Bezugspunkte zur Dampfmaschine und zur Eisenbahn, vertieft zu werden, sollten wir uns nun mit dem zweiten Thema von Paxtons Entwurf, der Parzellierung, zuwenden.

Vor allem finanzielle Schwierigkeiten, die Kosten für Grund und Boden sowie die Realisierung und Instandhaltung der öffentlichen Parks, erschwerten die Ausführung von Paxtons Entwurf. Wie gut es dennoch war, diesen Vorschlag gefördert zu haben, zeigt der Erfolg der auf der Basis eines Plans von John Nash erfolgten Neugestaltung, des königlichen Regent's Park. Nash

hatte bekanntlich den Park als einen privilegierten Wohnort für die wohlhabenden Klassen begriffen und sah, sowohl innerhalb als auch außerhalb seiner Grenzen, den Bau einer Reihe von Villen, *crescents* und *terraces* vor. Hauptziel des Vorhabens war es, mittels Investitionen den Ertrag zu erhöhen. Die Ausgaben beschränkten sich auf die Straßen, die eigentliche Parkfläche und die den Eingang kennzeichnenden Gitter und Bauwerke. Die übrigen Bauten wurden von privaten Spekulanten finanziert.[16] Zum glücklichen Gelingen des zwischen 1811 und 1826 fertiggestellten Unternehmens trug zweifellos der elegante Gesamtentwurf bei. Hierin und besonders in der eigentlichen Parkanlage läßt sich deutlich der Einfluß Humphry Reptons erkennen, der zwar nicht direkt am Projekt beteiligt, aber jahrelang Sozius und Mitarbeiter von Nash gewesen war. Typisch Reptonsche Züge tragen zum Beispiel die Ufer des großen Sees, dessen Enden von Macchia, Bäumen und Brücken verborgen werden, sowie die geschickte Verteilung der Rasenflächen und Seen, die mit intimen Winkeln abwechseln. Die brillante Anordnung der Villen, die, obwohl sie selbst die Sicht auf den Park genießen, vor fremden Blicken verborgen bleiben, läßt sich ebenfalls auf Reptons Techniken zurückführen. Mit Hilfe dieses Kunstgriffs, so Repton, würden sich die Besitzer auf ideale Weise den gesamten Park »zu eigen machen«. Diese Idee bewirkte ganz offensichtlich eine Wertsteigerung der um den Park gelegenen Gebiete. An denselben Grundsatz appellieren im Verlauf des 19. Jahrhunderts Gartenbaumeister, »Wohltäter«, Stadtverwaltungen und die in der Bebauung öffentlicher Parks engagierten Spekulanten.[17]

Nicht immer waren ihre Vorhaben vom Glück begünstigt. Der Victoria Park in London, 1841 von James Pennethorne, einem Schüler Nashs, entworfen, erwies sich sowohl von ästhetischer als auch von finanzieller Seite als Mißerfolg. Die Parzellen fanden nicht die Aufmerksamkeit von Pächtern und Architekten, zum Teil aufgrund der inkompetenten Verwaltung des Office of Woods and Forests, von dem das Finanzierungskapital abhing, zum Teil wegen der ungünstigen Lage, die nicht in Mode war. Pennethorne sah sich also gezwungen, drastische Einschränkungen am ursprünglichen Plan vorzunehmen; die Resultate zogen harsche Kritik auf sich. Als genauso schwierig erwiesen sich Vorbereitung und Durchführung des ebenfalls in London von Pennethorne 1845 geplanten Battersea Park.[18] Mit mehr Lob bedacht und oft imitiert wurde Birkenhead Park. Um den Eindruck, den dieser von Paxton entworfene und 1847 eröffnete Park auf den Besucher ausübte, nachvollziehen zu können, zitieren wir einen enthusiastischen Abschnitt aus dem Reisetagebuch eins anderen großen Gartenkünstlers, Frederick Law Olmsted, der Birkenhead 1850 besuchte: »Der Bäcker bat uns, Birkenhead nicht zu verlassen, ohne den neuen Park gesehen zu haben ... Nach fünf Minuten voller Bewunderung und einigen mehr, in denen ich die Art, wie die Kunst hier eine solche Schönheit aus der Natur herauszuholen wußte, genau studierte, war ich bereit zuzugeben, daß es im demokratischen Amerika nichts gibt, was mit diesem für die Bevölkerung angelegten Garten vergleichbar wäre. Hier hat die Gartenbaukunst tatsächlich eine Perfektion erreicht, die ich mir nie hätte träumen lassen ... Auf gewundenen Wegen haben wir Acre um Acre durchschritten, mit einer stets wechselnden Oberfäche, auf der überall in der natürlichsten Weise Büsche und Blumen wachsen, alle ordentlich angeordnet zwischen Grenzen aus grünsten und dichtesten Rasenschollen. Wir entfernten uns eine Viertelmeile vom Gittertor und fanden uns auf einem offenen Platz

Regent's Park in London. Photo Daniele De Lonte

Victoria Park in London. Photo Daniele De Lonte

Battersea Park in London. Photo Daniele De Lonte

wieder, der mit einem akkurat gemähtem Grasteppich bedeckt war und wo auf der einen Seite eine Gruppe von jungen Leuten, auf der anderen eine Gruppe von Ehrenmännern Kricket spielten. Ein Stück weiter sahen wir eine große Wiese mit schönen Baumgruppen, unter denen Schafe ruhten und Mädchen und Frauen mit kleinen Kindern spielten. Während wir die Kricketspieler beobachteten, wurden wir vom Regen bedroht und begaben uns auf die Suche nach einem Zufluchtsort, den wir in einer Pagode fanden; sie stand auf einer Insel, die man über eine chinesische Brücke erreichte. Die Pagode füllte sich bald, wie die anderen Zierbauten auch, mit all denen, die wie wir vom Regen überrascht worden waren. Ich war dankbar zu beobachten, daß die Privilegien des Gartens fast in gleicher Weise von allen gesellschaftlichen Klassen goutiert wurden.«[19]

Es ist oft erwähnt worden, daß sich Olmsted bei der Planung des Straßennetzes des Central Park in New York vom Beispiel Birkenhead inspirieren ließ. Paxton hatte dort zum ersten Mal getrennte Durchgänge für Fußgänger, Fahrzeuge, und den nicht zum Park gehörenden Verkehr ausgearbeitet.[20] Vielleicht ist es aber ebenso wichtig hervorzuheben, daß Olmsted in der zitierten Beschreibung ganz andere Aspekte als Paxton betonte, zum Beispiel den Stolz der Einwohner von Birkenhead, einen solchen Ort der Erholung zu besitzen; den »demokratischen Charakter« des Parks, die Unterbringung von harmonischen und harmlosen Betätigungen in einem idyllischen und pastoralen Klima und – hauptsächlich – die Schönheit des Gesamtbildes. Der lyrische Tonfall Olmsteds erstaunt, wenn man ihn mit dem strengen und prosaischen Stil der britischen Gartenkünstler vergleicht. Bedeutsam in diesem Zusammenhang sind auch die Überlegungen von Charles H.J. Smith in seiner 1852 veröffentlichten Abhandlung über das Thema Garten. Im Kapitel, das sich mit öffentlichen Parks und Gärten befaßt, lesen wir: »Man kann annehmen ..., daß der durchschnittliche Geschmack der Personen, die regelmäßig die Vorstadtparks besuchen (wir beziehen uns hier besonders auf die arbeitenden Klassen) weder sehr kultiviert noch von Schlichtheit geprägt ist; die Ausdruckskraft an diesen Orten soll nicht ruhig und still sein, auch darf der Stil nicht so eng mit dem Charakter des Geländes harmonieren, wie man es in den separaten Erholungsorten der in höherem Maße kultivierten und feinen Menschen für notwendig erachtet.«[21] Der Enthusiasmus von Olmsted wäre also auf den Egalitarismus des Bürgers einer Republik zurückzuführen? Das Problem war komplexer, das Spiel wechselseitiger Einflüsse zwischen Neuer und Alter Welt subtiler. Der Punkt, auf den sich alle stützten, scheint in Wahrheit der Begriff der »Zivilisation« zu sein, der zum ersten Mal im Werk Reptons und dann in dem Loudons auftauchte.

Loudon schrieb in einem den öffentlichen Gärten und Parks gewidmeten Abschnitt aus *An Encyclopaedia of Gardening*: »Die Zivilisation in diesem Land [England] ist nun an einem Punkt angekommen, an dem die oberen Klassen, während sie den Luxus und die ihrem Stand bewilligte Nachsicht genießen, erkennen, daß es ihre Pflicht wie auch ihr Interesse ist, dafür zu sorgen, daß es der gesamten Gesellschaft gut geht.«[22] Und an einer anderen Stelle des Buches bemerkte er: »Die Gartenbaukunst wird sich in allen ihren Bereichen hauptsächlich dort gefördert sehen, wo die Menschen frei sind. Das Bestreben jeder Regierung oder freien Gesellschaft ist es, das Besitztum in ungleichmäßigen Mengen anzuhäufen, in derselben Art, wie die Natur ihre Reichtümer verteilt hat; und diese Ungleichmäßigkeit ist für den Gartenbau als notwendige oder als elegante Kunst sehr günstig.«[23]

Grundriß von Birkenhead Park in Liverpool (Großbritannien), um 1845. Liverpool City Libraries

Birkenhead Park in Liverpool (Großbritannien). Photo Daniele De Lonte

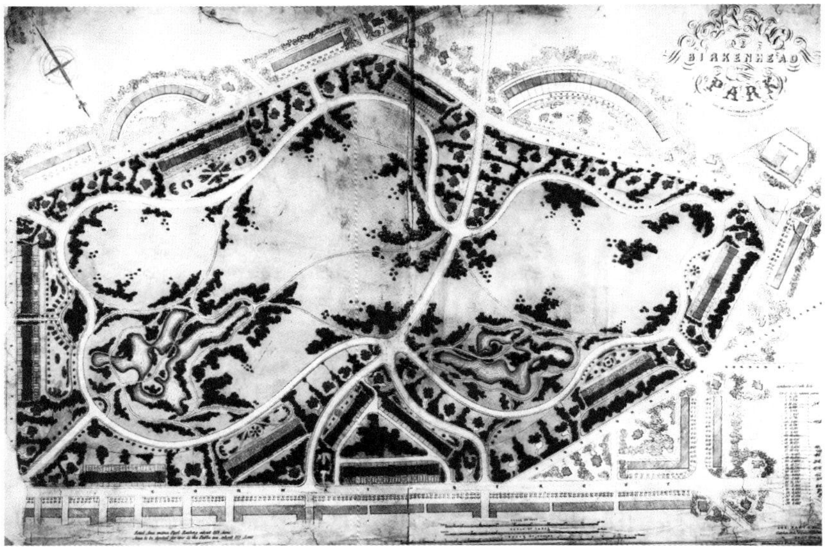

Im Bericht des Selected Committee on Public Walks von 1833 wird erläutert, wie die öffentlichen Parks, welche die Begegnung zwischen den verschiedenen Klassen fördern, einen wohltuenden Einfluß auf das Verhalten und das Aussehen der arbeitenden Klassen ausgeübt haben. Der Wunsch »richtig gekleidet« zu erscheinen, behaupten die Verfasser des Berichts, »nach Gebühr korrekt und kontrolliert« aufzutreten, habe sich als eine der »wichtigsten Wirkungen auf die Förderung der Zivilisation und das Stimulieren der Industrie« erwiesen.[24] In seinem schon mehrfach zitierten Buch forderte William Robinson die Regierung auf, die Städte mit öffentlichen Geldern so umzuwandeln, daß sie sich ihrer Zeit, dem Wissen und den Menschen dieser Zeit als würdig erwiesen, was nichts anderes hieß, als sie zum Bau von Parks und Gärten zu bewegen.[25] Edward Kemp, von Paxton protegiert und Mitarbeiter beim Projekt von Birkenhead, erklärte in seiner wichtigen, 1850 herausgegebenen Abhandlung *How to Lay out a Garden. A General Guide in Choosing, Forming, or Improving an Estate:* »Ein Garten existiert um der Behaglichkeit und der Konvenienz, dem Luxus und dem Gebrauch Willen sowie auch, um ein schönes Bild zu schaffen. Er muß etwas Zivilisierendes ausdrücken, die Pflege, mit der er bedacht wird, die Kunst und Raffinesse.«[26] Andrew Jackson Downing, der bekannteste amerikanische Gartenkünstler der ersten Hälfte des 19. Jahrhunderts, schlug ein Finanzierungssystem für öffentliche Parkanlagen vor und versicherte: »Solche Projekte, sorgfältig geplant und klug ausgeführt, werden sich zweifellos nicht nur in Geld auszahlen, sondern auch den Nationalcharakter zivilisieren und verfeinern, die Liebe zur ländlichen Schönheit anregen und die Kenntnis von und den Geschmack für seltene und schöne Bäume und Pflanzen erhöhen.«[27]

Die Auflistung ließe sich beliebig fortführen, denn auch in den Schriften, in denen der Begriff »Zivilisation« nicht ausdrücklich vorkommt, beziehen sich Gartenkünstler, Reformatoren und in sozialer Arbeit Tätige auf die Elemente, die diesen Begriff bilden und evozieren: den Komfort, das zivile Verhalten, die Erziehung, die Kleidung, die Hygiene, die Regierungssysteme, die Relationen zwischen den einzelnen Klassen und die Produktivität der Industrie.[28]

Das Betonen dieser Aspekte ist offensichtlich mit der beschriebenen Verschiebung vom ästhetischen zum funktionellen Ansatz verbunden. Die Wiederaufnahme der Idee der »Zivilisation« – die den Stolz über die technischen, moralischen und politischen Errungenschaften einer Gesellschaft ausdrückte – scheint also ein erster Versuch gewesen zu sein, eine Vorgehensweise von sich selbst zu befreien, die ihre Ansatzpunkte in der Welt der »schönen« Künste verloren hatte, um einzig den »nützlichen« Künsten zu dienen. Der Prozeß fand seinen Höhepunkt im Werk Olmsteds, welcher den Begriff der Zivilisierung auf eine höhere Ebene erhob, indem er ihm eine eigene ästhetische Kategorie verlieh. In einem 1880 gehaltenen Vertrag vor der American Social Science Association rekonstruierte Olmsted die Geschichte dieser Bewegung für öffentliche Parkanlagen in den Vereinigten Staaten und beschrieb ihren Fortschritt als den einer »gemeinsamen, spontanen Bewegung der Art, die wir in angemessener Weise als Schöpfergeist der Zivilisation bezeichnen«.[29] Die Parks von Olmsted, ihre pastoralen Szenarien sind zu Bestandteilen der Städte geworden, die untrennbar mit dem städtischen Leben oder auch der zivilisiert beziehungsweise kultiviert gewordenen Umgebung verbunden sind. In der gebändigten Natur der Parks wurden die Spannungen und Widersprüche einer industriellen Gesellschaft sublimiert und in ein ästhetisches Ideal verwandelt.

Anmerkungen

[1] J. C. Loudon, *Breathing Places for the Metropolis*, in: »Gardener's Magazine«, 5, 1829, S. 686–690. Loudons Plan wurde umfassend analysiert und beschrieben in M.L. Simo, *John Claudius Loudon on Planning and Design for the Garden Metropolis*, in: »Garden History«, 2, IX, 1981, S. 184–201, und in M.L. Simo, *Loudon and the Landscape. From Country Seat to Metropolis*, New Haven–London 1988 (man beachte vor allem das Kapitel *Planning for London and the Ideal Capital*, S. 226–246). Paxtons Diagramm wurde im »Magazine of Botany«, 1, 1834, veröffentlicht. Zu diesem Aspekt von Paxtons Werk siehe auch: G.F. Chadwick, *The Works of Sir Joseph Paxton 1803–1865*, London 1961, S. 46–7; G.F. Chadwick, *The Park ad the Town. Public Landscape in the 19th and 20th Centuries*, New York – Washington 1966, S. 66. Chadwick erwähnt jedoch auch einen früheren Artikel, *Design for Forming Subscription Gardens, in the Vicinity of Large Commercial Towns*, der 1831 im »Horticultural Register« erschien und den wir allerdings nicht konsultieren konnten.

[2] Zu diesen Themen: G.F. Chadwick, *The Park and the Town...*, op. cit., und die zahlreichen Bücher und Abhandlungen über die Geschichte der Geburt der Stadtplanung und der Stadt im 19. Jahrhundert.

[3] Zitiert aus H. Conway, *The Municipal Park. Design and Development, circa 1840–1880*, Dissertation, School of Art History, Leicester Polytechnic, 1985, S. 257.

[4] W. Robinson, *The Parks, Promenades and Gardens of Paris*, London 1869, S. XVIII.

[5] Über die Gesetze zur Bildung von Parkanlagen: G.F. Chadwick, *The Park and the Town...*, op. cit.; H. Conway, *Victorian Parks*, in: »Landscape Design«, 183, 1989, S. 21–23.

[6] Der Bericht wurde umfassend beschrieben und analysiert in: G.F. Chadwick, *The Park and the Town...*, op. cit.; H. Conway, *The Municipal Park...*, op. cit.

[7] Zu Reptons Werk: D. Stroud, *Humphry Repton*, in: »Country Life«, 1962; G. Carter, P. Goode, K. Laurie, S. Daniels, *Humphry Repton. Landscape Gardener*, Katalog der Ausstellung, Norwich – London 1982; A. Ponte, *Paesaggi artificiali. Il caso di Humphry Repton*, in: »Lotus International«, 52, 1986 S. 52–71.

[8] H. Repton, *Fragments on the Theorie and Practice of Landscape Gardening*, 1816, Nachdruck New York – London 1982, S. 141.

[9] G. Thouin, *Plans raisonnés de toutes les espèces de jardins*, 1820, Nachdruck Paris. Über den Einfluß von Thouins Werk auf Loudons Denken: M.L. Simo, *Loudon and he Landscape...*, op. cit.

[10] Für eine umfassendere Darstellung des *Giardinesco*, außerhalb der schon zitierten Texte von G.F. Chadwick und M.L. Simo, konsultiere man: J. Gloag, *Mr. Loudon's England*, London 1970; E.B. MacDougall, *John Claudius Loudon and the Early Nineteenth Century in Britian*, Dumbarton Oaks Washington 1980; T.H.D. Turner, *Loudon's Stylistic Development*, in: »Journal of Garden History«, 2, II, 1982, S. 175–188.

[11] Zitiert aus M.L. Simo, *Loudon and the Landscape...*, op. cit., S. 201.

[12] Dies ist zum Beispiel die von Chadwick vertretene These in *The Park and the Town...*, op. cit.

[13] Zu einer umfassenden Analyse der Parks von Manchester: H. Conway, *The Manchester-Salford Parks. Their Design and Development*, in: »Journal of Garden History«, 3, V, 1985, S. 231–260; B. Elliott, *The Manchester-Salford Parks. Two Additional Notes*, in: »Journal of Garden History«, 2, VI, 1986, S. 141–145; D. Baldwin, *Joshua Major*, in: »Journal of Garden History«, 2, VII, 1987, S. 131–150.

[14] Vgl. dazu H. Conway, *Sports and Playgrounds and the Problem of Park Design in the Nineteeth Century*, in: »Journal of Garden History«, 1, VIII, 1988, S. 31–41.

[15] Zitiert aus B. Elliot, *Victorian Gardens*, London 1986, S. 170.

[16] Zum Regent's Park siehe auch: G.F. Chadwick, *The Park and the Town...*, op. cit.; J.N. Summerson, *The Life and Work of John Nash, Architect*, Cambridge/Mass. 1980.

[17] Vgl. zu diesem Thema H. Conway, *Victorian Parks*, op. cit.

[18] Vgl. dazu G.F. Chadwick, *The Park and the Town...*, op. cit.; besonders das Kapitel *The Parks of London*, S. 111–136; H. Conway, *The Municipal Park*, op. cit.

[19] F.L. Olmsted, *Walks and Talks of an American Farmer in England*, 1852, 1859, Ann Arbor, S. 51–53.

[20] Von den zahlreichen Publikationen zu Olmsteds Werk geben wir nur zwei an: C. Capen McLaughlin, *The Papers of Frederick Law Olmsted*, 3 Bde., Baltimore – London 1977–1988; I.D. Fisher, *Frederick Law Olmsted and the City Planning Movement in the United States*, Ann Arbor 1976.

[21] C.H.J. Smith, *Landscape Gardening or Parks and Pleasure Grounds with Practical Notes on Country Residences, Villas, Public Parks and Gardens*, 1852, New York 1853, S. 220

[22] J.C. Loudon, *An Ecnyclopaedia of Gardening*, 1822, zahlreiche weitere Ausgaben zwischen 1824 und 1878, Nachdruck (der Ausgabe von 1835) New York–London 1982, 2 Bde., Bd. 1, S. 337.

[23] *Ibidem*, S. 419.

[24] Zitiert aus G.F. Chadwick, *The Park and the Town...*, op. cit., S. 50/51.

[25] W. Robinson, *The Parks, Promenades...*, op. cit., S. XIX.

[26] Zitiert aus G.F. Chadwick, *The Park and the Town...*, op. cit., S. 102. Man beachte, daß in diesem Fall von privaten Gärten gesprochen wird.

[27] *Ibidem*, S. 181.

[28] Zur Idee der Zivilisierung siehe auch N. Elias, *The Civilizing Process. I: The History of Manners*, Oxford–New York 1978.

[29] Zitiert aus I.D. Fisher, *Frederick Law Olmsted...*, op. cit.; S. 102.

Grüne Metropole Paris? Die Politik Haussmanns

Thomas von Joest

»Wieviel wundervolle Gärten könnten wir heute haben, wenn unsere Stadtverwaltungen seit hundert Jahren etwas vorausschauender gewesen wären. Paris erfüllte nämlich einst alle dafür notwendigen Bedingungen.«[1] War Haussmanns Paris ein Mißerfolg? Hatte die Hauptstadt der Hauptstadt anläßlich der meisterhaften Weltausstellung von 1867 nicht die ganze Welt eingeladen, ihre Pracht zu entdecken, stolz auf ihre neuen baumgesäumten Avenuen, blumengeschmückten Grünplätze und grünen Parks? Das ländliche Paris von Emile Zolas »Nana« – »das Gras dient als Tischdecke« – in der mondänen Eleganz seiner großen Tage, war es eine bloße Phantasmagorie?[2]

Eugène Hénard, der Autor des vorliegenden Zitats und nach seinen Schriften zu urteilen ein großer Bewunderer Haussmanns, machte in den ersten Jahren unseres Jahrhunderts die simple Feststellung, Paris besitze 263 Hektar an Grünflächen, während London, die angeblich erstickende Stadt, über das Dreifache verfüge.

Das Erbe Haussmanns, häufig als Vollendung eines exemplarischen Modells dargestellt, wird hier unter einem völlig anderen Blickwinkel gesehen, kritisch und richtig zugleich. Sein Problem war es, nie auf die reduzierten Proportionen zurückgeführt worden zu sein, in denen sich Paris nach dem Sturz des Zweiten Kaiserreichs (1870) entwickelte. Fatalerweise warf Haussmanns Werk seine Schatten voraus; die Realisierung des gewaltigen Plans siegte über das Prinzip seiner Idee. Wie groß wäre die Enttäuschung unseres Autors gewesen, wenn er ein paar Generationen später gelebt hätte. Die pittoresken Architekturen erwiesen sich als wenig widerstandsfähig gegenüber der Zerstörungskraft der Zeit inmitten eines seinem Schicksal überlassenen forstwirtschaftlichen Erbes, von einer ihren Aufgaben nicht gewachsenen Verwaltung zeugend.

Glücklicherweise wurde die Öffentlichkeit sich dieses skandalösen Verfalls in den letzten Jahren bewußt, und man bemüht sich endlich um die Schaffung neuer Parks und Gärten.[3] Die Zeit der großen Sanierungen ist dennoch vorbei. Das grüne Paris, das blühende Paris bleibt das Werk des 19. Jahrhunderts. Sein Reiz spiegelt die Sensibilität eines anderen Zeitalters wider.

Die Einführung grüner Bereiche in die großen Städte im 19. Jahrhundert hing grundlegend mit deren Veränderung in dieser Zeit zusammen. Schon im 18. Jahrhundert verfolgte man die Idee einer städtischen Pathologie mit dem Ziel öffentlicher Hygiene – Verlegung der Krankenhäuser und Friedhöfe außerhalb der Stadtmauer, Vermehrung der Brunnen, Abführung von verbrauchtem Wasser, Bäume und andere Anpflanzungen aber wurden prinzipiell nur als Verschönerung betrachtet. Die industrielle Revolution führte zu einer bis dahin unbekannten Bevölkerungsdichte und in den großen Städten zu einer derartigen Luftverschmutzung, daß Vegetation, Sonne und Wind sehr bald den Status segenbringender Wohltaten erreichten. Die Forderung nach solchen Verbesserungen finden wir zuerst bei den Utopisten, Saint-Simonisten und anderen Sozialisten der ersten Stunde, die seit Beginn des 19. Jahrhunderts unablässig die Einrichtung grüner Bereiche forderten. So sprachen Robert Owen, Charles Fourier, Victor Considérant und Etienne Cabet von Baumgruppen, blühenden Rasen, ja sogar von landwirtschaftlichen Anpflanzungen, wo der Homo faber, dessen Erfindung auf sie zurückgeht, sich von seinen Arbeitsstunden erholte. Entweder als Trennungsbereiche zwischen den Fabrikanlagen und den Wohnhäusern oder als unmittelbare Umgebung der Quartiere entworfen, wurden diese Gärten zum wesentlichen Bestandteil ihrer Idealstädte.[4]

In Paris jedoch stellte sich die Frage ganz anders als in diesen idealistischen, zwangsläufig aber völlig künstlich erschaffenen Plänen. Hier gab es keine »Phalanstère«. Die in ihrem städtebaulichen Raster vielfach noch mittelalterliche Stadt existierte und die Arbeiterbevölkerung wohnte, sofern sie nicht täglich aus den Vorstädten ins Zentrum pendelte, häufig in denselben Vierteln wie die Bürger, unter den Dächern und in den Hinterhöfen. Paradoxerweise – oder jener Zeit entsprechend – waren es die Haussmannschen Maßnahmen, die letztlich trotz ihrer sozialen Zielsetzung die benachteiligten Bevölkerungsgruppen aus der Hauptstadt vertrieben. Als erste Opfer einer florierenden Immobilienspekulation wurden sie gezwungen, fern der neuen Parks und Grünflächen Zuflucht zu suchen, in städtebaulich gesehen völlig unstrukturierten Vororten. Und das Paris des Kaiserreichs, der Restauration und Louis-Philippes hatte bereits seine Parks und Gärten, wenn auch nur eine begrenzte Anzahl. Paris war sogar eine der ersten Städte, die ihre Grünanlagen all seinen Bürgern zur Verfügung stellte. François Loyer hat das am Beispiel des Palais-Royal und der Tuilerien, den vornehmen Orten für einen Bummel, genau dargestellt. Die englischen Parks, unter dem Aspekt ihrer pittoresken Szenerien wahre Modelle für den europäischen Maßstab, öffneten erst nach 1850 der breiten Masse ihre Pforten. Ihre Entwicklung in der zweiten Hälfte des Jahrhunderts dagegen überstieg die französischen Anlagen bei weitem.[5] Als großer Bewunderer Haussmanns hatte Eugène Hénard nicht unrecht.

Epilog: die Champs-Elysées von Jacques-Ignace Hittorff

Der erste Akt dieses Stücks, das Paris in ein grünes Theater verwandelte, spielte westlich der Tuilerien, entlang der Achse, die als monumentale Perspektive nach der Fertigstellung des Arc de Triomphe im Jahr 1836 errichtet worden war. Die vor einem halben Jahrhundert vom Marquis de Marigny zwischen dem Cours-la-Reine und den Gärten der herrschaftlichen Stadthäuser im Vorort Saint-Honoré angepflanzten Wäldchen waren bereits ein beliebter Treffpunkt der Pariser.[6] Mit Beginn der schönen Jahreszeit kam Leben in die Alleen und Lichtungen. Zahlreiche Gartenwirtschaften, Ausschänke, Spiele und fliegende Händler zogen die Spaziergänger an. In den Augen der Beamten war jedoch eine solche »wilde« Entwicklung nicht zu tolerieren. Wenn sich die Pariser der Champs-Elysées bemächtigten, so kam es der Verwaltung zu, darüber zu wachen. Überall dort, wo sich städtisches Leben breitmachte, mußte ihre Präsenz mit Hilfe von befestigten Wegen, Grenzen, Reglementierungen manifestiert werden. Obendrein wurde Kritik laut. Das sei »keine Promenade mehr, sondern beinahe ein Wald, sicher angenehm am Tag und in der schönen Jahreszeit, aber gefährlich zu begehen, sobald die Nacht angebrochen ist und vor allem im Winter«, beklagte die Zeitschrift *Artiste* 1835, der die ebenso negative Feststellung von Horeau, Béres und Dronsart, den Verfassern eines Sanierungsprojekts, unmittelbar folgte: »Nachts ist dieser Ort, wie jeder sehr wohl weiß, der schändliche Treffpunkt von Männern und Frauen mit schlechtem Lebenswandel und Übeltätern. Kein Aufenthaltsort für den müden Spaziergänger, das Kind, den älteren Menschen, nichts Angenehmes mehr, das die Phantasie anregen würde.«[7]

Die ersten Versuche, diesem Zustand abzuhelfen, gingen bis ins Jahr 1828 zurück. Mit dem Gesetz vom 20. August überließ die Krone der Stadt mit dem zukünftigen Place de la Concorde auch die Champs-Elysées mit der

Vogelschau der Champs-Elysées in Paris von den Tuileriengärten aus. Aus: Magasin Pittoresque, 1849/50

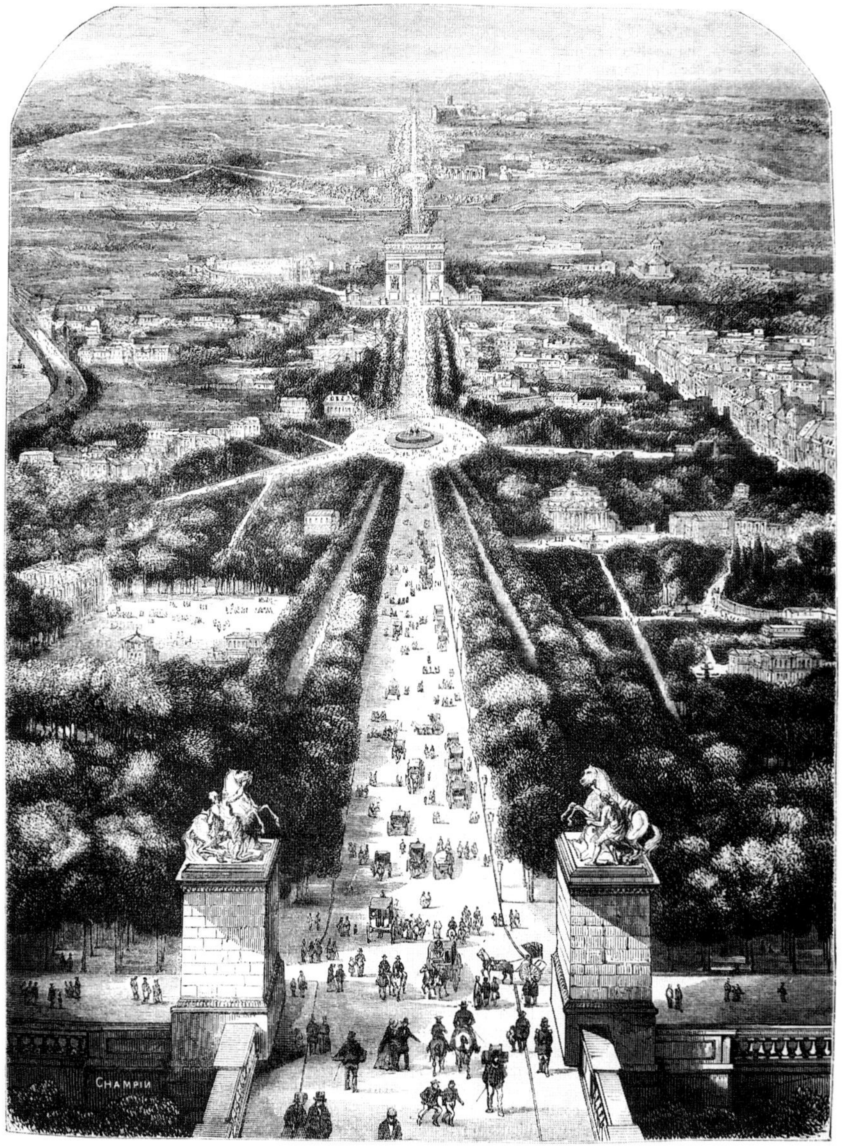

Auflage, diese innerhalb von fünf Jahren zu verschönern. Diese Frist wurde weit überschritten, denn man mußte auf die Nominierung des Grafen de Rambuteau in die Präfektur von Paris warten (1833), bevor ein Architekt, Jacques-Ignace Hittorff (1792–1867), mit der Aufgabe betraut werden konnte. Im Dezember desselben Jahres unterbreitete Hittorff dem neuen Präfekten einen detaillierten Plan. Er unterschied zwei Arten von Ausstattungen: solche, die auf Kosten der Stadt durchgeführt werden sollten (Brunnen, Beleuchtungen, befahrbare Wege) und andere, die der Initiative von Privatpersonen überlassen blieben (diverse Gebäude, Konzessionsobjekte). Darüber hinaus waren ein offener Veranstaltungsbereich für 4000 Personen und 1000 Musiker – der Traum Hector Berlioz' –, ein Zirkus, ein Panorama, ein Hippodrom, das an Feiertagen auch als Agora dienen sollte, und ein Kuriositätenkabinett vorgesehen.[8] Die Pläne Hittorffs wollten jenen »schmutzigen alten Buden« – den Kiosken, und provisorischen Gebäuden – ein Ende setzen, um Paris mit einer »Freizeitarchitektur« auszustatten. Die geschickte Plazierung der Attraktionen erschien ihm als beste Garantie für einen unfehlbaren Erfolg.

Die »Karrees« – so bezeichnete er die Lichtungen – des Ambassadeurs und des l'Elysées-Bourbon »könnten durch den guten Bestand an Restaurants, Limonaden- und Eisverkaufs sowie Milchgaststätten, die rundum angesiedelt sein sollten, zum Treffpunkt der Bewohner des Boulevard Italien werden«, mit anderen Worten, zum mondänen Treffpunkt. Das traditionellerweise »öffentlichen Versammlungen vorbehaltene große Karree« werde »besonders der Mittelschicht dienen, die dort alles finden wird, was zu ihrem Vergnügen beiträgt«: Panorama und eine Anzahl von Schenken, Cafés, Wirten und Weinhändlern. Im Karree Ledoyen könnten das dortige Restaurant und die Leseräume »die verschiedenen Klassen der Gesellschaft vereinen«.[9] Schließlich wurde nur ein Teil dieser Projekte realisiert, darunter der Sommerzirkus, das Panorama, das Theater des Folies Marigny, die Restaurants Laurent, Ledoyen, de l'Horloge und das Café des Ambassadeurs. Hittorff plante all diese Architekturen polychrom, darin seiner eigenen Theorie folgend.[10] Ihre neoklassizistische Eleganz wurde durch lebhafte Farben hervorgehoben – Blau, Gelb, Rot, Grün –, um das ländliche Universum noch enger mit der städtischen Welt zu verknüpfen. Der Schwachpunkt dieser Anlage lag für den Architekten, der er ja war, in der absoluten Verpflichtung, die bestehenden Anpflanzungen zu respektieren. Rambuteau, der Präfekt, der sich »lieber einen Zahn ziehen ließ als einen Baum zu fällen«, machte es zu seiner Devise, »den Parisern Wasser, Luft und Schatten zu geben«, ohne über die notwendigen politischen Möglichkeiten dafür zu verfügen.[11] Da er keine neuen Grünbereiche schaffen konnte, wertete er die bestehenden auf, vermehrte die Zahl der Bänke, ließ Bäume anpflanzen, um die von den Aufständischen 1830 gefällten zu ersetzen. Aber die Bürger von damals beschwerten sich kaum darüber. Die Champs-Elysées erschienen ihnen am Abend, wenn sie ihre Weite im Schein der neuen Kandelaber, unter dem Rauschen der zwischen dem schillernden Grün verstreuten Brunnen entdeckten, größer als je zuvor.

Die Haussmannsche Ordnung

»Die Pariser sind wie Kinder, man muß unaufhörlich ihren Geist beschäftigen, und wenn man ihnen nicht jeden Monat einen Kriegsbericht oder jedes Jahr eine Verfassung geben möchte, ist es gut, ihnen täglich einige Arbeiten,

Verschönerungsentwurf für die Champs-Elysées in Paris. Detail: Grand Carré de l'Hippodrome. Zeichnung von J.-I. Hittorff, 1834. Köln, Wallraf-Richartz-Museum

Die Avenue de l'Impératrice (heute Avenue Foch) in Paris. Aus: J. C. A. Alphand, Les promenades de Paris, Paris 1867–1873

einige Verschönerungsprojekte anzubieten.«[12] Rambuteau wußte gar nicht, wie Recht er hatte. Unter Napoleon III., dem Prince-Président, der zum Kaiser der Zweiten Republik gewählt wurde, erlebten die Pariser eine Baustelle ohnegleichen.

Louis Napoléon, der Frankreich zu einer modernen Nation machen wollte, engagierte einen außergewöhnlichen Präfekten – Georges Eugène Haussmann –, um seine Hauptstadt zum Aushängeschild des beispielhaften Fortschritts werden zu lassen. Enteignungen, Abrisse von Wohnblöcken – einst die »Hochburgen des Aufstands« –, Durchbrüche neuer Prachtstraßen, Schaffung riesiger Kreuzungen, Brücken und Plätze, Bau von Abwasserkanälen und Rohrleitungen für Trinkwasser waren die Zauberworte einer bis dahin nie erreichten städtebaulichen Politik.[13] Haussmann schreckte vor keinem Hindernis zurück, um sein Vorhaben zu einem guten Ende zu führen, das in einem detaillierten Plan aufgezeichnet und mit Einverständnis des Kaisers festgelegt worden war.[14] In ihren Augen glich Paris einem dahinsiechenden Körper, den nur eine radikale Therapie retten konnte: Kanalisation der Verkehrsströme mittels neuer Arterien, systematisches Ausschalten baufälliger Substanz, Atmung mit Hilfe »grüner Lungen«. Die Besonderheit des Projekts lag im globalen Charakter der Maßnahmen, mit denen er einen Komplex von Straßennetzen verwirklichte, um die Stadt zu strukturieren. Aufgabe des Boulevards war es, die wichtigsten Bauten miteinander zu verbinden. Das verzweigte Rohrleitungssystem stellte die Verknüpfung von häuslichen und städtischen Bereichen her. Die Rolle der Parks und Gärten bestand darin, die Pariser Geographie sowohl auf den Maßstab der ganzen Stadt wie auf den ihrer einzelnen Quartiere zu begrenzen. Das Pendant des Bois de Boulogne im Westen sollte der Bois de Vincennes im Osten sein, das des Parc de Buttes-Chaumont im Norden der Parc Montsouris im Süden. Die Topographie wird durch die Wiederholung von achtzig unmittelbar zum städtischen Raster gehörenden Grünflächen zwischen den Boulevards und den Häuserblöcken artikuliert.

Innerhalb dieser neuen Ordnung von Paris war eine Achse von fundamentaler Bedeutung. Sie verlief von Norden nach Süden und deutete an, daß dem Pariser Osten, wo das mittlere Bürgertum und eine ärmere Schicht wohnten, die neuen reichen Viertel des Westens als Modell dienen sollten. Ein weiteres entscheidendes Merkmal dieser Achse war, daß sie das Zentrum von Paris in Richtung Rathaus (Place du Châtelet, Saint-Michel) verschob, von wo aus der Präfekt regierte. Mehrere Theater als gehobene Orte des öffentlichen Lebens sollten diesen neuen Komplex im Herzen der Hauptstadt vervollständigen.[15] Als genialer Planer hatte Haussmann begriffen, daß städtebauliche Politik sich nur mit Beteiligung der Bürger realisieren läßt. Ob sie nun auf einer Parkbank Luft schnappen oder ins Theater gehen wollten, die Pariser wurden als Statisten in das »neue Paris« einbezogen.

Die Realisierung eines so enormen Projekts erforderte konsequenten Einsatz aller Mittel. Abgesehen von den Budgetfragen, war das Hauptinstrument Haussmanns ein Korps von städtischen Beamten, das er gleich nach seinem Antritt im Rathaus (1853) geschaffen und in mehrere Abteilungen gruppiert hatte, darunter die der »Promenaden und Anpflanzungen«.[16] An deren Spitze stand der Straßenbauingenieur Adolphe Alphand, unterstützt von dem Architekten Gabriel Davioud und dem Gartenbauer Jean-Pierre Barrillett-Deschamps. Deren erste Realisierung war der Bois de Boulogne, der 1852 vom Kaiser der Stadt überlassen worden war.[17] Ursprünglich waren Hittorf

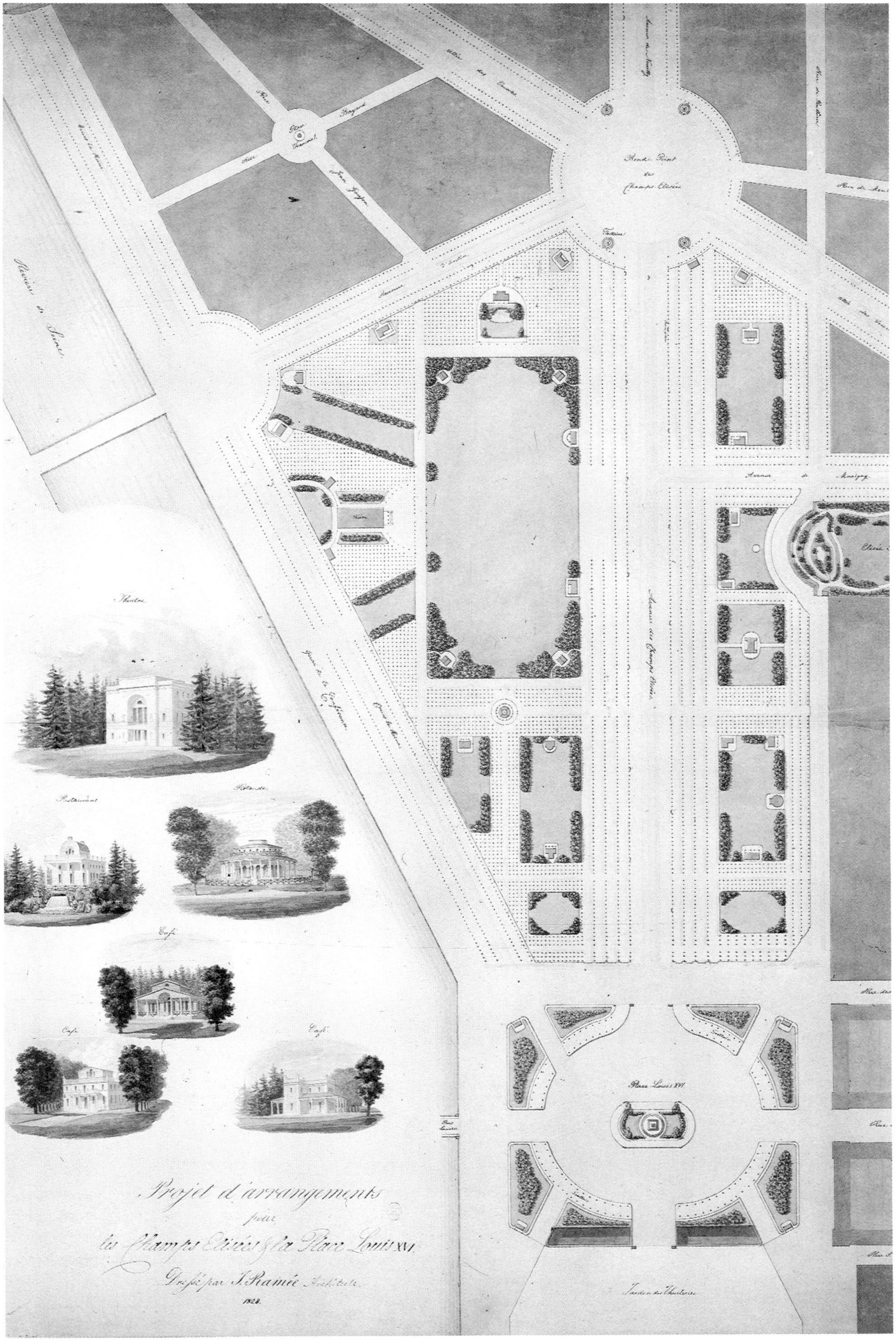

Entwurf für die Umgestaltung des Champs-Elysées und der Place Louis XVI (heute Place de la Concorde) in Paris. Zeichnung von J.-J. Ramée, 1828. Paris, Musée Carnavalet

Paris und seine Umgebung. Das Café des Ambassadeurs auf den Champs-Elysées. Ansicht der beiden von J.-I. Hittorff erbauten Cafés, um 1847. Lithographie von G. Muller. Paris, Musée Carnavalet

und der Landschaftsgärtner Varé mit der Anlage beauftragt gewesen, dann aber von Haussmann, welcher der Mitwirkung unabhängiger Architekten ein Ende bereiten wollte, geschickt verdrängt worden.[18]

Als wahres Versuchslabor für die Abteilung »Promenaden und Anpflanzungen« bot die Umgestaltung des Bois de Boulogne Gelegenheit zu einer pittoresken Inszenierung im englischen Stil, den Vorstellungen Napoleon III. entsprechend. Die geradlinigen Alleen wurden durch gewundene Pfade ersetzt. Alphand war für die Aushebung zweier Seen mit geschwungenen Ufern und weitere, mit Grotten und Wasserfällen geschmückte Wasserbekken verantwortlich. Barrillet-Deschamps formte Baumgruppen, entwarf hügelige Rasenflächen und verteilte anmutige Blumen-»Körbe« sowie Grünpflanzen, während Davioud zahlreiche Gebäude plante. Seine Kioske, Wachpavillons, Restaurants, Ausschänke, Cafés, Hippodromtribünen, Volieren und Käfige des Jardin d'Acclimatation bezogen sich, stilistisch gesehen, auf die Gotik, dann wieder auf die ländliche Architektur der Schweizer Chalets, die sehr in Mode waren und in jeder Art von Abhandlungen über pittoreske Gärten ausführlich erwähnt wurden.[19] Backstein, glasierte Ziegel, Holz in verschiedenen Farbtönen, Keramik und Stein waren gleichermaßen Mittel einer natürlichen Vielfarbigkeit, die sich von der von Hittorff für die Champs-Elysées entwickelten völlig unterschied. Anspielungen auf die ländliche Umgebung, finden sich angeregt von der Pflanzenwelt, in zahlreichen stilisierten Ornamenten, im Geländer einer Brücke, der Rückenlehne einer Bank und einem Unterschlupf wieder. Der Bois de Boulogne war zudem auch das Versuchsfeld für städtisches Mobiliar, das die Boulevards und Grünplätze in den kommenden Jahren überschwemmen sollte.

Im Bois de Vincennes, dem ehemaligen Manövergebiet der Armee, das 1860 in einen Park umgewandelt wurde, folgte die architektonische und landschaftliche Gestaltung derselben Konzeption. »Es handelte sich hier darum«, schreibt Haussmann in seinen *Mémoires*, »im Osten von Paris gemäß den großzügigen Plänen des Kaisers für die arbeitende Bevölkerung ... eine Promenade zu schaffen, die der entsprechen sollte, mit der die reichen, eleganten Quartiere im Westen unserer Hauptstadt gerade ausgestattet worden sind.«[20] Dies war sicher eine lobenswerte Initiative, aber erhielt der Parc Monceau – eine alte »Folie«, die auf das Ende des 18. Jahrhunderts zurückging –, der zur gleichen Zeit restauriert und vervollständigt wurde, dadurch ein Äquivalent? Man denke nur an die wundervollen Gitter von Davioud, die denjenigen der Place Stanislas in Nancy nachgebildet sind![21]

Von allen innerhalb von Mauern gelegenen Parks war, wenn man von den Wäldern außerhalb von Paris absieht, der von Buttes-Chaumont (1864–1867) sicherlich der schönste und anregendste. Das sehr unebene Gelände – ehemalige Steinbrüche – »natürlich sehr pittoresk«, wurde auf die bestmögliche Art genutzt.[22] Der See am Fuß des von einem Monopteros gekrönten Hügels spiegelt Hängebrücke, Felsen und Pflanzengruppen wider, die sich von den mit kurvigen Pfaden durchzogenen Rasenflächen abheben; für den Spaziergang eine Folge von eindrucksvollen Bildern. Umfangreiche Aufschüttungen und die Anlage unechter Felsen, Grotten und Wasserfälle waren notwendig, und Alphand, der Gartenbauingenieur, über den man gelacht hatte, setzte dazu alle möglichen Konstruktionen und Mittel ein.[23] Davioud ging in seiner Phantasie so weit, antike Säulen, Kapitelle, Akroterien und Palmetten mit den üblichen rustikalen Ausdrucksformen seiner Architektur zu vermischen.

Der große See mit dem Kaiser-Kiosk im Bois de Boulogne in Paris. Photo Fulvio Ventura

Der künstliche Felsen und Tempel im Park der Buttes-Chaumont in Paris. Photo Fulvio Ventura

Grundriß des Parks der Buttes-Chaumont in Paris. Paris, Bibliothèque Nationale, Cartes et Plans

Grundriß, Schnitt und Ansichten des Restaurants im Park der Buttes-Chaumont in Paris. Aus: J.C.A. Alphand, Les promenades de Paris, Paris 1867–1873

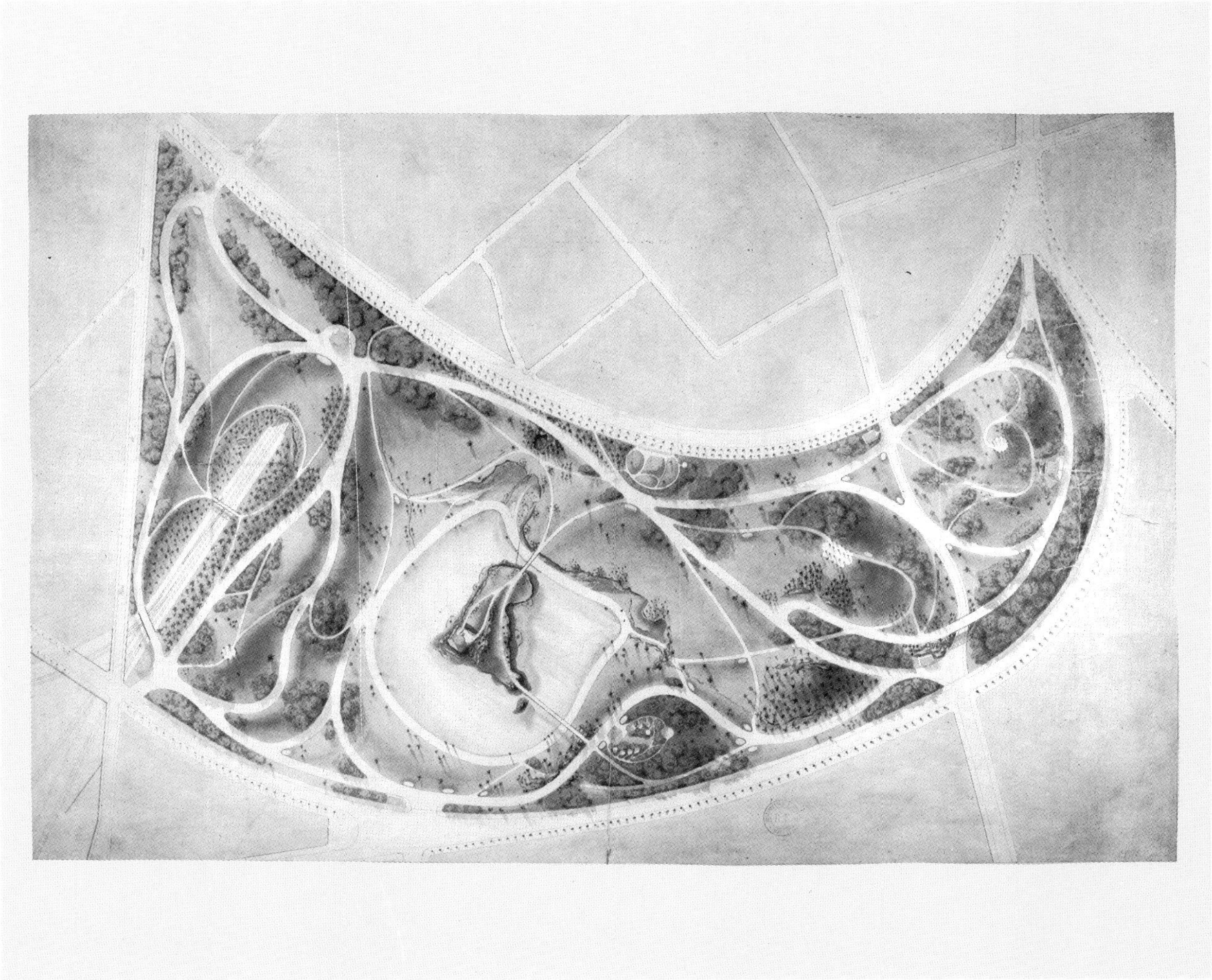

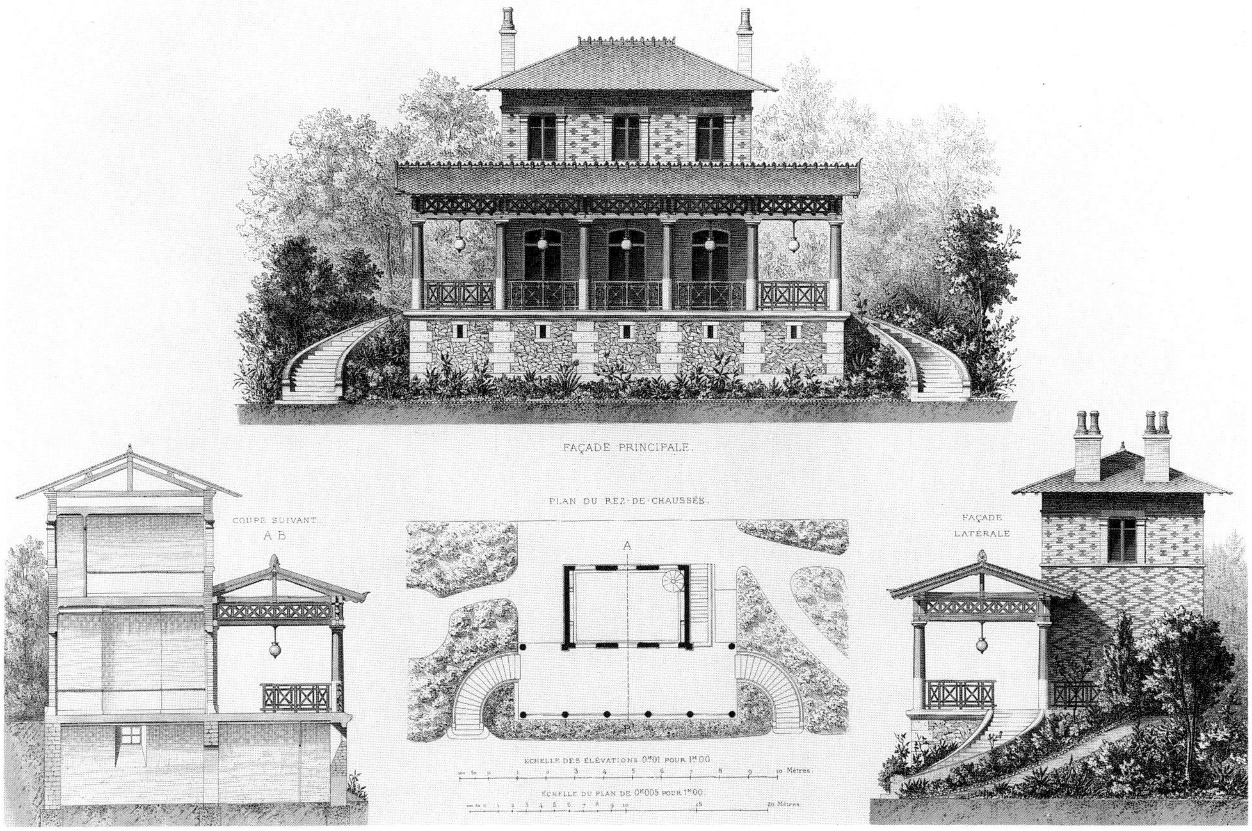

Grundriß des Square des Batignolles in Paris. Aus: J. C. A. Alphand. Les promenades de Paris, Paris 1867–1873

Gestaltungsdetails und Parkmobiliar für den Square des Batignolles in Paris. Aus: J. C. A. Alphand, Les promenades de Paris, Paris 1867–1873

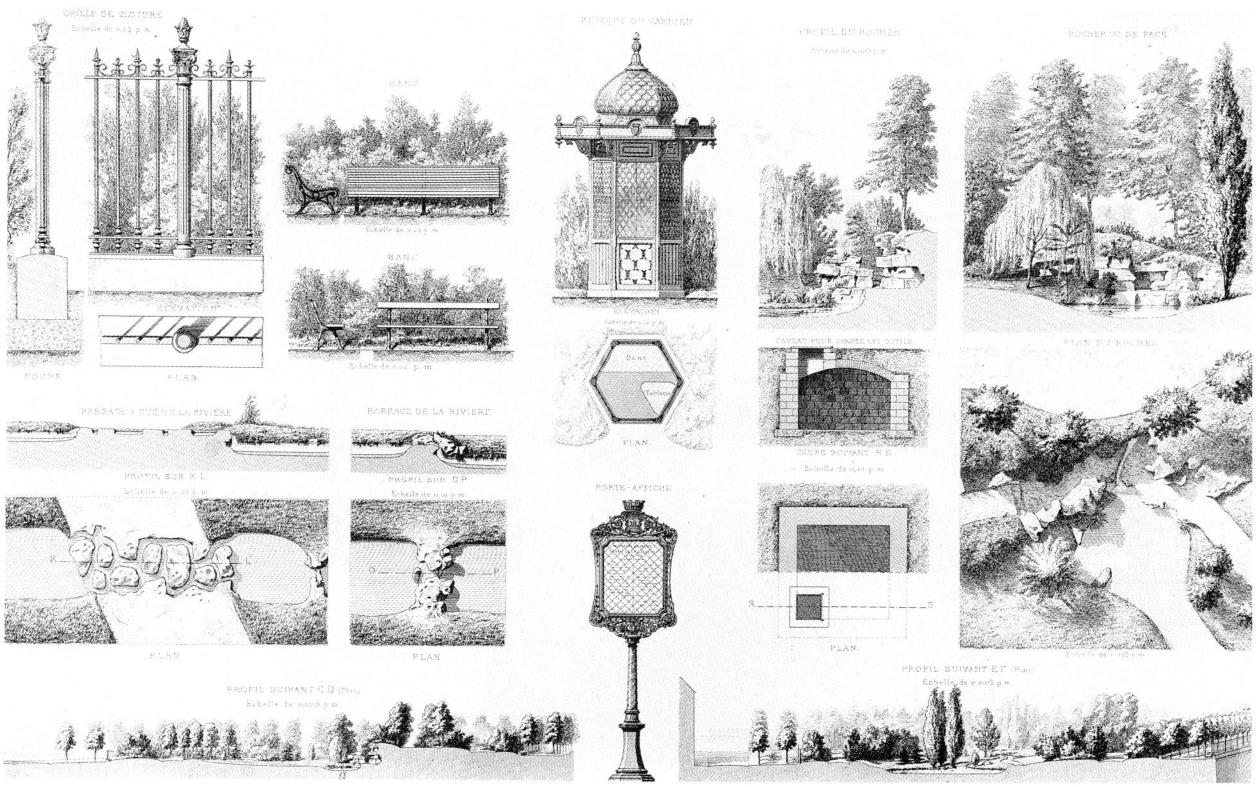

Die Grünflächen waren eine weitere Demonstration der Wohltaten, als deren mäzenatischer Urheber Napoleon III. sich betrachtete. »Während seines langen Aufenthalts in England erstaunte den Kaiser der Gegensatz zwischen dem guten Zustand der Grünflächen Londons und den schäbigen Löchern, in denen die Arbeiterfamilien dicht gedrängt lebten... Daher schrieb er mir vor«, fuhr Haussmann fort, »keine Gelegenheit zu versäumen, in allen Arrondissements von Paris die größtmögliche Anzahl von Grünflächen vorzusehen, um allen Familien, allen Kindern, ob reich oder arm, großzügig... Orte der Entspannung und der Erholung anbieten zu können«.[24] Dies war in der Tat eine originelle Idee, waren doch die Grünflächen der englischen Metropole den Anwohnern vorbehalten.

Seitdem sorgten achtzig dieser kleinen »grünen Salons«, nach dem Muster der neuen Parks entworfen und mit Gittern, Brunnen und Kandelabern von Davioud ausgestattet, in den verschiedenen Quartieren von Paris für frische Luft. Entsprangen sie auch einer gemeinsamen Planung, so unterschieden sie sich doch im Wesen und in ihrer Funktion. Die meisten waren Gärten im kleinen Maßstab, aber manche brachten ein altes, sogar symbolisches Monument zur Geltung, etwa den Tour Saint-Jacques oder die der Ernennung an Ludwig XVI. und Marie-Antoinette gewidmete Chapelle Expiatoire.

Die Grünfläche der Magasins-Réunis (1867) stellte einen Sonderfall dar. Im Hof eines großen Geschäfts nahe der Place de la République gelegen, verstand man sie als Pendant der Gärten des Palais-Royal – ein weiteres Beispiel für den ernsthaften Wunsch Napoleons III., die Bevölkerungsschichten bescheidener Herkunft zu moralisieren und zu erziehen. Eine Volksoper für 10 000 Zuschauer – eine Replik des »Palais Garnier«, des neuen kaiserlichen Opernhauses – sollte diesen Komplex vervollständigen.[25] Ob Prestigebauten oder Sanierungsmaßnahmen, der Haussmannsche Städtebau hatte die Vereinheitlichung der gesellschaftlichen Ausdrucksformen zum Ziel.

Städtebauliche Zäsur innerhalb des umgestalteten Pariser Raums waren die baumbewachsenen Avenuen. Die von Haussmann 1858 veränderten Champs-Elysées erforderten ihre Verlängerung über den Arc de Triomphe hinaus in Richtung Bois de Boulogne. Diese Propyläen wünschte der Präfekt grandios: in dreifacher Breite eines üblichen Boulevards, mit Raseneinfassungen, Queralleen, das Ganze durchsetzt mit seltenen Pflanzen, summa summarum, ein monumentales Arboretum.

Wen sollte es im vorliegenden Fall verwundern, daß die strengsten Kritiker, darunter César Daly, der Begründer der berühmten *Revue Générale de l'Architecture et des Travaux Publics*, Loblieder anstimmten: »Von allen Verbesserungen, die unter dem Zweiten Kaiserreich in Paris durchgeführt wurden, gibt es keine, die mehr Lob, größere aufrichtige Bewunderung verdiente als die der ›Promenaden und Anpflanzungen‹... Das Paris eines Steinbruchs, das es war, hat sich in einen Blumenstrauß verwandelt.«[26]

Der Square des Batignolles in Paris. Photo Fulvio Ventura

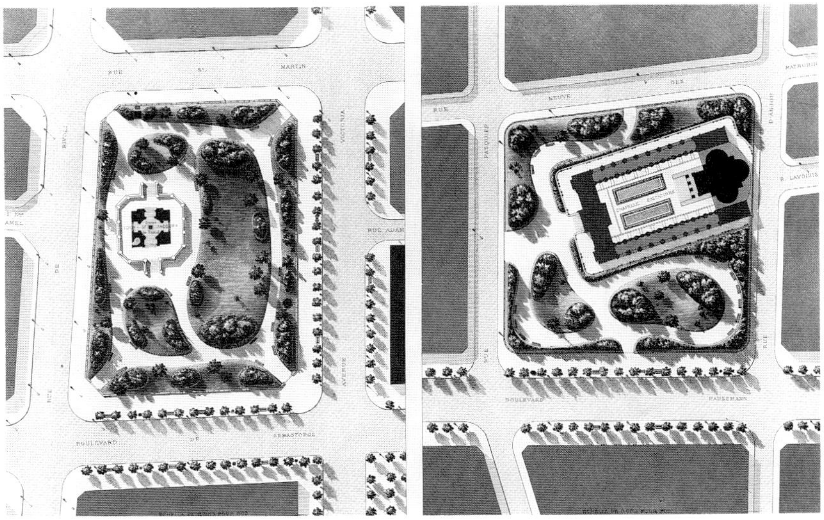

Grundriß des Square Saint-Jacques und des Square Louis XVI in Paris. Aus: J. C. A. Alphand, Les promenades de Paris, Paris 1867–1873

Grundriß des Weltausstellungsgeländes auf dem Marsfeld in Paris, 1867. Aus: J. C. A. Alphand, Les promenades de Paris, Paris 1867–1873

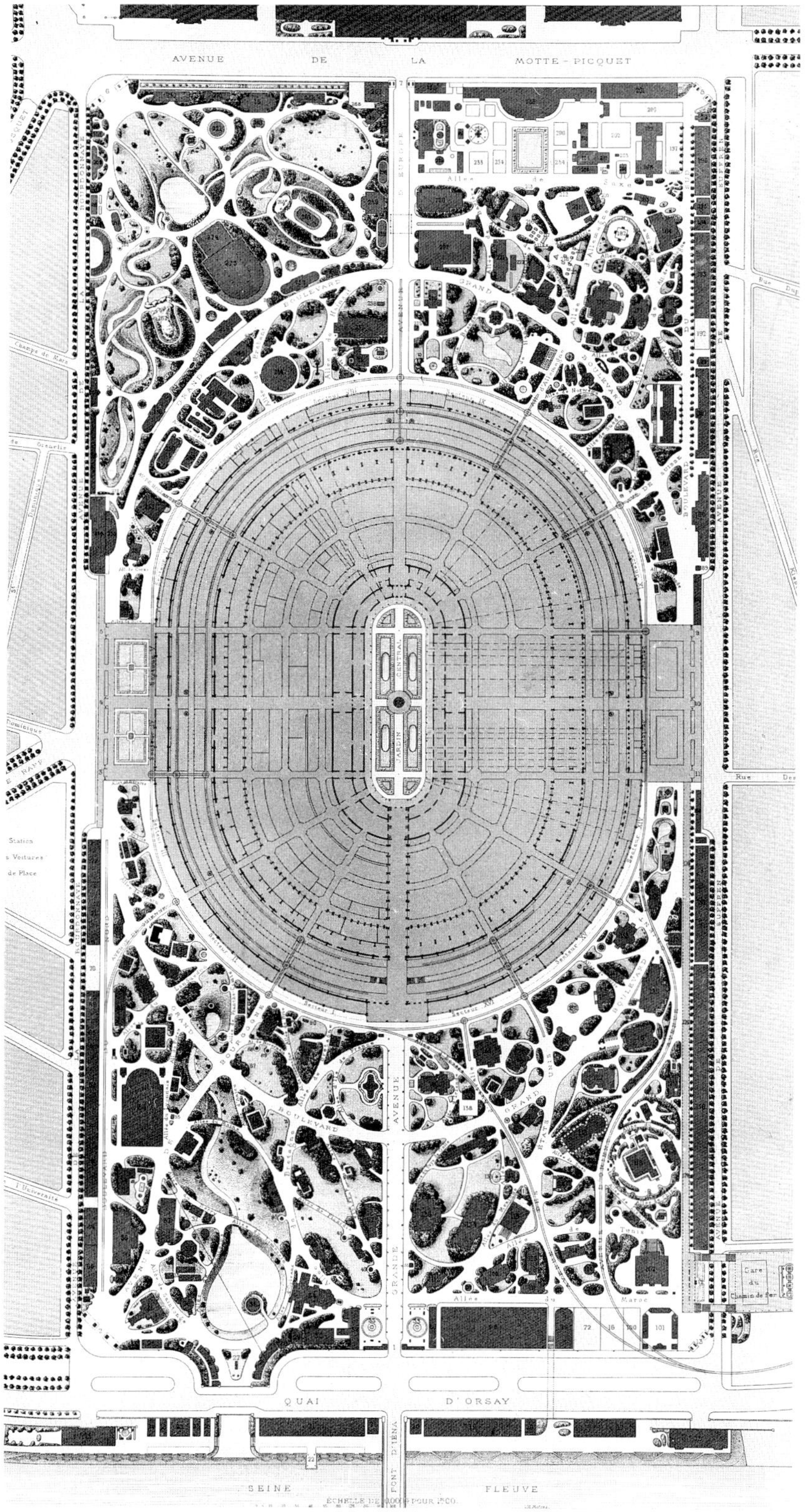

Anmerkungen

1 Eugène Hénard, *Etudes sur les transformations de Paris*, (1903–1909) 1982, S. 72f.

2 Emile Zola, *Rougon-Macquart, Nana* Bd. II.

3 Siehe die in den alten Schlachthäusern von Vaugirard und de la Villette eingerichteten Parks. Anläßlich der Gabriel Davioud gewidmeten Ausstellung hatten wir Gelegenheit, den traurigen Zustand der Gebäude im Bois de Boulogne und vor allem des völlig verfallenen kaiserlichen Kiosks weithin bekannt zu machen. Heute schmückt er wieder die Insel des großen Sees.

4 Françoise Choay, *L'urbanisme, utopies et réalités. Une anthologie*, Paris 1979. Von dieser Autorin stammt auch ein ausgezeichneter Artikel mit dem Titel: »Haussmann et le système des espaces verts parisiens«, in: *Revue de l'Art*, 1975, S. 83–99.

5 François Loyer, *Le siècle de l'industrie, 1789–1914*, Paris 1983, S. 14–15, und F. Choay, »Haussmann ...«, in op. cit., S. 84f.

6 Quentin-Bauchart, »Rapport présenté au nom du comité du budget et du contrôle sur les concessions des Champs-Elysées«, in: *Conseil Municipal de Paris, Rapports et Documents*, Paris 1895, Nr. 160, 67 S. und Karten.

7 Thomas von Joest, »Hittorff et les embellissements des Champs-Elysées«, in: *Hittorff, un architecte du XIXème*, Paris 1986, S. 153f.

8 Thomas von Joest, *Hittorff...*, op. cit., S. 155f.

9 Thomas von Joest, »Des restaurants, des cafés, du théâtre jadis célèbre, du géorama et de la grandeur de quelques projets«, in: *Hittorff...*, op. cit., S. 189f.

10 Uwe Westfehling, »Le Panorama«, in: *Hittorff...*, op. cit., S. 173f., und Thomas von Joest, »Le Cirque d'Eté«, in: *Hittorff...*, op. cit., S. 173f.

11 *Memoires du Comte Rambuteau*, Paris 1905, S. 269, 377.

12 *Mémoires du Comte...*, op. cit., S. 269.

13 *Mémoires du Baron Haussmann. Grands travaux de Paris, 1853–1870*, Paris (Neuaufl.) 1979, 2 Bände.

14 *Mémoires du Baron...*, op. cit., Bd. I, S. 47f.

15 Thomas von Joest, »La place du Château d'Eau«, in: *Actes du colloque La piazza e la città*, Paris 1985, S. 63, 64, und Thomas von Joest, »L'Orphéon et la place du Château d'Eau«, in: *Gabriel Davioud, architecte (1824–1881)*, Paris 1982, S. 77–87.

16 *Mémoires du Baron...*, op. cit., Bd. I, S. 121.

17 *Mémoires du Baron...*, op. cit., S. 183, und Dominique Jarrassé, »Les parcs et les squares«, in: *Gabriel Davioud...*, op. cit., S. 27f.

18 Thomas von Joest, »Les projets pour le Bois de Boulogne«, in: *Hittorff...*, op. cit., S. 213f.

19 Der Katalog zum Verkauf der Bibliothek des »verstorbenen Monsieur Davioud«, aufbewahrt in der Nationalbibliothek, Paris, war uns von großer Hilfe, um all die in seinem Besitz befindlichen Publikationen nachzuprüfen.

20 *Mémoires du Baron...*, op. cit., Bd. I, S. 210.

21 D. Jarrassé, *op. cit.*, S. 38.

22 Darcel, »Projet d'embellissement d'un square sur les Buttes Chaumont«, in: *Conseil Municipal*, Paris, 1863.

23 *Mémoires du Baron...*, op. cit., Bd. I, S. 126. Man amüsierte sich dort (im Ministerium für Bauarbeiten der öffentlichen Hand) sehr über den Ingenieur, der gerade langfristig den Posten eines »Gärtners« angenommen hatte.

24 *Mémoires du Baron...*, op. cit., Bd. I, S. 240.

25 Thomas von Joest, *L'Orphéon...*, loc. cit., und Thomas von Joest, *La place du...*, loc. cit.

26 *Revue Générale de l'Architecture et des Travaux Publics*, Bd. XXI (1863), col. 249.

Der »Beaux-Arts«- oder der architektonische Garten

Ignasi de Sola Morales

Es ist weitgehend unüblich, mit dem Begriff »Beaux-Arts« eine spezielle Schule oder eine besondere Stilrichtung der Gartenkunst zu bezeichnen. Wie zahlreiche Studien der letzten Jahre aufgezeigt haben, handelt es sich beim »Beaux-Arts«-Garten um eine architektonische Entwurfsmethode. Die Ergebnisse sind formal geprägt und durch eine hierarchische Anordnung der Einzelelemente gekennzeichnet. Charakteristisch ist auch eine pragmatische Nachahmung geschichtlicher Vorbilder.

Wenn man davon ausgeht, daß es eine Beaux-Arts-Architektur gibt, die einen Großteil des architektonischen Schaffens in Europa seit der Französischen Revolution 1789 bis zum Beginn des Zweiten Weltkriegs 1939 geprägt hat, so ist es naheliegend, daß auch für Gärten und Parks eine Auffassung existierte, die von der gleichen Systematik und Methodik geprägt war.

Ein erstes Merkmal der Beaux-Arts-Gartenkunst ist ihre formale Einbindung in das architektonische und städtebauliche Gesamtgefüge. Eine der entwurfstheoretischen Grundlagen des Beaux-Arts-Systems ist die Einheitlichkeit der Organisationsstruktur. Dadurch wird eine Übereinstimmung der Entwurfskriterien geschaffen, die bei der Gestaltung der Stadträume, der Gebäude und der Grünräume zur Anwendung kommen. In der Beaux-Arts-Gartenkunst liefert nicht die Natur, sondern die Architektur das Vorbild. Einzig auf dem Weg der Vermittlung durch die Architektur wird die Natur nachgeahmt. Die Beaux-Arts-Gärten sind Architekturen im herkömmlichen Bedeutungssinn. Aus einfachen formalen Elementen werden nach ökonomischen und geometrischen Gesetzmäßigkeiten regelmäßige Gefüge gebildet. In jedem Raum wird eine sichtbare hierarchische Ordnung geschaffen.

Nach diesen Vorbemerkungen über die Beziehung zwischen Architektur und Gartenkunst, die allerdings eine Sonderstellung innerhalb der allgemeinen Probleme des Entwerfens nach den Kriterien der Beaux Arts einnimmt, kann man annehmen, daß die gleichen kompositorischen Gesetze auch für die Gestaltung von Parks und Gärten maßgeblich sind. Symmetrie, Ordnung und hierarchischer Aufbau sind die allgemein gültigen Prinzipien, die durch die Beschäftigung mit den Architekturformen der klassischen Antike oder zumindest seit Durand zur Erstellung von Raumprogrammen als Grundlage dienten.

Aus der Prämisse, daß die Beaux-Arts-Gartenkunst architektonisch geprägt ist, ergibt sich ein weiterer ebenso bedeutender Zusammenhang. Da diese Art der Gartengestaltung bereits per definitionem eine architektonische ist, folgert daraus zwangsläufig, daß ihre Entwicklung eng mit derjenigen der Architektur verbunden ist. Während es in anderen Epochen der Gartenkunst Bestrebungen gab, für den Garten eigene Ordnungs- und Bedeutungsmodelle zu entwickeln, ist in den Beaux-Arts-Gärten der Bezug zur konkreten Architektur von fundamentaler Bedeutung. Die Beaux-Arts-Gärten sind fast immer bestimmten Gebäuden zugeordnet. Wenn es sich um größere Anlagen handelt, sind es Garten- und Parkanlagen einer Stadt, die als großes Gebäude verstanden wird. Der Beaux-Arts-Garten sucht grundsätzlich nicht nach einer Reminiszenz an die unberührte Natur, er beabsichtigt in erster Linie eine gestaltende Ordnung des Umfelds sowie die Einbindung und Hervorhebung eines einzelnen Gebäudes oder Gebäudeensembles, seien sie öffentlich oder privat. Gesucht wird die Wechselbeziehung zwischen Gebäude, Garten oder Park. Um diese herzustellen, arbeitet man mit kontinuierlichen Beziehungslinien, Blickachsen und perspektivischer Führung.

Ebenso wie die gesamten Ausdrucksformen des Beaux-Arts-Stils an kein bestimmtes Vokabular gebunden sind, so ist auch sein Formenrepertoire in der Gartenkunst durch keinerlei Vorschriften begrenzt. Den eklektischen Gestaltelementen, die für die Beaux-Arts-Architektur typisch sind, entspricht auch beim Garten ein ausgeprägter Eklektizismus. Die Verfasser von Abhandlungen über Entwurfsgestaltung nach dem Beaux-Arts-Prinzip beschränken sich darauf, historische Beispiele vorzustellen, und bauen deren Analyse und Wertung auf der besonderen Bedeutung auf, die jeder konkrete »Fall« liefert, um ein klar definiertes Problem zu erläutern. Eine repräsentative akademische Abhandlung wie die *Traité Général de la Composition des Parcs et Jardins*, die 1879 von Edouard André in Paris veröffentlicht wurde, ist in ihrem Aufbau bezeichnend. Dem technischen Teil, der den verschiedenen Entwurfsphasen eines Gartens gewidmet ist, wird ein historisches Abriß vorangestellt. Hierin stellt der Autor die geschichtlichen Entwicklungen der Gartenkunst, die verschiedenen Stilrichtungen und die Gärten unterschiedlicher Länder vor. In einem theoretischen Teil versucht er, eine ästhetische Grundlage für die kompositorischen Entscheidungen zu definieren.

Mit der Formenvielfalt des Historismus greift die Beaux-Arts-Kunst auch die Erfahrungen der Vergangenheit auf. Ebenso wie in der Architektur hat für den im Geiste der »Ecole« ausgebildeten Gartengestalter die klassische Tradition einen besonderen Stellenwert. Die nach dem Beaux-Arts-Prinzip gestalteten Gartenentwürfe bezogen ihre Inspiration aus der Gartenkunst der Antike, das heißt aus Rekonstruktionsmodellen von hellenistischen und römischen Baudenkmälern, sowie der Gartenkunst der Renaissance und des Barock. Dabei wurde dem *Grand Siécle* Frankreichs ein besonderes Interesse gewidmet.

Der Beaux-Arts-Gartenkünstler verfügt aufgrund seiner Geschichtskenntnisse, besonders natürlich auf dem Gebiet der Landschaftsgestaltung, und aufgrund seiner Erfahrungen im Umgang mit Formen und Farben sowie seiner Sensibilität für Einheitlichkeit, Vielfalt und Vertretbarkeit über ein angemessenes Gestaltungsrepertoire. Mit diesem methodischen Rüstzeug kann er jede gartengestalterische Aufgabe angehen. Die richtige Einschätzung von Gestaltungsproblemen sowie das Erkennen von besonderen Merkmalen der Gestaltungsaufgabe sind von grundlegender Bedeutung. Die Entwurfsentscheidungen orientieren sich beispielsweise an folgende Fragen: Park oder Garten, öffentliche oder private Anlage, Nutzgarten oder Zier- und Wohngarten, Gestaltung nach architektonisch-geometrischer oder landschaftsarchitektonisch-freier Anordnung? Die historischen Vorbilder oder die Art der Wechselbeziehung zwischen Garten, Park und Gebäude oder Stadtraum sind die Schlüssel zur Lösung jeder Entwurfsaufgabe.

Die zentrale Streitfrage, die in Theorie und Praxis der Gartengestaltung des 19. Jahrhunderts und in der ersten Hälfte des 20. Jahrhunderts immer wieder auftaucht, entsteht aus der Konfrontation zweier gegensätzlicher Gartengestaltungsmodelle: Zum einen ist dies der sogenannte geometrische oder regelmäßig gestaltete französische Garten und zum anderen der sogenannte Landschaftsgarten, der englische oder pittoresk gestaltete Garten.

Die Theoretiker der Beaux Arts stehen mit ihrer Absicht, die verschiedenen Auffassungen miteinander zu verschmelzen, im Gegensatz zu einer im 19. Jahrhundert in Europa weitverbreiteten Haltung, die das Trennende betont. Dies kommt in dem 1774 von Claude-Henry Watelet veröffentlichen *Essai sur les jardins* ebenso zum Ausdruck wie in den vom Eklektizismus geprägten Empfehlungen, die Julien Guadet 1904 im vierten Band seiner

Aufriß des Fortunatempels in Praeneste (Italien). Zeichnerische Rekonstruktion von J.N. Huyot, 1811. Paris, Ecole Nationale Supérieure des Beaux-Arts

Aufriß für ein Thermalbad mit Spielkasino von P.-M. Bigot, Rompreis des Jahres 1900. Paris, Ecole Nationale Supérieure des Beaux-Arts

Eléments et théorie de l'architecure vorstellt. Selbst bei einer für die Formulierung der Beaux-Arts-Kriterien so wichtigen Persönlichkeit wie Charles Blanc findet sich in seiner 1867 erschienenen *Grammaire des Arts du Dessin* nur im Eklektizismus eine Antwort, obwohl er sich zum Landschaftsgarten als einer zeitgemäßen Form bekennt. Noch Mitte des 20. Jahrhunderts wird in einer geradezu beunruhigend radikalen Weise über das Entweder-Oder des klassisch-geometrischen oder des pittoresk-landschaftlichen Gartens gestritten, etwa in den Schriften von Gustave Umbdenstock (1930), Georges Gromort (1942) oder Pierre de Lagarde (1954).

Dieser niemals aufgehobene Gegensatz zwischen dem Klassizismus als geschichtlicher Tradition, die der Institution Architektur Dauer und Glaubwürdigkeit verleiht, und dem psychologischen Empirismus als moderne Antwort auf das noch ungelöste und formal nicht vorgegebene Problem ist ein signifikantes Merkmal dessen, was hier mit Beaux-Arts-Gartenkunst bezeichnet wird. Die Ausgewogenheit, die Durchmischung und Gegenüberstellung, die »Kom-Position« einzelner Gartenräume, die als Nachahmung der unberührten Natur aufzufassen sind, bilden zusammen mit den hierarchischen, geometrischen und perspektivischen Elementen letztlich die charakteristische Form des Gartentyps, den wir als Beaux-Arts-Garten bezeichnen.

Garten, Architektur und Stadt

Die Entwicklung der Beaux-Arts-Gärten vollzog sich zur gleichen Zeit, als man die Notwendigkeit erkannte, in den Städten Grünräume zu schaffen. Die Planer sahen in der Gestaltung der Grünräume eine Erweiterung der Stadtentwicklung. Das Werk von Jean-Charles-Adolphe Alphand, *Les Promenades de Paris* (1863 – 1873), ist als eine Mischung aus enzyklopädischem Positivismus und ästhetischem Eklektizismus mit klassizistischer Grundlage zu verstehen. In der Einführung findet sich eine theoretische Formulierung, die für den Beaux-Arts-Stil bezeichnend ist. Die Beispiele aus der Geschichte sollen die Grundlage für die Erfahrungen der Gegenwart liefern. Die Differenzierung der Einzelbeispiele nach Größe und nach besonderen Merkmalen in bezug auf die Stadt ist ein Beispiel für die intellektuelle Leistung des Gärtners. Übrigens widmet Alphand der Beschreibung der großen Parks und Gartenanlagen die gleiche Aufmerksamkeit wie der Beschreibung und Analyse von Plätzen, Boulevards und Promenaden, deren Bezug zur Gartenkunst ganz offensichtlich ist.

Es gibt verschiedene Zeichnungen von Karl Friedrich Schinkel aus dem Jahre 1828, in denen er im Detail die gärtnerische Gestaltung des großen Freiraums zwischen seinem geplanten »Alten Museum« und dem Schloß im Zentrum von Berlin untersucht. Für die Koordination der Blickachsen, die auf vier verschiedene und zudem beziehungslos zueinander stehende Architekturformen ausgerichtet sind – das Museum, das Schloß, den Dom und die Brücke, die zur Straße »Unter den Linden« führt – werden verschiedene gestalterische Vorschläge gemacht. Der Blick auf diese Gebäude wird durch Bäume und anderen Bewuchs räumlich geordnet. Hier handelt es sich eindeutig um einen architektonischen Garten. Die Gestaltung arbeitet mit den Mitteln der Symmetrie, der hierarchischen Ordnung und der Perspektive. Vorrangiges Ziel des architektonischen Gartens ist die Beziehung zwischen Außenraum und Gebäude. Aber dies ist nur zu erreichen, wenn die Probleme der Perspektive und des Verkehrs in einem neuen Raum einbezogen werden, der nun nicht mehr einfach ein Platz, sondern ein Garten ist.

Im Tiergarten in Berlin. Ölgemälde von J.H. Stürmer, 1837

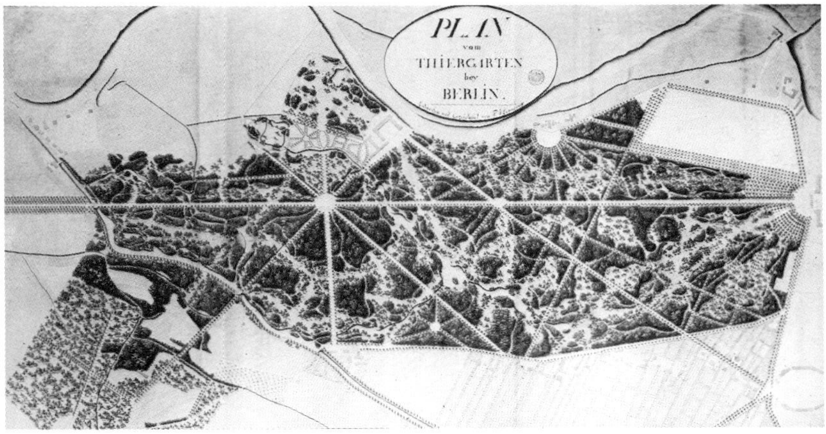

Grundriß des Tiergartens in Berlin. Entwurf von P.-J. Lenné, 1818

Washington-Denkmal, Grünanlage und Mall, in Richtung Kapitol. Entwurf der Senate Park Commission. Aus: D. H. Burnham und E. H. Bennett, Plan of Chicago, Ch. Moore (Hrsg.), Chicago 1909

Distrikt von Columbia (mit der Hauptstadt Washington). Der Grundriß vermittelt einen Überblick über die Grünanlagen und (in dunklerem Grau) ihre geplanten Erweiterungen. Aus: Plan of Chicago, 1909, op. cit.

Wenn die Studenten der Ecole des Beaux-Arts ihre spektakulären Entwürfe für den Wettbewerb des »Grand Prix« ausarbeiteten, machten sie in den meisten Fällen auch Aussagen zur Gartengestaltung. Ihre Vorstellungen kamen zudem in den phantasievollen Reliefs zum Ausdruck, die für die Geschichtsvorlesungen nach antiken Baudenkmälern angefertigt wurden, sowie in den Einsendungen zum »Prix de Rome«, die als Ergebnis ihrer Italienstudien an der Akademie eingereicht wurden. Das Forum Romanum, der Palatin, das Haus Neros, insbesondere aber Pompeji und Herculanum oder in Griechenland Olympia, Eleusis, Delphi sowie die ionischen Städte Pergamon, Milet und Priene waren Gegenstand zahlreicher Entwurfsstudien für Freiraumgestaltung. Es ging um die Beziehung von Architektur und Freiräumen, wobei die pittoreske Note in der Gartenkunst nicht fehlen durfte.

Das gleiche Vorgehen, allerdings in weiterentwickelter Form, findet sich bei den Beaux-Arts-Entwürfen, die zur Abschlußprüfung oder für den Grand-Prix-Wettbewerb eingereicht wurden. Die gärtnerischen Bereiche um ein großes Gebäude von Boullée, aber auch die Projekte von Percier, Fontaine oder Vaudoyer ebenso wie der große Gartenentwurf von Emile Bernard für die Fertigstellung der »Villa Madama« in Rom (1871), die »Votivkirche an einem Wallfahrtsort« von S. E. A. Duquesne (1897) und die »Thermalanlagen mit Casino« von Paul Bigot (1900) sind Beispiele dafür, daß alle Entwürfe der Akademie eine neue, dem Beaux-Arts-System eigene Beziehung zwischen dem Gebäude und Garten zugrunde legten.

Aus diesem Grunde ist es nicht erstaunlich, daß in der bereits erwähnten Textsammlung von Alphand den großen Parks von Paris, zum Beispiel dem Bois de Boulogne und dem Bois de Vincennes, große Bedeutung beigemessen wird. Das gleiche gilt für die Parks in der Stadt selbst, die immer in direkter Beziehung zu öffentlichen Gebäuden stehen. Sie dienen diesen sozusagen als Vorraum. Von Alphand wird auch hervorgehoben, wie das Stadtgefüge durch öffentliche Grünräume gegliedert wird. Dazu gehören einfache Anlagen wie Place Grenelle oder Square des Invalides, die kompliziertere Planung der Champs-Elysées oder auch die Neugestaltung des Jardin du Luxembourg. All diesen Anlagen ist gemeinsam, daß die dazugehörigen Gebäude, der städtebauliche Kontext und der Verkehr entscheidende Komponenten für die Gestaltung der Grünräume liefern. Dadurch wird eine hierarchisch gegliederte, durch Blickachsen geordnete Komposition geschaffen.

Werner Hegemann ist wahrscheinlich der bedeutendste Theoretiker, der sich in besonderem Maße mit der Beaux-Arts-Gartenkunst befaßte. Dazu angeregt wurde er durch die Neuerungen des Städtebaus zwischen 1900 und 1930. Bereits 1911 veröfftentlichte Hegemann Publikationen über amerikanische Parkanlagen. Auch in späteren erfolgreichen Veröffentlichungen beim Verlag Wasmuth befaßte er sich mit diesem Themenkreis. Insbesondere aber widmete er sich in seinem 1922 erschienenen Buch *Civic Art , an American-Vitruvius*, der Planung von Parks und Gärten und ihren Beziehungen zu Architektur und Städtebau.

Kapitel V seines Buches ist überschrieben mit dem Titel *Garden as a Civic Art.* Hier wird noch einmal die Beaux-Arts-Logik dargelegt und auf dieser Basis versucht, eine Mustersammlung gut gelöster öffentlicher Räume in der modernen Stadt erarbeiten. Hegemann zeigt die geschichtliche Entwicklung auf und behandelt verschiedene, an unterschiedlichen Orten ausgeführte Lösungen. Neben den klassischen Beispielen von Le Nôtre und solchen aus dem *Vitruvius Britannicus* werden zeitgenössische Arbeiten von Lutyens, Platt,

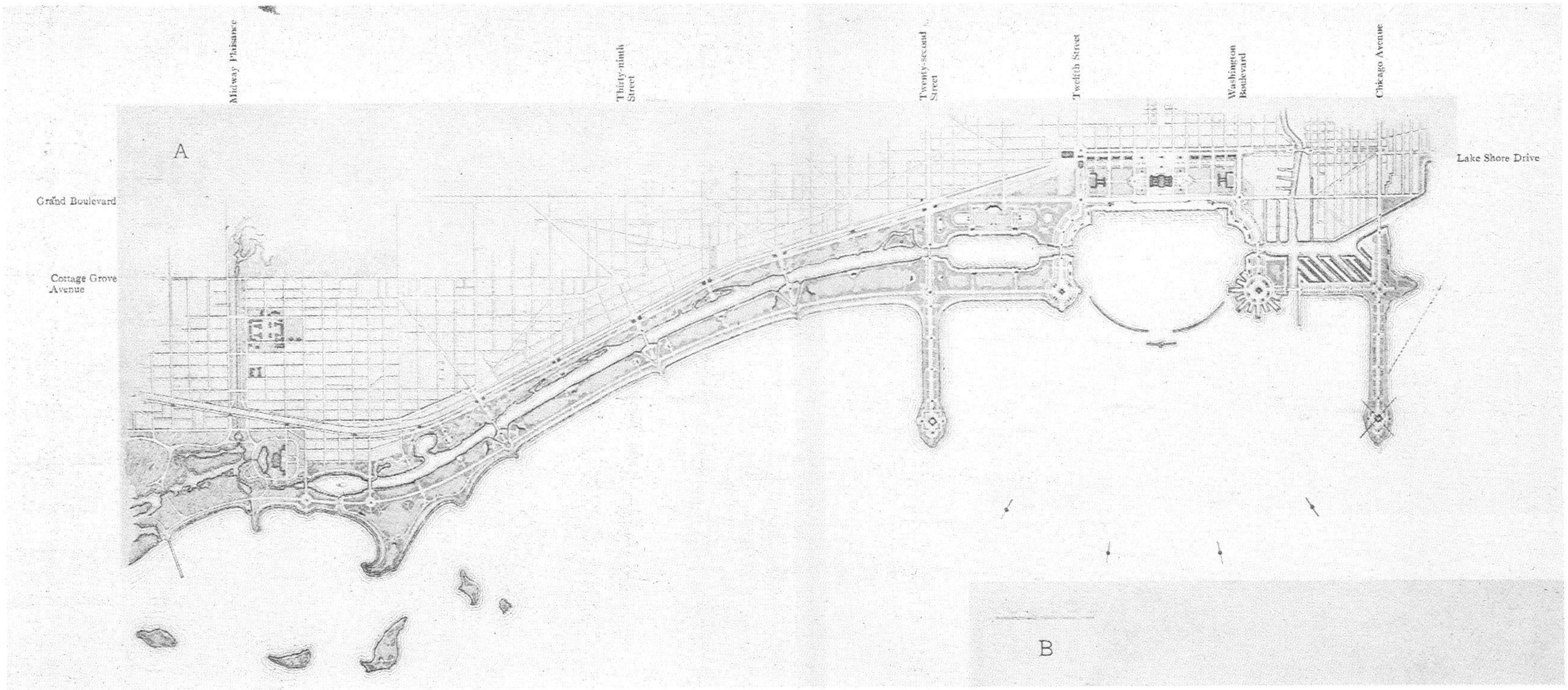

Entwurf für einen Park entlang dem Ufer des Michigansees von der Chicago Avenue im Norden bis zum Jackson Park im Süden. Aus: Plan of Chicago, 1909, op. cit.

Carrère und Hastings vorgestellt, ebenso wie eigene Entwürfe des Büros Hegemann und Petts für verschiedene Wohnhausprojekte in den Vereinigten Staaten. Bemerkenswert an diesem Buch ist die große Aufmerksamkeit, die Gartenanlagen gewidmet ist, die eigenständigen Bauensembles zugeordnet sind. Die formale Logik der Beaux-Arts-Gärten dieses Berliner Architekten ist nicht weit entfernt von den Vorstellungen einer nach unterschiedlichen Zonen gegliederten modernen Stadt. Ein Bürgerzentrum in einer amerikanischen Stadt, ein Universitätscampus, ein Krankenhaus, ein Friedhof und selbstverständlich auch eine Wohnbebauung sind Beispiele für die Zusammenfassung von Funktionen und Gebäuden. Die strenge Geometrie der Beaux-Arts-Komposition ist das ideale Mittel, um den gestalterischen Zusammenhalt des Gefüges zu gewährleisten. Wenn in der traditionellen Stadt Europas der zentrale Platz einen privilegierten Raum darstellte, um den die wichtigsten Gebäude gruppiert waren, so fällt in der modernen Stadt – für Hegemann ist die amerikanische Stadt um 1900 der Inbegriff der modernen Stadt – dem öffentlichen Park diese Rolle zu. Die öffentlichen Gartenanlagen sind der gestaltende Raum und ordnender Bezugspunkt für die freistehenden Gebäude der Umgebung, die ansonsten nur durch gemeinsame Funktionen miteinander verbunden sind. Die Liste der Beispiele ließe sich unendlich fortsetzen. Genannt werden sollten unbedingt noch der Campus der University of Virginia, der von Thomas Jefferson entworfen und maßgeblich mitgetragen wurde von McKim, Mead & White. Auch die Campusanlagen der John Hopkins University in Baltimore und der Berkeley University in Kalifornien, an der Frederick L. Olmsted als Planer mitgewirkt hat, sind zu nennen. Hier vollzog er den Wandel vom Landschaftsgärtner zum entschiedenen Befürworter von deutlich ablesbaren geometrischen Beaux-Arts-Strukturen.

Dieses System erlangt seine volle Wirkung aber nicht nur bei den einzelnen Grünräumen der Stadt, sondern auch in der Gesamtbehandlung des Stadtbilds und seiner Durchdringung mit Grünflächen in der Tradition der Beaux-Arts. Mit der Bezeichnung »City Beautiful« bezeichnet man eine stadtplanerische Idealvorstellung, die anläßlich der im Jahre 1892 veranstalteten Kolumbusausstellung in Chicago geprägt wurde. Es gab dazu in Europa und in den Kolonien parallel verlaufende Entwicklungen.

Der »Plan of Chicago«, den Daniel M. Burnham und Edward H. Bennett 1909 veröffentlichten, beginnt in guter Beaux-Arts-Tradition mit einer Einführung in die Geschichte des Städtebaus. Als einer der wichtigsten Entwicklungsschritte wird das von den Autoren so benannte »Chicago Park System« angeführt. Für unser Rahmenthema, die Geschichte der Gartenkunst, erweist es sich als höchst informativ, dieses Kapitel einer genauen Analyse zu unterziehen. Wir können erkennen, daß der Stadtplan als ganzes eng mit der Grünraumkonzeption verbunden ist. Der Gesamtplan für die Gestaltung der Metropole am Michigansee erscheint wie der Entwurf zu einer riesigen Parklandschaft, in die städtische Zonen, Prachtbauten, Verkehrsanlagen, Gärten und kleinere städtische Grünräume eingeflochten sind. Der Entwurf erinnert an die große Konzeption von Versailles. Das für die Beaux-Arts-Ästhetik typische Prinzip wird bis an seine Grenzen geführt. Die Parks und Gärten der Stadt sind also Gestaltungen im verkleinerten Maßstab, die auf die gleiche Weise entstanden sind wie der Gesamtentwurf der großen, grenzenlosen Metropole.

In den einzelnen Bereichen des Stadtplans finden wir an den zentralen Punkten immer Grünräume Axial ausgerichtete Gärten rahmen die großen öffentlichen Gebäude. Hauptstraßen sind mit Grün geschmückt, und es gibt

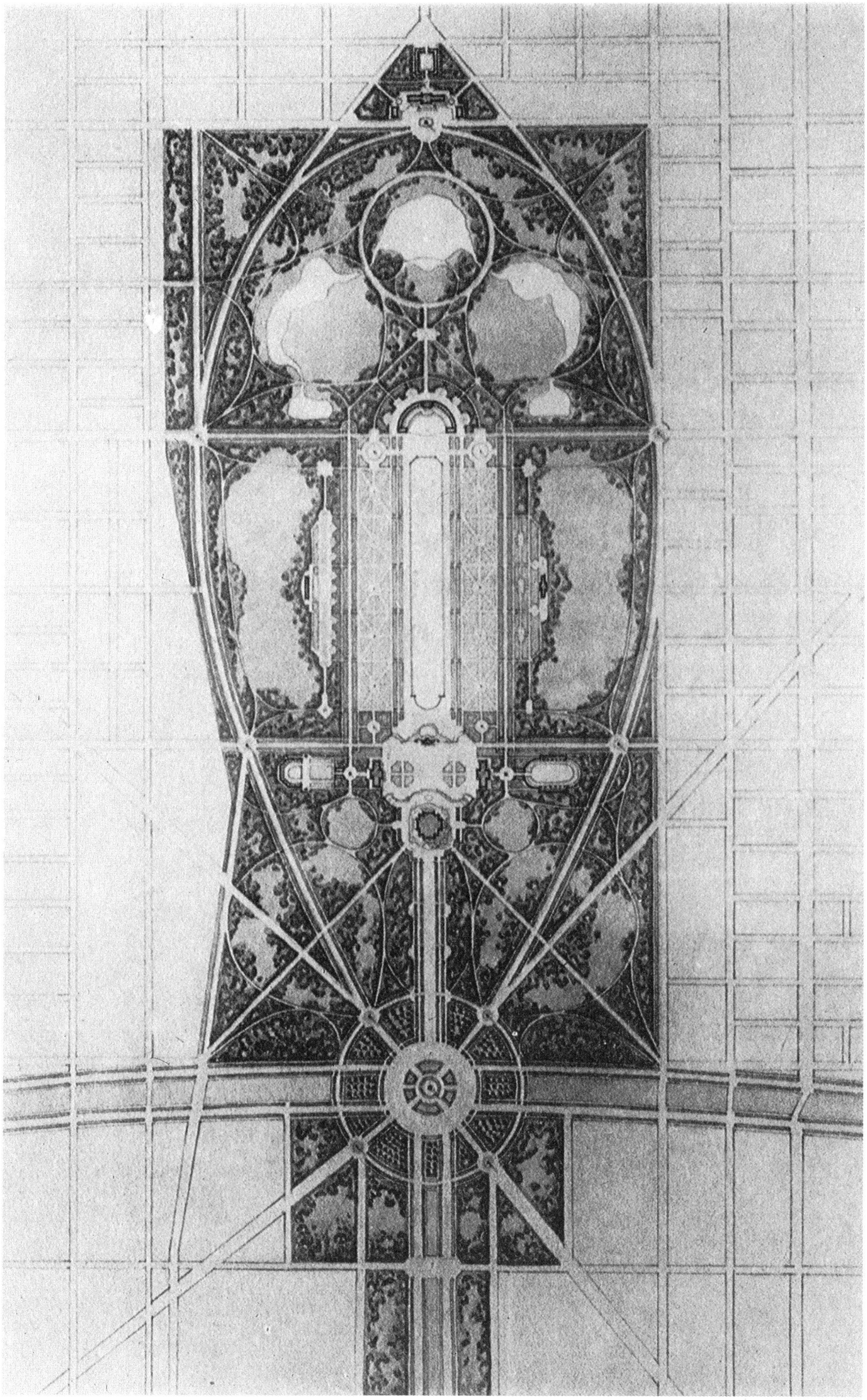

Entwurf für einen Stadtpark im Schnittpunkt der beiden wichtigsten innerstädtischen Ost-West-Achsen, der Congress Street und der 52. Avenue. Aus: Plan of Chicago, 1909, op. cit.

Jardin de Bagatelle im Bois de Boulogne, Paris. Die Pflanzenschausammlung und die Allée des Arceaux; im Hintergrund das Wohnhaus des Hauptgärtners. Photo Fulvio Ventura

Laubengangallee in den Gärten des Palais del Léon in Pedralves (Spanien). Aus: J. C. N. Forestier, Jardins. Carnet de plans et de dessins, Juli 1918

Die schwarze Eibe im Liebesgarten. Aus: André Véra, Les Jardins, 1919

Die Pokale im Liebesgarten. Aus: André Véra, Les Jardins, 1919

Park von Montjuich in Barcelona. Aus: J. N. C. Forestier, Jardins. Carnet de plans et de dessins, Oktober 1918

städtische Parks, die sowohl nach geometrischen wie auch nach landschaftsgestalterischen Gesichtspunkten angelegt sind.

Das Modell der »City Beautiful« – die als Park gestaltete Beaux-Arts-Stadt – erfährt in den ersten dreißig Jahren unseres Jahrhunderts seine weltweite Verbreitung. Denver, St. Louis, Madison, Cleveland, Rochester, insbesondere aber die neu gegliederten historischen Städte Amerikas wie Boston, Philadelphia, San Francisco und Washington/D.C. sind Beispiele für die Untrennbarkeit von Grünplanung und Stadtplanung. Der Entwurf der »Park Commission« aus dem Jahre 1901 und die Vorschläge von Cass Gilbert für die Anordnung von Gebäuden auf der Grundlage der Planung von L'Enfant sind Beispiele, die viele hundert Mal nicht nur in den großen Städten der Vereinigten Staaten aufgegriffen und nachgeahmt wurden, sondern auch in Sydney, Canberra, Manila, Guayana, Neu Dehli, Rabat, Saigon und vielen anderen mehr.

Die aus dem Beaux-Arts-Modell entwickelten gartenkünstlerischen Leitbilder für den städtischen Raum wurden zum stärksten Kontrollinstrument für das Phänomen Metropole. Als Le Corbusier versuchte, die moderne Großstadt als Verknüpfung von rationalistisch gestalteten Gebäuden und landschaftsgärtnerisch gestalteten Grünzonen darzustellen, war dies nichts anderes als ein erneuter Versuch, das in der scheinbar rigiden Sprache des Klassizismus entwickelte Modell neu zu formulieren – wenn auch mit anderen Mitteln. Folglich ist es nicht verwunderlich, daß das Beaux-Arts-System der Grünplanung zum ersten Organisationsinstrument der modernen Großstadt wurde.

Literatur

M. Boitard, *L'architecture des jardins*, Paris 1854
A. Alphand, *Les promenades de Paris*, 2 Bde., Paris 1863–1873
Ch. Blanc, *Grammaire des arts du dessin. Architecture. Sculpture. Peinture*, Paris 1867
W. André, *Traité général de la composition des parcs et jardins*, Paris 1879
J. Guadet, *Eléments et théorie de l'architecture*, 4 Bde., Paris 1901–1904
D.H. Burnham, *Plan of Chicago*, Chicago 1909
W. Hegemann, *Amerikanische Parkanlagen. Ein Parkbuch*, Berlin 1911
J.C.N. Forestier, *Jardins. Carnet des plans et des dessins*, Paris 1922
W. Hegemann, *Civic Art. An American Vitruvius*, New York 1922
G. Umbdenstock, *Cours d'architecture*, 2 Bde, Paris 1930
G. Gromort, *Essai sur la théorie de l'architecture*, Paris 1942
P. de Lagarde, *Cours d'architecture*, Paris 1954
A. Drexler, *The Architecture of the Ecole des Beaux-Arts*, New York 1977
F. Wanland, *Berlins Gärten und Parke*, Berlin 1979
D. Drew Egbert, *The Beaux-Arts Tradition in French Architecture*, Princeton 1980
R. Middleton, *The Beaux-Arts and 19th-Century French Architecture*, London 1982
Paris, Rome, Athénes. Le voyage en Gréce des architectes français au XIXéme et XXéme siécles, Paris 1982
Roma Antiqua. Forum, Colisée, Palatin, Rom 1985.

Die grüne Revolution: Leberecht Migge und die Gartenreform in Deutschland nach der Jahrhundertwende

Marco De Michelis

Hygienische und eugenische Fragen, Ernährung, Sport und Medizin gehörten bereits zu den Themen der deutschen Reformkulturen, als zu Beginn des 20. Jahrhunderts eine heftige Debatte um die Stadtparkreform entbrannte. Man kritisierte die Großstadt an sich und die trostlosen Mietskasernen, man suchte nach neuen Siedlungsformen – wie Kleinsiedlung, Laubenkolonie oder Gartenstadt –, um dadurch den Konflikt zwischen Stadt und Land zu überwinden, und man war auf der Suche nach einem »dritten Weg«, um die sozialen Gegensätze zwischen Kapitalismus und Sozialismus zu mildern. Ein »neuer Stil« sollte der modernen, produktiven und von der Maschine beherrschten Welt Form und Ausdruck verleihen.

Ludwig Lesser, der Gründer des Deutschen Volksparkbunds im Jahre 1913, beschrieb die Eigenschaften der neuen reformierten Parks wie folgt: »Sie dürfen nicht nur wie bisher zum Spaziergehen eingerichtet sein und nur einige kleinere oder größere Spielplätze enthalten, sondern sie müssen ihrem Zweck entsprechend vor allem große Spielwiesen haben, die für jedermann zugänglich sind. Dann werden sie ein Jungborn für das deutsche Volk.... Schattige Baumalleen müssen diese Spielwiesen umgeben, große Wasserflächen einladen. Das soll die Stätte werden für alle Schichten der Bevölkerung, dort soll der Ort sein, wo man einen Ausgleich finden kann gegen das sonstige Leben in der Häusermasse der Großstadt, einen Ausgleich gegen das ewige Hasten des alltäglichen Erwerbslebens.«[1]

Städtebau und Sozialhygiene bestimmten in den darauffolgenden Jahren die quantitative Zunahme städtischen Grüns. Der Gebrauchswert der Anlagen wurde untersucht in Hinblick auf ihre Ausmaße, ihre Zugänglichkeit, ihre Lage und die Qualität ihrer Einrichtungen.[2] Welch eine Form und Struktur moderne Parks annehmen sollten, wurde seit den ersten Entwürfen und Wettbewerben von Architekten und Gärtnern gemeinsam diskutiert und dabei die Tradition des Landschaftsgartens, die sich seit Lenné und durch den Einfluß der Königlichen Gärtnerlehranstalt in Potsdam in ganz Deutschland durchgesetzt hatte, immer mehr in Frage gestellt. Die Entstehung dieser ersten Entwürfe fiel zeitlich genau mit einigen wichtigen Daten der deutschen Reformbewegung zusammen, und auch bei den Protagonisten handelte es sich häufig um die gleichen Personen.

Im Jahre 1907 wurde der Deutsche Werkbund gegründet; im gleichen Jahr begann man mit dem Bau der ersten deutschen Gartenstadt, Hellerau. Wenige Jahre zuvor, 1904, hatte in Frankfurt der erste Kongreß zur Wohnungsreform stattgefunden, und in Dresden war der Deutsche Bund für Heimatschutz entstanden, dessen erste wichtige Aufgabe der Schutz der deutschen Landschaft sein sollte. Die beiden ersten Entwürfe für Volksparks im später von Lesser beschriebenen Sinne stammen aus dem Jahre 1906. Carl Heicke entwarf in Frankfurt am Main den Ostpark, ein großes dreieckiges Gelände, auf dem sich eine weite Rasenfläche, die rundherum durch hochstämmige Bäume abgeschirmt und isoliert war, befand, in deren Mitte sich ein Wasserbecken erhob. Die gewundenen Wege, die Baumgruppen auf den Wiesen oder am Rande der Wasserflächen sowie das Fehlen von größeren Baustrukturen deuteten noch auf die Kompositionsweise der Lennéschen Tradition hin. Aber die Einteilung des gesamten Parks in die drei Grundelemente Wasser, die große sonnige Wiese und die schattenspendenden Bäume gaben bereits jene Regel vor, die für die nachfolgenden Jahrzehnte gültig werden sollte.

Bei dem zweiten Entwurf handelte es sich um Lessers programmatisch betitelten »Park für Spiel und Sport« in Berlin-Frohnau. Die regelmäßigere Aufteilung dieses Beispiels und die fast durchgehend geometrischen Formen – die im übrigen ganz in Einklang standen mit den architektonischen Lösungen von Peter Behrens, Max Läuger und Joseph Maria Olbrich für die Düsseldorfer Ausstellung von 1904 – waren durch die größere Spezialisierung der Grünflächen, das heißt die Unterteilung in Felder für Leichtathletik, Polo und Tennis, gerechtfertigt.

Diesen ersten Versuchen folgten schon bald viele weitere, zum Beispiel der Berliner Schillerpark von Friedrich Bauer aus dem Jahre 1908 oder der Kölner Vorgebirgspark von Fritz Encke von 1909.[3]

Der Konflikt zwischen den Erben der »Landschafts«-Tradition und den Reformern, den Anhängern des »Neuen Stils« in der Architektur, erreichte seinen Höhepunkt anläßlich der Ereignisse um Wettbewerb und Realisierung des großen Hamburger Stadtparks, einer stattlichen Einrichtung von rund 180 Hektar, dessen endgültiger Entwurf – nach dem Wettbewerbsentscheid von 1908 – vom Leiter der städtischen Baubehörde, Fritz Schumacher, stammte.[4]

Die beiden zweiten Preise gingen jeweils an die Entwürfe von H. Foeth und den Gebrüdern Röthe, obwohl diese im Grunde nichts anderes versucht hatten, als jene im vergangenen Jahrhundert üblichen geschwungenen Linien in vereinfachter Weise wieder aufzugreifen. Max Läuger dagegen – er war Architekt und kein Landschaftsgärtner – schlug kompromißlos eine gerade Achse vor, welche die beiden architektonisch dominierenden Elemente, den von O. Menzel entworfenen Wasserturm und die Gastwirtschaft, miteinander verband. Zwischen diesen beiden Fixpunkten lagen ein künstlicher See, eine große rechteckige Wiese, ein Blumengarten sowie eine von hohen Bäumen und Büschen flankierte Allee, die zum Wasserturm führte. Spieleinrichtungen, Sportanlagen und kleinere Gebäude, wie eine Molkerei, vervollständigten das Programm des Parks. Dessen ausdrücklich architektonische Auslegung mußte zwangsläufig Erstaunen bei den Gartenarchitekten hervorrufen, da sie darin eine Rückkehr zum konstruierten französischen Garten und gleichzeitig die Ablehnung der Tradition des deutschen Gartens zu sehen glaubten. Das Neue an Läugers Vorschlag entging hingegen den Anhängern der Reformbewegung keineswegs, wie dem Direktor der Hamburger Kunsthalle, Alfred Lichtwark, oder Hermann Muthesius, Gründungsmitglied des Werkbunds, oder Ferdinand Avenarius, Herausgeber des »Kunstwarts« und gleichzeitig Wortführer des einflußreichen Dürerbundes. Auch auf Leberecht Migge, einen jungen Gartenarchitekten, verfehlte der Läugersche Entwurf seine Wirkung nicht, für den Migge auch sogar verbal mit grundsätzlichen Überlegungen zur Garten- und Parkreform eintrat.[5]

Migges Argumentation war typisch »modern«. Er ging von der Erkenntnis aus, daß die Zukunft des Hausgartens nunmehr unauflöslich mit den Ergebnissen des voranschreitenden Prozesses der Wohnungsreform verbunden sei. Denn in demselben Maße, wie das Einfamilienhaus zur Wohnung für die breiten Massen werde, erfordere auch der Garten selber eine radikale Reform. Das gleiche gelte für den Park, diesen »erweiterten Garten«, dessen Schicksal mit jenem der Großstadtreform identisch sei. Weiter führte Migge aus: »Der praktische Zweck eines Parkes, sein wirtschaftlicher Nutzwert ist Lustwandeln und Tummeln, ist Sonne und Schatten, gute Luft.... Der schönere Sinn des Parkes, sagen wir, sein idealer Zweck, ist Genuß der Vegetation, ist Freude am Leben, ist Wachsen – ist Schönheit. Er ist in seiner glücklichen Erfüllung

Luftbild des Stadtparks von Hamburg, 1932. Entwurf von Fritz Schumacher, 1909. Photo Vermessungsamt Hamburg

für uns unendlich wichtiger als jener. Im übrigen ist er identisch mit dem vollkommenen Ausdruck des praktischen Nutzzweckes.« Die ästhetische Erneuerung des Parkes falle also mit der Verwirklichung seines Reformprogramms zusammen; eine übersichtliche geometrische Anordnung könne die verschiedenen Einrichtungen am besten benutzbar machen und auch den hygienischen Nutzen betonen. Nach Migge tragen die Schönheit und die Vielfalt der Pflanzen nicht wesentlich dazu bei, einer stereotypen Landschaft ein Gesicht zu verleihen, sondern sind eher als Elemente eines harmonischen und modernen Ganzen zu verstehen, der Malerei von Gustav Klimt, Eduard Munch, Hans Thoma und der Architektur Josef Hoffmanns verpflichtet, so wie die Gärten des 18. Jahrhunderts den Landschaften von Watteau, Boucher und Claude Lorrain viel zu verdanken hatten. Die von Migge entworfenen Gärten – von 1904 bis 1913 war er Angestellter der Firma Ochs in Hamburg, danach arbeitete er als freischaffender Architekt – basierten in der Tat auf einem Konzept, das nicht nur das jeweilige Haus betraf, sondern auch Prinzipien wie Funktionalität und Bewohnbarkeit im Außenbereich einbezog. Im Freien entstand eine Art zweite Wohnung, die ebenfalls in durch Blumenbeete verschönerte Wohn-, Durchgangs- und Übergangsbereiche gegliedert war, Kinderspiel- und Sportflächen enthielt sowie Gemüse- und Obstanbau zur Sicherung der Ernährung der Familie. Migges Gestaltungselemente waren rigoros vegetabilisch, allein bestimmt durch den jeweiligen Zustand der Pflanzen und den harmonischen Wechsel ihrer Farbgebung. Die Anlage des Hausgartens war aber keineswegs eine Miniatur-Imitation einer idealen Landschaft als solche, vielmehr eine neue »moderne« Landschaft, die bewußt und entsprechend der zu befriedigenden Bedürfnisse sowie der verfügbaren technischen und künstlerischen Mittel gestaltet wurde.[6] In diesem Sinne erscheint die Perspektive, aus der Migge die moderne Stadt betrachtete, indem er die Reform städtischen Grüns mit derjenigen der Großstadt verband, außerordentlich eigenständig. Bereits im Jahre 1913[7] verkündete er, das Gejammere über die Großstadt werde vollkommen überflüssig gemacht durch die Tatsache an sich, daß die große Stadt existierte und daß gerade ihre Existenz mit allen Übeln, die von ihr ausgingen, »Gärten produziere«. Die Gärten könnten nämlich den ungesunden Effekten entgegenarbeiten, die vom Häusermeer der Stadt verursacht würden. »Die Großstadt braucht Gärten notwendig, und ich glaube auch, daß sie die Kraft und die Neigung hat, aus reiner *Freude* an Gärten solche zu schaffen. Schafft Gärten!«

Die Kleingärten und die Schrebergartenkolonien, welche die noch unbebauten Ränder der Großstadt besetzten, waren für Migge der entscheidende Beweis dafür, daß »die Großstadt eine Mutter von Gärten« sei, den »Ehrenkränzen« der Stadt.

Dimensionen zwischen 200 und 500 m^2 seien das vernünftige Maß für den Hausgarten. Die Anlage dieser Gärten in Quartieren mit bescheidenen Einrichtungen für Kinderspiel und Gemeinschaftsleben führten zu einer Siedlungsstruktur, welche die Form der neuen Wohngebiete wie auch die der künftigen Stadtparks beeinflußte.«[8]

Die städtische Sozialpolitik der zwanziger Jahre hat diesen Zusammenhang der Entstehung von Volkspark und Schrebergartenkolonien durch zahlreiche Realisierungen im nachhinein bestätigt. Beispiele dafür sind der Volkspark Rehberge von Edwin Barth aus dem Jahre 1927 oder der von Hensel 1923 errichtete Park auf dem Nürnberger Zeppelinfeld und nicht zuletzt die ständigen Kleingartenkolonien des Frankfurter Gartendirektors Max Bromme.

Stadion im Stadtpark von Frankfurt/M. Ansicht des Festplatzes von M. Bromme, 1923

Entwurf für einen Ehrenfriedhof der Marine in Wilhelmshaven von L. Migge, 1916

Entwurf für einen Jugendpark in Berlin von L. Migge und M. Wagner, 1916. Grundriß und Ansichten der wichtigsten Einrichtungen: Eingangszone, Sprunggarten und „Krieger-Siedlung", Wehrgarten, Spielgarten, Festgarten, Naturtheater

Die Stadt der glücklichen Menschen, Entwurf von H. Maaß, 1992

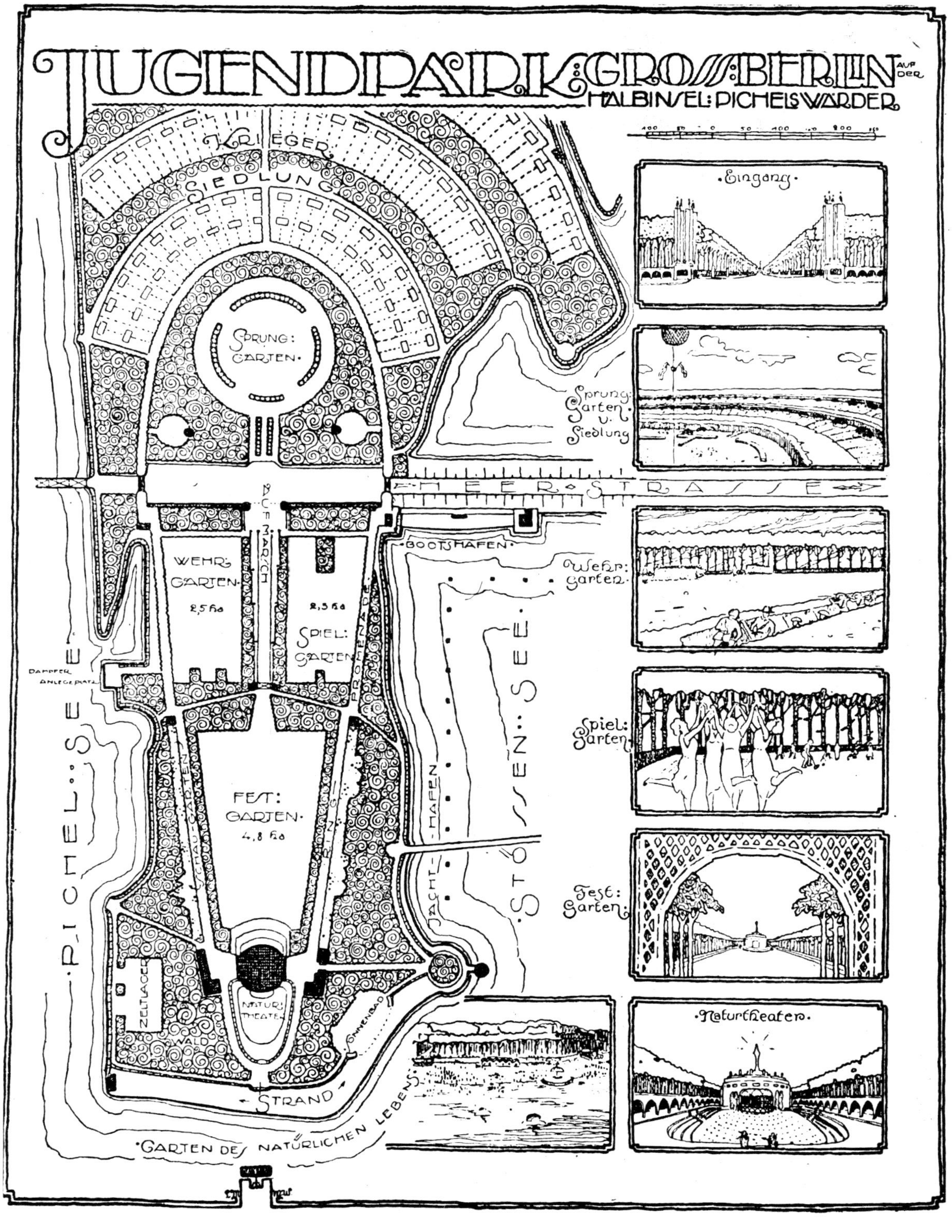

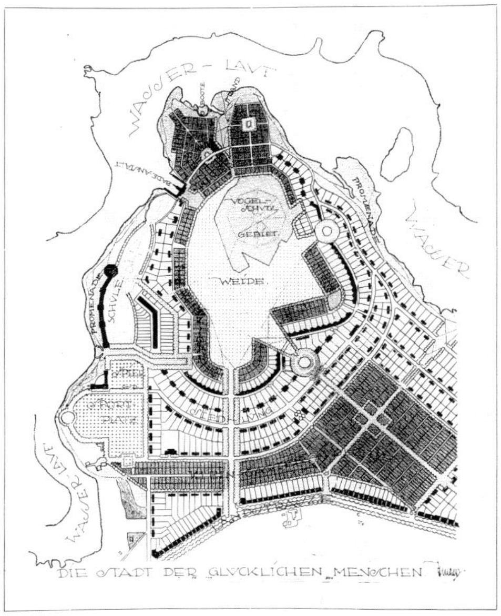

Grundriß des Volksparks Rehberge in Berlin-Wedding von E. Barth, nach einem Entwurf von R. Germer, 1927

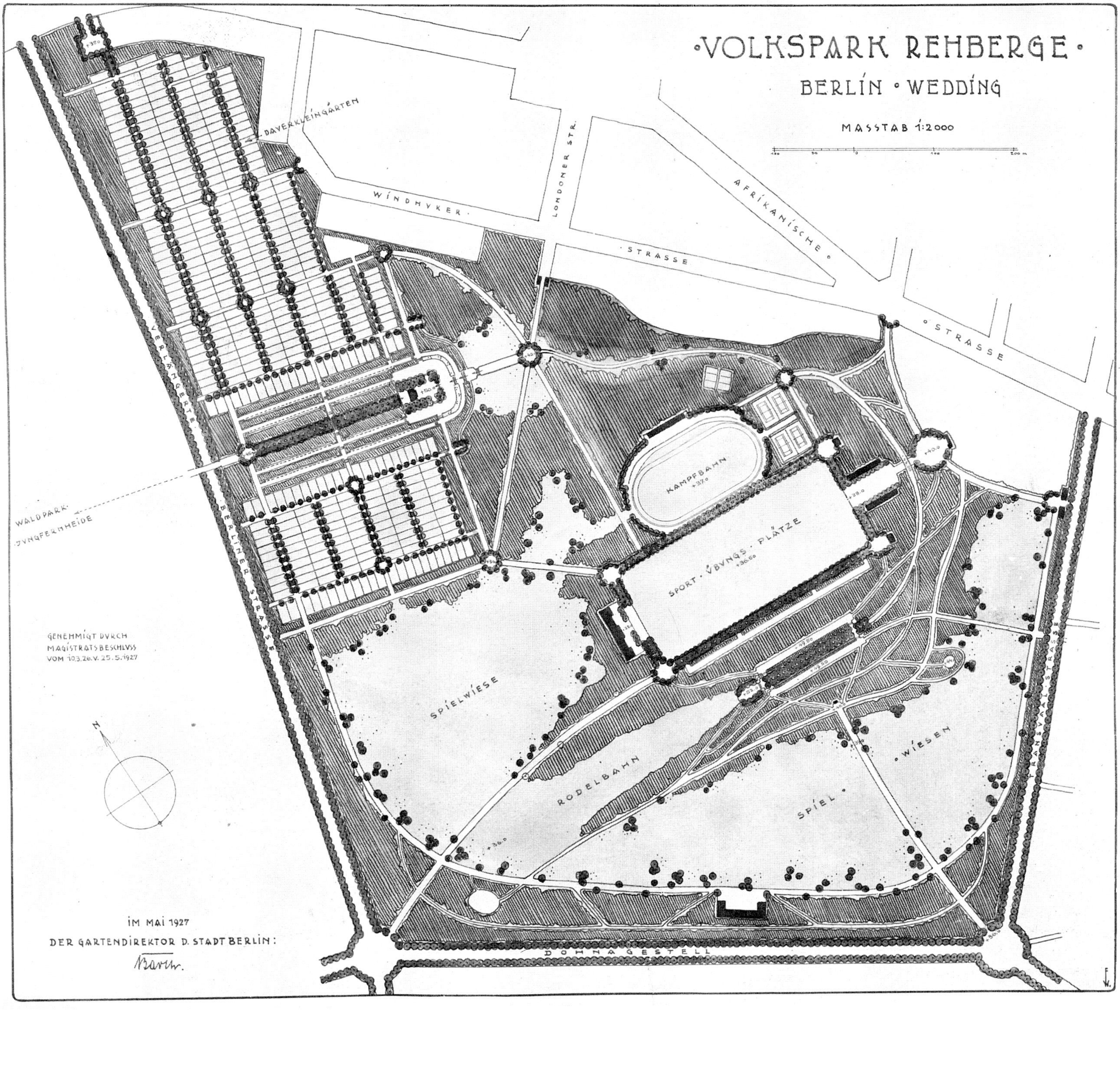

Ansicht des Volksparks Rehberge in Berlin-Wedding

Grundriß der „Kleingarten-Stadt" Südgelände in Berlin-Schöneberg von L. Migge, 1920. Das dichte Netz der Kleingärten ist durchsetzt mit Gemeinschaftseinrichtungen: Kompostieranlagen, Schuppen („für Bedarfsartikel"), Sportplätze, Sonnen- und Luftbäder, Tennisplätze, Genossenschaftsgärten und Volkshaus

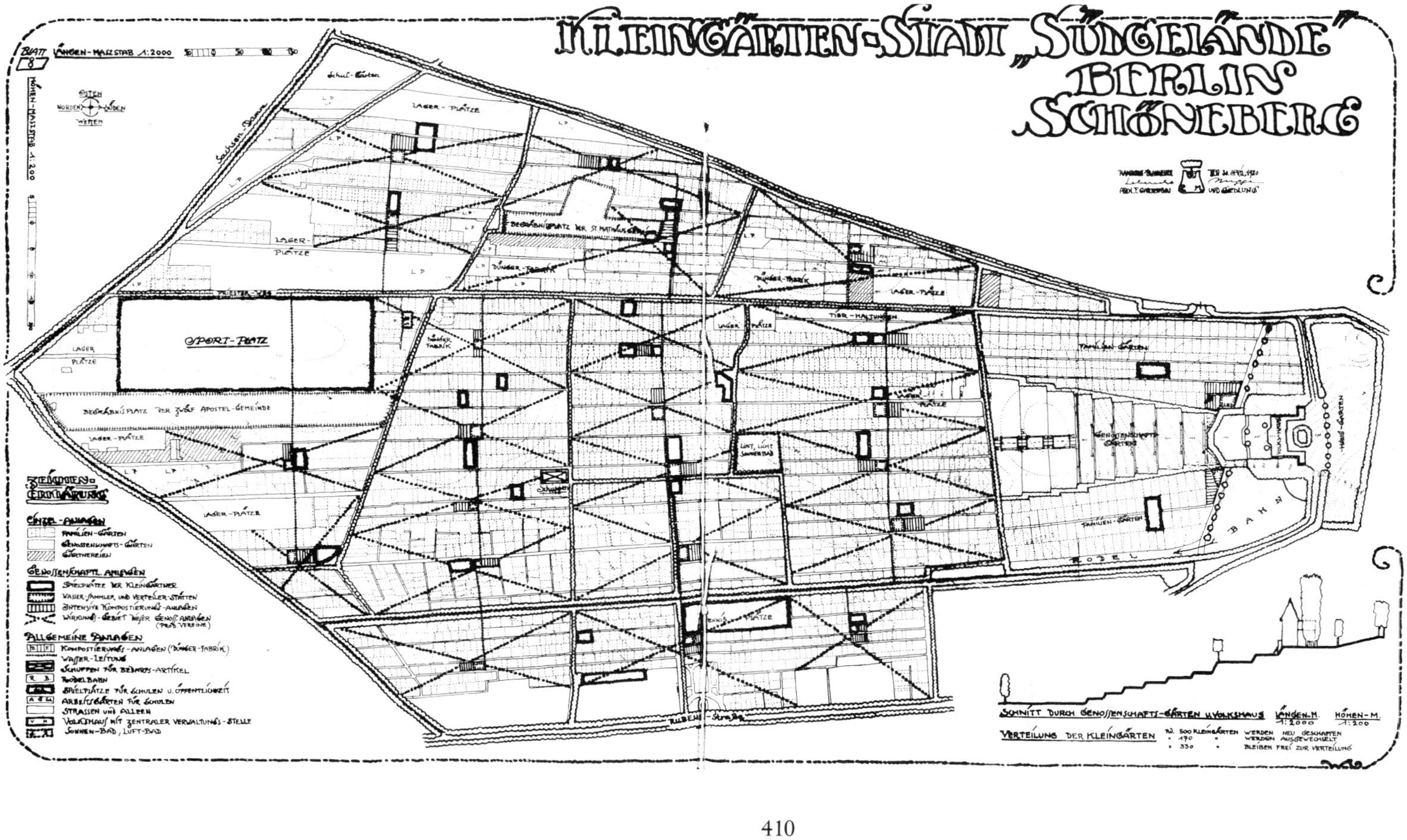

„Natürliche Architektur" in der „Kleingarten-Stadt" Südgelände in Berlin-Schöneberg, von L. Migge, 1920. Von oben nach unten: Bank-Werkzeugkasten; Grube für Sämereien und Werkzeuge mit erhöhter Laube als Ruhesitz im Schatten; Aufrißskizze eines im Bau befindlichen Hauses, bei dem gerade das Obergeschoß aufgesetzt wird; dasselbe Haus im Endzustand: die geneigten Außenwände bestehen, wie bei Gewächshäusern, aus Glaselementen

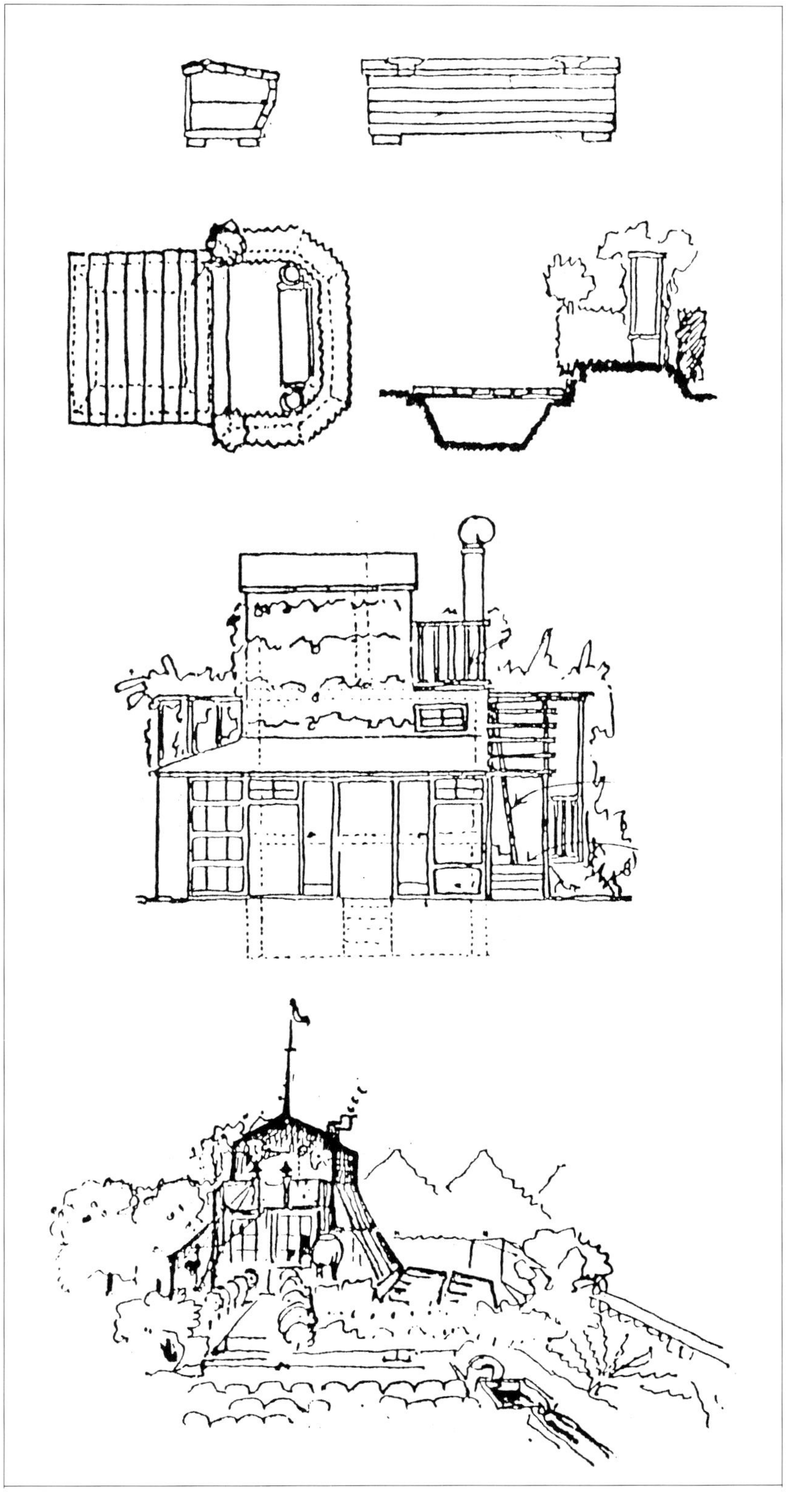

Die Kriegsjahre führten zu einer Ausbreitung des Miggeschen Gedankens, ließen ihn fast zu einer allgemeingültigen Reform werden: der Garten als absolutes Heilmittel der modernen Zivilisation. Übrigens war es gerade jene durch den Krieg ausgelöste Hoffnung auf Reformen, auf das künftige »Neue, Junge und Lebendige«, das die deutschen Intellektuellen einte.

Zwischen 1915 und 1916 entwarf Migge zwei große Soldatenfriedhöfe in Wilhelmshaven und in Brüssel[9], und, wobei er den Bau von monumentalen Gefallenendenkmälern einbeziehen mußte, mußte er, wie schon bei den Parkanlagen, auf jegliche Künstlichkeit, jegliche pathetische Übertreibung verzichten. Jede Grabstätte war ganz einfach ein blühendes Beet, und gemeinsam – so schrieb Migge – »werden sie zu einem Garten«. Der Farbwechsel der unterschiedlich blühenden Bereiche ließ durch die Jahreszeiten hindurch stets neue Farbtonalitäten entstehen. Der bekannte Kritiker Adolf Behne bewunderte diesen Verzicht auf oberflächliche Monumentalität, aber auch die Geschicklichkeit, mit der Migge sein ausschließlich pflanzliches Baumaterial zu nutzen wußte: »Mit schweren Formen zu arbeiten, ist leicht, mit leichten Formen zu arbeiten, ist schwer.«

In zahlreichen anderen, während der Kriegsjahre entstandenen Projekten bildeten Gefallenendenkmal und Garten eine Einheit. Bruno Taut entwarf »Totengärten«, die von gläsernen Arkaden umgeben waren und in denen die Leichen der Gefallenen den natürlichen Dünger für die Erde liefern sollten.[10] Ähnliches beabsichtigte die einflußreiche, von Willi Lange ins Leben gerufene Bewegung zur Errichtung von Heldenhainen in jeder deutschen Stadt: Für jeden gefallenen Soldaten sollte eine Eiche gepflanzt werden.[11]

Gemeinsam mit Martin Wagner, dem späteren Berliner Stadtbaurat, mit dem er bereits seit der Zusammenarbeit für den Volkspark von Rüstringen verbunden war, schlug Migge 1916 vor, Kriegergedenkstätten in Form von »Jugendparks« zu errichten.[12] Die reformerische und gesundheitspolitische Aufgabe des Stadtparks hätte in diesem Entwurf ihre vollkommene Verwirklichung finden können. Alle gesundheitsfördernden Aktivitäten, die Migge bereits seit 1913 propagiert hatte[13] – Bewegung in frischer Luft, Sport und Gymnastik, Spiel und Tanz, Schwimmen und Badevergnügen (natürlich ohne Alkoholausschank) – erhielten in diesen Jugendparks die »patriotische und nationale« Bedeutung, die junge Generation für die gleichen Prinzipien zu begeistern, für welche die an der Front Gefallenen ihr Leben geopfert hatten. Das Volksparkprogramm aus der Vorkriegszeit wurde beim Entwurf für den Berliner Jugendpark noch erweitert: Eine große zentrale Achse für Aufmärsche und Paraden, eine Wiese für militärische Übungen, ein Freilichttheater, ein Zeltlager am Seeufer und, am Südrand gelegen, eine hufeisenförmige Wohnsiedlung für Kriegsheimkehrer kamen nun hinzu. So wurde einerseits denen Anerkennung zuteil, die für das Vaterland gekämpft hatten, andererseits aber auch die Vereinigung von Park und Siedlung innerhalb der reformierten Stadt praktiziert.

In den letzten Kriegsjahren gingen Migges Überlegungen zur Gartenreform deutlich über die konsolidierten gesundheitsorientierten und moralisierenden Werte hinaus. Sie wurden zum Schwerpunkt für ein Projekt zur allgemeinen Wirtschaftsreform der deutschen Gesellschaft. Mit diesem Themenkreis beschäftigte er sich von nun an bis ans Ende seines Lebens. Ausgangspunkt war wiederum der Schrebergarten mit seinen produktiven Möglichkeiten zur Ernährung der Familie. Migges Parole lautete: »Jedermann Selbstversorger!«[14] Dem für das neue Ziel vernünftig angelegten und sorgfäl-

Der hufeisenförmige Platz der Siedlung Britz in Berlin, 1928. Photo Landesbildstelle Berlin

tig dimensionierten Hausgarten kam die wichtige Aufgabe zu, die Lebensmittelautarkie der Kleinfamilie zu sichern. Diesem Vorschlag entsprachen auch die Theorien der Vegetarier, die unaufhörlich die wirtschaftliche Absurdität des im folgenden dargestellten komplizierten Produktionsablaufs kritisierten: Die Erzeugnisse der Erde sind zur Ernährung der Tiere bestimmt, diese wiederum zur Ernährung der Menschen. Sie empfahlen aus diesem Grunde den wesentlich einfacheren und direkteren Weg der Selbstversorgung mittels einer vegetarischen Diät. Auch die bereits gegen Ende des 19. Jahrhunderts von der Bodenreformbewegung aufgeworfenen Fragen, als man von einer allgemeinen Kolonisation deutschen Bodens durch kleine landwirtschaftliche Familienbetriebe geträumt hatte, finden sich bei Migge wieder. Nicht zuletzt gilt es zu bedenken, daß bestimmte Auffassungen angesichts der schwierigen Versorgungslage in den Kriegsjahren einfach eine Notwendigkeit waren. Das Neue in Migges Ansätzen bestand darin, daß er eine Stadtreform anstrebte und dabei vom Garten und dessen Bebauung ausging. Die Großstadt wurde mehr denn je zur »Mutter der Gärten«, der Moment war gekommen, daß sie sich aus der Abhängigkeit vom Land befreite, jener ungesunden Bindung, an der die Theoretiker des Sozialdarwinismus und die Eugeniker bereits Kritik gübt hatten. Es war der Krieg, der solche Fragen wieder aufkommen ließ. Eine »Rückkehr zur Natur« schien, zumindest eine kurze Zeit lang, die einzige Überlebenschance für Deutschland im Elend zu bieten und gleichzeitig auch die Sühnelösung für jene Fabrik- und Maschinenzivilisation zu sein, welche den Krieg verursacht hatte.

Unter dem Pseudonym »Spartakus in Grün« veröffentlichte Migge in »Die Tat« sein *Grünes Manifest*[15], in dem er die Rückkehr zur Natur als die »Generalidee des 20. Jahrhunderts« bezeichnete und im Lande das Mittel zur Genesung der Stadt, zu ihrer Umgestaltung in ein neues Stadtland sah. »Die Städte sollen ihr eigenes Land umarmen. Hunderttausend Hektar liegen brach: Bauland, Kasernenland, Straßenland, Oedland. Man lege Hand darauf. Man pflanze: Öffentliche Gärten – für die stadtgebundene Jugend. Man pflanze: Pachtgärten – für die stadtgebundenen Häusler. Man pflanze Siedlungen – für die stadtgebundenen Arbeiter.«

Von Martin Wagner beauftragt, der damals noch Stadtbaurat des Berliner Stadtteils Schöneberg war, entwarf Migge die Gärten für die Siedlung Lindenhof, und zwar nicht nur die der kleinen Einfamlienreihenhäuser, sondern auch die aus dem häuslichen Bereich gelösten Gärten der mehrgeschossigen Gebäude. Eine weitere von Migge geplante, aber nie verwirklichte große Siedlung im Schöneberger Südgelände wurde zum Beispiel dafür, wie eine Kleingartenkolonie sich allmählich in Stadt verwandeln könne, wenn sie nur den gleichen Rhythmen und Gesetzen wie bei der Bodenarbeit folge.[16] »Es gibt nur ein natürliches Bauen«, schrieb Migge, »mit Hilfe des Bodenertrags, durch den örtlichen Baustoff und vom Bauherrn selbst.... Jedermann sein eigener Baumeister – das ist, im weitesten Sinne genommen, der tragende Gedanke für eine Lösung des zeitgenössischen Siedlungsproblems.« Die Gartenstadt Migges sollte also in aufeinanderfolgenden und durch die Bodenbearbeitung geregelten Phasen entstehen: Zunächst sei eine Grube notwendig, um Geräte und Saatgut unterzubringen, danach eine durch eine leichte Pergola geschützte Bank, eine Schicksalszuflucht, aus der Erde ausgehoben, wie man es in langen Jahren an der Front gelernt hatte, und schließlich eine Hütte, die sich nach und nach in ein Haus verwandelte. Das gleiche sollte mit dem Garten geschehen, der sich, den immer spezialisierteren Funktionen

„Das grüne Hufeisen" von L. Migge, 1926, in der von B. Taut und M. Wagner erbauten Siedlung Britz in Berlin. Um einen Teich in der Mitte liegt eine Gemeinschaftswiese, die von terrassierten Gärten eingefaßt ist

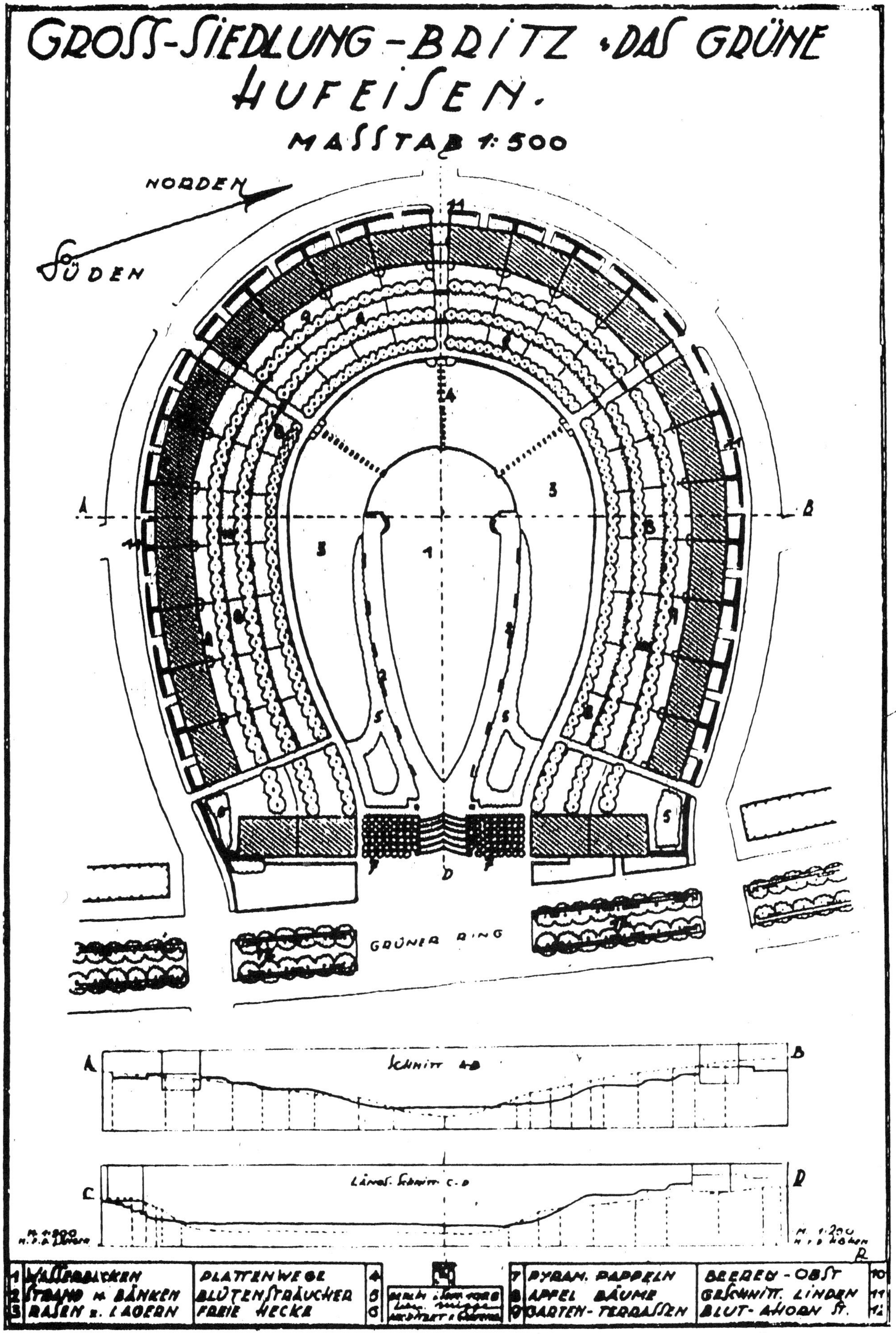

Grundriß der Gärten von L. Migge, 1927, in der von Ernst May entworfenen Römerstadt in Frankfurt/M.

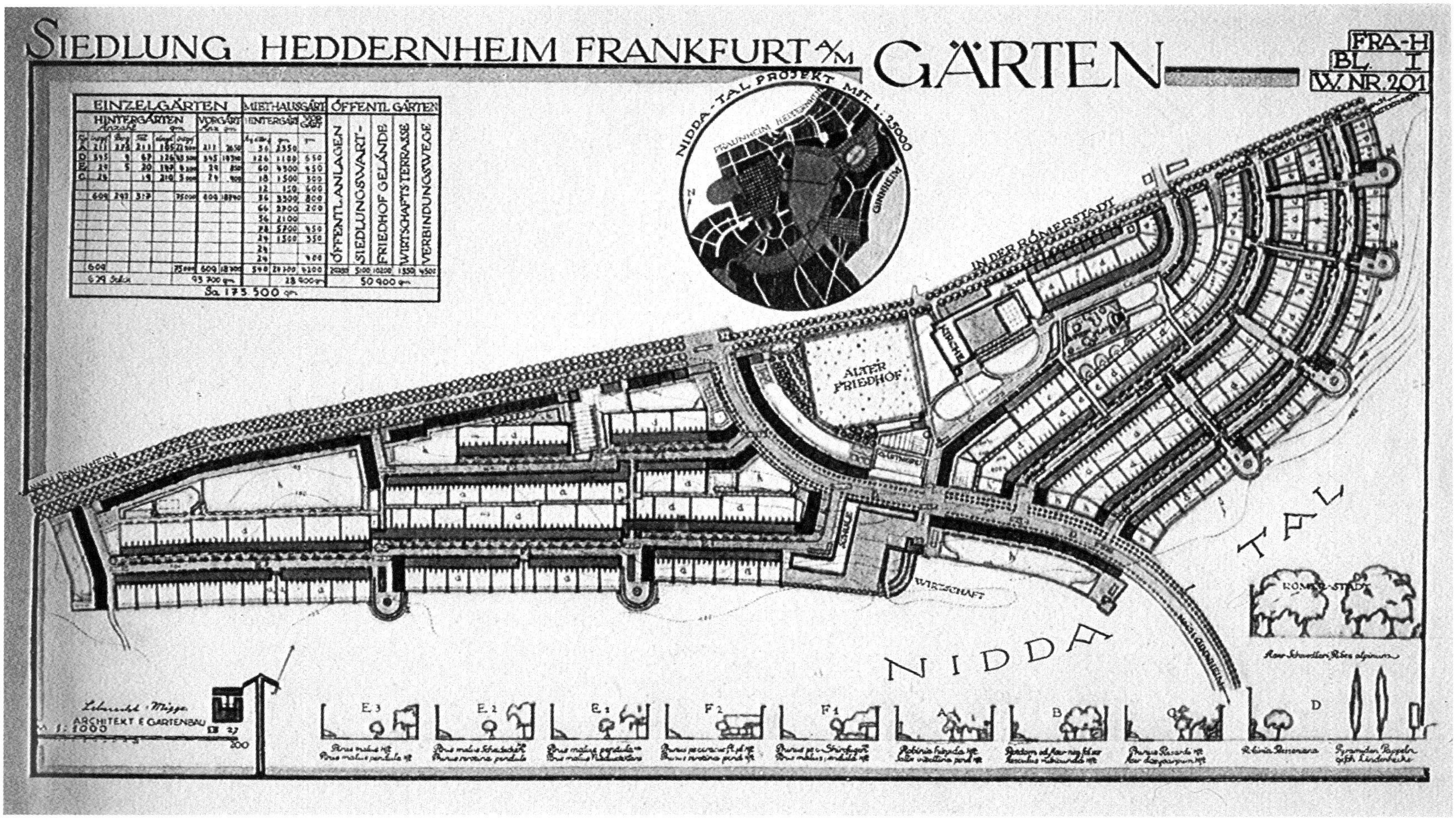

Kleingartenkolonie in der Römerstadt in Frankfurt/M. Photo Gartenamt Frankfurt/M.

Modell eines Musterhauses für einen „Genossenschaftssiedler" von L. Migge. Der Entwurf für das Wohnhaus stammt von Leopold Fischer. Um 1926

entsprechend, wie folgt aufteilte: eine Werkstatt im Freien, Pflanzenkulturen, gläserne Gewächshäuser an den Außenwänden des Hauses, um auch dessen Wärmeisolierung zu verbessern, und schließlich Kinderspielplätze.

Noch im Jahre 1920 gründeten Migge und Martin Wagner die »Stadtland-Kulturgesellschaft Groß-Hamburg und Groß-Berlin« mit dem Ziel einer neuen Siedlungspolitik, die zehn Millionen Städter dazu bringen sollte, die eigene Stadt zu kolonisieren, indem sie sie in Gärten und kleine Einfamiliensiedlungen umwandelten.[17] Derartige Aufrufe zu einem apokalyptischen Neuanfang waren im Nachkriegsdeutschland keine Besonderheit. Beiträge zum Thema konnte man in der Monatszeitschrift der sozialistischen Revisionisten, *Sozialistisches Monatsheft*, nachlesen oder in *Die Hilfe*, dem Organ des Sozialnationalen Friedrich Naumann.[18] Auf den Seiten der *Neuen Hamburger Zeitung* begann Migge eine Auseinandersetzung mit Walther Rathenau[19], in der er dessen »städtischer Kultur« eine mögliche Zukunft in einer neuen »Landkultur« und im »Stadtland« gegenüberstellte. Die von Rathenau vorgeschlagene Überwindung der traditionellen Trennung von intellektueller Arbeit und solcher von Hand sei laut Migge noch lange nicht abzusehen, bisher hieße es lediglich, sich mit der Erringung der Selbstversorgung zu begnügen, welche die Voraussetzung sei für das »Ende aller Kriege, Daseinskämpfe und Streitigkeiten unter den Menschen«. Die in Rathenaus Antwort gezeigte Skepsis habe ihren alleinigen Grund in einer traditionellen Auffassung der Landschaft, ohne die Kenntnis von den neuesten Techniken zur Produktionssteigerung.

Der Garten als Experimentierfeld für neue Anbautechniken wurde zum Thema der gesamten Miggeschen Forschung. Dieser Aufgabe hatte er 1920 in der Künstlerkolonie Worpswede, wo gleichzeitig der Maler Heinrich Vogeler das Experiment einer kommunistischen Siedlung ins Leben rief, seine Siedlerschule gewidmet. 1924 gründete Migge in Schlesien, gemeinsam mit Ernst May, dem späteren Baudezernenten der Stadt Frankfurt, eine Gesellschaft mit dem Namen »Niederschlesische Gartenfürsorge«.[20] Von 1923 bis 1927 gab er sogar eine eigene Zeitschrift, die *Siedlungs-Wirtschaft* heraus, in der regelmäßig über seine Forschungen und Experimente berichtet wurde.[21] Daß die Suche nach der Zusammenführung von Wohn- und Garten-Architektur nach und nach auch alle großen Meister der Moderne ergriffen hatte – Adolf Loos, Bruno Taut, Otto Haesler oder Ernst May –, läßt sich an Migges Entwürfen für die Gärten der bekanntesten damaligen Wohnsiedlungen in Berlin und Frankfurt am Main ablesen.

Die Pläne von 1928[22] zur Umwandlung Frankfurts in einen großen Kolonialpark oder der Entwurf zur Umsiedlung von einer Million Berliner Bürger in Selbstversorger-Siedlungen von 1932[23] zeugen von den extremsten, aber auch konsequentesten Bemühungen, die sozialhygienischen Ziele der deutschen Grünflächenpolitik zugunsten einer produktiven »Revolution« zu überwinden, die sich leicht, mitten im Herzen der Großstadt von den Tausenden kleiner Gärten aus hätte verbreiten können. Nur wenige Jahre trennten Migge nun noch von dem Ende seines Lebens. Vereinsamt und als Gegner des neuen Nazi-Regimes starb er im Jahre 1935.

Anmerkungen

1 »Die Volksparks der Zukunft« (Vortrag von L. Lesser), in: *Der Städtebau*, IX, 1912, S. 60. Vgl. W. Richard, *Vom Naturideal zum Kulturideal. Ideologie und Praxis der Gartenkunst im deutschen Kaiserreich*, Berlin 1984.
2 Besonders wichtig hierzu M. Wagners Dissertation, *Das Sanitäre Grün der Städte. Ein Beitrag zur Freiflächentheorie*, Berlin 1915. Zu Wagner vgl. L. Scarpa, »Quantificare il verde. Gli standard della felicità nella Berlino socialdemocratica«, in: *Lotus International*, 1981, 30, S. 119–122.
3 Innerhalb der reichhaltigen Bibliographie sei außer auf den bereits zitierten Band W. Richards besonders hingewiesen auf L. Lesser, *Volksparks heute und morgen*, Berlin-Zehlendorf 1927; H. Wiegand, *Entwicklung des Stadtgrüns in Deutschland zwischen 1890 und 1925 am Beispiel der Arbeiten Fritz Enckes*, Berlin–Hannover, 1975; *Stadtgrün*, hrsg. V. Hampf-Heinrich, G. Peschken, Berlin 1985; D. Hennebo, »Der deutsche Stadtpark im 19. Jahrhundert«, in: *Gartenamt*, 1971, 8, S. 382ff.; L. Maass, »Rarchi per il popolo in Germania«, in: *Lotus International*, 1982, 30, S. 123–128.
4 F. Schumacher, *Ein Volkspark*, München 1928; M. Goecke, *Stadtparkanlagen im Industriezeitalter. Das Beispiel Hamburg*, Berlin-Hannover 1981; A. Venier, »Il latte, il prato, l'acqua, il mattone. Storia dello Stadtpark di Amburgo«, in: *Lotus International*, 1981, 30, S. 98–103.
5 L. Migge, »Der Hamburger Stadtpark, Läuger und Einiges«, in: *Die Raumkunst*, 17, 1908, S. 257–267; L. Migge, *Der Hamburger Stadtpark und die Neuzeit*, Hamburg 1909.
6 Zu Migge vgl. Inge Meta Hülbusch, »Jedermann Selbstversorger – Das koloniale Grün Leberecht Migges«, in: Lucius Burckhardt (Hrsg.), *Der Werkbund in Deutschland, Österreich und der Schweiz*, Stuttgart 1978, S. 66–71; M. De Michelis, »Il verde e il rosso. Parco e città, Germania di Weimar«, in: *Lotus International*, 1981, 30, S. 104–117; *Leberecht Migge. 1881–1935. Gartenkultur des 20. Jahrhunderts*, Worpswerde 1981.
7 L. Migge, *Die Gartenkultur des 20. Jahrhunderts*, Jena 1913, S. 6ff.
8 Migge war nicht der einzige, der Schrebergarten und Stadtparkreform miteinander verband. Im gleichen Jahr, 1913, veröffentlichte auch Harry Maass, ein Lübecker Gartenarchitekt, das Bändchen *Der deutsche Volkspark der Zukunft*, Frankfurt/Oder 1913, mit einer ähnlichen These.
9 L. Migge, »Der deutsche Ehrenfriedhof zu Brüssel-Evere«, in: *Der Städtebau*, XIII (1916), 8–9, S. 83–85 u. Taf. 48–50; »Der Ehrengarten der deutschen Marine zu Wilhelmshaven. Der deutsche Kriegerfriedhof zu Brüssel-Evere«, in: *Die Bauwelt*, 1916, 28, S. 9–14; Adolf Behne, »Zu den Soldatenfriedhöfen Leberecht Migges in Brüssel-Evere und Wilhelmshaven«, in: *Bau-Rundschau*, 1916, 44–47, S. 193–207; M. De Michelis, »Riforma del monumento, riforma della città. Il dibattito degli architetti tedeschi negli anni della Grande Guerra«, in: D. Leoni, C. Zadra (Hrsg.), *La grande guerra. Esperienza, memoria, immagini*, Bologna 1986, S. 671–684.
10 Bruno Taut, »Die Vererdung. Zum Problem des Totenkults«, in: *Die Tat*, VIII (1917), 10, S. 917–922.
11 W. Lange, *Deutsche Heldenhaine*, Leipzig 1915.
12 Aus den zahlreichen Artikeln zu diesem Vorschlag vgl. L. Migge, »Geistesschutzpark oder Jugendpark?«, in: *Die Tat*, VIII (1916–1917), 9, S. 869–870; L. Migge, »Jugendparks als Kriegerdank«, in: *Der Kunstwart*, 1917, 6, S. 188–191.
13 L. Migge, *Die Gartenkultur des 20. Jahrhunderts*, op. cit., S. 24–25.
14 So lautet der Titel eines Büchleins, das Migge im Jahre 1918 veröffentlicht, *Jedermann Selbstversorger. Eine Lösung der Siedlungsfrage durch neuen Gartenbau*, Jena 1918. Vgl. auch ders., *Laubenkolonien und Kleingärten*, München 1917.
15 Spartakus in Grün, »Das grüne Manifest«, in: *Die Tat*, X (1918–1919), 12, S. 912–919.
16 L. Migge, »Die Kleingartenstadt ›Südgelände‹ zu Berlin-Schöneberg«, in: *Sitzungsbericht des Arbeitsausschusses für sparsame Bauweise*, II (1920), 5, S. 143–148; ders., »Natürliche Architektur (Etappenbauweise)«, in: *Heim und Scholle*, VI (1921), 2, S. 17–20.
17 L. Migge, »Mehr Land, mehr fruchtbares Land! Zur Gründung der Stadtland-Kulturgesellschaft Groß-Hamburg und Groß-Berlin«, in: *Haus Wohnung Garten*, 1920, 20, S. 253–254, 21, S. 265–266; Martin Wagner, »Der Wiederaufbau der Wirtschaft als Bau- und Siedlungsproblem«, in: *Schlesisches Heim*, 1921, 5, S. 138–142.
18 Martin Mächler, »Das Siedlungsproblem«, in: *Sozialistische Monatshefte*, XXVII (1921), 4, S. 182–187; ders., *Wie ist das Siedlungsproblem zu lösen?*, ebd., 5/6, S. 222–227; Franz Landwehr, »Siedlungswesen und Revolution«, in: *Die Hilfe*, 1919, S. 61–62; Wilhelm Heilig, *Erreichbares der Gegenwart im Siedlerwerke*, ebd., 31, S. 408–409.
19 L. Migge, »Offener Brief an Herrn Walther Rathenau«, in: *Neue Hamburger Zeitung*, 11. 12. 1919, 630; *Stadt und Land, Ein Briefwechsel zwischen Walther Rathenau und Leberecht Migge*, ebd., 8. 1. 1920, 13.
20 Ernst May, L. Migge, »Niederschlesische Gartenfürsorge m.b.H.«, in: *Schlesisches Heim*, 1924, 8, S. 244–245.
21 Im Verlauf der zwanziger Jahre erschienen zwei weitere Bücher Migges, *Deutsche Birnen-Kolonisation*, Berlin 1926, und *Die wachsende Siedlung*, Stuttgart 1932.
22 L. Migge, *Grünpolitik der Stadt Frankfurt a.M.*, unveröffentlichtes Manuskript, 1929; derselbe, »Grünpolitik der Stadt Frankfurt am Main«, in: *Der Städtebau*, 1929, 2, S. 37–47.
23 L. Migge, Max Schemel, *Eine Weltstadt kolonierisert. Berlin versorgt sich selbst! Eine Million Berliner siedeln aus!*, unveröffentlichtes Manuskript, 1932.

Der Park von Klein-Glienicke in Berlin

Klaus von Krosigk

Blick vom Park Babelsberg über die Havel auf Schloß Klein-Glienicke und die Kleine Neugierde. Um 1835. Photo Senator für Arbeit und Soziales, Berlin, KPM-Archiv

Casino Klein-Glienicke mit Glienicker Brücke, um 1850. Aus: H. Günther, Peter Joseph Lenné – Gärten / Parke / Landschaften, Stuttgart 1985

Die Glienicker Anlagen, in der Havellandschaft im äußersten Südwesten Berlins gelegen, gehören traditionell zum Potsdamer Kulturraum, einem bau-, kunst- und kulturgeschichtlichen Ensemble von gestalteter Landschaft, Parkanlagen und historisch geprägtem Stadtbild mit europäischer Bedeutung. In der ersten Hälfte des 19. Jahrhunderts in mehreren Abschnitten entstanden, stellt Glienicke in seiner Einheit von Architektur und Garten ein herausragendes, den Geist des Berliner Klassizismus und der Romantik widerspiegelndes Gesamtkunstwerk dar. Seit 1814 im Besitz des preußischen Staatskanzlers Karl August Fürst von Hardenberg, ging das Anwesen im Jahre 1824 in das Eigentum des Prinzen Carl von Preußen, Sohn König Friedrich Wilhelms III. und der Königin Luise über, der es bis zu seinem Tode im Jahre 1883 als Sommersitz bewohnte und hier einen großen Teil seiner Antikensammlung zusammentrug. Sein ausgeprägtes Kunstverständnis vermochte so bedeutende Architekten wie Karl Friedrich Schinkel und dessen Schüler Ludwig Persius und Ferdinand von Arnim sowie die bekanntesten Gartenkünstler der Zeit, Peter Joseph Lenné und Hermann Fürst von Pückler-Muskau, an Glienicke zu binden.

Schon im Herbst 1816 legte Lenné, kurz nach seiner Anstellung als »Gartengeselle« in Potsdam, dem Fürsten Hardenberg einen ersten Entwurf für die Um- und Neugestaltung der Glienicker Gärten vor. Lenné beschränkte sich zuerst auf die Neuplanung der zwischen Schloß und Havelbrücke gelegenen Gartenteile. In diesem Entwurf sind die ursprünglich dem Schloß nur südlich vorgelagerten »englischen Gartenpartien« mit den übrigen umfangreichen geometrischen Nutzgartenflächen und den Obstterrassen zu einem einheitlichen, im landschaftlichen Stil gestalteten Gartenbereich verschmolzen. Als bestimmendes Merkmal dieses schloßnahen, nach englischen Vorbildern *Pleasurground* genannten kleinen Landschaftsgartens gab es drei mit Laubhölzern besetzte Bodenerhebungen, die so geschickt angeordnet waren, daß der zwischen diesen Hügeln sich zur Havel herabsenkende Wiesengrund durch Schaffung mehrerer und je nach Standort wechselnder Fernsichten eine nicht vorhandene Weite erreichte.

Schon kurz nach dem Tode des Fürsten Hardenberg kaufte Prinz Karl im Frühjahr 1824 Glienicke. Noch im selben Jahr fertigte Lenné einen weiteren Entwurf für den nun über 150 preußische Morgen großen Besitz an.

In der ersten großen Pflanzmaßnahme 1824/25 wurden über 25000 Bäume eingebracht, sowohl einheimische Laubgehölze, wie Rotbuchen, Eichen, Ulmen, Linden, Eschen, Pappeln, Birken, als auch ausländische, wie Weymouthskiefern, Amerikanische Roteichen, Robinien und mehrere tausend Ziersträucher.

1824 wurde auch Schinkel in Glienicke tätig und begann mit dem Umbau des alten Billardhäuschens zu einem Kasino. Hierzu hatte der Kronprinz eine Skizze für eine am Wasser gelegene »italienische Villa« mit seitlichen Pergolen geliefert, die Schinkel für den Umbau als Vorbild diente. Mit dem Kasino dokumentierte sich auch in Glienicke erstmals die zeitgenössische Sehnsucht nach Italien, der Wunsch, das Ideal südlicher Landschaft und Architektur in die Mark Brandenburg hineinzukomponieren.

Blick vom Stibadium über die Havel auf Potsdam. Hinter dem Löwenbrunnen ist das im Zaunbereich liegende Rundbeet mit Beeteinfassungen zu erkennen. Ölgemälde, 1847. Photo Senator für Arbeit und Soziales, Berlin, KPM-Archiv

Die Parkanlagen von Klein-Glienicke. Farbige Lithographie von L. Kraatz, 1862. Photo Berlin, Gartenbauamt Zehlendorf

Literatur

K. v. Krosigk, »Anmerkungen zum Pleasureground«, in: *Das Gartenamt*, 28, 1979.
K. v. Krosigk, »Gartendenkmalpflegerische Aspekte bei der Behandlung der Wiesen und Grasflächen in historischen Parkanlagen«, in: *Das Gartenamt*, 29, 1980.
K. v. Krosigk, »Schinkel als Gartenkünstler«, in. *Das Gartenamt*, 31, 1982.
G. Meyer, *Lehrbuch der schönen Gartenkunst*, Berlin 1860.
H. Fürst v. Pückler-Muskau, *Andeutungen über Landschaftsgärtnerei*, Stuttgart 1977, Reprint der Ausgabe 1833/1834.
Karoline v. Rochow, und Marie de la Motte-Fouque, *Vom Leben am preußischen Hofe 1815–1852*, Berlin 1908.
J. Sievers: *Bauten für den Prinzen Karl von Preußen*, Berlin 1942.

Ab 1825 erfolgte, ebenfalls durch Schinkel, der Umbau des Schlosses in sparsamen, klassizistischen Formen mit flachem Dach, der den ländlichen und privaten Charakter des Anwesens unterstrich. Der Pleasureground, bereits im Entwurf von 1816 grundsätzlich festgelegt, wurde nun nach und nach durch Ein- und Umbauten von Parkgebäuden, durch eine immer reicher werdende Ausschmückung mit ausländischen Gehölzen, exotischen Blattpflanzen, seltenen Blumen, wertvollen Kunstwerken, Brunnen und Pergolen künstlerisch aufs höchste verfeinert und vollendet. Das sorgfältig geplante Lennésche Wegesystem erschloß auf subtile Weise diesen Bezirk und ermöglichte auf einem relativ begrenzten Raum, in Abhängigkeit von der Geländemodellierung und den wechselnden, reizvollen »Hauptgesichtslinien«, ein Optimum an Eindrücken und Empfindungen.

Im Jahre 1839 erhielt Glienicke die zur Bewirtschaftung des reich mit Blumen und Kübelpflanzen ausgestatteten Pleasureground dringend notwendigen, von Ludwig Persius entworfenen modernen Orangerie- und Treibhäuser, die während des Zweiten Weltkriegs völlig zerstört wurden, inzwischen aber wieder rekonstruiert worden sind.

1840 wurde am östlichen Rand des Pleasureground anstelle eines älteren Gewächshauses das von Persius entworfene *Stibadium* errichtet, ein erhöhter Sitzplatz in Form einer halbrunden Bank mit bevorzugtem Blick nach Potsdam. Neben der schon früher vorhandenen sogenannten »Kleinen Neugierde«, eines an den Straßenraum gerückten »antiken« Teepavillons, sei schließlich noch die »Große Neugierde« oder »Rotunde« erwähnt. Sie wurde 1835 bis 1837 nach einem Entwurf von Schinkel an exponierter Stelle am Havelbrückenkopf erbaut. Als Belvedere dienend, erschloß sich hier dem Besucher ein großartiges Panorama von Babelsberg im Süden, Stadt Potsdam, Pfingstberg im Westen bis hin nach Sakrow im Norden.

Um die Mitte des 19. Jahrhunderts sind dann die gesamten Parkanlagen noch einmal in einer bei Leopold Kraatz im Jahre 1862 gedruckten, mehrfarbigen Lithographie festgehalten worden. Dieser Plan, der neben dem Park auf dem Böttcherberg auch die 1859 für den Sohn des Prinzen Karl erworbene und umgestaltete Anlage am alten, aus dem 17. Jahrhundert stammenden und später umgebauten Jagdschloß zeigt, verdeutlicht zugleich Höhepunkt und Abschluß einer über fünfzigjährigen besonderen, auch für den Potsdamer Kulturraum außergewöhnlichen gartenkünstlerischen Entwicklung.

PARK
Seiner Königlichen Hoheit
des Prinzen
DIE HAVEL
JAGD-SCHLOSS
GRUNDRISS DES SCHLOSSES
Park v. Babelsberg

Der englische Landhausgarten

Gillian Darley

Blaise Hamlet (Gloucestershire, Großbritannien). Detail eines von J. Nash und G. Repton entworfenen und 1810 fertiggestellten Cottagegebäudes. Photo Daniele De Lonte

Aus der Perspektive des späten 20. Jahrhunderts erscheint der englische Landhausgarten als eine Schöpfung des neunzehnten Jahrhunderts. Das trifft natürlich nicht zu, aber es war das viktorianische Zeitalter, in dem er so enorm an Bedeutung gewann.

Die Viktorianer wählten ihn als Symbol, das in einer dramatisch urbanisierten und vielfach entwurzelten Gesellschaft als Hort bäuerischer Wertvorstellungen und ländlicher Schlichtheit galt. Als Abbild jener Welt mußte er nicht mit den Realitäten der Armut kämpfen; als pittoreske Szenerie wurde der Landhausgarten zum bevorzugten Thema für Aquarellisten und Fotografen, wie auch zu einem beliebten Ambiente für Literaturszenen. In der Dichtkunst konnte die Spannung zwischen dem traditionellen Landleben und der urbanen Entwicklung im duftenden Landhausgarten einerseits und in den dreckigen Nebenstraßen der wachsenden Städte andererseits dargestellt werden.

Bereits im georgianischen England wurde ein zunehmendes Interesse am Landhausgarten deutlich. Humphry Repton, der bedeutende Landschaftsgärtner, erwarb 1786 ein Landhaus in der Nähe von Romford, östlich von London. In seinem Roten Buch von 1816 (das heißt, in einer seiner berühmten »Vorher-und-nachher«-Aquarelle, die er üblicherweise für seine wohlhabenden Kunden produzierte), zeigte er den Prozeß der Veränderung. In gewisser Weise hatte er den Dorfanger übernommen und, nach seinen eigenen Worten: »Mit dieser Aneignung von fünfundzwanzig Yard Garten ... einen Rahmen für meine Landschaft erworben; der Rahmen besteht aus blühenden Sträuchern und immergrünen Pflanzen, hinter denen das heitere Dorf, die Hauptverkehrsstraße und die immer anregende Landschaft erscheinen, die ich gegen keinen der einsamen Parks eintauschen würde, welche ich für andere verschönert habe.« Sein Ziel war vermutlich der formale Aufbau einer Landschaft, aber dennoch handelte es sich um einen der ersten bewußt angelegten Landhausgärten.

Von hier war es nur noch ein kleiner Schritt zum *cottage orne*, wo die bessere Gesellschaft, dem unschicklichen Beispiel Marie Antoinettes folgend, spielerisch das Leben im Landhaus erproben konnte – obwohl das »Landhaus« eine Villa war und sein Garten üblicherweise eine umfangreiche Anlage, bei der das Dekorative eine größere Rolle als das Praktische spielte.

In kleinerem Maßstab jedoch war der Reiz des Landhausgartens offensichtlich. Grundbesitzer waren im späten 18. und frühen 19. Jahrhundert häufig damit beschäftigt, die Ansiedlungen auf ihren Ländereien wiederaufzubauen – manchmal als Folge von Verbesserungen der Landschaft rund um das Herrenhaus, was des öfteren den Abriß älterer Landhäuser nach sich zog, die dem Gesamtplan im Weg standen.

Das war in Blaise Hamlet bei Bristol jedoch nicht der Fall, wo ein Quäker-Bankier namens Harford beschloß, einen Weiler aus Armenhäusern für Gutsarbeiter im Ruhestand zu bauen. John Nash und George Repton, Humphry Reptons Sohn, entwarfen die Häuschen und richteten besonderes Augenmerk auf deren Gärten, wo die traditionellen Landhausblumen in reicher Fülle gepflanzt wurden. Über die Strohdächer und Holzveranden rankten Rosen, Jasmin, Geißblatt, und jedes Haus trug den Namen einer Pflanze.

Der 1881 fertiggestellte Weiler wurde zum Vorbild zahlreicher anderer pittoresker Musterdörfer des frühen 19. Jahrhunderts, und er stellte den Garten als ebenso wichtigen Bestandteil wie jedes andere architektonische Detail heraus. Es erschien angemessen, daß diese älteren Menschen ihre Tage in einer Umgebung beendeten, die so geplant war, daß sie die Traditionen einer scheinbar unveränderten ländlichen Gesellschaft aufrechterhielten. Innerhalb weniger Jahr wurde Blaise zu einem Haltepunkt auf der pittoresken Rundreise, die englische und kontinentale Besucher auf der Suche nach einer inspirierenden Landschaft oder anregender Architektur unternahmen. Der Besuch von Blaise auf solchen Reisen sowie die Herstellung von Lithographien von jedem Häuschen zeigten, welch starken Einfluß der Begriff ländlicher Schlichtheit – selbst wenn sie völlig neu erbaut war – auf die romantische Vorstellungskraft des frühen 19. Jahrhunderts gewonnen hatte.

Später im 19. Jahrhundert wurde der Landhausgarten dann zum Modell, ja so-

The Old Place. Cottagegarten. Aquarell von H. Allingham (1848–1926). Privatsammlung

Laverstoke (Hampshire, Großbritannien). Gärtnerhaus von Ph. Ch. Hardwick für Mr. Portal. Aquarell, um 1854. London, Drawings Collection of the RIBA

gar zur Rechtfertigung für jene Gärtner, die gegen die Formalität und die Starrheit des vorstädtischen wie des Prachtgartens rebellierten, mit seinen naßkalten Sträuchern im ersteren und seinen üppigen Anpflanzungen und sorgfältig angelegten Parterres im letzteren Fall. Die Beiträge William Robinsons in »The Wild Garden« und »The English Flower Garden« kündigten eine drastische Veränderung an: Die spät-viktorianischen und edwardianischen Gartengestalter, besonders Gertrude Jekyll, gingen von der Prämisse aus, daß die Freude am Natürlichen das Bild bestimmt. Nach den Wiesen, auf denen Frühlingszwiebeln und Sommerblumen verstreut waren, folgten die Anlagen des zu Recht bewunderten Landhausgärtners, der sich von praktischen Erwägungen leiten ließ, Blumen, Kräuter, Früchte und Gemüse für den Verbrauch im Haushalt anzupflanzen, aber ebenso einen natürlichen Sinn für Schönheit bewahrte. Auf die gleiche Art, wie die Arts-and-Crafts-Architekten Anregungen aus den traditionellen Techniken und Materialien bezogen, wurden die neuen Gärtner von der Weisheit vieler Generationen der Landbevölkerung geleitet, die ihr Fleckchen Erde ebenso benötigten, wie sie sich an ihm erfreuten.

Der Landhausgarten mag romantische Anklänge gehabt haben, aber er war auch ein produktiver Ort. Wie in mittelalterlichen Lustgärten, als man noch Platz sparen mußte, wuchsen Blumen und Gemüse sowie Kräuter und Obstbäume dicht beieinander. Im 19. Jahrhundert, als die Beliebtheit von Gartenmagazinen und -handbüchern zunahm, wurden die alten Überlieferungen in gedruckter Form weitergegeben. Richtlinien wurden aufgestellt, zum Beispiel die Unterscheidung zwischen Männer- und Frauenarbeit; der Mann kümmerte sich um das Gemüse, die Frau um die Blumen und die Kräuter. Diese Zusammenarbeit, so beurteilte dies ein Autor, sei die perfekte Metapher für die Ehe.

Für die neue Generation romantischer Gartengestalter war einer der Attraktionen des Landhausgartens, daß dort viele altmodische Pflanzen fortbestanden, die aus kultivierten Gärten längst verschwunden waren. Während die Mode klare, leuchtende Farben und strenge Anordnung vorschrieb, waren die traditionellen Pflanzen des Landhausgartens, perennierende oder einjährige, zarter – sowohl im Wuchs wie in der Farbe. Die Blumen der Züchter, eine ausgesuchte Anzahl von Gattungen, die wegen besonderer Eigenschaften gezogen wurden – etwa Nelken oder Ranunkeln – waren im allgemeinen die zurückhaltendsten Blüten des Gartens, während Kletterpflanzen wie alte Rosen, Klematis, Jasmin oder Geißblatt den Überfluß und die Ungezwungenheit des Landhausgartens betonten.

Es darf auch nicht außer acht gelassen werden, daß der Landhausgarten eine politische Resonanz hatte. Mit der Einzäunung von Gemeindeland verlor die Landbevölkerung ihre Rechte gegenüber den Großgrundbesitzern. Diejenigen, welche die Idee großzügiger Landhausgärten oder Schrebergärten unterstützten, waren oft stark sozial engagiert oder Philanthropen und erkannten die Ungerechtigkeit dieser Neuverteilung des Landes. F.D. Maurice, ein spätviktorianischer Sozialreformer, schrieb: »Das Kultivieren kleiner Einheiten erzeugt moralische Werte, welche die politische Unabhängigkeit begünstigen.« Die Unabhängigkeit der englischen Arbeiterschicht, so glaubte er, könne garantiert werden, »wenn sie auf einem Stück Land arbeiten, das an ihr Haus grenzt und von dem sie Besitzer und keine Mieter sind«.

So war der englische Landhausgarten, der in der weiterentwickelten Form der Gartenvorstadt ins 20. Jahrhundert überging und sich momentan einer Wiederbelebung erfreut, Träger vielerlei Sehnsüchte. Diese äußerst gelungene Kombination von Praktischem und Ästhetischem stand für politische, pittoreske gärtnerische oder einfach romantische Visionen. Der englische Landhausgarten hatte eine

Imker in seinem Garten. Photo, Ende 19. Jh. University of Reading, Museum of English Rural Life

Cottagegarten in North Devon (Großbritannien)

Resonanz erzielt, die nur wenige andere Formen des Gartenbaus für sich beanspruchen können.

Literatur

W. Robinson, *The English Flower Garden*, 1883, Reprint 1984.
Anne Scott-James, *The Cottage Garden*, London 1981.
The Cottage Garden and the Old-fashioned Flowers, London 1969 (gibt nützliche Informationen über Pflanzengschichte, Einführungsdaten etc.).
The Garden. Katalog zur Ausstellung im Victoria and Albert Museum, London 1979.

Gewächshäuser und Wintergärten

Renzo Dubbini

Das Palmenhaus im Botanischen Garten von Berlin. Entwurf von K. F. Schinkel, 1821

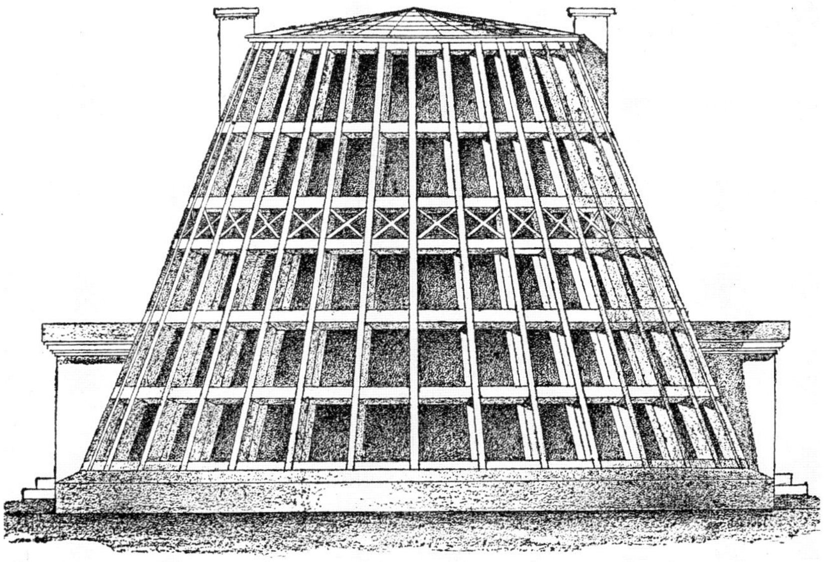

Entwurf für ein Gewächshaus in Romainville (Seine-Saint-Denis, Frankreich) von A.-T. Brongniart, August 1803. Schnitt und Ansichten. Paris, Privatsammlung

Die Reisen von Louis-Antoine Bougainville, James Cook, Aimé-Jacques-Alexandre Bonpland und Alexander von Humboldt in entlegene Gebiete der Erde waren eine wichtige Voraussetzung für die Entstehungsgeschichte der großen Gewächshäuser des 19. Jahrhunderts. Die wissenschaftliche Neugier des Abendlandes traf zu jener Zeit auf eine wenig erforschte, fremdartige Natur, und es entstand der Gedanke, naturwissenschaftliche Sammlungen eines neuen Typs anzulegen. Zwar gab es Gewächshäuser als Winterschutz für frostempfindliche Pflanzen schon länger, aber temperierte Gewächshäuser in Gestalt reiner Glashäuser sind eine Erfindung des 19. Jahrhunderts. Sie entstanden aufgrund neuer architektonischer Konzeptionen und der Entwicklung neuer technischer Möglichkeiten wie Be- und Entlüftungsvorrichtungen sowie Heizungsanlagen.

Anfangs befanden sich die großen Gewächshäuser in Privatbesitz. Sie gehörten zu den Wohnsitzen des Adels und der Oberschicht: Malmaison in Frankreich, Bayswater House und Syon House in England und Schloß Wilhelmshöhe in Kassel. Später fanden Gewächshäuser dann langsam auch Verbreitung in städtischen Parks, botanischen Gärten und anderen öffentlichen Einrichtungen, die man für Naturstudien und zur Erhaltung des Artenbestands angelegt hatte. In dieser Hinsicht folgte die moderne Veränderung der Gewächshäuser, der auch die wissenschaftlichen Sammlungen unterworfen waren, einer Entwicklung zum Museum. Dabei handelte es sich um eine grundlegende Veränderung sowohl in taxonomischer, architektonischer als auch in institutioneller Hinsicht.

John Claudius Loudon war sicherlich der erste, der das Gewächshaus als eine eigenständige Bauaufgabe betrachtete. Er schaffte es, die bauphysikalischen und konstruktiven Faktoren zu analysieren, die für die Schaffung einer biologisch geeigneten Umwelt notwendig waren. Er war der erste, der die Anordnung der Glasflächen und ihren Bezug zu den unterschiedlichen Einfallswinkeln der Sonnenstrahlen, den Jahreszeiten und den unterschiedlichen geographischen Breitengraden systematisch untersuchte. Seine architektonischen Entwürfe basierten auf dem Prinzip der Flexibiltät und der Geschlossenheit der Außenwände, die mit ihren Konstruktionen aus dünnen, sehr widerstandsfähigen Metallrippen die statische Struktur des Gebäudes klar und deutlich vor Augen führten. Joseph Paxton bevorzugte später für seine Konstruktionen Eisen als Material für die tragenden Teile, welche nicht der Witterung ausgesetzt waren, dagegen verwendete er Holz für die Verbindungsstreben an der »Außenhaut«, um so eine bessere Anpassung an die Temperaturschwankungen und eine höhere Resistenz gegenüber den Witterungseinflüssen zu erreichen. Außerdem wurde durch die erstmalige Anwendung einer rein industriellen Serienproduktion mit vorgefertigten Standardteilen die Montage der einzelnen Elemente billiger. Es entwickelte sich in der Folge eine Konstruktionsauffassung, die sowohl die Temperaturabweichungen und die unterschiedlichen Druckverhältnisse zwischen innen und außen berücksichtigte wie auch die verschiedenen Windstärken sowie die Elastizität und das Eigengewicht der Einzelteile.

Mit Beiträgen von Richard Turner,

Innenansicht des Gewächshauses des Schlosses von La Malmaison (Hauts-de-Seine, Frankreich). Aquarell von A. Garneray. Musée de la Malmaison

Grundriß und Schnitt eines heizbaren Gewächshauses für exotische Pflanzen in Kew Gardens in London. Entwurf von J. Wyatville, um 1835. London, Drawings Collection of the RIBA

Das Palmenhaus in Kew Gardens in London. Photo Daniele De Lonte

Hector Horeau, Charles Rohault de Fleury, August von Voit und Roland Mawson Ordish in den folgenden Jahren, erreichten diese Projekte ein außerordentliches Niveau mit einem nie dagewesenen Reichtum an Lösungs- und Gestaltungsformen. Um die Mitte des 19. Jahrhunderts waren die Gewächshäuser unangefochtene Objekte der Bewunderung in den Botanischen Gärten und bei Gartenausstellungen. Diese Position sollten sie auch später bei den Weltausstellungen innehaben. Die Gewächshäuser des Musée d'Histoire Naturelle in Paris wurden von einem sehr zahlreichen und begeisterten Publikum besichtigt. Dies lieferte den Anstoß dazu, daß Privatleute im Jahre 1846 auf den Champs Elysées einen luxuriösen »Wintergarten« errichten ließen. Hier war es möglich, die seltensten Pflanzen zu betrachten, Blumen zu kaufen, aber auch in einem bequemen Salon zu speisen oder in einem besonderen Kabinett die Tageszeitungen zu lesen. Dieses Unternehmen hatte einen derartigen Erfolg, daß die Eigentümer im folgenden Jahr beschlossen, ein neues Gebäude zu errichten, das sehr viel weiträumiger angelegt war. Es verfügte über Tanzsäle, Billardzimmer, eine Kunstgalerie und eine Volière. Insbesondere das Bürgertum sah in der neuen Architekturform ein Symbol der sozialen Unterscheidung. Das Gewächshaus in seinen zahlreichen Variationsformen – Orangerie, Wintergarten, beheiztes Gewächshaus – diente zur Erweiterung der Wohnung. In vielen Fällen gebrauchte man es als ungewöhnliches Naturzimmer, als Ort der Begegnung, der Ruhe und der Zerstreuung. In dem Maße, wie das Gewächshaus als Wintergarten zum Modeartikel und zur Alltäglichkeit herabsank, entstand auch eine große Vielfalt an Grundmodellen und Gestaltungsformen. Es wurde möglich, Wintergärten als Industrieprodukte zu erwerben, die einfach an die Außenmauern des Hauses angebaut wurden, Wintergärten für die Terrasse oder den Balkon. Neben dem unbestrittenen Nutzen des Gewächshauses brachte es dem Menschen die exotische Welt nahe. Es trug dazu bei, daß ein Universum von aufregenden Bildern und Phantasien entstehen konnte. So hat sich der Maler Henri Rousseau seine üppige Dschungelwelt ausmalen können, ohne weite Reisen zu unternehmen, allein indem er die Gewächshäuser des Jardin des Plantes aufsuchte.

Emile Zola, Guy de Maupassant und Edmond de Goncourt haben in der feuchten und tropischen Atmosphäre der Gewächshäuser die Symptome einer veränderten sozialen Sensibilität ausgemacht. Die bezeichnendste Figur dieser Literaturgattung ist vielleicht »Des Esseintes« von Huysmans (A rebours, 1884). Des Esseintes träumte zwischen den Düften und dem stillen Gären in den Gewächshäusern davon, eine Sammlung von künstlichen Blumen aus Samt anzulegen, die echte Blumen nachahmen sollten, und später dann eine Sammlung echter Blumen, die ihrerseits die Morbidität der samtenen imitieren sollten, mit Einsprenkelungen von Mineralien und den Farbnuancen einiger Metalle. In seiner Phantasie entstand so ein absurdes, ja sogar perverses Spiel der pflanzlichen Metamorphosen.

Forschungslabor, wissenschaftliche Sammlung, Ort des angenehmen Aufenthalts, der Neugier – das Gewächshaus wurde zu einem Raum, wo der Mensch eine neue Beziehung zur Natur entdeckte. Walter Benjamin hatte sicher recht, als er die Gewächshäuser in einem Atemzug mit den Bahnhöfen und Passagen nannte und sie als Idealarchitekturen des 19. Jahrhunderts herausstellte; als Orte, wo das wirkliche Leben und die Vorstellungswelten in vollendeter Weise zusammentreffen.

Literatur

J.C. Loudon, *Remarks on the Construction of Hothouses*, 1817; Ders., *Sketches of Curvilinear Hothouses*, 1818; Neumann, *Art de construire et de gouverner les serres*, Paris 1846 (2. Aufl.)
C.D. Bouché, J. Bouché, *Bau und Einrichtung von Gewächshäusern*, Bonn 1886
H.E. Milner, *The Art and Practice of Landscape Gardening*, London 1890
P. Scheerbart, *Glasarchitektur*, 1914;
G.F. Chadwick, *The Works of Sir Joseph Paxton*, London 1961
J. Gloag, *Mr. Loudon's England*, Newcastle upon Tyne 1970
J. Hix, *The Glass House*, London 1974
N. Pevsner, *A History of Building Types*, London 1976; *Jardins en France 1760–1820*, Ausstellungskatalog, Paris 1977
G. Barthélemy, *Les jardiniers du roi*, Paris 1979
The Garden. A Celebration of One Thousand Years of British Gardening. Hrsg. J. Harris, in: »New Perspectives«, 1979, bes. S. 92–110
G. Kohlmaier, B. von Sartory, *Das Glashaus*, München 1981
A. Corbin, *Le miasme et la jonquille*, Aubier Montaigne 1982
B. Marrey, J.P. Monnet, *La grande histoire des serres et des jardins d'hiver*, France 1780–1900, Turin o.D.; *Hector Horeau, architecte de la transparence, 1801–1872*, Ausstellungskatalog, Supplement zu den »Cahiers de la recherche architecturale«, Nr. 3.

Andrew Jackson Downing (1815–1852): mehr als eine Abhandlung über den Landschaftsgarten

Judith K. Major

Porträt von J. A. Downing. Stich nach einer Daguerrotypie, um 1852

»Eine fünfzigjährige gepflanzte Ulme ..., laßt sie uns als ein Musterbeispiel für die gesamte wahre Kunst der Landschaftsgärtnerei betrachten.«[1]

Acht Monate vor seinem Tod durch einen Dampfschiffunfall bot Andrew Jackson Downing den Lesern des *Horticulturist*, des Journals für ländliche Kunst und ländlichen Geschmack, das er seit 1846 herausgab, »einige Hinweise über die Landschaftsgärtnerei« an. Dieser kurze Essay ist die ausgereifteste Darlegung des Mannes, der in den zehn Jahren nach Veröffentlichung seiner Abhandlung *Treatise on the Theory and Practice of Landscape Gardening* im Jahr 1841 zu Amerikas herausragendem Praktiker und Autor auf diesem Gebiet geworden war. Obwohl Downing die Abhandlung zweimal überarbeitete, zunächst 1844, dann 1849, sind die ausgereifteren Antworten auf die amerikanischen Verhältnisse in seinen späteren Leitartikeln zu finden.[2]

»Auf welche Art soll die Natur in der Landschaftsgestaltung imitiert werden?« fragte Downing in der ersten Ausgabe seiner Abhandlung.[3] Downing, der ursprünglich eine auf der Imitationstheorie beruhende Antwort vorsah, für die John Claudius Loudon (1783–1843) in England eintrat, formulierte nach und nach seine Ideen neu. Die wichtigsten Veränderungen von Downings Theorie der Landschaftsgestaltung betrafen diesen Punkt der Naturnachahmung.

Zu verschiedenen Zeiten und in zahlreichen Abhandlungen wurden Malerei, Bildhauerei, Musik, Tanz, Rhetorik und Architektur in die nachahmenden Künste eingereiht. Versuchen, der Landschaftsgestaltung einen Platz in dieser Reihe zu sichern, wurde jedoch von Kritikern wie A. C. Quatremère de Quincy (1755–1849), einem Franzosen, der sein Leben der Formulierung eines zusammenhängenden philosophischen Systems über die Künste widmete, mit Skepsis begegnet. Quatremère bestritt weder die von dieser Kunst der Gartengestaltung ausgehende Freude noch das Können, das sie erforderte, der aber jedes Element, das er als notwendig für eine Imitation erachtete, fehlte. Was vorgab, ein Bild der Natur zu sein, war nicht mehr und nicht weniger als die Natur selbst; das galt insbesondere, wenn das Können des Gestaltens sich hinter unregelmäßig oder in natürlichem Stil gestalteten Landschaften verbarg.[4]

Eine Übersicht über die konkurrierenden Vorstellungen von der Imitation und vor allem den Beitrag von Quatremère zu dieser Debatte ist von Bedeutung, wenn man Downings Theorie über die Landschaftsgestaltung verstehen möchte. Das frühe Werk Downings enthält Anleihen bei Loudon, und dieser profilierte Schriftsteller und Herausgeber stellte die Verbindung zwischen dem jungen amerikanischen Autor und dem berühmten französischen Theoretiker her.[5]

Loudon formulierte seine Theorie über die Landschaftsgestaltung als direkte Antwort auf Quatremères Ausschluß der Gartengestaltung aus der Reihe der nachahmenden Künste. In *The Suburban Gardener* offenbarte Loudon den hohen Rang, den die Bezeichnung »schöne Künste« in seinem Denken einnahm, und den Grund, warum er den Begriff mit seinem Beruf assoziieren wollte. Dieser galt ihm als ein Synonym für »anmutige Kunst, Kunst der Phantasie, Kunst des Geschmacks«. Die beiden wesentlichen Merkmale der »schönen Kunst« seien, zu kreieren und zu gefallen. Das Werk müsse die Kreation eines Künstlers sein und, in Loudons Augen von besonderer Bedeutung, als solche anerkannt werden. Landschaftsgestaltung war für ihn nicht nur eine Frage des Geschmacks – Loudon war eifrig bestrebt, mit Entwurfsaufträgen und Publikationen sein Leben zu bestreiten, und sein Bemühen um die Anerkennung des Status seiner Kunst wird in der folgenden Textstelle besonders deutlich: »Die Natur auf eine Weise zu imitieren, daß der geschaffene Gegenstand fälschlicherweise als Natur aufgefaßt werden soll, könnte nie besondere Zustimmung für den Künstler hervorrufen.«[6]

Loudon suchte nach einem Mittel, den erhabenen Charakter der Kunst auf eine Landschaft zu übertragen, ohne dabei auf den geometrischen Stil zurückzugreifen. Seine Antwort auf Quatremères Einwände gegen den natürlichen Stil war das Anpflanzen fremder Bäume und Büsche, die sich vom Material des gegebenen Ortes völlig unterschieden. Während Loudon eine spezielle theoretische Grundlage für seine Auswahl des Pflanzenmaterials hatte, muß man sich auch der im 18. und 19. Jahrhundert herrschenden Faszination durch seltene und ungewöhnliche fremde Pflanzen bewußt sein, um seinen Standpunkt zu verstehen. Neuerwerbungen und neue Überseehandelsverträge eröffneten einen ungeahnten Zustrom unbekannter Pflanzen nach Britannien.[7] Eine von Loudons wichtigsten Publikationen war der Verbreitung von Informationen über diese Pflanzen und der Ermutigung zu deren Nutzung gewidmet.[8] Es überrascht nicht, daß sich diese botanische Manie in Loudons Theorie widerspiegelt.

Loudon wollte sich als phantasievollen Künstler präsentieren, indem er seine Theorie auf dem Ersetzen einheimischer durch ausländische Pflanzen begründete. Er entwickelte einen neuen Stil, der die Anerkennung als Kunst zugrunde legte und von ihm als *gardenesque* bezeichnet wurde. Zwei Arten »künstlerischer Imitation« erörterte er ausführlich: die pittoreske und die *gardenesque* – erstere war die Nachahmung der Natur in einem wilden Zustand, die zweite eine Nachahmung der Natur, »die einem gewissen, den Bedürfnissen und Wünschen des Menschen entsprechenden Maß von Kultivierung oder Verbesserung unterworfen« war.[9] Um eine pittoreske Wirkung zu erzielen, durfte kein Baum oder Busch isoliert stehen, sondern sollte Teil einer Gruppe oder Menge bilden; für eine *gardenesque* Wirkung dagegen zählte die Schönheit jedes einzelnen Baumes oder Busches – als Einzelobjekt. Einer dritten Methode, die Loudon als rustikale, einheimische oder facsimile Imitation bezeichnete, wurde kein gestalterischer Vorzug eingeräumt.[10]

In der ersten Ausgabe seiner Abhandlung *Landscape Gardening* wiederholte Downing Loudons Theorie der Imitation mit Bezug auf Quatremère.[11] Für eine künstlerische Imitation der Natur, so pflichtete Downing ersterem bei, müsse man Materialien verwenden, die sich von denen der ursprünglichen Natur unterschieden – daher die Notwendigkeit, weitgehend exotisches Pflanzenmaterial einzuführen.[12] Mit einem langen Zitat Loudons führte er seine Leser in dessen *gardenesquen* Stil ein. Downing machte allerdings einen Unterschied: Er fügte Loudons facsimile, pittoresker und *gardenesquer* Imitation die Kategorie der

Das Schöne und das Malerische im Landschaftsgarten: die beiden Abbildungen erschienen zum ersten Mal in der Ausgabe des Jahres 1844 von J. A. Downings Landscape Gardening. Der Autor hatte noch Schwierigkeiten mit einer eindeutigen Stilterminologie: in den Bildunterschriften wurden Bezeichnungen wie „Graceful School", „Picturesque School" verwendet. Die Ausdrücke „schön" und „malerisch" tauchen ab der Ausgabe von 1849 nicht mehr auf.

»Schönen« hinzu. Die facsimile Imitation rangierte ganz unten, es folgten die geometrische und die *gardenesque* sowie ganz oben in der Skala die pittoreske und die schöne, verbanden sie sich doch »zu schönen Formen und Anmut im Arrangement, der höheren Schönheit von Gefühl oder Ausdruck«.[13] Als Downing seine wichtigsten Prinzipien rekapitulierte, führte Loudons »Anerkennung als Kunst« die Liste an; die Imitation der Schönheit des Ausdrucks rangierte an dritter Stelle.

In der letzten Überarbeitung seiner Abhandlung (1849) vernachlässigte Downing jedoch das Prinzip der Anerkennung der Landschaftsgestaltung als Kunstform, um sich auf die Schaffung einer ausdrucksstarken Landschaft zu konzentrieren. Die »Imitation der Schönheit des Ausdrucks« rangierte an erster Stelle, und Downing widmete der Diskussion über das Schöne und das Malerische mehrere Seiten – »dem überzeugendsten und vollständigsten Ausdruck, der in dieser Art natürlicher Landschaft, die durch die Landschaftsgestaltung reproduziert werden kann, zu finden ist«.[15] Downings Vision des Idealen war dahin gelangt, in einer »natürlichen« Landschaft verkörpert zu werden, deren wahrer Ausdruck, ob schön oder pittoresk, erfaßt und erhoben worden war. Er beschrieb beide Landschaftsformen und stellte sie zeichnerisch dar. Die ideale schöne Vision hatte fließende Kurven und Abstufungen, ruhige Flächen sowie reiches und üppiges Wachstum, sie drückte nach seinen Worten Unendlichkeit, Anmut und willigen Gehorsam aus. Die ideale pittoreske Vision war von lebendiger Unregelmäßigkeit mit relativ unzusammenhängenden und zufälligen Flächen und wildem, kühnem Wachstum, drückte Ungestüm, unvermittelte Aktion und teilweisen Ungehorsam aus.[16]

In der Ausgabe seiner Abhandlung *Landscape Gardening* von 1849 berichtete Downing, daß in den Vereinigten Staaten zunehmend das Pittoreske bevorzugt werde, da es am entsprechenden Ort von großem Vorteil sei, wenn die Rohstoffe Holz, Wasser und Flächen reichlich und ohne großen Aufwand verfügbar – mit anderen Worten kostengünstig wären.[17] Die Identifizierung mit dieser amerikanischen Vorliebe war einer der Faktoren im Reifeprozeß von Downings Theorie der Imitation in der Landschaftsgestaltung. Die Anerkennung der für ihr Ursprungsland typischen Rohstoffe und ein wirtschaftliches Interesse wurden zu dieser Zeit

Frontispiz aus: W. Burton, The District School As It Was. Scenery-Showing and Other Writings, Boston 1852

deutlich; seine Theorie und Praxis wurden in Nordamerika getreuer übernommen.[18] Über die letzte Überarbeitung des *Landscape Gardening* hinaus finden sich in Downings Leitartikeln im *Horticulturist* Anzeichen dafür, daß er seine Idealvorstellungen von dieser Kunst schließlich mäßigte. Sicherlich trugen die Kommentare der Leser zu seinen Büchern und monatlichen Leitartikeln sowie seine eigene ständig zunehmende praktische Erfahrung zu dieser Veränderung bei.

Downing begann den Jahrgang 1849 des *Horticulturist* mit einer Aussage über »die wahre Lebensphilosophie in Amerika«. Sie bestehe in »gemäßigten Ansprüchen, einer gemäßigten Lebenshaltung und gemäßigten Ausgaben«.[19] Er warnte seine Leser vor dem Versuch, »das vollkommene Beispiel für Schönheit und Annehmlichkeit« anzustreben, das verschwommen in ihren Köpfen existierte, da jeder dazu neige, die Kosten für Verbesserungen zu unterschätzen. Wunderschöne Parks, Vergnügungsanlagen und Blumengärten stellten nicht die höchste und ausdrucksstärkste Form ländlicher Schönheit dar, konstatierte Downing, obwohl sie sicher die teuersten seien.[20]

In den folgenden Jahren machte Downing seiner jungen Nation weitere Zugeständnisse und räumte ein, daß ein perfekter Geschmack in den Künsten nicht zu erreichen wäre, wenn seine Landsleute überwiegend mit den praktischen Lebensbedürfnissen befaßt seien.[21] Er sei es zufrieden, erfuhren seine Leser, auf »das größte Maß an Komfort, Annehmlichkeit und Schönheit für die bescheidene Summe, die ein amerikanischer Gutsbesitzer ausgeben könnte«, hinzuarbeiten.[22]

Downings landschaftliches Ideal umfaßte noch immer eine Szenerie, die durch eine Auswahl der schönsten Elemente der Natur einen vollkommeneren Ausdruck erreichte, aber die für Loudon so wichtige Anerkennung als »Kunst« wurde schließlich einfach auf das Bedürfnis nach einem gepflegten Zustand reduziert. Das Maß, in dem Downing seine Ansichten über dieses einst geheiligte Prinzip veränderte, ist in seinen späten Leitartikeln zu erkennen. Seine frühere Ermutigung zur Verwendung exotischer Pflanzen wandelte sich eher in Verlegenheit, als er erkannte, daß die Anwendung von Loudons Theorie in einem an anheimischen Materialien so reichen Land, praktisch und ästhetisch gesehen, wenig sinnvoll war. Er empfand es als notwendig, seine frühere Haltung in einem diesem Thema gewidmeten Leitartikel auszuführen: »Wir haben uns tatsächlich immer für die wissentliche Vernachlässigung der kostbarsten Elemente unserer natürlichen Flora entschuldigt, indem wir glaubten, daß das, was wir jeden Tag im Wald sehen können, nicht das ist, womit sich ein Garten auszeichnet.«[23] Er gab zu, daß kein neuer Busch, »sei er aus dem Himalaja oder aus den Anden«, den amerikanischen Lorbeer an Perfektion überbiete.[24]

So versuchte Downing in seinen letzten Hinweisen zur Landschaftsgestaltung seine Leser zur Verwendung ihrer natürlichen landschaftlichen Umgebung als Grundlage für das Ideal anzuhalten. Er erinnerte sie daran, daß die wahren Lektionen über das Schöne und Pittoreske aus ihren wunderschönen bewaldeten Hängen, breiten Flußwiesen, steilen, mit malerischen Kiefern und Föhren durchsetzten Hängen, und tiefen, von Hemlocktannen und Zedern verdunkelten Tälern zu lernen seien. Der Gegenstand der Imitation solle die Natur und nicht der Garten sein, erklärte Downing, »die Felder und Wälder (seien) voller nützlicher Hinweise«.[25]

Downing erklärte jedoch, daß es keine direkte Ähnlichkeit zwischen einem Waldstück und Feldern und der Szenerie der schönsten Gärten geben solle. Auswahl und Neuordnung seien wesentlich – eine Auswahl »aus den schönsten Waldformen der Natur«, und eine Neukomposition der Elemente »auf gewähltere Art«.[26] Diese Ideen wurden vielfach von anderen Landschaftstheoretikern wiederholt, aber das Bild, das Downing wählte, um seinen Standpunkt zu unterstreichen, ist bezeichnend.[27] Er malte eine amerikanische Ulme, die anmutig inmitten eines glatten Rasens stand, und setzte ihre edle Form und symmetrische Perfektion der einer wild gewachsenen Ulme im Wald entgegen. Downing erklärte diesen weitverbreiteten amerikanischen Baum zum »Musterbeispiel für jegliche wahre Kunst der Landschaftsgestaltung«, verneigte sich damit vor dem amerikanischen Kontext, in dem er arbeitete und schrieb.[28] Sein *beau ideal* war 1841 ein Rasen mit Linden-, Roßkastanien- und Magnoliengruppen gewesen; diese Bäume seien exotischer Zierat, wo doch die heimischen Wälder aus Eichen und Eschen beständen. Neben dieser Laub- und Blütenvielfalt, welche sofort die Anerkennung als Kunstform nahelegen würde, verlangte Downing für seine »künstlerische Imitation« in der Landschaftsgestaltung Rabatten mit seltenen Blumen und Kletterpflanzen, Kieswege, glatten Rasen und elegante Accessoires wie Vasen und architektonischen Zierat.[29]

Als Downing 1851 ein Modell vorlegte, das die Phantasie seiner Leser anregen sollte, war das von ihm vorgeschlagene Bild die Ulme – einer der meist übersehenen amerikanischen Bäume. Er schlug eine Technik der Imitation vor, und diese Worte waren als Downings abschließender Ratschlag an die »heranwachsende Generation von Pflanzern« in Amerika gerichtet: »Studiert die Landschaft in der Natur mehr und die Gärten und ihre Kataloge weniger.«[30]

Obwohl Downing eine eher praktische Auffassung vertrat, gab er seine Idealvorstellungen nie ganz auf, in denen er seine Landsleute mit genug Geld, Zeit und Geschmack inmitten perfekter Parkanlagen leben sah. Er hatte keinen Einfluß auf das Geld und die Zeit, die seinen Lesern zur Verfügung standen, aber als Amerika sich von der Wildnis zur Zivilisation entwikkelte, bot Downings begeisternde Prosa über das Geschmackvolle in der Architektur, im Gelände und in Gärten jedem etwas.

Blithewood, Landsitz von R. Donaldson, in Barrytown am Hudson River. Diese Ansicht diente als Vorlage für A.J. Downings Landscape Gardening

Anmerkungen

1 A.J. Downing, »A Few Hints on Landscape Gardening«, in: *The Horticulturist* 6, November, 1851, S. 491.

2 Downing, *A Treatise on the Theory and Practice of Landscape Gardening adapted to North America: with a view to the Improvement of Country Residences*, New York & London 1841; 2. Auflage, New York & London 1844; 4. Auflage, New York & London 1849. Eine dritte Auflage wurde nicht ausfindig gemacht.
Die meisten Leitartikel des *Horticulturist* wurden erneut in einem Erinnerungsband nach Downings Tod veröffentlicht, bezeichnenderweise jedoch nicht chronologisch angeordnet; siehe *Rural Essays*, New York 1853. In dem den *Rural Essays* (S. XXIV) vorausgehenden »Memoir« stellte George William Curtis heraus, daß *Hints on Landscape Gardening* »die prägnanteste und umfassendste Definition der Landschaftsgestaltung enthielt«, die in Downings Werk zu finden ist.
Weitere Hauptwerke Downings sind *Cottage Residences*, New York & London 1842; *The Fruits and Fruit Trees of America*, New York & London 1845; *The Architecture of Country Houses*, New York 1850.

3 Downing, *Landscape Gardening* (1841), S. 33.

4 Quatremère de Quincy, *Essai sur la Nature, le but et les moyens de l'imitation* dans les Beaux-Arts, Paris, 1923.

5 Im Vorwort zu seiner Abhandlung erkannte Downing Loudon öffentlich als »hervorragendsten Gartenautor des Zeitalters an«; sie hatten auch eine enge persönliche Beziehung, wie aus diesem Brief deutlich wird: »In ihm verlor ich nicht nur den intelligentesten Freund, sondern jemanden, dessen Platz als Kirtiker in der Kunst der geschmackvollen Gartengestaltung und ländlichen Architektur weder England noch der Kontinent im Augenblick einnehmen kann«, A.J. Downing an Joel Rathbone, 17. Juni 1845, Historical Society of Pennsylvania.
Außer mit Werken wie Loudons *Encyclopedia of Gardening* (1822) und *The Suburban Gardener* (1838), die er als Referenz in seinen Büchern und Artikeln angab, war Downing mit Loudons zwei Zeitschriften *The Gardener's Magazine* und *The Architectural Magazine* vertraut, siehe J.A. Downing an John Jay Smith, 15. November 1841, Smith Papers, The Library Company of Philadelphia: »Ich entnehme aus Loudons Zeitschrift...« Ab Januar 1835 veröffentlichte Loudon zwei Jahre lang in *The Architectural Magazine* übersetzte Auszüge aus Quatremère de Quincys *Essai sur la nature*, und im Januar 1837 überarbeitete er die englische Ausgabe dieses Buches, die, so behauptete Loudon, auf seine Bitte soeben von Kent übersetzt worden war.

6 J.C. Loudon, *The Suburban Gardener and Villa Companion*, London 1838, S. 136–137.

7 Siehe Nicolette Scourse, *The Victorians and Their Flowers*, Portland Oregon 1983.

8 J.C. Loudon, *Arboretum et Fruticetum Britannicum*, 8 Bände, London 1838. Bd. 1, S. V: »Hauptgegenstand... war die Hoffnung, bei den Landbesitzern eine Neigung zu wecken, eine größere Vielfalt von Bäumen und Sträuchern in ihren Pflanzungen und Parkanlagen einzuführen.«

9 Loudon, *Suburban Gardener*, S. 164.

10 Ebd., S. 166.

11 Downing gab es in dem einzigen Auszug, den er für seine Leser auswählte, keinen Hinweis auf Quatremères Schlüsse über Landschaftsgestaltung: »M. Quatremère de Quincy definierte das Ziel der Imitation als ›in den Sinnen und im Verstand präsent durch die Intervention der schönen Künste, Bilder, die in allen verschiedenen Formen der Imitation eine Summe am Perfektion und idealer Schönheit liefern werden‹, denen besondere Modelle nicht gleichkommen können. In diesen Satz ist das wahre Wesen der Imitation in der Landschaftsgestaltung zu finden«, Downing, *Landscape Gardening* (1841), S. 33.

12 Ebd., S. 35.

13 Ebd., S. 39. Downing entnahm seine Ideen über die Überlegenheit der Schönheit des Ausdrucks von Archibald Alison, *Essays on the Nature and Principles of Taste*, Dublin, 1790.

14 Ebd., S. 43.

15 Downing, *Landscape Gardening* (1849), S. 67.

16 Ebd., S. 73–75. Siehe Sir Uvedale Price, *An Essay on the Picturesque, as Compared with the Sublime and the Beautiful*, 2. Auflage, London 1796, wegen seiner präzisen Definitionen dieser ästhetischen Dreiheit. Downing betrachtete Price als Meister der pittoresken Schule; siehe seine Fußnote in *Landscape Gardening* (1844), S. 55.

17 Downing, *Landscape Gardening* (1849), S. 78.

18 1849 war Downing seit zweieinhalb Jahren Herausgeber des *Horticulturist*. Von der Last seiner Baumschule befreit (im Februar 1847 verkaufte er seinen Anteil), hatte er sich seiner Praxis und der literarischen Tätigkeit gewidmet. Zur Diskussion über die hohen Arbeitskosten in Amerika (im Gegensatz zu England) und der Empfehlung, ein Grundstück auszusuchen, »wo die Natur schon soviel wie möglich getan hat«, siehe Downing, »Citizens Retiring to the Country«, in: *Horticulturist*, 7, Februar 1852, S. 60.

19 Downing, »On the Mistakes of Citizens in Country Life«, in: *The Horticulturist*, 3, Januar 1849, S. 307.

20 Ebd., S. 309. Downings Aussagen in *Landscape Gardening* waren diesem guten Rat entgegengesetzt.

21 In den ersten Zeilen des Vorworts von 1841 zu *Landscape Gardening* (S. V) hatte Downing die extremen Lebensbedingungen in Amerika anerkannt. »Während im fernen Westen der Pionier noch seine primitive Blockhütte zum Wohnen errichtet und mit seiner Axt die hochragenden Bäume abhaut, die den Boden bedecken, sind wir in den älteren, an den Atlantik grenzenden Teilen der Union mit allen Luxusgegenständen und Raffinements umgeben, die zu einem alten und lange kultivierten Land gehören.« Es war das Jahr 1841, in dem 48 Wagen der ersten großen Gruppe von Auswanderern nach Kalifornien Sacramento erreichten. Downing realisierte, daß diese Siedler, die ihr Leben in Block- oder Erdhäusern verbrachten, nicht die Zeit oder Energie hatten, einen Geschmack für die »ländliche Verschönerung« zu kultivieren.

22 Downing, »A Few Words on Rural Architecture«, in: *Horticulturist*, 5, Juli 1850, S. 9.

23 Downing, »The Neglected American Plants«, in: *Horticulturist*, 6, Mai 1851, S. 202. Als Downing während seiner Europareise 1850 amerikanische Pflanzen fern der Heimat sah, mag er erkannt haben, was die Gärten seines Geburtslandes verloren hatten.

24 Ebd., S. 203.

25 Downing, »A Few Hints on Landscape Gardening«, in: *Horticulturist*, 6, November 1851, S. 491. Obwohl Downing acht weitere Leitartikel vor seinem Tod schrieb, war der vom November der letzte über Landschaftsgestaltung.

26 Ebd.

27 Nur zwei Beispiele: Thomas Whately, *Ob-*

Grundriß eines Landsitzes im „natürlichen" Stil. Aus: A. J. Downing, Landscape Gardening

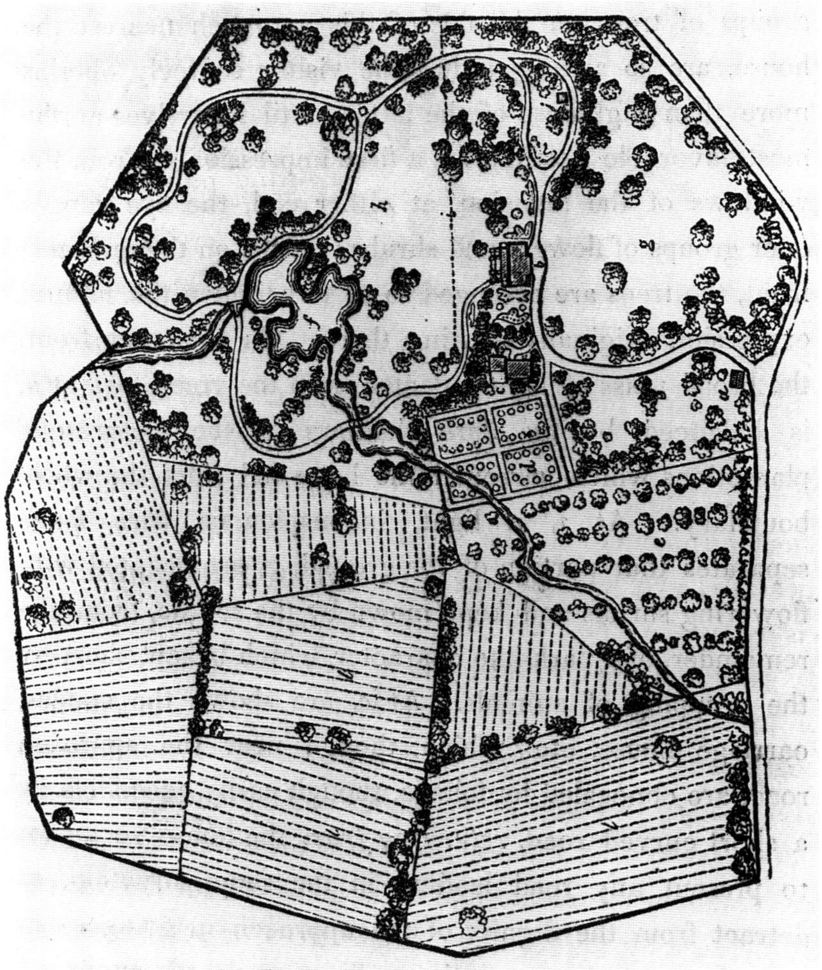

servations on Modern Gardening, London 1770; Reprint New York 1982, und Archibald Alison, *Essays on the Nature and Principles of Taste*, Dublin 1790.

[28] Downing, »A Few Hints on Landscape Gardening«, S. 491. Quatremère hatte »Typ« und »Modell« in seinem Essay definiert: »Das Wort ›Typ‹ stellt weniger das Bild eines zu kopierenden oder komplett zu imitierenden Dinges dar als die Vorstellung von einem Element, das selbst als Regel für das Modell dienen sollte ... Wenn ein Fragment, eine Zeichnung die Überlegung eines Meisters, eine mehr oder weniger vage Beschreibung ein Kunstwerk in der Vorstellung eines Künstlers entstehen ließ, so kann man sagen, daß ihm der Typ geliefert wurde ... Das Modell, so wie es in der praktischen Ausführung der Kunst verstanden wird, ist ein Gegenstand, der so wiederholt werden sollte, wie er ist; der Typ dagegen ist ein Gegenstand, nach dem jeder (Künstler) Kunstwerke ersinnen kann, die keine Ähnlichkeit haben müssen.« *Oppositions*, 8, Frühjahr 1977, S. 148.

[29] Downing, *Landsc. Gardening* (1841), S. 35.

[30] Downing, *A Few Hints on Landscape Gardening*, S. 491.

Literatur

Brenda Bullion, »Hawthorns and Hemlocks: »The Return of the Sacred Grove«, in: *Landscape Journal*, 2, Herbst 1983, S. 114–124.
James T. Callow, *Kindred Spirits*, Chapel Hill 1967.
Walter I. Creese, *The Crowning of the American Landscape*, Princeton 1985.
Arthur Channing Downs, »Downing's Newburgh Villa«, in: *APT*, 4, 1972, S. 1–113.
David P. Handlin, *The American Home*, Boston 1979.
Neil Harris, *The Artist in American Society*, Chicago 1982.
U. P. Hedrick, *A History of Horticulture in America to 1860*, Oxford 1950.
Catherine M. Howett, »Crying Taste« in the Wilderness: The Disciples of Andrew Jackson Downing in Georgia«, in: *Landscape Journal*, 1, Frühjahr 1982, S. 15–22.
Kenneth T. Jackson, *Crabgrass Frontier: The Suburbanization of the United States*, New York und Oxford 1985).
W. G. Jackson, »First Interpreter of American Beauty: A. J. Downing and the Planned Landscape«, in: *Landscape*, 1, Winter 1952, S. 11–18.
Ann Leighton, *American Gardens of the Nineteenth Century*, Amherst 1987.
James L. Machor, *Pastoral Cities*, Madison 1987.
Charles Capen McLaughlin (Hrsg.), *The Papers of Frederick Law Olmsted*, Bd. 1: *The Formative Years: 1822 to 1852*, Baltimore 1977.
Judith K. Major, »The Downing Letters«, in: *Landscape Architecture*, 76, Jan./Feb. 1986, S. 50–57.
Ross L. Miller, »The Landscaper's Utopia Versus the City: A Mismatch«, in: *The New England Quarterly*, 49, Juni 1976, S. 179–193.
Keith N. Morgan, »The Emergence of the American Landscape Professional: John Notman and the Design of Rural Cemeteries«, in: *Journal of Garden History*, 4, Juli/Sept. 1984, S. 269–289.
Blake Nevius, *Cooper's Landscapes: An Essy on the Picturesque Vision*, Berkeley 1976.
John W. Reps, »Downing and the Washington Mall«, in: *Landscape*, 16, Frühjahr 1967, S. 6–11.
David Schuyler, *The New Urban Landscape*, Baltimore 1986.
J. E. Spingarn, »Henry Winthrop Sargent and the Landscape Tradition at Wodenethe: An English Inheritance Becomes an American Influence«, in: *Landscape Architecture*, 29, Oktober 1938, S. 24–39.
Roger B. Stein, *John Ruskin and Aesthetic Thought in America, 1840–1900*, Cambridge/Mass. 1967.
George Bishop Tatum, »A. J. Downing: Arbiter of American Taste, 1815–1852«, Dissertation Princeton 1950.
George Bishop Tatum, »The Emergence of an American School of Landscape Design«, in: *Historic Preservation*, 25, Apr./Juni 1973, S. 34–41.
George Bishop Tatum, »New Introduction«, in: *Andrew Jackson Downing: Rural Essays*, New York 1974.
John William Ward, »The Politics of Design«, in: *Who Designs America?*, New York 1966.

Der Viktoriapark in Berlin

Vroni Heinrich

»Der König seinem Volke / das auf seinen Ruf hochherzig Gut und Blut dem Vaterlande darbrachte / den Gefallenen zum Gedächtnis / den Überlebenden zur Anerkennung / den künftigen Geschlechtern zur Nacheiferung«, lautet die Widmung des Denkmals auf dem Berliner Kreuzberg. Seine unglückselige Geschichte ist weitgehend vergessen.

Napoleons Zug durch Europa war zum Eroberungszug geworden. Er hatte nicht die erhoffte Gleichheit unter Brüdern gebracht. Im besetzten Preußen wuchs der Widerstand gegen die Fremdherrschaft und mündete in den Freiheitskrieg (1813–1815). Napoleon wurde geschlagen und vertrieben. Aus Dankbarkeit und Freude sollte mitten in Berlin ein großer nationaler Freiheitsdom gebaut werden, von Karl Friedrich Schinkel im gotischen, auch altdeutsch genannten Stil entworfen, der bürgerliche Freiheit symbolisierte und dessen tatsächlich französische Herkunft man nicht kannte. Als sich jedoch seit dem Wiener Kongreß 1815 die Macht der Fürsten und Kleinstaaten wieder festigte, sollte ein eher dürftiges Hochkreuz genügen. Der Staat erwarb weit vor dem südlichen Tor Berlins, dem Halleschen Tor, an der etwa 30 Meter hohen Kante des Urstromtals ehemaliges Weinberggelände, das, anfangs in städtischem, später kurfürstlichem, endlich bürgerlichem Besitz, 1813 beim Bau militärischer Befestigungsanlagen verwüstet worden war. An der Stelle einer Schanze, mit weitem Blick auf die Stadt, wurde 1818 der Grundstein für das Denkmal gelegt. Die Ausführung in Eisenkunstguß, als »Fer de Berlin« weit über Preußen hinaus berühmt, war durchaus symbolisch, hatten die Bürger doch für den Krieg Gold gegen Eisen eingetauscht. Auch hat das Eiserne Kreuz als Bekrönung des Denkmals die Form des Ordens, der, demokratische Tendenzen aufnehmend, sowohl an Generäle wie an einfache Soldaten verliehen worden war. Von diesem Kreuz stammt der Name Kreuzberg, der später auf einen ganzen Stadtteil übertragen wurde.

Um das Denkmal vor Zerstörungen zu schützen, erhielt es 1823 ein Gitter, auch um ihm mehr Masse und Gewichtung zu verleihen. Peter Joseph Lenné schlug 1824 vor, den Sandhügel des Kreuzbergs gärtnerisch anzulegen und den Verbindungsweg aus der Stadt für Ausflügler genußvoller zu gestalten. Für diese Anregung eines königlichen Beamten wollte der Staat kein Geld ausgeben und die Stadt hatte kein Interesse, ein königliches Denkmal aufzuwerten. Auch der Entwurf Lennés von 1861 scheiterte offenbar an der Weigerung beider Seiten, die Ausführung zu bezahlen. Die Mietshausstadt war inzwischen immer näher gegen den Kreuzberg herangebaut worden und drohte, die Sicht auf das Denkmal fast ganz zu verstellen.

Der Staat unter Bismarck als Reichskanzler hatte aber ein großes Interesse daran, das Nationaldenkmal von weiterer Umbauung freizuhalten. Daher wurde es zunächst auf Befehl Kaiser Wilhelms I. hydraulisch um acht Meter angehoben, dabei in die Sichtachse der Großbeerenstraße, der Verbindung von der Stadt her, gerückt und mit einer großen Terrasse nach einem Entwurf von Heinrich Strack unterbaut. Um die Stadt zur Anlage eines würdigen Schmuckparks zu veranlassen, bot ihr der Fiskus kostenlos das fünfeinhalb Hektar große Areal um das Denkmal sowie einen Baukostenzuschuß an. Weitere drei Hektar mußte die Stadt für enorme Summen dazukaufen. Nach zähen Verhandlungen wurde schließlich 1888 der Parkentwurf des städtischen Gartendirektors Hermann Mächtig von der Stadtverordnetenversammlung gebilligt. Der Viktoriapark – nach der Kronprinzessin Victoria (der Name bedeutet Sieg) – ganz im Plüschstil des Historismus, ist zweifellos ein Kunstwerk. Auf geschickt geführten Schlängelwegen gelangt der Spaziergänger mühelos hinauf zum

Grundriß des Viktoriaparks in Berlin-Kreuzberg von H. Mächtig, 1888–1894. Die dargestellte Wassertreppe wurde nicht ausgeführt

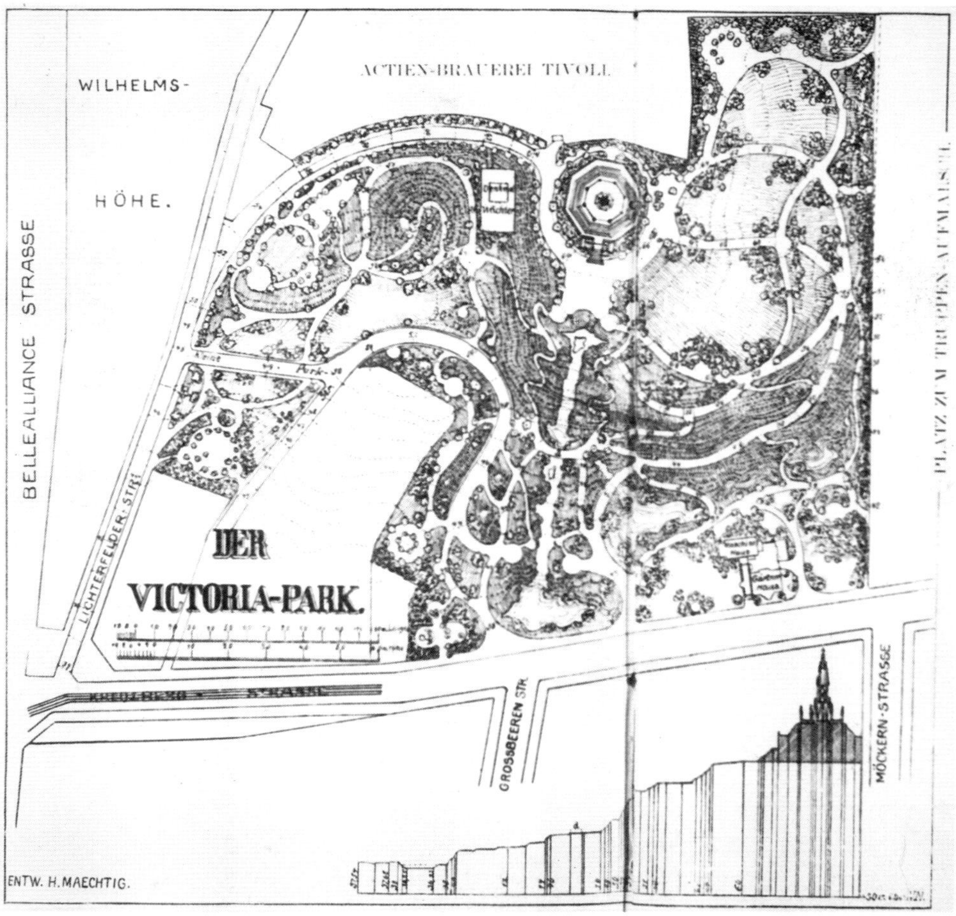

Grundriß des Viktoriaparks in Berlin-Kreuzberg von H. Mächtig. Die ursprünglich geplante Wassertreppe ist in einen „natürlichen" Wasserfall verwandelt worden. Aus: Zeitschrift für Gartenbau und Gartenkunst, 1895

Blick auf Berlin vom Kreuzberg aus. Zur Linken das von K.F. Schinkel entworfene Nationaldenkmal. Ölgemälde von J.H. Hintze, 1829. Berlin, Verwaltung der Staatlichen Schlösser und Gärten. Photo Landesbildstelle Berlin

Denkmal und bemerkt kaum die Engmaschigkeit des Wegenetzes. Heimische und fremde Blütensträucher, Rankpflanzen und vor allem die vielen immergrünen Bäume und Sträucher verleihen dem Park sogar im Winter eine ungewöhnliche, in Berlin nicht bekannte Üppigkeit. Besonders romantisch und exotisch entstand die steile Wolfsschlucht aus ehemaligen Sand- und Lehmgruben am östlichen Hang. Um das Gesicht nicht ganz zu verlieren, schmückte die Stadt den Park in bürgerlicher und nationalliberaler Weise statt mit den von Mächtig vorgeschlagenen Standbildern der Hohenzollernfamilie mit Hermen von Dichtern der Freiheitskriege: Arndt, Kleist, Körner, Rückert, Schenkendorf und Uhland. Hauptanziehungspunkt war seit 1893 der künstliche Wasserfall, der unterhalb des Denkmals 24 Meter tief in mehreren Stufen in Richtung der Großbeerenstraße hinabstürzte und später sogar beleuchtet wurde. Statt der geplanten, dann aber als französisch abgelehnten barocken Kaskaden war der Wasserfall in naturalistischer Manier mit Granitfindlingen und Kalkgestein ausgeführt worden. Das Denkmal sollte wie auf Fels gebaut erscheinen.

Um 1910, als Massenarbeitslosigkeit herrschte, wurde mit der Anlage neuer Volksparks wieder an die soziale Parkpolitik angeknüpft, die von Mächtigs Vorgänger Gustav Meyer, unterstützt durch den Arzt Rudolf Virchow bereits zwischen 1845 und 1877 initiiert worden war. Auch der Viktoriapark wurde um fünf Hektar westlich angrenzendes Militärgelände erweitert, eine von Gartendirektor Albert Brodersen 1911 bis 1916 in lichtem Jugendstil entworfene Landschaft umgibt Spiel- und Liegewiesen sowie Sportplätze. 1925 kam am alten Gärtnerhaus eine Menagerie hinzu.

Luftbild von Wasserfall und Kreuzbergdenkmal, 1904. Photo Landesbildstelle Berlin

Im Dritten Reich war das Denkmal immer wieder Mittelpunkt nationalistischer Aktivitäten. Es kam aber nicht dazu, es im Rahmen der gigantomanen Neuplanung Berlins unter Albert Speer durch eine gewaltige architektonische Achse mit dem Flughafen Tempelhof zu verbinden.

Mit allen Attributen eines, wenn auch sehr kleinen, Volksparks ausgestattet, ist der Kreuzberg – der Name Viktoriapark ist den Berlinern ungebräuchlich – heute eine Oase in der »Bronx« von Berlin.

Entwurf für das Kreuzbergdenkmal und den Wasserfall in Form einer achsenbetonten Wassertreppe von H. Mächtig

Literatur

E. Böttcher, »Die öffentlichen Park-, Garten- und Baumanlagen der Stadt Berlin – IV. Der Viktoriapark, in: *Zeitschrift für Gartenbau und Gartenkunst*, 1895.

E. Clemen, »Landschaftsbilder aus dem Viktoriapark zu Berlin«, in : *Zeitschrift für Gartenbau und Gartenkunst*, 1895.

G. Peschken, »Die ersten kommunalen Parkanlagen Berlins«, in: *Das Gartenamt*, 1975.

I. Maass, »Die kommunale Parkpolitik Berlins Ende des 19. Jahrhunderts«, in: *Gustav Meyer zum 100. Todestag 27.5.1977*, Hrsg. V. Heinrich und G. Peschken, Berlin 1978.

F. Wendland, *Berlins Gärten und Parke*, Frankfurt, Berlin, Wien 1979.

G. Peschken, »Spielwiesen für die arbeitende Bevölkerung«, in: *Exerzierfeld der Moderne. Industrikultur in Berlin im 19. Jahrhundert*, München 1984.

G. Peschken, W. Richard, »Der Viktoriapark«, in: *Stadtgrün*, Hrsg. V. Hampf-Heinrich und G. Peschken, Berlin 1985.

M. Nungesser, *Das Denkmal auf dem Kreuzberg*, Berlin 1987.

Der Park Güell in Barcelona (1900–1914)

Ignasi de Sola Morales

Park Güell in Barcelona von Antoni Gaudí. Inneres der Säulenhalle. Photo F. Català-Roca

Eusebio Güell y Bacigalupi (1846–1918), der Gründer des hier vorgestellten Güell-Parks, war eine herausragende Persönlichkeit in Barcelona der Jahrhundertwende; einerseits Industrieller, machte er sich andererseits einen Namen als Mäzen. Er war als Reeder tätig, besaß Textilunternehmen und Zementwerke. Seine Geschäfte erstreckten sich auch auf den Tabak- und Weinanbau. Zugleich erwies er sich als Schirmherr und Gönner von Musikern, Dichtern, Malern und Architekten. Antoni Gaudí (1852–1926), der junge Architekt, der seit seinem siebzehnten Lebensjahr in Barcelona ansässig war, zählte zeit seines Lebens zu den von Eusebio Güell geförderten Künstlern.

Den Park Güell kann man nicht verstehen, ohne sich die Atmosphäre Barcelonas um die Jahrhundertwende vor Augen zu führen. Eine Mischung aus Traditionalismus und Modernität begegnete sich in den verschiedenen Lebensauffassungen einer Bourgeoisie, welche aufmerksam die Forderungen nach gesellschaftlichen Neuerungen registrierte, die parallel zur industriellen Entwicklung erhoben wurden. Hinzu kam ein fast mythischer Drang, zu den eigenen Ursprüngen zurückzufinden. Diese waren mit nationalistischem Gedankengut befrachtet und an eine Reihe von festgefügten Vorstellungsbildern geknüpft. Man suchte das echt Katalanische, das echt Mittelalterliche, das Mediterrane, das Kunsthandwerkliche und orientierte sich so an den vermeintlichen Vorzügen des Lebens in einer vorindustriellen Gesellschaft.

Eusebio Güell besaß eine hervorragende naturwissenschaftliche Bildung. Er hatte Mechanik, Biologie und technische Wissenschaften studiert, 1889 sogar eine eigene Studie über Mikrobiologie in Paris veröffentlicht. Außerdem hatte er eine fundierte juristische und wirtschaftliche Ausbildung erfahren, die Voraussetzung für seine Tätigkeit als Unternehmer war. In der katalanischen Politik nahm Güell ebenfalls einen wichtigen Platz ein. Er gehörte zu dem Personenkreis, der den Anstoß zur Gründung der »Lliga Regionalista« gab. Diese politische Partei spielte später eine vorherrschende Rolle beim aufstrebenden industriellen Bürgertum in Katalonien. Kennzeichnend für diese Partei waren ihre deutlichen Autonomiebestrebungen gegenüber dem bürokratischen spanischen Staat, ihre Bemühungen um eine Erneuerung der Gesellschaft und die Organisation einer kapitalistisch orientierten industriellen Entwicklung.

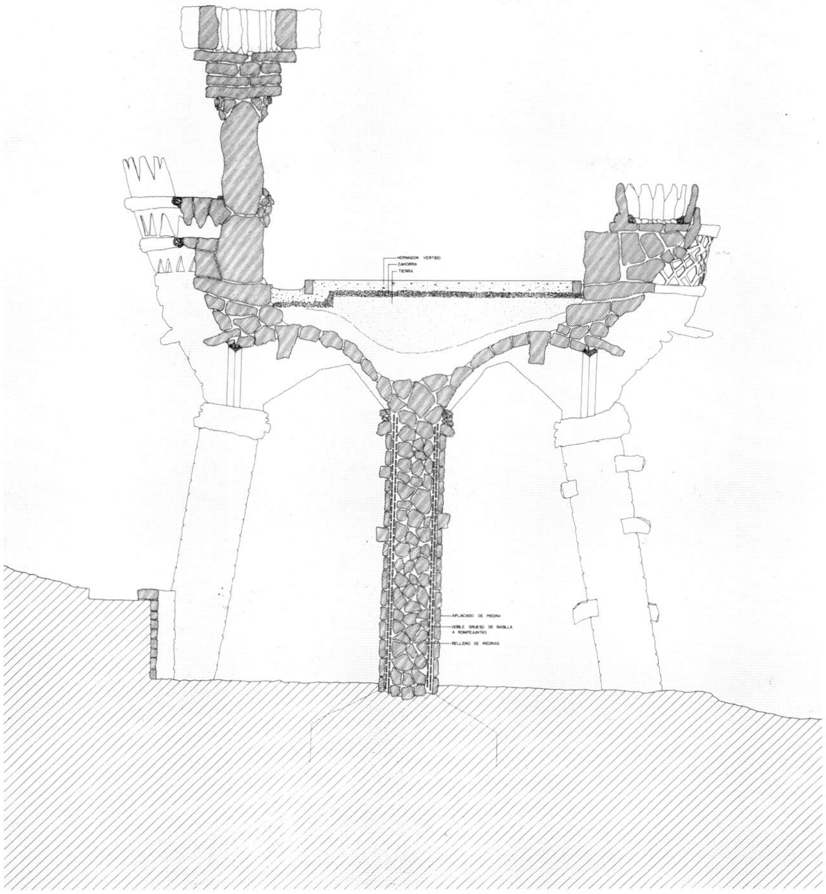

Park Güell in Barcelona von Antoni Gaudí. Schnitt durch den Viadukt. Umzeichnung des Originalentwurfes durch die Architekten E. Torres und E. Martinez la Peña, 1988

Park Güell in Barcelona von Antoni Gaudí. Konstruktives Detail des Viaduktes

Güell, der seine Ausbildung in Frankreich und England absolviert hatte, war in seiner stadtplanerischen Auffassung ein Verfechter des Stadtmodells mit hierarchischem Aufbau und bestrebt, neue Wohnformen zu erproben.

Im Jahre 1891 hatte Güell die Anlage seines bedeutenden Textilunternehmens in Santa Coloma de Cervelló, einem etwa 30 Kilometer von Barcelona entfernten kleinen Ort, in Betrieb genommen. Das Werk befand sich in einem neu ausgewiesenen Stadtteil. Produktionszentren und Wohngebiete mit den dazugehörigen Bildungs- und Freitzeiteinrichtungen waren in der städtebaulichen Konzeption sorgfältig einander zugeordnet. An dieser »Colonia Güell« waren Antoni Gaudí und einige seiner Mitarbeiter als Architekten maßgeblich beteiligt. Davon zeugen nicht nur die von Gaudí entworfene, aber unvollendete große Kirche, sondern auch Schulgebäude, genossenschaftlich organisierte Zentren und Wohnhäuser.

Der Park Güell ist zwar auf eigenständige Initiative zurückzuführen, aber ohne das Gedankengut der englischen Vorbilder von Ruskin, Withman, Morris und später auch Howard, Geddes und Unwin unvorstellbar. Die Arbeit dieser Männer war in den Kreisen um Güell und Gaudí wohlbekannt. Man verfolgte ähnliche Ziele und orientierte sich gleichermaßen an traditionellen Vorbildern. Wenn auch die Gartenstadtbewegung in Spanien erst einige Jahre später Resonanz fand – 1912 wurden in Barcelona die »Societat Cívica la Ciutat Jardí« und das »Museu Social« gegründet –, befaßte sich Eusebio Güell, der zu den Mitgründern der obengenannten Einrichtungen gehörte, bereits vorher konkret mit den Gedanken der Gartenstadt, die er in einer von ihm geplanten Anlage realisieren wollte. Der Park Güell, mit dessen Planung und Ausführung Antoni Gaudí beauftragt wurde und an dem sich der Industrielle maßgeblich beteiligte, war von Anfang an als eine Art Gartenstadt konzipiert: Als ein in einen Park eingebettetes Wohngebiet mit einer neuen Form von Einfamilienhäusern.

Während im 19. Jahrhundert der katalanische Stadtplaner Cerdá die städtebauliche Erweiterung Barcelonas auf die Ebene beschränkte und sie von den Berghängen im Norden begrenzen ließ, wurden diese Hügel nun um die Jahrhundertwende zum begehrten neuen Siedlungsbereich. Angeregt durch verschiedene Privatinitiativen, errichtete man hier Wohngebiete mit Gartenstadtcharakter. Die Gartenstädte San Pedro Martir, Torre Baró, La Floresta, La Florida und auf dem Berg Tibidabo sind nur einige Beispiele, die ebenso wie der Park Güell zwischen 1890 und 1917 in Barcelona entstanden.

Der Park Güell war für ein etwa 20 Hektar großes Terrain an den Hängen der Montaña Pelada konzipiert, die sich mehr als 400 Meter über den Meeresspiegel erhebt. Von dort konnte man die ganze Ebene mit Barcelona und den Nachbargemeinden Gracia, Sants und Sant Andreu überblicken. Außerdem boten sich herrliche Ausblicke auf das Blau des Mittelmeers in der Ferne. Der Entwurf Gaudís, an dem er mit Unterbrechungen von 1900 bis 1914 arbeitete, sah vor, das gesamte Grundstück mit einer mehr als zwei Meter hohen Mauer zu umgeben. Der dahinterliegende Wohnpark sollte in sechzig dreieckige Einfamilienhausparzellen unterteilt werden. Den Hauptzugang zum Park sah Gaudí im untersten Bereich des Grundstücks vor. Dort wurde mit zwei gegenüberliegenden Torhäusern, in denen Portiersloge, Rezeption und Information untergebracht waren, eine architektonisch markante Eingangszone geschaffen. Von hier führen zwei Alleen in geschwungener Form weiter. Sie bildeten zwei konzentrische Kreise um einen baulich gestalteten Mittelpunkt. Dieser bestand aus dem Ensemble einer Freitreppe und einer Säulenhalle, die als Markthalle dienen sollte, und der Esplanade oder der Piazza auf dem Dach der Säulenhalle. Dieser Platz war ursprünglich für Veranstaltungen unter freiem Himmel in der Art eines Amphitheaters vorgesehen. Die topographische Struktur sollte mittels zwei weiterer freistehender Gebäude vervollständigt werden: Einer Kirche für die Bewohner der Siedlung und einem Kalvarienberg. Die Kirche lag im äußersten Westen des Parks auf einer kleinen Anhöhe. Der Kalvarienberg sollte auf dem höchsten Punkt des Grundstücks den Abschluß eines Fußweges bilden, der als Kreuzweg angelegt war. Dieser Weg nahm übrigens den gleichen Verlauf wie die alte Römerstraße, die Barcino (Barcelona) mit Castrum Octavianum (Sant Cugat del Vallés) verband.

Für den Park hatte man nicht – wie damals in den nordeuropäischen Anlagen üblich – exotische Pflanzen vorgesehen. Pinien, Johannisbrotbäume, Palmen und große Mengen von Oleander sollten eine ausgesprochen mediterrane Atmosphäre schaffen. Dies war ein sehr kulturbewußter Akt, dessen Einfluß auf die Garten-

Park Güell in Barcelona von Antoni Gaudí. Blick über den Viadukt auf die Stadt

kunst des frühen zwanzigsten Jahrhunderts bis heute noch nicht angemessen gewürdigt worden ist. Die Absicht, einen erklärtermaßen »mediterranen Garten« zu schaffen, war im Falle des Parks Güell von zentraler Bedeutung. Auch das bewußte Einbeziehen des steilen Geländes mit gebirgigem Charakter ist in diesem Zusammenhang zu sehen. Die topographische Besonderheit wird durch dramatisch geführte Viadukte unterstrichen, die Gaudí zur Überbrückung der Geländesprünge bei der Anlage der Verkehrswege errichtete und die Teil des ikonographischen Konzepts waren. Auch hier stand als zentraler Gedanke die Suche nach einem Ausdruck für »das Mediterrane« im Vordergrund.

Diese erstmalige Definition des »Mediterranen« durch die Einbeziehung der Topographie und seine expressionistische Übersteigerung wird von zwei weiteren symbolischen Bezügen überlagert, die für diesen Park ebenfalls von grundlegender Bedeutung sind. Der erste ist die Rückbesinnung auf Griechenland und die Antike. Zwar herrscht die Ansicht vor, daß die kulturelle Dekadenz im ausgehenden 19. Jahrhundert weit entfernt von einer wirklichen Rückbesinnung auf die Welt der Antike gewesen sei, aber dies ist weit gefehlt. Eusebio Güell befaßte sich mit Platon und der gesamten griechischen Literatur. Er war es, der Gaudí anregte, als Mittelpunkt der Gartenstadt ein »Bürgerforum« zu schaffen. Es sollte ein Amphitheater und eine Säulenhalle umfassen, deren Elemente zwar in der Form verfremdet sind, aber doch deutliche Anklänge an dorische Säulen aufweisen. Auch darf nicht vergessen werden, daß bei der topographischen Gestaltung bewußt Rücksicht auf die alte Römerstraße genommen wurde, die einst das Gelände durchquerte. Die Rückbesinnung auf die Antike zeigt, wie stark klassische Bildung, Traditionsbewußtsein und eben »das Mediterrane« die Anlage des Parks beeinflußt haben. Die Bezugnahme auf das klassische Altertum, die in der Gartenstadt deutlich wird, wurde bemerkenswerterweise noch vom Geist eines strengen Katholizismus überlagert. Sowohl Eusebio Güell als auch Antoni Gaudí waren überzeugte Anhänger des Katholizismus.

Die moderne Entwicklung von Kultur und Gesellschaft zu Beginn des neuen Jahrhunderts wurde nicht unwidersprochen aufgenommen. Alle Komponenten des Neokatholizismus, der typisch für Gaudís Arbeiten ist, treten in einer offenkundigen religiösen Symbolik auch im Park Güell zutage. Die zwar nicht ausgeführte, aber geplante Kirche, der Kalvarienberg als Abschluß und Höhepunkt des Kreuzwegs beweisen ebenso wie die zahlreichen Kreuze und marianischen Namen deutlich die Absicht, dem Raum durch die kosmische Darstellung der liturgischen Symbolik eine besondere Weihe zu verleihen.

Nach praktischen und wirtschaftlichen Gesichtspunkten war der Park Güell ein Fehlschlag. Mit Ausnahme von Eusebio Güell, dem Gründer, der seine letzten Lebensjahre in einem Haus auf dem Gelände verbrachte, und Antoni Gaudí, dem Architekten, der lange Jahre in dem einzigen, als Musterhaus errichteten Gebäude lebte, kaufte niemand ein Grundstück oder baute sich einen torre, wie man in Katalonien die Einfamilienhäuser des Bürgertums in den Gartenvorstädten oder auf dem Lande nannte.

1914 wurde der Park Güell als Teil der kommunalen Parkanlagen von der Stadt Barcelona erworben. Zu diesem Zeitpunkt wurden auch alle Arbeiten an den Projekten Gaudís endgültig eingestellt. Das als Gartenvorstadt geplante Areal wurde in einen städtischen Park umgewandelt.

Literatur

Juan Bassegoda Nonell, *El Parque Güell*, Barcelona 1979.
Juan Bassegoda Nonell, *Antonio Gaudí, Vida y Arquitectura*, Barcelona 1977.
Carlos Flores, *Gaudí, Jujol y el modernismo catalán*, Madrid 1982.
Xavier Güell, *Antoni Gaudí*, Barcelona 1986.
Cesar Martinell, *Gaudí, su vida, su teoría, su obra*, Barcelona 1967.
Francesc Roca, *Política económica i territori a Catalunya, 1901–1939*, Barcelona 1979.
Eduardo Rojo Albarrán, *El Park Güell*, Barcelona 1986.
Salvador Selles, *Park Güell* Barcelona 1905.
Ignasi Solà Morales, *Antoni Gaudí*, Barcelona 1983.
Salvador Tarragó Cid, *Gaudí*, Barcelona 1974.
Manuel Torres Capell, *El planejament urbà i la crisi de 1917 a Barcelona*, Barcelona 1987.

Park Güell in Barcelona von Antoni Gaudí. Luftbild der Gesamtanlage. Photo TAF, Barcelona

Parc Léopold in Brüssel: Territorium des wissenschaftlich Imaginären

Annick Brauman

Der 1851 eröffnete Parc Léopold in Brüssel[1] verdient Erwähnung in diesem Buch, weil auf seinem Grund und Boden ein im höchsten Grad zum 19. Jahrhundert gehöriges Denkklischee Anwendung fand, das Natur, Wissenschaft und Fortschritt miteinander verbindet. Die detaillierte Untersuchung über eine historiographisch adäquate Zeit (1850–1920) erlaubt gültige Schlußfolgerungen, die auch die begangenen Fehler einbeziehen.

Erste Etappe: der öffentliche Raum eines neuen Quartiers

Die Entstehung des Parks war mit dem Bau eines neuen Quartiers verbunden, einem Unternehmen zur Grundstücksaufwertung, die wiederum mit der neuen Rolle Brüssels als Hauptstadt einer unabhängigen Nation in Zusammenhang stand. Das Viertel war für eine sozial mehrschichtige Gruppe bestimmt: Adel, vornehmes Bürgertum, Freiberufler, die aufgefordert wurden, das Stadtzentrum zu verlassen und sich in einem modernen Teil der Stadt mit rechtwinkligem Grundriß »vor den Mauern« niederzulassen. Von dem umfangreichen Projekt, das auch den Bau eines Hippodroms, eines Industriepalasts und eines Zirkus umfaßte, wurde nur derPark, der uns hier beschäftigt und der nicht einmal im Plan vorgesehen war, realisiert. Wie kam es dazu? Was konnte, da die Natur im 19. Jahrhundert als »verloren« galt (ein beliebtes journalistisches Thema), bedeutungsvoller sein, als ihren überhöhten Abglanz in Form eines multifunktionalen Gartens zu offerieren: hier also das erste Auftreten einer Parkanlage als *zoologischer, botanischer und Vergnügungsgarten.* Es war in der Tat ein Tiergarten und zugleich eine gebührenpflichtige Promenade, ein Vergnügungspark, der sowohl auf wissenschaftlicher wie auf wirtschaftlicher Ebene chaotisch betrieben wurde und nach 30 Jahren Querelen über die Statuten, übermäßiger Ausschüttung an die Aktionäre und sachliche Inkompetenz der Tierpfleger in Konkurs ging. Abgesehen von den ziemlich amateurhaften Privatinitiativen zur Gewinnung neuer Einnahmequellen, war die Idee einer pittoresken Promenade, die von der Existenz des Tiergartens profitieren und eine Verbindung zwischen bürgerlichem Müßiggang und wissenschaftlichem Interesse herstellen würde, durchaus im Einklang mit den Vorstellungen der Zeit. Die wahren Nutzer des Parks[2] waren Familien, Paare, die aufstrebenden Bürger, denen etwas zum Schauen geboten wurde. Zu Ehren der Besucher wurden das Unendliche der Landschaft und die sie auslösende Nostalgie zu einem vorgegebenen Rundgang mit präzisen Anhaltspunkten verdichtet. Der Mensch sah sich nicht mehr im Schoß der Landschaft verloren und wiedergefunden, er durchlief vielmehr als passiver Besucher die Darstellung der Natur, die nun mit einer Absicht ausgestattet war.

Zweite Etappe: das Naturkundemuseum

Das neue städtische Bürgertum brauchte eine gewisse Zeit, um auf das Ideal der unterhaltsamen, lehrreichen und kostspieligen Vergnügungsstätte zu verzichten und zu den spezialisierten Einrichtungen zurückzukehren, die den Wissensdurst auf wissenschaftliche Art befriedigen konnten. Im Jahre 1891 öffnete ein Naturkundemuseum am höchsten Punkt des Parks seine Pforten. Die Befürworter der Argumente für dessen Gründung versäumten nicht, auf die alte Bestimmung des Parks hinzuweisen, aber gab es dafür wirklich eine logische Zielsetzung, einen einleuchtenden Zusammenhang? Man könnte einwenden, daß das neue Nobelviertel, das an den Park grenzte, der in seinen Proportionen, seiner Gestaltung und der Bepflanzung keinesfalls bemerkenswert war, diesem die Erfüllung einer bürgerlichen, institutionellen Rolle auferlegte, kurzum, sich den Nationalstolz auf sein Programm schrieb. Das Naturkundemuseum erfüllte diese Bedingungen um so besser, als es durch seine beeindruckende Sammlung von Iguanodons einzigartig auf der Welt war.[3] Hinzu kam, daß es aufgrund der Theorien seines Gründers Edouard Dupont über Ziel und Zweck eines Museums auch ein Werkzeug zur Forschung und nicht nur zur Sammlung wurde. Das Ziel eines greifbaren nationalen Ideals vor Augen, bemühte er sich um die Verwirklichung der zentralistischen Konzeption eines Museums, in dem alle Naturwissenschaften zusammengefaßt waren: Botanik, Geologie, Zoologie. Dieser Organismus, der unpersönlich, autonom, zentralisierend und bewahrend sein sollte, wurde Gegenstand einer Art Palastrevolution. Sie führte schließlich dazu, daß die Vorstellungen vom »öffentlichen Nutzen« und »kollektiven Interesse« einer passiven Museumskonzeption als Reservoir für die individuelle wissenschaftliche Arbeit »freier Beamter« wichen. Der Auftrag »wissenschaftlicher Fortschritt durch den Erfolg der Institution« wurde 1889 gestoppt, die Dezentralisierung um der persönlichen Bequemlichkeit willen triumphierte, und in deren Kielwasser nahmen die systematischen Abteilungen, wie viele andere kleine, separate Museen auch, ihre Rolle in der nationalen Forschung wieder in Anspruch.

Geblieben ist ein außergewöhnliches Museum, dessen industrielle Architektur mit offenem Grundriß in Übereinstimmung mit den geologischen Einteilungen angelegt ist. Die Gruppe von Bernissarts stehenden oder liegenden Iguanodons bildet den Höhepunkt und wirkt wie eine Inszenierung der Vergänglichkeit der Zeiten.

Grundriß des Landsitzes Dubois De Bianco (ab 1851 Park Léopold) in Brüssel. Entwurf von J. G. Druaert, 1847. Brüssel, Archives de la Ville

Cité des Sciences: der große Hörsaal des Instituts für Physiologie. Die Ausstattung stammt von A. Crespin, 1902. Brüssel, Archives d'Architecture Moderne

Dritte Etappe: die »wissenschaftliche Stadt

Im Jahre 1892, unterschrieb die Stadt Brüssel, die den Park nach dem Konkurs des zoologischen Unternehmens erworben hatte, ein Abkommen mit dem Industriellen Ernest Solvay, aufgrund dessen der Park für die Einrichtung einer wissenschaftlichen Forschungsstätte zur Verfügung gestellt wurde. Solvay widmete diese Para-Universitätsstadt, die er durch das belgische Großkapital finanzieren ließ, der methodischen Interpretation der klassischen liberalen Ideale »Wissen« und »Fortschritt«. Nach den Vorstellungen dieses kapitalistischen Herolds sollte tatsächlich die Versöhnung von »Kapitalismus« und »Fortschritt«, die Formulierung einer Ethik, einer Philosophie, eines wissenschaftlichen Systems sowie von Gesetzen für eine gerechte Industriegesellschaft in dieser symbolischen Stadt, eingebettet in die noble Landschaft eines Parks mit schützenden Bäumen, verfolgt werden. Die gleichzeitige Schaffung einer ständigen internationalen Einrichtung für wissenschaftliche Diskussionen (der berühmten Conseils Internationaux de Physique et de Chimie von 1911 und 1913 mit Sitz im Parc Léopold) kann noch heute als konstitutierendes Element der wissenschaftlichen Kommunikation und als Innovation in der Geschichte der Wissenschaften betrachtet werden. Welche Beziehungen hatte nun die wissenschaftliche Stadt zum Park? Ihre Lage bereitete keine Probleme, war doch die Einfügung von Bauten in einen öffentlichen Park eine Frage, welche die verantwortlichen Politiker jener Zeit nicht belastete, da man die Architektur als einen ästhetischen Wertzuwachs betrachtete. Im Gegensatz zu den damals in verschiedenen Ländern ausgeführten avantgardistischen Garten- oder Künstlerstädten spielte die Wissenschaftsstadt aber nicht die Rolle des Bannerträgers für ein kulturelles Manifest. Sie war vielmehr das Produkt einer pragmatischen Anhäufung von Gebäuden, einer Art Laboratorien für die Verbesserung der menschlichen Lebensbedingungen, weltliche Tempel des Wissens, die an die Architektur der Volkshäuser[4] erinnerten, nur daß sie in der belaubten Intimität des Parks gelegen waren.

Epilog: die »Weltstadt«

Da sich die Wissenschaftsstadt nicht vergrößern konnte, wurde sie 1919 ihrer Bestimmung entzogen. Ein letzter Bewohner griff 1941 die Triade Natur-Wissenschaft-Fortschritt wieder auf: Paul Otlet, der aus größeren Räumlichkeiten vertrieben wurde, brachte im verlassenen Anatomieinstitut die Überreste seines großen Mundaneum-Projekts unter. Sein Hauptwerk, die Fertigstellung und Herausgabe der universalen Dezimalklassifikation, ist international bekannt. Es birgt indessen eine etwas obskure Seite der dokumentarischen Klassifizierung, das Mundaneum, in dem die Projektion eines neuen Babel ausgearbeitet wurde: die Weltstadt.[5] Die Zielsetzung des Mundaneums war ebenso präzise wie weitreichend: Erstellung eines weltweiten Dokumentationssystems durch Zentralisierung der wissenschaftlichen Publikationen und Arbeiten, Schaffung eines Zentrums für die internationalen Verbände und Aufbau einer Weltstadt auf exterritorialem Gebiet, von denen das Mundaneum eine der Institutionen gewesen wäre. Wie Solvay vertrat Otlet die Idee eines Integrationsschemas, eines organischen Systems von Institutionen für die parallele Behandlung der Fragen der Wissenschaft und des sozialen Fortschritts.

Das Naturkundemuseum von Brüssel. Abteilung der vergleichenden Wissenschaften und der kolonialen Entdeckungen. Brüssel, Archives d'Architecture Moderne

Ansicht aus dem zoologischen Garten von Brüssel. Der Bärenzwinger. Entwurf von A. Canelle, um 1856. Brüssel, Archives de la Ville

L. Becker. Rekonstruktion des ersten Iguanodon im Naturkundemuseum in der Nassau-Kapelle, 1884. Brüssel, Musée des Sciences Naturelles

Er entwarf ein radikales Niemandsland städtischer Kultur und politischen Denkens, das die Demokratie aus dem Durcheinander der realen Stadt entwurzelt und sie auf die Klarheit einer perfekt geordneten Metropole projizierte, Entwürfe, deren Programm zwischen 1927 und 1933 zwei Hauptfiguren des funktionalistischen Städtebaus, ein ausgezeichnetes Planungsthema bot: Le Corbusier und Victor Bourgeois.

Heute ist der Parc Léopold, der an den Verwaltungsbereich der Europäischen Gemeinschaft grenzt, praktisch von dieser annektiert worden. Nichts wäre von diesem letzten Angriff einer hegemonialen, politischen und kulturellen Institution geblieben als eine Form der Kontinuität im Ausdruck von gemeinschaftlichen Bereichen einer Epoche, wenn nicht genau dieses Mal ein unakzeptabler Bruch eingetreten wäre – wie immer die großartigen kulturellen überstaatlichen Intentionen der Europäischen Gemeinschaft auch sein mögen. Es besteht die Gefahr, daß die Annexion sich dieses Mal schlicht als eine Immobilienmaßnahme, ohne die Spur einer Planung, als mutwilliger Akt von Vandalismus darstellt. Und solches hatte der Park als konzeptionelle Verkörperung des Imaginären im 19. Jahrhundert stets vermieden, indem er zu ausgedehnten Diskussionen und zum Projektieren anregte.

Anmerkungen

1 Die Geschichte des Parc Léopold und insbesondere die in diesem Artikel zusammengefaßten Etappen sind Thema eines Buches, das die diversen Aspekte, die den Park mit der Entwicklung einer für das 19. Jahrhundert spezifischen städtischen Kultur verbindet, präzisiert. Das Buch wurde von mir in Zusammenarbeit mit Marie Demanet verfaßt und von den Archives d'Architecture Moderne 1985 herausgegeben: Annick Brauman, Marie Demanet, *Le Zoo, la Cité Scientifique et la Ville*, Brüssel 1985.

2 *Le Zoo, la Cité Scientifique et la Ville*, op. cit., S. 87.

3 Es handelt sich um die bemerkenswerte prähistorische Sammlung der neunundzwanzig Iguanodons, die 1877 in der Sainte-Barbe-Grube des Kohlenbergwerks von Bernissart (Belgien) in etwa 350 Metern Tiefe gefunden wurden.

4 Siehe zu diesem Thema Marco De Michelis u.a., *Case del Popolo. Un'architettura monumentale del moderno*, Venedig 1986. Siehe insbesondere die Artikel über Wien, Deutschland, Holland, welche die Pläne für Volkshäuser, angeregt durch die Idee des weltlichen Tempels und des totalen Kunstwerks, verdeutlichen.

5 Die Geschichte der Idee zu einer Weltstadt in ihrem Verhältnis zur städtebaulichen und architektonischen Kultur wird in dem Buch von Giuliano Gresleri und Dario Metteoni, *La Città Mondiale, Andersen, Hebrard, Otlet, Le Corbusier*, Venedig 1982, dargelegt.

Henri und Achille Duchêne: die Neuentdecker Le Nôtres

Monique Mosser

Ballsaal des Herzogs von Arenberg im Park von Nordkirchen in Westfalen. Zeichnung von Dupré nach einem Entwurf von A. Duchêne, vor 1914. Paris, Musée des Arts Décoratifs

Es ist ein beliebter Topos festzustellen, inwieweit die Ästhetik der Gärten einen Indikator der Mode darstellt und darüber hinaus die Weltauffassung jeder Epoche konkret widerspiegelt; daher stammt die einfache, aber verlockende Gleichung Garten = Mikrokosmos. Michel Le Bris ging noch weiter, als er in einem zusammenfassenden Werk über die großen Ideen des 18. Jahrhunderts schrieb: »Die Gärten sind nicht unschuldig: Es sind unsere inneren Landschaften, die sich stets in sie einschreiben, unser Verhältnis zu den Menschen, zur Welt und zu Gott. Die Kontroversen der Gartengestalter müssen als metaphysische Kontroversen aufgefaßt werden.«[1] Man kann noch weiter gehen und bestätigen, daß Gärten – wie jede Kunstform und so seltsam das auch erscheinen mag – ein ideologisches Terrain im modernen Sinn darstellen, ja sogar einen Bereich, an dem die Polemik sich aufheizen kann. Man hat beispielsweise schon lange aufgezeigt, daß die Entstehung des englischen Landschaftsgartens eng mit Angriffen auf die herrschende königliche Macht verbunden war. John Dixon Hunt hat ausführlich dargelegt, daß die politische Symbolik der *fabriques* im Park von Stowe »wie eine antistuartsche, anti-katholische und pro-britische Botschaft«[2] funktionierte. Es wäre übertrieben, den Landschaftsgarten automatisch mit einer mehr oder weniger liberalen Denkweise zu identifizieren. Unbestreitbar ist jedoch, daß für viele Liebhaber und Besitzer von Parks im englischen Stil im Europa der Aufklärung die von ihren Fesseln befreite Natur bestens dafür geeignet war, eine neue Auffassung vom Individuum und seinem Platz innerhalb des sozialen Systems widerzuspiegeln.[3] So kann man im *Guide des Jardins de Franconville-la-Garenne* (1784) nachlesen:

»Die Gleichförmigkeit (der klassischen Gärten) lenkt bald die Aufmerksamkeit ab... und erstreckt sich auf die Schlichtheit der Felder. Die Unordnung, welche die verschiedenen Pflanzenkulturen dort verursachen, schmeichelt der Phantasie und dem Blick mehr als die langweilige Symmetrie der alten Parks. Der schlechte Geschmack unserer Ahnen verliert sich glücklicherweise, und bald werden wir die Befriedigung haben, ganz Frankreich nur noch als einen Garten zu sehen. Dann wird man kaum verstehen, daß der frei geborene Mensch einst Gefallen daran fand, sich in seine Besitztümer einzuschließen, wie man einen Kriminellen im Gefängnis einschließt.«

Wenn man die zyklische Theorie über die Geschichte der Gestaltung oder einfacher die Logik der Reaktion gelten läßt, so war es voraussehbar, daß die lange Entwicklung des Landschaftsstils und seine Erschöpfung in einem kleinbürgerlichen Repertoire, von Gustave Flaubert in *Bouvard und Pécuchet*[4] ausgezeichnet karikiert, nicht nur radikale stilistische Veränderungen, sondern darüber hinaus wirklich doktrinäre Auffassungen nach sich ziehen würde. Um die Besonderheit des französischen Problems zu beurteilen, ist es notwendig, eine Parallele zum Fall Großbritannien zu ziehen.[5] Jenseits des Kanals konnte man schon in den zwanziger Jahren des 19. Jahrhunderts die ersten Anzeichen des Eklektizismus erkennen, der unter der Herrschaft Königin Viktorias in der Architektur wie in der Gartenkunst triumphierte. Brent Elliott hat gezeigt, wie die Erneuerung des Interesses, verbunden mit gesteigerten historischen Kenntnissen, eine Reihe neuer ästhetischer Standards begründete.[6] So war die Fortdauer eines gemäßigt pittoresken Stils nicht unvereinbar mit einer Neuinterpretation der gotischen, Tudorschen oder jakobinischen Gärten, während Sir Charles Barry aus den Quellen der italienischen Renaissance schöpfte und William Andrews Nesfield im klassischen französischen Repertoire nach gültigen Vorbildern suchte. Nichts dergleichen geschah in Frankreich, wo der »gemischte« Stil des Zweiten Kaiserreichs vor allem der Mosaikkultur und Gartenbauexperimenten Platz machte, ohne die allgemein üblichen Gartenformen zu verändern. Daher erlebte man erst nach dem Krieg von 1870 die Wiedererstehung von Le Nôtres Ideen und seines Kults. Diese interessante Episode, die nicht nur die Geschichte des Geschmacks widerspiegelt, gibt auch Aufschluß über einen bestimmten Zeitraum in der Geschichte Frankreichs.

In der äußerst nationalistischen, kriegerischen und revanchistischen Atmosphäre, die bis zum Ersten Weltkrieg herrschte, gab es zahlreiche Menschen, die in der französischen Tradition, in ihrer literarischen Kultur wie in ihrem künstlerischen Erbe die Beweise der »genialen Veranlagung ihrer Rasse« zu erkennen meinten. Wenn auf dem Gebiet der Musik zwangsläufig »Deutschland, die Symphonie und die krankhafte Hypertrophie Beethovenscher Gefühle«[7] den Feind vertraten, so waren es natürlich England und sein »formloser« Landschaftsstil, die in der Gartenkunst als Antibeispiel dienten. Le Nôtre, der Heros alles Französischen, würde fortan ob dieser glorreichen »ars gallica« im Panthéon thronen, »die sich durch die intellektuelle Genugtuung auszeichnet, sich in einem majestätischen, solide gezimmerten, gut durchlüfteten Rahmen entwickeln zu können, wo alles den stabilen Gesetzen der Logik, der Ausgewogenheit und der Vernunft huldigt und die moralische und philosophische Atmosphäre gesund und beruhigend ist.«[8] Für die Gärten gab es ebenso zahlreiche »Glaubensbekenntnisse«. Ein Buch diente vor allem aber als Manifest. Es handelte sich um das 1912 von Lucien Corpechot veröffentlichte *Les jardins de l'intelligence. Parcs et jardins de France.*[9] Im Vorwort heißt es: »Wenn die französische Sprache nicht mehr gehört, unsere Literatur nicht mehr verstanden würde, wenn die Namen von Corneille, Bossuet, Racine, Molière, Voltaire und Montesquieu ihren göttlichen Schauder nicht mehr in den Menschen erwecken..., aber der Park Le Nôtres dagegen wohl der Tradition entsprechend instandgehalten würde, dann erschienen doch das Wesen und der Geist Frankreichs, die Reinheit und Perfektion der auf die größten Genies unseres Geschlechts verteilten intellektuellen Kräfte in Versailles in ihrem vollen Glanz... Darum sind die Terrassen von Versailles ein auserwählter Ort, um über den Geist Frankreichs nachzudenken. Unsere Geschichte enthüllt sich dort, zeigt sich wie ein klares und logisches Gemälde. All die Anstrengungen

Vogelschau des Schlosses Voisins und seiner Gärten. Zeichnung von A. Duchêne. Aus: La Gazette des Amateurs de Jardins, 1929

unserer Rasse in allen Richtungen, ihre Mühen und auch ihre Widersprüche bekommen dort einen Sinn und ordnen sich gemäß einem offensichtlich gemeinsamen Plan.«

Zwei Künstler verliehen diesem ideologischen Pathos zunächst Gestalt und verklärten es anschließend, indem sie eine so perfekte Wiederbelebung des Stils Ludwigs XIV. entwickelten, daß sie unser Verständnis der historischen Realität bis heute die Richtung wies; es handelt sich um die Landschaftsarchitekten Henri und Achille Duchêne.[10] Die kürzlich erfolgte Wiederentdeckung ihres Büros, verbunden mit der Analyse der bereits bekannten Dokumente (im Pariser Musée des Art Décoratifs, siehe Artikel in der *Gazette Illustrée des Amateurs de jardins*)[11] ermöglichte es, die Gesamtheit ihrer umfangreichen Tätigkeit zu erfassen. Ihr Name ist tatsächlich mit mehr als 380 Gärten verknüpft, sowohl in Frankreich wie auch im Ausland, bis nach Rußland, in die Vereinigten Staaten, nach Argentinien und nach Australien, und betrifft Neuschöpfungen, Restaurationen oder Rekonstruktionen.

Nach seiner Tätigkeit im Stadtplanungsamt der Stadt Paris gründete Henri Duchêne 1877 sein eigenes Büro. Sein 1866 geborener Sohn Achille trat früh in das väterliche Büro ein und erwarb schon ab dem zwölften Lebensjahr seine Ausbildung, indem er an allen Arbeiten teilnahm. Nach dem Tod seines Vaters (1901) übernahm Achille dessen Nachfolge, und fast ein halbes Jahrhundert lang (er starb 1947) gestaltete er abwechslungsreiche Werke. Die Restaurierung der Parterres und Kaskaden von Vaux-le-Vicomte (vom Architekten Lainé begonnen) kennzeichnet – beinah symbolisch – den Beginn der Tätigkeit Duchênes.[12] Für den reichen Industriellen Alfred Sommier, der das Anwesen 1875 erworben hatte, rekonstruierten Vater und Sohn die Randeinfassungen des Großen Parterres in ihrer ganzen Pracht. Es handelte sich damals um eine echte Innovation, wie Ernest de Ganay in Erinnerung rief: »Nach einigen ersten Versuchen, bei denen die Spuren der formalen Gärten des Zweiten Kaiserreichs freigelegt wurden (Mosaikkultur, erhöhte Blumenbeete, Vasen und Gruppen in der Mitte von Rasenflächen etc.), verfeinerte sich ihre Kunst, kehrte zu ihren klassischen Ursprüngen zurück und übertrieb sogar die Tradition. Die Parterres mit Broderien mußten absolut flach sein, während Le Nôtre ihnen gerne Profil verlieh, Bewegung durch manchen Busch, manches geformte Gewächs, die seinen Kompositionen einen Rhythmus gaben, sie verzierten, um der Monotonie vorzubeugen.«[13]

Diese Fähigkeit zur Interpretation, die anerkannten Zielvorstellungen der Kunst des Grand Siècle zu modulieren, sie einem neuartigen, genaugenommen zeitgenössischen sozio-ökonomischen Anspruch anzupassen, zeigte sich auch bei ihrem zweiten großen Unternehmen: dem Schloß von Champs-sur-Marne, dessen Park praktisch verschwunden war.[14] Ernest de Ganay lieferte eine perfekte Analyse der Auffassung, welche die Duchênes bei ihren zahlreichen Unternehmungen leitete, ob es sich um Courances, Baillon, Breteuil, Bizy, Maintenon, Balleroy, Rosny, Langeais oder Hautefort handelte. Er schrieb: »Die Vergangenheit kann nicht wiederhergestellt werden. Wenn man sie wiederaufleben läßt, so kann sie trotz Wissenschaft, gutem Geschmack und Rat von Experten nie wieder *genau* in ihrer alten Form erscheinen. Eine Restaurierung, geschweige denn eine Rekonstruktion oder Wiederinstandsetzung, bleibt immer erkennbar. Es ist also vergeblich, eine Veränderung herbeiführen zu wollen. Die wahren Künstler sind sich dessen bewußt, wenn sie mit einer Restaurierung beauftragt werden. Sie *interpretieren* die Vergangenheit auf diskrete Weise. Und das ist die beste Art, sie zur respektieren, anstatt zu versuchen, sie durch eine Gegenwart zu ersetzen, die nicht ihr perfektes Abbild wäre. Was man dagegen versuchen muß, ist, die Stimmung der Vergangenheit, ihre Atmosphäre, wiederherzustellen... Wenn glücklicherweise ein alter Plan existiert, dann hat man das zu interpretierende Thema.«

Übrigens waren die Eingriffe der Duchênes in vielen Fällen reine Erfindungen: Wenn manche sich als wahre Erfolge erwiesen, so erscheinen andere uns heute als irrtümliche Interpretationen des Genius Loci, die sich jedoch durch die Omnipräsenz der klassischen Stilreproduktion im 19. Jahrhundert erklären. So zeigte Achille Duchêne, als er den Park des Schlosses Le Marais im französischen Stil gestaltete, eines großen klassizistischen Gebäudes, um 1770 von Barré erbaut, ein totales Unverständnis gegenüber dem, was im Zeitalter der Aufklärung das ästhetische Gleichgewicht ausmachte: dem subtilen Kompromiß zwischen der Linie und der Kurve, der Strenge des Gebäudes und der üppigen »Natürlichkeit« des Gartens. Dagegen offenbaren das Wasserparterre von Blenheim, direkt von Versailles inspiriert, der gelungene Park von Nordkirchen in Westfalen[15] und vor allem die vollständige Planung von Voisins (Yvelines) die enorme Begabung der Duchênes. Jean-Christophe Molinier schrieb: »Die Fülle ihrer Bibliothek, die ihre Lektüre betreffenden Manuskripte bezeugen es. Eine gründliche Bildung ist die Quelle ihrer technischen Meisterschaft, bereichert durch den Umfang der seit dem 17. Jahrhundert verfügbaren Palette von Materialien.«[16]

Zu Beginn des 20. Jahrhunderts, als der Wohlstand noch die maßlosesten Träume erlaubte, beauftragte der Graf de Fels Duchêne mit einem riesigen Projekt, das von 1903 bis 1925 durchgeführt wurde: die Realisierung des Parks von Voisins (Yvelines): Es handelte sich darum, das Schloß – dessen Architektur direkt von Jaques-

Wasserparterre und Ostterrasse von Schloß Blenheim (Oxfordshire, Großbritannien), von A. Duchêne 1925 angelegt. Photo Daniele De Lonte

Perspektivische Ansicht eines Gartenentwurfes für Monsieur Weiller in Versailles. Zeichnung von A. Duchêne. Paris, Musée des Arts Décoratifs

Ange Gabriel inspiriert war – »mit einem Rahmen französischer Kunst« zu umgeben »und diesen bis zum Fuß der Hügel auszudehnen, ohne daß der Übergang zu abrupt und entgegen den Regeln der Kunst ausfällt«.[17] So stellte der Graf de Fels – der sich selbst zum Historiker Gabriels ernannte, um seiner eigenen Sache zu dienen – die seltsame Theorie eines »Ludwig XVII.-Stils« für Gärten auf; eine Art Post-Klassizismus, der die »Umwälzungen der von der unglücklichen Königin Marie-Antoinette angeregten Mode im englischen Stil« mißachtete. De Fels berief sich auf vergessene Theorien Saint-Huberts und er fand einen formalen Stil, der sogar in den dekorativen Bereichen fast abstrahiert wirkte. Und diesen Eindruck verspürt man häufig, wenn man die schönen Pläne von der Hand zahlreicher Zeichner des Büros Duchêne betrachtet. Die Ansicht aus einer – sehr hoch gelegenen – Vogelperspektive, die geometrische Behandlung der Baumgruppen, die übertriebene Graphik der Parterres erscheinen uns wie Zeichen einer latenten »Modernität«.

Es wäre aber falsch, die Ästhetik Duchênes auf diesen extremen Klassizismus zu reduzieren. Er erklärte selbst, daß er die Anwendung des Landschaftsstils auf sehr großen Flächen oder als »Kulisse« einer regelmäßig gestalteten Kompositon zuließ, was gerade durch seine Arbeiten in Bois-Boudran, Chambly, La Francport, Laversine, La Boissière oder Vaux-le-Pénil belegt wird. Aber die außergewöhnliche Vorstellungskraft Duchênes umfaßte zahlreiche Register und offenbarte sich uneingeschränkt in seinen geplanten und ausgeführten Gärten für amerikanische Millionäre.[18] Das klassische Vokabular lieferte hier nur noch einen Rahmen, in den sich recht merkwürdige Objekte einfügten (Brunnen, Skulpturen, »heilige Wäldchen«), die eher den Bühnenbildern Hollywoods ähneln (zum Beispiel *Intoleranz* von Griffith – 1916) als den Stichen Dézallier d'Argenvilles!

So erinnern die Pläne für Mrs. Carolus-Pulmann in Kalifornien an dieselbe Art der Traumwelt wie unsere aktuellen Comic-Streifen. Man empfindet in diesen Gärten der Neuen Welt, in denen der weite Raum, das Überangebot an Pflanzen und die Anhäufung von Zitaten eine im höchsten Grad originelle Landschaft komponieren, einen auf den Höhepunkt getriebenen und durch eine Poesie der Maßlosigkeit sogar transzendenten Eklektizismus.

Achille Duchêne gestaltete auch geschmackvoll Stadtgärten: für Madame Porgès in der Avenue Montaigne, für das Hôtel Matignon, aber auch die seltsame Komposition im römischen Stil auf der Terrasse des Stadthauses des Magnaten Gulbenkian ..., nicht zu vergessen die zahlreichen »kleinen Gärten«[19] sowohl in den noblen Vororten der Hauptstadt als auch an der Côte d'Azur (»Lou Sueil« in Eze). Dennoch: Die Folgen des Ersten Weltkriegs und die daraus resultierenden radikalen Veränderungen der Vermögensverhältnisse sowie das unaufhaltsame Vordringen technischer Neuheiten (Flugzeug, Auto, Radio etc.) mußten den letzten fünfundzwanzig Jahren von Achille Duchênes Karriere eine völlig andere Orientierung geben. Nur städtebauliche Planungen und sonstige öffentliche Aufträge konnten ihm nunmehr noch den Maßstab für seine Eingriffe bieten. In seinem 1935 publizierten Buch *Les jardins d'hier, d'aujourd'hui et de demain* äußerte er sich über die Theorien, die eine Reihe seiner Projekte leiteten; sie verweisen übrigens auf Modelle, die in den dreißiger Jahren in ganz Europa Einfluß ausübten: »Ich habe versucht, die bereits in der Gegenwart angedeuteten künftigen sozialen Veränderungen und die neuen Regeln der Kunst, die sie erzeugen werden, vorauszusehen.« In diesem erklärten Willen, »die Seele des Individuums durch den Einfluß der Umgebung in Ordnung zu bringen«, erkennt man den Einfluß eines »nationalen Sozialismus«. Die im selben Jahr von Ernest de Ganay publizierte Analyse des Buchs ist in diesem Punkt sehr aufschlußreich: »Man muß den Autor der *Gärten der Zukunft* dafür loben, daß er mit soviel Leidenschaft und gutem Willen untersucht hat, was die Gärten des ›sozialen Lebens‹ der Zukunft, wo alles berücksichtigt ist, sein könnten und sollten: Grünbereiche, die eine Schule umgeben, ein öffentlicher Park für die Stadt mit einem beeindruckenden und prächtigen Plan für ein ›Haus des sozialen Lebens‹, ein Sportplatz und jener erstaunliche ›erzieherische, ergötzliche und erholsame Park‹, in dem Vorstellungen von Schönheit und Fortschritt vorgestellt und bestätigt werden, auch Vergnügungen, die dazu bestimmt sind, das Volk zu bilden, ihm zum Glück zu verhelfen durch Schönheit, Gesundheitspflege und Sport, indem sie ihm Freuden offerieren, die seine Seele in den Bereichen Phantasie und Aktion zugleich entfalten lassen.«[20] Dieses System, das seinen Höhepunkt in dem repräsentativen *Musée du Progrès* fand, dessen Entwurf fast exakt der Architektur des neuen Palais de Chaillot und der Pavillons der Ausstellung von 1937[21] entspricht, verweist ebenso auf die zu der Zeit in Berlin, Rom oder Moskau durchgeführten Experimente. Eine der interessantesten Arbeiten Duchênes aus jener Zeit ist die Anlage von Le Tréport mit Terrassen, Seepromenade und Sportgelände.

Ernest de Ganay lieferte eine scharfsinnige Analyse der Rolle der Duchênes, als er schrieb: »Sie hatten den Weg gebahnt oder vielmehr den französischen Garten auf seinen Weg der Tradition zurückgebracht, indem sie die alten Vorbilder aufgriffen, um sie um die alten Wohnsitze herum wieder zu erschaffen. Waren diese Gärten restauriert, stellten sie nunmehr eine lebendige Lektion dar, und die Entwicklung des Stils konnte sich ganz natürlich vollziehen, ging sie doch von ihrer Grundlage aus. Dies ist eine Grundvoraussetzung, ohne die jede neue Kunst riskiert, tot geboren zu werden. Es ist keine Paradoxie zu behaupten, daß wir dieser Reaktion heute den Fortschritt in der Gartenkunst verdanken, der sich seit nunmehr vielen Jahren deutlich behauptet. Eine völlig neue Schule komponiert heute die zugleich kunstvollsten und phantasiereichsten der modernen Gärten.«[22]

Zu Duchênes Nachfolgern – von denen einige sich sehr schnell emanzipierten – zählen Louis Decorges, die Gebrüder Vera[23], Jean-Charles Moreux[24] und Jacques Gréber, vor allem aber Ferdinand Duprat, der »geistige Sohn« Duchênes[25], dem wir die prächtige Wiederherstellung der Gärten de La Roche-Courbon (Charentes) verdanken.

Man kann aber noch weiter gehen und behaupten, daß die »Eloquenz« der Kunst Duchênes, die Kraft seiner eigenen Geschichtsauffassung beinahe ein dreiviertel Jahrhundert überdauert haben und daß die Vorstellung, die sich viele unserer

Terrasse mit einer Allee von Wasserfontänen für einen Park in Kalifornien. Zeichnung von A. Duchêne, aus: La Gazette des Amateurs de Jardins, 1923

Zeitgenossen von Le Nôtre machen, zum Teil durch seine Arbeit geprägt wurde. Aus diesem Grunde überlagern sich aus der historischen Perspektive ihre beiden Gestalten. Man muß wissen, daß Duchêne anhand historischer Vorbilder eine »Doktrin« für seine eigene Praxis entwickelt hatte. Das bestätigte er beispielsweise im Vorwort zu dem Buch von M. Fouquier *De l'art des jardins du XVe au XXe siécle* (1911): »Die Kunst der architektonischen Gärten in Frankreich wird sich also normal mit den Kennzeichen unserer nationalen Wesensart entwickeln; alles wird gleichmäßig, symmetrisch, aufeinander abgestimmt, klar, logisch, kalkuliert auf einen dominierenden Effekt sein... Besteht nicht eine gewisse Analogie zum 17. Jahrhundert zwischen den metaphysischen und literarischen Vorstellungen dieser Epoche und der Gartenkunst, die recht künstliche Gärten schafft, in denen alles geformt, schnurgerade, streng, stilisiert ist, um zu einem Schönheitseffekt beizutragen?« Dieser gnadenlose Hyper-Klassizismus, dieser Anspruch auf den »Imperialismus der Vernunft«[26] sind nach Corpechot die Kennzeichen »einer Zeit des unvermeidbaren Kampfes«. Heute können wir uns aber nicht mehr mit dieser allzu formalen Interpretation zufriedengeben, die zahlreiche Komponenten der Kunst Le Nôtres und seiner Zeit, vor allem seine erstaunliche Beherrschung der damals neuesten Technik[27] oder sein dem Gelände insgesamt entgegengebrachtes Interesse außer acht läßt.

Anmerkungen

1 Michel Le Bris, *Le Paradis Perdu*, Paris 1981.

2 John Dixon Hunt, »Emblème et expressionisme dans les jardins paysagers du XVIIIe siècle«, in: *Urbi*, Nr. VIII, 1983, S. XVI–XX XII.

3 Siehe in diesem Buch M. Mossers Beitrag »Paradoxe Architekturen...«, S. 259, und die Rolle der freimaurerischen Großmeister.

4 Gustave Flaubert ließ diesen Roman unvollendet, er wurde erst ein Jahr nach seinem Tod 1881 veröffentlicht. Vgl. M. Mosser, »Le texte mis en espace ou la littérature dans le jardin«, in: *Eidos*, 1989.

5 Es fehlt global an einem Werk über die Gartengeschichte, das noch geschrieben werden muß. So wäre es für die Parallelen zwischen Frankreich und England sehr interessant, die Wirkung der Veröffentlichungen von Reginald Blomfield, *The Formal Garden in England*, 1892, und H. Inigo Triggs, *Formal Garden in England and Scotland*, 1902, im Verhältnis zur Rolle der Duchênes zu untersuchen.

6 Brent Elliot, *Victorian Gardens*, London, 1986, vgl. Kapitel 3: »The uses of the past«, S. 55–78.

7 Katalog zur Ausstellung *Gustav Mahler, un homme, une oeuvre, une époque*, Paris, 24. Januar–31. März 1985, Kapitel X: »Mahler et la France«, Yves Simon, »Les premières tribulations de Mahler en France ou Germania contre les enfants de Descartes«, S. 162–187.

8 Emile Vuillermoz, »La symphonie«, in: *Cinquante ans de musique française de 1874 à 1925*, Paris 1925, Bd. 1, S. 323.

9 Lucien Corpechot, *Les jardins de l'intelligence. Parcs et jardins de France*; die erste Ausgabe von 1911 dient vielen Gartenhistorikern und -praktikern als theoretische Grundlage. Es ist interessant, das Vorwort zur zweiten Auflage von 1937 zu lesen, in dem der Autor sich bemüht, die Auswirkung seines Werks zu »relativieren«.

10 Diese Künstler sind augenblicklich Gegenstand einer staatlichen Dissertation von Jean-Christophe Molinier an der Sorbonne unter der Leitung von Bruno Foucart. Vgl. J.-C. Molinier, »Une dynastie de Jardiniers: Henri et Achille Duchêne«, in: *Monuments Historiques*, Nr. 142, Jan. 1986, S. 24–29, sowie »Les Duchêne ou les jardins réinventés«, in: *Vieilles Maisons Françaises*, Nr. 120, Dez. 1987, S. 50–57, und »Duchêne à Chambord«, in: *Monuments Historiques*, Nr. 164, Juli–August 89, S. 76–80.

11 Die schönsten Zeichnungen der Sammlung Duchêne wurden der Graphikabteilung des Musée des Arts Decoratifs in Paris, C.G.T. 2bis B, überlassen. Die Wiederentdeckung der Archive des Büros Duchêne veranlaßte seine Nachkommen zur Gründung einer Gesellschaft »Henri et Achille Duchêne«, 124 Bd. Auguste Blanqui, 75013 Paris. Diese Archive enthalten die Baustellenunterlagen Duchênes, aber auch eine wertvolle Sammlung alter Fotografien, welche die Gelände vor, während und nach den Arbeiten zeigen.

12 Vgl. Edme Sommier: »Vaux-le-Vicomte«, in: *Gazette des Amateurs de Jardins*, 1931/32.

13 Ernest de Ganay: *Les jardins de France*, Paris 1949, S. 296. Der Autor widmete dieses zusammenfassende Buch übrigens »Dem Andenken an meinen vermißten und bewunderten Gartenmeister Achille Duchêne«.

14 Ernest de Ganay: »Le château de Champs«, in: *Gazette des Amateurs de jardins*, 1933/34.

15 Achille Duchêne: »Le parc de Nordkirchen (Westphalie)«, in: *La Gazette illustrée des Amateurs de Jardins*, Winter 1914, S. 26f.

16 J.-C. Molinier: *art. cit.*, Anm. 10.

17 Comte de Fels: »Le château de Voisins«, in: *Gazette des Amateurs de Jardins*, 1929.

18 Raymond de Passillé: »Les jardins français aux Etats-Unis«, in: *Gazette des Amateurs de jardins*, Sonderausgabe 1923.

19 Achille Duchêne hatte vor seinem Tod 1947 den Inhalt eines posthum veröffentlich ten Buchs formuliert: *Petites et grandes résidences*, mit einem Vorwort von Ernest de Ganay.

20 Ernest de Ganay: »Les Jardins d'Achille Duchêne«, in: *Art et Industrie*, August–September 1935, S. 31–34.

21 Vgl. Katalog *Paris 1937, Cinquantenaire de l'exposition internationale des arts et des techniques dans la vie moderne*, Paris, Mai–August 1987.

22 Ernest de Ganay: »Les jardins de Jacques de Wailly«, in: *L'Architecture*, 15. Januar 1935, S. 21–36.

23 Die Laufbahn der Gebrüder Vera war Gegenstand einer Abschlußarbeit in Kunstgeschichte von Cathérine Gueissaz an der Universität von Paris-Sorbonne unter der Leitung von Prof. Bruno Foucart.

24 Das Werk des Landschaftsgestalters Jean-Charles Moreux ist Gegenstand einer Dissertation in Kunstgeschichte an der Universität von Paris-Sorbonne unter der Leitung von Prof. Bruno Foucart, vgl. auch vom selben Autor Jean-Marie Dubois: »Jean-Charles Moreux (1889–1956), in: *Monuments Historiques*, Nr. 142, Jan. 1986, S. 30–35.

25 Vgl. Jean-Pierre Bériac: »Ferdinand Duprat, architecte-paysagiste, 1887–1976«, in: *P. + A., Paysage et Aménagement*, Nr. 1, Okt. 84, und Nr. 2, Jan. 1985.

26 Vgl. Anm. 9. Corpechot verwendet S. 75 als Titel: »La création de Versailles ou l'imperialisme de la raison«.

27 Vgl. Hélène Vérins Beitrag (S. 131) in diesem Buch. Die jüngsten angelsächsischen und amerikanischen Historiker Le Nôtres haben ihren Studien eine andere Dimension verliehen, z.B. F. Hamilton Hazlehurst: *Gardens of Illusion, The Genius of André Le Nôtre*, Nashville 1980, und Kenneth Woodbridge, *Princely Gardens. The Origins and developments of the French formal style*, London 1986.

Kleingärten in Deutschland

Birgit Wahmann

Dauerkleingartenkolonie in Königsheide bei Berlin-Treptow. Entwurf von E. Barth, Berlin, Technische Universität, Plansammlung

Die Kleingärten in Deutschland entstanden vor dem Hintergrund der technischen, ökonomischen und sozialen Umstrukturierungen im 19. Jahrhundert. Bis zum heutigen Zeitpunkt unterlagen sie zahlreichen Veränderungen sowohl in ihrer gesellschaftlichen und individuellen Bedeutung als auch in ihrem äußeren Erscheinungsbild. Erste Anfänge der Kleingartenbewegung entstanden im Rahmen kommunaler Fürsorgebestrebungen, als die Gemeinden armen Bevölkerungsgruppen anstelle von finanzieller Unterstützung Landparzellen außerhalb der Wohngebiete zum Anbau von Obst und Gemüse zur Verfügung stellten. Sie sollten die schlechte Ernährungslage der Haushalte verbessern und waren als schlichte Nutzgärten mit Reihenbeeten und Obstbäumen angelegt.

Der Bedarf an diesen Armengärten wuchs mit der fortschreitenden Industrialisierung in der zweiten Hälfte des 19. Jahrhunderts, als die männliche Landbevölkerung in großer Anzahl in die Städte zog, um dort Arbeit zu finden. Sie wohnte zunächst nur in notdürftigen Wohnbaracken und etwa ab 1870, als auch ihre Familien nachkamen, in den Mietskasernen der Großstädte, die aus bauspekulativen Gründen aus dem Boden schossen. Die schlechten Wohnverhältnisse, die herrschenden Arbeitsbedingungen sowie die mit dem Rückgang der Landwirtschaft verbundenen Ernährungsengpässe führten bei der sich herausbildende Arbeiterklasse zu erheblichen sozialen Problemen. Für einen Teil der an Selbstversorgung gewöhnten ehemaligen Landbevölkerung konnte deshalb der Anbau von Obst und Gemüse auf kleinen Parzellen außerhalb der Städte Hunger und Not in gewissem Umfang mindern.

Weitere Impulse für die Ausbreitung der Kleingartenbewegung hatten ihren Ursprung in einem Erziehungsverein der Mitte des 19. Jahrhunderts nach den Ideen des Arztes Daniel Gottlob Moritz Schreber gegründet wurde. Er sollte der Volksgesundheit und -erziehung durch sportliche Betätigung und Spiel im Freien vor allem für Kinder und Jugendliche dienen.

Als Direktor der orthopädischen Heilanstalt in Leipzig sah Schreber Tag für Tag welche physiologischen und psychologischen Schäden die Arbeitsbedingungen, von denen zu jener Zeit auch diese Altersgruppen betroffen waren, mit sich brachten. Er forderte deshalb die Gemeinden auf, öffentliche Spielplätze einzurichten und dort unter pädagogischer Anleitung regelmäßig Spielstunden durchzuführen. Die Ziele Schrebers wurden nach dessen Tod von Doktor Hauschild weitergeführt. Von ihm stammt der Gedanke, Gartenarbeit als Unterrichtsmittel für Schüler einzusetzen. Am Rande der Spielplätze wurden deshalb Beete angelegt, die zunächst für die Kinder vorgesehen waren und später in Familiengärten umgewandelt wurden.

Beide Strömungen, die Armengärten, die vorrangig an Industriearbeiter vergeben wurden, sowie die später als Schrebergärten bezeichneten Anlagen, die außerhalb reiner Industriegebiete auch kleinbürgerliche Gruppen betrafen, schlossen sich 1910 zum »Zentralverband der Arbeiter- und Schrebergärtner« zusammen. Bis zu jener Zeit waren Kleingärten an vitale Bedürfnisse wie Nahrungsmittelversorgung und die Versorgung mit einem Minimum an Freifläche gebunden. Hieraus ergaben sich die eng mit diesen Funktionen gekoppelte einfache Ausstattung der Gärten sowie das elementare, unromantische Naturbedürfnis und -verständnis der Betreiber, die sich zum überwiegenden Anteil aus proletarischen Gruppen zusammensetzten. Gartenkunst war für diesen Teil der Bevölkerung kein Anliegen, wohl aber kann von einer proletarischen Gartenkultur gesprochen werden, die die Verbesserung der Lebensbedingungen zum Ziel hatte.

Diese Klein- oder Schrebergartengebiete wurden Anfang des 20. Jahrhunderts von den Städten und Gemeinden systematisch geplant und häufig in Zusammenhang mit öffentlichen Parkflächen ausgewiesen. Zu jener Zeit betraf dies vor allem die Volksparkanlagen, die ersten für alle Bevölkerungsgruppen zugänglichen Grünflächen, welche aufgrund der geänderten politischen Bedingungen in Zusammenhang mit der Gründung der Weimarer Republik entstanden. So verbanden sich auch mit den Kleingärten demokratische Elemente wie Selbstverwaltung und Selbstverantwortung, die sich 1919 in der Verabschiedung der Kleingarten- und Kleinpachtlandverordnung und 1924 in der Anerkennung der Gemeinnützigkeit niederschlugen.

Während und nach dem Ersten Weltkrieg waren die Bedeutung und die Anzahl der Kleingärten wegen der Nahrungsmittelknappheit in starkem Maß gestiegen, bis sie durch die Machtübernahme der Nationalsozialisten zunächst absanken. Mit Kriegsbeginn traten sozialpolitische Aspekte gegenüber militaristischen Zielsetzungen der Selbsversorgung in den Hintergrund. Dem Garten wurde dabei auch eine ideologische Bedeutung zugemessen. Er sollte der Verwirklichung »unmittelbarer Bodenverbundenheit«

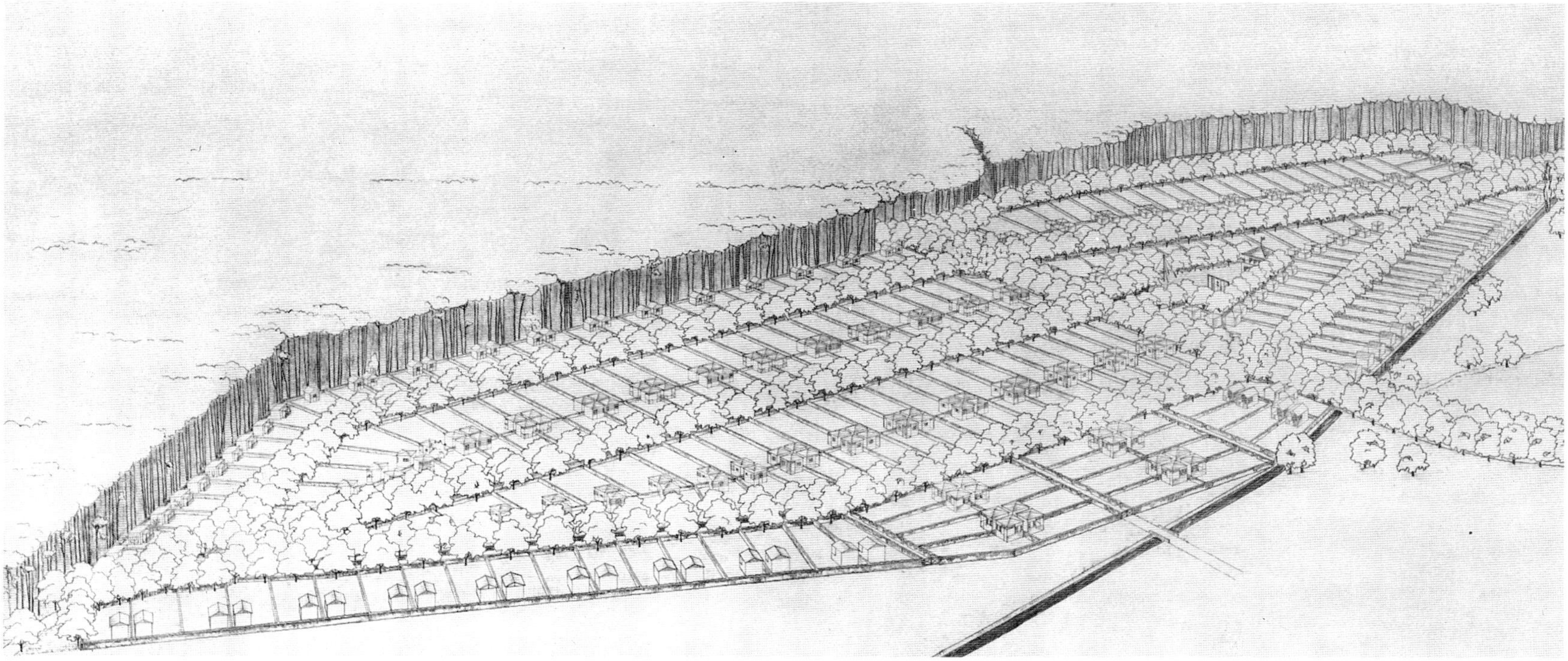

dienen. Gartenlauben übernahmen gegen Ende des Zweiten Weltkriegs und in der Nachkriegszeit oftmals Wohnfunktionen, indem sie Obdachlosen und Flüchtlingen Unterkunft boten. Teilweise wurden Kleingartengebiete mit behördlicher Unterstützung zu Kriegersiedlungen oder »Laubenkolonien« ausgebaut, die zum Beispiel in Berlin in großer Anzahl entstanden. 1949 hatte das Kleingartenwesen, bedingt durch die Wohnungsnot und Nahrungsmittelknappheit, mit 800 000 eingetragenen Vereinsmitgliedern und einer anzunehmenden zusätzlichen Anzahl nicht erfaßter Kleingärtner in Deutschland einen Höhepunkt erreicht.

In den fünfziger Jahren traten neben die wirtschaftlichen Gründe des Zuerwerbs mehr Motive wie Entspannung, Ausgleich, Erholung und der Wunsch nach Umgang mit Natur. In der Folgezeit gelangten ökonomische Überlegungen zunehmend in den Hintergrund. Der Kleingarten wurde zum Ersatz des Hausgartens, die gesamte Parzelle mit Laube ermöglichte sogar den Traum vom eigenen Haus mit Garten, wenn auch nur in kleinen Dimensionen. Nach dem Vorbild eines Wohn- und Ziergartens wurden gepflegte Rasenflächen, Zierpflanzenbeete, Lauben und Sitznischen angelegt. Damit entwickelte sich eine auf eng begrenzten Raum projizierte Gartenkunst breiter Bevölkerungsschichten, deren Arbeiteranteil noch bis in die siebziger Jahre überproportional hoch lag, jedoch seit den fünfziger Jahren zugunsten mittelständischer Angestellter und Beamter kontinuierlich abnahm.

Größenfestsetzungen von maximal 400 Quadratmetern sowie Nutzungs- und Gestaltungsauflagen der Vereine engten den Spielraum für den einzelnen allerdings oft stark ein und führten bis in die Gegenwart häufig zu einem einheitlichen normierten Erscheinungsbild. Auch heute noch wird für einen gewissen Anteil des Gartens der Anbau von Obst- und Gemüse vorgeschrieben. Als Motive sind jedoch neben der Versorgung mit Selbstangebauten Nahrungsmitteln aufgrund eines geänderten Ernährungsbewußtsein, Interesse an Gartenarbeit und körperlicher Betätigung vor allem der kontemplative Naturgenuß durch Beobachten der Pflanzen- und Tierwelt sowie der Erholungsaufenthalt im Freien in den Vordergrund gerückt. Natur und Garten bekommen die Funktion einer besseren »Gegenwelt« zum Wohnen in Verdichtungsgebieten und zum Arbeitsleben.

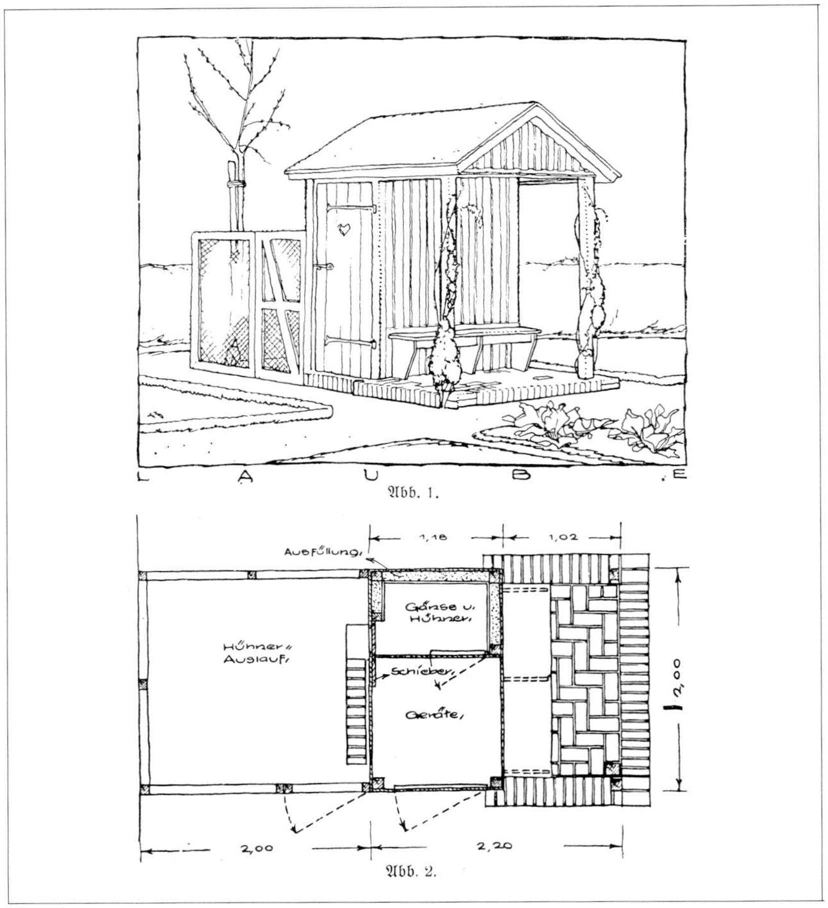

Gartenhäuschen für einen Kleingarten. Entwurf von Ernst May, Anfang 1920er Jahre

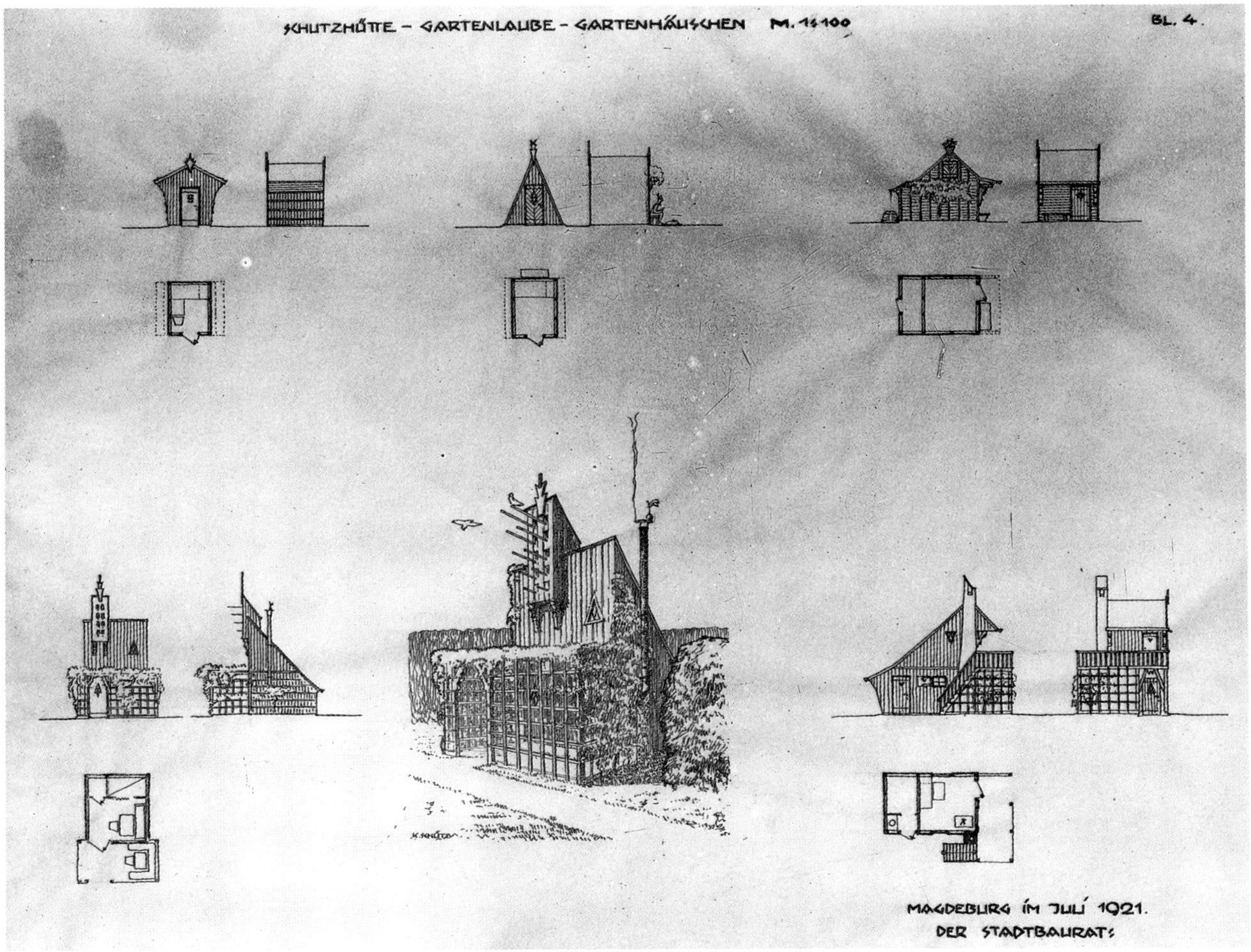

Schutzhütte, Gartenhütte und Gartenhäuschen für Kleingärten in Magdeburg. Entwürfe von Taut und Schütz, 1921. Photo Landesbildstelle Berlin

Literatur

G. Gröning, Tendenzen im Kleingartenwesen, Stuttgart 1974; K.R. Schmidt, Das Kleingartenwesen in heutiger Zeit, in: *Das Gartenamt*, 31, 1982, S. 405–410; M. Spitthover, Freiraumansprüche und Freiraumbedarf, München 1982; G. Gröning, J. Wolschke-Bulmahn, Ein Rückblick auf 100 Jahre, Berlin 1987; B. Wahmann, Freizeitgärten, eine neue Form privat nutzbarer wohnungsferner Freiräume, Darmstadt 1987.

Kleingartenkolonie Marienthal in Berlin-Neukölln, 1912. Photo Landesbildstelle Berlin

Kleingarten in der Siedlung „Neue Zeit" in Berlin-Wittenau, 1931. Photo Landesbildstelle Berlin

Der Jugendstilgarten in Deutschland und Österreich

Birgit Wahmann

A. Lilienfein. Entwurf für einen Villengarten in Stuttgart. Aus: Skizzen und Entwürfe aus dem Wettbewerb der Woche, Berlin 1908

Josef Lepelmann. Garten im Neandertal bei Düsseldorf. Aus: Skizzen und Entwürfe aus dem Wettbewerb der Woche, Berlin 1908

Entwurf von J. M. Olbrich für sein eigenes Haus in Darmstadt. Bleitstiftzeichnung. Berlin, Staatliche Museen Preußischer Kulturbesitz, Kunstbibliothek

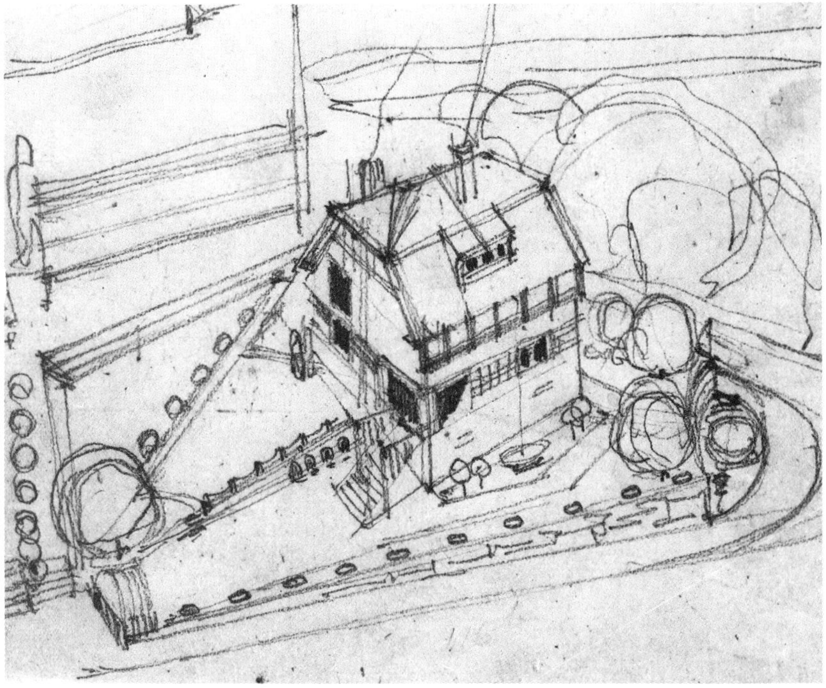

Die Reformbewegung der Jahrhundertwende erreichte die Gartenkunst über die bürgerliche Kunst- und Architekturszene, die eine neue, ganzheitliche Lebensphilosophie zu entwickeln und in eine zeitgemäße Formensprache umzusetzen versuchte. Sich wandelnde gesellschaftliche und ökonomische Bedingungen führten zu einem wachsenden Selbstbewußtsein des Bürgertums. Damit verbundene neue Ansprüche wirkten sich nicht zuletzt aufgrund neuer industrieller Produktions- und Fertigungstechniken bis in alle kulturellen Bereiche aus.

So hatten sich auch in der Gartenkunst die historistischen Stilelemente der gründerzeitlichen Kultur überlebt, die nach wie vor den Landschaftsgarten der Lenné-Meyerschen-Schule zum Vorbild genommen hatte. Den landschaftlichen Gestaltungsmerkmalen, die selbst in kleinsten Anlagen die Natur nachzuzeichnen und zu idealisieren versuchten, wurde der »architektonische« Garten entgegengesetzt.

Der architektonische Garten wurde etwa seit 1900 von verschiedenen ideologischen Richtungen aufgegriffen, von denen hier diejenige näher untersucht wird, die im Zusammenhang mit der in Deutschland und Österreich als »Jugendstil« bezeichneten Kunstrichtung steht. Ihre Trägerschicht war zunächst die junge bürgerliche Intelligenz, die oftmals vom Großbürgertum oder vom Adel unterstützt oder mit der Verbreitung des neuen »Stils« beauftragt wurde.

Auch der Garten sollte dem Verständnis eines Gesamtwerks als Synthese aus Kunst, Natur und Lebensart entsprechen. Funktional und formal wurde deshalb einerseits der umbaute Raum im Garten als erweiterter Wohnraum fortgesetzt, andererseits der Garten mittels Wintergärten, Loggien, Blumenzimmern oder -fenster ins Haus geholt. Die Natur sollte dabei in den von Menschenhand gestalteten Lebensraum einbezogen werden und gleichzeitig ein Mittel zur Ergänzung architektonischer Vorstellungen sein. Das Vorbild der organischen Ornamente, die den Charakter des Jugendstils ausmachen und auch im Garten wiederzufinden sind, läßt sich zugleich als Vermenschlichung der Natur und Denaturierung des Menschen interpretieren.

Ziel dieser neuen Gartengestaltung war es, vom rezeptiven Naturgenuß, der nicht mehr in das wirtschaftlich orientierte Fortschrittsbewußtsein jener Zeit paßte, abzukommen und sachlich funktionale Gesichtspunkte der Anlage in den Vordergrund zu stellen. Den architektonischen Gärten lag eine klare räumliche Gliederung zugrunde, die auch kleinste Räume oftmals in Zier- und Nutzbereiche, den Wohn- und Gemüse- oder Küchengarten, unterteilte. Trotz des Wunsches nach Einfachheit, Zweckmäßigkeit und Nutzbarkeit nahm man, entsprechend den ästhetischen Vorstellungen dieser Gestaltungsrichtung auch Rücksicht auf das Dekorative, nur sollte es nicht leitendes Prinzip sein.

Diese Idealvorstellungen brachten unter anderem eine Betonung der Dreidimensionalität mit sich, indem beispielsweise axiale Durchblicke, geometrische Wegeführung mit platzartigen Erweiterungen, strenge Gliederungen mittels Terrassen, Mauern oder Blumenbeeten durch verspielte Formen und hohe, schlanke Bäume aufgelockert wurden. Bäume wurden zur Akzentuierung in Blickachsen oder als räumlicher Abschluß eingesetzt. Verwendung fanden entweder dünnstämmige Eschen, Birken, Weiden oder Linden, die Anklänge an eine ein-

heimische, »bodenständige« Bepflanzung sowie eine naturalistische Auffassung erkennen ließen.

Andererseits wurden aber auch Anleihen im italienischen Renaissance-Garten gemacht, indem man Thujen, italienische Pappeln oder Zypressen pflanzte. Als weitere typische Elemente seien noch die mit Hochstämmen bepflanzten Kübel, die als Wegebegrenzung oder zur Markierung, etwa von Eingangs- oder Übergangsbereichen dienten, erwähnt. Charakteristisch waren darüber hinaus die berankten Pergolen und Lauben sowie die Rosen- oder Staudenrabatten, wobei auf die Farbzusammenstellung der Blüten besonderer Wert gelegt wurde. Die Betonung der Räumlichkeit durch geeignete Bepflanzung wie auch die Hervorhebung von Höhenunterschieden mit architektonischen Mitteln sollten nicht zuletzt die oft sehr kleinen Gärten größer und weiter erscheinen lassen.

Insgesamt lassen sowohl die streng geometrische Aufteilung mancher Teilbereiche, die häufig in symmetrischer Anordnung erfolgte, als auch der stilisierte, künstliche Umgang mit Pflanzen Erinnerungen an den französischen Gartenstil des 17. Jahrhunderts aufkommen. Diese Elemente stehen in Kontrast zu einer gerundeten, vegetativen Ornamentik und einer Verwendung der Pflanzen nach den Regeln der Floristik. Hier kündigen sich Begriffe wie Heimatliebe und Heimatverbundenheit an, die später im Nationalsozialismus zur Blut- und Boden-Ideologie pervertiert und auch von einigen Gartenarchitekten ideologisch mißbraucht wurden.

Als Beispiel für einen Garten des Jugendstils sei zunächst die Gartenanlage des Hauses Olbrich angeführt, die im Jahre 1900 in der Künstlerkolonie auf der Mathildenhöhe in Darmstadt entstand.

Die Aufteilung des Gartens ergab sich in erster Linie aus der dreieckigen Grundstücksform. Es blieben im Prinzip nur Restflächen übrig, die im vorderen, einsehbaren Bereich eher »repräsentativ« mit Rasen, Blumengarten und Bäumen angelegt wurden. Hinter dem Haus liegen der Gemüsegarten und Küchenhof sowie ein abgeschirmter Sitzplatz. Olbrich selbst setzte einige wenige Bäume als Blickpunkte und zur Wegebegrenzung ein. die geometrische Aufteilung wird durch Solitäre sowie einen Birken-Stand im Norden, darüber hinaus durch das ornamentale Pflaster im Eingangsbereich und auf den Wegen entlang der Hauskanten unterbrochen.

Weniger bekannt ist der im Rahmen eines Wettbewerbs im Jahr 1908 in Düsseldorf entstandene Garten von J. Lepelmann. Das Grundstück liegt im Neandertal bei Düsseldorf und steigt terrassenartig nach Nordosten an. Im Eingangsbereich ist der Ziergarten, hinter dem Haus der Nutzgarten angelegt. Der Obst- und Gemüsegarten wird durch einen Hohlweg abgetrennt, von dem aus man durch eine Pforte den Garten verlassen kann. Nutz- und Ziergarten sind durch einen in Verbindung mit dem Haus stehenden Laubengang getrennt.

Der von A. Lilienfein im gleichen Wettbewerb entworfene Garten in Stuttgart vereinigt alle typischen Merkmale eines zu jener Zeit entstandenen Villengartens in sich. Das Bild zeigt einen Blick von der unteren Terrasse zu den beiden oberen. Alle Blumenbeete und Rabatten sind hauptsächlich mit Rosen bepflanzt und in gezielter Farbabstimmung zusammengestellt. Taxus- und Ligusterhekken mit einer Reihe kleiner Hochstämme säumen die Terrassen. Über den Treppen wölben sich Lattenbögen mit Rankrosen.

Der neue Gartenstil setzte sich zuerst in privaten Gärten durch, avancierte aber bald auch zum Gestaltungsleitbild im öffentlichen Bereich. In verschiedenen Städten ließ man Parkanlagen und Stadtplätze nach dem Vorbild des architektonischen Gartens anlegen.

Die Stadtplätze, etwa der Viktoria-Luise-Platz in Berlin-Schöneberg, weisen mit ihrer geometrischen Anordnung der Wege und ihren ornamentalen Beeten die typischen Gestaltungsmerkmale jener Zeit auf. Während bei ihnen eine starke Betonung des Schmuckcharakters erkennbar ist, kombinierte man bei den Parkanlagen die Funktion für eine aktive Nutzung mit dem ästhetischen Verständnis jener Zeit.

Beispielhaft ist der Stadtpark in Ham-

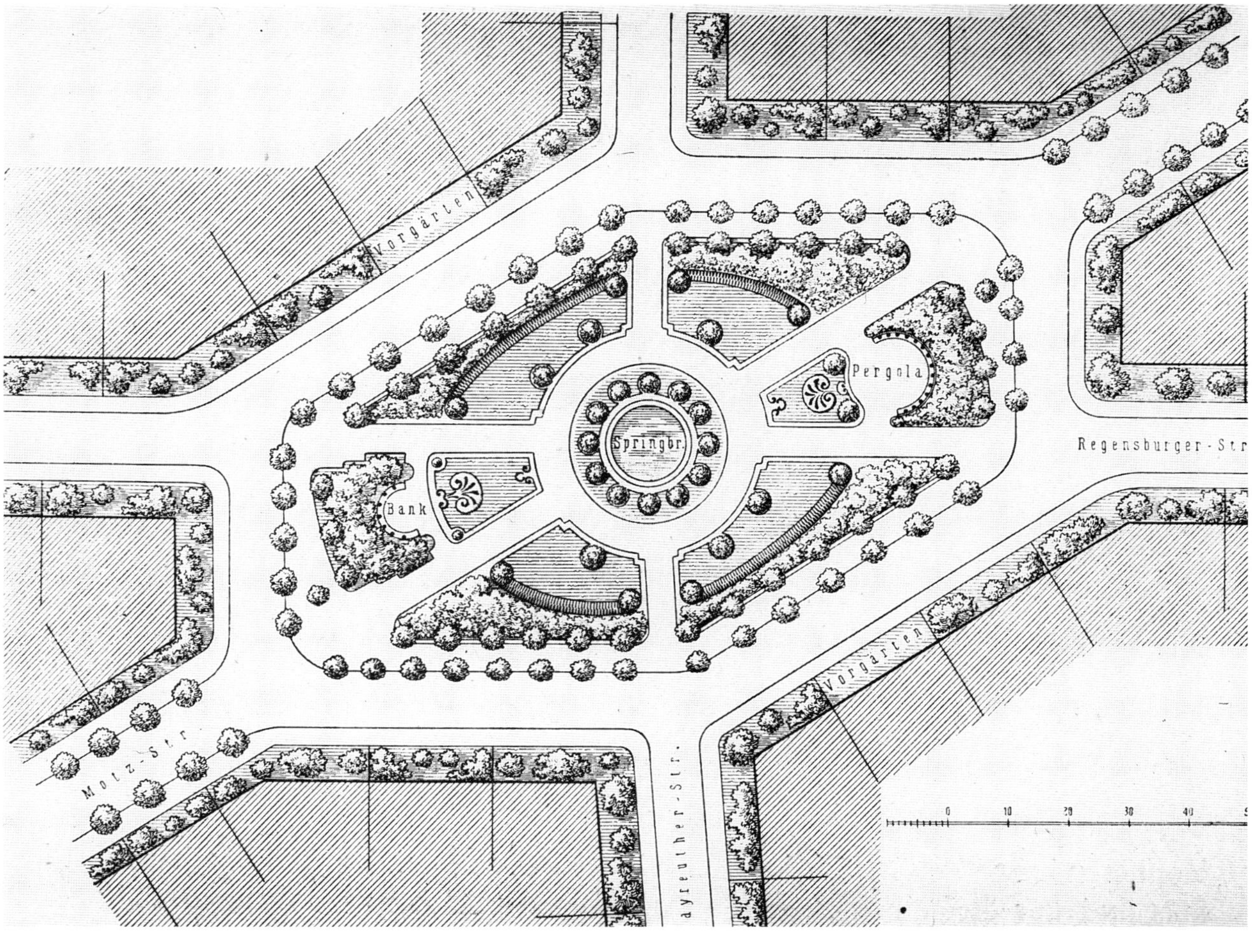

F. Encke. Grundriß des Viktoria-Luise-Platzes in Berlin-Schöneberg, 1899. Photo Landesbildstelle Berlin

Der Viktoria-Luise-Platz in Berlin-Schöneberg, 1903. Photo Landesbildstelle Berlin

burg-Winterhude, eine der größten Parkanlagen im neuen Stil. Den Kernbereich bilden eine Wasserfläche mit der Möglichkeit zum Bootsfahren und eine symmetrisch angelegte rechteckige Spielwiese, deren Achse vom Hauptgebäude am See und einem Wasserturm auf der gegenüberliegenden Seite des Parks markiert wird. Diese Zone ist von geometrisch angeordneten Spiel- und Sportplätzen sowie Schmuckpartien umgeben, die mittels strenger Baumreihen gegliedert sind.

Die Parkanlagen können als Vorläufer der Volksparks gelten, die eine neue Entwicklung einleiteten. Im Gegensatz zu den Landschaftsparks, die ursprünglich von Adel und Großbürgertum angelegt und Schlössern oder Villen zugeordnet waren, standen diese Parkanlagen oftmals am Anfang einer kommunalen Planung für öffentliche Grünflächen.

Obwohl der Jugendstil von gehobenen Gesellschaftsschichten ausging, fand er jedoch später im öffentlichen, aber auch im privaten Bereich Verbreitung in allen Bevölkerungsgruppen.

Literatur

P. Schultze-Naumburg, *Kulturarbeiten*, Bd. 2: Gärten, München 1902; V. Zobel, *Über Gärten und Gartengestaltung*, München 1905; *Skizzen und Entwürfe aus dem Wettbewerb der Woche*, Kap. *Hausgärten*, Berlin 1908; P. Behrens, Neue Sachlichkeit in der Gartenformung, in: *Jahrbuch der Arbeitsgemeinschaft für deutsche Gartenkultur*, 1, 1930, 15–19; *Ein Dokument deutscher Kunst* 1901–1976, Darmstadt 1977; *J. M. Olbrich* 1867–1908, Darmstadt 1983; J. Milchert, Architektonischer Stil kontra Landschaftsgarten 1905–1910, in: *Garten und Landschaft*, 1, 97, 1987.

Die Gärten der Côte d'Azur

Michel Racine

Grundriß der Villa von Charles Garnier in Bordighera (Italien). Nach einem Aufmaß des Gartenarchitekten Edouard André. Zeichnung von J.-P. Olive

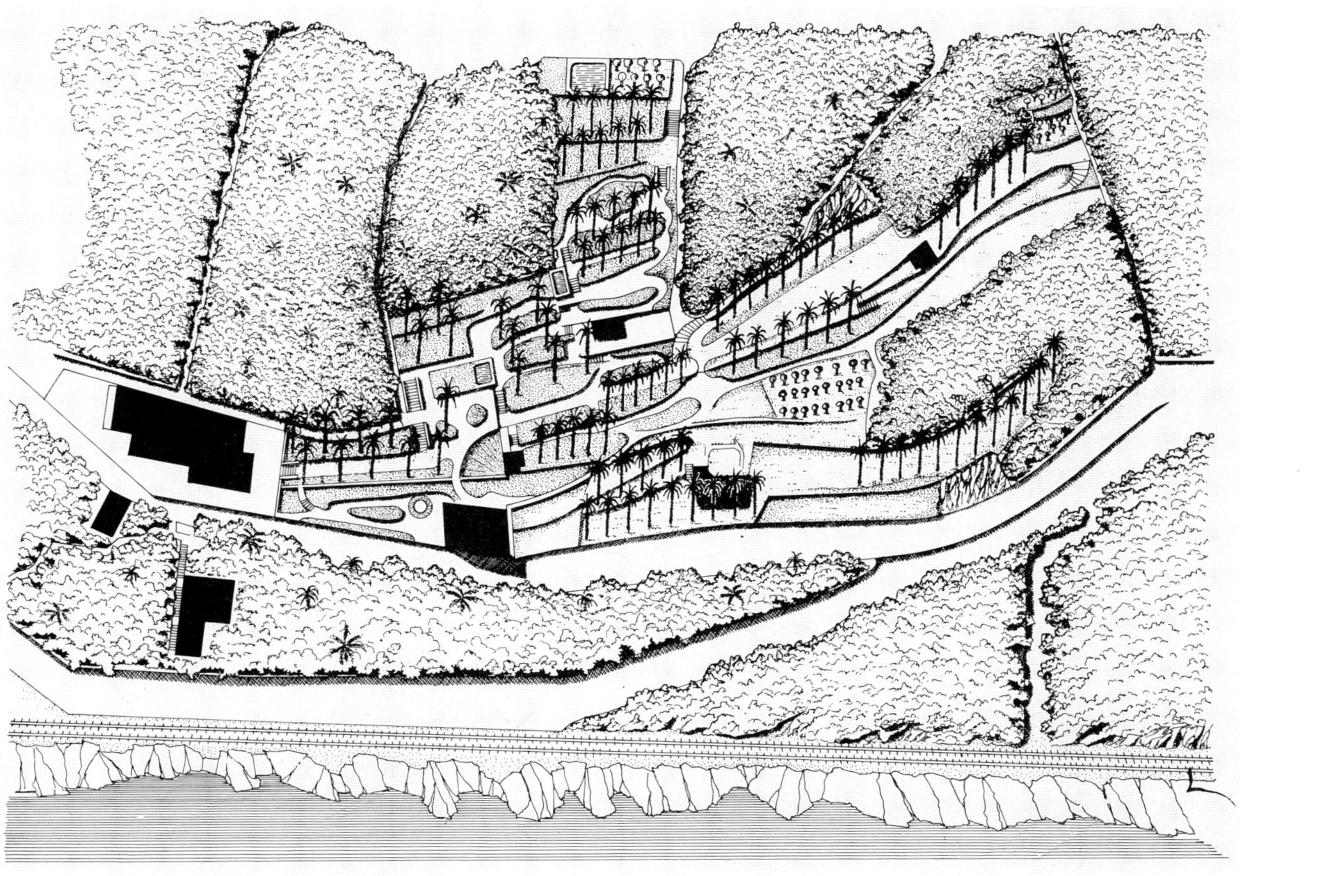

Versuchsgärten der Pioniere

Als ideales Erprobungsgebiet für europäische Botaniker auf der Suche nach Versuchsgärten, um Pflanzen aus Übersee zu akklimatisieren und gleichwohl als zu entdeckende Landschaft für die Liebhaber des Pittoresken blieb »das Land der Orangenbäume«[1] bis Mitte des 19. Jahrhunderts schwer zugänglich. Es war die Zeit der Pioniere, die Zeit derer, die es akzeptieren, »die Strapazen der Reise mit der Postkutsche und schlechter Zimmer zu ertragen in der Hoffnung, auf etwas Schönes zu treffen«, wie Stendhal 1837 in Toulon schrieb. Rund um die Städte bot das Küstengebiet den Anblick eines geschlossenen Gefüges aus Zitrushainen, Blumen-, Obst- und Gemüsegärten. Die Innovationen zu Beginn dieses Jahrhunderts manifestierten sich einerseits in dem Bemühen, exotische Pflanzen in den Versuchsgärten einzubürgern, andererseits in der Schaffung von Landschaftsparks mit einem starken botanischen Anteil rund um die herrschaftlichen Stadthäuser und Villen der englischen Kolonien von Nizza und Cannes.

Wintergärten und Landschaften der gemäßigten Tropen

Mit der Eisenbahn entdeckte die vornehme europäische Gesellschaft die Riviera. Mit ihrem Vordringen nach Osten (1861 bis Cannes, 1872 bis Ventimiglia) erschloß die Bahn jede kleine Stadt dem Tourismus. Die Stadtverwaltungen legten öffentliche Parks an und organisierten Feste für die Saison. Die Küste wurde zum Wintertreffpunkt. Pensionäre auf der Suche nach dem ewigen Frühling und auf Heilung hoffende Kranke stiegen Tag für Tag aus den Luxushotels, maurischen Villen oder anderen eklektizistischen, einheitlichen weißen Bauwerken hinab zum Meer. Alle kamen sie zum Spaziergang auf den gewundenen Pfaden der Landschaftsparks, um die Großtaten der Gärtner zu bewundern, entzückt vom Anblick der mitten im Gelände wachsenden exotischen Pflanzen. Die Palme war wegen ihrer Größe und ihrer Ausdruckskraft bei den Sammlern besonders beliebt. Unter den fünftausend Pflanzenarten um seine Villa »Les Cocotiers« (Die Kokospalme) in Golf von Juan besaß der Graf d'Eprémesnil zweiundsechzig Palmenarten. In seinem »Tropen-Garten« in Nizza hatte Doktor Robertson-Prochovski hundertzwanzig gesammelt. Die *Phoenix canariensis* (Dattelpalme) wurde 1864 in Nizza akklimatisiert und anschließend von Hyères aus an der Küste verbreitet. Heute ist er das Symbol der Riviera, einer Landschaft, die kaum älter ist als hundert Jahre. Im Anblick des Mittelmeers träumte man von orientalischen Küsten, die man in okzidentalen Bildern rekonstruierte. Die dem Spaziergänger dargebotenen Tropen blieben nämlich ziemlich gemäßigt.

Die Bepflanzung wurde hier hinter Muschelkalkeinfassungen und Balustraden auf Abstand gehalten. Die Spazierwege nahmen in den Grundrissen einen großen Raum ein, sowohl in der Anzahl als auch in ihrer Breite. Manche Besitzer ließen Kutschen auf den Hauptalleen zu. Das Portal des Gartens war häufig geöffnet. Die Wintergäste bildeten hier eine große Familie, und der Besuch im Garten gehörte zu den üblichen Gebräuchen. In seinem Buch »*La Côte d'Azur*«[2] einer Art Führer, erwähnte Stephen Liegeard 1887 das ständige Offenstehen zahlreicher Gärten, vor allem des der Villa Bermond in Nizza, wo die Orangen- und Zitronenplantagen »jederzeit frei und ohne engstirnige Überwachung begangen werden können«, und des Gartens Bennet in Menton, wo »das Tor jeden Morgen bis ein Uhr offen bleibt. Keine Erlaubnis ist einzuholen, kein aufdringlicher Wärter vorhanden. Eine Platte aus Carrara-Marmor heißt Sie in der kosmopolitischen Sprache willkommen: Salvete, amici.«

In der Gestaltung stellte der Garten der Côte d'Azur im 19. Jahrhundert geometrische Formen neben Elemente des englischen Landschaftsstils. Um die Villa, die auf einer sehr breiten, rundumlaufenden Terrasse stand, folgten häufig weitere Terrassen, ein Gewächshaus, eine einfache Grotte, ein Chalet, ein gotischer oder maurischer Pavillon, einige wegen der Wasserknappheit auf ein Minimum reduzierte Becken oder Teiche. Das Gelände erforderte Terrassen, wie Edouard André bemerkte: »Die Gärten dieser Region unterliegen einer Gestaltung, die von der flacher Gebiete oder gleichmäßiger Hänge vollkommen abweicht. Aufgrund dieser kontrastreichen Natur muß man unbedingt das stufenförmige System anwenden, Terrassen übereinanderlegen und den Gärten ein künstlich angelegtes Aussehen geben. Manchmal sind die Terrassen geräumig genug, um für gleichmäßige Parterres genutzt zu werden, dann wieder sind es Serpentinen, die sich die Hänge hinabwinden, hier und da mit terrassenförmigen Flächen dazwischen«[3].

So wie man Pflanzen sammelte, sammelte man auch Steine, wie beispielsweise Caroline Miolan Carvalho in ihrer Villa Magali in Saint-Raphaël, wo sie »dreiundvierzig Fragmente der Tuilerien aufstellte«, oder Charles Garnier[4] in seiner Villa in Bordighera. Zu Beginn des 20. Jahrhunderts streute der italienische Maler Raffaele Mainella authentische mittelalterliche Fragmente in seine Kreationen mit ein,[5] aber seine Entwürfe und großen, zum Meer hinabführenden Treppenfluchten wiesen auf eine andere Auffassung von der Landschaft hin.

Loggia der Villa Fiorentina in Beaulieu (Alpes-Maritimes, Frankreich). Zeichnung von Ferdinand Bac. Aus: L'Illustration, Weihnachten 1922

Der mediterrane Garten

Früher als ihre Nachbarn mit dem Verschwinden der ländlichen Landschaft konfrontiert, hatten die Engländer schon Ende des 19. Jahrhunderts neue Gärten erfunden. Die Architektur von Landhäusern, lokale Materialien und wilde Blumen waren dort zur Geltung gebracht und durch die Verwendung von Formen und Dekorationen der italienischen Renaissance oder aus andalusischen Gärten veredelt worden.

Diese neue Auffassung, welche die örtliche Landschaft integrierte und in Szene setzte, wurde von England aus durch Zeitschriften, durch die englische Kolonie und vor allem durch den Architekten Harold Peto, der von 1893 bis 1910 an der Côte d'Azur arbeitete, verbreitet. In seinen von der Villa Medici und Fiesole, von Maryland, Rosemary, Les Cèdres, Isola Bella und Bella Vista angeregten Entwürfen für die Villa Sylvia kombinierte er geschickt ausgeklügelte Bereiche mit blumengefüllten Parterres und Obstgärten.

Diese Interpretation der Landschaft der Côte d'Azur wurde durch eine weitere Entwicklung bereichert: den *enzyklopädischen Garten*. Zur selben Zeit, in der Landschaftsgestalter veschiedene Werke über die Geschichte des Gartens in Europa und in der Welt veröffentlichten,[6] offerierten andere diese Weltreisen in ihren Gartenkreationen. In der Villa Ile de France (1905), in Champfleuri (1912) wie im Albert-Khahn-Park in Boulogne oder in Compton Acres bei Poole besichtigte man den Garten in derselben Weise, wie man ein großes Gartenbuch durchblättern würde, indem man vom florentinischen zum spanischen, holländischen, maurischen oder japanischen Garten weiterging.

Die Côte d'Azur war zweifellos zwischen den Weltkriegen eine der an Schöpfungen reichsten Regionen der Welt. Nach den Engländern, Russen und Deutschen kamen die Amerikaner, die griechischen Reeder, die vermögenden Franzosen. Das Mittelmeer war damals mehr als je zuvor in Mode. Die Zypresse entthronte die Palme. Mit dem Automobil erreichte man neue Gegenden, man entdeckte das Baden im Meer, die Sonne und die Gärten wurden zu Frühlings-, Sommer- und Herbstgärten.

J.C.N. Forestier und Ferdinand Bac legten beide ihre unterschiedlichen Gartenmodelle vor, deren Formen, Farben, Materialien und Themen von ihren Reisen in die Mittelmeerländer inspiriert waren. Forestier fügte der Veröffentlichung der von ihm realisierten Anlagen in Spanien, Marokko und Frankreich eine Geschichte der mediterranen Gärten hinzu.[7] Ab 1912 legte er in Béziers, auf halbem Weg zwischen seinem Winterwohnsitz an der Côte d'Azur und seinen Baustellen in Spanien, einen Garten nach schönem Entwurf an, in welchem er regelmäßige Parterres, mit blauer Holztäfelung und mit Keramik verkleidete Ziegelpergolen und andalusisch inspirierte Wasserläufe miteinander verband. 1927 entwarf er den Garten des Bastide du Roy in Biot, der wegen seines subtilen blumengeschmückten geometrischen Parterres inmitten eines Olivenhains bemerkenswert ist.

Ferdinand Bac hingegen verwirklichte nach dem italienisch und spanisch inspirierten Garten der Villa Croisset in Grasse (1912) und seinen Umgestaltungen der Fiorentina am Kap Ferrat sein Meisterwerk Les Colombières in Menton. Als »Reisegarten« oder »Strauß von Reiseerinnerungen« bot der Garten Les Colombières unzählige Entdeckungen: einerseits farbenfrohe und nostalgische Visionen inmitten von geometrischen, in einem Olivenhain angeordneten Bereichen, andererseits geschickt angelegte Perspektiven, die Blicke in die umgebende Landschaft einfingen. Als geschickter Zeichner, Schriftsteller und Journalist definierte Ferdinand Bac in

Vogelschau der Villa Sylvia in Villefranche-sur-Mer (Alpes-Maritimes, Frankreich), von dem Architekten Harold Peto 1902 erbaut. Aus: L'Illustration, Weihnachten 1922

Trompe-l'oeil-Wandgemälde von Ferdinand Bac im Garten der Villa Les Colombières in Menton (Alpes-Maritimes, Frankreich)

mehreren Artikeln und Werken seine Ästhetik des mediterranen Gartens.[8]

Der Bedarf für Gärten an der Côte d'Azur war dergestalt, daß manche Landschaftsgestalter wie Octave Godard, Schüler Edouard Andrés, der *The Art of Gardening in the South of France*[9] publizierte, sich endgültig hier niederließen. Andere wie Achille Duchêne, Jacques Gréber, Léon Lebel und André Riousse kamen nur während der Bauzeit eines dieser *Sonnengärten* von Paris herunter. Diese sehr detailliert geplanten Gärten zeichneten sich durch eine starke architektonische Komponente, farbige Materialien, Terrassen, Patios, Pergolen, von Alleen markierte Achsen, monumentale Treppen und zypressenbestandene Wasserläufe aus.

Manche Amateure aber nahmen es mit den Professionellen auf oder übertrafen sie sogar. Unter diesen großen Schöpfern sind zwei Schriftsteller erwähnenswert: Edith Wharton mit ihrem Park Sainte Claire in Hyères (1927) und Blasco Ibanez mit seinem Jardin des Romanciers in Menton (1922), angeregt durch einen Garten Forestiers in Valencia. Schließlich und vor allem ist Lawrence Johnston mit Serre de la Madone in Menton (1919) zu nennen. Als berühmter Pflanzenjäger und Schöpfer von Hidcote Manor – einem Muster des neuen englischen Gartens – verwandelte er einige Terrassen in eine Folge von grünen Sälen entlang einer absichtlich bescheiden gehaltenen Hauptachse, die auf jedem Podest einen seitlichen Anblick ermöglichte.

Abweichend von den kulturellen Tendenzen der Zeit zeigte der 1926 von Gabriel Guévrékian für Charles de Noailles in Hyéres geschaffene Garten Aspekte der Avantgarde-Bewegung der *années folles*, weshalb man ihn heute wegen der Dynamik seiner Gesamtform, der Geometrie, der Zickzackform der Broderien und der beweglichen Skulptur von Jacques Lipchitz als »kubistischen Garten« bezeichnet.

Grundriß des von Gabriel Guévrékian entworfenen kubistischen Gartens der Villa Noailles in Hyères (Var, Frankreich). Zeichnung von C. Briolle und J.-P. Olive

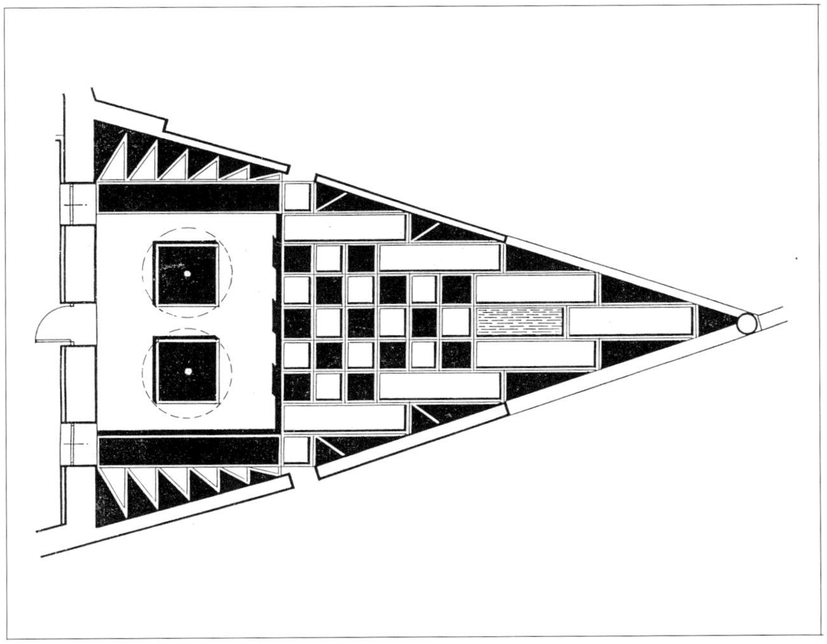

Anmerkungen

1 Der Küstenstreifen zwischen Hyères und Nizza.
2 S. Liegeard, *La Côte d'Azur*, 1887.
3 E. André, *Traité général de la composition des parcs et jardins*, Paris 1859.
4 Charles Garnier war der Architekt beim Abbruch des Tuilerien-Palasts.
5 Villa Cypris und Villa Roquebrune.
6 A. Maumene und A. Duchêne, *Quatre siècles de jardins à la française*, 1910; A. Maumene und E. André, *Deux siècles de jardins à l'anglaise*, 1911; M. Fouquier und A. Duchêne, *Divers styles de jardins*, 1911.
7 J.C.N. Forestier, *Jardins, Carnets de plans et de dessins*, Paris 1920.
8 F. Bac, »Villas et jardins méditerranéens«, in: *L'Illustration*, Weihn. 1922; F. Bac, *Les colombières, ses jardins et ses décors*, Paris 1925.
9 O. Godard, »L'art des jardins dans le Midi«, in: *Bulletin de la Société d'Horticulture partique de Nice et des Alpes Maritimes*; O. Godard, *Les jardins de la Côte d'Azur*, Paris 1927.

Art-Déco-Gärten in Frankreich

Catherine Royer

Moderner Garten. Zeichnung von Franz Lebitsch. Aus: J. C. N. Forestier, Carnet de plans et de dessins, Paris, undatiert

Der „Wasser- und Lichtgarten". Aquarell von Gabriel Guévrékian. Aus: J. Marrast, Jardins, Paris 1925

Art-Déco-Parterre. Aquarell von A. Laprade. Aus: J. Marrast, Jardins, Paris 1925

Vier Jahrhunderte lang wurde die Gartenkunst in Frankreich von der klassischen Tradition beherrscht, dann ein Jahrhundert vom landschaftlichen und gemischten Stil. Zu welcher ästhetischen Richtung würden sich die Gestalter dieser Kunst zu Beginn des 20. Jahrhunderts entscheiden? Eine Verschmelzung, die aus mehreren zeitgenössischen künstlerischen Strömungen resultierte, stellte schließlich der Art-Déco dar.

Diese neue Ästhetik, welche die Reinheit der Linien, geometrische Formengestaltung und Lebendigkeit der Farben vertrat, beeinflußte die Architektur und die dekorativen Künste ab 1910, während die Gartenkunst erst seit etwa 1920 von dieser Tendenz berührt wurde.

Die langsame Entwicklung dieser Kunst zu einer Erneuerung ihrer Formen erklärt sich teilweise durch die Wiederherstellung der großen klassischen Kompositionen aus dem 16. und 17. Jahrhundet. In der Tat war der klassizistische französische Stil seit 1880 wieder zu Ehren gekommen. Die Vertreter dieser Richtung waren also eher bestrebt, die wesentlichen Prinzipien Le Nôtres wiederaufzugreifen, um sie auf die neuen Bedürfnisse ihrer Zeit anzuwenden, als reinen Tisch zu machen mit der Vergangenheit, wie andere Künstler das zur gleichen Zeit taten, um die Prinzipien einer neuen Ästhetik festzulegen.

Die wirtschaftlichen Verhältnisse trugen ebenfalls dazu bei, daß die Entwicklung der großen Prunkkompositionen begünstigt wurde, war doch die Gartenkunst in der Zeit von 1880 bis 1914 das Privileg einer traditionsgebundenen und vermögenden Privatklientel, die sich nicht von den modernen und funktionalen Ideen überzeugen ließ, welche die Avantgarde durchzusetzen suchte.

So konnte die Gartengestaltung also erst nach Aufgabe der Großprojekte, verursacht durch die wirtschaftliche Destabilisierung der Nachkriegszeit, eine Konzeption und eine Ästhetik entwickeln, die mit dem Geschmack und den Bedürfnissen der Zeit im Einklang standen.

Auf ästhetischer Ebene ließ dieser abrupte, durch die Reduzierung der Flächen verursachte Wechsel des Maßstabs in der kurzen Zeit zwischen den Kriegen zwei Arten von Gärten entstehen, die man innerhalb der Art-Déco-Tendenz einordnen kann: den *architektonischen Garten* traditioneller Konzeption und den *kubistischen Garten*, direkt inspiriert von den Malerschülern der Fauvisten und Kubisten.

Der architektonische Garten

Der architektonische Garten, den die eher konservativen Gestalter realisierten, griff die Kompositionsprinzipien der klassizistischen Anlagen des 17. Jahrhunderts wieder auf. Diese Gärten von perfekter Symmetrie ordneten sich um eine auf den Wohnsitz hin zentrierte Hauptachse an. Mit geraden Linien, regelmäßigen Terrassen, ebenem Terrain und perspektivischen Effekten blieben diese kleinen eingefriedeten Grünbereiche der Tradition verhaftet. Aus dem Bestreben heraus, diese Gärten den kleinen Flächen und der neuen Lebensart anzupassen, die durch das Industriezeitalter und die wirtschaftlichen Schwierigkeiten verändert worden waren, hatten die Planer gleichwohl die Linienführung vereinfacht und funktionale Anordnungen eingeführt, die wenig Pflege erforderten. So gelangten sie zu klaren und kompakten Grundrissen, deren Regelmäßigkeit manchmal zum Extrem getrieben wurde, deren einfache und schnelle Lesbarkeit aber den rationalen Gemütern entgegenkam, die den Beginn des Jahrhunderts kennzeichneten.

Obwohl sie der Tradition verhaftet blieben, indem sie aus den Vorbildern der Vergangenheit schöpften, waren die Gestalter dennoch den künstlerischen Bewegungen der Zeit sowie den neuen Materialien gegenüber, deren Produktion die jüngsten industriellen Entdeckungen ermöglicht hatten, aufgeschlossen.

Anläßlich der Exposition des Art Décoratifs in Paris im Jahre 1925 legte die Präsentation einiger neuer Gartenmodelle Rechenschaft ab über durchgeführte Versuche, das Dekor dieser Kunst zu erneuern. Die gesamten dekorativen Elemente waren komplett neu entworfen und mit dem Stempel »Art Déco« versehen worden. Nie zuvor hatte man sich so um Harmonie bei der Farbgebung bemüht. Manche Gestalter, die den zeitgenössischen Strömungen näherstanden, entwarfen Pläne in der Art der Maler, Innenarchitekten oder Goldschmiede. Der Architekt André und der Radierer Paul Véra, die den geometrischen Art-Déco-Stil vertraten, verliehen ihren Plänen den dekorativen Charakter von Stoffen, Ornamenten oder Schmuckstücken jener Zeit. In schachbrettartigen Kompositionen, in denen der Raum in eine Reihe von quadratischen und rechteckigen Feldern aufgeteilt war, verstärkten sie die dekorative Wirkung durch Verwendung lebhafter und warmer Farben, die sie in monochromen Flecken maßvoll auf klar abgegrenzte Flächen verteilten.

Obwohl sie sich direkt von den abstrakten geometrischen Entwürfen ihrer Zeit inspirieren ließen, entfernten sie sich dennoch nicht von den klassischen traditionellen Prinzipien und zentrierten ihre Kompositionen auch weiterhin an einer Mittelachse.

Der kubistische Garten

Indem sie die Kompositionsregeln der vom Kubismus geprägten abstrakten Bilder übernahmen, gelang es den modernen Gestaltern, die räumliche Konzeption der Gartenkunst vollkommen zu erneuern.

Der Architekt Gabriel Guévrékian hatte mit dem Entwurf seines Gartens »Wasser und Licht« für die Exposition des Arts Décoratifs 1925 die ersten Anregungen dazu geliefert. Auf einer geometrischen Dreiecksform basierend, brach diese Komposition mit dem architektonischen Charakter der traditionellen Gärten

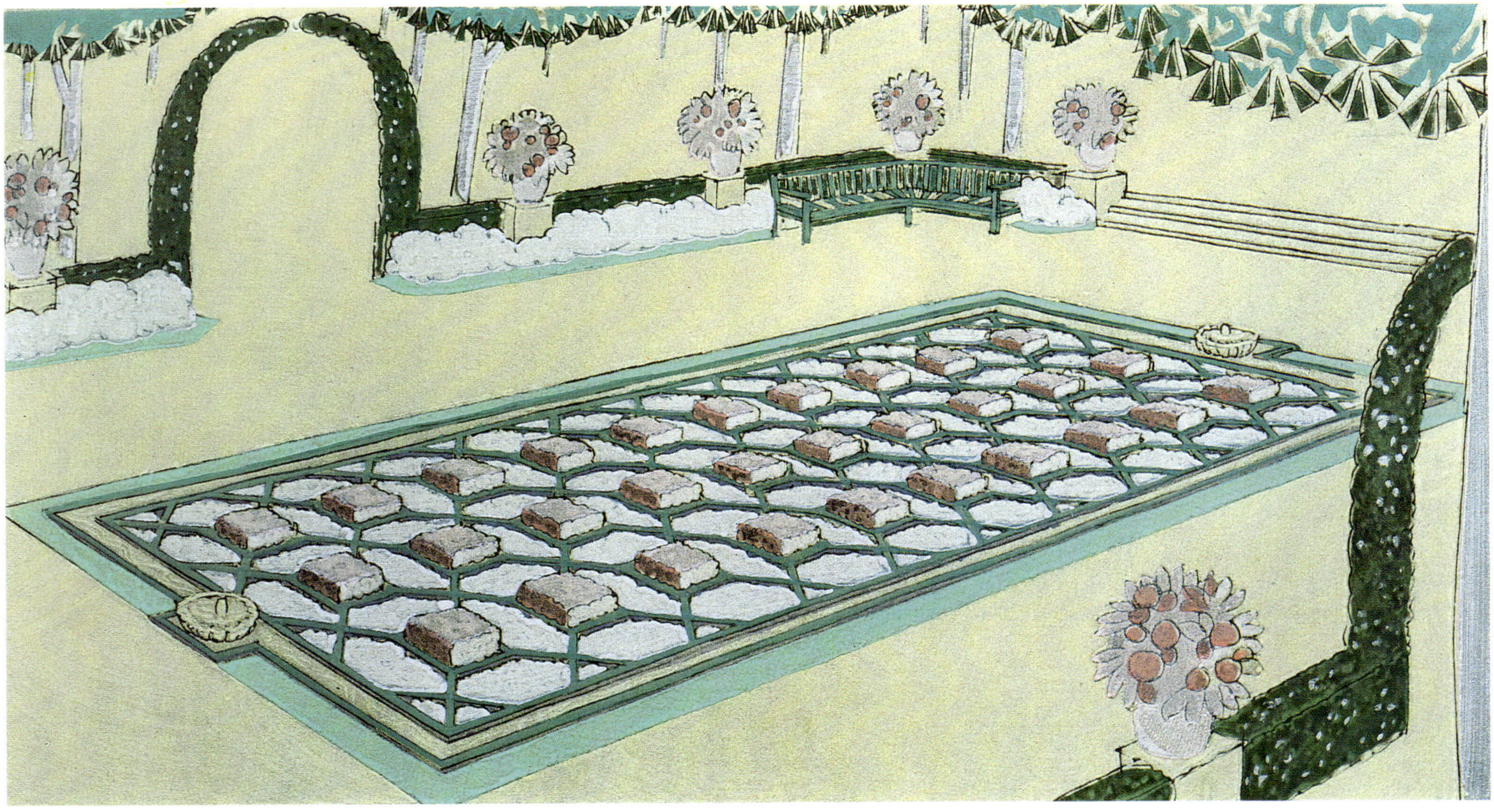

Der „Liebesgarten". Entwurf von André Véra. Aus: André Véra, Les Jardins, Paris 1919

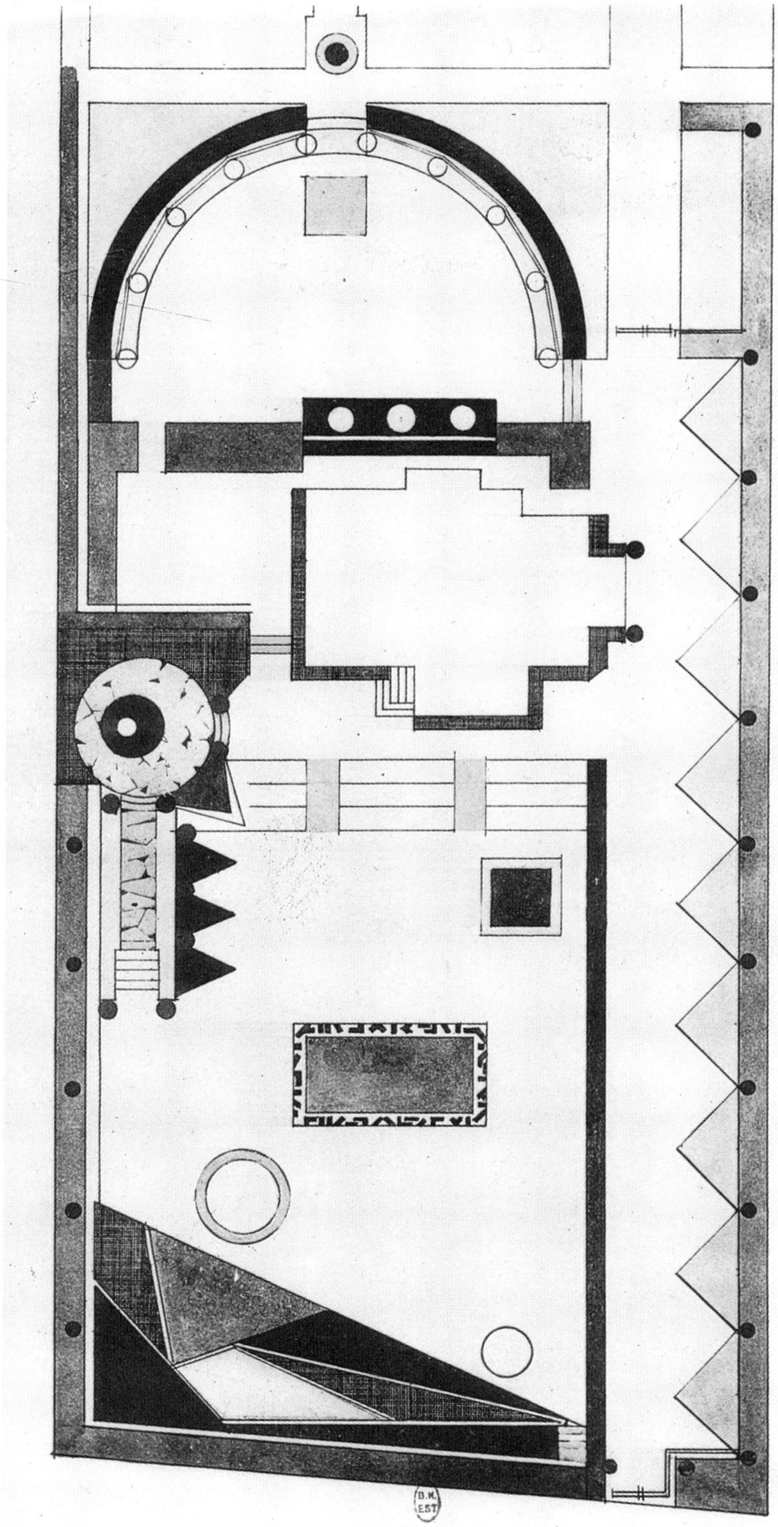

P. Legrain. Abstrakte Zeichnung für einen Garten in der Nähe von Paris. Aus: J. Marrast, Jardins, Paris 1925

und wurde statt dessen zu einem aus natürlichen und lebendigen Elementen zusammengesetzten abstrakten Bild. Dieser als rein dekoratives Parterre behandelte Garten war die dreidimensionale Reproduktion eines Bildwerks, das auf den Prinzipien der Theorie Chevreuls über die Farbe basierte. Sie bestand darin, die monochromen geometrischen Flächen zu beleben, indem man sie einander kontrastierend gegenüberstellte und so den optischen Eindruck eines Reliefs erweckte, der allein aus der Intensität der Farben resultierte. Diese optische Täuschung war die Demonstration einer Anwendung der Prinzipien der modernen Malerei im Raum.

Andere Gestalter versuchten, die traditionelle Struktur der klassischen Gartenkompositionen zu modifizieren, indem sie asymmetrische Flächen planten, auf denen sie Kontrastwirkungen erzielten, indem sie leere und dicht bepflanzte Bereiche, Gestein und Vegetation, geometrische Formen und Farben gegenüberstellten. Diese abstrakten Kompositionen beschränkten sich auf eine Zusammenstellung von geometrischen Formen und monochromen Flächen, die sich gegenseitig zur Geltung brachten.

Ein neuer Gartenstil war geboren. Er war von kurzer Dauer, aber die wenigen realisierten Versuche bewiesen, daß die Ästhetik dieser Kunst sich auf andere Weise entwickeln konnte als durch die simple Erneuerung ihres Dekors und durch die bloße Weiterführung vorangegangener Stilrichtungen.

Literatur

André Véra, *Le nouveau jardin*, Paris 1911.
André Véra, *Les jardins*, Paris 1919.
J. C. N. Forestier, *Carnet de plans et de dessins*, Paris o. D. (1920).
J. Marrast, *Jardins*, Paris 1925.
S. N. H. F., *Jardins d'aujourd'hui*, Paris 1932.
William McCance, H. F. Clark, *»The influence of Cubism on garden design«*, in: *Architectural Design*, März 1960, S. 112–117.
Richard Wesley, »Gabriel Guévrékian e il giardino Cubista«, in: *Rassegna*, Nr. 8, Okt. 1981, S. 17–24.

Die Heimatschutzbewegung und der Landschaftsschutzgedanke

Marco Pogačnik

Die Landschaft als Kulturarbeit. Aus: P. Schultze-Naumburg, Die Gestaltung der Landschaft durch die Menschen, München 1928

Die Papierfabrik Scheufelen in Oberlenningen (Württemberg). Von den Architekten Eisenlohr und Weigle, Stuttgart, 1906 erbaut. Aus: Heimatschutz, IV, 1908

Für das italienische Wort »patria« gibt es im Deutschen zwei verschiedene Übersetzungen: Vaterland und Heimat. »Heimat« bezeichnet das Land, in dem man sich zu Hause fühlt; während »Vaterland« das Land ist, dem man sich verbunden fühlt, weil dort schon die Vorfahren wohnten.

Mit dem deutschen Wort »Land« – im Sinne des italienischen »paese« – wird oft auch nur ein Teil des Ganzen bezeichnet, wie dies zum Beispiel in den Sprachwendungen »plattes Land« oder »gerodetes Land« zum Ausdruck kommt. Das »Land« war der Teil des Landes, auf dem sich der Deutsche als »Bauer« niederließ. Der Bauer »be-baute« die Felder und »er-baute« sich Häuser und Dörfer. Als Siedler bestimmte er die Formen des Seßhaftwerdens. Er nahm ein Gebiet in Besitz und machte es zum »Stammesland«, das heißt zum Siedlungsbereich seines Volkes. Der Bauer war der wirkliche Begründer des »Landes«; sein Werk war der »Land-Bau«, ein alter Ausdruck für Ackerbau.

Die Germanen traten nicht als Nomaden oder Städter, sondern als ein Bauernvolk in die Geschichte ein. Sie bauten ihre Häuser inmitten ihres eigenen Landbesitzes, und kannten weder die mediterrane Wohnform der »Villa« als Ort des heiteren Landlebens noch das noble Stadthaus. Die deutsche Stadt entstand als ein Ort, an dem sich die Tausch- und Handelsgeschäfte des umgebenden Landes konzentrierten. Im Gegensatz zum mediterranen Stadt-Land-Gefüge war das Land nicht im Besitz der Städter. Die Stadt war auf dem Lande verankert wie ein an fremden Gestaden gestrandetes Schiff – so umschrieb Carlo Cattaneo Mitte des vergangenen Jahrhunderts diesen Zusammenhang. Nicht die Stadt, sondern das Land war das Idealprinzip der deutschen Geschichte. Die Art und Weise, wie die Arbeit und das Land verwaltet und bestellt wurde, machten das Land zur »Landschaft«.

Auf dem Lande lebten der Bauer und der Fürst, der »Landesherr«. Diese beiden soziopolitischen Gestalten versuchte Julius Langbehn in seinem 1890 erschienenen Buch »Rembrandt als Erzieher« zu neuem Leben zu erwecken. Bauer und Fürst waren die Grundlage für das deutsche Vaterland: »Bauerngeist ist Heimatgeist«, der bäuerliche Geist sei der Geit der Nation. Dem Fürsten haftete etwas Bäuerliches an, wie auch der Bauer etwas Herrenhaftes besaß. Diese Mischung aus herrschaftlichem und bäuerlichem Wesen enthält eine spezifische Dimension, die sich im Deutschen in dem Begriff »ländlich« widerspiegelt. Dieses Attribut lieferte den entscheidenden Bezugspunkt für die Architektur des Heimatschutzes, den »Heimatstil«.

Der »Rembrandtdeutsche« unter den Architekten war Paul Schmitthenner. Seine Architektur war »ländlich«. Seine Gebäude waren in Licht getauchte Einzelbaukörper. Die Innenräume waren bergende Gehäuse und zugleich ein Abbild des Firmaments. In diesem Sinne war das Haus wie ein nach allen vier Himmelsrichtungen offenes Dach, dessen Ausrichtung es zum festen Bestandteil der umgebenden Landschaft machte. Im Werk Schmitthenners zeigten sich alle Grundzüge der Thesen von Langbehn: der fugenartige Aufbau als typischer Ausdruck des deutschen Musikempfindens und die Komposition nach der Formel des »Artikulierens und Modulierens«. Sein Regionalismus war Ausdruck einer Kultur, die fest in Land und Boden wurzelte. Auch war sie Ausdruck der Randlage, die doch zugleich als Herz des deutschen Vaterlandes empfunden wurde. (Rembrandt war Holländer, Schmitthenner Elsässer.) Der Künstler wurde als »Bauern-König« aufgefaßt, dessen Aufgabe es war, zwischen den gesamtpolitischen Absichten (man denke an den Bismarck-Mythos) und den spezifischen Bestrebungen des einzelnen Landes zu vermitteln. Wollte der Künstler in seinem Werk die grundlegenden Aspekte der deutschen Kultur zum Ausdruck bringen, bedeutete dies, im Sinne eines »Heimatgeists« zu arbeiten. Der Schutz des Heimatgeists erwies sich als letzte Gelegenheit, Heim und Heimat auf dem Lande zu finden. In diesem Sinne stellte die Verteidigung der alten vaterländischen Werte, der Heimatschutz, ein »Siedlungswerk« dar. Um den Heimatschutz zu organisieren, wurde im Jahre 1904 der »Bund Deutscher Heimatschutz« gegründet.

Dieser Bund konstituierte sich am 30. März 1904 auf Initiative von Ernst Rudorff und Hugo Conwentz in Dresden. Zu diesen beiden Initiatoren gesellten sich noch während der Vorbereitungszeit der Architekt Paul Schultze-Naumburg und der Freiburger Wirtschaftswissenschaftler Carl Johannes Fuchs.

Organ des Bundes waren die »Mitteilungen des Bundes Heimatschutz«. Der erste Artikel seiner Satzung besagte: »Zweck des Bundes ist die Verteidigung des deutschen Vaterlandes in Hinblick auf seine bestehenden natürlichen und geschichtlichen Eigenheiten.« Das Arbeitsfeld des Bundes wurde in sechs Bereiche eingeteilt, an deren Spitze jeweils eine verantwortliche Persönlichkeit stand: Theodor Fischer für die Baudenkmäler, Paul Schultze-Naumburg für Bewahrung der traditionellen Bautechniken in Stadt und Land, Carl Johannes Fuchs für den Erhalt des Landschaftsbildes, Hugo Conwentz für die Pflege der örtlichen Tier- und Pflanzenwelt und der geologischen Besonderheiten, Johannes Brinkmann für die Volkskunst im Bereich Gebrauchsgegenstände, Kurt Frank im Bereich Volksfeste, Volksbräuche und Volkstrachten. Unter den ersten Förderern des Bundes standen die Namen Ferdinand Avenarius, Fritz Schumacher und Cornelius Gurlitt. Diese Namen finden wir auch unter den Gründern des »Dürerbundes« (1902) und des »Werkbundes« (1907). Es zeigt, daß die deutsche Reformbewegung in der wilhelminischen Zeit in einer Vielzahl von Verbänden, die miteinander in enger Querverbindung standen, ihren Ausdruck fand.

Der »Bund Heimatschutz« entstand als Organisation einer sehr vielschichtigen

Abbildung aus der vom Bund Heimatschutz herausgegebenen Zeitschrift, mit der dargestellt werden sollte, wie eine moderne Transformatorenstation umzugestalten sei. Die Gestaltungselemente und verwendeten traditionellen Materialien erlauben funktionalere und kostengünstigere Lösungen. Aus: Heimatschutz, VI, 1910

Planerische Gegenüberstellung von P. Behrens und H. de Fries, mit der sie zeigen wollten, wie bei Siedlungsvorhaben die beste Grundstücksausnutzung bei geringstmöglichem Erschließungsanteil erzielt werden kann; die Kleinteiligkeit der Bautypen ermöglicht eine optimale Verbindung zwischen Haus und Garten. Aus: G. Langen, die halbländliche und städtische Kleinsiedlung, München 1925

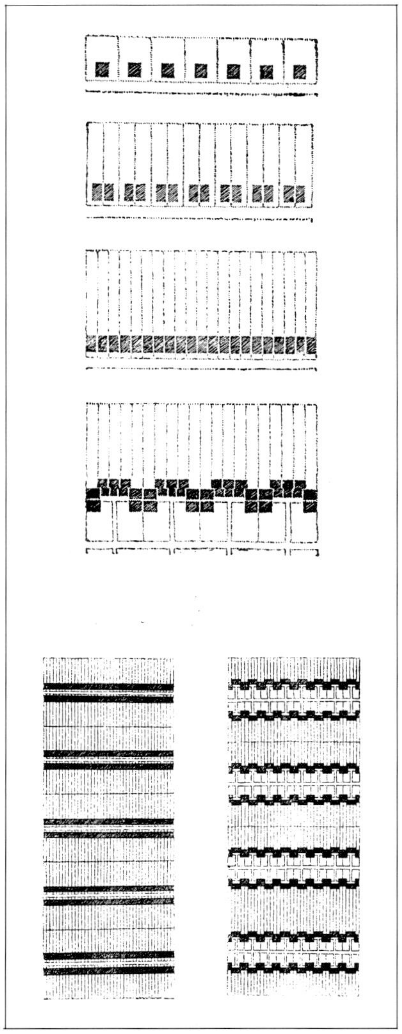

Bewegung, die in eine Unzahl von kleinen Gruppierungen aufgesplittert war. Es gab Vereine der vaterländischen Geschichte, Verschönerungsvereine oder Vogelschutzvereine. Besonders enge Beziehungen pflegte der Bund zu den Denkmalpflegeverbänden, mit denen er ab 1911 auch gemeinsame Jahrestagungen abhielt. Hugo Conwentz sah in dem Bund, zu dessen Mitbegründern er gehörte, die notwendige Antwort auf tiefgreifende Veränderungen, die der Begriff »Denkmal« im Laufe des vorangegangenen Jahrzehnts erfahren hatte. Wie Alois Riegl bemerkte, sei es für das moderne Wehklagen in bezug auf historische Objekte bezeichnend, daß man hierin nicht etwa das Werk des Menschen entdeckte, sondern sozusagen das Werk der Natur. Das historische Objekt wurde nicht nach seinem künstlerischen Wert oder seiner historischen Bedeutung beurteilt, sondern nur nach seinem gefühlsmäßigen Wert. Das Beeindruckende eines historischen Objekts – sei es ein Gemälde oder ein Baum – ist weniger seine Geschichtlichkeit, sondern seine Vergänglichkeit, eine Empfindung, durch die wir lernen sollten, im Denkmal einen »Teil unseres Selbstseins« zu erkennen. Im Theorieenstreit zwischen Riegl und dem Historiker Georg Dehio schloß sich die deutsche Bewegung für Heimatschutz der Auffassung Dehios an. Nach Dehio ist das Beeindrukkende eines Denkmals nicht in einem allgemeinen »Gefühl des Selbstseins«, sondern in einem kollektiven »nationalen Gefühl« begründet, denn die Nation sei der Träger eines jeglichen kulturellen Wertes. ein Denkmal sei demnach nicht allein in einem Gebäude von besonderem architektonischen Wert zu sehen, sondern auch in einem Wald, einem See, einer Volkstracht oder einer traditionellen Bautechnik. Die selbstlose Heimatliebe die danach drängt, sich um jeden einzelnen Aspekt des Landes zu sorgen, zeige deutlich, daß Landschaft eine »Kulturarbeit« ist, das heißt das Ergebnis eines langwährenden, kontinuierlichen Prozesses, der nur durch Pflege der Landschaft auf Dauer erhalten werden kann.

Das ganze Land wurde auf diese Weise zu einem Objekt katalogmäßiger Erfassung und zum Ziel von Erhaltungsmaßnahmen. Die Landschaft insgesamt wurde zum Kulturdenkmal erhoben. Dies fand bei den angewandten Künsten seine Entsprechung in den programmatischen Vorstellungen der »Ästhetik des täglichen Lebens« oder der »Ästhetik von unten«. Wegbereiter dieser Bewegung war Ferdinand Avenarius mit seiner Zeitschrift *»Der Kunstwart«*, die im Jahre 1887 in Dresden ins Leben gerufen wurde. Sie hatte sich zum Ziel gesetzt, gegen die Degenerationserscheinungen anzugehen, die durch den Eklektizismus des 19. Jahrhunderts und durch den Geist der Wiener Secession Eingang in die deutsche Kultur gefunden hatten. Im Gegensatz dazu stand die biedermeierliche Auffassung von Heim und Herd. Das Heim – gemeint war damit immer Haus und Garten – sollte zum Ordnungsprinzip der neuen, reformierten Gesellschaft werden.

Um 1900 versuchten »Kunstwart« und »Heimatschutz« die beiden beschriebenen Begriffe »Heim« und »Land« in der Idee vom »Vaterland« zu vereinen. Die Ästhetik des Alltäglichen und die Erhebung der Landschaft zum Kulturdenkmal waren die beiden Brennpunkte, die sich zu den Keimzellen einer allgemeinen Erneuerung entwickeln sollten. Die gesamte Entwicklung des »Bundes Heimatschutz« in der wilhelminischen Zeit war durch den Wunsch gekennzeichnet, die passive Verteidigungs- und Schutzhaltung in eine aktive, auf konkrete Projekte bezogene Haltung umzuwandeln. Die alten Werte sollten durch »Pflege« aufrechterhalten und weiterhin umgesetzt werden. Aus »Heimatschutz« wurde »Heimatpflege«.

Dieser Schritt ging mit der Auflösung des »Bundes Heimatschutz« einher. Was Avenarius die »Partei der Sachlichen« genannt hatte, wurde zur Synthese zweier Manifeste, die allerdings nur nach innen wirkten, da sich durch den Krieg neue Rahmenbedingungen ergeben hatten. Es waren zwei sehr klare Programme, die das außerordentliche Bemühen zeigten, Konflikte in Mitteleuropa und Ostpreußen politisch zu lösen. Das erste Programm war ein ehrgeiziges, von Friedrich Naumann innerhalb des Werkbundes ausgearbeitetes Projekt. Es zeigt die Grenzen des Besiedlungsauftrags der Zentralmächte auf. Das zweite Programm war eine vom »Bund Heimatschutz« in die Wege geleitete Initiative, mit der versucht wurde, geeignete Kriterien aufzustellen, um die ostpreußischen Provinzen wiederaufzubauen. Diese waren als einzige im ganzen Reich Schauplatz grausamer Schlachten gewesen, bei denen ganze Städte dem

Idealentwurf eines Stadtviertels mit Hochhäusern von Bruno Möhring, 1920. Zu jeder der insgesamt 320 Wohnungen eines jeden Hochhauses gehört ein eigener Familiengarten

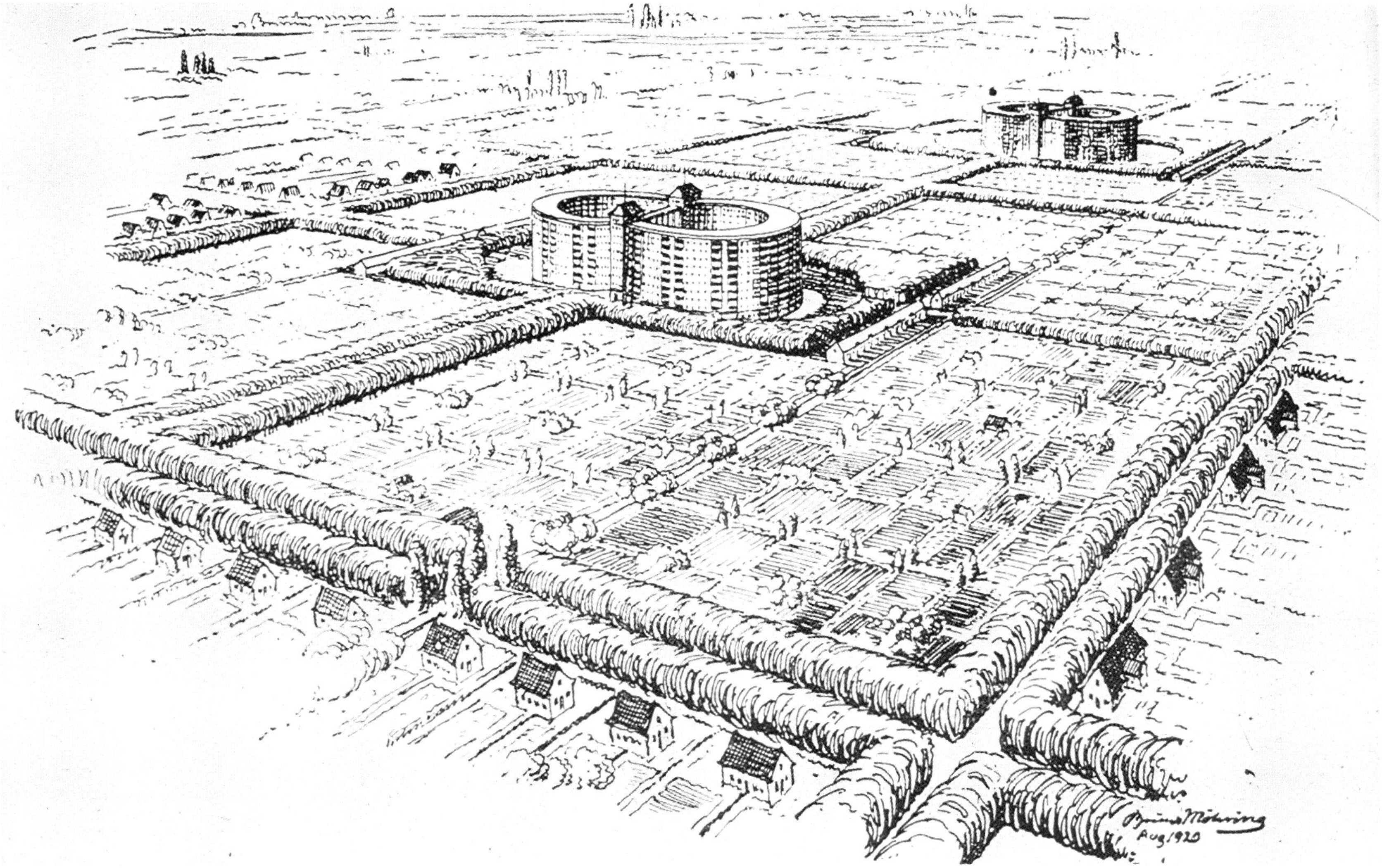

Erdboden gleichgemacht und weite Flächen des Bauernlandes verwüstet worden waren. Nur im Zusammenhang mit diesen beiden Projekten ist die Heimatschutzbewegung ganz zu verstehen. Sie besaß zwei grundlegende Komponenten – einerseits die Besiedlungspläne innerhalb des deutschen Staatsgebiets, andererseits diejenigen außerhalb.

Zusammen mit der »Vereinigung für Deutsche Siedlung und Wanderung« bereitete der »Bund Heimatschutz« ein Projekt für den Wiederaufbau vor, das in seinen Grundzügen dazu gedacht war, nach dem Krieg die deutsche Siedlungspolitik auf dem gesamten Reichsgebiet neu zu organisieren. Das Projekt Ostpreußen, auf das sich das Handbuch »Die Grundlagen für das Bauen« von Georg Steinmetz konzentrierte, sollte später seinen Ausdruck in einem großen mehrbändigen Werk über die alte Kunst des Bauens und Siedelns finden. In diesem Werk, das den Titel »Siedlungswerk« trug, wurden die Prinzipien der Besiedlungsaufgabe, für die der »Bund Heimatschutz« erster Vorreiter gewesen war, genau aufgeführt. Dieses Buch, das an der Wende zwischen zwei Epochen geschrieben wurde, enthielt die letzten Zeichen der geistigen Verwandtschaft zwischen »Heimatschutz« und »Sachlichkeit«, die in der wilhelminischen Zeit in der »Reformbewegung« noch ihren gemeinsamen Nenner gefunden hatte.

Literatur

O. Brunner, *Land und Herrschaft. Grundfragen der territorialen Verfassungsgeschichte Süddeutschlands im Mittelalter*, Brünn, München, Wien 1943.

C. Cattaneo, *La città come principio*, Padua 1972.

Georg Dehio und Alois Riegl, *Konservieren nicht restaurieren. Streitschriften zur Denkmalpflege um 1900*, Band 80, Braunschweig 1988.

C.J. Fuchs, Hrsg., *Die Wohnungs- und Siedlungsfrage nach dem Kriege. Ein Programm des Kleinwohnungs- und Siedlungswesens*, Stuttgart 1918.

G. Kratzsch, *Kunstwart und Dürerbund. Ein Beitrag zur Geschichte der Gebildeten*, Göttingen 1969.

W. Kuhn, *Kleinbürgerliche Siedlungen in Stadt und Land. Eine Untersuchung der Siedlungsformen an Hand von Beispielen aus der Zeit von 1500–1850*, München 1921.

J.A. Langbehn, *Rembrandt als Erzieher*, Leipzig 1890.

G. Langen, *Die halbländliche und städtische Kleinsiedlung*, München 1925.

P. Mebes, *Um 1800. Architektur und Handwerk im letzten Jahrhundert ihrer Entwicklung*, München 1908.

W.H. Riehl, *Land und Leute*, Stuttgart 1883.

P. Schmitthenner, *Baugestaltung (erste Folge): Das Dt Wohnhaus*, Stuttgart 1932; *Die gebaute Form*, Leinfelden-Echterdingen 1984.

W. Schönichen, *Naturschutz und Heimatschutz. Ihre Begründung durch E. Rudorff, H. Conwentz und ihre Vorläufer*, Stuttgart1954.

G. Steinmetz, *Grundlagen für das Bauen in Stadt und Land*, 3. Bd. München 1917, 1922, 1928.

P. Schultze-Naumburg, *Kulturarbeiten*, Bd. 1–9, München 1901–1917.

Der Reformpark in den Vereinigten Staaten (1900–1930)

Galen Cranz

Golden Gate Park in San Francisco (USA), um 1890. Aus der Reformpark-Bewegung hergeleitete Gestaltungselemente wurden in bestehende Parks integriert. Auf dem Photo sieht man „Freiluft"-Spielgeräte für Kinder. Es ist dies das erste belegbare Beispiel für derartige Initiativen in Stadtparks der USA. Berkeley, University of California, The Bancroft Library

Die Geschichte des Parks endet nicht mit dem Vergnügungsgarten, dem *pleasure-ground*, des 19. Jahrhunderts. Zahlreiche Städtebauer, Planer, Garten- und Umwelthistoriker haben über die Bedeutung der Parkbewegung in den amerikanischen Städten des 19. Jahrhunderts geschrieben, aber nur wenige die kontinuierliche Linie verfolgt, die sich bis ins 20. Jahrhundert erstreckte. Sicherlich sind die Unterschiede zwischen dem *pleasure-ground* des 19. Jahrhunderts und dem Reformpark des frühen 20. Jahrhunderts die deutlichsten in der Geschichte des Stadtparks überhaupt, aber der Reformpark und die darauf folgenden Erholungseinrichtungen sowie das System der offenen Bereiche waren Bestandteile eines andauernden sozialen Experiments, gesellschaftliche und städtische Probleme zu lösen, die jedes Zeitalter kennzeichnet.

Vor 1900 betrachteten die meisten Bürger die Städte als notwendiges Übel, das eines Ausgleichs – des *pleasure-grounds* bedurfte. Zwischen 1900 und 1930 erkannten fortschrittliche Planer, daß die Städte, so chaotisch sie auch waren, fortbestehen würden und daher reformiert werden sollten. Der Park, der die erforderliche Ordnung bringen sollte, war das Ergebnis einer Kombination parallell laufender Bestrebungen – vertreten durch die Befürworter der kleinen Parks in Miethausbezirken der Arbeiterklassen, und die Befürworter der Spielplätze, die für die Kinder eine Alternative zur Straße als Spielort wünschten.

Im Gegensatz zum *pleasure-ground*, der Familienausflüge und -erholung förderte, trennte der Reformpark nach Alter und Geschlecht. Zum ersten Mal waren Kinder Mittelpunkt in der Parkplanung. Die Spielplatzbewegung war bereits mehrere Jahre zuvor entstanden, bevor sie in den Jahrzehnten um 1900 im Stadtparkbetrieb institutionalisiert wurde. Ursprünglich als ein sich von der Straße unterscheidender Ort geplant, wohin die Kinder sich zum spontanen Spielen oder Turnen begeben konnten, wurden solche Parks mit der Zeit vor allem als Orte für organisiertes Spielen betrachtet. Sportspiele wurden als eine Verbesserung des einfachen Spiels aufgefaßt, waren sie doch mit einem bestimmten Programm und einer Zielsetzung verbunden. Mit der Wartung des Spielfelds wurden nur die Spielführer betraut, die begriffen, daß die Erweckung des Spielinstinkts von Bedeutung für die physische und soziale Entwicklung junger Menschen war. Die Betonung der Führung nahm zu, und der Bereich, den die verantwortlichen Führer in der Gewalt haben sollten, weitete sich aus. Das Lehrbuch für professionelle Spielführer von 1909, *The Normal Course in Play*, wurde 1925 in *Introduction to Community Recreation* umbenannt. Die Spielplätze wurden tatsächlich zu Erholungszentren, indem sie Elemente des ersteren mit einigen sozialen Zielen des Siedlungshauses verbanden. Durch die Organisation von Aktivitäten, wie Musikwochen, Gemeindetage, Gruppensingen in Fabriken, auf der Straße etc., suchte man ein gesundes Gemeinschaftsleben und die Sozialisation der Anwohner auf der Basis der amerikanischen Wertvorstellungen zu gewährleisten. Dennoch hatte der Parkbetrieb mit der Wirtschaftskrise jeglichen Anspruch, soziale Veränderungen zu bewirken, verloren.

Der *pleasure-gound* imitierte die Natur, und seine Benutzung wurde durch den Anbruch der Nacht oder schlechtes Wetter eingeschränkt. Dagegen führte das Hauptaugenmerk des Reformparks auf organisierte Aktivität zu dessen Benutzung zu Zeiten, an denen er vorher nicht besucht wurde, und zu einem strikten Terminplan seiner Nutzung. Der Tag wurde entsprechend den Temperaturveränderungen und Zeitplänen von Schulkindern, Müttern und Arbeitern in Abschnitte unterteilt. Die moderne Stadt lebte in einer Sieben-Tage-Woche, und auch der freie Sonntag stand einer aktiven Erholung zur Verfügung. In Chicago waren ab 1912 elf Zentren ganzjährig geöffnet, was die Popularität der Wintersportarten zunehmen ließ – Skifahren, Rodeln und Schlittschuhlaufen. Sport war damals von vorrangiger Bedeutung. Plätze für Tennis, Golf, Bogenschießen, Fußball und Eishockey wirkten noch eher wie Erweiterungen der Turnhalle anstatt wie Teile der Landschaft.

Schwimmbäder wurden eingeführt, um die Hygiene der arbeitenden Klasse zu fördern, die ja häufig kein eigenes Bad hatte. Das Schwimmen entwickelte sich aber bald zu einem Sport, und Schwimmbäder wurden zu einer notwendigen Erholungs- und Sozialeinrichtung. Der Sport wurde in gemeindeoffenen Turnieren organisiert. Um ihn der gemeinschaftlichen Integration dienlich zu machen, entwickelte Chicago ein Punktesystem, das Mannschaftsgeist und Kooperation ebenso wie die sportliche Leistung bewertete. Im ersten Jahrzehnt des 20. Jahrhunderts war Volkstanz als Sportart in die Parkprogramme aufgenommen worden und wurde im Turnunterricht gelehrt. Der Volkstanz wurde als das geringere Übel und im Vergleich zum Gesellschaftstanz und den Praktiken in den Tanzsälen als relativ gesund betrachtet. Im Laufe der Zeit aber boten die Gestalter der Parkprogramme auch Gesellschaftstanz an in der Hoffnung, so besser mit den Tanzsälen konkurrieren zu können. 1920 berichtete die nationale Presse von der Popularität der Tanzpavillons. Eine geringe Gebühr, Sitzgelegenheiten für diejenigen, die nicht tanzten, und Anstandsherren und -damen verwandelten die fragwürdige Aktivität in eine kontrollierbare Unternehmung.

Handwerkliche Tätigkeiten wurden der arbeitenden Klasse angeboten und im Reformpark als Erweiterung der Beschäftigungsmöglichkeiten begrüßt. In der Ära der *pleasure-grounds* war das Handwerk wegen seiner Ähnlichkeit mit Fabrikarbeit als unpassend betrachtet worden, und in den ersten Jahren der Reformära wurden Handwerke wie Nähen, Korbflechterei und Tischlerei teilweise ausgeschlossen, da man sie als zusätzliches Übel zu den

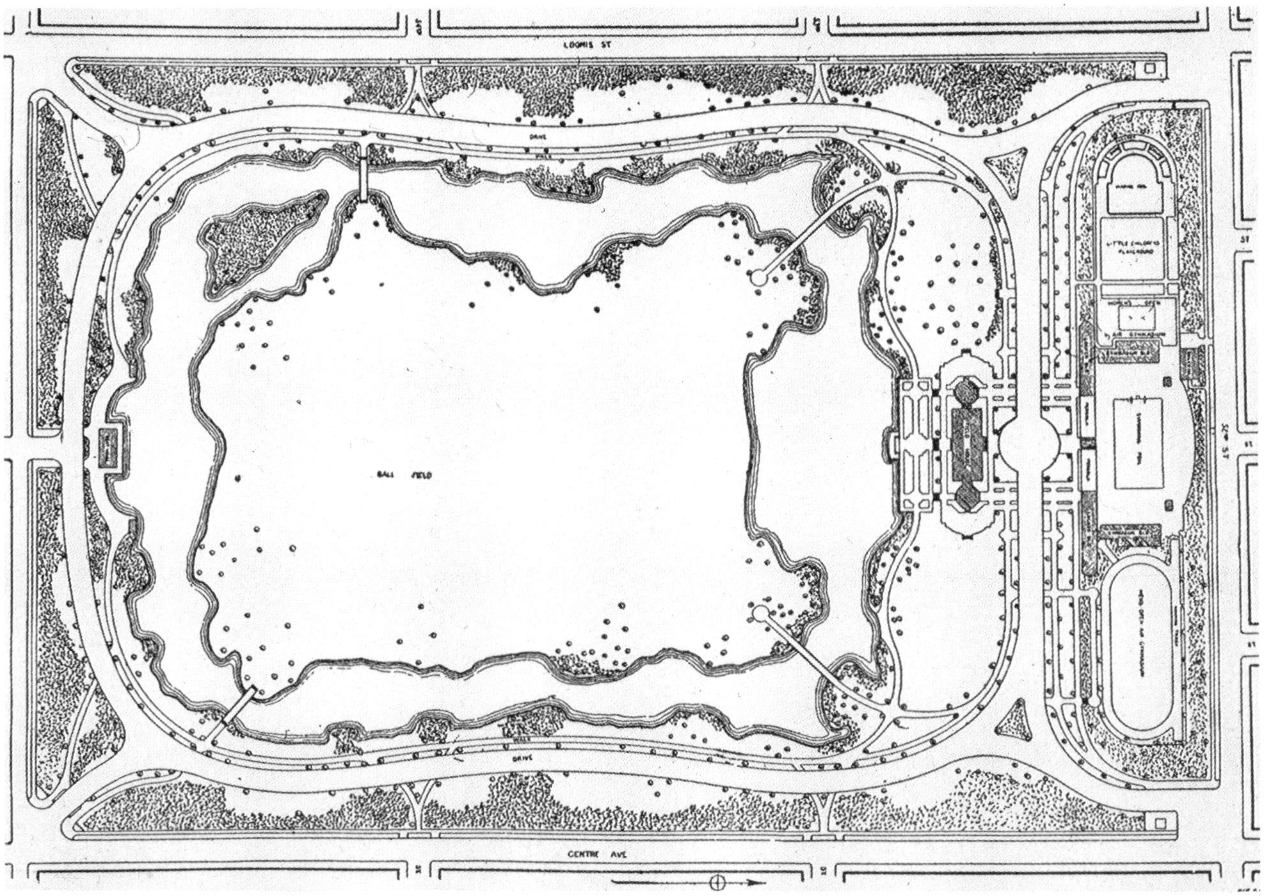

Entwurf für den Spielplatz Sherman in Chicago (USA). Gemeinschaftsarbeit der Landschaftsarchitekten Olmsted Bros. und des Architekturbüros Burnham & Co. Aus: Ch. Moore (Hrsg.), Plan of Chicago ..., Chicago 1909

Mark White Square in Chicago (USA). Im Bildhintergrund das Gemeinschaftszentrum (Field House). Aus: Plan of Chicago, 1909, op. cit.

hygienischen Mißständen des Fabriklebens und des Schulunterrichts von Kindern betrachtete. In den späten zwanziger Jahren unseres Jahrhunderts rechtfertigten die Parkgestalter überall »Geschicklichkeitsarbeit« als Mittel zur Persönlichkeitsbildung und als Möglichkeit, die Zahl der Parkbesucher zu erhöhen.

Der Anbau von Gemüse, in der Anziehungskraft dem Handwerk in gewisser Weise ähnlich, wurde erstmals 1902 im New Yorker De Witt Clinton Park zu einer Freizeitbeschäftigung. Der Park wurde in Miniaturfarmen unterteilt, die jeweils einem Kind überlassen wurden.

Die pädagogisch wirksame Tätigkeit, die für den *Pleasureground* als unangemessen betrachtet worden war, wurde im Reformpark begrüßt. Daher richteten öffentliche Bibliotheken Abteilungen in den kleinen Parks ein, und Vorträge über Bürgerangelegenheiten wurden erlaubt. Der neue kleinere Parktyp war insofern ideal, als er fast überall eingefügt werden konnte. Mit der Zeit wurde die Streitfrage, ob eine Stadt in kleine oder große Parks investieren sollte, von der allgemeinen Theorie verdrängt, daß ein Parksystem aus zwei Arten von Parks bestehen sollte: dem lokalen Park in der Nachbarschaft für die häufige und regelmäßige Nutzung und dem ländlichen Park für die Feiertage.

Als 1894 ein städtischer Beamter aus Philadelphia empfahl, die Städte sollten mehr Spielplätze und weniger Zierparks einrichten, war C. S. Sargent, der überzeugteste Verteidiger der *pleasuregrounds*, entsetzt. Nach der Jahrhundertwende gingen Parkplaner, die immer häufiger Angestellte der Parkverwaltungen anstelle freier Berater waren, von der Priorität Kunst als Gestaltungsprinzip zu derjenigen der Nützlichkeit über. Diese veränderte Perspektive wird in den offiziellen Berichten deutlich; die Berichte der Landschaftsplaner wurden kürzer, die der Spielplatz- und Turnhallenleiter länger.

Im Idealfall konnte der Spielplatz schön und nützlich zugleich sein, da die meisten modernen Einrichtungen mit Bäumen, Büschen und Blumen ausgestattet wurden, ohne daß diese den Spielbereich beeinträchtigten. So konnten die Vertreter der Stadtverschönerungs- und die der Siedlungshausmentalität, die in Fragen der Standortwahl entgegengesetzer Auffassung waren, beim Entwurf des Parks manchmal auch in Einklang gebracht werden.

Der Spielplatz Cabrillo in San Francisco (USA). Einer der Reform-Parks in der Nähe des Golden Gate Parks, mit einem Gemeinschaftszentrum (Field House) und einem angrenzenden Abenteuerspielplatz

Der Umgang der Planer mit landschaftlichen Elementen und Konstruktionsdetails zeigt, wie die Spannung zwischen Nützlichkeit und Ästhetik in der Praxis gelöst wurde. Die Gesamtanlage des Parks war symmetrisch und formal. Wege und Fahrbahnen wurden auf ein Minimum beschränkt, um Platz für Spiel und praktische Nutzung zu sparen. Die räumliche Folge erschien nicht besonders wichtig; es wurde keine Vortäuschung von mehr Raum als dem tatsächlich existierenden verlangt, auch wurden keine kinästhetischen Erfahrungen beim Durchschreiten verschiedener Räume oder beim Spazieren auf gewundenen Pfaden angestrebt. Dem Fußgänger wurde durch die formale, zentrale und axiale Anordnung eher ein Gefühl von Ordnung und Bürgerstolz vermittelt. Ausblicke wurden nicht mehr sorgfältig kontrolliert, außer daß Büsche und Bäume die unmittelbare städtische Umgebung abschirmten. Verschiedene Gebäude beherrschten die Landschaft.

Bauliche Anlagen der unmittelbaren Nachbarschaft schloß der Reformpark als charakteristische Funktionselemente in die Anlage ein. Der Boden war nicht mehr uneben, sondern flach, um Baseballspielfelder, Aschenbahnen und andere sportliche Einrichtungen zu ermöglichen. Der Rasen wurde von den harten Oberflächen für Spiele abgelöst. Der Zaun war Indikator für Pflege und Unterhaltung und diente auch als Instrument sozialer Kontrolle.

Die Art der Erlebnisse in einem Reformpark unterschied sich deutlich von der auf einem *pleasure-ground.* Er war lauter und durchorganisierter, nicht still und heiter, sowohl optisch als auch hinsichtlich der Aktivitäten. Zu Beginn des 20. Jahrhunderts wurden Druck und Härte des industriellen Produktionsprozesses beibehalten oder verstärkt, und Arbeitsverbesserungen waren meist ein Ausgleich dafür: kürzere Arbeitswoche, frühere Pensionierung, längere Urlaubszeiten und höhere Bezahlung. Ironischerweise jedoch bot der Reformpark der Stadtbevölkerung Freizeiterlebnisse, um die neu verfügbare Zeit auszufüllen, die in ihrer Organisation beinahe ebenso streng waren. Die Parks folgten wie Firmen und Schulen einem Industriemodell: Trennung nach Alter, Spezialisierung der Funktion und Vermeidung jeglicher Verschwendung.

Literatur

G. F. Chadwick, *The Park and the Town. Public Landscape in the Nineteenth and Twentieth Centuries,* London 1966; N. T. Newton, *Design on the Land. The Development of Landscape Architecture,* Cambridge Mass. 1971; G. Cranz, *The Politics of Park Design. A History of Urban Parks in America,* Cambridge Mass. 1982.

Aspekte des zeitgenössischen Gartens
Vom Freizeitpark zu künstlerischen Experimenten

Der Parco dell'Est in Caracas (Venezuela).
Photo Giovanni Chiaramonte

Gärten und Photographie

Tony Mott

Unser Erleben eines Gartens beginnt häufig damit, daß wir eine Photographie sehen. Das Bild regt uns vielleicht an, diesen Garten für uns selbst zu entdecken, obwohl wir nicht sicher sind, ob diese sorgfältig gewählte Ansicht für den gesamten Garten[1] repräsentativ ist. Umgekehrt benutzen wir Photographien als Erinnerung an einen Garten, den wir gesehen haben; wir bedienen uns hier der Kamera, um unser eigenes Erleben zu erproben und festzuhalten und um optische Eindrücke und Details mitzuteilen und zu konservieren.

Gegenwärtig ist die Photographie die praktischste und verbreitetste Art, Eindrücke von Landschaft und Garten zu vermitteln. Wir haben uns an die Vorstellung gewöhnt, daß dieses zweidimensionale Medium Raum und Rauminhalt darstellt.

Dieser kurze Überblick über das Verhältnis des Landschaftsgartens zur Photographie beschäftigt sich nur mit dem statischen Bild und mit dem Bezug der Photographie zu anderen zweidimensionalen Mitteln zur Darstellung eines Gartens. Auch wird der Sinn überdacht, Gärten zu photographieren, und inwieweit das Medium objektiv sein kann. Muß der Photograph ein Bild präsentieren, das seine eigenen ästhetischen Urteile verkörpert, oder kann die Photographie einfach als Dokument fungieren?

Die Abbildung von Gärten mit Hilfe von zweidimensionalen Mitteln

Bevor die ersten photographischen Bilder auf Papier in den dreißiger Jahren des neunzehnten Jahrhunderts entstanden[2], wurden Gärten und Landschaften gemalt, gestochen, gezeichnet, gewebt und gestickt. In jedem Fall hatte der Künstler oder der Handwerker die vollständige Kontrolle über den Inhalt seines Bildes. In einigen Fällen wurden Kompositionselemente eingefügt, die innerhalb des Gartens unvollständig waren oder gar nicht existierten. Oft wurde ein Garten in seinem zukünftigen Stadium abgebildet, mit ausgewachsenen Pflanzen und fertiggestellten architektonischen Elementen, die es nicht gab. Wenn der Künstler den Garten von seiner besten Seite abbilden wollte, konnte er Korrekturen in der Bepflanzung vornehmen oder den Maßstab bestimmter Elemente verändern. Stiche und Gemälde wurden üblicherweise eher hergestellt, um eine erfreuliche Reaktion auszulösen, als um Unzulänglichkeiten herauszustellen.

Photographien haben der Wiedergabe von Gärten einen anderen Aspekt hinzugefügt; die Bilder können auch zeigen, daß der Photograph absichtlich Verfall oder Verwahrlosung herausstellt. Eine solche Photographie mag einen Besitzer nicht beeindrucken, und sie kann einen interessierten Betrachter, der im allgemeinen an die Realität oder Objektivität einer Photographie glaubt und mehr die Erhaltung von Gärten im Sinn hat, mißfallen oder ihn gar verärgern. Ein Photo vermag einen Garten nur rückblickend darzustellen, während der Künstler zum Entwerfer werden kann, indem er verändert, was das bloße Auge erfaßt. Die größere Freiheit, die der Photograph gegenüber dem Künstler hat, ist die, daß er seine Bilder multiplizieren und diversifizieren kann. Hunderte von Photos können in schneller Folge gemacht werden; schwarz-weiße oder farbige Bilder gleichzeitig angeboten werden, und die Verwendung verschiedener Kameras, Objektive oder Filter bietet selbst bei einem einzigen Standpunkt größere Vielfalt. Angesichts dieser Wahlfreiheit muß die Gartenliteratur nicht mit langen Beschreibungen von Landschaften überladen werden, die eine Photographie zeigen kann.

Im 18. Jahrhundert gab es Diskussionen darüber, ob die Landschaftsmalerei in Beziehung zur Gartengestaltung stand. Humphry Repton entschied, daß beide Künste zweifellos miteinander verwandt seien und legte einige praktische Unterschiede dar. In seinem 1795 publizierten Werk *Sketches and Hints on Landscape Gardening* schrieb er: »Der Punkt, von dem aus das Bild aufgenommen wird, ist für den Maler ein fester Standort; der Gärtner dagegen überschaut seine Landschaft in Bewegung.« Repton deutete auch auf ein anderes Problem im Verhältnis von der Realität zur zweidimensionalen Abbildung einer Landschaft hin: »Der Umfang des Blicks oder das Gesichtsfeld ist viel größer, als jedes Bild zuläßt.« Jedes zweidimensionale Bild eines Gartens muß eine feste Umrandung haben, aber so funktionieren unsere Augen nicht. Wir nehmen ständig periphere Informationen wahr, auch wenn diese nicht im Brennpunkt des Sehens liegen.

Die Landschaft durch den Sucher betrachtet

Die Komposition von Photos und die von Gemälden und Zeichnungen ist wegen der von den Künstlern angewandten optischen Betrachtungsschemata seit Jahrhunderten miteinander verbunden. Die Camera obscura wurde vom 16. Jahrhundert an zum Zeichnen benutzt und diente als eine Art Sucher zum Komponieren von Bildern. Sir Joshua Reynolds betrachtete die Camera obscura mit einer gewissen Geringschätzung: »Wenn wir ein Bild der Natur nehmen, mit der ganzen Treue der Camera obscura wiedergegeben, und dieselbe Szene dargestellt von einem großen Künstler – wie belanglos und dürftig erscheint dann das eine im Vergleich zum anderen, bei dem kein Vorrang durch die Wahl des Gegenstands herrscht. Die Szenerie ist dieselbe, der Unterschied existiert nur in der Art, wie sie dem Auge vorgestellt wird. Wie zusätzlich überlegen wird dann derselbe Künstler erscheinen, wenn er die Fähigkeit hat, seine Materialien auszuwählen und seinen Stil zu verbessern?«[3]

Ein Vorteil der Camera obscura lag darin, daß man die Landschaft in Miniaturform betrachten konnte. Eine andere Erfindung mit ähnlicher Wirkung war das Claude-Glas, ein konvexer Spiegel mit verdunkeltem Hintergrund. William Gilpin (1724–1804) bediente sich dessen, um seine Anschauungen von pittoresker Landschaft vorzustellen. Er beschäftigte sich im wesentlichen damit, natürliche Szenen zu einer gefälligeren Komposition zu ordnen, und erklärte dazu: »Die exakten Kopien können schwerlich immer ganz und gar schön sein.«[4]

Reaktionen auf die Erfindung der Photographie

Als Henry Fox Talbot 1839 der Royal Society »The Act of Photogenic Drawing« verstellte, erläuterte er die Möglichkeiten der Photographie für topographische Aufnahmen. Er sagte: »Nichts hindert ihn (den Reisenden) jetzt am gleichzeitigen Gebrauch jeglicher Anzahl der kleinen Kameras in verschiedenen Positionen. Es ist offensichtlich, daß die gesammelten Ergebnisse, wenn sie danach untersucht werden, ihm umfangreiche interessante Erinnerungen und zahlreiche Einzelheiten vermitteln können, die zu notieren oder zu skizzieren er selbst keine Zeit hatte.«

Die Photographie hatte weitreichende Auswirkungen auf das Werk von Künstlern, und zunehmend wurden das Landhaus und dessen Bewohner mehr auf Photographien als in Gemälden porträtiert.[5] William Turner meinte: »Das ist das Ende der Kunst. Ich bin froh, daß meine Zeit vorbei ist.« John Ruskin faszinierten die Details einer Daguerreotypie, und er erwähnte

Zeichnung der Villa Melzi unter Zuhilfenahme einer Camera Obscura. Photo W.H. Fox Talbot. London, Science Museum Library

diese neue Erfindung in seinem vierbändigen Werk *Modern Painters* (1843–1860): »Ich habe Daguerreotypien gesehen, in denen jede Gestalt und jede Rosette, jeder Riß, jeder Fleck und jeder Sprung auf der Fläche eines Zolls wiedergegeben werden, wozu Canaletto drei Fuß gebraucht hatte.« Eine Auswirkung, die die Photographie auf die Malerei hatte, war die Entstehung einer neuen visuellen Sprache, die mit den spezifischen technischen Einschränkungen der Kamera zusammenhing. In Werken aus der Mitte des 19. Jahrhunderts scheint der Maler Camille Corot die Effekte eines Lichthofs oder unscharfer Gegenstände beabsichtigt zu haben. »Corot versuchte, den Geist der Natur auf sublime Weise darzustellen, und erweckte bewußt den Eindruck, als würden Windböen die Blätter bewegen. Er hatte von der Kamera skizzenhaft wiedergegebene Blätter gesehen, und ihr Aussehen muß eine mit seinen Zielen in Einklang stehende pantheistische Konnotation angedeutet haben.«[6]

Ende des 19. Jahrhunderts war die Photographie zu einem objektiven Mittel der Darstellung von Gärten und Landschaften geworden. Der amerikanische Architekt Charles Platt kritisierte in seiner Einführung zu *Italian Gardens* (1893 veröffentlicht) die Stichsammlung römischer Villen von Percier und Fontaine (*Choix des plus célèbres maisons de plaisance de Rome et de ses environs*, 2. Auflage, Paris 1824). Er klagte: »Die Ansichten von verschiedenen Standorten aus sind so frei gehandhabt, daß sie bei jemanden, der damit vertraut ist, starke Zweifel erwecken, ob sie so, wie sie dargestellt sind, ausgesehen haben. Und jemanden, der die Gärten noch nie gesehen hat, führen sie zumindest in die Irre.«

Weiterhin sagte er: »Die Kunst der Photographie ist, seit sie das Thema behandelt, perfektioniert worden. Es ist die Absicht des Autors vorliegenden Buches, mit ihren Mitteln den gegenwärtigen Zustand der bedeutenderen italienischen Gärten soweit wie möglich abzubilden, dabei aber den Aspekt der Forschung außer acht zu lassen, da eine nutzbringendere Untersuchung des Themas als Folge dieser Naturreproduktionen unternommen werden könnte. Es ist durchaus möglich (durch sorgfältige Untersuchung aller Gärten als Ganzes), zu Schlüssen über die grundlegenden Prinzipien zu kommen, welche die ursprünglichen Entwerfer leiteten.«[7]

Es wird nicht klar, ob Pratt den Photographen als einen sehr gebildeten oder nur als Gelegenheitsbeobachter betrachtete. Eine gewisse Kenntnis eines Gartens scheint jedoch erforderlich zu sein, um aus der Photographie etwas über das Entwurfskonzept zu ersehen. Bis jetzt hat noch niemand eine ideale Methode zur photographischen Aufzeichnung eines Gartens für archivalische oder andere Zwecke entwickelt. Es scheint jedoch, daß ohne Hintergrundwissen wichtige Ansichten übersehen werden und neue Bepflanzungen oder Gebäude vielleicht zu viel Bedeutung bekommen können. In der Tat könnte einer die Photographien betrachtenden Person eine Reihe von Bildern vorgeführt werden, welche die Ideen des ursprünglichen Plans völlig ignorieren.

In seinem Buch über den Photographen Eugène Atget stellt William Howard Adams einen interessanten Vergleich an zwischen der Photographie und dem Werk des Radierers Israel Silvestre aus dem 17. Jahrhundert. Er vertritt die Ansicht, daß der Künstler gegenüber dem Photographen in der Herstellung eines idealen Bildes von einem Garten absolut im Vorteil sei, ungehindert der Wirkungen von Zeit oder Verfall.

»Silvestre war der ›Photograph‹ des Hofes und des Adels, er zeichnete die

Harewood House. Photo Roger Fenton. Bath, The Royal Photographic Society

Der Tempel der Philosophie im Park von Ermenonville (Oise, Frankreich). Photo Geoffrey James. Aus: M. Mosser, Morbid Symptoms. Arcadia and the French Revolution, Princeton 1987

Villa Caprarola (Italien). Terrassenmauer am Gartencasino. Aus: Ch. A. Platt, Italian Gardens, New York 1894

Schlösser, Feste, Gärten und Landschaften dieses Goldenen Zeitalters auf. Seine Ansichten umfaßten alles, was es da zu sehen gab, oder wie es zumindest den Anschein hatte: Wenn es der Garten in Vaux war, dann hieß das, sein gesamter Blickwinkel schloß nicht nur die grünen Palisadenwände mit ein, welche die ausgedehnte Anlage einrahmten, sondern auch den weiten Horizont und alles, was dazwischenlag. Seine Zeichnungen der Gärten von Vaux und der Tuilerien, die er für die Radierungen machte, atmen eine morgendliche Frische, die man fast spüren kann: die Massen neuen Blattwerks zu beiden Seiten der Allee, die beschnittenen viereckigen Parterres, die Beete mit frisch eingesetzten Blumen, die majestätisch zum Horizont hin verlaufende zentrale Achse. Zu dem Zeitpunkt konnte die ganze Anlage noch überblickt und auf ein Stück Papier reduziert werden, das nicht viel größer war als Atgets Negativplatte.«[8]

Zwei Zielsetzungen der Photographie
Das Werk Eugene Atgets und Maxfield Parrishs

Im Jahre 1897, im Alter von vierzig Jahren, beendete Eugène Atget seine Laufbahn als Schauspieler und widmete sich nur noch der Photographie. Mit der Herstellung von detaillierten photographischen Pariser Ansichten konnte man aufgrund eines von der *Commission des Monuments Historiques* initiierten Programms sein Geld verdienen. Paris unterlag damals durch Haussmanns grandiose Umgestaltungspläne raschen Veränderungen.[9] Gleichzeitig hielt Atget die melancholische Pracht der verfallenen Gärten des 17. Jahrhunderts fest. William Howard Adams sagt in seiner Einführung zu Atgets Werk: »In den achtziger Jahren des 19. Jahrhunderts, als Atget zum ersten Mal nach Paris kam, standen die schwarzen Ruinen des (Tuilerien-)Palasts noch in den Gärten, bevor sie schließlich entfernt und über ganz Frankreich als Erinnerungsstücke an andere Parks verteilt wurden. Wie bei den westlich davon gelegenen Ruinen von St. Cloud nahmen neue Blumenbeete seinen Platz ein.«[10] Watteau und Fragonard wurden von denselben Landschaften inspiriert, obwohl Atgets Bilder menschenleer waren, was der Tatsache Nachdruck verlieh, daß diese Gärten verlassen waren. Atget arbeitete allein und die Bilder reflektieren seine Isolation und seine Unabhängigkeit von den aktuellen Trends in der Photographie.[11] »Die malerische, dem Kunstkult oder dem rituellen Porträt verpflichtete Photographie, die zu jener Zeit in Mode, ja vorherrschend war, interessierte ihn nicht.« Atget stand in engem Kontakt mit einigen bedeutenden Künstlern seiner Zeit, und manchmal wurden die Photographien, wie von André Derain, als Bezugsmaterial benutzt.[12]

Ein Künstler, der sich seine eigenen Photographien zunutze machte, war der amerikanische Illustrator Maxfield Parrish. Für seine Gemälde für das Buch »Italian Gardens« fertigte Parrish Kontaktabzüge seiner ca. 10 × 12 cm-Negative an, um Diapositive herzustellen. Dann projizierte er das Bild mit Hilfe eines großen »Laterna-magica«-Projektors und zeichnete die Umrisse nach. Hinsichtlich Komposition und Ausschnitt richtete er sich nach der Photographie. Parrish benutzte eine Balgkamera mit Platte. Die größte Blende betrug 6,8, und wegen der langsam wirkenden Beschichtung war es notwendig, ein großes Stativ zu benutzen, um die Erschütterungen während der langen Belichtungszeit aufzufangen. Parrish arbeitete zu einer Zeit, in der sich die Farbphotographie gerade in der Entwicklung befand – obwohl die Gebrüder Lumière erst 1907 mit der kommerziellen Herstellung von »Autochrome«-Platten begannen.

Ansicht der Kaskade im Park von Vaux-le-Vicomte (Seine-et-Marne, Frankreich). Kupferstich von I. Silvestre

Villa d'Este in Tivoli (Italien). Ölgemälde von Maxfield Parrish nach einer Photographie, 1903. Aus: E. Wharton, Italian Villas and Their Gardens, New York 1904

Der Liebestempel im Park des Petit Trianon in Versailles (Yvelines, Frankreich). Photo Eugène Atget, um 1900. London, The Trustees of the Victoria and Albert Museum

Die Skizzen und Photographien für die Illustrationen der »Italian Gardens« entstanden 1903, als Parrish mit seiner Frau eine dreimonatige Reise durch Italien unternahm. Parrish ließ sich von seinem Nachbarn Charles Platt beraten, der ein Experte für italienische Architektur und Landschaftsgärtnerei war. Die Autorin von »Italian Gardens«, Edith Wharton, war Parrish mit ihrer Arbeit in einem anderen Teil Italiens stets um einige Wochen voraus, so daß er in seiner Bild- oder Kompositionswahl wohl eine gewisse Freiheit hatte.

Die Farben der italienischen Landschaft wurden in seinem Werk wunderbar erfaßt. In einem Brief an Spencer Penrose vom 15. September 1919 bekräftigte er seine Technik: »Sollte ich jemals dorthin kommen und den Ort malen, so würde ich es genauso machen wie bei der Serie über die italienischen Gärten. Ich würde meine Photographien und Studien an Ort und Stelle machen und das eigentliche Bild dann zu Hause malen. Das ist in mancherlei Hinsicht besser, denn bei einem gewissen Temperament kann eine unverfälschte Widergabe der materiellen Tatsachen vermieden werden, und der Teil, der in der Erinnerung weiterbesteht, kann um so besser herausgestellt werden: der Geist und die Atmosphäre des Ortes.«[13]

Gartengestalter als Photographen

Die Gartengestalterin Gertrude Jekyll verwendete Photos, um den Fortschritt ihrer Arbeit zu dokumentieren und ihren Arbeitstagebüchern beizufügen.[14] Sie konzentrierte sich auf Einzelheiten wie Blumenexemplare, und wenn sie die Landschaft photographierte, die ihr Haus in Surrey umgab, hielt sie die örtlichen Handwerker bei der Arbeit fest. Gertrude Jekyll hatte ihre eigene Dunkelkammer, doch existieren nur wenige Aufzeichnungen, die Auskunft geben könnten über ihren technischen Umgang mit dem Medium und die Art der Ausrüstung, die sie verwendete. Ein großer Teil der Photographien im Buch *»Wood and Garden«* stammt von ihr selbst, obwohl sie hinsichtlich ihrer technischen Fähigkeiten sehr bescheiden war. In der Einführung zu »Wood and Garden« schreibt sie: »Der größere Teil der Photographien, nach denen die Illustrationen entstanden sind, wurde auf meinem eigenen Grundstück aufgenommen, das etwa fünfzehn Acres mißt. Einige davon sind aufgrund meiner mangelnden technischen Fähigkeiten als Photographin sehr schwach ausgefallen und konnten nur durch das Können des Vervielfältigeres brauchbar gemacht werden, für dessen sorgfältige Arbeit ich ihm Dank schulde.«[15]

Jekyll erwähnte auch, daß einige ihrer Photographien als Holzstiche für Publikationen von William Robinson reproduziert wurden – zum Beispiel in *»The English Flower Garden«*. Die erste Ausgabe davon erschien 1883, kurz nachdem das Halbtonverfahren zur Vervielfältigung von Photographien zum ersten Mal kommerziell genutzt wurde.

Sobald es möglich war, Photographien in Büchern zu reproduzieren, erschienen neue Arten von Gartenpublikationen. Illustrationen waren leichter wiederzugeben, es stand auch mehr Bildmaterial zur Verfügung.

Photographische Archive

Heute wird ein historischer Garten als nationales Erbe betrachtet, das einen Erhalt ebenso rechtfertigt wie beispielsweise ein Gebäude. Die wichtigsten britischen Gärten sind in einem Register verzeichnet, das sie ihrer Bedeutung entsprechend auflistet.[16] Bisher gibt es noch keine Koordination photographi-

Claude Monet vor der japanischen Brücke in seinem Garten in Giverny (Eure, Frankreich). Photo Etienne Clemental. Abzug von einer stereoskopischen Autochromplatte, um 1917

Garten der Isola Bella im Lago Maggiore (Italien). Photo Fulvio Ventura

scher Aufzeichnungen der Vergangenheit und der Gegenwart, obwohl es bedeutende Photoarchive gibt, die auch Gärten beinhalten. Die *Royal Commission on Historical Monuments* besitzt das *National Monuments Record*, das vorwiegend aus einer großen photographischen Sammlung von mehr als einer Million Einzelstücken besteht und 1941 eingerichtet wurde. Die Zeitschrift *Country Life* besitzt eine weitere Sammlung von Architektur- und Landschaftsaufnahmen, die im Jahr 1897 begonnen wurde. In seiner Einleitung zu einem Buch, das eine Auswahl von Aufnahmen aus dem *National Monuments Record* zeigt, schrieb Alistair Forsyth: »Viele der Photographien sind schon an sich wertvoll, entweder wegen ihres Alters oder weil sie unsere einzigen Unterlagen über Gebäude oder gar ganze Umgebungen sind, die heute nicht mehr existieren.« Er gibt zu, daß die Photographien »bessere Unterlagen sind als die aus früheren Jahrhunderten verfügbaren, um daraus in Lehrgärten zu arbeiten, und besser als die derjenigen, die sie planten, pflegten und bezahlten.«[17]

Ein unerwarteter Bonus für Gartenforscher war die durch die Luftaufnahme gelieferte Information. Manche Luftbilder – vor allem solche, die unter extremen Wetterbedingungen wie Dürre oder Schnee gemacht wurden – zeigten gespenstisch wirkende Parterres. Die Bepflanzung der ursprünglichen Parterres wurde auf Rasenflächen deutlich, und diese temporären Bilder hätte man vom Boden aus unmöglich sehen können. In den meisten Fällen zeigen sich die Umrisse verschwundener Bestandteile wie Aufschüttungen, Terrassen, erhöhte Wege, Berge, Kanäle, Becken, Teiche und versunkene Gärten aus der Luft deutlich.

Christopher Taylor von der *Royal Commission on Historic Monuments* identifizierte einundvierzig »verschwundene Gärten« aus der Zeit von 1540 bis 1725 und schätzt, daß es möglicherweise bis zu tausend Plätze gibt, an denen Überbleibsel noch sichtbar sind.[18]

Die Gartenphotographie der Zukunft

Es ist möglich, daß nationale Photoarchive eingerichtet werden, die allein der Aufzeichnung von Gärten dienen. Ein anerkanntes System zur Darstellung des Gartens könnte entwickelt werden, das alle Aspekte seiner hortikulturellen, architektonischen und räumlichen Elemente berücksichtigt. Andere Medien wie Film, Video und sogar Holographie könnten dazu beitragen, den Eindruck von Kunstwerken entstehen zu lassen, die in statischem Zustand unmöglich zu konservieren und vor den Auswirkungen zeitgenössischer Zivilisation schwer zu schützen sind.

Ansicht des Gothic Tower in Painshill Park (Surrey, Großbritannien), 1958. Photo Country Life

Luftbild von Harrington Hall (Northhampshire, Großbritannien), 1956. Im Gelände sind deutlich die ehemaligen Terrassen des um 1740 beseitigten Gartens zu erkennen

Villa Gamberaia in Settignano (Italien).
Photo Aubrey Le Blond. Aus: I. Triggs, The Art of Garden Design in Italy, 1906

Sphinx im Park von Fontainebleau (Seine-et-Marne, Frankreich). Photo Fulvio Ventura

Anmerkungen

1 Vor der Erfindung der Photographie erwarteten Reisende die Bilder zu erleben, die sie auf Stichen gesehen hatten. – »Der englische Besucher Italiens brachte Drucke mit, so wie moderne Reisende Photographien.« (Elizabeth Wheeler Manwaring, in: *Italian Landscape in 18th century*, Reprint London 1965.

2 Eine detaillierte Untersuchung der Frühgeschichte der Photographie liefert Helmut Gernsheim: *The Origins of Photography*, (London 1982). Gernsheim nimmt an, daß photographische Bilder auf Papier vielleicht schon 1827 aufgetaucht seien. Er bespricht einige interessante Entdeckungen in *Photographic Journal*, Section A, Januar 1951. Details früher photographischer Verfahren erwähnen Bruce Barnard und Valerie Lloyd: *Photodiscovery*, London/
New York 1980. Eine vollständigere Geschichte der Photographie liefert Ian Jeffrey: *A Concise History of Photography*, London 1981.

3 Zitiert aus Aaron Scharf: *Art and Photography*, London 1968. Die Aussage stammt aus der 13. Vorlesung von Sir Joshua Reynolds (die 15 Vorlesungen erstreckten sich über einen Zeitraum von 1769–1790). Scharf beschreibt auch Variationen der Camera obscura. Die Camera obscura war ein Instrument, das ursprünglich benutzt wurde, um Sonnenfinsternisse zu beobachten. Sie existierte bereits im 11. Jahrhundert.
In der Renaissance wurde sie als Zeicheninstrument benutzt, und 1550 fügte Girolamo Cardano ihr ein Objektiv hinzu. Der neapolitanische Wissenschaftler Giovanni Batista della Porta lieferte in *Magiae Naturalis* (1558) eine ausführliche Beschreibung der Camera obscura. Er beschrieb auch einen ausgeklügelten Trick, bei dem eine Theaterproduktion außerhalb eines verdunkelten Raumes organisiert wurde. Von innen konnten die Zuschauer durch Benutzung der Camera obscura ein projiziertes Bild der Vorführung sehen – in der Tat eine frühe Version des Kinos.

4 William Gilpin: *Observations. Chiefly related to the picturesque beauty of the mountains and lakes of Cumberland and Westmorland*, 1786.

5 »Das Porträt von Haus und Garten wurde in der zweiten Hälfte des 19. Jahrhunderts weniger populär. 1850 gehörten umherziehende Maler der Vergangenheit an, und es wurde schwierig für den Künstler, das Landhausporträt als Einkommensform beizubehalten. Zwischen 1870 und 1890 gewannen Photographien neue Bedeutung, und landbesitzende Familien wurden vor ihren Häusern photographiert.« John Harris: *The Artist and the Country House*, London 1979. Eine faszinierende Serie von Landhausphotographien ist in Christopher Sykes: *A Country House Camera*, zusammengestellt.

6 John Ruskin: *Modern Painters*, 1856; Coke Van Deren: *The Painter and the Photograph*, 1964.

7 Charles A. Platt: *Italian Gardens*, New York 1894.

8 William Howard Adams: *Atget's Gardens*, London 1979.

9 George-Eugène Haussmann war von 1853–1869 Préfet de la Seine unter Napoléon III. Seine Pläne trugen zur Verbesserung der Verbindungen innerhalb der Stadt bei, und zudem wurde ein System von öffentlichen Parks geschaffen. Siehe George F. Chadwick: *The Park and the Town*, London 1966.

10 Adams, a.a.O.

11 Photographien, die vielleicht irrtümlich für Lithographien und Radierungen gehalten wurden, wurden in *La Photographie est-elle un art* von Robert Gizerama (1899) reproduziert. Das Kautschuk-Dichromat-Verfahren, bei dem Gummiarabikum und ein Pigment mit lichtempfindlichem doppeltchromsaurem Kali gemischt werden, eignet sich besonders zur Herstellung photographischer Bilder mit der Wirkung eines Gemäldes.

12 Adams a.a.O.

13 Coy Ludwig: *Maxfield Parrish*, New York 1973.

14 »The Flower Gardens of Gertrude Jekyll«, in: *Design Quarterly*, 137, 1987.

15 Gertrude Jekyll: *Wood and Garden*, London 1899.

16 *English Heritage* hat ein Verzeichnis der Gärten in England zusammengestellt und einen Garteninspektor ernannt. Das Verzeichnis wurde dem *Select Committee of Historic Buildings and Monuments* unterstellt, assistiert von der *Garden History Society, COMOS/UK Gardens Committee* und dem *Centre for the Conversation of Parks and Gardens* (Universität York). Empfehlungen wurden ausgesprochen, damit das Umweltministerium mehr Gelder zur Unterstützung historischer Gärten bereitstellen solle.

17 Alastair Forsyth: *Yesterday's Gardens*, London 1983.

18 Zahlreiche interessante Luftaufnahmen erschienen in Marcus Binney und Anne Hills: *Elysian Gardens. Save Britain's Heritage*, 1979.

Freizeitparks in Europa: Orte der Unterhaltung und der Flucht vor der Realität

Isabelle Auricoste

Das Paradies ist immer anderswo. Der gewöhnlichen Umgebung entfliehen bedeutet, die konkrete Erfahrung der Loslösung vom Alltäglichen zu machen. Der Wunsch, die Dualität der Existenz zu erfahren, eine Konstante in der Menschheitsgeschichte, veranlaßt zur Suche nach einer Welt, die sich von unserer unterscheidet, die reich an Möglichkeiten ist. In diesem Sinne bedeutet die Assoziation von Gärten mit dem Paradies nicht nur die Fortführung eines universalen Mythos (getragen von der Etymologie des Wortes »Paradies«, des von persischen Satrapen sorgfältig gepflegten Parks, üppig und frisch unter der sengenden Sonne an den Ufern des Euphrat). Sie ist auch die Bestätigung, daß Gärten (oder Parks) sich als der privilegierte Ort lohnender Begegnungen zwischen der Welt der Wünsche und der Erfahrung erweisen.

Der Begriff »Park« wurde überall auf der Welt ohne Zögern aufgegriffen, um eine scheinbar neue Art der Unterhaltung gewidmeter Orte zu bezeichnen. Die Verwendung dieses Wortes weckt die Aufmerksamkeit gegenüber seinen spezifischen Eigenschaften. Ein Park ist zunächst ein eingefriedetes Grundstück, ein durch eine Begrenzung festgelegter Bereich, und er ist auch ein Ort, der auf irgendeine Weise mit dem Garten verwandt ist und mit der Darstellung des Paradieses in der kollektiven Phantasie. Es geht hier nicht darum, über die Zugehörigkeit heutiger Vergnügungsparks zu den Gärten im naturalistischen Sinne zu entscheiden. Es geht auch nicht um das Verhältnis des Menschen zur Natur, noch um die sie schmückende Vegetation. Es geht nur darum, was zu fühlen, zu erleben man dort erhoffen kann, um die Erfahrung der Loslösung vom Alltäglichen. Dieser Anspruch, welcher der Maßstab des Erfolgs aller Gärten ist, bildet den entscheidenden Aspekt. Es sind diese Umstände, die zu der Begegnung mit dem Anderswo führen, um das es hier geht, und die Mittel zur Realisierung sind, wie wir wohl wissen, vielfältig und stets veränderlich.

Das Hier und das Anderswo sind zwei Territorien, die unterschiedlichen Zuständigkeiten angehören, sie stellen zwei Lebensformen dar, die in ständiger Spannung miteinander stehen. Seltsamerweise drücken die Wörter, die das aus dieser Spannung entstandene Vergnügen bezeichnen, nicht die Befriedigung des Wunsches aus, sondern bezeichnen Aktionen. Ablenkung *(divertere)* ist die Tätigkeit des Abwendens, der Entfernung vom allgemein Üblichen, ebenso wie Zerstreuung *(distrahere)*, das Einschlagen einer entgegengesetzten Richtung. Diese Begriffe weisen auf die entscheidende Dualität zweier entgegengesetzter Richtungen hin. Sie sind auch Metaphern konkreter Erfahrung, die das Anderswo mit der Vorstellung von einem bekannten Ort verbinden. Das Gefühl von Fremdheit beruht auf der erlebten Erkenntnis der Unterschiede und Grenzen zwischen den Territorien. Das Hier und das Anderswo ermöglichen, zusammengenommen, Zerstreuung. Wenn man sich amüsiert, dann nicht, weil ein Bereich dieser speziellen Funktion gewidmet ist, sondern weil daneben ein anderes Gebiet existiert, wo andere Beschäftigungen vorherrschen. Es ist keine Frage von festgesetzten, mit besonderen Eigenschaften versehenen Bereichen, sondern es geht um die Verbindung zwischen diesem und einem anderen Territorium, zwischen einem vertrauten Land und einem Ort, der vom Alltäglichen abweicht.

Diese Hypothese dient uns als Leitfaden in der jüngsten, etwas verwirrenden Diskussion, die in Europa durch das Aufkommen einer neuen Generation von Parks ausgelöst wurde. Seit 1950 entstanden zahlreiche Anlagen nach dem Muster amerikanischer Vergnügungsparks, insbesondere ihres Archetyps Disneyland.

In Westdeutschland, Belgien und Holland breitete sich das Phänomen am stärksten aus. Großbritannien, Frankreich und die südeuropäischen Länder begannen erst vor wenigen Jahren mit der Realisierung solcher Parks. Bezeichnend für ihre Neuartigkeit ist, daß sie als riesige und dauerhafte Einrichtungen für den Massenansturm ganzer Regionen konzipiert sind. Sie liegen fern der Städte und ohne offensichtlichen Bezug zu diesen. Ihre Lage wird sorgfältig nach meßbarer Effizienz und bestimmten Regeln ausgewählt, um ein Maximum an Attraktionen anzubieten. Vom Tierpark über den themenbezogenen Park zum Vergnügungspark variieren die Methoden, aber die Zielsetzungen bleiben sich ähnlich. In der Bundesrepublik gibt es um die dreißig Vergnügungsparks; die bekanntesten unter ihnen sind der *Europa Park*, der *Holiday Park* und *das Phantasialand.* Sie nehmen zusammen mehr als zwanzig Millionen Besucher jährlich auf, obwohl manche nur während der Saison geöffnet sind. In Holland bilden dreizehn Freizeitparks ein enges, über das ganze Land verteiltes Netz. Der größte, *De Eftelino*, zählt jährlich mehr als zwei Millionen Besucher, *Flevehof* mehr als eine Million. In Belgien verzeichnen die Parks *Walibi*, *Bellewaerde* und *Meli* weit mehr als zwei Millionen Gäste jährlich. Diese Unternehmen sind so groß, daß sie ihre Initiatoren zu einer immer stärkeren Rationalisierung zwingen. Die finanziellen Investitionen, die erforderlich sind, um zahlreiche Besucher aufzunehmen, die Wahl eines geeigneten Standorts, der eine ausreichend große Kundschaft ermöglicht, und die Art der Attraktionen können nicht dem Zufall überlassen bleiben. Eine neue Generation von Erholungsanlagen ist im Entstehen begriffen, die allen traditionellen Formen der Zerstreuung zu widersprechen scheint.

Unternehmen, die ausschließlich der umfassenden Freizeitbeschäftigung der modernen Gesellschaft gewidmet sind, bieten jetzt Strukturen und Programme an, die das vertraute Gefüge des täglichen Lebens so getreu widerspiegeln, daß man dessen außergewöhnliche Aspekte in einer konzentrierten und idealisierten Darstellungsform wahrzunehmen glaubt.

Der enorme Erfolg und die Popularität dieser neuen Art von Vergnügungsorten geben jedoch zu denken. Sie schaffen das Bild einer vermeintlich realen Welt, realer, als man nach der ersten geringschätzigen Reaktion auf die fehlende Kreativität in der Gestaltung, auf die kulturelle Dürftigkeit der Attraktionen und das dort mühelos gebotene Vergnügen vermuten würde. Moralisierende Journalisten und angegriffene Planer verfehlen ihr Ziel, wenn sie die Künstlichkeit dieser »verkehrten Welt« beklagen. Denn in dieser Welt läßt sich noch die existentielle authentische Erfahrung finden, die durch den Vormarsch der Technologie von unserem Planeten verschwunden ist.

Die Ausstattung, die bemalten Kulissen, die Illusion eines verzauberten Orts, an dem und durch den sich der übliche Verlauf des Lebens umkehrt und vorübergehend aus der Bahn gerät, sind keine traurigen Kennzeichen unseres Zeitalters. Vergißt man nicht etwas schnell, daß diese Parks, deren Konzeption scheinbar ganz neu ist, auf eine lange Tradition von Vergnügungsstätten in europäischen Städten zurückgehen und daß die Unterhaltung dort, wenn sie gut dargeboten wird, häufig eine Quelle der Erneuerung sozialer und urbaner Formen ist? Man hat sich, nach dem Modell der analytischen Methoden der Humanwissenschaften, daran gewöhnt, das Leben in öffentlichen Bereichen von Form und Umriß des Raumes selbst zu trennen. Die Gewohnheit, wichtige Formen der menschlichen Tätigkeit auf bequeme Kategorien zu reduzieren und den Raum nur unter dem Gesichtspunkt des Aussehens bemerkenswerter Objekte zu betrachten, hat sich so weit entwickelt, daß wir vollkom-

Der Cimetière des Innocents in Paris, 17. Februar 1786. Paris, Bibliothèque Nationale, Cabinet des Estampes

Bankett im Freien auf der Isle-Adam bei Paris. (Dieses „Goûter" genannte Fest wurde 1766 von dem Prince de Conti gegeben.) Ölgemälde von M.-B. Ollivier. Château de Versailles. Photo Bulloz

Entwurf für ein Ring-Spiel mit zentraler Neptunfigur. Zeichnung von A.-T. Brongniart. Paris, Privatsammlung

men aus den Augen verloren haben, daß öffentliche Bereiche sowohl der geistigen als auch der konkreten Welt angehören.

Betrachtet man nur das Äußere der Dinge, so besteht die Gefahr, in den Vergnügungsparks lediglich eine Ansammlung von Einrichtungen, Funktionsschemata und Finanzierungsfragen oder das aufdringliche Inventar ihrer Unzulänglichkeiten zu sehen, während doch die Möglichkeiten der Unterhaltung vor allem in dem Verhältnis der Vergnügungsparks zum System des städtischen Raumes als Ganzem zu finden sind.

In diesem Sinne war der mittelalterliche Friedhof in der europäischen Stadt die erste Form eines öffentlichen Unterhaltungsbereichs. Der Friedhof war lange Zeit nicht nur ein Ort für Bestattungen; bis ins 18. Jahrhundert besaß er das Privileg einer freien, extraterritorialen Zone, war Ort der Begegnung und der Freiheit. In dieser, nicht der weltlichen Rechtsprechung unterliegenden Einfriedung, konnten alle geistigen, aber auch irdischen Angelegenheiten in Ruhe behandelt werden. Amouröse Begegnungen und alle Arten von Spielen fanden dort im Schutz der Menge statt, die von diesen Gelegenheiten angezogen wurde und auf welche die Nähe des Todes anregend wirkte.

Als Paradies auf Erden, in mehr als einer Hinsicht, haben die Friedhöfe lange Zeit alle Aspekte vereint, die man heute an Orten der Unterhaltung findet, im besonderen die Dualität, welche Unterhaltung erst möglich macht, das heißt die Existenz zweier Bereiche, die jeder für sich einem System mit entgegengesetzten Regeln angehören. Es bleibt festzuhalten, daß dieses duale, der Unterhaltung dienliche Verhältnis ebenso im Raum wie in der Zeit existiert. Alle Feste, Anlaß zum Amusement par excellence, finden sporadisch statt und sind in ihrer Dauer genau definiert. Auf diese Weise konzentriert sich hier die ganze Wirksamkeit des Umkehrens der normalen Zeit, in der sie stattfinden. Der Karneval etwa ist ein exemplarisches Fest, das die gewohnte Ordnung umkehrt und im sozialen Bereich eine neue und begrenzte Zeit einführt, während der die Rollen vertauscht und neue Beziehungen und Gewohnheiten zum Vorschein kommen.

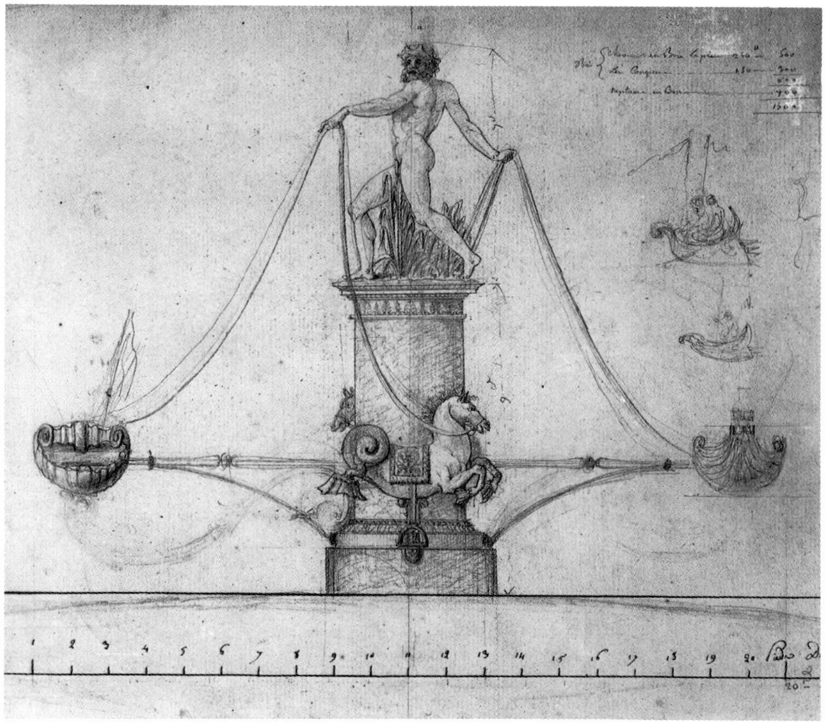

Die Vielfalt der Zuständigkeiten und Einflußnahmen innerhalb der Stadt führt zu einer örtlichen Aufteilung der Vergnügungsstätten, schadet aber dem Zusammenhang sozialer Gewohnheiten und der Erhaltung der städtischen Ordnung. Die Unsicherheit, die sie hervorruft, ist natürlich unbeherrschbar, aber sie ist ebenso natürlich das Ziel jeglicher Bemühungen zur Rationalisierung des städtischen und auch des politischen Raumes. Die Stärkung der zentralen Gewalten und ihre Identifizierung mit der modernen Gestalt der Städte zielen darauf hin, die Komplexität der Bodenbesitzverhältnisse und die daraus resultierenden Dualitäten durch ein einheitliches Konzept auf städtischer und auf staatlicher Ebene zu ersetzen. Geschickte Verwaltung und Ordnung sind die Prinzipien, welche die gesamte Raumplanung moderner Zeit auch weiterhin – mit unterschiedlichem Erfolg – leiten werden.

Trotzdem bestimmt auch etwas, das einem Prinzip der Unordnung ähnelt, die neuen Orte der Unterhaltung in der durch die immer stärker reglementierte Planung vereinheitlichten Stadt.

Als im 18. Jahrhundert die erste rund um Paris gezogene Steuerbarriere eine Grenze schaffte, an der die in die Stadt kommenden Händler besteuert wurden, entstanden außerhalb der Mauer spontan Orte, an denen man Waren steuerfrei erhielt. Die Vorstellung, Lebensmittel vor den städtischen Zollhäuschen zu konsumieren und sie anschließend quasi »illegal« in die Stadt einzuführen, gab dem Wein und andere Genußmittel, die schlaue Wirte in Garten-

Die Promenade unter den Galerien des Palais Royal in Paris während der Directoirezeit. Kupferstich von Debucourt. Paris, Musée des Arts Décoratifs

wirtschaften vor den Toren der überfüllten und lärmenden Stadt anboten, sicherlich eine besondere Würze. Und indem diese Lokale steuerfreien Wein anboten, boten sie auch eine flüchtige und kostbare Rückkehr in die Welt außerhalb der Stadt, einen ausgezeichneten Ort des Ausbrechens. Bald wiesen lange, querfeldein verlaufende Alleen den Stadtbewohnern den Weg für ihren ländlichen Spaziergang. Diese mit Baumreihen gesäumten Avenuen hatten keine andere Bedeutung, als die Stadt außerhalb der Stadt darzustellen, dem Widerspruch von städtischer Unterhaltung außerhalb der Stadtmauern Form zu verleihen. Sie kennzeichnen die Konfrontation der Territorien.

Es waren also die bepflanzten Flächen, die das Bild eines neuen Typs von Unterhaltungsorten bestimmte, als das Land in Bereiche für den Handel und Teilbereiche für die ›Natur in der Stadt‹ aufgeteilt wurde – eine doppelte Verführung zu einer imaginären Reise. Von den nahezu unbegrenzten Rechten profitierend, welche die Landbesitzer genossen, erfreute sich das in diese Privatgärten zugelassene Publikum dort einer außergewöhnlichen Sitten- und Meinungsfreiheit. Das galt zum Beispiel für den Garten des Palais Royal. Die ursprüngliche Regel für diese Vergnügungsstätten, die direkten Ergebnisse des Unternehmungsgeists von Spekulatoren, schrieb offene Bereiche vor, in denen das Publikum den Zwängen des städtischen Lebens entfliehen konnte. Dieser rechtliche Statusunterschied war das wesentliche Merkmal solcher Gärten und der Grund für ihre Anziehungskraft. In ihnen zeichneten sich schon einige entscheidende Kennzeichen der heutigen Vergnügungsparks ab.

Es war ein neuer Stil, der sich an diesen Orten entwickelte, eine wohlüberlegte Form, um Besucher anzuziehen, einzufangen und in einer verzaubernden Umgebung festzuhalten. Dieses Unterfangen erforderte eine spezielle Raumaufteilung. Den umschlossenen Bereich faßten kleine Komplexe ein, die Zugänge beschränkte man auf einige leicht kontrollierbare Eingänge, die Vielfalt und Neuartigkeit der Attraktionen wurden zur Regel, ebenso der unregelmäßig geplante Grundriß, der die Besucher ermutigte, umherzuschlendern und die Anordnung der Überraschungen erleichterte. Die besondere Funktion der Unterhaltung, die der innerstädtische Grund und Boden, der einst der öffentliche städtische Bereich war, nicht mehr leisten konnte, fand andernorts auf andere Art und mit völlig neuen Mitteln ihre Erfüllung.

Das Ende des 18. Jahrhunderts erlebte die immense Zunahme dieser neuen Vergnügungsgärten: Frascati, Tivoli, Vauxhall und Ranelagh in London, türkische Gärten, Berg- und Talbahnen in Paris und der berühmte, 1767 erbaute Prater von Wien. Bälle, Musikdarbietungen, Tierschauen, Reiterspiele, exotische Pflanzen, schattige Haine und Brunnen wurden so arrangiert, daß sie dem Besucher das sorgfältig geplante und ordnungsgemäß bezahlte Erlebnis des Ausbrechens und Vergessens boten. Die Mischung der Klassen und die dort herrschende Lässigkeit förderten die Verbreitung der neuen Ideale von Freiheit und Gleichheit.

Der Äolsturm. Luftschaukel im Tivolipark von Paris. Lithographie von C. Motte, nach 1800. Paris, Musée Carnavalet

Die Montagne Russe (Achterbahn) im Tivolipark von Paris. Lithographie von C. de Last. Paris, Musée Carnavalet

LE CERF COCO et LE CERF AZOR

Kunststückchen des Hirschs Coco und Balancenummer des Hirschs Azor im Cirque Olympique des Tivoliparks in Paris. Aus einer Folge von Kupferstichen zum Thema „Cirque-Franconi“ nach Zeichnungen von Dugourc. Um 1791–1800. Paris, Musée Carnavalet

Die „Niagara-Fälle“ in den Gärten Ruggieri, Rue Saint-Lazare in Paris, Kupferstich um 1796–1800. Paris, Musée Carnavalet

Die ständig vorangetriebene Spezialisierung der Vergnügungsparks, ebenso wie das Bestreben, diese Unternehmen zu rentablen Investitionen zu machen, förderten die Entwicklung neuer Vorstellungen. Hier war Mitte des 19. Jahrhunderts unbestreitbar eine erfinderische Energie am Werk, ohne die solche Wunder wie der Kristallpalast in London oder die *Piers* der englischen Badeküste, die Züchtung exotischer Pflanzen in Gewächshäusern, die Riesenräder der Jahrmärkte, die Weltausstellungen, die zoologischen Gärten, der Tivoli von Kopenhagen weder erdacht noch finanziert worden wären. Dennoch scheinen der Elan der Finanziers und die rasche Verbreitung spezialisierter Vergnügungsstätten um die Jahrhundertwende abgenommen zu haben. Die einzige große, noch erwähnenswerte Schöpfung war der amerikanische Park auf Coney Island südlich von New York.

Erst in der zweiten Hälfte dieses Jahrhunderts tauchte wieder eine neue Generation von Vergnügungsstätten auf, die thematischen Parks. Die Idee wurde 1955 in Kalifornien mit der Eröffnung von Disneyland geboren. Diese neue Form war nicht das Ergebnis eines völlig neuen Konzepts, sondern die Folge eines Entwicklungsprozesses und das Produkt einer genaueren Analyse vorangegangener kommerzieller Unternehmungen dieser Art. Ihre Besonderheit lag darin, den Reiz eines Landschaftsparks, der die Reinheit unberührter Natur evoziert, mit den weitgehend fiktiven Helden der Walt Disney-Filme zu verbinden und diesen beiden dominierenden Themen die üblichen Jahrmarktsattraktionen, Vorführungen und Dienstleistungen völlig unterzuordnen. Dieses vom enormen Erfolg und der Popularität der Anlage bestätigte Konzept beruht auf der strikten Unterwerfung aller Aktivitäten unter speziellen Verhaltensregeln, zu denen es außerhalb keine Entsprechung gibt. Sie ermöglichen es dem Besucher, in ein augenscheinlich anderes Universum einzutreten und dort an einer seiner täglichen Erfahrung fremden Lebensform teilzuhaben.

Nichts bleibt dem Zufall überlassen. Laut zahlreichen soziologischen Untersuchungen, Marketing- und Verhaltensstudien, die heute jeder Neuschöpfung vorangehen, hängt der Erfolg eines Parks »von der Wahl des Standorts, des Themas und der Raumaufteilung ab«. Die optimale Fläche liegt bei etwa hundert Hektar, grob unterteilt in je ein Drittel für den eigentlichen Park, Parkplätze und Grundstücksreserven, die eine Erweiterung oder neue Einrichtungen ermöglichen. Ein wenig abwechslungsreiches oder baumloses Grundstück ist ungünstig, weil Erdarbeiten und Bepflanzungen das Budget belasten; ein sehr hügeliges oder zu stark bewachsenes Grundstück dagegen erlegt dem Initiator zu viele Beschränkungen auf. Das ideale Terrain liegt in einer dicht bevölkerten Gegend und in der Nähe großer städtischer Zentren. Die Besucherzahlen werden nach einer Einteilung errechnet, die aus bestehenden Beispielen erstellt wird. Das oder die Themen, die jeden dieser Parks kennzeichnen, sind, wenn sie durch eine entsprechende Raumaufteilung unterstützt werden, das Mittel, um den Besucher einzustimmen und ihn völlig in den Bann der vorgegebenen Phantasiewelt hineinzuziehen.

Die Organisation des Parks muß perfekt sein, um diesem Anspruch zu genügen. Der Gesamtplan spiegelt das Bestreben wider, den Besucher völlig zu vereinnahmen. In den meisten Fällen hat der Vergnügungsbereich die Form einer Blüte, und jedes Blumenblatt ist ein Anziehungspunkt, der mit einem bestimmten Thema verbunden ist. Die Bereiche, welche die meisten Besucher anziehen, sind über den ganzen Park verteilt, um ein für die er-

Das Riesenrad im Vergnügungspark von Coney Island bei New York

wünschte heitere Atmosphäre ungünstiges Gedränge zu vermeiden. Kulturelle Aktivitäten sind zwischen die Spiel- und Vorführungsbereiche eingefügt. Die von einer Zone zur nächsten führende Route ist so angelegt, daß der Besucher sich entspannen und auf ein neues Erlebnis vorbereiten kann. In diesen Zwischenbereichen sind Läden, Serviceeinrichtungen, Restaurants und bepflanzte Flächen untergebracht. Der Park insgesamt ist wie ein den Besucher völlig umschließender Kokon konzipiert.

Bewußt entspricht die Ausführung einem sich selbst genügenden Universum. Die Illusion muß reibungslos funktionieren. Nichts darf den Besucher an die Unsicherheit seines täglichen Lebens erinnern. Die leitenden Direktoren von Disneyland sind sich dessen derart bewußt, daß sie ein perfektes eigenes Verwaltungssystem entwickelt haben, welches ein Journalist nach einer Reportage vor Ort folgendermaßen beschrieb: »In der Disney-*Universität* liegt ein Schlüssel zum außergewöhnlichen Erfolg des Unternehmens. Die Tausende von Dauer- oder Saisonangestellten ... werden dort systematisch durch den Wolf gedreht... Von der ersten halben Stunde an ist der Ton vorgegeben.... ›Sie haben von nun an die Ehre, der Disney-Mannschaft anzugehören‹, sagt man ihnen, ›Sie sind also Teil der Vermarktung eines multidimensionalen Spektakels, zu dessen Akteuren Sie zählen, welcher Art Ihre Stellung auch ist. Vergessen Sie nie, daß Sie darin eine Rolle übernommen haben.‹... Aber die am Ort untergebrachten Angestellten müssen absolut unsichtbar bleiben. Das Disney-Universum ist ein Traum, der nie unterbrochen werden darf... Die Angestellten kommen mit dem Auto zur Arbeit, aber sie benutzen besondere Strecken und stellen es auf verborgenen Parkplätzen ab. Von da aus werden sie per Kleinbus zu den zahlreichen Diensteingängen hinter den Kulissen befördert. Durch einen unterirdischen Zugang betreten sie das ›magische Reich‹, ziehen das Kostüm an und erreichen ihren Posten über unterirdische Flure... Sauberkeit gehört ebenfalls zu den Obsessionen der Manager von Disneyland. Die Straßen werden unaufhörlich gekehrt, begossen, gereinigt.... Die weißen Sandstrände der Seeufer werden jeden Morgen in der Dämmerung geharkt und die Rasenflächen geschnitten. Sobald die Blumen auf einem Beet ihre Blütenblätter verlieren, werden sie in derselben Nacht von einer Gruppe von Gärtnern ersetzt.« (Marc-Ambroise Rendu in: Le Monde, 2. Okt. 1987)

Diese den Kern treffende Beschreibung stellt das Modell »Disneyland«, das sämtlichen Initiatoren von Vergnügungsparks in der ganzen Welt als Vorbild dient, deutlich dar. Die Originalität des Konzepts beruht darauf, daß der Hauptakzent auf die Arbeitsweise gelegt wird, auf die Beziehungen zwischen Angestellten und Besuchern und auf das Erlebnis des Besuchers, weniger aber auf den Inhalt der Attraktionen. Selbstverständlich entbindet das nicht von Phantasie und Qualität, aber man merkt deutlich, daß dieser Aspekt sekundär ist im Verhältnis zur Perfektion des Funktionierens, von der die Flucht vor der Realität – das eigentliche Ziel der Parks – abhängt. Man erkennt, daß die Schwierigkeiten mancher europäischer Unternehmen ihren Ursprung im mangelhaften Verständnis dieses entscheidenden Faktors haben. Bei einer zu starken Betonung der »kulturellen« Attraktionen oder des anekdotisch Außergewöhnlichen werden die Rolle und die Bedeutung der kompletten Vereinnahmung des Besuchers unterschätzt, der im wörtlichen Sinne an einen anderen Ort transportiert werden muß.

Wenn das Gefühl der Lösung vom Alltäglichen in den modernen Parks nicht mehr durch das Übertreten von Regeln ausgelöst wird, müssen sich die

Die Foire du Trône (Volksfest) in Paris

Das „Dijn"-Labyrinth im Freizeitpark von Walibi in Belgien

Das Kinemax im Futuroscope-Park von Poitiers (Vienne, Frankreich), 1987 von D. Laming erbaut. Photo De Sazo-Rapho

Die Achterbahn in Valencia (Spanien).
Photo Georg Stärk

Parkbetreiber an die Leichtgläubigkeit des Besuchers wenden und auf seine Zustimmung zum Eintritt in ein unwirkliches, von den üblichen Problemen des Lebens befreites Universum bauen. Das Konzept ist weitgehend auf alle modernen Freizeitstätten anwendbar und gilt vielleicht noch mehr für andere Formen, die nicht so sehr einer vorgefaßten Meinung von Attraktionen verpflichtet sind. Es bestehen wenig grundlegende Unterschiede zwischen den Gesetzen der Ferienklubs und denen von Vergnügungsparks. Es ist dasselbe Erleben eines Universums außerhalb der Norm, das da angeboten wird. Das »Realitätsprinzip« wird systematisch auf höchst symbolische Art verbannt. Die Beziehung zum Geld wird im einen Fall durch den Umtausch bunter Perlen ersetzt und im anderen durch eine Eintrittsgebühr, nach deren Entrichtung alle Vergnügungen frei zugänglich sind. Das gleiche gilt auch für die neuere Form der »Aqua-Centers«, die ein pseudo-tropisches Klima und Ambiente im Schutz einer gläsernen Architektur anbieten – »alles inbegriffen«.

Wir treten hiermit in eine neue Phase der Unterhaltung ein. Die durch Planung und ökonomische Zwänge bewirkte extreme Leistungsfähigkeit hat das Vergnügen immer mehr aus dem sozialen Bereich entfernt und scheint es im allumfassenden Reich der Spiele anzusiedeln. Innerhalb ihrer Mauern stellen die Vergnügungsparks eine Art entmaterialisierte Welt dar. Nichts von dem, was sich außerhalb ihrer Grenzen abspielt, ist hier von Belang. Roger Caillois schrieb: »In allen Fällen ist der Bereich des Spiels ein reserviertes, abgeschlossenes, geschütztes Universum: ein makelloser Raum«, dessen Regeln »präzis, willkürlich, unumstößlich« sind. Das Spiel führt fort von der konkreten Realität der Territorien und der sozialen Situation. Die Isolierung spezieller Orte, welche die Funktion des vorübergehenden Ausbrechens sicherstellen, ist durchaus mit der Hinwendung zu Funktionstrennung in Stadtplanung und Städtebau, die den modernen Sozialbereich kennzeichnet, vereinbar. Diese Spezialisierung trennt die Vollendung einer Funktion vom Territorium, auf dem sie stattfindet. Es bedarf einer subtilen Strategie; der territoriale Komplex wird zugunsten des introvertierten Systems des Spiels aufgegeben – eines auf das soziale und räumliche Funktionieren ausgedehnten Spiels, innerhalb dessen auch die Unterhaltung ihren Platz finden kann. Das Spiel aber, das in den Vergnügungsparks stattfindet, ist seinerseits Opfer rationaler Programme und Techniken des Managements. Es ist ein Spiel, das seines wesentlichen Elements beraubt wurde: nämlich der Ungewißheit, des Risikos, zu verlieren, ohne die »das Spiel aufhört zu unterhalten«. Die Minimierung der Risiken, von den Initiatoren angestrebt, ist ein entscheidender Nachteil dieser neuen Fluchtorte. Wenn das Streben nach Perfektion ein wirksames Mittel ist, das Anderswo zu erfahren, und wenn es dem abstrakten Bereich des Spiels sehr nahe kommt, so trägt es doch in sich auch den Widerspruch der Prinzipien eines fertigen, notwendigerweise kontrollierten Systems. Ein im voraus bekannter Ablauf ist mit dem Wesen des Spiels unvereinbar, das ja zu seiner Existenz eines ständigen und unvorhersehbaren Wandels der Situation bedarf. Das Spiel muß nichts erschaffen, weder Reichtum noch definitiv geordneten Raum; es muß nur Gelegenheit zur reinen Hingabe sein, und auf diese Weise erzeugt es eine andere Dimension des Lebens.

Die ökonomische Rationalisierung und die guten Absichten der Planer scheinen zu schwer zu wiegen, als daß man ihnen beim gegenwärtigen Stand der Dinge entgegenwirken könnte. Man muß in Zukunft auf die Phantasie der Planer und der Besucher zählen, damit die Unterhaltung weiterlebt. Die vorgeschriebenen Programmelemente sind unvermeidliche Zwänge und letztlich mit Instruktionen vergleichbar. Nur neue Lösungen können in dieser offenbar festgefahrenen Situation das gegenwärtige Modell verändern oder dessen Verschwinden beschleunigen. Die Aussicht auf verschiedene, der Unterhaltung entlehnte Methoden legt nahe, daß Phantasie in diesem Bereich immer eine Chance hat und daß sie von unbegrenzter Erneuerungsfähigkeit genährt wird. Schwachstellen gibt es auch in den perfektesten Systemen, aber der Unterhaltung wird es immer gelingen zu überleben.

Literatur

Tableau de Paris en 1797 par Mme. SS, Paris 1979;
Promenade à tous les bals publics de Paris, barrières et guinguettes de cette capitale, Paris 1830;
Guide du promeneur aux barrières et dans les environs de Paris, indiquant les bons endroits pour boire et manger ..., Paris 1855;
E. d'Auriac, *Essai historique sur les spectacles forains*, Paris 1878;
G. Capon, *Monographies parisiennes: les Tivolis*, Paris 1901;
M. Poëte, *Une vie de cité. Paris de sa naissance à nos jours*, Paris 1924;
J. Garnier, *Forains d'hier et d'aujourd'hui*, Orléans 1968;
P. Ariès, *L'homme devant la mort*, Paris 1977;
M.A. Rendu, »Parcs de loisirs: Disney et la vitrine magique«, in: *Le Moniteur des Travaux Publics*, Feb. 1986;
C. Bouclet, *Les parcs de loisirs et d'attraction à thème*, Diss. Sorbonne, Paris 1987;
M.A. Rendu, »Disneyworld côté coulisses«, in: *Le Monde*, 2. Okt. 1987;
»Parcs urbains et suburbains«, in: *Cahiers du CCII*, 4, 1988.

Der Garten und die bildenden Künste in heutiger Zeit: Arkadier, Postklassizisten und »Land-Art-Künstler«

Stephen Bann

Diese kurze Untersuchung geht von einer einfachen Prämisse aus. Es ist allgemein anerkannt, daß die Verbindung der Gartengestaltung zu den bildenden Künsten von der Renaissance bis zum Ende des achtzehnten Jahrhunderts besonders eng war.[1] Erwähnt seien nur die beträchtlichen Auswirkungen der Landschaftsmalerei Nicolas Poussins oder Claude Lorrains auf die Entwicklung der englischen Gärten im darauffolgenden Jahrhundert. Auch ist klar, daß seit Beginn des 19. Jahrhunderts Gartengestaltung und Landschaftsmalerei getrennte Wege gingen. Trotz gelegentlicher Ausnahmen, wie Monets Garten in Giverny, entfernten sich die Bereiche Gärtnerei und Malerei immer mehr voneinander, und die offenkundige Verkümmerung des Landschaftsgenres unter dem Einfluß der Moderne beschleunigte diesen Prozeß nur.

Ich habe an anderer Stelle über die tiefere Bedeutung dieser Entwicklung geschrieben.[2] Kenneth Clarks bekannte Studie *Landscape into Art* (erstmals 1949 veröffentlicht) ist eine Abschiedsrede an die große Tradition der Landschaftsmalerei, die im neunzehnten Jahrhundert ihren Höhepunkt erreicht hatte. An der Schwelle zu unserer Gegenwart bestätigt Clark die Tatsache, daß das Genre tatsächlich tot ist, ohne jegliche Aussicht auf Wiederbelebung. Ob er sie nun anerkennt oder nicht, er bestätigt die Wirksamkeit der modernen Ideologie, die eine enge Verbindung zwischen der Bildhauerkunst und der modernen Architektur schuf, der Naturstudie aber eine relativ geringe und rückläufige Rolle zuwies.

Meine Behauptung ist, daß der partielle Rückzug der Moderne, welche die Künste im letzten Vierteljahrhundert charakterisiert hat, andere, in der künstlerischen Tradition latent vorhandene Möglichkeiten ans Tageslicht gebracht hat. Eine unbestreitbare Tatsache ist die Verbreitung einer oberflächlich als »Landschaftskunst« oder »Land-art« bezeichneten Richtung in Amerika, Großbritannien und den Niederlanden seit den späten sechziger Jahren des 20. Jahrhunderts. Sie ist ein sicheres Zeichen dafür, daß Künstler durchaus das Medium Landschaft aufgreifen können, ohne zu prämodernen Paradigmen zurückzukehren. Ich möchte aber noch weiter gehen. Mir scheint, der interessanteste Aspekt der »Land art« – der tatsächlich mit ihrer eher spektakulären und häufig aufdringlichen Seite in Konflikt steht – ist die Tatsache, daß sie wieder eine Verbindung mit den Praktiken der Landschaftsgestaltung und der Gärtnerei ermöglicht.

Damit meine ich natürlich nicht, daß Landkünstler üblicherweise oder in gewissem Sinne Gartengestalter seien. Strenggenommen ist die Interaktion von Gartengestaltung und den zeitgenössischen bildenden Künsten noch nicht sehr weit fortgeschritten, und das einzigartige Beispiel Ian Hamilton Finlays selbst zeigt, welch subtile Mischung künstlerischer und kultureller Einflüsse erforderlich war, um eine wirkliche Erneuerung der Tradition des ›Dichtergartens‹ herbeizuführen.[3] Ich behaupte aber dennoch, daß nun ein Kontinuum der Vermittlung zwischen der Kunst auf der einen und der Landschafts- und Gartenplanung auf der anderen Seite besteht. Für Künstler wie Richard Long und Hamish Fulton wird die Darstellung der Landschaft zu einem interaktiven Prozeß, bei dem die Zeichen menschlicher Intervention sorgfältig festgehalten werden und der Vorrang der idealisierten Ansicht systematisch geleugnet wird. Für den Bildhauer David Nash bedeutet das Beschneiden von Bäumen zu Kunstwerken nicht mehr, sie ihrem natürlichen Kontext zu entfremden, sondern sie die Waldumgebung neu beleben und interpretieren zu lassen. Bei beiden Beispielen ist der entscheidende Faktor, daß die Natur keine neutrale, existierende Domäne mehr ist, von der das Kunstwerk sich abhebt. Die Natur selbst ist bereits mit Bedeutungen besetzt, die erforscht und bewahrt werden müssen.

Die interdisziplinäre, als »Neue Arkadier« bekannte Künstlergruppe arbeitet auf recht unterschiedliche Weise mit traditionellen Medien wie Aquarellmalerei und Fotografie für einen vielschichtigen Akt der Hommage an die großen Landschaftsgärten der Vergangenheit. Das könnte als nur retrospektiv erscheinen, aber die Tatsache, daß ihre gemeinsame Tätigkeit stark polemische Stoßkraft besitzt, spricht dagegen. Sie identifizieren sich mit der Kritik an zeitgenössischen kulturellen Wertvorstellungen, die der Planung von Ian Hamilton Finlays »Klein-Sparta« innewohnt. So werden die Gartenelemente, die sie wiedererstehen lassen – oft in verfallenem oder ruinösem Zustand – zu ausdrucksvollen Emblemen einer kulturellen und philosophischen Tiefgründigkeit, die der Mehrzahl der zeitgenössischen Kunstwerke so offensichtlich abgeht.

Ziel der folgenden detaillierteren Abhandlung ist es daher nicht, eine Zusammenfassung der Geschichte der »Land art« oder irgendeiner einer anderen heutigen Bewegung zu liefern, sondern zu zeigen, daß der Austausch von Modellen und Konzepten zwischen Künstlern und Gartengestaltern wieder zu einer erregenden Möglichkeit geworden ist. In dieser Entwicklung können wir nicht nur das Erscheinen von Gartenentwürfen beobachten, die in der Geschichte der bildenden Künste verwurzelt sind, sondern auch den beginnenden Wandel von Ausstellungsbereichen wie dem Skulpturenpark zu Anlagen, die den großen Landschaftsgärten der Vergangenheit ähnlicher sind.

Land art in Großbritannien: Richard Long, Hamish Fulton

Trotz der internationalen Resonanz auf die Bewegung sind die deutlichsten Anzeichen des Wandels in Großbritannien zu erkennen. In Amerika ist das bestechendste Merkmal der neuen Landschaftskunst ihr Ausmaß: Die Kühnheit der Unternehmungen von Künstlern wie Christo und Robert Smithson führte zu einer neuen Wertschätzung der unberührten Natur, während sie gleichzeitig (im Fall Smithsons) die Mythen einer unter der Erdoberfläche verborgenen ursprünglichen, nicht abendländischen Kultur wiederbelebte. In den Niederlanden wiederum spiegelt die verfeinerte Kunst Jan Dibbets' die kontinuierliche holländische Auseinandersetzung mit der Horizontalen und die Abstimmung kleinster landschaftlicher Unterschiede auf das vergrößerte Bildformat wider. (In einem Großteil seines jüngsten Werkes ist das Vertieftsein in Landschaft und Panoramablick abgelöst von einem Interesse an Architektur und der vertikalen Dimension, das nicht weniger an die Tradition holländischer Kunst anschließt). In Großbritannien ist die Landschaft weder ungebändigte Wildnis, noch hat sie eine nicht mehr zu erreichende mystische Hülle; und sie unterliegt auch nicht der notwendigerweise strengen Strukturierung wie in der Kunst der Niederlande. Sie ist sowohl Garten als auch Palimpsest – lange Zeit intensiv kultiviert und von unzähligen Wegen aus alter Zeit überzogen.[4]

Sowohl Richard Long als auch Hamish Fulton gleichen ihre Arbeit in der britischen Landschaft mit abenteuerlichen Exkursen in die abgelegenen und erhabenen Regionen der weiten Welt aus. Der Schlüssel zu ihrem Umgang mit der Landschaft ist jedoch in den britischen Projekten, mit denen sie begannen, deutlich erkennbar. Longs *A Line Made by Walking*, (1967) veranschaulicht den Punkt, ab dem sich die neue Landschaftskunst vom entmateria-

Richard Long. A Line Made by Walking, 1967

lisierten bildhauerischen Idiom Anthony Caros und der mit der St. Martin School of Art assoziierten Künstler zu entfernen begann. Wie Caro in seinem Bestreben, die »Greifbarkeit« der Bildhauerei zu reduzieren, Henry Moore negiert hatte, so übertrifft Long Caro in der Schaffung eines ephemereren Ausdrucks, der sich sich kaum von seinem Kontext abhebt und dem gleichzeitig durch den erbarmungslosen Perspektivismus, den der Photograph einrahmt und verewigt, Dauerhaftigkeit verliehen wird. Die Wiese schmücken Blumen, die sich dort, wo das Bild aus dem Brennpunkt heraustritt, wie winzige Lichtpunkte sammeln, und wir fühlen, daß die zertretenen Gräser, auf denen sich die »Linie« abzeichnet, sich langsam aber sicher wieder aufrichten werden.

Longs Kunst beruht also auf einer Art rhetorischer Antithese zwischen der Dominanz des Künstlers und der Unterwerfung der Landschaft mit dem Effekt, daß wir selbst genötigt werden, die Begriffe umzukehren und die Vorrangstellung der Landschaft wiederherzustellen. In *A Hundred Tors in a Hundred Hours – A Walk on Dartmoor* (1976) wird der Spaziergang zu einem uralten Erscheinungsmerkmal der Moorlandschaft verdichtet. Seine methodischen und disziplinierten Parameter – hundert Berge in hundert Stunden – können zwangsläufig nur eine ironische Resonanz haben, wenn wir bedenken, daß der Künstler sich diesem strengen und präzisen Zeitplan unterwerfen mußte! Der Berg wird nicht verschwinden wie die »durchs Gehen entstandene Linie«, vielmehr behauptet sich seine massive Präsenz als eine Art Gegengewicht zu den systematischen Konstruktionen des Künstlers.

In Hamish Fultons Werk ist die Antithese nicht so stark, vielmehr wird hier der Landschaft ermöglicht, jede zu aufdringliche Präsenz des Künstlers auszugleichen. Fulton ist sich der semiotischen Möglichkeiten einer überwiegend auf der Photographie basierenden Kunst genau bewußt und gestattet den unterschiedlichen Varianten des Abzugs, die Mehrdeutigkeit seiner eigenen Rolle zu unterstreichen. *A Dew Pond on the South Downs Way* (aus *Skyline Ridge*, 1975), kennzeichnet die Äquivalenz zwischen der Körnung des Schwarz-Weiß-Abzugs und der gleichförmigen Struktur grasbewachsenen Hügellands, das ein breites Band zwischen Wasser und Himmel bildet: Die konzentrischen kleinen Wellen des Teichs deuten, stärker noch als Longs ephemere Linie, die Flüchtigkeit menschlicher Spuren in der Landschaft an, obwohl der »South Downs Way« ein Pfad ist, den die Landbewohner viele Jahrhunderte lang benutzten, und der »Dow Pond« selbst wahrscheinlich ein von Menschenhand geschaffener Teich mit einem Lehmboden, der von Zeit zu Zeit erneuert wurde.

Für Fulton ist die Linie ein privilegiertes Kennzeichen sowohl für die eigene manuelle Tätigkeit des Künstlers (wie in den Strichzeichnungen des Büchleins *Horizon to Horizon* von 1983) als auch für seine Wanderungen durch das Land. Der Druck *Coast to Coast Walks* (1987) zeichnet einfach quer über die Umrißkarte von Großbritannien und Irland eine Reihe von Wanderungen auf, die er in den letzten fünfzehn Jahren unternommen hat.[5] Aber die verstreuten Linien, die seine Bewegung über das Land festhalten, gewinnen gelegentlich lyrischen Charakter durch die Gegenüberstellung mit einem Bild, das die Landschaft fotografisch in Form eines linearen Musters interpretiert. In *Skyline Ridge* wird die schematische Karte einer Reihe von Wanderungen durch Südengland mit einem Bild ohne Titel abgeschlossen, das zwei Vögel zeigt, die auf einem kahlen, scharf umrissenen Baum kauern. Die Intensität eines Landschaftserlebnisses wird hier in einer Weise vertieft, die an die starken Effekte des japanischen Holzschnitts erinnert.

Hamish Fulton. A Dew Pond on the South Downs Way. Aus: Skyline Ridge, 1975

Richard Long. A Hundred Tors in a Hundred Hours – A Walk on Dartmoor, 1976

Chris Welsby. Probenphoto von „Stream Line"

Die Wiedergewinnung der Natur: David Nash, Chris Welsby

Long und Fulton haben eine Einstellung zur Natur, die im weiteren Sinne als ökologisch bezeichnet werden kann. Dieses Interesse aber, das den Künstler in gewisser Hinsicht zum Gegengewicht der Tendenz des modernen technologischen Menschen, die Natur zu beherrschen und auszuplündern, macht, ist als solches vereinbar mit einer verständnisvollen Deutung der Geschichte der Landschaftskunst. Cézanne vor allem ist ein bedeutender Präzedenzfall für die Auffassung, daß die Kunst »eine Harmonie in Parallele zur Natur« sei und natürliche Phänomene nicht in vorgefaßte Muster zwingen dürfe. Was Maurice Merleau-Ponty als »Cézannes Zweifel« bezeichnete, war Ausdruck einer leidenschaftlichen Suche nach einem Mittel des Ausgleichs zwischen den verwirrenden und verführerischen Erscheinungsformen der natürlichen Welt einerseits und den spezifischen Einschränkungen durch die viereckige Leinwand andererseits.

Es ist daher besonders interessant, daß ein junger britischer Filmemacher, Chris Welsby, sich der Landschaft verschrieben hat. Seine Grundprämissen erinnern an Long und Fulton, obwohl die technischen Mittel notwendigerweise recht unterschiedlich sind. Welsby stellte fest, es sei »die ständig sich bewegende Grenze (zwischen »Geist« und »Natur«), die der (seiner) Haltung zur Landschaft in der Kunst zugrunde liegt.«[6] Wenn ein Werk wie Longs *Line Made by Walking* die Intervention des Künstlers durch eine ephemere Spur verewigt, so nutzt Welsby die Möglichkeiten der Kinematographie, um die Aufzeichnung des Bildes mit genau den natürlichen Prozessen zu verbinden, die man bei einem kurzen Blick übergangen hätte. Er benutzt einen Windmesser, um die Geschwindigkeit des Films entsprechend der Windgeschwindigkeit zu steuern, und er bedient sich häufig des Zeitraffermechanismus, um lange Zeitabschnitte (in seinem Film *Seven Days*) zu einer fesselnden optischen Aufzeichnung zusammenzufassen. Das Standfoto aus *Stream Line* zeigt die in der Mitte des Stroms montierte, durch Fernbedienung betätigte Kamera. Wo immer es möglich ist, bestimmt Welsby den Aufbau seiner Filme durch den Grenzbereich zwischen Natur und Technik, wie in *Seven Days*, wo die Kameravorrichtung gen Himmel gerichtet wurde, wenn die Sonne sich versteckte, und auf den Boden, wenn sie schien, wodurch ein starker Kontrasteffekt entstand.

Chris Welsbys Verfahren bietet die Vorstellung einer Landschaftskunst, in der (nach den Worten Peter Wollens) »Beobachtung von Überwachung und Technologie von Beherrschung getrennt sind«: kurz, eine Zukunft für das Genre, das in »eine neue post-malerische Phase eintritt«.[7] David Nashs Werk dagegen hält am vertrauten Umgang mit traditionellen Materialien fest, ein Merkmal zahlreicher moderner Skulpturen in Großbritannien. Das Medium, das er sich ausgesucht hat, ist Holz, aber ein Holz, das einem dynamischen Mutationsprozeß »vom Baum über das Holz zum Gefäß« unterliegt: das heißt von einem lebendigen Teil der Natur zu einem Material, das bearbeitet werden kann, »um ein Abbild seines früheren Lebens zu bewahren«.[8]

Nash tritt nicht weniger als Welsby für ein nicht gebieterisches Verhältnis zur Natur ein. Er formuliert das folgendermaßen: »Die Gegenstände, die ich mache, sind Gefäße für die Präsenz des Menschen, der sich den Realitäten der Natur bewußt ist und sich ihnen beugt.«

In der Verfolgung dieses ökologischen Ziels für die Kunst schafft David Nash einen bezeichnenden Wandel im Verhältnis zwischen dem Werk und seinem Kontext – einen Wandel, der auch zahlreiche andere Bildhauer zu

David Nash. Running Table im Grizedale Forest, 1978

ähnlichen Auffassungen angeregt hat. *Running Table* (1978) steht an einem holperigen Pfad im Grizedale Forest in Lancashire, wo Nash ein Jahr lang lebte. Wie die anderen Skulpturen, die mittlerweile dort aufgestellt wurden und häufig von ähnlichen Wohnsitzen stammen, stört er die natürliche Umgebung kaum. Einige spätere Arbeiten machten Gebrauch von noch lebenden Bäumen, die auf traditionelle Weise so gezogen wurden, daß sie miteinander verbundene Figuren bilden. Im Gegensatz zum üblichen Skulpturenpark, in dem sanfte Rasenflächen und ein Hintergrund aus ausgewachsenen Bäumen dazu benutzt werden, Kunstwerke wie in einer Freiluftgalerie auszustellen, bildet Grizedale Forest eine Art Umgebung, in der die Bildhauerkunst beinahe eine Form von Landwirtschaft darstellt, bei der die traditionellen, zum Erhalt des Waldes notwendigen Handwerke, benutzt werden.

Die Rückkehr zum Garten: Neue Arkadier, Ian Hamilton Finlay, Bernard Lassus
Viele der bereits erwähnten Beispiele lassen vermuten, daß jeder Künstler einen bestimmten Landschaftstyp ausgewählt hat, um damit zu arbeiten: Long mit dem Moor von Dartmoor, Fulton mit dem südlichen Hügelland, Welsby mit Wasserläufen im walisischen Hochland, Nash mit dem Grizedale Forest am Rand des Lake District. Keiner beschäftigt sich aber speziell mit Gartenlandschaft im engen Sinn des Wortes. Das Bestreben der Neuen Arkadier ist es, die großen Gärten der Vergangenheit zu dokumentieren, zu erforschen und in gewissem Sinne wiederzubeleben. Das tun sie aber nicht nur, weil das Thema Arkadien ihnen angenehm und erfreulich erscheint. Durch den Entschluß, die politischen und kulturellen Verflechtungen der im 19. Jahrhundert entstandenen englischen Gärten herauszustellen, und in ihrer Arbeit als interdisziplinäres Team kritisieren sie die Trivialität und den Individualismus der herrschenden Tendenzen in der zeitgenössischen Kunst.

Nach mehr als zehnjähriger Tätigkeit haben die Neuen Arkadier verschiedene Arten von Gartenlandschaften ausgiebig durchstreift. Eine ihrer originellsten frühen Veröffentlichungen war ein Folioband mit typographischen Darstellungen vom und historischem Kommentar zum »Happy Valley« bei Culzean Castle an der Westküste Schottlands. Vor nicht allzulanger Zeit veröffentlichten sie in ihrer Zeitschrift William Kents einzigartigen Augusteischen Garten von Rousham bei Oxford: Die Veröffentlichung umfaßte »The Way to View Rousham« (ein Brief John MacClarys von 1750), Artikel von Patrick Eyres und Simon Pugh sowie Illustrationen und Vignetten von Howard Eaglestone, Ian Gardner und Andrew Griffiths. Im Augenblick richten sie ihre Aufmerksamkeit auf die »Neuen Arkadien« des Industriezeitalters – die Idealstädte New Lanark und New Harmony, die von dem utopischen Sozialisten des 19. Jahrhunderts Robert Owen gegründet wurden.

Ihre erfolgreichsten Arbeiten jedoch waren den Gärten und der Landschaft von Yorkshire gewidmet, wo die Mehrzahl der Gruppe lebt. Sie erinnern besonders an das Werk der Aislabie Familie in den großen Gärten von Studley Royal und Hackfall, deren Schicksal so völlig unterschiedlich verlaufen ist. Ian Gardners wunderbar verhaltene Aquarelle (die auf einem sorgfältigen Studium der Technik des 18. Jahrhunderts basieren), huldigen dem »Ruhmestempel« in Studley Royal – einem Garten, der gegenwärtig von seinem neuen Besitzer, dem National Trust, grundlegend restauriert wird. Hackfall dagegen ist, in den Worten von Patrick Eyres, ein »geheimer Garten«, abseits von Wohnhäusern und mittlerweile im letzten Stadium des Verfalls begriffen. Dennoch gelingt es Grahame Jones, seine Wasserfälle in anspruchsvollen Federskizzen festzuhalten, und John Tetley zeigt in seinen kolorierten Zeichnungen den desolaten und überwucherten Zustand des Fischerhäuschens.

Der vielleicht bedeutendste Bezugspunkt in der zeitgenössischen Gartengestaltung ist für die Neuen Arkadier das Werk Ian Hamilton Finlays in Stonypath. Tatsächlich profitierte Finlay häufig von der Zusammenarbeit mit der Gruppe, die ihren Namen als Zeichen der Anerkennung seiner Veröffentlichungen über das arkadische Thema wählte[9] und ihn in den verschiedenen Stadien des »Kleinen spartanischen Kriegs« loyal unterstützten.[10] Finlays Leistung als Gartengestalter wird an anderer Stelle in diesem Buch (S. 518 ff.) ausführlicher behandelt. In diesem Zuammenhang muß aber die entscheidende Bedeutung seines Beispiels in der hier beschriebenen Entwicklung erwähnt werden.

Kernpunkt von Finlays Position ist, daß unsere Kultur jeglichen ernsthaften politischen und philosophischen Inhalt, den große Gärten wie Stowe und Ermenonville zur Zeit ihrer Entstehung zweifellos besaßen, verloren habe. Solche Gärten werden heute oft als angenehme Erholungsstätten betrachtet und nicht als der symbolische Mittler zwischen menschlichen Institutionen und den veränderlichen Vorstellungen von Natur, den sie im 16. Jahrhundert zweifellos darstellten. Als Folge dessen werden die heutigen Gärten ausschließlich als Tätigkeitsbereich des Gartenarchitekten gesehen, der (zumindest in Großbritannien) üblicherweise ein ideenloser Fachidiot ist. Bemerkenswerterweise hat Finlay begonnen, diese Last der Ignoranz abzubauen.

Graham Jones. Hackfall. Federzeichnung. Aus: G. Jones und P. Eyres, A Secret Garden

Ian Gardner. Der Ruhmestempel im Park von Studley Royal. Aquarell

John Tetley. Das Fischerhaus in Hackfall.
Aquarell, 1986

Er hat nicht nur den immer noch einflußreichen Prototyp von »Klein-Sparta« begründet, sondern er trug die Botschaft auch direkt an die Avantgarde heran. Für sein Werk *A View to the Temple* anläßlich der Documenta 1987 in Kassel ließ er vor der Orangerie axial vier Guillotinen aufstellen, die in der Ferne einen Gartentempel im Schloßpark einrahmten. Die Fallbeile waren mit Aussprüchen von Robespierre, Diderot und Poussin versehen.

Es ist schwierig, einen professionellen Gartenarchitekten zu finden, der an die Kraft und die Eindringlichkeit von Finlays Phantasie heranreicht. Auf ganz anderem Weg hat der französische Gartengestalter Bernard Lassus eine ähnliche Position erreicht. Als Schüler Fernand Légers, der seine Werke in den sechziger Jahren in Ausstellungen über kinetische Kunst zeigte, hatte Lassus eine Kunstausbildung genossen, bevor er 1968 Architekturprofessor an der Ecole des Beaux-Arts wurde. Seine Laufbahn als Forscher, der bereits 1962 das Centre de Recherche d'Ambiance gegründet hatte, führte ihn später dazu, das Phänomen der vorstädtischen Gärten der *habitants-paysagistes* in ganz Frankreich zu dokumentieren und zu analysieren. 1975 jedoch leitete sein detaillierter Plan für den »Jardin de l'Antérieur« in der neuen französischen Stadt L'Isle d'Abeau eine Reihe von Gartenprojekten ein, die aus der sorgfältigen Erwägung ihrer fundamentalen Prinzipien abgeleitet waren: den Unterschieden zwischen »sichtbaren« und den »fühlbaren« Größen, der Präsenz von Mythos, Legende und Geschichte als Grundlage der physischen Anlage des Gartens.[11]

Lassus' in vielerlei Hinsicht ehrgeizigster Gartenentwurf war sein »Jardin des Planètes« von 1980, der beim Wettbewerb für den neuen Parc de la Villette am Rande von Paris in die engere Wahl kam. Seine Entscheidung, der Landschaft mit einem unterirdischen Planetarium eine vertikale Dimension zu erschließen und dabei gleichzeitig die horizontale Ausdehnung als sanft geschwungene Wiesenfläche zu gestalten, war eine kühne und phantasievolle Geste, die sich gegen die modischen postmodernen Pavillons des Architekten Bernard Tschumi leider nicht durchsetzen konnte. Lassus' jüngstes Gartenprojekt, der »Jardin des Retours«, wird jedoch gegenwärtig an der Corderie Royale in Rochefort ausgeführt. Sein Entschluß, die Sichtlinien zur 18.-Jahrhundert-Fassade der Corderie aufzubrechen, den an die Stadt grenzenden Zwischenbereich durch eine Rampe zu unterteilen und spezielle, den botanisch bedeutenden Funden von Bégon und La Galissonière gewidmeten Gärten zu schaffen, zeugt von der Originalität seines Konzepts. Dies ist kein wiederbelebter 18.-Jahrhundert-Garten, sondern eine zeitgenössische Kreation, die eine hochentwickelte »Poetik des Raumes« ebenso wie den Respekt vor dem historischen Charakter und den Assoziationen des Geländes umfaßt.

Kunst im Garten: die Villa Celle in Pistoia

Es gibt heute unzählige Skulpturenparks. Aber nur wenige davon entgehen dem Schicksal, bloße »Freiluftgalerien« (wie ich sie weiter oben bezeichnete) zu sein, bei denen die Vegetation nicht mehr als einen Hintergrund bildet. Es ist natürlich möglich, dieses System von innen zu unterlaufen, wie Ian Hamilton Finlay das in seinem »Heiligen Hain« im Kröller-Müller-Museum in Otterlo getan hat. Im Gegensatz zu den großen Skulpturen von Henry Moore, Jean Dubuffet, Claes Oldenburg und anderen, die für sie vorbestimmte Plätze einnehmen, ist der ›Heilige Hain‹ eine Neuinterpretation der eigentlichen Landschaft, wobei die Bäume selbst mit diskret befestigten »Säulenbasen« Bestandteil des Kunstwerks sind.

Richard Long. Rasenkreis im Park von Celle bei Pistoia (Italien)

Ian Hamilton Finlay. Vergil-Wäldchen im Park von Celle bei Pistoia (Italien)

Richard Serra. Objektinstallationen im Park von Celle bei Pistoia (Italien)

Anne und Patrick Poirier. Objektinstallation im Park von Celle bei Pistoia, Mai 1987

Einen ganzen Park nach Finlays Methode neu zu planen, wäre ein gewaltiges Unterfangen. Das unter der Schirmherrschaft von Giuliano Gori in den letzten Jahren geschaffene außergewöhnliche Ambiente der Villa und des Parco di Celle verdient es, hier als kühnstes Wagnis dieser Art erwähnt zu werden. Es ist wichtig zu betonen, daß der Parco di Celle bereits ein wunderbar hinter einer Villa aus dem 18. Jahrhundert gelegener »jardin à l'anglaise« war. Ohne Zweifel haben einige Künstler einfallsreicher auf die Herausforderung dieser Umgebung reagiert als andere, und in vielen Fällen war es vernünftig, das Skulpturenpark-Konzept zu verfolgen. Was Celle so außergewöhnlich gemacht hat, war die gebotene Möglichkeit, dem gesamten Erscheinungsbild der Landschaft Gestalt zu verleihen und es zum Ausdruck zu bringen, ebenso wie es die monumentalen Elemente des klassischen Gartens früher mit Erfolg taten. Deshalb bevölkert Richard Serra eine ganze Wiese mit seinen nüchternen Monolithen aus Stein, schirmt Joseph Kosuth eine Insel in seiner Nietzschen Meditation über Schein und Wirklichkeit ab, rufen Anne und Patrick Poirier den Tod eines Titanen in ihrer schwülstigen Ausstattung eines Flußbetts in Erinnerung, den Wasserattraktionen des Barock vergleichbar. Richard Long dagegen spielt mit einem einfachen Kreis in der Grasnarbe absichtlich nicht all seine Trümpfe aus, während Ian Hamilton Finlay den ganzen, von den anderen Künstlern bewohnten »Wald der Avantgarde« hinter sich läßt und einen Vergilschen Olivenhain besiedelt.

Anmerkungen

1 Siehe zum Beispiel John Dixon Hunt über die Tradition von »Ut pictura poesis«, in: *Word Image*, Bd. 1, Nr. 1, Jan. 1985.

2 Siehe meine Beiträge zu J.C. Eade (Hrsg.), *Projecting the Landscape*, Canberra 1987, S. 1–35, 78–91.

3 *Rivista di Estetica*, 8, 1981, S. 160–167.

4 Siehe Oliver Rackham, *Trees and Woods in the British Landscape*, London 1976.

5 Siehe meinen Artikel »The Truth of Mapping«, in: *Word & Image*, April 1988.

6 David Curtis (Hrsg.), *Chris Welsby – Films – Photographs – Writings*, London 1980, S. 6.

7 *Ebd.*, S. 3.

8 Siehe *Tree to Vessel – David Nash Sculpture*, London 1986, unpaginiert.

9 Siehe Finlays Hommage an Poussin *Et in Arcadia Ego*, in: *Katalog Ian Hamilton Finlay*, London 1977, S. 37–47.

10 Siehe »Despatches from the Little Spartan War«, in: *New Arcadians Journal*, Nr. 23, Herbst 1986.

11 Siehe »The Landscape Approach of Bernard Lassus« Einführung von Stephen Bann, in: *Journal of Garden History*, Bd. 3, Nr. 2, S. 79–107. Es behandelt den Zeitraum von 1975–1980.

Die gestaltete Natur: der Stadtwald von Amsterdam und die städtebauliche Entwicklung in Holland

Sergio Polano

Erweiterungsplan für Amsterdam, 1935, mit Darstellung der Grünflächen

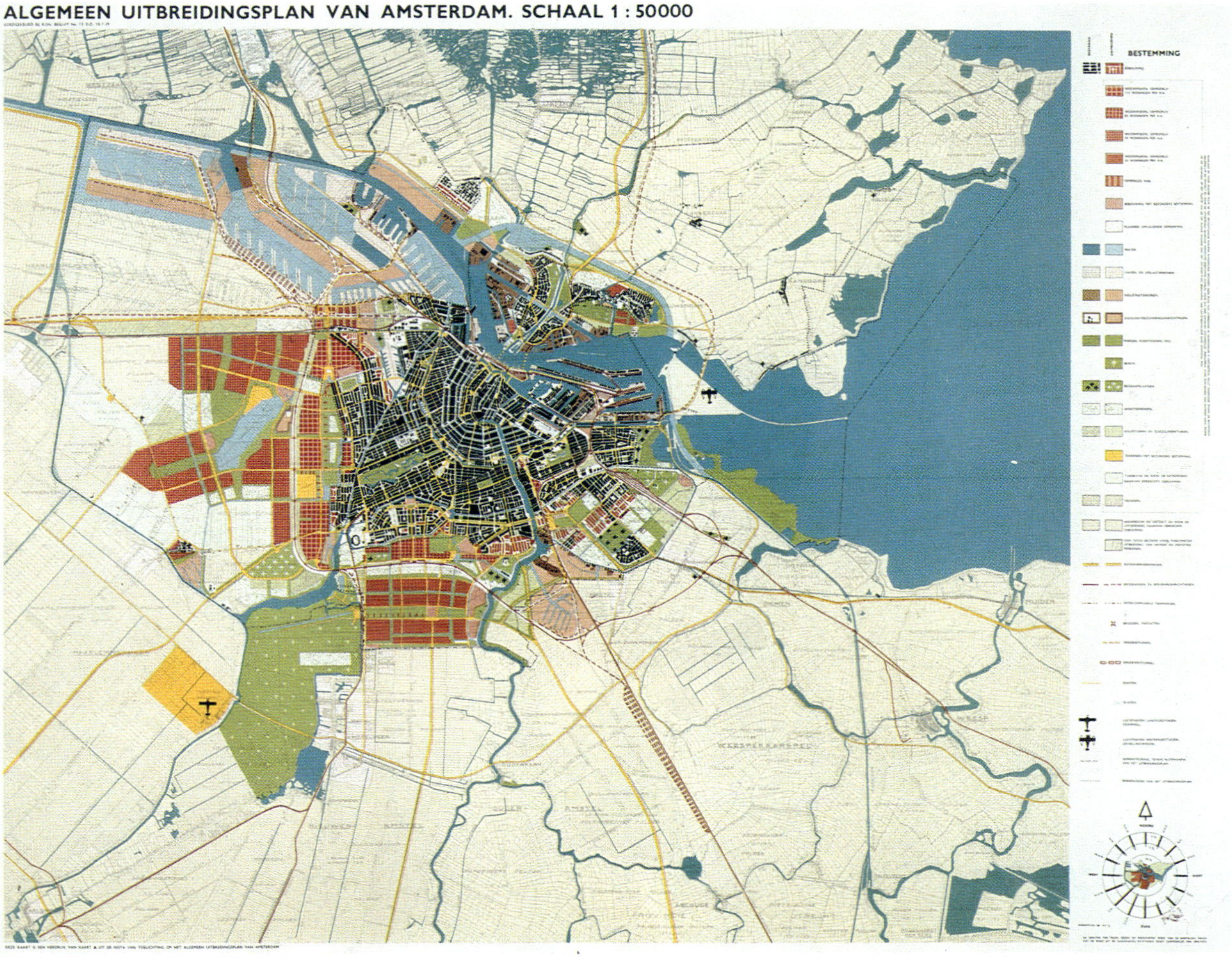

Um die Jahrhundertwende trafen in den Niederlanden zwei spezielle geschichtliche Ereignisse aufeinander, die entscheidend auf die Anlage des »Amsterdamse Bos«, des Stadtwaldes von Amsterdam Einfluß nahmen. Damals fanden Diskussionen über die Frage statt, mit welchen Hilfsmitteln man das Wachstum der Stadt unter Kontrolle bringen könne. Diese Diskussionen fanden 1901 ihren Niederschlag in dem »Woningwet«, einem städtebaulichen Grundgesetz. Zum anderen gab es im letzten Jahrzehnt des vergangenen Jahrhunderts vehemente Debatten über die »Lebensreform«, insbesondere im Umfeld der Anhänger von »Freikörperkultur« und »Naturhygiene«. Diese Diskussionen erhitzten die Gemüter nicht nur in Deutschland, sondern auch im benachbarten Holland. So trat zum Beispiel 1908 der »Biologe« Jacob P. Thijsse, der bereits in den neunziger Jahren Verfechter einer Politik der Volkserholung in der freien Natur war, im *Algemeen Handelsblad* für die Schaffung eines integrierten Wander- und Spazierwegenetzes und für öffentliche Grünanlagen in Amsterdam ein. Einer seiner Vorschläge, um das Nieuwe Meer, eine ausgedehnte und buchtenreiche Wasserfläche im Süden der Stadt, einen Landschaftspark anzulegen, nahm bereits Merkmale des heutigen Bos Parks vorweg.

Im Jahre 1909 wurde in einem Bericht über die öffentlichen Parks und Gärten von Amsterdam das Thema der Volkserholung an der frischen Luft neuerlich zur Sprache gebracht. Der Bericht mit dem Titel *De Amsterdamse parken en plantsoenen* wurde von einem Ausschuß des »Amsterdamse Woningraad« herausgegeben, dem beratenden Gremium der Stadtverwaltung. Ihm gehörten neben Thijsse so bedeutende Städtebaufachleute wie Dirk Hudig und Hendrik Petrus Berlage an. Das Problem der städtischen Parks, das bereits die Verantwortlichen für die Stadterweiterung von Amsterdam im 19. Jahrhundert beschäftigt hatte, erwies sich als eines der Hauptanliegen – und Schwachstelle – der beiden recht unterschiedlichen Planungsversionen für den südlichen Bereich der Stadt, die Berlage 1900 und 1914/15 vorgelegt hatte, also einmal vor und dann nach dem Inkrafttreten des Woningwet-Wohnungsbaugesetzes.

Aber erst 1921 wurden endlich zwei grundlegende Bedingungen erfüllt, um das Wachstum der Stadt wirksam zu kontrollieren. Eine Reihe von Änderungen des Woningwet bewirkten, daß die Pläne, die von den Kommunen erstellt wurden, sich nicht nur auf das Ausweisen von Fahr- und Wasserstraßen bschränkten, sondern daß die Flächennutzung ebenfalls festgeschrieben werden konnte. Gleichzeitig vergrößerte sich durch die Eingemeindung der benachbarten Ortschaften Watergraafsmeer und Sloten die Fläche von Amsterdam um das vierfache. Dadurch wurde es möglich, den »Berlage-Plan«, der bis dahin Randbereiche wie den Park einbezogen hatte, die außerhalb der Stadtgrenze lagen, vollständig auszuführen. Dies warf aber neue planerische Probleme auf.

Auf dem Kongreß über städtebauliche Entwicklung, der im Juli 1924 in Amsterdam stattfand, betraf einer der wichtigsten Punkte das »Öffentliche Grün«. Unter den Hauptrednern war Fritz Schumacher, Baudirektor der Stadt Hamburg.

Von diesem Zeitpunkt an bis 1928, als das Büro »Stadsontwikkling van de Publieke Werken« gegründet wurde, gingen in kurzen Zeitabständen planerische Vorschläge für die Stadtentwicklung ein, die sich auf verschiedene Art und Weise auch mit dem Thema des Amsterdamer Stadtwaldes befaßten. Das Büro war eine unabhängig arbeitende städtebauliche Abteilung im Amt für öffentliche Arbeiten, deren Hauptaufgabe darin bestand, die städtebaulichen Rahmenplanungen unter der Leitung des Ingenieurs L.S.P. Scheffer zu erstellen.

Der Plan »Groot Amsterdam«, ein Entwurf für Groß-Amsterdam, der zwischen 1924 und 1926 mehrfach von A.W. Bos, dem Leiter der städtischen Behörde »Publieke Werken« überarbeitet wurde, sah vor, in drei Bereichen des Gesamtgebietes Parkanlagen zu schaffen. Bos verfolgte eine Politik der Konzentration der Grünräume; im Gegensatz zu den Gartenstädten, die von seinen Gegnern – unter ihnen auch der einflußreiche Direktor des »Woningdienst« Arie Keppler – favorisiert wurden. Die Grünräume sollten sich von Südosten bis Südwesten wie ein Gürtel um die Stadt legen. Der Plan leitete sich von Berlages Entwurf für den großen Stadtpark ab, den »Plan Zuid«, dessen Realisierung aber nie in Angriff genommen worden war. Durch Bos wurde dieser Park nun zum Herzstück einer vielschichtigen Planung, die umso bedeutender war, als sie den Grenzbereich der Metropole überschritt. In der Debatte, die auf die Vorstellung des Bos-Planes folgte, wurde deutlich, daß er einige Probleme, die das Programm der Stadterweiterung mit sich brachte, lösen konnte. Gleichzeitig ließen die Planunganasätze jegliche spezifische, wissenschaftlich gestützte Aussage vermissen. Dirk Hudig,

Plan des Stadtwaldes von Amsterdam, 1937

Leiter des Holländischen Instituts für Wohnbau, forderte beispielsweise vom Städtebau, daß er sich ein umfassenderes Problembewußtsein zu eigen machen solle als jenes, das im Bos-Plan zum Ausdruck komme und sich darin erschöpfe, »schöne Plätze zu schaffen« oder »Standorte für prominente Gebäude« festzulegen.

Die Vorschläge von Alternativen, im gleichen Zeitraum von Keppler und Witteveen vorgelegt, zeugen von der lebhaften Diskussion, die der Bos-Plan entfachte und von der Dringlichkeit, eine akzeptable Lösung zu finden. Auch wenn der Gemeinderat dem Groot Amsterdam-Plan nicht zustimmte, leitete er doch eine Reihe von Studien in die Wege, auf denen letztlich der Stadterweiterungsplan von 1935 basierte. Darüberhinaus wurden auch die Städtischen Ämter neu organisiert. Auf der anderen Seite stieß der Vorschlag von Bos für einen großen, öffentlichen Landschaftspark sofort auf Zustimmung, teilweise aufgrund der Tatsache, daß er beträchtlichen Raum einnahm, denn die Erholungsgebiete, die Amsterdam Mitte der zwanziger Jahre aufzuweisen hatte, waren spärlich verteilt. Der Bos-Plan, der Grundsatzplan für den Stadtpark von Amsterdam, den Bos für ein Areal entwickelt hatte, das unmittelbar im Süden an das Nieuwe Meer angrenzte, überlebte in der Praxis seinen Verfasser, der 1926 die Leitung der »Publieke Werken« abgab. Seine Vorschläge bildeten die Leitlinie, auf deren Basis die Vorbereitungsarbeiten für den endgültigen Plan entwickelt wurden.

Nach einer Reihe von behördlichen Verfahren zwischen Ende 1925 und Mitte 1927, stimmte der Stadtrat von Amsterdam erst am 28. November 1928 dem Plan für einen großen »Bosch«, einen Stadtwald zu, der sich vom Amstelveenseweg über die Umgehungsstraße des Haarlemmeerpolders bis zum Nieuwe Meer erstrecken sollte. Gleichzeitig berief er eine Untersuchungskommission ein. Die »Boschcommissie« konstituierte sich Ende Januar 1929 und arbeitete lange an einer ausführlichen Fassung des Planes. Drei Unterausschüsse befassten sich mit Flora und Fauna, Sport und Erholung und technischen Ausführungen. Im Mai 1931 legte die Kommission die Ergebnisse ihrer zweieinhalbjährigen Arbeit in einem sehr detaillierten Bericht vor, dem *Rapport van de Commissie voor het Boschplan.* Im gleichen Jahr ermöglichten weitere Änderungen des Woningwet die Enteignung der 895 Hektar, die für den Stadtwald bestimmt waren.

Der »Boschplan«, der 1935 vollständig in den »Allgemeene Uitbreidingsplan Amsterdam«, den allgemeinen Stadterweiterungsplan aufgenommen wurde, stellte nun offiziell den ersten Schritt dieses Programms dar. Als *Toelichting Boschplan* 1937 der Öffentlichkeit vorgestellt, nahm er in einigen Aspekten bereits die Entwicklung vorweg, die Amsterdam in späteren Jahren zum Pol der holländischen »randstad«, des großen ringförmigen Städteagglomerats um eine grüne Mitte, werden ließ.

Bereits 1934 wurde mit der Trockenlegung des sumpfigen Geländes begonnen, eine komplizierte Angelegenheit, die ein sehr erfahrenes Arbeitsteam der Kommission ausarbeitete und überwachte, dem neben Ingenieuren, Architekten und Landschaftsgestaltern auch Geologen, Botaniker und Soziologen angehörten. Zuerst wurde ein 300 km umfassendes Rohrleitungsnetz verlegt, statt des sonst üblichen Kanalnetzes, das für den Park ungeeignet gewesen wäre. Mittels dieser Rohrleitungen wurde dem Boden etwa zehn Jahre lang das überschüssige Wasser entzogen. Danach wurden Bäume angepflanzt, deren Wurzelwerk nach und nach die restliche Feuchtigkeit aufsog und den Boden festwerden ließ. Dieses System der Drainage erlaubte eine größere Gestaltungsfreiheit auf der ganzen Fläche. So hatte man die Möglichkeit, nicht nur einen einfachen baumbestandenen Park anzulegen, sondern einen ausgedehnten Wald mit Bäumen aus ganz Europa. Mehr als 300 Hektar, fast ein Drittel der Gesamtfläche des Areals, wurden mit etwa hundert verschiedenen Baumarten bepflanzt: Eichen, Linden, Buchen, Birken, Eschen, Ahorn, Pappeln, Weiden und Erlen, letztere auch, um einen natürlichen Windschutz zu schaffen. Eine riesige Baumschule wurde angelegt, die auch die übrigen städtischen Grünanlagen und Parks von Amsterdam mitversorgen sollte. Im südlichen Teil des Stadtwaldes entstand ein Botanischer Garten mit zahlreichen exotischen Pflanzen. Sportanlagen von bemerkenswerter Qualität nehmen im nördlichen Teil eine Fläche von etwa 36 Hektar ein, von denen zwei Drittel als Fußballplätze angelegt sind. An den Ufern des »Nieuwe Meer« befindet sich ein kleiner Hafen für Sportboote. Etwas weiter südlich können Segel- und Rudersportler auf einer 2 Kilometer langen und 65 Meter breiten Strecke ihrer sportlichen Betätigung nachgehen. Der See bildet die Querachse des Parks und war eine der ersten Attraktionen, die ausgeführt wurden. Die Einweihung fand 1937 statt.

Das einzige Gebäude in diesem Bereich war eine überdachte Tribüne für 2400 Zuschauer. Die Tribüne lag in einem leichten Winkel zur Wasserfläche, so daß man die Wettkämpfe bis zum Zielpunkt gut verfolgen konnte. Im Nordosten des Terrains sind alle anderen Sportanlagen konzentriert: eine Reitanlage mit überdachten und freien Reitbahnen, ein Stadion und einige Sportplätze für Fußball, Hockey und Cricket.

Die geschickte Gliederung der Waldgebiete, die sich mit Lichtungen und Erholungsbereichen abwechseln, wirkt völlig natürlich. Dies trifft insbesondere für den zentralen Bereich des Parks zu. Eingefaßt von einem kleinen, künstlich aufgeschütteten Hügel mit Aussichtsrestaurant im Osten, einem Wildgehege im Süden, dem ›grünen‹ Theater im Westen, das kunstgerecht aus Pflanzen gestaltet ist und dem kleinen See mit dem Vogel-Inselchen im Norden, befindet sich mitten im Zentrum eine große, fast kreisförmige Freifläche von etwa 300 Meter Durchmesser. Dieser freie Platz bildet den Mittelpunkt eines dichten Netzes von Wegen, Alleen und Pfaden, die den Park durchziehen. Das Wegenetz besteht aus rund 150 Kilometern Spazierwegen, 50 Kilometern Radwegen (Radfahren war und ist ein traditionelles Fortbewegungsmittel, aber auch ein populäres Sportgerät in den Niederlanden) und 16 Kilometern Reitwegen. Für den motorisierten Verkehr steht lediglich eine Strecke von 13 Kilometern zur Verfügung. Mit Ausnahme der Straßenachse, die durch den Wald führt und die Bereiche der Stadterweiterung in Amsterdams Süden mit dem Flughafen Schiphol verbindet und die mit den notwendigen Über- und Unterführungen ausgestattet ist, bleibt der Autoverkehr nur auf die Randbereiche des Stadtwaldes beschränkt. Im Norden wird er entlang der Ufer des Nieuwe Meer geführt, und im Osten dienen Straßen dazu, die Sporteinrichtungen zu erschließen.

Die ausgeklügelte Planung des Stadtwaldes und die offenkundige Liebe zum Detail zeigt, wie gut die Planer es verstanden haben, in die Landschaftsgestaltung sowohl malerische Elemente einzubeziehen, die ein angenehmes Ambiente erzeugen, als auch die Ergebnisse soziologischer Studien über die »Volkserholung im Freien« umzusetzen. Diese basierten auf

Ausstellungsplakat für die öffentliche Präsentation des Boschplan (Waldplan) in Amsterdam, 1937

Modell des Boschplan (Stadtwald), das für die Ausstellung von 1937 hergestellt wurde

Luftbild des Stadtwaldes von Amsterdam, 1950er Jahre

Erfahrungen in Deutschland, wurden von den Amsterdamer Planern aber dem gemäßigteren Nationalcharakter der Niederländer angeglichen. Für die Amsterdamer Bevölkerung war der Stadtwald eine bemerkenswerte und unendlich wertvolle Errungenschaft.

Es gibt kaum Literaturhinweise auf den Stadtwald von Amsterdam, aber es gibt eine große Zahl von offiziellen Dokumenten, in erster Linie den *Rapport van de Commissie voor het Boschplan* (1931) und den *Toelichting Boschplan* (1937). Aus diesem Grund sind die beiden Aufsätze von Gerrie Andela, Kunsthistorikerin und Dozentin an der Landbouw Hogeschool in Wageningen von grundlegender Bedeutung. Die Titel lauten: »Ontspanning in het groen« und »Het Boschplan«. Sie sind im Rahmen einer Textsammlung erschienen, die aus Anlaß des fünfzigjährigen Jubiläums des Regelplanes von Amsterdam veröffentlicht wurde: *1935–1985 Algemeene Uitbreidingsplan Amsterdam 50 jaar* (Amsterdam 1985, S. 173–187), mit genauen Hinweisen auf die offizielle Dokumentation, der dieser kurze Text viele Anregungen verdankt. Unter den sehr wenigen Titeln, die nicht auf Holländisch erschienen sind, sei auf den sehr guten Aufsatz »The Amsterdam Boschplan« verwiesen, der im *Journal of the Royal Institute of British Architects*, Bd. 45 vom 23. Mai 1938 erscheinen ist und auf den sehr nützlichen Aufsatz von Antonio Cederna »Attrezzature verdi di Amsterdam« in *Casabella continuità* Nr. 277, Juli 1963, S. 34–49.

Freizeitanlagen in den Vereinigten Staaten (1930–1940)

Catherine Howett

Die turbulenten Jahre nach der Weltwirtschaftskrise – vom Börsenkrach im Spätjahr 1929 bis zum Eintritt Amerikas in den Zweiten Weltkrieg – bedingten veränderte Umstände, die zu einer bemerkenswerten Entwicklung von Freizeiteinrichtungen beitrugen. Der wirtschaftliche Zusammenbruch des Landes und die daraus resultierenden sozialen Umschichtungen schlugen sich in einem bisher unbekannten Maß an Interventionen durch die Regierung nieder, besonders in Programmen zur Schaffung von Arbeitsplätzen für Massen von Arbeitslosen. Da die Regierung Franklin Delano Roosevelts sich auch dem Erhalt der natürlichen und der kulturellen Ressourcen verschrieben hatte, wurden große Institutionen wie die Works Progress Administration (WPA), das Civilian Conservation Corps (CCC) und der Soil Conservation Service (SCS) eingerichtet. Arbeitsplätze wurden für ein breites Spektrum von öffentlichen Projekten bereitgestellt, darunter viele unter der Leitung des National Park Service oder des U.S. Forest Service und häufig in Zusammenarbeit mit der Staats-, Bezirks- oder Stadtverwaltung. Während der Zeit des New Deal machten die Bundesausgaben für Freizeiteinrichtungen den drittgrößten Teil aller Bauausgaben überhaupt aus. Diese Initiativen auf nationaler Ebene regten die allgemeine Akzeptanz einer neuen Freizeitphilosophie an, welche die Einrichtung gut geplanter Erholungsgebiete und Freizeitanlagen als Verpflichtung einer guten Regierung ihren Bürgern gegenüber betrachtete.

Demographische Veränderungen, der dramatische Zuwachs an Autos und die ständige Abnahme der wöchentlichen Arbeitsstunden brachten zusätzliche Forderungen nach mehr und besseren Erholungseinrichtungen mit sich. Während 1890 noch fast fünfundsechzig Prozent der amerikanischen Bevölkerung in ländlichen Gebieten gelebt hatte, wohnte 1930 schon mehr als die Hälfte in städtischen und vorstädtischen Gebieten. Diese neue Bevölkerung in Städten und Kleinstädten, die über mehr Freizeit verfügte, verlangte infolgedessen nach mehr Gelegenheiten für aktive und passive Erholung – nach Parks, Zeltplätzen und Naturlehrpfaden sowie nach Spielplätzen, Sporteinrichtungen und gemeinschaftlichen Kunsthandwerksprogrammen. Die durch das Auto geschaffene Mobilität und das sich ausweitende öffentliche Transportsystem brachten viele ehemals unerreichbare ländliche Gebiete und Naturreservate in Reichweite für Ausflüge und Ferien. Dadurch gewann das Konzept des Parkway aus dem späten 19. Jahrhundert – einer Straße, die Erholungsmöglichkeiten und landschaftlich reizvolle Ausblicke entlang der Strecke bietet – in der regionalen wie auch in der großstädtischen Planung neue Bedeutung. Der Blue Ridge Parkway, der fast fünfhundert Meilen prächtige Gebirgslandschaft zwischen den Nationalparks Shenandoah in Virginia und Great Smoky Mountains in Tennessee durchquert, verkörpert die Vorstellungen seines Zeitalters. Zahlreiche Firmen arbeiteten zusammen an seiner Planung und seinem Bau, ebenso Landschaftsarchitekten, Ingenieure und andere Fachkräfte, und die Planung der Straße und anderer Anlagen berücksichtigte auf feinfühlige Art sowohl die bestehende natürliche Umgebung wie auch die historisch gewachsenen Siedlungen.

Die Idealvorstellung, die Natur zu erhalten und zugleich der kühnen Pioniertradition Amerikas zu huldigen, trug in der Tat zur Entwicklung eines spezifischen Stils bei, der mit der damals aufkommenden Staatsparkbewegung identifiziert wurde. Der Zuschnitt der Parks und die Gestaltung der Erholungs- und Dienstleistungseinrichtungen spiegelten eine Ästhetik rustikaler Schlichtheit, guten Handwerks und Natürlichkeit wider; grob behauener Stein und entsprechende Hölzer wurden dazu benutzt, malerische Wälder und Seen zu ergänzen. Viele davon wurden an Standorten, wo es ursprünglich keine herausragenden natürlichen Attraktionen gegeben hatte, erst sorgfältig angelegt. 400 000 Morgen unfruchtbaren Landes wurden durch ein von der Siedlungsgesellschaft *Resettlement Administration* ins Leben gerufenes Programm zu *Recreation Demonstration Areas (RDA)* umgewandelt. Ziel dieser Organisation war die Schaffung von Zeltplätzen und Erholungskomplexen nahe den großen Bevölkerungszentren, um den ganz speziellen Bedürfnissen der wirtschaftlich schwachen Stadtbevölkerung entgegenzukommen.

Der Charakter zahlreicher hauptstädtischer Freizeiteinrichtungen veränderte sich kraft Investitionen und beratender Unterstützung durch die Regierung in dieser Zeit ebenfalls. Das Beispiel des Stadtgebiets von New York lieferte ein Modell, das Städte in allen Gegenden des Landes bemüht waren zu übertreffen. 166 Millionen Dollar wurden für Parks und Parkways in nur drei Jahren während der Amtszeit von Robert Moses als Vorsitzender des State Council of Parks der Long Island State Park Commission und schließlich in seiner Stellung als Parkbeauftragter für die Stadt New York ausgegeben. Wasseranlagen bildeten die Schlüsselelemente in Moses' kühner Planung. Jones Beach, Rockaway Beach und Orchard Beach waren Erholungskomplexe auf höchstem Entwicklungsstand, die durch schöne Alleen mit der Stadt verbunden waren. Ergänzend dazu wurden zehn große Schwimmbäder in der Stadt angelegt – das größte von ihnen, der Astoria Pool in Queens, konnte sechstausend Menschen aufnehmen.

Von der weitreichenden Auswirkung einer 1937 durchgeführten Untersuchung der nationalen Küsten, die erstmalig das Bestreben unterstützte, mehr Küstengebiete für die Öffentlichkeit zu erschließen, bis zu den bescheideneren Picknickplätzen an der Straße oder den Kinderspielplätzen in der Nachbarschaft wurde in den dreißiger Jahren eine aufgeklärte öffentliche Planung von Freizeiteinrichtungen für Amerikaner jeder gesellschaftlichen Schicht betrieben, wie sie seitdem nie mehr erreicht worden ist.

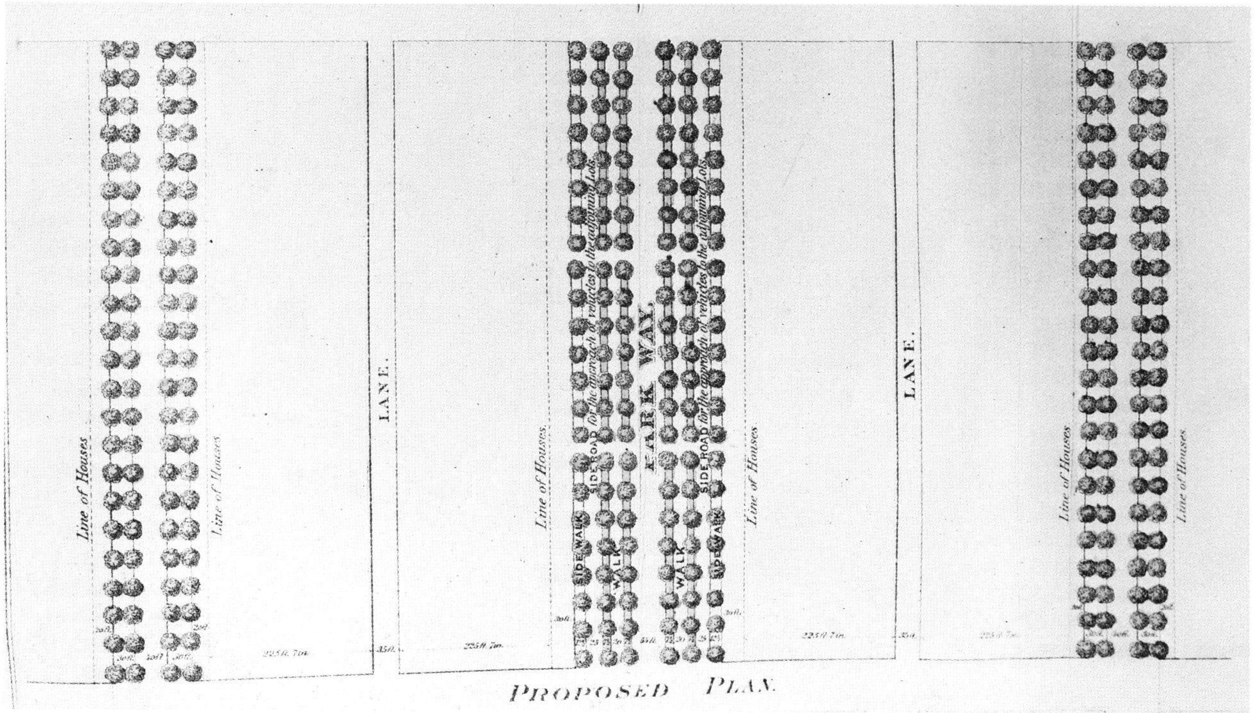

City of Brooklyn, New York. Grundriß eines Teilabschnittes des für die Oststadt vorgesehenen Parkway, 1868. Parks Photo Archive

Lageplan der Erholungsflächen von Linville Falls (Virginia, USA), die entlang des Blue Ridge Parkway angelegt werden sollten. Washington DC, National Archives, National Park Service

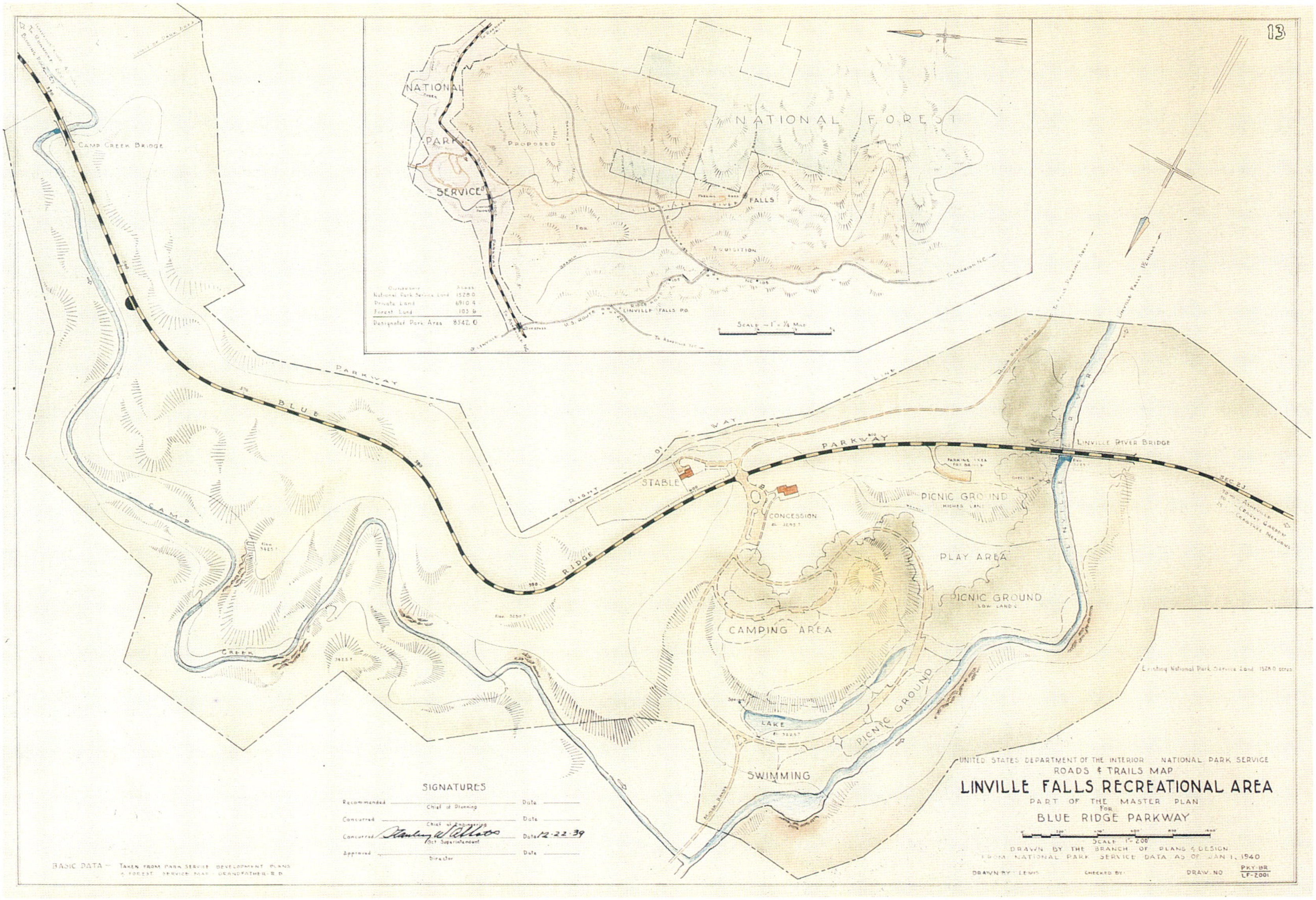

Luftbild von Jones Beach State Park auf Long Island bei New York, Ende 1930er Jahre. National Park Service

Merritt Parkway, in Richtung New Haven, Connecticut (USA). Photo Marion Post Wolcott, 1941. Washington, Library of Congress

Timberline Lodge im Mount Hood National Forest. Portland, Oregon Historical Society, Photographs Department

Literatur

George D. Butler, *Introduction to Community Recreation*, New York 1940.
Galen Cranz, *The Politics of Park Design*, Cambridge/Mass. 1982.
Phoebe Cutler, *The Public Landscape of the New Deal*; New Haven 1985.
Norman Newton, *Design on the Land: The Development of Landscape Architecture*, Cambridge/Mass. 1971.
Jesse F. Steiner, »Challenge of the New Leisure«, in: *New York Times Magazine*, 24. Sept. 1933.
Freeman Tilden, *The State Parks: Their Meaning in American Life*, New York 1962.
Veröff. des U.S. Dept. of the Interior, National Park Service:
John C. Craige, *The CCC and the National Park Service, 1933–42: An Administrative History*, by Washington/D.C. 1985.
Albert H. Good (Hrsg.) *Park and Recreation Structures*, 3 Bände, Washington/D.C. 1938.
A Study of the Park and Recreation Problem of the U.S., Washington/D.C. 1941.
Yearbook: Park and Recreation Progress, 4 Bände, Washington/D.C., 1937–1941.

Roosevelts Stadtgründung im Grünen: Greenbelt, Maryland

Christian Zapatka

Modell für den Grüngürtel von Maryland (USA), 1936 (?). US Department of Agriculture, Farm Security Administration

Die Stadt Greenbelt/Maryland (1937 gegründet) war eine der Manifestationen von Franklin Roosevelts »New-Deal«-Programm zur Überwindung der Weltwirtschaftskrise. Auf Initiative der staatlichen Siedlungsgesellschaft wurde auch Greenbelt erbaut, »um die Arbeitslosen zu beschäftigen, um die Vernünftigkeit der Stadtplanung zu demonstrieren und um günstige Mietwohnungen zur Verfügung zu stellen«.[1]

Als Roosevelt den Professor für Wirtschaftswissenschaften an der Columbia University, Rexford Tugwell, zum Leiter dieser Siedlungsgesellschaft ernannte, konnte er eine seiner Lieblingsideen realisieren: den Bau neuer Städte nach dem Vorbild der englischen Gartenstädte. Tugwell glaubte wie der Präsident, daß das Land von seinen Naturschätzen Gebrauch machen sollte, und suchte eifrig nach Wegen zur Neubesiedlung, um die Überbevölkerung der Städte zu mildern.[2]

Die Öffentlichkeit reagierte jedoch mit großer Skepsis auf die 1935 von der Siedlungsgesellschaft angekündigten Pläne für drei neue regierungseigene Städte. Viele glaubten, die Verwaltung könne sich auf den Prozeß privater Entwicklung störend auswirken. Tugwell wurde sogleich als Radikaler abgestempelt, und der Plan der Siedlungsgesellschaft erhielt nicht die Zustimmung des Kongresses. Allgemein war man der Auffassung: »Tugwell die Verantwortung für die Umsiedlungsverwaltung zu übertragen wäre genauso, als wollte man dem typhuskranken Lieschen Müller die Verantwortung für den öffentlichen Gesundheitsdienst übertragen.«[3]

Schließlich wurden trotz des starken öffentlichen Widerstands gegen diese Idee drei neue Ansiedlungen außerhalb von Großstädten gebaut, die dringend neuen Wohnraum benötigten. Es handelte sich um Green Hills/Ohio; Greendale/Wisconsin und Greenbelt/Maryland. Ein Bericht in der *Baltimore Sun* über die Entwicklung Greenbelts trug zur Rettung von Tugwells Ruf bei:

»Das Dorf wird, trotz der Assoziation mit der Vorstellung von niedrigen Einkommen, beinahe Luxusstandard erreichen ... Wenn, wie erwartet, die Demonstration dessen, was auf dem kostengünstigen Wohnungssektor und durch Stadtplanung getan werden kann, einen landesweiten Einfluß auf private und öffentliche Unternehmungen hat, so wird die Skepsis beigelegt und die Kritik verstummen, und aus Dr. Tugwell, dem Träumer, wird Dr. Tugwell, der Prophet, werden.«[4]

Der Aufbau Greenbelts begann 1936, als die Siedlungsgesellschaft zwölf Meilen außerhalb von Washington, in Berwyn/Maryland, Land erwarb.[5] Abseits der Hauptverkehrsstraßen wurde der Standort, eine etwas erhöhte, sichelförmige Hügelkette, vom Übergriff privater Erschließung durch einen breiten Waldstreifen – dem »Grüngürtel« – getrennt.

Der ursprüngliche rasterförmige Stadtplan wurde verworfen, als die Architekten und Planer beschlossen, die sichelförmige Hügelkette einfach in »Super-Blocks« (die fünf- bis sechsmal größer waren als ein durchschnittlicher städtischer Gebäudeblock) zu unterteilen, die sich nach dem Umriß und der Größe des Landes richteten.[6] Auf diese Weise mußten nur sechs Meilen Straße anstatt sechzig gebaut werden.

Der angenommene Plan sah eine Hauptstraße entlang der Innenkurve der Sichel vor, die Großwohnblocks befanden sich an der äußeren Seite und die dörfliche Grünanlage in der inneren Einbuchtung der Sichel. Fußgänger mußten dank einer Reihe von Unterführungen zwischen Wohnblocks und Grünfläche die Hauptstraße nicht überqueren. Die »Super-Blocks« ihrerseits waren durch Gartenpfade in Abschnitte eingeteilt. Die Wohneinheiten (über 100 pro Super-Block) wurden, wo immer es möglich war, an die Ränder plaziert, um soviel Grünflächen wie möglich zu belassen. Die dörfliche Grünanlage umgab ein Einkaufszentrum, Freizeiteinrichtungen, ein Bürgerhaus und ein Schul- und Gemeindezentrum, alles untereinander zu Fuß erreichbar.

Die Architektur Greenbelts war von entwaffnender Schlichtheit. 1941 äußerte O. Kline Fulmer, ansässiger Architekt und stellvertretender Gemeindevorsteher von Greenbelt, das zum Baustil passende Etikett laute »funktional« und nicht »modernistisch« oder »kontinental«. Die Architekten entwarfen nach gemeinsamen Diskussionen zehn Wohngrundrisse, da die Ergebnisse der Untersuchungen zu langsam eingingen. Im allgemeinen sahen sie einen Großraum vor, anstatt den beschränkten Raum in winzige Zimmer und enge Flure zu unterteilen. Diese Lösung ermöglichte es, daß in den heißen Sommermonaten von Maryland die Luft von vorn bis hinten durchziehen konnte. Die Versorgungsseite (mit Küche, Werkzeugschuppen und Abfallbereich) erreichte man über einen kleinen Hof, der das Haus von der Straße trennte, während die Wohnbereiche nach innen zu den Parks gerichtet waren. Die Außenwände waren einheitlich weiß gestrichene Schlackenstein- oder Ziegelfassaden. Die landwirtschaftliche Aufsichtsbehörde, die für die Verwaltung der Stadt zuständig war, lieferte billige, derbe Möbel auf Kredit.[7]

Das Einkaufszentrum von Greenbelt bestand aus einem zentralen Platz, der von flachen Gebäuden mit Säulengängen flankiert war. Der Platz mit Rasenflächen, kleinen Bäumen, Tischen und Bänken wurde an einer Seite von einer monumentalen, grob behauenen Steinstatue einer Mutter mit Kind beherrscht.

Am Grundschul- und Gemeindezentrum wurde der Sockel mit einer Reihe von flachen Reliefs versehen, die Grundsätze aus der Präambel zur Verfassung wiedergaben. Eingemeißelt in gleichmäßige, große Flächen bildete das Relief massige Gestalten während der Arbeit oder bei Aktionen guten Willens ab, die der New-Deal-Ethik entsprachen. Dieses Gebäude war 1937 das Zentrum der städtischen Genossenschaft. Abends nutzten es zahlreiche Klubs und Organisationen, denen jeweils ein Klassenzimmer zugeteilt war, während das Auditorium übli-

Grüngürtel von Maryland (USA). Blick vom Dach des Einkaufszentrums. Photo Marjory Collins, 1942. US Office of War Information

Grüngürtel von Maryland (USA). Photo Marjorie Collins, 1938. US Department of Agriculture, Farm Security Administration

cherweise Versammlungen oder Gottesdiensten vorbehalten war.

Der Handel in Greenbelt organisierte sich in Form einer Genossenschaft. Diese wurde von der Consumer Distribution Corporation (einer gemeinnützigen, von Edward Filene in Boston gegründeten Organisation) aus New York initiiert und zunächst auch betrieben. Sie ließ nur einen Laden jeder Sparte zu, um einen Wettbewerb auszuschließen. Alle Anwohner wurden Aktionäre der »Greenbelt Consumer Services, Inc.« benannten Gesellschaft. Später übernahm ein »Genossenschafts-Organisations-Komittee« aus Bürgern der Stadt die Leitung der Genossenschaft.[8]

Gesundheitswesen und Klinik waren, genau wie ein Schwimmbad, ebenfalls genossenschaftlich organisiert. Beide Einrichtungen standen dem gesamten Bezirk (Prince George's) zur Verfügung. Die unabhängige städtische Zeitung hieß *The Cooperator*.

Wenn es ein Problem in Greenbelt gab, so war es das Fehlen einer einheimischen Industrie. Der genossenschaftliche Geist war zwar stark ausgeprägt, aber die Stadt würde nie völlig autonom sein können, wenn sie ihre wirtschaftliche Unterstützung von größeren Städten jenseits der Grenzen ihres schützenden Grüngürtels beziehen mußte.

Die Siedlungsgesellschaft hatte aber tatsächlich zu wenig Mittel, um Industriebetriebe in ihren neuen Städten zu gründen, und in Greenbelt war der Boden nicht mehr kultivierbar.

Wenn schon das Fehlen einer Industrie Greenbelt zur Pendlerstadt machte, so bestätigte der Beschluß der Bundesregierung, dort 1941 tausend Wohneinheiten für Armeeangehörige zu bauen, diesen Eindruck. Abgesehen von der sich vergrößernden Masse täglicher Pendler nach Washington, überschwemmte die Ankunft des Militärs die Stadt bis zu einem Punkt, an dem Enthusiasmus und Aktivität der ursprünglichen Siedler Frustration und Apathie wichen. Die Handelsgenossenschaft blieb erhalten, aber die Gemeinde erlitt einen physischen und geistigen Niedergang.

Nach einigen Diskussionen über die Möglichkeit, die Stadt aufzugeben, erwarb 1952 die Veteranengesellschaft Greenbelt von der Regierung. Durch diese Transaktion wurde Greenbelt der privatwirtschaftlichen Entwicklung überlassen. Die Wälder, welche die Stadt umgaben, wurden langsam ausgedünnt, als Spekulanten begannen, Land von der Veteranengesellschaft zu erwerben. Die Fertigstellung der Hauptringstraße im Jahr 1964 gab den Weg frei für Parzellierungen und den Bau von Einkaufszentren, die den einst dichten Grüngürtel noch weiter auflösten.

Im Jahre 1967 nahm Albert Mayer, der Leiter der staatlichen Wohnungsbaukonferenz, im *Journal of Housing* eine Bewertung von Greenbelt vor. Der Bericht war günstig, bestätigte aber die offensichtlichen Nachteile durch das Fehlen von Industrie. Im Hinblick auf die erfolgreichen englischen Gartenstädte zog er die Schlußfolgerung, daß die Industrie, wie wenig sie auch ausgeprägt sein mag, notwendige Stimulanz für eine neue Stadt sei, um Selbständigkeit zu erreichen.

Wenn Greenbelt auch wegen dieser Unzulänglichkeit nie eine Chance hatte, unabhängig als Stadt zu existieren, so ist es doch bemerkenswert, daß es trotz des Bulldozereffekts privater Erschließungen und dem Bau von Fernstraßen während der letzten vierzig Jahre gelungen ist, seinen Kern aus »Super-Blocks«, Grünan-

Grüngürtel von Maryland (USA). Heutiger Zustand einer Anwohnerstraße

Grüngürtel von Maryland (USA). „Insure Domestic Tranquillity" (Sorge für häuslichen Frieden). Flachrelief

lage und Fußgängerwegen beizubehalten. Einige kleinere Veränderungen am Bestand haben stattgefunden: Die einst weißen Wände des Einkaufszentrums erhielten eine Ziegelverblendung; das Neonschild des »Greenbelt«-Theaters wurde durch »Utopia Theatre« aus Plastikbuchstaben ersetzt; Unterführungen sind mit Graffiti bedeckt; einige Wohnbauten besitzen inzwischen Solarzellendächer.

Zusammenfassend betrachtet, zeigt sich die Gemeinde Greenbelt jedoch immer noch als erfolgreiches Beispiel für Franklin Roosevelts New-Deal-Amtsführung und, genauer, für Rexford Tugwells Siedlungsgesellschaft, denn es ist immer noch angemessen, diesen Ort als Stadt zu bezeichnen.

Anmerkungen

[1] Die Arbeitsbeschaffungsbehörde gab den Auftrag zum Bau von Greenbelt, und die günstigen Wohnungen waren ursprünglich für Staatsangestellte gedacht, die keine Gemeindemieten aufbringen konnten. Leslie Gene Hunter, »Greenbelt, MD: A City on a Hill«, in: *Maryland Historical Magazine*, Nr. 63, Juni 1968, S. 106.
[2] Als junger Student an der Pennsylvania University hatte Tugwell in einem Gedicht geschrieben, daß er seine »Ärmel hochkrempeln, die unbezähmbaren Kräfte beugen, die unwiderstehlichen Stärken nutzen und Amerika erneuern würde.« Ebd., S. 110.
[3] Ebd., S. 110.
[4] Clark S. Hobbs, »Resettlement Administration Presents: Greenbelt«, in: *The Baltimore Sun*, 26. August 1936.
[5] »Dieses Land war weitgehend im Besitz von Einzelpersonen oder Familien, wobei einige der Urkunden auf die ursprünglichen Zuweisungen des Königs von England zurückgingen, ohne daß sich das Anrecht geändert hätte.« O. Kline Fulmer, Greenbelt, *American Council on Public Affairs*, Washington/D.C. 1941, S. 16.
[6] Ebd., S. 7.
[7] Mary Lou Williamson, *Greenbelt, History of A New Town 1937–1987*, Norfolk/Virginia 1987, S. 72.
[8] Ebd., S. 77.

Die Gärten von Geoffrey Jellicoe in Sutton Place (Surrey)

Die Gärten von Sutton Place (Surrey, Großbritannien). Südfassade und Eibenallee

George Plumptre

Sutton Place ist ein bemerkenswertes frühes Tudor-Haus, in den zwanziger Jahren des 16. Jahrhunderts von Sir Richard Weston erbaut, einem einflußreichen Höfling während der Regierungszeit Heinrichs VIII. Als frühes Beispiel für ein nicht befestigtes Herrenhaus mit Renaissanceeinflüssen blieb Sutton Place seit seiner Erbauung erstaunlich unverändert.

Sutton Place verblieb bis zum Ende des 19. Jahrhunderts im Besitz der Familie Weston und ihrer Nachkommen. Seitdem wechselten sich eine Reihe von wohlhabenden Magnaten als Besitzer ab: der Zeitungsbaron Lord Northcliffe, dessen Frau für weitreichende Veränderungen im Gartenbereich verantwortlich war; der Herzog von Sutherland; J. Paul Getty und schließlich Stanley J. Seegar – wie Mr. Getty ein Amerikaner, der sein Vermögen in Öl gemacht hatte.

Stanley Seegar erwarb Sutton Place im Jahre 1980. Die Räume dienten zur Ausstellung seiner Sammlung moderner Kunst. Zu dieser Zeit war das Gebäude von einer Parkanlage umgeben. Die Hauptbestandteile des Gartens waren die Überreste einer zeremoniellen Lindenallee, die zur nördlichen Eingangsfront des Hauses hinaufführte, die ergänzende Allee aus kuppelförmig beschnittenen Eiben, welche von der Südseite des Hauses zu der Stelle führte, an der das Gelände zum Tal des Flusses Wey hin abfällt, und die alten, mit Mauern eingefaßten Küchengärten im Westen.

Seegar hatte die ehrgeizige Vorstellung, die Gärten in einer Weise auszubauen, die der langen Geschichte des Hauses Rechnung tragen würde und die dennoch, anstelle der bloßen Wiederherstellung eines alten Zustands, zeitgenössisch wäre. Er forderte Sir Geoffrey Jallicoe zur Anfertigung eines Entwurfs auf, und auf der Grundlage der vorläufigen Pläne wurde dieser auch mit der Neugestaltung der Gärten beauftragt.

Jellicoe, inspiriert von den Gärten der italienischen Renaissance, vor allem von der Villa Gamberaia in Settignano, entwickelte einen Entwurf, der klassisch war in seiner starken Betonung der historischen Kontinuität in Sutton Place und sich, um das Haus und seine Gärten in die Zukunft zu projizieren, auf die Vergangenheit bezog. Jellicoe plante in der wahren italienischen Tradition etwas, das gleichermaßen geistig und physisch anregen sollte. Die Gärten sind schön anzuschauen, aber auch von einem bedeutenden Symbolismus erfüllt und der Weg von einem Teil in den anderen stellt eine Allegorie der menschlichen Existenz dar, von der Erschaffung über das Leben bis zum letzten Atemzug.

Ein fünf Hektar großer See, der nördlich des Hauses ausgehoben wurde, repräsentiert die Erschaffung des Menschen. Das Leben wird in den Gärten rund um das Haus dargestellt, und schließlich gelangt man zum Ort des letzten Atemzugs, einer von Ben Nicholson gestalteten Wand aus weißem Carrara-Marmor. Formal in ihrer Gestalt, abstrakt in ihrem strengen Schnitt bildet die Wand den Höhepunkt der Gärten, stellt das enge Verhältnis zwischen Landschaft, menschlichem Geist und moderner Kunst dar.

Alle wichtigen vorhandenen Gartenbestandteile wurden erhalten, aber auch viele neue hinzugefügt, vor allem östlich vom Haus, wo Jellicoe den Beginn des Ganges durch die Gärten vorsah. Als Ausgleich zu den bestehenden, von Mauern umgebenen Gärten im Westen des Hauses wurden zwei neue eingefaßte Gärten an der Ostseite geschaffen, deren Mauern aus speziell gebrannten Ziegeln bestehen. Unmittelbar am Haus liegt der Paradiesgarten, im Anschluß daran der Moos- oder Geheimgarten. Vom Haus aus erreicht man den Paradiesgarten über einen formalen, rechteckigen Lilienteich oder -graben mit modernen Skulpturen an jeder Seite und Balkonen über dem Wasser. Der Weg führt zu einer Reihe von Trittsteinen zur anderen Seite des Teiches; diese stellen die notwendigen Risiken dar, denen man ausgesetzt ist, wenn man sich dem Paradies nähert.

An der Südostecke des Moosgartens steht ein neuer achteckiger Pavillon, erbaut in einem dem Haus ähnlichen Ziegelmuster; er bildet das Pendant zu einem alten Aussichtstürmchen im gleichen Stil, das im westlichen Teil des ummauerten Gartens steht. Eine geschwungene Treppenflucht führt vom Pavillon hinunter zum Südweg, einer langen Terrasse mit gepflastertem Weg, der sich 320 Meter entlang der Mauer des Moos- und des Paradiesgartens, vorbei an der Südseite des Hauses und noch weiter erstreckt. Die axiale Strenge des Südwegs verleiht den unterschiedlichen Teilen der Gärten eine gewichtige Kontinuität und verstärkt den fließenden Eindruck, den Jellicoe vermitteln wollte.

Nahe dem achteckigen Pavillon, und auch weiter entfernt, jenseits des Hauses, ist der Weg mit Pergolen aus verschlungenen Linden überdacht. Nähert man sich dem Haus, ist der Weg flankiert von einer tiefen Staudenrabatte an der Südmauer des Paradiesgartens. Die Pflanzen darin erinnern an die Zeit Gertrude Jekylls, die Anfang des Jahrhunderts Lady North-

Die Gärten von Sutton Place (Surrey, Großbritannien). Miró-Garten (oben), Paradiesgarten (unten)

Die Gärten von Sutton Place (Surrey, Großbritannien). Mauerplastik von Ben Nicholson (oben), Surrealistischer Garten (unten)

cliffe bei ihrer Gartengestaltung beraten hatte. Wo die Rabatte endet, rückt die Querachse der kuppelförmig beschnittenen Eibenreihe in Sicht, die sich über eine weite Rasenfläche erstreckt. Leider wurde eins der Hauptmerkmale von Jellicoes ursprünglichem Entwurf, ein großer Wasserfall, der entlang der Eibenallee zu einem Brunnen und einer Grotte hinunterführen sollte, nicht ausgeführt. Die Allee führt zu einer bogenförmigen Sitzbank aus Stein und zu dem Pfad, der den bewaldeten Abhang oberhalb des Flusses Wey hinunterführt.

Dort, wo die Fassade des Hauses sich zu einer kleinen Einfassung erweitert, befindet sich der Impressionistengarten, eine freundliche, intime Ecke, von drei Seiten von Ziegelmauern geschützt und bepflanzt mit leuchtend bunten Sommerblumen wie Mohn, Lilien und Iris. Die Farbenvielfalt bietet ein vergängliches, flüchtiges Vergnügen, bevor man entlang der Terrasse zum Surrealen Garten weiterschreitet, zu dem die Anregung von René Magritte stammt. Zwischen dem Pfad und der Ziegelmauer des alten Küchengartens östlich vom Haus bilden fünf riesige römische Vasen eine Reihe. Obwohl sie in einer geraden Linie stehen, sind sie nicht nach Größen geordnet. In Verbindung mit dem Surrealen Garten, dem kleinen Fenster in der entfernten Umfassungsmauer, das von säulenförmigen Zypressen flankiert ist und einen Blick auf eine dahinterstehende Magnolie ermöglicht, bewirken sie eine verwirrende, surrealistische Maßstabsveränderung.

Ein Tor führt vom Südweg in den östlichen ummauerten Garten, in dessen vorderem Teil ein Schwimmbecken liegt. Hier wird das Gleichgewicht zwischen den Anpflanzungen und dem modernen Design, das alle Gärten aufweisen, sehr deutlich. Die Wege rund um das Becken sind mit weinberankten Pergolen überdeckt, wie sie Sir Richard Weston vertraut gewesen wären. Rund um das Becken grenzen Beete mit weißen »Eisberg«-Rosen, vermischt mit viel Heiligenkraut und anderen silberblättrigen Pflanzen. Das Becken selbst wurde in ein fröhliches Bild verwandelt – eine Idee, zu der Jellicoe durch das Werk des Künstlers Joan Miró angeregt wurde.

Ein zweites Tor in der Umfassungsmauer führt in den Surrealen Garten, auf dessen anderer Seite ein dunkler, belaubter Tunnel lockt, der zum Abschluß der Gärten, der Nicholson-Mauer, führt. Ein verborgener Pfad öffnet sich zu einer von Eibenhecken umgebenen Rasenfläche mit einem künstlichen Lilienteich in der Mitte, dessen Wasser das ehrfurchtgebietende Bild der Nicholson-Mauer widerspiegelt. Über Bodenniveau erhoben, scheint die Mauer im Raum zu schweben und ihre Bedeutung ist so ungewiß, wie sie es für Nicholson selbst war: »Es ist interessant, daß, wenn der kleinere Kreis fünf Zentimeter höher gewesen, der Entwurf ohne Sinn gewesen wäre.« Als er gefragt wurde, was er mit Sinn meine, antwortete er: »Wie soll ich das wissen?«

Literatur

J.C. Shepherd, G.A. Jellicoe, *Italian Gardens of the Renaissance*, 1. Ausg. 1925, New York 1966;

G.A. e S. Jellicoe, *Modern Private Gardens*, New York 1968; id., *Water. The Use of Water in Landscape Architecture*, London 1971; id., *The Landscape of Man*, 1. Ausg. 1975, London 1987.

Vom malerischen zum »ökologischen« Bild: die Gärten von Roberto Burle Marx

Fernando Aliata

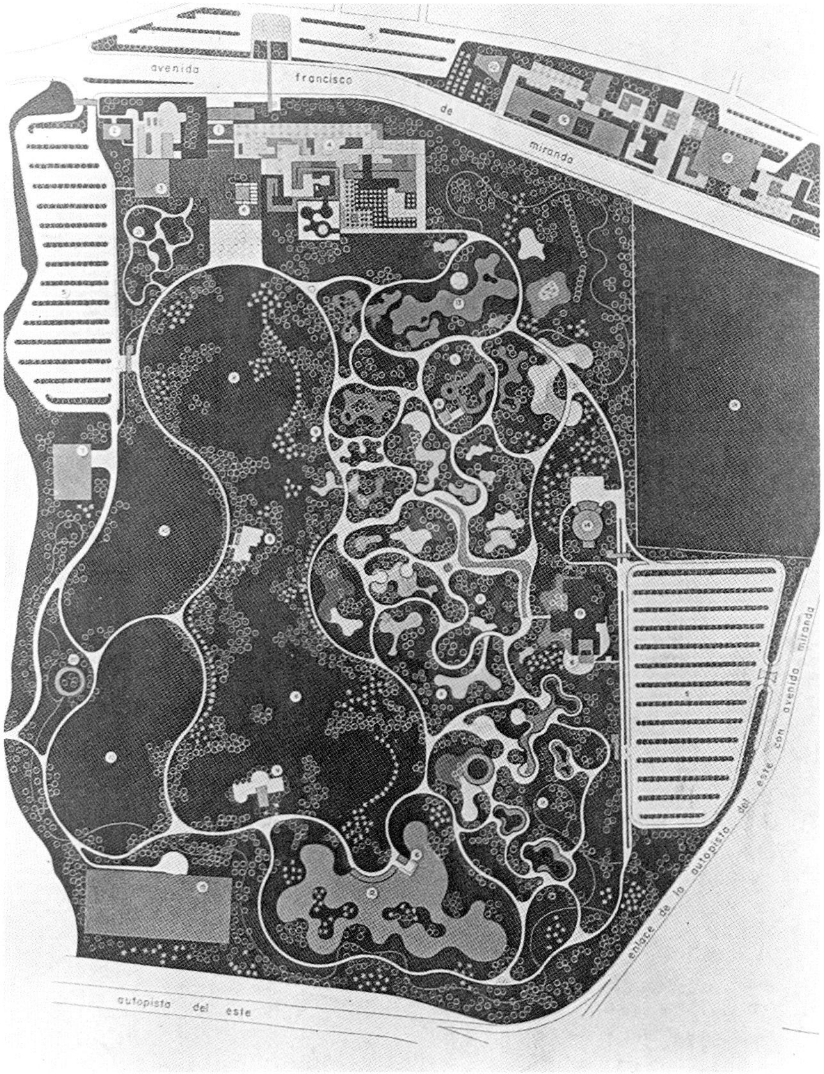

Lageplan des Parco dell'Est in Caracas (Venezuela). Entwurf von Robert Burle Marx, 1957

Die brasilianische Avantgarde der Architekten zeigte eine ausgeprägte Vorliebe für das Einbeziehen der heimischen tropischen Natur in die Entwurfskonzeption. Dies kam bereits in den frühen, modernistisch geprägten Häusern von Gregori Warchavchik und auch in dem revolutionären Projekt von F. de Carvalho für den Regierungspalast in São Paulo zum Ausdruck. Der Garten des Hauses in der Calle Itapolis in Rio de Janeiro (1930) oder die tropischen Terrassen, welche die Hauptfassade des Regierungspalasts (1927) prägen, sind erste Beispiele eines Bemühens, die Charakteristika der heimischen Natur mit programmatischen Grundlagen zu verbinden und damit einer nationalen Kunst Ausdruck zu verleihen.

Zu diesen Bemühungen kam hinzu, daß die brasilianische Avantgarde der ersten Jahrzehnte unseres Jahrhunderts eine enge Beziehung zum deutschen Expressionismus unterhielt. Wir wissen, daß der Expressionismus bestrebt war, in den primitiven Kulturen künstlerische Inspirationsquellen zu entdecken. In diesem Sinne erschien die brasilianische Welt als eine geradezu unerschöpfliche Quelle einer Kunst, die, ausgehend von den nationalen Ursprüngen, direkt an die Moderne anknüpfen wollte, ohne sich dem Druck des von ganz anderen Traditionen bestimmten Europa stellen zu müssen. Hieraus erklärt sich das Bemühen in Brasilien, sich einerseits stilistisch von Europa abzusetzen und andererseits im Rahmen von kulturellen Erneuerungsprogrammen tätig zu sein. Die beiden Tendenzen sind eine Eigentümlichkeit gerade der brasilianischen Kunst, auch im Vergleich mit den übrigen Ländern Lateinamerikas.

Von diesem Standpunkt aus betrachtet, war der Inhalt der regionalen Kunst so definiert, daß sie die hervorstechendsten Züge ihrer »nationalen Eigenheiten« zum Programm erhob. Die Manifeste der Avantgarde versuchten, die primitive Kunst Brasiliens, die höchst komplexen Beiträge der afrikanischen Kultur, die weitreichenden Entwicklungen und Entdeckungen des Barock und die Üppigkeit der tropischen Natur in einer harmonischen Synthese zusammenzufassen.

Im Geist dieses weitgefaßten kulturellen Umfelds der zwanziger Jahre ist der Ausgangspunkt des Denkens von Roberto Burle Marx begründet. Er war Schüler von Leo Putz und Candido Portinari. 1928 studierte er in Deutschland Malerei, und dieses Studium führte wohl nicht von ungefähr dazu, daß er die exotische Flora Brasiliens für sich »entdeckte«, die in den Gewächshäusern des Botanischen Gartens in Berlin-Dahlem ausgestellt war. Die ökologischen Gärten Englers, die er aus eigener Anschauung kannte, und die Theorien, die in Deutschland für eine neue Form des Parks unter Berufung auf die heimische Landschaft erarbeitet wurden, vervollständigten seine umfassende Ausbildung.

Vor diesem Hintergrund ist es zu erklären, daß Roberto Burle Marx 1932 von Lucio Costa – wohl nicht zufällig – entdeckt wurde. Costa lud Burle Marx ein, in Zusammenarbeit mit Gregori Warchavchik einen Garten zu einem seiner Projekte zu gestalten. Mit der Ausführung dieser Arbeit – auf die noch eine Reihe experimenteller Gestaltungen in Recife folgten – machte sich Roberto Burle Marx als Vertreter der Avantgarde einen Namen. Er zeigte die Möglichkeit auf, wie unter Einbeziehung der heimischen Natur und von dieser ausgehend Brasilien sich den Entwicklungen der Moderne anzuschließen vermochte.

Der Wille, ein »Gesamtkunstwerk« zu schaffen, zeigte sich in dem Entwurf für das Erziehungsministerium in Rio, den er 1937 gemeinsam mit Portinari, Costa und deren Gruppe ausarbeitete. Hier trat die aus seiner Arbeit als bildender Künstler herrührende Tendenz noch deutlicher zutage, die Stilmittel der bildenden Kunst zur Gliederung der Gartengestaltung einzusetzen. Die Mittel der bildenden Kunst betrachtete Burle Marx als »allgemeingültige Grundprinzipien der Kunst«, nach denen sich die Komposition der Gärten zu richten hatte. So führte er in seiner doppelten Eigenschaft als Maler und Landschaftsarchitekt eine weitgreifende Erneuerung des bildnerischen Vokabulars in der Behandlung des Grünraums ein, die in der zeitgenössischen Kunst ohne Vorbild ist.

Weit über die beschriebenen Beziehungen zur modernen Kunst hinaus, beispielsweise auch zum Werk von Hans Arp, ist die Deutung seiner Gärten damit verbunden, daß die von ihm verwendeten Kompositionsverfahren ablesbar sind. Die Verteilung der Massen, der durch Farben und Formen ausgedrückte Rhythmus, die Wiederholungen, Gegenüberstellungen, die durch Kontraste oder unterschiedliche Verteilung der Massen erkennbare Gegensätzlichkeit sind Stilmittel, die seine ersten Arbeiten charakterisieren. Sie entstanden als Ergänzung zu Gebäuden, die von der Architekturavantgarde der vierziger und fünfziger Jahre erbaut wurden. Als Beispiele sind zu nennen: der Park in Pampulha (1942) und der Garten des Museums für Moderne Kunst in Rio (1955). Das typische Entwurfsproblem liegt dort, wo der Garten auf die wirkliche, unberührte Natur trifft, also eigentlich außerhalb der künstlerischen Komposition. Burle Marx definiert den Garten als einen »ordnenden Impuls«. Schon in seinen frühen Arbeiten erkennt man, daß es für ihn wichtig ist, die Grenze zwischen der künstlerisch gestalteten Natur und der unberührten Natur klar herauszustellen. Es geht ihm keineswegs um die Nachahmung der exotischen Natur, auch wenn sie als Vorbild durchaus vorhanden ist. Die Frage lautet vielmehr: Wo und wie soll man die Grenze ziehen? In seiner ersten Schaffensphase setzte Burle Marx Bäume und künstlerisch gestaltete Mauern als Rahmung seiner Gartenkunstwerke ein. Der Garten von Olivio Gomes São José dos Campos (1951) und der Garten von Walter Moreira Salles in Rio (1952) seien als Beispiel genannt. Die Vielfalt der Lösungsmöglichkeiten des beschriebenen Problems geht von der strengen Abgrenzung bis zum bewußten Verwischen der Grenzen.

Burle Marx hatte sich im Laufe von Jahrzehnten eine umfassende Kenntnis der brasilianischen Flora angeeignet. Er unternahm Forschungsreisen, suchte nach

Ansichten aus dem Parco dell'Est in Caracas (Venezuela). Photos Giovanni Chiaramonte

neuen Pflanzen und befaßte sich mit der Bestimmung von Pflanzenarten. Diese Tätigkeiten zogen eine neue Art der Naturbetrachtung nach sich und hatten zur Folge, daß sich auch in seiner künstlerischen Arbeit ein Wandel vollzog. Die Natur war nun nicht mehr bloß der Zulieferer des Gestaltungsmaterials, sondern sie wurde selbst zum zentralen Gegenstand des »Gesamtkunstwerks« und des zu lösenden Problems.

Durch die Vertiefung der botanischen Kenntnisse erkannte Burle Marx, daß die Prinzipien der Landschafts- und Gartengestaltung als etwas Spezifisches zu behandeln und mit den Wegen der bildenden Kunst nur zum Teil vergleichbar sind. Denn die Dreidimensionalität, die begrenzte Lebensdauer und die Dynamik der lebenden Materie müssen bei der Gestaltung berücksichtigt werden. Aus diesen Gründen ist ein Gartenkunstwerk eigenen Gesetzen unterworfen. Diese gehen über den statischen Charakter der Malerei hinaus.

Die Beschäftigung mit der brasilianischen Flora führte Burle Marx vor Augen, wie sehr diese Pflanzenwelt von der Zerstörung bedroht ist, einer Zerstörung, die als Konsequenz des Wirtschaftswachstums der vergangenen Jahrzehnte in alarmierender Weise voranschreitet.

Aufgrund dieser Erfahrungen hat das Werk von Roberto Burle Marx hier seinen zweiten Ausgangspunkt, der eine tiefgreifende Änderung in seinem Schaffen bewirkte. Die Wende, die er vollzogen hat, bedeutet, daß Gartengestaltung und Malerei nicht mehr als analoge künstlerische Techniken zu begreifen sind. Dadurch verlieren Gestaltungsmittel aus kompositorischen Gründen ihren Stellenwert. Die Landschaft wird nun als »Kontinuum« aufgefaßt, und das zentrale Problem liegt darin, den Grünraum insgesamt zu erhalten. Diese neu gefundene Position veranlaßte Burle Marx, sich bewußt und aktiv für den Naturschutz einzusetzen. Dies ist deutlich aus der Botschaft zu ersehen, die er 1976 vor dem Bundessenat verlas und in der er die Oberflächlichkeit anprangerte, mit der Staat und Bürger diesem Problem gegenüberstehen. Seine persönliche Antwort auf diese Problematik kann man an den Kriterien ablesen, nach denen er städtische Parks und Grünflächen anlegt, nachdem er in jüngerer Zeit insbesondere mit Großprojekten beauftragt wird. In seinen Entwürfen für öffentliche Parks sucht er nicht nur einen Erholungsraum für die

Großstadtbevölkerung anzubieten, sondern diesen auch zu didaktischen Zwekken zu nutzen.

Dieser Gedanke eines nach didaktischen Gesichtspunkten aufgebauten Parks leitete ihn schon bei dem – leider unvollendeten – Garten in Araxá (1944). Beim Erholungspark in Brasilia ist dieser Gedanke dann allerdings erheblich weiter entwickelt und umgesetzt worden. Dieser Park stellt sich als massiver Aufruf dar, mit dem Burle Marx auf die bedrohte Natur aufmerksam machen will. Er hat versucht, diesen Park zu einem Ort zu machen, an dem die Stadtbewohner »die Werte der Natur« verstehen lernen. Der Park ist in phytogeographische Regionen eingeteilt, die regelrechte »ökologische Bilder« darstellen. In ihrer Gesamterscheinung ist diese Anlage eine Mischung aus Park und Naturschutzgebiet. Hier reduziert sich die Tätigkeit des Landschaftsarchitekten auf die anschauliche Darstellung der brasilianischen Pflanzenwelt.

Der nach didaktischen Gesichtspunkten angelegte Park und der engagierte Einsatz von Roberto Burle Marx für die Werte der Natur sind unmittelbare Ergebnisse einer paradoxen Situation: Das ehemalige Entwicklungsland Brasilien wächst zu einem modernen Staat und einer modernen Gesellschaft heran. Zu dem Zeitpunkt, wo das Land die angestrebten großen kulturellen und zivilisatorischen Ziele erreicht hat, muß es diese Ziele überdenken, weil ein Zerstörungsprozeß eingesetzt hat, der die natürlichen Quellen und Reichtümer des Landes gefährdet.

Literatur

Aracy Amaral (Hrsg.), *Arte y Arquitectura del Modernismo Brasileña. (1871–1930).* Caracas 1978.
P.M. Bardi, *The Tropical gardens of Burle Marx*, New York 1964.
Damián Bayón, Graziano Gasparini, *Panorama de la arquitectura Latinoamericana*, Barcelona 1977.
Roberto Burle Marx, *Arte de Paisagem, conferencias escolhidas.* Sao Paulo 1987.
Cuadernos Brasileiros de Arquitectura, Paisagismo I y II. Bd. 5 und 11, Sao Paulo 1986.
Carlos Eduardo Dias Comas, »Una cierta arquitectura moderna brasileña: experiencia por reconocer«, in: *Summa*, Nr. 243, Nov. 1987.
Flavio Motta, *Roberto Burle Marx e a nova Visao da Paisagem*, Sao Paulo 1985.
Jorge F. Liernur, *Arquitectura Latinoamericana Contemporanea (1967–1987)*, erscheint demn.
Enrico Tedeschi, »El medio ambiente natural«, in: *América Latina en su Arquitectura*, Mexico 1975.

Die Gärten von Ian Hamilton Finlay

Stephen Bann

Ian Hamilton Finlay. Heiliger Hain, Ausschnitt. Otterlo, Kröller-Müller Rijksmuseum (Niederlande)

Ian Hamilton Finlay und J. R. Thrope. Nuclear Sail-Stele, 1971. Photo Lindsey Stewart

Ian Hamilton Finlays Entwicklung als Dichter, Künstler und Gartengestalter während der letzten zwanzig Jahre ist von exemplarischer Bedeutung. 1966 zogen er und seine Frau Sue auf die kleine Farm von Stonypath am Rande der Pentland Hills im schottischen Tiefland. Finlay war zu der Zeit bereits als Vertreter der konkreten Dichtung und unternehmungsfreudiger Herausgeber der *Wild Hawthorne Press* bekannt. Er hatte die visuellen und typographischen Möglichkeiten des gedruckten Wortes bereits in gewissem Maße erprobt und sogar einige Gedichte für eine Ausstellung im Freien an seinem früheren Wohnort in Ardgay Ross-shire verfaßt. Die Farm in Stonypath bot jedoch viel mehr Möglichkeiten. Trotz ihres heruntergekommenen Zustands war es ein vielversprechender Ort mit einer Gruppe von landwirtschaftlichen Gebäuden in der Mitte und einer Vielfalt unterschiedlicher Terrains, von einem rauhen Moorgebiet bis zu einer kleinen kultivierten Fläche gleich neben dem Wohnhaus. Die Hügellandschaft bot großartige Ausblicke und war von einem kleinen Wasserlauf durchzogen, dessen Wasser gestaut werden konnte, um eine Reihe von Teichen zu bilden. Finlay gelang es innerhalb der nächsten zwei Jahrzehnte, dieses Gebiet in der Tradition der englischen Dichter – Gartengestalter des 18. Jahrhunderts, Alexander Pope und William Shenstone, in einen Dichtergarten umzuwandeln.

Im Anfangsstadium seiner Arbeit waren die Gartenelemente und die darin plazierten mit Inschriften versehenen Steine eher bescheiden in ihrer Größe. Finlay begann mit zwei Projekten: dem Oberen Teich, der groß genug war, daß sein kleiner Sohn im Mai 1967 darauf segeln konnte, und dem Versenkten Garten vor dem Wohnhaus, der mit Steinen ausgelegt wurde, auf denen poetische Texte zu lesen waren. Es wurde schnell deutlich, daß Gartengestaltung eine langfristige Tätigkeit bedeutete, die nicht übereilt werden durfte.[1] Die Pflanzen brauchten Zeit, um Fuß zu fassen, und die dort herrschenden starken Winde erforderten das Anpflanzen von Bäumen und Spalieren zu ihrem Schutz. In den frühen siebziger Jahren aber konnte man bereits die Hauptmerkmale des Gartens erkennen. Vor dem Wohnhaus führte ein kleines Tor in das abgeschlossene Gebiet mit Obst und Gemüse sowie einer verschwenderischen Fülle von Blumen, gemeißelten Steinen und kleinen Bänken neben Sonnenuhren und anderen traditionellen Bestandteilen. Auf der anderen Seite des Farmhofs hatten aufeinanderfolgende Teiche ihren Höhepunkt in der Schaffung von Lochan Eck gefunden – einer Wasserfläche, deren Anlage möglich geworden war, nachdem Planierraupen im September 1970 das Gelände geräumt hatten. In dem verkleinerten Maßstab des Gartens war Lochan Eck zum Ozean geworden und als solcher durch die Plazierung (1973) des Schiefermonolithen »Nuclear Sail«, dessen Form sich vom Kommandoturm eines Atom-U-Boots ableitet, gekennzeichnet (Abb. 2).

Die Verwendung der Metaphorik moderner Kriegsführung deutet darauf hin, daß Finlay sich 1973 intensiv mit dem Programm einer »neo-klassizistischen Wiederaufrüstung« befaßte, was die Bedeutung des Gartens veränderte und seine Namensänderung von Stonypath in »Klein-Sparta« erforderlich machte. Als die Vegetation üppiger gedieh und Finlays Ehrgeiz, die mit den großen Gärten der Vergangenheit assoziierten Elemente neu zu erschaffen, deutlicher zu Tage trat, wurde es auch zunehmend klarer, daß sein Werk einer didaktischen Botschaft Gestalt verlieh. »Klein-Sparta« wurde nicht nur zu einer impliziten Kritik an der Oberflächlichkeit und dem kurzlebigen Charakter großer Bereiche der heutigen Kunst, sondern auch die Verkörperung dessen, was Yves Abrioux als »polemologische Poetik« bezeichnet hatte.[2] Die deutlichste Demonstration der Ernsthaftigkeit dieses Anspruchs erfolgte 1983, als Finlay und seine »Saint-Just Vigilantes« den »Tempel des Apoll« im Hof des Anwesens gegen die Plünderungen der örtlichen Finanzbehörde verteidigten, die Steuern auf das Bauwerk als kommerzielle Galerie erheben wollte. »Klein-Sparta« war unweigerlich mit dem Instrumentarium des säkularen Staats in Konflikt geraten.

Die Vollkommenheit des Gartens läßt sich heute deutlich an einer Reihe von Ansichten des an den »Tempel des Apoll« angrenzenden Innenhofs erkennen. Eine an die »Geburt der Venus« erinnernde Steinmuschel (in die eine Identifizierung in Form eines Wortspiels zwischen »Göttin« [Goddess] und »Köcherfliege« [Caddis], ein Insekt des dortigen Teiches, eingemeißelt ist), markiert die Stelle, an welcher der kleine Bach in den Teich fließt. Auf der anderen Seite rahmen Steingartenpflanzen und Efeu das Vogelbad »Flugzeugträger Birdbath« ein, ein Beispiel für einen traditionellen Bestandteil des Landhausgartens, dem durch die Wahl des modernen Kriegsschiffs als Rast- und Erfrischungsmöglichkeit für Vögel (wie Jagdflugzeuge) neuer Nachdruck verliehen wurde. In nördlicher Richtung liegt der Eingang zu einer unlängst jenseits der Wasserfläche im Hügelland angelegten Grotte mit friedvollen Inschriften. Östlich vom Wohnhaus wurde ein kleines landwirtschaftliches Gebäude durch die Anfügung eines rustikalen Portikus einfallsreich in den »Baucis- und Philemon-Tempel« umgewandelt. Das in der Sonne golden aufleuchtende Dach signalisiert den Augenblick, in dem die Gastfreundschaft des alten Paars von Jupiter belohnt wird, und das be-

Park von Stonypath in Schottland. Blick über den Teich auf die Grotte. Photo Antonia Reeve

Park von Stonypath in Schottland. „Flugzeugträger-Vogelbad" von Ian Hamilton Finlay. Photo Antonia Reeve

scheidene Landhäuschen verwandelt sich (gemäß Ovid) in einen Tempel: *stramina flavescunt* – das Strohdach wird goldgelb.[3]

Wenn der Garten von »Klein-Sparta« auch Finlays komplexeste und anspruchsvollste Leistung ist, arbeitete er doch noch an einer Reihe von anderen Projekten. Diese waren ursprünglich als vergleichsweise simple Einrichtungen geplant, etwa die Sonnenuhr »Terra/Mare«, 1972 von der University of Kent in Canterbury in Auftrag gegeben und (wie viele seiner größeren Aufträge) mit Hilfe des Steinmetzes Michael Harvey ausgeführt. Ein vom Maßstab gesehen kühneres Projekt war die 1976 mit Denis Barns und Ron Costley in Livingston New Town/Schottland ausgeführte »Wellenwand«, die einen an ein neues Einkaufszentrum grenzenden separaten Bereich darstellt. Im selben Jahr realisierte er seinen ersten Garten außerhalb von Stonypath am Max-Planck-Institut in Stuttgart. In Zusammenarbeit mit den Architekten Brenner und Partner und unter erneuter Verwendung von Ron Costleys Beschriftung schuf Finlay hier einen kleinen formalen Garten mit in Marmor, Beton und Stahl eingravierten Gedichten. Die Einheitlichkeit des Konzepts leitet sich aus der Tatsache ab, daß es alles einfache, elementare Texte sind, angeregt durch seine Lektüre der vorsokratischen Philosophen und der Aufgabenstellung eines wissenschaftlichen Instituts, das nach einem Pionier der modernen Physik benannt ist, angemessen.

Es kann jedoch kein Zweifel daran bestehen, daß Finlays eindrucksvollster und erfolgreichster Garten der 1982 im Skulpturenpark des Kröller-Müller-Museums bei Otterlo in Holland entstandene »Heilige Hain« ist. Obwohl Teil des Parks, ist er von Büschen und Bäumen umgeben, und man erreicht ihn über einen gewundenen, gepflasterten Weg, der ihn tatsächlich von den anderen Kunstwerken absondert. Finlay hat sich hier eines zuerst in Klein-Sparta mit guten Ergebnissen angewandten Systems bedient: Eine Baumreihe (in diesem Fall ausgewachsene, im Park bereits existierende Bäume) wurde mit Säulenbasen versehen, die ihr Wachstum nicht behindern, sondern einen neoklassizistischen Bezug herstellen und in gewissem Sinne den lebenden Baum in eine Säule verwandeln. Jeder Sockel ist mit einer Widmung an einen mit der Französischen Revolution verbundenen Helden beschriftet: Lykurg – ihr spartanischer Vorläufer, Rousseau –

Park von Stonypath in Schottland. Die Hütte von Philemon und Baucis von Ian Hamilton Finlay. Photo Antonia Reeve

ihre philosophische Inspiration; Michelet – ihr Historiker, Robespierre – ihr Verteidiger und Opfer; und schließlich Corot, dessen eigener klassizistischer Stil als ein Tribut an die klassischen Ideale der revolutionären Helden dargestellt wird. Finlays »Heiliger Hain« gehört zu der langen Tradition der Heldenverehrung durch Gartenelemente, wie den ›Britischen Größen‹ in Stowe und dem Tempel der Philosophen in Ermenonville. Er ist ein historischer Bezugspunkt, sowohl in seiner Form als auch in seinem Gegenstand. Es ist aber auch eine wichtige zeitgenössische Aussage, welche die Praxis der Landschaftsgestaltung als polemische Einfügung in den aktuellen Kontext der visuellen Künste bekräftigt.

Anmerkungen

[1] Eine ausführliche Erklärung zu den verschiedenen Entwicklungsstadien des Gartens »Klein-Sparta« liefert Stephen Bann, »A Description of Stonypath«, in: *Journal of Garden History*, Bd. I, Nr. 2, S. 113–134.
[2] Zum »polemologischen« Aspekt von Finlays Werk siehe Yves Abrioux, *Ian Hamilton Finlay – A visual primer*, Edinburgh 1985, S. 168–185.
[3] Siehe Stephen Bann, »Finlay's Fane«, in: *PN Review*, 42 Bd. II, Nr. 4, S. 21–25.

»Auf der Suche nach der verlorenen Zeit«: Gedanken über die Restaurierung von Gärten

Monique Mosser

Park von Sceaux (Hauts-de-Seine, Frankreich). Enthauptete Statue. Photo Fulvio Ventura

Unmittelbar nach Ende des letzten Krieges schrieb Ernest de Ganay seine Gedanken über das schreckliche Los eines der schönsten klassischen Gärten Frankreichs nieder: »Wahrscheinlich zieren die schönen Buchsbaumparterres, die Springbrunnen und die wundervollen Terrassen aus der Zeit Ludwigs XIV. die Gärten von Harcourt nicht mehr. Aber lassen wir die Vergangenheit, wenn sie tot ist, Vergangenheit sein! Wir sollten nicht versuchen, die verlorengegangenen Gärten, denen wir das genaue Aussehen von einst nicht wiederzugeben vermögen, zu neuem Leben zu erwecken. Lassen Sie uns in den entstellten Gärten die Ordnung wiederherstellen: Schon dieses Unterfangen wird genug Probleme bereiten. Und es bedeutet exakt, der Vergangenheit Ehrerbietung zu erweisen, wenn man die verwüsteten Gärten zurückhaltend restauriert.«[1]

Es hat lange gedauert, bis man bereit war, angesichts des unwiderruflichen Verlusts oder in der Folge speziellen Verfalls (Krankheiten bestimmter Baumarten, verschiedene Arten von Umweltschäden) den Gärten einfach eine »andere« Auffassung entgegenzubringen. Tatsächlich hat die enge Verbindung mit der Architektur, dem »noblen Genre«, den Garten lange Zeit in die Kategorie »nähere Umgebung« verbannt, einen nach abendländischer Tradition nur vage definierten Bereich. Der Garten als Rahmen, der Garten als Ambiente, im modernen Planerjargon der »Grünbereich«; aber selten der Garten als Form an sich, als eigenständige Kunst. Was die Gartengestaltung betraf, waren die Briten oft Vorreiter. So legten sie auch gleich nach Kriegsende die ersten Grundzüge einer speziellen Landschaftspolitik fest. Später richteten sich die internationalen Institutionen im kulturellen Bereich danach aus; 1971 organisierten die IFLA (International Federation of Landscape Architects), und die ICOMOS (International Council for Monuments and Sites) das erste Kolloquium über historische Gärten in Fontainebleau,[2] das den Grundstein zur Einrichtung eines ständigen internationalen Komitees legte. Zehn Jahre später veröffentlichte dieses Komitee ein folgenreiches Manifest: die Charta von Florenz (21. Mai 1981), in der einige grundlegende Definitionen aufgeführt sind sowie strenge Vorschriften hinsichtlich »Pflege, Erhalt, Restaurierung und Wiederherstellung« von Gärten.

Die wichtigste Definition der Charta von Florenz erklärt den »historischen Garten« zum *lebenden Monument*, weil »sein Erscheinungsbild aus dem fortwährenden Gleichgewicht zwischen dem Wandel der Jahreszeiten, dem Wachsen und Vergehen der Natur und dem Bemühen von Künstlern und Handwerkern, den Zustand zu verewigen, resultiert.« Der gesamte Text zeichnet sich durch Scharfsinn und seine Sachkenntnis aus.[3] Es steht aber außer Zweifel, daß seine Verfasser, die im internationalen Rahmen arbeiten, herausragende Gartenbeispiele vor Augen hatten: Versailles, Caprarola, die Alhambra und andere illustre Stätten des Orients. Im gleichen Maß jedoch, wie es zunahm, diversifizierte sich auch das Interesse für Gärten in den letzten Jahren. Diese Entwicklung gibt auch Aufschluß über die aktuellen Auffassungen vom Begriff »Erbe«. In Frankreich beispielsweise zog man im Rahmen der regionalen Bestandsaufnahme der Denkmale, die um 1980 von der Leitung der Stadt- und Landplanung herausgegeben wurde, die umfassendere Formulierung »Parks und Gärten« von landschaftlichem, historischem und botanischem Interesse«[4] vor. Die Italiener hingegen fassen diese Auffächerung in einer Formulierung zusammen: *»Il verde storico«*.

So folgte auf das konzeptionelle, ethische und politische Vakuum auf dem Gebiet der Gärten, wie so oft in ähnlichen Fällen, eine Vielfalt von Initiativen sehr unterschiedlicher Ambitionen, bisweilen nicht ohne Interessenvertretung der Wirtschaft oder der Hochfinanz. Der Meinungsstreit ist in vollem Gange. Fachleute diskutieren über Grundsatzfragen: Restaurierung, Rekonstruktion oder völlige Neugestaltung?

In einem kaum bekannten, dem Désert de Retz gewidmeten Text von 1932 bat die Schriftstellerin Colette, Liebhaberin ummauerter Gärten und rotgoldener Weinlauben, inständig darum, man möge »diesen Garten, schön wie ein Gedicht« retten, was sie begründete: »Seit ich aber den Désert an einem stürmischen Junitag erlebt habe, so zittere ich bei dem Gedanken, ihn verändert zu sehen, von seinen Trümmern befreit und vom Glanz seiner eigenen Erneuerung beleidigt.« Der Garten von Désert de Retz wurde nicht restauriert , und es hat viel Engagement und Hartnäckigkeit erfordert, daß er nicht endgültig verschwunden ist. Ist dieser nostalgische Wunsch der Rettung nur ein rein »schöngeistiges« Anliegen? Sicherlich nicht nur, die Prämissen einer solchen Haltung sind schon am Ende des 18. Jahrhunderts zu finden, etwa beim Landschaftsarchitekten Pierre-Adrien Pâ-

Park von Chantilly (Oise, Frankreich). Das Wasserparterre. Photo Fulvio Ventura

Park von Claremont (Surrey, Großbritannien). Das neogotische Belvedere von Sir John Vanbrugh. Photo Daniele De Lonte

Park von Sceaux (Hauts-de-Seine, Frankreich). Die um 1930 restaurierte Kaskade. Photo Fulvio Ventura

Désert de Retz bei Chambourcy (Yvelines, Frankreich). Der Pantempel. Photo Fulvio Ventura

ris, der feststellte: »Das, was den römischen Gärten ihren großen Charme verleiht, ist jener Eindruck von Würde, den der Zahn der Zeit verursacht.«[6] Wir sollten uns auch jene ungeheure Kontroverse in Erinnerung rufen, die das beinah komplette Abholzen der Bäume im Park von Versailles hervorrief, die König Ludwig XVI. am Tag nach seiner Thronbesteigung – ganz vernünftigerweise – anordnete.[7] Angesichts der im ersten Viertel des 20. Jahrhunderts in den großen französischen Gärten durchgeführten intensiven »Restaurierungen« erklärte der Historiker Ernest de Ganay: »Niemand bewundert die Gärten französischen Stils mehr als wir; dies hier zu bestätigen liegt uns am Herzen. Aber wir lassen auch die Kunst der Gärten englischen Stils gelten, der für manche Situationen besser paßt. Bei manchen in den letzten Jahren restaurierten Gärten wird die Zukunft zeigen, ob es nicht besser gewesen wäre, diesen glorreichen Toten ihren ewigen Schlaf zu lassen, anstatt ihnen die Existenz von Behinderten zu geben, während prächtige malerische Komplexe wie Méréville einer bedauerlichen und unverdienten Agonie überlassen werden.«[8]

Es geht hier nicht darum, eine Debatte anzuheizen, die fast so alt ist wie die Gärten selbst – eine fruchtbare Debatte, denn sie geht über deren Schöpfung hinaus, wie jede Auffassung von Natur. Seltsamerweise ist dies aber auch eine Debatte, deren Echo sich in den aktuellen Einstellungen gegenüber historischen Gärten niederschlägt. So verfaßte Jean Ferray anläßlich des 8. Kolloquiums des Internationalen Komitees historischer Gärten und Stätten im Jahre 1985 einen Beitrag über *Versailles, Archetyp des historischen Gartens.*[9] Der Begriff Archetyp ist ein starkes Wort. Es bedeutet soviel wie ein »primitiver oder idealer Typus des Originals, das als Modell dient«. Ein historischer Garten – aber welcher historische Garten? Versailles, aber welches Versailles? Es hat sich schon vor langer Zeit gezeigt, daß es für die Gärten wie für die Architektur niemals nur *eins*, sondern *mehrere* Versailles gab. Man steht vor »einem lebenden Organismus, der sich entwickelt, üppig wächst, mit zunehmendem Alter reifer und weiser wird. Keiner seiner aufeinanderfolgenden Erscheinungsbilder ist eine bloße Fortsetzung des vorangegangenen und hebt sie auch nicht zugunsten einer perfekteren Schöpfung auf«, erläutert B. Teyssèdre.[10] Und die frühen Gärten mit ihrem Pittoresken, ihrem Scherzhaften, ihrem Flitter: der Pagode aus bemaltem Porzellan, Sümpfen mit Schilf aus Weißblech, goldglänzenden oder buntscheckige Statuen – entsprechen sie nicht der gültigen Vorstellung von Klassizismus wie im Film »Letztes Jahr in Marienbad«? Es ist die selbe »gefrorene« Auffassung wie in den Gärten der Loire-Schlösser, die Isa Belli Barsali beschreibt. Diese italienische Spezialistin hat die Risiken untersucht, die mit jeder systematischen Rekonstruktion verbunden sind, und demonstriert sie am wunderbaren Beispiel der Gärten der Villa d'Este in Tivoli.[11] »In diesen Gärten erfolgten im 19. Jahrhundert wenig Eingriffe. Die Vernachlässigung zu bestimmten Zeiten, die unterlassene Pflege in anderen waren die Ursachen für das unbehinderte Wachstum und der Vegetation. Tivoli ist heute nicht mehr der Ort, der die Kardinäle des Hauses d'Este, seine ursprünglichen Schöpfer, entzückte. Es ist ein anderer Garten, ein romantisches Gehölz, in dem man auf Architekturfragmente wie Inseln stößt, aus denen Quellen hervorsprudeln... Die Gärten von Tivoli sind heute von besonderer Schönheit, die aus der Überlagerung verschiedenen, im Laufe der Zeit wirksam gewordenen Einflüsse resultiert. Es ist richtig, daß der Zustand der Vegetation in Tivoli es verhindert, die Hauptachsen der Komposition auszumachen, aber die Eingriffe sollten meiner Ansicht nach auf einen Beschnitt beschränkt werden, und zwar dort, wo die Vegetation die Alleen und Brunnen allzusehr verbirgt. Ausreißen und neu pflanzen wäre absurd... Das Problem bei Gärten, die uns mit einer *facies* aus Renaissance, Barock oder 19. Jahrhundert erhalten geblieben sind, ist, dieses Aussehen zu bewahren, statt sie zu restaurieren; nicht den – bei historischen Monumenten oder Ausgrabungen so häufigen – Fehler zu begehen, die jüngsten Zustände auszulöschen und dann, wie bei der Architektur, die falschen wiederherzustellen.«

Hier werden also zwei extreme Auffassungen vertreten: zum einen ein »Versailles für die Ewigkeit«, eine historische Fiktion, genährt aus der Interpretation von Dokumenten, welche die Bedeutung von Idealbildern haben; zum anderen der »minimale« Eingriff, der aber ungeeignet ist, mittel- und langfristige Probleme zu lösen.

Als Achille Duchêne jegliche Spur informeller Gärten um neoklassizistische Schlösser entfernte (im Marais beispielsweise) und damit sein Unverständnis des paradoxen Gleichgewichts der Aufklärung von architektonischer Ordnung und der »Wildheit« des Gartens bekundete, folgte er einer ideologischen Doktrin des Klassizismus.[12] Als Joachim Carvallo die wundervollen Gärten von Villandry gestaltete, in denen sich eine »Post-Troubadour«-Renaissance mit einer »Fin-de-Siècle«-Symbolik verband, erwies er sich als genialer Schöpfer.[13] Ein Irrtum und ein Geniestreich – zwei perfekte Schöpfungen, die mehr oder weniger im Namen der Geschichte entstanden.

Ein symbolisches oder bedeutungsvolles Fragment zu restaurieren, völlig neugestalten, wieder lebendig machen »im Geist von ...« wiedererschaffen, schlicht und einfach zu erfinden wagen: so viele Auffassungen, so viele Risiken, so viele Diskussionen. Es geht nicht mehr darum, zwischen Gärten der »Intelligenz« und Gärten der »Sensibilität« zu wählen, sondern zu analysieren, sich die Zeit zum Verständnis zu nehmen. Zwischen der – wenngleich relativen – Ewigkeit des Steins und der Vergänglichkeit der Blumen erfordert die Dauer des Gartens Ehrgeiz und Bescheidenheit, Geduld und Leidenschaft. Damit kehren wir zu Michel Tourniers subtiler Annäherung an den Garten zurück: »Wenn man vom Garten spricht, ist es angemessen, die Ebene der Geometrie zu verlassen und eine dritte Dimension in unsere Überlegungen aufzunehmen. Denn der Garten-Mensch aus Berufung gräbt den Boden um und befragt den Himmel. Zum umfassenden Verständnis genügt es nicht, zu gestalten und zu harken. Man muß die Geheimnisse des Humus und den Zug der Wolken kennen. Für den Garten-Menschen gibt es aber noch eine vierte, die metaphysische Dimension.«[14] Und der »Restaurator« darf diese Dimension nicht ignorieren.[15]

Anmerkungen

1 Ernest de Ganay, „Les jardins d'Harcourt«, in: *Revue de L'Art Ancien et Moderne*, Januar 1923, S. 60–64.

2 Internationales Kolloquium über den Erhalt und die Restaurierung historischer Gärten, Fontainebleau, 13.–18. September 1971. Seitdem hält die »Abteilung Gärten« der ICOMOS regelmäßig Konferenzen ab, veröffentlicht die Ergebnisse ihrer Arbeit und ernennt Mitglieder, Gartenspezialisten, in verschiedenen Ländern. 1988 übernahm Carmen Añon nach René Pechère, dem Gründer, die Leitung dieser internationalen Abteilung. Auch erfolgt die regelmäßige Veröffentlichung einer speziellen Bibliographie zu Problemen der Restaurierung.

3 Die Charta von Florenz verdient es, in einem der Geschichte des Gartens gewidmeten Werk vollständig zitiert zu werden; sie findet sich im Anhang.

4 Zu den gegenwärtig in Frankreich durchgeführten Aktionen vgl. den Katalog zur Ausstellung: *Et les jardins en France?* Paris, 20. April–14. Mai 1988. Es ist bekannt, daß einige europäische Länder auf diesem Gebiet eine sehr aktive Politik betreiben. Vgl. z. B. für England die Studien des Center for the Conversation of Historic Parks and Gardens der Universität von York, Leitung Peter Goodchild.

Dieses Zentrum hat ein sehr nützliches Dokument veröffentlicht: *Conservation reading list*, Hrsg. Janette Gallagher und Peter Goodchild. Italien, Spanien, Holland und Deutschland haben begonnen, ähnliche Institutionen zur Katalogdokumentation und Ausbildung von Spezialisten zu gründen. Auch darf man die Bemühungen osteuropäischer Länder wie Polen oder der UdSSR um eine echte Gartenpolitik nicht unbeachtet lassen.

5 Die Bibliographie zum Thema wird langsam sehr umfangreich. Es wäre wünschenswert, wenn ein Organ wie die ICOMOS ein ausführliches Verzeichnis herausgäbe.

6 Vgl. in diesem Buch den Aufsatz von Jean Cailleux, *Die Gärten des Hubert Robert*, Anm. 1.

7 Ebd. Seltsamerweise stellt sich das Problem zwei Jahrhunderte später unter fast gleichen Bedingungen in Versailles. Vgl. *Régénérer les jardins classiques, Les Cahiers de la Section Française de l'ICOMOS*, Versailles. 2.–4. Oktober 1985.

8 Ernest de Ganay, Vorwort zur Neuauflage von *Coup d'oeil sur Beloeil* des Fürsten de Ligne, Paris 1922, S. 19.

9 Vgl. Anm. 7, S. 9–11.

10 Bernard Teyssèdre, *L'Art au Siècle de Louis XVI*, Paris 1967, S. 12.

11 Isa Belli Barsali, »Quale Giardino? Ipotesi di restauro per giardini storici romani«, in: *Giardino, Storia e Conservazione*, Rom 1985, S. 33–41.

12 Vgl. in diesem Buch den Aufsatz von M. Mosser, *Henri und Achille.*

13 Vgl. zu Villandry die Einführung Joachim Carvallos zum Buch von Prosper Péan, *Jardins de France*, Paris 1925, und Kenneth Woodbridge, »Doctor Carvallo and the absolute«, in: *Garden History*, VI-2, Sommer 1978, S. 46–68.

14 Michel Tournier, *Le Vent Paraclet*, Paris 1977, S. 293.

15 Einige nützliche Bücher zum Thema:

Audrey Noel Hume, *Archeology and the Colonial Gardener*, Colonial Williamsburg Archaelogical Series Nr. 7, Williamsburg 1974.

Christopher Taylor, *The Archaeology of Gardens*, Aylesbury 1983;

Il Giardino storico italiano. Problemi di indagine, fonti letterarie e storiche, Atti del Convegno, Siena-San Quirico d'Orchia, 6.–8. Okt. 1978, Florenz, 1981; Thomas Wright, *Large Gardens and Parks, Maintenance, Management and Design*, London 1982; *Recreating the Period Garden*, Hrsg. Graham Stuart Thomas, London 1984; Mario Catalano, Franco Panzini, *Giardini Storici, teoria e techniche di conservazione e restauro*, Rom 1985; *Il Giardino Storico, Prozezione e restauro*, ICOMOS, Region Toskana, Florenz 1987; John Harvey, *Restoring Period Gardens*, Aylesbury 1988.

Park von Versailles (Yvelines, Frankreich). Baumfällarbeiten im Apolloboskett. Ölgemälde von Hubert Robert, 1777. Musée de Versailles. Photo Bulloz

Charta von Florenz

Das am 21. Mai 1981 in Florenz versammelte Internationale Komitee für Historische Gärten ICOMOS-IFLA hat beschlossen, eine die Erhaltung historischer Gärten betreffende Charta auszuarbeiten, die den Namen dieser Stadt tragen sollte.

Die Charta ist vom Komitee verfaßt und am 15. Dezember 1981 von ICOMOS registriert worden, mit der Absicht, die Charta von Venedig auf diesem speziellen Gebiet zu ergänzen.

A. *Begriffsbestimmungen und Ziele*

Art. 1
Ein historischer Garten ist ein mit baulichen und pflanzlichen Mitteln geschaffenes Werk, an dem aus historischen oder künstlerischen Gründen öffentliches Interesse besteht. Als solches steht er im Rang eines Denkmals.

Art. 2
Der historische Garten ist ein Bauwerk, das vornehmlich aus Pflanzen, also aus lebendem Material, besteht, folglich vergänglich und erneuerbar ist. Sein Aussehen resultiert aus einem ständigen Kräftespiel zwischen jahreszeitlichem Wechsel, natürlicher Entwicklung und naturgegebenem Verfall einerseits, und künstlerischem sowie handwerklichem Wollen andererseits, die darauf abzielen, einen bestimmten Zustand zu erhalten.

Art. 3
Wegen seines Denkmalcharakters muß der historische Garten im Sinne der Charta von Venedig unter Schutz gestellt werden. Da es sich um ein lebendes Denkmal handelt, erfordert seine Erhaltung jedoch besondere Grundsätze; sie sind Gegenstand der vorliegenden Charta.

Art. 4
Was die Gestalt eines historischen Gartens kennzeichnet, sind:
- sein Grundriß und Bodenrelief
- Pflanzungen: ihre Zusammensetzung, ihre Ausmaße, ihre Farbwirkungen, ihre Anordnung im Raum, ihre jeweilige Höhe
- Baulichkeiten oder sonstige Ausstattungselemente
- bewegtes oder ruhendes (den Himmel spiegelndes) Wasser.

Art. 5
Als Ausdruck der engen Beziehungen zwischen Kultur und Natur, als eine Stätte der Erquickung, zur Meditation oder zum Träumen geeignet, fällt dem Garten der allumfassende Sinngehalt eines Idealbildes der Welt zu: er ist ein »Paradies« im ursprünglichen Sinne des Wortes, das aber Zeugnis von einer bestimmten Kultur, einem Stil, einer Epoche, eventuell auch von der Originalität eines einzelnen schöpferischen Menschen ablegt.

Art. 6
Die Klassifizierung als historischer Garten betrifft Gärtchen von bescheidener Ausdehnung ebenso wie regelmäßig oder landschaftlich angelegte Parks.

Art. 7
Unabhängig davon, ob er auf ein Gebäude bezogen ist (mit ihm also eine untrennbare Einheit bildet) oder nicht, darf ein historischer Garten nicht losgelöst von seiner jeweils einzigartigen städtischen oder ländlichen, vom Menschen geformten oder natürlichen Umgebung behandelt werden.

Art. 8
Eine historische Stätte ist ein bestimmter Landschaftsteil, der eine denkwürdige Tatsache vergegenwärtigt: Stätte eines wichtigen historischen Ereignisses, Ursprungsstätte eines berühmten Mythos, eines epischen Geschehens oder Gegenstand eines berühmten Gemäldes usw. ...

Art. 9
Um historische Gärten schützen zu können, muß man sie zunächst erfassen und inventarisieren. Zur Erhaltung historischer Gärten sind verschiedenartige Eingriffe erforderlich, nämlich Instandhaltung, Konservierung und Restaurierung. Unter Umständen kann auch die Rekonstruktion von Verschwundenem angebracht sein. Die Authentizität eines historischen Gartens beruht sowohl auf dem Plan und der räumlichen Konzeption seiner verschiedenen Partien als auch auf der schmückenden Ausstattung, der Pflanzenauswahl und den Baumaterialien.

B. *Instandhaltung, Konservierung, Restaurierung, Rekonstruktion*

Art. 10
Bei jeder Instandhaltungs-, Konservierungs-, Restaurierungs- oder Rekonstruktionsmaßnahme in einem historischen Garten oder an einem seiner Bestandteile muß die Gesamtheit seiner Elemente in Betracht gezogen werden. Sie isoliert zu behandeln, hätte eine Veränderung der Gesamtwirkung des Gartens zur Folge.

Instandhaltung und Konservierung

Art. 11
Die Instandhaltung historischer Gärten ist eine vorrangige und notwendigerweise fortwährende Maßnahme. Weil pflanzliches Material überwiegt, ist eine Gartenschöpfung durch rechtzeitige Ersatzpflanzungen und auf lange Sicht durch zyklische Erneuerung (Beseitigung überständiger Gehölze und Neupflanzung vorkultivierter Exemplare) instandzuhalten.

Art. 12
Die Wahl der Arten bei Bäumen, Sträuchern, Stauden und Sommerblumen, die in bestimmten Zeitabständen zu ersetzen sind, muß unter Berücksichtigung anerkannter Gepflogenheiten in den verschiedenen Vegetationszonen und Kulturräumen geschehen, damit die ursprünglichen Arten erhalten und zu Forschungszwekken verfügbar bleiben.

Art. 13
Bauliche Elemente, Werke der Bildhauerkunst, ortsfeste oder bewegliche Dekorationsgegenstände, die integrierende Bestandteile des historischen Gartens sind, dürfen nur dann entfernt oder anders aufgestellt werden, wenn dies zu ihrer Erhaltung oder Restaurierung unabdingbar ist. Der Ersatz oder die Restaurierung gefährdeter Gartenbestandteile hat entsprechend den Prinzipien der Charta von Venedig zu geschehen, und das Datum eines jeden derartigen Eingriffes ist festzuhalten.

Art. 14
Der historische Garten muß in angemessener Umgebung erhalten werden. Jede Veränderung im Umfeld, die das ökologische Gleichgewicht gefährdet, muß verboten werden. Das gilt für sämtliche Infrastruktureinrichtungen innerhalb oder außerhalb des Gartens (Kanalisation, Bewässerungssysteme, Straßen, Autostellplätze, Einfriedigungen, Einrichtungen zur Beaufsichtigung oder zur Bewirtschaftung des Geländes usw.).

Restaurierung und Rekonstruktion

Art. 15
Jede Restaurierung und mehr noch jede Rekonstruktion eines historischen Gartens darf erst nach Abschluß einer gründlichen Untersuchung, die von Durchsicht und Sammlung aller diesen Garten und vergleichbare Anlagen betreffender Dokumente ausgeht, in Angriff genommen werden, so daß der wissenschaftliche Charakter des Eingriffes sichergestellt ist. Ehe mit irgendwelchen Ausführungsarbeiten begonnen wird, muß diese Untersuchung in ein Planwerk einmünden, das kollegialer Prüfung und Abstimmung unterzogen wird.

Art. 16
Der restaurierende Eingriff muß die Entwicklung des betreffenden Gartens berücksichtigen. Grundsätzlich darf nicht eine Epoche der Anlagegeschichte auf Kosten einer anderen bevorzugt werden, es sei denn, Schadhaftigkeit oder Verfall einzelner Partien geben ausnahmsweise Veranlassung zu einer Nachbildung, die auf Spuren des ehemals Gewesenen oder unwiderleglicher Dokumentation fußt. Insbesondere kommt Rekonstruktion gelegentlich bei Partien in Frage, die in unmittelbarer Nähe eines Gebäudes liegen, so daß die Zusammengehörigkeit von Gebäude und Garten wieder deutlich wird.

Art. 17
Wenn ein Garten spurlos verschwunden ist oder sich nur Vermutungen über seine Beschaffenheit zu verschiedenen Zeiten anstellen lassen, kann keine Nachbildung zustandekommen, die als historischer Garten anzusprechen wäre. In solch einem Fall wäre das von überlieferten Formen inspirierte Werk (angelegt anstelle eines alten Gartens oder an einem Ort, wo zuvor kein Garten bestand) als historisierende Schöpfung oder als Neuschöpfung zu bezeichnen, womit jegliche Einstufung als historischer Garten ausgeschlossen bleibt.

C. *Benutzung*

Art. 18
Zwar ist jeder historische Garten dafür gedacht, betrachtet und betreten zu werden, doch muß der Zugang nach Maßgabe von Ausdehnung und Belastbarkeit des Gartens in Grenzen gehalten werden, um seine Substanz und seine kulturelle Aussagekraft zu bewahren.

Art. 19
Nach Wesen und Bestimmung ist der historische Garten ein ruhiger Ort, der Naturbegegnung, Stille und Gelegenheit zur Naturbeobachtung bietet. Dementsprechender alltäglicher Inanspruchnahme steht die ausnahmsweise Nutzung des historischen Gartens als Ort eines Festes gegenüber. Die Bedingungen für den Zugang zu historischen Gärten müssen gewährleisten, daß ein als außergewöhnliches Ereignis willkommenes Fest den Effekt des Gartens steigert und ihn nicht etwa entstellt oder herabwürdigt.

Art. 20
Zwar lassen diese Gärten im täglichen Leben friedliche spielerische Nutzung zu; es empfiehlt sich aber, außerhalb der historischen Gärten Anlagen für lebhafte und rauhe Spiele wie auch für den Sport zu schaffen, so daß diese gesellschaftlichen Bedürfnisse befriedigt werden, ohne daß die Erhaltung historischer Gärten und historischer Stätten in Frage gestellt würde.

Art. 21
Die Ausführung von Unterhaltungsmaßnahmen oder konservierenden Eingriffen, die jahreszeitlich gebunden sind, oder schnell durchzuführende Maßnahmen, die dazu beitragen, die Authentizität des Gartens wieder zu gewinnen, müssen immer Vorrang vor Nutzungsansprüchen haben. Der Zugang aller möglichen Interessen zu einem historischen Garten muß Verhaltensregeln unterworfen werden, welche gewährleisten, daß die Atmosphäre der Anlage gewahrt bleibt.

Art. 22
Falls ein Garten von Mauern umgeben ist, darf man ihn dieser nicht berauben, ohne zuvor alle sich daraus möglicherweise ergebenden nachteiligen Folgen für seine Atmosphäre und seine Erhaltung bedacht zu haben.

D. *Rechtlicher und administrativer Schutz*

Art. 23
Den Trägern politischer Verantwortungen obliegt es, beraten von sachkundigen Fachleuten, die rechtlichen und verwaltungsmäßigen Voraussetzungen zur Inventarisation und zum Schutz der historischen Gärten zu schaffen. Ihr Schutz muß in Flächennutzungsplänen, in Gebietsentwicklungsplänen und -programmen berücksichtigt werden. Darüberhinaus fällt den Trägern politischer Verantwortung die Verpflichtung zu, beraten von sachkundigen Experten, für die Unterhaltung, Konservierung, Restaurierung und eventuelle Rekonstruktion historischer Gärten förderliche finanzielle Voraussetzungen zu schaffen.

Art. 24
Historische Gärten gehören zu den Elementen des kulturellen Erbes, deren Fortbestand naturbedingt ein Äußerstes an unablässiger Pflege durch qualifizierte Personen erfordert. Durch zweckentsprechende Unterrichtsmethoden muß die Ausbildung dieser Fachleute gesichert werden, und zwar von Historikern, Architekten, Landschaftsarchitekten, Gärtnern und Botanikern. Auch die regelmäßige Anzucht der erforderlichen Pflanzen muß sichergestellt sein, ehe man mit irgendwelchen Maßnahmen in historischen Gärten beginnt.

Art. 25
Das Interesse an historischen Gärten muß durch alles geweckt werden, was geeignet ist, dieses Erbe zur Geltung zu bringen, es bekannter zu machen und ihm zu besserer Würdigung zu verhelfen: Förderung wissenschaftlicher Forschung, internationaler Austausch und Verbreitung von Informationen, wissenschaftliche Veröffentlichungen und populäre Darstellungen; Ansporn zur geregelten Öffnung der Gärten für das Publikum, Sensibilisierung für natürliche und kulturelle Werte mit Hilfe der Massenmedien. Die hervorragendsten historischen Gärten sind zur Aufnahme in die Liste des Kultur- und Naturerbes der Welt vorzuschlagen.

Nota Bene
Diese Empfehlungen gelten für die Gesamtheit aller historischen Gärten der Welt. Darüber hinaus läßt die Charta Spielraum für spezifische, dem Wesen der unterschiedlichen Formen von Gärten und Anlagen entsprechende Ergänzungen.

Namenverzeichnis